中国互联网行业法规文件汇编

京东法律研究院 / 编

中国法制出版社
CHINA LEGAL PUBLISHING HOUSE

目 录
Contents

第一部分 法 律

第二部分　行政法规

第三部分 司法解释及文件

第四部分　部门规章

·中央网络安全和信息化领导小组办公室/国家互联网信息办公室

·工业和信息化部

·交通运输部

·国家发展与改革委员会

·商务部

·文化和旅游部

· 国家税务总局

· 国家保密局

· 中国人民银行

· 中国银行保险监督管理委员会

第五部分　规范性文件

· 国务院办公厅

· 中央网络安全和信息化领导小组办公室/国家互联网信息办公室

·工业和信息化部

· 公安部

· 交通运输部

· 国家邮政局

·国家发展和改革委员会

·商务部

·文化和旅游部

·财政部

·国家税务总局

·民政部

·中华人民共和国海关总署

·自然资源部

·中国人民银行

·中国证券监督管理委员会

·中国银行保险监督管理委员会

·中国互联网络信息中心

·中国国际经济贸易仲裁委员会

·其 他

第六部分　团体＼行业规定

·中国互联网协会

·其他

第七部分　地方法规规章

第一部分

法　律

中华人民共和国网络安全法

（2016年11月7日第十二届全国人民代表大会常务委员会第二十四次会议通过 2016年11月7日中华人民共和国主席令第53号公布 自2017年6月1日起施行）

目 录

第一章 总 则

第一条 为了保障网络安全，维护网络空间主权和国家安全、社会公共利益，保护公民、法人和其他组织的合法权益，促进经济社会信息化健康发展，制定本法。

第二条 在中华人民共和国境内建设、运营、维护和使用网络，以及网络安全的监督管理，适用本法。

第三条 国家坚持网络安全与信息化发展并重，遵循积极利用、科学发展、依法管理、确保安全的方针，推进网络基础设施建设和互联互通，鼓励网络技术创新和应用，支持培养网络安全人才，建立健全网络安全保障体系，提高网络安全保护能力。

第四条 国家制定并不断完善网络安全战略，明确保障网络安全的基本要求和主要目标，提出重点领域的网络安全政策、工作任务和措施。

第五条 国家采取措施，监测、防御、处置来源于中华人民共和国境内外的网络安全风险和威胁，保护关键信息基础设施免受攻击、侵入、干扰和破坏，依法惩治网络违法犯罪活动，维护网络空间安全和秩序。

第六条 国家倡导诚实守信、健康文明的网络行为，推动传播社会主义核心价值观，采取措施提高全社会的网络安全意识和水平，形成全社会共同参与促进网络安全的良好环境。

第七条 国家积极开展网络空间治理、网络技术研发和标准制定、打击网络违法犯罪等方面的国际交流与合作，推动构建和平、安全、开放、合作的网络空间，建立多边、民主、透明的网络治理体系。

第八条 国家网信部门负责统筹协调网络安全工作和相关监督管理工作。国务院电信主管部门、公安部门和其他有关机关依照本法和有关法律、行政法规的规定，在各自职责范围内负责网络安全保护和监督管理工作。

县级以上地方人民政府有关部门的网络安全保护和监督管理职责，按照国家有关规定确定。

第九条 网络运营者开展经营和服务活动，必须遵守法律、行政法规，尊重社会公德，遵守商业道德，诚实信用，履行网络安全保护义务，接受政府和社会的监督，承担社会责任。

第十条 建设、运营网络或者通过网络提供服务，应当依照法律、行政法规的规定和国家标准的强制性要求，采取技术措施和其他必要措施，保障网络安全、稳定运行，有效应对网络安全事件，防范网络违法犯罪活动，维护网络数据的完整性、保密性和可用性。

第十一条 网络相关行业组织按照章程，加强行业自律，制定网络安全行为规范，指导会员加强网络安全保护，提高网络安全保护水平，促进行业健康发展。

第十二条 国家保护公民、法人和其他组织依法使用网络的权利，促进网络接入普及，提升网络服务水平，为社会提供安全、便利的网络服务，保障网络信息依法有序自由流动。

任何个人和组织使用网络应当遵守宪法法律，遵守公共秩序，尊重社会公德，不得危害网络安全，不得利用网络从事危害国家安全、荣誉和利益，煽动颠覆国家政权、推翻社会主义制度，煽动分裂国家、破坏国家统一，宣扬恐怖主义、极端主义，宣扬民族仇恨、民族歧视，传播暴力、淫秽色情信息，编造、传播虚假信息扰乱经济秩序和社会秩序，以及侵害他人名誉、隐私、知识产权和其他合法权益等活动。

第十三条 国家支持研究开发有利于未成年人健康成长的网络产品和服务，依法惩治利用网络从事危害未成年人身心健康的活动，为未成年人提供安全、健康的网络环境。

第十四条 任何个人和组织有权对危害网络安全的行为向网信、电信、公安等部门举报。收到举报的部门应当及时依法作出处理；不属于本部门职责的，应当及时移送有权处理的部门。

有关部门应当对举报人的相关信息予以保密，保护举报人的合法权益。

第二章 网络安全支持与促进

第十五条 国家建立和完善网络安全标准体系。国务院标准化行政主管部门和国务院其他有关部门根据各自的职责，组织制定并适时修订有关网络安全管理以及网络产品、服务和运行安全的国家标准、行业标准。

国家支持企业、研究机构、高等学校、网络相关行业组织参与网络安全国家标准、行业标准的制定。

第十六条 国务院和省、自治区、直辖市人民政府应当统筹规划，加大投入，扶持重点网络安全技术产业和项目，支持网络安全技术的研究开发和应用，推广安全可信的网络产品和服务，保护网络技术知识产权，支持企业、研究机构和高等学校等参与国家网络安全技术创新项目。

第十七条 国家推进网络安全社会化服务体系建设，鼓励有关企业、机构开展网络安全认证、检测和风险评估等安全服务。

第十八条 国家鼓励开发网络数据安全保护和利用技术，促进公共数据资源开放，推动技术创新和经济社会发展。

国家支持创新网络安全管理方式，运用网络新技术，提升网络安全保护水平。

第十九条 各级人民政府及其有关部门应当组织开展经常性的网络安全宣传教育，并指导、督促有关单位做好网络安全宣传教育工作。

大众传播媒介应当有针对性地面向社会进行网络安全宣传教育。

第二十条 国家支持企业和高等学校、职业学校等教育培训机构开展网络安全相关教育与培训，采取多种方式培养网络安全人才，促进网络安全人才交流。

第三章 网络运行安全

第一节 一般规定

第二十一条 国家实行网络安全等级保护制度。网络运营者应当按照网络安全等级保护制度的要求，履行下列安全保护义务，保障网络免受干扰、破坏或者未经授权的访问，防止网络数据泄露或者被窃取、篡改：

（一）制定内部安全管理制度和操作规程，确定网络安全负责人，落实网络安全保护责任；

（二）采取防范计算机病毒和网络攻击、网络侵入等危害网络安全行为的技术措施；

（三）采取监测、记录网络运行状态、网络安全事件的技术措施，并按照规定留存相关的网络日志不少于六个月；

（四）采取数据分类、重要数据备份和加密等措施；

（五）法律、行政法规规定的其他义务。

第二十二条 网络产品、服务应当符合相关国家标准的强制性要求。网络产品、服务的提供者不得设置恶意程序；发现其网络产品、服务存在安全缺陷、漏洞等风险时，应当立即采取补救措施，按照规定及时告知用户并向有关主管部门报告。

网络产品、服务的提供者应当为其产品、服务持续提供安全维护；在规定或者当事人约定的期限内，不得终止提供安全维护。

网络产品、服务具有收集用户信息功能的，

其提供者应当向用户明示并取得同意；涉及用户个人信息的，还应当遵守本法和有关法律、行政法规关于个人信息保护的规定。

第二十三条　网络关键设备和网络安全专用产品应当按照相关国家标准的强制性要求，由具备资格的机构安全认证合格或者安全检测符合要求后，方可销售或者提供。国家网信部门会同国务院有关部门制定、公布网络关键设备和网络安全专用产品目录，并推动安全认证和安全检测结果互认，避免重复认证、检测。

第二十四条　网络运营者为用户办理网络接入、域名注册服务，办理固定电话、移动电话等入网手续，或者为用户提供信息发布、即时通讯等服务，在与用户签订协议或者确认提供服务时，应当要求用户提供真实身份信息。用户不提供真实身份信息的，网络运营者不得为其提供相关服务。

国家实施网络可信身份战略，支持研究开发安全、方便的电子身份认证技术，推动不同电子身份认证之间的互认。

第二十五条　网络运营者应当制定网络安全事件应急预案，及时处置系统漏洞、计算机病毒、网络攻击、网络侵入等安全风险；在发生危害网络安全的事件时，立即启动应急预案，采取相应的补救措施，并按照规定向有关主管部门报告。

第二十六条　开展网络安全认证、检测、风险评估等活动，向社会发布系统漏洞、计算机病毒、网络攻击、网络侵入等网络安全信息，应当遵守国家有关规定。

第二十七条　任何个人和组织不得从事非法侵入他人网络、干扰他人网络正常功能、窃取网络数据等危害网络安全的活动；不得提供专门用于从事侵入网络、干扰网络正常功能及防护措施、窃取网络数据等危害网络安全活动的程序、工具；明知他人从事危害网络安全的活动的，不得为其提供技术支持、广告推广、支付结算等帮助。

第二十八条　网络运营者应当为公安机关、国家安全机关依法维护国家安全和侦查犯罪的活动提供技术支持和协助。

第二十九条　国家支持网络运营者之间在网络安全信息收集、分析、通报和应急处置等方面进行合作，提高网络运营者的安全保障能力。

有关行业组织建立健全本行业的网络安全保护规范和协作机制，加强对网络安全风险的分析评估，定期向会员进行风险警示，支持、协助会员应对网络安全风险。

第三十条　网信部门和有关部门在履行网络安全保护职责中获取的信息，只能用于维护网络安全的需要，不得用于其他用途。

第二节　关键信息基础设施的运行安全

第三十一条　国家对公共通信和信息服务、能源、交通、水利、金融、公共服务、电子政务等重要行业和领域，以及其他一旦遭到破坏、丧失功能或者数据泄露，可能严重危害国家安全、国计民生、公共利益的关键信息基础设施，在网络安全等级保护制度的基础上，实行重点保护。关键信息基础设施的具体范围和安全保护办法由国务院制定。

国家鼓励关键信息基础设施以外的网络运营者自愿参与关键信息基础设施保护体系。

第三十二条　按照国务院规定的职责分工，负责关键信息基础设施安全保护工作的部门分别编制并组织实施本行业、本领域的关键信息基础设施安全规划，指导和监督关键信息基础设施运行安全保护工作。

第三十三条　建设关键信息基础设施应当确保其具有支持业务稳定、持续运行的性能，并保证安全技术措施同步规划、同步建设、同步使用。

第三十四条　除本法第二十一条的规定外，关键信息基础设施的运营者还应当履行下列安全保护义务：

（一）设置专门安全管理机构和安全管理负责人，并对该负责人和关键岗位的人员进行安全背景审查；

（二）定期对从业人员进行网络安全教育、技术培训和技能考核；

（三）对重要系统和数据库进行容灾备份；

（四）制定网络安全事件应急预案，并定期进行演练；

（五）法律、行政法规规定的其他义务。

第三十五条　关键信息基础设施的运营者

采购网络产品和服务，可能影响国家安全的，应当通过国家网信部门会同国务院有关部门组织的国家安全审查。

第三十六条 关键信息基础设施的运营者采购网络产品和服务，应当按照规定与提供者签订安全保密协议，明确安全和保密义务与责任。

第三十七条 关键信息基础设施的运营者在中华人民共和国境内运营中收集和产生的个人信息和重要数据应当在境内存储。因业务需要，确需向境外提供的，应当按照国家网信部门会同国务院有关部门制定的办法进行安全评估；法律、行政法规另有规定的，依照其规定。

第三十八条 关键信息基础设施的运营者应当自行或者委托网络安全服务机构对其网络的安全性和可能存在的风险每年至少进行一次检测评估，并将检测评估情况和改进措施报送相关负责关键信息基础设施安全保护工作的部门。

第三十九条 国家网信部门应当统筹协调有关部门对关键信息基础设施的安全保护采取下列措施：

（一）对关键信息基础设施的安全风险进行抽查检测，提出改进措施，必要时可以委托网络安全服务机构对网络存在的安全风险进行检测评估；

（二）定期组织关键信息基础设施的运营者进行网络安全应急演练，提高应对网络安全事件的水平和协同配合能力；

（三）促进有关部门、关键信息基础设施的运营者以及有关研究机构、网络安全服务机构等之间的网络安全信息共享；

（四）对网络安全事件的应急处置与网络功能的恢复等，提供技术支持和协助。

第四章 网络信息安全

第四十条 网络运营者应当对其收集的用户信息严格保密，并建立健全用户信息保护制度。

第四十一条 网络运营者收集、使用个人信息，应当遵循合法、正当、必要的原则，公开收集、使用规则，明示收集、使用信息的目的、方式和范围，并经被收集者同意。

网络运营者不得收集与其提供的服务无关的个人信息，不得违反法律、行政法规的规定和双方的约定收集、使用个人信息，并应当依照法律、行政法规的规定和与用户的约定，处理其保存的个人信息。

第四十二条 网络运营者不得泄露、篡改、毁损其收集的个人信息；未经被收集者同意，不得向他人提供个人信息。但是，经过处理无法识别特定个人且不能复原的除外。

网络运营者应当采取技术措施和其他必要措施，确保其收集的个人信息安全，防止信息泄露、毁损、丢失。在发生或者可能发生个人信息泄露、毁损、丢失的情况时，应当立即采取补救措施，按照规定及时告知用户并向有关主管部门报告。

第四十三条 个人发现网络运营者违反法律、行政法规的规定或者双方的约定收集、使用其个人信息的，有权要求网络运营者删除其个人信息；发现网络运营者收集、存储的其个人信息有错误的，有权要求网络运营者予以更正。网络运营者应当采取措施予以删除或者更正。

第四十四条 任何个人和组织不得窃取或者以其他非法方式获取个人信息，不得非法出售或者非法向他人提供个人信息。

第四十五条 依法负有网络安全监督管理职责的部门及其工作人员，必须对在履行职责中知悉的个人信息、隐私和商业秘密严格保密，不得泄露、出售或者非法向他人提供。

第四十六条 任何个人和组织应当对其使用网络的行为负责，不得设立用于实施诈骗，传授犯罪方法，制作或者销售违禁物品、管制物品等违法犯罪活动的网站、通讯群组，不得利用网络发布涉及实施诈骗，制作或者销售违禁物品、管制物品以及其他违法犯罪活动的信息。

第四十七条 网络运营者应当加强对其用户发布的信息的管理，发现法律、行政法规禁止发布或者传输的信息的，应当立即停止传输该信息，采取消除等处置措施，防止信息扩散，保存有关记录，并向有关主管部门报告。

第四十八条 任何个人和组织发送的电子

信息、提供的应用软件，不得设置恶意程序，不得含有法律、行政法规禁止发布或者传输的信息。

电子信息发送服务提供者和应用软件下载服务提供者，应当履行安全管理义务，知道其用户有前款规定行为的，应当停止提供服务，采取消除等处置措施，保存有关记录，并向有关主管部门报告。

第四十九条 网络运营者应当建立网络信息安全投诉、举报制度，公布投诉、举报方式等信息，及时受理并处理有关网络信息安全的投诉和举报。

网络运营者对网信部门和有关部门依法实施的监督检查，应当予以配合。

第五十条 国家网信部门和有关部门依法履行网络信息安全监督管理职责，发现法律、行政法规禁止发布或者传输的信息的，应当要求网络运营者停止传输，采取消除等处置措施，保存有关记录；对来源于中华人民共和国境外的上述信息，应当通知有关机构采取技术措施和其他必要措施阻断传播。

第五章 监测预警与应急处置

第五十一条 国家建立网络安全监测预警和信息通报制度。国家网信部门应当统筹协调有关部门加强网络安全信息收集、分析和通报工作，按照规定统一发布网络安全监测预警信息。

第五十二条 负责关键信息基础设施安全保护工作的部门，应当建立健全本行业、本领域的网络安全监测预警和信息通报制度，并按照规定报送网络安全监测预警信息。

第五十三条 国家网信部门协调有关部门建立健全网络安全风险评估和应急工作机制，制定网络安全事件应急预案，并定期组织演练。

负责关键信息基础设施安全保护工作的部门应当制定本行业、本领域的网络安全事件应急预案，并定期组织演练。

网络安全事件应急预案应当按照事件发生后的危害程度、影响范围等因素对网络安全事件进行分级，并规定相应的应急处置措施。

第五十四条 网络安全事件发生的风险增大时，省级以上人民政府有关部门应当按照规定的权限和程序，并根据网络安全风险的特点和可能造成的危害，采取下列措施：

（一）要求有关部门、机构和人员及时收集、报告有关信息，加强对网络安全风险的监测；

（二）组织有关部门、机构和专业人员，对网络安全风险信息进行分析评估，预测事件发生的可能性、影响范围和危害程度；

（三）向社会发布网络安全风险预警，发布避免、减轻危害的措施。

第五十五条 发生网络安全事件，应当立即启动网络安全事件应急预案，对网络安全事件进行调查和评估，要求网络运营者采取技术措施和其他必要措施，消除安全隐患，防止危害扩大，并及时向社会发布与公众有关的警示信息。

第五十六条 省级以上人民政府有关部门在履行网络安全监督管理职责中，发现网络存在较大安全风险或者发生安全事件的，可以按照规定的权限和程序对该网络的运营者的法定代表人或者主要负责人进行约谈。网络运营者应当按照要求采取措施，进行整改，消除隐患。

第五十七条 因网络安全事件，发生突发事件或者生产安全事故的，应当依照《中华人民共和国突发事件应对法》、《中华人民共和国安全生产法》等有关法律、行政法规的规定处置。

第五十八条 因维护国家安全和社会公共秩序，处置重大突发社会安全事件的需要，经国务院决定或者批准，可以在特定区域对网络通信采取限制等临时措施。

第六章 法律责任

第五十九条 网络运营者不履行本法第二十一条、第二十五条规定的网络安全保护义务的，由有关主管部门责令改正，给予警告；拒不改正或者导致危害网络安全等后果的，处一万元以上十万元以下罚款，对直接负责的主管人员处五千元以上五万元以下罚款。

关键信息基础设施的运营者不履行本法第三十三条、第三十四条、第三十六条、第三十八条规定的网络安全保护义务的，由有关主管部门责令改正，给予警告；拒不改正或者导致危害网络安全等后果的，处十万元以上一百万元以下罚款，对直接负责的主管人员处一万元以上十万元以下罚款。

第六十条 违反本法第二十二条第一款、第二款和第四十八条第一款规定，有下列行为之一的，由有关主管部门责令改正，给予警告；拒不改正或者导致危害网络安全等后果的，处五万元以上五十万元以下罚款，对直接负责的主管人员处一万元以上十万元以下罚款：

（一）设置恶意程序的；

（二）对其产品、服务存在的安全缺陷、漏洞等风险未立即采取补救措施，或者未按照规定及时告知用户并向有关主管部门报告的；

（三）擅自终止为其产品、服务提供安全维护的。

第六十一条 网络运营者违反本法第二十四条第一款规定，未要求用户提供真实身份信息，或者对不提供真实身份信息的用户提供相关服务的，由有关主管部门责令改正；拒不改正或者情节严重的，处五万元以上五十万元以下罚款，并可以由有关主管部门责令暂停相关业务、停业整顿、关闭网站、吊销相关业务许可证或者吊销营业执照，对直接负责的主管人员和其他直接责任人员处一万元以上十万元以下罚款。

第六十二条 违反本法第二十六条规定，开展网络安全认证、检测、风险评估等活动，或者向社会发布系统漏洞、计算机病毒、网络攻击、网络侵入等网络安全信息的，由有关主管部门责令改正，给予警告；拒不改正或者情节严重的，处一万元以上十万元以下罚款，并可以由有关主管部门责令暂停相关业务、停业整顿、关闭网站、吊销相关业务许可证或者吊销营业执照，对直接负责的主管人员和其他直接责任人员处五千元以上五万元以下罚款。

第六十三条 违反本法第二十七条规定，从事危害网络安全的活动，或者提供专门用于从事危害网络安全活动的程序、工具，或者为他人从事危害网络安全的活动提供技术支持、广告推广、支付结算等帮助，尚不构成犯罪的，由公安机关没收违法所得，处五日以下拘留，可以并处五万元以上五十万元以下罚款；情节较重的，处五日以上十五日以下拘留，可以并处十万元以上一百万元以下罚款。

单位有前款行为的，由公安机关没收违法所得，处十万元以上一百万元以下罚款，并对直接负责的主管人员和其他直接责任人员依照前款规定处罚。

违反本法第二十七条规定，受到治安管理处罚的人员，五年内不得从事网络安全管理和网络运营关键岗位的工作；受到刑事处罚的人员，终身不得从事网络安全管理和网络运营关键岗位的工作。

第六十四条 网络运营者、网络产品或者服务的提供者违反本法第二十二条第三款、第四十一条至第四十三条规定，侵害个人信息依法得到保护的权利的，由有关主管部门责令改正，可以根据情节单处或者并处警告、没收违法所得、处违法所得一倍以上十倍以下罚款，没有违法所得的，处一百万元以下罚款，对直接负责的主管人员和其他直接责任人员处一万元以上十万元以下罚款；情节严重的，并可以责令暂停相关业务、停业整顿、关闭网站、吊销相关业务许可证或者吊销营业执照。

违反本法第四十四条规定，窃取或者以其他非法方式获取、非法出售或者非法向他人提供个人信息，尚不构成犯罪的，由公安机关没收违法所得，并处违法所得一倍以上十倍以下罚款，没有违法所得的，处一百万元以下罚款。

第六十五条 关键信息基础设施的运营者违反本法第三十五条规定，使用未经安全审查或者安全审查未通过的网络产品或者服务的，由有关主管部门责令停止使用，处采购金额一倍以上十倍以下罚款；对直接负责的主管人员和其他直接责任人员处一万元以上十万元以下罚款。

第六十六条 关键信息基础设施的运营者违反本法第三十七条规定，在境外存储网络数据，或者向境外提供网络数据的，由有关主管部门责令改正，给予警告，没收违法所得，处五万元以上五十万元以下罚款，并可以责令暂停相关业务、停业整顿、关闭网站、吊销相关业务许可证或者吊销营业执照；对直接负责的主管人员和其他直接责任人员处一万元以上十万元以下罚款。

第六十七条 违反本法第四十六条规定，设立用于实施违法犯罪活动的网站、通讯群组，或者利用网络发布涉及实施违法犯罪活动的信息，尚不构成犯罪的，由公安机关处五日以下拘留，可以并处一万元以上十万元以下罚款；情节较重的，处五日以上十五日以下拘留，可以并处五万元以上五十万元以下罚款。关闭用于实施违法犯罪活动的网站、通讯群组。

单位有前款行为的，由公安机关处十万元以上五十万元以下罚款，并对直接负责的主管人员和其他直接责任人员依照前款规定处罚。

第六十八条 网络运营者违反本法第四十七条规定，对法律、行政法规禁止发布或者传输的信息未停止传输、采取消除等处置措施、保存有关记录的，由有关主管部门责令改正，给予警告，没收违法所得；拒不改正或者情节严重的，处十万元以上五十万元以下罚款，并可以责令暂停相关业务、停业整顿、关闭网站、吊销相关业务许可证或者吊销营业执照，对直接负责的主管人员和其他直接责任人员处一万元以上十万元以下罚款。

电子信息发送服务提供者、应用软件下载服务提供者，不履行本法第四十八条第二款规定的安全管理义务的，依照前款规定处罚。

第六十九条 网络运营者违反本法规定，有下列行为之一的，由有关主管部门责令改正；拒不改正或者情节严重的，处五万元以上五十万元以下罚款，对直接负责的主管人员和其他直接责任人员，处一万元以上十万元以下罚款：

（一）不按照有关部门的要求对法律、行政法规禁止发布或者传输的信息，采取停止传输、消除等处置措施的；

（二）拒绝、阻碍有关部门依法实施的监督检查的；

（三）拒不向公安机关、国家安全机关提供技术支持和协助的。

第七十条 发布或者传输本法第十二条第二款和其他法律、行政法规禁止发布或者传输的信息的，依照有关法律、行政法规的规定处罚。

第七十一条 有本法规定的违法行为的，依照有关法律、行政法规的规定记入信用档案，并予以公示。

第七十二条 国家机关政务网络的运营者不履行本法规定的网络安全保护义务的，由其上级机关或者有关机关责令改正；对直接负责的主管人员和其他直接责任人员依法给予处分。

第七十三条 网信部门和有关部门违反本法第三十条规定，将在履行网络安全保护职责中获取的信息用于其他用途的，对直接负责的主管人员和其他直接责任人员依法给予处分。

网信部门和有关部门的工作人员玩忽职守、滥用职权、徇私舞弊，尚不构成犯罪的，依法给予处分。

第七十四条 违反本法规定，给他人造成损害的，依法承担民事责任。

违反本法规定，构成违反治安管理行为的，依法给予治安管理处罚；构成犯罪的，依法追究刑事责任。

第七十五条 境外的机构、组织、个人从事攻击、侵入、干扰、破坏等危害中华人民共和国的关键信息基础设施的活动，造成严重后果的，依法追究法律责任；国务院公安部门和有关部门并可以决定对该机构、组织、个人采取冻结财产或者其他必要的制裁措施。

第七章 附 则

第七十六条 本法下列用语的含义：

（一）网络，是指由计算机或者其他信息终端及相关设备组成的按照一定的规则和程序对信息进行收集、存储、传输、交换、处理的系统。

（二）网络安全，是指通过采取必要措施，防范对网络的攻击、侵入、干扰、破坏和非法使用以及意外事故，使网络处于稳定可靠运行的状态，以及保障网络数据的完整性、保密性、可用性的能力。

（三）网络运营者，是指网络的所有者、管理者和网络服务提供者。

（四）网络数据，是指通过网络收集、存储、传输、处理和产生的各种电子数据。

（五）个人信息，是指以电子或者其他方式记录的能够单独或者与其他信息结合识别自然人个人身份的各种信息，包括但不限于自然人的姓名、出生日期、身份证件号码、个人生物识别信息、住址、电话号码等。

第七十七条 存储、处理涉及国家秘密信息的网络的运行安全保护，除应当遵守本法外，还应当遵守保密法律、行政法规的规定。

第七十八条 军事网络的安全保护，由中央军事委员会另行规定。

第七十九条 本法自2017年6月1日起施行。

中华人民共和国电子签名法

（2004年8月28日第十届全国人民代表大会常务委员会第十一次会议通过 根据2015年4月24日第十二届全国人民代表大会常务委员会第十四次会议《关于修改〈中华人民共和国电力法〉等六部法律的决定》修正）

目 录

第一章 总 则

第一条 为了规范电子签名行为，确立电子签名的法律效力，维护有关各方的合法权益，制定本法。

第二条 本法所称电子签名，是指数据电文中以电子形式所含、所附用于识别签名人身份并表明签名人认可其中内容的数据。

本法所称数据电文，是指以电子、光学、磁或者类似手段生成、发送、接收或者储存的信息。

第三条 民事活动中的合同或者其他文件、单证等文书，当事人可以约定使用或者不使用电子签名、数据电文。

当事人约定使用电子签名、数据电文的文书，不得仅因为其采用电子签名、数据电文的形式而否定其法律效力。

前款规定不适用下列文书：

（一）涉及婚姻、收养、继承等人身关系的；

（二）涉及土地、房屋等不动产权益转让的；

（三）涉及停止供水、供热、供气、供电等公用事业服务的；

（四）法律、行政法规规定的不适用电子文书的其他情形。

第二章 数据电文

第四条 能够有形地表现所载内容，并可以随时调取查用的数据电文，视为符合法律、法规要求的书面形式。

第五条 符合下列条件的数据电文，视为满足法律、法规规定的原件形式要求：

（一）能够有效地表现所载内容并可供随时调取查用；

（二）能够可靠地保证自最终形成时起，内容保持完整、未被更改。但是，在数据电文上增加背书以及数据交换、储存和显示过程中发生的形式变化不影响数据电文的完整性。

第六条 符合下列条件的数据电文，视为满足法律、法规规定的文件保存要求：

（一）能够有效地表现所载内容并可供随时调取查用；

（二）数据电文的格式与其生成、发送或者接收时的格式相同，或者格式不相同但是能够准确表现原来生成、发送或者接收的内容；

（三）能够识别数据电文的发件人、收件人以及发送、接收的时间。

第七条 数据电文不得仅因为其是以电子、光学、磁或者类似手段生成、发送、接收或者储存的而被拒绝作为证据使用。

第八条 审查数据电文作为证据的真实性，

应当考虑以下因素：

（一）生成、储存或者传递数据电文方法的可靠性；

（二）保持内容完整性方法的可靠性；

（三）用以鉴别发件人方法的可靠性；

（四）其他相关因素。

第九条　数据电文有下列情形之一的，视为发件人发送：

（一）经发件人授权发送的；

（二）发件人的信息系统自动发送的；

（三）收件人按照发件人认可的方法对数据电文进行验证后结果相符的。

当事人对前款规定的事项另有约定的，从其约定。

第十条　法律、行政法规规定或者当事人约定数据电文需要确认收讫的，应当确认收讫。发件人收到收件人的收讫确认时，数据电文视为已经收到。

第十一条　数据电文进入发件人控制之外的某个信息系统的时间，视为该数据电文的发送时间。

收件人指定特定系统接收数据电文的，数据电文进入该特定系统的时间，视为该数据电文的接收时间；未指定特定系统的，数据电文进入收件人的任何系统的首次时间，视为该数据电文的接收时间。

当事人对数据电文的发送时间、接收时间另有约定的，从其约定。

第十二条　发件人的主营业地为数据电文的发送地点，收件人的主营业地为数据电文的接收地点。没有主营业地的，其经常居住地为发送或者接收地点。

当事人对数据电文的发送地点、接收地点另有约定的，从其约定。

第三章　电子签名与认证

第十三条　电子签名同时符合下列条件的，视为可靠的电子签名：

（一）电子签名制作数据用于电子签名时，属于电子签名人专有；

（二）签署时电子签名制作数据仅由电子签名人控制；

（三）签署后对电子签名的任何改动能够被发现；

（四）签署后对数据电文内容和形式的任何改动能够被发现。

当事人也可以选择使用符合其约定的可靠条件的电子签名。

第十四条　可靠的电子签名与手写签名或者盖章具有同等的法律效力。

第十五条　电子签名人应当妥善保管电子签名制作数据。电子签名人知悉电子签名制作数据已经失密或者可能已经失密时，应当及时告知有关各方，并终止使用该电子签名制作数据。

第十六条　电子签名需要第三方认证的，由依法设立的电子认证服务提供者提供认证服务。

第十七条　提供电子认证服务，应当具备下列条件：

（一）取得企业法人资格；

（二）具有与提供电子认证服务相适应的专业技术人员和管理人员；

（三）具有与提供电子认证服务相适应的资金和经营场所；

（四）具有符合国家安全标准的技术和设备；

（五）具有国家密码管理机构同意使用密码的证明文件；

（六）法律、行政法规规定的其他条件。

第十八条　从事电子认证服务，应当向国务院信息产业主管部门提出申请，并提交符合本法第十七条规定条件的相关材料。国务院信息产业主管部门接到申请后经依法审查，征求国务院商务主管部门等有关部门的意见后，自接到申请之日起四十五日内作出许可或者不予许可的决定。予以许可的，颁发电子认证许可证书；不予许可的，应当书面通知申请人并告知理由。

取得认证资格的电子认证服务提供者，应当按照国务院信息产业主管部门的规定在互联网上公布其名称、许可证号等信息。

第十九条　电子认证服务提供者应当制定、公布符合国家有关规定的电子认证业务规则，并向国务院信息产业主管部门备案。

电子认证业务规则应当包括责任范围、作业操作规范、信息安全保障措施等事项。

第二十条 电子签名人向电子认证服务提供者申请电子签名认证证书，应当提供真实、完整和准确的信息。

电子认证服务提供者收到电子签名认证证书申请后，应当对申请人的身份进行查验，并对有关材料进行审查。

第二十一条 电子认证服务提供者签发的电子签名认证证书应当准确无误，并应当载明下列内容：

（一）电子认证服务提供者名称；

（二）证书持有人名称；

（三）证书序列号；

（四）证书有效期；

（五）证书持有人的电子签名验证数据；

（六）电子认证服务提供者的电子签名；

（七）国务院信息产业主管部门规定的其他内容。

第二十二条 电子认证服务提供者应当保证电子签名认证证书内容在有效期内完整、准确，并保证电子签名依赖方能够证实或者了解电子签名认证证书所载内容及其他有关事项。

第二十三条 电子认证服务提供者拟暂停或者终止电子认证服务的，应当在暂停或者终止服务九十日前，就业务承接及其他有关事项通知有关各方。

电子认证服务提供者拟暂停或者终止电子认证服务的，应当在暂停或者终止服务六十日前向国务院信息产业主管部门报告，并与其他电子认证服务提供者就业务承接进行协商，作出妥善安排。

电子认证服务提供者未能就业务承接事项与其他电子认证服务提供者达成协议的，应当申请国务院信息产业主管部门安排其他电子认证服务提供者承接其业务。

电子认证服务提供者被依法吊销电子认证许可证书的，其业务承接事项的处理按照国务院信息产业主管部门的规定执行。

第二十四条 电子认证服务提供者应当妥善保存与认证相关的信息，信息保存期限至少为电子签名认证证书失效后五年。

第二十五条 国务院信息产业主管部门依照本法制定电子认证服务业的具体管理办法，对电子认证服务提供者依法实施监督管理。

第二十六条 经国务院信息产业主管部门根据有关协议或者对等原则核准后，中华人民共和国境外的电子认证服务提供者在境外签发的电子签名认证证书与依照本法设立的电子认证服务提供者签发的电子签名认证证书具有同等的法律效力。

第四章 法律责任

第二十七条 电子签名人知悉电子签名制作数据已经失密或者可能已经失密未及时告知有关各方、并终止使用电子签名制作数据，未向电子认证服务提供者提供真实、完整和准确的信息，或者有其他过错，给电子签名依赖方、电子认证服务提供者造成损失的，承担赔偿责任。

第二十八条 电子签名人或者电子签名依赖方因依据电子认证服务提供者提供的电子签名认证服务从事民事活动遭受损失，电子认证服务提供者不能证明自己无过错的，承担赔偿责任。

第二十九条 未经许可提供电子认证服务的，由国务院信息产业主管部门责令停止违法行为；有违法所得的，没收违法所得；违法所得三十万元以上的，处违法所得一倍以上三倍以下的罚款；没有违法所得或者违法所得不足三十万元的，处十万元以上三十万元以下的罚款。

第三十条 电子认证服务提供者暂停或者终止电子认证服务，未在暂停或者终止服务六十日前向国务院信息产业主管部门报告的，由国务院信息产业主管部门对其直接负责的主管人员处一万元以上五万元以下的罚款。

第三十一条 电子认证服务提供者不遵守认证业务规则、未妥善保存与认证相关的信息，或者有其他违法行为的，由国务院信息产业主管部门责令限期改正；逾期未改正的，吊销电子认证许可证书，其直接负责的主管人员和其他直接责任人员十年内不得从事电子认证服务。吊销电子认证许可证书的，应当予以公告并通知工商行政管理部门。

第三十二条 伪造、冒用、盗用他人的电子签名，构成犯罪的，依法追究刑事责任；给他人造成损失的，依法承担民事责任。

第三十三条　依照本法负责电子认证服务业监督管理工作的部门的工作人员，不依法履行行政许可、监督管理职责的，依法给予行政处分；构成犯罪的，依法追究刑事责任。

第五章　附　　则

第三十四条　本法中下列用语的含义：

（一）电子签名人，是指持有电子签名制作数据并以本人身份或者以其所代表的人的名义实施电子签名的人；

（二）电子签名依赖方，是指基于对电子签名认证证书或者电子签名的信赖从事有关活动的人；

（三）电子签名认证证书，是指可证实电子签名人与电子签名制作数据有联系的数据电文或者其他电子记录；

（四）电子签名制作数据，是指在电子签名过程中使用的，将电子签名与电子签名人可靠地联系起来的字符、编码等数据；

（五）电子签名验证数据，是指用于验证电子签名的数据，包括代码、口令、算法或者公钥等。

第三十五条　国务院或者国务院规定的部门可以依据本法制定政务活动和其他社会活动中使用电子签名、数据电文的具体办法。

第三十六条　本法自2005年4月1日起施行。

中华人民共和国电子商务法

（2018年8月31日第十三届全国人民代表大会常务委员会第五次会议通过　2018年8月31日中华人民共和国主席令第七号公布　自2019年1月1日起施行）

第一章　总　　则

第一条　为了保障电子商务各方主体的合法权益，规范电子商务行为，维护市场秩序，促进电子商务持续健康发展，制定本法。

第二条　中华人民共和国境内的电子商务活动，适用本法。

本法所称电子商务，是指通过互联网等信息网络销售商品或者提供服务的经营活动。

法律、行政法规对销售商品或者提供服务有规定的，适用其规定。金融类产品和服务，利用信息网络提供新闻信息、音视频节目、出版以及文化产品等内容方面的服务，不适用本法。

第三条　国家鼓励发展电子商务新业态，创新商业模式，促进电子商务技术研发和推广应用，推进电子商务诚信体系建设，营造有利于电子商务创新发展的市场环境，充分发挥电子商务在推动高质量发展、满足人民日益增长的美好生活需要、构建开放型经济方面的重要作用。

第四条　国家平等对待线上线下商务活动，促进线上线下融合发展，各级人民政府和有关部门不得采取歧视性的政策措施，不得滥用行政权力排除、限制市场竞争。

第五条　电子商务经营者从事经营活动，应当遵循自愿、平等、公平、诚信的原则，遵守法律和商业道德，公平参与市场竞争，履行消费者权益保护、环境保护、知识产权保护、网络安全与个人信息保护等方面的义务，承担产品和服务质量责任，接受政府和社会的监督。

第六条　国务院有关部门按照职责分工负责电子商务发展促进、监督管理等工作。县级以上地方各级人民政府可以根据本行政区域的实际情况，确定本行政区域内电子商务的部门职责划分。

第七条　国家建立符合电子商务特点的协同管理体系，推动形成有关部门、电子商务行业组织、电子商务经营者、消费者等共同参与的电子商务市场治理体系。

第八条　电子商务行业组织按照本组织章程开展行业自律，建立健全行业规范，推动行业诚信建设，监督、引导本行业经营者公平参与市场竞争。

第二章 电子商务经营者

第一节 一般规定

第九条 本法所称电子商务经营者，是指通过互联网等信息网络从事销售商品或者提供服务的经营活动的自然人、法人和非法人组织，包括电子商务平台经营者、平台内经营者以及通过自建网站、其他网络服务销售商品或者提供服务的电子商务经营者。

本法所称电子商务平台经营者，是指在电子商务中为交易双方或者多方提供网络经营场所、交易撮合、信息发布等服务，供交易双方或者多方独立开展交易活动的法人或者非法人组织。

本法所称平台内经营者，是指通过电子商务平台销售商品或者提供服务的电子商务经营者。

第十条 电子商务经营者应当依法办理市场主体登记。但是，个人销售自产农副产品、家庭手工业产品，个人利用自己的技能从事依法无须取得许可的便民劳务活动和零星小额交易活动，以及依照法律、行政法规不需要进行登记的除外。

第十一条 电子商务经营者应当依法履行纳税义务，并依法享受税收优惠。

依照前条规定不需要办理市场主体登记的电子商务经营者在首次纳税义务发生后，应当依照税收征收管理法律、行政法规的规定申请办理税务登记，并如实申报纳税。

第十二条 电子商务经营者从事经营活动，依法需要取得相关行政许可的，应当依法取得行政许可。

第十三条 电子商务经营者销售的商品或者提供的服务应当符合保障人身、财产安全的要求和环境保护要求，不得销售或者提供法律、行政法规禁止交易的商品或者服务。

第十四条 电子商务经营者销售商品或者提供服务应当依法出具纸质发票或者电子发票等购货凭证或者服务单据。电子发票与纸质发票具有同等法律效力。

第十五条 电子商务经营者应当在其首页显著位置，持续公示营业执照信息、与其经营业务有关的行政许可信息、属于依照本法第十条规定的不需要办理市场主体登记情形等信息，或者上述信息的链接标识。

前款规定的信息发生变更的，电子商务经营者应当及时更新公示信息。

第十六条 电子商务经营者自行终止从事电子商务的，应当提前三十日在首页显著位置持续公示有关信息。

第十七条 电子商务经营者应当全面、真实、准确、及时地披露商品或者服务信息，保障消费者的知情权和选择权。电子商务经营者不得以虚构交易、编造用户评价等方式进行虚假或者引人误解的商业宣传，欺骗、误导消费者。

第十八条 电子商务经营者根据消费者的兴趣爱好、消费习惯等特征向其提供商品或者服务的搜索结果的，应当同时向该消费者提供不针对其个人特征的选项，尊重和平等保护消费者合法权益。

电子商务经营者向消费者发送广告的，应当遵守《中华人民共和国广告法》的有关规定。

第十九条 电子商务经营者搭售商品或者服务，应当以显著方式提请消费者注意，不得将搭售商品或者服务作为默认同意的选项。

第二十条 电子商务经营者应当按照承诺或者与消费者约定的方式、时限向消费者交付商品或者服务，并承担商品运输中的风险和责任。但是，消费者另行选择快递物流服务提供者的除外。

第二十一条 电子商务经营者按照约定向消费者收取押金的，应当明示押金退还的方式、程序，不得对押金退还设置不合理条件。消费者申请退还押金，符合押金退还条件的，电子商务经营者应当及时退还。

第二十二条 电子商务经营者因其技术优势、用户数量、对相关行业的控制能力以及其他经营者对该电子商务经营者在交易上的依赖程度等因素而具有市场支配地位的，不得滥用市场支配地位，排除、限制竞争。

第二十三条 电子商务经营者收集、使用其用户的个人信息，应当遵守法律、行政法规有关个人信息保护的规定。

第二十四条 电子商务经营者应当明示用

户信息查询、更正、删除以及用户注销的方式、程序，不得对用户信息查询、更正、删除以及用户注销设置不合理条件。

电子商务经营者收到用户信息查询或者更正、删除的申请的，应当在核实身份后及时提供查询或者更正、删除用户信息。用户注销的，电子商务经营者应当立即删除该用户的信息；依照法律、行政法规的规定或者双方约定保存的，依照其规定。

第二十五条　有关主管部门依照法律、行政法规的规定要求电子商务经营者提供有关电子商务数据信息的，电子商务经营者应当提供。有关主管部门应当采取必要措施保护电子商务经营者提供的数据信息的安全，并对其中的个人信息、隐私和商业秘密严格保密，不得泄露、出售或者非法向他人提供。

第二十六条　电子商务经营者从事跨境电子商务，应当遵守进出口监督管理的法律、行政法规和国家有关规定。

第二节　电子商务平台经营者

第二十七条　电子商务平台经营者应当要求申请进入平台销售商品或者提供服务的经营者提交其身份、地址、联系方式、行政许可等真实信息，进行核验、登记，建立登记档案，并定期核验更新。

电子商务平台经营者为进入平台销售商品或者提供服务的非经营用户提供服务，应当遵守本节有关规定。

第二十八条　电子商务平台经营者应当按照规定向市场监督管理部门报送平台内经营者的身份信息，提示未办理市场主体登记的经营者依法办理登记，并配合市场监督管理部门，针对电子商务的特点，为应当办理市场主体登记的经营者办理登记提供便利。

电子商务平台经营者应当依照税收征收管理法律、行政法规的规定，向税务部门报送平台内经营者的身份信息和与纳税有关的信息，并应当提示依照本法第十条规定不需要办理市场主体登记的电子商务经营者依照本法第十一条第二款的规定办理税务登记。

第二十九条　电子商务平台经营者发现平台内的商品或者服务信息存在违反本法第十二条、第十三条规定情形的，应当依法采取必要的处置措施，并向有关主管部门报告。

第三十条　电子商务平台经营者应当采取技术措施和其他必要措施保证其网络安全、稳定运行，防范网络违法犯罪活动，有效应对网络安全事件，保障电子商务交易安全。

电子商务平台经营者应当制定网络安全事件应急预案，发生网络安全事件时，应当立即启动应急预案，采取相应的补救措施，并向有关主管部门报告。

第三十一条　电子商务平台经营者应当记录、保存平台上发布的商品和服务信息、交易信息，并确保信息的完整性、保密性、可用性。商品和服务信息、交易信息保存时间自交易完成之日起不少于三年；法律、行政法规另有规定的，依照其规定。

第三十二条　电子商务平台经营者应当遵循公开、公平、公正的原则，制定平台服务协议和交易规则，明确进入和退出平台、商品和服务质量保障、消费者权益保护、个人信息保护等方面的权利和义务。

第三十三条　电子商务平台经营者应当在其首页显著位置持续公示平台服务协议和交易规则信息或者上述信息的链接标识，并保证经营者和消费者能够便利、完整地阅览和下载。

第三十四条　电子商务平台经营者修改平台服务协议和交易规则，应当在其首页显著位置公开征求意见，采取合理措施确保有关各方能够及时充分表达意见。修改内容应当至少在实施前七日予以公示。

平台内经营者不接受修改内容，要求退出平台的，电子商务平台经营者不得阻止，并按照修改前的服务协议和交易规则承担相关责任。

第三十五条　电子商务平台经营者不得利用服务协议、交易规则以及技术等手段，对平台内经营者在平台内的交易、交易价格以及与其他经营者的交易等进行不合理限制或者附加不合理条件，或者向平台内经营者收取不合理费用。

第三十六条　电子商务平台经营者依据平台服务协议和交易规则对平台内经营者违反法律、法规的行为实施警示、暂停或者终止服务等措施的，应当及时公示。

第三十七条　电子商务平台经营者在其平

台上开展自营业务的，应当以显著方式区分标记自营业务和平台内经营者开展的业务，不得误导消费者。

电子商务平台经营者对其标记为自营的业务依法承担商品销售者或者服务提供者的民事责任。

第三十八条 电子商务平台经营者知道或者应当知道平台内经营者销售的商品或者提供的服务不符合保障人身、财产安全的要求，或者有其他侵害消费者合法权益行为，未采取必要措施的，依法与该平台内经营者承担连带责任。

对关系消费者生命健康的商品或者服务，电子商务平台经营者对平台内经营者的资质资格未尽到审核义务，或者对消费者未尽到安全保障义务，造成消费者损害的，依法承担相应的责任。

第三十九条 电子商务平台经营者应当建立健全信用评价制度，公示信用评价规则，为消费者提供对平台内销售的商品或者提供的服务进行评价的途径。

电子商务平台经营者不得删除消费者对其平台内销售的商品或者提供的服务的评价。

第四十条 电子商务平台经营者应当根据商品或者服务的价格、销量、信用等以多种方式向消费者显示商品或者服务的搜索结果；对于竞价排名的商品或者服务，应当显著标明“广告”。

第四十一条 电子商务平台经营者应当建立知识产权保护规则，与知识产权权利人加强合作，依法保护知识产权。

第四十二条 知识产权权利人认为其知识产权受到侵害的，有权通知电子商务平台经营者采取删除、屏蔽、断开链接、终止交易和服务等必要措施。通知应当包括构成侵权的初步证据。

电子商务平台经营者接到通知后，应当及时采取必要措施，并将该通知转送平台内经营者；未及时采取必要措施的，对损害的扩大部分与平台内经营者承担连带责任。

因通知错误造成平台内经营者损害的，依法承担民事责任。恶意发出错误通知，造成平台内经营者损失的，加倍承担赔偿责任。

第四十三条 平台内经营者接到转送的通知后，可以向电子商务平台经营者提交不存在侵权行为的声明。声明应当包括不存在侵权行为的初步证据。

电子商务平台经营者接到声明后，应当将该声明转送发出通知的知识产权权利人，并告知其可以向有关主管部门投诉或者向人民法院起诉。电子商务平台经营者在转送声明到达知识产权权利人后十五日内，未收到权利人已经投诉或者起诉通知的，应当及时终止所采取的措施。

第四十四条 电子商务平台经营者应当及时公示收到的本法第四十二条、第四十三条规定的通知、声明及处理结果。

第四十五条 电子商务平台经营者知道或者应当知道平台内经营者侵犯知识产权的，应当采取删除、屏蔽、断开链接、终止交易和服务等必要措施；未采取必要措施的，与侵权人承担连带责任。

第四十六条 除本法第九条第二款规定的服务外，电子商务平台经营者可以按照平台服务协议和交易规则，为经营者之间的电子商务提供仓储、物流、支付结算、交收等服务。电子商务平台经营者为经营者之间的电子商务提供服务，应当遵守法律、行政法规和国家有关规定，不得采取集中竞价、做市商等集中交易方式进行交易，不得进行标准化合约交易。

第三章　电子商务合同的订立与履行

第四十七条 电子商务当事人订立和履行合同，适用本章和《中华人民共和国民法总则》《中华人民共和国合同法》《中华人民共和国电子签名法》等法律的规定。

第四十八条 电子商务当事人使用自动信息系统订立或者履行合同的行为对使用该系统的当事人具有法律效力。

在电子商务中推定当事人具有相应的民事行为能力。但是，有相反证据足以推翻的除外。

第四十九条 电子商务经营者发布的商品或者服务信息符合要约条件的，用户选择该商品或者服务并提交订单成功，合同成立。当事人另有约定的，从其约定。

电子商务经营者不得以格式条款等方式约定消费者支付价款后合同不成立；格式条款等含有该内容的，其内容无效。

第五十条 电子商务经营者应当清晰、全面、明确地告知用户订立合同的步骤、注意事项、下载方法等事项，并保证用户能够便利、完整地阅览和下载。

电子商务经营者应当保证用户在提交订单前可以更正输入错误。

第五十一条 合同标的为交付商品并采用快递物流方式交付的，收货人签收时间为交付时间。合同标的为提供服务的，生成的电子凭证或者实物凭证中载明的时间为交付时间；前述凭证没有载明时间或者载明时间与实际提供服务时间不一致的，实际提供服务的时间为交付时间。

合同标的为采用在线传输方式交付的，合同标的进入对方当事人指定的特定系统并且能够检索识别的时间为交付时间。

合同当事人对交付方式、交付时间另有约定的，从其约定。

第五十二条 电子商务当事人可以约定采用快递物流方式交付商品。

快递物流服务提供者为电子商务提供快递物流服务，应当遵守法律、行政法规，并应当符合承诺的服务规范和时限。快递物流服务提供者在交付商品时，应当提示收货人当面查验；交由他人代收的，应当经收货人同意。

快递物流服务提供者应当按照规定使用环保包装材料，实现包装材料的减量化和再利用。

快递物流服务提供者在提供快递物流服务的同时，可以接受电子商务经营者的委托提供代收货款服务。

第五十三条 电子商务当事人可以约定采用电子支付方式支付价款。

电子支付服务提供者为电子商务提供电子支付服务，应当遵守国家规定，告知用户电子支付服务的功能、使用方法、注意事项、相关风险和收费标准等事项，不得附加不合理交易条件。电子支付服务提供者应当确保电子支付指令的完整性、一致性、可跟踪稽核和不可篡改。

电子支付服务提供者应当向用户免费提供对账服务以及最近三年的交易记录。

第五十四条 电子支付服务提供者提供电子支付服务不符合国家有关支付安全管理要求，造成用户损失的，应当承担赔偿责任。

第五十五条 用户在发出支付指令前，应当核对支付指令所包含的金额、收款人等完整信息。

支付指令发生错误的，电子支付服务提供者应当及时查找原因，并采取相关措施予以纠正。造成用户损失的，电子支付服务提供者应当承担赔偿责任，但能够证明支付错误非自身原因造成的除外。

第五十六条 电子支付服务提供者完成电子支付后，应当及时准确地向用户提供符合约定方式的确认支付的信息。

第五十七条 用户应当妥善保管交易密码、电子签名数据等安全工具。用户发现安全工具遗失、被盗用或者未经授权的支付的，应当及时通知电子支付服务提供者。

未经授权的支付造成的损失，由电子支付服务提供者承担；电子支付服务提供者能够证明未经授权的支付是因用户的过错造成的，不承担责任。

电子支付服务提供者发现支付指令未经授权，或者收到用户支付指令未经授权的通知时，应当立即采取措施防止损失扩大。电子支付服务提供者未及时采取措施导致损失扩大的，对损失扩大部分承担责任。

第四章 电子商务争议解决

第五十八条 国家鼓励电子商务平台经营者建立有利于电子商务发展和消费者权益保护的商品、服务质量担保机制。

电子商务平台经营者与平台内经营者协议设立消费者权益保证金的，双方应当就消费者权益保证金的提取数额、管理、使用和退还办法等作出明确约定。

消费者要求电子商务平台经营者承担先行赔偿责任以及电子商务平台经营者赔偿后向平台内经营者的追偿，适用《中华人民共和国消费者权益保护法》的有关规定。

第五十九条 电子商务经营者应当建立便捷、有效的投诉、举报机制，公开投诉、举报方式等信息，及时受理并处理投诉、举报。

第六十条 电子商务争议可以通过协商和解，请求消费者组织、行业协会或者其他依法成立的调解组织调解，向有关部门投诉，提请仲裁，或者提起诉讼等方式解决。

第六十一条　消费者在电子商务平台购买商品或者接受服务，与平台内经营者发生争议时，电子商务平台经营者应当积极协助消费者维护合法权益。

第六十二条　在电子商务争议处理中，电子商务经营者应当提供原始合同和交易记录。因电子商务经营者丢失、伪造、篡改、销毁、隐匿或者拒绝提供前述资料，致使人民法院、仲裁机构或者有关机关无法查明事实的，电子商务经营者应当承担相应的法律责任。

第六十三条　电子商务平台经营者可以建立争议在线解决机制，制定并公示争议解决规则，根据自愿原则，公平、公正地解决当事人的争议。

第五章　电子商务促进

第六十四条　国务院和省、自治区、直辖市人民政府应当将电子商务发展纳入国民经济和社会发展规划，制定科学合理的产业政策，促进电子商务创新发展。

第六十五条　国务院和县级以上地方人民政府及其有关部门应当采取措施，支持、推动绿色包装、仓储、运输，促进电子商务绿色发展。

第六十六条　国家推动电子商务基础设施和物流网络建设，完善电子商务统计制度，加强电子商务标准体系建设。

第六十七条　国家推动电子商务在国民经济各个领域的应用，支持电子商务与各产业融合发展。

第六十八条　国家促进农业生产、加工、流通等环节的互联网技术应用，鼓励各类社会资源加强合作，促进农村电子商务发展，发挥电子商务在精准扶贫中的作用。

第六十九条　国家维护电子商务交易安全，保护电子商务用户信息，鼓励电子商务数据开发应用，保障电子商务数据依法有序自由流动。

国家采取措施推动建立公共数据共享机制，促进电子商务经营者依法利用公共数据。

第七十条　国家支持依法设立的信用评价机构开展电子商务信用评价，向社会提供电子商务信用评价服务。

第七十一条　国家促进跨境电子商务发展，建立健全适应跨境电子商务特点的海关、税收、进出境检验检疫、支付结算等管理制度，提高跨境电子商务各环节便利化水平，支持跨境电子商务平台经营者等为跨境电子商务提供仓储物流、报关、报检等服务。

国家支持小型微型企业从事跨境电子商务。

第七十二条　国家进出口管理部门应当推进跨境电子商务海关申报、纳税、检验检疫等环节的综合服务和监管体系建设，优化监管流程，推动实现信息共享、监管互认、执法互助，提高跨境电子商务服务和监管效率。跨境电子商务经营者可以凭电子单证向国家进出口管理部门办理有关手续。

第七十三条　国家推动建立与不同国家、地区之间跨境电子商务的交流合作，参与电子商务国际规则的制定，促进电子签名、电子身份等国际互认。

国家推动建立与不同国家、地区之间的跨境电子商务争议解决机制。

第六章　法律责任

第七十四条　电子商务经营者销售商品或者提供服务，不履行合同义务或者履行合同义务不符合约定，或者造成他人损害的，依法承担民事责任。

第七十五条　电子商务经营者违反本法第十二条、第十三条规定，未取得相关行政许可从事经营活动，或者销售、提供法律、行政法规禁止交易的商品、服务，或者不履行本法第二十五条规定的信息提供义务，电子商务平台经营者违反本法第四十六条规定，采取集中交易方式进行交易，或者进行标准化合约交易的，依照有关法律、行政法规的规定处罚。

第七十六条　电子商务经营者违反本法规定，有下列行为之一的，由市场监督管理部门责令限期改正，可以处一万元以下的罚款，对其中的电子商务平台经营者，依照本法第八十一条第一款的规定处罚：

（一）未在首页显著位置公示营业执照信息、行政许可信息、属于不需要办理市场主体登记情形等信息，或者上述信息的链接标识的；

（二）未在首页显著位置持续公示终止电子商务的有关信息的；

（三）未明示用户信息查询、更正、删除以及用户注销的方式、程序，或者对用户信息查询、更正、删除以及用户注销设置不合理条件的。

电子商务平台经营者对违反前款规定的平台内经营者未采取必要措施的，由市场监督管理部门责令限期改正，可以处二万元以上十万元以下的罚款。

第七十七条 电子商务经营者违反本法第十八条第一款规定提供搜索结果，或者违反本法第十九条规定搭售商品、服务的，由市场监督管理部门责令限期改正，没收违法所得，可以并处五万元以上二十万元以下的罚款；情节严重的，并处二十万元以上五十万元以下的罚款。

第七十八条 电子商务经营者违反本法第二十一条规定，未向消费者明示押金退还的方式、程序，对押金退还设置不合理条件，或者不及时退还押金的，由有关主管部门责令限期改正，可以处五万元以上二十万元以下的罚款；情节严重的，处二十万元以上五十万元以下的罚款。

第七十九条 电子商务经营者违反法律、行政法规有关个人信息保护的规定，或者不履行本法第三十条和有关法律、行政法规规定的网络安全保障义务的，依照《中华人民共和国网络安全法》等法律、行政法规的规定处罚。

第八十条 电子商务平台经营者有下列行为之一的，由有关主管部门责令限期改正；逾期不改正的，处二万元以上十万元以下的罚款；情节严重的，责令停业整顿，并处十万元以上五十万元以下的罚款：

（一）不履行本法第二十七条规定的核验、登记义务的；

（二）不按照本法第二十八条规定向市场监督管理部门、税务部门报送有关信息的；

（三）不按照本法第二十九条规定对违法情形采取必要的处置措施，或者未向有关主管部门报告的；

（四）不履行本法第三十一条规定的商品和服务信息、交易信息保存义务的。

法律、行政法规对前款规定的违法行为的处罚另有规定的，依照其规定。

第八十一条 电子商务平台经营者违反本法规定，有下列行为之一的，由市场监督管理部门责令限期改正，可以处二万元以上十万元以下的罚款；情节严重的，处十万元以上五十万元以下的罚款：

（一）未在首页显著位置持续公示平台服务协议、交易规则信息或者上述信息的链接标识的；

（二）修改交易规则未在首页显著位置公开征求意见，未按照规定的时间提前公示修改内容，或者阻止平台内经营者退出的；

（三）未以显著方式区分标记自营业务和平台内经营者开展的业务的；

（四）未为消费者提供对平台内销售的商品或者提供的服务进行评价的途径，或者擅自删除消费者的评价的。

电子商务平台经营者违反本法第四十条规定，对竞价排名的商品或者服务未显著标明“广告”的，依照《中华人民共和国广告法》的规定处罚。

第八十二条 电子商务平台经营者违反本法第三十五条规定，对平台内经营者在平台内的交易、交易价格或者与其他经营者的交易等进行不合理限制或者附加不合理条件，或者向平台内经营者收取不合理费用的，由市场监督管理部门责令限期改正，可以处五万元以上五十万元以下的罚款；情节严重的，处五十万元以上二百万元以下的罚款。

第八十三条 电子商务平台经营者违反本法第三十八条规定，对平台内经营者侵害消费者合法权益行为未采取必要措施，或者对平台内经营者未尽到资质资格审核义务，或者对消费者未尽到安全保障义务的，由市场监督管理部门责令限期改正，可以处五万元以上五十万元以下的罚款；情节严重的，责令停业整顿，并处五十万元以上二百万元以下的罚款。

第八十四条 电子商务平台经营者违反本法第四十二条、第四十五条规定，对平台内经营者实施侵犯知识产权行为未依法采取必要措施的，由有关知识产权行政部门责令限期改正；逾期不改正的，处五万元以上五十万元以下的罚款；情节严重的，处五十万元以上二百万元以下的罚款。

第八十五条 电子商务经营者违反本法规定，销售的商品或者提供的服务不符合保障人身、财产安全的要求，实施虚假或者引人误解的商业宣传等不正当竞争行为，滥用市场支配地位，或者实施侵犯知识产权、侵害消费者权益等行为的，依照有关法律的规定处罚。

第八十六条 电子商务经营者有本法规定的违法行为的，依照有关法律、行政法规的规定记入信用档案，并予以公示。

第八十七条 依法负有电子商务监督管理职责的部门的工作人员，玩忽职守、滥用职权、徇私舞弊，或者泄露、出售或者非法向他人提供在履行职责中所知悉的个人信息、隐私和商业秘密的，依法追究法律责任。

第八十八条 违反本法规定，构成违反治安管理行为的，依法给予治安管理处罚；构成犯罪的，依法追究刑事责任。

第七章　附　　则

第八十九条 本法自2019年1月1日起施行。

全国人民代表大会常务委员会关于加强网络信息保护的决定

（2012年12月28日第十一届全国人民代表大会常务委员会第三十次会议通过）

为了保护网络信息安全，保障公民、法人和其他组织的合法权益，维护国家安全和社会公共利益，特作如下决定：

一、国家保护能够识别公民个人身份和涉及公民个人隐私的电子信息。

任何组织和个人不得窃取或者以其他非法方式获取公民个人电子信息，不得出售或者非法向他人提供公民个人电子信息。

二、网络服务提供者和其他企业事业单位在业务活动中收集、使用公民个人电子信息，应当遵循合法、正当、必要的原则，明示收集、使用信息的目的、方式和范围，并经被收集者同意，不得违反法律、法规的规定和双方的约定收集、使用信息。

网络服务提供者和其他企业事业单位收集、使用公民个人电子信息，应当公开其收集、使用规则。

三、网络服务提供者和其他企业事业单位及其工作人员对在业务活动中收集的公民个人电子信息必须严格保密，不得泄露、篡改、毁损，不得出售或者非法向他人提供。

四、网络服务提供者和其他企业事业单位应当采取技术措施和其他必要措施，确保信息安全，防止在业务活动中收集的公民个人电子信息泄露、毁损、丢失。在发生或者可能发生信息泄露、毁损、丢失的情况时，应当立即采取补救措施。

五、网络服务提供者应当加强对其用户发布的信息的管理，发现法律、法规禁止发布或者传输的信息的，应当立即停止传输该信息，采取消除等处置措施，保存有关记录，并向有关主管部门报告。

六、网络服务提供者为用户办理网站接入服务，办理固定电话、移动电话等入网手续，或者为用户提供信息发布服务，应当在与用户签订协议或者确认提供服务时，要求用户提供真实身份信息。

七、任何组织和个人未经电子信息接收者同意或者请求，或者电子信息接收者明确表示拒绝的，不得向其固定电话、移动电话或者个人电子邮箱发送商业性电子信息。

八、公民发现泄露个人身份、散布个人隐私等侵害其合法权益的网络信息，或者受到商业性电子信息侵扰的，有权要求网络服务提供者删除有关信息或者采取其他必要措施予以制止。

九、任何组织和个人对窃取或者以其他非法方式获取、出售或者非法向他人提供公民个人电子信息的违法犯罪行为以及其他网络信息违法犯罪行为，有权向有关主管部门举报、控告；接到举报、控告的部门应当依法及时处理。被侵权人可以依法提起诉讼。

十、有关主管部门应当在各自职权范围内依法履行职责，采取技术措施和其他必要措施，防范、制止和查处窃取或者以其他非法方式获取、出售或者非法向他人提供公民个人电子信息的违法犯罪行为以及其他网络信息违法犯罪行为。有关主管部门依法履行职责时，网络服务提供者应当予以配合，提供技术支持。

国家机关及其工作人员对在履行职责中知悉的公民个人电子信息应当予以保密，不得泄露、篡改、毁损，不得出售或者非法向他人提供。

十一、对有违反本决定行为的，依法给予警告、罚款、没收违法所得、吊销许可证或者取消备案、关闭网站、禁止有关责任人员从事网络服务业务等处罚，记入社会信用档案并予以公布；构成违反治安管理行为的，依法给予治安管理处罚。构成犯罪的，依法追究刑事责任。侵害他人民事权益的，依法承担民事责任。

十二、本决定自公布之日起施行。

全国人民代表大会常务委员会关于维护互联网安全的决定

（2000年12月28日第九届全国人民代表大会常务委员会第十九次会议通过　根据2009年8月27日第十一届全国人民代表大会常务委员会第十次会议《关于修改部分法律的决定》修正）

我国的互联网，在国家大力倡导和积极推动下，在经济建设和各项事业中得到日益广泛的应用，使人们的生产、工作、学习和生活方式已经开始并将继续发生深刻的变化，对于加快我国国民经济、科学技术的发展和社会服务信息化进程具有重要作用。同时，如何保障互联网的运行安全和信息安全问题已经引起全社会的普遍关注。为了兴利除弊，促进我国互联网的健康发展，维护国家安全和社会公共利益，保护个人、法人和其他组织的合法权益，特作如下决定：

一、为了保障互联网的运行安全，对有下列行为之一，构成犯罪的，依照刑法有关规定追究刑事责任：

（一）侵入国家事务、国防建设、尖端科学技术领域的计算机信息系统；

（二）故意制作、传播计算机病毒等破坏性程序，攻击计算机系统及通信网络，致使计算机系统及通信网络遭受损害；

（三）违反国家规定，擅自中断计算机网络或者通信服务，造成计算机网络或者通信系统不能正常运行。

二、为了维护国家安全和社会稳定，对有下列行为之一，构成犯罪的，依照刑法有关规定追究刑事责任：

（一）利用互联网造谣、诽谤或者发表、传播其他有害信息，煽动颠覆国家政权、推翻社会主义制度，或者煽动分裂国家、破坏国家统一；

（二）通过互联网窃取、泄露国家秘密、情报或者军事秘密；

（三）利用互联网煽动民族仇恨、民族歧视，破坏民族团结；

（四）利用互联网组织邪教组织、联络邪教组织成员，破坏国家法律、行政法规实施。

三、为了维护社会主义市场经济秩序和社会管理秩序，对有下列行为之一，构成犯罪的，依照刑法有关规定追究刑事责任：

（一）利用互联网销售伪劣产品或者对商品、服务作虚假宣传；

（二）利用互联网损害他人商业信誉和商品声誉；

（三）利用互联网侵犯他人知识产权；

（四）利用互联网编造并传播影响证券、期货交易或者其他扰乱金融秩序的虚假信息；

（五）在互联网上建立淫秽网站、网页，提供淫秽站点链接服务，或者传播淫秽书刊、影片、音像、图片。

四、为了保护个人、法人和其他组织的人身、财产等合法权利，对有下列行为之一，构成犯罪的，依照刑法有关规定追究刑事责任：

（一）利用互联网侮辱他人或者捏造事实诽谤他人；

（二）非法截获、篡改、删除他人电子邮件

或者其他数据资料，侵犯公民通信自由和通信秘密；

（三）利用互联网进行盗窃、诈骗、敲诈勒索。

五、利用互联网实施本决定第一条、第二条、第三条、第四条所列行为以外的其他行为，构成犯罪的，依照刑法有关规定追究刑事责任。

六、利用互联网实施违法行为，违反社会治安管理，尚不构成犯罪的，由公安机关依照《治安管理处罚法》予以处罚；违反其他法律、行政法规，尚不构成犯罪的，由有关行政管理部门依法给予行政处罚；对直接负责的主管人员和其他直接责任人员，依法给予行政处分或者纪律处分。

利用互联网侵犯他人合法权益，构成民事侵权的，依法承担民事责任。

七、各级人民政府及有关部门要采取积极措施，在促进互联网的应用和网络技术的普及过程中，重视和支持对网络安全技术的研究和开发，增强网络的安全防护能力。有关主管部门要加强对互联网的运行安全和信息安全的宣传教育，依法实施有效的监督管理，防范和制止利用互联网进行的各种违法活动，为互联网的健康发展创造良好的社会环境。从事互联网业务的单位要依法开展活动，发现互联网上出现违法犯罪行为和有害信息时，要采取措施，停止传输有害信息，并及时向有关机关报告。任何单位和个人在利用互联网时，都要遵纪守法，抵制各种违法犯罪行为和有害信息。人民法院、人民检察院、公安机关、国家安全机关要各司其职，密切配合，依法严厉打击利用互联网实施的各种犯罪活动。要动员全社会的力量，依靠全社会的共同努力，保障互联网的运行安全与信息安全，促进社会主义精神文明和物质文明建设。

中华人民共和国消费者权益保护法

（1993年10月31日第八届全国人民代表大会常务委员会第四次会议通过　根据2009年8月27日第十一届全国人民代表大会常务委员会第十次会议《关于修改部分法律的决定》第一次修正　根据2013年10月25日第十二届全国人民代表大会常务委员会第五次会议《关于修改〈中华人民共和国消费者权益保护法〉的决定》第二次修正）

目　录

第一章　总　　则

第一条　为保护消费者的合法权益，维护社会经济秩序，促进社会主义市场经济健康发展，制定本法。

第二条　消费者为生活消费需要购买、使用商品或者接受服务，其权益受本法保护；本法未作规定的，受其他有关法律、法规保护。

第三条　经营者为消费者提供其生产、销售的商品或者提供服务，应当遵守本法；本法未作规定的，应当遵守其他有关法律、法规。

第四条　经营者与消费者进行交易，应当遵循自愿、平等、公平、诚实信用的原则。

第五条　国家保护消费者的合法权益不受侵害。

国家采取措施，保障消费者依法行使权利，维护消费者的合法权益。

国家倡导文明、健康、节约资源和保护环境的消费方式，反对浪费。

第六条　保护消费者的合法权益是全社会的共同责任。

国家鼓励、支持一切组织和个人对损害消

费者合法权益的行为进行社会监督。

大众传播媒介应当做好维护消费者合法权益的宣传，对损害消费者合法权益的行为进行舆论监督。

第二章 消费者的权利

第七条 消费者在购买、使用商品和接受服务时享有人身、财产安全不受损害的权利。

消费者有权要求经营者提供的商品和服务，符合保障人身、财产安全的要求。

第八条 消费者享有知悉其购买、使用的商品或者接受的服务的真实情况的权利。

消费者有权根据商品或者服务的不同情况，要求经营者提供商品的价格、产地、生产者、用途、性能、规格、等级、主要成份、生产日期、有效期限、检验合格证明、使用方法说明书、售后服务，或者服务的内容、规格、费用等有关情况。

第九条 消费者享有自主选择商品或者服务的权利。

消费者有权自主选择提供商品或者服务的经营者，自主选择商品品种或者服务方式，自主决定购买或者不购买任何一种商品、接受或者不接受任何一项服务。

消费者在自主选择商品或者服务时，有权进行比较、鉴别和挑选。

第十条 消费者享有公平交易的权利。

消费者在购买商品或者接受服务时，有权获得质量保障、价格合理、计量正确等公平交易条件，有权拒绝经营者的强制交易行为。

第十一条 消费者因购买、使用商品或者接受服务受到人身、财产损害的，享有依法获得赔偿的权利。

第十二条 消费者享有依法成立维护自身合法权益的社会组织的权利。

第十三条 消费者享有获得有关消费和消费者权益保护方面的知识的权利。

消费者应当努力掌握所需商品或者服务的知识和使用技能，正确使用商品，提高自我保护意识。

第十四条 消费者在购买、使用商品和接受服务时，享有人格尊严、民族风俗习惯得到尊重的权利，享有个人信息依法得到保护的权利。

第十五条 消费者享有对商品和服务以及保护消费者权益工作进行监督的权利。

消费者有权检举、控告侵害消费者权益的行为和国家机关及其工作人员在保护消费者权益工作中的违法失职行为，有权对保护消费者权益工作提出批评、建议。

第三章 经营者的义务

第十六条 经营者向消费者提供商品或者服务，应当依照本法和其他有关法律、法规的规定履行义务。

经营者和消费者有约定的，应当按照约定履行义务，但双方的约定不得违背法律、法规的规定。

经营者向消费者提供商品或者服务，应当恪守社会公德，诚信经营，保障消费者的合法权益；不得设定不公平、不合理的交易条件，不得强制交易。

第十七条 经营者应当听取消费者对其提供的商品或者服务的意见，接受消费者的监督。

第十八条 经营者应当保证其提供的商品或者服务符合保障人身、财产安全的要求。对可能危及人身、财产安全的商品和服务，应当向消费者作出真实的说明和明确的警示，并说明和标明正确使用商品或者接受服务的方法以及防止危害发生的方法。

宾馆、商场、餐馆、银行、机场、车站、港口、影剧院等经营场所的经营者，应当对消费者尽到安全保障义务。

第十九条 经营者发现其提供的商品或者服务存在缺陷，有危及人身、财产安全危险的，应当立即向有关行政部门报告和告知消费者，并采取停止销售、警示、召回、无害化处理、销毁、停止生产或者服务等措施。采取召回措施的，经营者应当承担消费者因商品被召回支出的必要费用。

第二十条 经营者向消费者提供有关商品或者服务的质量、性能、用途、有效期限等信息，应当真实、全面，不得作虚假或者引人误解的宣传。

经营者对消费者就其提供的商品或者服务的质量和使用方法等问题提出的询问，应当作出真实、明确的答复。

经营者提供商品或者服务应当明码标价。

第二十一条 经营者应当标明其真实名称和标记。

租赁他人柜台或者场地的经营者，应当标明其真实名称和标记。

第二十二条 经营者提供商品或者服务，应当按照国家有关规定或者商业惯例向消费者出具发票等购货凭证或者服务单据；消费者索要发票等购货凭证或者服务单据的，经营者必须出具。

第二十三条 经营者应当保证在正常使用商品或者接受服务的情况下其提供的商品或者服务应当具有的质量、性能、用途和有效期限；但消费者在购买该商品或者接受该服务前已经知道其存在瑕疵，且存在该瑕疵不违反法律强制性规定的除外。

经营者以广告、产品说明、实物样品或者其他方式表明商品或者服务的质量状况的，应当保证其提供的商品或者服务的实际质量与表明的质量状况相符。

经营者提供的机动车、计算机、电视机、电冰箱、空调器、洗衣机等耐用商品或者装饰装修等服务，消费者自接受商品或者服务之日起六个月内发现瑕疵，发生争议的，由经营者承担有关瑕疵的举证责任。

第二十四条 经营者提供的商品或者服务不符合质量要求的，消费者可以依照国家规定、当事人约定退货，或者要求经营者履行更换、修理等义务。没有国家规定和当事人约定的，消费者可以自收到商品之日起七日内退货；七日后符合法定解除合同条件的，消费者可以及时退货，不符合法定解除合同条件的，可以要求经营者履行更换、修理等义务。

依照前款规定进行退货、更换、修理的，经营者应当承担运输等必要费用。

第二十五条 经营者采用网络、电视、电话、邮购等方式销售商品，消费者有权自收到商品之日起七日内退货，且无需说明理由，但下列商品除外：

（一）消费者定作的；

（二）鲜活易腐的；

（三）在线下载或者消费者拆封的音像制品、计算机软件等数字化商品；

（四）交付的报纸、期刊。

除前款所列商品外，其他根据商品性质并经消费者在购买时确认不宜退货的商品，不适用无理由退货。

消费者退货的商品应当完好。经营者应当自收到退回商品之日起七日内返还消费者支付的商品价款。退回商品的运费由消费者承担；经营者和消费者另有约定的，按照约定。

第二十六条 经营者在经营活动中使用格式条款的，应当以显著方式提请消费者注意商品或者服务的数量和质量、价款或者费用、履行期限和方式、安全注意事项和风险警示、售后服务、民事责任等与消费者有重大利害关系的内容，并按照消费者的要求予以说明。

经营者不得以格式条款、通知、声明、店堂告示等方式，作出排除或者限制消费者权利、减轻或者免除经营者责任、加重消费者责任等对消费者不公平、不合理的规定，不得利用格式条款并借助技术手段强制交易。

格式条款、通知、声明、店堂告示等含有前款所列内容的，其内容无效。

第二十七条 经营者不得对消费者进行侮辱、诽谤，不得搜查消费者的身体及其携带的物品，不得侵犯消费者的人身自由。

第二十八条 采用网络、电视、电话、邮购等方式提供商品或者服务的经营者，以及提供证券、保险、银行等金融服务的经营者，应当向消费者提供经营地址、联系方式、商品或者服务的数量和质量、价款或者费用、履行期限和方式、安全注意事项和风险警示、售后服务、民事责任等信息。

第二十九条 经营者收集、使用消费者个人信息，应当遵循合法、正当、必要的原则，明示收集、使用信息的目的、方式和范围，并经消费者同意。经营者收集、使用消费者个人信息，应当公开其收集、使用规则，不得违反法律、法规的规定和双方的约定收集、使用信息。

经营者及其工作人员对收集的消费者个人信息必须严格保密，不得泄露、出售或者非法向他人提供。经营者应当采取技术措施和其他必要措施，确保信息安全，防止消费者个人信息泄露、丢失。在发生或者可能发生信息泄露、丢失的情况时，应当立即采取补救措施。

经营者未经消费者同意或者请求，或者消费者明确表示拒绝的，不得向其发送商业性信息。

第四章 国家对消费者合法权益的保护

第三十条 国家制定有关消费者权益的法律、法规、规章和强制性标准，应当听取消费者和消费者协会等组织的意见。

第三十一条 各级人民政府应当加强领导，组织、协调、督促有关行政部门做好保护消费者合法权益的工作，落实保护消费者合法权益的职责。

各级人民政府应当加强监督，预防危害消费者人身、财产安全行为的发生，及时制止危害消费者人身、财产安全的行为。

第三十二条 各级人民政府工商行政管理部门和其他有关行政部门应当依照法律、法规的规定，在各自的职责范围内，采取措施，保护消费者的合法权益。

有关行政部门应当听取消费者和消费者协会等组织对经营者交易行为、商品和服务质量问题的意见，及时调查处理。

第三十三条 有关行政部门在各自的职责范围内，应当定期或者不定期对经营者提供的商品和服务进行抽查检验，并及时向社会公布抽查检验结果。

有关行政部门发现并认定经营者提供的商品或者服务存在缺陷，有危及人身、财产安全危险的，应当立即责令经营者采取停止销售、警示、召回、无害化处理、销毁、停止生产或者服务等措施。

第三十四条 有关国家机关应当依照法律、法规的规定，惩处经营者在提供商品和服务中侵害消费者合法权益的违法犯罪行为。

第三十五条 人民法院应当采取措施，方便消费者提起诉讼。对符合《中华人民共和国民事诉讼法》起诉条件的消费者权益争议，必须受理，及时审理。

第五章 消费者组织

第三十六条 消费者协会和其他消费者组织是依法成立的对商品和服务进行社会监督的保护消费者合法权益的社会组织。

第三十七条 消费者协会履行下列公益性职责：

（一）向消费者提供消费信息和咨询服务，提高消费者维护自身合法权益的能力，引导文明、健康、节约资源和保护环境的消费方式；

（二）参与制定有关消费者权益的法律、法规、规章和强制性标准；

（三）参与有关行政部门对商品和服务的监督、检查；

（四）就有关消费者合法权益的问题，向有关部门反映、查询，提出建议；

（五）受理消费者的投诉，并对投诉事项进行调查、调解；

（六）投诉事项涉及商品和服务质量问题的，可以委托具备资格的鉴定人鉴定，鉴定人应当告知鉴定意见；

（七）就损害消费者合法权益的行为，支持受损害的消费者提起诉讼或者依照本法提起诉讼；

（八）对损害消费者合法权益的行为，通过大众传播媒介予以揭露、批评。

各级人民政府对消费者协会履行职责应当予以必要的经费等支持。

消费者协会应当认真履行保护消费者合法权益的职责，听取消费者的意见和建议，接受社会监督。

依法成立的其他消费者组织依照法律、法规及其章程的规定，开展保护消费者合法权益的活动。

第三十八条 消费者组织不得从事商品经营和营利性服务，不得以收取费用或者其他牟取利益的方式向消费者推荐商品和服务。

第六章 争议的解决

第三十九条 消费者和经营者发生消费者权益争议的，可以通过下列途径解决：

（一）与经营者协商和解；

（二）请求消费者协会或者依法成立的其他调解组织调解；

（三）向有关行政部门投诉；

（四）根据与经营者达成的仲裁协议提请仲裁机构仲裁；

（五）向人民法院提起诉讼。

第四十条 消费者在购买、使用商品时，其合法权益受到损害的，可以向销售者要求赔偿。销售者赔偿后，属于生产者的责任或者属于向销售者提供商品的其他销售者的责任的，销售者有权向生产者或者其他销售者追偿。

消费者或者其他受害人因商品缺陷造成人身、财产损害的，可以向销售者要求赔偿，也可以向生产者要求赔偿。属于生产者责任的，销售者赔偿后，有权向生产者追偿。属于销售者责任的，生产者赔偿后，有权向销售者追偿。

消费者在接受服务时，其合法权益受到损害的，可以向服务者要求赔偿。

第四十一条 消费者在购买、使用商品或者接受服务时，其合法权益受到损害，因原企业分立、合并的，可以向变更后承受其权利义务的企业要求赔偿。

第四十二条 使用他人营业执照的违法经营者提供商品或者服务，损害消费者合法权益的，消费者可以向其要求赔偿，也可以向营业执照的持有人要求赔偿。

第四十三条 消费者在展销会、租赁柜台购买商品或者接受服务，其合法权益受到损害的，可以向销售者或者服务者要求赔偿。展销会结束或者柜台租赁期满后，也可以向展销会的举办者、柜台的出租者要求赔偿。展销会的举办者、柜台的出租者赔偿后，有权向销售者或者服务者追偿。

第四十四条 消费者通过网络交易平台购买商品或者接受服务，其合法权益受到损害的，可以向销售者或者服务者要求赔偿。网络交易平台提供者不能提供销售者或者服务者的真实名称、地址和有效联系方式的，消费者也可以向网络交易平台提供者要求赔偿；网络交易平台提供者作出更有利于消费者的承诺的，应当履行承诺。网络交易平台提供者赔偿后，有权向销售者或者服务者追偿。

网络交易平台提供者明知或者应知销售者或者服务者利用其平台侵害消费者合法权益，未采取必要措施的，依法与该销售者或者服务者承担连带责任。

第四十五条 消费者因经营者利用虚假广告或者其他虚假宣传方式提供商品或者服务，其合法权益受到损害的，可以向经营者要求赔偿。广告经营者、发布者发布虚假广告的，消费者可以请求行政主管部门予以惩处。广告经营者、发布者不能提供经营者的真实名称、地址和有效联系方式的，应当承担赔偿责任。

广告经营者、发布者设计、制作、发布关系消费者生命健康商品或者服务的虚假广告，造成消费者损害的，应当与提供该商品或者服务的经营者承担连带责任。

社会团体或者其他组织、个人在关系消费者生命健康商品或者服务的虚假广告或者其他虚假宣传中向消费者推荐商品或者服务，造成消费者损害的，应当与提供该商品或者服务的经营者承担连带责任。

第四十六条 消费者向有关行政部门投诉的，该部门应当自收到投诉之日起七个工作日内，予以处理并告知消费者。

第四十七条 对侵害众多消费者合法权益的行为，中国消费者协会以及在省、自治区、直辖市设立的消费者协会，可以向人民法院提起诉讼。

第七章　法律责任

第四十八条 经营者提供商品或者服务有下列情形之一的，除本法另有规定外，应当依照其他有关法律、法规的规定，承担民事责任：

（一）商品或者服务存在缺陷的；

（二）不具备商品应当具备的使用性能而出售时未作说明的；

（三）不符合在商品或者其包装上注明采用的商品标准的；

（四）不符合商品说明、实物样品等方式表明的质量状况的；

（五）生产国家明令淘汰的商品或者销售失效、变质的商品的；

（六）销售的商品数量不足的；

（七）服务的内容和费用违反约定的；

（八）对消费者提出的修理、重作、更换、退货、补足商品数量、退还货款和服务费用或者赔偿损失的要求，故意拖延或者无理拒绝的；

（九）法律、法规规定的其他损害消费者权益的情形。

经营者对消费者未尽到安全保障义务，造成消费者损害的，应当承担侵权责任。

第四十九条 经营者提供商品或者服务，造成消费者或者其他受害人人身伤害的，应当赔偿医疗费、护理费、交通费等为治疗和康复支出的合理费用，以及因误工减少的收入。造成残疾的，还应当赔偿残疾生活辅助具费和残疾赔偿金。造成死亡的，还应当赔偿丧葬费和死亡赔偿金。

第五十条 经营者侵害消费者的人格尊严、侵犯消费者人身自由或者侵害消费者个人信息依法得到保护的权利的，应当停止侵害、恢复名誉、消除影响、赔礼道歉，并赔偿损失。

第五十一条 经营者有侮辱诽谤、搜查身体、侵犯人身自由等侵害消费者或者其他受害人人身权益的行为，造成严重精神损害的，受害人可以要求精神损害赔偿。

第五十二条 经营者提供商品或者服务，造成消费者财产损害的，应当依照法律规定或者当事人约定承担修理、重作、更换、退货、补足商品数量、退还货款和服务费用或者赔偿损失等民事责任。

第五十三条 经营者以预收款方式提供商品或者服务的，应当按照约定提供。未按照约定提供的，应当按照消费者的要求履行约定或者退回预付款；并应当承担预付款的利息、消费者必须支付的合理费用。

第五十四条 依法经有关行政部门认定为不合格的商品，消费者要求退货的，经营者应当负责退货。

第五十五条 经营者提供商品或者服务有欺诈行为的，应当按照消费者的要求增加赔偿其受到的损失，增加赔偿的金额为消费者购买商品的价款或者接受服务的费用的三倍；增加赔偿的金额不足五百元的，为五百元。法律另有规定的，依照其规定。

经营者明知商品或者服务存在缺陷，仍然向消费者提供，造成消费者或者其他受害人死亡或者健康严重损害的，受害人有权要求经营者依照本法第四十九条、第五十一条等法律规定赔偿损失，并有权要求所受损失二倍以下的惩罚性赔偿。

第五十六条 经营者有下列情形之一，除承担相应的民事责任外，其他有关法律、法规对处罚机关和处罚方式有规定的，依照法律、法规的规定执行；法律、法规未作规定的，由工商行政管理部门或者其他有关行政部门责令改正，可以根据情节单处或者并处警告、没收违法所得、处以违法所得一倍以上十倍以下的罚款，没有违法所得的，处以五十万元以下的罚款；情节严重的，责令停业整顿、吊销营业执照：

（一）提供的商品或者服务不符合保障人身、财产安全要求的；

（二）在商品中掺杂、掺假，以假充真，以次充好，或者以不合格商品冒充合格商品的；

（三）生产国家明令淘汰的商品或者销售失效、变质的商品的；

（四）伪造商品的产地，伪造或者冒用他人的厂名、厂址，篡改生产日期，伪造或者冒用认证标志等质量标志的；

（五）销售的商品应当检验、检疫而未检验、检疫或者伪造检验、检疫结果的；

（六）对商品或者服务作虚假或者引人误解的宣传的；

（七）拒绝或者拖延有关行政部门责令对缺陷商品或者服务采取停止销售、警示、召回、无害化处理、销毁、停止生产或者服务等措施的；

（八）对消费者提出的修理、重作、更换、退货、补足商品数量、退还货款和服务费用或者赔偿损失的要求，故意拖延或者无理拒绝的；

（九）侵害消费者人格尊严、侵犯消费者人身自由或者侵害消费者个人信息依法得到保护的权利的；

（十）法律、法规规定的对损害消费者权益应当予以处罚的其他情形。

经营者有前款规定情形的，除依照法律、法规规定予以处罚外，处罚机关应当记入信用档案，向社会公布。

第五十七条 经营者违反本法规定提供商品或者服务，侵害消费者合法权益，构成犯罪的，依法追究刑事责任。

第五十八条 经营者违反本法规定，应当承担民事赔偿责任和缴纳罚款、罚金，其财产不足以同时支付的，先承担民事赔偿责任。

第五十九条 经营者对行政处罚决定不服的，可以依法申请行政复议或者提起行政诉讼。

第六十条 以暴力、威胁等方法阻碍有关行政部门工作人员依法执行职务的，依法追究刑事责任；拒绝、阻碍有关行政部门工作人员依法执行职务，未使用暴力、威胁方法的，由公安机关依照《中华人民共和国治安管理处罚法》的规定处罚。

第六十一条 国家机关工作人员玩忽职守或者包庇经营者侵害消费者合法权益的行为的，由其所在单位或者上级机关给予行政处分；情节严重，构成犯罪的，依法追究刑事责任。

第八章 附 则

第六十二条 农民购买、使用直接用于农业生产的生产资料，参照本法执行。

第六十三条 本法自1994年1月1日起施行。

中华人民共和国广告法

（1994年10月27日第八届全国人民代表大会常务委员会第十次会议通过 2015年4月24日第十二届全国人民代表大会常务委员会第十四次会议修订 2015年4月24日中华人民共和国主席令第二十二号公布 自2015年9月1日起施行）

目 录

第一章 总 则

第一条 为了规范广告活动，保护消费者的合法权益，促进广告业的健康发展，维护社会经济秩序，制定本法。

第二条 在中华人民共和国境内，商品经营者或者服务提供者通过一定媒介和形式直接或者间接地介绍自己所推销的商品或者服务的商业广告活动，适用本法。

本法所称广告主，是指为推销商品或者服务，自行或者委托他人设计、制作、发布广告的自然人、法人或者其他组织。

本法所称广告经营者，是指接受委托提供广告设计、制作、代理服务的自然人、法人或者其他组织。

本法所称广告发布者，是指为广告主或者广告主委托的广告经营者发布广告的自然人、法人或者其他组织。

本法所称广告代言人，是指广告主以外的，在广告中以自己的名义或者形象对商品、服务作推荐、证明的自然人、法人或者其他组织。

第三条 广告应当真实、合法，以健康的表现形式表达广告内容，符合社会主义精神文明建设和弘扬中华民族优秀传统文化的要求。

第四条 广告不得含有虚假或者引人误解的内容，不得欺骗、误导消费者。

广告主应当对广告内容的真实性负责。

第五条 广告主、广告经营者、广告发布者从事广告活动，应当遵守法律、法规，诚实信用，公平竞争。

第六条 国务院工商行政管理部门主管全国的广告监督管理工作，国务院有关部门在各自的职责范围内负责广告管理相关工作。

县级以上地方工商行政管理部门主管本行政区域的广告监督管理工作，县级以上地方人民政府有关部门在各自的职责范围内负责广告管理相关工作。

第七条 广告行业组织依照法律、法规和章程的规定，制定行业规范，加强行业自律，促进行业发展，引导会员依法从事广告活动，推动广告行业诚信建设。

第二章 广告内容准则

第八条 广告中对商品的性能、功能、产地、用途、质量、成分、价格、生产者、有效期限、允诺等或者对服务的内容、提供者、形式、质量、价格、允诺等有表示的，应当准确、清楚、明白。

广告中表明推销的商品或者服务附带赠送的，应当明示所附带赠送商品或者服务的品种、规格、数量、期限和方式。

法律、行政法规规定广告中应当明示的内容，应当显著、清晰表示。

第九条 广告不得有下列情形：

（一）使用或者变相使用中华人民共和国的国旗、国歌、国徽，军旗、军歌、军徽；

（二）使用或者变相使用国家机关、国家机关工作人员的名义或者形象；

（三）使用“国家级”、“最高级”、“最佳”等用语；

（四）损害国家的尊严或者利益，泄露国家秘密；

（五）妨碍社会安定，损害社会公共利益；

（六）危害人身、财产安全，泄露个人隐私；

（七）妨碍社会公共秩序或者违背社会良好风尚；

（八）含有淫秽、色情、赌博、迷信、恐怖、暴力的内容；

（九）含有民族、种族、宗教、性别歧视的内容；

（十）妨碍环境、自然资源或者文化遗产保护；

（十一）法律、行政法规规定禁止的其他情形。

第十条 广告不得损害未成年人和残疾人的身心健康。

第十一条 广告内容涉及的事项需要取得行政许可的，应当与许可的内容相符合。

广告使用数据、统计资料、调查结果、文摘、引用语等引证内容的，应当真实、准确，并表明出处。引证内容有适用范围和有效期限的，应当明确表示。

第十二条 广告中涉及专利产品或者专利方法的，应当标明专利号和专利种类。

未取得专利权的，不得在广告中谎称取得专利权。

禁止使用未授予专利权的专利申请和已经终止、撤销、无效的专利作广告。

第十三条 广告不得贬低其他生产经营者的商品或者服务。

第十四条 广告应当具有可识别性，能够使消费者辨明其为广告。

大众传播媒介不得以新闻报道形式变相发布广告。通过大众传播媒介发布的广告应当显著标明“广告”，与其他非广告信息相区别，不得使消费者产生误解。

广播电台、电视台发布广告，应当遵守国务院有关部门关于时长、方式的规定，并应当对广告时长作出明显提示。

第十五条 麻醉药品、精神药品、医疗用毒性药品、放射性药品等特殊药品，药品类易制毒化学品，以及戒毒治疗的药品、医疗器械和治疗方法，不得作广告。

前款规定以外的处方药，只能在国务院卫生行政部门和国务院药品监督管理部门共同指定的医学、药学专业刊物上作广告。

第十六条 医疗、药品、医疗器械广告不得含有下列内容：

（一）表示功效、安全性的断言或者保证；

（二）说明治愈率或者有效率；

（三）与其他药品、医疗器械的功效和安全性或者其他医疗机构比较；

（四）利用广告代言人作推荐、证明；

（五）法律、行政法规规定禁止的其他内容。

药品广告的内容不得与国务院药品监督管理部门批准的说明书不一致，并应当显著标明禁忌、不良反应。处方药广告应当显著标明“本广告仅供医学药学专业人士阅读”，非处方药广告应当显著标明“请按药品说明书或者在药师指导下购买和使用”。

推荐给个人自用的医疗器械的广告，应当显著标明“请仔细阅读产品说明书或者在医务人员的指导下购买和使用”。医疗器械产品注册证明文件中有禁忌内容、注意事项的，广告中应当显著标明“禁忌内容或者注意事项详见说明书”。

第十七条 除医疗、药品、医疗器械广告外，禁止其他任何广告涉及疾病治疗功能，并不得使用医疗用语或者易使推销的商品与药品、医疗器械相混淆的用语。

第十八条 保健食品广告不得含有下列内容：

（一）表示功效、安全性的断言或者保证；

（二）涉及疾病预防、治疗功能；

（三）声称或者暗示广告商品为保障健康所必需；

（四）与药品、其他保健食品进行比较；

（五）利用广告代言人作推荐、证明；

（六）法律、行政法规规定禁止的其他内容。

保健食品广告应当显著标明“本品不能代替药物”。

第十九条 广播电台、电视台、报刊音像出版单位、互联网信息服务提供者不得以介绍健康、养生知识等形式变相发布医疗、药品、医疗器械、保健食品广告。

第二十条 禁止在大众传播媒介或者公共场所发布声称全部或者部分替代母乳的婴儿乳制品、饮料和其他食品广告。

第二十一条 农药、兽药、饲料和饲料添加剂广告不得含有下列内容：

（一）表示功效、安全性的断言或者保证；

（二）利用科研单位、学术机构、技术推广机构、行业协会或者专业人士、用户的名义或者形象作推荐、证明；

（三）说明有效率；

（四）违反安全使用规程的文字、语言或者画面；

（五）法律、行政法规规定禁止的其他内容。

第二十二条 禁止在大众传播媒介或者公共场所、公共交通工具、户外发布烟草广告。禁止向未成年人发送任何形式的烟草广告。

禁止利用其他商品或者服务的广告、公益广告，宣传烟草制品名称、商标、包装、装潢以及类似内容。

烟草制品生产者或者销售者发布的迁址、更名、招聘等启事中，不得含有烟草制品名称、商标、包装、装潢以及类似内容。

第二十三条 酒类广告不得含有下列内容：

（一）诱导、怂恿饮酒或者宣传无节制饮酒；

（二）出现饮酒的动作；

（三）表现驾驶车、船、飞机等活动；

（四）明示或者暗示饮酒有消除紧张和焦虑、增加体力等功效。

第二十四条 教育、培训广告不得含有下列内容：

（一）对升学、通过考试、获得学位学历或者合格证书，或者对教育、培训的效果作出明示或者暗示的保证性承诺；

（二）明示或者暗示有相关考试机构或者其工作人员、考试命题人员参与教育、培训；

（三）利用科研单位、学术机构、教育机构、行业协会、专业人士、受益者的名义或者形象作推荐、证明。

第二十五条 招商等有投资回报预期的商品或者服务广告，应当对可能存在的风险以及风险责任承担有合理提示或者警示，并不得含有下列内容：

（一）对未来效果、收益或者与其相关的情况作出保证性承诺，明示或者暗示保本、无风险或者保收益等，国家另有规定的除外；

（二）利用学术机构、行业协会、专业人士、受益者的名义或者形象作推荐、证明。

第二十六条 房地产广告，房源信息应当真实，面积应当表明为建筑面积或者套内建筑面积，并不得含有下列内容：

（一）升值或者投资回报的承诺；

（二）以项目到达某一具体参照物的所需时间表示项目位置；

（三）违反国家有关价格管理的规定；

（四）对规划或者建设中的交通、商业、文化教育设施以及其他市政条件作误导宣传。

第二十七条 农作物种子、林木种子、草种子、种畜禽、水产苗种和种养殖广告关于品种名称、生产性能、生长量或者产量、品质、抗性、特殊使用价值、经济价值、适宜种植或者养殖的范围和条件等方面的表述应当真实、清楚、明白，并不得含有下列内容：

（一）作科学上无法验证的断言；

（二）表示功效的断言或者保证；

（三）对经济效益进行分析、预测或者作保证性承诺；

（四）利用科研单位、学术机构、技术推广机构、行业协会或者专业人士、用户的名义或者形象作推荐、证明。

第二十八条 广告以虚假或者引人误解的内容欺骗、误导消费者的，构成虚假广告。

广告有下列情形之一的，为虚假广告：

（一）商品或者服务不存在的；

（二）商品的性能、功能、产地、用途、质量、规格、成分、价格、生产者、有效期限、销售状况、曾获荣誉等信息，或者服务的内容、提供者、形式、质量、价格、销售状况、曾获荣誉等信息，以及与商品或者服务有关的允诺等信息与实际情况不符，对购买行为有实质性影响的；

（三）使用虚构、伪造或者无法验证的科研成果、统计资料、调查结果、文摘、引用语等信息作证明材料的；

（四）虚构使用商品或者接受服务的效果的；

（五）以虚假或者引人误解的内容欺骗、误导消费者的其他情形。

第三章 广告行为规范

第二十九条 广播电台、电视台、报刊出版单位从事广告发布业务的，应当设有专门从事广告业务的机构，配备必要的人员，具有与发布广告相适应的场所、设备，并向县级以上地方工商行政管理部门办理广告发布登记。

第三十条 广告主、广告经营者、广告发布者之间在广告活动中应当依法订立书面合同。

第三十一条 广告主、广告经营者、广告发布者不得在广告活动中进行任何形式的不正当竞争。

第三十二条 广告主委托设计、制作、发布广告，应当委托具有合法经营资格的广告经营者、广告发布者。

第三十三条 广告主或者广告经营者在广告中使用他人名义或者形象的，应当事先取得其书面同意；使用无民事行为能力人、限制民事行为能力人的名义或者形象的，应当事先取得其监护人的书面同意。

第三十四条 广告经营者、广告发布者应当按照国家有关规定，建立、健全广告业务的承接登记、审核、档案管理制度。

广告经营者、广告发布者依据法律、行政法规查验有关证明文件，核对广告内容。对内容不符或者证明文件不全的广告，广告经营者不得提供设计、制作、代理服务，广告发布者不得发布。

第三十五条 广告经营者、广告发布者应当公布其收费标准和收费办法。

第三十六条 广告发布者向广告主、广告经营者提供的覆盖率、收视率、点击率、发行量等资料应当真实。

第三十七条 法律、行政法规规定禁止生产、销售的产品或者提供的服务，以及禁止发布广告的商品或者服务，任何单位或者个人不得设计、制作、代理、发布广告。

第三十八条 广告代言人在广告中对商品、服务作推荐、证明，应当依据事实，符合本法和有关法律、行政法规规定，并不得为其未使用过的商品或者未接受过的服务作推荐、证明。

不得利用不满十周岁的未成年人作为广告代言人。

对在虚假广告中作推荐、证明受到行政处罚未满三年的自然人、法人或者其他组织，不得利用其作为广告代言人。

第三十九条 不得在中小学校、幼儿园内开展广告活动，不得利用中小学生和幼儿的教材、教辅材料、练习册、文具、教具、校服、校车等发布或者变相发布广告，但公益广告除外。

第四十条 在针对未成年人的大众传播媒介上不得发布医疗、药品、保健食品、医疗器械、化妆品、酒类、美容广告，以及不利于未成年人身心健康的网络游戏广告。

针对不满十四周岁的未成年人的商品或者服务的广告不得含有下列内容：

（一）劝诱其要求家长购买广告商品或者服务；

（二）可能引发其模仿不安全行为。

第四十一条 县级以上地方人民政府应当组织有关部门加强对利用户外场所、空间、设施等发布户外广告的监督管理，制定户外广告设置规划和安全要求。

户外广告的管理办法，由地方性法规、地方政府规章规定。

第四十二条 有下列情形之一的，不得设置户外广告：

（一）利用交通安全设施、交通标志的；

（二）影响市政公共设施、交通安全设施、交通标志、消防设施、消防安全标志使用的；

（三）妨碍生产或者人民生活，损害市容市貌的；

（四）在国家机关、文物保护单位、风景名胜区等的建筑控制地带，或者县级以上地方人民政府禁止设置户外广告的区域设置的。

第四十三条 任何单位或者个人未经当事人同意或者请求，不得向其住宅、交通工具等发送广告，也不得以电子信息方式向其发送广告。

以电子信息方式发送广告的，应当明示发送者的真实身份和联系方式，并向接收者提供拒绝继续接收的方式。

第四十四条 利用互联网从事广告活动，适用本法的各项规定。

利用互联网发布、发送广告，不得影响用户正常使用网络。在互联网页面以弹出等形式发布的广告，应当显著标明关闭标志，确保一键关闭。

第四十五条 公共场所的管理者或者电信业务经营者、互联网信息服务提供者对其明知或者应知的利用其场所或者信息传输、发布平台发送、发布违法广告的，应当予以制止。

第四章　监督管理

第四十六条 发布医疗、药品、医疗器械、农药、兽药和保健食品广告，以及法律、行政法规规定应当进行审查的其他广告，应当在发布前由有关部门（以下称广告审查机关）对广告内容进行审查；未经审查，不得发布。

第四十七条 广告主申请广告审查，应当依照法律、行政法规向广告审查机关提交有关证明文件。

广告审查机关应当依照法律、行政法规规定作出审查决定，并应当将审查批准文件抄送同级工商行政管理部门。广告审查机关应当及时向社会公布批准的广告。

第四十八条 任何单位或者个人不得伪造、变造或者转让广告审查批准文件。

第四十九条 工商行政管理部门履行广告监督管理职责，可以行使下列职权：

（一）对涉嫌从事违法广告活动的场所实施现场检查；

（二）询问涉嫌违法当事人或者其法定代表人、主要负责人和其他有关人员，对有关单位或者个人进行调查；

（三）要求涉嫌违法当事人限期提供有关证明文件；

（四）查阅、复制与涉嫌违法广告有关的合同、票据、账簿、广告作品和其他有关资料；

（五）查封、扣押与涉嫌违法广告直接相关的广告物品、经营工具、设备等财物；

（六）责令暂停发布可能造成严重后果的涉嫌违法广告；

（七）法律、行政法规规定的其他职权。

工商行政管理部门应当建立健全广告监测制度，完善监测措施，及时发现和依法查处违法广告行为。

第五十条 国务院工商行政管理部门会同国务院有关部门，制定大众传播媒介广告发布行为规范。

第五十一条 工商行政管理部门依照本法规定行使职权，当事人应当协助、配合，不得拒绝、阻挠。

第五十二条 工商行政管理部门和有关部门及其工作人员对其在广告监督管理活动中知悉的商业秘密负有保密义务。

第五十三条 任何单位或者个人有权向工商行政管理部门和有关部门投诉、举报违反本法的行为。工商行政管理部门和有关部门应当向社会公开受理投诉、举报的电话、信箱或者电子邮件地址，接到投诉、举报的部门应当自收到投诉之日起七个工作日内，予以处理并告知投诉、举报人。

工商行政管理部门和有关部门不依法履行职责的，任何单位或者个人有权向其上级机关或者监察机关举报。接到举报的机关应当依法作出处理，并将处理结果及时告知举报人。

有关部门应当为投诉、举报人保密。

第五十四条 消费者协会和其他消费者组织对违反本法规定，发布虚假广告侵害消费者合法权益，以及其他损害社会公共利益的行为，依法进行社会监督。

第五章 法律责任

第五十五条 违反本法规定，发布虚假广告的，由工商行政管理部门责令停止发布广告，责令广告主在相应范围内消除影响，处广告费用三倍以上五倍以下的罚款，广告费用无法计算或者明显偏低的，处二十万元以上一百万元以下的罚款；两年内有三次以上违法行为或者有其他严重情节的，处广告费用五倍以上十倍以下的罚款，广告费用无法计算或者明显偏低的，处一百万元以上二百万元以下的罚款，可以吊销营业执照，并由广告审查机关撤销广告审查批准文件、一年内不受理其广告审查申请。

医疗机构有前款规定违法行为，情节严重的，除由工商行政管理部门依照本法处罚外，卫生行政部门可以吊销诊疗科目或者吊销医疗机构执业许可证。

广告经营者、广告发布者明知或者应知广告虚假仍设计、制作、代理、发布的，由工商行政管理部门没收广告费用，并处广告费用三倍以上五倍以下的罚款，广告费用无法计算或者明显偏低的，处二十万元以上一百万元以下的罚款；两年内有三次以上违法行为或者有其他严重情节的，处广告费用五倍以上十倍以下的罚款，广告费用无法计算或者明显偏低的，处一百万元以上二百万元以下的罚款，并可以由有关部门暂停广告发布业务、吊销营业执照、吊销广告发布登记证件。

广告主、广告经营者、广告发布者有本条第一款、第三款规定行为，构成犯罪的，依法追究刑事责任。

第五十六条 违反本法规定，发布虚假广告，欺骗、误导消费者，使购买商品或者接受服务的消费者的合法权益受到损害的，由广告主依法承担民事责任。广告经营者、广告发布者不能提供广告主的真实名称、地址和有效联系方式的，消费者可以要求广告经营者、广告发布者先行赔偿。

关系消费者生命健康的商品或者服务的虚假广告，造成消费者损害的，其广告经营者、广告发布者、广告代言人应当与广告主承担连带责任。

前款规定以外的商品或者服务的虚假广告，造成消费者损害的，其广告经营者、广告发布者、广告代言人，明知或者应知广告虚假仍设计、制作、代理、发布或者作推荐、证明的，应当与广告主承担连带责任。

第五十七条 有下列行为之一的，由工商行政管理部门责令停止发布广告，对广告主处二十万元以上一百万元以下的罚款，情节严重的，并可以吊销营业执照，由广告审查机关撤销广告审查批准文件、一年内不受理其广告审查申请；对广告经营者、广告发布者，由工商行政管理部门没收广告费用，处二十万元以上一百万元以下的罚款，情节严重的，并可以吊销营业执照、吊销广告发布登记证件：

（一）发布有本法第九条、第十条规定的禁止情形的广告的；

（二）违反本法第十五条规定发布处方药广告、药品类易制毒化学品广告、戒毒治疗的医疗器械和治疗方法广告的；

（三）违反本法第二十条规定，发布声称全部或者部分替代母乳的婴儿乳制品、饮料和其他食品广告的；

（四）违反本法第二十二条规定发布烟草广告的；

（五）违反本法第三十七条规定，利用广告推销禁止生产、销售的产品或者提供的服务，或者禁止发布广告的商品或者服务的；

（六）违反本法第四十条第一款规定，在针对未成年人的大众传播媒介上发布医疗、药品、保健食品、医疗器械、化妆品、酒类、美容广告，以及不利于未成年人身心健康的网络游戏广告的。

第五十八条 有下列行为之一的，由工商行政管理部门责令停止发布广告，责令广告主在相应范围内消除影响，处广告费用一倍以上三倍以下的罚款，广告费用无法计算或者明显偏低的，处十万元以上二十万元以下的罚款；情节严重的，处广告费用三倍以上五倍以下的罚款，广告费用无法计算或者明显偏低的，处二十万元以上一百万元以下的罚款，可以吊销营业执照，并由广告审查机关撤销广告审查批准文件、一年内不受理其广告审查申请：

（一）违反本法第十六条规定发布医疗、药品、医疗器械广告的；

（二）违反本法第十七条规定，在广告中涉及疾病治疗功能，以及使用医疗用语或者易使推销的商品与药品、医疗器械相混淆的用语的；

（三）违反本法第十八条规定发布保健食品广告的；

（四）违反本法第二十一条规定发布农药、兽药、饲料和饲料添加剂广告的；

（五）违反本法第二十三条规定发布酒类广告的；

（六）违反本法第二十四条规定发布教育、培训广告的；

（七）违反本法第二十五条规定发布招商等有投资回报预期的商品或者服务广告的；

（八）违反本法第二十六条规定发布房地产广告的；

（九）违反本法第二十七条规定发布农作物种子、林木种子、草种子、种畜禽、水产苗种和种养殖广告的；

（十）违反本法第三十八条第二款规定，利用不满十周岁的未成年人作为广告代言人的；

（十一）违反本法第三十八条第三款规定，利用自然人、法人或者其他组织作为广告代言人的；

（十二）违反本法第三十九条规定，在中小学校、幼儿园内或者利用与中小学生、幼儿有关的物品发布广告的；

（十三）违反本法第四十条第二款规定，发布针对不满十四周岁的未成年人的商品或者服务的广告的；

（十四）违反本法第四十六条规定，未经审查发布广告的。

医疗机构有前款规定违法行为，情节严重的，除由工商行政管理部门依照本法处罚外，卫生行政部门可以吊销诊疗科目或者吊销医疗机构执业许可证。

广告经营者、广告发布者明知或者应知有本条第一款规定违法行为仍设计、制作、代理、发布的，由工商行政管理部门没收广告费用，并处广告费用一倍以上三倍以下的罚款，广告费用无法计算或者明显偏低的，处十万元以上二十万元以下的罚款；情节严重的，处广告费用三倍以上五倍以下的罚款，广告费用无法计算或者明显偏低的，处二十万元以上一百万元以下的罚款，并可以由有关部门暂停广告发布业务、吊销营业执照、吊销广告发布登记证件。

第五十九条 有下列行为之一的，由工商行政管理部门责令停止发布广告，对广告主处十万元以下的罚款：

（一）广告内容违反本法第八条规定的；

（二）广告引证内容违反本法第十一条规定的；

（三）涉及专利的广告违反本法第十二条规定的；

（四）违反本法第十三条规定，广告贬低其他生产经营者的商品或者服务的。

广告经营者、广告发布者明知或者应知有前款规定违法行为仍设计、制作、代理、发布的，由工商行政管理部门处十万元以下的罚款。

广告违反本法第十四条规定，不具有可识别性的，或者违反本法第十九条规定，变相发布医疗、药品、医疗器械、保健食品广告的，由工商行政管理部门责令改正，对广告发布者处十万元以下的罚款。

第六十条 违反本法第二十九条规定，广播电台、电视台、报刊出版单位未办理广告发布登记，擅自从事广告发布业务的，由工商行政管理部门责令改正，没收违法所得，违法所得一万元以上的，并处违法所得一倍以上三倍以下的罚款；违法所得不足一万元的，并处五千元以上三万元以下的罚款。

第六十一条 违反本法第三十四条规定，广告经营者、广告发布者未按照国家有关规定建立、健全广告业务管理制度的，或者未对广告内容进行核对的，由工商行政管理部门责令改正，可以处五万元以下的罚款。

违反本法第三十五条规定，广告经营者、广告发布者未公布其收费标准和收费办法的，由价格主管部门责令改正，可以处五万元以下的罚款。

第六十二条 广告代言人有下列情形之一的，由工商行政管理部门没收违法所得，并处违法所得一倍以上二倍以下的罚款：

（一）违反本法第十六条第一款第四项规定，在医疗、药品、医疗器械广告中作推荐、证明的；

（二）违反本法第十八条第一款第五项规定，在保健食品广告中作推荐、证明的；

（三）违反本法第三十八条第一款规定，为其未使用过的商品或者未接受过的服务作推荐、证明的；

（四）明知或者应知广告虚假仍在广告中对商品、服务作推荐、证明的。

第六十三条 违反本法第四十三条规定发送广告的，由有关部门责令停止违法行为，对广告主处五千元以上三万元以下的罚款。

违反本法第四十四条第二款规定，利用互联网发布广告，未显著标明关闭标志，确保一键关闭的，由工商行政管理部门责令改正，对广告主处五千元以上三万元以下的罚款。

第六十四条 违反本法第四十五条规定，公共场所的管理者和电信业务经营者、互联网信息服务提供者，明知或者应知广告活动违法不予制止的，由工商行政管理部门没收违法所得，违法所得五万元以上的，并处违法所得一倍以上三倍以下的罚款，违法所得不足五万元的，并处一万元以上五万元以下的罚款；情节严重的，由有关部门依法停止相关业务。

第六十五条 违反本法规定，隐瞒真实情况或者提供虚假材料申请广告审查的，广告审查机关不予受理或者不予批准，予以警告，一年内不受理该申请人的广告审查申请；以欺骗、贿赂等不正当手段取得广告审查批准的，广告审查机关予以撤销，处十万元以上二十万元以下的罚款，三年内不受理该申请人的广告审查申请。

第六十六条 违反本法规定，伪造、变造或者转让广告审查批准文件的，由工商行政管理部门没收违法所得，并处一万元以上十万元以下的罚款。

第六十七条 有本法规定的违法行为的，由工商行政管理部门记入信用档案，并依照有关法律、行政法规规定予以公示。

第六十八条 广播电台、电视台、报刊音像出版单位发布违法广告，或者以新闻报道形式变相发布广告，或者以介绍健康、养生知识等形式变相发布医疗、药品、医疗器械、保健食品广告，工商行政管理部门依照本法给予处罚的，应当通报新闻出版广电部门以及其他有关部门。新闻出版广电部门以及其他有关部门应当依法对负有责任的主管人员和直接责任人员给予处分；情节严重的，并可以暂停媒体的广告发布业务。

新闻出版广电部门以及其他有关部门未依照前款规定对广播电台、电视台、报刊音像出版单位进行处理的，对负有责任的主管人员和直接责任人员，依法给予处分。

第六十九条 广告主、广告经营者、广告发布者违反本法规定，有下列侵权行为之一的，依法承担民事责任：

（一）在广告中损害未成年人或者残疾人的身心健康的；

（二）假冒他人专利的；

（三）贬低其他生产经营者的商品、服务的；

（四）在广告中未经同意使用他人名义或者形象的；

（五）其他侵犯他人合法民事权益的。

第七十条 因发布虚假广告，或者有其他本法规定的违法行为，被吊销营业执照的公司、企业的法定代表人，对违法行为负有个人责任的，自该公司、企业被吊销营业执照之日起三年内不得担任公司、企业的董事、监事、高级管理人员。

第七十一条 违反本法规定，拒绝、阻挠工商行政管理部门监督检查，或者有其他构成违反治安管理行为的，依法给予治安管理处罚；构成犯罪的，依法追究刑事责任。

第七十二条 广告审查机关对违法的广告内容作出审查批准决定的，对负有责任的主管人员和直接责任人员，由任免机关或者监察机关依法给予处分；构成犯罪的，依法追究刑事责任。

第七十三条 工商行政管理部门对在履行广告监测职责中发现的违法广告行为或者对经投诉、举报的违法广告行为，不依法予以查处的，对负有责任的主管人员和直接责任人员，依法给予处分。

工商行政管理部门和负责广告管理相关工作的有关部门的工作人员玩忽职守、滥用职权、徇私舞弊的，依法给予处分。

有前两款行为，构成犯罪的，依法追究刑事责任。

第六章 附 则

第七十四条 国家鼓励、支持开展公益广告宣传活动，传播社会主义核心价值观，倡导文明风尚。

大众传播媒介有义务发布公益广告。广播电台、电视台、报刊出版单位应当按照规定的版面、时段、时长发布公益广告。公益广告的管理办法，由国务院工商行政管理部门会同有关部门制定。

第七十五条 本法自2015年9月1日起施行。

中华人民共和国食品安全法

（2009年2月28日第十一届全国人民代表大会常务委员会第七次会议通过 2015年4月24日第十二届全国人民代表大会常务委员会第十四次会议修订 2015年4月24日中华人民共和国主席令第二十一号公布 自2015年10月1日起施行）

目 录

第一章 总 则

第一条 为了保证食品安全，保障公众身体健康和生命安全，制定本法。

第二条 在中华人民共和国境内从事下列活动，应当遵守本法：

（一）食品生产和加工（以下称食品生产），食品销售和餐饮服务（以下称食品经营）；

（二）食品添加剂的生产经营；

（三）用于食品的包装材料、容器、洗涤剂、消毒剂和用于食品生产经营的工具、设备（以下称食品相关产品）的生产经营；

（四）食品生产经营者使用食品添加剂、食品相关产品；

（五）食品的贮存和运输；

（六）对食品、食品添加剂、食品相关产品的安全管理。

供食用的源于农业的初级产品（以下称食用农产品）的质量安全管理，遵守《中华人民共和国农产品质量安全法》的规定。但是，食用农产品的市场销售、有关质量安全标准的制定、有关安全信息的公布和本法对农业投入品作出规定的，应当遵守本法的规定。

第三条 食品安全工作实行预防为主、风险管理、全程控制、社会共治，建立科学、严格的监督管理制度。

第四条 食品生产经营者对其生产经营食

品的安全负责。

食品生产经营者应当依照法律、法规和食品安全标准从事生产经营活动，保证食品安全，诚信自律，对社会和公众负责，接受社会监督，承担社会责任。

第五条 国务院设立食品安全委员会，其职责由国务院规定。

国务院食品药品监督管理部门依照本法和国务院规定的职责，对食品生产经营活动实施监督管理。

国务院卫生行政部门依照本法和国务院规定的职责，组织开展食品安全风险监测和风险评估，会同国务院食品药品监督管理部门制定并公布食品安全国家标准。

国务院其他有关部门依照本法和国务院规定的职责，承担有关食品安全工作。

第六条 县级以上地方人民政府对本行政区域的食品安全监督管理工作负责，统一领导、组织、协调本行政区域的食品安全监督管理工作以及食品安全突发事件应对工作，建立健全食品安全全程监督管理工作机制和信息共享机制。

县级以上地方人民政府依照本法和国务院的规定，确定本级食品药品监督管理、卫生行政部门和其他有关部门的职责。有关部门在各自职责范围内负责本行政区域的食品安全监督管理工作。

县级人民政府食品药品监督管理部门可以在乡镇或者特定区域设立派出机构。

第七条 县级以上地方人民政府实行食品安全监督管理责任制。上级人民政府负责对下一级人民政府的食品安全监督管理工作进行评议、考核。县级以上地方人民政府负责对本级食品药品监督管理部门和其他有关部门的食品安全监督管理工作进行评议、考核。

第八条 县级以上人民政府应当将食品安全工作纳入本级国民经济和社会发展规划，将食品安全工作经费列入本级政府财政预算，加强食品安全监督管理能力建设，为食品安全工作提供保障。

县级以上人民政府食品药品监督管理部门和其他有关部门应当加强沟通、密切配合，按照各自职责分工，依法行使职权，承担责任。

第九条 食品行业协会应当加强行业自律，按照章程建立健全行业规范和奖惩机制，提供食品安全信息、技术等服务，引导和督促食品生产经营者依法生产经营，推动行业诚信建设，宣传、普及食品安全知识。

消费者协会和其他消费者组织对违反本法规定，损害消费者合法权益的行为，依法进行社会监督。

第十条 各级人民政府应当加强食品安全的宣传教育，普及食品安全知识，鼓励社会组织、基层群众性自治组织、食品生产经营者开展食品安全法律、法规以及食品安全标准和知识的普及工作，倡导健康的饮食方式，增强消费者食品安全意识和自我保护能力。

新闻媒体应当开展食品安全法律、法规以及食品安全标准和知识的公益宣传，并对食品安全违法行为进行舆论监督。有关食品安全的宣传报道应当真实、公正。

第十一条 国家鼓励和支持开展与食品安全有关的基础研究、应用研究，鼓励和支持食品生产经营者为提高食品安全水平采用先进技术和先进管理规范。

国家对农药的使用实行严格的管理制度，加快淘汰剧毒、高毒、高残留农药，推动替代产品的研发和应用，鼓励使用高效低毒低残留农药。

第十二条 任何组织或者个人有权举报食品安全违法行为，依法向有关部门了解食品安全信息，对食品安全监督管理工作提出意见和建议。

第十三条 对在食品安全工作中做出突出贡献的单位和个人，按照国家有关规定给予表彰、奖励。

第二章 食品安全风险监测和评估

第十四条 国家建立食品安全风险监测制度，对食源性疾病、食品污染以及食品中的有害因素进行监测。

国务院卫生行政部门会同国务院食品药品监督管理、质量监督等部门，制定、实施国家食品安全风险监测计划。

国务院食品药品监督管理部门和其他有关

部门获知有关食品安全风险信息后，应当立即核实并向国务院卫生行政部门通报。对有关部门通报的食品安全风险信息以及医疗机构报告的食源性疾病等有关疾病信息，国务院卫生行政部门应当会同国务院有关部门分析研究，认为必要的，及时调整国家食品安全风险监测计划。

省、自治区、直辖市人民政府卫生行政部门会同同级食品药品监督管理、质量监督等部门，根据国家食品安全风险监测计划，结合本行政区域的具体情况，制定、调整本行政区域的食品安全风险监测方案，报国务院卫生行政部门备案并实施。

第十五条 承担食品安全风险监测工作的技术机构应当根据食品安全风险监测计划和监测方案开展监测工作，保证监测数据真实、准确，并按照食品安全风险监测计划和监测方案的要求报送监测数据和分析结果。

食品安全风险监测工作人员有权进入相关食用农产品种植养殖、食品生产经营场所采集样品、收集相关数据。采集样品应当按照市场价格支付费用。

第十六条 食品安全风险监测结果表明可能存在食品安全隐患的，县级以上人民政府卫生行政部门应当及时将相关信息通报同级食品药品监督管理等部门，并报告本级人民政府和上级人民政府卫生行政部门。食品药品监督管理等部门应当组织开展进一步调查。

第十七条 国家建立食品安全风险评估制度，运用科学方法，根据食品安全风险监测信息、科学数据以及有关信息，对食品、食品添加剂、食品相关产品中生物性、化学性和物理性危害因素进行风险评估。

国务院卫生行政部门负责组织食品安全风险评估工作，成立由医学、农业、食品、营养、生物、环境等方面的专家组成的食品安全风险评估专家委员会进行食品安全风险评估。食品安全风险评估结果由国务院卫生行政部门公布。

对农药、肥料、兽药、饲料和饲料添加剂等的安全性评估，应当有食品安全风险评估专家委员会的专家参加。

食品安全风险评估不得向生产经营者收取费用，采集样品应当按照市场价格支付费用。

第十八条 有下列情形之一的，应当进行食品安全风险评估：

（一）通过食品安全风险监测或者接到举报发现食品、食品添加剂、食品相关产品可能存在安全隐患的；

（二）为制定或者修订食品安全国家标准提供科学依据需要进行风险评估的；

（三）为确定监督管理的重点领域、重点品种需要进行风险评估的；

（四）发现新的可能危害食品安全因素的；

（五）需要判断某一因素是否构成食品安全隐患的；

（六）国务院卫生行政部门认为需要进行风险评估的其他情形。

第十九条 国务院食品药品监督管理、质量监督、农业行政等部门在监督管理工作中发现需要进行食品安全风险评估的，应当向国务院卫生行政部门提出食品安全风险评估的建议，并提供风险来源、相关检验数据和结论等信息、资料。属于本法第十八条规定情形的，国务院卫生行政部门应当及时进行食品安全风险评估，并向国务院有关部门通报评估结果。

第二十条 省级以上人民政府卫生行政、农业行政部门应当及时相互通报食品、食用农产品安全风险监测信息。

国务院卫生行政、农业行政部门应当及时相互通报食品、食用农产品安全风险评估结果等信息。

第二十一条 食品安全风险评估结果是制定、修订食品安全标准和实施食品安全监督管理的科学依据。

经食品安全风险评估，得出食品、食品添加剂、食品相关产品不安全结论的，国务院食品药品监督管理、质量监督等部门应当依据各自职责立即向社会公告，告知消费者停止食用或者使用，并采取相应措施，确保该食品、食品添加剂、食品相关产品停止生产经营；需要制定、修订相关食品安全国家标准的，国务院卫生行政部门应当会同国务院食品药品监督管理部门立即制定、修订。

第二十二条 国务院食品药品监督管理部门应当会同国务院有关部门，根据食品安全风险评估结果、食品安全监督管理信息，对食品安全状况进行综合分析。对经综合分析表明可能具有较高程度安全风险的食品，国务院食品药品监督管理部门应当及时提出食品安全风险警示，并向社会公布。

第二十三条 县级以上人民政府食品药品监督管理部门和其他有关部门、食品安全风险评估专家委员会及其技术机构，应当按照科学、客观、及时、公开的原则，组织食品生产经营者、食品检验机构、认证机构、食品行业协会、消费者协会以及新闻媒体等，就食品安全风险评估信息和食品安全监督管理信息进行交流沟通。

第三章 食品安全标准

第二十四条 制定食品安全标准，应当以保障公众身体健康为宗旨，做到科学合理、安全可靠。

第二十五条 食品安全标准是强制执行的标准。除食品安全标准外，不得制定其他食品强制性标准。

第二十六条 食品安全标准应当包括下列内容：

（一）食品、食品添加剂、食品相关产品中的致病性微生物，农药残留、兽药残留、生物毒素、重金属等污染物质以及其他危害人体健康物质的限量规定；

（二）食品添加剂的品种、使用范围、用量；

（三）专供婴幼儿和其他特定人群的主辅食品的营养成分要求；

（四）对与卫生、营养等食品安全要求有关的标签、标志、说明书的要求；

（五）食品生产经营过程的卫生要求；

（六）与食品安全有关的质量要求；

（七）与食品安全有关的食品检验方法与规程；

（八）其他需要制定为食品安全标准的内容。

第二十七条 食品安全国家标准由国务院卫生行政部门会同国务院食品药品监督管理部门制定、公布，国务院标准化行政部门提供国家标准编号。

食品中农药残留、兽药残留的限量规定及其检验方法与规程由国务院卫生行政部门、国务院农业行政部门会同国务院食品药品监督管理部门制定。

屠宰畜、禽的检验规程由国务院农业行政部门会同国务院卫生行政部门制定。

第二十八条 制定食品安全国家标准，应当依据食品安全风险评估结果并充分考虑食用农产品安全风险评估结果，参照相关的国际标准和国际食品安全风险评估结果，并将食品安全国家标准草案向社会公布，广泛听取食品生产经营者、消费者、有关部门等方面的意见。

食品安全国家标准应当经国务院卫生行政部门组织的食品安全国家标准审评委员会审查通过。食品安全国家标准审评委员会由医学、农业、食品、营养、生物、环境等方面的专家以及国务院有关部门、食品行业协会、消费者协会的代表组成，对食品安全国家标准草案的科学性和实用性等进行审查。

第二十九条 对地方特色食品，没有食品安全国家标准的，省、自治区、直辖市人民政府卫生行政部门可以制定并公布食品安全地方标准，报国务院卫生行政部门备案。食品安全国家标准制定后，该地方标准即行废止。

第三十条 国家鼓励食品生产企业制定严于食品安全国家标准或者地方标准的企业标准，在本企业适用，并报省、自治区、直辖市人民政府卫生行政部门备案。

第三十一条 省级以上人民政府卫生行政部门应当在其网站上公布制定和备案的食品安全国家标准、地方标准和企业标准，供公众免费查阅、下载。

对食品安全标准执行过程中的问题，县级以上人民政府卫生行政部门应当会同有关部门及时给予指导、解答。

第三十二条 省级以上人民政府卫生行政部门应当会同同级食品药品监督管理、质量监督、农业行政等部门，分别对食品安全国家标准和地方标准的执行情况进行跟踪评价，并根据评价结果及时修订食品安全标准。

省级以上人民政府食品药品监督管理、质量监督、农业行政等部门应当对食品安全标准执行中存在的问题进行收集、汇总，并及时向同级卫生行政部门通报。

食品生产经营者、食品行业协会发现食品安全标准在执行中存在问题的，应当立即向卫生行政部门报告。

第四章　食品生产经营

第一节　一般规定

第三十三条　食品生产经营应当符合食品安全标准，并符合下列要求：

（一）具有与生产经营的食品品种、数量相适应的食品原料处理和食品加工、包装、贮存等场所，保持该场所环境整洁，并与有毒、有害场所以及其他污染源保持规定的距离；

（二）具有与生产经营的食品品种、数量相适应的生产经营设备或者设施，有相应的消毒、更衣、盥洗、采光、照明、通风、防腐、防尘、防蝇、防鼠、防虫、洗涤以及处理废水、存放垃圾和废弃物的设备或者设施；

（三）有专职或者兼职的食品安全专业技术人员、食品安全管理人员和保证食品安全的规章制度；

（四）具有合理的设备布局和工艺流程，防止待加工食品与直接入口食品、原料与成品交叉污染，避免食品接触有毒物、不洁物；

（五）餐具、饮具和盛放直接入口食品的容器，使用前应当洗净、消毒，炊具、用具用后应当洗净，保持清洁；

（六）贮存、运输和装卸食品的容器、工具和设备应当安全、无害，保持清洁，防止食品污染，并符合保证食品安全所需的温度、湿度等特殊要求，不得将食品与有毒、有害物品一同贮存、运输；

（七）直接入口的食品应当使用无毒、清洁的包装材料、餐具、饮具和容器；

（八）食品生产经营人员应当保持个人卫生，生产经营食品时，应当将手洗净，穿戴清洁的工作衣、帽等；销售无包装的直接入口食品时，应当使用无毒、清洁的容器、售货工具和设备；

（九）用水应当符合国家规定的生活饮用水卫生标准；

（十）使用的洗涤剂、消毒剂应当对人体安全、无害；

（十一）法律、法规规定的其他要求。

非食品生产经营者从事食品贮存、运输和装卸的，应当符合前款第六项的规定。

第三十四条　禁止生产经营下列食品、食品添加剂、食品相关产品：

（一）用非食品原料生产的食品或者添加食品添加剂以外的化学物质和其他可能危害人体健康物质的食品，或者用回收食品作为原料生产的食品；

（二）致病性微生物，农药残留、兽药残留、生物毒素、重金属等污染物质以及其他危害人体健康的物质含量超过食品安全标准限量的食品、食品添加剂、食品相关产品；

（三）用超过保质期的食品原料、食品添加剂生产的食品、食品添加剂；

（四）超范围、超限量使用食品添加剂的食品；

（五）营养成分不符合食品安全标准的专供婴幼儿和其他特定人群的主辅食品；

（六）腐败变质、油脂酸败、霉变生虫、污秽不洁、混有异物、掺假掺杂或者感官性状异常的食品、食品添加剂；

（七）病死、毒死或者死因不明的禽、畜、兽、水产动物肉类及其制品；

（八）未按规定进行检疫或者检疫不合格的肉类，或者未经检验或者检验不合格的肉类制品；

（九）被包装材料、容器、运输工具等污染的食品、食品添加剂；

（十）标注虚假生产日期、保质期或者超过保质期的食品、食品添加剂；

（十一）无标签的预包装食品、食品添加剂；

（十二）国家为防病等特殊需要明令禁止生产经营的食品；

（十三）其他不符合法律、法规或者食品安全标准的食品、食品添加剂、食品相关产品。

第三十五条　国家对食品生产经营实行许可制度。从事食品生产、食品销售、餐饮服务，应当依法取得许可。但是，销售食用农产品，不需要取得许可。

县级以上地方人民政府食品药品监督管理部门应当依照《中华人民共和国行政许可法》的规定，审核申请人提交的本法第三十三条第一款第一项至第四项规定要求的相关资料，必要时对申请人的生产经营场所进行现场核查；对符合规定条件的，准予许可；对不符合规定条件的，不予许可并书面说明理由。

第三十六条 食品生产加工小作坊和食品摊贩等从事食品生产经营活动，应当符合本法规定的与其生产经营规模、条件相适应的食品安全要求，保证所生产经营的食品卫生、无毒、无害，食品药品监督管理部门应当对其加强监督管理。

县级以上地方人民政府应当对食品生产加工小作坊、食品摊贩等进行综合治理，加强服务和统一规划，改善其生产经营环境，鼓励和支持其改进生产经营条件，进入集中交易市场、店铺等固定场所经营，或者在指定的临时经营区域、时段经营。

食品生产加工小作坊和食品摊贩等的具体管理办法由省、自治区、直辖市制定。

第三十七条 利用新的食品原料生产食品，或者生产食品添加剂新品种、食品相关产品新品种，应当向国务院卫生行政部门提交相关产品的安全性评估材料。国务院卫生行政部门应当自收到申请之日起六十日内组织审查；对符合食品安全要求的，准予许可并公布；对不符合食品安全要求的，不予许可并书面说明理由。

第三十八条 生产经营的食品中不得添加药品，但是可以添加按照传统既是食品又是中药材的物质。按照传统既是食品又是中药材的物质目录由国务院卫生行政部门会同国务院食品药品监督管理部门制定、公布。

第三十九条 国家对食品添加剂生产实行许可制度。从事食品添加剂生产，应当具有与所生产食品添加剂品种相适应的场所、生产设备或者设施、专业技术人员和管理制度，并依照本法第三十五条第二款规定的程序，取得食品添加剂生产许可。

生产食品添加剂应当符合法律、法规和食品安全国家标准。

第四十条 食品添加剂应当在技术上确有必要且经过风险评估证明安全可靠，方可列入允许使用的范围；有关食品安全国家标准应当根据技术必要性和食品安全风险评估结果及时修订。

食品生产经营者应当按照食品安全国家标准使用食品添加剂。

第四十一条 生产食品相关产品应当符合法律、法规和食品安全国家标准。对直接接触食品的包装材料等具有较高风险的食品相关产品，按照国家有关工业产品生产许可证管理的规定实施生产许可。质量监督部门应当加强对食品相关产品生产活动的监督管理。

第四十二条 国家建立食品安全全程追溯制度。

食品生产经营者应当依照本法的规定，建立食品安全追溯体系，保证食品可追溯。国家鼓励食品生产经营者采用信息化手段采集、留存生产经营信息，建立食品安全追溯体系。

国务院食品药品监督管理部门会同国务院农业行政等有关部门建立食品安全全程追溯协作机制。

第四十三条 地方各级人民政府应当采取措施鼓励食品规模化生产和连锁经营、配送。

国家鼓励食品生产经营企业参加食品安全责任保险。

第二节 生产经营过程控制

第四十四条 食品生产经营企业应当建立健全食品安全管理制度，对职工进行食品安全知识培训，加强食品检验工作，依法从事生产经营活动。

食品生产经营企业的主要负责人应当落实企业食品安全管理制度，对本企业的食品安全工作全面负责。

食品生产经营企业应当配备食品安全管理人员，加强对其培训和考核。经考核不具备食品安全管理能力的，不得上岗。食品药品监督管理部门应当对企业食品安全管理人员随机进行监督抽查考核并公布考核情况。监督抽查考核不得收取费用。

第四十五条 食品生产经营者应当建立并执行从业人员健康管理制度。患有国务院卫生行政部门规定的有碍食品安全疾病的人员，不得从事接触直接入口食品的工作。

从事接触直接入口食品工作的食品生产经

营人员应当每年进行健康检查，取得健康证明后方可上岗工作。

第四十六条 食品生产企业应当就下列事项制定并实施控制要求，保证所生产的食品符合食品安全标准：

（一）原料采购、原料验收、投料等原料控制；

（二）生产工序、设备、贮存、包装等生产关键环节控制；

（三）原料检验、半成品检验、成品出厂检验等检验控制；

（四）运输和交付控制。

第四十七条 食品生产经营者应当建立食品安全自查制度，定期对食品安全状况进行检查评价。生产经营条件发生变化，不再符合食品安全要求的，食品生产经营者应当立即采取整改措施；有发生食品安全事故潜在风险的，应当立即停止食品生产经营活动，并向所在地县级人民政府食品药品监督管理部门报告。

第四十八条 国家鼓励食品生产经营企业符合良好生产规范要求，实施危害分析与关键控制点体系，提高食品安全管理水平。

对通过良好生产规范、危害分析与关键控制点体系认证的食品生产经营企业，认证机构应当依法实施跟踪调查；对不再符合认证要求的企业，应当依法撤销认证，及时向县级以上人民政府食品药品监督管理部门通报，并向社会公布。认证机构实施跟踪调查不得收取费用。

第四十九条 食用农产品生产者应当按照食品安全标准和国家有关规定使用农药、肥料、兽药、饲料和饲料添加剂等农业投入品，严格执行农业投入品使用安全间隔期或者休药期的规定，不得使用国家明令禁止的农业投入品。禁止将剧毒、高毒农药用于蔬菜、瓜果、茶叶和中草药材等国家规定的农作物。

食用农产品的生产企业和农民专业合作经济组织应当建立农业投入品使用记录制度。

县级以上人民政府农业行政部门应当加强对农业投入品使用的监督管理和指导，建立健全农业投入品安全使用制度。

第五十条 食品生产者采购食品原料、食品添加剂、食品相关产品，应当查验供货者的许可证和产品合格证明；对无法提供合格证明的食品原料，应当按照食品安全标准进行检验；不得采购或者使用不符合食品安全标准的食品原料、食品添加剂、食品相关产品。

食品生产企业应当建立食品原料、食品添加剂、食品相关产品进货查验记录制度，如实记录食品原料、食品添加剂、食品相关产品的名称、规格、数量、生产日期或者生产批号、保质期、进货日期以及供货者名称、地址、联系方式等内容，并保存相关凭证。记录和凭证保存期限不得少于产品保质期满后六个月；没有明确保质期的，保存期限不得少于二年。

第五十一条 食品生产企业应当建立食品出厂检验记录制度，查验出厂食品的检验合格证和安全状况，如实记录食品的名称、规格、数量、生产日期或者生产批号、保质期、检验合格证号、销售日期以及购货者名称、地址、联系方式等内容，并保存相关凭证。记录和凭证保存期限应当符合本法第五十条第二款的规定。

第五十二条 食品、食品添加剂、食品相关产品的生产者，应当按照食品安全标准对所生产的食品、食品添加剂、食品相关产品进行检验，检验合格后方可出厂或者销售。

第五十三条 食品经营者采购食品，应当查验供货者的许可证和食品出厂检验合格证或者其他合格证明（以下称合格证明文件）。

食品经营企业应当建立食品进货查验记录制度，如实记录食品的名称、规格、数量、生产日期或者生产批号、保质期、进货日期以及供货者名称、地址、联系方式等内容，并保存相关凭证。记录和凭证保存期限应当符合本法第五十条第二款的规定。

实行统一配送经营方式的食品经营企业，可以由企业总部统一查验供货者的许可证和食品合格证明文件，进行食品进货查验记录。

从事食品批发业务的经营企业应当建立食品销售记录制度，如实记录批发食品的名称、规格、数量、生产日期或者生产批号、保质期、销售日期以及购货者名称、地址、联系方式等内容，并保存相关凭证。记录和凭证保存期限应当符合本法第五十条第二款的规定。

第五十四条 食品经营者应当按照保证食品安全的要求贮存食品，定期检查库存食品，及时清理变质或者超过保质期的食品。

食品经营者贮存散装食品，应当在贮存位置标明食品的名称、生产日期或者生产批号、保质期、生产者名称及联系方式等内容。

第五十五条　餐饮服务提供者应当制定并实施原料控制要求，不得采购不符合食品安全标准的食品原料。倡导餐饮服务提供者公开加工过程，公示食品原料及其来源等信息。

餐饮服务提供者在加工过程中应当检查待加工的食品及原料，发现有本法第三十四条第六项规定情形的，不得加工或者使用。

第五十六条　餐饮服务提供者应当定期维护食品加工、贮存、陈列等设施、设备；定期清洗、校验保温设施及冷藏、冷冻设施。

餐饮服务提供者应当按照要求对餐具、饮具进行清洗消毒，不得使用未经清洗消毒的餐具、饮具；餐饮服务提供者委托清洗消毒餐具、饮具的，应当委托符合本法规定条件的餐具、饮具集中消毒服务单位。

第五十七条　学校、托幼机构、养老机构、建筑工地等集中用餐单位的食堂应当严格遵守法律、法规和食品安全标准；从供餐单位订餐的，应当从取得食品生产经营许可的企业订购，并按照要求对订购的食品进行查验。供餐单位应当严格遵守法律、法规和食品安全标准，当餐加工，确保食品安全。

学校、托幼机构、养老机构、建筑工地等集中用餐单位的主管部门应当加强对集中用餐单位的食品安全教育和日常管理，降低食品安全风险，及时消除食品安全隐患。

第五十八条　餐具、饮具集中消毒服务单位应当具备相应的作业场所、清洗消毒设备或者设施，用水和使用的洗涤剂、消毒剂应当符合相关食品安全国家标准和其他国家标准、卫生规范。

餐具、饮具集中消毒服务单位应当对消毒餐具、饮具进行逐批检验，检验合格后方可出厂，并应当随附消毒合格证明。消毒后的餐具、饮具应当在独立包装上标注单位名称、地址、联系方式、消毒日期以及使用期限等内容。

第五十九条　食品添加剂生产者应当建立食品添加剂出厂检验记录制度，查验出厂产品的检验合格证和安全状况，如实记录食品添加剂的名称、规格、数量、生产日期或者生产批号、保质期、检验合格证号、销售日期以及购货者名称、地址、联系方式等相关内容，并保存相关凭证。记录和凭证保存期限应当符合本法第五十条第二款的规定。

第六十条　食品添加剂经营者采购食品添加剂，应当依法查验供货者的许可证和产品合格证明文件，如实记录食品添加剂的名称、规格、数量、生产日期或者生产批号、保质期、进货日期以及供货者名称、地址、联系方式等内容，并保存相关凭证。记录和凭证保存期限应当符合本法第五十条第二款的规定。

第六十一条　集中交易市场的开办者、柜台出租者和展销会举办者，应当依法审查入场食品经营者的许可证，明确其食品安全管理责任，定期对其经营环境和条件进行检查，发现其有违反本法规定行为的，应当及时制止并立即报告所在地县级人民政府食品药品监督管理部门。

第六十二条　网络食品交易第三方平台提供者应当对入网食品经营者进行实名登记，明确其食品安全管理责任；依法应当取得许可证的，还应当审查其许可证。

网络食品交易第三方平台提供者发现入网食品经营者有违反本法规定行为的，应当及时制止并立即报告所在地县级人民政府食品药品监督管理部门；发现严重违法行为的，应当立即停止提供网络交易平台服务。

第六十三条　国家建立食品召回制度。食品生产者发现其生产的食品不符合食品安全标准或者有证据证明可能危害人体健康的，应当立即停止生产，召回已经上市销售的食品，通知相关生产经营者和消费者，并记录召回和通知情况。

食品经营者发现其经营的食品有前款规定情形的，应当立即停止经营，通知相关生产经营者和消费者，并记录停止经营和通知情况。食品生产者认为应当召回的，应当立即召回。由于食品经营者的原因造成其经营的食品有前款规定情形的，食品经营者应当召回。

食品生产经营者应当对召回的食品采取无害化处理、销毁等措施，防止其再次流入市场。但是，对因标签、标志或者说明书不符合食品安全标准而被召回的食品，食品生产者在采取补救措施且能保证食品安全的情况下可以继续销售；销售时应当向消费者明示补救措施。

食品生产经营者应当将食品召回和处理情况向所在地县级人民政府食品药品监督管理部门报告；需要对召回的食品进行无害化处理、销毁的，应当提前报告时间、地点。食品药品监督管理部门认为必要的，可以实施现场监督。

食品生产经营者未依照本条规定召回或者停止经营的，县级以上人民政府食品药品监督管理部门可以责令其召回或者停止经营。

第六十四条 食用农产品批发市场应当配备检验设备和检验人员或者委托符合本法规定的食品检验机构，对进入该批发市场销售的食用农产品进行抽样检验；发现不符合食品安全标准的，应当要求销售者立即停止销售，并向食品药品监督管理部门报告。

第六十五条 食用农产品销售者应当建立食用农产品进货查验记录制度，如实记录食用农产品的名称、数量、进货日期以及供货者名称、地址、联系方式等内容，并保存相关凭证。记录和凭证保存期限不得少于六个月。

第六十六条 进入市场销售的食用农产品在包装、保鲜、贮存、运输中使用保鲜剂、防腐剂等食品添加剂和包装材料等食品相关产品，应当符合食品安全国家标准。

第三节 标签、说明书和广告

第六十七条 预包装食品的包装上应当有标签。标签应当标明下列事项：

（一）名称、规格、净含量、生产日期；

（二）成分或者配料表；

（三）生产者的名称、地址、联系方式；

（四）保质期；

（五）产品标准代号；

（六）贮存条件；

（七）所使用的食品添加剂在国家标准中的通用名称；

（八）生产许可证编号；

（九）法律、法规或者食品安全标准规定应当标明的其他事项。

专供婴幼儿和其他特定人群的主辅食品，其标签还应当标明主要营养成分及其含量。

食品安全国家标准对标签标注事项另有规定的，从其规定。

第六十八条 食品经营者销售散装食品，应当在散装食品的容器、外包装上标明食品的名称、生产日期或者生产批号、保质期以及生产经营者名称、地址、联系方式等内容。

第六十九条 生产经营转基因食品应当按照规定显著标示。

第七十条 食品添加剂应当有标签、说明书和包装。标签、说明书应当载明本法第六十七条第一款第一项至第六项、第八项、第九项规定的事项，以及食品添加剂的使用范围、用量、使用方法，并在标签上载明“食品添加剂”字样。

第七十一条 食品和食品添加剂的标签、说明书，不得含有虚假内容，不得涉及疾病预防、治疗功能。生产经营者对其提供的标签、说明书的内容负责。

食品和食品添加剂的标签、说明书应当清楚、明显，生产日期、保质期等事项应当显著标注，容易辨识。

食品和食品添加剂与其标签、说明书的内容不符的，不得上市销售。

第七十二条 食品经营者应当按照食品标签标示的警示标志、警示说明或者注意事项的要求销售食品。

第七十三条 食品广告的内容应当真实合法，不得含有虚假内容，不得涉及疾病预防、治疗功能。食品生产经营者对食品广告内容的真实性、合法性负责。

县级以上人民政府食品药品监督管理部门和其他有关部门以及食品检验机构、食品行业协会不得以广告或者其他形式向消费者推荐食品。消费者组织不得以收取费用或者其他牟取利益的方式向消费者推荐食品。

第四节 特殊食品

第七十四条 国家对保健食品、特殊医学用途配方食品和婴幼儿配方食品等特殊食品实行严格监督管理。

第七十五条 保健食品声称保健功能，应当具有科学依据，不得对人体产生急性、亚急性或者慢性危害。

保健食品原料目录和允许保健食品声称的保健功能目录，由国务院食品药品监督管理部门会同国务院卫生行政部门、国家中医药管理部门制定、调整并公布。

保健食品原料目录应当包括原料名称、用量及其对应的功效；列入保健食品原料目录的原料只能用于保健食品生产，不得用于其他食品生产。

第七十六条　使用保健食品原料目录以外原料的保健食品和首次进口的保健食品应当经国务院食品药品监督管理部门注册。但是，首次进口的保健食品中属于补充维生素、矿物质等营养物质的，应当报国务院食品药品监督管理部门备案。其他保健食品应当报省、自治区、直辖市人民政府食品药品监督管理部门备案。

进口的保健食品应当是出口国（地区）主管部门准许上市销售的产品。

第七十七条　依法应当注册的保健食品，注册时应当提交保健食品的研发报告、产品配方、生产工艺、安全性和保健功能评价、标签、说明书等材料及样品，并提供相关证明文件。国务院食品药品监督管理部门经组织技术审评，对符合安全和功能声称要求的，准予注册；对不符合要求的，不予注册并书面说明理由。对使用保健食品原料目录以外原料的保健食品作出准予注册决定的，应当及时将该原料纳入保健食品原料目录。

依法应当备案的保健食品，备案时应当提交产品配方、生产工艺、标签、说明书以及表明产品安全性和保健功能的材料。

第七十八条　保健食品的标签、说明书不得涉及疾病预防、治疗功能，内容应当真实，与注册或者备案的内容相一致，载明适宜人群、不适宜人群、功效成分或者标志性成分及其含量等，并声明“本品不能代替药物”。保健食品的功能和成分应当与标签、说明书相一致。

第七十九条　保健食品广告除应当符合本法第七十三条第一款的规定外，还应当声明“本品不能代替药物”；其内容应当经生产企业所在地省、自治区、直辖市人民政府食品药品监督管理部门审查批准，取得保健食品广告批准文件。省、自治区、直辖市人民政府食品药品监督管理部门应当公布并及时更新已经批准的保健食品广告目录以及批准的广告内容。

第八十条　特殊医学用途配方食品应当经国务院食品药品监督管理部门注册。注册时，应当提交产品配方、生产工艺、标签、说明书以及表明产品安全性、营养充足性和特殊医学用途临床效果的材料。

特殊医学用途配方食品广告适用《中华人民共和国广告法》和其他法律、行政法规关于药品广告管理的规定。

第八十一条　婴幼儿配方食品生产企业应当实施从原料进厂到成品出厂的全过程质量控制，对出厂的婴幼儿配方食品实施逐批检验，保证食品安全。

生产婴幼儿配方食品使用的生鲜乳、辅料等食品原料、食品添加剂等，应当符合法律、行政法规的规定和食品安全国家标准，保证婴幼儿生长发育所需的营养成分。

婴幼儿配方食品生产企业应当将食品原料、食品添加剂、产品配方及标签等事项向省、自治区、直辖市人民政府食品药品监督管理部门备案。

婴幼儿配方乳粉的产品配方应当经国务院食品药品监督管理部门注册。注册时，应当提交配方研发报告和其他表明配方科学性、安全性的材料。

不得以分装方式生产婴幼儿配方乳粉，同一企业不得用同一配方生产不同品牌的婴幼儿配方乳粉。

第八十二条　保健食品、特殊医学用途配方食品、婴幼儿配方乳粉的注册人或者备案人应当对其提交材料的真实性负责。

省级以上人民政府食品药品监督管理部门应当及时公布注册或者备案的保健食品、特殊医学用途配方食品、婴幼儿配方乳粉目录，并对注册或者备案中获知的企业商业秘密予以保密。

保健食品、特殊医学用途配方食品、婴幼儿配方乳粉生产企业应当按照注册或者备案的产品配方、生产工艺等技术要求组织生产。

第八十三条　生产保健食品，特殊医学用途配方食品、婴幼儿配方食品和其他专供特定人群的主辅食品的企业，应当按照良好生产规范的要求建立与所生产食品相适应的生产质量管理体系，定期对该体系的运行情况进行自查，保证其有效运行，并向所在地县级人民政府食品药品监督管理部门提交自查报告。

第五章　食品检验

第八十四条　食品检验机构按照国家有关认证认可的规定取得资质认定后，方可从事食品检验活动。但是，法律另有规定的除外。

食品检验机构的资质认定条件和检验规范，由国务院食品药品监督管理部门规定。

符合本法规定的食品检验机构出具的检验报告具有同等效力。

县级以上人民政府应当整合食品检验资源，实现资源共享。

第八十五条　食品检验由食品检验机构指定的检验人独立进行。

检验人应当依照有关法律、法规的规定，并按照食品安全标准和检验规范对食品进行检验，尊重科学，恪守职业道德，保证出具的检验数据和结论客观、公正，不得出具虚假检验报告。

第八十六条　食品检验实行食品检验机构与检验人负责制。食品检验报告应当加盖食品检验机构公章，并有检验人的签名或者盖章。食品检验机构和检验人对出具的食品检验报告负责。

第八十七条　县级以上人民政府食品药品监督管理部门应当对食品进行定期或者不定期的抽样检验，并依据有关规定公布检验结果，不得免检。进行抽样检验，应当购买抽取的样品，委托符合本法规定的食品检验机构进行检验，并支付相关费用；不得向食品生产经营者收取检验费和其他费用。

第八十八条　对依照本法规定实施的检验结论有异议的，食品生产经营者可以自收到检验结论之日起七个工作日内向实施抽样检验的食品药品监督管理部门或者其上一级食品药品监督管理部门提出复检申请，由受理复检申请的食品药品监督管理部门在公布的复检机构名录中随机确定复检机构进行复检。复检机构出具的复检结论为最终检验结论。复检机构与初检机构不得为同一机构。复检机构名录由国务院认证认可监督管理、食品药品监督管理、卫生行政、农业行政等部门共同公布。

采用国家规定的快速检测方法对食用农产品进行抽查检测，被抽查人对检测结果有异议的，可以自收到检测结果时起四小时内申请复检。复检不得采用快速检测方法。

第八十九条　食品生产企业可以自行对所生产的食品进行检验，也可以委托符合本法规定的食品检验机构进行检验。

食品行业协会和消费者协会等组织、消费者需要委托食品检验机构对食品进行检验的，应当委托符合本法规定的食品检验机构进行。

第九十条　食品添加剂的检验，适用本法有关食品检验的规定。

第六章　食品进出口

第九十一条　国家出入境检验检疫部门对进出口食品安全实施监督管理。

第九十二条　进口的食品、食品添加剂、食品相关产品应当符合我国食品安全国家标准。

进口的食品、食品添加剂应当经出入境检验检疫机构依照进出口商品检验相关法律、行政法规的规定检验合格。

进口的食品、食品添加剂应当按照国家出入境检验检疫部门的要求随附合格证明材料。

第九十三条　进口尚无食品安全国家标准的食品，由境外出口商、境外生产企业或者其委托的进口商向国务院卫生行政部门提交所执行的相关国家（地区）标准或者国际标准。国务院卫生行政部门对相关标准进行审查，认为符合食品安全要求的，决定暂予适用，并及时制定相应的食品安全国家标准。进口利用新的食品原料生产的食品或者进口食品添加剂新品种、食品相关产品新品种，依照本法第三十七条的规定办理。

出入境检验检疫机构按照国务院卫生行政部门的要求，对前款规定的食品、食品添加剂、食品相关产品进行检验。检验结果应当公开。

第九十四条　境外出口商、境外生产企业应当保证向我国出口的食品、食品添加剂、食品相关产品符合本法以及我国其他有关法律、行政法规的规定和食品安全国家标准的要求，并对标签、说明书的内容负责。

进口商应当建立境外出口商、境外生产企业审核制度，重点审核前款规定的内容；审核不合格的，不得进口。

发现进口食品不符合我国食品安全国家标准或者有证据证明可能危害人体健康的，进口商应当立即停止进口，并依照本法第六十三条的规定召回。

第九十五条 境外发生的食品安全事件可能对我国境内造成影响，或者在进口食品、食品添加剂、食品相关产品中发现严重食品安全问题的，国家出入境检验检疫部门应当及时采取风险预警或者控制措施，并向国务院食品药品监督管理、卫生行政、农业行政部门通报。接到通报的部门应当及时采取相应措施。

县级以上人民政府食品药品监督管理部门对国内市场上销售的进口食品、食品添加剂实施监督管理。发现存在严重食品安全问题的，国务院食品药品监督管理部门应当及时向国家出入境检验检疫部门通报。国家出入境检验检疫部门应当及时采取相应措施。

第九十六条 向我国境内出口食品的境外出口商或者代理商、进口食品的进口商应当向国家出入境检验检疫部门备案。向我国境内出口食品的境外食品生产企业应当经国家出入境检验检疫部门注册。已经注册的境外食品生产企业提供虚假材料，或者因其自身的原因致使进口食品发生重大食品安全事故的，国家出入境检验检疫部门应当撤销注册并公告。

国家出入境检验检疫部门应当定期公布已经备案的境外出口商、代理商、进口商和已经注册的境外食品生产企业名单。

第九十七条 进口的预包装食品、食品添加剂应当有中文标签；依法应当有说明书的，还应当有中文说明书。标签、说明书应当符合本法以及我国其他有关法律、行政法规的规定和食品安全国家标准的要求，并载明食品的原产地以及境内代理商的名称、地址、联系方式。预包装食品没有中文标签、中文说明书或者标签、说明书不符合本条规定的，不得进口。

第九十八条 进口商应当建立食品、食品添加剂进口和销售记录制度，如实记录食品、食品添加剂的名称、规格、数量、生产日期、生产或者进口批号、保质期、境外出口商和购货者名称、地址及联系方式、交货日期等内容，并保存相关凭证。记录和凭证保存期限应当符合本法第五十条第二款的规定。

第九十九条 出口食品生产企业应当保证其出口食品符合进口国（地区）的标准或者合同要求。

出口食品生产企业和出口食品原料种植、养殖场应当向国家出入境检验检疫部门备案。

第一百条 国家出入境检验检疫部门应当收集、汇总下列进出口食品安全信息，并及时通报相关部门、机构和企业：

（一）出入境检验检疫机构对进出口食品实施检验检疫发现的食品安全信息；

（二）食品行业协会和消费者协会等组织、消费者反映的进口食品安全信息；

（三）国际组织、境外政府机构发布的风险预警信息及其他食品安全信息，以及境外食品行业协会等组织、消费者反映的食品安全信息；

（四）其他食品安全信息。

国家出入境检验检疫部门应当对进出口食品的进口商、出口商和出口食品生产企业实施信用管理，建立信用记录，并依法向社会公布。对有不良记录的进口商、出口商和出口食品生产企业，应当加强对其进出口食品的检验检疫。

第一百零一条 国家出入境检验检疫部门可以对向我国境内出口食品的国家（地区）的食品安全管理体系和食品安全状况进行评估和审查，并根据评估和审查结果，确定相应检验检疫要求。

第七章 食品安全事故处置

第一百零二条 国务院组织制定国家食品安全事故应急预案。

县级以上地方人民政府应当根据有关法律、法规的规定和上级人民政府的食品安全事故应急预案以及本行政区域的实际情况，制定本行政区域的食品安全事故应急预案，并报上一级人民政府备案。

食品安全事故应急预案应当对食品安全事故分级、事故处置组织指挥体系与职责、预防预警机制、处置程序、应急保障措施等作出规定。

食品生产经营企业应当制定食品安全事故处置方案，定期检查本企业各项食品安全防范措施的落实情况，及时消除事故隐患。

第一百零三条 发生食品安全事故的单位应当立即采取措施，防止事故扩大。事故单位和接收病人进行治疗的单位应当及时向事故发生地县级人民政府食品药品监督管理、卫生行政部门报告。

县级以上人民政府质量监督、农业行政等部门在日常监督管理中发现食品安全事故或者接到事故举报，应当立即向同级食品药品监督管理部门通报。

发生食品安全事故，接到报告的县级人民政府食品药品监督管理部门应当按照应急预案的规定向本级人民政府和上级人民政府食品药品监督管理部门报告。县级人民政府和上级人民政府食品药品监督管理部门应当按照应急预案的规定上报。

任何单位和个人不得对食品安全事故隐瞒、谎报、缓报，不得隐匿、伪造、毁灭有关证据。

第一百零四条 医疗机构发现其接收的病人属于食源性疾病病人或者疑似病人的，应当按照规定及时将相关信息向所在地县级人民政府卫生行政部门报告。县级人民政府卫生行政部门认为与食品安全有关的，应当及时通报同级食品药品监督管理部门。

县级以上人民政府卫生行政部门在调查处理传染病或者其他突发公共卫生事件中发现与食品安全相关的信息，应当及时通报同级食品药品监督管理部门。

第一百零五条 县级以上人民政府食品药品监督管理部门接到食品安全事故的报告后，应当立即会同同级卫生行政、质量监督、农业行政等部门进行调查处理，并采取下列措施，防止或者减轻社会危害：

（一）开展应急救援工作，组织救治因食品安全事故导致人身伤害的人员；

（二）封存可能导致食品安全事故的食品及其原料，并立即进行检验；对确认属于被污染的食品及其原料，责令食品生产经营者依照本法第六十三条的规定召回或者停止经营；

（三）封存被污染的食品相关产品，并责令进行清洗消毒；

（四）做好信息发布工作，依法对食品安全事故及其处理情况进行发布，并对可能产生的危害加以解释、说明。

发生食品安全事故需要启动应急预案的，县级以上人民政府应当立即成立事故处置指挥机构，启动应急预案，依照前款和应急预案的规定进行处置。

发生食品安全事故，县级以上疾病预防控制机构应当对事故现场进行卫生处理，并对与事故有关的因素开展流行病学调查，有关部门应当予以协助。县级以上疾病预防控制机构应当向同级食品药品监督管理、卫生行政部门提交流行病学调查报告。

第一百零六条 发生食品安全事故，设区的市级以上人民政府食品药品监督管理部门应当立即会同有关部门进行事故责任调查，督促有关部门履行职责，向本级人民政府和上一级人民政府食品药品监督管理部门提出事故责任调查处理报告。

涉及两个以上省、自治区、直辖市的重大食品安全事故由国务院食品药品监督管理部门依照前款规定组织事故责任调查。

第一百零七条 调查食品安全事故，应当坚持实事求是、尊重科学的原则，及时、准确查清事故性质和原因，认定事故责任，提出整改措施。

调查食品安全事故，除了查明事故单位的责任，还应当查明有关监督管理部门、食品检验机构、认证机构及其工作人员的责任。

第一百零八条 食品安全事故调查部门有权向有关单位和个人了解与事故有关的情况，并要求提供相关资料和样品。有关单位和个人应当予以配合，按照要求提供相关资料和样品，不得拒绝。

任何单位和个人不得阻挠、干涉食品安全事故的调查处理。

第八章　监督管理

第一百零九条 县级以上人民政府食品药品监督管理、质量监督部门根据食品安全风险监测、风险评估结果和食品安全状况等，确定监督管理的重点、方式和频次，实施风险分级管理。

县级以上地方人民政府组织本级食品药品监督管理、质量监督、农业行政等部门制定本行政区域的食品安全年度监督管理计划，向社会公布并组织实施。

食品安全年度监督管理计划应当将下列事项作为监督管理的重点：

（一）专供婴幼儿和其他特定人群的主辅食品；

（二）保健食品生产过程中的添加行为和按照注册或者备案的技术要求组织生产的情况，保健食品标签、说明书以及宣传材料中有关功能宣传的情况；

（三）发生食品安全事故风险较高的食品生产经营者；

（四）食品安全风险监测结果表明可能存在食品安全隐患的事项。

第一百一十条 县级以上人民政府食品药品监督管理、质量监督部门履行各自食品安全监督管理职责，有权采取下列措施，对生产经营者遵守本法的情况进行监督检查：

（一）进入生产经营场所实施现场检查；

（二）对生产经营的食品、食品添加剂、食品相关产品进行抽样检验；

（三）查阅、复制有关合同、票据、账簿以及其他有关资料；

（四）查封、扣押有证据证明不符合食品安全标准或者有证据证明存在安全隐患以及用于违法生产经营的食品、食品添加剂、食品相关产品；

（五）查封违法从事生产经营活动的场所。

第一百一十一条 对食品安全风险评估结果证明食品存在安全隐患，需要制定、修订食品安全标准的，在制定、修订食品安全标准前，国务院卫生行政部门应当及时会同国务院有关部门规定食品中有害物质的临时限量值和临时检验方法，作为生产经营和监督管理的依据。

第一百一十二条 县级以上人民政府食品药品监督管理部门在食品安全监督管理工作中可以采用国家规定的快速检测方法对食品进行抽查检测。

对抽查检测结果表明可能不符合食品安全标准的食品，应当依照本法第八十七条的规定进行检验。抽查检测结果确定有关食品不符合食品安全标准的，可以作为行政处罚的依据。

第一百一十三条 县级以上人民政府食品药品监督管理部门应当建立食品生产经营者食品安全信用档案，记录许可颁发、日常监督检查结果、违法行为查处等情况，依法向社会公布并实时更新；对有不良信用记录的食品生产经营者增加监督检查频次，对违法行为情节严重的食品生产经营者，可以通报投资主管部门、证券监督管理机构和有关的金融机构。

第一百一十四条 食品生产经营过程中存在食品安全隐患，未及时采取措施消除的，县级以上人民政府食品药品监督管理部门可以对食品生产经营者的法定代表人或者主要负责人进行责任约谈。食品生产经营者应当立即采取措施，进行整改，消除隐患。责任约谈情况和整改情况应当纳入食品生产经营者食品安全信用档案。

第一百一十五条 县级以上人民政府食品药品监督管理、质量监督等部门应当公布本部门的电子邮件地址或者电话，接受咨询、投诉、举报。接到咨询、投诉、举报，对属于本部门职责的，应当受理并在法定期限内及时答复、核实、处理；对不属于本部门职责的，应当移交有权处理的部门并书面通知咨询、投诉、举报人。有权处理的部门应当在法定期限内及时处理，不得推诿。对查证属实的举报，给予举报人奖励。

有关部门应当对举报人的信息予以保密，保护举报人的合法权益。举报人举报所在企业的，该企业不得以解除、变更劳动合同或者其他方式对举报人进行打击报复。

第一百一十六条 县级以上人民政府食品药品监督管理、质量监督等部门应当加强对执法人员食品安全法律、法规、标准和专业知识与执法能力等的培训，并组织考核。不具备相应知识和能力的，不得从事食品安全执法工作。

食品生产经营者、食品行业协会、消费者协会等发现食品安全执法人员在执法过程中有违反法律、法规规定的行为以及不规范执法行为的，可以向本级或者上级人民政府食品药品监督管理、质量监督等部门或者监察机关投诉、举报。接到投诉、举报的部门或者机关应当进行核实，并将经核实的情况向食品安全执法人员所在部门通报；涉嫌违法违纪的，按照本法和有关规定处理。

第一百一十七条 县级以上人民政府食品药品监督管理等部门未及时发现食品安全系统性风险，未及时消除监督管理区域内的食品安全隐患的，本级人民政府可以对其主要负责人进行责任约谈。

地方人民政府未履行食品安全职责，未及时消除区域性重大食品安全隐患的，上级人民政府可以对其主要负责人进行责任约谈。

被约谈的食品药品监督管理等部门、地方人民政府应当立即采取措施，对食品安全监督管理工作进行整改。

责任约谈情况和整改情况应当纳入地方人民政府和有关部门食品安全监督管理工作评议、考核记录。

第一百一十八条 国家建立统一的食品安全信息平台，实行食品安全信息统一公布制度。国家食品安全总体情况、食品安全风险警示信息、重大食品安全事故及其调查处理信息和国务院确定需要统一公布的其他信息由国务院食品药品监督管理部门统一公布。食品安全风险警示信息和重大食品安全事故及其调查处理信息的影响限于特定区域的，也可以由有关省、自治区、直辖市人民政府食品药品监督管理部门公布。未经授权不得发布上述信息。

县级以上人民政府食品药品监督管理、质量监督、农业行政部门依据各自职责公布食品安全日常监督管理信息。

公布食品安全信息，应当做到准确、及时，并进行必要的解释说明，避免误导消费者和社会舆论。

第一百一十九条 县级以上地方人民政府食品药品监督管理、卫生行政、质量监督、农业行政部门获知本法规定需要统一公布的信息，应当向上级主管部门报告，由上级主管部门立即报告国务院食品药品监督管理部门；必要时，可以直接向国务院食品药品监督管理部门报告。

县级以上人民政府食品药品监督管理、卫生行政、质量监督、农业行政部门应当相互通报获知的食品安全信息。

第一百二十条 任何单位和个人不得编造、散布虚假食品安全信息。

县级以上人民政府食品药品监督管理部门发现可能误导消费者和社会舆论的食品安全信息，应当立即组织有关部门、专业机构、相关食品生产经营者等进行核实、分析，并及时公布结果。

第一百二十一条 县级以上人民政府食品药品监督管理、质量监督等部门发现涉嫌食品安全犯罪的，应当按照有关规定及时将案件移送公安机关。对移送的案件，公安机关应当及时审查；认为有犯罪事实需要追究刑事责任的，应当立案侦查。

公安机关在食品安全犯罪案件侦查过程中认为没有犯罪事实，或者犯罪事实显著轻微，不需要追究刑事责任，但依法应当追究行政责任的，应当及时将案件移送食品药品监督管理、质量监督等部门和监察机关，有关部门应当依法处理。

公安机关商请食品药品监督管理、质量监督、环境保护等部门提供检验结论、认定意见以及对涉案物品进行无害化处理等协助的，有关部门应当及时提供，予以协助。

第九章 法律责任

第一百二十二条 违反本法规定，未取得食品生产经营许可从事食品生产经营活动，或者未取得食品添加剂生产许可从事食品添加剂生产活动的，由县级以上人民政府食品药品监督管理部门没收违法所得和违法生产经营的食品、食品添加剂以及用于违法生产经营的工具、设备、原料等物品；违法生产经营的食品、食品添加剂货值金额不足一万元的，并处五万元以上十万元以下罚款；货值金额一万元以上的，并处货值金额十倍以上二十倍以下罚款。

明知从事前款规定的违法行为，仍为其提供生产经营场所或者其他条件的，由县级以上人民政府食品药品监督管理部门责令停止违法行为，没收违法所得，并处五万元以上十万元以下罚款；使消费者的合法权益受到损害的，应当与食品、食品添加剂生产经营者承担连带责任。

第一百二十三条　违反本法规定，有下列情形之一，尚不构成犯罪的，由县级以上人民政府食品药品监督管理部门没收违法所得和违法生产经营的食品，并可以没收用于违法生产经营的工具、设备、原料等物品；违法生产经营的食品货值金额不足一万元的，并处十万元以上十五万元以下罚款；货值金额一万元以上的，并处货值金额十五倍以上三十倍以下罚款；情节严重的，吊销许可证，并可以由公安机关对其直接负责的主管人员和其他直接责任人员处五日以上十五日以下拘留：

（一）用非食品原料生产食品、在食品中添加食品添加剂以外的化学物质和其他可能危害人体健康的物质，或者用回收食品作为原料生产食品，或者经营上述食品；

（二）生产经营营养成分不符合食品安全标准的专供婴幼儿和其他特定人群的主辅食品；

（三）经营病死、毒死或者死因不明的禽、畜、兽、水产动物肉类，或者生产经营其制品；

（四）经营未按规定进行检疫或者检疫不合格的肉类，或者生产经营未经检验或者检验不合格的肉类制品；

（五）生产经营国家为防病等特殊需要明令禁止生产经营的食品；

（六）生产经营添加药品的食品。

明知从事前款规定的违法行为，仍为其提供生产经营场所或者其他条件的，由县级以上人民政府食品药品监督管理部门责令停止违法行为，没收违法所得，并处十万元以上二十万元以下罚款；使消费者的合法权益受到损害的，应当与食品生产经营者承担连带责任。

违法使用剧毒、高毒农药的，除依照有关法律、法规规定给予处罚外，可以由公安机关依照第一款规定给予拘留。

第一百二十四条　违反本法规定，有下列情形之一，尚不构成犯罪的，由县级以上人民政府食品药品监督管理部门没收违法所得和违法生产经营的食品、食品添加剂，并可以没收用于违法生产经营的工具、设备、原料等物品；违法生产经营的食品、食品添加剂货值金额不足一万元的，并处五万元以上十万元以下罚款；货值金额一万元以上的，并处货值金额十倍以上二十倍以下罚款；情节严重的，吊销许可证：

（一）生产经营致病性微生物，农药残留、兽药残留、生物毒素、重金属等污染物质以及其他危害人体健康的物质含量超过食品安全标准限量的食品、食品添加剂；

（二）用超过保质期的食品原料、食品添加剂生产食品、食品添加剂，或者经营上述食品、食品添加剂；

（三）生产经营超范围、超限量使用食品添加剂的食品；

（四）生产经营腐败变质、油脂酸败、霉变生虫、污秽不洁、混有异物、掺假掺杂或者感官性状异常的食品、食品添加剂；

（五）生产经营标注虚假生产日期、保质期或者超过保质期的食品、食品添加剂；

（六）生产经营未按规定注册的保健食品、特殊医学用途配方食品、婴幼儿配方乳粉，或者未按注册的产品配方、生产工艺等技术要求组织生产；

（七）以分装方式生产婴幼儿配方乳粉，或者同一企业以同一配方生产不同品牌的婴幼儿配方乳粉；

（八）利用新的食品原料生产食品，或者生产食品添加剂新品种，未通过安全性评估；

（九）食品生产经营者在食品药品监督管理部门责令其召回或者停止经营后，仍拒不召回或者停止经营。

除前款和本法第一百二十三条、第一百二十五条规定的情形外，生产经营不符合法律、法规或者食品安全标准的食品、食品添加剂的，依照前款规定给予处罚。

生产食品相关产品新品种，未通过安全性评估，或者生产不符合食品安全标准的食品相关产品的，由县级以上人民政府质量监督部门依照第一款规定给予处罚。

第一百二十五条　违反本法规定，有下列情形之一的，由县级以上人民政府食品药品监督管理部门没收违法所得和违法生产经营的食品、食品添加剂，并可以没收用于违法生产经营的工具、设备、原料等物品；违法生产经营的食品、食品添加剂货值金额不足一万元的，并处五千元以上五万元以下罚款；货值金额一万元以上的，并处货值金额五倍以上十倍以下罚款；情节严重的，责令停产停业，直至吊销许可证：

（一）生产经营被包装材料、容器、运输工具等污染的食品、食品添加剂；

（二）生产经营无标签的预包装食品、食品添加剂或者标签、说明书不符合本法规定的食品、食品添加剂；

（三）生产经营转基因食品未按规定进行标示；

（四）食品生产经营者采购或者使用不符合食品安全标准的食品原料、食品添加剂、食品相关产品。

生产经营的食品、食品添加剂的标签、说明书存在瑕疵但不影响食品安全且不会对消费者造成误导的，由县级以上人民政府食品药品监督管理部门责令改正；拒不改正的，处二千元以下罚款。

第一百二十六条 违反本法规定，有下列情形之一的，由县级以上人民政府食品药品监督管理部门责令改正，给予警告；拒不改正的，处五千元以上五万元以下罚款；情节严重的，责令停产停业，直至吊销许可证：

（一）食品、食品添加剂生产者未按规定对采购的食品原料和生产的食品、食品添加剂进行检验；

（二）食品生产经营企业未按规定建立食品安全管理制度，或者未按规定配备或者培训、考核食品安全管理人员；

（三）食品、食品添加剂生产经营者进货时未查验许可证和相关证明文件，或者未按规定建立并遵守进货查验记录、出厂检验记录和销售记录制度；

（四）食品生产经营企业未制定食品安全事故处置方案；

（五）餐具、饮具和盛放直接入口食品的容器，使用前未经洗净、消毒或者清洗消毒不合格，或者餐饮服务设施、设备未按规定定期维护、清洗、校验；

（六）食品生产经营者安排未取得健康证明或者患有国务院卫生行政部门规定的有碍食品安全疾病的人员从事接触直接入口食品的工作；

（七）食品经营者未按规定要求销售食品；

（八）保健食品生产企业未按规定向食品药品监督管理部门备案，或者未按备案的产品配方、生产工艺等技术要求组织生产；

（九）婴幼儿配方食品生产企业未将食品原料、食品添加剂、产品配方、标签等向食品药品监督管理部门备案；

（十）特殊食品生产企业未按规定建立生产质量管理体系并有效运行，或者未定期提交自查报告；

（十一）食品生产经营者未定期对食品安全状况进行检查评价，或者生产经营条件发生变化，未按规定处理；

（十二）学校、托幼机构、养老机构、建筑工地等集中用餐单位未按规定履行食品安全管理责任；

（十三）食品生产企业、餐饮服务提供者未按规定制定、实施生产经营过程控制要求。

餐具、饮具集中消毒服务单位违反本法规定用水，使用洗涤剂、消毒剂，或者出厂的餐具、饮具未按规定检验合格并随附消毒合格证明，或者未按规定在独立包装上标注相关内容的，由县级以上人民政府卫生行政部门依照前款规定给予处罚。

食品相关产品生产者未按规定对生产的食品相关产品进行检验的，由县级以上人民政府质量监督部门依照第一款规定给予处罚。

食用农产品销售者违反本法第六十五条规定的，由县级以上人民政府食品药品监督管理部门依照第一款规定给予处罚。

第一百二十七条 对食品生产加工小作坊、食品摊贩等的违法行为的处罚，依照省、自治区、直辖市制定的具体管理办法执行。

第一百二十八条 违反本法规定，事故单位在发生食品安全事故后未进行处置、报告的，由有关主管部门按照各自职责分工责令改正，给予警告；隐匿、伪造、毁灭有关证据的，责令停产停业，没收违法所得，并处十万元以上五十万元以下罚款；造成严重后果的，吊销许可证。

第一百二十九条 违反本法规定，有下列情形之一的，由出入境检验检疫机构依照本法第一百二十四条的规定给予处罚：

（一）提供虚假材料，进口不符合我国食品

安全国家标准的食品、食品添加剂、食品相关产品；

（二）进口尚无食品安全国家标准的食品，未提交所执行的标准并经国务院卫生行政部门审查，或者进口利用新的食品原料生产的食品或者进口食品添加剂新品种、食品相关产品新品种，未通过安全性评估；

（三）未遵守本法的规定出口食品；

（四）进口商在有关主管部门责令其依照本法规定召回进口的食品后，仍拒不召回。

违反本法规定，进口商未建立并遵守食品、食品添加剂进口和销售记录制度、境外出口商或者生产企业审核制度的，由出入境检验检疫机构依照本法第一百二十六条的规定给予处罚。

第一百三十条 违反本法规定，集中交易市场的开办者、柜台出租者、展销会的举办者允许未依法取得许可的食品经营者进入市场销售食品，或者未履行检查、报告等义务的，由县级以上人民政府食品药品监督管理部门责令改正，没收违法所得，并处五万元以上二十万元以下罚款；造成严重后果的，责令停业，直至由原发证部门吊销许可证；使消费者的合法权益受到损害的，应当与食品经营者承担连带责任。

食用农产品批发市场违反本法第六十四条规定的，依照前款规定承担责任。

第一百三十一条 违反本法规定，网络食品交易第三方平台提供者未对入网食品经营者进行实名登记、审查许可证，或者未履行报告、停止提供网络交易平台服务等义务的，由县级以上人民政府食品药品监督管理部门责令改正，没收违法所得，并处五万元以上二十万元以下罚款；造成严重后果的，责令停业，直至由原发证部门吊销许可证；使消费者的合法权益受到损害的，应当与食品经营者承担连带责任。

消费者通过网络食品交易第三方平台购买食品，其合法权益受到损害的，可以向入网食品经营者或者食品生产者要求赔偿。网络食品交易第三方平台提供者不能提供入网食品经营者的真实名称、地址和有效联系方式的，由网络食品交易第三方平台提供者赔偿。网络食品交易第三方平台提供者赔偿后，有权向入网食品经营者或者食品生产者追偿。网络食品交易第三方平台提供者作出更有利于消费者承诺的，应当履行其承诺。

第一百三十二条 违反本法规定，未按要求进行食品贮存、运输和装卸的，由县级以上人民政府食品药品监督管理等部门按照各自职责分工责令改正，给予警告；拒不改正的，责令停产停业，并处一万元以上五万元以下罚款；情节严重的，吊销许可证。

第一百三十三条 违反本法规定，拒绝、阻挠、干涉有关部门、机构及其工作人员依法开展食品安全监督检查、事故调查处理、风险监测和风险评估的，由有关主管部门按照各自职责分工责令停产停业，并处二千元以上五万元以下罚款；情节严重的，吊销许可证；构成违反治安管理行为的，由公安机关依法给予治安管理处罚。

违反本法规定，对举报人以解除、变更劳动合同或者其他方式打击报复的，应当依照有关法律的规定承担责任。

第一百三十四条 食品生产经营者在一年内累计三次因违反本法规定受到责令停产停业、吊销许可证以外处罚的，由食品药品监督管理部门责令停产停业，直至吊销许可证。

第一百三十五条 被吊销许可证的食品生产经营者及其法定代表人、直接负责的主管人员和其他直接责任人员自处罚决定作出之日起五年内不得申请食品生产经营许可，或者从事食品生产经营管理工作、担任食品生产经营企业食品安全管理人员。

因食品安全犯罪被判处有期徒刑以上刑罚的，终身不得从事食品生产经营管理工作，也不得担任食品生产经营企业食品安全管理人员。

食品生产经营者聘用人员违反前两款规定的，由县级以上人民政府食品药品监督管理部门吊销许可证。

第一百三十六条 食品经营者履行了本法规定的进货查验等义务，有充分证据证明其不知道所采购的食品不符合食品安全标准，并能如实说明其进货来源的，可以免予处罚，但应当依法没收其不符合食品安全标准的食品；造成人身、财产或者其他损害的，依法承担赔偿责任。

第一百三十七条 违反本法规定，承担食品安全风险监测、风险评估工作的技术机构、技术人员提供虚假监测、评估信息的，依法对技术机构直接负责的主管人员和技术人员给予撤职、开除处分；有执业资格的，由授予其资格的主管部门吊销执业证书。

第一百三十八条 违反本法规定，食品检验机构、食品检验人员出具虚假检验报告的，由授予其资质的主管部门或者机构撤销该食品检验机构的检验资质，没收所收取的检验费用，并处检验费用五倍以上十倍以下罚款，检验费用不足一万元的，并处五万元以上十万元以下罚款；依法对食品检验机构直接负责的主管人员和食品检验人员给予撤职或者开除处分；导致发生重大食品安全事故的，对直接负责的主管人员和食品检验人员给予开除处分。

违反本法规定，受到开除处分的食品检验机构人员，自处分决定作出之日起十年内不得从事食品检验工作；因食品安全违法行为受到刑事处罚或者因出具虚假检验报告导致发生重大食品安全事故受到开除处分的食品检验机构人员，终身不得从事食品检验工作。食品检验机构聘用不得从事食品检验工作的人员的，由授予其资质的主管部门或者机构撤销该食品检验机构的检验资质。

食品检验机构出具虚假检验报告，使消费者的合法权益受到损害的，应当与食品生产经营者承担连带责任。

第一百三十九条 违反本法规定，认证机构出具虚假认证结论，由认证认可监督管理部门没收所收取的认证费用，并处认证费用五倍以上十倍以下罚款，认证费用不足一万元的，并处五万元以上十万元以下罚款；情节严重的，责令停业，直至撤销认证机构批准文件，并向社会公布；对直接负责的主管人员和负有直接责任的认证人员，撤销其执业资格。

认证机构出具虚假认证结论，使消费者的合法权益受到损害的，应当与食品生产经营者承担连带责任。

第一百四十条 违反本法规定，在广告中对食品作虚假宣传，欺骗消费者，或者发布未取得批准文件、广告内容与批准文件不一致的保健食品广告的，依照《中华人民共和国广告法》的规定给予处罚。

广告经营者、发布者设计、制作、发布虚假食品广告，使消费者的合法权益受到损害的，应当与食品生产经营者承担连带责任。

社会团体或者其他组织、个人在虚假广告或者其他虚假宣传中向消费者推荐食品，使消费者的合法权益受到损害的，应当与食品生产经营者承担连带责任。

违反本法规定，食品药品监督管理等部门、食品检验机构、食品行业协会以广告或者其他形式向消费者推荐食品，消费者组织以收取费用或者其他牟取利益的方式向消费者推荐食品的，由有关主管部门没收违法所得，依法对直接负责的主管人员和其他直接责任人员给予记大过、降级或者撤职处分；情节严重的，给予开除处分。

对食品作虚假宣传且情节严重的，由省级以上人民政府食品药品监督管理部门决定暂停销售该食品，并向社会公布；仍然销售该食品的，由县级以上人民政府食品药品监督管理部门没收违法所得和违法销售的食品，并处二万元以上五万元以下罚款。

第一百四十一条 违反本法规定，编造、散布虚假食品安全信息，构成违反治安管理行为的，由公安机关依法给予治安管理处罚。

媒体编造、散布虚假食品安全信息的，由有关主管部门依法给予处罚，并对直接负责的主管人员和其他直接责任人员给予处分；使公民、法人或者其他组织的合法权益受到损害的，依法承担消除影响、恢复名誉、赔偿损失、赔礼道歉等民事责任。

第一百四十二条 违反本法规定，县级以上地方人民政府有下列行为之一的，对直接负责的主管人员和其他直接责任人员给予记大过处分；情节较重的，给予降级或者撤职处分；情节严重的，给予开除处分；造成严重后果的，其主要负责人还应当引咎辞职：

（一）对发生在本行政区域内的食品安全事故，未及时组织协调有关部门开展有效处置，造成不良影响或者损失；

（二）对本行政区域内涉及多环节的区域性食品安全问题，未及时组织整治，造成不良影响或者损失；

（三）隐瞒、谎报、缓报食品安全事故；

（四）本行政区域内发生特别重大食品安全事故，或者连续发生重大食品安全事故。

第一百四十三条 违反本法规定，县级以上地方人民政府有下列行为之一的，对直接负责的主管人员和其他直接责任人员给予警告、记过或者记大过处分；造成严重后果的，给予降级或者撤职处分：

（一）未确定有关部门的食品安全监督管理职责，未建立健全食品安全全程监督管理工作机制和信息共享机制，未落实食品安全监督管理责任制；

（二）未制定本行政区域的食品安全事故应急预案，或者发生食品安全事故后未按规定立即成立事故处置指挥机构、启动应急预案。

第一百四十四条 违反本法规定，县级以上人民政府食品药品监督管理、卫生行政、质量监督、农业行政等部门有下列行为之一的，对直接负责的主管人员和其他直接责任人员给予记大过处分；情节较重的，给予降级或者撤职处分；情节严重的，给予开除处分；造成严重后果的，其主要负责人还应当引咎辞职：

（一）隐瞒、谎报、缓报食品安全事故；

（二）未按规定查处食品安全事故，或者接到食品安全事故报告未及时处理，造成事故扩大或者蔓延；

（三）经食品安全风险评估得出食品、食品添加剂、食品相关产品不安全结论后，未及时采取相应措施，造成食品安全事故或者不良社会影响；

（四）对不符合条件的申请人准予许可，或者超越法定职权准予许可；

（五）不履行食品安全监督管理职责，导致发生食品安全事故。

第一百四十五条 违反本法规定，县级以上人民政府食品药品监督管理、卫生行政、质量监督、农业行政等部门有下列行为之一，造成不良后果的，对直接负责的主管人员和其他直接责任人员给予警告、记过或者记大过处分；情节较重的，给予降级或者撤职处分；情节严重的，给予开除处分：

（一）在获知有关食品安全信息后，未按规定向上级主管部门和本级人民政府报告，或者未按规定相互通报；

（二）未按规定公布食品安全信息；

（三）不履行法定职责，对查处食品安全违法行为不配合，或者滥用职权、玩忽职守、徇私舞弊。

第一百四十六条 食品药品监督管理、质量监督等部门在履行食品安全监督管理职责过程中，违法实施检查、强制等执法措施，给生产经营者造成损失的，应当依法予以赔偿，对直接负责的主管人员和其他直接责任人员依法给予处分。

第一百四十七条 违反本法规定，造成人身、财产或者其他损害的，依法承担赔偿责任。生产经营者财产不足以同时承担民事赔偿责任和缴纳罚款、罚金时，先承担民事赔偿责任。

第一百四十八条 消费者因不符合食品安全标准的食品受到损害的，可以向经营者要求赔偿损失，也可以向生产者要求赔偿损失。接到消费者赔偿要求的生产经营者，应当实行首负责任制，先行赔付，不得推诿；属于生产者责任的，经营者赔偿后有权向生产者追偿；属于经营者责任的，生产者赔偿后有权向经营者追偿。

生产不符合食品安全标准的食品或者经营明知是不符合食品安全标准的食品，消费者除要求赔偿损失外，还可以向生产者或者经营者要求支付价款十倍或者损失三倍的赔偿金；增加赔偿的金额不足一千元的，为一千元。但是，食品的标签、说明书存在不影响食品安全且不会对消费者造成误导的瑕疵的除外。

第一百四十九条 违反本法规定，构成犯罪的，依法追究刑事责任。

第十章 附 则

第一百五十条 本法下列用语的含义：

食品，指各种供人食用或者饮用的成品和原料以及按照传统既是食品又是中药材的物品，但是不包括以治疗为目的的物品。

食品安全，指食品无毒、无害，符合应当有的营养要求，对人体健康不造成任何急性、亚急性或者慢性危害。

预包装食品，指预先定量包装或者制作在包装材料、容器中的食品。

食品添加剂，指为改善食品品质和色、香、味以及为防腐、保鲜和加工工艺的需要而加入食品中的人工合成或者天然物质，包括营养强化剂。

用于食品的包装材料和容器，指包装、盛放食品或者食品添加剂用的纸、竹、木、金属、搪瓷、陶瓷、塑料、橡胶、天然纤维、化学纤维、玻璃等制品和直接接触食品或者食品添加剂的涂料。

用于食品生产经营的工具、设备，指在食品或者食品添加剂生产、销售、使用过程中直接接触食品或者食品添加剂的机械、管道、传送带、容器、用具、餐具等。

用于食品的洗涤剂、消毒剂，指直接用于洗涤或者消毒食品、餐具、饮具以及直接接触食品的工具、设备或者食品包装材料和容器的物质。

食品保质期，指食品在标明的贮存条件下保持品质的期限。

食源性疾病，指食品中致病因素进入人体引起的感染性、中毒性等疾病，包括食物中毒。

食品安全事故，指食源性疾病、食品污染等源于食品，对人体健康有危害或者可能有危害的事故。

第一百五十一条 转基因食品和食盐的食品安全管理，本法未作规定的，适用其他法律、行政法规的规定。

第一百五十二条 铁路、民航运营中食品安全的管理办法由国务院食品药品监督管理部门会同国务院有关部门依照本法制定。

保健食品的具体管理办法由国务院食品药品监督管理部门依照本法制定。

食品相关产品生产活动的具体管理办法由国务院质量监督部门依照本法制定。

国境口岸食品的监督管理由出入境检验检疫机构依照本法以及有关法律、行政法规的规定实施。

军队专用食品和自供食品的食品安全管理办法由中央军事委员会依照本法制定。

第一百五十三条 国务院根据实际需要，可以对食品安全监督管理体制作出调整。

第一百五十四条 本法自2015年10月1日起施行。

中华人民共和国反不正当竞争法

（1993年9月2日第八届全国人民代表大会常务委员会第三次会议通过　2017年11月4日第十二届全国人民代表大会常务委员会第三十次会议修订　2017年11月4日中华人民共和国主席令第七十七号公布　自2018年1月1日起施行）

目　录

第一章　总　　则

第一条 为了促进社会主义市场经济健康发展，鼓励和保护公平竞争，制止不正当竞争行为，保护经营者和消费者的合法权益，制定本法。

第二条 经营者在生产经营活动中，应当遵循自愿、平等、公平、诚信的原则，遵守法律和商业道德。

本法所称的不正当竞争行为，是指经营者在生产经营活动中，违反本法规定，扰乱市场竞争秩序，损害其他经营者或者消费者的合法权益的行为。

本法所称的经营者，是指从事商品生产、经营或者提供服务（以下所称商品包括服务）的自然人、法人和非法人组织。

第三条 各级人民政府应当采取措施，制止不正当竞争行为，为公平竞争创造良好的环境和条件。

国务院建立反不正当竞争工作协调机制，研究决定反不正当竞争重大政策，协调处理维护市场竞争秩序的重大问题。

第四条 县级以上人民政府履行工商行政管理职责的部门对不正当竞争行为进行查处；法律、行政法规规定由其他部门查处的，依照其规定。

第五条 国家鼓励、支持和保护一切组织和个人对不正当竞争行为进行社会监督。

国家机关及其工作人员不得支持、包庇不正当竞争行为。

行业组织应当加强行业自律，引导、规范会员依法竞争，维护市场竞争秩序。

第二章 不正当竞争行为

第六条 经营者不得实施下列混淆行为，引人误认为是他人商品或者与他人存在特定联系：

（一）擅自使用与他人有一定影响的商品名称、包装、装潢等相同或者近似的标识；

（二）擅自使用他人有一定影响的企业名称（包括简称、字号等）、社会组织名称（包括简称等）、姓名（包括笔名、艺名、译名等）；

（三）擅自使用他人有一定影响的域名主体部分、网站名称、网页等；

（四）其他足以引人误认为是他人商品或者与他人存在特定联系的混淆行为。

第七条 经营者不得采用财物或者其他手段贿赂下列单位或者个人，以谋取交易机会或者竞争优势：

（一）交易相对方的工作人员；

（二）受交易相对方委托办理相关事务的单位或者个人；

（三）利用职权或者影响力影响交易的单位或者个人。

经营者在交易活动中，可以以明示方式向交易相对方支付折扣，或者向中间人支付佣金。经营者向交易相对方支付折扣、向中间人支付佣金的，应当如实入账。接受折扣、佣金的经营者也应当如实入账。

经营者的工作人员进行贿赂的，应当认定为经营者的行为；但是，经营者有证据证明该工作人员的行为与为经营者谋取交易机会或者竞争优势无关的除外。

第八条 经营者不得对其商品的性能、功能、质量、销售状况、用户评价、曾获荣誉等作虚假或者引人误解的商业宣传，欺骗、误导消费者。

经营者不得通过组织虚假交易等方式，帮助其他经营者进行虚假或者引人误解的商业宣传。

第九条 经营者不得实施下列侵犯商业秘密的行为：

（一）以盗窃、贿赂、欺诈、胁迫或者其他不正当手段获取权利人的商业秘密；

（二）披露、使用或者允许他人使用以前项手段获取的权利人的商业秘密；

（三）违反约定或者违反权利人有关保守商业秘密的要求，披露、使用或者允许他人使用其所掌握的商业秘密。

第三人明知或者应知商业秘密权利人的员工、前员工或者其他单位、个人实施前款所列违法行为，仍获取、披露、使用或者允许他人使用该商业秘密的，视为侵犯商业秘密。

本法所称的商业秘密，是指不为公众所知悉、具有商业价值并经权利人采取相应保密措施的技术信息和经营信息。

第十条 经营者进行有奖销售不得存在下列情形：

（一）所设奖的种类、兑奖条件、奖金金额或者奖品等有奖销售信息不明确，影响兑奖；

（二）采用谎称有奖或者故意让内定人员中奖的欺骗方式进行有奖销售；

（三）抽奖式的有奖销售，最高奖的金额超过五万元。

第十一条 经营者不得编造、传播虚假信息或者误导性信息，损害竞争对手的商业信誉、商品声誉。

第十二条 经营者利用网络从事生产经营活动，应当遵守本法的各项规定。

经营者不得利用技术手段，通过影响用户选择或者其他方式，实施下列妨碍、破坏其他经营者合法提供的网络产品或者服务正常运行的行为：

（一）未经其他经营者同意，在其合法提供

的网络产品或者服务中，插入链接、强制进行目标跳转；

（二）误导、欺骗、强迫用户修改、关闭、卸载其他经营者合法提供的网络产品或者服务；

（三）恶意对其他经营者合法提供的网络产品或者服务实施不兼容；

（四）其他妨碍、破坏其他经营者合法提供的网络产品或者服务正常运行的行为。

第三章　对涉嫌不正当竞争行为的调查

第十三条　监督检查部门调查涉嫌不正当竞争行为，可以采取下列措施：

（一）进入涉嫌不正当竞争行为的经营场所进行检查；

（二）询问被调查的经营者、利害关系人及其他有关单位、个人，要求其说明有关情况或者提供与被调查行为有关的其他资料；

（三）查询、复制与涉嫌不正当竞争行为有关的协议、账簿、单据、文件、记录、业务函电和其他资料；

（四）查封、扣押与涉嫌不正当竞争行为有关的财物；

（五）查询涉嫌不正当竞争行为的经营者的银行账户。

采取前款规定的措施，应当向监督检查部门主要负责人书面报告，并经批准。采取前款第四项、第五项规定的措施，应当向设区的市级以上人民政府监督检查部门主要负责人书面报告，并经批准。

监督检查部门调查涉嫌不正当竞争行为，应当遵守《中华人民共和国行政强制法》和其他有关法律、行政法规的规定，并应当将查处结果及时向社会公开。

第十四条　监督检查部门调查涉嫌不正当竞争行为，被调查的经营者、利害关系人及其他有关单位、个人应当如实提供有关资料或者情况。

第十五条　监督检查部门及其工作人员对调查过程中知悉的商业秘密负有保密义务。

第十六条　对涉嫌不正当竞争行为，任何单位和个人有权向监督检查部门举报，监督检查部门接到举报后应当依法及时处理。

监督检查部门应当向社会公开受理举报的电话、信箱或者电子邮件地址，并为举报人保密。对实名举报并提供相关事实和证据的，监督检查部门应当将处理结果告知举报人。

第四章　法律责任

第十七条　经营者违反本法规定，给他人造成损害的，应当依法承担民事责任。

经营者的合法权益受到不正当竞争行为损害的，可以向人民法院提起诉讼。

因不正当竞争行为受到损害的经营者的赔偿数额，按照其因被侵权所受到的实际损失确定；实际损失难以计算的，按照侵权人因侵权所获得的利益确定。赔偿数额还应当包括经营者为制止侵权行为所支付的合理开支。

经营者违反本法第六条、第九条规定，权利人因被侵权所受到的实际损失、侵权人因侵权所获得的利益难以确定的，由人民法院根据侵权行为的情节判决给予权利人三百万元以下的赔偿。

第十八条　经营者违反本法第六条规定实施混淆行为的，由监督检查部门责令停止违法行为，没收违法商品。违法经营额五万元以上的，可以并处违法经营额五倍以下的罚款；没有违法经营额或者违法经营额不足五万元的，可以并处二十五万元以下的罚款。情节严重的，吊销营业执照。

经营者登记的企业名称违反本法第六条规定的，应当及时办理名称变更登记；名称变更前，由原企业登记机关以统一社会信用代码代替其名称。

第十九条　经营者违反本法第七条规定贿赂他人的，由监督检查部门没收违法所得，处十万元以上三百万元以下的罚款。情节严重的，吊销营业执照。

第二十条　经营者违反本法第八条规定对其商品作虚假或者引人误解的商业宣传，或者通过组织虚假交易等方式帮助其他经营者进行虚假或者引人误解的商业宣传的，由监督检查部门责令停止违法行为，处二十万元以上一百万元以下的罚款；情节严重的，处一百万元以上二百万元以下的罚款，可以吊销营业执照。

经营者违反本法第八条规定，属于发布虚假广告的，依照《中华人民共和国广告法》的规定处罚。

第二十一条 经营者违反本法第九条规定侵犯商业秘密的，由监督检查部门责令停止违法行为，处十万元以上五十万元以下的罚款；情节严重的，处五十万元以上三百万元以下的罚款。

第二十二条 经营者违反本法第十条规定进行有奖销售的，由监督检查部门责令停止违法行为，处五万元以上五十万元以下的罚款。

第二十三条 经营者违反本法第十一条规定损害竞争对手商业信誉、商品声誉的，由监督检查部门责令停止违法行为、消除影响，处十万元以上五十万元以下的罚款；情节严重的，处五十万元以上三百万元以下的罚款。

第二十四条 经营者违反本法第十二条规定妨碍、破坏其他经营者合法提供的网络产品或者服务正常运行的，由监督检查部门责令停止违法行为，处十万元以上五十万元以下的罚款；情节严重的，处五十万元以上三百万元以下的罚款。

第二十五条 经营者违反本法规定从事不正当竞争，有主动消除或者减轻违法行为危害后果等法定情形的，依法从轻或者减轻行政处罚；违法行为轻微并及时纠正，没有造成危害后果的，不予行政处罚。

第二十六条 经营者违反本法规定从事不正当竞争，受到行政处罚的，由监督检查部门记入信用记录，并依照有关法律、行政法规的规定予以公示。

第二十七条 经营者违反本法规定，应当承担民事责任、行政责任和刑事责任，其财产不足以支付的，优先用于承担民事责任。

第二十八条 妨害监督检查部门依照本法履行职责，拒绝、阻碍调查的，由监督检查部门责令改正，对个人可以处五千元以下的罚款，对单位可以处五万元以下的罚款，并可以由公安机关依法给予治安管理处罚。

第二十九条 当事人对监督检查部门作出的决定不服的，可以依法申请行政复议或者提起行政诉讼。

第三十条 监督检查部门的工作人员滥用职权、玩忽职守、徇私舞弊或者泄露调查过程中知悉的商业秘密的，依法给予处分。

第三十一条 违反本法规定，构成犯罪的，依法追究刑事责任。

第五章 附 则

第三十二条 本法自2018年1月1日起施行。

中华人民共和国民法总则（节录）

（2017年3月15日第十二届全国人民代表大会第五次会议通过 2017年3月15日中华人民共和国主席令第66号公布 自2017年10月1日起施行）

……

第一百一十一条 自然人的个人信息受法律保护。任何组织和个人需要获取他人个人信息的，应当依法取得并确保信息安全，不得非法收集、使用、加工、传输他人个人信息，不得非法买卖、提供或者公开他人个人信息。

……

第一百二十七条 法律对数据、网络虚拟财产的保护有规定的，依照其规定。

……

第一百三十七条 以对话方式作出的意思表示，相对人知道其内容时生效。

以非对话方式作出的意思表示，到达相对人时生效。以非对话方式作出的采用数据电文形式的意思表示，相对人指定特定系统接收数据电文的，该数据电文进入该特定系统时生效；未指定特定系统的，相对人知道或者应当知道该数据电文进入其系统时生效。当事人对采用数据电文形式的意思表示的生效时间另有约定的，按照其约定。

……

中华人民共和国标准化法（节录）

（1988年12月29日第七届全国人民代表大会常务委员会第五次会议通过　2017年11月4日第十二届全国人民代表大会常务委员会第三十次会议修订　2017年11月4日中华人民共和国主席令第78号公布　自2018年1月1日起施行）

……

第二条　本法所称标准（含标准样品），是指农业、工业、服务业以及社会事业等领域需要统一的技术要求。

标准包括国家标准、行业标准、地方标准和团体标准、企业标准。国家标准分为强制性标准、推荐性标准，行业标准、地方标准是推荐性标准。

强制性标准必须执行。国家鼓励采用推荐性标准。

……

第十条　对保障人身健康和生命财产安全、国家安全、生态环境安全以及满足经济社会管理基本需要的技术要求，应当制定强制性国家标准。

国务院有关行政主管部门依据职责负责强制性国家标准的项目提出、组织起草、征求意见和技术审查。国务院标准化行政主管部门负责强制性国家标准的立项、编号和对外通报。国务院标准化行政主管部门应当对拟制定的强制性国家标准是否符合前款规定进行立项审查，对符合前款规定的予以立项。

省、自治区、直辖市人民政府标准化行政主管部门可以向国务院标准化行政主管部门提出强制性国家标准的立项建议，由国务院标准化行政主管部门会同国务院有关行政主管部门决定。社会团体、企业事业组织以及公民可以向国务院标准化行政主管部门提出强制性国家标准的立项建议，国务院标准化行政主管部门认为需要立项的，会同国务院有关行政主管部门决定。

强制性国家标准由国务院批准发布或者授权批准发布。

法律、行政法规和国务院决定对强制性标准的制定另有规定的，从其规定。

第十一条　对满足基础通用、与强制性国家标准配套、对各有关行业起引领作用等需要的技术要求，可以制定推荐性国家标准。

推荐性国家标准由国务院标准化行政主管部门制定。

第十二条　对没有推荐性国家标准、需要在全国某个行业范围内统一的技术要求，可以制定行业标准。

行业标准由国务院有关行政主管部门制定，报国务院标准化行政主管部门备案。

第十三条　为满足地方自然条件、风俗习惯等特殊技术要求，可以制定地方标准。

地方标准由省、自治区、直辖市人民政府标准化行政主管部门制定；设区的市级人民政府标准化行政主管部门根据本行政区域的特殊需要，经所在地省、自治区、直辖市人民政府标准化行政主管部门批准，可以制定本行政区域的地方标准。地方标准由省、自治区、直辖市人民政府标准化行政主管部门报国务院标准化行政主管部门备案，由国务院标准化行政主管部门通报国务院有关行政主管部门。

第十四条　对保障人身健康和生命财产安全、国家安全、生态环境安全以及经济社会发展所急需的标准项目，制定标准的行政主管部门应当优先立项并及时完成。

第十五条　制定强制性标准、推荐性标准，应当在立项时对有关行政主管部门、企业、社会团体、消费者和教育、科研机构等方面的实际需求进行调查，对制定标准的必要性、可行性进行论证评估；在制定过程中，应当按照便捷有效的原则采取多种方式征求意见，组织对标准相关事项进行调查分析、实验、论证，并做到有关标准之间的协调配套。

第十六条 制定推荐性标准，应当组织由相关方组成的标准化技术委员会，承担标准的起草、技术审查工作。制定强制性标准，可以委托相关标准化技术委员会承担标准的起草、技术审查工作。未组成标准化技术委员会的，应当成立专家组承担相关标准的起草、技术审查工作。标准化技术委员会和专家组的组成应当具有广泛代表性。

第十七条 强制性标准文本应当免费向社会公开。国家推动免费向社会公开推荐性标准文本。

第十八条 国家鼓励学会、协会、商会、联合会、产业技术联盟等社会团体协调相关市场主体共同制定满足市场和创新需要的团体标准，由本团体成员约定采用或者按照本团体的规定供社会自愿采用。

制定团体标准，应当遵循开放、透明、公平的原则，保证各参与主体获取相关信息，反映各参与主体的共同需求，并应当组织对标准相关事项进行调查分析、实验、论证。

国务院标准化行政主管部门会同国务院有关行政主管部门对团体标准的制定进行规范、引导和监督。

第十九条 企业可以根据需要自行制定企业标准，或者与其他企业联合制定企业标准。

……

第二十一条 推荐性国家标准、行业标准、地方标准、团体标准、企业标准的技术要求不得低于强制性国家标准的相关技术要求。

国家鼓励社会团体、企业制定高于推荐性标准相关技术要求的团体标准、企业标准。

……

第二十五条 不符合强制性标准的产品、服务，不得生产、销售、进口或者提供。

第二十六条 出口产品、服务的技术要求，按照合同的约定执行。

第二十七条 国家实行团体标准、企业标准自我声明公开和监督制度。企业应当公开其执行的强制性标准、推荐性标准、团体标准或者企业标准的编号和名称；企业执行自行制定的企业标准的，还应当公开产品、服务的功能指标和产品的性能指标。国家鼓励团体标准、企业标准通过标准信息公共服务平台向社会公开。

企业应当按照标准组织生产经营活动，其生产的产品、提供的服务应当符合企业公开标准的技术要求。

第二十八条 企业研制新产品、改进产品，进行技术改造，应当符合本法规定的标准化要求。

第二十九条 国家建立强制性标准实施情况统计分析报告制度。

国务院标准化行政主管部门和国务院有关行政主管部门、设区的市级以上地方人民政府标准化行政主管部门应当建立标准实施信息反馈和评估机制，根据反馈和评估情况对其制定的标准进行复审。标准的复审周期一般不超过五年。经过复审，对不适应经济社会发展需要和技术进步的应当及时修订或者废止。

……

第三十六条 生产、销售、进口产品或者提供服务不符合强制性标准，或者企业生产的产品、提供的服务不符合其公开标准的技术要求的，依法承担民事责任。

第三十七条 生产、销售、进口产品或者提供服务不符合强制性标准的，依照《中华人民共和国产品质量法》、《中华人民共和国进出口商品检验法》、《中华人民共和国消费者权益保护法》等法律、行政法规的规定查处，记入信用记录，并依照有关法律、行政法规的规定予以公示；构成犯罪的，依法追究刑事责任。

第三十八条 企业未依照本法规定公开其执行的标准的，由标准化行政主管部门责令限期改正；逾期不改正的，在标准信息公共服务平台上公示。

第三十九条 国务院有关行政主管部门、设区的市级以上地方人民政府标准化行政主管部门制定的标准不符合本法第二十一条第一款、第二十二条第一款规定的，应当及时改正；拒不改正的，由国务院标准化行政主管部门公告废止相关标准；对负有责任的领导人员和直接责任人员依法给予处分。

社会团体、企业制定的标准不符合本法第二十一条第一款、第二十二条第一款规定的，由标准化行政主管部门责令限期改正；逾期不改正的，由省级以上人民政府标准化行政主管部门废止相关标准，并在标准信息公共服务平台上公示。

违反本法第二十二条第二款规定，利用标准实施排除、限制市场竞争行为的，依照《中华人民共和国反垄断法》等法律、行政法规的规定处理。

……

第四十二条 社会团体、企业未依照本法规定对团体标准或者企业标准进行编号的，由标准化行政主管部门责令限期改正；逾期不改正的，由省级以上人民政府标准化行政主管部门撤销相关标准编号，并在标准信息公共服务平台上公示。

……

中华人民共和国侵权责任法（节录）

（2009年12月26日第十一届全国人民代表大会常务委员会第十二次会议通过 2009年12月26日中华人民共和国主席令第21号公布 自2010年7月1日起施行）

……

第三十六条 网络用户、网络服务提供者利用网络侵害他人民事权益的，应当承担侵权责任。

网络用户利用网络服务实施侵权行为的，被侵权人有权通知网络服务提供者采取删除、屏蔽、断开链接等必要措施。网络服务提供者接到通知后未及时采取必要措施的，对损害的扩大部分与该网络用户承担连带责任。

网络服务提供者知道网络用户利用其网络服务侵害他人民事权益，未采取必要措施的，与该网络用户承担连带责任。

……

中华人民共和国邮政法（节录）

（1986年12月2日第六届全国人民代表大会常务委员会第十八次会议通过 2009年4月24日第十一届全国人民代表大会常务委员会第八次会议修订 根据2012年10月26日第十一届全国人民代表大会常务委员会第二十九次会议《关于修改〈中华人民共和国邮政法〉的决定》 第一次修正 根据2015年4月24日第十二届全国人民代表大会常务委员会第十四次会议《关于修改〈中华人民共和国义务教育法〉等五部法律的决定》第二次修正）

……

第五十一条 经营快递业务，应当依照本法规定取得快递业务经营许可；未经许可，任何单位和个人不得经营快递业务。

外商不得投资经营信件的国内快递业务。

国内快递业务，是指从收寄到投递的全过程均发生在中华人民共和国境内的快递业务。

第五十二条 申请快递业务经营许可，应当具备下列条件：

（一）符合企业法人条件；

（二）在省、自治区、直辖市范围内经营的，注册资本不低于人民币五十万元，跨省、自治区、直辖市经营的，注册资本不低于人民币一百万元，经营国际快递业务的，注册资本不低于人民币二百万元；

（三）有与申请经营的地域范围相适应的服务能力；

（四）有严格的服务质量管理制度和完备的业务操作规范；

（五）有健全的安全保障制度和措施；

（六）法律、行政法规规定的其他条件。

第五十三条　申请快递业务经营许可，在省、自治区、直辖市范围内经营的，应当向所在地的省、自治区、直辖市邮政管理机构提出申请，跨省、自治区、直辖市经营或者经营国际快递业务的，应当向国务院邮政管理部门提出申请；申请时应当提交申请书和有关申请材料。

受理申请的邮政管理部门应当自受理申请之日起四十五日内进行审查，作出批准或者不予批准的决定。予以批准的，颁发快递业务经营许可证；不予批准的，书面通知申请人并说明理由。

邮政管理部门审查快递业务经营许可的申请，应当考虑国家安全等因素，并征求有关部门的意见。

申请人凭快递业务经营许可证向工商行政管理部门依法办理登记后，方可经营快递业务。

第五十四条　邮政企业以外的经营快递业务的企业（以下称快递企业）设立分支机构或者合并、分立的，应当向邮政管理部门备案。

第五十五条　快递企业不得经营由邮政企业专营的信件寄递业务，不得寄递国家机关公文。

第五十六条　快递企业经营邮政企业专营业务范围以外的信件快递业务，应当在信件封套的显著位置标注信件字样。

快递企业不得将信件打包后作为包裹寄递。

第五十七条　经营国际快递业务应当接受邮政管理部门和有关部门依法实施的监管。邮政管理部门和有关部门可以要求经营国际快递业务的企业提供报关数据。

第五十八条　快递企业停止经营快递业务的，应当书面告知邮政管理部门，交回快递业务经营许可证，并对尚未投递的快件按照国务院邮政管理部门的规定妥善处理。

第五十九条　本法第六条、第二十一条、第二十二条、第二十四条、第二十五条、第二十六条第一款、第三十五条第二款、第三十六条关于邮政企业及其从业人员的规定，适用于快递企业及其从业人员；第十一条关于邮件处理场所的规定，适用于快件处理场所；第三条第二款、第二十六条第二款、第三十五条第一款、第三十六条、第三十七条关于邮件的规定，适用于快件；第四十五条第二款关于邮件的损失赔偿的规定，适用于快件的损失赔偿。

第六十条　经营快递业务的企业依法成立的行业协会，依照法律、行政法规及其章程规定，制定快递行业规范，加强行业自律，为企业提供信息、培训等方面的服务，促进快递行业的健康发展。

经营快递业务的企业应当对其从业人员加强法制教育、职业道德教育和业务技能培训。

第六十一条　邮政管理部门依法履行监督管理职责，可以采取下列监督检查措施：

（一）进入邮政企业、快递企业或者涉嫌发生违反本法活动的其他场所实施现场检查；

（二）向有关单位和个人了解情况；

（三）查阅、复制有关文件、资料、凭证；

（四）经邮政管理部门负责人批准，查封与违反本法活动有关的场所，扣押用于违反本法活动的运输工具以及相关物品，对信件以外的涉嫌夹带禁止寄递或者限制寄递物品的邮件、快件开拆检查。

第六十二条　邮政管理部门根据履行监督管理职责的需要，可以要求邮政企业和快递企业报告有关经营情况。

第六十三条　邮政管理部门进行监督检查时，监督检查人员不得少于二人，并应当出示执法证件。对邮政管理部门依法进行的监督检查，有关单位和个人应当配合，不得拒绝、阻碍。

第六十四条　邮政管理部门工作人员对监督检查中知悉的商业秘密，负有保密义务。

第六十五条　邮政企业和快递企业应当及时、妥善处理用户对服务质量提出的异议。用户对处理结果不满意的，可以向邮政管理部门申诉，邮政管理部门应当及时依法处理，并自接到申诉之日起三十日内作出答复。

第六十六条　任何单位和个人对违反本法规定的行为，有权向邮政管理部门举报。邮政管理部门接到举报后，应当及时依法处理。

……

第七十二条 未取得快递业务经营许可经营快递业务，或者邮政企业以外的单位或者个人经营由邮政企业专营的信件寄递业务或者寄递国家机关公文的，由邮政管理部门或者工商行政管理部门责令改正，没收违法所得，并处五万元以上十万元以下的罚款；情节严重的，并处十万元以上二十万元以下的罚款；对快递企业，还可以责令停业整顿直至吊销其快递业务经营许可证。

违反本法第五十一条第二款的规定，经营信件的国内快递业务的，依照前款规定处罚。

第七十三条 快递企业有下列行为之一的，由邮政管理部门责令改正，可以处一万元以下的罚款；情节严重的，处一万元以上五万元以下的罚款，并可以责令停业整顿：

（一）设立分支机构、合并、分立，未向邮政管理部门备案的；

（二）未在信件封套的显著位置标注信件字样的；

（三）将信件打包后作为包裹寄递的；

（四）停止经营快递业务，未书面告知邮政管理部门并交回快递业务经营许可证，或者未按照国务院邮政管理部门的规定妥善处理尚未投递的快件的。

第七十四条 邮政企业、快递企业未按照规定向用户明示其业务资费标准，或者有其他价格违法行为的，由政府价格主管部门依照《中华人民共和国价格法》的规定处罚。

第七十五条 邮政企业、快递企业不建立或者不执行收件验视制度，或者违反法律、行政法规以及国务院和国务院有关部门关于禁止寄递或者限制寄递物品的规定收寄邮件、快件的，对邮政企业直接负责的主管人员和其他直接责任人员给予处分；对快递企业，邮政管理部门可以责令停业整顿直至吊销其快递业务经营许可证。

用户在邮件、快件中夹带禁止寄递或者限制寄递的物品，尚不构成犯罪的，依法给予治安管理处罚。

有前两款规定的违法行为，造成人身伤害或者财产损失的，依法承担赔偿责任。

邮政企业、快递企业经营国际寄递业务，以及用户交寄国际邮递物品，违反《中华人民共和国海关法》及其他有关法律、行政法规的规定的，依照有关法律、行政法规的规定处罚。

第七十六条 邮政企业、快递企业违法提供用户使用邮政服务或者快递服务的信息，尚不构成犯罪的，由邮政管理部门责令改正，没收违法所得，并处一万元以上五万元以下的罚款；对邮政企业直接负责的主管人员和其他直接责任人员给予处分；对快递企业，邮政管理部门还可以责令停业整顿直至吊销其快递业务经营许可证。

邮政企业、快递企业从业人员有前款规定的违法行为，尚不构成犯罪的，由邮政管理部门责令改正，没收违法所得，并处五千元以上一万元以下的罚款。

第七十七条 邮政企业、快递企业拒绝、阻碍依法实施的监督检查，尚不构成犯罪的，依法给予治安管理处罚；对快递企业，邮政管理部门还可以责令停业整顿直至吊销其快递业务经营许可证。

第七十八条 邮政企业及其从业人员、快递企业及其从业人员在经营活动中有危害国家安全行为的，依法追究法律责任；对快递企业，并由邮政管理部门吊销其快递业务经营许可证。

……

第八十一条 违反本法规定被吊销快递业务经营许可证的，自快递业务经营许可证被吊销之日起三年内，不得申请经营快递业务。

快递企业被吊销快递业务经营许可证的，应当依法向工商行政管理部门办理变更登记或者注销登记。

……

中华人民共和国产品质量法（节录）

（1993年2月22日第七届全国人民代表大会常务委员会第三十次会议通过　根据2000年7月8日第九届全国人民代表大会常务委员会第十六次会议《关于修改〈中华人民共和国产品质量法〉的决定》第一次修正　根据2009年8月27日第十一届全国人民代表大会常务委员会第十次会议《关于修改部分法律的决定》第二次修改）

……

第三十三条　销售者应当建立并执行进货检查验收制度，验明产品合格证明和其他标识。

第三十四条　销售者应当采取措施，保持销售产品的质量。

第三十五条　销售者不得销售国家明令淘汰并停止销售的产品和失效、变质的产品。

第三十六条　销售者销售的产品的标识应当符合本法第二十七条的规定。

第三十七条　销售者不得伪造产地，不得伪造或者冒用他人的厂名、厂址。

第三十八条　销售者不得伪造或者冒用认证标志等质量标志。

第三十九条　销售者销售产品，不得掺杂、掺假，不得以假充真、以次充好，不得以不合格产品冒充合格产品。

第四十条　售出的产品有下列情形之一的，销售者应当负责修理、更换、退货；给购买产品的消费者造成损失的，销售者应当赔偿损失：

（一）不具备产品应当具备的使用性能而事先未作说明的；

（二）不符合在产品或者其包装上注明采用的产品标准的；

（三）不符合以产品说明、实物样品等方式表明的质量状况的。

销售者依照前款规定负责修理、更换、退货、赔偿损失后，属于生产者的责任或者属于向销售者提供产品的其他销售者（以下简称供货者）的责任的，销售者有权向生产者、供货者追偿。

销售者未按照第一款规定给予修理、更换、退货或者赔偿损失的，由产品质量监督部门或者工商行政管理部门责令改正。

生产者之间，销售者之间，生产者与销售者之间订立的买卖合同、承揽合同有不同约定的，合同当事人按照合同约定执行。

……

第四十二条　由于销售者的过错使产品存在缺陷，造成人身、他人财产损害的，销售者应当承担赔偿责任。

销售者不能指明缺陷产品的生产者也不能指明缺陷产品的供货者的，销售者应当承担赔偿责任。

第四十三条　因产品存在缺陷造成人身、他人财产损害的，受害人可以向产品的生产者要求赔偿，也可以向产品的销售者要求赔偿。属于产品的生产者的责任，产品的销售者赔偿的，产品的销售者有权向产品的生产者追偿。属于产品的销售者的责任，产品的生产者赔偿的，产品的生产者有权向产品的销售者追偿。

……

第四十九条　生产、销售不符合保障人体健康和人身、财产安全的国家标准、行业标准的产品的，责令停止生产、销售，没收违法生产、销售的产品，并处违法生产、销售产品（包括已售出和未售出的产品，下同）货值金额等值以上三倍以下的罚款；有违法所得的，并处没收违法所得；情节严重的，吊销营业执照；构成犯罪的，依法追究刑事责任。

……

第五十二条　销售失效、变质的产品的，责令停止销售，没收违法销售的产品，并处违法销售产品货值金额二倍以下的罚款；有违法所得的，并处没收违法所得；情节严重的，吊销营业执照；构成犯罪的，依法追究刑事责任。

……

第五十五条　销售者销售本法第四十九条至第五十三条规定禁止销售的产品，有充分证据证明其不知道该产品为禁止销售的产品并如实说明其进货来源的，可以从轻或者减轻处罚。

……

中华人民共和国刑法（节录）[①]

（1979年7月1日第五届全国人民代表大会第二次会议通过　1997年3月14日第八届全国人民代表大会第五次会议修订　1997年3月14日中华人民共和国主席令第83号公布　自1997年10月1日起施行）

……

第一百二十条之三　【宣扬恐怖主义、极端主义、煽动实施恐怖活动罪】以制作、散发宣扬恐怖主义、极端主义的图书、音频视频资料或者其他物品，或者通过讲授、发布信息等方式宣扬恐怖主义、极端主义的，或者煽动实施恐怖活动的，处五年以下有期徒刑、拘役、管制或者剥夺政治权利，并处罚金；情节严重的，处五年以上有期徒刑，并处罚金或者没收财产。

……

第一百四十条　【生产、销售伪劣产品罪】生产者、销售者在产品中掺杂、掺假，以假充真，以次充好或者以不合格产品冒充合格产品，销售金额五万元以上不满二十万元的，处二年以下有期徒刑或者拘役，并处或者单处销售金额百分之五十以上二倍以下罚金；销售金额二十万元以上不满五十万元的，处二年以上七年以下有期徒刑，并处销售金额百分之五十以上二倍以下罚金；销售金额五十万元以上不满二百万元的，处七年以上有期徒刑，并处销售金额百分之五十以上二倍以下罚金；销售金额二百万元以上的，处十五年有期徒刑或者无期徒刑，并处销售金额百分之五十以上二倍以下罚金或者没收财产。

第一百四十一条　【生产、销售假药罪】生产、销售假药的，处三年以下有期徒刑或者拘役，并处罚金；对人体健康造成严重危害或者有其他严重情节的，处三年以上十年以下有期徒刑，并处罚金；致人死亡或者有其他特别严重情节的，处十年以上有期徒刑、无期徒刑或者死刑，并处罚金或者没收财产。

本条所称假药，是指依照《中华人民共和国药品管理法》的规定属于假药和按假药处理的药品、非药品。

第一百四十二条　【生产、销售劣药罪】生产、销售劣药，对人体健康造成严重危害的，处三年以上十年以下有期徒刑，并处销售金额百分之五十以上二倍以下罚金；后果特别严重的，处十年以上有期徒刑或者无期徒刑，并处销售金额百分之五十以上二倍以下罚金或者没收财产。

本条所称劣药，是指依照《中华人民共和国药品管理法》的规定属于劣药的药品。

第一百四十三条　【生产、销售不符合安全标准的食品罪】生产、销售不符合食品安全

---

① 根据1998年12月29日第九届全国人民代表大会常务委员会第六次会议通过的《全国人民代表大会常务委员会关于惩治骗购外汇、逃汇和非法买卖外汇犯罪的决定》、1999年12月25日第九届全国人民代表大会常务委员会第十三次会议通过的《中华人民共和国刑法修正案》、2001年8月31日第九届全国人民代表大会常务委员会第二十三次会议通过的《中华人民共和国刑法修正案（二）》、2001年12月29日第九届全国人民代表大会常务委员会第二十五次会议通过的《中华人民共和国刑法修正案（三）》、2002年12月28日第九届全国人民代表大会常务委员会第三十一次会议通过的《中华人民共和国刑法修正案（四）》、2005年2月28日第十届全国人民代表大会常务委员会第十四次会议通过的《中华人民共和国刑法修正案（五）》、2006年6月29日第十届全国人民代表大会常务委员会第二十二次会议通过的《中华人民共和国刑法修正案（六）》、2009年2月28日第十一届全国人民代表大会常务委员会第七次会议通过的《中华人民共和国刑法修正案（七）》、2009年8月27日第十一届全国人民代表大会常务委员会第十次会议通过的《全国人民代表大会常务委员会关于修改部分法律的决定》、2011年2月25日第十一届全国人民代表大会常务委员会第十九次会议通过的《中华人民共和国刑法修正案（八）》、2015年8月29日第十二届全国人民代表大会常务委员会第十六次会议通过的《中华人民共和国刑法修正案（九）》、2017年11月4日第十二届全国人民代表大会常务委员会第三十次会议通过的《中华人民共和国刑法修正案（十）》修订。

另，总则部分条文主旨为编者所加，分则条文主旨是根据司法解释确定罪名所加。

标准的食品，足以造成严重食物中毒事故或者其他严重食源性疾病的，处三年以下有期徒刑或者拘役，并处罚金；对人体健康造成严重危害或者有其他严重情节的，处三年以上七年以下有期徒刑，并处罚金；后果特别严重的，处七年以上有期徒刑或者无期徒刑，并处罚金或者没收财产。

第一百四十四条 【生产、销售有毒、有害食品罪】在生产、销售的食品中掺入有毒、有害的非食品原料的，或者销售明知掺有有毒、有害的非食品原料的食品的，处五年以下有期徒刑，并处罚金；对人体健康造成严重危害或者有其他严重情节的，处五年以上十年以下有期徒刑，并处罚金；致人死亡或者有其他特别严重情节的，依照本法第一百四十一条的规定处罚。

第一百四十五条 【生产、销售不符合标准的医用器材罪】生产不符合保障人体健康的国家标准、行业标准的医疗器械、医用卫生材料，或者销售明知是不符合保障人体健康的国家标准、行业标准的医疗器械、医用卫生材料，足以严重危害人体健康的，处三年以下有期徒刑或者拘役，并处销售金额百分之五十以上二倍以下罚金；对人体健康造成严重危害的，处三年以上十年以下有期徒刑，并处销售金额百分之五十以上二倍以下罚金；后果特别严重的，处十年以上有期徒刑或者无期徒刑，并处销售金额百分之五十以上二倍以下罚金或者没收财产。

第一百四十六条 【生产、销售不符合安全标准的产品罪】生产不符合保障人身、财产安全的国家标准、行业标准的电器、压力容器、易燃易爆产品或者其他不符合保障人身、财产安全的国家标准、行业标准的产品，或者销售明知是以上不符合保障人身、财产安全的国家标准、行业标准的产品，造成严重后果的，处五年以下有期徒刑，并处销售金额百分之五十以上二倍以下罚金；后果特别严重的，处五年以上有期徒刑，并处销售金额百分之五十以上二倍以下罚金。

……

第一百四十八条 【生产、销售不符合卫生标准的化妆品罪】生产不符合卫生标准的化妆品，或者销售明知是不符合卫生标准的化妆品，造成严重后果的，处三年以下有期徒刑或者拘役，并处或者单处销售金额百分之五十以上二倍以下罚金。

第一百四十九条 【对生产销售伪劣商品行为的法条适用】生产、销售本节第一百四十一条至第一百四十八条所列产品，不构成各该条规定的犯罪，但是销售金额在五万元以上的，依照本节第一百四十条的规定定罪处罚。

生产、销售本节第一百四十一条至第一百四十八条所列产品，构成各该条规定的犯罪，同时又构成本节第一百四十条规定之罪的，依照处罚较重的规定定罪处罚。

第一百五十条 【单位犯本节规定之罪的处理】单位犯本节第一百四十条至第一百四十八条规定之罪的，对单位判处罚金，并对其直接负责的主管人员和其他直接责任人员，依照各该条的规定处罚。

……

第二百一十三条 【假冒注册商标罪】未经注册商标所有人许可，在同一种商品上使用与其注册商标相同的商标，情节严重的，处三年以下有期徒刑或者拘役，并处或者单处罚金；情节特别严重的，处三年以上七年以下有期徒刑，并处罚金。

第二百一十四条 【销售假冒注册商标的商品罪】销售明知是假冒注册商标的商品，销售金额数额较大的，处三年以下有期徒刑或者拘役，并处或者单处罚金；销售金额数额巨大的，处三年以上七年以下有期徒刑，并处罚金。

第二百一十五条 【非法制造、销售非法制造的注册商标标识罪】伪造、擅自制造他人注册商标标识或者销售伪造、擅自制造的注册商标标识，情节严重的，处三年以下有期徒刑、拘役或者管制，并处或者单处罚金；情节特别严重的，处三年以上七年以下有期徒刑，并处罚金。

第二百一十六条 【假冒专利罪】假冒他人专利，情节严重的，处三年以下有期徒刑或者拘役，并处或者单处罚金。

第二百一十七条 【侵犯著作权罪】以营利为目的，有下列侵犯著作权情形之一，违法所得数额较大或者有其他严重情节的，处三年以下有期徒刑或者拘役，并处或者单处罚金；违法所得数额巨大或者有其他特别严重情节的，处三年以上七年以下有期徒刑，并处罚金：

（一）未经著作权人许可，复制发行其文字作品、音乐、电影、电视、录像作品、计算机软件及其他作品的；

（二）出版他人享有专有出版权的图书的；

（三）未经录音录像制作者许可，复制发行其制作的录音录像的；

（四）制作、出售假冒他人署名的美术作品的。

第二百一十八条　【销售侵权复制品罪】以营利为目的，销售明知是本法第二百一十七条规定的侵权复制品，违法所得数额巨大的，处三年以下有期徒刑或者拘役，并处或者单处罚金。

第二百一十九条　【侵犯商业秘密罪】有下列侵犯商业秘密行为之一，给商业秘密的权利人造成重大损失的，处三年以下有期徒刑或者拘役，并处或者单处罚金；造成特别严重后果的，处三年以上七年以下有期徒刑，并处罚金：

（一）以盗窃、利诱、胁迫或者其他不正当手段获取权利人的商业秘密的；

（二）披露、使用或者允许他人使用以前项手段获取的权利人的商业秘密的；

（三）违反约定或者违反权利人有关保守商业秘密的要求，披露、使用或者允许他人使用其所掌握的商业秘密的。

明知或者应知前款所列行为，获取、使用或者披露他人的商业秘密的，以侵犯商业秘密论。

本条所称商业秘密，是指不为公众所知悉，能为权利人带来经济利益，具有实用性并经权利人采取保密措施的技术信息和经营信息。

本条所称权利人，是指商业秘密的所有人和经商业秘密所有人许可的商业秘密使用人。

第二百二十条　【单位犯侵犯知识产权罪的处罚规定】单位犯本节第二百一十三条至第二百一十九条规定之罪的，对单位判处罚金，并对其直接负责的主管人员和其他直接责任人员，依照本节各该条的规定处罚。

……

第二百四十六条　【侮辱罪】【诽谤罪】以暴力或者其他方法公然侮辱他人或者捏造事实诽谤他人，情节严重的，处三年以下有期徒刑、拘役、管制或者剥夺政治权利。

前款罪，告诉的才处理，但是严重危害社会秩序和国家利益的除外。

通过信息网络实施第一款规定的行为，被害人向人民法院告诉，但提供证据确有困难的，人民法院可以要求公安机关提供协助。

……

第二百五十三条之一　【侵犯公民个人信息罪】违反国家有关规定，向他人出售或者提供公民个人信息，情节严重的，处三年以下有期徒刑或者拘役，并处或者单处罚金；情节特别严重的，处三年以上七年以下有期徒刑，并处罚金。

违反国家有关规定，将在履行职责或者提供服务过程中获得的公民个人信息，出售或者提供给他人的，依照前款的规定从重处罚。

窃取或者以其他方法非法获取公民个人信息的，依照第一款的规定处罚。

单位犯前三款罪的，对单位判处罚金，并对其直接负责的主管人员和其他直接责任人员，依照各该款的规定处罚。

……

第二百八十五条　【非法侵入计算机信息系统罪】违反国家规定，侵入国家事务、国防建设、尖端科学技术领域的计算机信息系统的，处三年以下有期徒刑或者拘役。

【非法获取计算机信息系统数据、非法控制计算机信息系统罪】违反国家规定，侵入前款规定以外的计算机信息系统或者采用其他技术手段，获取该计算机信息系统中存储、处理或者传输的数据，或者对该计算机信息系统实施非法控制，情节严重的，处三年以下有期徒刑或者拘役，并处或者单处罚金；情节特别严重的，处三年以上七年以下有期徒刑，并处罚金。

【提供侵入、非法控制计算机信息系统程序、工具罪】提供专门用于侵入、非法控制计算机信息系统的程序、工具，或者明知他人实施侵入、非法控制计算机信息系统的违法犯罪行为而为其提供程序、工具，情节严重的，依照前款的规定处罚。

单位犯前三款罪的，对单位判处罚金，并对其直接负责的主管人员和其他直接责任人员，依照各该款的规定处罚。

第二百八十六条 【破坏计算机信息系统罪】违反国家规定，对计算机信息系统功能进行删除、修改、增加、干扰，造成计算机信息系统不能正常运行，后果严重的，处五年以下有期徒刑或者拘役；后果特别严重的，处五年以上有期徒刑。

违反国家规定，对计算机信息系统中存储、处理或者传输的数据和应用程序进行删除、修改、增加的操作，后果严重的，依照前款的规定处罚。

故意制作、传播计算机病毒等破坏性程序，影响计算机系统正常运行，后果严重的，依照第一款的规定处罚。

单位犯前三款罪的，对单位判处罚金，并对其直接负责的主管人员和其他直接责任人员，依照第一款的规定处罚。

第二百八十六条之一 【拒不履行信息网络安全管理义务罪】网络服务提供者不履行法律、行政法规规定的信息网络安全管理义务，经监管部门责令采取改正措施而拒不改正，有下列情形之一的，处三年以下有期徒刑、拘役或者管制，并处或者单处罚金：

（一）致使违法信息大量传播的；

（二）致使用户信息泄露，造成严重后果的；

（三）致使刑事案件证据灭失，情节严重的；

（四）有其他严重情节的。

单位犯前款罪的，对单位判处罚金，并对其直接负责的主管人员和其他直接责任人员，依照前款的规定处罚。

有前两款行为，同时构成其他犯罪的，依照处罚较重的规定定罪处罚。

第二百八十七条 【利用计算机实施犯罪的定罪处罚】利用计算机实施金融诈骗、盗窃、贪污、挪用公款、窃取国家秘密或者其他犯罪的，依照本法有关规定定罪处罚。

第二百八十七条之一 【非法利用信息网络罪】利用信息网络实施下列行为之一，情节严重的，处三年以下有期徒刑或者拘役，并处或者单处罚金：

（一）设立用于实施诈骗、传授犯罪方法、制作或者销售违禁物品、管制物品等违法犯罪活动的网站、通讯群组的；

（二）发布有关制作或者销售毒品、枪支、淫秽物品等违禁物品、管制物品或者其他违法犯罪信息的；

（三）为实施诈骗等违法犯罪活动发布信息的。

单位犯前款罪的，对单位判处罚金，并对其直接负责的主管人员和其他直接责任人员，依照第一款的规定处罚。

有前两款行为，同时构成其他犯罪的，依照处罚较重的规定定罪处罚。

第二百八十七条之二 【帮助信息网络犯罪活动罪】明知他人利用信息网络实施犯罪，为其犯罪提供互联网接入、服务器托管、网络存储、通讯传输等技术支持，或者提供广告推广、支付结算等帮助，情节严重的，处三年以下有期徒刑或者拘役，并处或者单处罚金。

单位犯前款罪的，对单位判处罚金，并对其直接负责的主管人员和其他直接责任人员，依照第一款的规定处罚。

有前两款行为，同时构成其他犯罪的，依照处罚较重的规定定罪处罚。

……

第二百九十一条之一 【投放虚假危险物质罪】【编造、故意传播虚假恐怖信息罪】投放虚假的爆炸性、毒害性、放射性、传染病病原体等物质，或者编造爆炸威胁、生化威胁、放射威胁等恐怖信息，或者明知是编造的恐怖信息而故意传播，严重扰乱社会秩序的，处五年以下有期徒刑、拘役或者管制；造成严重后果的，处五年以上有期徒刑。

【编造、故意传播虚假信息罪】编造虚假的险情、疫情、灾情、警情，在信息网络或者其他媒体上传播，或者明知是上述虚假信息，故意在信息网络或者其他媒体上传播，严重扰乱社会秩序的，处三年以下有期徒刑、拘役或者管制；造成严重后果的，处三年以上七年以下有期徒刑。

中华人民共和国药品管理法（节录）

（1984年9月20日第六届全国人民代表大会常务委员会第七次会议通过　2001年2月28日第九届全国人民代表大会常务委员会第二十次会议修订　根据2013年12月28日第十二届全国人民代表大会常务委员会第六次会议《关于修改〈中华人民共和国海洋环境保护法〉等七部法律的决定》第一次修正　根据2015年4月24日第十二届全国人民代表大会常务委员会第十四次会议《关于修改〈中华人民共和国药品管理法〉的决定》第二次修正）

……

第十四条　开办药品批发企业，须经企业所在地省、自治区、直辖市人民政府药品监督管理部门批准并发给《药品经营许可证》；开办药品零售企业，须经企业所在地县级以上地方药品监督管理部门批准并发给《药品经营许可证》。无《药品经营许可证》的，不得经营药品。

《药品经营许可证》应当标明有效期和经营范围，到期重新审查发证。

药品监督管理部门批准开办药品经营企业，除依据本法第十五条规定的条件外，还应当遵循合理布局和方便群众购药的原则。

第十五条　开办药品经营企业必须具备以下条件：

（一）具有依法经过资格认定的药学技术人员；

（二）具有与所经营药品相适应的营业场所、设备、仓储设施、卫生环境；

（三）具有与所经营药品相适应的质量管理机构或者人员；

（四）具有保证所经营药品质量的规章制度。

第十六条　药品经营企业必须按照国务院药品监督管理部门依据本法制定的《药品经营质量管理规范》经营药品。药品监督管理部门按照规定对药品经营企业是否符合《药品经营质量管理规范》的要求进行认证；对认证合格的，发给认证证书。

《药品经营质量管理规范》的具体实施办法、实施步骤由国务院药品监督管理部门规定。

第十七条　药品经营企业购进药品，必须建立并执行进货检查验收制度，验明药品合格证明和其他标识；不符合规定要求的，不得购进。

第十八条　药品经营企业购销药品，必须有真实完整的购销记录。购销记录必须注明药品的通用名称、剂型、规格、批号、有效期、生产厂商、购（销）货单位、购（销）货数量、购销价格、购（销）货日期及国务院药品监督管理部门规定的其他内容。

第十九条　药品经营企业销售药品必须准确无误，并正确说明用法、用量和注意事项；调配处方必须经过核对，对处方所列药品不得擅自更改或者代用。对有配伍禁忌或者超剂量的处方，应当拒绝调配；必要时，经处方医师更正或者重新签字，方可调配。

药品经营企业销售中药材，必须标明产地。

第二十条　药品经营企业必须制定和执行药品保管制度，采取必要的冷藏、防冻、防潮、防虫、防鼠等措施，保证药品质量。

药品入库和出库必须执行检查制度。

第二十一条　城乡集市贸易市场可以出售中药材，国务院另有规定的除外。

城乡集市贸易市场不得出售中药材以外的药品，但持有《药品经营许可证》的药品零售企业在规定的范围内可以在城乡集市贸易市场设点出售中药材以外的药品。具体办法由国务院规定。

……

第九章　法律责任

第七十二条　未取得《药品生产许可证》、《药品经营许可证》或者《医疗机构制剂许可证》生产药品、经营药品的，依法予以取缔，没收违法生产、销售的药品和违法所得，并处违法生产、销售的药品（包括已售出的和未售出的药品，下同）货值金额二倍以上五倍以下的罚款；构成犯罪的，依法追究刑事责任。

第七十三条　生产、销售假药的，没收违法生产、销售的药品和违法所得，并处违法生产、销售药品货值金额二倍以上五倍以下的罚款；有药品批准证明文件的予以撤销，并责令停产、停业整顿；情节严重的，吊销《药品生产许可证》、《药品经营许可证》或者《医疗机构制剂许可证》；构成犯罪的，依法追究刑事责任。

第七十四条 生产、销售劣药的，没收违法生产、销售的药品和违法所得，并处违法生产、销售药品货值金额一倍以上三倍以下的罚款；情节严重的，责令停产、停业整顿或者撤销药品批准证明文件、吊销《药品生产许可证》、《药品经营许可证》或者《医疗机构制剂许可证》；构成犯罪的，依法追究刑事责任。

第七十五条 从事生产、销售假药及生产、销售劣药情节严重的企业或者其他单位，其直接负责的主管人员和其他直接责任人员十年内不得从事药品生产、经营活动。

对生产者专门用于生产假药、劣药的原辅材料、包装材料、生产设备，予以没收。

第七十六条 知道或者应当知道属于假劣药品而为其提供运输、保管、仓储等便利条件的，没收全部运输、保管、仓储的收入，并处违法收入百分之五十以上三倍以下的罚款；构成犯罪的，依法追究刑事责任。

第七十七条 对假药、劣药的处罚通知，必须载明药品检验机构的质量检验结果；但是，本法第四十八条第三款第（一）、（二）、（五）、（六）项和第四十九条第三款规定的情形除外。

第七十八条 药品的生产企业、经营企业、药物非临床安全性评价研究机构、药物临床试验机构未按照规定实施《药品生产质量管理规范》、《药品经营质量管理规范》、药物非临床研究质量管理规范、药物临床试验质量管理规范的，给予警告，责令限期改正；逾期不改正的，责令停产、停业整顿，并处五千元以上二万元以下的罚款；情节严重的，吊销《药品生产许可证》、《药品经营许可证》和药物临床试验机构的资格。

第七十九条 药品的生产企业、经营企业或者医疗机构违反本法第三十四条的规定，从无《药品生产许可证》、《药品经营许可证》的企业购进药品的，责令改正，没收违法购进的药品，并处违法购进药品货值金额二倍以上五倍以下的罚款；有违法所得的，没收违法所得；情节严重的，吊销《药品生产许可证》、《药品经营许可证》或者医疗机构执业许可证书。

第八十条 进口已获得药品进口注册证书的药品，未按照本法规定向允许药品进口的口岸所在地的药品监督管理部门登记备案的，给予警告，责令限期改正；逾期不改正的，撤销进口药品注册证书。

第八十一条 伪造、变造、买卖、出租、出借许可证或者药品批准证明文件的，没收违法所得，并处违法所得一倍以上三倍以下的罚款；没有违法所得的，处二万元以上十万元以下的罚款；情节严重的，并吊销卖方、出租方、出借方的《药品生产许可证》、《药品经营许可证》、《医疗机构制剂许可证》或者撤销药品批准证明文件；构成犯罪的，依法追究刑事责任。

第八十二条 违反本法规定，提供虚假的证明、文件资料、样品或者采取其他欺骗手段取得《药品生产许可证》、《药品经营许可证》、《医疗机构制剂许可证》或者药品批准证明文件的，吊销《药品生产许可证》、《药品经营许可证》、《医疗机构制剂许可证》或者撤销药品批准证明文件，五年内不受理其申请，并处一万元以上三万元以下的罚款。

……

第八十四条 药品经营企业违反本法第十八条、第十九条规定的，责令改正，给予警告；情节严重的，吊销《药品经营许可证》。

第八十五条 药品标识不符合本法第五十四条规定的，除依法应当按照假药、劣药论处的外，责令改正，给予警告；情节严重的，撤销该药品的批准证明文件。

……

第八十九条 药品的生产企业、经营企业、医疗机构在药品购销中暗中给予、收受回扣或者其他利益的，药品的生产企业、经营企业或者其代理人给予使用其药品的医疗机构的负责人、药品采购人员、医师等有关人员以财物或者其他利益的，由工商行政管理部门处一万元以上二十万元以下的罚款，有违法所得的，予以没收；情节严重的，由工商行政管理部门吊销药品生产企业、药品经营企业的营业执照，并通知药品监督管理部门，由药品监督管理部门吊销其《药品生产许可证》、《药品经营许可证》；构成犯罪的，依法追究刑事责任。

第九十条 药品的生产企业、经营企业的负责人、采购人员等有关人员在药品购销中收受其他生产企业、经营企业或者其代理人给予的财物或者其他利益的，依法给予处分，没收违法所得；构成犯罪的，依法追究刑事责任。

医疗机构的负责人、药品采购人员、医师等有关人员收受药品生产企业、药品经营企业或者其代理人给予的财物或者其他利益的，由卫生行政部门或者本单位给予处分，没收违法所得；对违法行为情节严重的执业医师，由卫生行政部门吊销其执业证书；构成犯罪的，依法追究刑事责任。

第九十一条 违反本法有关药品广告的管理规定的，依照《中华人民共和国广告法》的规定处罚，并由发给广告批准文号的药品监督管理部门撤销广告批准文号，一年内不受理该品种的广告审批申请；构成犯罪的，依法追究刑事责任。

药品监督管理部门对药品广告不依法履行审查职责，批准发布的广告有虚假或者其他违反法律、行政法规的内容的，对直接负责的主管人员和其他直接责任人员依法给予行政处分；构成犯罪的，依法追究刑事责任。

第九十二条 药品的生产企业、经营企业、医疗机构违反本法规定，给药品使用者造成损害的，依法承担赔偿责任。

……

中华人民共和国国家安全法（节录）

（2015年7月1日第十二届全国人民代表大会常务委员会第十五次会议通过　2015年7月1日中华人民共和国主席令第29号公布　自公布之日起施行）

……

第二十五条 国家建设网络与信息安全保障体系，提升网络与信息安全保护能力，加强网络和信息技术的创新研究和开发应用，实现网络和信息核心技术、关键基础设施和重要领域信息系统及数据的安全可控；加强网络管理，防范、制止和依法惩治网络攻击、网络入侵、网络窃密、散布违法有害信息等网络违法犯罪行为，维护国家网络空间主权、安全和发展利益。

……

第五十九条 国家建立国家安全审查和监管的制度和机制，对影响或者可能影响国家安全的外商投资、特定物项和关键技术、网络信息技术产品和服务、涉及国家安全事项的建设项目，以及其他重大事项和活动，进行国家安全审查，有效预防和化解国家安全风险。

……

中华人民共和国海关法（节录）

（1987年1月22日第六届全国人民代表大会常务委员会第十九次会议通过　根据2000年7月8日第九届全国人民代表大会常务委员会第十六次会议《关于修改〈中华人民共和国海关法〉的决定》第一次修正　根据2013年6月29日第十二届全国人民代表大会常务委员会第三次会议《关于修改〈中华人民共和国文物保护法〉等十二部法律的决定》第二次修正　根据2013年12月28日第十二届全国人民代表大会常务委员会第六次会议《关于修改〈中华人民共和国海洋环境保护法〉等七部法律的决定》第三次修正　根据2016年11月7日第十二届全国人民代表大会常务委员会第二十四次会议《关于修改〈中华人民共和国对外贸易法〉等十二部法律的决定》第四次修正　根据2017年11月4日第十二届全国人民代表大会常务委员会第三十次会议《关于修改〈中华人民共和国会计法〉等十一部法律的决定》第五次修正）

……

第八条 进出境运输工具、货物、物品，必须通过设立海关的地点进境或者出境。在特殊情况下，需要经过未设立海关的地点临时进境或者出境的，必须经国务院或者国务院授权的机关批准，并依照本法规定办理海关手续。

第九条 进出口货物，除另有规定的外，可以由进出口货物收发货人自行办理报关纳税手续，也可以由进出口货物收发货人委托海关准予注册登记的报关企业办理报关纳税手续。

进出境物品的所有人可以自行办理报关纳税手续，也可以委托他人办理报关纳税手续。

第十条 报关企业接受进出口货物收发货人的委托，以委托人的名义办理报关手续的，应当向海关提交由委托人签署的授权委托书，遵守本法对委托人的各项规定。

报关企业接受进出口货物收发货人的委托，以自己的名义办理报关手续的，应当承担与收发货人相同的法律责任。

委托人委托报关企业办理报关手续的，应当向报关企业提供所委托报关事项的真实情况；报关企业接受委托人的委托办理报关手续的，应当对委托人所提供情况的真实性进行合理审查。

第十一条 进出口货物收发货人、报关企业办理报关手续，必须依法经海关注册登记。未依法经海关注册登记，不得从事报关业务。

报关企业和报关人员不得非法代理他人报关，或者超出其业务范围进行报关活动。

……

第二十三条 进口货物自进境起到办结海关手续止，出口货物自向海关申报起到出境止，过境、转运和通运货物自进境起到出境止，应当接受海关监管。

第二十四条 进口货物的收货人、出口货物的发货人应当向海关如实申报，交验进出口许可证件和有关单证。国家限制进出口的货物，没有进出口许可证件的，不予放行，具体处理办法由国务院规定。

进口货物的收货人应当自运输工具申报进境之日起十四日内，出口货物的发货人除海关特准的外应当在货物运抵海关监管区后、装货的二十四小时以前，向海关申报。

进口货物的收货人超过前款规定期限向海关申报的，由海关征收滞报金。

第二十五条 办理进出口货物的海关申报手续，应当采用纸质报关单和电子数据报关单的形式。

第二十六条 海关接受申报后，报关单证及其内容不得修改或者撤销，但符合海关规定情形的除外。

第二十七条 进口货物的收货人经海关同意，可以在申报前查看货物或者提取货样。需要依法检疫的货物，应当在检疫合格后提取货样。

第二十八条 进出口货物应当接受海关查验。海关查验货物时，进口货物的收货人、出口货物的发货人应当到场，并负责搬移货物，开拆和重封货物的包装。海关认为必要时，可以径行开验、复验或者提取货样。

海关在特殊情况下对进出口货物予以免验，具体办法由海关总署制定。

第二十九条 除海关特准的外，进出口货物在收发货人缴清税款或者提供担保后，由海关签印放行。

第三十条 进口货物的收货人自运输工具申报进境之日起超过三个月未向海关申报的，其进口货物由海关提取依法变卖处理，所得价款在扣除运输、装卸、储存等费用和税款后，尚有余款的，自货物依法变卖之日起一年内，经收货人申请，予以发还；其中属于国家对进口有限制性规定，应当提交许可证件而不能提供的，不予发还。逾期无人申请或者不予发还的，上缴国库。

确属误卸或者溢卸的进境货物，经海关审定，由原运输工具负责人或者货物的收发货人自该运输工具卸货之日起三个月内，办理退运或者进口手续；必要时，经海关批准，可以延期三个月。逾期未办手续的，由海关按前款规定处理。

前两款所列货物不宜长期保存的，海关可以根据实际情况提前处理。

收货人或者货物所有人声明放弃的进口货物，由海关提取依法变卖处理；所得价款在扣除运输、装卸、储存等费用后，上缴国库。

第三十一条 按照法律、行政法规、国务院或者海关总署规定暂时进口或者暂时出口的货物，应当在六个月内复运出境或者复运进境；需要延长复运出境或者复运进境期限的，应当根据海关总署的规定办理延期手续。

第三十二条 经营保税货物的储存、加工、装配、展示、运输、寄售业务和经营免税商店，应当符合海关监管要求，经海关批准，并办理注册手续。

保税货物的转让、转移以及进出保税场所，应当向海关办理有关手续，接受海关监管和查验。

……

第三十五条 进口货物应当由收货人在货物的进境地海关办理海关手续，出口货物应当由发货人在货物的出境地海关办理海关手续。

经收发货人申请，海关同意，进口货物的收货人可以在设有海关的指运地、出口货物的发货人可以在设有海关的启运地办理海关手续。上述货物的转关运输，应当符合海关监管要求；必要时，海关可以派员押运。

经电缆、管道或者其他特殊方式输送进出境的货物，经营单位应当定期向指定的海关申报和办理海关手续。

第三十六条 过境、转运和通运货物，运输工具负责人应当向进境地海关如实申报，并应当在规定期限内运输出境。

海关认为必要时，可以查验过境、转运和通运货物。

第三十七条 海关监管货物，未经海关许可，不得开拆、提取、交付、发运、调换、改装、抵押、质押、留置、转让、更换标记、移作他用或者进行其他处置。

海关加施的封志，任何人不得擅自开启或者损毁。

人民法院判决、裁定或者有关行政执法部门决定处理海关监管货物的，应当责令当事人办结海关手续。

第三十八条 经营海关监管货物仓储业务的企业，应当经海关注册，并按照海关规定，办理收存、交付手续。

在海关监管区外存放海关监管货物，应当经海关同意，并接受海关监管。

违反前两款规定或者在保管海关监管货物期间造成海关监管货物损毁或者灭失的，除不可抗力外，对海关监管货物负有保管义务的人应当承担相应的纳税义务和法律责任。

……

第四十一条 进出口货物的原产地按照国家有关原产地规则的规定确定。

第四十二条 进出口货物的商品归类按照国家有关商品归类的规定确定。

海关可以要求进出口货物的收发货人提供确定商品归类所需的有关资料；必要时，海关可以组织化验、检验，并将海关认定的化验、检验结果作为商品归类的依据。

第四十三条 海关可以根据对外贸易经营者提出的书面申请，对拟作进口或者出口的货物预先作出商品归类等行政裁定。

进口或者出口相同货物，应当适用相同的商品归类行政裁定。

海关对所作出的商品归类等行政裁定，应当予以公布。

第四十四条 海关依照法律、行政法规的规定，对与进出境货物有关的知识产权实施保护。

需要向海关申报知识产权状况的，进出口货物收发货人及其代理人应当按照国家规定向海关如实申报有关知识产权状况，并提交合法使用有关知识产权的证明文件。

第四十五条 自进出口货物放行之日起三年内或者在保税货物、减免税进口货物的海关监管期限内及其后的三年内，海关可以对与进出口货物直接有关的企业、单位的会计账簿、会计凭证、报关单证以及其他有关资料和有关进出口货物实施稽查。具体办法由国务院规定。

第四十六条 个人携带进出境的行李物品、邮寄进出境的物品，应当以自用、合理数量为限，并接受海关监管。

第四十七条 进出境物品的所有人应当向海关如实申报，并接受海关查验。

海关加施的封志，任何人不得擅自开启或者损毁。

第四十八条 进出境邮袋的装卸、转运和过境，应当接受海关监管。邮政企业应当向海关递交邮件路单。

邮政企业应当将开拆及封发国际邮袋的时间事先通知海关，海关应当按时派员到场监管查验。

第四十九条 邮运进出境的物品，经海关查验放行后，有关经营单位方可投递或者交付。

第五十条 经海关登记准予暂时免税进境或者暂时免税出境的物品，应当由本人复带出境或者复带进境。

过境人员未经海关批准，不得将其所带物品留在境内。

……

第五十四条 进口货物的收货人、出口货物的发货人、进出境物品的所有人，是关税的纳税义务人。

第五十五条 进出口货物的完税价格，由海关以该货物的成交价格为基础审查确定。成交价格不能确定时，完税价格由海关依法估定。

进口货物的完税价格包括货物的货价、货物运抵中华人民共和国境内输入地点起卸前的运输及其相关费用、保险费；出口货物的完税价格包括货物的货价、货物运至中华人民共和国境内输出地点装载前的运输及其相关费用、保险费，但是其中包含的出口关税税额，应当予以扣除。

进出境物品的完税价格，由海关依法确定。

第五十六条 下列进出口货物、进出境物品，减征或者免征关税：

（一）无商业价值的广告品和货样；

（二）外国政府、国际组织无偿赠送的物资；

（三）在海关放行前遭受损坏或者损失的货物；

（四）规定数额以内的物品；

（五）法律规定减征、免征关税的其他货物、物品；

（六）中华人民共和国缔结或者参加的国际条约规定减征、免征关税的货物、物品。

第五十七条 特定地区、特定企业或者有特定用途的进出口货物，可以减征或者免征关税。特定减税或者免税的范围和办法由国务院规定。

依照前款规定减征或者免征关税进口的货物，只能用于特定地区、特定企业或者特定用途，未经海关核准并补缴关税，不得移作他用。

第五十八条 本法第五十六条、第五十七条第一款规定范围以外的临时减征或者免征关税，由国务院决定。

第五十九条 暂时进口或者暂时出口的货物，以及特准进口的保税货物，在货物收发货人向海关缴纳相当于税款的保证金或者提供担保后，准予暂时免纳关税。

……

中华人民共和国电影产业促进法（节录）

（2016年11月7日第十二届全国人民代表大会常务委员会第二十四次会议通过 2016年11月7日中华人民共和国主席令第54号公布 自2017年3月1日起施行）

……

第二条 在中华人民共和国境内从事电影创作、摄制、发行、放映等活动（以下统称电影活动），适用本法。

本法所称电影，是指运用视听技术和艺术手段摄制、以胶片或者数字载体记录、由表达一定内容的有声或者无声的连续画面组成、符合国家规定的技术标准、用于电影院等固定放映场所或者流动放映设备公开放映的作品。

通过互联网、电信网、广播电视网等信息网络传播电影的，还应当遵守互联网、电信网、广播电视网等信息网络管理的法律、行政法规的规定。

……

第二十条 摄制电影的法人、其他组织应当将取得的电影公映许可证标识置于电影的片头处；电影放映可能引起未成年人等观众身体或者心理不适的，应当予以提示。

未取得电影公映许可证的电影，不得发行、放映，不得通过互联网、电信网、广播电视网等信息网络进行传播，不得制作为音像制品；但是，国家另有规定的，从其规定。

……

第五十四条 有下列情形之一的，依照有关法律、行政法规及国家有关规定予以处罚：

（一）违反国家有关规定，擅自将未取得电

影公映许可证的电影制作为音像制品的；

（二）违反国家有关规定，擅自通过互联网、电信网、广播电视网等信息网络传播未取得电影公映许可证的电影的；

（三）以虚报、冒领等手段骗取农村电影公益放映补贴资金的；

（四）侵犯与电影有关的知识产权的；

（五）未依法接收、收集、整理、保管、移交电影档案的。

电影院有前款第四项规定行为，情节严重的，由原发证机关吊销许可证。

……

中华人民共和国治安管理处罚法（节录）

（2005年8月28日第十届全国人民代表大会常务委员会第十七次会议通过　根据2012年10月26日第十一届全国人民代表大会常务委员会第二十九次会议《关于修改〈中华人民共和国治安管理处罚法〉的决定》修正）

……

第二十九条　有下列行为之一的，处五日以下拘留；情节较重的，处五日以上十日以下拘留：

（一）违反国家规定，侵入计算机信息系统，造成危害的；

（二）违反国家规定，对计算机信息系统功能进行删除、修改、增加、干扰，造成计算机信息系统不能正常运行的；

（三）违反国家规定，对计算机信息系统中存储、处理、传输的数据和应用程序进行删除、修改、增加的；

（四）故意制作、传播计算机病毒等破坏性程序，影响计算机信息系统正常运行的。

……

中华人民共和国反恐怖主义法（节录）

（2015年12月27日第十二届全国人民代表大会常务委员会第十八次会议通过　2015年12月27日中华人民共和国主席令第36号公布　自2016年1月1日起施行　根据中华人民共和国主席令第六号修正）

……

第十七条　各级人民政府和有关部门应当组织开展反恐怖主义宣传教育，提高公民的反恐怖主义意识。

教育、人力资源行政主管部门和学校、有关职业培训机构应当将恐怖活动预防、应急知识纳入教育、教学、培训的内容。

新闻、广播、电视、文化、宗教、互联网等有关单位，应当有针对性地面向社会进行反恐怖主义宣传教育。

村民委员会、居民委员会应当协助人民政府以及有关部门，加强反恐怖主义宣传教育。

第十八条　电信业务经营者、互联网服务提供者应当为公安机关、国家安全机关依法进行防范、调查恐怖活动提供技术接口和解密等技术支持和协助。

第十九条　电信业务经营者、互联网服务提供者应当依照法律、行政法规规定，落实网络安全、信息内容监督制度和安全技术防范措施，防止含有恐怖主义、极端主义内容的信息传播；发现含有恐怖主义、极端主义内容的信息的，应当立即停止传输，保存相关记录，删除相关信息，并向公安机关或者有关部门报告。

网信、电信、公安、国家安全等主管部门对含有恐怖主义、极端主义内容的信息，应当按照职责分工，及时责令有关单位停止传输、删除相关信息，或者关闭相关网站、关停相关服务。有关单位应当立即执行，并保存相关记录，协助进行调查。对互联网上跨境传输的含有恐怖主义、极端主义内容的信息，电信主管部门应当采取技术措施，阻断传播。

……

第二十一条 电信、互联网、金融、住宿、长途客运、机动车租赁等业务经营者、服务提供者，应当对客户身份进行查验。对身份不明或者拒绝身份查验的，不得提供服务。

……

第八十四条 电信业务经营者、互联网服务提供者有下列情形之一的，由主管部门处二十万元以上五十万元以下罚款，并对其直接负责的主管人员和其他直接责任人员处十万元以下罚款；情节严重的，处五十万元以上罚款，并对其直接负责的主管人员和其他直接责任人员，处十万元以上五十万元以下罚款，可以由公安机关对其直接负责的主管人员和其他直接责任人员，处五日以上十五日以下拘留：

（一）未依照规定为公安机关、国家安全机关依法进行防范、调查恐怖活动提供技术接口和解密等技术支持和协助的；

（二）未按照主管部门的要求，停止传输、删除含有恐怖主义、极端主义内容的信息，保存相关记录，关闭相关网站或者关停相关服务的；

（三）未落实网络安全、信息内容监督制度和安全技术防范措施，造成含有恐怖主义、极端主义内容的信息传播，情节严重的。

……

第八十六条 电信、互联网、金融业务经营者、服务提供者未按规定对客户身份进行查验，或者对身份不明、拒绝身份查验的客户提供服务的，主管部门应当责令改正；拒不改正的，处二十万元以上五十万元以下罚款，并对其直接负责的主管人员和其他直接责任人员处十万元以下罚款；情节严重的，处五十万元以上罚款，并对其直接负责的主管人员和其他直接责任人员，处十万元以上五十万元以下罚款。

住宿、长途客运、机动车租赁等业务经营者、服务提供者有前款规定情形的，由主管部门处十万元以上五十万元以下罚款，并对其直接负责的主管人员和其他直接责任人员处十万元以下罚款。

……

中华人民共和国未成年人保护法（节录）

（1991年9月4日第七届全国人民代表大会常务委员会第二十一次会议通过　2006年12月29日第十届全国人民代表大会常务委员会第二十五次会议修订　根据2012年10月26日第十一届全国人民代表大会常务委员会第二十九次会议《关于修改〈中华人民共和国未成年人保护法〉的决定》修正）

……

第三十三条 国家采取措施，预防未成年人沉迷网络。

国家鼓励研究开发有利于未成年人健康成长的网络产品，推广用于阻止未成年人沉迷网络的新技术。

第三十四条 禁止任何组织、个人制作或者向未成年人出售、出租或者以其他方式传播淫秽、暴力、凶杀、恐怖、赌博等毒害未成年人的图书、报刊、音像制品、电子出版物以及网络信息等。

……

第三十九条 任何组织或者个人不得披露未成年人的个人隐私。

对未成年人的信件、日记、电子邮件，任何组织或者个人不得隐匿、毁弃；除因追查犯罪的需要，由公安机关或者人民检察院依法进行检查，或者对无行为能力的未成年人的信件、日记、电子邮件由其父母或者其他监护人代为开拆、查阅外，任何组织或者个人不得开拆、查阅。

……

第五十八条 对未成年人犯罪案件，新闻报道、影视节目、公开出版物、网络等不得披露该未成年人的姓名、住所、照片、图像以及可能推断出该未成年人的资料。

……

第六十九条 侵犯未成年人隐私，构成违反治安管理行为的，由公安机关依法给予行政处罚。

……

中华人民共和国预防未成年人犯罪法（节录）

（1999 年 6 月 28 日第九届全国人民代表大会常务委员会第十次会议通过　根据 2012 年 10 月 26 日第十一届全国人民代表大会常务委员会第二十九次会议《关于修改〈中华人民共和国预防未成年人犯罪法〉的决定》修正）

……

第三十一条 任何单位和个人不得向未成年人出售、出租含有诱发未成年人违法犯罪以及渲染暴力、色情、赌博、恐怖活动等危害未成年人身心健康内容的读物、音像制品或者电子出版物。

任何单位和个人不得利用通讯、计算机网络等方式提供前款规定的危害未成年人身心健康的内容及其信息。

……

第五十三条 违反本法第三十一条的规定，向未成年人出售、出租含有诱发未成年人违法犯罪以及渲染暴力、色情、赌博、恐怖活动等危害未成年人身心健康内容的读物、音像制品、电子出版物的，或者利用通讯、计算机网络等方式提供上述危害未成年人身心健康内容及其信息的，没收读物、音像制品、电子出版物和违法所得，由政府有关主管部门处以罚款。

单位有前款行为的，没收读物、音像制品、电子出版物和违法所得，处以罚款，并对直接负责的主管人员和其他直接责任人员处以罚款。

……

第二部分

行 政 法 规

中华人民共和国电信条例

（2000 年 9 月 25 日中华人民共和国国务院令第 291 号公布　根据 2014 年 7 月 29 日《国务院关于修改部分行政法规的决定》第一次修订　根据 2016 年 2 月 6 日《国务院关于修改部分行政法规的决定》第二次修订）

第一章　总　　则

第一条　为了规范电信市场秩序，维护电信用户和电信业务经营者的合法权益，保障电信网络和信息的安全，促进电信业的健康发展，制定本条例。

第二条　在中华人民共和国境内从事电信活动或者与电信有关的活动，必须遵守本条例。

本条例所称电信，是指利用有线、无线的电磁系统或者光电系统，传送、发射或者接收语音、文字、数据、图像以及其他任何形式信息的活动。

第三条　国务院信息产业主管部门依照本条例的规定对全国电信业实施监督管理。

省、自治区、直辖市电信管理机构在国务院信息产业主管部门的领导下，依照本条例的规定对本行政区域内的电信业实施监督管理。

第四条　电信监督管理遵循政企分开、破除垄断、鼓励竞争、促进发展和公开、公平、公正的原则。

电信业务经营者应当依法经营，遵守商业道德，接受依法实施的监督检查。

第五条　电信业务经营者应当为电信用户提供迅速、准确、安全、方便和价格合理的电信服务。

第六条　电信网络和信息的安全受法律保护。任何组织或者个人不得利用电信网络从事危害国家安全、社会公共利益或者他人合法权益的活动。

第二章　电 信 市 场

第一节　电信业务许可

第七条　国家对电信业务经营按照电信业务分类，实行许可制度。

经营电信业务，必须依照本条例的规定取得国务院信息产业主管部门或者省、自治区、直辖市电信管理机构颁发的电信业务经营许可证。

未取得电信业务经营许可证，任何组织或者个人不得从事电信业务经营活动。

第八条　电信业务分为基础电信业务和增值电信业务。

基础电信业务，是指提供公共网络基础设施、公共数据传送和基本话音通信服务的业务。增值电信业务，是指利用公共网络基础设施提供的电信与信息服务的业务。

电信业务分类的具体划分在本条例所附的《电信业务分类目录》中列出。国务院信息产业主管部门根据实际情况，可以对目录所列电信业务分类项目作局部调整，重新公布。

第九条　经营基础电信业务，须经国务院信息产业主管部门审查批准，取得《基础电信业务经营许可证》。

经营增值电信业务，业务覆盖范围在两个以上省、自治区、直辖市的，须经国务院信息产业主管部门审查批准，取得《跨地区增值电信业务经营许可证》；业务覆盖范围在一个省、自治区、直辖市行政区域内的，须经省、自治区、直辖市电信管理机构审查批准，取得《增值电信业务经营许可证》。

运用新技术试办《电信业务分类目录》未列出的新型电信业务的，应当向省、自治区、直辖市电信管理机构备案。

第十条　经营基础电信业务，应当具备下列条件：

（一）经营者为依法设立的专门从事基础电信业务的公司，且公司中国有股权或者股份不少于 51%；

（二）有可行性研究报告和组网技术方案；

（三）有与从事经营活动相适应的资金和专业人员；

（四）有从事经营活动的场地及相应的资源；

（五）有为用户提供长期服务的信誉或者能力；

（六）国家规定的其他条件。

第十一条 申请经营基础电信业务，应当向国务院信息产业主管部门提出申请，并提交本条例第十条规定的相关文件。国务院信息产业主管部门应当自受理申请之日起180日内审查完毕，作出批准或者不予批准的决定。予以批准的，颁发《基础电信业务经营许可证》；不予批准的，应当书面通知申请人并说明理由。

第十二条 国务院信息产业主管部门审查经营基础电信业务的申请时，应当考虑国家安全、电信网络安全、电信资源可持续利用、环境保护和电信市场的竞争状况等因素。

颁发《基础电信业务经营许可证》，应当按照国家有关规定采用招标方式。

第十三条 经营增值电信业务，应当具备下列条件：

（一）经营者为依法设立的公司；

（二）有与开展经营活动相适应的资金和专业人员；

（三）有为用户提供长期服务的信誉或者能力；

（四）国家规定的其他条件。

第十四条 申请经营增值电信业务，应当根据本条例第九条第二款的规定，向国务院信息产业主管部门或者省、自治区、直辖市电信管理机构提出申请，并提交本条例第十三条规定的相关文件。申请经营的增值电信业务，按照国家有关规定须经有关主管部门审批的，还应当提交有关主管部门审核同意的文件。国务院信息产业主管部门或者省、自治区、直辖市电信管理机构应当自收到申请之日起60日内审查完毕，作出批准或者不予批准的决定。予以批准的，颁发《跨地区增值电信业务经营许可证》或者《增值电信业务经营许可证》；不予批准的，应当书面通知申请人并说明理由。

第十五条 电信业务经营者在经营过程中，变更经营主体、业务范围或者停止经营的，应当提前90日向原颁发许可证的机关提出申请，并办理相应手续；停止经营的，还应当按照国家有关规定做好善后工作。

第十六条 专用电信网运营单位在所在地区经营电信业务的，应当依照本条例规定的条件和程序提出申请，经批准，取得电信业务经营许可证。

第二节 电信网间互联

第十七条 电信网之间应当按照技术可行、经济合理、公平公正、相互配合的原则，实现互联互通。

主导的电信业务经营者不得拒绝其他电信业务经营者和专用网运营单位提出的互联互通要求。

前款所称主导的电信业务经营者，是指控制必要的基础电信设施并且在电信业务市场中占有较大份额，能够对其他电信业务经营者进入电信业务市场构成实质性影响的经营者。

主导的电信业务经营者由国务院信息产业主管部门确定。

第十八条 主导的电信业务经营者应当按照非歧视和透明化的原则，制定包括网间互联的程序、时限、非捆绑网络元素目录等内容的互联规程。互联规程应当报国务院信息产业主管部门审查同意。该互联规程对主导的电信业务经营者的互联互通活动具有约束力。

第十九条 公用电信网之间、公用电信网与专用电信网之间的网间互联，由网间互联双方按照国务院信息产业主管部门的网间互联管理规定进行互联协商，并订立网间互联协议。

第二十条 网间互联双方经协商未能达成网间互联协议的，自一方提出互联要求之日起60日内，任何一方均可以按照网间互联覆盖范围向国务院信息产业主管部门或者省、自治区、直辖市电信管理机构申请协调；收到申请的机关应当依照本条例第十七条第一款规定的原则进行协调，促使网间互联双方达成协议；自网间互联一方或者双方申请协调之日起45日内经协调仍不能达成协议的，由协调机关随机邀请电信技术专家和其他有关方面专家进行公开论证并提出网间互联方案。协调机关应当根据专家论证结论和提出的网间互联方案作出决定，强制实现互联互通。

第二十一条　网间互联双方必须在协议约定或者决定规定的时限内实现互联互通，遵守网间互联协议和国务院信息产业主管部门的相关规定，保障网间通信畅通，任何一方不得擅自中断互联互通。网间互联遇有通信技术障碍的，双方应当立即采取有效措施予以消除。网间互联双方在互联互通中发生争议的，依照本条例第二十条规定的程序和办法处理。

网间互联的通信质量应当符合国家有关标准。主导的电信业务经营者向其他电信业务经营者提供网间互联，服务质量不得低于本网内的同类业务及向其子公司或者分支机构提供的同类业务质量。

第二十二条　网间互联的费用结算与分摊应当执行国家有关规定，不得在规定标准之外加收费用。

网间互联的技术标准、费用结算办法和具体管理规定，由国务院信息产业主管部门制定。

第三节　电信资费

第二十三条　电信资费实行市场调节价。电信业务经营者应当统筹考虑生产经营成本、电信市场供求状况等因素，合理确定电信业务资费标准。

第二十四条　国家依法加强对电信业务经营者资费行为的监管，建立健全监管规则，维护消费者合法权益。

第二十五条　电信业务经营者应当根据国务院信息产业主管部门和省、自治区、直辖市电信管理机构的要求，提供准确、完备的业务成本数据及其他有关资料。

第四节　电信资源

第二十六条　国家对电信资源统一规划、集中管理、合理分配，实行有偿使用制度。

前款所称电信资源，是指无线电频率、卫星轨道位置、电信网码号等用于实现电信功能且有限的资源。

第二十七条　电信业务经营者占有、使用电信资源，应当缴纳电信资源费。具体收费办法由国务院信息产业主管部门会同国务院财政部门、价格主管部门制定，报国务院批准后公布施行。

第二十八条　电信资源的分配，应当考虑电信资源规划、用途和预期服务能力。

分配电信资源，可以采取指配的方式，也可以采用拍卖的方式。

取得电信资源使用权的，应当在规定的时限内启用所分配的资源，并达到规定的最低使用规模。未经国务院信息产业主管部门或者省、自治区、直辖市电信管理机构批准，不得擅自使用、转让、出租电信资源或者改变电信资源的用途。

第二十九条　电信资源使用者依法取得电信网码号资源后，主导的电信业务经营者和其他有关单位有义务采取必要的技术措施，配合电信资源使用者实现其电信网码号资源的功能。

法律、行政法规对电信资源管理另有特别规定的，从其规定。

第三章　电信服务

第三十条　电信业务经营者应当按照国家规定的电信服务标准向电信用户提供服务。电信业务经营者提供服务的种类、范围、资费标准和时限，应当向社会公布，并报省、自治区、直辖市电信管理机构备案。

电信用户有权自主选择使用依法开办的各类电信业务。

第三十一条　电信用户申请安装、移装电信终端设备的，电信业务经营者应当在其公布的时限内保证装机开通；由于电信业务经营者的原因逾期未能装机开通的，应当每日按照收取的安装费、移装费或者其他费用数额1%的比例，向电信用户支付违约金。

第三十二条　电信用户申告电信服务障碍的，电信业务经营者应当自接到申告之日起，城镇48小时、农村72小时内修复或者调通；不能按期修复或者调通的，应当及时通知电信用户，并免收障碍期间的月租费用。但是，属于电信终端设备的原因造成电信服务障碍的除外。

第三十三条　电信业务经营者应当为电信用户交费和查询提供方便。电信用户要求提供国内长途通信、国际通信、移动通信和信息服务等收费清单的，电信业务经营者应当免费提供。

电信用户出现异常的巨额电信费用时，电信业务经营者一经发现，应当尽可能迅速告知电信用户，并采取相应的措施。

前款所称巨额电信费用，是指突然出现超过电信用户此前3个月平均电信费用5倍以上的费用。

第三十四条 电信用户应当按照约定的时间和方式及时、足额地向电信业务经营者交纳电信费用；电信用户逾期不交纳电信费用的，电信业务经营者有权要求补交电信费用，并可以按照所欠费用每日加收3‰的违约金。

对超过收费约定期限30日仍不交纳电信费用的电信用户，电信业务经营者可以暂停向其提供电信服务。电信用户在电信业务经营者暂停服务60日内仍未补交电信费用和违约金的，电信业务经营者可以终止提供服务，并可以依法追缴欠费和违约金。

经营移动电信业务的经营者可以与电信用户约定交纳电信费用的期限、方式，不受前款规定期限的限制。

电信业务经营者应当在迟延交纳电信费用的电信用户补足电信费用、违约金后的48小时内，恢复暂停的电信服务。

第三十五条 电信业务经营者因工程施工、网络建设等原因，影响或者可能影响正常电信服务的，必须按照规定的时限及时告知用户，并向省、自治区、直辖市电信管理机构报告。

因前款原因中断电信服务的，电信业务经营者应当相应减免用户在电信服务中断期间的相关费用。

出现本条第一款规定的情形，电信业务经营者未及时告知用户的，应当赔偿由此给用户造成的损失。

第三十六条 经营本地电话业务和移动电话业务的电信业务经营者，应当免费向用户提供火警、匪警、医疗急救、交通事故报警等公益性电信服务并保障通信线路畅通。

第三十七条 电信业务经营者应当及时为需要通过中继线接入其电信网的集团用户，提供平等、合理的接入服务。

未经批准，电信业务经营者不得擅自中断接入服务。

第三十八条 电信业务经营者应当建立健全内部服务质量管理制度，并可以制定并公布施行高于国家规定的电信服务标准的企业标准。

电信业务经营者应当采取各种形式广泛听取电信用户意见，接受社会监督，不断提高电信服务质量。

第三十九条 电信业务经营者提供的电信服务达不到国家规定的电信服务标准或者其公布的企业标准的，或者电信用户对交纳电信费用持有异议的，电信用户有权要求电信业务经营者予以解决；电信业务经营者拒不解决或者电信用户对解决结果不满意的，电信用户有权向国务院信息产业主管部门或者省、自治区、直辖市电信管理机构或者其他有关部门申诉。收到申诉的机关必须对申诉及时处理，并自收到申诉之日起30日内向申诉者作出答复。

电信用户对交纳本地电话费用有异议的，电信业务经营者还应当应电信用户的要求免费提供本地电话收费依据，并有义务采取必要措施协助电信用户查找原因。

第四十条 电信业务经营者在电信服务中，不得有下列行为：

（一）以任何方式限定电信用户使用其指定的业务；

（二）限定电信用户购买其指定的电信终端设备或者拒绝电信用户使用自备的已经取得入网许可的电信终端设备；

（三）无正当理由拒绝、拖延或者中止对电信用户的电信服务；

（四）对电信用户不履行公开作出的承诺或者作容易引起误解的虚假宣传；

（五）以不正当手段刁难电信用户或者对投诉的电信用户打击报复。

第四十一条 电信业务经营者在电信业务经营活动中，不得有下列行为：

（一）以任何方式限制电信用户选择其他电信业务经营者依法开办的电信服务；

（二）对其经营的不同业务进行不合理的交叉补贴；

（三）以排挤竞争对手为目的，低于成本提供电信业务或者服务，进行不正当竞争。

第四十二条　国务院信息产业主管部门或者省、自治区、直辖市电信管理机构应当依据职权对电信业务经营者的电信服务质量和经营活动进行监督检查，并向社会公布监督抽查结果。

第四十三条　电信业务经营者必须按照国家有关规定履行相应的电信普遍服务义务。

国务院信息产业主管部门可以采取指定的或者招标的方式确定电信业务经营者具体承担电信普遍服务的义务。

电信普遍服务成本补偿管理办法，由国务院信息产业主管部门会同国务院财政部门、价格主管部门制定，报国务院批准后公布施行。

第四章　电信建设

第一节　电信设施建设

第四十四条　公用电信网、专用电信网、广播电视传输网的建设应当接受国务院信息产业主管部门的统筹规划和行业管理。

属于全国性信息网络工程或者国家规定限额以上建设项目的公用电信网、专用电信网、广播电视传输网建设，在按照国家基本建设项目审批程序报批前，应当征得国务院信息产业主管部门同意。

基础电信建设项目应当纳入地方各级人民政府城市建设总体规划和村镇、集镇建设总体规划。

第四十五条　城市建设和村镇、集镇建设应当配套设置电信设施。建筑物内的电信管线和配线设施以及建设项目用地范围内的电信管道，应当纳入建设项目的设计文件，并随建设项目同时施工与验收。所需经费应当纳入建设项目概算。

有关单位或者部门规划、建设道路、桥梁、隧道或者地下铁道等，应当事先通知省、自治区、直辖市电信管理机构和电信业务经营者，协商预留电信管线等事宜。

第四十六条　基础电信业务经营者可以在民用建筑物上附挂电信线路或者设置小型天线、移动通信基站等公用电信设施，但是应当事先通知建筑物产权人或者使用人，并按照省、自治区、直辖市人民政府规定的标准向该建筑物的产权人或者其他权利人支付使用费。

第四十七条　建设地下、水底等隐蔽电信设施和高空电信设施，应当按照国家有关规定设置标志。

基础电信业务经营者建设海底电信缆线，应当征得国务院信息产业主管部门同意，并征求有关部门意见后，依法办理有关手续。海底电信缆线由国务院有关部门在海图上标出。

第四十八条　任何单位或者个人不得擅自改动或者迁移他人的电信线路及其他电信设施；遇有特殊情况必须改动或者迁移的，应当征得该电信设施产权人同意，由提出改动或者迁移要求的单位或者个人承担改动或者迁移所需费用，并赔偿由此造成的经济损失。

第四十九条　从事施工、生产、种植树木等活动，不得危及电信线路或者其他电信设施的安全或者妨碍线路畅通；可能危及电信安全时，应当事先通知有关电信业务经营者，并由从事该活动的单位或者个人负责采取必要的安全防护措施。

违反前款规定，损害电信线路或者其他电信设施或者妨碍线路畅通的，应当恢复原状或者予以修复，并赔偿由此造成的经济损失。

第五十条　从事电信线路建设，应当与已建的电信线路保持必要的安全距离；难以避开或者必须穿越，或者需要使用已建电信管道的，应当与已建电信线路的产权人协商，并签订协议；经协商不能达成协议的，根据不同情况，由国务院信息产业主管部门或者省、自治区、直辖市电信管理机构协调解决。

第五十一条　任何组织或者个人不得阻止或者妨碍基础电信业务经营者依法从事电信设施建设和向电信用户提供公共电信服务；但是，国家规定禁止或者限制进入的区域除外。

第五十二条　执行特殊通信、应急通信和抢修、抢险任务的电信车辆，经公安交通管理机关批准，在保障交通安全畅通的前提下可以不受各种禁止机动车通行标志的限制。

第二节　电信设备进网

第五十三条　国家对电信终端设备、无线电通信设备和涉及网间互联的设备实行进网许可制度。

接入公用电信网的电信终端设备、无线电通信设备和涉及网间互联的设备，必须符合国家规定的标准并取得进网许可证。

实行进网许可制度的电信设备目录，由国务院信息产业主管部门会同国务院产品质量监督部门制定并公布施行。

第五十四条 办理电信设备进网许可证的，应当向国务院信息产业主管部门提出申请，并附送经国务院产品质量监督部门认可的电信设备检测机构出具的检测报告或者认证机构出具的产品质量认证证书。

国务院信息产业主管部门应当自收到电信设备进网许可申请之日起60日内，对申请及电信设备检测报告或者产品质量认证证书审查完毕。经审查合格的，颁发进网许可证；经审查不合格的，应当书面答复并说明理由。

第五十五条 电信设备生产企业必须保证获得进网许可的电信设备的质量稳定、可靠，不得降低产品质量和性能。

电信设备生产企业应当在其生产的获得进网许可的电信设备上粘贴进网许可标志。

国务院产品质量监督部门应当会同国务院信息产业主管部门对获得进网许可证的电信设备进行质量跟踪和监督抽查，公布抽查结果。

第五章　电信安全

第五十六条 任何组织或者个人不得利用电信网络制作、复制、发布、传播含有下列内容的信息：

（一）反对宪法所确定的基本原则的；

（二）危害国家安全，泄露国家秘密，颠覆国家政权，破坏国家统一的；

（三）损害国家荣誉和利益的；

（四）煽动民族仇恨、民族歧视，破坏民族团结的；

（五）破坏国家宗教政策，宣扬邪教和封建迷信的；

（六）散布谣言，扰乱社会秩序，破坏社会稳定的；

（七）散布淫秽、色情、赌博、暴力、凶杀、恐怖或者教唆犯罪的；

（八）侮辱或者诽谤他人，侵害他人合法权益的；

（九）含有法律、行政法规禁止的其他内容的。

第五十七条 任何组织或者个人不得有下列危害电信网络安全和信息安全的行为：

（一）对电信网的功能或者存储、处理、传输的数据和应用程序进行删除或者修改；

（二）利用电信网从事窃取或者破坏他人信息、损害他人合法权益的活动；

（三）故意制作、复制、传播计算机病毒或者以其他方式攻击他人电信网络等电信设施；

（四）危害电信网络安全和信息安全的其他行为。

第五十八条 任何组织或者个人不得有下列扰乱电信市场秩序的行为：

（一）采取租用电信国际专线、私设转接设备或者其他方法，擅自经营国际或者香港特别行政区、澳门特别行政区和台湾地区电信业务；

（二）盗接他人电信线路，复制他人电信码号，使用明知是盗接、复制的电信设施或者码号；

（三）伪造、变造电话卡及其他各种电信服务有价凭证；

（四）以虚假、冒用的身份证件办理入网手续并使用移动电话。

第五十九条 电信业务经营者应当按照国家有关电信安全的规定，建立健全内部安全保障制度，实行安全保障责任制。

第六十条 电信业务经营者在电信网络的设计、建设和运行中，应当做到与国家安全和电信网络安全的需求同步规划，同步建设，同步运行。

第六十一条 在公共信息服务中，电信业务经营者发现电信网络中传输的信息明显属于本条例第五十六条所列内容的，应当立即停止传输，保存有关记录，并向国家有关机关报告。

第六十二条 使用电信网络传输信息的内容及其后果由电信用户负责。

电信用户使用电信网络传输的信息属于国家秘密信息的，必须依照保守国家秘密法的规定采取保密措施。

第六十三条 在发生重大自然灾害等紧急

情况下，经国务院批准，国务院信息产业主管部门可以调用各种电信设施，确保重要通信畅通。

第六十四条　在中华人民共和国境内从事国际通信业务，必须通过国务院信息产业主管部门批准设立的国际通信出入口局进行。

我国内地与香港特别行政区、澳门特别行政区和台湾地区之间的通信，参照前款规定办理。

第六十五条　电信用户依法使用电信的自由和通信秘密受法律保护。除因国家安全或者追查刑事犯罪的需要，由公安机关、国家安全机关或者人民检察院依照法律规定的程序对电信内容进行检查外，任何组织或者个人不得以任何理由对电信内容进行检查。

电信业务经营者及其工作人员不得擅自向他人提供电信用户使用电信网络所传输信息的内容。

第六章　罚　　则

第六十六条　违反本条例第五十六条、第五十七条的规定，构成犯罪的，依法追究刑事责任；尚不构成犯罪的，由公安机关、国家安全机关依照有关法律、行政法规的规定予以处罚。

第六十七条　有本条例第五十八条第（二）、（三）、（四）项所列行为之一，扰乱电信市场秩序，构成犯罪的，依法追究刑事责任；尚不构成犯罪的，由国务院信息产业主管部门或者省、自治区、直辖市电信管理机构依据职权责令改正，没收违法所得，处违法所得3倍以上5倍以下罚款；没有违法所得或者违法所得不足1万元的，处1万元以上10万元以下罚款。

第六十八条　违反本条例的规定，伪造、冒用、转让电信业务经营许可证、电信设备进网许可证或者编造在电信设备上标注的进网许可证编号的，由国务院信息产业主管部门或者省、自治区、直辖市电信管理机构依据职权没收违法所得，处违法所得3倍以上5倍以下罚款；没有违法所得或者违法所得不足1万元的，处1万元以上10万元以下罚款。

第六十九条　违反本条例规定，有下列行为之一的，由国务院信息产业主管部门或者省、自治区、直辖市电信管理机构依据职权责令改正，没收违法所得，处违法所得3倍以上5倍以下罚款；没有违法所得或者违法所得不足5万元的，处10万元以上100万元以下罚款；情节严重的，责令停业整顿：

（一）违反本条例第七条第三款的规定或者有本条例第五十八条第（一）项所列行为，擅自经营电信业务的，或者超范围经营电信业务的；

（二）未通过国务院信息产业主管部门批准，设立国际通信出入口进行国际通信的；

（三）擅自使用、转让、出租电信资源或者改变电信资源用途的；

（四）擅自中断网间互联互通或者接入服务的；

（五）拒不履行普遍服务义务的。

第七十条　违反本条例的规定，有下列行为之一的，由国务院信息产业主管部门或者省、自治区、直辖市电信管理机构依据职权责令改正，没收违法所得，处违法所得1倍以上3倍以下罚款；没有违法所得或者违法所得不足1万元的，处1万元以上10万元以下罚款；情节严重的，责令停业整顿：

（一）在电信网间互联中违反规定加收费用的；

（二）遇有网间通信技术障碍，不采取有效措施予以消除的；

（三）擅自向他人提供电信用户使用电信网络所传输信息的内容的；

（四）拒不按照规定缴纳电信资源使用费的。

第七十一条　违反本条例第四十一条的规定，在电信业务经营活动中进行不正当竞争的，由国务院信息产业主管部门或者省、自治区、直辖市电信管理机构依据职权责令改正，处10万元以上100万元以下罚款；情节严重的，责令停业整顿。

第七十二条　违反本条例的规定，有下列行为之一的，由国务院信息产业主管部门或者省、自治区、直辖市电信管理机构依据职权责令改正，处5万元以上50万元以下罚款；情节严重的，责令停业整顿：

（一）拒绝其他电信业务经营者提出的互联互通要求的；

（二）拒不执行国务院信息产业主管部门或者省、自治区、直辖市电信管理机构依法作出的互联互通决定的；

（三）向其他电信业务经营者提供网间互联的服务质量低于本网及其子公司或者分支机构的。

第七十三条 违反本条例第三十三条第一款、第三十九条第二款的规定，电信业务经营者拒绝免费为电信用户提供国内长途通信、国际通信、移动通信和信息服务等收费清单，或者电信用户对交纳本地电话费用有异议并提出要求时，拒绝为电信用户免费提供本地电话收费依据的，由省、自治区、直辖市电信管理机构责令改正，并向电信用户赔礼道歉；拒不改正并赔礼道歉的，处以警告，并处5000元以上5万元以下的罚款。

第七十四条 违反本条例第四十条的规定，由省、自治区、直辖市电信管理机构责令改正，并向电信用户赔礼道歉，赔偿电信用户损失；拒不改正并赔礼道歉、赔偿损失的，处以警告，并处1万元以上10万元以下的罚款；情节严重的，责令停业整顿。

第七十五条 违反本条例的规定，有下列行为之一的，由省、自治区、直辖市电信管理机构责令改正，处1万元以上10万元以下的罚款：

（一）销售未取得进网许可的电信终端设备的；

（二）非法阻止或者妨碍电信业务经营者向电信用户提供公共电信服务的；

（三）擅自改动或者迁移他人的电信线路及其他电信设施的。

第七十六条 违反本条例的规定，获得电信设备进网许可证后降低产品质量和性能的，由产品质量监督部门依照有关法律、行政法规的规定予以处罚。

第七十七条 有本条例第五十六条、第五十七条和第五十八条所列禁止行为之一，情节严重的，由原发证机关吊销电信业务经营许可证。

国务院信息产业主管部门或者省、自治区、直辖市电信管理机构吊销电信业务经营许可证后，应当通知企业登记机关。

第七十八条 国务院信息产业主管部门或者省、自治区、直辖市电信管理机构工作人员玩忽职守、滥用职权、徇私舞弊，构成犯罪的，依法追究刑事责任；尚不构成犯罪的，依法给予行政处分。

第七章 附　　则

第七十九条 外国的组织或者个人在中华人民共和国境内投资与经营电信业务和香港特别行政区、澳门特别行政区与台湾地区的组织或者个人在内地投资与经营电信业务的具体办法，由国务院另行制定。

第八十条 本条例自公布之日起施行。

附：

电信业务分类目录

一、基础电信业务

（一）固定网络国内长途及本地电话业务；

（二）移动网络电话和数据业务；

（三）卫星通信及卫星移动通信业务；

（四）互联网及其他公共数据传送业务；

（五）带宽、波长、光纤、光缆、管道及其他网络元素出租、出售业务；

（六）网络承载、接入及网络外包等业务；

（七）国际通信基础设施、国际电信业务；

（八）无线寻呼业务；

（九）转售的基础电信业务。

第（八）、（九）项业务比照增值电信业务管理。

二、增值电信业务

（一）电子邮件；

（二）语音信箱；

（三）在线信息库存储和检索；

（四）电子数据交换；

（五）在线数据处理与交易处理；

（六）增值传真；

（七）互联网接入服务；

（八）互联网信息服务；

（九）可视电话会议服务。

快递暂行条例

（2018年2月7日国务院第198次常务会议通过　2018年3月2日中华人民共和国国务院令第697号公布　自2018年5月1日起施行）

第一章　总　　则

第一条　为促进快递业健康发展，保障快递安全，保护快递用户合法权益，加强对快递业的监督管理，根据《中华人民共和国邮政法》和其他有关法律，制定本条例。

第二条　在中华人民共和国境内从事快递业务经营、接受快递服务以及对快递业实施监督管理，适用本条例。

第三条　地方各级人民政府应当创造良好的快递业营商环境，支持经营快递业务的企业创新商业模式和服务方式，引导经营快递业务的企业加强服务质量管理、健全规章制度、完善安全保障措施，为用户提供迅速、准确、安全、方便的快递服务。

地方各级人民政府应当确保政府相关行为符合公平竞争要求和相关法律法规，维护快递业竞争秩序，不得出台违反公平竞争、可能造成地区封锁和行业垄断的政策措施。

第四条　任何单位或者个人不得利用信件、包裹、印刷品以及其他寄递物品（以下统称快件）从事危害国家安全、社会公共利益或者他人合法权益的活动。

除有关部门依照法律对快件进行检查外，任何单位或者个人不得非法检查他人快件。任何单位或者个人不得私自开拆、隐匿、毁弃、倒卖他人快件。

第五条　国务院邮政管理部门负责对全国快递业实施监督管理。国务院公安、国家安全、海关、工商行政管理、出入境检验检疫等有关部门在各自职责范围内负责相关的快递监督管理工作。

省、自治区、直辖市邮政管理机构和按照国务院规定设立的省级以下邮政管理机构负责对本辖区的快递业实施监督管理。县级以上地方人民政府有关部门在各自职责范围内负责相关的快递监督管理工作。

第六条　国务院邮政管理部门和省、自治区、直辖市邮政管理机构以及省级以下邮政管理机构（以下统称邮政管理部门）应当与公安、国家安全、海关、工商行政管理、出入境检验检疫等有关部门相互配合，建立健全快递安全监管机制，加强对快递业安全运行的监测预警，收集、共享与快递业安全运行有关的信息，依法处理影响快递业安全运行的事件。

第七条　依法成立的快递行业组织应当保护企业合法权益，加强行业自律，促进企业守法、诚信、安全经营，督促企业落实安全生产主体责任，引导企业不断提高快递服务质量和水平。

第八条　国家加强快递业诚信体系建设，建立健全快递业信用记录、信息公开、信用评价制度，依法实施联合惩戒措施，提高快递业信用水平。

第九条　国家鼓励经营快递业务的企业和寄件人使用可降解、可重复利用的环保包装材料，鼓励经营快递业务的企业采取措施回收快件包装材料，实现包装材料的减量化利用和再利用。

第二章　发展保障

第十条　国务院邮政管理部门应当制定快递业发展规划，促进快递业健康发展。

县级以上地方人民政府应当将快递业发展纳入本级国民经济和社会发展规划，在城乡规划和土地利用总体规划中统筹考虑快件大型集散、分拣等基础设施用地的需要。

县级以上地方人民政府建立健全促进快递业健康发展的政策措施，完善相关配套规定，依法保障经营快递业务的企业及其从业人员的合法权益。

第十一条　国家支持和鼓励经营快递业务的企业在农村、偏远地区发展快递服务网络，完善快递末端网点布局。

第十二条 国家鼓励和引导经营快递业务的企业采用先进技术，促进自动化分拣设备、机械化装卸设备、智能末端服务设施、快递电子运单以及快件信息化管理系统等的推广应用。

第十三条 县级以上地方人民政府公安、交通运输等部门和邮政管理部门应当加强协调配合，建立健全快递运输保障机制，依法保障快递服务车辆通行和临时停靠的权利，不得禁止快递服务车辆依法通行。

邮政管理部门会同县级以上地方人民政府公安等部门，依法规范快递服务车辆的管理和使用，对快递专用电动三轮车的行驶时速、装载质量等作出规定，并对快递服务车辆加强统一编号和标识管理。经营快递业务的企业应当对其从业人员加强道路交通安全培训。

快递从业人员应当遵守道路交通安全法律法规的规定，按照操作规范安全、文明驾驶车辆。快递从业人员因执行工作任务造成他人损害的，由快递从业人员所属的经营快递业务的企业依照民事侵权责任相关法律的规定承担侵权责任。

第十四条 企业事业单位、住宅小区管理单位应当根据实际情况，采取与经营快递业务的企业签订合同、设置快件收寄投递专门场所等方式，为开展快递服务提供必要的便利。鼓励多个经营快递业务的企业共享末端服务设施，为用户提供便捷的快递末端服务。

第十五条 国家鼓励快递业与制造业、农业、商贸业等行业建立协同发展机制，推动快递业与电子商务融合发展，加强信息沟通，共享设施和网络资源。

国家引导和推动快递业与铁路、公路、水路、民航等行业的标准对接，支持在大型车站、码头、机场等交通枢纽配套建设快件运输通道和接驳场所。

第十六条 国家鼓励经营快递业务的企业依法开展进出境快递业务，支持在重点口岸建设进出境快件处理中心、在境外依法开办快递服务机构并设置快件处理场所。

海关、出入境检验检疫、邮政管理等部门应当建立协作机制，完善进出境快件管理，推动实现快件便捷通关。

第三章 经营主体

第十七条 经营快递业务，应当依法取得快递业务经营许可。邮政管理部门应当根据《中华人民共和国邮政法》第五十二条、第五十三条规定的条件和程序核定经营许可的业务范围和地域范围，向社会公布取得快递业务经营许可的企业名单，并及时更新。

第十八条 经营快递业务的企业及其分支机构可以根据业务需要开办快递末端网点，并应当自开办之日起20日内向所在地邮政管理部门备案。快递末端网点无需办理营业执照。

第十九条 两个以上经营快递业务的企业可以使用统一的商标、字号或者快递运单经营快递业务。

前款规定的经营快递业务的企业应当签订书面协议明确各自的权利义务，遵守共同的服务约定，在服务质量、安全保障、业务流程等方面实行统一管理，为用户提供统一的快件跟踪查询和投诉处理服务。

用户的合法权益因快件延误、丢失、损毁或者内件短少而受到损害的，用户可以要求该商标、字号或者快递运单所属企业赔偿，也可以要求实际提供快递服务的企业赔偿。

第二十条 经营快递业务的企业应当依法保护其从业人员的合法权益。

经营快递业务的企业应当对其从业人员加强职业操守、服务规范、作业规范、安全生产、车辆安全驾驶等方面的教育和培训。

第四章 快递服务

第二十一条 经营快递业务的企业在寄件人填写快递运单前，应当提醒其阅读快递服务合同条款、遵守禁止寄递和限制寄递物品的有关规定，告知相关保价规则和保险服务项目。

寄件人交寄贵重物品的，应当事先声明；经营快递业务的企业可以要求寄件人对贵重物品予以保价。

第二十二条 寄件人交寄快件，应当如实提供以下事项：

（一）寄件人姓名、地址、联系电话；

（二）收件人姓名（名称）、地址、联系电话；

（三）寄递物品的名称、性质、数量。

除信件和已签订安全协议用户交寄的快件外，经营快递业务的企业收寄快件，应当对寄件人身份进行查验，并登记身份信息，但不得在快递运单上记录除姓名（名称）、地址、联系电话以外的用户身份信息。寄件人拒绝提供身份信息或者提供身份信息不实的，经营快递业务的企业不得收寄。

第二十三条 国家鼓励经营快递业务的企业在节假日期间根据业务量变化实际情况，为用户提供正常的快递服务。

第二十四条 经营快递业务的企业应当规范操作，防止造成快件损毁。

法律法规对食品、药品等特定物品的运输有特殊规定的，寄件人、经营快递业务的企业应当遵守相关规定。

第二十五条 经营快递业务的企业应当将快件投递到约定的收件地址、收件人或者收件人指定的代收人，并告知收件人或者代收人当面验收。收件人或者代收人有权当面验收。

第二十六条 快件无法投递的，经营快递业务的企业应当退回寄件人或者根据寄件人的要求进行处理；属于进出境快件的，经营快递业务的企业应当依法办理海关和检验检疫手续。

快件无法投递又无法退回的，依照下列规定处理：

（一）属于信件，自确认无法退回之日起超过6个月无人认领的，由经营快递业务的企业在所在地邮政管理部门的监督下销毁；

（二）属于信件以外其他快件的，经营快递业务的企业应当登记，并按照国务院邮政管理部门的规定处理；

（三）属于进境快件的，交由海关依法处理；其中有依法应当实施检疫的物品的，由出入境检验检疫部门依法处理。

第二十七条 快件延误、丢失、损毁或者内件短少的，对保价的快件，应当按照经营快递业务的企业与寄件人约定的保价规则确定赔偿责任；对未保价的快件，依照民事法律的有关规定确定赔偿责任。

国家鼓励保险公司开发快件损失赔偿责任险种，鼓励经营快递业务的企业投保。

第二十八条 经营快递业务的企业应当实行快件寄递全程信息化管理，公布联系方式，保证与用户的联络畅通，向用户提供业务咨询、快件查询等服务。用户对快递服务质量不满意的，可以向经营快递业务的企业投诉，经营快递业务的企业应当自接到投诉之日起7日内予以处理并告知用户。

第二十九条 经营快递业务的企业停止经营的，应当提前10日向社会公告，书面告知邮政管理部门，交回快递业务经营许可证，并依法妥善处理尚未投递的快件。

经营快递业务的企业或者其分支机构因不可抗力或者其他特殊原因暂停快递服务的，应当及时向邮政管理部门报告，向社会公告暂停服务的原因和期限，并依法妥善处理尚未投递的快件。

第五章 快递安全

第三十条 寄件人交寄快件和经营快递业务的企业收寄快件应当遵守《中华人民共和国邮政法》第二十四条关于禁止寄递或者限制寄递物品的规定。

禁止寄递物品的目录及管理办法，由国务院邮政管理部门会同国务院有关部门制定并公布。

第三十一条 经营快递业务的企业收寄快件，应当依照《中华人民共和国邮政法》的规定验视内件，并作出验视标识。寄件人拒绝验视的，经营快递业务的企业不得收寄。

经营快递业务的企业受寄件人委托，长期、批量提供快递服务的，应当与寄件人签订安全协议，明确双方的安全保障义务。

第三十二条 经营快递业务的企业可以自行或者委托第三方企业对快件进行安全检查，并对经过安全检查的快件作出安全检查标识。经营快递业务的企业委托第三方企业对快件进行安全检查的，不免除委托方对快件安全承担的责任。

经营快递业务的企业或者接受委托的第三方企业应当使用符合强制性国家标准的安全检查设备，并加强对安全检查人员的背景审查和技术培训；经营快递业务的企业或者接受委托的第三方企业对安全检查人员进行背景审查，公安机关等相关部门应当予以配合。

第三十三条 经营快递业务的企业发现寄件人交寄禁止寄递物品的，应当拒绝收寄；发现已经收寄的快件中有疑似禁止寄递物品的，应当立即停止分拣、运输、投递。对快件中依法应当没收、销毁或者可能涉及违法犯罪的物品，经营快递业务的企业应当立即向有关部门报告并配合调查处理；对其他禁止寄递物品以及限制寄递物品，经营快递业务的企业应当按照法律、行政法规或者国务院和国务院有关主管部门的规定处理。

第三十四条 经营快递业务的企业应当建立快递运单及电子数据管理制度，妥善保管用户信息等电子数据，定期销毁快递运单，采取有效技术手段保证用户信息安全。具体办法由国务院邮政管理部门会同国务院有关部门制定。

经营快递业务的企业及其从业人员不得出售、泄露或者非法提供快递服务过程中知悉的用户信息。发生或者可能发生用户信息泄露的，经营快递业务的企业应当立即采取补救措施，并向所在地邮政管理部门报告。

第三十五条 经营快递业务的企业应当依法建立健全安全生产责任制，确保快递服务安全。

经营快递业务的企业应当依法制定突发事件应急预案，定期开展突发事件应急演练；发生突发事件的，应当按照应急预案及时、妥善处理，并立即向所在地邮政管理部门报告。

第六章 监督检查

第三十六条 邮政管理部门应当加强对快递业的监督检查。监督检查应当以下列事项为重点：

（一）从事快递活动的企业是否依法取得快递业务经营许可；

（二）经营快递业务的企业的安全管理制度是否健全并有效实施；

（三）经营快递业务的企业是否妥善处理用户的投诉、保护用户合法权益。

第三十七条 邮政管理部门应当建立和完善以随机抽查为重点的日常监督检查制度，公布抽查事项目录，明确抽查的依据、频次、方式、内容和程序，随机抽取被检查企业，随机选派检查人员。抽查情况和查处结果应当及时向社会公布。

邮政管理部门应当充分利用计算机网络等先进技术手段，加强对快递业务活动的日常监督检查，提高快递业管理水平。

第三十八条 邮政管理部门依法履行职责，有权采取《中华人民共和国邮政法》第六十一条规定的监督检查措施。邮政管理部门实施现场检查，有权查阅经营快递业务的企业管理快递业务的电子数据。

国家安全机关、公安机关为维护国家安全和侦查犯罪活动的需要依法开展执法活动，经营快递业务的企业应当提供技术支持和协助。

《中华人民共和国邮政法》第十一条规定的处理场所，包括快件处理场地、设施、设备。

第三十九条 邮政管理部门应当向社会公布本部门的联系方式，方便公众举报违法行为。

邮政管理部门接到举报的，应当及时依法调查处理，并为举报人保密。对实名举报的，邮政管理部门应当将处理结果告知举报人。

第七章 法律责任

第四十条 未取得快递业务经营许可从事快递活动的，由邮政管理部门依照《中华人民共和国邮政法》的规定予以处罚。

经营快递业务的企业或者其分支机构有下列行为之一的，由邮政管理部门责令改正，可以处1万元以下的罚款；情节严重的，处1万元以上5万元以下的罚款，并可以责令停业整顿：

（一）开办快递末端网点未向所在地邮政管理部门备案；

（二）停止经营快递业务，未提前10日向社会公告，未书面告知邮政管理部门并交回快递业务经营许可证，或者未依法妥善处理尚未投递的快件；

（三）因不可抗力或者其他特殊原因暂停快递服务，未及时向邮政管理部门报告并向社会公告暂停服务的原因和期限，或者未依法妥善处理尚未投递的快件。

第四十一条 两个以上经营快递业务的企业使用统一的商标、字号或者快递运单经营快递业务，未遵守共同的服务约定，在服务质量、安全保障、业务流程等方面未实行统一管理，或者未向用户提供统一的快件跟踪查询和投诉处理服务的，由邮政管理部门责令改正，处1万元以上5万元以下的罚款；情节严重的，处5万元以上10万元以下的罚款，并可以责令停业整顿。

第四十二条 冒领、私自开拆、隐匿、毁弃、倒卖或者非法检查他人快件，尚不构成犯罪的，依法给予治安管理处罚。

经营快递业务的企业有前款规定行为，或者非法扣留快件的，由邮政管理部门责令改正，没收违法所得，并处5万元以上10万元以下的罚款；情节严重的，并处10万元以上20万元以下的罚款，并可以责令停业整顿直至吊销其快递业务经营许可证。

第四十三条 经营快递业务的企业有下列情形之一的，由邮政管理部门依照《中华人民共和国邮政法》、《中华人民共和国反恐怖主义法》的规定予以处罚：

（一）不建立或者不执行收寄验视制度；

（二）违反法律、行政法规以及国务院和国务院有关部门关于禁止寄递或者限制寄递物品的规定；

（三）收寄快件未查验寄件人身份并登记身份信息，或者发现寄件人提供身份信息不实仍予收寄；

（四）未按照规定对快件进行安全检查。

寄件人在快件中夹带禁止寄递的物品，尚不构成犯罪的，依法给予治安管理处罚。

第四十四条 经营快递业务的企业有下列行为之一的，由邮政管理部门责令改正，没收违法所得，并处1万元以上5万元以下的罚款；情节严重的，并处5万元以上10万元以下的罚款，并可以责令停业整顿直至吊销其快递业务经营许可证：

（一）未按照规定建立快递运单及电子数据管理制度；

（二）未定期销毁快递运单；

（三）出售、泄露或者非法提供快递服务过程中知悉的用户信息；

（四）发生或者可能发生用户信息泄露的情况，未立即采取补救措施，或者未向所在地邮政管理部门报告。

第四十五条 经营快递业务的企业及其从业人员在经营活动中有危害国家安全行为的，依法追究法律责任；对经营快递业务的企业，由邮政管理部门吊销其快递业务经营许可证。

第四十六条 邮政管理部门和其他有关部门的工作人员在监督管理工作中滥用职权、玩忽职守、徇私舞弊的，依法给予处分。

第四十七条 违反本条例规定，构成犯罪的，依法追究刑事责任；造成人身、财产或者其他损害的，依法承担赔偿责任。

第八章 附 则

第四十八条 本条例自2018年5月1日起施行。

互联网信息服务管理办法

（2000年9月25日中华人民共和国国务院令第292号公布 根据2011年1月8日《国务院关于废止和修改部分行政法规的决定》修订）

第一条 为了规范互联网信息服务活动，促进互联网信息服务健康有序发展，制定本办法。

第二条 在中华人民共和国境内从事互联网信息服务活动，必须遵守本办法。

本办法所称互联网信息服务，是指通过互联网向上网用户提供信息的服务活动。

第三条 互联网信息服务分为经营性和非经营性两类。

经营性互联网信息服务，是指通过互联网向上网用户有偿提供信息或者网页制作等服务活动。

非经营性互联网信息服务，是指通过互联网向上网用户无偿提供具有公开性、共享性信息的服务活动。

第四条 国家对经营性互联网信息服务实行许可制度；对非经营性互联网信息服务实行备案制度。

未取得许可或者未履行备案手续的，不得从事互联网信息服务。

第五条 从事新闻、出版、教育、医疗保健、药品和医疗器械等互联网信息服务，依照法律、行政法规以及国家有关规定须经有关主管部门审核同意的，在申请经营许可或者履行备案手续前，应当依法经有关主管部门审核同意。

第六条 从事经营性互联网信息服务，除应当符合《中华人民共和国电信条例》规定的要求外，还应当具备下列条件：

（一）有业务发展计划及相关技术方案；

（二）有健全的网络与信息安全保障措施，包括网站安全保障措施、信息安全保密管理制度、用户信息安全管理制度；

（三）服务项目属于本办法第五条规定范围的，已取得有关主管部门同意的文件。

第七条 从事经营性互联网信息服务，应当向省、自治区、直辖市电信管理机构或者国务院信息产业主管部门申请办理互联网信息服务增值电信业务经营许可证（以下简称经营许可证）。

省、自治区、直辖市电信管理机构或者国务院信息产业主管部门应当自收到申请之日起60日内审查完毕，作出批准或者不予批准的决定。予以批准的，颁发经营许可证；不予批准的，应当书面通知申请人并说明理由。

申请人取得经营许可证后，应当持经营许可证向企业登记机关办理登记手续。

第八条 从事非经营性互联网信息服务，应当向省、自治区、直辖市电信管理机构或者国务院信息产业主管部门办理备案手续。办理备案时，应当提交下列材料：

（一）主办单位和网站负责人的基本情况；

（二）网站网址和服务项目；

（三）服务项目属于本办法第五条规定范围的，已取得有关主管部门的同意文件。

省、自治区、直辖市电信管理机构对备案材料齐全的，应当予以备案并编号。

第九条 从事互联网信息服务，拟开办电子公告服务的，应当在申请经营性互联网信息服务许可或者办理非经营性互联网信息服务备案时，按照国家有关规定提出专项申请或者专项备案。

第十条 省、自治区、直辖市电信管理机构和国务院信息产业主管部门应当公布取得经营许可证或者已履行备案手续的互联网信息服务提供者名单。

第十一条 互联网信息服务提供者应当按照经许可或者备案的项目提供服务，不得超出经许可或者备案的项目提供服务。

非经营性互联网信息服务提供者不得从事有偿服务。

互联网信息服务提供者变更服务项目、网站网址等事项的，应当提前30日向原审核、发证或者备案机关办理变更手续。

第十二条 互联网信息服务提供者应当在其网站主页的显著位置标明其经营许可证编号或者备案编号。

第十三条 互联网信息服务提供者应当向上网用户提供良好的服务，并保证所提供的信息内容合法。

第十四条 从事新闻、出版以及电子公告等服务项目的互联网信息服务提供者，应当记录提供的信息内容及其发布时间、互联网地址或者域名；互联网接入服务提供者应当记录上网用户的上网时间、用户账号、互联网地址或者域名、主叫电话号码等信息。

互联网信息服务提供者和互联网接入服务提供者的记录备份应当保存60日，并在国家有关机关依法查询时，予以提供。

第十五条 互联网信息服务提供者不得制作、复制、发布、传播含有下列内容的信息：

（一）反对宪法所确定的基本原则的；

（二）危害国家安全，泄露国家秘密，颠覆国家政权，破坏国家统一的；

（三）损害国家荣誉和利益的；

（四）煽动民族仇恨、民族歧视，破坏民族团结的；

（五）破坏国家宗教政策，宣扬邪教和封建

迷信的；

（六）散布谣言，扰乱社会秩序，破坏社会稳定的；

（七）散布淫秽、色情、赌博、暴力、凶杀、恐怖或者教唆犯罪的；

（八）侮辱或者诽谤他人，侵害他人合法权益的；

（九）含有法律、行政法规禁止的其他内容的。

第十六条 互联网信息服务提供者发现其网站传输的信息明显属于本办法第十五条所列内容之一的，应当立即停止传输，保存有关记录，并向国家有关机关报告。

第十七条 经营性互联网信息服务提供者申请在境内境外上市或者同外商合资、合作，应当事先经国务院信息产业主管部门审查同意；其中，外商投资的比例应当符合有关法律、行政法规的规定。

第十八条 国务院信息产业主管部门和省、自治区、直辖市电信管理机构，依法对互联网信息服务实施监督管理。

新闻、出版、教育、卫生、药品监督管理、工商行政管理和公安、国家安全等有关主管部门，在各自职责范围内依法对互联网信息内容实施监督管理。

第十九条 违反本办法的规定，未取得经营许可证，擅自从事经营性互联网信息服务，或者超出许可的项目提供服务的，由省、自治区、直辖市电信管理机构责令限期改正，有违法所得的，没收违法所得，处违法所得3倍以上5倍以下的罚款；没有违法所得或者违法所得不足5万元的，处10万元以上100万元以下的罚款；情节严重的，责令关闭网站。

违反本办法的规定，未履行备案手续，擅自从事非经营性互联网信息服务，或者超出备案的项目提供服务的，由省、自治区、直辖市电信管理机构责令限期改正；拒不改正的，责令关闭网站。

第二十条 制作、复制、发布、传播本办法第十五条所列内容之一的信息，构成犯罪的，依法追究刑事责任；尚不构成犯罪的，由公安机关、国家安全机关依照《中华人民共和国治安管理处罚法》、《计算机信息网络国际联网安全保护管理办法》等有关法律、行政法规的规定予以处罚；对经营性互联网信息服务提供者，并由发证机关责令停业整顿直至吊销经营许可证，通知企业登记机关；对非经营性互联网信息服务提供者，并由备案机关责令暂时关闭网站直至关闭网站。

第二十一条 未履行本办法第十四条规定的义务的，由省、自治区、直辖市电信管理机构责令改正；情节严重的，责令停业整顿或者暂时关闭网站。

第二十二条 违反本办法的规定，未在其网站主页上标明其经营许可证编号或者备案编号的，由省、自治区、直辖市电信管理机构责令改正，处5000元以上5万元以下的罚款。

第二十三条 违反本办法第十六条规定的义务的，由省、自治区、直辖市电信管理机构责令改正；情节严重的，对经营性互联网信息服务提供者，并由发证机关吊销经营许可证，对非经营性互联网信息服务提供者，并由备案机关责令关闭网站。

第二十四条 互联网信息服务提供者在其业务活动中，违反其他法律、法规的，由新闻、出版、教育、卫生、药品监督管理和工商行政管理等有关主管部门依照有关法律、法规的规定处罚。

第二十五条 电信管理机构和其他有关主管部门及其工作人员，玩忽职守、滥用职权、徇私舞弊，疏于对互联网信息服务的监督管理，造成严重后果，构成犯罪的，依法追究刑事责任；尚不构成犯罪的，对直接负责的主管人员和其他直接责任人员依法给予降级、撤职直至开除的行政处分。

第二十六条 在本办法公布前从事互联网信息服务的，应当自本办法公布之日起60日内依照本办法的有关规定补办有关手续。

第二十七条 本办法自公布之日起施行。

外商投资电信企业管理规定

（2001 年 12 月 11 日中华人民共和国国务院令第 333 号公布　根据 2008 年 9 月 10 日《国务院关于修改〈外商投资电信企业管理规定〉的决定》第一次修订　根据 2016 年 2 月 6 日《国务院关于修改部分行政法规的决定》第二次修订）

第一条　为了适应电信业对外开放的需要，促进电信业的发展，根据有关外商投资的法律、行政法规和《中华人民共和国电信条例》（以下简称电信条例），制定本规定。

第二条　外商投资电信企业，是指外国投资者同中国投资者在中华人民共和国境内依法以中外合资经营形式，共同投资设立的经营电信业务的企业。

第三条　外商投资电信企业从事电信业务经营活动，除必须遵守本规定外，还必须遵守电信条例和其他有关法律、行政法规的规定。

第四条　外商投资电信企业可以经营基础电信业务、增值电信业务，具体业务分类依照电信条例的规定执行。

外商投资电信企业经营业务的地域范围，由国务院工业和信息化主管部门按照有关规定确定。

第五条　外商投资电信企业的注册资本应当符合下列规定：

（一）经营全国的或者跨省、自治区、直辖市范围的基础电信业务的，其注册资本最低限额为 10 亿元人民币；经营增值电信业务的，其注册资本最低限额为 1000 万元人民币；

（二）经营省、自治区、直辖市范围内的基础电信业务的，其注册资本最低限额为 1 亿元人民币；经营增值电信业务的，其注册资本最低限额为 100 万元人民币。

第六条　经营基础电信业务（无线寻呼业务除外）的外商投资电信企业的外方投资者在企业中的出资比例，最终不得超过 49%。

经营增值电信业务（包括基础电信业务中的无线寻呼业务）的外商投资电信企业的外方投资者在企业中的出资比例，最终不得超过 50%。

外商投资电信企业的中方投资者和外方投资者在不同时期的出资比例，由国务院工业和信息化主管部门按照有关规定确定。

第七条　外商投资电信企业经营电信业务，除应当符合本规定第四条、第五条、第六条规定的条件外，还应当符合电信条例规定的经营基础电信业务或者经营增值电信业务应当具备的条件。

第八条　经营基础电信业务的外商投资电信企业的中方主要投资者应当符合下列条件：

（一）是依法设立的公司；

（二）有与从事经营活动相适应的资金和专业人员；

（三）符合国务院工业和信息化主管部门规定的审慎的和特定行业的要求。

前款所称外商投资电信企业的中方主要投资者，是指在全体中方投资者中出资数额最多且占中方全体投资者出资总额的 30% 以上的出资者。

第九条　经营基础电信业务的外商投资电信企业的外方主要投资者应当符合下列条件：

（一）具有企业法人资格；

（二）在注册的国家或者地区取得基础电信业务经营许可证；

（三）有与从事经营活动相适应的资金和专业人员；

（四）有从事基础电信业务的良好业绩和运营经验。

前款所称外商投资电信企业的外方主要投资者，是指在外方全体投资者中出资数额最多且占全体外方投资者出资总额的 30% 以上的出资者。

第十条　经营增值电信业务的外商投资电信企业的外方主要投资者应当具有经营增值电信业务的良好业绩和运营经验。

第十一条　设立经营基础电信业务或者跨省、自治区、直辖市范围增值电信业务的外商投资电信企业，由中方主要投资者向国务院工业和信息化主管部门提出申请并报送下列文件：

（一）项目申请报告；

（二）本规定第八条、第九条、第十条规定的合营各方投资者的资格证明或者有关确认文件；

（三）电信条例规定的经营基础电信业务或者增值电信业务应当具备的其他条件的证明或者确认文件。

国务院工业和信息化主管部门应当自收到申请之日起对前款规定的有关文件进行审查。属于基础电信业务的，应当在180日内审查完毕，作出批准或者不予批准的决定；属于增值电信业务的，应当在90日内审查完毕，作出批准或者不予批准的决定。予以批准的，颁发《外商投资经营电信业务审定意见书》；不予批准的，应当书面通知申请人并说明理由。

第十二条 设立外商投资电信企业经营省、自治区、直辖市范围内增值电信业务，由中方主要投资者向省、自治区、直辖市电信管理机构提出申请并报送下列文件：

（一）本规定第十条规定的资格证明或者有关确认文件；

（二）电信条例规定的经营增值电信业务应当具备的其他条件的证明或者确认文件。

省、自治区、直辖市电信管理机构应当自收到申请之日起60日内签署意见。同意的，转报国务院工业和信息化主管部门；不同意的，应当书面通知申请人并说明理由。

国务院工业和信息化主管部门应当自收到省、自治区、直辖市电信管理机构签署同意的申请文件之日起30日内审查完毕，作出批准或者不予批准的决定。予以批准的，颁发《外商投资经营电信业务审定意见书》；不予批准的，应当书面通知申请人并说明理由。

第十三条 外商投资电信企业项目申请报告的主要内容包括：合营各方的名称和基本情况、拟设立企业的投资总额、注册资本、各方出资比例、申请经营的业务种类、合营期限等。

第十四条 设立外商投资电信企业，按照国家有关规定，其投资项目需要经国务院发展改革部门核准的，国务院工业和信息化主管部门应当在颁发《外商投资经营电信业务审定意见书》前，将申请材料转送国务院发展改革部门核准。转送国务院发展改革部门核准的，本规定第十一条、第十二条规定的审批期限可以延长30日。

第十五条 设立外商投资电信企业，属于经营基础电信业务或者跨省、自治区、直辖市范围增值电信业务的，由中方主要投资者凭《外商投资经营电信业务审定意见书》向国务院商务主管部门报送拟设立外商投资电信企业的合同、章程；属于经营省、自治区、直辖市范围内增值电信业务的，由中方主要投资者凭《外商投资经营电信业务审定意见书》向省、自治区、直辖市人民政府商务主管部门报送拟设立外商投资电信企业的合同、章程。

国务院商务主管部门和省、自治区、直辖市人民政府商务主管部门应当自收到报送的拟设立外商投资电信企业的合同、章程之日起90日内审查完毕，作出批准或者不予批准的决定。予以批准的，颁发《外商投资企业批准证书》；不予批准的，应当书面通知申请人并说明理由。

第十六条 外商投资电信企业的中方主要投资者凭《外商投资企业批准证书》向工商行政管理机关申请企业注册登记后，凭《外商投资企业批准证书》和营业执照向国务院工业和信息化主管部门申请电信业务经营许可。

第十七条 外商投资电信企业经营跨境电信业务，必须经国务院工业和信息化主管部门批准，并通过国务院工业和信息化主管部门批准设立的国际电信出入口局进行。

第十八条 违反本规定第六条规定的，由国务院工业和信息化主管部门责令限期改正，并处10万元以上50万元以下的罚款；逾期不改正的，由国务院工业和信息化主管部门吊销《电信业务经营许可证》，并由原颁发《外商投资企业批准证书》的商务主管部门撤销其《外商投资企业批准证书》。

第十九条 违反本规定第十七条规定的，由国务院工业和信息化主管部门责令限期改正，并处20万元以上100万元以下的罚款；逾期不改正的，由国务院工业和信息化主管部门吊销《电信业务经营许可证》，并由原颁发《外商投资企业批准证书》的商务主管部门撤销其《外商投资企业批准证书》。

第二十条 申请设立外商投资电信企业，

提供虚假、伪造的资格证明或者确认文件骗取批准的，批准无效，由国务院工业和信息化主管部门处20万元以上100万元以下的罚款，吊销《电信业务经营许可证》，并由原颁发《外商投资企业批准证书》的商务主管部门撤销其《外商投资企业批准证书》。

第二十一条 外商投资电信企业经营电信业务，违反电信条例和其他有关法律、行政法规规定的，由有关机关依法给予处罚。

第二十二条 香港特别行政区、澳门特别行政区和台湾地区的公司、企业在内地投资经营电信业务，比照适用本规定。

第二十三条 本规定自2002年1月1日起施行。

征信业管理条例

（2012年12月26日国务院第228次常务会议通过　2013年1月21日中华人民共和国国务院令第631号公布　自2013年3月15日起施行）

第一章　总　　则

第一条 为了规范征信活动，保护当事人合法权益，引导、促进征信业健康发展，推进社会信用体系建设，制定本条例。

第二条 在中国境内从事征信业务及相关活动，适用本条例。

本条例所称征信业务，是指对企业、事业单位等组织（以下统称企业）的信用信息和个人的信用信息进行采集、整理、保存、加工，并向信息使用者提供的活动。

国家设立的金融信用信息基础数据库进行信息的采集、整理、保存、加工和提供，适用本条例第五章规定。

国家机关以及法律、法规授权的具有管理公共事务职能的组织依照法律、行政法规和国务院的规定，为履行职责进行的企业和个人信息的采集、整理、保存、加工和公布，不适用本条例。

第三条 从事征信业务及相关活动，应当遵守法律法规，诚实守信，不得危害国家秘密，不得侵犯商业秘密和个人隐私。

第四条 中国人民银行（以下称国务院征信业监督管理部门）及其派出机构依法对征信业进行监督管理。

县级以上地方人民政府和国务院有关部门依法推进本地区、本行业的社会信用体系建设，培育征信市场，推动征信业发展。

第二章　征信机构

第五条 本条例所称征信机构，是指依法设立，主要经营征信业务的机构。

第六条 设立经营个人征信业务的征信机构，应当符合《中华人民共和国公司法》规定的公司设立条件和下列条件，并经国务院征信业监督管理部门批准：

（一）主要股东信誉良好，最近3年无重大违法违规记录；

（二）注册资本不少于人民币5000万元；

（三）有符合国务院征信业监督管理部门规定的保障信息安全的设施、设备和制度、措施；

（四）拟任董事、监事和高级管理人员符合本条例第八条规定的任职条件；

（五）国务院征信业监督管理部门规定的其他审慎性条件。

第七条 申请设立经营个人征信业务的征信机构，应当向国务院征信业监督管理部门提交申请书和证明其符合本条例第六条规定条件的材料。

国务院征信业监督管理部门应当依法进行审查，自受理申请之日起60日内作出批准或者不予批准的决定。决定批准的，颁发个人征信业务经营许可证；不予批准的，应当书面说明理由。

经批准设立的经营个人征信业务的征信机构，凭个人征信业务经营许可证向公司登记机关办理登记。

未经国务院征信业监督管理部门批准，任何单位和个人不得经营个人征信业务。

第八条 经营个人征信业务的征信机构的董事、监事和高级管理人员，应当熟悉与征信业务相关的法律法规，具有履行职责所需的征信业从业经验和管理能力，最近3年无重大违法违规记录，并取得国务院征信业监督管理部门核准的任职资格。

第九条 经营个人征信业务的征信机构设立分支机构、合并或者分立、变更注册资本、变更出资额占公司资本总额5%以上或者持股占公司股份5%以上的股东的，应当经国务院征信业监督管理部门批准。

经营个人征信业务的征信机构变更名称的，应当向国务院征信业监督管理部门办理备案。

第十条 设立经营企业征信业务的征信机构，应当符合《中华人民共和国公司法》规定的设立条件，并自公司登记机关准予登记之日起30日内向所在地的国务院征信业监督管理部门派出机构办理备案，并提供下列材料：

（一）营业执照；

（二）股权结构、组织机构说明；

（三）业务范围、业务规则、业务系统的基本情况；

（四）信息安全和风险防范措施。

备案事项发生变更的，应当自变更之日起30日内向原备案机构办理变更备案。

第十一条 征信机构应当按照国务院征信业监督管理部门的规定，报告上一年度开展征信业务的情况。

国务院征信业监督管理部门应当向社会公告经营个人征信业务和企业征信业务的征信机构名单，并及时更新。

第十二条 征信机构解散或者被依法宣告破产的，应当向国务院征信业监督管理部门报告，并按照下列方式处理信息数据库：

（一）与其他征信机构约定并经国务院征信业监督管理部门同意，转让给其他征信机构；

（二）不能依照前项规定转让的，移交给国务院征信业监督管理部门指定的征信机构；

（三）不能依照前两项规定转让、移交的，在国务院征信业监督管理部门的监督下销毁。

经营个人征信业务的征信机构解散或者被依法宣告破产的，还应当在国务院征信业监督管理部门指定的媒体上公告，并将个人征信业务经营许可证交国务院征信业监督管理部门注销。

第三章 征信业务规则

第十三条 采集个人信息应当经信息主体本人同意，未经本人同意不得采集。但是，依照法律、行政法规规定公开的信息除外。

企业的董事、监事、高级管理人员与其履行职务相关的信息，不作为个人信息。

第十四条 禁止征信机构采集个人的宗教信仰、基因、指纹、血型、疾病和病史信息以及法律、行政法规规定禁止采集的其他个人信息。

征信机构不得采集个人的收入、存款、有价证券、商业保险、不动产的信息和纳税数额信息。但是，征信机构明确告知信息主体提供该信息可能产生的不利后果，并取得其书面同意的除外。

第十五条 信息提供者向征信机构提供个人不良信息，应当事先告知信息主体本人。但是，依照法律、行政法规规定公开的不良信息除外。

第十六条 征信机构对个人不良信息的保存期限，自不良行为或者事件终止之日起为5年；超过5年的，应当予以删除。

在不良信息保存期限内，信息主体可以对不良信息作出说明，征信机构应当予以记载。

第十七条 信息主体可以向征信机构查询自身信息。个人信息主体有权每年两次免费获取本人的信用报告。

第十八条 向征信机构查询个人信息的，应当取得信息主体本人的书面同意并约定用途。但是，法律规定可以不经同意查询的除外。

征信机构不得违反前款规定提供个人信息。

第十九条 征信机构或者信息提供者、信息使用者采用格式合同条款取得个人信息主体同意的，应当在合同中作出足以引起信息主体注意的提示，并按照信息主体的要求作出明确说明。

第二十条 信息使用者应当按照与个人信

息主体约定的用途使用个人信息，不得用作约定以外的用途，不得未经个人信息主体同意向第三方提供。

第二十一条 征信机构可以通过信息主体、企业交易对方、行业协会提供信息，政府有关部门依法已公开的信息，人民法院依法公布的判决、裁定等渠道，采集企业信息。

征信机构不得采集法律、行政法规禁止采集的企业信息。

第二十二条 征信机构应当按照国务院征信业监督管理部门的规定，建立健全和严格执行保障信息安全的规章制度，并采取有效技术措施保障信息安全。

经营个人征信业务的征信机构应当对其工作人员查询个人信息的权限和程序作出明确规定，对工作人员查询个人信息的情况进行登记，如实记载查询工作人员的姓名，查询的时间、内容及用途。工作人员不得违反规定的权限和程序查询信息，不得泄露工作中获取的信息。

第二十三条 征信机构应当采取合理措施，保障其提供信息的准确性。

征信机构提供的信息供信息使用者参考。

第二十四条 征信机构在中国境内采集的信息的整理、保存和加工，应当在中国境内进行。

征信机构向境外组织或者个人提供信息，应当遵守法律、行政法规和国务院征信业监督管理部门的有关规定。

第四章　异议和投诉

第二十五条 信息主体认为征信机构采集、保存、提供的信息存在错误、遗漏的，有权向征信机构或者信息提供者提出异议，要求更正。

征信机构或者信息提供者收到异议，应当按照国务院征信业监督管理部门的规定对相关信息作出存在异议的标注，自收到异议之日起20日内进行核查和处理，并将结果书面答复异议人。

经核查，确认相关信息确有错误、遗漏的，信息提供者、征信机构应当予以更正；确认不存在错误、遗漏的，应当取消异议标注；经核查仍不能确认的，对核查情况和异议内容应当予以记载。

第二十六条 信息主体认为征信机构或者信息提供者、信息使用者侵害其合法权益的，可以向所在地的国务院征信业监督管理部门派出机构投诉。

受理投诉的机构应当及时进行核查和处理，自受理之日起30日内书面答复投诉人。

信息主体认为征信机构或者信息提供者、信息使用者侵害其合法权益的，可以直接向人民法院起诉。

第五章　金融信用信息基础数据库

第二十七条 国家设立金融信用信息基础数据库，为防范金融风险、促进金融业发展提供相关信息服务。

金融信用信息基础数据库由专业运行机构建设、运行和维护。该运行机构不以营利为目的，由国务院征信业监督管理部门监督管理。

第二十八条 金融信用信息基础数据库接收从事信贷业务的机构按照规定提供的信贷信息。

金融信用信息基础数据库为信息主体和取得信息主体本人书面同意的信息使用者提供查询服务。国家机关可以依法查询金融信用信息基础数据库的信息。

第二十九条 从事信贷业务的机构应当按照规定向金融信用信息基础数据库提供信贷信息。

从事信贷业务的机构向金融信用信息基础数据库或者其他主体提供信贷信息，应当事先取得信息主体的书面同意，并适用本条例关于信息提供者的规定。

第三十条 不从事信贷业务的金融机构向金融信用信息基础数据库提供、查询信用信息以及金融信用信息基础数据库接收其提供的信用信息的具体办法，由国务院征信业监督管理部门会同国务院有关金融监督管理机构依法制定。

第三十一条 金融信用信息基础数据库运行机构可以按照补偿成本原则收取查询服务费用，收费标准由国务院价格主管部门规定。

第三十二条 本条例第十四条、第十六条、第十七条、第十八条、第二十二条、第二十三条、第二十四条、第二十五条、第二十六条适用于金融信用信息基础数据库运行机构。

第六章 监督管理

第三十三条 国务院征信业监督管理部门及其派出机构依照法律、行政法规和国务院的规定，履行对征信业和金融信用信息基础数据库运行机构的监督管理职责，可以采取下列监督检查措施：

（一）进入征信机构、金融信用信息基础数据库运行机构进行现场检查，对向金融信用信息基础数据库提供或者查询信息的机构遵守本条例有关规定的情况进行检查；

（二）询问当事人和与被调查事件有关的单位和个人，要求其对与被调查事件有关的事项作出说明；

（三）查阅、复制与被调查事件有关的文件、资料，对可能被转移、销毁、隐匿或者篡改的文件、资料予以封存；

（四）检查相关信息系统。

进行现场检查或者调查的人员不得少于2人，并应当出示合法证件和检查、调查通知书。

被检查、调查的单位和个人应当配合，如实提供有关文件、资料，不得隐瞒、拒绝和阻碍。

第三十四条 经营个人征信业务的征信机构、金融信用信息基础数据库、向金融信用信息基础数据库提供或者查询信息的机构发生重大信息泄露等事件的，国务院征信业监督管理部门可以采取临时接管相关信息系统等必要措施，避免损害扩大。

第三十五条 国务院征信业监督管理部门及其派出机构的工作人员对在工作中知悉的国家秘密和信息主体的信息，应当依法保密。

第七章 法律责任

第三十六条 未经国务院征信业监督管理部门批准，擅自设立经营个人征信业务的征信机构或者从事个人征信业务活动的，由国务院征信业监督管理部门予以取缔，没收违法所得，并处5万元以上50万元以下的罚款；构成犯罪的，依法追究刑事责任。

第三十七条 经营个人征信业务的征信机构违反本条例第九条规定的，由国务院征信业监督管理部门责令限期改正，对单位处2万元以上20万元以下的罚款；对直接负责的主管人员和其他直接责任人员给予警告，处1万元以下的罚款。

经营企业征信业务的征信机构未按照本条例第十条规定办理备案的，由其所在地的国务院征信业监督管理部门派出机构责令限期改正；逾期不改正的，依照前款规定处罚。

第三十八条 征信机构、金融信用信息基础数据库运行机构违反本条例规定，有下列行为之一的，由国务院征信业监督管理部门或者其派出机构责令限期改正，对单位处5万元以上50万元以下的罚款；对直接负责的主管人员和其他直接责任人员处1万元以上10万元以下的罚款；有违法所得的，没收违法所得。给信息主体造成损失的，依法承担民事责任；构成犯罪的，依法追究刑事责任：

（一）窃取或者以其他方式非法获取信息；

（二）采集禁止采集的个人信息或者未经同意采集个人信息；

（三）违法提供或者出售信息；

（四）因过失泄露信息；

（五）逾期不删除个人不良信息；

（六）未按照规定对异议信息进行核查和处理；

（七）拒绝、阻碍国务院征信业监督管理部门或者其派出机构检查、调查或者不如实提供有关文件、资料；

（八）违反征信业务规则，侵害信息主体合法权益的其他行为。

经营个人征信业务的征信机构有前款所列行为之一，情节严重或者造成严重后果的，由国务院征信业监督管理部门吊销其个人征信业务经营许可证。

第三十九条 征信机构违反本条例规定，未按照规定报告其上一年度开展征信业务情况的，由国务院征信业监督管理部门或者其派出机构责令限期改正；逾期不改正的，对单位处2万元以上10万元以下的罚款；对直接负责的主管人员和其他直接责任人员给予警告，处1万元以下的罚款。

第四十条 向金融信用信息基础数据库提供或者查询信息的机构违反本条例规定，有下列行为之一的，由国务院征信业监督管理部门或者其派出机构责令限期改正，对单位处5万元以上50万元以下的罚款；对直接负责的主管人员和其他直接责任人员处1万元以上10万元以下的罚款；有违法所得的，没收违法所得。给信息主体造成损失的，依法承担民事责任；构成犯罪的，依法追究刑事责任：

（一）违法提供或者出售信息；

（二）因过失泄露信息；

（三）未经同意查询个人信息或者企业的信贷信息；

（四）未按照规定处理异议或者对确有错误、遗漏的信息不予更正；

（五）拒绝、阻碍国务院征信业监督管理部门或者其派出机构检查、调查或者不如实提供有关文件、资料。

第四十一条 信息提供者违反本条例规定，向征信机构、金融信用信息基础数据库提供非依法公开的个人不良信息，未事先告知信息主体本人，情节严重或者造成严重后果的，由国务院征信业监督管理部门或者其派出机构对单位处2万元以上20万元以下的罚款；对个人处1万元以上5万元以下的罚款。

第四十二条 信息使用者违反本条例规定，未按照与个人信息主体约定的用途使用个人信息或者未经个人信息主体同意向第三方提供个人信息，情节严重或者造成严重后果的，由国务院征信业监督管理部门或者其派出机构对单位处2万元以上20万元以下的罚款；对个人处1万元以上5万元以下的罚款；有违法所得的，没收违法所得。给信息主体造成损失的，依法承担民事责任；构成犯罪的，依法追究刑事责任。

第四十三条 国务院征信业监督管理部门及其派出机构的工作人员滥用职权、玩忽职守、徇私舞弊，不依法履行监督管理职责，或者泄露国家秘密、信息主体信息的，依法给予处分。给信息主体造成损失的，依法承担民事责任；构成犯罪的，依法追究刑事责任。

第八章 附 则

第四十四条 本条例下列用语的含义：

（一）信息提供者，是指向征信机构提供信息的单位和个人，以及向金融信用信息基础数据库提供信息的单位。

（二）信息使用者，是指从征信机构和金融信用信息基础数据库获取信息的单位和个人。

（三）不良信息，是指对信息主体信用状况构成负面影响的下列信息：信息主体在借贷、赊购、担保、租赁、保险、使用信用卡等活动中未按照合同履行义务的信息，对信息主体的行政处罚信息，人民法院判决或者裁定信息主体履行义务以及强制执行的信息，以及国务院征信业监督管理部门规定的其他不良信息。

第四十五条 外商投资征信机构的设立条件，由国务院征信业监督管理部门会同国务院有关部门制定，报国务院批准。

境外征信机构在境内经营征信业务，应当经国务院征信业监督管理部门批准。

第四十六条 本条例施行前已经经营个人征信业务的机构，应当自本条例施行之日起6个月内，依照本条例的规定申请个人征信业务经营许可证。

本条例施行前已经经营企业征信业务的机构，应当自本条例施行之日起3个月内，依照本条例的规定办理备案。

第四十七条 本条例自2013年3月15日起施行。

无证无照经营查处办法

（2017年8月6日中华人民共和国国务院令第684号公布　自2017年10月1日起施行）

第一条　为了维护社会主义市场经济秩序，促进公平竞争，保护经营者和消费者的合法权益，制定本办法。

第二条　任何单位或者个人不得违反法律、法规、国务院决定的规定，从事无证无照经营。

第三条　下列经营活动，不属于无证无照经营：

（一）在县级以上地方人民政府指定的场所和时间，销售农副产品、日常生活用品，或者个人利用自己的技能从事依法无须取得许可的便民劳务活动；

（二）依照法律、行政法规、国务院决定的规定，从事无须取得许可或者办理注册登记的经营活动。

第四条　县级以上地方人民政府负责组织、协调本行政区域的无证无照经营查处工作，建立有关部门分工负责、协调配合的无证无照经营查处工作机制。

第五条　经营者未依法取得许可从事经营活动的，由法律、法规、国务院决定规定的部门予以查处；法律、法规、国务院决定没有规定或者规定不明确的，由省、自治区、直辖市人民政府确定的部门予以查处。

第六条　经营者未依法取得营业执照从事经营活动的，由履行工商行政管理职责的部门（以下称工商行政管理部门）予以查处。

第七条　经营者未依法取得许可且未依法取得营业执照从事经营活动的，依照本办法第五条的规定予以查处。

第八条　工商行政管理部门以及法律、法规、国务院决定规定的部门和省、自治区、直辖市人民政府确定的部门（以下统称查处部门）应当依法履行职责，密切协同配合，利用信息网络平台加强信息共享；发现不属于本部门查处职责的无证无照经营，应当及时通报有关部门。

第九条　任何单位或者个人有权向查处部门举报无证无照经营。

查处部门应当向社会公开受理举报的电话、信箱或者电子邮件地址，并安排人员受理举报，依法予以处理。对实名举报的，查处部门应当告知处理结果，并为举报人保密。

第十条　查处部门依法查处无证无照经营，应当坚持查处与引导相结合、处罚与教育相结合的原则，对具备办理证照的法定条件、经营者有继续经营意愿的，应当督促、引导其依法办理相应证照。

第十一条　县级以上人民政府工商行政管理部门对涉嫌无照经营进行查处，可以行使下列职权：

（一）责令停止相关经营活动；

（二）向与涉嫌无照经营有关的单位和个人调查了解有关情况；

（三）进入涉嫌从事无照经营的场所实施现场检查；

（四）查阅、复制与涉嫌无照经营有关的合同、票据、账簿以及其他有关资料。

对涉嫌从事无照经营的场所，可以予以查封；对涉嫌用于无照经营的工具、设备、原材料、产品（商品）等物品，可以予以查封、扣押。

对涉嫌无证经营进行查处，依照相关法律、法规的规定采取措施。

第十二条　从事无证经营的，由查处部门依照相关法律、法规的规定予以处罚。

第十三条　从事无照经营的，由工商行政管理部门依照相关法律、行政法规的规定予以处罚。法律、行政法规对无照经营的处罚没有明确规定的，由工商行政管理部门责令停止违法行为，没收违法所得，并处1万元以下的罚款。

第十四条　明知属于无照经营而为经营者提供经营场所，或者提供运输、保管、仓储等条件的，由工商行政管理部门责令停止违法行为，没收违法所得，可以处5000元以下的罚款。

第十五条　任何单位或者个人从事无证无

照经营的，由查处部门记入信用记录，并依照相关法律、法规的规定予以公示。

第十六条 妨害查处部门查处无证无照经营，构成违反治安管理行为的，由公安机关依照《中华人民共和国治安管理处罚法》的规定予以处罚。

第十七条 查处部门及其工作人员滥用职权、玩忽职守、徇私舞弊的，对负有责任的领导人员和直接责任人员依法给予处分。

第十八条 违反本办法规定，构成犯罪的，依法追究刑事责任。

第十九条 本办法自2017年10月1日起施行。2003年1月6日国务院公布的《无照经营查处取缔办法》同时废止。

计算机软件保护条例

（2001年12月20日中华人民共和国国务院令第339号公布　根据2011年1月8日《国务院关于废止和修改部分行政法规的决定》第一次修订　根据2013年1月30日《国务院关于修改〈计算机软件保护条例〉的决定》第二次修订）

第一章　总　　则

第一条 为了保护计算机软件著作权人的权益，调整计算机软件在开发、传播和使用中发生的利益关系，鼓励计算机软件的开发与应用，促进软件产业和国民经济信息化的发展，根据《中华人民共和国著作权法》，制定本条例。

第二条 本条例所称计算机软件（以下简称软件），是指计算机程序及其有关文档。

第三条 本条例下列用语的含义：

（一）计算机程序，是指为了得到某种结果而可以由计算机等具有信息处理能力的装置执行的代码化指令序列，或者可以被自动转换成代码化指令序列的符号化指令序列或者符号化语句序列。同一计算机程序的源程序和目标程序为同一作品。

（二）文档，是指用来描述程序的内容、组成、设计、功能规格、开发情况、测试结果及使用方法的文字资料和图表等，如程序设计说明书、流程图、用户手册等。

（三）软件开发者，是指实际组织开发、直接进行开发，并对开发完成的软件承担责任的法人或者其他组织；或者依靠自己具有的条件独立完成软件开发，并对软件承担责任的自然人。

（四）软件著作权人，是指依照本条例的规定，对软件享有著作权的自然人、法人或者其他组织。

第四条 受本条例保护的软件必须由开发者独立开发，并已固定在某种有形物体上。

第五条 中国公民、法人或者其他组织对其所开发的软件，不论是否发表，依照本条例享有著作权。

外国人、无国籍人的软件首先在中国境内发行的，依照本条例享有著作权。

外国人、无国籍人的软件，依照其开发者所属国或者经常居住地国同中国签订的协议或者依照中国参加的国际条约享有的著作权，受本条例保护。

第六条 本条例对软件著作权的保护不延及开发软件所用的思想、处理过程、操作方法或者数学概念等。

第七条 软件著作权人可以向国务院著作权行政管理部门认定的软件登记机构办理登记。软件登记机构发放的登记证明文件是登记事项的初步证明。

办理软件登记应当缴纳费用。软件登记的收费标准由国务院著作权行政管理部门会同国务院价格主管部门规定。

第二章　软件著作权

第八条 软件著作权人享有下列各项权利：

（一）发表权，即决定软件是否公之于众的权利；

（二）署名权，即表明开发者身份，在软件

上署名的权利；

（三）修改权，即对软件进行增补、删节，或者改变指令、语句顺序的权利；

（四）复制权，即将软件制作一份或者多份的权利；

（五）发行权，即以出售或者赠与方式向公众提供软件的原件或者复制件的权利；

（六）出租权，即有偿许可他人临时使用软件的权利，但是软件不是出租的主要标的的除外；

（七）信息网络传播权，即以有线或者无线方式向公众提供软件，使公众可以在其个人选定的时间和地点获得软件的权利；

（八）翻译权，即将原软件从一种自然语言文字转换成另一种自然语言文字的权利；

（九）应当由软件著作权人享有的其他权利。

软件著作权人可以许可他人行使其软件著作权，并有权获得报酬。

软件著作权人可以全部或者部分转让其软件著作权，并有权获得报酬。

第九条　软件著作权属于软件开发者，本条例另有规定的除外。

如无相反证明，在软件上署名的自然人、法人或者其他组织为开发者。

第十条　由两个以上的自然人、法人或者其他组织合作开发的软件，其著作权的归属由合作开发者签订书面合同约定。无书面合同或者合同未作明确约定，合作开发的软件可以分割使用的，开发者对各自开发的部分可以单独享有著作权；但是，行使著作权时，不得扩展到合作开发的软件整体的著作权。合作开发的软件不能分割使用的，其著作权由各合作开发者共同享有，通过协商一致行使；不能协商一致，又无正当理由的，任何一方不得阻止他方行使除转让权以外的其他权利，但是所得收益应当合理分配给所有合作开发者。

第十一条　接受他人委托开发的软件，其著作权的归属由委托人与受托人签订书面合同约定；无书面合同或者合同未作明确约定的，其著作权由受托人享有。

第十二条　由国家机关下达任务开发的软件，著作权的归属与行使由项目任务书或者合同规定；项目任务书或者合同中未作明确规定的，软件著作权由接受任务的法人或者其他组织享有。

第十三条　自然人在法人或者其他组织中任职期间所开发的软件有下列情形之一的，该软件著作权由该法人或者其他组织享有，该法人或者其他组织可以对开发软件的自然人进行奖励：

（一）针对本职工作中明确指定的开发目标所开发的软件；

（二）开发的软件是从事本职工作活动所预见的结果或者自然的结果；

（三）主要使用了法人或者其他组织的资金、专用设备、未公开的专门信息等物质技术条件所开发并由法人或者其他组织承担责任的软件。

第十四条　软件著作权自软件开发完成之日起产生。

自然人的软件著作权，保护期为自然人终生及其死亡后50年，截止于自然人死亡后第50年的12月31日；软件是合作开发的，截止于最后死亡的自然人死亡后第50年的12月31日。

法人或者其他组织的软件著作权，保护期为50年，截止于软件首次发表后第50年的12月31日，但软件自开发完成之日起50年内未发表的，本条例不再保护。

第十五条　软件著作权属于自然人的，该自然人死亡后，在软件著作权的保护期内，软件著作权的继承人可以依照《中华人民共和国继承法》的有关规定，继承本条例第八条规定的除署名权以外的其他权利。

软件著作权属于法人或者其他组织的，法人或者其他组织变更、终止后，其著作权在本条例规定的保护期内由承受其权利义务的法人或者其他组织享有；没有承受其权利义务的法人或者其他组织的，由国家享有。

第十六条　软件的合法复制品所有人享有下列权利：

（一）根据使用的需要把该软件装入计算机等具有信息处理能力的装置内；

（二）为了防止复制品损坏而制作备份复制品。这些备份复制品不得通过任何方式提供给他人使用，并在所有人丧失该合法复制品的所有权时，负责将备份复制品销毁；

（三）为了把该软件用于实际的计算机应用环境或者改进其功能、性能而进行必要的修改；但是，除合同另有约定外，未经该软件著作权人许可，不得向任何第三方提供修改后的软件。

第十七条 为了学习和研究软件内含的设计思想和原理，通过安装、显示、传输或者存储软件等方式使用软件的，可以不经软件著作权人许可，不向其支付报酬。

第三章 软件著作权的许可使用和转让

第十八条 许可他人行使软件著作权的，应当订立许可使用合同。

许可使用合同中软件著作权人未明确许可的权利，被许可人不得行使。

第十九条 许可他人专有行使软件著作权的，当事人应当订立书面合同。

没有订立书面合同或者合同中未明确约定为专有许可的，被许可行使的权利应当视为非专有权利。

第二十条 转让软件著作权的，当事人应当订立书面合同。

第二十一条 订立许可他人专有行使软件著作权的许可合同，或者订立转让软件著作权合同，可以向国务院著作权行政管理部门认定的软件登记机构登记。

第二十二条 中国公民、法人或者其他组织向外国人许可或者转让软件著作权的，应当遵守《中华人民共和国技术进出口管理条例》的有关规定。

第四章 法律责任

第二十三条 除《中华人民共和国著作权法》或者本条例另有规定外，有下列侵权行为的，应当根据情况，承担停止侵害、消除影响、赔礼道歉、赔偿损失等民事责任：

（一）未经软件著作权人许可，发表或者登记其软件的；

（二）将他人软件作为自己的软件发表或者登记的；

（三）未经合作者许可，将与他人合作开发的软件作为自己单独完成的软件发表或者登记的；

（四）在他人软件上署名或者更改他人软件上的署名的；

（五）未经软件著作权人许可，修改、翻译其软件的；

（六）其他侵犯软件著作权的行为。

第二十四条 除《中华人民共和国著作权法》、本条例或者其他法律、行政法规另有规定外，未经软件著作权人许可，有下列侵权行为的，应当根据情况，承担停止侵害、消除影响、赔礼道歉、赔偿损失等民事责任；同时损害社会公共利益的，由著作权行政管理部门责令停止侵权行为，没收违法所得，没收、销毁侵权复制品，可以并处罚款；情节严重的，著作权行政管理部门并可以没收主要用于制作侵权复制品的材料、工具、设备等；触犯刑律的，依照刑法关于侵犯著作权罪、销售侵权复制品罪的规定，依法追究刑事责任：

（一）复制或者部分复制著作权人的软件的；

（二）向公众发行、出租、通过信息网络传播著作权人的软件的；

（三）故意避开或者破坏著作权人为保护其软件著作权而采取的技术措施的；

（四）故意删除或者改变软件权利管理电子信息的；

（五）转让或者许可他人行使著作权人的软件著作权的。

有前款第一项或者第二项行为的，可以并处每件100元或者货值金额1倍以上5倍以下的罚款；有前款第三项、第四项或者第五项行为的，可以并处20万元以下的罚款。

第二十五条 侵犯软件著作权的赔偿数额，依照《中华人民共和国著作权法》第四十九条的规定确定。

第二十六条 软件著作权人有证据证明他人正在实施或者即将实施侵犯其权利的行为，如不及时制止，将会使其合法权益受到难以弥补的损害的，可以依照《中华人民共和国著作权法》第五十条的规定，在提起诉讼前向人民法院申请采取责令停止有关行为和财产保全的措施。

第二十七条　为了制止侵权行为，在证据可能灭失或者以后难以取得的情况下，软件著作权人可以依照《中华人民共和国著作权法》第五十一条的规定，在提起诉讼前向人民法院申请保全证据。

第二十八条　软件复制品的出版者、制作者不能证明其出版、制作有合法授权的，或者软件复制品的发行者、出租者不能证明其发行、出租的复制品有合法来源的，应当承担法律责任。

第二十九条　软件开发者开发的软件，由于可供选用的表达方式有限而与已经存在的软件相似的，不构成对已经存在的软件的著作权的侵犯。

第三十条　软件的复制品持有人不知道也没有合理理由应当知道该软件是侵权复制品的，不承担赔偿责任；但是，应当停止使用、销毁该侵权复制品。如果停止使用并销毁该侵权复制品将给复制品使用人造成重大损失的，复制品使用人可以在向软件著作权人支付合理费用后继续使用。

第三十一条　软件著作权侵权纠纷可以调解。

软件著作权合同纠纷可以依据合同中的仲裁条款或者事后达成的书面仲裁协议，向仲裁机构申请仲裁。

当事人没有在合同中订立仲裁条款，事后又没有书面仲裁协议的，可以直接向人民法院提起诉讼。

第五章　附　　则

第三十二条　本条例施行前发生的侵权行为，依照侵权行为发生时的国家有关规定处理。

第三十三条　本条例自2002年1月1日起施行。1991年6月4日国务院发布的《计算机软件保护条例》同时废止。

信息网络传播权保护条例

（2006年5月18日中华人民共和国国务院令第468号公布　根据2013年1月30日《国务院关于修改〈信息网络传播权保护条例〉的决定》修订）

第一条　为保护著作权人、表演者、录音录像制作者（以下统称权利人）的信息网络传播权，鼓励有益于社会主义精神文明、物质文明建设的作品的创作和传播，根据《中华人民共和国著作权法》（以下简称著作权法），制定本条例。

第二条　权利人享有的信息网络传播权受著作权法和本条例保护。除法律、行政法规另有规定的外，任何组织或者个人将他人的作品、表演、录音录像制品通过信息网络向公众提供，应当取得权利人许可，并支付报酬。

第三条　依法禁止提供的作品、表演、录音录像制品，不受本条例保护。

权利人行使信息网络传播权，不得违反宪法和法律、行政法规，不得损害公共利益。

第四条　为了保护信息网络传播权，权利人可以采取技术措施。

任何组织或者个人不得故意避开或者破坏技术措施，不得故意制造、进口或者向公众提供主要用于避开或者破坏技术措施的装置或者部件，不得故意为他人避开或者破坏技术措施提供技术服务。但是，法律、行政法规规定可以避开的除外。

第五条　未经权利人许可，任何组织或者个人不得进行下列行为：

（一）故意删除或者改变通过信息网络向公众提供的作品、表演、录音录像制品的权利管理电子信息，但由于技术上的原因无法避免删除或者改变的除外；

（二）通过信息网络向公众提供明知或者应知未经权利人许可被删除或者改变权利管理电子信息的作品、表演、录音录像制品。

第六条　通过信息网络提供他人作品，属于下列情形的，可以不经著作权人许可，不向其支付报酬：

（一）为介绍、评论某一作品或者说明某一问题，在向公众提供的作品中适当引用已经发表的作品；

（二）为报道时事新闻，在向公众提供的作品中不可避免地再现或者引用已经发表的作品；

（三）为学校课堂教学或者科学研究，向少数教学、科研人员提供少量已经发表的作品；

（四）国家机关为执行公务，在合理范围内向公众提供已经发表的作品；

（五）将中国公民、法人或者其他组织已经发表的、以汉语言文字创作的作品翻译成的少数民族语言文字作品，向中国境内少数民族提供；

（六）不以营利为目的，以盲人能够感知的独特方式向盲人提供已经发表的文字作品；

（七）向公众提供在信息网络上已经发表的关于政治、经济问题的时事性文章；

（八）向公众提供在公众集会上发表的讲话。

第七条　图书馆、档案馆、纪念馆、博物馆、美术馆等可以不经著作权人许可，通过信息网络向本馆馆舍内服务对象提供本馆收藏的合法出版的数字作品和依法为陈列或者保存版本的需要以数字化形式复制的作品，不向其支付报酬，但不得直接或者间接获得经济利益。当事人另有约定的除外。

前款规定的为陈列或者保存版本需要以数字化形式复制的作品，应当是已经损毁或者濒临损毁、丢失或者失窃，或者其存储格式已经过时，并且在市场上无法购买或者只能以明显高于标定的价格购买的作品。

第八条　为通过信息网络实施九年制义务教育或者国家教育规划，可以不经著作权人许可，使用其已经发表作品的片断或者短小的文字作品、音乐作品或者单幅的美术作品、摄影作品制作课件，由制作课件或者依法取得课件的远程教育机构通过信息网络向注册学生提供，但应当向著作权人支付报酬。

第九条　为扶助贫困，通过信息网络向农村地区的公众免费提供中国公民、法人或者其他组织已经发表的种植养殖、防病治病、防灾减灾等与扶助贫困有关的作品和适应基本文化需求的作品，网络服务提供者应当在提供前公告拟提供的作品及其作者、拟支付报酬的标准。自公告之日起30日内，著作权人不同意提供的，网络服务提供者不得提供其作品；自公告之日起满30日，著作权人没有异议的，网络服务提供者可以提供其作品，并按照公告的标准向著作权人支付报酬。网络服务提供者提供著作权人的作品后，著作权人不同意提供的，网络服务提供者应当立即删除著作权人的作品，并按照公告的标准向著作权人支付提供作品期间的报酬。

依照前款规定提供作品的，不得直接或者间接获得经济利益。

第十条　依照本条例规定不经著作权人许可、通过信息网络向公众提供其作品的，还应当遵守下列规定：

（一）除本条例第六条第一项至第六项、第七条规定的情形外，不得提供作者事先声明不许提供的作品；

（二）指明作品的名称和作者的姓名（名称）；

（三）依照本条例规定支付报酬；

（四）采取技术措施，防止本条例第七条、第八条、第九条规定的服务对象以外的其他人获得著作权人的作品，并防止本条例第七条规定的服务对象的复制行为对著作权人利益造成实质性损害；

（五）不得侵犯著作权人依法享有的其他权利。

第十一条　通过信息网络提供他人表演、录音录像制品的，应当遵守本条例第六条至第十条的规定。

第十二条　属于下列情形的，可以避开技术措施，但不得向他人提供避开技术措施的技术、装置或者部件，不得侵犯权利人依法享有的其他权利：

（一）为学校课堂教学或者科学研究，通过信息网络向少数教学、科研人员提供已经发表的作品、表演、录音录像制品，而该作品、表演、录音录像制品只能通过信息网络获取；

（二）不以营利为目的，通过信息网络以盲人能够感知的独特方式向盲人提供已经发表的文字作品，而该作品只能通过信息网络获取；

（三）国家机关依照行政、司法程序执行公务；

（四）在信息网络上对计算机及其系统或者网络的安全性能进行测试。

第十三条 著作权行政管理部门为了查处侵犯信息网络传播权的行为，可以要求网络服务提供者提供涉嫌侵权的服务对象的姓名（名称）、联系方式、网络地址等资料。

第十四条 对提供信息存储空间或者提供搜索、链接服务的网络服务提供者，权利人认为其服务所涉及的作品、表演、录音录像制品，侵犯自己的信息网络传播权或者被删除、改变了自己的权利管理电子信息的，可以向该网络服务提供者提交书面通知，要求网络服务提供者删除该作品、表演、录音录像制品，或者断开与该作品、表演、录音录像制品的链接。通知书应当包含下列内容：

（一）权利人的姓名（名称）、联系方式和地址；

（二）要求删除或者断开链接的侵权作品、表演、录音录像制品的名称和网络地址；

（三）构成侵权的初步证明材料。

权利人应当对通知书的真实性负责。

第十五条 网络服务提供者接到权利人的通知书后，应当立即删除涉嫌侵权的作品、表演、录音录像制品，或者断开与涉嫌侵权的作品、表演、录音录像制品的链接，并同时将通知书转送提供作品、表演、录音录像制品的服务对象；服务对象网络地址不明、无法转送的，应当将通知书的内容同时在信息网络上公告。

第十六条 服务对象接到网络服务提供者转送的通知书后，认为其提供的作品、表演、录音录像制品未侵犯他人权利的，可以向网络服务提供者提交书面说明，要求恢复被删除的作品、表演、录音录像制品，或者恢复与被断开的作品、表演、录音录像制品的链接。书面说明应当包含下列内容：

（一）服务对象的姓名（名称）、联系方式和地址；

（二）要求恢复的作品、表演、录音录像制品的名称和网络地址；

（三）不构成侵权的初步证明材料。

服务对象应当对书面说明的真实性负责。

第十七条 网络服务提供者接到服务对象的书面说明后，应当立即恢复被删除的作品、表演、录音录像制品，或者可以恢复与被断开的作品、表演、录音录像制品的链接，同时将服务对象的书面说明转送权利人。权利人不得再通知网络服务提供者删除该作品、表演、录音录像制品，或者断开与该作品、表演、录音录像制品的链接。

第十八条 违反本条例规定，有下列侵权行为之一的，根据情况承担停止侵害、消除影响、赔礼道歉、赔偿损失等民事责任；同时损害公共利益的，可以由著作权行政管理部门责令停止侵权行为，没收违法所得，非法经营额5万元以上的，可处非法经营额1倍以上5倍以下的罚款；没有非法经营额或者非法经营额5万元以下的，根据情节轻重，可处25万元以下的罚款；情节严重的，著作权行政管理部门可以没收主要用于提供网络服务的计算机等设备；构成犯罪的，依法追究刑事责任：

（一）通过信息网络擅自向公众提供他人的作品、表演、录音录像制品的；

（二）故意避开或者破坏技术措施的；

（三）故意删除或者改变通过信息网络向公众提供的作品、表演、录音录像制品的权利管理电子信息，或者通过信息网络向公众提供明知或者应知未经权利人许可而被删除或者改变权利管理电子信息的作品、表演、录音录像制品的；

（四）为扶助贫困通过信息网络向农村地区提供作品、表演、录音录像制品超过规定范围，或者未按照公告的标准支付报酬，或者在权利人不同意提供其作品、表演、录音录像制品后未立即删除的；

（五）通过信息网络提供他人的作品、表演、录音录像制品，未指明作品、表演、录音录像制品的名称或者作者、表演者、录音录像制作者的姓名（名称），或者未支付报酬，或者未依照本条例规定采取技术措施防止服务对象以外的其他人获得他人的作品、表演、录音录像制品，或者未防止服务对象的复制行为对权利人利益造成实质性损害的。

第十九条 违反本条例规定，有下列行为之一的，由著作权行政管理部门予以警告，没收违法所得，没收主要用于避开、破坏技术措施的装置或者部件；情节严重的，可以没收主要用于提供网络服务的计算机等设备；非法经营额5万元以上的，可处非法经营额1倍以上5倍以下的罚款；没有非法经营额或者非法经营额5万元以下的，根据情节轻重，可处25万元以下的罚款；构成犯罪的，依法追究刑事责任：

（一）故意制造、进口或者向他人提供主要用于避开、破坏技术措施的装置或者部件，或者故意为他人避开或者破坏技术措施提供技术服务的；

（二）通过信息网络提供他人的作品、表演、录音录像制品，获得经济利益的；

（三）为扶助贫困通过信息网络向农村地区提供作品、表演、录音录像制品，未在提供前公告作品、表演、录音录像制品的名称和作者、表演者、录音录像制作者的姓名（名称）以及报酬标准的。

第二十条 网络服务提供者根据服务对象的指令提供网络自动接入服务，或者对服务对象提供的作品、表演、录音录像制品提供自动传输服务，并具备下列条件的，不承担赔偿责任：

（一）未选择并且未改变所传输的作品、表演、录音录像制品；

（二）向指定的服务对象提供该作品、表演、录音录像制品，并防止指定的服务对象以外的其他人获得。

第二十一条 网络服务提供者为提高网络传输效率，自动存储从其他网络服务提供者获得的作品、表演、录音录像制品，根据技术安排自动向服务对象提供，并具备下列条件的，不承担赔偿责任：

（一）未改变自动存储的作品、表演、录音录像制品；

（二）不影响提供作品、表演、录音录像制品的原网络服务提供者掌握服务对象获取该作品、表演、录音录像制品的情况；

（三）在原网络服务提供者修改、删除或者屏蔽该作品、表演、录音录像制品时，根据技术安排自动予以修改、删除或者屏蔽。

第二十二条 网络服务提供者为服务对象提供信息存储空间，供服务对象通过信息网络向公众提供作品、表演、录音录像制品，并具备下列条件的，不承担赔偿责任：

（一）明确标示该信息存储空间是为服务对象所提供，并公开网络服务提供者的名称、联系人、网络地址；

（二）未改变服务对象所提供的作品、表演、录音录像制品；

（三）不知道也没有合理的理由应当知道服务对象提供的作品、表演、录音录像制品侵权；

（四）未从服务对象提供作品、表演、录音录像制品中直接获得经济利益；

（五）在接到权利人的通知书后，根据本条例规定删除权利人认为侵权的作品、表演、录音录像制品。

第二十三条 网络服务提供者为服务对象提供搜索或者链接服务，在接到权利人的通知书后，根据本条例规定断开与侵权的作品、表演、录音录像制品的链接的，不承担赔偿责任；但是，明知或者应知所链接的作品、表演、录音录像制品侵权的，应当承担共同侵权责任。

第二十四条 因权利人的通知导致网络服务提供者错误删除作品、表演、录音录像制品，或者错误断开与作品、表演、录音录像制品的链接，给服务对象造成损失的，权利人应当承担赔偿责任。

第二十五条 网络服务提供者无正当理由拒绝提供或者拖延提供涉嫌侵权的服务对象的姓名（名称）、联系方式、网络地址等资料的，由著作权行政管理部门予以警告；情节严重的，没收主要用于提供网络服务的计算机等设备。

第二十六条 本条例下列用语的含义：

信息网络传播权，是指以有线或者无线方式向公众提供作品、表演或者录音录像制品，使公众可以在其个人选定的时间和地点获得作品、表演或者录音录像制品的权利。

技术措施，是指用于防止、限制未经权利人许可浏览、欣赏作品、表演、录音录像制品的或者通过信息网络向公众提供作品、表演、录音录像制品的有效技术、装置或者部件。

权利管理电子信息，是指说明作品及其作者、表演及其表演者、录音录像制品及其制作者的信息，作品、表演、录音录像制品权利人的信息和使用条件的信息，以及表示上述信息的数字或者代码。

第二十七条　本条例自2006年7月1日起施行。

企业信息公示暂行条例

（2014年7月23日国务院第57次常务会议通过　2014年8月7日中华人民共和国国务院令第654号公布　自2014年10月1日起施行）

第一条　为了保障公平竞争，促进企业诚信自律，规范企业信息公示，强化企业信用约束，维护交易安全，提高政府监管效能，扩大社会监督，制定本条例。

第二条　本条例所称企业信息，是指在工商行政管理部门登记的企业从事生产经营活动过程中形成的信息，以及政府部门在履行职责过程中产生的能够反映企业状况的信息。

第三条　企业信息公示应当真实、及时。公示的企业信息涉及国家秘密、国家安全或者社会公共利益的，应当报请主管的保密行政管理部门或者国家安全机关批准。县级以上地方人民政府有关部门公示的企业信息涉及企业商业秘密或者个人隐私的，应当报请上级主管部门批准。

第四条　省、自治区、直辖市人民政府领导本行政区域的企业信息公示工作，按照国家社会信用信息平台建设的总体要求，推动本行政区域企业信用信息公示系统的建设。

第五条　国务院工商行政管理部门推进、监督企业信息公示工作，组织企业信用信息公示系统的建设。国务院其他有关部门依照本条例规定做好企业信息公示相关工作。

县级以上地方人民政府有关部门依照本条例规定做好企业信息公示工作。

第六条　工商行政管理部门应当通过企业信用信息公示系统，公示其在履行职责过程中产生的下列企业信息：

（一）注册登记、备案信息；

（二）动产抵押登记信息；

（三）股权出质登记信息；

（四）行政处罚信息；

（五）其他依法应当公示的信息。

前款规定的企业信息应当自产生之日起20个工作日内予以公示。

第七条　工商行政管理部门以外的其他政府部门（以下简称其他政府部门）应当公示其在履行职责过程中产生的下列企业信息：

（一）行政许可准予、变更、延续信息；

（二）行政处罚信息；

（三）其他依法应当公示的信息。

其他政府部门可以通过企业信用信息公示系统，也可以通过其他系统公示前款规定的企业信息。工商行政管理部门和其他政府部门应当按照国家社会信用信息平台建设的总体要求，实现企业信息的互联共享。

第八条　企业应当于每年1月1日至6月30日，通过企业信用信息公示系统向工商行政管理部门报送上一年度年度报告，并向社会公示。

当年设立登记的企业，自下一年起报送并公示年度报告。

第九条　企业年度报告内容包括：

（一）企业通信地址、邮政编码、联系电话、电子邮箱等信息；

（二）企业开业、歇业、清算等存续状态信息；

（三）企业投资设立企业、购买股权信息；

（四）企业为有限责任公司或者股份有限公司的，其股东或者发起人认缴和实缴的出资额、出资时间、出资方式等信息；

（五）有限责任公司股东股权转让等股权变更信息；

（六）企业网站以及从事网络经营的网店的名称、网址等信息；

（七）企业从业人数、资产总额、负债总额、对外提供保证担保、所有者权益合计、营业总收入、主营业务收入、利润总额、净利润、纳税总额信息。

前款第一项至第六项规定的信息应当向社会公示，第七项规定的信息由企业选择是否向社会公示。

经企业同意，公民、法人或者其他组织可以查询企业选择不公示的信息。

第十条 企业应当自下列信息形成之日起20个工作日内通过企业信用信息公示系统向社会公示：

（一）有限责任公司股东或者股份有限公司发起人认缴和实缴的出资额、出资时间、出资方式等信息；

（二）有限责任公司股东股权转让等股权变更信息；

（三）行政许可取得、变更、延续信息；

（四）知识产权出质登记信息；

（五）受到行政处罚的信息；

（六）其他依法应当公示的信息。

工商行政管理部门发现企业未依照前款规定履行公示义务的，应当责令其限期履行。

第十一条 政府部门和企业分别对其公示信息的真实性、及时性负责。

第十二条 政府部门发现其公示的信息不准确的，应当及时更正。公民、法人或者其他组织有证据证明政府部门公示的信息不准确的，有权要求该政府部门予以更正。

企业发现其公示的信息不准确的，应当及时更正；但是，企业年度报告公示信息的更正应当在每年6月30日之前完成。更正前后的信息应当同时公示。

第十三条 公民、法人或者其他组织发现企业公示的信息虚假的，可以向工商行政管理部门举报，接到举报的工商行政管理部门应当自接到举报材料之日起20个工作日内进行核查，予以处理，并将处理情况书面告知举报人。

公民、法人或者其他组织对依照本条例规定公示的企业信息有疑问的，可以向政府部门申请查询，收到查询申请的政府部门应当自收到申请之日起20个工作日内书面答复申请人。

第十四条 国务院工商行政管理部门和省、自治区、直辖市人民政府工商行政管理部门应当按照公平规范的要求，根据企业注册号等随机摇号，确定抽查的企业，组织对企业公示信息的情况进行检查。

工商行政管理部门抽查企业公示的信息，可以采取书面检查、实地核查、网络监测等方式。工商行政管理部门抽查企业公示的信息，可以委托会计师事务所、税务师事务所、律师事务所等专业机构开展相关工作，并依法利用其他政府部门作出的检查、核查结果或者专业机构作出的专业结论。

抽查结果由工商行政管理部门通过企业信用信息公示系统向社会公布。

第十五条 工商行政管理部门对企业公示的信息依法开展抽查或者根据举报进行核查，企业应当配合，接受询问调查，如实反映情况，提供相关材料。

对不予配合情节严重的企业，工商行政管理部门应当通过企业信用信息公示系统公示。

第十六条 任何公民、法人或者其他组织不得非法修改公示的企业信息，不得非法获取企业信息。

第十七条 有下列情形之一的，由县级以上工商行政管理部门列入经营异常名录，通过企业信用信息公示系统向社会公示，提醒其履行公示义务；情节严重的，由有关主管部门依照有关法律、行政法规规定给予行政处罚；造成他人损失的，依法承担赔偿责任；构成犯罪的，依法追究刑事责任：

（一）企业未按照本条例规定的期限公示年度报告或者未按照工商行政管理部门责令的期限公示有关企业信息的；

（二）企业公示信息隐瞒真实情况、弄虚作假的。

被列入经营异常名录的企业依照本条例规定履行公示义务的，由县级以上工商行政管理部门移出经营异常名录；满3年未依照本条例规定履行公示义务的，由国务院工商行政管理部门或者省、自治区、直辖市人民政府工商行政管理部门列入严重违法企业名单，并通过企业信用信息公示系统向社会公示。被列入严重违法企业名单的企业的法定代表人、负责人，3年内不得担任其他企业的法定代表人、负责人。

企业自被列入严重违法企业名单之日起满5年未再发生第一款规定情形的，由国务院工商行政管理部门或者省、自治区、直辖市人民政府工商行政管理部门移出严重违法企业名单。

第十八条　县级以上地方人民政府及其有关部门应当建立健全信用约束机制，在政府采购、工程招投标、国有土地出让、授予荣誉称号等工作中，将企业信息作为重要考量因素，对被列入经营异常名录或者严重违法企业名单的企业依法予以限制或者禁入。

第十九条　政府部门未依照本条例规定履行职责的，由监察机关、上一级政府部门责令改正；情节严重的，对负有责任的主管人员和其他直接责任人员依法给予处分；构成犯罪的，依法追究刑事责任。

第二十条　非法修改公示的企业信息，或者非法获取企业信息的，依照有关法律、行政法规规定追究法律责任。

第二十一条　公民、法人或者其他组织认为政府部门在企业信息公示工作中的具体行政行为侵犯其合法权益的，可以依法申请行政复议或者提起行政诉讼。

第二十二条　企业依照本条例规定公示信息，不免除其依照其他有关法律、行政法规规定公示信息的义务。

第二十三条　法律、法规授权的具有管理公共事务职能的组织公示企业信息适用本条例关于政府部门公示企业信息的规定。

第二十四条　国务院工商行政管理部门负责制定企业信用信息公示系统的技术规范。

个体工商户、农民专业合作社信息公示的具体办法由国务院工商行政管理部门另行制定。

第二十五条　本条例自2014年10月1日起施行。

地图管理条例

（2015年11月11日国务院第111次常务会议通过　2015年11月26日中华人民共和国国务院令第664号公布　自2016年1月1日起施行）

第一章　总　则

第一条　为了加强地图管理，维护国家主权、安全和利益，促进地理信息产业健康发展，为经济建设、社会发展和人民生活服务，根据《中华人民共和国测绘法》，制定本条例。

第二条　在中华人民共和国境内从事向社会公开的地图的编制、审核、出版和互联网地图服务以及监督检查活动，应当遵守本条例。

第三条　地图工作应当遵循维护国家主权、保障地理信息安全、方便群众生活的原则。

地图的编制、审核、出版和互联网地图服务应当遵守有关保密法律、法规的规定。

第四条　国务院测绘地理信息行政主管部门负责全国地图工作的统一监督管理。国务院其他有关部门按照国务院规定的职责分工，负责有关的地图工作。

县级以上地方人民政府负责管理测绘地理信息工作的行政部门（以下称测绘地理信息行政主管部门）负责本行政区域地图工作的统一监督管理。县级以上地方人民政府其他有关部门按照本级人民政府规定的职责分工，负责有关的地图工作。

第五条　各级人民政府及其有关部门、新闻媒体应当加强国家版图宣传教育，增强公民的国家版图意识。

国家版图意识教育应当纳入中小学教学内容。

公民、法人和其他组织应当使用正确表示国家版图的地图。

第六条　国家鼓励编制和出版符合标准和规定的各类地图产品，支持地理信息科学技术创新和产业发展，加快地理信息产业结构调整和优化升级，促进地理信息深层次应用。

县级以上人民政府应当建立健全政府部门间地理信息资源共建共享机制。

县级以上人民政府测绘地理信息行政主管部门应当采取有效措施，及时获取、处理、更新基础地理信息数据，通过地理信息公共服务平台向社会提供地理信息公共服务，实现地理信息数据开放共享。

第二章 地图编制

第七条 从事地图编制活动的单位应当依法取得相应的测绘资质证书，并在资质等级许可的范围内开展地图编制工作。

第八条 编制地图，应当执行国家有关地图编制标准，遵守国家有关地图内容表示的规定。

地图上不得表示下列内容：

（一）危害国家统一、主权和领土完整的；

（二）危害国家安全、损害国家荣誉和利益的；

（三）属于国家秘密的；

（四）影响民族团结、侵害民族风俗习惯的；

（五）法律、法规规定不得表示的其他内容。

第九条 编制地图，应当选用最新的地图资料并及时补充或者更新，正确反映各要素的地理位置、形态、名称及相互关系，且内容符合地图使用目的。

编制涉及中华人民共和国国界的世界地图、全国地图，应当完整表示中华人民共和国疆域。

第十条 在地图上绘制中华人民共和国国界、中国历史疆界、世界各国间边界、世界各国间历史疆界，应当遵守下列规定：

（一）中华人民共和国国界，按照中国国界线画法标准样图绘制；

（二）中国历史疆界，依据有关历史资料，按照实际历史疆界绘制；

（三）世界各国间边界，按照世界各国国界线画法参考样图绘制；

（四）世界各国间历史疆界，依据有关历史资料，按照实际历史疆界绘制。

中国国界线画法标准样图、世界各国国界线画法参考样图，由外交部和国务院测绘地理信息行政主管部门拟订，报国务院批准后公布。

第十一条 在地图上绘制我国县级以上行政区域界线或者范围，应当符合行政区域界线标准画法图、国务院批准公布的特别行政区行政区域图和国家其他有关规定。

行政区域界线标准画法图由国务院民政部门和国务院测绘地理信息行政主管部门拟订，报国务院批准后公布。

第十二条 在地图上表示重要地理信息数据，应当使用依法公布的重要地理信息数据。

第十三条 利用涉及国家秘密的测绘成果编制地图的，应当依法使用经国务院测绘地理信息行政主管部门或者省、自治区、直辖市人民政府测绘地理信息行政主管部门进行保密技术处理的测绘成果。

第十四条 县级以上人民政府测绘地理信息行政主管部门应当向社会公布公益性地图，供无偿使用。

县级以上人民政府测绘地理信息行政主管部门应当及时组织收集与地图内容相关的行政区划、地名、交通、水系、植被、公共设施、居民点等的变更情况，用于定期更新公益性地图。有关部门和单位应当及时提供相关更新资料。

第三章 地图审核

第十五条 国家实行地图审核制度。

向社会公开的地图，应当报送有审核权的测绘地理信息行政主管部门审核。但是，景区图、街区图、地铁线路图等内容简单的地图除外。

地图审核不得收取费用。

第十六条 出版地图的，由出版单位送审；展示或者登载不属于出版物的地图的，由展示者或者登载者送审；进口不属于出版物的地图或者附着地图图形的产品的，由进口者送审；进口属于出版物的地图，依照《出版管理条例》的有关规定执行；出口不属于出版物的地图或者附着地图图形的产品的，由出口者送审；生产附着地图图形的产品的，由生产者送审。

送审应当提交以下材料：

（一）地图审核申请表；

（二）需要审核的地图样图或者样品；

（三）地图编制单位的测绘资质证书。

进口不属于出版物的地图和附着地图图形的产品的，仅需提交前款第一项、第二项规定的材料。利用涉及国家秘密的测绘成果编制地图的，还应当提交保密技术处理证明。

第十七条　国务院测绘地理信息行政主管部门负责下列地图的审核：

（一）全国地图以及主要表现地为两个以上省、自治区、直辖市行政区域的地图；

（二）香港特别行政区地图、澳门特别行政区地图以及台湾地区地图；

（三）世界地图以及主要表现地为国外的地图；

（四）历史地图。

第十八条　省、自治区、直辖市人民政府测绘地理信息行政主管部门负责审核主要表现地在本行政区域范围内的地图。其中，主要表现地在设区的市行政区域范围内不涉及国界线的地图，由设区的市级人民政府测绘地理信息行政主管部门负责审核。

第十九条　有审核权的测绘地理信息行政主管部门应当自受理地图审核申请之日起20个工作日内，作出审核决定。

时事宣传地图、时效性要求较高的图书和报刊等插附地图的，应当自受理地图审核申请之日起7个工作日内，作出审核决定。

应急保障等特殊情况需要使用地图的，应当即送即审。

第二十条　涉及专业内容的地图，应当依照国务院测绘地理信息行政主管部门会同有关部门制定的审核依据进行审核。没有明确审核依据的，由有审核权的测绘地理信息行政主管部门征求有关部门的意见，有关部门应当自收到征求意见材料之日起20个工作日内提出意见。征求意见时间不计算在地图审核的期限内。

世界地图、历史地图、时事宣传地图没有明确审核依据的，由国务院测绘地理信息行政主管部门商外交部进行审核。

第二十一条　送审地图符合下列规定的，由有审核权的测绘地理信息行政主管部门核发地图审核批准文件，并注明审图号：

（一）符合国家有关地图编制标准，完整表示中华人民共和国疆域；

（二）国界、边界、历史疆界、行政区域界线或者范围、重要地理信息数据、地名等符合国家有关地图内容表示的规定；

（三）不含有地图上不得表示的内容。

地图审核批准文件和审图号应当在有审核权的测绘地理信息行政主管部门网站或者其他新闻媒体上及时公告。

第二十二条　经审核批准的地图，应当在地图或者附着地图图形的产品的适当位置显著标注审图号。其中，属于出版物的，应当在版权页标注审图号。

第二十三条　全国性中小学教学地图，由国务院教育行政部门会同国务院测绘地理信息行政主管部门、外交部组织审定；地方性中小学教学地图，由省、自治区、直辖市人民政府教育行政部门会同省、自治区、直辖市人民政府测绘地理信息行政主管部门组织审定。

第二十四条　任何单位和个人不得出版、展示、登载、销售、进口、出口不符合国家有关标准和规定的地图，不得携带、寄递不符合国家有关标准和规定的地图进出境。

进口、出口地图的，应当向海关提交地图审核批准文件和审图号。

第二十五条　经审核批准的地图，送审者应当按照有关规定向有审核权的测绘地理信息行政主管部门免费送交样本。

第四章　地图出版

第二十六条　县级以上人民政府出版行政主管部门应当加强对地图出版活动的监督管理，依法对地图出版违法行为进行查处。

第二十七条　出版单位从事地图出版活动的，应当具有国务院出版行政主管部门审核批准的地图出版业务范围，并依照《出版管理条例》的有关规定办理审批手续。

第二十八条　出版单位根据需要，可以在出版物中插附经审核批准的地图。

第二十九条　任何出版单位不得出版未经审定的中小学教学地图。

第三十条　出版单位出版地图，应当按照国家有关规定向国家图书馆、中国版本图书馆和国务院出版行政主管部门免费送交样本。

第三十一条　地图著作权的保护，依照有关著作权法律、法规的规定执行。

第五章　互联网地图服务

第三十二条　国家鼓励和支持互联网地图

服务单位开展地理信息开发利用和增值服务。

县级以上人民政府应当加强对互联网地图服务行业的政策扶持和监督管理。

第三十三条 互联网地图服务单位向公众提供地理位置定位、地理信息上传标注和地图数据库开发等服务的，应当依法取得相应的测绘资质证书。

互联网地图服务单位从事互联网地图出版活动的，应当经国务院出版行政主管部门依法审核批准。

第三十四条 互联网地图服务单位应当将存放地图数据的服务器设在中华人民共和国境内，并制定互联网地图数据安全管理制度和保障措施。

县级以上人民政府测绘地理信息行政主管部门应当会同有关部门加强对互联网地图数据安全的监督管理。

第三十五条 互联网地图服务单位收集、使用用户个人信息的，应当明示收集、使用信息的目的、方式和范围，并经用户同意。

互联网地图服务单位需要收集、使用用户个人信息的，应当公开收集、使用规则，不得泄露、篡改、出售或者非法向他人提供用户的个人信息。

互联网地图服务单位应当采取技术措施和其他必要措施，防止用户的个人信息泄露、丢失。

第三十六条 互联网地图服务单位用于提供服务的地图数据库及其他数据库不得存储、记录含有按照国家有关规定在地图上不得表示的内容。互联网地图服务单位发现其网站传输的地图信息含有不得表示的内容的，应当立即停止传输，保存有关记录，并向县级以上人民政府测绘地理信息行政主管部门、出版行政主管部门、网络安全和信息化主管部门等有关部门报告。

第三十七条 任何单位和个人不得通过互联网上传标注含有按照国家有关规定在地图上不得表示的内容。

第三十八条 互联网地图服务单位应当使用经依法审核批准的地图，加强对互联网地图新增内容的核查校对，并按照国家有关规定向国务院测绘地理信息行政主管部门或者省、自治区、直辖市测绘地理信息行政主管部门备案。

第三十九条 互联网地图服务单位对在工作中获取的涉及国家秘密、商业秘密的信息，应当保密。

第四十条 互联网地图服务单位应当加强行业自律，推进行业信用体系建设，提高服务水平。

第四十一条 从事互联网地图服务活动，适用本章的规定；本章没有规定的，适用本条例其他有关规定。

第六章 监督检查

第四十二条 县级以上人民政府及其有关部门应当依法加强对地图编制、出版、展示、登载、生产、销售、进口、出口等活动的监督检查。

第四十三条 县级以上人民政府测绘地理信息行政主管部门、出版行政主管部门和其他有关部门依法进行监督检查时，有权采取下列措施：

（一）进入涉嫌地图违法行为的场所实施现场检查；

（二）查阅、复制有关合同、票据、账簿等资料；

（三）查封、扣押涉嫌违法的地图、附着地图图形的产品以及用于实施地图违法行为的设备、工具、原材料等。

第四十四条 国务院测绘地理信息行政主管部门、国务院出版行政主管部门应当建立健全地图监督管理信息系统，实现信息资源共享，方便公众查询。

第四十五条 县级以上人民政府测绘地理信息行政主管部门应当根据国家有关标准和技术规范，加强地图质量监督管理。

地图编制、出版、展示、登载、生产、销售、进口、出口单位应当建立健全地图质量责任制度，采取有效措施，保证地图质量。

第四十六条 任何单位和个人对地图违法行为有权进行举报。

接到举报的人民政府或者有关部门应当及时依法调查处理，并为举报人保密。

第七章 法律责任

第四十七条 县级以上人民政府及其有关部门违反本条例规定，有下列行为之一的，由主管机关或者监察机关责令改正；情节严重的，对直接负责的主管人员和其他直接责任人员依法给予处分；直接负责的主管人员和其他直接责任人员的行为构成犯罪的，依法追究刑事责任：

（一）不依法作出行政许可决定或者办理批准文件的；

（二）发现违法行为或者接到对违法行为的举报不予查处的；

（三）其他未依照本条例规定履行职责的行为。

第四十八条 违反本条例规定，未取得测绘资质证书或者超越测绘资质等级许可的范围从事地图编制活动或者互联网地图服务活动的，依照《中华人民共和国测绘法》的有关规定进行处罚。

第四十九条 违反本条例规定，应当送审而未送审的，责令改正，给予警告，没收违法地图或者附着地图图形的产品，可以处10万元以下的罚款；有违法所得的，没收违法所得；构成犯罪的，依法追究刑事责任。

第五十条 违反本条例规定，不需要送审的地图不符合国家有关标准和规定的，责令改正，给予警告，没收违法地图或者附着地图图形的产品，可以处10万元以下的罚款；有违法所得的，没收违法所得；情节严重的，可以向社会通报；构成犯罪的，依法追究刑事责任。

第五十一条 违反本条例规定，经审核不符合国家有关标准和规定的地图未按照审核要求修改即向社会公开的，责令改正，给予警告，没收违法地图或者附着地图图形的产品，可以处10万元以下的罚款；有违法所得的，没收违法所得；情节严重的，责令停业整顿，降低资质等级或者吊销测绘资质证书，可以向社会通报；构成犯罪的，依法追究刑事责任。

第五十二条 违反本条例规定，弄虚作假、伪造申请材料骗取地图审核批准文件，或者伪造、冒用地图审核批准文件和审图号的，责令停止违法行为，给予警告，没收违法地图和附着地图图形的产品，并处10万元以上20万元以下的罚款；有违法所得的，没收违法所得；情节严重的，责令停业整顿，降低资质等级或者吊销测绘资质证书；构成犯罪的，依法追究刑事责任。

第五十三条 违反本条例规定，未在地图的适当位置显著标注审图号，或者未按照有关规定送交样本的，责令改正，给予警告；情节严重的，责令停业整顿，降低资质等级或者吊销测绘资质证书。

第五十四条 违反本条例规定，互联网地图服务单位使用未经依法审核批准的地图提供服务，或者未对互联网地图新增内容进行核查校对的，责令改正，给予警告，可以处20万元以下的罚款；有违法所得的，没收违法所得；情节严重的，责令停业整顿，降低资质等级或者吊销测绘资质证书；构成犯罪的，依法追究刑事责任。

第五十五条 违反本条例规定，通过互联网上传标注了含有按照国家有关规定在地图上不得表示的内容的，责令改正，给予警告，可以处10万元以下的罚款；构成犯罪的，依法追究刑事责任。

第五十六条 本条例规定的降低资质等级、吊销测绘资质证书的行政处罚，由颁发资质证书的部门决定；其他行政处罚由县级以上人民政府测绘地理信息行政主管部门决定。

第八章 附 则

第五十七条 军队单位编制的地图的管理以及海图的管理，按照国务院、中央军事委员会的规定执行。

第五十八条 本条例自2016年1月1日起施行。国务院1995年7月10日发布的《中华人民共和国地图编制出版管理条例》同时废止。

中华人民共和国食品安全法实施条例（节录）

（2009年7月20日中华人民共和国国务院令第557号公布　根据2016年2月6日《国务院关于修改部分行政法规的决定》国务院令第666号修订）

……

第二十条　食品生产经营者应当依法取得相应的食品生产经营许可。法律、法规对食品生产加工小作坊和食品摊贩另有规定的，依照其规定。

食品生产经营许可的有效期为3年。

第二十一条　食品生产经营者的生产经营条件发生变化，不符合食品生产经营要求的，食品生产经营者应当立即采取整改措施；有发生食品安全事故的潜在风险的，应当立即停止食品生产经营活动，并向所在地县级质量监督、工商行政管理或者食品药品监督管理部门报告；需要重新办理许可手续的，应当依法办理。

县级以上质量监督、工商行政管理、食品药品监督管理部门应当加强对食品生产经营者生产经营活动的日常监督检查；发现不符合食品生产经营要求情形的，应当责令立即纠正，并依法予以处理；不再符合生产经营许可条件的，应当依法撤销相关许可。

第二十二条　食品生产经营企业应当依照食品安全法第三十二条的规定组织职工参加食品安全知识培训，学习食品安全法律、法规、规章、标准和其他食品安全知识，并建立培训档案。

第二十三条　食品生产经营者应当依照食品安全法第三十四条的规定建立并执行从业人员健康检查制度和健康档案制度。从事接触直接入口食品工作的人员患有痢疾、伤寒、甲型病毒性肝炎、戊型病毒性肝炎等消化道传染病，以及患有活动性肺结核、化脓性或者渗出性皮肤病等有碍食品安全的疾病的，食品生产经营者应当将其调整到其他不影响食品安全的工作岗位。

食品生产经营人员依照食品安全法第三十四条第二款规定进行健康检查，其检查项目等事项应当符合所在地省、自治区、直辖市的规定。

第二十四条　食品生产经营企业应当依照食品安全法第三十六条第二款、第三十七条第一款、第三十九条第二款的规定建立进货查验记录制度、食品出厂检验记录制度，如实记录法律规定记录的事项，或者保留载有相关信息的进货或者销售票据。记录、票据的保存期限不得少于2年。

……

第二十九条　从事食品批发业务的经营企业销售食品，应当如实记录批发食品的名称、规格、数量、生产批号、保质期、购货者名称及联系方式、销售日期等内容，或者保留载有相关信息的销售票据。记录、票据的保存期限不得少于2年。

第三十条　国家鼓励食品生产经营者采用先进技术手段，记录食品安全法和本条例要求记录的事项。

……

第三十四条　申请人依照食品安全法第六十条第三款规定向承担复检工作的食品检验机构（以下称复检机构）申请复检，应当说明理由。

复检机构名录由国务院认证认可监督管理、卫生行政、农业行政等部门共同公布。复检机构出具的复检结论为最终检验结论。

复检机构由复检申请人自行选择。复检机构与初检机构不得为同一机构。

第三十五条　食品生产经营者对依照食品安全法第六十条规定进行的抽样检验结论有异议申请复检，复检结论表明食品合格的，复检费用由抽样检验的部门承担；复检结论表明食品不合格的，复检费用由食品生产经营者承担。

第三十六条　进口食品的进口商应当持合同、发票、装箱单、提单等必要的凭证和相关批准文件，向海关报关地的出入境检验检疫机构报检。进口食品应当经出入境检验检疫机构检验合格。海关凭出入境检验检疫机构签发的通关证明放行。

第三十七条　进口尚无食品安全国家标准的食品，或者首次进口食品添加剂新品种、食品相关产品新品种，进口商应当向出入境检验检疫机构提交依照食品安全法第六十三条规定取得的许可证明文件，出入境检验检疫机构应当按照国务院卫生行政部门的要求进行检验。

第三十八条　国家出入境检验检疫部门在进口食品中发现食品安全国家标准未规定且可能危害人体健康的物质，应当按照食品安全法第十二条的规定向国务院卫生行政部门通报。

第三十九条　向我国境内出口食品的境外食品生产企业依照食品安全法第六十五条规定进行注册，其注册有效期为4年。已经注册的境外食品生产企业提供虚假材料，或者因境外食品生产企业的原因致使相关进口食品发生重大食品安全事故的，国家出入境检验检疫部门应当撤销注册，并予以公告。

第四十条　进口的食品添加剂应当有中文标签、中文说明书。标签、说明书应当符合食品安全法和我国其他有关法律、行政法规的规定以及食品安全国家标准的要求，载明食品添加剂的原产地和境内代理商的名称、地址、联系方式。食品添加剂没有中文标签、中文说明书或者标签、说明书不符合本条规定的，不得进口。

……

第五十五条　食品生产经营者的生产经营条件发生变化，未依照本条例第二十一条规定处理的，由有关主管部门责令改正，给予警告；造成严重后果的，依照食品安全法第八十五条的规定给予处罚。

……

第五十八条　进口不符合本条例第四十条规定的食品添加剂的，由出入境检验检疫机构没收违法进口的食品添加剂；违法进口的食品添加剂货值金额不足1万元的，并处2000元以上5万元以下罚款；货值金额1万元以上的，并处货值金额2倍以上5倍以下罚款。

……

第六十条　发生食品安全事故的单位未依照本条例第四十三条规定采取措施并报告的，依照食品安全法第八十八条的规定给予处罚。

……

医疗器械监督管理条例（节录）

（2000年1月4日中华人民共和国国务院令第276号公布　2014年2月12日国务院第39次常务会议修订通过　根据2017年5月4日《国务院关于修改〈医疗器械监督管理条例〉的决定》修订）

……

第四条　国家对医疗器械按照风险程度实行分类管理。

第一类是风险程度低，实行常规管理可以保证其安全、有效的医疗器械。

第二类是具有中度风险，需要严格控制管理以保证其安全、有效的医疗器械。

第三类是具有较高风险，需要采取特别措施严格控制管理以保证其安全、有效的医疗器械。

评价医疗器械风险程度，应当考虑医疗器械的预期目的、结构特征、使用方法等因素。

国务院食品药品监督管理部门负责制定医疗器械的分类规则和分类目录，并根据医疗器械生产、经营、使用情况，及时对医疗器械的风险变化进行分析、评价，对分类目录进行调整。制定、调整分类目录，应当充分听取医疗器械生产经营企业以及使用单位、行业组织的意见，并参考国际医疗器械分类实践。医疗器械分类目录应当向社会公布。

……

第二十九条　从事医疗器械经营活动，应当有与经营规模和经营范围相适应的经营场所和贮存条件，以及与经营的医疗器械相适应的质量管理制度和质量管理机构或者人员。

第三十条　从事第二类医疗器械经营的，

由经营企业向所在地设区的市级人民政府食品药品监督管理部门备案并提交其符合本条例第二十九条规定条件的证明资料。

第三十一条 从事第三类医疗器械经营的，经营企业应当向所在地设区的市级人民政府食品药品监督管理部门申请经营许可并提交其符合本条例第二十九条规定条件的证明资料。

受理经营许可申请的食品药品监督管理部门应当自受理之日起30个工作日内进行审查，必要时组织核查。对符合规定条件的，准予许可并发给医疗器械经营许可证；对不符合规定条件的，不予许可并书面说明理由。

医疗器械经营许可证有效期为5年。有效期届满需要延续的，依照有关行政许可的法律规定办理延续手续。

第三十二条 医疗器械经营企业、使用单位购进医疗器械，应当查验供货者的资质和医疗器械的合格证明文件，建立进货查验记录制度。从事第二类、第三类医疗器械批发业务以及第三类医疗器械零售业务的经营企业，还应当建立销售记录制度。

记录事项包括：

（一）医疗器械的名称、型号、规格、数量；

（二）医疗器械的生产批号、有效期、销售日期；

（三）生产企业的名称；

（四）供货者或者购货者的名称、地址及联系方式；

（五）相关许可证明文件编号等。

进货查验记录和销售记录应当真实，并按照国务院食品药品监督管理部门规定的期限予以保存。国家鼓励采用先进技术手段进行记录。

第三十三条 运输、贮存医疗器械，应当符合医疗器械说明书和标签标示的要求；对温度、湿度等环境条件有特殊要求的，应当采取相应措施，保证医疗器械的安全、有效。

……

第四十条 医疗器械经营企业、使用单位不得经营、使用未依法注册、无合格证明文件以及过期、失效、淘汰的医疗器械。

……

第四十二条 进口的医疗器械应当是依照本条例第二章的规定已注册或者已备案的医疗器械。

进口的医疗器械应当有中文说明书、中文标签。说明书、标签应当符合本条例规定以及相关强制性标准的要求，并在说明书中载明医疗器械的原产地以及代理人的名称、地址、联系方式。没有中文说明书、中文标签或者说明书、标签不符合本条规定的，不得进口。

第四十三条 出入境检验检疫机构依法对进口的医疗器械实施检验；检验不合格的，不得进口。

国务院食品药品监督管理部门应当及时向国家出入境检验检疫部门通报进口医疗器械的注册和备案情况。进口口岸所在地出入境检验检疫机构应当及时向所在地设区的市级人民政府食品药品监督管理部门通报进口医疗器械的通关情况。

第四十四条 出口医疗器械的企业应当保证其出口的医疗器械符合进口国（地区）的要求。

……

第四十七条 医疗器械生产经营企业、使用单位应当对所生产经营或者使用的医疗器械开展不良事件监测；发现医疗器械不良事件或者可疑不良事件，应当按照国务院食品药品监督管理部门的规定，向医疗器械不良事件监测技术机构报告。

任何单位和个人发现医疗器械不良事件或者可疑不良事件，有权向食品药品监督管理部门或者医疗器械不良事件监测技术机构报告。

……

第五十条 医疗器械生产经营企业、使用单位应当对医疗器械不良事件监测技术机构、食品药品监督管理部门开展的医疗器械不良事件调查予以配合。

……

第五十二条 医疗器械生产企业发现其生产的医疗器械不符合强制性标准、经注册或者备案的产品技术要求或者存在其他缺陷的，应当立即停止生产，通知相关生产经营企业、使用单位和消费者停止经营和使用，召回已经上市销售的医疗器械，采取补救、销毁等措施，记录相关情况，发布相关信息，并将医疗器械召回和处理情况向食品药品监督管理部门和卫生计生主管部门报告。

医疗器械经营企业发现其经营的医疗器械存在前款规定情形的，应当立即停止经营，通知相关生产经营企业、使用单位、消费者，并记录停止经营和通知情况。医疗器械生产企业认为属于依照前款规定需要召回的医疗器械，应当立即召回。

医疗器械生产经营企业未依照本条规定实施召回或者停止经营的，食品药品监督管理部门可以责令其召回或者停止经营。

……

音像制品管理条例（节录）

（2001年12月25日中华人民共和国国务院令第341号公布　根据2011年3月19日《国务院关于修改〈音像制品管理条例〉的决定》第一次修订　根据2013年12月7日《国务院关于修改部分行政法规的决定》第二次修订　根据2016年2月6日《国务院关于修改部分行政法规的决定》第三次修订）

……

第二条　本条例适用于录有内容的录音带、录像带、唱片、激光唱盘和激光视盘等音像制品的出版、制作、复制、进口、批发、零售、出租等活动。

音像制品用于广播电视播放的，适用广播电视法律、行政法规。

……

第二十七条　音像制品成品进口业务由国务院出版行政主管部门批准的音像制品成品进口经营单位经营；未经批准，任何单位或者个人不得经营音像制品成品进口业务。

第二十八条　进口用于出版的音像制品，以及进口用于批发、零售、出租等的音像制品成品，应当报国务院出版行政主管部门进行内容审查。

国务院出版行政主管部门应当自收到音像制品内容审查申请书之日起30日内作出批准或者不批准的决定，并通知申请人。批准的，发给批准文件；不批准的，应当说明理由。

进口用于出版的音像制品的单位、音像制品成品进口经营单位应当持国务院出版行政主管部门的批准文件到海关办理进口手续。

第二十九条　进口用于出版的音像制品，其著作权事项应当向国务院著作权行政管理部门登记。

第三十条　进口供研究、教学参考的音像制品，应当委托音像制品成品进口经营单位依照本条例第二十八条的规定办理。

进口用于展览、展示的音像制品，经国务院出版行政主管部门批准后，到海关办理临时进口手续。

依照本条规定进口的音像制品，不得进行经营性复制、批发、零售、出租和放映。

第三十一条　申请从事音像制品批发、零售业务，应当具备下列条件：

（一）有音像制品批发、零售单位的名称、章程；

（二）有确定的业务范围；

（三）有适应业务范围需要的组织机构和人员；

（四）有适应业务范围需要的资金和场所；

（五）法律、行政法规规定的其他条件。

第三十二条　申请从事音像制品批发业务，应当报所在地省、自治区、直辖市人民政府出版行政主管部门审批。申请从事音像制品零售业务，应当报县级地方人民政府出版行政主管部门审批。出版行政主管部门应当自受理申请书之日起30日内作出批准或者不批准的决定，并通知申请人。批准的，应当发给《出版物经营许可证》；不批准的，应当说明理由。

《出版物经营许可证》应当注明音像制品经营活动的种类。

第三十三条　音像制品批发、零售单位变更名称、业务范围，或者兼并其他音像制品批发、零售单位，或者因合并、分立而设立新的音像制品批发、零售单位的，应当依照本条例

第三十二条的规定办理审批手续。

音像制品批发、零售单位变更地址、法定代表人或者主要负责人或者终止经营活动，从事音像制品零售经营活动的个体工商户变更业务范围、地址或者终止经营活动的，应当向原批准的出版行政主管部门备案。

第三十四条 音像出版单位可以按照国家有关规定，批发、零售本单位出版的音像制品。从事非本单位出版的音像制品的批发、零售业务的，应当依照本条例第三十二条的规定办理审批手续。

第三十五条 国家允许设立从事音像制品发行业务的中外合作经营企业。

第三十六条 音像制品批发单位和从事音像制品零售、出租等业务的单位或者个体工商户，不得经营非音像出版单位出版的音像制品或者非音像复制单位复制的音像制品，不得经营未经国务院出版行政主管部门批准进口的音像制品，不得经营侵犯他人著作权的音像制品。

……

出版管理条例（节录）

（2001年12月25日中华人民共和国国务院令第343号公布　根据2011年3月19日《国务院关于修改〈出版管理条例〉的决定》第一次修订　根据2013年7月18日《国务院关于废止和修改部分行政法规的决定》第二次修订　根据2014年7月29日《国务院关于修改部分行政法规的决定》第三次修订　根据2016年2月6日《国务院关于修改部分行政法规的决定》第四次修订）

……

第二条 在中华人民共和国境内从事出版活动，适用本条例。

本条例所称出版活动，包括出版物的出版、印刷或者复制、进口、发行。

本条例所称出版物，是指报纸、期刊、图书、音像制品、电子出版物等。

……

第十六条 报社、期刊社、图书出版社、音像出版社和电子出版物出版社等应当具备法人条件，经核准登记后，取得法人资格，以其全部法人财产独立承担民事责任。

依照本条例第九条第三款的规定，视为出版单位的报纸编辑部、期刊编辑部不具有法人资格，其民事责任由其主办单位承担。

……

第十九条 图书出版社、音像出版社和电子出版物出版社自登记之日起满180日未从事出版活动的，报社、期刊社自登记之日起满90日未出版报纸、期刊的，由原登记的出版行政主管部门注销登记，并报国务院出版行政主管部门备案。

因不可抗力或者其他正当理由发生前款所列情形的，出版单位可以向原登记的出版行政主管部门申请延期。

第二十条 图书出版社、音像出版社和电子出版物出版社的年度出版计划及涉及国家安全、社会安定等方面的重大选题，应当经所在地省、自治区、直辖市人民政府出版行政主管部门审核后报国务院出版行政主管部门备案；涉及重大选题，未在出版前报备案的出版物，不得出版。具体办法由国务院出版行政主管部门制定。

期刊社的重大选题，应当依照前款规定办理备案手续。

……

第三十一条 从事出版物印刷或者复制业务的单位，应当向所在地省、自治区、直辖市人民政府出版行政主管部门提出申请，经审核许可，并依照国家有关规定到工商行政管理部门办理相关手续后，方可从事出版物的印刷或者复制。

未经许可并办理相关手续的，不得印刷报纸、期刊、图书，不得复制音像制品、电子出版物。

第三十二条　出版单位不得委托未取得出版物印刷或者复制许可的单位印刷或者复制出版物。

出版单位委托印刷或者复制单位印刷或者复制出版物的，必须提供符合国家规定的印刷或者复制出版物的有关证明，并依法与印刷或者复制单位签订合同。

印刷或者复制单位不得接受非出版单位和个人的委托印刷报纸、期刊、图书或者复制音像制品、电子出版物，不得擅自印刷、发行报纸、期刊、图书或者复制、发行音像制品、电子出版物。

……

第三十六条　通过互联网等信息网络从事出版物发行业务的单位或者个体工商户，应当依照本条例规定取得《出版物经营许可证》。

提供网络交易平台服务的经营者应当对申请通过网络交易平台从事出版物发行业务的单位或者个体工商户的经营主体身份进行审查，验证其《出版物经营许可证》。

……

第三十九条　国家允许设立从事图书、报纸、期刊、电子出版物发行业务的中外合资经营企业、中外合作经营企业、外资企业。

……

第七十二条　行政法规对音像制品和电子出版物的出版、复制、进口、发行另有规定的，适用其规定。

接受境外机构或者个人赠送出版物的管理办法、订户订购境外出版物的管理办法、网络出版审批和管理办法，由国务院出版行政主管部门根据本条例的原则另行制定。

……

食盐专营办法（节录）

（1996年5月27日中华人民共和国国务院令第197号发布　根据2013年12月7日《国务院关于修改部分行政法规的决定》修订　2017年12月26日中华人民共和国国务院令第696号修订　自公布之日起施行）

……

第十二条　国家实行食盐定点批发制度。非食盐定点批发企业不得经营食盐批发业务。

第十三条　省、自治区、直辖市人民政府盐业主管部门按照统一规划、合理布局的要求审批确定食盐定点批发企业，颁发食盐定点批发企业证书，及时向社会公布食盐定点批发企业名单，并报国务院盐业主管部门备案。

食盐定点生产企业申请经营食盐批发业务的，省、自治区、直辖市人民政府盐业主管部门应当确定其为食盐定点批发企业并颁发食盐定点批发企业证书。

第十四条　食盐定点批发企业应当从食盐定点生产企业或者其他食盐定点批发企业购进食盐，在国家规定的范围内销售。

食盐定点批发企业在国家规定的范围内销售食盐，任何单位或者个人不得阻止或者限制。

第十五条　食盐定点批发企业应当建立采购销售记录制度，如实记录并保存相关凭证。记录和凭证保存期限不得少于2年。

第十六条　食盐零售单位应当从食盐定点批发企业购进食盐。

第十七条　食盐价格由经营者自主确定。

县级以上地方人民政府价格主管部门应当加强对食盐零售价格的市场日常监测。当食盐价格显著上涨或者有可能显著上涨时，省、自治区、直辖市人民政府可以依法采取价格干预或者其他应急措施。

第十八条　县级以上地方人民政府应当根据实际情况，采取必要措施，保障边远地区和民族地区的食盐供应。

第十九条　禁止销售不符合食品安全标准的食盐。

禁止将下列产品作为食盐销售：

（一）液体盐（含天然卤水）；

（二）工业用盐和其他非食用盐；

（三）利用盐土、硝土或者工业废渣、废液制作的盐；

（四）利用井矿盐卤水熬制的盐；

（五）外包装上无标识或者标识不符合国家有关规定的盐。

……

中华人民共和国药品管理法实施条例（节录）

（2002年8月4日中华人民共和国国务院令第360号公布　根据2016年2月6日《国务院关于修改部分行政法规的决定》修订）

……

第十一条　开办药品批发企业，申办人应当向拟办企业所在地省、自治区、直辖市人民政府药品监督管理部门提出申请。省、自治区、直辖市人民政府药品监督管理部门应当自收到申请之日起30个工作日内，依据国务院药品监督管理部门规定的设置标准作出是否同意筹建的决定。申办人完成拟办企业筹建后，应当向原审批部门申请验收。原审批部门应当自收到申请之日起30个工作日内，依据《药品管理法》第十五条规定的开办条件组织验收；符合条件的，发给《药品经营许可证》。

第十二条　开办药品零售企业，申办人应当向拟办企业所在地设区的市级药品监督管理机构或者省、自治区、直辖市人民政府药品监督管理部门直接设置的县级药品监督管理机构提出申请。受理申请的药品监督管理机构应当自收到申请之日起30个工作日内，依据国务院药品监督管理部门的规定，结合当地常住人口数量、地域、交通状况和实际需要进行审查，作出是否同意筹建的决定。申办人完成拟办企业筹建后，应当向原审批机构申请验收。原审批机构应当自收到申请之日起15个工作日内，依据《药品管理法》第十五条规定的开办条件组织验收；符合条件的，发给《药品经营许可证》。

第十三条　省、自治区、直辖市人民政府药品监督管理部门和设区的市级药品监督管理机构负责组织药品经营企业的认证工作。药品经营企业应当按照国务院药品监督管理部门规定的实施办法和实施步骤，通过省、自治区、直辖市人民政府药品监督管理部门或者设区的市级药品监督管理机构组织的《药品经营质量管理规范》的认证，取得认证证书。《药品经营质量管理规范》认证证书的格式由国务院药品监督管理部门统一规定。

新开办药品批发企业和药品零售企业，应当自取得《药品经营许可证》之日起30日内，向发给其《药品经营许可证》的药品监督管理部门或者药品监督管理机构申请《药品经营质量管理规范》认证。受理申请的药品监督管理部门或者药品监督管理机构应当自收到申请之日起3个月内，按照国务院药品监督管理部门的规定，组织对申请认证的药品批发企业或者药品零售企业是否符合《药品经营质量管理规范》进行认证；认证合格的，发给认证证书。

……

第十五条　国家实行处方药和非处方药分类管理制度。国家根据非处方药品的安全性，将非处方药分为甲类非处方药和乙类非处方药。

经营处方药、甲类非处方药的药品零售企业，应当配备执业药师或者其他依法经资格认定的药学技术人员。经营乙类非处方药的药品零售企业，应当配备经设区的市级药品监督管理机构或者省、自治区、直辖市人民政府药品监督管理部门直接设置的县级药品监督管理机构组织考核合格的业务人员。

第十六条　药品经营企业变更《药品经营许可证》许可事项的，应当在许可事项发生变更30日前，向原发证机关申请《药品经营许可证》变更登记；未经批准，不得变更许可事项。原发证机关应当自收到企业申请之日起15个工作日内作出决定。

第十七条　《药品经营许可证》有效期为5年。有效期届满，需要继续经营药品的，持证企业应当在许可证有效期届满前6个月，按照国务院药品监督管理部门的规定申请换发《药品经营许可证》。

药品经营企业终止经营药品或者关闭的，《药品经营许可证》由原发证机关缴销。

……

第十九条　通过互联网进行药品交易的药品生产企业、药品经营企业、医疗机构及其交易的药品，必须符合《药品管理法》和本条例的规定。互联网药品交易服务的管理办法，由国务院药品监督管理部门会同国务院有关部门制定。

……

中华人民共和国计算机信息系统安全保护条例

（1994年2月18日中华人民共和国国务院令第147号发布　根据2011年1月8日《国务院关于废止和修改部分行政法规的决定》修订）

第一章　总　则

第一条　为了保护计算机信息系统的安全，促进计算机的应用和发展，保障社会主义现代化建设的顺利进行，制定本条例。

第二条　本条例所称的计算机信息系统，是指由计算机及其相关的和配套的设备、设施（含网络）构成的，按照一定的应用目标和规则对信息进行采集、加工、存储、传输、检索等处理的人机系统。

第三条　计算机信息系统的安全保护，应当保障计算机及其相关的和配套的设备、设施（含网络）的安全，运行环境的安全，保障信息的安全，保障计算机功能的正常发挥，以维护计算机信息系统的安全运行。

第四条　计算机信息系统的安全保护工作，重点维护国家事务、经济建设、国防建设、尖端科学技术等重要领域的计算机信息系统的安全。

第五条　中华人民共和国境内的计算机信息系统的安全保护，适用本条例。

未联网的微型计算机的安全保护办法，另行制定。

第六条　公安部主管全国计算机信息系统安全保护工作。

国家安全部、国家保密局和国务院其他有关部门，在国务院规定的职责范围内做好计算机信息系统安全保护的有关工作。

第七条　任何组织或者个人，不得利用计算机信息系统从事危害国家利益、集体利益和公民合法利益的活动，不得危害计算机信息系统的安全。

第二章　安全保护制度

第八条　计算机信息系统的建设和应用，应当遵守法律、行政法规和国家其他有关规定。

第九条　计算机信息系统实行安全等级保护。安全等级的划分标准和安全等级保护的具体办法，由公安部会同有关部门制定。

第十条　计算机机房应当符合国家标准和国家有关规定。

在计算机机房附近施工，不得危害计算机信息系统的安全。

第十一条　进行国际联网的计算机信息系统，由计算机信息系统的使用单位报省级以上人民政府公安机关备案。

第十二条　运输、携带、邮寄计算机信息媒体进出境的，应当如实向海关申报。

第十三条　计算机信息系统的使用单位应当建立健全安全管理制度，负责本单位计算机信息系统的安全保护工作。

第十四条　对计算机信息系统中发生的案件，有关使用单位应当在24小时内向当地县级以上人民政府公安机关报告。

第十五条　对计算机病毒和危害社会公共安全的其他有害数据的防治研究工作，由公安部归口管理。

第十六条　国家对计算机信息系统安全专用产品的销售实行许可证制度。具体办法由公安部会同有关部门制定。

第三章　安全监督

第十七条　公安机关对计算机信息系统安全保护工作行使下列监督职权：

（一）监督、检查、指导计算机信息系统安全保护工作；

（二）查处危害计算机信息系统安全的违法犯罪案件；

（三）履行计算机信息系统安全保护工作的其他监督职责。

第十八条 公安机关发现影响计算机信息系统安全的隐患时，应当及时通知使用单位采取安全保护措施。

第十九条 公安部在紧急情况下，可以就涉及计算机信息系统安全的特定事项发布专项通令。

第四章 法律责任

第二十条 违反本条例的规定，有下列行为之一的，由公安机关处以警告或者停机整顿：

（一）违反计算机信息系统安全等级保护制度，危害计算机信息系统安全的；

（二）违反计算机信息系统国际联网备案制度的；

（三）不按照规定时间报告计算机信息系统中发生的案件的；

（四）接到公安机关要求改进安全状况的通知后，在限期内拒不改进的；

（五）有危害计算机信息系统安全的其他行为的。

第二十一条 计算机机房不符合国家标准和国家其他有关规定的，或者在计算机机房附近施工危害计算机信息系统安全的，由公安机关会同有关单位进行处理。

第二十二条 运输、携带、邮寄计算机信息媒体进出境，不如实向海关申报的，由海关依照《中华人民共和国海关法》和本条例以及其他有关法律、法规的规定处理。

第二十三条 故意输入计算机病毒以及其他有害数据危害计算机信息系统安全的，或者未经许可出售计算机信息系统安全专用产品的，由公安机关处以警告或者对个人处以5000元以下的罚款、对单位处以1.5万元以下的罚款；有违法所得的，除予以没收外，可以处以违法所得1至3倍的罚款。

第二十四条 违反本条例的规定，构成违反治安管理行为的，依照《中华人民共和国治安管理处罚法》的有关规定处罚；构成犯罪的，依法追究刑事责任。

第二十五条 任何组织或者个人违反本条例的规定，给国家、集体或者他人财产造成损失的，应当依法承担民事责任。

第二十六条 当事人对公安机关依照本条例所作出的具体行政行为不服的，可以依法申请行政复议或者提起行政诉讼。

第二十七条 执行本条例的国家公务员利用职权，索取、收受贿赂或者有其他违法、失职行为，构成犯罪的，依法追究刑事责任；尚不构成犯罪的，给予行政处分。

第五章 附则

第二十八条 本条例下列用语的含义：

计算机病毒，是指编制或者在计算机程序中插入的破坏计算机功能或者毁坏数据，影响计算机使用，并能自我复制的一组计算机指令或者程序代码。

计算机信息系统安全专用产品，是指用于保护计算机信息系统安全的专用硬件和软件产品。

第二十九条 军队的计算机信息系统安全保护工作，按照军队的有关法规执行。

第三十条 公安部可以根据本条例制定实施办法。

第三十一条 本条例自发布之日起施行。

计算机信息网络国际联网安全保护管理办法

（1997年12月11日国务院批准 1997年12月16日公安部令第33号发布 根据2011年1月8日《国务院关于废止和修改部分行政法规的决定》修订）

第一章 总则

第一条 为了加强对计算机信息网络国际联网的安全保护，维护公共秩序和社会稳定，根据《中华人民共和国计算机信息系统安全保护条例》、《中华人民共和国计算机信息网络国际联网管理暂行规定》和其他法律、行政法规的规定，制定本办法。

第二条　中华人民共和国境内的计算机信息网络国际联网安全保护管理，适用本办法。

第三条　公安部计算机管理监察机构负责计算机信息网络国际联网的安全保护管理工作。

公安机关计算机管理监察机构应当保护计算机信息网络国际联网的公共安全，维护从事国际联网业务的单位和个人的合法权益和公众利益。

第四条　任何单位和个人不得利用国际联网危害国家安全、泄露国家秘密，不得侵犯国家的、社会的、集体的利益和公民的合法权益，不得从事违法犯罪活动。

第五条　任何单位和个人不得利用国际联网制作、复制、查阅和传播下列信息：

（一）煽动抗拒、破坏宪法和法律、行政法规实施的；

（二）煽动颠覆国家政权，推翻社会主义制度的；

（三）煽动分裂国家、破坏国家统一的；

（四）煽动民族仇恨、民族歧视，破坏民族团结的；

（五）捏造或者歪曲事实，散布谣言，扰乱社会秩序的；

（六）宣扬封建迷信、淫秽、色情、赌博、暴力、凶杀、恐怖，教唆犯罪的；

（七）公然侮辱他人或者捏造事实诽谤他人的；

（八）损害国家机关信誉的；

（九）其他违反宪法和法律、行政法规的。

第六条　任何单位和个人不得从事下列危害计算机信息网络安全的活动：

（一）未经允许，进入计算机信息网络或者使用计算机信息网络资源的；

（二）未经允许，对计算机信息网络功能进行删除、修改或者增加的；

（三）未经允许，对计算机信息网络中存储、处理或者传输的数据和应用程序进行删除、修改或者增加的；

（四）故意制作、传播计算机病毒等破坏性程序的；

（五）其他危害计算机信息网络安全的。

第七条　用户的通信自由和通信秘密受法律保护。任何单位和个人不得违反法律规定，利用国际联网侵犯用户的通信自由和通信秘密。

第二章　安全保护责任

第八条　从事国际联网业务的单位和个人应当接受公安机关的安全监督、检查和指导，如实向公安机关提供有关安全保护的信息、资料及数据文件，协助公安机关查处通过国际联网的计算机信息网络的违法犯罪行为。

第九条　国际出入口信道提供单位、互联单位的主管部门或者主管单位，应当依照法律和国家有关规定负责国际出入口信道、所属互联网络的安全保护管理工作。

第十条　互联单位、接入单位及使用计算机信息网络国际联网的法人和其他组织应当履行下列安全保护职责：

（一）负责本网络的安全保护管理工作，建立健全安全保护管理制度；

（二）落实安全保护技术措施，保障本网络的运行安全和信息安全；

（三）负责对本网络用户的安全教育和培训；

（四）对委托发布信息的单位和个人进行登记，并对所提供的信息内容按照本办法第五条进行审核；

（五）建立计算机信息网络电子公告系统的用户登记和信息管理制度；

（六）发现有本办法第四条、第五条、第六条、第七条所列情形之一的，应当保留有关原始记录，并在24小时内向当地公安机关报告；

（七）按照国家有关规定，删除本网络中含有本办法第五条内容的地址、目录或者关闭服务器。

第十一条　用户在接入单位办理入网手续时，应当填写用户备案表。备案表由公安部监制。

第十二条　互联单位、接入单位、使用计算机信息网络国际联网的法人和其他组织（包括跨省、自治区、直辖市联网的单位和所属的分支机构），应当自网络正式联通之日起30日内，到所在地的省、自治区、直辖市人民政府公安机关指定的受理机关办理备案手续。

前款所列单位应当负责将接入本网络的接入单位和用户情况报当地公安机关备案，并及时报告本网络中接入单位和用户的变更情况。

第十三条 使用公用账号的注册者应当加强对公用账号的管理，建立账号使用登记制度。用户账号不得转借、转让。

第十四条 涉及国家事务、经济建设、国防建设、尖端科学技术等重要领域的单位办理备案手续时，应当出具其行政主管部门的审批证明。

前款所列单位的计算机信息网络与国际联网，应当采取相应的安全保护措施。

第三章 安全监督

第十五条 省、自治区、直辖市公安厅（局），地（市）、县（市）公安局，应当有相应机构负责国际联网的安全保护管理工作。

第十六条 公安机关计算机管理监察机构应当掌握互联单位、接入单位和用户的备案情况，建立备案档案，进行备案统计，并按照国家有关规定逐级上报。

第十七条 公安机关计算机管理监察机构应当督促互联单位、接入单位及有关用户建立健全安全保护管理制度。监督、检查网络安全保护管理以及技术措施的落实情况。

公安机关计算机管理监察机构在组织安全检查时，有关单位应当派人参加。公安机关计算机管理监察机构对安全检查发现的问题，应当提出改进意见，作出详细记录，存档备查。

第十八条 公安机关计算机管理监察机构发现含有本办法第五条所列内容的地址、目录或者服务器时，应当通知有关单位关闭或者删除。

第十九条 公安机关计算机管理监察机构应当负责追踪和查处通过计算机信息网络的违法行为和针对计算机信息网络的犯罪案件，对违反本办法第四条、第七条规定的违法犯罪行为，应当按照国家有关规定移送有关部门或者司法机关处理。

第四章 法律责任

第二十条 违反法律、行政法规，有本办法第五条、第六条所列行为之一的，由公安机关给予警告，有违法所得的，没收违法所得，对个人可以并处5000元以下的罚款，对单位可以并处1.5万元以下的罚款；情节严重的，并可以给予6个月以内停止联网、停机整顿的处罚，必要时可以建议原发证、审批机构吊销经营许可证或者取消联网资格；构成违反治安管理行为的，依照治安管理处罚法的规定处罚；构成犯罪的，依法追究刑事责任。

第二十一条 有下列行为之一的，由公安机关责令限期改正，给予警告，有违法所得的，没收违法所得；在规定的限期内未改正的，对单位的主管负责人员和其他直接责任人员可以并处5000元以下的罚款，对单位可以并处1.5万元以下的罚款；情节严重的，并可以给予6个月以内的停止联网、停机整顿的处罚，必要时可以建议原发证、审批机构吊销经营许可证或者取消联网资格。

（一）未建立安全保护管理制度的；

（二）未采取安全技术保护措施的；

（三）未对网络用户进行安全教育和培训的；

（四）未提供安全保护管理所需信息、资料及数据文件，或者所提供内容不真实的；

（五）对委托其发布的信息内容未进行审核或者对委托单位和个人未进行登记的；

（六）未建立电子公告系统的用户登记和信息管理制度的；

（七）未按照国家有关规定，删除网络地址、目录或者关闭服务器的；

（八）未建立公用账号使用登记制度的；

（九）转借、转让用户账号的。

第二十二条 违反本办法第四条、第七条规定的，依照有关法律、法规予以处罚。

第二十三条 违反本办法第十一条、第十二条规定，不履行备案职责的，由公安机关给予警告或者停机整顿不超过6个月的处罚。

第五章 附 则

第二十四条 与香港特别行政区和台湾、澳门地区联网的计算机信息网络的安全保护管理，参照本办法执行。

第二十五条 本办法自1997年12月30日起施行。

废弃电器电子产品回收处理管理条例

（2008年8月20日国务院第23次常务会议通过　2009年2月25日中华人民共和国国务院令第551号公布　自2011年1月1日起施行）

第一章　总　　则

第一条　为了规范废弃电器电子产品的回收处理活动，促进资源综合利用和循环经济发展，保护环境，保障人体健康，根据《中华人民共和国清洁生产促进法》和《中华人民共和国固体废物污染环境防治法》的有关规定，制定本条例。

第二条　本条例所称废弃电器电子产品的处理活动，是指将废弃电器电子产品进行拆解，从中提取物质作为原材料或者燃料，用改变废弃电器电子产品物理、化学特性的方法减少已产生的废弃电器电子产品数量，减少或者消除其危害成分，以及将其最终置于符合环境保护要求的填埋场的活动，不包括产品维修、翻新以及经维修、翻新后作为旧货再使用的活动。

第三条　列入《废弃电器电子产品处理目录》（以下简称《目录》）的废弃电器电子产品的回收处理及相关活动，适用本条例。

国务院资源综合利用主管部门会同国务院环境保护、工业信息产业等主管部门制订和调整《目录》，报国务院批准后实施。

第四条　国务院环境保护主管部门会同国务院资源综合利用、工业信息产业主管部门负责组织拟订废弃电器电子产品回收处理的政策措施并协调实施，负责废弃电器电子产品处理的监督管理工作。国务院商务主管部门负责废弃电器电子产品回收的管理工作。国务院财政、工商、质量监督、税务、海关等主管部门在各自职责范围内负责相关管理工作。

第五条　国家对废弃电器电子产品实行多渠道回收和集中处理制度。

第六条　国家对废弃电器电子产品处理实行资格许可制度。设区的市级人民政府环境保护主管部门审批废弃电器电子产品处理企业（以下简称处理企业）资格。

第七条　国家建立废弃电器电子产品处理基金，用于废弃电器电子产品回收处理费用的补贴。电器电子产品生产者、进口电器电子产品的收货人或者其代理人应当按照规定履行废弃电器电子产品处理基金的缴纳义务。

废弃电器电子产品处理基金应当纳入预算管理，其征收、使用、管理的具体办法由国务院财政部门会同国务院环境保护、资源综合利用、工业信息产业主管部门制订，报国务院批准后施行。

制订废弃电器电子产品处理基金的征收标准和补贴标准，应当充分听取电器电子产品生产企业、处理企业、有关行业协会及专家的意见。

第八条　国家鼓励和支持废弃电器电子产品处理的科学研究、技术开发、相关技术标准的研究以及新技术、新工艺、新设备的示范、推广和应用。

第九条　属于国家禁止进口的废弃电器电子产品，不得进口。

第二章　相关方责任

第十条　电器电子产品生产者、进口电器电子产品的收货人或者其代理人生产、进口的电器电子产品应当符合国家有关电器电子产品污染控制的规定，采用有利于资源综合利用和无害化处理的设计方案，使用无毒无害或者低毒低害以及便于回收利用的材料。

电器电子产品上或者产品说明书中应当按照规定提供有关有毒有害物质含量、回收处理提示性说明等信息。

第十一条　国家鼓励电器电子产品生产者自行或者委托销售者、维修机构、售后服务机构、废弃电器电子产品回收经营者回收废弃电器电子产品。电器电子产品销售者、维修机构、售后服务机构应当在其营业场所显著位置标注废弃电器电子产品回收处理提示性信息。

回收的废弃电器电子产品应当由有废弃电器电子产品处理资格的处理企业处理。

第十二条 废弃电器电子产品回收经营者应当采取多种方式为电器电子产品使用者提供方便、快捷的回收服务。

废弃电器电子产品回收经营者对回收的废弃电器电子产品进行处理，应当依照本条例规定取得废弃电器电子产品处理资格；未取得处理资格的，应当将回收的废弃电器电子产品交有废弃电器电子产品处理资格的处理企业处理。

回收的电器电子产品经过修复后销售的，必须符合保障人体健康和人身、财产安全等国家技术规范的强制性要求，并在显著位置标识为旧货。具体管理办法由国务院商务主管部门制定。

第十三条 机关、团体、企事业单位将废弃电器电子产品交有废弃电器电子产品处理资格的处理企业处理的，依照国家有关规定办理资产核销手续。

处理涉及国家秘密的废弃电器电子产品，依照国家保密规定办理。

第十四条 国家鼓励处理企业与相关电器电子产品生产者、销售者以及废弃电器电子产品回收经营者等建立长期合作关系，回收处理废弃电器电子产品。

第十五条 处理废弃电器电子产品，应当符合国家有关资源综合利用、环境保护、劳动安全和保障人体健康的要求。

禁止采用国家明令淘汰的技术和工艺处理废弃电器电子产品。

第十六条 处理企业应当建立废弃电器电子产品处理的日常环境监测制度。

第十七条 处理企业应当建立废弃电器电子产品的数据信息管理系统，向所在地的设区的市级人民政府环境保护主管部门报送废弃电器电子产品处理的基本数据和有关情况。废弃电器电子产品处理的基本数据的保存期限不得少于3年。

第十八条 处理企业处理废弃电器电子产品，依照国家有关规定享受税收优惠。

第十九条 回收、储存、运输、处理废弃电器电子产品的单位和个人，应当遵守国家有关环境保护和环境卫生管理的规定。

第三章 监督管理

第二十条 国务院资源综合利用、质量监督、环境保护、工业信息产业等主管部门，依照规定的职责制定废弃电器电子产品处理的相关政策和技术规范。

第二十一条 省级人民政府环境保护主管部门会同同级资源综合利用、商务、工业信息产业主管部门编制本地区废弃电器电子产品处理发展规划，报国务院环境保护主管部门备案。

地方人民政府应当将废弃电器电子产品回收处理基础设施建设纳入城乡规划。

第二十二条 取得废弃电器电子产品处理资格，依照《中华人民共和国公司登记管理条例》等规定办理登记并在其经营范围中注明废弃电器电子产品处理的企业，方可从事废弃电器电子产品处理活动。

除本条例第三十四条规定外，禁止未取得废弃电器电子产品处理资格的单位和个人处理废弃电器电子产品。

第二十三条 申请废弃电器电子产品处理资格，应当具备下列条件：

（一）具备完善的废弃电器电子产品处理设施；

（二）具有对不能完全处理的废弃电器电子产品的妥善利用或者处置方案；

（三）具有与所处理的废弃电器电子产品相适应的分拣、包装以及其他设备；

（四）具有相关安全、质量和环境保护的专业技术人员。

第二十四条 申请废弃电器电子产品处理资格，应当向所在地的设区的市级人民政府环境保护主管部门提交书面申请，并提供相关证明材料。受理申请的环境保护主管部门应当自收到完整的申请材料之日起60日内完成审查，作出准予许可或者不予许可的决定。

第二十五条 县级以上地方人民政府环境保护主管部门应当通过书面核查和实地检查等方式，加强对废弃电器电子产品处理活动的监督检查。

第二十六条 任何单位和个人都有权对违反本条例规定的行为向有关部门检举。有关部门应当为检举人保密，并依法及时处理。

第四章 法律责任

第二十七条 违反本条例规定，电器电子产品生产者、进口电器电子产品的收货人或者其代理人生产、进口的电器电子产品上或者产品说明书中未按照规定提供有关有毒有害物质含量、回收处理提示性说明等信息的，由县级以上地方人民政府产品质量监督部门责令限期改正，处5万元以下的罚款。

第二十八条 违反本条例规定，未取得废弃电器电子产品处理资格擅自从事废弃电器电子产品处理活动的，由工商行政管理机关依照《无照经营查处取缔办法》的规定予以处罚。

环境保护主管部门查出的，由县级以上人民政府环境保护主管部门责令停业、关闭，没收违法所得，并处5万元以上50万元以下的罚款。

第二十九条 违反本条例规定，采用国家明令淘汰的技术和工艺处理废弃电器电子产品的，由县级以上人民政府环境保护主管部门责令限期改正；情节严重的，由设区的市级人民政府环境保护主管部门依法暂停直至撤销其废弃电器电子产品处理资格。

第三十条 处理废弃电器电子产品造成环境污染的，由县级以上人民政府环境保护主管部门按照固体废物污染环境防治的有关规定予以处罚。

第三十一条 违反本条例规定，处理企业未建立废弃电器电子产品的数据信息管理系统，未按规定报送基本数据和有关情况或者报送基本数据、有关情况不真实，或者未按规定期限保存基本数据的，由所在地的设区的市级人民政府环境保护主管部门责令限期改正，可以处5万元以下的罚款。

第三十二条 违反本条例规定，处理企业未建立日常环境监测制度或者未开展日常环境监测的，由县级以上人民政府环境保护主管部门责令限期改正，可以处5万元以下的罚款。

第三十三条 违反本条例规定，有关行政主管部门的工作人员滥用职权、玩忽职守、徇私舞弊，构成犯罪的，依法追究刑事责任；尚不构成犯罪的，依法给予处分。

第五章 附 则

第三十四条 经省级人民政府批准，可以设立废弃电器电子产品集中处理场。废弃电器电子产品集中处理场应当具有完善的污染物集中处理设施，确保符合国家或者地方制定的污染物排放标准和固体废物污染环境防治技术标准，并应当遵守本条例的有关规定。

废弃电器电子产品集中处理场应当符合国家和当地工业区设置规划，与当地土地利用规划和城乡规划相协调，并应当加快实现产业升级。

第三十五条 本条例自2011年1月1日起施行。

中华人民共和国计算机信息网络国际联网管理暂行规定

（1996年2月1日中华人民共和国国务院令第195号发布　根据1997年5月20日《国务院关于修改〈中华人民共和国计算机信息网络国际联网管理暂行规定〉的决定》修订）

第一条 为了加强对计算机信息网络国际联网的管理，保障国际计算机信息交流的健康发展，制定本规定。

第二条 中华人民共和国境内的计算机信息网络进行国际联网，应当依照本规定办理。

第三条 本规定下列用语的含义是：

（一）计算机信息网络国际联网（以下简称国际联网），是指中华人民共和国境内的计算机信息网络为实现信息的国际交流，同外国的计算机信息网络相联接。

（二）互联网络，是指直接进行国际联网的计算机信息网络；互联单位，是指负责互联网络运行的单位。

（三）接入网络，是指通过接入互联网络进行国际联网的计算机信息网络；接入单位，是指负责接入网络运行的单位。

第四条 国家对国际联网实行统筹规划、统一标准、分级管理、促进发展的原则。

第五条 国务院信息化工作领导小组（以下简称领导小组），负责协调、解决有关国际联网工作中的重大问题。

领导小组办公室按照本规定制定具体管理办法，明确国际出入口信道提供单位、互联单位、接入单位和用户的权利、义务和责任，并负责对国际联网工作的检查监督。

第六条 计算机信息网络直接进行国际联网，必须使用邮电部国家公用电信网提供的国际出入口信道。

任何单位和个人不得自行建立或者使用其他信道进行国际联网。

第七条 已经建立的互联网络，根据国务院有关规定调整后，分别由邮电部、电子工业部、国家教育委员会和中国科学院管理。

新建互联网络，必须报经国务院批准。

第八条 接入网络必须通过互联网络进行国际联网。

接入单位拟从事国际联网经营活动的，应当向有权受理从事国际联网经营活动申请的互联单位主管部门或者主管单位申请领取国际联网经营许可证；未取得国际联网经营许可证的，不得从事国际联网经营业务。

接入单位拟从事非经营活动的，应当报经有权受理从事非经营活动申请的互联单位主管部门或者主管单位审批；未经批准的，不得接入互联网络进行国际联网。

申请领取国际联网经营许可证或者办理审批手续时，应当提供其计算机信息网络的性质、应用范围和主机地址等资料。

国际联网经营许可证的格式，由领导小组统一制定。

第九条 从事国际联网经营活动的和从事非经营活动的接入单位都必须具备下列条件：

（一）是依法设立的企业法人或者事业法人；

（二）具有相应的计算机信息网络、装备以及相应的技术人员和管理人员；

（三）具有健全的安全保密管理制度和技术保护措施；

（四）符合法律和国务院规定的其他条件。

接入单位从事国际联网经营活动的，除必须具备本条前款规定条件外，还应当具备为用户提供长期服务的能力。

从事国际联网经营活动的接入单位的情况发生变化，不再符合本条第一款、第二款规定条件的，其国际联网经营许可证由发证机构予以吊销；从事非经营活动的接入单位的情况发生变化，不再符合本条第一款规定条件的，其国际联网资格由审批机构予以取消。

第十条 个人、法人和其他组织（以下统称用户）使用的计算机或者计算机信息网络，需要进行国际联网的，必须通过接入网络进行国际联网。

前款规定的计算机或者计算机信息网络，需要接入网络的，应当征得接入单位的同意，并办理登记手续。

第十一条 国际出入口信道提供单位、互联单位和接入单位，应当建立相应的网络管理中心，依照法律和国家有关规定加强对本单位及其用户的管理，做好网络信息安全管理工作，确保为用户提供良好、安全的服务。

第十二条 互联单位与接入单位，应当负责本单位及其用户有关国际联网的技术培训和管理教育工作。

第十三条 从事国际联网业务的单位和个人，应当遵守国家有关法律、行政法规，严格执行安全保密制度，不得利用国际联网从事危害国家安全、泄露国家秘密等违法犯罪活动，不得制作、查阅、复制和传播妨碍社会治安的信息和淫秽色情等信息。

第十四条 违反本规定第六条、第八条和第十条的规定的，由公安机关责令停止联网，给予警告，可以并处15000元以下的罚款；有违法所得的，没收违法所得。

第十五条 违反本规定，同时触犯其他有关法律、行政法规的，依照有关法律、行政法规的规定予以处罚；构成犯罪的，依法追究刑事责任。

第十六条 与台湾、香港、澳门地区的计算机信息网络的联网，参照本规定执行。

第十七条 本规定自发布之日起施行。

第三部分

司法解释及文件

最高人民法院、最高人民检察院关于办理侵犯公民个人信息刑事案件适用法律若干问题的解释

（2017年3月20日最高人民法院审判委员会第1712次会议、2017年4月26日最高人民检察院第十二届检察委员会第63次会议通过　2017年5月8日最高人民法院、最高人民检察院公告公布　自2017年6月1日起施行　法释〔2017〕10号）

为依法惩治侵犯公民个人信息犯罪活动，保护公民个人信息安全和合法权益，根据《中华人民共和国刑法》《中华人民共和国刑事诉讼法》的有关规定，现就办理此类刑事案件适用法律的若干问题解释如下：

第一条　刑法第二百五十三条之一规定的“公民个人信息”，是指以电子或者其他方式记录的能够单独或者与其他信息结合识别特定自然人身份或者反映特定自然人活动情况的各种信息，包括姓名、身份证件号码、通信通讯联系方式、住址、账号密码、财产状况、行踪轨迹等。

第二条　违反法律、行政法规、部门规章有关公民个人信息保护的规定的，应当认定为刑法第二百五十三条之一规定的“违反国家有关规定”。

第三条　向特定人提供公民个人信息，以及通过信息网络或者其他途径发布公民个人信息的，应当认定为刑法第二百五十三条之一规定的“提供公民个人信息”。

未经被收集者同意，将合法收集的公民个人信息向他人提供的，属于刑法第二百五十三条之一规定的“提供公民个人信息”，但是经过处理无法识别特定个人且不能复原的除外。

第四条　违反国家有关规定，通过购买、收受、交换等方式获取公民个人信息，或者在履行职责、提供服务过程中收集公民个人信息的，属于刑法第二百五十三条之一第三款规定的“以其他方法非法获取公民个人信息”。

第五条　非法获取、出售或者提供公民个人信息，具有下列情形之一的，应当认定为刑法第二百五十三条之一规定的“情节严重”：

（一）出售或者提供行踪轨迹信息，被他人用于犯罪的；

（二）知道或者应当知道他人利用公民个人信息实施犯罪，向其出售或者提供的；

（三）非法获取、出售或者提供行踪轨迹信息、通信内容、征信信息、财产信息五十条以上的；

（四）非法获取、出售或者提供住宿信息、通信记录、健康生理信息、交易信息等其他可能影响人身、财产安全的公民个人信息五百条以上的；

（五）非法获取、出售或者提供第三项、第四项规定以外的公民个人信息五千条以上的；

（六）数量未达到第三项至第五项规定标准，但是按相应比例合计达到有关数量标准的；

（七）违法所得五千元以上的；

（八）将在履行职责或者提供服务过程中获得的公民个人信息出售或者提供给他人，数量或者数额达到第三项至第七项规定标准一半以上的；

（九）曾因侵犯公民个人信息受过刑事处罚或者二年内受过行政处罚，又非法获取、出售或者提供公民个人信息的；

（十）其他情节严重的情形。

实施前款规定的行为，具有下列情形之一的，应当认定为刑法第二百五十三条之一第一款规定的“情节特别严重”：

（一）造成被害人死亡、重伤、精神失常或者被绑架等严重后果的；

（二）造成重大经济损失或者恶劣社会影响的；

（三）数量或者数额达到前款第三项至第八项规定标准十倍以上的；

（四）其他情节特别严重的情形。

第六条　为合法经营活动而非法购买、收受本解释第五条第一款第三项、第四项规定以

外的公民个人信息，具有下列情形之一的，应当认定为刑法第二百五十三条之一规定的“情节严重”：

（一）利用非法购买、收受的公民个人信息获利五万元以上的；

（二）曾因侵犯公民个人信息受过刑事处罚或者二年内受过行政处罚，又非法购买、收受公民个人信息的；

（三）其他情节严重的情形。

实施前款规定的行为，将购买、收受的公民个人信息非法出售或者提供的，定罪量刑标准适用本解释第五条的规定。

第七条 单位犯刑法第二百五十三条之一规定之罪的，依照本解释规定的相应自然人犯罪的定罪量刑标准，对直接负责的主管人员和其他直接责任人员定罪处罚，并对单位判处罚金。

第八条 设立用于实施非法获取、出售或者提供公民个人信息违法犯罪活动的网站、通讯群组，情节严重的，应当依照刑法第二百八十七条之一的规定，以非法利用信息网络罪定罪处罚；同时构成侵犯公民个人信息罪的，依照侵犯公民个人信息罪定罪处罚。

第九条 网络服务提供者拒不履行法律、行政法规规定的信息网络安全管理义务，经监管部门责令采取改正措施而拒不改正，致使用户的公民个人信息泄露，造成严重后果的，应当依照刑法第二百八十六条之一的规定，以拒不履行信息网络安全管理义务罪定罪处罚。

第十条 实施侵犯公民个人信息犯罪，不属于“情节特别严重”，行为人系初犯，全部退赃，并确有悔罪表现的，可以认定为情节轻微，不起诉或者免予刑事处罚；确有必要判处刑罚的，应当从宽处罚。

第十一条 非法获取公民个人信息后又出售或者提供的，公民个人信息的条数不重复计算。

向不同单位或者个人分别出售、提供同一公民个人信息的，公民个人信息的条数累计计算。

对批量公民个人信息的条数，根据查获的数量直接认定，但是有证据证明信息不真实或者重复的除外。

第十二条 对于侵犯公民个人信息犯罪，应当综合考虑犯罪的危害程度、犯罪的违法所得数额以及被告人的前科情况、认罪悔罪态度等，依法判处罚金。罚金数额一般在违法所得的一倍以上五倍以下。

第十三条 本解释自2017年6月1日起施行。

最高人民法院、最高人民检察院关于利用网络云盘制作、复制、贩卖、传播淫秽电子信息牟利行为定罪量刑问题的批复

（2017年8月28日最高人民法院审判委员会第1724次会议、2017年10月10日最高人民检察院第十二届检察委员会第70次会议通过 2017年11月22日最高人民法院、最高人民检察院公告公布 自2017年12月1日起施行 法释〔2017〕19号）

各省、自治区、直辖市高级人民法院、人民检察院，解放军军事法院、军事检察院，新疆维吾尔自治区高级人民法院生产建设兵团分院、新疆生产建设兵团人民检察院：

近来，部分高级人民法院、省级人民检察院就如何对利用网络云盘制作、复制、贩卖、传播淫秽电子信息牟利行为定罪量刑的问题提出请示。经研究，批复如下：

一、对于以牟利为目的，利用网络云盘制作、复制、贩卖、传播淫秽电子信息的行为，是否应当追究刑事责任，适用刑法和《最高人民法院、最高人民检察院关于办理利用互联网、移动通讯终端、声讯台制作、复制、出版、贩卖、传播淫秽电子信息刑事案件具体应用法律若干问题的解释》（法释〔2004〕11号）、《最高人民法院、最高人民检察院关于办理利用互

联网、移动通讯终端、声讯台制作、复制、出版、贩卖、传播淫秽电子信息刑事案件具体应用法律若干问题的解释（二）》（法释〔2010〕3号）的有关规定。

二、对于以牟利为目的，利用网络云盘制作、复制、贩卖、传播淫秽电子信息的行为，在追究刑事责任时，鉴于网络云盘的特点，不应单纯考虑制作、复制、贩卖、传播淫秽电子信息的数量，还应充分考虑传播范围、违法所得、行为人一贯表现以及淫秽电子信息、传播对象是否涉及未成年人等情节，综合评估社会危害性，恰当裁量刑罚，确保罪责刑相适应。

此复。

最高人民检察院关于办理涉互联网金融犯罪案件有关问题座谈会纪要

（2017年6月1日　高检诉〔2017〕14号）

互联网金融是金融与互联网相互融合形成的新型金融业务模式。发展互联网金融，对加快实施创新驱动发展战略、推进供给侧结构性改革、促进经济转型升级具有积极作用。但是，在互联网金融快速发展过程中，部分机构、业态偏离了正确方向，有些甚至打着“金融创新”的幌子进行非法集资、金融诈骗等违法犯罪活动，严重扰乱了金融管理秩序，侵害了人民群众合法权益。2016年4月，国务院部署开展了互联网金融风险专项整治工作，集中整治违法违规行为，防范和化解互联网金融风险。各级检察机关积极参与专项整治工作，依法办理进入检察环节的涉互联网金融犯罪案件。针对办案中遇到的新情况、新问题，高检院公诉厅先后在昆明、上海、福州召开座谈会，对办理涉互联网金融犯罪案件中遇到的有关行为性质、法律适用、证据审查、追诉范围等问题进行了深入研究。纪要如下：

一、办理涉互联网金融犯罪案件的基本要求

促进和保障互联网金融规范健康发展，是检察机关服务经济社会发展的重要内容。各地检察机关公诉部门应当充分认识防范和化解互联网金融风险的重要性、紧迫性和复杂性，立足检察职能，积极参与互联网金融风险专项整治工作，有效预防、依法惩治涉互联网金融犯罪，切实维护人民群众合法权益，维护国家金融安全。

1　准确认识互联网金融的本质。互联网金融的本质仍然是金融，其潜在的风险与传统金融没有区别，甚至还可能因互联网的作用而被放大。要依据现有的金融管理法律规定，依法准确判断各类金融活动、金融业态的法律性质，准确界定金融创新和金融违法犯罪的界限。在办理涉互联网金融犯罪案件时，判断是否符合“违反国家规定”“未经有关国家主管部门批准”等要件时，应当以现行刑事法律和金融管理法律法规为依据。对各种类型互联网金融活动，要深入剖析行为实质并据此判断其性质，从而准确区分罪与非罪、此罪与彼罪、罪轻与罪重、打击与保护的界限，不能机械地被所谓“互联网金融创新”表象所迷惑。

2　妥善把握刑事追诉的范围和边界。涉互联网金融犯罪案件涉案人员众多，要按照区别对待的原则分类处理，综合运用刑事追诉和非刑事手段处置和化解风险，打击少数、教育挽救大多数。要坚持主客观相统一的原则，根据犯罪嫌疑人在犯罪活动中的地位作用、涉案数额、危害结果、主观过错等主客观情节，综合判断责任轻重及刑事追诉的必要性，做到罪责适应、罚当其罪。对犯罪情节严重、主观恶性大、在犯罪中起主要作用的人员，特别是核心管理层人员和骨干人员，依法从严打击；对犯罪情节相对较轻、主观恶性较小、在犯罪中起次要作用的人员依法从宽处理。

3　注重案件统筹协调推进。涉互联网金融犯罪跨区域特征明显，各地检察机关公诉部门要按照“统一办案协调、统一案件指挥、统一资产处置、分别侦查诉讼、分别落实维稳”（下称“三统两分”）的要求分别处理好辖区内案件，加强横向、纵向联系，在上级检察机关特别是省级检察院的指导下统一协调推进办案工作，确保辖区内案件处理结果相对平衡统一。跨区县案件由地市级检察院统筹协调，跨地市案件由省级检察院统一协调，跨省案件由高检院公诉厅统一协调。各级检察机关公诉部门要加强与公安机关、地方金融办等相关单位以及检察机关内部侦监、控申等部门的联系，建立健全案件信息通报机制，及时掌握重大案件的立案、侦查、批捕、信访等情况，适时开展提前介入侦查等工作，并及时上报上级检察院。省级检察院公诉部门要发挥工作主动性，主动掌握社会影响大的案件情况，研究制定工作方案，统筹协调解决办案中遇到的问题，重大、疑难、复杂问题要及时向高检院报告。

4　坚持司法办案“三个效果”有机统一。涉互联网金融犯罪影响广泛，社会各界特别是投资人群体十分关注案件处理。各级检察机关公诉部门要从有利于全案依法妥善处置的角度出发，切实做好提前介入侦查引导取证、审查起诉、出庭公诉等各个阶段的工作，依法妥善处理重大敏感问题，不能机械司法、就案办案。同时，要把办案工作与保障投资人合法权益紧密结合起来，同步做好释法说理、风险防控、追赃挽损、维护稳定等工作，努力实现司法办案的法律效果、社会效果、政治效果有机统一。

二、准确界定涉互联网金融行为法律性质

5　互联网金融涉及P2P网络借贷、股权众筹、第三方支付、互联网保险以及通过互联网开展资产管理及跨界从事金融业务等多个金融领域，行为方式多样，所涉法律关系复杂。违法犯罪行为隐蔽性、迷惑性强，波及面广，社会影响大，要根据犯罪行为的实质特征和社会危害，准确界定行为的法律性质和刑法适用的罪名。

（一）非法吸收公众存款行为的认定

6　涉互联网金融活动在未经有关部门依法批准的情形下，公开宣传并向不特定公众吸收资金，承诺在一定期限内还本付息的，应当依法追究刑事责任。其中，应重点审查互联网金融活动相关主体是否存在归集资金、沉淀资金，致使投资人资金存在被挪用、侵占等重大风险等情形。

7　互联网金融的本质是金融，判断其是否属于“未经有关部门依法批准”，即行为是否具有非法性的主要法律依据是《商业银行法》、《非法金融机构和非法金融业务活动取缔办法》（国务院令第247号）等现行有效的金融管理法律规定。

8　对以下网络借贷领域的非法吸收公众资金的行为，应当以非法吸收公众存款罪分别追究相关行为主体的刑事责任：

（1）中介机构以提供信息中介服务为名，实际从事直接或间接归集资金、甚至自融或变相自融等行为，应当依法追究中介机构的刑事责任。特别要注意识别变相自融行为，如中介机构通过拆分融资项目期限、实行债权转让等方式为自己吸收资金的，应当认定为非法吸收公众存款。

（2）中介机构与借款人存在以下情形之一的，应当依法追究刑事责任：①中介机构与借款人合谋或者明知借款人存在违规情形，仍为其非法吸收公众存款提供服务的；中介机构与借款人合谋，采取向出借人提供信用担保、通过电子渠道以外的物理场所开展借贷业务等违规方式向社会公众吸收资金的；②双方合谋通过拆分融资项目期限、实行债权转让等方式为借款人吸收资金的。在对中介机构、借款人进行追诉时，应根据各自在非法集资中的地位、作用确定其刑事责任。中介机构虽然没有直接吸收资金，但是通过大肆组织借款人开展非法集资并从中收取费用数额巨大、情节严重的，可以认定为主犯。

（3）借款人故意隐瞒事实，违反规定，以自己名义或借用他人名义利用多个网络借贷平台发布借款信息，借款总额超过规定的最高限额，或将吸收资金用于明确禁止的投资股票、场外配资、期货合约等高风险行业，造成重大损失和社会影响的，应当依法追究借款人的刑事责任。对于借款人将借款主要用于正常的生产经营活动，能够及时清退所吸收资金，不作为犯罪处理。

9　在非法吸收公众存款罪中，原则上认定主观故意并不要求以明知法律的禁止性规定为要件。特别是具备一定涉金融活动相关从业经历、专业背景或在犯罪活动中担任一定管理职务的犯罪嫌疑人，应当知晓相关金融法律管理规定，如果有证据证明其实际从事的行为应当批准而未经批准，行为在客观上具有非法性，原则上就可以认定其具有非法吸收公众存款的主观故意。在证明犯罪嫌疑人的主观故意时，可以收集运用犯罪嫌疑人的任职情况、职业经历、专业背景、培训经历、此前任职单位或者其本人因从事同类行为受到处罚情况等证据，证明犯罪嫌疑人提出的“不知道相关行为被法律所禁止，故不具有非法吸收公众存款的主观故意”等辩解不能成立。除此之外，还可以收集运用以下证据进一步印证犯罪嫌疑人知道或应当知道其所从事行为具有非法性，比如犯罪嫌疑人故意规避法律以逃避监管的相关证据：自己或要求下属与投资人签订虚假的亲友关系确认书，频繁更换宣传用语逃避监管，实际推介内容与宣传用语、实际经营状况不一致，刻意向投资人夸大公司兑付能力，在培训课程中传授或接受规避法律的方法，等等。

10 对于无相关职业经历、专业背景，且从业时间短暂，在单位犯罪中层级较低，纯属执行单位领导指令的犯罪嫌疑人提出辩解的，如确实无其他证据证明其具有主观故意的，可以不作为犯罪处理。另外，实践中还存在犯罪嫌疑人提出因信赖行政主管部门出具的相关意见而陷入错误认识的辩解。如果上述辩解确有证据证明，不应作为犯罪处理，但应当对行政主管部门出具的相关意见及其出具过程进行查证，如存在以下情形之一，仍应认定犯罪嫌疑人具有非法吸收公众存款的主观故意：

（1）行政主管部门出具意见所涉及的行为与犯罪嫌疑人实际从事的行为不一致的；

（2）行政主管部门出具的意见未对是否存在非法吸收公众存款问题进行合法性审查，仅对其他合法性问题进行审查的；

（3）犯罪嫌疑人在行政主管部门出具意见时故意隐瞒事实、弄虚作假的；

（4）犯罪嫌疑人与出具意见的行政主管部门的工作人员存在利益输送行为的；

（5）犯罪嫌疑人存在其他影响和干扰行政主管部门出具意见公正性的情形的。

对于犯罪嫌疑人提出因信赖专家学者、律师等专业人士、主流新闻媒体宣传或有关行政主管部门工作人员的个人意见而陷入错误认识的辩解，不能作为犯罪嫌疑人判断自身行为合法性的根据和排除主观故意的理由。

11 负责或从事吸收资金行为的犯罪嫌疑人非法吸收公众存款金额，根据其实际参与吸收的全部金额认定。但以下金额不应计入该犯罪嫌疑人的吸收金额：

（1）犯罪嫌疑人自身及其近亲属所投资的资金金额；

（2）记录在犯罪嫌疑人名下，但其未实际参与吸收且未从中收取任何形式好处的资金。

吸收金额经过司法会计鉴定的，可以将前述不计入部分直接扣除。但是，前述两项所涉金额仍应计入相对应的上一级负责人及所在单位的吸收金额。

12 投资人在每期投资结束后，利用投资账户中的资金（包括每期投资结束后归还的本金、利息）进行反复投资的金额应当累计计算，但对反复投资的数额应当作出说明。对负责或从事行政管理、财务会计、技术服务等辅助工作的犯罪嫌疑人，应当按照其参与的犯罪事实，结合其在犯罪中的地位和作用，依法确定刑事责任范围。

13 确定犯罪嫌疑人的吸收金额时，应当重点审查、运用以下证据：（1）涉案主体自身的服务器或第三方服务器上存储的交易记录等电子数据；（2）会计账簿和会计凭证；（3）银行账户交易记录、POS 机支付记录；（4）资金收付凭证、书面合同等书证。仅凭投资人报案数据不能认定吸收金额。

（二）集资诈骗行为的认定

14 以非法占有为目的，使用诈骗方法非法集资，是集资诈骗罪的本质特征。是否具有非法占有目的，是区分非法吸收公众存款罪和集资诈骗罪的关键要件，对此要重点围绕融资项目真实性、资金去向、归还能力等事实进行综合判断。犯罪嫌疑人存在以下情形之一的，原则上可以认定具有非法占有目的：

（1）大部分资金未用于生产经营活动，或名义上投入生产经营但又通过各种方式抽逃转移资金的；

（2）资金使用成本过高，生产经营活动的盈利能力不具有支付全部本息的现实可能性的；

（3）对资金使用的决策极度不负责任或肆意挥霍造成资金缺口较大的；

（4）归还本息主要通过借新还旧来实现的；

（5）其他依照有关司法解释可以认定为非法占有目的的情形。

15　对于共同犯罪或单位犯罪案件中，不同层级的犯罪嫌疑人之间存在犯罪目的发生转化或者犯罪目的明显不同的，应当根据犯罪嫌疑人的犯罪目的分别认定。

（1）注意区分犯罪目的发生转变的时间节点。犯罪嫌疑人在初始阶段仅具有非法吸收公众存款的故意，不具有非法占有目的，但在发生经营失败、资金链断裂等问题后，明知没有归还能力仍然继续吸收公众存款的，这一时间节点之后的行为应当认定为集资诈骗罪，此前的行为应当认定为非法吸收公众存款罪。

（2）注意区分犯罪嫌疑人的犯罪目的的差异。在共同犯罪或单位犯罪中，犯罪嫌疑人由于层级、职责分工、获取收益方式、对全部犯罪事实的知情程度等不同，其犯罪目的也存在不同。在非法集资犯罪中，有的犯罪嫌疑人具有非法占有的目的，有的则不具有非法占有目的，对此，应当分别认定为集资诈骗罪和非法吸收公众存款罪。

16　证明主观上是否具有非法占有目的，可以重点收集、运用以下客观证据：

（1）与实施集资诈骗整体行为模式相关的证据：投资合同、宣传资料、培训内容等；

（2）与资金使用相关的证据：资金往来记录、会计账簿和会计凭证、资金使用成本（包括利息和佣金等）、资金决策使用过程、资金主要用途、财产转移情况等；

（3）与归还能力相关的证据：吸收资金所投资项目内容、投资实际经营情况、盈利能力、归还本息资金的主要来源、负债情况、是否存在虚构业绩等虚假宣传行为等；

（4）其他涉及欺诈等方面的证据：虚构融资项目进行宣传、隐瞒资金实际用途、隐匿销毁账簿；等等。司法会计鉴定机构对相关数据进行鉴定时，办案部门可以根据查证犯罪事实的需要提出重点鉴定的项目，保证司法会计鉴定意见与待证的构成要件事实之间的关联性。

17　集资诈骗的数额，应当以犯罪嫌疑人实际骗取的金额计算。犯罪嫌疑人为吸收公众资金制造还本付息的假象，在诈骗的同时对部分投资人还本付息的，集资诈骗的金额以案发时实际未兑付的金额计算。案发后，犯罪嫌疑人主动退还集资款项的，不能从集资诈骗的金额中扣除，但可以作为量刑情节考虑。

（三）非法经营资金支付结算行为的认定

18　支付结算业务（也称支付业务）是商业银行或者支付机构在收付款人之间提供的货币资金转移服务。非银行机构从事支付结算业务，应当经中国人民银行批准取得《支付业务许可证》，成为支付机构。未取得支付业务许可从事该业务的行为，违反《非法金融机构和非法金融业务活动取缔办法》第四条第一款第（三）、（四）项的规定，破坏了支付结算业务许可制度，危害支付市场秩序和安全，情节严重的，适用刑法第二百二十五条第（三）项，以非法经营罪追究刑事责任。具体情形：

（1）未取得支付业务许可经营基于客户支付账户的网络支付业务。无证网络支付机构为客户非法开立支付账户，客户先把资金支付到该支付账户，再由无证机构根据订单信息从支付账户平台将资金结算到收款人银行账户。

（2）未取得支付业务许可经营多用途预付卡业务。无证发卡机构非法发行可跨地区、跨行业、跨法人使用的多用途预付卡，聚集大量的预付卡销售资金，并根据客户订单信息向商户划转结算资金。

19　在具体办案时，要深入剖析相关行为是否具备资金支付结算的实质特征，准确区分支付工具的正常商业流转与提供支付结算服务、区分单用途预付卡与多用途预付卡业务，充分考虑具体行为与“地下钱庄”等同类犯罪在社会危害方面的相当性以及刑事处罚的必要性，严格把握入罪和出罪标准。

三、依法认定单位犯罪及其责任人员

20　涉互联网金融犯罪案件多以单位形式组织实施，所涉单位数量众多、层级复杂，其中还包括大量分支机构和关联单位，集团化特征明显。有的涉互联网金融犯罪案件中分支机构遍布全国，既有具备法人资格的，又有不具备法人资格的；既有受总公司直接领导的，又有受总公司的下属单位领导的。公安机关在立案时做法不一，有的对单位立案，有的不对单位立案，有的被立案的单位不具有独立法人资格，有的仅对最上层的单位立案而不对分支机构立案。对此，检察机关公诉部门在审查起诉时，应当从能够全面揭示犯罪行为基本特征、全面覆盖犯罪活动、准确界定区分各层级人员的地位作用、有利于有力指控犯罪、有利于追缴违法所得等方面依法具体把握，确定是否以单位犯罪追究。

21　涉互联网金融犯罪所涉罪名中，刑法规定应当追究单位刑事责任的，对同时具备以下情形且具有独立法人资格的单位，可以以单位犯罪追究：

（1）犯罪活动经单位决策实施；

（2）单位的员工主要按照单位的决策实施具体犯罪活动；

（3）违法所得归单位所有，经单位决策使用，收益亦归单位所有。但是，单位设立后专门从事违法犯罪活动的，应当以自然人犯罪追究刑事责任。

22　对参与涉互联网金融犯罪，但不具有独立法人资格的分支机构，是否追究其刑事责任，可以区分两种情形处理：

（1）全部或部分违法所得归分支机构所有并支配，分支机构作为单位犯罪主体追究刑事责任；

（2）违法所得完全归分支机构上级单位所有并支配的，不能对分支机构作为单位犯罪主体追究刑事责任，而是应当对分支机构的上级单位（符合单位犯罪主体资格）追究刑事责任。

23　分支机构认定为单位犯罪主体的，该分支机构相关涉案人员应当作为该分支机构的“直接负责的主管人员”或者“其他直接责任人员”追究刑事责任。仅将分支机构的上级单位认定为单位犯罪主体的，该分支机构相关涉案人员可以作为该上级单位的“其他直接责任人员”追究刑事责任。

24　对符合追诉条件的分支机构（包括具有独立法人资格的和不具有独立法人资格）及其所属单位，公安机关均没有作为犯罪嫌疑单位移送审查起诉，仅将其所属单位的上级单位作为犯罪嫌疑单位移送审查起诉的，对相关分支机构涉案人员可以区分以下情形处理：

（1）有证据证明被立案的上级单位（比如总公司）在业务、财务、人事等方面对下属单位及其分支机构进行实际控制，下属单位及其分支机构涉案人员可以作为被移送审查起诉的上级单位的“其他直接责任人员”追究刑事责任。在证明实际控制关系时，应当收集、运用公司决策、管理、考核等相关文件，OA 系统等电子数据，资金往来记录等证据。对不同地区同一单位的分支机构涉案人员起诉时，证明实际控制关系的证据体系、证明标准应基本一致。

（2）据现有证据无法证明被立案的上级单位与下属单位及其分支机构之间存在实际控制关系的，对符合单位犯罪构成要件的下属单位或分支机构应当补充起诉，下属单位及其分支机构已不具备补充起诉条件的，可以将下属单位及其分支机构的涉案犯罪嫌疑人直接起诉。

四、综合运用定罪量刑情节

25　在办理跨区域涉互联网金融犯罪案件时，在追诉标准、追诉范围以及量刑建议等方面应当注意统一平衡。对于同一单位在多个地区分别设立分支机构的，在同一省（自治区、直辖市）范围内应当保持基本一致。分支机构所涉犯罪嫌疑人与上级单位主要犯罪嫌疑人之间应当保持适度平衡，防止出现责任轻重“倒挂”的现象。

26　单位犯罪中，直接负责的主管人员和其他直接责任人员在涉互联网金融犯罪案件中的地位、作用存在明显差别的，可以区分主犯和从犯。对起组织领导作用的总公司的直接负责的主管人员和发挥主要作用的其他直接责任人员，可以认定为全案的主犯，其他人员可以认定为从犯。

27　最大限度减少投资人的实际损失是办理涉互联网金融犯罪案件特别是非法集资案件的重要工作。在决定是否起诉、提出量刑建议时，要重视对是否具有认罪认罚、主动退赃退赔等情节的考察。分支机构涉案人员积极配合调查、主动退还违法所得、真诚认罪悔罪的，应当依法提出从轻、减轻处罚的量刑建议。其中，对情节轻微、可以免予刑事处罚的，或者情节显著轻微、危害不大、不认为是犯罪的，应当依法作出不起诉决定。对被不起诉人需要给予行政处罚或者没收违法所得的，应当向行政主管部门提出检察意见。

五、证据的收集、审查与运用

28 涉互联网金融犯罪案件证据种类复杂、数量庞大、且分散于各地，收集、审查、运用证据的难度大。各地检察机关公诉部门要紧紧围绕证据的真实性、合法性、关联性，引导公安机关依法全面收集固定证据，加强证据的审查、运用，确保案件事实经得起法律的检验。

29 对于重大、疑难、复杂涉互联网金融犯罪案件，检察机关公诉部门要依法提前介入侦查，围绕指控犯罪的需要积极引导公安机关全面收集固定证据，必要时与公安机关共同会商，提出完善侦查思路、侦查提纲的意见建议。加强对侦查取证合法性的监督，对应当依法排除的非法证据坚决予以排除，对应当补正或作出合理解释的及时提出意见。

30 电子数据在涉互联网金融犯罪案件的证据体系中地位重要，对于指控证实相关犯罪事实具有重要作用。随着互联网技术的不断发展，电子数据的形式、载体出现了许多新的变化，对电子数据的勘验、提取、审查等提出了更高要求，处理不当会对电子数据的真实性、合法性造成不可逆转的损害。检察机关公诉部门要严格执行《最高人民法院、最高人民检察院、公安部关于办理刑事案件收集提取和审查判断电子数据问题的若干规定》（法发〔2016〕22号），加强对电子数据收集、提取程序和技术标准的审查，确保电子数据的真实性、合法性。对云存储电子数据等新类型电子数据进行提取、审查时，要高度重视程序合法性、数据完整性等问题，必要时主动征求相关领域专家意见，在提取前会同公安机关、云存储服务提供商制定科学合法的提取方案，确保万无一失。

31 落实“三统两分”要求，健全证据交换共享机制，协调推进跨区域案件办理。对涉及主案犯罪嫌疑人的证据，一般由主案侦办地办案机构负责收集，其他地区提供协助。其他地区办案机构需要主案侦办地提供证据材料的，应当向主案侦办地办案机构提出证据需求，由主案侦办地办案机构收集并依法移送。无法移送证据原件的，应当在移送复制件的同时，按照相关规定作出说明。各地检察机关公诉部门之间要加强协作，加强与公安机关的协调，督促本地公安机关与其他地区公安机关做好证据交换共享相关工作。案件进入审查起诉阶段后，检察机关公诉部门可以根据案件需要，直接向其他地区检察机关调取证据，其他地区检察机关公诉部门应积极协助。此外，各地检察机关在办理案件过程中发现对其他地区案件办理有重要作用的证据，应当及时采取措施并通知相应检察机关，做好依法移送工作。

六、投资人合法权益的保护

32 涉互联网金融犯罪案件投资人诉求复杂多样，矛盾化解和维护稳定工作任务艰巨繁重，各地检察机关公诉部门在办案过程中要坚持刑事追诉和权益保护并重，根据《刑事诉讼法》等相关法律规定，依法保证互联网金融活动中投资人的合法权益，坚持把追赃挽损等工作贯穿到侦查、起诉、审判各个环节，配合公安、法院等部门最大限度减少投资人的实际损失，加强与本院控申部门、公安机关的联系沟通，及时掌握涉案动态信息，认真开展办案风险评估预警工作，周密制定处置预案，并落实责任到位，避免因部门之间衔接不畅、处置不当造成工作被动。发现重大风险隐患的，及时向有关部门通报情况，必要时逐级上报高检院。

随着互联网金融的发展，涉互联网金融犯罪中的新情况、新问题还将不断出现，各地检察机关公诉部门要按照会议纪要的精神，结合各地办案实际，依法办理涉互联网金融犯罪案件；在办好案件的同时，要不断总结办案经验，加强对重大疑难复杂案件的研究，努力提高办理涉互联网金融犯罪案件的能力和水平，为促进互联网金融规范发展、保障经济社会大局稳定作出积极贡献。在办案过程中遇到疑难问题的，要及时层报高检院公诉厅。

最高人民法院、最高人民检察院、公安部关于办理电信网络诈骗等刑事案件适用法律若干问题的意见

（2016年12月19日 法发〔2016〕32号）

为依法惩治电信网络诈骗等犯罪活动，保护公民、法人和其他组织的合法权益，维护社会秩序，根据《中华人民共和国刑法》《中华人民共和国刑事诉讼法》等法律和有关司法解释的规定，结合工作实际，制定本意见。

一、总体要求

近年来，利用通讯工具、互联网等技术手段实施的电信网络诈骗犯罪活动持续高发，侵犯公民个人信息，扰乱无线电通讯管理秩序，掩饰、隐瞒犯罪所得、犯罪所得收益等上下游关联犯罪不断蔓延。此类犯罪严重侵害人民群众财产安全和其他合法权益，严重干扰电信网络秩序，严重破坏社会诚信，严重影响人民群众安全感和社会和谐稳定，社会危害性大，人民群众反映强烈。

人民法院、人民检察院、公安机关要针对电信网络诈骗等犯罪的特点，坚持全链条全方位打击，坚持依法从严从快惩处，坚持最大力度最大限度追赃挽损，进一步健全工作机制，加强协作配合，坚决有效遏制电信网络诈骗等犯罪活动，努力实现法律效果和社会效果的高度统一。

二、依法严惩电信网络诈骗犯罪

（一）根据《最高人民法院、最高人民检察院关于办理诈骗刑事案件具体应用法律若干问题的解释》第一条的规定，利用电信网络技术手段实施诈骗，诈骗公私财物价值三千元以上、三万元以上、五十万元以上的，应当分别认定为刑法第二百六十六条规定的“数额较大”“数额巨大”“数额特别巨大”。

二年内多次实施电信网络诈骗未经处理，诈骗数额累计计算构成犯罪的，应当依法定罪处罚。

（二）实施电信网络诈骗犯罪，达到相应数额标准，具有下列情形之一的，酌情从重处罚：

1. 造成被害人或其近亲属自杀、死亡或者精神失常等严重后果的；

2. 冒充司法机关等国家机关工作人员实施诈骗的；

3. 组织、指挥电信网络诈骗犯罪团伙的；

4. 在境外实施电信网络诈骗的；

5. 曾因电信网络诈骗犯罪受过刑事处罚或者二年内曾因电信网络诈骗受过行政处罚的；

6. 诈骗残疾人、老年人、未成年人、在校学生、丧失劳动能力人的财物，或者诈骗重病患者及其亲属财物的；

7. 诈骗救灾、抢险、防汛、优抚、扶贫、移民、救济、医疗等款物的；

8. 以赈灾、募捐等社会公益、慈善名义实施诈骗的；

9. 利用电话追呼系统等技术手段严重干扰公安机关等部门工作的；

10. 利用“钓鱼网站”链接、“木马”程序链接、网络渗透等隐蔽技术手段实施诈骗的。

（三）实施电信网络诈骗犯罪，诈骗数额接近“数额巨大”“数额特别巨大”的标准，具有前述第（二）条规定的情形之一的，应当分别认定为刑法第二百六十六条规定的“其他严重情节”“其他特别严重情节”。

上述规定的“接近”，一般应掌握在相应数额标准的百分之八十以上。

（四）实施电信网络诈骗犯罪，犯罪嫌疑人、被告人实际骗得财物的，以诈骗罪（既遂）定罪处罚。诈骗数额难以查证，但具有下列情形之一的，应当认定为刑法第二百六十六条规定的“其他严重情节”，以诈骗罪（未遂）定罪处罚：

1. 发送诈骗信息五千条以上的，或者拨打诈骗电话五百人次以上的；

2. 在互联网上发布诈骗信息，页面浏览量累计五千次以上的。

具有上述情形，数量达到相应标准十倍以上的，应当认定为刑法第二百六十六条规定的

“其他特别严重情节”，以诈骗罪（未遂）定罪处罚。

上述“拨打诈骗电话”，包括拨出诈骗电话和接听被害人回拨电话。反复拨打、接听同一电话号码，以及反复向同一被害人发送诈骗信息的，拨打、接听电话次数、发送信息条数累计计算。

因犯罪嫌疑人、被告人故意隐匿、毁灭证据等原因，致拨打电话次数、发送信息条数的证据难以收集的，可以根据经查证属实的日拨打人次数、日发送信息条数，结合犯罪嫌疑人、被告人实施犯罪的时间、犯罪嫌疑人、被告人的供述等相关证据，综合予以认定。

（五）电信网络诈骗既有既遂，又有未遂，分别达到不同量刑幅度的，依照处罚较重的规定处罚；达到同一量刑幅度的，以诈骗罪既遂处罚。

（六）对实施电信网络诈骗犯罪的被告人裁量刑罚，在确定量刑起点、基准刑时，一般应就高选择。确定宣告刑时，应当综合全案事实情节，准确把握从重、从轻量刑情节的调节幅度，保证罪责刑相适应。

（七）对实施电信网络诈骗犯罪的被告人，应当严格控制适用缓刑的范围，严格掌握适用缓刑的条件。

（八）对实施电信网络诈骗犯罪的被告人，应当更加注重依法适用财产刑，加大经济上的惩罚力度，最大限度剥夺被告人再犯的能力。

三、全面惩处关联犯罪

（一）在实施电信网络诈骗活动中，非法使用“伪基站”“黑广播”，干扰无线电通讯秩序，符合刑法第二百八十八条规定的，以扰乱无线电通讯管理秩序罪追究刑事责任。同时构成诈骗罪的，依照处罚较重的规定定罪处罚。

（二）违反国家有关规定，向他人出售或者提供公民个人信息，窃取或者以其他方法非法获取公民个人信息，符合刑法第二百五十三条之一规定的，以侵犯公民个人信息罪追究刑事责任。

使用非法获取的公民个人信息，实施电信网络诈骗犯罪行为，构成数罪的，应当依法予以并罚。

（三）冒充国家机关工作人员实施电信网络诈骗犯罪，同时构成诈骗罪和招摇撞骗罪的，依照处罚较重的规定定罪处罚。

（四）非法持有他人信用卡，没有证据证明从事电信网络诈骗犯罪活动，符合刑法第一百七十七条之一第一款第（二）项规定的，以妨害信用卡管理罪追究刑事责任。

（五）明知是电信网络诈骗犯罪所得及其产生的收益，以下列方式之一予以转账、套现、取现的，依照刑法第三百一十二条第一款的规定，以掩饰、隐瞒犯罪所得、犯罪所得收益罪追究刑事责任。但有证据证明确实不知道的除外：

1. 通过使用销售点终端机具（POS 机）刷卡套现等非法途径，协助转换或者转移财物的；

2. 帮助他人将巨额现金散存于多个银行账户，或在不同银行账户之间频繁划转的；

3. 多次使用或者使用多个非本人身份证明开设的信用卡、资金支付结算账户或者多次采用遮蔽摄像头、伪装等异常手段，帮助他人转账、套现、取现的；

4. 为他人提供非本人身份证明开设的信用卡、资金支付结算账户后，又帮助他人转账、套现、取现的；

5. 以明显异于市场的价格，通过手机充值、交易游戏点卡等方式套现的。

实施上述行为，事前通谋的，以共同犯罪论处。

实施上述行为，电信网络诈骗犯罪嫌疑人尚未到案或案件尚未依法裁判，但现有证据足以证明该犯罪行为确实存在的，不影响掩饰、隐瞒犯罪所得、犯罪所得收益罪的认定。

实施上述行为，同时构成其他犯罪的，依照处罚较重的规定定罪处罚。法律和司法解释另有规定的除外。

（六）网络服务提供者不履行法律、行政法规规定的信息网络安全管理义务，经监管部门责令采取改正措施而拒不改正，致使诈骗信息大量传播，或者用户信息泄露造成严重后果的，依照刑法第二百八十六条之一的规定，以拒不履行信息网络安全管理义务罪追究刑事责任。同时构成诈骗罪的，依照处罚较重的规定定罪处罚。

（七）实施刑法第二百八十七条之一、第二

百八十七条之二规定之行为，构成非法利用信息网络罪、帮助信息网络犯罪活动罪，同时构成诈骗罪的，依照处罚较重的规定定罪处罚。

（八）金融机构、网络服务提供者、电信业务经营者等在经营活动中，违反国家有关规定，被电信网络诈骗犯罪分子利用，使他人遭受财产损失的，依法承担相应责任。构成犯罪的，依法追究刑事责任。

四、准确认定共同犯罪与主观故意

（一）三人以上为实施电信网络诈骗犯罪而组成的较为固定的犯罪组织，应依法认定为诈骗犯罪集团。对组织、领导犯罪集团的首要分子，按照集团所犯的全部罪行处罚。对犯罪集团中组织、指挥、策划者和骨干分子依法从严惩处。

对犯罪集团中起次要、辅助作用的从犯，特别是在规定期限内投案自首、积极协助抓获主犯、积极协助追赃的，依法从轻或减轻处罚。

对犯罪集团首要分子以外的主犯，应当按照其所参与的或者组织、指挥的全部犯罪处罚。全部犯罪包括能够查明具体诈骗数额的事实和能够查明发送诈骗信息条数、拨打诈骗电话人次数、诈骗信息网页浏览次数的事实。

（二）多人共同实施电信网络诈骗，犯罪嫌疑人、被告人应对其参与期间该诈骗团伙实施的全部诈骗行为承担责任。在其所参与的犯罪环节中起主要作用的，可以认定为主犯；起次要作用的，可以认定为从犯。

上述规定的“参与期间”，从犯罪嫌疑人、被告人着手实施诈骗行为开始起算。

（三）明知他人实施电信网络诈骗犯罪，具有下列情形之一的，以共同犯罪论处，但法律和司法解释另有规定的除外：

1. 提供信用卡、资金支付结算账户、手机卡、通讯工具的；

2. 非法获取、出售、提供公民个人信息的；

3. 制作、销售、提供“木马”程序和“钓鱼软件”等恶意程序的；

4. 提供“伪基站”设备或相关服务的；

5. 提供互联网接入、服务器托管、网络存储、通讯传输等技术支持，或者提供支付结算等帮助的；

6. 在提供改号软件、通话线路等技术服务时，发现主叫号码被修改为国内党政机关、司法机关、公共服务部门号码，或者境外用户改为境内号码，仍提供服务的；

7. 提供资金、场所、交通、生活保障等帮助的；

8. 帮助转移诈骗犯罪所得及其产生的收益，套现、取现的。

上述规定的“明知他人实施电信网络诈骗犯罪”，应当结合被告人的认知能力，既往经历，行为次数和手段，与他人关系，获利情况，是否曾因电信网络诈骗受过处罚，是否故意规避调查等主客观因素进行综合分析认定。

（四）负责招募他人实施电信网络诈骗犯罪活动，或者制作、提供诈骗方案、术语清单、语音包、信息等的，以诈骗共同犯罪论处。

（五）部分犯罪嫌疑人在逃，但不影响对已到案共同犯罪嫌疑人、被告人的犯罪事实认定的，可以依法先行追究已到案共同犯罪嫌疑人、被告人的刑事责任。

五、依法确定案件管辖

（一）电信网络诈骗犯罪案件一般由犯罪地公安机关立案侦查，如果由犯罪嫌疑人居住地公安机关立案侦查更为适宜的，可以由犯罪嫌疑人居住地公安机关立案侦查。犯罪地包括犯罪行为发生地和犯罪结果发生地。

“犯罪行为发生地”包括用于电信网络诈骗犯罪的网站服务器所在地，网站建立者、管理者所在地，被侵害的计算机信息系统或其管理者所在地，犯罪嫌疑人、被害人使用的计算机信息系统所在地，诈骗电话、短信息、电子邮件等的拨打地、发送地、到达地、接受地，以及诈骗行为持续发生的实施地、预备地、开始地、途经地、结束地。

“犯罪结果发生地”包括被害人被骗时所在地，以及诈骗所得财物的实际取得地、藏匿地、转移地、使用地、销售地等。

（二）电信网络诈骗最初发现地公安机关侦办的案件，诈骗数额当时未达到“数额较大”标准，但后续累计达到“数额较大”标准，可由最初发现地公安机关立案侦查。

（三）具有下列情形之一的，有关公安机关可以在其职责范围内并案侦查：

1. 一人犯数罪的；

2. 共同犯罪的；

3. 共同犯罪的犯罪嫌疑人还实施其他犯罪的；

4. 多个犯罪嫌疑人实施的犯罪存在直接关联，并案处理有利于查明案件事实的。

（四）对因网络交易、技术支持、资金支付结算等关系形成多层级链条、跨区域的电信网络诈骗等犯罪案件，可由共同上级公安机关按照有利于查清犯罪事实、有利于诉讼的原则，指定有关公安机关立案侦查。

（五）多个公安机关都有权立案侦查的电信网络诈骗等犯罪案件，由最初受理的公安机关或者主要犯罪地公安机关立案侦查。有争议的，按照有利于查清犯罪事实、有利于诉讼的原则，协商解决。经协商无法达成一致的，由共同上级公安机关指定有关公安机关立案侦查。

（六）在境外实施的电信网络诈骗等犯罪案件，可由公安部按照有利于查清犯罪事实、有利于诉讼的原则，指定有关公安机关立案侦查。

（七）公安机关立案、并案侦查，或因有争议，由共同上级公安机关指定立案侦查的案件，需要提请批准逮捕、移送审查起诉、提起公诉的，由该公安机关所在地的人民检察院、人民法院受理。

对重大疑难复杂案件和境外案件，公安机关应在指定立案侦查前，向同级人民检察院、人民法院通报。

（八）已确定管辖的电信诈骗共同犯罪案件，在逃的犯罪嫌疑人归案后，一般由原管辖的公安机关、人民检察院、人民法院管辖。

六、证据的收集和审查判断

（一）办理电信网络诈骗案件，确因被害人人数众多等客观条件的限制，无法逐一收集被害人陈述的，可以结合已收集的被害人陈述，以及经查证属实的银行账户交易记录、第三方支付结算账户交易记录、通话记录、电子数据等证据，综合认定被害人人数及诈骗资金数额等犯罪事实。

（二）公安机关采取技术侦查措施收集的案件证明材料，作为证据使用的，应当随案移送批准采取技术侦查措施的法律文书和所收集的证据材料，并对其来源等作出书面说明。

（三）依照国际条约、刑事司法协助、互助协议或平等互助原则，请求证据材料所在地司法机关收集，或通过国际警务合作机制、国际刑警组织启动合作取证程序收集的境外证据材料，经查证属实，可以作为定案的依据。公安机关应对其来源、提取人、提取时间或者提供人、提供时间以及保管移交的过程等作出说明。

对其他来自境外的证据材料，应当对其来源、提供人、提供时间以及提取人、提取时间进行审查。能够证明案件事实且符合刑事诉讼法规定的，可以作为证据使用。

七、涉案财物的处理

（一）公安机关侦办电信网络诈骗案件，应当随案移送涉案赃款赃物，并附清单。人民检察院提起公诉时，应一并移交受理案件的人民法院，同时就涉案赃款赃物的处理提出意见。

（二）涉案银行账户或者涉案第三方支付账户内的款项，对权属明确的被害人的合法财产，应当及时返还。确因客观原因无法查实全部被害人，但有证据证明该账户系用于电信网络诈骗犯罪，且被告人无法说明款项合法来源的，根据刑法第六十四条的规定，应认定为违法所得，予以追缴。

（三）被告人已将诈骗财物用于清偿债务或者转让给他人，具有下列情形之一的，应当依法追缴：

1. 对方明知是诈骗财物而收取的；

2. 对方无偿取得诈骗财物的；

3. 对方以明显低于市场的价格取得诈骗财物的；

4. 对方取得诈骗财物系源于非法债务或者违法犯罪活动的。

他人善意取得诈骗财物的，不予追缴。

最高人民法院关于人民法院网络司法拍卖若干问题的规定

（2016 年 5 月 30 日最高人民法院审判委员会第 1685 次会议通过 2016 年 8 月 2 日最高人民法院公告公布 自 2017 年 1 月 1 日起施行 法释〔2016〕18 号）

为了规范网络司法拍卖行为，保障网络司法拍卖公开、公平、公正、安全、高效，维护当事人的合法权益，根据《中华人民共和国民事诉讼法》等法律的规定，结合人民法院执行工作的实际，制定本规定。

第一条 本规定所称的网络司法拍卖，是指人民法院依法通过互联网拍卖平台，以网络电子竞价方式公开处置财产的行为。

第二条 人民法院以拍卖方式处置财产的，应当采取网络司法拍卖方式，但法律、行政法规和司法解释规定必须通过其他途径处置，或者不宜采用网络拍卖方式处置的除外。

第三条 网络司法拍卖应当在互联网拍卖平台上向社会全程公开，接受社会监督。

第四条 最高人民法院建立全国性网络服务提供者名单库。网络服务提供者申请纳入名单库的，其提供的网络司法拍卖平台应当符合下列条件：

（一）具备全面展示司法拍卖信息的界面；

（二）具备本规定要求的信息公示、网上报名、竞价、结算等功能；

（三）具有信息共享、功能齐全、技术拓展等功能的独立系统；

（四）程序运作规范、系统安全高效、服务优质价廉；

（五）在全国具有较高的知名度和广泛的社会参与度。

最高人民法院组成专门的评审委员会，负责网络服务提供者的选定、评审和除名。最高人民法院每年引入第三方评估机构对已纳入和新申请纳入名单库的网络服务提供者予以评审并公布结果。

第五条 网络服务提供者由申请执行人从名单库中选择；未选择或者多个申请执行人的选择不一致的，由人民法院指定。

第六条 实施网络司法拍卖的，人民法院应当履行下列职责：

（一）制作、发布拍卖公告；

（二）查明拍卖财产现状、权利负担等内容，并予以说明；

（三）确定拍卖保留价、保证金的数额、税费负担等；

（四）确定保证金、拍卖款项等支付方式；

（五）通知当事人和优先购买权人；

（六）制作拍卖成交裁定；

（七）办理财产交付和出具财产权证照转移协助执行通知书；

（八）开设网络司法拍卖专用账户；

（九）其他依法由人民法院履行的职责。

第七条 实施网络司法拍卖的，人民法院可以将下列拍卖辅助工作委托社会机构或者组织承担：

（一）制作拍卖财产的文字说明及视频或者照片等资料；

（二）展示拍卖财产，接受咨询，引领查看，封存样品等；

（三）拍卖财产的鉴定、检验、评估、审计、仓储、保管、运输等；

（四）其他可以委托的拍卖辅助工作。

社会机构或者组织承担网络司法拍卖辅助工作所支出的必要费用由被执行人承担。

第八条 实施网络司法拍卖的，下列事项应当由网络服务提供者承担：

（一）提供符合法律、行政法规和司法解释规定的网络司法拍卖平台，并保障安全正常运行；

（二）提供安全便捷配套的电子支付对接系统；

（三）全面、及时展示人民法院及其委托的社会机构或者组织提供的拍卖信息；

（四）保证拍卖全程的信息数据真实、准确、完整和安全；

（五）其他应当由网络服务提供者承担的工作。

网络服务提供者不得在拍卖程序中设置阻碍适格竞买人报名、参拍、竞价以及监视竞买人信息等后台操控功能。

网络服务提供者提供的服务无正当理由不得中断。

第九条 网络司法拍卖服务提供者从事与网络司法拍卖相关的行为，应当接受人民法院的管理、监督和指导。

第十条 网络司法拍卖应当确定保留价，拍卖保留价即为起拍价。

起拍价由人民法院参照评估价确定；未作评估的，参照市价确定，并征询当事人意见。起拍价不得低于评估价或者市价的百分之七十。

第十一条 网络司法拍卖不限制竞买人数量。一人参与竞拍，出价不低于起拍价的，拍卖成交。

第十二条 网络司法拍卖应当先期公告，拍卖公告除通过法定途径发布外，还应同时在网络司法拍卖平台发布。拍卖动产的，应当在拍卖十五日前公告；拍卖不动产或者其他财产权的，应当在拍卖三十日前公告。

拍卖公告应当包括拍卖财产、价格、保证金、竞买人条件、拍卖财产已知瑕疵、相关权利义务、法律责任、拍卖时间、网络平台和拍卖法院等信息。

第十三条 实施网络司法拍卖的，人民法院应当在拍卖公告发布当日通过网络司法拍卖平台公示下列信息：

（一）拍卖公告；

（二）执行所依据的法律文书，但法律规定不得公开的除外；

（三）评估报告副本，或者未经评估的定价依据；

（四）拍卖时间、起拍价以及竞价规则；

（五）拍卖财产权属、占有使用、附随义务等现状的文字说明、视频或者照片等；

（六）优先购买权主体以及权利性质；

（七）通知或者无法通知当事人、已知优先购买权人的情况；

（八）拍卖保证金、拍卖款项支付方式和账户；

（九）拍卖财产产权转移可能产生的税费及承担方式；

（十）执行法院名称，联系、监督方式等；

（十一）其他应当公示的信息。

第十四条 实施网络司法拍卖的，人民法院应当在拍卖公告发布当日通过网络司法拍卖平台对下列事项予以特别提示：

（一）竞买人应当具备完全民事行为能力，法律、行政法规和司法解释对买受人资格或者条件有特殊规定的，竞买人应当具备规定的资格或者条件；

（二）委托他人代为竞买的，应当在竞价程序开始前经人民法院确认，并通知网络服务提供者；

（三）拍卖财产已知瑕疵和权利负担；

（四）拍卖财产以实物现状为准，竞买人可以申请实地看样；

（五）竞买人决定参与竞买的，视为对拍卖财产完全了解，并接受拍卖财产一切已知和未知瑕疵；

（六）载明买受人真实身份的拍卖成交确认书在网络司法拍卖平台上公示；

（七）买受人悔拍后保证金不予退还。

第十五条 被执行人应当提供拍卖财产品质的有关资料和说明。

人民法院已按本规定第十三条、第十四条的要求予以公示和特别提示，且在拍卖公告中声明不能保证拍卖财产真伪或者品质的，不承担瑕疵担保责任。

第十六条 网络司法拍卖的事项应当在拍卖公告发布三日前以书面或者其他能够确认收悉的合理方式，通知当事人、已知优先购买权人。权利人书面明确放弃权利的，可以不通知。无法通知的，应当在网络司法拍卖平台公示并说明无法通知的理由，公示满五日视为已经通知。

优先购买权人经通知未参与竞买的，视为放弃优先购买权。

第十七条 保证金数额由人民法院在起拍价的百分之五至百分之二十范围内确定。

竞买人应当在参加拍卖前以实名交纳保证金，未交纳的，不得参加竞买。申请执行人参加竞买的，可以不交保证金；但债权数额小于保证金数额的按差额部分交纳。

交纳保证金，竞买人可以向人民法院指定

的账户交纳，也可以由网络服务提供者在其提供的支付系统中对竞买人的相应款项予以冻结。

第十八条　竞买人在拍卖竞价程序结束前交纳保证金经人民法院或者网络服务提供者确认后，取得竞买资格。网络服务提供者应当向取得资格的竞买人赋予竞买代码、参拍密码；竞买人以该代码参与竞买。

网络司法拍卖竞价程序结束前，人民法院及网络服务提供者对竞买人以及其他能够确认竞买人真实身份的信息、密码等，应当予以保密。

第十九条　优先购买权人经人民法院确认后，取得优先竞买资格以及优先竞买代码、参拍密码，并以优先竞买代码参与竞买；未经确认的，不得以优先购买权人身份参与竞买。

顺序不同的优先购买权人申请参与竞买的，人民法院应当确认其顺序，赋予不同顺序的优先竞买代码。

第二十条　网络司法拍卖从起拍价开始以递增出价方式竞价，增价幅度由人民法院确定。竞买人以低于起拍价出价的无效。

网络司法拍卖的竞价时间应当不少于二十四小时。竞价程序结束前五分钟内无人出价的，最后出价即为成交价；有出价的，竞价时间自该出价时点顺延五分钟。竞买人的出价时间以进入网络司法拍卖平台服务系统的时间为准。

竞买代码及其出价信息应当在网络竞买页面实时显示，并储存、显示竞价全程。

第二十一条　优先购买权人参与竞买的，可以与其他竞买人以相同的价格出价，没有更高出价的，拍卖财产由优先购买权人竞得。

顺序不同的优先购买权人以相同价格出价的，拍卖财产由顺序在先的优先购买权人竞得。

顺序相同的优先购买权人以相同价格出价的，拍卖财产由出价在先的优先购买权人竞得。

第二十二条　网络司法拍卖成交的，由网络司法拍卖平台以买受人的真实身份自动生成确认书并公示。

拍卖财产所有权自拍卖成交裁定送达买受人时转移。

第二十三条　拍卖成交后，买受人交纳的保证金可以充抵价款；其他竞买人交纳的保证金应当在竞价程序结束后二十四小时内退还或者解冻。拍卖未成交的，竞买人交纳的保证金应当在竞价程序结束后二十四小时内退还或者解冻。

第二十四条　拍卖成交后买受人悔拍的，交纳的保证金不予退还，依次用于支付拍卖产生的费用损失、弥补重新拍卖价款低于原拍卖价款的差价、冲抵本案被执行人的债务以及与拍卖财产相关的被执行人的债务。

悔拍后重新拍卖的，原买受人不得参加竞买。

第二十五条　拍卖成交后，买受人应当在拍卖公告确定的期限内将剩余价款交付人民法院指定账户。拍卖成交后二十四小时内，网络服务提供者应当将冻结的买受人交纳的保证金划入人民法院指定账户。

第二十六条　网络司法拍卖竞价期间无人出价的，本次拍卖流拍。流拍后应当在三十日内在同一网络司法拍卖平台再次拍卖，拍卖动产的应当在拍卖七日前公告；拍卖不动产或者其他财产权的应当在拍卖十五日前公告。再次拍卖的起拍价降价幅度不得超过前次起拍价的百分之二十。

再次拍卖流拍的，可以依法在同一网络司法拍卖平台变卖。

第二十七条　起拍价及其降价幅度、竞价增价幅度、保证金数额和优先购买权人竞买资格及其顺序等事项，应当由人民法院依法组成合议庭评议确定。

第二十八条　网络司法拍卖竞价程序中，有依法应当暂缓、中止执行等情形的，人民法院应当决定暂缓或者裁定中止拍卖；人民法院可以自行或者通知网络服务提供者停止拍卖。

网络服务提供者发现系统故障、安全隐患等紧急情况的，可以先行暂缓拍卖，并立即报告人民法院。

暂缓或者中止拍卖的，应当及时在网络司法拍卖平台公告原因或者理由。

暂缓拍卖期限届满或者中止拍卖的事由消失后，需要继续拍卖的，应当在五日内恢复拍卖。

第二十九条　网络服务提供者对拍卖形成的电子数据，应当完整保存不少于十年，但法律、行政法规另有规定的除外。

第三十条 因网络司法拍卖本身形成的税费，应当依照相关法律、行政法规的规定，由相应主体承担；没有规定或者规定不明的，人民法院可以根据法律原则和案件实际情况确定税费承担的相关主体、数额。

第三十一条 当事人、利害关系人提出异议请求撤销网络司法拍卖，符合下列情形之一的，人民法院应当支持：

（一）由于拍卖财产的文字说明、视频或者照片展示以及瑕疵说明严重失实，致使买受人产生重大误解，购买目的无法实现的，但拍卖时的技术水平不能发现或者已经就相关瑕疵以及责任承担予以公示说明的除外；

（二）由于系统故障、病毒入侵、黑客攻击、数据错误等原因致使拍卖结果错误，严重损害当事人或者其他竞买人利益的；

（三）竞买人之间，竞买人与网络司法拍卖服务提供者之间恶意串通，损害当事人或者其他竞买人利益的；

（四）买受人不具备法律、行政法规和司法解释规定的竞买资格的；

（五）违法限制竞买人参加竞买或者对享有同等权利的竞买人规定不同竞买条件的；

（六）其他严重违反网络司法拍卖程序且损害当事人或者竞买人利益的情形。

第三十二条 网络司法拍卖被人民法院撤销，当事人、利害关系人、案外人认为人民法院的拍卖行为违法致使其合法权益遭受损害的，可以依法申请国家赔偿；认为其他主体的行为违法致使其合法权益遭受损害的，可以另行提起诉讼。

第三十三条 当事人、利害关系人、案外人认为网络司法拍卖服务提供者的行为违法致使其合法权益遭受损害的，可以另行提起诉讼；理由成立的，人民法院应当支持，但具有法定免责事由的除外。

第三十四条 实施网络司法拍卖的，下列机构和人员不得竞买并不得委托他人代为竞买与其行为相关的拍卖财产：

（一）负责执行的人民法院；

（二）网络服务提供者；

（三）承担拍卖辅助工作的社会机构或者组织；

（四）第（一）至（三）项规定主体的工作人员及其近亲属。

第三十五条 网络服务提供者有下列情形之一的，应当将其从名单库中除名：

（一）存在违反本规定第八条第二款规定操控拍卖程序、修改拍卖信息等行为的；

（二）存在恶意串通、弄虚作假、泄漏保密信息等行为的；

（三）因违反法律、行政法规和司法解释等规定受到处罚，不适于继续从事网络司法拍卖的；

（四）存在违反本规定第三十四条规定行为的；

（五）其他应当除名的情形。

网络服务提供者有前款规定情形之一，人民法院可以依照《中华人民共和国民事诉讼法》的相关规定予以处理。

第三十六条 当事人、利害关系人认为网络司法拍卖行为违法侵害其合法权益的，可以提出执行异议。异议、复议期间，人民法院可以决定暂缓或者裁定中止拍卖。

案外人对网络司法拍卖的标的提出异议的，人民法院应当依据《中华人民共和国民事诉讼法》第二百二十七条及相关司法解释的规定处理，并决定暂缓或者裁定中止拍卖。

第三十七条 人民法院通过互联网平台以变卖方式处置财产的，参照本规定执行。

执行程序中委托拍卖机构通过互联网平台实施网络拍卖的，参照本规定执行。

本规定对网络司法拍卖行为没有规定的，适用其他有关司法拍卖的规定。

第三十八条 本规定自 2017 年 1 月 1 日起施行。施行前最高人民法院公布的司法解释和规范性文件与本规定不一致的，以本规定为准。

最高人民法院关于审理利用信息网络侵害人身权益民事纠纷案件适用法律若干问题的规定

（2014年6月23日最高人民法院审判委员会第1621次会议通过　2014年8月21日最高人民法院公告公布　自2014年10月10日起施行　法释〔2014〕11号）

为正确审理利用信息网络侵害人身权益民事纠纷案件，根据《中华人民共和国民法通则》《中华人民共和国侵权责任法》《全国人民代表大会常务委员会关于加强网络信息保护的决定》《中华人民共和国民事诉讼法》等法律的规定，结合审判实践，制定本规定。

第一条　本规定所称的利用信息网络侵害人身权益民事纠纷案件，是指利用信息网络侵害他人姓名权、名称权、名誉权、荣誉权、肖像权、隐私权等人身权益引起的纠纷案件。

第二条　利用信息网络侵害人身权益提起的诉讼，由侵权行为地或者被告住所地人民法院管辖。

侵权行为实施地包括实施被诉侵权行为的计算机等终端设备所在地，侵权结果发生地包括被侵权人住所地。

第三条　原告依据侵权责任法第三十六条第二款、第三款的规定起诉网络用户或者网络服务提供者的，人民法院应予受理。

原告仅起诉网络用户，网络用户请求追加涉嫌侵权的网络服务提供者为共同被告或者第三人的，人民法院应予准许。

原告仅起诉网络服务提供者，网络服务提供者请求追加可以确定的网络用户为共同被告或者第三人的，人民法院应予准许。

第四条　原告起诉网络服务提供者，网络服务提供者以涉嫌侵权的信息系网络用户发布为由抗辩的，人民法院可以根据原告的请求及案件的具体情况，责令网络服务提供者向人民法院提供能够确定涉嫌侵权的网络用户的姓名（名称）、联系方式、网络地址等信息。

网络服务提供者无正当理由拒不提供的，人民法院可以依据民事诉讼法第一百一十四条的规定对网络服务提供者采取处罚等措施。

原告根据网络服务提供者提供的信息请求追加网络用户为被告的，人民法院应予准许。

第五条　依据侵权责任法第三十六条第二款的规定，被侵权人以书面形式或者网络服务提供者公示的方式向网络服务提供者发出的通知，包含下列内容的，人民法院应当认定有效：

（一）通知人的姓名（名称）和联系方式；

（二）要求采取必要措施的网络地址或者足以准确定位侵权内容的相关信息；

（三）通知人要求删除相关信息的理由。

被侵权人发送的通知未满足上述条件，网络服务提供者主张免除责任的，人民法院应予支持。

第六条　人民法院适用侵权责任法第三十六条第二款的规定，认定网络服务提供者采取的删除、屏蔽、断开链接等必要措施是否及时，应当根据网络服务的性质、有效通知的形式和准确程度，网络信息侵害权益的类型和程度等因素综合判断。

第七条　其发布的信息被采取删除、屏蔽、断开链接等措施的网络用户，主张网络服务提供者承担违约责任或者侵权责任，网络服务提供者以收到通知为由抗辩的，人民法院应予支持。

被采取删除、屏蔽、断开链接等措施的网络用户，请求网络服务提供者提供通知内容的，人民法院应予支持。

第八条　因通知人的通知导致网络服务提供者错误采取删除、屏蔽、断开链接等措施，被采取措施的网络用户请求通知人承担侵权责任的，人民法院应予支持。

被错误采取措施的网络用户请求网络服务提供者采取相应恢复措施的，人民法院应予支持，但受技术条件限制无法恢复的除外。

第九条　人民法院依据侵权责任法第三十六条第三款认定网络服务提供者是否“知道”，应当综合考虑下列因素：

（一）网络服务提供者是否以人工或者自动

方式对侵权网络信息以推荐、排名、选择、编辑、整理、修改等方式作出处理；

（二）网络服务提供者应当具备的管理信息的能力，以及所提供服务的性质、方式及其引发侵权的可能性大小；

（三）该网络信息侵害人身权益的类型及明显程度；

（四）该网络信息的社会影响程度或者一定时间内的浏览量；

（五）网络服务提供者采取预防侵权措施的技术可能性及其是否采取了相应的合理措施；

（六）网络服务提供者是否针对同一网络用户的重复侵权行为或者同一侵权信息采取了相应的合理措施；

（七）与本案相关的其他因素。

第十条 人民法院认定网络用户或者网络服务提供者转载网络信息行为的过错及其程度，应当综合以下因素：

（一）转载主体所承担的与其性质、影响范围相适应的注意义务；

（二）所转载信息侵害他人人身权益的明显程度；

（三）对所转载信息是否作出实质性修改，是否添加或者修改文章标题，导致其与内容严重不符以及误导公众的可能性。

第十一条 网络用户或者网络服务提供者采取诽谤、诋毁等手段，损害公众对经营主体的信赖，降低其产品或者服务的社会评价，经营主体请求网络用户或者网络服务提供者承担侵权责任的，人民法院应依法予以支持。

第十二条 网络用户或者网络服务提供者利用网络公开自然人基因信息、病历资料、健康检查资料、犯罪记录、家庭住址、私人活动等个人隐私和其他个人信息，造成他人损害，被侵权人请求其承担侵权责任的，人民法院应予支持。但下列情形除外：

（一）经自然人书面同意且在约定范围内公开；

（二）为促进社会公共利益且在必要范围内；

（三）学校、科研机构等基于公共利益为学术研究或者统计的目的，经自然人书面同意，且公开的方式不足以识别特定自然人；

（四）自然人自行在网络上公开的信息或者其他已合法公开的个人信息；

（五）以合法渠道获取的个人信息；

（六）法律或者行政法规另有规定。

网络用户或者网络服务提供者以违反社会公共利益、社会公德的方式公开前款第四项、第五项规定的个人信息，或者公开该信息侵害权利人值得保护的重大利益，权利人请求网络用户或者网络服务提供者承担侵权责任的，人民法院应予支持。

国家机关行使职权公开个人信息的，不适用本条规定。

第十三条 网络用户或者网络服务提供者，根据国家机关依职权制作的文书和公开实施的职权行为等信息来源所发布的信息，有下列情形之一，侵害他人人身权益，被侵权人请求侵权人承担侵权责任的，人民法院应予支持：

（一）网络用户或者网络服务提供者发布的信息与前述信息来源内容不符；

（二）网络用户或者网络服务提供者以添加侮辱性内容、诽谤性信息、不当标题或者通过增删信息、调整结构、改变顺序等方式致人误解；

（三）前述信息来源已被公开更正，但网络用户拒绝更正或者网络服务提供者不予更正；

（四）前述信息来源已被公开更正，网络用户或者网络服务提供者仍然发布更正之前的信息。

第十四条 被侵权人与构成侵权的网络用户或者网络服务提供者达成一方支付报酬，另一方提供删除、屏蔽、断开链接等服务的协议，人民法院应认定为无效。

擅自篡改、删除、屏蔽特定网络信息或者以断开链接的方式阻止他人获取网络信息，发布该信息的网络用户或者网络服务提供者请求侵权人承担侵权责任的，人民法院应予支持。接受他人委托实施该行为的，委托人与受托人承担连带责任。

第十五条 雇佣、组织、教唆或者帮助他人发布、转发网络信息侵害他人人身权益，被侵权人请求行为人承担连带责任的，人民法院应予支持。

第十六条 人民法院判决侵权人承担赔礼道

歉、消除影响或者恢复名誉等责任形式的，应当与侵权的具体方式和所造成的影响范围相当。侵权人拒不履行的，人民法院可以采取在网络上发布公告或者公布裁判文书等合理的方式执行，由此产生的费用由侵权人承担。

第十七条　网络用户或者网络服务提供者侵害他人人身权益，造成财产损失或者严重精神损害，被侵权人依据侵权责任法第二十条和第二十二条的规定请求其承担赔偿责任的，人民法院应予支持。

第十八条　被侵权人为制止侵权行为所支付的合理开支，可以认定为侵权责任法第二十条规定的财产损失。合理开支包括被侵权人或者委托代理人对侵权行为进行调查、取证的合理费用。人民法院根据当事人的请求和具体案情，可以将符合国家有关部门规定的律师费用计算在赔偿范围内。

被侵权人因人身权益受侵害造成的财产损失或者侵权人因此获得的利益无法确定的，人民法院可以根据具体案情在50万元以下的范围内确定赔偿数额。

精神损害的赔偿数额，依据《最高人民法院关于确定民事侵权精神损害赔偿责任若干问题的解释》第十条的规定予以确定。

第十九条　本规定施行后人民法院正在审理的一审、二审案件适用本规定。

本规定施行前已经终审，本规定施行后当事人申请再审或者按照审判监督程序决定再审的案件，不适用本规定。

最高人民法院关于审理食品药品纠纷案件适用法律若干问题的规定

（2013年12月9日最高人民法院审判委员会第1599次会议通过　2013年12月23日最高人民法院公告公布　自2014年3月15日起施行　法释〔2013〕28号）

为正确审理食品药品纠纷案件，根据《中华人民共和国侵权责任法》《中华人民共和国合同法》《中华人民共和国消费者权益保护法》《中华人民共和国食品安全法》《中华人民共和国民事诉讼法》等法律的规定，结合审判实践，制定本规定。

第一条　消费者因食品、药品纠纷提起民事诉讼，符合民事诉讼法规定受理条件的，人民法院应予受理。

第二条　因食品、药品存在质量问题造成消费者损害，消费者可以分别起诉或者同时起诉销售者和生产者。

消费者仅起诉销售者或者生产者的，必要时人民法院可以追加相关当事人参加诉讼。

第三条　因食品、药品质量问题发生纠纷，购买者向生产者、销售者主张权利，生产者、销售者以购买者明知食品、药品存在质量问题而仍然购买为由进行抗辩的，人民法院不予支持。

第四条　食品、药品生产者、销售者提供给消费者的食品或者药品的赠品发生质量安全问题，造成消费者损害，消费者主张权利，生产者、销售者以消费者未对赠品支付对价为由进行免责抗辩的，人民法院不予支持。

第五条　消费者举证证明所购买食品、药品的事实以及所购食品、药品不符合合同的约定，主张食品、药品的生产者、销售者承担违约责任的，人民法院应予支持。

消费者举证证明因食用食品或者使用药品受到损害，初步证明损害与食用食品或者使用药品存在因果关系，并请求食品、药品的生产者、销售者承担侵权责任的，人民法院应予支持，但食品、药品的生产者、销售者能证明损害不是因产品不符合质量标准造成的除外。

第六条　食品的生产者与销售者应当对于食品符合质量标准承担举证责任。认定食品是否合格，应当以国家标准为依据；没有国家标准的，应当以地方标准为依据；没有国家标准、地方标准的，应当以企业标准为依据。食品的生产者采用的标准高于国家标准、地方标准的，应当以企业标准为依据。没有前述标准的，应当以食品安全法的相关规定为依据。

第七条 食品、药品虽在销售前取得检验合格证明，且食用或者使用时尚在保质期内，但经检验确认产品不合格，生产者或者销售者以该食品、药品具有检验合格证明为由进行抗辩的，人民法院不予支持。

第八条 集中交易市场的开办者、柜台出租者、展销会举办者未履行食品安全法规定的审查、检查、管理等义务，发生食品安全事故，致使消费者遭受人身损害，消费者请求集中交易市场的开办者、柜台出租者、展销会举办者承担连带责任的，人民法院应予支持。

第九条 消费者通过网络交易平台购买食品、药品遭受损害，网络交易平台提供者不能提供食品、药品的生产者或者销售者的真实名称、地址与有效联系方式，消费者请求网络交易平台提供者承担责任的，人民法院应予支持。

网络交易平台提供者承担赔偿责任后，向生产者或者销售者行使追偿权的，人民法院应予支持。

网络交易平台提供者知道或者应当知道食品、药品的生产者、销售者利用其平台侵害消费者合法权益，未采取必要措施，给消费者造成损害，消费者要求其与生产者、销售者承担连带责任的，人民法院应予支持。

第十条 未取得食品生产资质与销售资质的个人、企业或者其他组织，挂靠具有相应资质的生产者与销售者，生产、销售食品，造成消费者损害，消费者请求挂靠者与被挂靠者承担连带责任的，人民法院应予支持。

消费者仅起诉挂靠者或者被挂靠者的，必要时人民法院可以追加相关当事人参加诉讼。

第十一条 消费者因虚假广告推荐的食品、药品存在质量问题遭受损害，依据消费者权益保护法等法律相关规定请求广告经营者、广告发布者承担连带责任的，人民法院应予支持。

社会团体或者其他组织、个人，在虚假广告中向消费者推荐食品、药品，使消费者遭受损害，消费者依据消费者权益保护法等法律相关规定请求其与食品、药品的生产者、销售者承担连带责任的，人民法院应予支持。

第十二条 食品、药品检验机构故意出具虚假检验报告，造成消费者损害，消费者请求其承担连带责任的，人民法院应予支持。

食品、药品检验机构因过失出具不实检验报告，造成消费者损害，消费者请求其承担相应责任的，人民法院应予支持。

第十三条 食品认证机构故意出具虚假认证，造成消费者损害，消费者请求其承担连带责任的，人民法院应予支持。

食品认证机构因过失出具不实认证，造成消费者损害，消费者请求其承担相应责任的，人民法院应予支持。

第十四条 生产、销售的食品、药品存在质量问题，生产者与销售者需同时承担民事责任、行政责任和刑事责任，其财产不足以支付，当事人依照侵权责任法等有关法律规定，请求食品、药品的生产者、销售者首先承担民事责任的，人民法院应予支持。

第十五条 生产不符合安全标准的食品或者销售明知是不符合安全标准的食品，消费者除要求赔偿损失外，向生产者、销售者主张支付价款十倍赔偿金或者依照法律规定的其他赔偿标准要求赔偿的，人民法院应予支持。

第十六条 食品、药品的生产者与销售者以格式合同、通知、声明、告示等方式作出排除或者限制消费者权利，减轻或者免除经营者责任、加重消费者责任等对消费者不公平、不合理的规定，消费者依法请求认定该内容无效的，人民法院应予支持。

第十七条 消费者与化妆品、保健品等产品的生产者、销售者、广告经营者、广告发布者、推荐者、检验机构等主体之间的纠纷，参照适用本规定。

消费者协会依法提起公益诉讼的，参照适用本规定。

第十八条 本规定施行后人民法院正在审理的一审、二审案件适用本规定。

本规定施行前已经终审，本规定施行后当事人申请再审或者按照审判监督程序决定再审的案件，不适用本规定。

最高人民法院、最高人民检察院关于办理利用信息网络实施诽谤等刑事案件适用法律若干问题的解释

（2013 年 9 月 5 日最高人民法院审判委员会第 1589 次会议、2013 年 9 月 2 日最高人民检察院第十二届检察委员会第 9 次会议通过　2013 年 9 月 6 日最高人民法院、最高人民检察院公告公布　自 2013 年 9 月 10 日起施行　法释〔2013〕21 号）

为保护公民、法人和其他组织的合法权益，维护社会秩序，根据《中华人民共和国刑法》《全国人民代表大会常务委员会关于维护互联网安全的决定》等规定，对办理利用信息网络实施诽谤、寻衅滋事、敲诈勒索、非法经营等刑事案件适用法律的若干问题解释如下：

第一条　具有下列情形之一的，应当认定为刑法第二百四十六条第一款规定的“捏造事实诽谤他人”：

（一）捏造损害他人名誉的事实，在信息网络上散布，或者组织、指使人员在信息网络上散布的；

（二）将信息网络上涉及他人的原始信息内容篡改为损害他人名誉的事实，在信息网络上散布，或者组织、指使人员在信息网络上散布的；

明知是捏造的损害他人名誉的事实，在信息网络上散布，情节恶劣的，以“捏造事实诽谤他人”论。

第二条　利用信息网络诽谤他人，具有下列情形之一的，应当认定为刑法第二百四十六条第一款规定的“情节严重”：

（一）同一诽谤信息实际被点击、浏览次数达到五千次以上，或者被转发次数达到五百次以上的；

（二）造成被害人或者其近亲属精神失常、自残、自杀等严重后果的；

（三）二年内曾因诽谤受过行政处罚，又诽谤他人的；

（四）其他情节严重的情形。

第三条　利用信息网络诽谤他人，具有下列情形之一的，应当认定为刑法第二百四十六条第二款规定的“严重危害社会秩序和国家利益”：

（一）引发群体性事件的；

（二）引发公共秩序混乱的；

（三）引发民族、宗教冲突的；

（四）诽谤多人，造成恶劣社会影响的；

（五）损害国家形象，严重危害国家利益的；

（六）造成恶劣国际影响的；

（七）其他严重危害社会秩序和国家利益的情形。

第四条　一年内多次实施利用信息网络诽谤他人行为未经处理，诽谤信息实际被点击、浏览、转发次数累计计算构成犯罪的，应当依法定罪处罚。

第五条　利用信息网络辱骂、恐吓他人，情节恶劣，破坏社会秩序的，依照刑法第二百九十三条第一款第（二）项的规定，以寻衅滋事罪定罪处罚。

编造虚假信息，或者明知是编造的虚假信息，在信息网络上散布，或者组织、指使人员在信息网络上散布，起哄闹事，造成公共秩序严重混乱的，依照刑法第二百九十三条第一款第（四）项的规定，以寻衅滋事罪定罪处罚。

第六条　以在信息网络上发布、删除等方式处理网络信息为由，威胁、要挟他人，索取公私财物，数额较大，或者多次实施上述行为的，依照刑法第二百七十四条的规定，以敲诈勒索罪定罪处罚。

第七条　违反国家规定，以营利为目的，通过信息网络有偿提供删除信息服务，或者明知是虚假信息，通过信息网络有偿提供发布信息等服务，扰乱市场秩序，具有下列情形之一的，属于非法经营行为“情节严重”，依照刑法第二百二十五条第（四）项的规定，以非法经营罪定罪处罚：

（一）个人非法经营数额在五万元以上，或者违法所得数额在二万元以上的；

（二）单位非法经营数额在十五万元以上，或者违法所得数额在五万元以上的。

实施前款规定的行为，数额达到前款规定的数额五倍以上的，应当认定为刑法第二百二十五条规定的“情节特别严重”。

第八条 明知他人利用信息网络实施诽谤、寻衅滋事、敲诈勒索、非法经营等犯罪，为其提供资金、场所、技术支持等帮助的，以共同犯罪论处。

第九条 利用信息网络实施诽谤、寻衅滋事、敲诈勒索、非法经营犯罪，同时又构成刑法第二百二十一条规定的损害商业信誉、商品声誉罪，第二百七十八条规定的煽动暴力抗拒法律实施罪，第二百九十一条之一规定的编造、故意传播虚假恐怖信息罪等犯罪的，依照处罚较重的规定定罪处罚。

第十条 本解释所称信息网络，包括以计算机、电视机、固定电话机、移动电话机等电子设备为终端的计算机互联网、广播电视网、固定通信网、移动通信网等信息网络，以及向公众开放的局域网络。

最高人民法院关于审理侵害信息网络传播权民事纠纷案件适用法律若干问题的规定

（2012 年 11 月 26 日最高人民法院审判委员会第 1561 次会议通过 2012 年 12 月 17 日最高人民法院公告公布 自 2013 年 1 月 1 日起施行 法释〔2012〕20 号）

为正确审理侵害信息网络传播权民事纠纷案件，依法保护信息网络传播权，促进信息网络产业健康发展，维护公共利益，根据《中华人民共和国民法通则》《中华人民共和国侵权责任法》《中华人民共和国著作权法》《中华人民共和国民事诉讼法》等有关法律规定，结合审判实际，制定本规定。

第一条 人民法院审理侵害信息网络传播权民事纠纷案件，在依法行使裁量权时，应当兼顾权利人、网络服务提供者和社会公众的利益。

第二条 本规定所称信息网络，包括以计算机、电视机、固定电话机、移动电话机等电子设备为终端的计算机互联网、广播电视网、固定通信网、移动通信网等信息网络，以及向公众开放的局域网络。

第三条 网络用户、网络服务提供者未经许可，通过信息网络提供权利人享有信息网络传播权的作品、表演、录音录像制品，除法律、行政法规另有规定外，人民法院应当认定其构成侵害信息网络传播权行为。

通过上传到网络服务器、设置共享文件或者利用文件分享软件等方式，将作品、表演、录音录像制品置于信息网络中，使公众能够在个人选定的时间和地点以下载、浏览或者其他方式获得的，人民法院应当认定其实施了前款规定的提供行为。

第四条 有证据证明网络服务提供者与他人以分工合作等方式共同提供作品、表演、录音录像制品，构成共同侵权行为的，人民法院应当判令其承担连带责任。网络服务提供者能够证明其仅提供自动接入、自动传输、信息存储空间、搜索、链接、文件分享技术等网络服务，主张其不构成共同侵权行为的，人民法院应予支持。

第五条 网络服务提供者以提供网页快照、缩略图等方式实质替代其他网络服务提供者向公众提供相关作品的，人民法院应当认定其构成提供行为。

前款规定的提供行为不影响相关作品的正常使用，且未不合理损害权利人对该作品的合法权益，网络服务提供者主张其未侵害信息网络传播权的，人民法院应予支持。

第六条 原告有初步证据证明网络服务提供者提供了相关作品、表演、录音录像制品，但网络服务提供者能够证明其仅提供网络服务，且无过错的，人民法院不应认定为构成侵权。

第七条 网络服务提供者在提供网络服务

时教唆或者帮助网络用户实施侵害信息网络传播权行为的，人民法院应当判令其承担侵权责任。

网络服务提供者以言语、推介技术支持、奖励积分等方式诱导、鼓励网络用户实施侵害信息网络传播权行为的，人民法院应当认定其构成教唆侵权行为。

网络服务提供者明知或者应知网络用户利用网络服务侵害信息网络传播权，未采取删除、屏蔽、断开链接等必要措施，或者提供技术支持等帮助行为的，人民法院应当认定其构成帮助侵权行为。

第八条 人民法院应当根据网络服务提供者的过错，确定其是否承担教唆、帮助侵权责任。网络服务提供者的过错包括对于网络用户侵害信息网络传播权行为的明知或者应知。

网络服务提供者未对网络用户侵害信息网络传播权的行为主动进行审查的，人民法院不应据此认定其具有过错。

网络服务提供者能够证明已采取合理、有效的技术措施，仍难以发现网络用户侵害信息网络传播权行为的，人民法院应当认定其不具有过错。

第九条 人民法院应当根据网络用户侵害信息网络传播权的具体事实是否明显，综合考虑以下因素，认定网络服务提供者是否构成应知：

（一）基于网络服务提供者提供服务的性质、方式及其引发侵权的可能性大小，应当具备的管理信息的能力；

（二）传播的作品、表演、录音录像制品的类型、知名度及侵权信息的明显程度；

（三）网络服务提供者是否主动对作品、表演、录音录像制品进行了选择、编辑、修改、推荐等；

（四）网络服务提供者是否积极采取了预防侵权的合理措施；

（五）网络服务提供者是否设置便捷程序接收侵权通知并及时对侵权通知作出合理的反应；

（六）网络服务提供者是否针对同一网络用户的重复侵权行为采取了相应的合理措施；

（七）其他相关因素。

第十条 网络服务提供者在提供网络服务时，对热播影视作品等以设置榜单、目录、索引、描述性段落、内容简介等方式进行推荐，且公众可以在其网页上直接以下载、浏览或者其他方式获得的，人民法院可以认定其应知网络用户侵害信息网络传播权。

第十一条 网络服务提供者从网络用户提供的作品、表演、录音录像制品中直接获得经济利益的，人民法院应当认定其对该网络用户侵害信息网络传播权的行为负有较高的注意义务。

网络服务提供者针对特定作品、表演、录音录像制品投放广告获取收益，或者获取与其传播的作品、表演、录音录像制品存在其他特定联系的经济利益，应当认定为前款规定的直接获得经济利益。网络服务提供者因提供网络服务而收取一般性广告费、服务费等，不属于本款规定的情形。

第十二条 有下列情形之一的，人民法院可以根据案件具体情况，认定提供信息存储空间服务的网络服务提供者应知网络用户侵害信息网络传播权：

（一）将热播影视作品等置于首页或者其他主要页面等能够为网络服务提供者明显感知的位置的；

（二）对热播影视作品等的主题、内容主动进行选择、编辑、整理、推荐，或者为其设立专门的排行榜的；

（三）其他可以明显感知相关作品、表演、录音录像制品为未经许可提供，仍未采取合理措施的情形。

第十三条 网络服务提供者接到权利人以书信、传真、电子邮件等方式提交的通知，未及时采取删除、屏蔽、断开链接等必要措施的，人民法院应当认定其明知相关侵害信息网络传播权行为。

第十四条 人民法院认定网络服务提供者采取的删除、屏蔽、断开链接等必要措施是否及时，应当根据权利人提交通知的形式，通知的准确程度，采取措施的难易程度，网络服务的性质，所涉作品、表演、录音录像制品的类型、知名度、数量等因素综合判断。

第十五条 侵害信息网络传播权民事纠纷案件由侵权行为地或者被告住所地人民法院管辖。

侵权行为地包括实施被诉侵权行为的网络服务器、计算机终端等设备所在地。侵权行为地和被告住所地均难以确定或者在境外的，原告发现侵权内容的计算机终端等设备所在地可以视为侵权行为地。

第十六条 本规定施行之日起，《最高人民法院关于审理涉及计算机网络著作权纠纷案件适用法律若干问题的解释》（法释〔2006〕11号）同时废止。

本规定施行之后尚未终审的侵害信息网络传播权民事纠纷案件，适用本规定。本规定施行前已经终审，当事人申请再审或者按照审判监督程序决定再审的，不适用本规定。

最高人民法院、最高人民检察院关于办理危害计算机信息系统安全刑事案件应用法律若干问题的解释

（2011年6月20日最高人民法院审判委员会第1524次会议、2011年7月11日最高人民检察院第十一届检察委员会第63次会议通过 2011年8月1日最高人民法院、最高人民检察院公告公布 自2011年9月1日起施行 法释〔2011〕19号）

为依法惩治危害计算机信息系统安全的犯罪活动，根据《中华人民共和国刑法》、《全国人民代表大会常务委员会关于维护互联网安全的决定》的规定，现就办理这类刑事案件应用法律的若干问题解释如下：

第一条 非法获取计算机信息系统数据或者非法控制计算机信息系统，具有下列情形之一的，应当认定为刑法第二百八十五条第二款规定的“情节严重”：

（一）获取支付结算、证券交易、期货交易等网络金融服务的身份认证信息十组以上的；

（二）获取第（一）项以外的身份认证信息五百组以上的；

（三）非法控制计算机信息系统二十台以上的；

（四）违法所得五千元以上或者造成经济损失一万元以上的；

（五）其他情节严重的情形。

实施前款规定行为，具有下列情形之一的，应当认定为刑法第二百八十五条第二款规定的“情节特别严重”：

（一）数量或者数额达到前款第（一）项至第（四）项规定标准五倍以上的；

（二）其他情节特别严重的情形。

明知是他人非法控制的计算机信息系统，而对该计算机信息系统的控制权加以利用的，依照前两款的规定定罪处罚。

第二条 具有下列情形之一的程序、工具，应当认定为刑法第二百八十五条第三款规定的“专门用于侵入、非法控制计算机信息系统的程序、工具”：

（一）具有避开或者突破计算机信息系统安全保护措施，未经授权或者超越授权获取计算机信息系统数据的功能的；

（二）具有避开或者突破计算机信息系统安全保护措施，未经授权或者超越授权对计算机信息系统实施控制的功能的；

（三）其他专门设计用于侵入、非法控制计算机信息系统、非法获取计算机信息系统数据的程序、工具。

第三条 提供侵入、非法控制计算机信息系统的程序、工具，具有下列情形之一的，应当认定为刑法第二百八十五条第三款规定的“情节严重”：

（一）提供能够用于非法获取支付结算、证券交易、期货交易等网络金融服务身份认证信息的专门性程序、工具五人次以上的；

（二）提供第（一）项以外的专门用于侵入、非法控制计算机信息系统的程序、工具二十人次以上的；

（三）明知他人实施非法获取支付结算、证券交易、期货交易等网络金融服务身份认证信息的违法犯罪行为而为其提供程序、工具五人次以上的；

（四）明知他人实施第（三）项以外的侵入、非法控制计算机信息系统的违法犯罪行为而为其提供程序、工具二十人次以上的；

（五）违法所得五千元以上或者造成经济损失一万元以上的；

（六）其他情节严重的情形。

实施前款规定行为，具有下列情形之一的，应当认定为提供侵入、非法控制计算机信息系统的程序、工具“情节特别严重”：

（一）数量或者数额达到前款第（一）项至第（五）项规定标准五倍以上的；

（二）其他情节特别严重的情形。

第四条　破坏计算机信息系统功能、数据或者应用程序，具有下列情形之一的，应当认定为刑法第二百八十六条第一款和第二款规定的“后果严重”：

（一）造成十台以上计算机信息系统的主要软件或者硬件不能正常运行的；

（二）对二十台以上计算机信息系统中存储、处理或者传输的数据进行删除、修改、增加操作的；

（三）违法所得五千元以上或者造成经济损失一万元以上的；

（四）造成为一百台以上计算机信息系统提供域名解析、身份认证、计费等基础服务或者为一万以上用户提供服务的计算机信息系统不能正常运行累计一小时以上的；

（五）造成其他严重后果的。

实施前款规定行为，具有下列情形之一的，应当认定为破坏计算机信息系统“后果特别严重”：

（一）数量或者数额达到前款第（一）项至第（三）项规定标准五倍以上的；

（二）造成为五百台以上计算机信息系统提供域名解析、身份认证、计费等基础服务或者为五万以上用户提供服务的计算机信息系统不能正常运行累计一小时以上的；

（三）破坏国家机关或者金融、电信、交通、教育、医疗、能源等领域提供公共服务的计算机信息系统的功能、数据或者应用程序，致使生产、生活受到严重影响或者造成恶劣社会影响的；

（四）造成其他特别严重后果的。

第五条　具有下列情形之一的程序，应当认定为刑法第二百八十六条第三款规定的“计算机病毒等破坏性程序”：

（一）能够通过网络、存储介质、文件等媒介，将自身的部分、全部或者变种进行复制、传播，并破坏计算机系统功能、数据或者应用程序的；

（二）能够在预先设定条件下自动触发，并破坏计算机系统功能、数据或者应用程序的；

（三）其他专门设计用于破坏计算机系统功能、数据或者应用程序的程序。

第六条　故意制作、传播计算机病毒等破坏性程序，影响计算机系统正常运行，具有下列情形之一的，应当认定为刑法第二百八十六条第三款规定的“后果严重”：

（一）制作、提供、传输第五条第（一）项规定的程序，导致该程序通过网络、存储介质、文件等媒介传播的；

（二）造成二十台以上计算机系统被植入第五条第（二）、（三）项规定的程序的；

（三）提供计算机病毒等破坏性程序十人次以上的；

（四）违法所得五千元以上或者造成经济损失一万元以上的；

（五）造成其他严重后果的。

实施前款规定行为，具有下列情形之一的，应当认定为破坏计算机信息系统“后果特别严重”：

（一）制作、提供、传输第五条第（一）项规定的程序，导致该程序通过网络、存储介质、文件等媒介传播，致使生产、生活受到严重影响或者造成恶劣社会影响的；

（二）数量或者数额达到前款第（二）项至第（四）项规定标准五倍以上的；

（三）造成其他特别严重后果的。

第七条　明知是非法获取计算机信息系统数据犯罪所获取的数据、非法控制计算机信息系统犯罪所获取的计算机信息系统控制权，而予以转移、收购、代为销售或者以其他方法掩饰、隐瞒，违法所得五千元以上的，应当依照刑法第三百一十二条第一款的规定，以掩饰、隐瞒犯罪所得罪定罪处罚。

实施前款规定行为，违法所得五万元以上

的，应当认定为刑法第三百一十二条第一款规定的“情节严重”。

单位实施第一款规定行为的，定罪量刑标准依照第一款、第二款的规定执行。

第八条 以单位名义或者单位形式实施危害计算机信息系统安全犯罪，达到本解释规定的定罪量刑标准的，应当依照刑法第二百八十五条、第二百八十六条的规定追究直接负责的主管人员和其他直接责任人员的刑事责任。

第九条 明知他人实施刑法第二百八十五条、第二百八十六条规定的行为，具有下列情形之一的，应当认定为共同犯罪，依照刑法第二百八十五条、第二百八十六条的规定处罚：

（一）为其提供用于破坏计算机信息系统功能、数据或者应用程序的程序、工具，违法所得五千元以上或者提供十人次以上的；

（二）为其提供互联网接入、服务器托管、网络存储空间、通讯传输通道、费用结算、交易服务、广告服务、技术培训、技术支持等帮助，违法所得五千元以上的；

（三）通过委托推广软件、投放广告等方式向其提供资金五千元以上的。

实施前款规定行为，数量或者数额达到前款规定标准五倍以上的，应当认定为刑法第二百八十五条、第二百八十六条规定的“情节特别严重”或者“后果特别严重”。

第十条 对于是否属于刑法第二百八十五条、第二百八十六条规定的“国家事务、国防建设、尖端科学技术领域的计算机信息系统”、“专门用于侵入、非法控制计算机信息系统的程序、工具”、“计算机病毒等破坏性程序”难以确定的，应当委托省级以上负责计算机信息系统安全保护管理工作的部门检验。司法机关根据检验结论，并结合案件具体情况认定。

第十一条 本解释所称“计算机信息系统”和“计算机系统”，是指具备自动处理数据功能的系统，包括计算机、网络设备、通信设备、自动化控制设备等。

本解释所称“身份认证信息”，是指用于确认用户在计算机信息系统上操作权限的数据，包括账号、口令、密码、数字证书等。

本解释所称“经济损失”，包括危害计算机信息系统犯罪行为给用户直接造成的经济损失，以及用户为恢复数据、功能而支出的必要费用。

最高人民法院、最高人民检察院、公安部关于办理网络赌博犯罪案件适用法律若干问题的意见

（2010年8月31日）

各省、自治区、直辖市高级人民法院、人民检察院、公安厅、局，新疆维吾尔自治区高级人民法院生产建设兵团分院、新疆生产建设兵团人民检察院、公安局：

为依法惩治网络赌博犯罪活动，根据《中华人民共和国刑法》、《中华人民共和国刑事诉讼法》和《最高人民法院、最高人民检察院关于办理赌博刑事案件具体应用法律若干问题的解释》等有关规定，结合司法实践，现就办理网络赌博犯罪案件适用法律的若干问题，提出如下意见：

一、关于网上开设赌场犯罪的定罪量刑标准

利用互联网、移动通讯终端等传输赌博视频、数据，组织赌博活动，具有下列情形之一的，属于刑法第三百零三条第二款规定的“开设赌场”行为：

（一）建立赌博网站并接受投注的；

（二）建立赌博网站并提供给他人组织赌博的；

（三）为赌博网站担任代理并接受投注的；

（四）参与赌博网站利润分成的。

实施前款规定的行为，具有下列情形之一的，应当认定为刑法第三百零三条第二款规定的“情节严重”：

（一）抽头渔利数额累计达到3万元以上的；

（二）赌资数额累计达到30万元以上的；

（三）参赌人数累计达到120人以上的；

（四）建立赌博网站后通过提供给他人组织赌博，违法所得数额在3万元以上的；

（五）参与赌博网站利润分成，违法所得数额在3万元以上的；

（六）为赌博网站招募下级代理，由下级代理接受投注的；

（七）招揽未成年人参与网络赌博的；

（八）其他情节严重的情形。

二、关于网上开设赌场共同犯罪的认定和处罚

明知是赌博网站，而为其提供下列服务或者帮助的，属于开设赌场罪的共同犯罪，依照刑法第三百零三条第二款的规定处罚：

（一）为赌博网站提供互联网接入、服务器托管、网络存储空间、通讯传输通道、投放广告、发展会员、软件开发、技术支持等服务，收取服务费数额在2万元以上的；

（二）为赌博网站提供资金支付结算服务，收取服务费数额在1万元以上或者帮助收取赌资20万元以上的；

（三）为10个以上赌博网站投放与网址、赔率等信息有关的广告或者为赌博网站投放广告累计100条以上的。

实施前款规定的行为，数量或者数额达到前款规定标准5倍以上的，应当认定为刑法第三百零三条第二款规定的“情节严重”。

实施本条第一款规定的行为，具有下列情形之一的，应当认定行为人“明知”，但是有证据证明确实不知道的除外：

（一）收到行政主管机关书面等方式的告知后，仍然实施上述行为的；

（二）为赌博网站提供互联网接入、服务器托管、网络存储空间、通讯传输通道、投放广告、软件开发、技术支持、资金支付结算等服务，收取服务费明显异常的；

（三）在执法人员调查时，通过销毁、修改数据、账本等方式故意规避调查或者向犯罪嫌疑人通风报信的；

（四）其他有证据证明行为人明知的。

如果有开设赌场的犯罪嫌疑人尚未到案，但是不影响对已到案共同犯罪嫌疑人、被告人的犯罪事实认定的，可以依法对已到案者定罪处罚。

三、关于网络赌博犯罪的参赌人数、赌资数额和网站代理的认定

赌博网站的会员账号数可以认定为参赌人数，如果查实一个账号多人使用或者多个账号一人使用的，应当按照实际使用的人数计算参赌人数。

赌资数额可以按照在网络上投注或者赢取的点数乘以每一点实际代表的金额认定。

对于将资金直接或间接兑换为虚拟货币、游戏道具等虚拟物品，并用其作为筹码投注的，赌资数额按照购买该虚拟物品所需资金数额或者实际支付资金数额认定。

对于开设赌场犯罪中用于接收、流转赌资的银行账户内的资金，犯罪嫌疑人、被告人不能说明合法来源的，可以认定为赌资。向该银行账户转入、转出资金的银行账户数量可以认定为参赌人数。如果查实一个账户多人使用或多个账户一人使用的，应当按照实际使用的人数计算参赌人数。

有证据证明犯罪嫌疑人在赌博网站上的账号设置有下级账号的，应当认定其为赌博网站的代理。

四、关于网络赌博犯罪案件的管辖

网络赌博犯罪案件的地域管辖，应当坚持以犯罪地管辖为主、被告人居住地管辖为辅的原则。

“犯罪地”包括赌博网站服务器所在地、网络接入地，赌博网站建立者、管理者所在地，以及赌博网站代理人、参赌人实施网络赌博行为地等。

公安机关对侦办跨区域网络赌博犯罪案件的管辖权有争议的，应本着有利于查清犯罪事实、有利于诉讼的原则，认真协商解决。经协商无法达成一致的，报共同的上级公安机关指定管辖。对即将侦查终结的跨省（自治区、直辖市）重大网络赌博案件，必要时可由公安部商最高人民法院和最高人民检察院指定管辖。

为保证及时结案，避免超期羁押，人民检察院对于公安机关提请审查逮捕、移送审查起诉的案件，人民法院对于已进入审判程序的案件，犯罪嫌疑人、被告人及其辩护人提出管辖异议或者办案单位发现没有管辖权的，受案人民检察院、人民法院经审查可以依法报请上级人民检察院、人民法院指定管辖，不再自行移送有管辖权的人民检察院、人民法院。

五、关于电子证据的收集与保全

侦查机关对于能够证明赌博犯罪案件真实情况的网站页面、上网记录、电子邮件、电子合同、电子交易记录、电子账册等电子数据，应当作为刑事证据予以提取、复制、固定。

侦查人员应当对提取、复制、固定电子数据的过程制作相关文字说明，记录案由、对象、内容以及提取、复制、固定的时间、地点、方法，电子数据的规格、类别、文件格式等，并由提取、复制、固定电子数据的制作人、电子数据的持有人签名或者盖章，附所提取、复制、固定的电子数据一并随案移送。

对于电子数据存储在境外的计算机上的，或者侦查机关从赌博网站提取电子数据时犯罪嫌疑人未到案的，或者电子数据的持有人无法签字或者拒绝签字的，应当由能够证明提取、复制、固定过程的见证人签名或者盖章，记明有关情况。必要时，可对提取、复制、固定有关电子数据的过程拍照或者录像。

最高人民法院、最高人民检察院关于办理利用互联网、移动通讯终端、声讯台制作、复制、出版、贩卖、传播淫秽电子信息刑事案件具体应用法律若干问题的解释（二）

（2010年1月18日最高人民法院审判委员会第1483次会议、2010年1月14日最高人民检察院第十一届检察委员会第28次会议通过　2010年2月2日最高人民法院、最高人民检察院公告公布　自2010年2月4日起施行　法释〔2010〕3号）

为依法惩治利用互联网、移动通讯终端制作、复制、出版、贩卖、传播淫秽电子信息，通过声讯台传播淫秽语音信息等犯罪活动，维护社会秩序，保障公民权益，根据《中华人民共和国刑法》、《全国人民代表大会常务委员会关于维护互联网安全的决定》的规定，现对办理该类刑事案件具体应用法律的若干问题解释如下：

第一条　以牟利为目的，利用互联网、移动通讯终端制作、复制、出版、贩卖、传播淫秽电子信息的，依照《最高人民法院、最高人民检察院关于办理利用互联网、移动通讯终端、声讯台制作、复制、出版、贩卖、传播淫秽电子信息刑事案件具体应用法律若干问题的解释》第一条、第二条的规定定罪处罚。

以牟利为目的，利用互联网、移动通讯终端制作、复制、出版、贩卖、传播内容含有不满十四周岁未成年人的淫秽电子信息，具有下列情形之一的，依照刑法第三百六十三条第一款的规定，以制作、复制、出版、贩卖、传播淫秽物品牟利罪定罪处罚：

（一）制作、复制、出版、贩卖、传播淫秽电影、表演、动画等视频文件十个以上的；

（二）制作、复制、出版、贩卖、传播淫秽音频文件五十个以上的；

（三）制作、复制、出版、贩卖、传播淫秽电子刊物、图片、文章等一百件以上的；

（四）制作、复制、出版、贩卖、传播的淫秽电子信息，实际被点击数达到五千次以上的；

（五）以会员制方式出版、贩卖、传播淫秽电子信息，注册会员达一百人以上的；

（六）利用淫秽电子信息收取广告费、会员注册费或者其他费用，违法所得五千元以上的；

（七）数量或者数额虽未达到第（一）项至第（六）项规定标准，但分别达到其中两项以上标准一半以上的；

（八）造成严重后果的。

实施第二款规定的行为，数量或者数额达到第二款第（一）项至第（七）项规定标准五倍以上的，应当认定为刑法第三百六十三条第一款规定的“情节严重”；达到规定标准二十五倍以上的，应当认定为“情节特别严重”。

第二条 利用互联网、移动通讯终端传播淫秽电子信息的，依照《最高人民法院、最高人民检察院关于办理利用互联网、移动通讯终端、声讯台制作、复制、出版、贩卖、传播淫秽电子信息刑事案件具体应用法律若干问题的解释》第三条的规定定罪处罚。

利用互联网、移动通讯终端传播内容含有不满十四周岁未成年人的淫秽电子信息，具有下列情形之一的，依照刑法第三百六十四条第一款的规定，以传播淫秽物品罪定罪处罚：

（一）数量达到第一条第二款第（一）项至第（五）项规定标准二倍以上的；

（二）数量分别达到第一条第二款第（一）项至第（五）项两项以上标准的；

（三）造成严重后果的。

第三条 利用互联网建立主要用于传播淫秽电子信息的群组，成员达三十人以上或者造成严重后果的，对建立者、管理者和主要传播者，依照刑法第三百六十四条第一款的规定，以传播淫秽物品罪定罪处罚。

第四条 以牟利为目的，网站建立者、直接负责的管理者明知他人制作、复制、出版、贩卖、传播的是淫秽电子信息，允许或者放任他人在自己所有、管理的网站或者网页上发布，具有下列情形之一的，依照刑法第三百六十三条第一款的规定，以传播淫秽物品牟利罪定罪处罚：

（一）数量或者数额达到第一条第二款第（一）项至第（六）项规定标准五倍以上的；

（二）数量或者数额分别达到第一条第二款第（一）项至第（六）项两项以上标准二倍以上的；

（三）造成严重后果的。

实施前款规定的行为，数量或者数额达到第一条第二款第（一）项至第（七）项规定标准二十五倍以上的，应当认定为刑法第三百六十三条第一款规定的“情节严重”；达到规定标准一百倍以上的，应当认定为“情节特别严重”。

第五条 网站建立者、直接负责的管理者明知他人制作、复制、出版、贩卖、传播的是淫秽电子信息，允许或者放任他人在自己所有、管理的网站或者网页上发布，具有下列情形之一的，依照刑法第三百六十四条第一款的规定，以传播淫秽物品罪定罪处罚：

（一）数量达到第一条第二款第（一）项至第（五）项规定标准十倍以上的；

（二）数量分别达到第一条第二款第（一）项至第（五）项两项以上标准五倍以上的；

（三）造成严重后果的。

第六条 电信业务经营者、互联网信息服务提供者明知是淫秽网站，为其提供互联网接入、服务器托管、网络存储空间、通讯传输通道、代收费等服务，并收取服务费，具有下列情形之一的，对直接负责的主管人员和其他直接责任人员，依照刑法第三百六十三条第一款的规定，以传播淫秽物品牟利罪定罪处罚：

（一）为五个以上淫秽网站提供上述服务的；

（二）为淫秽网站提供互联网接入、服务器托管、网络存储空间、通讯传输通道等服务，收取服务费数额在二万元以上的；

（三）为淫秽网站提供代收费服务，收取服务费数额在五万元以上的；

（四）造成严重后果的。

实施前款规定的行为，数量或者数额达到前款第（一）项至第（三）项规定标准五倍以上的，应当认定为刑法第三百六十三条第一款规定的“情节严重”；达到规定标准二十五倍以上的，应当认定为“情节特别严重”。

第七条 明知是淫秽网站，以牟利为目的，通过投放广告等方式向其直接或者间接提供资金，或者提供费用结算服务，具有下列情形之一的，对直接负责的主管人员和其他直接责任人员，依照刑法第三百六十三条第一款的规定，以制作、复制、出版、贩卖、传播淫秽物品牟利罪的共同犯罪处罚：

（一）向十个以上淫秽网站投放广告或者以其他方式提供资金的；

（二）向淫秽网站投放广告二十条以上的；

（三）向十个以上淫秽网站提供费用结算服务的；

（四）以投放广告或者其他方式向淫秽网站提供资金数额在五万元以上的；

（五）为淫秽网站提供费用结算服务，收取服务费数额在二万元以上的；

（六）造成严重后果的。

实施前款规定的行为，数量或者数额达到前款第（一）项至第（五）项规定标准五倍以上的，应当认定为刑法第三百六十三条第一款规定的“情节严重”；达到规定标准二十五倍以上的，应当认定为“情节特别严重”。

第八条 实施第四条至第七条规定的行为，具有下列情形之一的，应当认定行为人“明知”，但是有证据证明确实不知道的除外：

（一）行政主管机关书面告知后仍然实施上述行为的；

（二）接到举报后不履行法定管理职责的；

（三）为淫秽网站提供互联网接入、服务器托管、网络存储空间、通讯传输通道、代收费、费用结算等服务，收取服务费明显高于市场价格的；

（四）向淫秽网站投放广告，广告点击率明显异常的；

（五）其他能够认定行为人明知的情形。

第九条 一年内多次实施制作、复制、出版、贩卖、传播淫秽电子信息行为未经处理，数量或者数额累计计算构成犯罪的，应当依法定罪处罚。

第十条 单位实施制作、复制、出版、贩卖、传播淫秽电子信息犯罪的，依照《中华人民共和国刑法》、《最高人民法院、最高人民检察院关于办理利用互联网、移动通讯终端、声讯台制作、复制、出版、贩卖、传播淫秽电子信息刑事案件具体应用法律若干问题的解释》和本解释规定的相应个人犯罪的定罪量刑标准，对直接负责的主管人员和其他直接责任人员定罪处罚，并对单位判处罚金。

第十一条 对于以牟利为目的，实施制作、复制、出版、贩卖、传播淫秽电子信息犯罪的，人民法院应当综合考虑犯罪的违法所得、社会危害性等情节，依法判处罚金或者没收财产。罚金数额一般在违法所得的一倍以上五倍以下。

第十二条 《最高人民法院、最高人民检察院关于办理利用互联网、移动通讯终端、声讯台制作、复制、出版、贩卖、传播淫秽电子信息刑事案件具体应用法律若干问题的解释》和本解释所称网站，是指可以通过互联网域名、IP 地址等方式访问的内容提供站点。

以制作、复制、出版、贩卖、传播淫秽电子信息为目的建立或者建立后主要从事制作、复制、出版、贩卖、传播淫秽电子信息活动的网站，为淫秽网站。

第十三条 以前发布的司法解释与本解释不一致的，以本解释为准。

最高人民法院、最高人民检察院关于办理利用互联网、移动通讯终端、声讯台制作、复制、出版、贩卖、传播淫秽电子信息刑事案件具体应用法律若干问题的解释

（2004 年 9 月 1 日最高人民法院审判委员会第 1323 次会议、2004 年 9 月 2 日最高人民检察院第十届检察委员会第 26 次会议通过　2004 年 9 月 3 日最高人民法院、最高人民检察院公告公布　自 2004 年 9 月 6 日起施行　法释〔2004〕11 号）

为依法惩治利用互联网、移动通讯终端制作、复制、出版、贩卖、传播淫秽电子信息、通过声讯台传播淫秽语音信息等犯罪活动，维护公共网络、通讯的正常秩序，保障公众的合法权益，根据《中华人民共和国刑法》、《全国人民代表大会常务委员会关于维护互联网安全的决定》的规定，现对办理该类刑事案件具体应用法律的若干问题解释如下：

第一条 以牟利为目的，利用互联网、移动通讯终端制作、复制、出版、贩卖、传播淫秽电子信息，具有下列情形之一的，依照刑法第三百六十三条第一款的规定，以制作、复制、出版、贩卖、传播淫秽物品牟利罪定罪处罚：

（一）制作、复制、出版、贩卖、传播淫秽

电影、表演、动画等视频文件二十个以上的；

（二）制作、复制、出版、贩卖、传播淫秽音频文件一百个以上的；

（三）制作、复制、出版、贩卖、传播淫秽电子刊物、图片、文章、短信息等二百件以上的；

（四）制作、复制、出版、贩卖、传播的淫秽电子信息，实际被点击数达到一万次以上的；

（五）以会员制方式出版、贩卖、传播淫秽电子信息，注册会员达二百人以上的；

（六）利用淫秽电子信息收取广告费、会员注册费或者其他费用，违法所得一万元以上的；

（七）数量或者数额虽未达到第（一）项至第（六）项规定标准，但分别达到其中两项以上标准一半以上的；

（八）造成严重后果的。

利用聊天室、论坛、即时通信软件、电子邮件等方式，实施第一款规定行为的，依照刑法第三百六十三条第一款的规定，以制作、复制、出版、贩卖、传播淫秽物品牟利罪定罪处罚。

第二条 实施第一条规定的行为，数量或者数额达到第一条第一款第（一）项至第（六）项规定标准五倍以上的，应当认定为刑法第三百六十三条第一款规定的“情节严重”；达到规定标准二十五倍以上的，应当认定为“情节特别严重”。

第三条 不以牟利为目的，利用互联网或者转移通讯终端传播淫秽电子信息，具有下列情形之一的，依照刑法第三百六十四条第一款的规定，以传播淫秽物品罪定罪处罚：

（一）数量达到第一条第一款第（一）项至第（五）项规定标准二倍以上的；

（二）数量分别达到第一条第一款第（一）项至第（五）项两项以上标准的；

（三）造成严重后果的。

利用聊天室、论坛、即时通信软件、电子邮件等方式，实施第一款规定行为的，依照刑法第三百六十四条第一款的规定，以传播淫秽物品罪定罪处罚。

第四条 明知是淫秽电子信息而在自己所有、管理或者使用的网站或者网页上提供直接链接的，其数量标准根据所链接的淫秽电子信息的种类计算。

第五条 以牟利为目的，通过声讯台传播淫秽语音信息，具有下列情形之一的，依照刑法第三百六十三条第一款的规定，对直接负责的主管人员和其他直接责任人员以传播淫秽物品牟利罪定罪处罚：

（一）向一百人次以上传播的；

（二）违法所得一万元以上的；

（三）造成严重后果的。

实施前款规定行为，数量或者数额达到前款第（一）项至第（二）项规定标准五倍以上的，应当认定为刑法第三百六十三条第一款规定的“情节严重”；达到规定标准二十五倍以上的，应当认定为“情节特别严重”。

第六条 实施本解释前五条规定的犯罪，具有下列情形之一的，依照刑法第三百六十三条第一款、第三百六十四条第一款的规定从重处罚：

（一）制作、复制、出版、贩卖、传播具体描绘不满十八周岁未成年人性行为的淫秽电子信息的；

（二）明知是具体描绘不满十八周岁的未成年人性行为的淫秽电子信息而在自己所有、管理或者使用的网站或者网页上提供直接链接的；

（三）向不满十八周岁的未成年人贩卖、传播淫秽电子信息和语音信息的；

（四）通过使用破坏性程序、恶意代码修改用户计算机设置等方法，强制用户访问、下载淫秽电子信息的。

第七条 明知他人实施制作、复制、出版、贩卖、传播淫秽电子信息犯罪，为其提供互联网接入、服务器托管、网络存储空间、通讯传输通道、费用结算等帮助的，对直接负责的主管人员和其他直接责任人员，以共同犯罪论处。

第八条 利用互联网、移动通讯终端、声讯台贩卖、传播淫秽书刊、影片、录像带、录音带等以实物为载体的淫秽物品的，依照《最高人民法院关于审理非法出版物刑事案件具体应用法律若干问题的解释》的有关规定定罪处罚。

第九条 刑法第三百六十七条第一款规定的“其他淫秽物品”，包括具体描绘性行为或者露骨宣扬色情的诲淫性的视频文件、音频文件、电子刊物、图片、文章、短信息等互联网、移动通讯终端电子信息和声讯台语音信息。

有关人体生理、医学知识的电子信息和声讯台语音信息不是淫秽物品。包含色情内容的有艺术价值的电子文学、艺术作品不视为淫秽物品。

最高人民法院关于审理涉及计算机网络域名民事纠纷案件适用法律若干问题的解释

（2001年6月26日最高人民法院审判委员会第1182次会议通过　2001年7月17日最高人民法院公告公布　自2001年7月24日起施行　法释〔2001〕24号）

为了正确审理涉及计算机网络域名注册、使用等行为的民事纠纷案件（以下简称域名纠纷案件），根据《中华人民共和国民法通则》（以下简称民法通则）、《中华人民共和国反不正当竞争法》（以下简称反不正当竞争法）和《中华人民共和国民事诉讼法》（以下简称民事诉讼法）等法律的规定，作如下解释：

第一条　对于涉及计算机网络域名注册、使用等行为的民事纠纷，当事人向人民法院提起诉讼，经审查符合民事诉讼法第一百零八条规定的，人民法院应当受理。

第二条　涉及域名的侵权纠纷案件，由侵权行为地或者被告住所地的中级人民法院管辖。对难以确定侵权行为地和被告住所地的，原告发现该域名的计算机终端等设备所在地可以视为侵权行为地。

涉外域名纠纷案件包括当事人一方或者双方是外国人、无国籍人、外国企业或组织、国际组织，或者域名注册地在外国的域名纠纷案件。在中华人民共和国领域内发生的涉外域名纠纷案件，依照民事诉讼法第四编的规定确定管辖。

第三条　域名纠纷案件的案由，根据双方当事人争议的法律关系的性质确定，并在其前冠以计算机网络域名；争议的法律关系的性质难以确定的，可以通称为计算机网络域名纠纷案件。

第四条　人民法院审理域名纠纷案件，对符合以下各项条件的，应当认定被告注册、使用域名等行为构成侵权或者不正当竞争：

（一）原告请求保护的民事权益合法有效；

（二）被告域名或其主要部分构成对原告驰名商标的复制、模仿、翻译或音译；或者与原告的注册商标、域名等相同或近似，足以造成相关公众的误认；

（三）被告对该域名或其主要部分不享有权益，也无注册、使用该域名的正当理由；

（四）被告对该域名的注册、使用具有恶意。

第五条　被告的行为被证明具有下列情形之一的，人民法院应当认定其具有恶意：

（一）为商业目的将他人驰名商标注册为域名的；

（二）为商业目的注册、使用与原告的注册商标、域名等相同或近似的域名，故意造成与原告提供的产品、服务或者原告网站的混淆，误导网络用户访问其网站或其他在线站点的；

（三）曾要约高价出售、出租或者以其他方式转让该域名获取不正当利益的；

（四）注册域名后自己并不使用也未准备使用，而有意阻止权利人注册该域名的；

（五）具有其他恶意情形的。

被告举证证明在纠纷发生前其所持有的域名已经获得一定的知名度，且能与原告的注册商标、域名等相区别，或者具有其他情形足以证明其不具有恶意的，人民法院可以不认定被告具有恶意。

第六条　人民法院审理域名纠纷案件，根据当事人的请求以及案件的具体情况，可以对涉及的注册商标是否驰名依法作出认定。

第七条　人民法院在审理域名纠纷案件中，对符合本解释第四条规定的情形，依照有关法律规定构成侵权的，应当适用相应的法律规定；构成不正当竞争的，可以适用民法通则第四条、反不正当竞争法第二条第一款的规定。

涉外域名纠纷案件，依照民法通则第八章的有关规定处理。

第八条　人民法院认定域名注册、使用等行为构成侵权或者不正当竞争的，可以判令被告停止侵权、注销域名，或者依原告的请求判令由原告注册使用该域名；给权利人造成实际损害的，可以判令被告赔偿损失。

最高人民法院关于审理扰乱电信市场管理秩序案件具体应用法律若干问题的解释

（2000年4月28日最高人民法院审判委员会第1113次会议通过　2000年5月12日最高人民法院公告公布　自2000年5月24日起施行　法释〔2000〕12号）

为依法惩处扰乱电信市场管理秩序的犯罪活动，根据刑法的有关规定，现就审理这类案件具体应用法律的若干问题解释如下：

第一条　违反国家规定，采取租用国际专线、私设转接设备或者其他方法，擅自经营国际电信业务或者涉港澳台电信业务进行营利活动，扰乱电信市场管理秩序，情节严重的，依照刑法第二百二十五条第（四）项的规定，以非法经营罪定罪处罚。

第二条　实施本解释第一条规定的行为，具有下列情形之一的，属于非法经营行为“情节严重”：

（一）经营去话业务数额在100万元以上的；

（二）经营来话业务造成电信资费损失数额在100万元以上的。

具有下列情形之一的，属于非法经营行为“情节特别严重”：

（一）经营去话业务数额在500万元以上的；

（二）经营来话业务造成电信资费损失数额在500万元以上的。

第三条　实施本解释第一条规定的行为，经营数额或者造成电信资费损失数额接近非法经营行为“情节严重”、“情节特别严重”的数额起点标准，并具有下列情形之一的，可以分别认定为非法经营行为“情节严重”、“情节特别严重”：

（一）两年内因非法经营国际电信业务或者涉港澳台电信业务行为受过行政处罚两次以上的；

（二）因非法经营国际电信业务或者涉港澳台电信业务行为造成其他严重后果的。

第四条　单位实施本解释第一条规定的行为构成犯罪的，对单位判处罚金，并对其直接负责的主管人员和其他直接责任人员，依照本解释第二条、第三条的规定处罚。

第五条　违反国家规定，擅自设置、使用无线电台（站），或者擅自占用频率，非法经营国际电信业务或者涉港澳台电信业务进行营利活动，同时构成非法经营罪和刑法第二百八十八条规定的扰乱无线电通讯管理秩序罪的，依照处罚较重的规定定罪处罚。

第六条　国有电信企业的工作人员，由于严重不负责任或者滥用职权，造成国有电信企业破产或者严重损失，致使国家利益遭受重大损失的，依照刑法第一百六十八条的规定定罪处罚。

第七条　将电信卡非法充值后使用，造成电信资费损失数额较大的，依照刑法第二百六十四条的规定，以盗窃罪定罪处罚。

第八条　盗用他人公共信息网络上网账号、密码上网，造成他人电信资费损失数额较大的，依照刑法第二百六十四条的规定，以盗窃罪定罪处罚。

第九条　以虚假、冒用的身份证件办理入网手续并使用移动电话，造成电信资费损失数额较大的，依照刑法第二百六十六条的规定，以诈骗罪定罪处罚。

第十条　本解释所称“经营去话业务数额”，是指以行为人非法经营国际电信业务或者涉港澳台电信业务的总时长（分钟数）乘以行

进行判断的，权利人可以不提交实际交易的商品或服务的相关证据。

根据公开传播的交易信息不足以对侵权与否进行判断的，或者权利人主张交易信息与实际交易的商品或服务不一致的，权利人可以提交实际交易的商品或服务的相关证据。

五、不正当竞争类

13. 电子商务平台经营者如何处理通知？

权利人的通知及所附证据能够证明被控侵权交易信息的侵权可能性较大的，电子商务平台经营者应当及时采取必要措施，否则认定其有过错。

必要措施应当合理，应当与侵权情节相适应，否则电子商务平台经营者应当依法承担法律责任。

电子商务平台经营者在采取必要措施后，应当及时将通知及所采取措施的情况告知网络卖家，并及时将所采取措施的相关情况告知权利人。网络卖家联系方式不清楚导致无法通知的，电子商务平台经营者应当在网络上公告通知的内容。

14. 网络卖家是否可以提交反通知？

网络卖家可以在电子商务平台经营者告知的合理期限内提出要求恢复被删除的内容，或者恢复被屏蔽、被断开的链接的反通知。逾期不提出反通知的，视为认可电子商务平台经营者采取的必要措施。

反通知应当包含下列内容：

（1）网络卖家的真实姓名（名称）、联系方式和地址；

（2）足以准确定位交易信息的具体信息；

（3）不构成侵权的证明材料；

（4）网络卖家对反通知真实性负责的承诺。

网络卖家发送的反通知不符合上述条件的，视为未发出反通知。

15. 电子商务平台经营者应当如何处理反通知？

电子商务平台经营者收到网络卖家发送的反通知后，应当将网络卖家的反通知转送给权利人，并告知权利人在合理期限内对侵权是否成立进行确认。

权利人在合理期限内撤回本次通知，或者未对侵权是否成立进行确认的，电子商务平台经营者应当及时取消必要措施，恢复被删除的内容或者恢复被屏蔽、被断开的链接。

权利人在合理期限内确认侵权成立，且网络卖家提供的证据不能充分证明电子商务平台经营者采取的措施是错误的，电子商务平台经营者不必取消所采取的措施。

16. 如何确定错误通知或错误采取措施的法律责任？

权利人因错误发送通知，或者在接到反通知后错误确认侵权，损害网络卖家的合法权益的，应当依法承担赔偿责任。

电子商务平台经营者错误采取措施，或采取措施不合理，或错误取消必要措施，损害权利人或网络卖家的合法权益的，应当依法承担赔偿责任。

电子商务平台经营者因为权利人或网络卖家的错误行为而承担了赔偿责任后，有权依法向权利人或网络卖家追偿。

六、综合类

17. 侵害知识产权人身权益的，可否判令行为人赔偿损失？

侵害知识产权权利人的人身权益造成财产损失的，应责令侵权人予以赔偿。

因侵害知识产权人身权益致自然人精神损害，但未造成严重后果，受害人请求赔偿精神损害的，一般不予支持，人民法院可以根据情形判令侵权人停止侵害、恢复名誉、消除影响、赔礼道歉。

因侵害知识产权人身权益致自然人精神损害造成严重后果的，人民法院除判令侵权人承担停止侵害、恢复名誉、消除影响、赔礼道歉等民事责任外，可以根据受害人的请求判令其赔偿相应的精神损害抚慰金。

侵害知识产权人身权益致法人、其他组织商誉受到损害，属于财产损害，受害人请求赔偿的，应予支持。

北京市高级人民法院关于视频分享著作权纠纷案件的审理指南

（2012 年 12 月 31 日　京高法发［2012］419 号）

一、视频分享服务的判断及证明

1. 视频分享服务是指网络服务提供者为网络用户提供作品、表演、录音录像制品的存储空间服务。

网络服务提供者主张其提供视频分享服务，可以通过提交上传者用户名、注册 IP 地址、注册时间、上传 IP 地址等用户注册资料及上传信息等予以证明。

二、视频分享服务的法律性质及侵权认定要件

2. 视频分享服务不构成对他人信息网络传播权的直接侵犯，但同时符合以下条件，网络服务提供者与网络用户构成共同侵权，承担连带责任：

（1）网络用户利用视频分享服务提供涉案作品、表演、录音录像制品系侵犯他人信息网络传播权的行为；

（2）网络服务提供者知道或有合理的理由应当知道网络用户利用其视频分享服务提供涉案作品、表演、录音录像制品系侵犯他人信息网络传播权的行为，且未及时采取必要措施。

3. 网络服务提供者利用其服务模式诱导、鼓励网络用户提供侵犯他人信息网络传播权的作品、表演、录音录像制品的，构成教唆网络用户实施侵权行为。

4. 网络服务提供者接到权利人的通知后，未在合理期限内删除涉案作品、表演、录音录像制品，且同时符合以下条件的，应当对损害的扩大部分承担连带责任：

（1）网络用户提供涉案作品、表演、录音录像制品的行为系侵犯他人信息网络传播权的行为；

（2）通知中包含的信息足以使网络服务提供者准确定位涉案作品、表演、录音录像制品。

三、视频分享服务提供者过错的判断

5. 不能仅因视频分享网站上存在侵权作品、表演、录音录像制品，即认定网络服务提供者有过错。

6. 网络服务提供者同时符合以下条件的，可以认定其有合理的理由应当知道网络用户利用其视频分享服务提供涉案作品、表演、录音录像制品系侵犯他人信息网络传播权的行为：

（1）能够合理地认识到涉案作品、表演、录音录像制品在其存储空间传播；

（2）能够合理地认识到网络用户提供涉案作品、表演、录音录像制品未经权利人的许可。

7. 有以下情形之一的，可以推定网络服务提供者"能够合理地认识到涉案作品、表演、录音录像制品在其存储空间传播"，但有相反证据的除外：

（1）涉案作品、表演、录音录像制品位于视频分享网站中的"影视"或其他该类性质的栏目中；

（2）网络服务提供者对涉案作品、表演、录音录像制品进行了人工编辑、整理或推荐；

（3）涉案作品、表演、录音录像制品或与其相关的信息出现在视频分享网站的首页、各栏目的首页或网站的其他主要页面；

（4）其他情形。

8. 有以下情形之一的，可以推定网络服务提供者"能够合理地认识到网络用户提供涉案作品、表演、录音录像制品未经权利人的许可"，但有相反证据的除外：

（1）网络用户提供的是专业制作且内容完整的作品、表演、录音录像制品，或者处于档期或者热播、热映期间的作品、表演、录音录像制品；

（2）网络用户提供的是正在制作过程中且按照常理制作者不可能准许其传播的作品、表演、录音录像制品；

（3）其他情形。

9. 网络服务提供者从网络用户提供作品、表演、录音录像制品中直接获得经济利益，且该提供行为未经权利人许可，推定其主观上有过错。

第四部分

部 门 规 章

·中央网络安全和信息化领导小组办公室/国家互联网信息办公室

互联网信息内容管理行政执法程序规定

（2017年5月2日国家互联网信息办公室令第2号公布　自2017年6月1日起施行）

第一章　总　　则

第一条　为了规范和保障互联网信息内容管理部门依法履行职责，保护公民、法人和其他组织的合法权益，维护国家安全和公共利益，根据《中华人民共和国行政处罚法》《中华人民共和国网络安全法》和《国务院关于授权国家互联网信息办公室负责互联网信息内容管理工作的通知》，制定本规定。

第二条　互联网信息内容管理部门依法实施行政执法，对违反有关互联网信息内容管理法律法规规章的行为实施行政处罚，适用本规定。

本规定所称互联网信息内容管理部门，是指国家互联网信息办公室和地方互联网信息办公室。

第三条　互联网信息内容管理部门实施行政执法，应当遵循公开、公平、公正的原则，做到事实清楚、证据确凿、程序合法、法律法规规章适用准确适当、执法文书使用规范。

第四条　互联网信息内容管理部门建立行政执法督查制度。

上级互联网信息内容管理部门对下级互联网信息内容管理部门实施的行政执法进行督查。

第五条　互联网信息内容管理部门应当加强执法队伍建设，建立健全执法人员培训、考试考核、资格管理和持证上岗制度。

执法人员应当参加互联网信息内容管理部门组织的法律知识和业务知识培训，并经行政执法资格考试或者考核合格，取得执法证后方可从事执法工作。

执法证由国家互联网信息内容管理部门统一制定、核发或者授权省、自治区、直辖市互联网信息内容管理部门核发。

第二章　管　　辖

第六条　行政处罚由违法行为发生地的互联网信息内容管理部门管辖。

违法行为发生地包括实施违法行为的网站备案地，工商登记地（工商登记地与主营业地不一致的，应按主营业地），网站建立者、管理者、使用者所在地，网络接入地，计算机等终端设备所在地等。

第七条　市（地、州）级以下互联网信息内容管理部门依职权管辖本行政区域内的互联网信息内容行政处罚案件。

省、自治区、直辖市互联网信息内容管理部门依职权管辖本行政区域内重大、复杂的互联网信息内容行政处罚案件。

国家互联网信息内容管理部门依职权管辖应当由自己实施行政处罚的案件及全国范围内发生的重大、复杂的互联网信息内容行政处罚案件。

省、自治区、直辖市互联网信息内容管理部门可以依据法律法规规章，结合本地区实际，制定本行政区域内级别管辖的具体规定。

第八条 对当事人的同一违法行为，两个以上互联网信息内容管理部门均有管辖权的，由先行立案的互联网信息内容管理部门管辖。必要时，可以移送主要违法行为发生地的互联网信息内容管理部门管辖。

两个以上的互联网信息内容管理部门对管辖权有争议的，应当协商解决；协商不成的，报请共同的上一级互联网信息内容管理部门指定管辖。

第九条 上级互联网信息内容管理部门认为必要时，可以直接办理下级互联网信息内容管理部门管辖的案件，也可以将自己管辖的案件移交下级互联网信息内容管理部门办理。

下级互联网信息内容管理部门对其管辖的案件由于特殊原因不能行使管辖权的，可以报请上级互联网信息内容管理部门管辖或者指定管辖。

第十条 互联网信息内容管理部门发现案件不属于其管辖的，应当及时移送有管辖权的互联网信息内容管理部门。

受移送的互联网信息内容管理部门应当将案件查处结果及时函告移送案件的互联网信息内容管理部门；认为移送不当的，应当报请共同的上一级互联网信息内容管理部门指定管辖，不得再次移送。

第十一条 上级互联网信息内容管理部门接到管辖争议或者报请指定管辖请示后，应当在十个工作日内作出指定管辖的决定，并书面通知下级互联网信息内容管理部门。

第十二条 互联网信息内容管理部门发现案件属于其他行政机关管辖的，应当依法移送有关机关。

互联网信息内容管理部门发现违法行为涉嫌犯罪的，应当及时移送司法机关。司法机关决定立案的，互联网信息内容管理部门应当自接到司法机关立案通知书之日起三日内将与案件有关的材料移交司法机关，并办结交接手续。

第十三条 互联网信息内容管理部门对依法应当撤销互联网新闻信息服务许可、吊销互联网新闻信息服务许可证的，应当提出处理建议，并将取得的证据及相关材料报送原发证的互联网信息内容管理部门，由原发证的互联网信息内容管理部门依法作出是否撤销许可、吊销许可证的决定。

第三章 立 案

第十四条 互联网信息内容管理部门应当对下列事项及时调查处理，并填写《案件来源登记表》（格式见附件1）：

（一）在监督检查中发现案件线索的；

（二）自然人、法人或者其他组织投诉、申诉、举报的；

（三）上级机关交办或者下级机关报请查处的；

（四）有关部门移送或者经由其他方式、途径发现的。

第十五条 行政处罚立案应当符合下列条件：

（一）有涉嫌违法的事实；

（二）依法应当予以行政处罚；

（三）属于互联网信息内容监督管理行政处罚的范围；

（四）属于本互联网信息内容管理部门管辖。

符合立案条件的，应当填写《立案审批表》（格式见附件2），同时附上相关材料，在七个工作日内报互联网信息内容管理部门负责人批准立案，并确定两名以上执法人员为案件承办人。特殊情况下，可以延长至十五个工作日内立案。

第十六条 对于不予立案的投诉、申诉、举报，经互联网信息内容管理部门负责人批准后，应将结果告知具名的投诉人、申诉人、举报人，并将不予立案的相关情况作书面记录留存。

对于其他部门移送的案件，决定不予立案的，应当书面告知移送部门。

不予立案或者撤销立案的，承办人应当制作《不予立案审批表》（格式见附件3）或者《撤销立案审批表》（格式见附件4），报互联网信息内容管理部门负责人批准。

第十七条 办案人员有下列情形之一的，应当自行回避；当事人也有权申请办案人员回避：

（一）是本案的当事人或者当事人的近亲属；

（二）与本案有直接利害关系；

（三）与本案当事人有其他关系，可能影响案件公正处理的。

办案人员的回避由互联网信息内容管理部门负责人决定。当事人对决定不服的，可以申请复议一次。

回避决定作出前，被申请回避人员不停止对案件的调查处理。

第四章　调查取证

第十八条　互联网信息内容管理部门进行案件调查取证时，执法人员不得少于两人，并应当出示执法证。必要时，也可以聘请专业人员进行协助。

首次向案件当事人收集、调取证据的，应当告知其有申请办案人员回避的权利。

向有关单位、个人收集、调取证据时，应当告知其有如实提供证据的义务。被调查对象或者有关人员应当如实回答询问并协助、配合调查，及时提供依法应当保存的互联网信息服务提供者发布的信息、用户发布的信息、日志信息等相关材料，不得阻挠、干扰案件的调查。

执法人员对在办案过程中知悉的国家秘密、商业秘密、个人隐私、个人信息应当依法保密。

第十九条　互联网信息内容管理部门在办案过程中需要其他地区互联网信息内容管理部门协助调查、取证的，应当出具委托调查函。受委托的互联网信息内容管理部门应当积极予以协助，一般应当在接到委托调查函之日起十五个工作日内完成相关工作；需要延期完成或者无法协助的，应当及时函告委托的互联网信息内容管理部门。

第二十条　办案人员应当依法收集与案件有关的证据，包括电子数据、视听资料、书证、物证、证人证言、当事人的陈述、鉴定意见、检验报告、勘验笔录、现场笔录、询问笔录等。

电子数据是指案件发生过程中形成的，以数字化形式存储、处理、传输的，能够证明案件事实的数据，包括但不限于网页、博客、微博客、即时通信工具、论坛、贴吧、网盘、电子邮件、网络后台等方式承载的电子信息或文件。电子数据主要存在于计算机设备、移动通信设备、互联网服务器、移动存储设备、云存储系统等电子设备或存储介质中。

视听资料包括录音资料和影像资料。

存储在电子介质中的录音资料和影像资料，适用电子数据的规定。

第二十一条　互联网信息内容管理部门在立案前调查或者检查过程中依法取得的证据，可以作为认定事实的依据。通过网络巡查等技术手段获取的、具有可靠性的电子数据可以作为认定事实的依据。

电子数据的收集、提取应当符合法律法规规章、国家标准、行业标准和技术规范，并保证所收集、提取的电子数据的完整性、合法性、真实性、关联性。否则，不得作为认定事实的依据。

第二十二条　互联网信息内容管理部门在立案前，可以采取询问、勘验、检查、鉴定、调取证据材料等措施，不得限制初查对象的人身、财产权利。

互联网信息内容管理部门在立案后，可以对物品、设施、场所采取先行登记保存等措施。

第二十三条　互联网信息内容管理部门在办案过程中，应当及时询问证人。

执法人员进行询问的，应当制作《询问笔录》（格式见附件5），载明时间、地点、有关事实、经过等内容。询问笔录应当交询问对象或者有关人员核对并确认。

第二十四条　互联网信息内容管理部门对于涉及互联网信息内容违法的场所、物品、网络应当进行勘验、检查，及时收集、固定书证、物证、视听资料以及电子数据。

第二十五条　互联网信息内容管理部门可以委托司法鉴定机构就案件中的专门性问题出具鉴定意见；不属于司法鉴定范围的，可以委托有能力或者条件的机构出具检测报告或者检验报告。

第二十六条　互联网信息内容管理部门可以向有关单位、个人调取能够证明案件事实的证据材料，并且可以根据需要拍照、录像、复印和复制。

调取的书证、物证应当是原件、原物。调取原件、原物确有困难的，可以由提交证据的有关单位、个人在复制品上签字或者盖章，注明“此件由×××提供，经核对与原件（物）无异”的字样或者文字说明，并注明出证日期、证据出处，并签名或者盖章。

调取的视听资料、电子数据应当是原始载体或备份介质。调取原始载体或备份介质确有困难的，可以收集复制件，并注明制作方法、制作时间、制作人等情况。调取声音资料的应当附有该声音内容的文字记录。

第二十七条 在证据可能灭失或者以后难以取得的情况下，经互联网信息内容管理部门负责人批准，执法人员可以依法对涉案计算机、服务器、硬盘、移动存储设备、存储卡等涉嫌实施违法行为的物品先行登记保存，制作《登记保存物品清单》（格式见附件6），向当事人出具《登记保存物品通知书》（格式见附件7）。先行登记保存期间，当事人或有关人员不得损毁、销毁或者非法转移证据。

互联网信息内容管理部门实施先行登记保存时，应当通知当事人或者持有人到场，并在现场笔录中对采取的相关措施情况予以记载。

第二十八条 互联网信息内容管理部门对先行登记保存的证据，应当在七日内作出以下处理决定：

（一）需要采取证据保全措施的，采取记录、复制、拍照、录像等证据保全措施后予以返还；

（二）需要检验、检测、鉴定的，送交具有相应资质的机构检验、检测、鉴定；

（三）违法事实成立的，依法应当予以没收的，作出行政处罚决定，没收违法物品；

（四）违法事实不成立，或者违法事实成立但依法不应当予以没收的，解除先行登记保存。

逾期未作出处理决定的，应当解除先行登记保存。

第二十九条 为了收集、保全电子数据，互联网信息内容管理部门可以采取现场取证，远程取证，责令有关单位、个人固定和提交等措施。

现场取证、远程取证结束后应当制作《电子取证工作记录》（格式见附件8）。

第三十条 执法人员在调查取证过程中，应当要求当事人在笔录或者其他材料上签字、捺指印、盖章或者以其他方式确认。当事人拒绝到场，拒绝签字、捺指印、盖章或者以其他方式确认，或者无法找到当事人的，应当由两名执法人员在笔录或者其他材料上注明原因，并邀请有关人员作为见证人签字或者盖章，也可以采取录音、录像等方式记录。

第三十一条 案件调查终结后，承办人应当撰写《案件处理意见报告》（格式见附件9）：

认为违法事实成立，应当予以行政处罚的，撰写《案件处理意见报告》，草拟行政处罚建议书。

有下列情形之一的，撰写《案件处理意见报告》，说明拟作处理的理由，报互联网信息内容管理部门负责人批准后根据不同情况分别处理：

（一）认为违法事实不成立，应当予以销案的；

（二）违法行为情节轻微，没有造成危害后果，不予行政处罚的；

（三）案件不属于本机关管辖，应当移送其他行政机关管辖的；

（四）涉嫌犯罪，应当移送司法机关的。

第三十二条 互联网信息内容管理部门进行案件调查时，对已有证据证明违法事实成立的，应当出具责令改正通知书，责令当事人改正或者限期改正违法行为。

第五章 听证、约谈

第三十三条 互联网信息内容管理部门作出吊销互联网新闻信息服务许可证、较大数额罚款等行政处罚决定之前，应当告知当事人有要求举行听证的权利。当事人要求听证的，应当在被告知后三日内提出，互联网信息内容管理部门应当组织听证。当事人逾期未要求听证的，视为放弃权利。

第三十四条 互联网信息内容管理部门应当在听证的七日前，将《举行听证通知书》（格式见附件10）送达当事人，告知举行听证的时间、地点。

听证应当制作《听证笔录》（格式见附件11），交当事人审核无误后签字或者盖章。

第三十五条　互联网信息内容管理部门对互联网信息服务提供者违法行为作出行政处罚决定前，可以根据有关规定对其实施约谈，谈话结束后制作《执法约谈笔录》（格式见附件12）。

第六章　处罚决定、送达

第三十六条　互联网信息内容管理部门作出行政处罚决定之前，应当填写《行政处罚意见告知书》（格式见附件13），告知当事人拟作出行政处罚的违法事实、处罚的理由和依据，以及当事人依法享有的陈述、申辩权。

互联网信息内容管理部门应当充分听取当事人的陈述和申辩。当事人提出的事实、理由或者证据经复核成立的，应当采纳。当事人在接到告知书之日起三个工作日内未提出陈述、申辩的，视为放弃权利。

互联网信息内容管理部门不得因当事人陈述、申辩而加重处罚。

第三十七条　拟作出的行政处罚决定应当报互联网信息内容管理部门负责人审查。互联网信息内容管理部门负责人根据不同情况，分别作出如下决定：

（一）确有应受行政处罚的违法行为的，根据情节轻重及具体情况，作出行政处罚决定；

（二）违法行为轻微，依法可以不予行政处罚的，不予行政处罚；

（三）违法事实不能成立的，不予行政处罚；

（四）违法行为已构成犯罪的，移送司法机关。

第三十八条　对情节复杂或者重大违法行为给予较重的行政处罚，互联网信息内容管理部门负责人应当集体讨论决定。集体讨论决定的过程应当有书面记录。

情节复杂、重大违法行为标准由互联网信息内容管理部门根据实际情况确定。

第三十九条　互联网信息内容管理部门作出行政处罚决定，应当制作统一编号的《行政处罚决定书》（格式见附件14）。

《行政处罚决定书》应当载明下列事项：

（一）当事人的姓名或者名称、地址等基本情况；

（二）违反法律、法规或者规章的事实和证据；

（三）行政处罚的种类和依据；

（四）行政处罚的履行方式和期限；

（五）不服行政处罚决定，申请行政复议或者提起行政诉讼的途径和期限；

（六）作出行政处罚决定的互联网信息内容管理部门名称和作出决定的日期。

行政处罚决定中涉及没收有关物品的，还应当附没收物品凭证。

《行政处罚决定书》应当盖有作出行政处罚决定的互联网信息内容管理部门的印章。

第四十条　《行政处罚决定书》应当在宣告后当场交付当事人；当事人不在场的，应当在七日内依照民事诉讼法的有关规定，将《行政处罚决定书》送达当事人。

第七章　执行与结案

第四十一条　《行政处罚决定书》送达后，当事人应当在处罚决定的期限内予以履行。

当事人确有经济困难，可以提出延期或者分期缴纳罚款的申请，并提交书面材料。经案件承办人审核，确定延期或者分期缴纳罚款的期限和金额，报互联网信息内容管理部门负责人批准后执行。

第四十二条　互联网信息服务提供者违反相关法律法规规章，需由电信主管部门关闭网站、吊销互联网信息服务增值电信业务经营许可证或者取消备案的，转电信主管部门处理。

第四十三条　当事人对互联网信息内容管理部门给予的行政处罚享有陈述、申辩权，对行政处罚决定不服的，有权依法申请行政复议或者提起行政诉讼。

当事人对行政处罚决定不服，申请行政复议或者提起行政诉讼的，行政处罚不停止执行，但法律另有规定的除外。

第四十四条　当事人在法定期限内不申请

行政复议或者提起行政诉讼，又不履行行政处罚决定的，作出处罚决定的互联网信息内容管理部门可以申请人民法院强制执行。

互联网信息内容管理部门申请人民法院强制执行前应当填写《履行行政处罚决定催告书》（格式见附件15），书面催告当事人履行义务，并告知履行义务的期限和方式、依法享有的陈述和申辩权，涉及加处罚款的，应当有明确的金额和给付方式。

加处罚款的总数额不得超过原罚款数额。

当事人进行陈述、申辩的，互联网信息内容管理部门应当对当事人提出的事实、理由和证据进行记录、复核，并制作陈述申辩笔录、陈述申辩复核意见书。当事人提出的事实、理由或者证据成立的，互联网信息内容管理部门应当采纳。

《履行行政处罚决定催告书》送达十个工作日后，当事人仍未履行处罚决定的，互联网信息内容管理部门可以申请人民法院强制执行，并填写《行政处罚强制执行申请书》（格式见附件16）。

第四十五条 行政处罚决定履行或者执行后，办案人应当填写《行政处罚结案报告》（格式见附件17），将有关案件材料进行整理装订，归档保存。

第八章 附 则

第四十六条 本规定中的期限以时、日计算，开始的时和日不计算在内。期限届满的最后一日是节假日的，以节假日后的第一日为届满的日期。法律、法规另有规定的除外。

第四十七条 本规定中的“以上”“以下”“以内”，均包括本数。

第四十八条 国家互联网信息内容管理部门负责制定行政执法所适用的文书格式范本。各省、自治区、直辖市互联网信息内容管理部门可以参照文书格式范本，制定本行政区域行政处罚所适用的文书格式并自行印制。

第四十九条 本规定自2017年6月1日起施行。

附件：1. 案件来源登记表
2. 立案审批表
3. 不予立案审批表
4. 撤销立案审批表
5. 询问笔录
6. 登记保存物品清单
7. 登记保存物品通知书
8. 电子取证工作记录
9. 案件处理意见报告
10. 举行听证通知书
11. 听证笔录
12. 执法约谈笔录
13. 行政处罚意见告知书
14. 行政处罚决定书
15. 履行行政处罚决定催告书
16. 行政处罚强制执行申请书
17. 行政处罚结案报告

附件1

案件来源登记表

<table>
<tr><td colspan="2">登记时间</td><td colspan="5">年　　月　　日　　时　　分</td></tr>
<tr><td colspan="2">来源分类</td><td colspan="5">（　）监督检查　（　）投诉、申诉、举报　（　）上级机关交办
（　）下级机关报请（　）有关部门移送　（　）其他</td></tr>
<tr><td rowspan="11">案源提供人</td><td rowspan="2">监督检查人</td><td colspan="2">姓　名</td><td></td><td>执法单位</td><td></td></tr>
<tr><td colspan="2">姓　名</td><td></td><td>执法单位</td><td></td></tr>
<tr><td rowspan="5">投诉、申诉、举报人</td><td>个人</td><td>姓名</td><td></td><td>身份证（有效身份证件）号码</td><td></td></tr>
<tr><td rowspan="2">单位</td><td>名称</td><td colspan="3"></td></tr>
<tr><td colspan="2">法定代表人（负责人）</td><td colspan="2"></td></tr>
<tr><td colspan="2">联系电话</td><td></td><td>邮政编码</td><td></td></tr>
<tr><td colspan="2">联系地址</td><td colspan="3"></td></tr>
<tr><td rowspan="4">交办、报请机关，移送部门，其他</td><td colspan="2">名　称</td><td colspan="3"></td></tr>
<tr><td colspan="2">联系人</td><td></td><td>联系电话</td><td></td></tr>
<tr><td colspan="2">联系地址</td><td colspan="3"></td></tr>
<tr><td colspan="2">邮政编码</td><td colspan="3"></td></tr>
<tr><td colspan="2">案源内容登记</td><td colspan="5">登记人（签名）：
年　　月　　日</td></tr>
<tr><td colspan="2">案源处理意见</td><td colspan="5">承办人（签名）：　　　　审批人（签名）：
年　　月　　日　　　　年　　月　　日</td></tr>
<tr><td colspan="2">备　注</td><td colspan="5"></td></tr>
</table>

附件 2

立案审批表

XXX 号

<table>
<tr><td>案 由</td><td colspan="4"></td></tr>
<tr><td rowspan="2">当事人
基本情况</td><td>单位名称</td><td></td><td>法定代表人</td><td></td></tr>
<tr><td>单位地址</td><td></td><td>联系电话</td><td></td></tr>
<tr><td colspan="5">简要案情：</td></tr>
<tr><td>承办意见</td><td colspan="4">承办人（签名） 年 月 日</td></tr>
<tr><td>承办部门
审核意见</td><td colspan="4">审核人（签名） 年 月 日</td></tr>
<tr><td>互联网信息内容
管理部门负责人
审批意见</td><td colspan="4">审批人（签名） 年 月 日</td></tr>
<tr><td colspan="5">备注：</td></tr>
</table>

附件 3

不予立案审批表

XXX 号

<table>
<tr><td colspan="2">案件名称：　　　　　　案件来源：　　　　　　登记时间：</td></tr>
<tr><td colspan="2">当事人：　　　　　　证照号码：　　　　　　法定代表人：</td></tr>
<tr><td colspan="2">联系地址：　　　　　　　　联系电话：</td></tr>
<tr><td colspan="2">案件核查情况：

不予立案理由：</td></tr>
<tr><td colspan="2">承办意见：

承办人（签名）：　　　　　　年　月　日</td></tr>
<tr><td>承办部门审核意见：

审核人（签名）：
年　月　日</td><td>互联网信息内容管理部门负责人审批意见：

审批人（签名）：
年　月　日</td></tr>
</table>

附件 4

撤销立案审批表

XXX 号

<table>
<tr><td colspan="2">案件名称：　　　　案件来源：　　　　立案时间：</td></tr>
<tr><td colspan="2">当事人：　　　　证照号码：　　　　法定代表人：</td></tr>
<tr><td colspan="2">联系地址：　　　　联系电话：</td></tr>
<tr><td colspan="2">案件基本情况：

撤销立案理由：</td></tr>
<tr><td colspan="2">承办意见：

承办人（签名）：　　　　年　月　日</td></tr>
<tr><td>承办部门审核意见：

审核人（签名）：
年　月　日</td><td>互联网信息内容管理部门负责人审批意见：

审批人（签名）：
年　月　日</td></tr>
</table>

附件 5

第____次询问

第____页 共____页

询问笔录

询问时间：____年____月____日____时____分至____年____月____日____时____分

询问地点：________________

询问人姓名：____________工作单位：____________执法证件号码：________________

记录人姓名：____________工作单位：____________执法证件号码：________________

被询问人姓名：____________性别：____________出生日期：________________

民族：________文化程度：____________身份证（有效身份证件）号码：________________

户籍所在地：____________________联系电话：________________

现住址：________________

问：________________

答：________________

____

____

____

问：________________

答：________________

____

____

____

问：________________

答：________________

____

____

____

问：________________

答：________________

____

____

____

被询问人（签名）： 询问人（签名）： 记录人（签名）：

年 月 日 年 月 日 年 月 日

附件 6

登记保存物品清单

XXX 号

编号	类别	名称	单位	数量	单价	备注

当事人（签名）： 执法人员（签名）：

单位（印章） XXX 互联网信息办公室（印章）

年 月 日 年 月 日

注：本文书一式两联，第一联由行政机关存档，第二联交当事人。

附件 7

登记保存物品通知书

当事人：____

地　址：____

你（单位）因____行为违反了____，根据《中华人民共和国行政处罚法》第三十七条第二款的规定，现决定对你（单位）下列物品予以先行登记保存（详见清单）。

保存期限：________年____月____日至________年____月____日

保存地点：____

在此期间，你（单位）不得将登记保存的物品销毁或者转移。

附：登记保存物品清单

当事人（签名）：　　　　　　　　　　执法人员（签名）：

单位（印章）　　　　　　　　　　XXX 互联网信息办公室（印章）

年　　月　　日　　　　　　　　　　年　　月　　日

注：本文书一式两联，第一联由行政机关存档，第二联交当事人。

附件 8

电子取证工作记录

（适用于现场取证、远程取证）

一、基本情况：

取证事由：____

取证起始时间：__________________取证结束时间：__________________

取证地点：____

取证环境情况：____

现场指挥人：__________________到场时间：__________________

取证人：__________________到场时间：__________________

取证人：__________________到场时间：__________________

见证人：__________________证件名称/号码：__________________

见证人：__________________证件名称/号码：__________________

其他人员：____

取证设备和软件工具的名称、型号、版本号：__________________

二、取证过程：

发现、提取、分析、固定证据的形式、方法和步骤：__________________

____

____

____

____

三、取证结果：

见《提取固定电子数据清单》（一）、（二）、（三）、（四）。本记录包含照片______张，光盘______个，及（其他）________________。

现场指挥人：（签名）

取　证　人：（签名）

证据持有人：（签名）

见　证　人：（签名）

年　　月　　日

<table>
<tr><td colspan="3">提取固定电子数据清单（一）
（适用于提取、固定原始电子设备、存储介质）</td></tr>
<tr><td rowspan="4">原始载体外观登记</td><td rowspan="2">□机身</td><td>□服务器 □台式机 □笔记本 □手机 □其他</td></tr>
<tr><td>制造商： 型号： 序列号： 其他：</td></tr>
<tr><td rowspan="2">□介质</td><td>□硬盘 □移动硬盘 □U 盘 □其他</td></tr>
<tr><td>制造商： 型号： 序列号： 容量：
其他：</td></tr>
<tr><td rowspan="3">原始载体固定方式</td><td>□完整性校验</td><td>校验情况描述：

取证人（签名）： 持有人（签名）：
见证人（签名）： 日期：</td></tr>
<tr><td>□封存</td><td>封存情况描述：

取证人（签名）： 持有人（签名）：
见证人（签名）： 日期：</td></tr>
<tr><td>□其他方式</td><td>固定情况描述：

取证人（签名）： 持有人（签名）：
见证人（签名）： 日期：</td></tr>
<tr><td>备注</td><td colspan="2"></td></tr>
</table>

<table>
<tr><td colspan="3">提取、固定电子数据清单（二）
（适用于提取、固定镜像复制件）</td></tr>
<tr><td rowspan="4">原始载体外观登记</td><td rowspan="2">□机身</td><td>□服务器 □台式机 □笔记本 □手机 □其他</td></tr>
<tr><td>制造商： 型号： 序列号： 其他：</td></tr>
<tr><td rowspan="2">□介质</td><td>□硬盘 □移动硬盘 □U 盘 □其他</td></tr>
<tr><td>制造商： 型号： 序列号： 容量：
其他：</td></tr>
<tr><td rowspan="2">镜像复制件外观登记</td><td rowspan="2">□介质</td><td>□硬盘 □移动硬盘 □U 盘 □其他</td></tr>
<tr><td>制造商： 型号： 序列号： 容量：
其他：</td></tr>
<tr><td rowspan="3">镜像复制件固定方式</td><td>□完整性校验</td><td>校验情况描述：
取证人（签名）： 见证人（签名）：
原始载体保管人（签名）： 原始载体保管地点：
日期：</td></tr>
<tr><td>□封存</td><td>封存情况描述：
取证人（签名）： 见证人（签名）：
原始载体保管人（签名）： 原始载体保管地点：
日期：</td></tr>
<tr><td>□其他方式</td><td>固定情况描述：
取证人（签名）： 见证人（签名）：
原始载体保管人（签名）： 原始载体保管地点：
日期：</td></tr>
<tr><td>备注</td><td colspan="2"></td></tr>
</table>

<table>
<tr><td colspan="4">提取、固定电子数据清单（三）
（适用于提取、固定相关涉案文件）</td></tr>
<tr><td rowspan="4">原始载体外观登记</td><td rowspan="2">□机身</td><td colspan="2">□服务器　□台式机　□笔记本　□手机　□其他</td></tr>
<tr><td colspan="2">制造商：　型号：　序列号：　其他：</td></tr>
<tr><td rowspan="2">□介质</td><td colspan="2">□硬盘　□移动硬盘　□U 盘　□其他</td></tr>
<tr><td colspan="2">制造商：　型号：　序列号：　容量：
其他：</td></tr>
<tr><td rowspan="2">专门存储介质外观登记</td><td rowspan="2">□介质</td><td colspan="2">□光盘　□移动硬盘　□U 盘　□其他</td></tr>
<tr><td colspan="2">制造商：　型号：　序列号：　容量：
其他：</td></tr>
<tr><td rowspan="2">提取情况描述</td><td rowspan="2">□涉案文件</td><td>涉案文件原始情况</td><td>涉案文件提取情况</td></tr>
<tr><td>存储位置：
文件数量：
其他：</td><td>存储位置：
文件数量：
其他：</td></tr>
<tr><td rowspan="3">提取涉案文件固定方式</td><td>□完整性校验</td><td colspan="2">校验情况描述：□专门存储介质完整性校验□文件完整性校验
取证人（签名）：　见证人（签名）：
原始载体保管人（签名）：　原始载体保管地点：
日期：</td></tr>
<tr><td>□封存</td><td colspan="2">封存情况描述：
取证人（签名）：　见证人（签名）：
原始载体保管人（签名）：　原始载体保管地点：
日期：</td></tr>
<tr><td>□其他方式</td><td colspan="2">固定情况描述：
取证人（签名）：　见证人（签名）：
原始载体保管人（签名）：　原始载体保管地点：
日期：</td></tr>
<tr><td>备注</td><td colspan="3"></td></tr>
</table>

<table>
<tr><td colspan="3">提取、固定电子数据清单（四）
（适用于将涉案文件转化为纸质文档）</td></tr>
<tr><td rowspan="4">原始载体外观登记</td><td rowspan="2">□机身</td><td>□服务器 □台式机 □笔记本 □手机 □其他</td></tr>
<tr><td>制造商： 型号： 序列号： 其他：</td></tr>
<tr><td rowspan="2">□介质</td><td>□硬盘 □移动硬盘 □U 盘 □其他</td></tr>
<tr><td>制造商： 型号： 序列号： 容量：
其他：</td></tr>
<tr><td>原始涉案文件描述</td><td colspan="2">存储位置：
文件数量：
相关描述：

取证人（签名）： 见证人（签名）：
原始载体保管人（签名）： 原始载体保管地点：
日期：</td></tr>
<tr><td>转化过程描述</td><td colspan="2"></td></tr>
<tr><td>注意事项</td><td colspan="2">1. 涉案文件通过拍照、打印等方式转化为纸质文档后，应当由证据保管人、见证人核对无误并逐页签名确认；
2. 经签名确认的纸质文档可以单独收集，也可以与涉案文件的原始载体一并收集。</td></tr>
<tr><td>备注</td><td colspan="2"></td></tr>
</table>

附件 9

案件处理意见报告

XXX 号

<table>
<tr><td>案由</td><td colspan="4"></td></tr>
<tr><td rowspan="2">当事人
基本情况</td><td>单位名称</td><td></td><td>法定代表人</td><td></td></tr>
<tr><td>单位地址</td><td></td><td>联系电话</td><td></td></tr>
<tr><td>违法事实及
证据</td><td colspan="4"></td></tr>
<tr><td>案件调查经过</td><td colspan="4"></td></tr>
<tr><td>调查结论及
处理意见</td><td colspan="4">承办人（签名）：　　　　年　月　日</td></tr>
<tr><td>承办部门
审核意见</td><td colspan="4">审核人（签名）：　　　　年　月　日</td></tr>
<tr><td>互联网信息内容
管理部门负责人
审批意见</td><td colspan="4">审批人（签名）：　　　　年　月　日</td></tr>
<tr><td colspan="5">备注：</td></tr>
</table>

附件 10

举行听证通知书

_____字［　］____号

________________（听证申请人）：

根据你（单位）于______年____月____日就________________一案提出的听证申请，依据《中华人民共和国行政处罚法》第四十二条的规定，现定于______年____月____日____时____分在____________举行□公开□不公开　听证。请你（单位）持本通知准时出席。

听证会主持人：________________听证申请人（委托代理人）：________________________________

听证会参加人（委托代理人）：________________案件承办人：________________________________

听证会书记员：____________翻译人员：____________鉴定人员：______________________________

第三人（委托代理人）：________________其他听证参与人：________________________________

注意事项如下：

1. 申请人可以亲自参加听证，也可委托一至二人代理。委托代理人参加听证的，应在听证举行前提交由委托人签名或盖章的委托授权书，载明委托的事项及权限。参加听证时应携带身份证明材料。

2. 申请人若因特殊原因需申请延期举行听证的，应当在听证举行前向我办提出申请并说明理由，由我办决定是否延期。

3. 申请人无正当理由不参加听证，又未委托代理人到场参加听证的，或者未经听证主持人允许中途退场的，视为放弃听证权利，我办将终止听证。

4. 举行听证会前，本通知内容将在____________进行公告。

XXX 互联网信息办公室（印章）

年　　月　　日

联系地址：____

联系人：________________________联系电话：____________________________________

附件 11

第 页 共 页

听证笔录

案由：____

听证时间：____年___月___日___时___分至____年___月___日___时___分

听证地点：____

听证机关：________________ 听证方式：□公开 □不公开

听证会主持人：____

听证申请人（委托代理人）：____

听证会参加人（委托代理人）：____

案件承办人：____

听证会书记员：____________ 翻译人员：____________ 鉴定人员：____________

第三人（委托代理人）：____

其他听证参与人：____

听证内容记录：____

____

____

____

____

____

____

____

____

____

____

____

____

____

____

听证申请人（委托代理人）（签章）：

听证会书记员（签名）： 翻译人员（签名）： 鉴定人员（签名）：

案件承办人（签名）： 第三人（委托代理人）（签名）：

日期：

附件 12

第 页 共 页

执法约谈笔录

谈话人	姓名： 单位及职务：
	姓名： 单位及职务：
	姓名： 单位及职务：
	姓名： 单位及职务：
被约谈人	姓名： 性别： 年龄：
	身份证（有效身份证件）号码：
	工作单位： 职务：
	联系地址： 联系电话：
	姓名： 性别： 年龄：
	身份证（有效身份证件）号码：
	工作单位： 职务：
	联系地址： 联系电话：
约谈地点：	
约谈时间：____年___月___日___时___分至____年___月___日___时___分	
约谈主要内容：	
被约谈人： （签名） 年 月 日	记录人： （签名） 年 月 日

备注：被约谈人应当在每页笔录签名，并签署“以上记录属实”。

附件 13

行政处罚意见告知书

____字［　］____号

________________（被告知人）：

你（单位）因____违反了________________________。根据________________________的规定，我办拟对你（单位）作出____的处罚。

对我办拟作出的上述行政处罚，根据《中华人民共和国行政处罚法》第三十二条、第四十二条规定，你（单位）有权进行陈述、申辩，有权要求就吊销互联网新闻信息服务许可证、较大数额罚款等行政处罚决定举行听证。如果有陈述和申辩意见或者要求听证的，你（单位）应在接到本告知书之日起3日内（节假日顺延）向我办提出，逾期视为放弃。

联系人：________________联系电话：________________

XXX 互联网信息办公室（印章）

年　月　日

附件 14

行政处罚决定书

____字［ ］____号

被处罚对象：____

地址：____

我办于______年____月____日对你（单位）________________________行为进行立案调查。现查明____

____

____

以上事实有____

____等证据证实。

现根据____，决定给予你（单位）______________________处罚，限你（单位）于____________前______________________。

［决定给予罚款处罚的，被处罚对象应在收到本决定书之日起十五日内缴纳罚款（银行：____________账号：____________）。逾期不缴纳罚款的，每日按照罚款数额的百分之三加处罚款。］

如不服本决定，可以在收到本决定书之日起____日内向________________________申请行政复议，或者于收到本决定书之日起____日内直接向________________________人民法院提起行政诉讼。

XXX 互联网信息办公室（印章）

年　　月　　日

附：作出行政处罚决定所依据的法律条文内容

附件 15

履行行政处罚决定催告书

____字 [　] ____号

____________（被处罚对象）：

我办于______年____月____日作出行政处罚决定，要求你（单位）____（处罚决定内容）。你（单位）于______年____月____日签收了行政处罚决定书，但在法定期限内未申请行政复议，也未向人民法院提起行政起诉，又不履行本处罚决定。根据《中华人民共和国行政强制法》第五十四条和________________规定，我办催告你（单位）在收到本催告书之日起的 10 日内履行以下行政处罚决定：____。

本催告书送达 10 日后你（单位）仍未履行义务的，我办将依法向人民法院申请强制执行，你（单位）有陈述和申辩的权利。

XXX 互联网信息办公室（印章）

年　　月　　日

本文书一式两份：一份留存，一份交被催告当事人。

附件 16

行政处罚强制执行申请书

____字［　］____号

________________人民法院：

我办关于________________________________一案的行政处罚决定已于____年____月____日送达，________________（被处罚人/单位）逾期未履行行政处罚决定。

根据《中华人民共和国行政处罚法》第五十一条第三项规定，特申请强制执行。申请执行的内容及当事人基本情况如下：

当事人：____

地　址：____

法定代表人（负责人）：________________性别：______________________________

年龄：________________________职务：________________________

申请执行内容：____。

XXX 互联网信息办公室（印章）

年　月　日

附件：

联系地址：________________________

联 系 人：________________________

联系方式：________________________

注：本文书共二联，第一联由行政机关存档，第二联交法院。

附件 17

行政处罚结案报告

案由	
当事人	
立案时间	
承办人	
案情概要	
处罚决定书字号 及处罚内容	
处罚执行情况	
承办人意见	签名：　　　　年　　月　　日
承办部门 负责人意见	签名：　　　　年　　月　　日
互联网信息内容 管理部门负责人 意　见	签名：　　　　年　　月　　日

互联网新闻信息服务管理规定

（2017年5月2日国家互联网信息办公室令第1号公布　自2017年6月1日起施行）

第一章　总　　则

第一条　为加强互联网信息内容管理，促进互联网新闻信息服务健康有序发展，根据《中华人民共和国网络安全法》《互联网信息服务管理办法》《国务院关于授权国家互联网信息办公室负责互联网信息内容管理工作的通知》，制定本规定。

第二条　在中华人民共和国境内提供互联网新闻信息服务，适用本规定。

本规定所称新闻信息，包括有关政治、经济、军事、外交等社会公共事务的报道、评论，以及有关社会突发事件的报道、评论。

第三条　提供互联网新闻信息服务，应当遵守宪法、法律和行政法规，坚持为人民服务、为社会主义服务的方向，坚持正确舆论导向，发挥舆论监督作用，促进形成积极健康、向上向善的网络文化，维护国家利益和公共利益。

第四条　国家互联网信息办公室负责全国互联网新闻信息服务的监督管理执法工作。地方互联网信息办公室依据职责负责本行政区域内互联网新闻信息服务的监督管理执法工作。

第二章　许　　可

第五条　通过互联网站、应用程序、论坛、博客、微博客、公众账号、即时通信工具、网络直播等形式向社会公众提供互联网新闻信息服务，应当取得互联网新闻信息服务许可，禁止未经许可或超越许可范围开展互联网新闻信息服务活动。

前款所称互联网新闻信息服务，包括互联网新闻信息采编发布服务、转载服务、传播平台服务。

第六条　申请互联网新闻信息服务许可，应当具备下列条件：

（一）在中华人民共和国境内依法设立的法人；

（二）主要负责人、总编辑是中国公民；

（三）有与服务相适应的专职新闻编辑人员、内容审核人员和技术保障人员；

（四）有健全的互联网新闻信息服务管理制度；

（五）有健全的信息安全管理制度和安全可控的技术保障措施；

（六）有与服务相适应的场所、设施和资金。

申请互联网新闻信息采编发布服务许可的，应当是新闻单位（含其控股的单位）或新闻宣传部门主管的单位。

符合条件的互联网新闻信息服务提供者实行特殊管理股制度，具体实施办法由国家互联网信息办公室另行制定。

提供互联网新闻信息服务，还应当依法向电信主管部门办理互联网信息服务许可或备案手续。

第七条　任何组织不得设立中外合资经营、中外合作经营和外资经营的互联网新闻信息服务单位。

互联网新闻信息服务单位与境内外中外合资经营、中外合作经营和外资经营的企业进行涉及互联网新闻信息服务业务的合作，应当报经国家互联网信息办公室进行安全评估。

第八条　互联网新闻信息服务提供者的采编业务和经营业务应当分开，非公有资本不得介入互联网新闻信息采编业务。

第九条　申请互联网新闻信息服务许可，申请主体为中央新闻单位（含其控股的单位）或中央新闻宣传部门主管的单位的，由国家互联网信息办公室受理和决定；申请主体为地方新闻单位（含其控股的单位）或地方新闻宣传部门主管的单位的，由省、自治区、直辖市互联网信息办公室受理和决定；申请主体为其他单位的，经所在地省、自治区、直辖市互联网信息办公室受理和初审后，由国家互联网信息办公室决定。

国家或省、自治区、直辖市互联网信息办公室决定批准的，核发《互联网新闻信息服务许可证》。《互联网新闻信息服务许可证》有效期为三年。有效期届满，需继续从事互联网新闻信息服务活动的，应当于有效期届满三十日前申请续办。

省、自治区、直辖市互联网信息办公室应当定期向国家互联网信息办公室报告许可受理和决定情况。

第十条 申请互联网新闻信息服务许可，应当提交下列材料：

（一）主要负责人、总编辑为中国公民的证明；

（二）专职新闻编辑人员、内容审核人员和技术保障人员的资质情况；

（三）互联网新闻信息服务管理制度；

（四）信息安全管理制度和技术保障措施；

（五）互联网新闻信息服务安全评估报告；

（六）法人资格、场所、资金和股权结构等证明；

（七）法律法规规定的其他材料。

第三章 运 行

第十一条 互联网新闻信息服务提供者应当设立总编辑，总编辑对互联网新闻信息内容负总责。总编辑人选应当具有相关从业经验，符合相关条件，并报国家或省、自治区、直辖市互联网信息办公室备案。

互联网新闻信息服务相关从业人员应当依法取得相应资质，接受专业培训、考核。互联网新闻信息服务相关从业人员从事新闻采编活动，应当具备新闻采编人员职业资格，持有国家新闻出版广电总局统一颁发的新闻记者证。

第十二条 互联网新闻信息服务提供者应当健全信息发布审核、公共信息巡查、应急处置等信息安全管理制度，具有安全可控的技术保障措施。

第十三条 互联网新闻信息服务提供者为用户提供互联网新闻信息传播平台服务，应当按照《中华人民共和国网络安全法》的规定，要求用户提供真实身份信息。用户不提供真实身份信息的，互联网新闻信息服务提供者不得为其提供相关服务。

互联网新闻信息服务提供者对用户身份信息和日志信息负有保密的义务，不得泄露、篡改、毁损，不得出售或非法向他人提供。

互联网新闻信息服务提供者及其从业人员不得通过采编、发布、转载、删除新闻信息，干预新闻信息呈现或搜索结果等手段谋取不正当利益。

第十四条 互联网新闻信息服务提供者提供互联网新闻信息传播平台服务，应当与在其平台上注册的用户签订协议，明确双方权利义务。

对用户开设公众账号的，互联网新闻信息服务提供者应当审核其账号信息、服务资质、服务范围等信息，并向所在地省、自治区、直辖市互联网信息办公室分类备案。

第十五条 互联网新闻信息服务提供者转载新闻信息，应当转载中央新闻单位或省、自治区、直辖市直属新闻单位等国家规定范围内的单位发布的新闻信息，注明新闻信息来源、原作者、原标题、编辑真实姓名等，不得歪曲、篡改标题原意和新闻信息内容，并保证新闻信息来源可追溯。

互联网新闻信息服务提供者转载新闻信息，应当遵守著作权相关法律法规的规定，保护著作权人的合法权益。

第十六条 互联网新闻信息服务提供者和用户不得制作、复制、发布、传播法律、行政法规禁止的信息内容。

互联网新闻信息服务提供者提供服务过程中发现含有违反本规定第三条或前款规定内容的，应当依法立即停止传输该信息、采取消除等处置措施，保存有关记录，并向有关主管部门报告。

第十七条 互联网新闻信息服务提供者变更主要负责人、总编辑、主管单位、股权结构等影响许可条件的重大事项，应当向原许可机关办理变更手续。

互联网新闻信息服务提供者应用新技术、调整增设具有新闻舆论属性或社会动员能力的应用功能，应当报国家或省、自治区、直辖市互联网信息办公室进行互联网新闻信息服务安全评估。

第十八条 互联网新闻信息服务提供者应当在明显位置明示互联网新闻信息服务许可证编号。

互联网新闻信息服务提供者应当自觉接受社会监督，建立社会投诉举报渠道，设置便捷的投诉举报入口，及时处理公众投诉举报。

第四章 监督检查

第十九条 国家和地方互联网信息办公室应当建立日常检查和定期检查相结合的监督管理制度，依法对互联网新闻信息服务活动实施监督检查，有关单位、个人应当予以配合。

国家和地方互联网信息办公室应当健全执法人员资格管理制度。执法人员开展执法活动，应当依法出示执法证件。

第二十条 任何组织和个人发现互联网新闻信息服务提供者有违反本规定行为的，可以向国家和地方互联网信息办公室举报。

国家和地方互联网信息办公室应当向社会公开举报受理方式，收到举报后，应当依法予以处置。互联网新闻信息服务提供者应当予以配合。

第二十一条 国家和地方互联网信息办公室应当建立互联网新闻信息服务网络信用档案，建立失信黑名单制度和约谈制度。

国家互联网信息办公室会同国务院电信、公安、新闻出版广电等部门建立信息共享机制，加强工作沟通和协作配合，依法开展联合执法等专项监督检查活动。

第五章 法律责任

第二十二条 违反本规定第五条规定，未经许可或超越许可范围开展互联网新闻信息服务活动的，由国家和省、自治区、直辖市互联网信息办公室依据职责责令停止相关服务活动，处一万元以上三万元以下罚款。

第二十三条 互联网新闻信息服务提供者运行过程中不再符合许可条件的，由原许可机关责令限期改正；逾期仍不符合许可条件的，暂停新闻信息更新；《互联网新闻信息服务许可证》有效期届满仍不符合许可条件的，不予换发许可证。

第二十四条 互联网新闻信息服务提供者违反本规定第七条第二款、第八条、第十一条、第十二条、第十三条第三款、第十四条、第十五条第一款、第十七条、第十八条规定的，由国家和地方互联网信息办公室依据职责给予警告，责令限期改正；情节严重或拒不改正的，暂停新闻信息更新，处五千元以上三万元以下罚款；构成犯罪的，依法追究刑事责任。

第二十五条 互联网新闻信息服务提供者违反本规定第三条、第十六条第一款、第十九条第一款、第二十条第二款规定的，由国家和地方互联网信息办公室依据职责给予警告，责令限期改正；情节严重或拒不改正的，暂停新闻信息更新，处二万元以上三万元以下罚款；构成犯罪的，依法追究刑事责任。

第二十六条 互联网新闻信息服务提供者违反本规定第十三条第一款、第十六条第二款规定的，由国家和地方互联网信息办公室根据《中华人民共和国网络安全法》的规定予以处理。

第六章 附　　则

第二十七条 本规定所称新闻单位，是指依法设立的报刊社、广播电台、电视台、通讯社和新闻电影制片厂。

第二十八条 违反本规定，同时违反互联网信息服务管理规定的，由国家和地方互联网信息办公室根据本规定处理后，转由电信主管部门依法处置。

国家对互联网视听节目服务、网络出版服务等另有规定的，应当同时符合其规定。

第二十九条 本规定自2017年6月1日起施行。本规定施行之前颁布的有关规定与本规定不一致的，按照本规定执行。

·工业和信息化部

电信业务经营许可管理办法

（2017 年 7 月 3 日工业和信息化部令第 42 号公布　自 2017 年 9 月 1 日起施行）

第一章　总　　则

第一条　为了加强电信业务经营许可管理，根据《中华人民共和国电信条例》及其他法律、行政法规的规定，制定本办法。

第二条　在中华人民共和国境内申请、审批、使用和管理电信业务经营许可证（以下简称经营许可证），适用本办法。

第三条　工业和信息化部和省、自治区、直辖市通信管理局（以下统称电信管理机构）是经营许可证的审批管理机构。

经营许可证审批管理应当遵循便民、高效、公开、公平、公正的原则。

工业和信息化部建立电信业务综合管理平台（以下简称管理平台），推进经营许可证的网上申请、审批和管理及相关信息公示、查询、共享，完善信用管理机制。

第四条　经营电信业务，应当依法取得电信管理机构颁发的经营许可证。

电信业务经营者在电信业务经营活动中，应当遵守经营许可证的规定，接受、配合电信管理机构的监督管理。

电信业务经营者按照经营许可证的规定经营电信业务受法律保护。

第二章　经营许可证的申请

第五条　经营基础电信业务，应当具备下列条件：

（一）经营者为依法设立的专门从事基础电信业务的公司，并且公司的国有股权或者股份不少于 51%；

（二）有业务发展研究报告和组网技术方案；

（三）有与从事经营活动相适应的资金和专业人员；

（四）有从事经营活动的场地、设施及相应的资源；

（五）有为用户提供长期服务的信誉或者能力；

（六）在省、自治区、直辖市范围内经营的，注册资本最低限额为 1 亿元人民币；在全国或者跨省、自治区、直辖市范围经营的，注册资本最低限额为 10 亿元人民币；

（七）公司及其主要投资者和主要经营管理人员未被列入电信业务经营失信名单；

（八）国家规定的其他条件。

第六条　经营增值电信业务，应当具备下列条件：

（一）经营者为依法设立的公司；

（二）有与开展经营活动相适应的资金和专业人员；

（三）有为用户提供长期服务的信誉或者能力；

（四）在省、自治区、直辖市范围内经营的，注册资本最低限额为 100 万元人民币；在全国或者跨省、自治区、直辖市范围经营的，注册资本最低限额为 1000 万元人民币；

（五）有必要的场地、设施及技术方案；

（六）公司及其主要投资者和主要经营管理人员未被列入电信业务经营失信名单；

（七）国家规定的其他条件。

第七条 申请办理基础电信业务经营许可证的，应当向工业和信息化部提交下列申请材料：

（一）公司法定代表人签署的经营基础电信业务的书面申请，内容包括：申请经营电信业务的种类、业务覆盖范围、公司名称和联系方式等；

（二）公司营业执照副本及复印件；

（三）公司概况，包括公司基本情况，拟从事电信业务的机构设置和管理情况、技术力量和经营管理人员情况，与从事经营活动相适应的场地、设施等情况；

（四）公司章程、公司股权结构及股东的有关情况；

（五）业务发展研究报告，包括：经营电信业务的业务发展和实施计划、服务项目、业务覆盖范围、收费方案、预期服务质量、效益分析等；

（六）组网技术方案，包括：网络结构、网络规模、网络建设计划、网络互联方案、技术标准、电信设备的配置、电信资源使用方案等；

（七）为用户提供长期服务和质量保障的措施；

（八）网络与信息安全保障措施；

（九）证明公司信誉的有关材料；

（十）公司法定代表人签署的公司依法经营电信业务的承诺书。

第八条 申请办理增值电信业务经营许可证的，应当向电信管理机构提交下列申请材料：

（一）公司法定代表人签署的经营增值电信业务的书面申请，内容包括：申请经营电信业务的种类、业务覆盖范围、公司名称和联系方式等；

（二）公司营业执照副本及复印件；

（三）公司概况，包括：公司基本情况，拟从事电信业务的人员、场地和设施等情况；

（四）公司章程、公司股权结构及股东的有关情况；

（五）经营电信业务的业务发展和实施计划及技术方案；

（六）为用户提供长期服务和质量保障的措施；

（七）网络与信息安全保障措施；

（八）证明公司信誉的有关材料；

（九）公司法定代表人签署的公司依法经营电信业务的承诺书。

申请经营的电信业务依照法律、行政法规及国家有关规定须经有关主管部门事先审核同意的，应当提交有关主管部门审核同意的文件。

第三章 经营许可证的审批

第九条 经营许可证分为《基础电信业务经营许可证》和《增值电信业务经营许可证》两类。其中，《增值电信业务经营许可证》分为《跨地区增值电信业务经营许可证》和省、自治区、直辖市范围内的《增值电信业务经营许可证》。

《基础电信业务经营许可证》和《跨地区增值电信业务经营许可证》由工业和信息化部审批。省、自治区、直辖市范围内的《增值电信业务经营许可证》由省、自治区、直辖市通信管理局审批。

外商投资电信企业的经营许可证，由工业和信息化部根据《外商投资电信企业管理规定》审批。

第十条 工业和信息化部应当对申请经营基础电信业务的申请材料进行审查。申请材料齐全、符合法定形式的，应当向申请人出具受理申请通知书。申请材料不齐全或者不符合法定形式的，应当当场或者在五日内一次告知申请人需要补正的全部内容。

工业和信息化部受理申请之后，应当组织专家对第七条第五项、第六项、第八项申请材料进行评审，形成评审意见。

工业和信息化部应当自受理申请之日起180日内审查完毕，作出批准或者不予批准的决定。予以批准的，颁发《基础电信业务经营许可证》。不予批准的，应当书面通知申请人并说明理由。

第十一条 电信管理机构应当对申请经营增值电信业务的申请材料进行审查。申请材料齐全、符合法定形式的，应当向申请人出具受理申请通知书。申请材料不齐全或者不符合法定形式的，应当当场或者在五日内一次告知申请人需要补正的全部内容。

电信管理机构根据管理需要，可以组织专家对第八条第五项、第六项和第七项申请材料进行评审，形成评审意见。

电信管理机构应当自收到全部申请材料之日起60日内审查完毕，作出批准或者不予批准的决定。予以批准的，颁发《跨地区增值电信业务经营许可证》或者省、自治区、直辖市范围内的《增值电信业务经营许可证》。不予批准的，应当书面通知申请人并说明理由。

第十二条 电信管理机构需要对申请材料实质内容进行核实的，可以自行或者委托其他机构对申请人实地查验，申请人应当配合。

电信管理机构组织专家评审的，专家评审时间不计算在本办法第十条第三款和第十一条第三款规定的审查期限内。

第十三条 经营许可证由正文和附件组成。

经营许可证正文应当载明公司名称、法定代表人、业务种类（服务项目）、业务覆盖范围、有效期限、发证机关、发证日期、经营许可证编号等内容。

经营许可证附件可以规定特别事项，由电信管理机构对电信业务经营行为、电信业务经营者权利义务等作出特别要求。

经营许可证应当加盖发证机关印章。

工业和信息化部可以根据实际情况，调整经营许可证的内容，重新公布。

第十四条 《基础电信业务经营许可证》的有效期，根据电信业务种类分为5年、10年。

《跨地区增值电信业务经营许可证》和省、自治区、直辖市范围内的《增值电信业务经营许可证》的有效期为5年。

第十五条 经营许可证由公司法定代表人领取，或者由其委托的公司其他人员凭委托书领取。

第四章 经营许可证的使用

第十六条 电信业务经营者应当按照经营许可证所载明的电信业务种类，在规定的业务覆盖范围内，按照经营许可证的规定经营电信业务。

电信业务经营者应当在公司主要经营场所、网站主页、业务宣传材料等显著位置标明其经营许可证编号。

第十七条 获准经营无线电通信业务的，应当按照国家无线电管理相关规定，持经营许可证向无线电管理机构申请取得无线电频率使用许可。

第十八条 电信业务经营者经发证机关批准，可以授权其持股比例（包括直接持有和间接持有）不少于51%并符合经营电信业务条件的公司经营其获准经营的电信业务。发证机关应当在电信业务经营者的经营许可证中载明该被授权公司的名称、法定代表人、业务种类、业务覆盖范围等内容。

获准跨地区经营基础电信业务的公司在一个地区不能授权两家或者两家以上公司经营同一项基础电信业务。

第十九条 任何单位和个人不得伪造、涂改、冒用和以任何方式转让经营许可证。

第五章 经营行为的规范

第二十条 基础电信业务经营者应当按照公开、平等的原则为取得经营许可证的电信业务经营者提供经营相关电信业务所需的电信服务和电信资源，不得为无经营许可证的单位或者个人提供用于经营电信业务的电信资源或者提供网络接入、业务接入服务。

第二十一条 电信业务经营者不得以任何方式实施不正当竞争。

第二十二条 为增值电信业务经营者提供网络接入、代理收费和业务合作的基础电信业务经营者，应当对相应增值电信业务的内容、收费、合作行为等进行规范、管理，并建立相应的发现、监督和处置制度及措施。

第二十三条 基础电信业务经营者调整与增值电信业务经营者之间的合作条件的，应当事先征求相关增值电信业务经营者的意见。

有关意见征求情况及记录应当留存，并在电信管理机构监督检查时予以提供。

第二十四条 提供接入服务的增值电信业务经营者应当遵守下列规定：

（一）应当租用取得相应经营许可证的基础电信业务经营者提供的电信服务或者电信资源

从事业务经营活动，不得向其他从事接入服务的增值电信业务经营者转租所获得的电信服务或者电信资源；

（二）为用户办理接入服务手续时，应当要求用户提供真实身份信息并予以查验；

（三）不得为未依法取得经营许可证或者履行非经营性互联网信息服务备案手续的单位或者个人提供接入或者代收费等服务；

（四）按照电信管理机构的规定，建立相应的业务管理系统，并按要求实现同电信管理机构相应系统对接，定期报送有关业务管理信息；

（五）对所接入网站传播违法信息的行为进行监督，发现传播明显属于《中华人民共和国电信条例》第五十六条规定的信息的，应当立即停止接入和代收费等服务，保存有关记录，并向国家有关机关报告；

（六）按照电信管理机构的要求终止或者暂停对违法网站的接入服务。

第二十五条 电信管理机构建立电信业务市场监测制度。相关电信业务经营者应当按照规定向电信管理机构报送相应的监测信息。

第二十六条 电信业务经营者应当按照国家和电信管理机构的规定，明确相应的网络与信息安全管理机构和专职网络与信息安全管理人员，建立网络与信息安全保障、网络安全防护、违法信息监测处置、新业务安全评估、网络安全监测预警、突发事件应急处置、用户信息安全保护等制度，并具备相应的技术保障措施。

第六章 经营许可证的变更、撤销、吊销和注销

第二十七条 经营许可证有效期届满需要继续经营的，应当提前90日向原发证机关提出延续经营许可证的申请；不再继续经营的，应当提前90日向原发证机关报告，并做好善后工作。

未在前款规定期限内提出延续经营许可证的申请，或者在经营许可证有效期内未开通电信业务的，有效期届满不予延续。

第二十八条 电信业务经营者或者其授权经营电信业务的公司，遇有因合并或者分立、股东变化等导致经营主体需要变更的情形，或者业务范围需要变化的，应当自公司作出决定之日起30日内向原发证机关提出申请。

电信业务经营者变更经营主体、股东的，应当符合本办法第五条、第六条、第九条第三款的有关规定。

第二十九条 在经营许可证的有效期内，变更公司名称、法定代表人、注册资本的，应当在完成公司的工商变更登记手续之日起30日内向原发证机关申请办理电信业务经营许可证变更手续。

第三十条 在经营许可证的有效期内，电信业务经营者需要终止经营的，应当符合下列条件：

（一）终止经营基础电信业务的，应当符合电信管理机构确定的电信行业管理总体布局；

（二）有可行的用户妥善处理方案并已妥善处理用户善后问题。

第三十一条 在经营许可证的有效期内，电信业务经营者需要终止经营的，应当向原发证机关提交下列申请材料：

（一）公司法定代表人签署并加盖印章的终止经营电信业务书面申请，内容包括：公司名称、联系方式、经营许可证编号、申请终止经营的电信业务种类、业务覆盖范围等；

（二）公司股东会或者股东大会关于同意终止经营电信业务的决定；

（三）公司法定代表人签署的做好用户善后处理工作的承诺书；

（四）公司关于解决用户善后问题的情况说明，内容包括：用户处理方案、社会公示情况说明、用户意见汇总、实施计划等；

（五）公司的经营许可证原件、营业执照复印件。

原发证机关收到终止经营电信业务的申请后应当向社会公示，公示期为30日。自公示期结束60日内，原发证机关应当完成审查工作，作出予以批准或者不予批准的决定。对于符合终止经营电信业务条件的，原发证机关应当予以批准，收回并注销电信业务经营许可证或者注销相应的电信业务种类、业务覆盖范围；对于不符合终止经营电信业务条件的，原发证机关应当不予批准，书面通知申请人并说明理由。

第三十二条　有下列情形之一的，发证机关或者其上级机关可以撤销经营许可证：

（一）发证机关工作人员滥用职权、玩忽职守作出准予行政许可决定的；

（二）超越法定职权或者违反法定程序作出准予行政许可决定的；

（三）对不具备申请资格或者不符合申请条件的申请人准予行政许可的；

（四）依法可以撤销经营许可证的其他情形。

第三十三条　有下列情形之一的，发证机关应当注销经营许可证：

（一）电信业务经营者依法终止的；

（二）经营许可证有效期届满未延续的；

（三）电信业务经营者被有关机关依法处罚或者因不可抗力，导致电信业务经营许可事项无法实施的；

（四）经营许可证依法被撤销、吊销的；

（五）法律、法规规定应当注销经营许可证的其他情形。

第三十四条　发证机关吊销、撤销或者注销电信业务经营者的经营许可证后，应当向社会公布。

电信业务经营者被吊销、撤销或者注销经营许可证的，应当按照国家有关规定做好善后工作。

被吊销、撤销或者注销经营许可证的，应当将经营许可证交回原发证机关。

第七章　经营许可的监督检查

第三十五条　电信业务经营者应当在每年第一季度通过管理平台向发证机关报告下列信息：

（一）上一年度的电信业务经营情况；

（二）网络建设、业务发展、人员及机构变动情况；

（三）服务质量情况；

（四）网络与信息安全保障制度和措施执行情况；

（五）执行国家和电信管理机构有关规定及经营许可证特别事项的情况；

（六）发证机关要求报送的其他信息。

前款第一项至第三项规定的信息（涉及商业秘密的信息除外）应当向社会公示，第五项、第六项规定的信息由电信业务经营者选择是否向社会公示。

电信业务经营者应当对本条第一款规定的年报信息的真实性负责，不得弄虚作假或者隐瞒真实情况。

第三十六条　电信管理机构建立随机抽查机制，对电信业务经营者的年报信息、日常经营活动、执行国家和电信管理机构有关规定的情况等进行检查。

电信管理机构可以采取书面检查、实地核查、网络监测等方式，并可以委托第三方机构开展有关检查工作。

电信管理机构在抽查中发现电信业务经营者有违反电信管理规定的违法行为的，应当依法处理。

第三十七条　电信管理机构根据随机抽查、日常监督检查及行政处罚记录等情况，建立电信业务经营不良名单和电信业务经营失信名单。

电信业务经营不良名单和失信名单应当定期通过管理平台更新并向社会公示。

第三十八条　电信管理机构发现电信业务经营者未按照本办法第三十五条的规定报告年报信息的，应当要求其限期报告。电信业务经营者未按照电信管理机构要求的期限报告年报信息的，由电信管理机构列入电信业务经营不良名单。

依照前款规定列入电信业务经营不良名单的电信业务经营者，依照本办法规定履行报告年报信息义务的，经电信管理机构确认后移出。

第三十九条　获准跨地区经营电信业务的公司在有关省、自治区、直辖市设立、变更或者撤销分支机构的，应当自作出决定之日起30日内通过管理平台向原发证机关和当地电信管理机构报送有关信息。

省、自治区、直辖市通信管理局应当对跨地区电信业务经营者在当地开展电信业务的有关情况进行监督检查，并向工业和信息化部报告有关检查结果。

第四十条　电信管理机构开展监督检查，不得妨碍电信业务经营者正常的生产经营活动，不得收取任何费用。

电信管理机构开展监督检查时，应当记录监督检查的情况和处理结果，由监督检查人员签字后归档。

电信管理机构应当通过管理平台公示监督检查情况。

第四十一条 电信管理机构应当通过管理平台向社会公示电信业务经营者受到行政处罚的情况，并向相关基础电信业务经营者和提供接入服务的增值电信业务经营者通报。

第四十二条 电信业务经营者受到电信管理机构行政处罚的，由电信管理机构自作出行政处罚决定之日起30日内列入电信业务经营不良名单，但受到电信管理机构吊销经营许可证的处罚或者具有本办法规定直接列入电信业务经营失信名单情形的，直接列入失信名单。

列入电信业务经营不良名单的电信业务经营者，一年内未再次受到电信管理机构行政处罚的，由电信管理机构移出不良名单；三年内再次受到电信管理机构责令停业整顿、吊销经营许可证的处罚，或者具有工业和信息化部规定的其他情形的，由电信管理机构列入电信业务经营失信名单。

列入电信业务经营失信名单后，三年内未再次受到电信管理机构行政处罚的，由电信管理机构移出失信名单。

列入或者移出电信业务经营失信名单，应当同时将电信业务经营者的主要经营管理人员列入或者移出。

第四十三条 电信管理机构对列入电信业务经营不良名单和失信名单的电信业务经营者实施重点监管。

基础电信业务经营者和提供接入服务的增值电信业务经营者向其他增值电信业务经营者提供网络接入、代收费和业务合作时，应当把电信业务经营不良名单和失信名单作为重要考量因素。

第四十四条 任何单位或者个人发现电信业务经营者违反电信管理规定应当受到行政处罚的，可以向有关电信管理机构举报。

第八章 法律责任

第四十五条 隐瞒有关情况或者提供虚假材料申请电信业务经营许可的，电信管理机构不予受理或者不予行政许可，给予警告，申请人在一年内不得再次申请该行政许可。

以欺骗、贿赂等不正当手段取得电信业务经营许可的，电信管理机构撤销该行政许可，给予警告并直接列入电信业务经营失信名单，并视情节轻重处5000元以上3万元以下的罚款，申请人在三年内不得再次申请该行政许可；构成犯罪的，依法追究刑事责任。

第四十六条 违反本办法第十六条第一款、第二十八条第一款规定，擅自经营电信业务或者超范围经营电信业务的，依照《中华人民共和国电信条例》第六十九条规定予以处罚，其中情节严重、给予责令停业整顿处罚的，直接列入电信业务经营失信名单。

第四十七条 违反本办法第十九条规定的，依照《中华人民共和国电信条例》第六十八条规定予以处罚。

第四十八条 违反本办法第四条第二款、第二十条、第二十二条、第二十三条、第二十四条、第二十九条、第三十一条或者第三十五条第三款规定的，由电信管理机构责令改正，给予警告，可以并处5000元以上3万元以下的罚款。

《中华人民共和国网络安全法》《中华人民共和国电信条例》对前款规定的情形规定法律责任的，电信管理机构从其规定处理。

第四十九条 当事人对电信管理机构作出的行政许可、行政处罚决定不服的，可以依法申请行政复议或者提起行政诉讼。

当事人逾期不申请行政复议也不提起行政诉讼，又不履行行政处罚决定的，由作出行政处罚决定的电信管理机构申请人民法院强制执行，并列入电信业务经营失信名单。

第五十条 电信管理机构的工作人员在经营许可证管理工作中，玩忽职守、滥用职权、徇私舞弊，构成犯罪的，移交司法机关依法追究刑事责任；尚不构成犯罪的，由所在单位或者上级主管部门依法给予处分。

第九章 附　　则

第五十一条 经营许可证由工业和信息化部统一印制。

第五十二条　电信管理机构可以参照本办法组织开展电信业务商用试验活动。

第五十三条　本办法自2017年9月1日起施行。2009年3月5日公布的《电信业务经营许可管理办法》（工业和信息化部令第5号）同时废止。

互联网域名管理办法

（2017年8月24日工业和信息化部令第43号公布　自2017年11月1日起施行）

第一章　总　　则

第一条　为了规范互联网域名服务，保护用户合法权益，保障互联网域名系统安全、可靠运行，推动中文域名和国家顶级域名发展和应用，促进中国互联网健康发展，根据《中华人民共和国行政许可法》《国务院对确需保留的行政审批项目设定行政许可的决定》等规定，参照国际上互联网域名管理准则，制定本办法。

第二条　在中华人民共和国境内从事互联网域名服务及其运行维护、监督管理等相关活动，应当遵守本办法。

本办法所称互联网域名服务（以下简称域名服务），是指从事域名根服务器运行和管理、顶级域名运行和管理、域名注册、域名解析等活动。

第三条　工业和信息化部对全国的域名服务实施监督管理，主要职责是：

（一）制定互联网域名管理规章及政策；

（二）制定中国互联网域名体系、域名资源发展规划；

（三）管理境内的域名根服务器运行机构和域名注册管理机构；

（四）负责域名体系的网络与信息安全管理；

（五）依法保护用户个人信息和合法权益；

（六）负责与域名有关的国际协调；

（七）管理境内的域名解析服务；

（八）管理其他与域名服务相关的活动。

第四条　各省、自治区、直辖市通信管理局对本行政区域内的域名服务实施监督管理，主要职责是：

（一）贯彻执行域名管理法律、行政法规、规章和政策；

（二）管理本行政区域内的域名注册服务机构；

（三）协助工业和信息化部对本行政区域内的域名根服务器运行机构和域名注册管理机构进行管理；

（四）负责本行政区域内域名系统的网络与信息安全管理；

（五）依法保护用户个人信息和合法权益；

（六）管理本行政区域内的域名解析服务；

（七）管理本行政区域内其他与域名服务相关的活动。

第五条　中国互联网域名体系由工业和信息化部予以公告。根据域名发展的实际情况，工业和信息化部可以对中国互联网域名体系进行调整。

第六条　“.CN”和“.中国”是中国的国家顶级域名。

中文域名是中国互联网域名体系的重要组成部分。国家鼓励和支持中文域名系统的技术研究和推广应用。

第七条　提供域名服务，应当遵守国家相关法律法规，符合相关技术规范和标准。

第八条　任何组织和个人不得妨碍互联网域名系统的安全和稳定运行。

第二章　域名管理

第九条　在境内设立域名根服务器及域名根服务器运行机构、域名注册管理机构和域名注册服务机构的，应当依据本办法取得工业和信息化部或者省、自治区、直辖市通信管理局（以下统称电信管理机构）的相应许可。

第十条　申请设立域名根服务器及域名根服务器运行机构的，应当具备以下条件：

（一）域名根服务器设置在境内，并且符合

互联网发展相关规划及域名系统安全稳定运行要求；

（二）是依法设立的法人，该法人及其主要出资者、主要经营管理人员具有良好的信用记录；

（三）具有保障域名根服务器安全可靠运行的场地、资金、环境、专业人员和技术能力以及符合电信管理机构要求的信息管理系统；

（四）具有健全的网络与信息安全保障措施，包括管理人员、网络与信息安全管理制度、应急处置预案和相关技术、管理措施等；

（五）具有用户个人信息保护能力、提供长期服务的能力及健全的服务退出机制；

（六）法律、行政法规规定的其他条件。

第十一条 申请设立域名注册管理机构的，应当具备以下条件：

（一）域名管理系统设置在境内，并且持有的顶级域名符合相关法律法规及域名系统安全稳定运行要求；

（二）是依法设立的法人，该法人及其主要出资者、主要经营管理人员具有良好的信用记录；

（三）具有完善的业务发展计划和技术方案以及与从事顶级域名运行管理相适应的场地、资金、专业人员以及符合电信管理机构要求的信息管理系统；

（四）具有健全的网络与信息安全保障措施，包括管理人员、网络与信息安全管理制度、应急处置预案和相关技术、管理措施等；

（五）具有进行真实身份信息核验和用户个人信息保护的能力、提供长期服务的能力及健全的服务退出机制；

（六）具有健全的域名注册服务管理制度和对域名注册服务机构的监督机制；

（七）法律、行政法规规定的其他条件。

第十二条 申请设立域名注册服务机构的，应当具备以下条件：

（一）在境内设置域名注册服务系统、注册数据库和相应的域名解析系统；

（二）是依法设立的法人，该法人及其主要出资者、主要经营管理人员具有良好的信用记录；

（三）具有与从事域名注册服务相适应的场地、资金和专业人员以及符合电信管理机构要求的信息管理系统；

（四）具有进行真实身份信息核验和用户个人信息保护的能力、提供长期服务的能力及健全的服务退出机制；

（五）具有健全的域名注册服务管理制度和对域名注册代理机构的监督机制；

（六）具有健全的网络与信息安全保障措施，包括管理人员、网络与信息安全管理制度、应急处置预案和相关技术、管理措施等；

（七）法律、行政法规规定的其他条件。

第十三条 申请设立域名根服务器及域名根服务器运行机构、域名注册管理机构的，应当向工业和信息化部提交申请材料。申请设立域名注册服务机构的，应当向住所地省、自治区、直辖市通信管理局提交申请材料。

申请材料应当包括：

（一）申请单位的基本情况及其法定代表人签署的依法诚信经营承诺书；

（二）对域名服务实施有效管理的证明材料，包括相关系统及场所、服务能力的证明材料、管理制度、与其他机构签订的协议等；

（三）网络与信息安全保障制度及措施；

（四）证明申请单位信誉的材料。

第十四条 申请材料齐全、符合法定形式的，电信管理机构应当向申请单位出具受理申请通知书；申请材料不齐全或者不符合法定形式的，电信管理机构应当场或者在5个工作日内一次性书面告知申请单位需要补正的全部内容；不予受理的，应当出具不予受理通知书并说明理由。

第十五条 电信管理机构应当自受理之日起20个工作日内完成审查，作出予以许可或者不予许可的决定。20个工作日内不能作出决定的，经电信管理机构负责人批准，可以延长10个工作日，并将延长期限的理由告知申请单位。需要组织专家论证的，论证时间不计入审查期限。

予以许可的，应当颁发相应的许可文件；不予许可的，应当书面通知申请单位并说明理由。

第十六条 域名根服务器运行机构、域名注册管理机构和域名注册服务机构的许可有效期为5年。

第十七条　域名根服务器运行机构、域名注册管理机构和域名注册服务机构的名称、住所、法定代表人等信息发生变更的，应当自变更之日起20日内向原发证机关办理变更手续。

第十八条　在许可有效期内，域名根服务器运行机构、域名注册管理机构、域名注册服务机构拟终止相关服务的，应当提前30日书面通知用户，提出可行的善后处理方案，并向原发证机关提交书面申请。

原发证机关收到申请后，应当向社会公示30日。公示期结束60日内，原发证机关应当完成审查并做出决定。

第十九条　许可有效期届满需要继续从事域名服务的，应当提前90日向原发证机关申请延续；不再继续从事域名服务的，应当提前90日向原发证机关报告并做好善后工作。

第二十条　域名注册服务机构委托域名注册代理机构开展市场销售等工作的，应当对域名注册代理机构的工作进行监督和管理。

域名注册代理机构受委托开展市场销售等工作的过程中，应当主动表明代理关系，并在域名注册服务合同中明示相关域名注册服务机构名称及代理关系。

第二十一条　域名注册管理机构、域名注册服务机构应当在境内设立相应的应急备份系统并定期备份域名注册数据。

第二十二条　域名根服务器运行机构、域名注册管理机构、域名注册服务机构应当在其网站首页和经营场所显著位置标明其许可相关信息。域名注册管理机构还应当标明与其合作的域名注册服务机构名单。

域名注册代理机构应当在其网站首页和经营场所显著位置标明其代理的域名注册服务机构名称。

第三章　域名服务

第二十三条　域名根服务器运行机构、域名注册管理机构和域名注册服务机构应当向用户提供安全、方便、稳定的服务。

第二十四条　域名注册管理机构应当根据本办法制定域名注册实施细则并向社会公开。

第二十五条　域名注册管理机构应当通过电信管理机构许可的域名注册服务机构开展域名注册服务。

域名注册服务机构应当按照电信管理机构许可的域名注册服务项目提供服务，不得为未经电信管理机构许可的域名注册管理机构提供域名注册服务。

第二十六条　域名注册服务原则上实行“先申请先注册”，相应域名注册实施细则另有规定的，从其规定。

第二十七条　为维护国家利益和社会公众利益，域名注册管理机构应当建立域名注册保留字制度。

第二十八条　任何组织或者个人注册、使用的域名中，不得含有下列内容：

（一）反对宪法所确定的基本原则的；

（二）危害国家安全，泄露国家秘密，颠覆国家政权，破坏国家统一的；

（三）损害国家荣誉和利益的；

（四）煽动民族仇恨、民族歧视，破坏民族团结的；

（五）破坏国家宗教政策，宣扬邪教和封建迷信的；

（六）散布谣言，扰乱社会秩序，破坏社会稳定的；

（七）散布淫秽、色情、赌博、暴力、凶杀、恐怖或者教唆犯罪的；

（八）侮辱或者诽谤他人，侵害他人合法权益的；

（九）含有法律、行政法规禁止的其他内容的。

域名注册管理机构、域名注册服务机构不得为含有前款所列内容的域名提供服务。

第二十九条　域名注册服务机构不得采用欺诈、胁迫等不正当手段要求他人注册域名。

第三十条　域名注册服务机构提供域名注册服务，应当要求域名注册申请者提供域名持有者真实、准确、完整的身份信息等域名注册信息。

域名注册管理机构和域名注册服务机构应当对域名注册信息的真实性、完整性进行核验。

域名注册申请者提供的域名注册信息不准确、不完整的，域名注册服务机构应当要求其予以补正。申请者不补正或者提供不真实的域名注册信息的，域名注册服务机构不得为其提供域名注册服务。

第三十一条 域名注册服务机构应当公布域名注册服务的内容、时限、费用，保证服务质量，提供域名注册信息的公共查询服务。

第三十二条 域名注册管理机构、域名注册服务机构应当依法存储、保护用户个人信息。未经用户同意不得将用户个人信息提供给他人，但法律、行政法规另有规定的除外。

第三十三条 域名持有者的联系方式等信息发生变更的，应当在变更后30日内向域名注册服务机构办理域名注册信息变更手续。

域名持有者将域名转让给他人的，受让人应当遵守域名注册的相关要求。

第三十四条 域名持有者有权选择、变更域名注册服务机构。变更域名注册服务机构的，原域名注册服务机构应当配合域名持有者转移其域名注册相关信息。

无正当理由的，域名注册服务机构不得阻止域名持有者变更域名注册服务机构。

电信管理机构依法要求停止解析的域名，不得变更域名注册服务机构。

第三十五条 域名注册管理机构和域名注册服务机构应当设立投诉受理机制，并在其网站首页和经营场所显著位置公布投诉受理方式。

域名注册管理机构和域名注册服务机构应当及时处理投诉；不能及时处理的，应当说明理由和处理时限。

第三十六条 提供域名解析服务，应当遵守有关法律、法规、标准，具备相应的技术、服务和网络与信息安全保障能力，落实网络与信息安全保障措施，依法记录并留存域名解析日志、维护日志和变更记录，保障解析服务质量和解析系统安全。涉及经营电信业务的，应当依法取得电信业务经营许可。

第三十七条 提供域名解析服务，不得擅自篡改解析信息。

任何组织或者个人不得恶意将域名解析指向他人的IP地址。

第三十八条 提供域名解析服务，不得为含有本办法第二十八条第一款所列内容的域名提供域名跳转。

第三十九条 从事互联网信息服务的，其使用域名应当符合法律法规和电信管理机构的有关规定，不得将域名用于实施违法行为。

第四十条 域名注册管理机构、域名注册服务机构应当配合国家有关部门依法开展的检查工作，并按照电信管理机构的要求对存在违法行为的域名采取停止解析等处置措施。

域名注册管理机构、域名注册服务机构发现其提供服务的域名发布、传输法律和行政法规禁止发布或者传输的信息的，应当立即采取消除、停止解析等处置措施，防止信息扩散，保存有关记录，并向有关部门报告。

第四十一条 域名根服务器运行机构、域名注册管理机构和域名注册服务机构应当遵守国家相关法律、法规和标准，落实网络与信息安全保障措施，配置必要的网络通信应急设备，建立健全网络与信息安全监测技术手段和应急制度。域名系统出现网络与信息安全事件时，应当在24小时内向电信管理机构报告。

因国家安全和处置紧急事件的需要，域名根服务器运行机构、域名注册管理机构和域名注册服务机构应当服从电信管理机构的统一指挥与协调，遵守电信管理机构的管理要求。

第四十二条 任何组织或者个人认为他人注册或者使用的域名侵害其合法权益的，可以向域名争议解决机构申请裁决或者依法向人民法院提起诉讼。

第四十三条 已注册的域名有下列情形之一的，域名注册服务机构应当予以注销，并通知域名持有者：

（一）域名持有者申请注销域名的；

（二）域名持有者提交虚假域名注册信息的；

（三）依据人民法院的判决、域名争议解决机构的裁决，应当注销的；

（四）法律、行政法规规定予以注销的其他情形。

第四章　监督检查

第四十四条 电信管理机构应当加强对域名服务的监督检查。域名根服务器运行机构、域名注册管理机构、域名注册服务机构应当接受、配合电信管理机构的监督检查。

鼓励域名服务行业自律管理，鼓励公众监督域名服务。

第四十五条　域名根服务器运行机构、域名注册管理机构、域名注册服务机构应当按照电信管理机构的要求，定期报送业务开展情况、安全运行情况、网络与信息安全责任落实情况、投诉和争议处理情况等信息。

第四十六条　电信管理机构实施监督检查时，应当对域名根服务器运行机构、域名注册管理机构和域名注册服务机构报送的材料进行审核，并对其执行法律法规和电信管理机构有关规定的情况进行检查。

电信管理机构可以委托第三方专业机构开展有关监督检查活动。

第四十七条　电信管理机构应当建立域名根服务器运行机构、域名注册管理机构和域名注册服务机构的信用记录制度，将其违反本办法并受到行政处罚的行为记入信用档案。

第四十八条　电信管理机构开展监督检查，不得妨碍域名根服务器运行机构、域名注册管理机构和域名注册服务机构正常的经营和服务活动，不得收取任何费用，不得泄露所知悉的域名注册信息。

第五章　罚　　则

第四十九条　违反本办法第九条规定，未经许可擅自设立域名根服务器及域名根服务器运行机构、域名注册管理机构、域名注册服务机构的，电信管理机构应当根据《中华人民共和国行政许可法》第八十一条的规定，采取措施予以制止，并视情节轻重，予以警告或者处一万元以上三万元以下罚款。

第五十条　违反本办法规定，域名注册管理机构或者域名注册服务机构有下列行为之一的，由电信管理机构依据职权责令限期改正，并视情节轻重，处一万元以上三万元以下罚款，向社会公告：

（一）为未经许可的域名注册管理机构提供域名注册服务，或者通过未经许可的域名注册服务机构开展域名注册服务的；

（二）未按照许可的域名注册服务项目提供服务的；

（三）未对域名注册信息的真实性、完整性进行核验的；

（四）无正当理由阻止域名持有者变更域名注册服务机构的。

第五十一条　违反本办法规定，提供域名解析服务，有下列行为之一的，由电信管理机构责令限期改正，可以视情节轻重处一万元以上三万元以下罚款，向社会公告：

（一）擅自篡改域名解析信息或者恶意将域名解析指向他人IP地址的；

（二）为含有本办法第二十八条第一款所列内容的域名提供域名跳转的；

（三）未落实网络与信息安全保障措施的；

（四）未依法记录并留存域名解析日志、维护日志和变更记录的；

（五）未按照要求对存在违法行为的域名进行处置的。

第五十二条　违反本办法第十七条、第十八条第一款、第二十一条、第二十二条、第二十八条第二款、第二十九条、第三十一条、第三十二条、第三十五条第一款、第四十条第二款、第四十一条规定的，由电信管理机构依据职权责令限期改正，可以并处一万元以上三万元以下罚款，向社会公告。

第五十三条　法律、行政法规对有关违法行为的处罚另有规定的，依照有关法律、行政法规的规定执行。

第五十四条　任何组织或者个人违反本办法第二十八条第一款规定注册、使用域名，构成犯罪的，依法追究刑事责任；尚不构成犯罪的，由有关部门依法予以处罚。

第六章　附　　则

第五十五条　本办法下列用语的含义是：

（一）域名：指互联网上识别和定位计算机的层次结构式的字符标识，与该计算机的IP地址相对应。

（二）中文域名：指含有中文文字的域名。

（三）顶级域名：指域名体系中根节点下的第一级域的名称。

（四）域名根服务器：指承担域名体系中根节点功能的服务器（含镜像服务器）。

（五）域名根服务器运行机构：指依法获得许可并承担域名根服务器运行、维护和管理工作的机构。

（六）域名注册管理机构：指依法获得许可并承担顶级域名运行和管理工作的机构。

（七）域名注册服务机构：指依法获得许可、受理域名注册申请并完成域名在顶级域名数据库中注册的机构。

（八）域名注册代理机构：指受域名注册服务机构的委托，受理域名注册申请，间接完成域名在顶级域名数据库中注册的机构。

（九）域名管理系统：指域名注册管理机构在境内开展顶级域名运行和管理所需的主要信息系统，包括注册管理系统、注册数据库、域名解析系统、域名信息查询系统、身份信息核验系统等。

（十）域名跳转：指对某一域名的访问跳转至该域名绑定或者指向的其他域名、IP 地址或者网络信息服务等。

第五十六条 本办法中规定的日期，除明确为工作日的以外，均为自然日。

第五十七条 在本办法施行前未取得相应许可开展域名服务的，应当自本办法施行之日起十二个月内，按照本办法规定办理许可手续。

在本办法施行前已取得许可的域名根服务器运行机构、域名注册管理机构和域名注册服务机构，其许可有效期适用本办法第十六条的规定，有效期自本办法施行之日起计算。

第五十八条 本办法自 2017 年 11 月 1 日起施行。2004 年 11 月 5 日公布的《中国互联网络域名管理办法》（原信息产业部令第 30 号）同时废止。本办法施行前公布的有关规定与本办法不一致的，按照本办法执行。

规范互联网信息服务市场秩序若干规定

（2011 年 12 月 29 日工业和信息化部令第 20 号公布　自 2012 年 3 月 15 日起施行）

第一条 为了规范互联网信息服务市场秩序，保护互联网信息服务提供者和用户的合法权益，促进互联网行业的健康发展，根据《中华人民共和国电信条例》、《互联网信息服务管理办法》等法律、行政法规的规定，制定本规定。

第二条 在中华人民共和国境内从事互联网信息服务及与互联网信息服务有关的活动，应当遵守本规定。

第三条 工业和信息化部和各省、自治区、直辖市通信管理局（以下统称“电信管理机构”）依法对互联网信息服务活动实施监督管理。

第四条 互联网信息服务提供者应当遵循平等、自愿、公平、诚信的原则提供服务。

第五条 互联网信息服务提供者不得实施下列侵犯其他互联网信息服务提供者合法权益的行为：

（一）恶意干扰用户终端上其他互联网信息服务提供者的服务，或者恶意干扰与互联网信息服务相关的软件等产品（“与互联网信息服务相关的软件等产品”以下简称“产品”）的下载、安装、运行和升级；

（二）捏造、散布虚假事实损害其他互联网信息服务提供者的合法权益，或者诋毁其他互联网信息服务提供者的服务或者产品；

（三）恶意对其他互联网信息服务提供者的服务或者产品实施不兼容；

（四）欺骗、误导或者强迫用户使用或者不使用其他互联网信息服务提供者的服务或者产品；

（五）恶意修改或者欺骗、误导、强迫用户修改其他互联网信息服务提供者的服务或者产品参数；

（六）其他违反国家法律规定，侵犯其他互联网信息服务提供者合法权益的行为。

第六条 对互联网信息服务提供者的服务或者产品进行评测，应当客观公正。

评测方公开或者向用户提供评测结果的，应当同时提供评测实施者、评测方法、数据来源、用户原始评价、评测手段和评测环境等与评测活动相关的信息。评测结果应当真实准确，与评测活动相关的信息应当完整全面。被评测的服务或者产品与评测方的服务或者产品相同或者功能类似的，评测结果中不得含有评测方的主观评价。

被评测方对评测结果有异议的，可以自行或者委托第三方就评测结果进行再评测，评测方应当予以配合。

评测方不得利用评测结果，欺骗、误导、强迫用户对被评测方的服务或者产品作出处置。

本规定所称评测，是指提供平台供用户评价，或者以其他方式对互联网信息服务或者产品的性能等进行评价和测试。

第七条 互联网信息服务提供者不得实施下列侵犯用户合法权益的行为：

（一）无正当理由拒绝、拖延或者中止向用户提供互联网信息服务或者产品；

（二）无正当理由限定用户使用或者不使用其指定的互联网信息服务或者产品；

（三）以欺骗、误导或者强迫等方式向用户提供互联网信息服务或者产品；

（四）提供的互联网信息服务或者产品与其向用户所作的宣传或者承诺不符；

（五）擅自改变服务协议或者业务规程，降低服务质量或者加重用户责任；

（六）与其他互联网信息服务提供者的服务或者产品不兼容时，未主动向用户提示和说明；

（七）未经提示并由用户主动选择同意，修改用户浏览器配置或者其他设置；

（八）其他违反国家法律规定，侵犯用户合法权益的行为。

第八条 互联网信息服务提供者在用户终端上进行软件下载、安装、运行、升级、卸载等操作的，应当提供明确、完整的软件功能等信息，并事先征得用户同意。

互联网信息服务提供者不得实施下列行为：

（一）欺骗、误导或者强迫用户下载、安装、运行、升级、卸载软件；

（二）未提供与软件安装方式同等或者更便捷的卸载方式；

（三）在未受其他软件影响和人为破坏的情况下，未经用户主动选择同意，软件卸载后有可执行代码或者其他不必要的文件驻留在用户终端。

第九条 互联网信息服务终端软件捆绑其他软件的，应当以显著的方式提示用户，由用户主动选择是否安装或者使用，并提供独立的卸载或者关闭方式，不得附加不合理条件。

第十条 互联网信息服务提供者在用户终端弹出广告或者其他与终端软件功能无关的信息窗口的，应当以显著的方式向用户提供关闭或者退出窗口的功能标识。

第十一条 未经用户同意，互联网信息服务提供者不得收集与用户相关、能够单独或者与其他信息结合识别用户的信息（以下简称“用户个人信息”），不得将用户个人信息提供给他人，但是法律、行政法规另有规定的除外。

互联网信息服务提供者经用户同意收集用户个人信息的，应当明确告知用户收集和处理用户个人信息的方式、内容和用途，不得收集其提供服务所必需以外的信息，不得将用户个人信息用于其提供服务之外的目的。

第十二条 互联网信息服务提供者应当妥善保管用户个人信息；保管的用户个人信息泄露或者可能泄露时，应当立即采取补救措施；造成或者可能造成严重后果的，应当立即向准予其互联网信息服务许可或者备案的电信管理机构报告，并配合相关部门进行的调查处理。

第十三条 互联网信息服务提供者应当加强系统安全防护，依法维护用户上载信息的安全，保障用户对上载信息的使用、修改和删除。

互联网信息服务提供者不得有下列行为：

（一）无正当理由擅自修改或者删除用户上载信息；

（二）未经用户同意，向他人提供用户上载信息，但是法律、行政法规另有规定的除外；

（三）擅自或者假借用户名义转移用户上载信息，或者欺骗、误导、强迫用户转移其上载信息；

（四）其他危害用户上载信息安全的行为。

第十四条 互联网信息服务提供者应当以显著的方式公布有效联系方式，接受用户及其他互联网信息服务提供者的投诉，并自接到投诉之日起十五日内作出答复。

第十五条 互联网信息服务提供者认为其他互联网信息服务提供者实施违反本规定的行为，侵犯其合法权益并对用户权益造成或者可能造成重大影响的，应当立即向准予该其他互联网信息服务提供者互联网信息服务许可或者备案的电信管理机构报告。

电信管理机构应当对报告或者发现的可能违反本规定的行为的影响进行评估；影响特别重大的，相关省、自治区、直辖市通信管理局应当向工业和信息化部报告。电信管理机构在依据本规定作出处理决定前，可以要求互联网信息服务提供者暂停有关行为，互联网信息服务提供者应当执行。

第十六条 互联网信息服务提供者违反本规定第五条、第七条或者第十三条的规定，由电信管理机构依据职权责令改正，处以警告，可以并处一万元以上三万元以下的罚款，向社会公告；其中，《中华人民共和国电信条例》或者《互联网信息服务管理办法》规定法律责任的，依照其规定处理。

第十七条 评测方违反本规定第六条的规定的，由电信管理机构依据职权处以警告，可以并处一万元以上三万元以下的罚款，向社会公告。

第十八条 互联网信息服务提供者违反本规定第八条、第九条、第十条、第十一条、第十二条或者第十四条的规定的，由电信管理机构依据职权处以警告，可以并处一万元以上三万元以下的罚款，向社会公告。

第十九条 互联网信息服务提供者违反本规定第十五条规定，不执行电信管理机构暂停有关行为的要求的，由电信管理机构依据职权处以警告，向社会公告。

第二十条 互联网信息服务提供者违反其他法律、行政法规规定的，依照其规定处理。

第二十一条 本规定自2012年3月15日起施行。

电信和互联网用户个人信息保护规定

（2013年7月16日工业和信息化部令第24号公布　自2013年9月1日起施行）

第一章　总　　则

第一条 为了保护电信和互联网用户的合法权益，维护网络信息安全，根据《全国人民代表大会常务委员会关于加强网络信息保护的决定》、《中华人民共和国电信条例》和《互联网信息服务管理办法》等法律、行政法规，制定本规定。

第二条 在中华人民共和国境内提供电信服务和互联网信息服务过程中收集、使用用户个人信息的活动，适用本规定。

第三条 工业和信息化部和各省、自治区、直辖市通信管理局（以下统称电信管理机构）依法对电信和互联网用户个人信息保护工作实施监督管理。

第四条 本规定所称用户个人信息，是指电信业务经营者和互联网信息服务提供者在提供服务的过程中收集的用户姓名、出生日期、身份证件号码、住址、电话号码、账号和密码等能够单独或者与其他信息结合识别用户的信息以及用户使用服务的时间、地点等信息。

第五条 电信业务经营者、互联网信息服务提供者在提供服务的过程中收集、使用用户个人信息，应当遵循合法、正当、必要的原则。

第六条 电信业务经营者、互联网信息服务提供者对其在提供服务过程中收集、使用的用户个人信息的安全负责。

第七条 国家鼓励电信和互联网行业开展用户个人信息保护自律工作。

第二章　信息收集和使用规范

第八条 电信业务经营者、互联网信息服务提供者应当制定用户个人信息收集、使用规则，并在其经营或者服务场所、网站等予以公布。

第九条 未经用户同意，电信业务经营者、互联网信息服务提供者不得收集、使用用户个人信息。

电信业务经营者、互联网信息服务提供者收集、使用用户个人信息的，应当明确告知用户收集、使用信息的目的、方式和范围，查询、更正信息的渠道以及拒绝提供信息的后果等事项。

电信业务经营者、互联网信息服务提供者不得收集其提供服务所必需以外的用户个人信息或者将信息用于提供服务之外的目的，不得以欺骗、误导或者强迫等方式或者违反法律、行政法规以及双方的约定收集、使用信息。

电信业务经营者、互联网信息服务提供者在用户终止使用电信服务或者互联网信息服务后，应当停止对用户个人信息的收集和使用，并为用户提供注销号码或者账号的服务。

法律、行政法规对本条第一款至第四款规定的情形另有规定的，从其规定。

第十条　电信业务经营者、互联网信息服务提供者及其工作人员对在提供服务过程中收集、使用的用户个人信息应当严格保密，不得泄露、篡改或者毁损，不得出售或者非法向他人提供。

第十一条　电信业务经营者、互联网信息服务提供者委托他人代理市场销售和技术服务等直接面向用户的服务性工作，涉及收集、使用用户个人信息的，应当对代理人的用户个人信息保护工作进行监督和管理，不得委托不符合本规定有关用户个人信息保护要求的代理人代办相关服务。

第十二条　电信业务经营者、互联网信息服务提供者应当建立用户投诉处理机制，公布有效的联系方式，接受与用户个人信息保护有关的投诉，并自接到投诉之日起十五日内答复投诉人。

第三章　安全保障措施

第十三条　电信业务经营者、互联网信息服务提供者应当采取以下措施防止用户个人信息泄露、毁损、篡改或者丢失：

（一）确定各部门、岗位和分支机构的用户个人信息安全管理责任；

（二）建立用户个人信息收集、使用及其相关活动的工作流程和安全管理制度；

（三）对工作人员及代理人实行权限管理，对批量导出、复制、销毁信息实行审查，并采取防泄密措施；

（四）妥善保管记录用户个人信息的纸介质、光介质、电磁介质等载体，并采取相应的安全储存措施；

（五）对储存用户个人信息的信息系统实行接入审查，并采取防入侵、防病毒等措施；

（六）记录对用户个人信息进行操作的人员、时间、地点、事项等信息；

（七）按照电信管理机构的规定开展通信网络安全防护工作；

（八）电信管理机构规定的其他必要措施。

第十四条　电信业务经营者、互联网信息服务提供者保管的用户个人信息发生或者可能发生泄露、毁损、丢失的，应当立即采取补救措施；造成或者可能造成严重后果的，应当立即向准予其许可或者备案的电信管理机构报告，配合相关部门进行的调查处理。

电信管理机构应当对报告或者发现的可能违反本规定的行为的影响进行评估；影响特别重大的，相关省、自治区、直辖市通信管理局应当向工业和信息化部报告。电信管理机构在依据本规定作出处理决定前，可以要求电信业务经营者和互联网信息服务提供者暂停有关行为，电信业务经营者和互联网信息服务提供者应当执行。

第十五条　电信业务经营者、互联网信息服务提供者应当对其工作人员进行用户个人信息保护相关知识、技能和安全责任培训。

第十六条　电信业务经营者、互联网信息服务提供者应当对用户个人信息保护情况每年至少进行一次自查，记录自查情况，及时消除自查中发现的安全隐患。

第四章　监督检查

第十七条　电信管理机构应当对电信业务经营者、互联网信息服务提供者保护用户个人信息的情况实施监督检查。

电信管理机构实施监督检查时，可以要求

电信业务经营者、互联网信息服务提供者提供相关材料，进入其生产经营场所调查情况，电信业务经营者、互联网信息服务提供者应当予以配合。

电信管理机构实施监督检查，应当记录监督检查的情况，不得妨碍电信业务经营者、互联网信息服务提供者正常的经营或者服务活动，不得收取任何费用。

第十八条 电信管理机构及其工作人员对在履行职责中知悉的用户个人信息应当予以保密，不得泄露、篡改或者毁损，不得出售或者非法向他人提供。

第十九条 电信管理机构实施电信业务经营许可及经营许可证年检时，应当对用户个人信息保护情况进行审查。

第二十条 电信管理机构应当将电信业务经营者、互联网信息服务提供者违反本规定的行为记入其社会信用档案并予以公布。

第二十一条 鼓励电信和互联网行业协会依法制定有关用户个人信息保护的自律性管理制度，引导会员加强自律管理，提高用户个人信息保护水平。

第五章 法律责任

第二十二条 电信业务经营者、互联网信息服务提供者违反本规定第八条、第十二条规定的，由电信管理机构依据职权责令限期改正，予以警告，可以并处一万元以下的罚款。

第二十三条 电信业务经营者、互联网信息服务提供者违反本规定第九条至第十一条、第十三条至第十六条、第十七条第二款规定的，由电信管理机构依据职权责令限期改正，予以警告，可以并处一万元以上三万元以下的罚款，向社会公告；构成犯罪的，依法追究刑事责任。

第二十四条 电信管理机构工作人员在对用户个人信息保护工作实施监督管理的过程中玩忽职守、滥用职权、徇私舞弊的，依法给予处理；构成犯罪的，依法追究刑事责任。

第六章 附 则

第二十五条 本规定自 2013 年 9 月 1 日起施行。

电话用户真实身份信息登记规定

（2013 年 7 月 16 日工业和信息化部令第 25 号公布　自 2013 年 9 月 1 日起施行）

第一条 为了规范电话用户真实身份信息登记活动，保障电话用户和电信业务经营者的合法权益，维护网络信息安全，促进电信业的健康发展，根据《全国人民代表大会常务委员会关于加强网络信息保护的决定》和《中华人民共和国电信条例》，制定本规定。

第二条 中华人民共和国境内的电话用户真实身份信息登记活动，适用本规定。

第三条 本规定所称电话用户真实身份信息登记，是指电信业务经营者为用户办理固定电话、移动电话（含无线上网卡，下同）等入网手续，在与用户签订协议或者确认提供服务时，如实登记用户提供的真实身份信息的活动。

本规定所称入网，是指用户办理固定电话装机、移机、过户，移动电话开户、过户等。

第四条 工业和信息化部和各省、自治区、直辖市通信管理局（以下统称电信管理机构）依法对电话用户真实身份信息登记工作实施监督管理。

第五条 电信业务经营者应当依法登记和保护电话用户办理入网手续时提供的真实身份信息。

第六条 电信业务经营者为用户办理入网手续时，应当要求用户出示有效证件、提供真实身份信息，用户应当予以配合。

用户委托他人办理入网手续的，电信业务经营者应当要求受托人出示用户和受托人的有效证件，并提供用户和受托人的真实身份信息。

第七条 个人办理电话用户真实身份信息登记的，可以出示下列有效证件之一：

（一）居民身份证、临时居民身份证或者户口簿；

（二）中国人民解放军军人身份证件、中国人民武装警察身份证件；

（三）港澳居民来往内地通行证、台湾居民来往大陆通行证或者其他有效旅行证件；

（四）外国公民护照；

（五）法律、行政法规和国家规定的其他有效身份证件。

第八条　单位办理电话用户真实身份信息登记的，可以出示下列有效证件之一：

（一）组织机构代码证；

（二）营业执照；

（三）事业单位法人证书或者社会团体法人登记证书；

（四）法律、行政法规和国家规定的其他有效证件或者证明文件。

单位办理登记的，除出示以上证件之一外，还应当出示经办人的有效证件和单位的授权书。

第九条　电信业务经营者应当对用户出示的证件进行查验，并如实登记证件类别以及证件上所记载的姓名（名称）、号码、住址信息；对于用户委托他人办理入网手续的，应当同时查验受托人的证件并登记受托人的上述信息。

为了方便用户提供身份信息、办理入网手续，保护用户的合法权益，电信业务经营者复印用户身份证件的，应当在复印件上注明电信业务经营者名称、复印目的和日期。

第十条　用户拒绝出示有效证件，拒绝提供其证件上所记载的身份信息，冒用他人的证件，或者使用伪造、变造的证件的，电信业务经营者不得为其办理入网手续。

第十一条　电信业务经营者在向电话用户提供服务期间及终止向其提供服务后两年内，应当留存用户办理入网手续时提供的身份信息和相关材料。

第十二条　电信业务经营者应当建立健全用户真实身份信息保密管理制度。

电信业务经营者及其工作人员对在提供服务过程中登记的用户真实身份信息应当严格保密，不得泄露、篡改或者毁损，不得出售或者非法向他人提供，不得用于提供服务之外的目的。

第十三条　电话用户真实身份信息发生或者可能发生泄露、毁损、丢失的，电信业务经营者应当立即采取补救措施；造成或者可能造成严重后果的，应当立即向相关电信管理机构报告，配合相关部门进行的调查处理。

电信管理机构应当对报告或者发现的可能违反电话用户真实身份信息保护规定的行为的影响进行评估；影响特别重大的，相关省、自治区、直辖市通信管理局应当向工业和信息化部报告。电信管理机构在依据本规定作出处理决定前，可以要求电信业务经营者暂停有关行为，电信业务经营者应当执行。

第十四条　电信业务经营者委托他人代理电话入网手续、登记电话用户真实身份信息的，应当对代理人的用户真实身份信息登记和保护工作进行监督和管理，不得委托不符合本规定有关用户真实身份信息登记和保护要求的代理人代办相关手续。

第十五条　电信业务经营者应当对其电话用户真实身份信息登记和保护情况每年至少进行一次自查，并对其工作人员进行电话用户真实身份信息登记和保护相关知识、技能和安全责任培训。

第十六条　电信管理机构应当对电信业务经营者的电话用户真实身份信息登记和保护情况实施监督检查。电信管理机构实施监督检查时，可以要求电信业务经营者提供相关材料，进入其生产经营场所调查情况，电信业务经营者应当予以配合。

电信管理机构实施监督检查，应当记录监督检查的情况，不得妨碍电信业务经营者正常的经营或者服务活动，不得收取任何费用。

电信管理机构及其工作人员对在实施监督检查过程中知悉的电话用户真实身份信息应当予以保密，不得泄露、篡改或者毁损，不得出售或者非法向他人提供。

第十七条　电信业务经营者违反本规定第六条、第九条至第十五条的规定，或者不配合电信管理机构依照本规定开展的监督检查的，由电信管理机构依据职权责令限期改正，予以警告，可以并处一万元以上三万元以下罚款，向社会公告。其中，《中华人民共和国电信条例》规定法律责任的，依照其规定处理；构成犯罪的，依法追究刑事责任。

第十八条 用户以冒用、伪造、变造的证件办理入网手续的，电信业务经营者不得为其提供服务，并由相关部门依照《中华人民共和国居民身份证法》、《中华人民共和国治安管理处罚法》、《现役军人和人民武装警察居民身份证申领发放办法》等规定处理。

第十九条 电信管理机构工作人员在对电话用户真实身份信息登记工作实施监督管理的过程中玩忽职守、滥用职权、徇私舞弊的，依法给予处理；构成犯罪的，依法追究刑事责任。

第二十条 电信业务经营者应当通过电话、短信息、书面函件或者公告等形式告知用户并采取便利措施，为本规定施行前尚未提供真实身份信息或者所提供身份信息不全的电话用户补办登记手续。

电信业务经营者为电话用户补办登记手续，不得擅自加重用户责任。

电信业务经营者应当在向尚未提供真实身份信息的用户确认提供服务时，要求用户提供真实身份信息。

第二十一条 本规定自2013年9月1日起施行。

电信用户申诉处理办法

（2016年5月26日工业和信息化部令第35号公布　自2016年7月30日起施行）

第一章　总　　则

第一条 为了保护电信用户的合法权益，规范用户申诉处理行为，根据《中华人民共和国电信条例》及其他有关法律、行政法规的规定，制定本办法。

第二条 本办法适用于处理用户在接受电信服务的过程中与电信业务经营者发生的争议。

第三条 本办法所称电信管理机构，是指工业和信息化部或省、自治区、直辖市通信管理局。

本办法所称申诉受理机构，是指工业和信息化部电信用户申诉受理中心和省、自治区、直辖市电信用户申诉受理机构。

本办法所称申诉人，是指在使用电信业务、接受电信服务中，与电信业务经营者发生争议并向申诉受理机构提出申诉的电信用户。

本办法所称被申诉人，是指因与用户发生争议而被用户申告的电信业务经营者。

第四条 工业和信息化部对全国电信用户申诉处理工作进行监督指导。工业和信息化部电信用户申诉受理中心受工业和信息化部委托，依据本办法开展全国电信用户申诉受理工作。

省、自治区、直辖市通信管理局可以根据本地实际情况设立电信用户申诉受理机构。电信用户申诉受理机构受省、自治区、直辖市通信管理局的委托并在其监督指导下，依据本办法开展本行政区电信用户申诉受理工作。

第五条 申诉处理以事实为依据，以法律为准绳，坚持公正、合理、合法的原则。

第六条 申诉受理机构对电信用户申诉事项实行调解制度，并可以出具调解书。

第七条 申诉受理机构每季度将受理用户申诉的统计报表上报同级电信管理机构。

第二章　受　　理

第八条 电信业务经营者应当认真受理用户的投诉，并在接到用户投诉之日起15日内答复用户。用户对电信业务经营者的处理结果不满意或者电信业务经营者在接到投诉后15日内未答复的，可以向申诉受理机构提出申诉。

第九条 申诉人应当向被申诉人所在省、自治区、直辖市的申诉受理机构提出申诉。被申诉人所在省、自治区、直辖市没有设立申诉受理机构的，申诉人可以向工业和信息化部电信用户申诉受理中心提出申诉。

第十条 用户申诉应当符合下列条件：

（一）申诉人是与申诉事项有直接利害关系的当事人；

（二）有明确的被申诉人；

（三）有具体的申诉请求和事实根据；

（四）已经向被申诉人投诉且对其处理结果不满意或者其未在15日内答复。

第十一条　申诉受理机构对有下列情形之一的申诉事项不予受理：

（一）属于收费争议的申诉，申诉事项发生时距提起申诉时超过五个月的，其他申诉，申诉事项发生时距提起申诉时超过二年的；

（二）申诉人与被申诉人已经达成和解协议并执行的；

（三）申诉受理机构已经受理或者处理的；

（四）人民法院、仲裁机构、消费者组织或者其他行政机关已经受理或者处理的；

（五）不符合本办法第十条规定的申诉条件的；

（六）国家法律、行政法规及部门规章另有规定的。

第十二条　申诉采用书面形式。申诉材料应当包括下列内容：

（一）申诉人姓名或名称、地址、电话号码、邮政编码；

（二）被申诉人名称、地址；

（三）申诉要求、理由、事实根据；

（四）申诉日期。

第十三条　申诉受理机构在接到用户申诉时，应当询问用户是否就申诉事项向电信业务经营者提出过投诉，电信业务经营者是否给予处理或答复。

对于未经电信业务经营者处理的用户申诉，申诉受理机构应当告知用户先向电信业务经营者投诉。

对于咨询有关电信政策的用户申诉，申诉受理机构应当向用户作出解答。

第十四条　申诉受理机构应当自收到申诉材料之日起5个工作日内，作出受理或者不予受理的决定，并通知申诉人。对于不予受理的申诉，应当告知不予受理的理由。

第三章　办　　理

第十五条　对于决定受理的用户申诉，申诉受理机构应当在受理用户申诉后2个工作日内将用户申诉内容和转办通知书发送被申诉人。

转办通知书应当载明申诉受理机构名称及联系方式、申诉人名称及联系方式、申诉人的申诉请求摘要、申诉受理机构对申诉处理的要求等。

第十六条　对申诉受理机构要求回复处理意见的，被申诉人收到转办通知书后，应当在10日内将申诉事项的事实情况和处理结果或者处理意见以及申诉人对处理结果的意见（满意程度）反馈给申诉受理机构。

第十七条　申诉受理机构应当自收到全部申诉材料之日起30日内向申诉人作出答复，将申诉处理情况告知申诉人。

对于被申诉人与申诉人协商和解的申诉，申诉受理机构可以作办结处理。

对于被申诉人与申诉人未能协商和解的申诉，应任何一方申请，申诉受理机构在征得对方同意后应当进行调解。

第四章　调　　解

第十八条　对于属于民事争议的下列情形，申诉受理机构可以组织双方当事人进行调解：

（一）申诉人与被申诉人已经就申诉事项进行过协商，但未能和解的；

（二）申诉人、被申诉人同意由申诉受理机构进行调解的；

（三）工业和信息化部规定的其他情形。

第十九条　申诉受理机构应当自争议双方同意调解之日起30日内调解完毕。调解达成协议的，视为办结；调解不成的，应当终止调解并告知申诉人，视为办结。调解达成协议的，应任何一方请求，申诉受理机构应当制作调解书。

第二十条　申诉受理机构调解无效的，争议双方可以依照国家有关法律规定就申诉事项向仲裁机构申请仲裁或者向人民法院提起诉讼。

第五章　调　　查

第二十一条　申诉受理机构可以通过电话、传真、书信以及实地调查等方式向申诉人和被申诉人了解有关情况，要求提供有关证据；申诉受理机构可以根据有关法律、行政法规和部门规章的规定，收集证据或者召集有关当事人进行调查。

第二十二条 申诉受理机构的调查人员有权行使下列权利：

（一）询问当事人和有关人员；

（二）要求有关单位和个人提供书面材料和证明；

（三）要求当事人提供有关技术材料；

（四）查阅、复制有关文件等。

第二十三条 调查应当由两名工作人员共同进行，调查时应当出示有效证件和有关证明，并应当制作调查笔录。调查人员对涉及当事人隐私、商业秘密等事项负有保密义务。

第二十四条 被调查人员必须如实回答调查人员的询问，提供相关证据。

第二十五条 申诉受理机构认为需要对有关设备、系统进行检测或者鉴定的，经同级电信管理机构批准后，交由指定检测或者鉴定机构进行检测、鉴定。被申诉的电信业务经营者应当予以配合。

第六章　附　　则

第二十六条 申诉受理机构每季度将受理用户申诉的统计报表向电信业务经营者进行通报。

第二十七条 对于电信用户与公用电信等代办点的争议，电信用户可以向委托代办的电信业务经营者投诉；对于电信用户与宾馆、饭店等电信业务代办点的争议，电信用户可以直接向申诉受理机构提出申诉。

第二十八条 本办法自2016年7月30日起施行。原信息产业部2001年1月11日公布的《电信用户申诉处理暂行办法》（原信息产业部令第7号）同时废止。

通信短信息服务管理规定

（2015年5月19日工业和信息化部令第31号公布 自2015年6月30日起施行）

第一章　总　　则

第一条 为了规范通信短信息（以下简称短信息）服务行为，维护用户的合法权益，促进短信息服务市场的健康发展，根据《全国人民代表大会常务委员会关于加强网络信息保护的决定》、《中华人民共和国电信条例》等法律、行政法规，制定本规定。

第二条 在中华人民共和国境内提供、使用短信息服务，适用本规定。

第三条 工业和信息化部负责对全国的短信息服务实施监督管理。

省、自治区、直辖市通信管理局负责对本行政区域内的短信息服务实施监督管理。

工业和信息化部和省、自治区、直辖市通信管理局统称电信管理机构。

第四条 提供、使用短信息服务的，应当遵守法律、行政法规和电信管理机构的相关规定，不得利用短信息服务从事违法活动。

第五条 鼓励有关行业协会依法制定短信息服务的自律性管理制度，引导会员加强自律管理。

第二章　短信息服务规范

第六条 经营短信息服务的，应当依法取得电信业务经营许可。

基础电信业务经营者不得为未取得电信业务经营许可的单位或者个人提供用于经营短信息服务的网络或者业务接入服务。

第七条 基础电信业务经营者应当准确记录接入其网络的短信息服务提供者的名称、接入代码和接入地点等信息。

第八条 短信息服务提供者应当制定短信息服务规则，并将与用户相关的内容通过服务合同或者入网协议等方式告知用户，不得利用格式条款侵犯用户合法权益。

第九条 短信息服务需向用户收费的，短信息服务提供者应当保证计费符合相关法律规定和电信标准，并事先明确告知用户服务内容、资费标准、收费方式和退订方式等。

第十条 短信息服务提供者发送短信息，应当将发送端电话号码或者代码一并发送，不得发送缺少发送端电话号码或者代码的短信息，不得发送含有虚假、冒用的发送端电话号码或者代码的短信息。

第十一条 短信息服务提供者应当在其服务系统中记录短信息发送和接收时间、发送端和接收端电话号码或者代码、用户订阅和退订情况等信息，端口类短信息还应当保存短信息内容。

前款规定的记录应当保存至少5个月，其中用户订阅和退订情况应当保存至短信息服务提供者与用户服务关系终止后5个月。

第十二条 短信息服务提供者提供端口类短信息服务，应当要求短信息内容提供者提供真实身份信息，并进行查验和登记。

第十三条 短信息服务提供者提供端口类短信息服务，应当按照电信管理机构批准的码号结构、位长、用途和使用范围使用端口号。未经电信管理机构批准，不得转让或者出租端口号。

第十四条 短信息服务提供者在业务活动中收集、使用用户个人信息，应当严格遵守有关法律法规的规定。

第十五条 短信息服务提供者应当建立和执行网络与信息安全管理制度，采取安全防范措施，加强公共信息巡查。

第十六条 短信息服务提供者、短信息内容提供者不得制作、复制、发布和传播含有《中华人民共和国电信条例》等法律法规规定的禁止性内容的短信息。

第十七条 拟发送公益性短信息的，由省级以上人民政府有关部门提前10个工作日向电信管理机构提供短信息发送时间、发送内容、发送范围、发送机构等信息，电信管理机构协调短信息服务提供者发送；不属于公益性短信息的，及时告知有关部门并说明理由。

涉及自然灾害、事故灾难、公共卫生事件和社会安全事件预警和处置等应急公益性短信息，情况紧急需要先行发送的，短信息服务提供者应当按照有关应急预案和机制及时免费发送，有关部门事后应当向电信管理机构提供有关信息。

第三章 商业性短信息管理

第十八条 短信息服务提供者、短信息内容提供者未经用户同意或者请求，不得向其发送商业性短信息。用户同意后又明确表示拒绝接收商业性短信息的，应当停止向其发送。

短信息服务提供者、短信息内容提供者请求用户同意接收商业性短信息的，应当说明拟发送商业性短信息的类型、频次和期限等信息。用户未回复的，视为不同意接收。用户明确拒绝或者未回复的，不得再次向其发送内容相同或者相似的短信息。

基础电信业务经营者对通过其电信网发送端口类商业性短信息的，应当保证有关用户已经同意或者请求接收有关短信息。

第十九条 短信息服务提供者、短信息内容提供者用于发送业务管理和服务类短信息的端口，不得用于发送商业性短信息。

第二十条 短信息服务提供者、短信息内容提供者向用户发送商业性短信息，应当提供便捷和有效的拒绝接收方式并随短信息告知用户，不得以任何形式对用户拒绝接收短信息设置障碍。

第二十一条 短信息服务提供者、短信息内容提供者向用户发送商业性短信息，应当在短信息中明确注明短信息内容提供者的名称。

第二十二条 短信息服务提供者应当建立短信息管理制度和预警监测机制，通过规范管理、技术手段和合同约定等措施，防范未经用户同意或者请求发送的商业性短信息。

第二十三条 基础电信业务经营者发现短信息服务提供者、短信息内容提供者违反本规定第十八条发送商业性短信息的，应当采取必要的措施暂停或者停止为其提供相关的电信资源，并保存有关记录。

第二十四条 鼓励用户自主选择使用短信息安全应用软件等适当的安全防护手段，提高自我防护能力。

第四章 用户投诉和举报

第二十五条 短信息服务提供者应当建立投诉处理机制，公布有效、便捷的联系方式，接受与短信息服务有关的投诉。

第二十六条 工业和信息化部委托12321网络不良与垃圾信息举报受理中心（以下简称举报中心）受理短信息服务举报。

第二十七条 用户认为其受到商业性短信息侵扰或者收到含有法律法规规定的禁止性内容的短信息的，可以向短信息服务提供者投诉或者向举报中心举报。

举报中心受理用户举报后，应当在5个工作日内转送短信息服务提供者处理。发现存在违法行为的，应当及时报告国家有关部门处理。

短信息服务提供者收到用户投诉或者举报中心转办的举报，经核实后应当及时采取有效手段，并在15个工作日内向投诉方或举报中心反馈处置结果。

第二十八条 短信息服务提供者发现被投诉或者举报的短信息明显含有本规定第十六条规定的内容的，应当立即停止发送，保存有关记录，并及时向国家有关机关报告；涉及本单位的，应当立即开展调查，采取有效的防范或者处理措施，并及时将调查结果报告电信管理机构。

第二十九条 用户与短信息服务提供者发生短信息服务争议的，可以依法向电信管理机构委托的电信用户申诉受理机构申诉。

第五章 监督管理

第三十条 电信管理机构对短信息服务活动实施监督检查时，短信息服务提供者、短信息内容提供者应当予以配合并按照要求提供相关材料。

电信管理机构实施监督检查，应当记录监督检查的情况，不得妨碍短信息服务提供者、短信息内容提供者正常的经营或者服务活动，不得收取任何费用。

第三十一条 电信管理机构实施电信业务经营许可年检时，应当对短信息服务提供者执行本规定的情况进行审查。

第三十二条 电信管理机构应当将短信息服务提供者违反本规定的行为记入信用档案并予以公布。必要时，电信管理机构可以对短信息服务提供者的负责人进行监管谈话。

第六章 法律责任

第三十三条 违反本规定第六条第一款、第十三条规定的，由电信管理机构依据《中华人民共和国电信条例》第六十九条规定处罚。

第三十四条 基础电信业务经营者、短信息服务提供者违反本规定第七条至第十二条、第十五条、第十八条至第二十一条、第二十七条第三款规定的，由电信管理机构依据职权责令限期改正，予以警告，可以并处一万元以上三万元以下罚款，向社会公告。

短信息内容提供者违反本规定第十八条至第二十一条规定的，由有关部门按照国家有关法律、行政法规予以处罚。

第三十五条 违反本规定第十六条规定的，依据《中华人民共和国电信条例》第六十六条规定处罚。

第三十六条 电信管理机构、举报中心工作人员在短信息服务监督管理工作中滥用职权、玩忽职守、徇私舞弊的，依法给予处理；构成犯罪的，依法追究刑事责任。

第七章 附 则

第三十七条 本规定下列用语的含义是：

（一）短信息服务，是指利用电信网向移动电话、固定电话等通信终端用户，提供有限长度的文字、数据、声音、图像等信息的电信业务。

（二）短信息服务提供者，是指提供短信息发送、存储、转发和接收等基础网络服务，以及利用基础网络设施和服务为其他组织和个人发送短信息提供平台的电信业务经营者（包含但不限于基础电信业务、增值电信业务中的信息服务业务和移动通信转售业务经营者）。

（三）短信息内容提供者，是指将其短信息通过短信息服务提供者发送的组织或者个人。

（四）端口类短信息，是指短信息服务提供者利用自有端口或者行业类应用端口发送的短信息。

（五）商业性短信息，是指用于介绍、推销商品、服务或者商业投资机会的短信息。

（六）公益性短信息，是指各级人民政府相

关部门等单位向用户发送的，旨在服务社会公共利益，倡导社会公序良俗、预防或处置突发事件、提醒群众防灾避灾等非盈利性质的短信息。

第三十八条 利用互联网向固定电话、移动电话等通信终端用户提供文字、数据、声音、图像等具有短信息特征的信息递送类服务，参照本规定执行。依法需经有关主管部门审核同意的，应当经有关部门审核同意。

第三十九条 本规定自2015年6月30日起施行。

电子认证服务管理办法

（2009年2月18日工业和信息化部令第1号公布 根据2015年4月29日《工业和信息化部关于修改部分规章的决定》修订）

第一章 总 则

第一条 为了规范电子认证服务行为，对电子认证服务提供者实施监督管理，根据《中华人民共和国电子签名法》和其他法律、行政法规的规定，制定本办法。

第二条 本办法所称电子认证服务，是指为电子签名相关各方提供真实性、可靠性验证的活动。

本办法所称电子认证服务提供者，是指为需要第三方认证的电子签名提供认证服务的机构（以下称为“电子认证服务机构”）。

向社会公众提供服务的电子认证服务机构应当依法设立。

第三条 在中华人民共和国境内设立电子认证服务机构和为电子签名提供电子认证服务，适用本办法。

第四条 中华人民共和国工业和信息化部（以下简称“工业和信息化部”）依法对电子认证服务机构和电子认证服务实施监督管理。

第二章 电子认证服务机构

第五条 电子认证服务机构应当具备下列条件：

（一）具有独立的企业法人资格。

（二）具有与提供电子认证服务相适应的人员。从事电子认证服务的专业技术人员、运营管理人员、安全管理人员和客户服务人员不少于三十名，并且应当符合相应岗位技能要求。

（三）注册资本不低于人民币三千万元。

（四）具有固定的经营场所和满足电子认证服务要求的物理环境。

（五）具有符合国家有关安全标准的技术和设备。

（六）具有国家密码管理机构同意使用密码的证明文件。

（七）法律、行政法规规定的其他条件。

第六条 申请电子认证服务许可的，应当向工业和信息化部提交下列材料：

（一）书面申请。

（二）人员证明。

（三）企业法人营业执照副本及复印件。

（四）经营场所证明。

（五）国家有关认证检测机构出具的技术、设备、物理环境符合国家有关安全标准的凭证。

（六）国家密码管理机构同意使用密码的证明文件。

第七条 工业和信息化部对提交的申请材料进行形式审查。申请材料齐全、符合法定形式的，应当向申请人出具受理通知书。申请材料不齐全或者不符合法定形式的，应当当场或者在五日内一次告知申请人需要补正的全部内容。

第八条 工业和信息化部对决定受理的申请材料进行实质审查。需要对有关内容进行核实的，指派两名以上工作人员实地进行核查。

第九条 工业和信息化部对与申请人有关事项书面征求中华人民共和国商务部等有关部

门的意见。

第十条 工业和信息化部应当自接到申请之日起四十五日内作出准予许可或者不予许可的书面决定。不予许可的，应当书面通知申请人并说明理由；准予许可的，颁发《电子认证服务许可证》，并公布下列信息：

（一）《电子认证服务许可证》编号。

（二）电子认证服务机构名称。

（三）发证机关和发证日期。

电子认证服务许可相关信息发生变更的，工业和信息化部应当及时公布。

《电子认证服务许可证》的有效期为五年。

第十一条 电子认证服务机构不得倒卖、出租、出借或者以其他形式非法转让《电子认证服务许可证》。

第十二条 取得认证资格的电子认证服务机构，在提供电子认证服务之前，应当通过互联网公布下列信息：

（一）机构名称和法定代表人。

（二）机构住所和联系办法。

（三）《电子认证服务许可证》编号。

（四）发证机关和发证日期。

（五）《电子认证服务许可证》有效期的起止时间。

第十三条 电子认证服务机构在《电子认证服务许可证》的有效期内变更公司名称、住所、法定代表人、注册资本的，应当在完成工商变更登记之日起 15 日内办理《电子认证服务许可证》变更手续。

第十四条 《电子认证服务许可证》的有效期届满需要延续的，电子认证服务机构应当在许可证有效期届满三十日前向工业和信息化部申请办理延续手续，并自办结之日起五日内按照本办法第十二条的规定公布相关信息。

第三章 电子认证服务

第十五条 电子认证服务机构应当按照工业和信息化部公布的《电子认证业务规则规范》等要求，制定本机构的电子认证业务规则和相应的证书策略，在提供电子认证服务前予以公布，并向工业和信息化部备案。

电子认证业务规则和证书策略发生变更的，电子认证服务机构应当予以公布，并自公布之日起三十日内向工业和信息化部备案。

第十六条 电子认证服务机构应当按照公布的电子认证业务规则提供电子认证服务。

第十七条 电子认证服务机构应当保证提供下列服务：

（一）制作、签发、管理电子签名认证证书。

（二）确认签发的电子签名认证证书的真实性。

（三）提供电子签名认证证书目录信息查询服务。

（四）提供电子签名认证证书状态信息查询服务。

第十八条 电子认证服务机构应当履行下列义务：

（一）保证电子签名认证证书内容在有效期内完整、准确。

（二）保证电子签名依赖方能够证实或者了解电子签名认证证书所载内容及其他有关事项。

（三）妥善保存与电子认证服务相关的信息。

第十九条 电子认证服务机构应当建立完善的安全管理和内部审计制度。

第二十条 电子认证服务机构应当遵守国家的保密规定，建立完善的保密制度。

电子认证服务机构对电子签名人和电子签名依赖方的资料，负有保密的义务。

第二十一条 电子认证服务机构在受理电子签名认证证书申请前，应当向申请人告知下列事项：

（一）电子签名认证证书和电子签名的使用条件。

（二）服务收费的项目和标准。

（三）保存和使用证书持有人信息的权限和责任。

（四）电子认证服务机构的责任范围。

（五）证书持有人的责任范围。

（六）其他需要事先告知的事项。

第二十二条 电子认证服务机构受理电子签名认证申请后，应当与证书申请人签订合同，明确双方的权利义务。

第四章 电子认证服务的暂停、终止

第二十三条 电子认证服务机构在《电子认证服务许可证》的有效期内拟终止电子认证服务的，应当在终止服务六十日前向工业和信息化部报告，并办理《电子认证服务许可证》注销手续。

第二十四条 电子认证服务机构拟暂停或者终止电子认证服务的，应当在暂停或者终止电子认证服务九十日前，就业务承接及其他有关事项通知有关各方。

电子认证服务机构拟暂停或者终止电子认证服务的，应当在暂停或者终止电子认证服务六十日前向工业和信息化部报告，并与其他电子认证服务机构就业务承接进行协商，作出妥善安排。

第二十五条 电子认证服务机构拟暂停或者终止电子认证服务，未能就业务承接事项与其他电子认证服务机构达成协议的，应当申请工业和信息化部安排其他电子认证服务机构承接其业务。

第二十六条 电子认证服务机构被依法吊销电子认证服务许可的，其业务承接事项按照工业和信息化部的规定处理。

第二十七条 电子认证服务机构有根据工业和信息化部的安排承接其他机构开展的电子认证服务业务的义务。

第五章 电子签名认证证书

第二十八条 电子签名认证证书应当准确载明下列内容：

（一）签发电子签名认证证书的电子认证服务机构名称。

（二）证书持有人名称。

（三）证书序列号。

（四）证书有效期。

（五）证书持有人的电子签名验证数据。

（六）电子认证服务机构的电子签名。

（七）工业和信息化部规定的其他内容。

第二十九条 有下列情况之一的，电子认证服务机构可以撤销其签发的电子签名认证证书：

（一）证书持有人申请撤销证书。

（二）证书持有人提供的信息不真实。

（三）证书持有人没有履行双方合同规定的义务。

（四）证书的安全性不能得到保证。

（五）法律、行政法规规定的其他情况。

第三十条 有下列情况之一的，电子认证服务机构应当对申请人提供的证明身份的有关材料进行查验，并对有关材料进行审查：

（一）申请人申请电子签名认证证书。

（二）证书持有人申请更新证书。

（三）证书持有人申请撤销证书。

第三十一条 电子认证服务机构更新或者撤销电子签名认证证书时，应当予以公告。

第六章 监督管理

第三十二条 工业和信息化部对电子认证服务机构进行定期、不定期的监督检查，监督检查的内容主要包括法律法规符合性、安全运营管理、风险管理等。

工业和信息化部对电子认证服务机构实行监督检查时，应当记录监督检查的情况和处理结果，由监督检查人员签字后归档。公众有权查阅监督检查记录。

工业和信息化部对电子认证服务机构实行监督检查，不得妨碍电子认证服务机构正常的生产经营活动，不得收取任何费用。

第三十三条 取得电子认证服务许可的电子认证服务机构，在电子认证服务许可的有效期内不得降低其设立时所应具备的条件。

第三十四条 电子认证服务机构应当如实向工业和信息化部报送认证业务开展情况报告、财务会计报告等有关资料。

第三十五条 电子认证服务机构有下列情况之一的，应当及时向工业和信息化部报告：

（一）重大系统、关键设备事故。

（二）重大财产损失。

（三）重大法律诉讼。

（四）关键岗位人员变动。

第三十六条 电子认证服务机构应当对其从业人员进行岗位培训。

第三十七条 工业和信息化部根据监督管

理工作的需要，可以委托有关省、自治区和直辖市信息产业主管部门承担具体的监督管理事项。

第七章　罚　　则

第三十八条　电子认证服务机构向工业和信息化部隐瞒有关情况、提供虚假材料或者拒绝提供反映其活动的真实材料的，由工业和信息化部责令改正，给予警告或者处以5，000元以上1万元以下的罚款。

第三十九条　工业和信息化部与省、自治区、直辖市信息产业主管部门的工作人员，不依法履行监督管理职责的，由工业和信息化部或者省、自治区、直辖市信息产业主管部门依据职权视情节轻重，分别给予警告、记过、记大过、降级、撤职、开除的行政处分；构成犯罪的，依法追究刑事责任。

第四十条　电子认证服务机构违反本办法第十三条、第十五条、第二十七条的规定的，由工业和信息化部依据职权责令限期改正，处以警告，可以并处1万元以下的罚款。

第四十一条　电子认证服务机构违反本办法第三十三条的规定的，由工业和信息化部依据职权责令限期改正，处以3万元以下的罚款，并将上述情况向社会公告。

第八章　附　　则

第四十二条　经工业和信息化部根据有关协议或者对等原则核准后，中华人民共和国境外的电子认证服务机构在境外签发的电子签名认证证书与依照本办法设立的电子认证服务机构签发的电子签名认证证书具有同等的法律效力。

第四十三条　本办法自2009年3月31日起施行。2005年2月8日发布的《电子认证服务管理办法》（中华人民共和国信息产业部令第35号）同时废止。

电信设备进网管理办法

（2001年5月10日中华人民共和国信息产业部令第11号公布　根据2014年9月23日中华人民共和国工业和信息化部令第28号公布的《工业和信息化部关于废止和修改部分规章的决定》修正）

第一章　总　　则

第一条　为了保证公用电信网的安全畅通，加强电信设备进网管理，维护电信用户和电信业务经营者的合法权益，根据《中华人民共和国电信条例》，制定本办法。

第二条　本办法所称电信设备是指电信终端设备、无线电通信设备和涉及网间互联的设备。

电信终端设备是指连接在公用电信网末端，为用户提供发送和接收信息功能的电信设备。

无线电通信设备是指连接在公用电信网上，以无线电为通信手段的电信设备。

涉及网间互联的设备是指涉及不同电信业务经营者的网络之间或者不同电信业务的网络之间互联互通的电信设备。

第三条　国家对接入公用电信网的电信终端设备、无线电通信设备和涉及网间互联的电信设备实行进网许可制度。

实行进网许可制度的电信设备必须获得工业和信息化部颁发的进网许可证；未获得进网许可证的，不得接入公用电信网使用和在国内销售。

第四条　实行进网许可制度的电信设备目录由工业和信息化部会同国务院产品质量监督部门制定和公布。

第五条　电信设备生产企业（以下简称生产企业）申请电信设备进网许可必须符合国家法律、法规和政策规定。申请进网许可的电信设备必须符合国家标准、通信行业标准以及工业和信息化部的规定。电信设备生产企业应当具有完善的质量保证体系和售后服务措施。

第六条　生产企业申请电信设备进网许可，应当附送国务院产品质量监督部门认可的电信设备检测机构出具的检测报告或者认证机构出具的产品认证证书。

检测机构对申请进网许可的电信设备进行检测的依据、检测规程和出具的检测报告应当符合国家或工业和信息化部的规定。

第七条　工业和信息化部电信管理局具体负责全国电信设备进网管理和监督检查工作。

省、自治区、直辖市通信管理局负责本行政区域内电信设备进网管理和监督检查工作。

经工业和信息化部授权的受理机构承担电信设备进网许可申请的具体受理事宜。

第二章　进网许可程序

第八条　生产企业申请电信设备进网许可，应当向工业和信息化部授权的受理机构提交下列申请材料：

（一）电信设备进网许可申请表（由工业和信息化部提供格式文本）。申请表应当由生产企业法定代表人或其授权人签字并加盖公章。境外生产企业应当委托中国境内的代理机构提交申请表，并出具委托书；

（二）企业法人营业执照。境内生产企业应当提供企业法人营业执照。受境外生产企业委托代理申请电信设备进网许可的代理机构，应当提供代理机构有效执照；

（三）企业情况介绍。包括企业概况、生产条件、仪表配备、质量保证体系和售后服务措施等内容。对国家规定包修、包换和包退的产品，还应提供履行有关责任的文件；

（四）质量体系认证证书或审核报告。通过质量体系认证的，提供认证证书；未通过质量体系认证的，提供满足相关要求的质量体系审核机构出具的质量体系审核报告；

（五）电信设备介绍。包括设备功能、性能指标、原理框图、内外观照片和使用说明等内容；

（六）检测报告或产品认证证书。应当是国务院产品质量监督部门认可的电信设备检测机构出具的检测报告或者认证机构出具的产品认证证书。

申请进网许可的无线电发射设备，应当提供工业和信息化部颁发的“无线电发射设备型号核准证”。

无线电通信设备、涉及网间互联的设备或新产品应当提供总体技术方案和试验报告。

前列申请材料中证书、执照类材料应当提供原件和一份复印件，或者盖有发证机构证明印章的复印件；其它材料必须使用中文。

第九条　自受理机构收到完备的申请材料之日起60日内，工业和信息化部电信管理局对生产企业提交的申请材料进行审查，经审查符合条件的，颁发进网许可证并核发进网许可标志；不符合条件的，书面答复生产企业。

第十条　生产企业通过质量体系认证的，其提供检测机构检测的样品由生产企业按规定数量自行选取。

生产企业未通过质量体系认证的，其提供检测机构检测的样品由省、自治区、直辖市通信管理局按工业和信息化部规定的抽样办法执行。

第十一条　申请进网许可的无线电通信设备、涉及网间互联的设备或者新产品，应当在中国境内的电信网上或者工业和信息化部指定的模拟实验网上进行至少三个月的试验，并由试验单位出具试验报告。

工业和信息化部电信管理局组织专家对前款电信设备总体技术方案、试验报告、检测报告等进行评审，根据专家评审意见，经审查符合条件的，颁发进网许可证。

第十二条　生产企业对获得进网许可证的电信设备进行技术、外型改动的，须进行检测或重新办理进网许可证。

对获得进网许可证的电信设备外型改动较小，生产企业要求减免测试项目的，可以将改动前后的照片、电路原理图、改动说明和改动后的样品等交检测机构进行审核。检测机构向工业和信息化部电信管理局出具审核意见，检测机构审核认为可以减免测试项目的，经工业和信息化部电信管理局同意，可以减免测试项目。

第十三条　实行进网许可制度但尚无国家标准、行业标准的电信新设备，由生产企业自行将样品送到检测机构，检测机构根据国际标准或者企业标准进行检测，并出具检测报告。

工业和信息化部电信管理局对检测报告和有关材料进行审查，在符合国家产业政策和不影响网络安全畅通的条件下，批准进网试验，待国家标准、行业标准颁布后再按程序办理进网许可证。

第十四条 我国与其它国家或地区政府间签署电信设备检测实验室和检测报告相互认可协议的，按协议规定执行。

第三章 进网许可证和进网许可标志

第十五条 生产企业应当在其获得进网许可的电信设备上粘贴进网许可标志。进网许可标志由工业和信息化部统一印制和核发。进网许可标志属于质量标志。

未获得进网许可和进网许可证失效的电信设备上不得加贴进网许可标志。

第十六条 进网许可证和进网许可标志不得转让、涂改、伪造和冒用。

第十七条 进网许可证的有效期为3年。

生产企业需要继续生产和销售已获得进网许可的电信设备的，在进网许可证有效期届满前三个月，应当重新申请办理进网许可证，并附送一年内的送样检测报告或产品质量监督抽查报告，原证交回。

第十八条 电信设备进网许可证中规定的内容发生变化的，生产企业应当重新办理进网许可证。

第十九条 获得进网许可证的生产企业应当向其经销商以及需要进网许可证复印件的用户提供复印件，复印件应当由生产企业负责人签字并加盖公章。生产企业应当对复印件编号登记。

第二十条 生产企业应当在获得进网许可的电信设备包装上和刊登的广告中标明进网许可证编号。

第四章 监督管理

第二十一条 工业和信息化部定期向社会公布获得进网许可证的电信设备和生产企业。

获得进网许可证的生产企业应当接受所在的省、自治区、直辖市通信管理局的监督管理。

任何单位不得对已获得进网许可证的电信设备进行重复检测、发证。

第二十二条 省、自治区、直辖市通信管理局应当于每年12月31日前，对本行政区域内获得进网许可的电信设备和生产企业进行年度检查，并于第二年1月31日前，将年度检查情况汇总报工业和信息化部电信管理局。

第二十三条 获得电信设备进网许可证的生产企业应当保证电信设备获得进网许可证前后的一致性，保证产品质量稳定、可靠，不得降低产品质量和性能。

工业和信息化部组织对电信设备获得进网许可证前后的一致性进行监督检查；配合国务院产品质量监督部门对获得进网许可证的电信设备进行质量跟踪和监督抽查，并向社会公布抽查结果。

第二十四条 获得进网许可的电信设备及其外包装必须标有国家规定的中文标识；产品必须附有中文说明书和保修卡；对国家规定包修、包换和包退的产品，还应有相应的凭证。

第二十五条 实行进网许可制度的电信设备未获得进网许可的，电信业务经营者不得使用。

第二十六条 用户有权自主选择电信终端设备，电信业务经营者不得拒绝用户使用自备的已经取得进网许可的电信终端设备。

第二十七条 电信设备检测机构或产品质量认证机构必须执行国家标准、行业标准和工业和信息化部规定。检测机构或产品质量认证机构及其工作人员不得弄虚作假，不得利用职务之便剽窃或泄露生产企业的技术秘密。

第五章 罚 则

第二十八条 违反本办法规定，销售未获得进网许可的电信终端设备的，由省、自治区、直辖市通信管理局责令改正，并处1万元以上10万元以下罚款。

第二十九条 违反本办法规定，伪造、冒用、转让进网许可证，编造进网许可证编号或粘贴伪造的进网许可标志的，由工业和信息化部或者省、自治区、直辖市通信管理局没收违法所得，并处违法所得3倍以上5倍以下罚款；没有违法所得或者违法所得不足1万元的，处1万元以上10万元以下罚款。

第三十条　违反本办法规定，生产企业获得进网许可证后降低产品质量和性能的，由产品质量监督部门依照有关法律法规予以处罚。

第三十一条　违反本办法规定，生产企业未在获得进网许可的设备外包装和刊登的广告中注明进网许可证编号的，由工业和信息化部或者省、自治区、直辖市通信管理局责令改正，并给予警告。

第三十二条　违反本办法规定，生产企业有下列行为之一的，由工业和信息化部或者省、自治区、直辖市通信管理局责令限期改正；情节严重的，给予警告：

（一）申请进网许可时提供不真实申请材料的；

（二）不能保证电信设备获得进网许可证前后的一致性的；

（三）售后服务不落实，对国家规定包修、包换和包退的产品不履行相应义务的；

（四）不按规定参加年检或者年检结果不合格的；

（五）不接受工业和信息化部对电信设备获得进网许可证前后的一致性组织进行的监督检查或者检查结果不合格的。[1]

违反前款第一项规定，尚未取得进网许可证的，工业和信息化部不予受理或者不予许可，生产企业在一年内不得再次申请进网许可；已取得进网许可证的，工业和信息化部撤销进网许可证，生产企业在三年内不得再次申请进网许可。

第三十三条　违反本办法规定，电信业务经营者拒绝用户自备的获得进网许可的电信终端设备进网的，由省、自治区、直辖市通信管理局责令改正，并向电信用户赔礼道歉，赔偿电信用户损失；拒不改正并赔礼道歉、赔偿损失的，处以警告，并处1万元以上10万元以下的罚款；情节严重的，责令停业整顿。

第三十四条　违反本办法规定，对已获得进网许可证的电信设备进行重复检测、发证的，由工业和信息化部责令改正。

第三十五条　违反本办法规定，检测机构、产品质量认证机构有下列行为之一的，工业和信息化部对其出具的检测报告或认证证书不予承认：

（一）弄虚作假，有作弊行为的；

（二）不按规定标准进行检测或认证的；

（三）不按工业和信息化部规定出具检测报告或认证证书的。

第三十六条　从事电信设备进网许可申请受理、检测、审批及有关工作的人员滥用职权、徇私舞弊或者利用职务之便剽窃、泄露生产企业技术秘密的，依法给予行政处分。构成犯罪的，依法追究刑事责任。

第六章　附　　则

第三十七条　对进入公用电信网的电信设备抗震性能的管理办法，工业和信息化部另行制定。

第三十八条　未实行进网许可制度的电信设备可以由生产企业自愿向国务院产品质量监督部门认可的电信设备进网认证机构申请产品认证。

第三十九条　本办法自发布之日起施行。1998年12月31日信息产业部发布的《电信设备进网审批管理办法》同时废止。

电信网码号资源管理办法

（2003年1月29日中华人民共和国信息产业部令第28号公布　根据2014年9月23日中华人民共和国工业和信息化部令第28号公布的《工业和信息化部关于废止和修改部分规章的决定》修正）

第一章　总　　则

第一条　为有效利用电信网码号资源，保障公平竞争，促进电信事业的健康发展，依据《中华人民共和国电信条例》，制定本办法。

第二条　在中华人民共和国境内管理和使

用电信网码号资源（以下简称码号资源），应当遵守本办法。

本办法所称码号资源，是指由数字、符号组成的用于实现电信功能的用户编号和网络编号。

第三条 码号资源属于国家所有。国家对码号资源实行有偿使用制度，具体收费标准和收费办法另行制定。

第四条 工业和信息化部负责全国码号资源的统一管理工作。

省、自治区、直辖市通信管理局在工业和信息化部授权范围内，依照本办法的规定，对本行政区域内的码号资源实施管理。

第五条 国家对码号资源的使用实行审批制度。

未经工业和信息化部和省、自治区、直辖市通信管理局（以下合称“电信主管部门”）批准，任何单位或者个人不得擅自启用码号资源。

第六条 码号资源管理应当遵循公开、公平、公正的原则，统一规划，集中管理，合理分配，有效利用。

第七条 电信主管部门管理的码号资源范围包括：

（一）固定电话网码号

1. 长途区号、网号、过网号和国际来话路由码；

2. 国际、国内长途字冠；

3. 本地网号码中的短号码、接入码、局号等；

4. 智能网业务等新业务号码。

（二）移动通信网码号

1. 数字蜂窝移动通信网的网号、归属位置识别码、短号码、接入码等；

2. 卫星移动通信网网号、归属位置识别码、短号码；

3. 标识不同运营者的代码。

（三）数据通信网码号

1. 数据网网号；

2. 网内紧急业务号码、网间互通号码；

3. 国际、国内呼叫前缀。

（四）信令点编码

1. 国际 No. 7 信令点编码；

2. 国内 No. 7 信令点编码。

工业和信息化部根据电信技术、业务和市场的发展需要，可以对码号资源的管理范围进行调整。

第八条 电信主管部门分配管理的码号资源范围、各种码号的结构、位长、含义和管理要求见本办法所附的《电信网码号资源分类管理目录》（以下简称目录）。

工业和信息化部根据实际情况，可以对该目录作局部调整，重新公布。

第九条 工业和信息化部代表国家向国际电信组织或其它有关机构申请码号资源，提出国际码号资源修改、分配建议。

工业和信息化部授权的机构向国际电信组织或其它有关机构申请码号资源，或提出国际码号资源修改、分配建议，应当向工业和信息化部备案。

第十条 工业和信息化部根据国际电信组织的相关建议，以及电信网网络、技术、业务发展和码号资源使用情况，组织编制全国码号资源规划。各省、自治区、直辖市通信管理局依据工业和信息化部制定的码号资源总体规划，组织编制授权管理的行政区域内码号资源使用规划。

第二章 码号资源的申请与分配

第十一条 申请跨省、自治区、直辖市行政区域范围使用的码号，应当向工业和信息化部提出申请。

申请在省、自治区、直辖市行政区域范围内使用的码号，应当向当地省、自治区、直辖市通信管理局提出申请。

电信主管部门可以委托码号资源咨询受理机构承担码号资源申请的受理工作。

第十二条 码号申请人的资格条件以及可提出使用申请的码号资源范围，参见本办法所附目录。

码号申请人提出码号资源使用申请，应当提交本办法所附目录中要求的申请材料。

第十三条 有下述情形之一的，电信主管部门不受理码号申请：

1. 码号申请人不具备本办法所附目录规定的申请人资格的；

2. 码号申请人提出的码号资源超出本办法所附目录规定范围的；

3. 提交的申请材料不完备的；

4. 申请人违反本办法受到电信主管部门的行政处罚，申请人无法定事由拒不履行行政处罚决定的；

5. 申请人欠缴码号资源占用费的。

第十四条　电信业务经营者违反本办法，一年内受到工业和信息化部行政处罚 1 次的，自行政处罚做出之日起一年内，工业和信息化部不受理其码号申请；超过 1 次的，自第 2 次行政处罚做出之日起两年内，工业和信息化部不受理其码号申请。

电信业务经营者各省子公司、分公司或其他分支机构违反本办法，一年内受到省、自治区、直辖市通信管理局行政处罚 3 次的，自第 3 次行政处罚做出之日起一年内，当地省、自治区、直辖市通信管理局不受理其码号申请，且其不得在当地省、自治区、直辖市行政区域内使用工业和信息化部在此期间分配的码号资源；所受行政处罚超过 3 次的，自第 4 次行政处罚做出之日起两年内，当地省、自治区、直辖市通信管理局不受理其码号申请，且其不得在当地省、自治区、直辖市行政区域内使用工业和信息化部在此期间分配的码号资源。

第十五条　电信主管部门应当根据码号资源规划、申请码号的用途和申请人的预期服务能力审批码号。

前款所称预期服务能力，是指申请人申请码号时提出的、表明其在一定时间内服务应当达到的覆盖范围和用户容量等。

第十六条　工业和信息化部应当自收到申请人的申请材料之日起 10 个工作日内，发出是否受理的通知。自发出受理通知之日起 50 个工作日内，完成对申请材料的审查，作出批准或不予批准的决定。予以批准的，发给申请人正式批准文件，并抄送相关省、自治区、直辖市通信管理局和相关基础电信业务经营者；不予批准的，书面通知申请人并说明理由。

省、自治区、直辖市通信管理局应当自收到申请人的申请材料之日起 10 个工作日内，发出是否受理的通知。自发出受理通知之日起 30 个工作日内，完成对申请材料的审查，作出批准或不予批准的决定。予以批准的，发给申请人正式批准文件，并报工业和信息化部备案；不予批准的，书面通知申请人并说明理由。

第十七条　专用电信网单位应根据网内用户情况申请码号资源，需要使用本地网局号资源的，应向当地省、自治区、直辖市通信管理局提出申请。当地省、自治区、直辖市通信管理局根据本办法第十六条第二款的规定予以办理。

专用电信网单位需要使用千层号、百层号码号资源的，可与当地基础电信业务经营者协商，基础电信业务经营者无正当理由不得拒绝。基础电信业务经营者与专用电信网单位就码号资源的使用达成一致的，应将有关情况向当地省、自治区、直辖市通信管理局备案。

自基础电信业务经营者收到专用电信网单位的协商要求之日起 30 个工作日内，双方未能达成一致的，任何一方均可以申请当地省、自治区、直辖市通信管理局协调。省、自治区、直辖市通信管理局应当自收到书面申请之日起 10 个工作日内完成协调，经协调仍不能达成一致的，省、自治区、直辖市通信管理局组织专家公开论证，并作出是否允许专用电信网单位使用千层号、百层号码号资源的决定。

第十八条　码号申请人获准使用码号资源后，电信主管部门可以采用指配、随机选择和拍卖等方式分配码号。

码号资源拍卖管理办法由工业和信息化部另行制定。

电信业务经营者取得码号使用权后，不得向用户收取选号费或占用费。

第三章　码号资源的使用

第十九条　电信业务经营者使用码号资源的期限和范围，应当与电信业务经营许可证或相关批准文件的期限和使用范围相一致。其它码号使用者的使用期限为 5 年，使用范围由工业和信息化部或省、自治区、直辖市通信管理局根据具体情况确定。

码号使用期限届满或因业务发生变化停用的，码号使用者应自届满或停用之日起 10 个工作日内上报原码号分配机关。码号使用者需要延长码号使用期、扩大使用范围和改变码号用途的，应当向原码号分配机关办理有关手续。

本办法所称码号使用者，是指获准使用码号资源的电信业务经营者、专用电信网单位、政府部门、社会团体和其它企事业单位等。

第二十条 码号使用者应当在规定的时限内启用所分配的码号。有最低使用规模要求的，应达到规定的最低使用规模；无最低使用规模要求的，应达到预期的服务能力。

前款所称码号最低使用规模，是指码号使用者在规定的时限内利用码号开展业务时应当达到的最低业务覆盖范围和服务能力。

各类码号启用时限和最低使用规模参见本办法所附目录。

第二十一条 码号使用者应当严格按照电信主管部门审批时规定的码号结构、位长、用途、用户拨号方式和使用范围使用码号。

码号使用者不得转让或出租码号，不得超范围或跨本地网使用码号，不得将码号作为商标进行注册；未经工业和信息化部或省、自治区、直辖市通信管理局批准，码号使用者不得擅自改变码号用途。

第二十二条 专用电信网单位使用本地网码号资源实行属地管理。对跨本地网的专用电信网，应根据所跨本地网的服务范围，分别使用所属本地网的码号资源；本地网内的专用电信网应使用所属本地网码号资源。

第二十三条 码号使用者从工业和信息化部获得码号使用权后，应与相关基础电信业务经营者总公司协商签署码号开通协议。相关基础电信业务经营者总公司应自协议签署之日起10个工作日内，通知码号使用范围内所有子公司或者其他分支机构，配合码号使用者开通码号。

码号使用者对规定范围内码号开通的前期工作准备就绪后，应持工业和信息化部的批准文件和备案材料（包括码号启用技术方案、码号启用前期准备情况、码号启用实施进度安排和联系方式）向当地省、自治区、直辖市通信管理局备案。省、自治区、直辖市通信管理局应当自收齐上述材料之日起10个工作日内，向本地相关电信业务经营者和专用电信网单位发出备案通知。

各本地网内相关电信业务经营者或专用电信网单位应自码号使用者提出开通码号的书面要求和当地省、自治区、直辖市通信管理局备案通知收齐之日起10个工作日内，配合码号使用者完成局数据制作，开通码号，并在码号开通后5个工作日内将开通情况报当地省、自治区、直辖市通信管理局。

第二十四条 码号使用者从省、自治区、直辖市通信管理局获得码号使用权后，应当与省、自治区、直辖市内相关基础电信业务经营者协商签署码号开通协议。相关基础电信业务经营者应自协议签署之日起10个工作日内，通知码号使用范围内所有子公司或者其他分支机构，配合码号使用者开通码号，并在码号开通后5个工作日内将开通情况报当地省、自治区、直辖市通信管理局。

各本地网内相关电信业务经营者或专用电信网单位应自码号使用者提出开通码号的书面要求和当地省、自治区、直辖市通信管理局的批准文件收齐之日起10个工作日内，配合码号使用者完成局数据制作，开通码号。

第二十五条 码号使用者应当有效使用码号资源。电信业务经营者和专用电信网单位应于每年3月底前向原码号分配机关报告上年度码号资源使用情况和本年度码号资源使用需求。上报工业和信息化部的报告应同时抄报当地通信管理局。

报告的内容应当包括：

（一）码号启用时间、范围或数量；

（二）业务种类和服务能力；

（三）本企业（或单位）本年度电信网络、业务发展对码号资源的需求。

第二十六条 电信主管部门应当向社会公布码号资源分配和使用情况，并对使用情况实施监督检查。

码号使用者改变地址或联系方式的，应在变更后10个工作日内通知原码号分配机关。

第四章　码号资源的调整

第二十七条 电信主管部门对本地网用户电话号码升位实行计划管理，对局部用户号码调整实行备案管理，对长途编号区调整和短号码位长拓展实行审批管理。

未经工业和信息化部批准，任何单位和个人不得擅自调整长途编号区。具体长途编号区调整管理办法另行制定。

第二十八条 达到下列条件之一的，当地主导的电信业务经营者应当向其总公司提出本地网用户电话号码7位升8位计划，并同时报当地通信管理局：

（一）在7位编号本地网中，交换机容量达到120万门，局号利用率达到35%的；

（二）根据未来10年城市发展规划和电信网发展规划，交换机容量达到350万门，局号利用率达到30%的；

（三）尚未完全达到第（一）项、第（二）项条件，但由于城市发展，使原7位编号的某些P位局号严重紧张的；

（四）因城市信息化发展的需要以及基础电信业务经营者对电信网能力和新业务需求的增加，要求升8位的。

第二十九条 符合本办法第二十八条规定升8位条件，当地主导的电信业务经营者未提出升位计划的，当地通信管理局也可以提出升位建议。省、自治区通信管理局向工业和信息化部提出下年度用户电话号码升位建议的，应提前征求当地基础电信业务经营者意见，并于每年3月底前上报下年度需升位的本地网名称和各本地网升位建议。工业和信息化部收到省、自治区通信管理局升位建议后，初审符合本地网升位条件的，应通知相关基础电信业务经营者总公司和当地省、自治区通信管理局。

第三十条 本地网全网升位实施方案由所在本地网主导电信业务经营者总公司负责组织制订。当地主导电信业务经营者总公司应于每年8月底前统一将下年度需升位的本地网名称和各本地网具体升位实施方案报工业和信息化部。

前款所称升位实施方案的主要内容应当包括：

（一）码号使用现状及码号升位的必要性；

（二）未来5年、10年城市发展对号码资源的需求；

（三）号码升位技术方案和宣传方案；

（四）号码升位实施进度和宣传方案；

（五）技术保证措施；

（六）需要其它电信业务经营者配合的技术方案。

制定升位实施方案时，需要其他电信业务经营者配合的，省、自治区、直辖市通信管理局应负责协调。

第三十一条 工业和信息化部收到当地主导电信业务经营者总公司升位实施方案后，当年9月组织专家和基础电信业务经营者论证。经论证升位实施方案周密可行的，工业和信息化部列入下年度升位计划，于当年11月底前向社会公布，并通知相关基础电信业务经营者总公司做好升位前期准备和按时实施工作。

第三十二条 具体升位方案由当地主导电信业务经营者总公司负责组织实施，其他基础电信业务经营者总公司和专用电信网单位应予以配合，根据实施方案统一组织对本企业网络进行同步调整。

在号码升位方案具体实施中，当地通信管理局负责对行政区域内基础电信业务经营者和专网单位进行协调和监督，并在升位方案实施之前至少20个工作日组织现场测试。

在协调、监督和现场测试过程中发现可能影响升位的问题时，当地通信管理局应在5个工作日内报工业和信息化部。

第三十三条 电信业务经营者利用电信主管部门分配的码号资源提供电信业务时，应当保证电信用户的合法权益，不得随意更改调整号码。

电信业务经营者对局部用户号码进行调整的，应制订周密的调整方案，并将局部用户号码调整实施方案和用户权益保障措施提前向原码号分配机关备案。

第三十四条 拓展短号码位长的，码号使用者应向原码号分配机关提出申请，并报送相应拓展方案、技术实施方案和用户权益保障措施。

原码号分配机关自收到申请之日起30个工作日内，对申请人提交的申请和实施方案审查完毕，作出批准或不予批准的决定。予以批准的，发给申请人正式批准文件，并通知相关基础电信业务经营者；不予批准的，书面通知申请人并说明理由。

第三十五条 工业和信息化部根据码号资源情况，可以组织本地网用户电话号码升位、本地网长途编号区调整、短号码位长拓展和其它码号调整。省、自治区、直辖市通信管理局可以组织对授权管理的码号进行调整和位长拓展。

工业和信息化部或省、自治区、直辖市通信管理局要求或批准进行的本地网用户电话号码升位、长途编号区调整、短号码位长拓展和其它码号调整，电信用户和相关码号使用者应当予以配合。

第三十六条 本地网用户电话号码升位、短号码位长拓展和其它码号调整产生的码号资源，由工业和信息化部或省、自治区、直辖市通信管理局统一规划，重新分配。

第三十七条 本地网用户电话号码升位后，国际、国内长途来话（含 IP 来话）新旧号码并存服务时间为 2 个月，号码并存补位和冲突检测，由升位的本地网承担。并存期届满后，各基础电信业务经营者应对国际、国内长途来话（含 IP 来话）在网内实施拦截和语音提示，语音提示服务时间为 3 个月。

短号码位长拓展和局部用户号码调整的，码号使用者应至少提前 45 天向用户公告；短号码位长拓展和局部用户号码调整后，码号使用者应提示来话，来话提示服务时间不得少于 45 天。短号码位长拓展需要新、旧号码并存服务的，相关基础电信业务经营者应予以配合。

第三十八条 工业和信息化部或省、自治区、直辖市通信管理局在码号资源管理中，发现有下列情形之一的，可以收回已分配的码号资源：

（一）已终止占用码号资源的业务的；

（二）在规定时间内未启用码号资源的；

（三）以欺诈手段获得码号资源的；

（四）超过规定期限使用码号资源的；

（五）改变电信主管部门规定的码号结构、位长、拨号方式和使用范围使用码号资源的；

（六）擅自启用、扩大范围、改变用途、改变长途编号区或跨本地网使用用户号码资源的；

（七）转让、出租码号资源或将码号作为商标进行注册的；

（八）拒不按照规定缴纳码号资源使用费的；

（九）拒不执行电信主管部门的码号调整要求的。

第三十九条 电信主管部门决定收回的码号，相关基础电信业务经营者应按照电信主管部门的要求在规定的时间内对码号局数据进行调整。

第五章　罚　　则

第四十条 违反本办法的规定有下列情形之一的，工业和信息化部或者省、自治区、直辖市通信管理局责令改正，视情节轻重可以给予警告，并处 5000 元以上 3 万元以下的罚款：

（一）以欺诈手段获得码号资源的；

（二）无正当理由拒绝专用电信网单位对码号资源需求的；

（三）向用户收取选号费或占用费的；

（四）改变用户拨号方式的，或将码号作为商标擅自进行注册的；

（五）未按照规定时间启用码号或未达到最低使用规模或预期服务能力的；

（六）未按规定报告码号资源使用情况的；

（七）未按规定向电信主管部门备案的；

（八）未按规定配合码号使用者制作局数据，开通码号的；

（九）未按规定组织或配合本地网号码升位方案制订或实施的；

（十）不配合或不按规定配合电信主管部门要求或批准进行的本地网号码升位、长途编号区调整、号码位长拓展和码号调整的；

（十一）未按规定保护电信用户号码使用权益的。

第四十一条 违反本办法，有下列情形之一的，由工业和信息化部或者省、自治区、直辖市通信管理局依据《中华人民共和国电信条例》第七十条的规定责令改正，没收违法所得，处违法所得 3 倍以上 5 倍以下罚款；没有违法所得或者违法所得不足 5 万元的，处 10 万元以上 100 万元以下罚款：

（一）擅自启用码号资源的；

（二）擅自拓展号码位长使用的；

（三）超过规定的使用期限继续使用码号资源的；

（四）擅自改变长途编号区或跨本地网使用用户号码资源的；

（五）擅自转让、出租或变相转让、出租码号资源的；

（六）擅自改变码号资源用途的。

第四十二条　当事人对工业和信息化部或省、自治区、直辖市通信管理局行政处罚决定不服的，可依法申请行政复议或者向人民法院提起诉讼。

第四十三条　从事码号资源管理的工作人员玩忽职守，滥用职权，徇私舞弊，构成犯罪的，依法追究刑事责任；尚不构成犯罪的，依法给予行政处分。

第六章　附　　则

第四十四条　未与公用电信网互联的专用电信网的用户编号和网络编号资源管理，不适用本办法。

第四十五条　本办法自2003年3月1日起施行。信息产业部2000年4月25日发布的《电信网码号资源管理暂行办法》（信息产业部令第1号）同时废止。

附件：电信网码号资源分类管理目录（略）

电信服务质量监督管理暂行办法

（2001年1月11日中华人民共和国信息产业部令第6号公布　根据2014年9月23日中华人民共和国工业和信息化部令第28号公布的《工业和信息化部关于废止和修改部分规章的决定》修正）

第一条　为了促进我国电信事业健康、有序、快速地发展，维护电信用户的合法权益，加强对电信业务经营者服务质量的监督管理，根据《中华人民共和国电信条例》及有关法律、行政法规的规定，制定本办法。

第二条　本办法适用于中华人民共和国境内所有获得经营许可的电信业务经营者。

第三条　工业和信息化部根据国家有关法律、行政法规对电信业务经营者提供的电信服务质量进行监督管理。

省、自治区、直辖市通信管理局负责对电信业务经营者在本行政区域提供的电信服务质量进行监督管理。（工业和信息化部，省、自治区、直辖市通信管理局以下统称电信管理机构）

第四条　电信服务质量监督管理工作遵循公平、公正、公开的原则，实行政府监管、企业自律、社会监督相结合的机制。

第五条　电信服务质量监督管理的任务是对电信业务经营者提供的电信服务质量实施管理和监督检查；监督电信服务标准的执行情况；依法对侵犯用户合法利益的行为进行处罚；总结和推广先进、科学的电信服务质量管理经验。

第六条　电信管理机构服务质量监督的职责是：

（一）制定颁布电信服务质量有关标准、管理办法并监督实施；

（二）组织用户对电信服务质量进行评价，实时掌握服务动态；

（三）纠正和查处电信服务中的质量问题，并对处理决定的执行情况进行监督，实施对违规电信业务经营者的处罚，对重大的质量事故进行调查、了解，并向社会公布重大服务质量事件的处理过程和结果；

（四）表彰和鼓励电信服务工作中用户满意的先进典型；

（五）对电信业务经营者执行资费政策标准情况、格式条款内容进行监督；

（六）负责组织对有关服务质量事件的调查和争议的调解。

第七条　电信管理机构工作人员在监督检查服务质量和处理用户申诉案件时，可以行使下列职权：

（一）询问被检查的单位及相关人员，并要求提供相关材料；

（二）有权进入被检查的工作场所，查询、复印有关单据、文件、记录和其他资料，暂时封存有关原始记录。

电信管理机构工作人员实施监督检查过程中，应出示有效证件，并由两名或两名以上工作人员共同进行。

第八条 电信管理机构不定期组织对电信业务经营者的服务质量进行抽查，并向社会公布有关抽查结果。

第九条 电信管理机构将用户满意度指数作为对电信业务经营者服务质量评价的核心指标，组织进行电信服务质量的用户满意度评价活动。鼓励电信业务经营者建立科学的用户满意度评价体系。

第十条 电信管理机构定期向社会公布电信服务质量状况和用户满意度指数。

第十一条 电信管理机构可以依靠全国电信用户委员会以及社会舆论等，沟通与广大用户的联系，听取用户的意见与建议，充分发挥用户的监督作用。

电信用户申诉受理中心应当定期通报受理用户申诉和统计分析情况。

第十二条 电信用户有对电信业务经营者的服务质量及保护用户权益工作进行监督的权利，有权向电信业务经营者及电信管理机构提出改善电信服务的意见和建议，有权检举、控告损害用户权益的行为及有关工作人员在监督检查工作中的违法失职行为。

第十三条 电信管理机构有权要求并督促电信业务经营者采取有效措施，保证所提供的服务质量得以持续改进。

第十四条 电信业务经营者应当按规定向电信用户申诉受理中心交纳服务质量保证金。

第十五条 电信业务经营者制定和使用格式条款应当符合国家有关法律、行政法规的规定，全面、准确地界定经营者与用户间的权利和义务，并采取合理的方式提请用户注意免除或限制电信业务经营者责任的条款，按照对方的要求，对该条款予以说明。根据业务发展情况，应及时规范和调整格式条款的有关内容。

第十六条 电信业务经营者应对外公布投诉电话，配备受理用户投诉的人员；对用户投诉应在规定的时限内予以答复，不得互相推诿；对电信管理机构督办的事宜，应在规定的时限内将处理结果或处理过程向其报告；对用户提出的改善电信服务的意见和建议要认真研究，主动沟通。

第十七条 用户要求查询通信费用时，在计费原始数据保存期限内，电信业务经营者应提供查询方便，做好解释工作。在与用户发生争议、尚未解决的情况下，电信业务经营者应负责保存相关原始资料。

计费原始数据保存期限为 5 个月。

第十八条 电信业务经营者应定期对照电信服务标准进行自查。跨省经营的电信业务经营者将自查情况每半年向工业和信息化部报告，其分支经营单位及取得省内经营电信业务许可证的经营者将自查情况每半年向本省（自治区、直辖市）通信管理局报告。

第十九条 代办电信业务单位（或个人）的服务质量，由委托的电信业务经营者负责，并负责管理和监督检查。

第二十条 电信业务经营者必须配合电信管理机构的检查或调查工作，如实提供有关资料和情况，不得干扰检查或调查活动。

第二十一条 对电信业务经营者违反电信服务标准，并损害用户合法权益的行为，由电信管理机构发出限期整改书；对逾期不改者，视情节轻重给予警告或者处以 500 元以上、10000 元以下罚款。

第二十二条 电信业务经营者妨碍电信管理机构进行监督检查和调查工作或提供虚假资料的，责令改正并予以警告，逾期不改的，处以 10000 元以下罚款。

第二十三条 电信业务经营者不能按期、如实向电信管理机构报告服务质量自查情况的，给予警告。

第二十四条 电信业务经营者对行政处罚决定不服的，可以向其上一级机关申请复议，对复议决定不服的，可以向人民法院提起诉讼；也可以直接向人民法院提起诉讼。

第二十五条 电信管理机构工作人员对调查所得资料中涉及当事人隐私、商业秘密等事项有保密义务。

第二十六条　电信管理机构工作人员滥用职权、玩忽职守或包庇电信业务经营者侵害用户合法权益的，由其所在部门或上级机关给予行政处分；情节严重，构成犯罪的，依法追究刑事责任。

第二十七条　本办法自发布之日起施行。

通信网络安全防护管理办法

（2010年1月21日工业和信息化部令第11号公布　自2010年3月1日起施行）

第一条　为了加强对通信网络安全的管理，提高通信网络安全防护能力，保障通信网络安全畅通，根据《中华人民共和国电信条例》，制定本办法。

第二条　中华人民共和国境内的电信业务经营者和互联网域名服务提供者（以下统称“通信网络运行单位”）管理和运行的公用通信网和互联网（以下统称“通信网络”）的网络安全防护工作，适用本办法。

本办法所称互联网域名服务，是指设置域名数据库或者域名解析服务器，为域名持有者提供域名注册或者权威解析服务的行为。

本办法所称网络安全防护工作，是指为防止通信网络阻塞、中断、瘫痪或者被非法控制，以及为防止通信网络中传输、存储、处理的数据信息丢失、泄露或者被篡改而开展的工作。

第三条　通信网络安全防护工作坚持积极防御、综合防范、分级保护的原则。

第四条　中华人民共和国工业和信息化部（以下简称工业和信息化部）负责全国通信网络安全防护工作的统一指导、协调和检查，组织建立健全通信网络安全防护体系，制定通信行业相关标准。

各省、自治区、直辖市通信管理局（以下简称通信管理局）依据本办法的规定，对本行政区域内的通信网络安全防护工作进行指导、协调和检查。

工业和信息化部与通信管理局统称“电信管理机构”。

第五条　通信网络运行单位应当按照电信管理机构的规定和通信行业标准开展通信网络安全防护工作，对本单位通信网络安全负责。

第六条　通信网络运行单位新建、改建、扩建通信网络工程项目，应当同步建设通信网络安全保障设施，并与主体工程同时进行验收和投入运行。

通信网络安全保障设施的新建、改建、扩建费用，应当纳入本单位建设项目概算。

第七条　通信网络运行单位应当对本单位已正式投入运行的通信网络进行单元划分，并按照各通信网络单元遭到破坏后可能对国家安全、经济运行、社会秩序、公众利益的危害程度，由低到高分别划分为一级、二级、三级、四级、五级。

电信管理机构应当组织专家对通信网络单元的分级情况进行评审。

通信网络运行单位应当根据实际情况适时调整通信网络单元的划分和级别，并按照前款规定进行评审。

第八条　通信网络运行单位应当在通信网络定级评审通过后三十日内，将通信网络单元的划分和定级情况按照以下规定向电信管理机构备案：

（一）基础电信业务经营者集团公司向工业和信息化部申请办理其直接管理的通信网络单元的备案；基础电信业务经营者各省（自治区、直辖市）子公司、分公司向当地通信管理局申请办理其负责管理的通信网络单元的备案；

（二）增值电信业务经营者向作出电信业务经营许可决定的电信管理机构备案；

（三）互联网域名服务提供者向工业和信息化部备案。

第九条　通信网络运行单位办理通信网络单元备案，应当提交以下信息：

（一）通信网络单元的名称、级别和主要功能；

（二）通信网络单元责任单位的名称和联系方式；

（三）通信网络单元主要负责人的姓名和联系方式；

（四）通信网络单元的拓扑架构、网络边界、主要软硬件及型号和关键设施位置；

（五）电信管理机构要求提交的涉及通信网络安全的其他信息。

前款规定的备案信息发生变化的，通信网络运行单位应当自信息变化之日起三十日内向电信管理机构变更备案。

通信网络运行单位报备的信息应当真实、完整。

第十条 电信管理机构应当对备案信息的真实性、完整性进行核查，发现备案信息不真实、不完整的，通知备案单位予以补正。

第十一条 通信网络运行单位应当落实与通信网络单元级别相适应的安全防护措施，并按照以下规定进行符合性评测：

（一）三级及三级以上通信网络单元应当每年进行一次符合性评测；

（二）二级通信网络单元应当每两年进行一次符合性评测。

通信网络单元的划分和级别调整的，应当自调整完成之日起九十日内重新进行符合性评测。

通信网络运行单位应当在评测结束后三十日内，将通信网络单元的符合性评测结果、整改情况或者整改计划报送通信网络单元的备案机构。

第十二条 通信网络运行单位应当按照以下规定组织对通信网络单元进行安全风险评估，及时消除重大网络安全隐患：

（一）三级及三级以上通信网络单元应当每年进行一次安全风险评估；

（二）二级通信网络单元应当每两年进行一次安全风险评估。

国家重大活动举办前，通信网络单元应当按照电信管理机构的要求进行安全风险评估。

通信网络运行单位应当在安全风险评估结束后三十日内，将安全风险评估结果、隐患处理情况或者处理计划报送通信网络单元的备案机构。

第十三条 通信网络运行单位应当对通信网络单元的重要线路、设备、系统和数据等进行备份。

第十四条 通信网络运行单位应当组织演练，检验通信网络安全防护措施的有效性。

通信网络运行单位应当参加电信管理机构组织开展的演练。

第十五条 通信网络运行单位应当建设和运行通信网络安全监测系统，对本单位通信网络的安全状况进行监测。

第十六条 通信网络运行单位可以委托专业机构开展通信网络安全评测、评估、监测等工作。

工业和信息化部应当根据通信网络安全防护工作的需要，加强对前款规定的受托机构的安全评测、评估、监测能力指导。

第十七条 电信管理机构应当对通信网络运行单位开展通信网络安全防护工作的情况进行检查。

电信管理机构可以采取以下检查措施：

（一）查阅通信网络运行单位的符合性评测报告和风险评估报告；

（二）查阅通信网络运行单位有关网络安全防护的文档和工作记录；

（三）向通信网络运行单位工作人员询问了解有关情况；

（四）查验通信网络运行单位的有关设施；

（五）对通信网络进行技术性分析和测试；

（六）法律、行政法规规定的其他检查措施。

第十八条 电信管理机构可以委托专业机构开展通信网络安全检查活动。

第十九条 通信网络运行单位应当配合电信管理机构及其委托的专业机构开展检查活动，对于检查中发现的重大网络安全隐患，应当及时整改。

第二十条 电信管理机构对通信网络安全防护工作进行检查，不得影响通信网络的正常运行，不得收取任何费用，不得要求接受检查的单位购买指定品牌或者指定单位的安全软件、设备或者其他产品。

第二十一条 电信管理机构及其委托的专业机构的工作人员对于检查工作中获悉的国家秘密、商业秘密和个人隐私，有保密的义务。

第二十二条 违反本办法第六条第一款、第七条第一款和第三款、第八条、第九条、第十一条、第十二条、第十三条、第十四条、第十五条、第十九条规定的，由电信管理机构依据职权责令改正；拒不改正的，给予警告，并处五千元以上三万元以下的罚款。

第二十三条　电信管理机构的工作人员违反本办法第二十条、第二十一条规定的，依法给予行政处分；构成犯罪的，依法追究刑事责任。

第二十四条　本办法自2010年3月1日起施行。

互联网电子邮件服务管理办法

（2006年2月20日信息产业部令第38号公布　自2006年3月30日起施行）

第一条　为了规范互联网电子邮件服务，保障互联网电子邮件服务使用者的合法权利，根据《中华人民共和国电信条例》和《互联网信息服务管理办法》等法律、行政法规的规定，制定本办法。

第二条　在中华人民共和国境内提供互联网电子邮件服务以及为互联网电子邮件服务提供接入服务和发送互联网电子邮件，适用本办法。

本办法所称互联网电子邮件服务，是指设置互联网电子邮件服务器，为互联网用户发送、接收互联网电子邮件提供条件的行为。

第三条　公民使用互联网电子邮件服务的通信秘密受法律保护。除因国家安全或者追查刑事犯罪的需要，由公安机关或者检察机关依照法律规定的程序对通信内容进行检查外，任何组织或者个人不得以任何理由侵犯公民的通信秘密。

第四条　提供互联网电子邮件服务，应当事先取得增值电信业务经营许可或者依法履行非经营性互联网信息服务备案手续。

未取得增值电信业务经营许可或者未履行非经营性互联网信息服务备案手续，任何组织或者个人不得在中华人民共和国境内开展互联网电子邮件服务。

第五条　互联网接入服务提供者等电信业务提供者，不得为未取得增值电信业务经营许可或者未履行非经营性互联网信息服务备案手续的组织或者个人开展互联网电子邮件服务提供接入服务。

第六条　国家对互联网电子邮件服务提供者的电子邮件服务器IP地址实行登记管理。互联网电子邮件服务提供者应当在电子邮件服务器开通前二十日将互联网电子邮件服务器所使用的IP地址向中华人民共和国信息产业部（以下简称“信息产业部”）或者省、自治区、直辖市通信管理局（以下简称“通信管理局”）登记。

互联网电子邮件服务提供者拟变更电子邮件服务器IP地址的，应当提前三十日办理变更手续。

第七条　互联网电子邮件服务提供者应当按照信息产业部制定的技术标准建设互联网电子邮件服务系统，关闭电子邮件服务器匿名转发功能，并加强电子邮件服务系统的安全管理，发现网络安全漏洞后应当及时采取安全防范措施。

第八条　互联网电子邮件服务提供者向用户提供服务，应当明确告知用户服务内容和使用规则。

第九条　互联网电子邮件服务提供者对用户的个人注册信息和互联网电子邮件地址，负有保密的义务。

互联网电子邮件服务提供者及其工作人员不得非法使用用户的个人注册信息资料和互联网电子邮件地址；未经用户同意，不得泄露用户的个人注册信息和互联网电子邮件地址，但法律、行政法规另有规定的除外。

第十条　互联网电子邮件服务提供者应当记录经其电子邮件服务器发送或者接收的互联网电子邮件的发送或者接收时间、发送者和接收者的互联网电子邮件地址及IP地址。上述记录应当保存六十日，并在国家有关机关依法查询时予以提供。

第十一条 任何组织或者个人不得制作、复制、发布、传播包含《中华人民共和国电信条例》第五十七条规定内容的互联网电子邮件。

任何组织或者个人不得利用互联网电子邮件从事《中华人民共和国电信条例》第五十八条禁止的危害网络安全和信息安全的活动。

第十二条 任何组织或者个人不得有下列行为：

（一）未经授权利用他人的计算机系统发送互联网电子邮件；

（二）将采用在线自动收集、字母或者数字任意组合等手段获得的他人的互联网电子邮件地址用于出售、共享、交换或者向通过上述方式获得的电子邮件地址发送互联网电子邮件。

第十三条 任何组织或者个人不得有下列发送或者委托发送互联网电子邮件的行为：

（一）故意隐匿或者伪造互联网电子邮件信封信息；

（二）未经互联网电子邮件接收者明确同意，向其发送包含商业广告内容的互联网电子邮件；

（三）发送包含商业广告内容的互联网电子邮件时，未在互联网电子邮件标题信息前部注明“广告”或者“AD”字样。

第十四条 互联网电子邮件接收者明确同意接收包含商业广告内容的互联网电子邮件后，拒绝继续接收的，互联网电子邮件发送者应当停止发送。双方另有约定的除外。

互联网电子邮件服务发送者发送包含商业广告内容的互联网电子邮件，应当向接收者提供拒绝继续接收的联系方式，包括发送者的电子邮件地址，并保证所提供的联系方式在30日内有效。

第十五条 互联网电子邮件服务提供者、为互联网电子邮件服务提供接入服务的电信业务提供者应当受理用户对互联网电子邮件的举报，并为用户提供便捷的举报方式。

第十六条 互联网电子邮件服务提供者、为互联网电子邮件服务提供接入服务的电信业务提供者应当按照下列要求处理用户举报：

（一）发现被举报的互联网电子邮件明显含有本办法第十一条第一款规定的禁止内容的，应当及时向国家有关机关报告；

（二）本条第（一）项规定之外的其他被举报的互联网电子邮件，应当向信息产业部委托中国互联网协会设立的互联网电子邮件举报受理中心（以下简称“互联网电子邮件举报受理中心”）报告；

（三）被举报的互联网电子邮件涉及本单位的，应当立即开展调查，采取合理有效的防范或处理措施，并将有关情况和调查结果及时向国家有关机关或者互联网电子邮件举报受理中心报告。

第十七条 互联网电子邮件举报受理中心依照信息产业部制定的工作制度和流程开展以下工作：

（一）受理有关互联网电子邮件的举报；

（二）协助信息产业部或者通信管理局认定被举报的互联网电子邮件是否违反本办法有关条款的规定，并协助追查相关责任人；

（三）协助国家有关机关追查违反本办法第十一条规定的相关责任人。

第十八条 互联网电子邮件服务提供者、为互联网电子邮件服务提供接入服务的电信业务提供者，应当积极配合国家有关机关和互联网电子邮件举报受理中心开展调查工作。

第十九条 违反本办法第四条规定，未取得增值电信业务经营许可或者未履行非经营性互联网信息服务备案手续开展互联网电子邮件服务的，依据《互联网信息服务管理办法》第十九条的规定处罚。

第二十条 违反本办法第五条规定的，由信息产业部或者通信管理局依据职权责令改正，并处一万元以下的罚款。

第二十一条 未履行本办法第六条、第七条、第八条、第十条规定义务的，由信息产业部或者通信管理局依据职权责令改正，并处五千元以上一万元以下的罚款。

第二十二条 违反本办法第九条规定的，由信息产业部或者通信管理局依据职权责令改正，并处一万元以下的罚款；有违法所得的，并处三万元以下的罚款。

第二十三条 违反本办法第十一条规定的，依据《中华人民共和国电信条例》第六十七条的规定处理。

互联网电子邮件服务提供者等电信业务提

供者有本办法第十一条规定的禁止行为的，信息产业部或者通信管理局依据《中华人民共和国电信条例》第七十八条、《互联网信息服务管理办法》第二十条的规定处罚。

第二十四条 违反本办法第十二条、第十三条、第十四条规定的，由信息产业部或者通信管理局依据职权责令改正，并处一万元以下的罚款；有违法所得的，并处三万元以下的罚款。

第二十五条 违反本办法第十五条、第十六条和第十八条规定的，由信息产业部或者通信管理局依据职权予以警告，并处五千元以上一万元以下的罚款。

第二十六条 本办法所称互联网电子邮件地址是指由一个用户名与一个互联网域名共同构成的、可据此向互联网电子邮件用户发送电子邮件的全球惟一性的终点标识。

本办法所称互联网电子邮件信封信息是指附加在互联网电子邮件上，用于标识互联网电子邮件发送者、接收者和传递路由等反映互联网电子邮件来源、终点和传递过程的信息。

本办法所称互联网电子邮件标题信息是指附加在互联网电子邮件上，用于标识互联网电子邮件内容主题的信息。

第二十七条 本办法自2006年3月30日起施行。

电信服务规范

（2005年3月13日信息产业部令第36号公布 自2005年4月20日起施行）

第一条 为了提高电信服务的质量，维护电信用户的合法权利，保证电信服务和监管工作的系统化和规范化，依据《中华人民共和国电信条例》，制定本规范。

第二条 本规范适用于在中华人民共和国境内依法经营电信业务的电信业务经营者提供电信服务的活动。

第三条 本规范为电信业务经营者提供电信服务时应当达到的基本质量要求，是电信行业对社会公开的最低承诺，同时适用于单一电信业务网或多个电信业务网共同提供的电信业务。

电信业务经营者提供电信服务，应当符合本规范规定的服务质量指标和通信质量指标。

本规范所称服务质量指标，是指反映电信服务固有特性满足要求程度的，主要反映非技术因素的一组参数。

本规范所称通信质量指标，是指反映通信准确性、有效性和安全性的，主要反映技术因素的一组参数。

第四条 中华人民共和国信息产业部（以下简称信息产业部）组织制定全国的电信服务规范，监督检查电信服务规范在全国的实施。

各省、自治区、直辖市通信管理局（以下简称通信管理局）监督检查电信服务规范在本行政区域内的实施。

本规范中，信息产业部和通信管理局统称为电信管理机构。

第五条 电信业务经营者可以制定本企业的企业服务标准，电信业务经营者制定的企业服务标准不得低于本规范。

第六条 电信业务经营者应当采取有效措施，持续改进电信服务工作。

第七条 电信业务经营者应建立健全服务质量管理体系，并按规定的时间、内容和方式向电信管理机构报告，同时向社会通报本企业服务质量状况。

发生重大通信阻断时，电信业务经营者应当按规定的要求和时限向电信管理机构报告。在事故处理过程中，电信业务经营者应对所有与事故有关的数据进行采集、记录和保存，相关数据和书面记录至少保存六个月。

第八条 电信业务经营者提供电信服务时，应公布其业务种类、服务时限、资费标准和服务范围等内容，并报当地通信管理局备案。

因电信业务经营者检修线路、设备搬迁、工程割接、网络及软件升级等可预见的原因影响或可能影响用户使用的，应在七十二小时以前通告所涉及的用户。影响用户的时间超过二十四小时或影响有特殊需求的用户使用时，应同时向当地通信管理局报告。

电信业务经营者停止经营某种业务时，应提前三十日通知所涉及用户；并妥善做好用户善后工作。

第九条 电信业务经营者应当执行国家电信资费管理的有关规定，明码标价，并采取有效措施，为用户交费和查询费用提供方便。

第十条 用户申请办理电信业务时，电信业务经营者应当向用户提供该项业务的说明。该说明应当包括该业务的业务功能、通达范围、业务取消方式、费用收取办法、交费时间、障碍申告电话、咨询服务电话等。电信业务宣传资料应针对业务全过程，通俗易懂，真实准确。

对用户暂停或停止服务时，应在二十四小时前通知用户。

第十一条 电信业务经营者不得以任何方式限定用户使用其指定的业务或购买其指定的电信终端设备。用户要求开通、变更或终止电信业务时，电信业务经营者无正当理由不得拖延、推诿和拒绝，不得胁迫、刁难用户。

经营本地电话业务和移动电话业务的电信业务经营者，应当全面建立公开、公平的电话号码用户选择机制。

第十二条 电信业务经营者应以书面形式或其他形式明确经营者与用户双方的权利和义务，其格式合同条款应做到公平合理、准确全面、简单明了。

第十三条 电信业务经营者应合理设置服务网点或代办点，合理安排服务时间或开设多种方式受理业务，方便用户。

上门服务人员应遵守预约时间，出示工作证明或佩带本企业标识，代经销人员应主动明示电信业务代理身份，爱护用户设施，保持环境整洁。

电信业务经营者应为残疾人和行动不便的老年用户提供便捷的服务。

第十四条 电信业务经营者应当建立与用户沟通的渠道和制度，听取用户的意见和建议，自觉改善服务工作。

电信业务经营者应当向用户提供业务咨询、查询和障碍申告受理等服务，并采取公布监督电话等形式，受理用户投诉。对于用户关于电信服务方面的投诉，电信业务经营者应在接到用户投诉之日起十五日内答复用户。

电信业务经营者在电信服务方面与用户发生纠纷的，在纠纷解决前，应当保存相关原始资料。

第十五条 电信业务经营者提供电信卡类业务时，应当向用户提供相应的服务保证，不得发行超出服务能力的电信卡。

电信业务经营者应当采取适当的方式明确电信业务经营者与持卡用户双方的权利、义务和违约责任，告知用户使用方法、资费标准、计费方式、有效期限以及其他应当告知用户的事项。

电信业务经营者不得做出对持卡用户不公平、不合理的规定，不得单方面免除或者限制电信业务经营者的责任，损害用户的合法权益。

第十六条 以代理形式开展电信服务的，代理人在提供电信服务活动时，应当执行本规范。电信业务经营者应加强对其业务代理商的管理，并负责管理和监督检查代办电信业务单位或个人的服务质量。

第十七条 通信管理局可以根据本地实际情况，对本规范的服务质量指标进行局部调整或补充。指标调整低于本规范的，应当报信息产业部批准。

通信管理局按照前款规定调整服务质量指标的，该行政区域应当执行调整后的服务质量指标。

第十八条 电信业务经营者可以根据用户的特殊需要，约定有关的业务受理、开通时限、故障处理时限等问题，但其服务质量不得低于本规范或者当地通信管理局制定的服务质量指标。

第十九条 电信业务经营者提供的电信服务未能达到本规范或者当地通信管理局制定的服务质量指标的，由电信监管机构责令改正。拒不改正的，处以警告，并处一万元以上三万元以下的罚款。

第二十条 信息产业部根据实际情况，可以对电信业务项目及其服务质量指标和通信质量指标（详见附录）做出调整，并重新公布实施。

第二十一条 本规定自 2005 年 4 月 20 日起

施行，信息产业部制定的《电信服务标准（试行）》（信部电〔2000〕27号）同时废止。

附录1：

电信服务规范——固定网本地及国内长途电话业务

1.1 固定网本地及国内长途电话业务的服务质量指标

1.1.1 电信业务经营者应免费向用户提供火警、匪警、医疗急救、交通事故报警等公益性电话的接入服务，并保障通信线路畅通。

1.1.2 电话装机、移机时限

城镇平均≤15日，最长为25日；

农村平均≤20日，最长为30日。

电话装机、移机时限指自电信业务经营者受理用户装机、移机交费之日起，至装机、移机后能正常通话所需要的时间。

1.1.3 电话复话时限

平均≤12小时，最长为24小时。

电话复话时限指自停机用户办理恢复开通手续，归属电信业务经营者收到有关费用时起，至电话恢复开通所需要的时间。

1.1.4 用户市话业务变更时限

平均≤12小时，最长为24小时。

用户市话业务变更时限指用户办理更名、过户、暂停或停机以及增减各种电话服务项目，自办理登记手续且结清账务时起，至实际完成变更所需要的时间。

1.1.5 用户长途业务变更时限

平均≤12小时，最长为24小时。

用户长途业务变更时限指用户办理增、减长途直拨功能，自办理登记手续且结清账务时起，至实际完成变更所需要的时间。

1.1.6 电话障碍修复时限

城镇平均≤24小时，最长为48小时；

农村平均≤36小时，最长为72小时。

电话障碍修复时限指自用户提出障碍申告时起，至障碍排除或采取其他方式恢复用户正常通信所需要的时间①。

1.1.7 由于非用户原因需要更改用户电话号码时，电信业务经营者应至少提前45日通知用户，至少提前15日告知用户新的电话号码。号码更改实施日起，至少应在45日内，向所有来话用户连续播放改号提示音。由于用户原因需要更改用户电话号码时，原电信业务经营者应根据用户需要提供改号提示业务。

1.1.8 电话号码冻结时限

最短为90日。

电话号码冻结时限指该号码注销后至重新启用所需要的时间。

1.1.9 电话服务台、客户服务中心和人工短消息中心的应答时限

最长为15秒。

话务员（包括电脑话务员）应答时限指自用户拨号完毕后，听到回铃音至话务员（包括电脑话务员）应答所需要的时间。

电话服务台或客户服务中心和人工短消息中心人工服务的应答时限：最长为15秒。人工服务的应答率：≥85%。

人工服务的应答时限指自用户选择人工服务后，至人工话务员应答所需要的时间。人工服务的应答率是用户在接入电话服务台、客户服务中心和人工短消息中心后，实际得到人工话务员应答服务次数和用户选择人工服务总次数之比。

1.1.10 电信业务经营者应按照相关规定提供电话号码查询业务，电话查号准确率应达到95%。

电话查号准确率是指用户的电话号码已在电信业务经营者登记的，电信业务经营者提供正确查号服务的次数与全部查号服务次数之比。

1.1.11 电信业务经营者应要求公用电话代办点设置规范标志，张贴收费标准，使用符合国家标准的计价工具，按收费标准向用户收取费用，并接受电信管理机构和电信业务经营者的监督和检查。

1.1.12 电信业务经营者应根据用户的需要，免费向用户提供长途话费详细清单查询。原始话费数据保留期限至少5个月。

① 注1：各类业务的障碍修复指标要求中均不包含用户自有或自行维护的接入线路和设备的障碍。

1.2 固定网本地及国内长途电话业务的通信质量指标

1.2.1 拨号前时延

平均值≤0.8 秒，最大值为 1 秒。

拨号前时延指用户摘机后至听到拨号音的时间间隔。

1.2.2 拨号后时延

同一固定网内电话用户间的本地呼叫的拨号后时延：平均值≤1.9 秒，最大值为 5.3 秒（有中国一号信令时，最大值为 10 秒）；

同一固定网内电话用户间的长途呼叫的拨号后时延：平均值≤2.2 秒，最大值为 7 秒（有中国一号信令时，最大值为 12 秒）；

当固定电话用户间的呼叫是由多个固定网共同提供时，其本地、长途拨号后时延：平均值应≤2.3 秒，最大值为 7.2 秒（有中国一号信令时，最大值为 13 秒）。

拨号后时延指从用户拨号终了时起，至接收到回铃音或录音通知等信号止的时间间隔。

1.2.3 接通率

同一固定网内，本地呼叫的端到端接通率≥95%；

同一固定网内，国内长途呼叫的端到端接通率≥90%；

当固定电话用户间的呼叫是由多个电信网共同提供时，其本地、长途呼叫的接通率≥85%；

固定网与移动网间呼叫，接通率≥80%。

接通率是用户应答、被叫用户忙、被叫用户不应答、终端拒绝和不可用的次数与总有效呼叫次数之比。对接通率的考核在忙时统计。

总有效呼叫次数 = 呼叫次数 －（用户拨号不全 + 用户拨无权号码 + 用户拨空号 + 用户拨错号）次数

1.2.4 传输损耗

端到端的传输损耗≤21dB。

传输损耗是任意两个用户端到端之间建立的连接的传输损耗。

1.2.5 振鸣和准振鸣

振鸣的概率≤0.1%；

准振鸣的概率≤1%。

1.2.6 发话人回声

呼叫中出现发话人回声的概率≤1%。

1.2.7 可懂串话

同一交换局用户之间出现可懂串话的概率≤0.1%；

不同交换局用户之间出现可懂串话的概率≤1%。

1.2.8 单向传输时间

本地电话单向传输时间≤1.3 毫秒；

国内长途连接不含卫星电路时，单向传输时间≤85 毫秒；

由于安装 DCME 设备和保护倒换导致的电路过长等特殊情况，允许单向传输时间≤150 毫秒。

1.2.9 网络的通话中断率

通话中断率$\leq 2\times10^{-4}$。

通话中断率（掉话）指在用户通话过程中，出现掉话的概率。

1.2.10 发送方短消息中心的响应时延

固定网短消息中心的响应时延平均值≤20 秒，最大值为 45 秒。

发送方短消息中心的响应时延指主叫用户按发送键，至其接收到发送方短消息中心接受或不接受该消息的证实之间的时间间隔。固定网短消息的响应时延包括：呼叫接续时间 + 上传时间（取决于信息长度和上行方式） + 处理时间（包括主叫号码认证） + 系统回送时间（回送上传结果）。

1.2.11 短消息中心系统接通率

固定网短消息中心接通率≥95%。

固定网短消息中心系统接通率指主叫用户通过入中继接入到固网消息中心或人工短消息中心得到有效处理次数与占用入中继总次数之比。

1.2.12 短消息的存储有效期

固定网短消息的存储有效期≥72 小时。

固定网短消息的存储有效期是指发送方将短消息成功发出，并得到发送方短信中心的证实后，在接收方成功接收之前，在固定网短消息中心的有效存储时间段。在该存储时间段内，接收方短消息中心应保存该消息，并进行多次发送尝试，直到被接收方成功接收或超出该时间段为止。

1.2.13 短消息发送时延

短消息发送时延平均值≤10 分钟，最大值为 24 小时。

短消息发送及时率≥99%。

短消息发送时延指主叫用户收到短消息提交成功的证实后，至被叫用户成功接收到短消息之间的时间间隔。

1.2.14 计费差错率

计费差错率≤10^{-4}。

计费差错率指交换设备出现计费差错的概率，采用如下公式计算：

对于集中计费：计费差错率 = 有错误的话单数/总话单数；

对于单式或复式计次：计费差错率 = 错误的脉冲次数/总的脉冲次数。

附录2：

电信服务规范——数字蜂窝移动通信业务

2.1 数字蜂窝移动通信业务的服务质量指标

2.1.1 电信业务经营者应向社会公布其无线网络覆盖范围及漫游范围。

2.1.2 电信业务经营者应免费向用户提供火警、匪警、医疗急救、交通事故报警等公益性电话的接入服务，并保障通信线路畅通。

2.1.3 移动电话复话时限

平均≤1 小时，最长为 24 小时。

移动电话复话时限指停机用户办理恢复开通手续、归属电信业务经营者收到有关费用时起，至移动电话恢复开通所需要的时间。

2.1.4 移动电话业务变更时限

平均≤1 小时，最长为 24 小时。

移动电话业务变更时限指用户办理更名、过户、暂停或停机等服务项目，自办理登记手续且结清账务起，至实际变更所需要的时间。

2.1.5 移动电话通信障碍修复时限

平均≤24 小时，最长为 48 小时。

移动电话通信障碍修复时限指自用户提出障碍申告时起，至障碍排除或采取其他方式恢复用户正常通信所需要的时间。移动电话通信障碍指非手机原因引起的障碍。

2.1.6 由于非用户原因需要更改用户电话号码时，电信业务经营者至少提前45 日告知用户，至少提前 15 日告知用户新的电话号码。号码更改实施日起，至少应在 45 日内，向所有来话用户连续播放改号提示音。由于用户原因需要更改用户电话号码时，原电信业务经营者应根据用户需要提供改号提示业务。

2.1.7 移动电话号码冻结时限

最短为 90 日。

移动电话号码冻结时限指该号码注销后，至重新启用所需要的时间。

2.1.8 电话服务台、客户服务中心和人工短消息中心的应答时限：最长为 15 秒。

话务员（包括电脑话务员）应答时限指自用户拨号完毕后，听到回铃音时起至话务员（包括电脑话务员）应答所需要的时间。

电话服务台或客户服务中心人工服务的应答时限：最长为 15 秒。人工服务的应答率：≥85%。

人工服务的应答时限指自用户选择人工服务后，至人工话务员应答所需要的时间。人工服务的应答率是用户在接入电话服务台、客户服务中心和人工短消息中心后，实际得到人工话务员应答服务次数和用户选择人工服务总次数之比。

2.1.9 电信业务经营者应根据用户的需要，免费向用户提供移动话费详细清单（含预付费业务）查询。移动电话原始话费数据及点到点短消息业务收费详单原始数据保留期限至少为 5 个月。

2.2 数字蜂窝移动通信业务的通信质量标准

2.2.1 可接入率

在无线网络覆盖区内的 90% 位置，99% 的时间、在 20 秒内移动台均可接入网络。

2.2.2 接通率

同一移动网内，本地呼叫，接通率≥90%；

同一移动网内，国内长途呼叫，接通率≥85%；

两个或多个移动网间呼叫，或移动与固定网间呼叫，接通率≥80%。

接通率指用户应答、被叫用户忙、被叫用户不应答、用户不可及（包括被叫不在服务区、被叫呼入限制、拔电池、关机）的次数与总有效呼叫次数之比。对接通率的考核在忙时统计。

2.2.3 拨号后时延

移动用户拨打固定用户的拨号后时延：平

均值≤9 秒，最大值为 12.5 秒；

固定用户拨打移动用户的拨号后时延：平均值≤9 秒，最大值为 16 秒；

移动用户拨打移动用户的拨号后时延：平均值≤10.3 秒，最大值为 19 秒。

拨号后时延指固定用户拨号终了或移动用户按发送键，至收到回铃音、忙音或其他语音提示等时刻之间的时间间隔。

2.2.4 通话中断率（掉话率）

掉话率≤5%。

掉话率指在用户通话过程中，出现掉话的概率。

2.2.5 无线信道拥塞率（无线信道呼损）

无线信道拥塞率≤3%。

无线信道拥塞率指由于无线信道（包括话音和信令信道）出现拥塞，而导致业务失败的概率。

2.2.6 移动点对点短消息发送成功率

移动点对点短消息发送成功率≥99%。

移动点对点短消息发送成功率指消息发送者发出消息，到消息被接收方（处于正常接收状态下）成功接收的概率。

2.2.7 移动点对点短消息发送时延

移动点对点消息发送时延平均值≤3 分钟，最大值为 24 小时，移动点对点短消息发送及时率≥95%。

移动点对点短消息发送时延指消息发送者发出消息，到消息被接收方（处于正常接收状态下）成功接收到消息的时间间隔。

移动点对点短消息发送及时率指在规定的发送时延最大值以内发送成功事件数与发送成功总事件数之比。

2.2.8 移动点对点短消息丢失率

移动点对点短消息丢失率≤10^{-5}。

移动点对点短消息丢失率指消息成功发出，得到短消息中心接收证实，在 24 小时内接收方（处于正常接收状态下）没有接收到该消息的概率。

2.2.9 移动点对点短消息存储有效期

移动点对点短消息存储有效期≥72 小时。

移动点对点短消息存储有效期指消息成功发出，得到短消息中心接收证实，在没有被接收方成功接收之前，在短消息中心的有效存储时间段。在该存储时间段内短消息中心应保存该消息，并进行多次尝试发送，直到被接收方成功接收或超出该时间段为止。

2.2.10 计费差错率

计费差错率≤10^{-4}。

计费差错率指交换设备出现计费差错的概率，采用如下公式计算：

计费差错率 = 有错误的话单数/总话单数。

附录 3：

电信服务规范——因特网及其他数据通信业务

3.1 因特网拨号接入业务的服务标准

3.1.1 因特网拨号接入业务的服务质量指标

3.1.1.1 注册账号方式的拨号接入网络开通时限

平均≤12 小时，最长为 24 小时。

注册账号方式的拨号接入网络开通时限指注册用户办理入网手续，归属电信业务经营者收到有关费用时起，至拨号接入开通所需要的时间。

3.1.1.2 注册账号方式的拨号接入业务变更时限

平均≤12 小时，最长为 24 小时。

注册账号方式的拨号接入业务变更时限指用户办理更名，过户等服务项目，自办理登记手续且结清账务时起，至实际变更所需要的时间。

3.1.1.3 记账卡式拨号接入业务在输入卡号和密码后应能按售卡时运营商承诺的条件正常使用，否则应给予更换。

3.1.1.4 记账卡式拨号接入业务应提供余额查询等功能。

3.1.1.5 拨号接入设备障碍修复时限

平均≤8 小时，最长为 12 小时。

拨号接入设备障碍修复时限指自用户提出障碍申告时起，至障碍排除或采取其他方式恢复用户正常通信所需要的时间。

3.1.2 因特网拨号接入业务的通信质量指标

3.1.2.1 接入服务器忙时接通率

接通率≥90%。

接入服务器忙时接通率指接入服务器忙时接通次数与忙时用户拨号总次数之比。

3.1.2.2 本地用户接入认证响应时间

平均响应时间≤8 秒，最大值为 11 秒。

本地用户接入认证平均响应时间是从用户提交完账号和口令起，至本地认证服务器完成认证并返回响应止的平均时间。

3.1.2.3 接入认证成功率

认证成功率≥99%。

接入认证成功率指在用户输入账号、口令无误情况下的认证成功概率。

注：无线接入方式认证成功率与信号覆盖区，空中干扰有关，若低于 99%，由电信业务经营者向用户示明附加条件和指标。

3.2 因特网数据传送业务的服务标准

3.2.1 因特网数据传送业务的服务质量指标

3.2.1.1 电信业务经营者应向用户说明本企业因特网数据传送业务的业务接入点，网络覆盖的范围以及与其他网络的互联情况。

3.2.1.2 预受理时限

平均≤3 工作日，最长为 5 工作日。

预受理时限指用户登记后电信业务经营者进行网络资源确认，答复用户能否安装所需要的时间。

3.2.1.3 入网开通时限

平均≤2 工作日，最长为 4 工作日。

入网开通时限指电信业务经营者自受理之日起，至为用户开通网络实际占用的时间①。

3.2.1.4 通信设备障碍修复时限

平均≤8 小时，最长为 12 小时。

通信设备障碍修复时限指自用户提出障碍申告时起，至障碍排除或采取其他方式恢复用户正常通信所需要的时间。

3.2.2 因特网数据传送业务的通信质量指标

本小节规定的通信质量指标，范围限定在两个业务接入点之间，即把公众用户产生的 IP 包，从运营商位于某个城市的业务接入点开始，跨越全国性骨干网，传送到该运营商在另外一个城市的业务接入点止（不含城域网部分）。考核这些业务指标时，两个业务接入点选择在不同省的两个城市，并且空中距离超过 1000 公里。

3.2.2.1IP 包传输往返时延

往返时延平均值≤200 毫秒。

IP 包传输往返时延指从一个平均包长的 IP 包的最后一个比特进入因特网业务接入点（A 点），到达对端的业务接入点（B 点），再返回进入时的接入点（A 点）止的时间。

3.2.2.2IP 包时延变化

时延变化平均值≤80 毫秒。

IP 包时延变化指在一段测量时间间隔内，IP 包最大传输时延与 IP 包最小传输时延的差值。

3.2.2.3IP 包丢失率

包丢失率平均值≤2%。

IP 包丢失率指 IP 包在两点间传输时丢失的概率。

3.2.2.4IP 业务可用性

IP 业务可用性≥99.9%。

IP 业务可用性指用户能够使用 IP 业务的时间与 IP 业务全部工作时间之比。在连续 5 分钟内，如果一个 IP 网络所提供业务的丢包率≤75%，则认为该时间段是可用的，否则是不可用的。

3.3X.25、DDN 和帧中继数据传送业务的服务标准

3.3.1X.25、DDN 和帧中继数据传送业务的服务质量指标

3.3.1.1 预受理时限

平均≤4 工作日，最长为 8 工作日。

预受理时限指用户登记后电信业务经营者进行网络资源确认，答复用户能否安装所需要的时间。

3.3.1.2 入网开通时限

本地网业务平均≤3 工作日，最长为 5 工作日；

长途网业务平均≤4 工作日，最长为 7 工作日。

入网开通时限指电信业务经营者自受理之日起，至为用户开通业务，实际使用的时间。

3.3.1.3 通信设备障碍修复时限

平均≤4 小时，最长为 8 小时。

① 注 2：入网开通时限指标要求中不包括用户自有、自维及接入线路部分。下同。

通信设备障碍修复时限指自用户提出障碍申告时起，至障碍排除或采取其他方式恢复用户正常通信所需要的时间。

3.3.2X.25、DDN和帧中继数据传送业务的通信质量指标

3.3.2.1X.25数据传送业务的通信质量指标

3.3.2.1.1 呼叫建立时延

指标见表1。

虚连接的呼叫建立时延指一个用户自发送“呼叫请求”分组开始至从网络接收到“呼叫连接”分组结束所经过的时间。表1给出呼叫建立时延的统计指标值，表1中的X值见表2。

3.3.2.1.2 数据分组传输时延

指标见表3。

数据分组传输时延指从一个分组的最后一个比特进入网络的源节点开始，到该分组的第一比特离开终点节点结束经过的时间。表3给出数据分组传输时延的统计指标值，表3中的Y值见表4。

3.3.2.1.3 虚连接的吞吐量

指标见表5。

虚连接的吞吐量指单位时间内，在一个方向上，通过一个连接段成功传送（不包括丢失、额外增加和比特差错）用户数据的比特数。表5给出虚连接吞吐量的统计参考值。

表1　呼叫建立时延的统计指标值

统计值	国内（毫秒）		国际通信国内部分（毫秒）		国际（毫秒）	
	A类型	B类型	A类型	B类型	A类型	B类型
平均值	2000+2X	2600+2X	1000+X	1600+X	250	1600
95%概率值	2700+2X	3100+2X	1500+X	2100+X	250	1800

注：
1. 95%概率值意味着有95%的呼叫建立时延值低于该值。
2. 国内A连接类型的特性是陆地连接；
3. 国内B连接类型的特性是具有一跳卫星电路的连接，或是经过一个或多个国内转接网络段的连接；
4. 国际A连接类型的特性是经过一个直接陆地网间电路的连接；
5. 国际B连接类型的特性是经过两跳卫星电路和一个转接网络段，或一跳卫星电路和多个转接网络段的连接。
6. X=400/R，R为数据信号传送速率，单位是kbit/s。
7. 表中数据以下列条件为基础：

—基本呼叫，未使用ITU—TX.25修改意见规定的任何任选用户设施，而且没有发送任何呼叫用户数据；

—在规定的连接部分外的实体的数据链路层窗口是开放的，流量不受控制；

—传送每个呼叫建立分组通过电路段要涉及传输25个八位组。

表 2　呼叫建立时延的统计指标值的 X 值

R（kbit/s）	X（毫秒）
2.4	167
4.8	84
9.6	42
48.0	9
64.0	6

表 3　数据分组传输时延的统计指标值

统计值	国内（毫秒）		国际通信国内部分（毫秒）		国际（毫秒）	
	A 类型	B 类型	A 类型	B 类型	A 类型	B 类型
平均值	700 + 2Y	1000 + 2Y	350 + Y	650 + Y	215	950
95% 的概率值	950 + 2Y	1250 + 2Y	525 + Y	825 + Y	215	1125

注：
1. 平均值是预期的数据分组传送时延分布值，不包括超过规定的最大数据传送时延的数值。
2. 95% 概率值意味着有 95% 的数据分组传送时延值低于该值。
3. A 和 B 虚连接类型与表 4.2 相同。
4. 表中数据以下列条件为基础：
用户数据字段的长度为 128 个八位组，传送一个数据字段，接入电路段要传输 136 个八位组；在规定的连接部分的接收 DTE 侧的数据链路和分组层的窗口是开放的。

表 4　数据分组传输时延的统计指标值的 Y 值

R（kbit/s）	Y（毫秒）
2.4	453
4.8	227
9.6	113
48.0	23
64.0	20

注：R 为数据信号传送速率单位是 kbit/s。

表 5　虚连接吞吐量的统计指标值

统计值	国内（bit/s）		国际（bit/s）	
	A 类型	B 类型	A 类型	B 类型
平均值	3500	2400	2000	2000
95% 概率值	2400	2000	1800	1800

注：
1. 平均值是预期的吞吐量分布值。
2. 95% 概率值意味着 95% 的吞吐量测量值高于该值。
3. A 和 B 连接类型与表 4.2 相同。
4. 表中数据以下列条件为基础：
—接入电路段中无其他业务量，接入电路段使用 9600bit/s 传输速率；
—用户数据字段长度为 128 个八位组，请求的吞吐量等级相当；
—接入电路段的分组窗口大小为 2，数据链路层的窗口大小为 7；
—不使用 D 比特，D=0；
—这些数值可用于任何传送方向；
—在测量期间不存在不可用性，设备复原或过早断开；
—吞吐量的取样值为 200 个分组或 2 分钟。

3.3.2.1.4 呼叫接通率

呼叫接通率≥95%。

呼叫接通率指呼叫接通次数与呼叫总数之比（不考虑被叫终端未开机）。

3.3.2.1.5 网络可用性

网络可用性≥99.99%。

网络可用性指端到端全网能提供无故障服务的时间与全部运行时间之比。

3.3.2.2DDN 数据传送业务的通信质量指标

3.3.2.2.1 端到端数据传输比特差错性能

（1）国际电路连接

国际电路连接指用户网络接口（UNI）和 DDN 国际节点的国际电路接口之间的用户数据传输通路。

差错性能应符合 M.2100 建议《国际 PDH 通道、段和传输系统的投入业务和维护性能限值》和 M.2101 建议《国际 SDH 通道、复用段投入业务和维护性能限值》的指标要求。

（2）国内电路连接

国内电路连接指在用户网络接口（UNI）之间的用户数据传输通路。

差错性能应符合 YD/T748—95《PDH 数字通道差错性能的维护限值》和 YDN026—1997《SDH 传输网技术要求—SDH 数字通道和复用段的投入业务和维护性能限值》的指标要求。

3.3.2.2.2 国内端到端数据传输时间

（1）对 64kbit/s 的专用电路，端到端数据传输时间≤40 毫秒。

（2）对 2Mbit/s 的专用电路，端到端数据传输时间≤（0.5N+0.005G）毫秒

式中：N 是电路含交换机和交叉连接设备的数量；G 是电路长度（km）。

（3）若在上述（1）和（2）中每加入一跳卫星电路，需在上列值中另增加传输时间 300 毫秒。

端到端 DDN 数据传输时间是国内端到端单方向的数据传输时间。

3.3.2.2.3 网络可用性

网络可用性≥99.9%。

网络的可用性指端到端全网能提供无故障

服务的时间与全部运行时间之比。

3.3.2.3 帧中继数据传送业务的通信质量指标

3.3.2.3.1 帧传输时延（FTD）

帧传输时延（FTD）<400 毫秒。

帧传输时延指用户终端之间通过帧中继网传送信息所需时间。

帧传输时延计算公式：$FTD = t_2 - t_1$

式中：t_2 为帧地址字段的第 1 比特从用户终端进入网络的时间；

t_2 为帧的尾标的最后一个比特从网络进入用户终端的时间。

3.3.2.3.2 帧丢失率（FLR）

帧丢失率（FLR）$<3\times10^{-5}$。

帧丢失率是指丢失的用户信息帧占所有发送帧的比率。

帧丢失率计算公式：

$$FLR = \frac{F_L}{F_L + F_S + F_E}$$

式中：F_L 为丢失的用户信息帧总数；

F_s 为成功传送的帧总数；

F_E 为残余错误帧总数。

按照用户信息传送速率是否超过约定的信息速率（CIR），帧丢失率分为超过的帧丢失率（FLRE）和约定的帧丢失率（FLRC）两种。

3.3.2.3.3 网络可用性

网络的可用性≥99.99%。

网络的可用性指端到端全网能提供无故障服务的时间与全部运行时间之比。

附录 4：

电信服务规范——国内 IP 电话业务

4.1 国内 IP 电话业务的服务质量指标

4.1.1 电信业务经营者应当向用户说明本企业 IP 电话业务的通达地区及城市。当 IP 业务由两个或两个以上电信业务经营者协作提供时，任一电信业务经营者在进行业务宣传和推广的过程中，应就该项服务的整体收费构成、本业务经营者具体收费情况和服务义务向用户进行说明。

4.1.2 主叫号码方式的 IP 电话入网开通时限

平均≤24 小时，最长为 48 小时。

主叫号码方式的 IP 电话入网开通时限指用户办理入网手续，归属电信业务经营者收到有关费用时起，至 IP 电话开通所需要的时间。

4.1.3 主叫号码方式的 IP 电话复话时限

平均≤24 小时，最长为 48 小时。

主叫号码方式的 IP 电话复话时限指停止 IP 电话服务的用户办理恢复开通手续，并交纳有关费用时起，至 IP 电话恢复开通所需要的时间。

4.1.4 记账卡式 IP 电话业务在输入卡号和密码后应能按售卡时运营商承诺的条件正常使用，否则应给予更换。

4.1.5 记账卡式 IP 电话业务应至少提供中文和英文两种语种提示、余额查询和尾款转移等功能。

4.1.6IP 电话通信设备障碍修复时限

平均≤12 小时，最长为 24 小时。

IP 电话通信设备障碍修复时限指自用户提出障碍申告时起，至障碍排除或采取其他方式恢复用户正常通信所需要的时间。IP 电话通信设备障碍是由经营者本企业原因，而非 IP 电话终端原因造成的设备障碍。

4.1.7 电信业务经营者应当根据用户的需要，免费向主叫号码方式的 IP 电话用户提供 IP 电话的话费详细清单（可不包括市话费清单）查询，IP 电话原始话费数据保留期限至少为 5 个月。

4.2 国内 IP 电话业务的通信质量指标

4.2.1 拨号后时延

固定拨打固定的拨号后时延平均值≤7 秒，最大值为 11 秒；

固定拨打移动的拨号后时延平均值≤11 秒，最大值为 21 秒；

移动拨打固定的拨号后时延平均值≤11 秒，最大值为 15 秒；

移动拨打移动的拨号后时延平均值≤15 秒，最大值为 24 秒。

对于一次拨号系统，拨号后时延是从用户拨完最后一位电话号码后至接收到回铃音或录音通知等信号时刻之间的时间间隔。

对于二次拨号系统，拨号后时延是从用户输入 IP 电话接入码后至听到提示音的时间间隔＋输入卡号密码后至听到提示音的时间间隔＋

输入最后一位电话号码后至听到回铃音的时间间隔。

4.2.2 语音传输时延

语音传输时延平均值≤400 毫秒。

语音传输时延指当呼叫通路建立后，语音信号从发端传送到收端的时间间隔。

4.2.3 时延变化

时延变化平均值≤80 毫秒。

时延变化指语音信号经过网关处理后形成IP包，经过IP网络传输到达对方网关，在一段测量时间间隔内，IP包最大传输时延与IP包最小传输时延的差值。

4.2.4 丢包率

丢包率平均值≤5%。

丢包率指语音信号经过网关处理后形成的RTP包，经过IP网络传输到达对方网关后丢失的RTP包数（包括网关丢失的RTP包）与传输的RTP包总数之比。

4.2.5 接通率

端到端呼叫接通率≥72%。

端到端呼叫接通率指被叫用户应答，被叫用户忙和被叫用户久叫不应的次数与发出有效呼叫总数之比。

4.2.6 通话中断率

通话中断率≤5%。

通话中断率指用户在通话的过程中，出现通话中断（掉话）的概率。

附录5：

电信服务规范——无线寻呼业务

5.1 无线寻呼业务的服务质量指标

5.1.1 无线寻呼业务的经营者应向寻呼用户说明本企业无线发射信号覆盖范围，以及联网服务覆盖范围。

5.1.2 寻呼机恢复开通时限

平均≤12 小时，最长为24 小时。

寻呼机恢复开通时限指用户办理恢复开通手续，归属电信业务经营者收到有关费用时起，至寻呼机恢复开通所需要的时间。

5.1.3 寻呼话务员应答时限

最长为15 秒。

寻呼话务员应答时限指寻呼用户拨号完毕，听到回铃音时起，至话务员应答所需要的时间。

5.1.4 寻呼话务员应准确、及时发送寻呼信息。

5.1.5 寻呼台要向用户说明为寻呼用户保留寻呼信息的方式。采用按条保存寻呼信息的寻呼台要为用户至少保留最新10 条寻呼信息；采用按时间保存寻呼信息的寻呼台要为用户至少保留最近10 天的寻呼信息。

5.1.6 对要求变更业务或者复台查询信息的用户，寻呼话务员应验证其密码或者采取其他安全保密措施。

5.1.7 寻呼用户号码冻结时限

最短为90 日。

寻呼用户号码冻结时限指该号码被注销时起，至重新启用时的时间间隔。

5.1.8 寻呼用户提出终止接受寻呼服务时，寻呼业务经营者应退还寻呼用户预缴服务费的剩余部分。

应退金额以月为单位计算，不足一个月时，小于15 天不计，大于等于15 天计1 个月。

5.2 无线寻呼业务的通信质量指标

5.2.1 系统响应时延

当用户位于寻呼接收机的归属寻呼区内时，系统响应时延平均值≤6 秒；

当用户位于寻呼接收机的非归属寻呼区内时，系统响应时延平均值≤10 秒。

自动寻呼系统的系统响应时延指主叫用户拨号终了或移动用户按发送键发出寻呼消息的最后字符，至其接收到寻呼系统接受或不接受该消息的证实之间的时间间隔。

5.2.2 系统接通率

系统接通率≥95%（适用于人工台和自动台）。

系统接通率是主叫用户通过入中继接入到寻呼系统得到有效处理次数与总次数之比。其呼损部分指寻呼系统的中继呼损。

5.2.3 消息传输时延

本地呼叫，一级平均值≤60 秒，消息长度≤400 字符；

本地呼叫，二级平均值≤90 秒；

异地呼叫，平均值≤7 分钟；

跟踪呼叫，平均值≤7 分钟；

漫游呼叫，平均值≤10分钟。

消息传输时延指寻呼系统发给主叫用户寻呼证实消息至该消息传送到指定的寻呼区的时间间隔。不同的寻呼优先权级别具有不同的消息传输时延。

5.2.4 无线呼通率

无线呼通率≥95%。

无线呼通率为在无线覆盖区内寻呼接收机寻呼成功的次数与全部寻呼次数之比。

附录6：

电信服务规范——信息服务业务

6.1 信息服务业务经营者进行各种形式的业务宣传时，在宣传业务内容和使用方式的同时应公示相应的收费标准、收费方式和终止服务方法。

6.2 信息服务业务经营者向用户提供任何有偿信息服务时，应事先征得用户同意。信息服务业务经营者向用户提供无偿信息服务时，用户予以拒绝的，信息服务业务经营者应停止提供。

信息服务业务经营者在提供短信息服务时，包月类、订阅类短信服务，必须事先向用户请求确认，且请求确认消息中必须包括收费标准。若用户未进行确认反馈，视为用户撤销服务要求。

在用户拨打接入码接入信息服务业务经营者的语音信息服务业务平台后，业务平台应免费向用户说明收费标准，并在得到用户确认后开始计信息服务费。

6.3 信息服务业务经营者应遵照与用户的约定向用户提供信息服务，未得到用户许可，信息服务业务经营者不得擅自改变服务内容和服务频次，不得擅自改变收费方式和降低服务质量。对分条计费的信息，如因传输容量等原因需要回送多条信息内容的，只能收取一条相应信息的信息费。

6.4 信息服务业务经营者在提供语音信息服务时不得通过故意插播广告性或者宣传性广告信息以延长服务时间，人工信息咨询员不得谈论与用户所提问题无关的话题，不得故意拖延时间。

6.5 信息服务业务经营者在采集、开发、处理、发布信息时，应对信息的内容进行审查，信息服务业务经营者不得提供国家明令禁止传播的信息。信息准确率应达到95%以上。

6.6 信息服务业务经营者在提供订制类信息服务业务时，应明示方便用户退订的途径，短信息服务业务经营者应开通方便用户选择退订服务的“0000”、“00000”短信退订功能，并保证退订途径的畅通。

用户提出停止服务时，信息服务业务经营者应及时接受并停止计费。

6.7 信息服务业务经营者应保存信息服务计费原始数据，短信息服务系统应当自动记录并保存短信息的发送与接收时间、发送端和接收端的电话号码，保存期限至少5个月。在计费原始数据保存期限内，信息服务业务经营者应根据用户需求提供信息服务收费清单。

6.8 基础电信业务经营者在向用户提供电话业务收费单据时，若存在为信息服务业务经营者代收的信息费，应同时向用户提供信息服务业务经营者的名称、代码和代收金额，并注明“代收费”字样。

6.9 用户对信息费产生异议或对服务质量不满意时，基础电信业务经营者与信息服务业务经营者均应遵循“首问负责”的原则，共同协商处理，不得互相推诿。

6.10 信息服务业务经营者应开通客户服务热线电话，并对社会公布。

附录7：

电信服务规范——国内甚小口径终端地球站（VSAT）通信业务

7.1 国内甚小口径终端地球站（VSAT）通信业务的服务质量指标

7.1.1 开通时限

城镇平均≤20日，最长为30日；

农村平均≤25日，最长为40日。

开通时限指自电信业务经营者受理用户开通业务交费之日起，至能正常通信所需要的时间。如果电信业务经营者同时提供了电源设备，则含电源设备在内的开通时限也应符合该指标要求。

7.1.2 障碍修复时限

城镇平均≤3 日，最长为 7 日；

农村平均≤7 日，最长为 15 日。

障碍修复时限指自用户提出障碍申告时起，至障碍排除或采取其他方式恢复用户正常通信所需要的时间。如果电信业务经营者同时提供了电源设备，则含电源设备在内的障碍修复时限也应符合该指标要求。

7.1.3 其他指标要求

提供话音业务的 VSAT 系统参照固定电话服务质量指标，提供数据业务的 VSAT 系统参照数据通信服务质量指标。

7.2 国内甚小口径终端地球站（VSAT）通信业务的通信质量指标

7.2.1 系统可用性

系统可用性≥99.5%，包含 C 频段系统和 Ku 频段系统。

由于卫星系统的传输受到大气和降雨等传播条件限制，客观存在一定比例的不可用时间。该指标也与 VSAT 系统的网络设计和采用的设备相关。

7.2.2 话音系统接通率

系统接通率≥92%。

话音系统接通率指话音 VSAT 系统内部接通的概率，VSAT 用户地球站之间或 VSAT 到关口地球站之间单跳接通的概率。指标值参考固定网指标，并考虑了卫星信道拥塞率和卫星系统的不可用时间。

7.2.3 话音系统拨号后时延

VSAT 用户拨打固定用户拨号后时延：平均值≤8 秒，最大值为 14 秒；

VSAT 用户打移动用户拨号后时延：平均值≤16 秒，最大值为 25 秒；

移动用户拨打 VSAT 用户的拨号后时延：平均值≤11 秒，最大值为 18 秒；

VSAT 用户之间单跳拨打，拨号后时延：平均值≤4 秒，最大值为 8 秒。

7.2.4 通信中断率

话音系统通信中断率≤2×10^{-4}。

数据系统通信中断率在电信业务经营者和用户的协议中约定。

通信中断率指用户通信过程中，在 VSAT 系统内出现通信中断的概率。

7.2.5 数据系统空间段误码率

误码率≤10^{-7}。

数据系统的空间段误码率，指在 VSAT 用户地球站之间，或在 VSAT 到关口地球站之间（单跳）单向信道传送数据出现误码的概率。

7.2.6 计费差错率

计费差错率≤10^{-4}。

计费差错率指计费设备出现计费差错的概率。

附录 8：

电信服务规范——国内通信设施服务业务

8.1 国内通信设施服务业务的服务质量指标

8.1.1 预受理时限

8.1.1.1 租用话音频带电路预受理时限

平均≤3 工作日，最长为 5 工作日。

8.1.1.2 租用数字数据电路预受理时限

平均≤4 工作日，最长为 8 工作日。

8.1.1.3 租用 PDH 系列通道、VC－n 系列通道、光通信波长、光纤、光缆、电缆等资源以及其他网络元素预受理时限：

不做统一要求，由经营者向社会承诺，或在与用户的协议中约定。

预受理时限指用户登记时起，至经营者查找网络资源，答复用户能否安装所需要的时间。

8.1.2 开通时限

8.1.2.1 租用话音频带电路开通时限

平均≤20 日，最长为 30 日。

8.1.2.2 租用数字数据电路开通时限

见附录 3，3.3.1.2 的要求。

8.1.2.3 租用 PDH 系列通道、VC－n 系列通道、光通信波长、光纤、光缆、电缆等资源以及其他网络元素开通时限：

不做统一要求，由经营者向社会承诺，或者在与用户的协议中约定。

开通时限指电信业务经营者受理之日起，至为用户开通租用的通信设施可以投入使用所需要的时间。

8.1.3 障碍修复时限

8.1.3.1 租用话音频带电路障碍修复时限

平均≤24 小时，最长为 48 小时。

8.1.3.2 租用数字数据电路障碍修复时限

见附录 3，3.3.1.3 的要求。

8.1.3.3 租用 PDH 系列通道、VC－n 系列通道、光通信波长、光纤、光缆、电缆等资源以及其他网络元素障碍修复时限：

不做统一要求，由经营者向社会承诺，或在与用户签定的协议中约定。

障碍修复时限指自用户提出障碍申告时起，至障碍排除或采取其他方式恢复用户正常通信所需要的时间。

8.1.4 暂停或停租时限

平均≤24 小时，最长为 48 小时。

暂停或停租时限指自用户提出暂停或终止租用通信设施业务，自办理登记手续且结清账务时起，至实际完成所需要的时间。

8.2 国内通信设施服务业务的通信质量指标

8.2.1 话音频带电路的通信质量指标

话音频带电路适用于电话业务和使用话音频带的非话业务。其通信质量指标包括：标称总衰减、衰减失真、群时延失真、总衰减随时间变化、随机噪声、脉冲噪声、相位抖动、总失真、单音干扰、频率偏差、谐波和交调失真。根据用户对带宽的不同要求应分别满足 GB11053“特定带宽特殊质量租用电路特性”和 GB11054“基本带宽特殊质量租用电路特性”的相关要求。

8.2.2 数字数据电路的通信质量指标

见附录 3，3.3.2.2 中的有关指标。

8.2.3PDH 系列通道和 VC－n 系列通道的通信质量指标

PDH 系列通道指 2、8、34、45 和 140Mbit/s 等各种速率的数字通道。

VC－n 系列通道指 VC－12、VC－3、VC－4、VC－4－Xc 等各种速率的同步数字通道。

租用 PDH 系列通道和 VC—n 系列通道可以由一个经营者提供，也可以由多个经营者分段提供，其通信质量指标包括：差错性能、单向传输时间、可用性。

8.2.3.1 差错性能

PDH 系列通道的差错性能应满足 YD/T748“PDH 数字通道、差错性能的维护性能限值”的相关要求。

VC－n 系列通道的差错性能应满足 YDN026“SDH 传输网技术要求——SDH 数字通道和复用段的投入业务和维护性能限值”的指标要求。

8.2.3.2 单向传输时间

不含卫星的 PDH 系列通道和 VC－n 系列通道的单向传输时间不大于（0.5N＋0.005G）毫秒，含有 N 个数字交叉连接设备，传输距离为 G 公里。

8.2.3.3 可用性

根据用户要求，可采用不同的保护或恢复机制，以提供不同等级水平的可用性，可用性等级水平与租用费直接相关，可由经营者向社会承诺，或者在经营者与用户签定的协议中约定。

8.2.4 光通信波长、光纤、光缆和电缆的通信质量指标

光通信波长、光纤、光缆和电缆可向用户提供基于指定波长、指定光纤或指定光缆和指定电缆的资源指配。

光通信波长、光纤、光缆的通信质量指标包括：工作波长、接口类型、光纤类型、衰减及色散等，应满足 YDN099“光同步传送网技术体制”的指标要求。

电缆的通信质量指标包括：工作频带、衰减、串音等，在经营者与用户的协议中约定。

8.2.5 网络元素出租、出售业务的通信质量指标

其他网络元素包括各种可出租的网络元素的指配，目前经营者的同步网可以向其他经营者或用户提供出租同步端口的服务。同步网出租同步端口的通信质量指标包括：接口速率、定时性能（抖动、漂动），应满足 YD/T 1012“数字同步网节点时钟系列及其定时特性”的指标要求。

非经营性互联网信息服务备案管理办法

（2005年2月8日信息产业部令第33号公布　自2005年3月20日起施行）

第一条　为规范非经营性互联网信息服务备案及备案管理，促进互联网信息服务业的健康发展，根据《互联网信息服务管理办法》、《中华人民共和国电信条例》及其他相关法律、行政法规的规定，制定本办法。

第二条　在中华人民共和国境内提供非经营性互联网信息服务，履行备案手续，实施备案管理，适用本办法。

第三条　中华人民共和国信息产业部（以下简称“信息产业部”）对全国非经营性互联网信息服务备案管理工作进行监督指导，省、自治区、直辖市通信管理局（以下简称“省通信管理局”）具体实施非经营性互联网信息服务的备案管理工作。

拟从事非经营性互联网信息服务的，应当向其住所所在地省通信管理局履行备案手续。

第四条　省通信管理局在备案管理中应当遵循公开、公平、公正的原则，提供便民、优质、高效的服务。

非经营性互联网信息服务提供者从事非经营性互联网信息服务时，应当遵守国家的有关规定，接受有关部门依法实施的监督管理。

第五条　在中华人民共和国境内提供非经营性互联网信息服务，应当依法履行备案手续。

未经备案，不得在中华人民共和国境内从事非经营性互联网信息服务。

本办法所称在中华人民共和国境内提供非经营性互联网信息服务，是指在中华人民共和国境内的组织或个人利用通过互联网域名访问的网站或者利用仅能通过互联网IP地址访问的网站，提供非经营性互联网信息服务。

第六条　省通信管理局通过信息产业部备案管理系统，采用网上备案方式进行备案管理。

第七条　拟从事非经营性互联网信息服务的，应当通过信息产业部备案管理系统如实填报《非经营性互联网信息服务备案登记表》（以下简称“《备案登记表》”，格式见本办法附录），履行备案手续。

信息产业部根据实际情况，对《备案登记表》进行调整和公布。

第八条　拟通过接入经营性互联网络从事非经营性互联网信息服务的，可以委托因特网接入服务业务经营者、因特网数据中心业务经营者和以其他方式为其网站提供接入服务的电信业务经营者代为履行备案、备案变更、备案注销等手续。

第九条　拟通过接入中国教育和科研计算机网、中国科学技术网、中国国际经济贸易互联网、中国长城互联网等公益性互联网络从事非经营性互联网信息服务的，可以由为其网站提供互联网接入服务的公益性互联网络单位代为履行备案、备案变更、备案注销等手续。

第十条　因特网接入服务业务经营者、因特网数据中心业务经营者以及以其他方式为网站提供接入服务的电信业务经营者和公益性互联网络单位（以下统称“互联网接入服务提供者”）不得在已知或应知拟从事非经营性互联网信息服务的组织或者个人的备案信息不真实的情况下，为其代为履行备案、备案变更、备案注销等手续。

第十一条　拟从事新闻、出版、教育、医疗保健、药品和医疗器械、文化、广播电影电视节目等互联网信息服务，根据法律、行政法规以及国家有关规定应经有关主管部门审核同意的，在履行备案手续时，还应向其住所所在地省通信管理局提交相关主管部门审核同意的文件。

拟从事电子公告服务的，在履行备案手续时，还应当向其住所所在地省通信管理局提交电子公告服务专项备案材料。

第十二条　省通信管理局在收到备案人提交的备案材料后，材料齐全的，应在二十个工作日内予以备案，向其发放备案电子验证标识和备案编号，并通过信息产业部备案管理系统向社会公布有关备案信息；材料不齐全的，不予备案，在二十个工作日内通知备案人并说明理由。

第十三条 非经营性互联网信息服务提供者应当在其网站开通时在主页底部的中央位置标明其备案编号，并在备案编号下方按要求链接信息产业部备案管理系统网址，供公众查询核对。

非经营性互联网信息服务提供者应当在其网站开通时，按照信息产业部备案管理系统的要求，将备案电子验证标识放置在其网站的指定目录下。

第十四条 非经营性互联网信息服务提供者在备案有效期内需要变更其《备案登记表》中填报的信息的，应当提前三十日登陆信息产业部备案系统向原备案机关履行备案变更手续。

第十五条 非经营性互联网信息服务提供者在备案有效期内需要终止提供服务的，应当在服务终止之日登陆信息产业部备案系统向原备案机关履行备案注销手续。

第十六条 非经营性互联网信息服务提供者应当保证所提供的信息内容合法。

本办法所称非经营性互联网信息服务提供者提供的信息内容，是指互联网信息服务提供者的网站的互联网域名或 IP 地址下所包括的信息内容。

第十七条 省通信管理局应当建立信誉管理、社会监督、情况调查等管理机制，对非经营性互联网信息服务活动实施监督管理。

第十八条 互联网接入服务提供者不得为未经备案的组织或者个人从事非经营性互联网信息服务提供互联网接入服务。

对被省通信管理局处以暂时关闭网站或关闭网站处罚的非经营性互联网信息服务提供者或者非法从事非经营性互联网信息服务的组织或者个人，互联网接入服务提供者应立即暂停或终止向其提供互联网接入服务。

第十九条 互联网接入服务提供者应当记录其接入的非经营性互联网信息服务提供者的备案信息。

互联网接入服务提供者应当依照国家有关规定做好用户信息动态管理、记录留存、有害信息报告等网络信息安全管理工作，根据信息产业部和省通信管理局的要求对所接入用户进行监督。

第二十条 省通信管理局依法对非经营性互联网信息服务备案实行年度审核。

省通信管理局通过信息产业部备案管理系统，采用网上方式进行年度审核。

第二十一条 非经营性互联网信息服务提供者应当在每年规定时间登陆信息产业部备案管理系统，履行年度审核手续。

第二十二条 违反本办法第五条的规定，未履行备案手续提供非经营性互联网信息服务的，由住所所在地省通信管理局责令限期改正，并处一万元罚款；拒不改正的，关闭网站。

超出备案的项目提供服务的，由住所所在地省通信管理局责令限期改正，并处五千元以上一万元以下罚款；拒不改正的，关闭网站并注销备案。

第二十三条 违反本办法第七条第一款的规定，填报虚假备案信息的，由住所所在地省通信管理局关闭网站并注销备案。

第二十四条 违反本办法第十条、第十八条、第十九条的规定的，由违法行为发生地省通信管理局责令改正，并处一万元罚款。

第二十五条 违反本办法第十三条的规定，未在其备案编号下方链接信息产业部备案管理系统网址的，或未将备案电子验证标识放置在其网站指定目录下的，由住所所在地省通信管理局责令改正，并处五千元以上一万元以下罚款。

第二十六条 违反本办法第十四条、第十五条的规定，未在规定时间履行备案变更手续，或未依法履行备案注销手续的，由住所所在地省通信管理局责令限期改正，并处一万元罚款。

第二十七条 非经营性信息服务提供者违反国家有关法律规定，依法应暂停或终止服务的，省通信管理局可根据法律、行政法规授权的同级机关的书面认定意见，暂时关闭网站，或关闭网站并注销备案。

第二十八条 在年度审核时，非经营性互联网信息服务提供者有下列情况之一的，由其住所所在地的省通信管理局通过信息产业部备案系统等媒体通告责令其限期改正；拒不改正的，关闭网站并注销备案：

（一）未在规定时间登陆备案网站提交年度审核信息的；

（二）新闻、教育、公安、安全、文化、广播电影电视、出版、保密等国家部门依法对各自主管的专项内容提出年度审核否决意见的。

第二十九条 本办法自2005年3月20日起施行。

附录：

非经营性互联网信息服务备案登记表

<table>
<tr><td>主办单位名称</td><td colspan="5"></td></tr>
<tr><td>主办单位性质</td><td colspan="5"></td></tr>
<tr><td>主办单位有效证件号码</td><td colspan="5"></td></tr>
<tr><td>投资者或上级主管单位</td><td colspan="5"></td></tr>
<tr><td>网站名称</td><td colspan="5"></td></tr>
<tr><td rowspan="2">网站负责人基本情况</td><td>姓名</td><td>有效证件号码</td><td>办公电话</td><td>手机号码</td><td>电子邮箱</td></tr>
<tr><td></td><td></td><td></td><td></td><td></td></tr>
<tr><td>主办单位通信地址</td><td colspan="5"></td></tr>
<tr><td>网站接入方式</td><td colspan="5"></td></tr>
<tr><td>服务器放置地</td><td colspan="5"></td></tr>
<tr><td>网站首页网址</td><td colspan="5"></td></tr>
<tr><td>网站域名列表</td><td colspan="5"></td></tr>
<tr><td>IP 地址列表</td><td colspan="5"></td></tr>
<tr><td>网站接入服务提供单位名称</td><td colspan="5"></td></tr>
<tr><td>涉及需前置审批或专项审批的内容</td><td colspan="5"></td></tr>
</table>

注：

1. “主办单位名称”栏：若网站为组织开办，则应填写组织名称，若为个人开办，则应填写个人姓名。

2. “主办单位有效证件号码”栏：若网站为组织开办，则该栏应填写有关部门核发的单位代码，并注明有关单位名称，例如，需工商注册的，应填写工商部门核发的企业或事业法人营业执照上的注册号，或是有效期内的企业名称预先核准通知书上的编号。若网站为个人开办，则该栏应填写个人有效证件号码（例如身份证号码），并注明证件核发单位名称。

3. “网站接入方式”栏应当填写专线接入、主机托管和虚拟主机等接入方式。

4. “网站名称”、“网站首页网址”、“网站域名列表”、“IP 地址列表”等栏应按照实际情况如实填写。其中，“网站首页网址”栏应填写网站首页的域名或 IP 地址。仅能通过互联网 IP 地址访问的网站，“网站域名列表”栏可不填报。

5. “服务器放置地”栏填写网站服务器或租用的服务器空间所在的省（自治区、直辖市）或其他地点。

6. “网站接入服务提供单位名称”应填写与其签订网站接入服务合同的互联网接入服务提供者的名称。

7. “涉及需前置审批或专项审批的内容”栏：若网站涉及新闻、出版、教育、医疗保健、药品和医疗器械、文化、广播电影电视节目等需前置审批和电子公告服务等需专项审批的互联网信息服务内容，应在本栏注明。

互联网IP地址备案管理办法

（2005年2月8日信息产业部令第34号公布 自2005年3月20日起施行）

第一条 为加强对互联网IP地址资源使用的管理，保障互联网络的安全，维护广大互联网用户的根本利益，促进互联网业的健康发展，制定本办法。

第二条 在中华人民共和国境内直接从亚太互联网信息中心等具有IP地址管理权的国际机构获得IP地址的单位和具有分配IP地址供其他单位或者个人使用的单位，适用本办法。

第三条 直接从亚太互联网信息中心等具有IP地址管理权的国际机构获得IP地址自用或分配给其他用户使用的单位统称为第一级IP地址分配机构。

直接从第一级IP地址分配机构获得IP地址除自用外还分配给本单位互联网用户以外的其他用户使用的单位为第二级IP地址分配机构（以下各级IP地址分配机构的级别依此类推）。

第四条 国家对IP地址的分配使用实行备案管理。

第五条 中华人民共和国信息产业部（以下简称“信息产业部”）对基础电信业务经营者、公益性互联网络单位和中国互联网络信息中心的IP地址备案实施监督管理。

各省、自治区、直辖市通信管理局（以下简称“省通信管理局”）对本行政区域内其他各级IP地址分配机构的IP地址备案活动实施监督管理。

第六条 信息产业部统一建设并管理全国的互联网IP地址数据库，制定和调整IP地址分配机构需报备的IP地址信息；各省通信管理局通过使用全国互联网IP地址数据库管理本行政区域内各级IP地址分配机构报备的IP地址信息。

第七条 各级IP地址分配机构应当通过信息产业部指定的网站，按照IP地址备案的要求以电子形式报备IP地址信息。

第八条 各级IP地址分配机构在进行IP地址备案时，应当如实、完整地报备IP地址信息（需报备的IP地址信息参见本办法附录）。

第九条 各级IP地址分配机构应自取得IP地址之日起二十个工作日内完成IP地址信息的第一次报备。

第十条 各级IP地址分配机构申请和分配使用的IP地址信息发生变化的，IP地址分配机构应自变化之日起五个工作日内通过信息产业部指定的网站，按照IP地址备案的要求以电子形式提交变更后的IP地址信息。

各级IP地址分配机构的联系人或联系方式发生变更的，应自变更之日起十个工作日内报备变更后的信息。

第十一条 基础电信业务经营者IP地址信息的报备，由各基础电信业务经营者集团公司（总公司）和基础电信业务经营者的省级公司（省级分支机构）共同完成。

各基础电信业务经营者集团公司（总公司）按照本办法的规定完成由其申请、使用和分配到省级公司（省级分支机构）的IP地址信息的报备。各基础电信业务经营者的省级公司（省级分支机构）按照本办法的规定统一完成该省级公司（省级分支机构）及其所属公司（分支机构）申请、使用和分配的IP地址信息的报备。

第十二条 中国教育和科研计算机网、中国科学技术网、中国国际经济贸易互联网、中国长城互联网等公益性互联网的网络管理单位应当按照本办法的规定，统一完成其申请、使用和分配的IP地址信息的报备。

第十三条 IP地址分配机构同时是互联网接入服务提供者的，应当如实记录和保存由其提供接入服务的使用自带IP地址的用户的IP地址信息，并自提供接入服务之日起五日内，填报IP地址备案信息，进行备案。

第十四条 各级IP地址分配机构应当建立健全本单位的IP地址管理制度。

第十五条 各级IP地址分配机构分配IP地址时，应当通知其下一级IP地址分配机构报备IP地址信息。

第十六条 信息产业部和省通信管理局及其工作人员对IP地址分配机构报备的IP地址信息，有保密的义务。

信息产业部和省通信管理局及其工作人员不得向他人提供IP地址分配机构报备的IP地址信息，但法律、行政法规另有规定的除外。

第十七条 违反本办法第八条、第九条、第十条、第十三条的规定的，由信息产业部或者省通信管理局依据职权责令限期改正；逾期不改的，给予警告或者处人民币一万元罚款，或者同时处以上两种处罚。

第十八条 违反本办法第十四条规定，未建立IP地址管理制度的，由信息产业部或者省通信管理局依据职权责令限期改正；逾期不改的，给予警告或者处人民币五千元以上一万元以下罚款，或者同时处以上两种处罚。

第十九条 本办法实施前直接从亚太互联网信息中心等具有IP地址管理权的国际机构获得IP地址供本单位使用或者分配IP地址供其他单位或个人使用的，应自本办法施行之日起四十五个工作日内，按照本办法的规定完成备案手续。

第二十条 本办法自2005年3月20日起实施。

附录：

需报备的IP地址信息

一、备案单位基本情况，包括备案单位名称、备案单位地址、备案单位性质、电信业务经营许可证编号、联系人姓名、联系人电话、联系人电子邮件等。

二、备案单位的IP地址来源信息，包括IP地址来源机构名称、IP地址总量、各IP地址段起止地址码等。

三、备案单位的IP地址分配使用信息，包括：

（一）本单位自用的IP地址信息，包括IP地址总量、各IP地址段起止IP地址码、IP地址使用方式、网关IP地址、网关所在地址；

（二）尚未分配的IP地址信息，包括IP地址总量、各IP地址段起止地址码；

（三）向其他用户分配的IP地址信息，包括所分配的用户基本信息（包括用户名称、单位类别、单位所属行业、单位详细地址、联系人姓名、联系人电话、联系人电子邮件）、所分配的IP地址总量、各IP地址段起止地址码、网关IP地址、网关所在地址、IP地址使用方式。

四、自带IP地址的互联网接入用户信息，包括用户基本信息（含用户名称、单位类别、单位所属行业、单位详细地址、联系人姓名、联系人电话、联系人电子邮件）、自带IP地址总量、IP地址段起止地址码、自带IP地址的来源、网关IP地址、网关所在地址、IP地址使用方式等。

·国家市场监督管理总局

工商行政管理：

网络购买商品七日无理由退货暂行办法

（2017年1月6日国家工商行政管理总局令第90号公布　自2017年3月15日起施行）

第一章　总　　则

第一条　为保障《消费者权益保护法》七日无理由退货规定的实施，保护消费者合法权益，促进电子商务健康发展，根据《消费者权益保护法》等相关法律、行政法规，制定本办法。

第二条　消费者为生活消费需要通过网络购买商品，自收到商品之日起七日内依照《消费者权益保护法》第二十五条规定退货的，适用本办法。

第三条　网络商品销售者应当依法履行七日无理由退货义务。

网络交易平台提供者应当引导和督促平台上的网络商品销售者履行七日无理由退货义务，进行监督检查，并提供技术保障。

第四条　消费者行使七日无理由退货权利和网络商品销售者履行七日无理由退货义务都应当遵循公平、诚实信用的原则，遵守商业道德。

第五条　鼓励网络商品销售者作出比本办法更有利于消费者的无理由退货承诺。

第二章　不适用退货的商品范围和商品完好标准

第六条　下列商品不适用七日无理由退货规定：

（一）消费者定作的商品；

（二）鲜活易腐的商品；

（三）在线下载或者消费者拆封的音像制品、计算机软件等数字化商品；

（四）交付的报纸、期刊。

第七条　下列性质的商品经消费者在购买时确认，可以不适用七日无理由退货规定：

（一）拆封后易影响人身安全或者生命健康的商品，或者拆封后易导致商品品质发生改变的商品；

（二）一经激活或者试用后价值贬损较大的商品；

（三）销售时已明示的临近保质期的商品、有瑕疵的商品。

第八条　消费者退回的商品应当完好。

商品能够保持原有品质、功能，商品本身、配件、商标标识齐全的，视为商品完好。

消费者基于查验需要而打开商品包装，或者为确认商品的品质、功能而进行合理的调试不影响商品的完好。

第九条　对超出查验和确认商品品质、功能需要而使用商品，导致商品价值贬损较大的，视为商品不完好。具体判定标准如下：

（一）食品（含保健食品）、化妆品、医疗器械、计生用品：必要的一次性密封包装被损坏；

（二）电子电器类：进行未经授权的维修、

改动，破坏、涂改强制性产品认证标志、指示标贴、机器序列号等，有难以恢复原状的外观类使用痕迹，或者产生激活、授权信息、不合理的个人使用数据留存等数据类使用痕迹；

（三）服装、鞋帽、箱包、玩具、家纺、家居类：商标标识被摘、标识被剪，商品受污、受损。

第三章　退货程序

第十条　选择无理由退货的消费者应当自收到商品之日起七日内向网络商品销售者发出退货通知。

七日期间自消费者签收商品的次日开始起算。

第十一条　网络商品销售者收到退货通知后应当及时向消费者提供真实、准确的退货地址、退货联系人、退货联系电话等有效联系信息。

消费者获得上述信息后应当及时退回商品，并保留退货凭证。

第十二条　消费者退货时应当将商品本身、配件及赠品一并退回。

赠品包括赠送的实物、积分、代金券、优惠券等形式。如果赠品不能一并退回，经营者可以要求消费者按照事先标明的赠品价格支付赠品价款。

第十三条　消费者退回的商品完好的，网络商品销售者应当在收到退回商品之日起七日内向消费者返还已支付的商品价款。

第十四条　退款方式比照购买商品的支付方式。经营者与消费者另有约定的，从其约定。

购买商品时采用多种方式支付价款的，一般应当按照各种支付方式的实际支付价款以相应方式退款。

除征得消费者明确表示同意的以外，网络商品销售者不应当自行指定其他退款方式。

第十五条　消费者采用积分、代金券、优惠券等形式支付价款的，网络商品销售者在消费者退还商品后应当以相应形式返还消费者。对积分、代金券、优惠券的使用和返还有约定的，可以从其约定。

第十六条　消费者购买商品时采用信用卡支付方式并支付手续费的，网络商品销售者退款时可以不退回手续费。

消费者购买商品时采用信用卡支付方式并被网络商品销售者免除手续费的，网络商品销售者可以在退款时扣除手续费。

第十七条　退货价款以消费者实际支出的价款为准。

套装或者满减优惠活动中的部分商品退货，导致不能再享受优惠的，根据购买时各商品价格进行结算，多退少补。

第十八条　商品退回所产生的运费依法由消费者承担。经营者与消费者另有约定的，按照约定。

消费者参加满足一定条件免运费活动，但退货后已不能达到免运费活动要求的，网络商品销售者在退款时可以扣除运费。

第十九条　网络商品销售者可以与消费者约定退货方式，但不应当限制消费者的退货方式。

网络商品销售者可以免费上门取货，也可以征得消费者同意后有偿上门取货。

第四章　特别规定

第二十条　网络商品销售者应当采取技术手段或者其他措施，对于本办法第六条规定的不适用七日无理由退货的商品进行明确标注。

符合本办法第七条规定的商品，网络商品销售者应当在商品销售必经流程中设置显著的确认程序，供消费者对单次购买行为进行确认。如无确认，网络商品销售者不得拒绝七日无理由退货。

第二十一条　网络交易平台提供者应当与其平台上的网络商品销售者订立协议，明确双方七日无理由退货各自的权利、义务和责任。

第二十二条　网络交易平台提供者应当依法建立、完善其平台七日无理由退货规则以及配套的消费者权益保护有关制度，在其平台上显著位置明示，并从技术上保证消费者能够便利、完整地阅览和保存。

第二十三条　网络交易平台提供者应当对其平台上的网络商品销售者履行七日无理由退货义务建立检查监控制度，发现有违反相关法律、法规、规章的，应当及时采取制止措施，并向网络交易平台提供者或者网络商品销售者所在地工商行政管理部门报告，必要时可以停止对其提供平台服务。

第二十四条　网络交易平台提供者应当建立消费纠纷和解和消费维权自律制度。消费者在网络交易平台上购买商品，因退货而发生消费纠纷或其合法权益受到损害时，要求网络交易平台提供者调解的，网络交易平台提供者应当调解；消费者通过其他渠道维权的，网络交易平台提供者应当向消费者提供其平台上的网络商品销售者的真实名称、地址和有效联系方式，积极协助消费者维护自身合法权益。

第二十五条　网络商品销售者应当建立完善的七日无理由退货商品检验和处理程序。

对能够完全恢复到初始销售状态的七日无理由退货商品，可以作为全新商品再次销售；对不能够完全恢复到初始销售状态的七日无理由退货商品而再次销售的，应当通过显著的方式将商品的实际情况明确标注。

第五章　监督检查

第二十六条　工商行政管理部门应当加强对网络商品销售者和网络交易平台提供者经营行为的监督检查，督促和引导其建立健全经营者首问和赔偿先付制度，依法履行网络购买商品七日无理由退货义务。

第二十七条　工商行政管理部门应当及时受理和依法处理消费者有关七日无理由退货的投诉、举报。

第二十八条　工商行政管理部门应当依照公正、公开、及时的原则，综合运用建议、约谈、示范等方式，加强对网络商品销售者和网络交易平台提供者履行七日无理由退货法定义务的行政指导。

第二十九条　工商行政管理部门在对网络商品交易的监督检查中，发现经营者存在拒不履行七日无理由退货义务，侵害消费者合法权益行为的，应当依法进行查处，同时将相关处罚信息记入信用档案，向社会公布。

第六章　法律责任

第三十条　网络商品销售者违反本办法第六条、第七条规定，擅自扩大不适用七日无理由退货的商品范围的，按照《消费者权益保护法》第五十六条第一款第（八）项规定予以处罚。

第三十一条　网络商品销售者违反本办法规定，有下列情形之一的，依照《消费者权益保护法》第五十六条第一款第（八）项规定予以处罚：

（一）未经消费者在购买时确认，擅自以商品不适用七日无理由退货为由拒绝退货，或者以消费者已拆封、查验影响商品完好为由拒绝退货的；

（二）自收到消费者退货要求之日起超过十五日未办理退货手续，或者未向消费者提供真实、准确的退货地址、退货联系人等有效联系信息，致使消费者无法办理退货手续的；

（三）在收到退回商品之日起超过十五日未向消费者返还已支付的商品价款的。

第三十二条　网络交易平台提供者违反本办法第二十二条规定，未在其平台显著位置明示七日无理由退货规则及配套的有关制度，或者未在技术上保证消费者能够便利、完整地阅览和保存的，予以警告，责令改正；拒不改正的，处以一万元以上三万元以下的罚款。

第三十三条　网络商品销售者违反本办法第二十五条规定，销售不能够完全恢复到初始状态的无理由退货商品，且未通过显著的方式明确标注商品实际情况的，违反其他法律、行政法规的，依照有关法律、行政法规的规定处罚；法律、行政法规未作规定的，予以警告，责令改正，并处一万元以上三万元以下的罚款。

第三十四条　网络交易平台提供者拒绝协助工商行政管理部门对涉嫌违法行为采取措施、开展调查的，予以警告，责令改正；拒不改正的，处三万元以下的罚款。

第七章　附　　则

第三十五条　本办法所称工商行政管理部门，包括履行工商行政管理职能的市场监督管理部门。

第三十六条　网络商品销售者提供的商品不符合质量要求，消费者要求退货的，适用

《消费者权益保护法》第二十四条以及其他相关规定。

第三十七条 经营者采用电视、电话、邮购等方式销售商品，依照本办法执行。

第三十八条 本办法由国家工商行政管理总局负责解释。

第三十九条 本办法自2017年3月15日起施行。

广告发布登记管理规定

（2016年11月1日国家工商行政管理总局令第89号公布　自2016年12月1日起施行）

第一条 为加强对广告发布活动的监督管理，规范广告发布登记，根据《中华人民共和国广告法》（以下简称广告法）、《中华人民共和国行政许可法》等法律、行政法规，制定本规定。

第二条 广播电台、电视台、报刊出版单位（以下统称广告发布单位）从事广告发布业务的，应当向所在地县级以上地方工商行政管理部门申请办理广告发布登记。

第三条 国家工商行政管理总局主管全国广告发布登记的监督管理工作。

县级以上地方工商行政管理部门负责辖区内的广告发布登记和相关监督管理工作。

第四条 办理广告发布登记，应当具备下列条件：

（一）具有法人资格；不具有法人资格的报刊出版单位，由其具有法人资格的主办单位申请办理广告发布登记；

（二）设有专门从事广告业务的机构；

（三）配有广告从业人员和熟悉广告法律法规的广告审查人员；

（四）具有与广告发布相适应的场所、设备。

第五条 申请办理广告发布登记，应当向工商行政管理部门提交下列材料：

（一）《广告发布登记申请表》；

（二）相关媒体批准文件：广播电台、电视台应当提交《广播电视播出机构许可证》和《广播电视频道许可证》，报纸出版单位应当提交《报纸出版许可证》，期刊出版单位应当提交《期刊出版许可证》；

（三）法人资格证明文件；

（四）广告业务机构证明文件及其负责人任命文件；

（五）广告从业人员和广告审查人员证明文件；

（六）场所使用证明。

工商行政管理部门应当自受理申请之日起五个工作日内，作出是否准予登记的决定。准予登记的，应当将准予登记决定向社会公布；不予登记的，书面说明理由。

第六条 广告发布单位应当使用自有的广播频率、电视频道、报纸、期刊发布广告。

第七条 广告发布登记的有效期限，应当与广告发布单位依照本规定第五条第一款第二项规定所提交的批准文件的有效期限一致。

第八条 广告发布登记事项发生变化的，广告发布单位应当自该事项发生变化之日起三十日内向工商行政管理部门申请变更登记。

申请变更广告发布登记应当提交《广告发布变更登记申请表》和与变更事项相关的证明文件。

工商行政管理部门应当自受理变更申请之日起五个工作日内作出是否准予变更的决定。准予变更的，应当将准予变更决定向社会公布；不予变更的，书面说明理由。

第九条 有下列情形之一的，广告发布单位应当及时向工商行政管理部门申请注销登记：

（一）广告发布登记有效期届满且广告发布单位未申请延续的；

（二）广告发布单位法人资格依法终止的；

（三）广告发布登记依法被撤销或者被吊销的；

（四）广告发布单位由于情况发生变化不具备本规定第四条规定的条件的；

（五）广告发布单位停止从事广告发布的；

（六）依法应当注销广告发布登记的其他情形。

第十条 广告发布登记有效期届满需要延续的，广告发布单位应当于有效期届满三十日前向工商行政管理部门提出延续申请。工商行政管理部门应当在广告发布登记有效期届满前作出是否准予延续的决定。准予延续的，应当将准予延续的决定向社会公布；不予延续的，书面说明理由；逾期未作决定的，视为准予延续。

第十一条 广告发布单位应当建立、健全广告业务的承接登记、审核、档案管理、统计报表等制度。

第十二条 广告发布单位应当按照广告业统计报表制度的要求，按时通过广告业统计系统填报《广告业统计报表》，向工商行政管理部门报送上一年度广告经营情况。

第十三条 工商行政管理部门应当依照有关规定对辖区内的广告发布单位采取抽查等形式进行监督管理。抽查内容包括：

（一）是否按照广告发布登记事项从事广告发布活动；

（二）广告从业人员和广告审查人员情况；

（三）广告业务承接登记、审核、档案管理、统计报表等基本管理制度的建立和执行情况；

（四）是否按照规定报送《广告业统计报表》；

（五）其他需要进行抽查的事项。

第十四条 工商行政管理部门依照广告法的规定吊销广告发布单位的广告发布登记的，应当自决定作出之日起十日内抄告为该广告发布单位进行广告发布登记的工商行政管理部门。

第十五条 广播电台、电视台、报刊出版单位未办理广告发布登记，擅自从事广告发布业务的，由工商行政管理部门依照广告法第六十条的规定查处。

以欺骗、贿赂等不正当手段取得广告发布登记的，由工商行政管理部门依法予以撤销，处一万元以上三万元以下罚款。

广告发布登记事项发生变化，广告发布单位未按规定办理变更登记的，由工商行政管理部门责令限期变更；逾期仍未办理变更登记的，处一万元以上三万元以下罚款。

广告发布单位不按规定报送《广告业统计报表》的，由工商行政管理部门予以警告，责令改正；拒不改正的，处一万元以下罚款。

第十六条 工商行政管理部门应当将准予广告发布登记、变更登记、注销登记等广告发布登记信息通过本部门门户网站或者政府公共服务平台向社会公布。无法通过上述途径公布的，应当通过报纸等大众传播媒介向社会公布。

企业的广告发布登记信息和行政处罚信息，应当通过企业信用信息公示系统依法向社会公示。

第十七条 本办法自2016年12月1日起施行。2004年11月30日国家工商行政管理总局公布的《广告经营许可证管理办法》同时废止。

互联网广告管理暂行办法

（2016年7月4日国家工商行政管理总局令第87号公布 自2016年9月1日起施行）

第一条 为了规范互联网广告活动，保护消费者的合法权益，促进互联网广告业的健康发展，维护公平竞争的市场经济秩序，根据《中华人民共和国广告法》（以下简称广告法）等法律、行政法规，制定本办法。

第二条 利用互联网从事广告活动，适用广告法和本办法的规定。

第三条 本办法所称互联网广告，是指通过网站、网页、互联网应用程序等互联网媒介，以文字、图片、音频、视频或者其他形式，直接或者间接地推销商品或者服务的商业广告。

前款所称互联网广告包括：

（一）推销商品或者服务的含有链接的文字、图片或者视频等形式的广告；

（二）推销商品或者服务的电子邮件广告；

（三）推销商品或者服务的付费搜索广告；

（四）推销商品或者服务的商业性展示中的广告，法律、法规和规章规定经营者应当向消费者提供的信息的展示依照其规定；

（五）其他通过互联网媒介推销商品或者服务的商业广告。

第四条 鼓励和支持广告行业组织依照法律、法规、规章和章程的规定，制定行业规范，加强行业自律，促进行业发展，引导会员依法从事互联网广告活动，推动互联网广告行业诚信建设。

第五条 法律、行政法规规定禁止生产、销售的商品或者提供的服务，以及禁止发布广告的商品或者服务，任何单位或者个人不得在互联网上设计、制作、代理、发布广告。

禁止利用互联网发布处方药和烟草的广告。

第六条 医疗、药品、特殊医学用途配方食品、医疗器械、农药、兽药、保健食品广告等法律、行政法规规定须经广告审查机关进行审查的特殊商品或者服务的广告，未经审查，不得发布。

第七条 互联网广告应当具有可识别性，显著标明“广告”，使消费者能够辨明其为广告。

付费搜索广告应当与自然搜索结果明显区分。

第八条 利用互联网发布、发送广告，不得影响用户正常使用网络。在互联网页面以弹出等形式发布的广告，应当显著标明关闭标志，确保一键关闭。

不得以欺骗方式诱使用户点击广告内容。

未经允许，不得在用户发送的电子邮件中附加广告或者广告链接。

第九条 互联网广告主、广告经营者、广告发布者之间在互联网广告活动中应当依法订立书面合同。

第十条 互联网广告主应当对广告内容的真实性负责。

广告主发布互联网广告需具备的主体身份、行政许可、引证内容等证明文件，应当真实、合法、有效。

广告主可以通过自设网站或者拥有合法使用权的互联网媒介自行发布广告，也可以委托互联网广告经营者、广告发布者发布广告。

互联网广告主委托互联网广告经营者、广告发布者发布广告，修改广告内容时，应当以书面形式或者其他可以被确认的方式通知为其提供服务的互联网广告经营者、广告发布者。

第十一条 为广告主或者广告经营者推送或者展示互联网广告，并能够核对广告内容、决定广告发布的自然人、法人或者其他组织，是互联网广告的发布者。

第十二条 互联网广告发布者、广告经营者应当按照国家有关规定建立、健全互联网广告业务的承接登记、审核、档案管理制度；审核查验并登记广告主的名称、地址和有效联系方式等主体身份信息，建立登记档案并定期核实更新。

互联网广告发布者、广告经营者应当查验有关证明文件，核对广告内容，对内容不符或者证明文件不全的广告，不得设计、制作、代理、发布。

互联网广告发布者、广告经营者应当配备熟悉广告法规的广告审查人员；有条件的还应当设立专门机构，负责互联网广告的审查。

第十三条 互联网广告可以以程序化购买广告的方式，通过广告需求方平台、媒介方平台以及广告信息交换平台等所提供的信息整合、数据分析等服务进行有针对性地发布。

通过程序化购买广告方式发布的互联网广告，广告需求方平台经营者应当清晰标明广告来源。

第十四条 广告需求方平台是指整合广告主需求，为广告主提供发布服务的广告主服务平台。广告需求方平台的经营者是互联网广告发布者、广告经营者。

媒介方平台是指整合媒介方资源，为媒介所有者或者管理者提供程序化的广告分配和筛选的媒介服务平台。

广告信息交换平台是提供数据交换、分析匹配、交易结算等服务的数据处理平台。

第十五条 广告需求方平台经营者、媒介方平台经营者、广告信息交换平台经营者以及媒介方平台的成员，在订立互联网广告合同时，应当查验合同相对方的主体身份证明文件、真实名称、地址和有效联系方式等信息，建立登记档案并定期核实更新。

媒介方平台经营者、广告信息交换平台经营者以及媒介方平台成员，对其明知或者应知的违法广告，应当采取删除、屏蔽、断开链接等技术措施和管理措施，予以制止。

第十六条　互联网广告活动中不得有下列行为：

（一）提供或者利用应用程序、硬件等对他人正当经营的广告采取拦截、过滤、覆盖、快进等限制措施；

（二）利用网络通路、网络设备、应用程序等破坏正常广告数据传输，篡改或者遮挡他人正当经营的广告，擅自加载广告；

（三）利用虚假的统计数据、传播效果或者互联网媒介价值，诱导错误报价，谋取不正当利益或者损害他人利益。

第十七条　未参与互联网广告经营活动，仅为互联网广告提供信息服务的互联网信息服务提供者，对其明知或者应知利用其信息服务发布违法广告的，应当予以制止。

第十八条　对互联网广告违法行为实施行政处罚，由广告发布者所在地工商行政管理部门管辖。广告发布者所在地工商行政管理部门管辖异地广告主、广告经营者有困难的，可以将广告主、广告经营者的违法情况移交广告主、广告经营者所在地工商行政管理部门处理。

广告主所在地、广告经营者所在地工商行政管理部门先行发现违法线索或者收到投诉、举报的，也可以进行管辖。

对广告主自行发布的违法广告实施行政处罚，由广告主所在地工商行政管理部门管辖。

第十九条　工商行政管理部门在查处违法广告时，可以行使下列职权：

（一）对涉嫌从事违法广告活动的场所实施现场检查；

（二）询问涉嫌违法的有关当事人，对有关单位或者个人进行调查；

（三）要求涉嫌违法当事人限期提供有关证明文件；

（四）查阅、复制与涉嫌违法广告有关的合同、票据、账簿、广告作品和互联网广告后台数据，采用截屏、页面另存、拍照等方法确认互联网广告内容；

（五）责令暂停发布可能造成严重后果的涉嫌违法广告。

工商行政管理部门依法行使前款规定的职权时，当事人应当协助、配合，不得拒绝、阻挠或者隐瞒真实情况。

第二十条　工商行政管理部门对互联网广告的技术监测记录资料，可以作为对违法的互联网广告实施行政处罚或者采取行政措施的电子数据证据。

第二十一条　违反本办法第五条第一款规定，利用互联网广告推销禁止生产、销售的产品或者提供的服务，或者禁止发布广告的商品或者服务的，依照广告法第五十七条第五项的规定予以处罚；违反第二款的规定，利用互联网发布处方药、烟草广告的，依照广告法第五十七条第二项、第四项的规定予以处罚。

第二十二条　违反本办法第六条规定，未经审查发布广告的，依照广告法第五十八条第一款第十四项的规定予以处罚。

第二十三条　互联网广告违反本办法第七条规定，不具有可识别性的，依照广告法第五十九条第三款的规定予以处罚。

第二十四条　违反本办法第八条第一款规定，利用互联网发布广告，未显著标明关闭标志并确保一键关闭的，依照广告法第六十三条第二款的规定进行处罚；违反第二款、第三款规定，以欺骗方式诱使用户点击广告内容的，或者未经允许，在用户发送的电子邮件中附加广告或者广告链接的，责令改正，处一万元以上三万元以下的罚款。

第二十五条　违反本办法第十二条第一款、第二款规定，互联网广告发布者、广告经营者未按照国家有关规定建立、健全广告业务管理制度的，或者未对广告内容进行核对的，依照广告法第六十一条第一款的规定予以处罚。

第二十六条　有下列情形之一的，责令改正，处一万元以上三万元以下的罚款：

（一）广告需求方平台经营者违反本办法第十三条第二款规定，通过程序化购买方式发布的广告未标明来源的；

（二）媒介方平台经营者、广告信息交换平台经营者以及媒介方平台成员，违反本办法第十五条第一款、第二款规定，未履行相关义务的。

第二十七条 违反本办法第十七条规定，互联网信息服务提供者明知或者应知互联网广告活动违法不予制止的，依照广告法第六十四条规定予以处罚。

第二十八条 工商行政管理部门依照广告法和本办法规定所做出的行政处罚决定，应当通过企业信用信息公示系统依法向社会公示。

第二十九条 本办法自2016年9月1日起施行。

流通领域商品质量监督管理办法

（2016年3月17日国家工商行政管理总局令第85号公布　自2016年5月1日起施行）

第一章　总　　则

第一条 为加强流通领域商品质量监督管理，保护消费者合法权益，维护社会经济秩序，根据《中华人民共和国消费者权益保护法》《中华人民共和国产品质量法》等法律、行政法规，制定本办法。

第二条 县级以上工商行政管理部门（包括履行工商行政管理职责的市场监督管理部门，下同）依照法律、法规以及本办法的规定，对本行政区域内的流通领域商品质量进行监督管理，依法查处商品质量违法行为。

第三条 工商行政管理部门对流通领域商品质量实行以抽查为主要方式的监督检查制度，加强商品质量监督管理，督促经营者履行商品质量义务，保护消费者合法权益。

第四条 工商行政管理部门建立情况通报、信息共享、案件移送、监管联动的机制，加强执法协作，提高监管执法效能。

第五条 工商行政管理部门对商品质量违法行为实施行政处罚，应当依照公正、公开、及时的原则，坚持处罚与教育相结合，教育和督促经营者自觉履行法定义务。

第二章　经营者的商品质量义务

第六条 销售者应当建立健全进货检查验收、停止销售及退换货等商品质量管理制度，保障商品质量，按照法律、法规以及本办法的规定和对消费者的承诺履行商品质量义务，承担商品质量责任。

第七条 销售者应当严格执行进货检查验收制度，如实记录进货检查验收情况，并根据商品特点采取必要的保管措施，保持所销售商品的质量。

检查验收的内容主要包括：

（一）供货商的主体资格；

（二）商品合格证明和其他标识；

（三）对依照法律、法规规定实行生产许可证或者强制性产品认证制度的商品，查验其许可证、认证证书。

第八条 销售的商品或者其包装上的标识应当真实、准确、便于识别，不得误导消费者，并符合下列要求：

（一）有商品质量检验合格证明；

（二）有中文标明的商品名称、生产厂厂名和厂址；

（三）根据商品的特点和使用要求，需要标明的商品规格、等级、所含主要成分、含量以及其他需要事先让消费者知晓的内容；

（四）限期使用的商品应当在显著位置清晰标明生产日期和安全使用期或者失效日期；

（五）使用不当，容易造成商品本身损坏或者可能危及人身、财产安全的商品，应当有明确的警示标志或者中文警示说明；

（六）其他法律、法规及强制性标准规定应当标明的内容。

销售者销售的使用自己的商标、委托他人生产的商品，应当按照本条前款的规定进行标注。

根据商品的特点难以附加标识的裸装商品，可以不附加商品标识。

第九条 销售的进口商品应当符合下列要求：

（一）有中文标明的商品名称、产地以及进口商或者总经销者名称和地址；

（二）关系人体健康和人身、财产安全或者对使用、维护有特殊要求的商品，应当附有中文说明书；

（三）限期使用的商品，应当有中文注明的失效日期；

（四）用进口散件组装或者分装的商品，商品或者包装上应当有中文注明的组装或者分装厂厂名、厂址。

第十条　销售者不得销售下列商品：

（一）不符合保障人体健康和人身、财产安全的国家标准、行业标准的商品；

（二）不符合在商品或者其包装上标注采用的产品标准的商品，不符合以商品说明、实物样品等方式表明的质量状况的商品，不具备应当具备的使用性能的商品；

（三）国家明令淘汰并禁止销售的商品；

（四）伪造产地，伪造或者冒用他人的厂名、厂址，伪造或者冒用认证标志等质量标志的商品；

（五）失效、变质的商品；

（六）篡改生产日期的商品。

第十一条　销售者销售商品，不得掺杂、掺假，不得以假充真、以次充好，不得以不合格商品冒充合格商品。

第十二条　销售的商品存在使用性能的瑕疵但不违反法律强制性规定的，销售者应当在商品、包装或者销售场所的显著位置清晰地标明“处理品”、“残次品”、“等外品”等，并以告示等方式如实说明商品的瑕疵或者实际质量状况。

第十三条　销售者不得购进或者销售无厂名、厂址等来源不明的商品。

第十四条　奖品、赠品等视同销售的商品，应当符合本办法第八条至第十三条规定。

第十五条　服务业的经营者不得将本办法第十条、第十一条规定禁止销售的商品用于经营性服务。

第十六条　销售者销售的商品不符合质量要求的，应当依照国家规定、当事人约定履行退货、更换、修理等义务。没有国家规定和当事人约定的，消费者可以自收到商品之日起七日内退货；七日后符合法定解除合同条件的，消费者可以及时退货，不符合法定解除合同条件的，可以要求经营者履行更换、修理等义务。

对依法经有关行政部门认定为不合格的商品，消费者要求退货的，销售者应当负责退货。

第十七条　销售者采用网络、电视、电话、邮购等方式销售商品的，消费者有权自收到商品之日起七日内退货。销售者应当依照法律规定承担无理由退货义务。

第十八条　销售者应当及时履行商品修理、重作、更换、退货、补足商品数量、退还货款和服务费用或者赔偿损失等义务，不得故意拖延或者无理拒绝。

第十九条　销售者发现其提供的商品存在缺陷，有危及人身、财产安全危险的，应当立即向工商行政管理部门报告和告知消费者，并采取停止销售、警示等措施。

第二十条　经营者对知道或者应当知道属于本办法第十条、第十一条规定禁止销售的商品，不得为其提供运输、保管、仓储等便利条件。

第二十一条　商品经营柜台出租者、商品展销会举办者、网络交易平台提供者、广播电视购物平台经营者，应当对申请进入其经营场所或者平台销售商品的经营者的主体资格履行审查登记义务。

商品经营柜台出租者、商品展销会举办者、网络交易平台提供者、广播电视购物平台经营者接到工商行政管理部门责令停止销售通知或者公告后，应当要求并监督销售者停止销售相关商品，及时停止为相关商品提供入场经营或者平台服务，配合工商行政管理部门做好监督管理工作。

第三章　商品质量的监督检查

第二十二条　工商行政管理部门应当按照法律、法规、本办法规定以及随机抽查实施方案的统一安排，随机抽查辖区内经营者，随机选派执法人员，对销售的商品以及经营性服务中使用的商品进行监督检查。

随机抽查的内容主要包括：进货检查验收制度执行情况，商品的质量检验合格证明、说明书以及生产厂厂名、厂址、警示标志等标识标注情况，其他应当向消费者提供的商品信息。

工商行政管理部门对消费者、有关组织、大众传播媒介反映的以及行政执法中发现有质量问题的商品，应当开展重点检查。

第二十三条 工商行政管理部门应当按照流通领域商品质量抽查检验有关规定开展抽查检验工作，运用大数据分析等手段，科学确定线上线下抽查检验的重点，制定抽查检验计划和实施方案，不得随意抽查检验。

抽查检验应当依据法律、法规、强制性标准和其他有关规定，以及商品或者其包装上注明采用的产品标准或者商品说明、实物样品等方式表明的质量状况进行商品质量判定。

抽查检验结果应当及时向社会公布。

第二十四条 工商行政管理部门依据监督检查职权或者通过投诉、举报、其他机关移送、上级机关交办等途径发现、查处商品质量违法行为，并通过企业信用信息公示系统向社会公示行政处罚信息。

第二十五条 工商行政管理部门对涉嫌商品质量违法行为进行查处时，依法行使下列职权：

（一）对当事人涉嫌从事违法活动的场所实施现场检查；

（二）向当事人的法定代表人、主要负责人、其他有关人员以及相关经营者调查、了解与涉嫌违法活动有关的情况；

（三）查阅、复制当事人有关的合同、发票、进货台账、销售台账、财务账簿以及其他有关资料；

（四）对有根据认为不符合保障人体健康和人身、财产安全的国家标准、行业标准的商品或者有其他严重质量问题的商品，以及直接用于销售该商品的原辅材料、包装物、专用工具，予以查封或者扣押；

（五）法律、法规规定的其他职权。

第二十六条 对经抽查检验并依法认定的不合格商品，工商行政管理部门应当责令销售者立即停止销售。对发现销售有不符合保障人体健康和人身、财产安全的国家标准、行业标准的商品的，应当责令辖区内销售者立即停止销售同一商标的同一规格型号的商品，及时对该商品的供货者进行追查；供货者不在本辖区的，应当将相关线索通报供货者所在地工商行政管理部门。属于生产者责任引起的商品质量违法行为，应当将相关线索通报生产者所在地相关行政部门。

第二十七条 工商行政管理部门根据市场监督检查情况，适时发布商品质量安全风险警示和消费提示。

第二十八条 工商行政管理部门在法定职权范围内，可以对经营者实施行政指导，综合运用建议、约谈、示范等方式引导经营者合法规范经营。

第二十九条 经营者对工商行政管理部门依法进行的监督检查应当配合，不得拒绝。

第四章 法律责任

第三十条 销售者违反本办法第八条和第九条规定的，依照《中华人民共和国产品质量法》第五十四条的规定予以处罚；销售者违反本办法第十条第（一）项至第（五）项、第十一条、第十二条和第十四条规定的，依照《中华人民共和国产品质量法》第四十九条至第五十三条的规定予以处罚；经营者违反本办法第十条第（六）项、第十六条、第十七条、第十八条、第十九条规定的，依照《中华人民共和国消费者权益保护法》第五十六条的规定予以处罚；经营者违反本办法第二十条规定的，依照《中华人民共和国产品质量法》第六十一条的规定予以处罚；经营者违反本办法第十五条规定的，依照《中华人民共和国产品质量法》第六十二条的规定予以处罚；经营者违反本办法第二十九条规定的，依照《中华人民共和国产品质量法》第五十六条的规定予以处罚。

第三十一条 对为销售者提供不符合保障人体健康和人身、财产安全的国家标准、行业标准的商品的供货者，依照《中华人民共和国产品质量法》第四十九条的规定，责令停止销售，没收违法销售的商品，并处违法销售商品（包括已售出和未售出的商品）货值金额等值以上三倍以下的罚款；有违法所得的，并处没收违法所得；情节严重的，吊销营业执照。

第三十二条 销售者违反本办法第十三条

规定的，责令改正，处违法所得三倍以下但不超过三万元的罚款；没有违法所得的，处一万元以下的罚款。

第三十三条　商品经营柜台出租者、商品展销会举办者、网络交易平台提供者、广播电视购物平台经营者对申请进入其经营场所或者平台销售商品的经营者的主体资格未履行审查登记义务，或者拒绝协助工商行政管理部门对涉嫌违法行为采取措施、开展调查的，责令改正；拒不改正的，处一万元以上三万元以下的罚款。

第三十四条　销售者主动消除或者减轻商品质量违法行为危害后果，采取退市等措施，自觉解决消费纠纷的，应当依法从轻或者减轻处罚。

销售者有充分证据证明其不知道所销售的商品为禁止销售的商品并如实说明进货来源的，可以依法从轻或者减轻处罚。

第三十五条　经营者对工商行政管理部门作出的行政处罚决定不服的，可以依法申请行政复议或者提起行政诉讼。

第三十六条　工商行政管理执法人员滥用职权、玩忽职守、徇私舞弊的，依法给予行政处分；情节严重构成犯罪的，依法移送司法机关。

第五章　附　　则

第三十七条　本办法所称的销售包括销售者通过实体店、网络、电视、电话、邮购、直销等方式提供商品。

第三十八条　本办法由国家工商行政管理总局负责解释。

第三十九条　本办法自2016年5月1日起施行。

工商行政管理机关执法监督规定

（2015年9月15日国家工商行政管理总局令第78号公布　自2015年12月1日起施行）

第一条　为了加强对工商行政管理机关行政执法行为的监督，完善常态化监督制度，保证各项工商行政管理法律、法规、规章的正确实施，促进严格规范公正文明执法，保护公民、法人和其他组织的合法权益，根据《行政处罚法》《行政许可法》等法律、行政法规，制定本规定。

第二条　本规定所称执法监督，是指上级工商行政管理机关对下级工商行政管理机关，各级工商行政管理机关对本机关及其派出机构、执法人员的行政执法行为进行检查、评议、督促、纠正等活动。

本规定所称工商行政管理机关，包括履行工商行政管理职责的市场监督管理部门。

第三条　各级工商行政管理机关应当建立健全执法监督制度，完善执法监督程序，强化执法监督手段，积极探索执法监督的有效途径和方式，加强对各项工商行政管理行政执法行为的监督制约。

各级工商行政管理机关法制机构是主管执法监督的工作部门，在本级工商行政管理机关的领导下，负责组织、协调、指导和实施执法监督工作。

各级工商行政管理机关其他有关机构应当依照其职责规定，做好相关领域的执法监督工作。

第四条　执法监督应当遵循监督执法与促进执法相结合、纠正错误与改进工作相结合，坚持有法必依、执法必严、违法必究，确保依法行政。

第五条　执法监督的范围主要有：

（一）工商行政管理法律、法规、规章和规范性文件执行情况；

（二）规范性文件的制定程序和内容是否合法；

（三）行政处罚、行政许可、行政强制等具体行政行为是否合法、适当；

（四）行政执法中是否存在不作为、滥用职

权、玩忽职守、越权执法等行为；

（五）行政执法公示情况；

（六）行政执法责任制落实情况；

（七）其他应当监督检查的情况。

第六条 执法监督主要采取以下方式进行：

（一）实行法律、法规、规章实施情况报告制度；

（二）实行规范性文件合法性审查制度；

（三）实行行政处罚案件核审、听证制度；

（四）实行工商行政管理执法证管理制度；

（五）实行行政复议制度；

（六）实行行政执法案卷评查制度；

（七）实行专项执法检查制度；

（八）实行法治建设评价制度；

（九）实行行政执法评议考核制度；

（十）实行执法监督函告制度；

（十一）实行行政执法过错责任追究制度；

（十二）各级工商行政管理机关决定采取的其他方式。

第七条 上级工商行政管理机关根据工作需要，可以要求下级工商行政管理机关以书面形式报告有关工商行政管理法律、法规、规章的实施情况。

第八条 工商行政管理机关制定对公民、法人或者其他组织的权利义务产生直接影响的规范性文件应当进行合法性审查，未经合法性审查的，不得公布。

合法性审查主要审查下列内容：

（一）是否属于本机关法定职权范围；

（二）是否与法律、法规、规章的规定相抵触；

（三）是否违法设定行政处罚、行政许可、行政强制等事项；

（四）是否违法设定减损公民、法人和其他组织权利或者增加其义务的规范；

（五）是否已经公开征求意见；

（六）制定程序是否符合有关规定；

（七）本机关不同规范性文件对同一事项的规定是否冲突；

（八）其他需要审查的内容。

各级工商行政管理机关应当将其制定的规范性文件在门户网站公布。下级工商行政管理机关应当每半年将规范性文件制定、公布、清理等情况报送上一级工商行政管理机关。

第九条 各级工商行政管理机关应当实行行政处罚案件核审制度，充分发挥法制机构在行政处罚案件中的监督作用。

案件核审的主要内容包括：

（一）本机关对所办案件是否具有管辖权；

（二）当事人的基本情况是否清楚；

（三）案件事实是否清楚，证据是否确凿；

（四）案件定性是否准确；

（五）适用法律、法规、规章是否正确；

（六）处罚是否适当，自由裁量权行使是否正确；

（七）案件办理程序是否合法。

第十条 各级工商行政管理机关应当实行行政处罚案件听证制度。行政处罚听证由法制机构具体组织实施。

各级工商行政管理机关作出下列行政处罚决定之前，应当告知当事人有要求举行听证的权利：

（一）责令停业整顿、责令停止营业、责令停止广告业务等；

（二）吊销、收缴或者扣缴营业执照、吊销广告发布登记证件、撤销商标注册、撤销特殊标志登记等；

（三）对公民处以三千元以上、对法人或者其他组织处以三万元以上罚款；

（四）对公民、法人或者其他组织作出没收违法所得和非法财物达到第（三）项所列数额的行政处罚；

（五）法律、法规规定可以要求听证的其他行政处罚。

各省、自治区、直辖市人大常委会或者人民政府对前款第（三）项、第（四）项所列罚没数额有具体规定的，从其规定。

第十一条 各级工商行政管理机关应当对行政复议、行政应诉和行政赔偿案件进行统计、分析。下级工商行政管理机关应当定期向上一级工商行政管理机关报送统计、分析报告。

第十二条 各级工商行政管理机关应当每年对本机关和下级工商行政管理机关的行政处罚、行政许可等行政执法案卷进行评查。

行政处罚案卷评查的主要内容包括：

（一）实施行政处罚的主体是否合法；

（二）认定的事实是否清楚，证据是否确凿；

（三）适用法律依据是否准确；

（四）程序是否正当，是否经过法制机构核审；

（五）自由裁量权运用是否适当；

（六）是否执行罚缴分离；

（七）涉嫌犯罪的案件是否及时移送司法机关；

（八）是否符合案件办理期限要求；

（九）案件办理文书是否全面、完整；

（十）案卷的书写、制作、装订是否规范；

（十一）需要评查的其他内容。

行政许可案卷评查的主要内容包括：

（一）实施行政许可的主体是否合法；

（二）行政许可项目是否有法律依据；

（三）申请材料是否齐全、是否符合法定形式；

（四）适用法律依据是否准确；

（五）受理、审查程序是否合法；

（六）是否在法定期限内作出准予或者不予许可的决定；

（七）是否依法履行告知义务；

（八）案卷的书写、制作、装订是否规范；

（九）需要评查的其他内容。

案卷评查可以采取抽查案卷、案件回访、异地互查等形式进行。其中，行政行为被人民法院撤销、变更、确认违法或者无效的，其行政执法案卷必须全部进行评查。评查情况应当在一定范围内进行通报。

第十三条 上级工商行政管理机关应当对下级工商行政管理机关开展行政处罚信息公示的情况进行监督，主要内容包括：

（一）是否公示所有适用一般程序的行政处罚案件；

（二）是否按照《企业信息公示暂行条例》和《工商行政管理行政处罚信息公示暂行规定》及时、准确、完整公示行政处罚信息；

（三）是否按照规定抽查企业公示信息；

（四）是否建立健全行政处罚信息公示内部考核和管理制度；

（五）其他需要监督的内容。

第十四条 各级工商行政管理机关根据工作需要，可以对新制定、修订的工商行政管理法律、法规、规章的实施情况，或者对行政执法中具有普遍性的热点、难点问题组织专项执法检查。

专项执法检查由工商行政管理机关各相关机构组织实施，必要时法制机构可以单独或者会同相关机构组织实施。

专项执法检查可以采取书面汇报、调研座谈、现场检查、案卷抽查、网络抽查、问卷调查、暗访等形式进行。专项执法检查情况应当在一定范围内通报。

第十五条 各级工商行政管理机关应当完善行政处罚自由裁量权基准制度，细化、量化行政处罚自由裁量权标准，运用信息化手段，规范行政处罚自由裁量权行使。

各级工商行政管理机关应当通过案件核审、听证、行政复议、案卷评查等形式加强对本机关和下级工商行政管理机关行使行政处罚自由裁量权的监督。

第十六条 上级工商行政管理机关有权对下级工商行政管理机关办理的跨区域、具有较大社会影响等重大案件进行监督，必要时经工商行政管理机关负责人批准，可以发出执法监督通知书，要求下级工商行政管理机关就案件办理情况作出说明。

下级工商行政管理机关应当在执法监督通知书规定的期限内将案件办理情况书面报告上级工商行政管理机关。

第十七条 各级工商行政管理机关发现本机关及其派出机构、执法人员不履行、违法履行或者不当履行法定职责的，应当依据有关规定予以纠正。

第十八条 上级工商行政管理机关发现下级工商行政管理机关及其执法人员不履行、违法履行或者不当履行法定职责的，应当依据有关规定提出纠正意见，并可以向下级工商行政管理机关发出执法监督通知书，督促其及时纠正，必要时可以直接作出纠正的决定。

下级工商行政管理机关应当在执法监督通知书规定的期限内执行，并于执行完毕后十日内向上级工商行政管理机关报告执行结果。

第十九条 上级工商行政管理机关发现下级工商行政管理机关行政执法工作存在普遍性

问题或者区域性风险，经工商行政管理机关负责人批准，可以向下级工商行政管理机关发出执法监督意见书，提出改进工作的意见和建议。

下级工商行政管理机关应当在执法监督意见书规定的期限内将有关情况书面报告上级工商行政管理机关。

第二十条 各级工商行政管理机关应当严格执行罚缴分离和收支两条线管理制度，严禁收费罚没收入同部门利益直接或者变相挂钩。

第二十一条 各级工商行政管理机关应当健全行政执法和刑事司法衔接机制，严格执行案件移送标准和程序，建立与公安机关、检察机关、审判机关信息共享、案情通报、案件移送制度。

第二十二条 下级工商行政管理机关的行政执法活动受到地方保护主义等情形干扰、干预的，可以向上一级工商行政管理机关报告。上一级工商行政管理机关应当予以协调，必要时可以采取向地方政府通报情况、督办、直接查处等方式予以处理。

第二十三条 工商行政管理执法证管理、行政处罚案件核审、听证、行政复议、行政赔偿、法治建设评价、行政执法评议考核、行政执法过错责任追究等执法监督方式，依照有关法律、法规、规章和国家工商行政管理总局专项规定实施。

第二十四条 下级工商行政管理机关应当积极配合上级工商行政管理机关的执法监督工作，对不执行执法监督决定的，由上级工商行政管理机关视情节轻重给予通报批评、责令改正，并可以建议有权机关对负有责任的主管人员和相关责任人员依法给予行政处分。

行政执法人员不执行执法监督决定的，由工商行政管理机关视情节轻重给予批评教育、通报批评、离岗培训、调离执法岗位，并依法给予行政处分。

第二十五条 省、自治区、直辖市工商行政管理机关可以根据本规定，结合当地实际，制定实施办法。

第二十六条 本规定自2015年12月1日起施行。1999年12月8日国家工商行政管理局令第92号公布的《工商行政管理机关执法监督暂行规定》同时废止。

网络商品和服务集中促销活动管理暂行规定

（2015年9月2日国家工商行政管理总局令第77号公布　自2015年10月1日起施行）

第一章　总　　则

第一条 为规范网络商品和服务集中促销活动，保护消费者和经营者的合法权益，维护公平有序的网络商品和服务交易秩序，根据《消费者权益保护法》《反不正当竞争法》《广告法》等法律、法规的规定，制定本规定。

第二条 本规定所称网络商品和服务集中促销活动（以下简称网络集中促销），是指在特定时间内网络集中促销组织者组织网络集中促销经营者在互联网上，通过提供优惠条件开展销售商品或者提供服务的经营活动。

第三条 本规定所称网络集中促销组织者，是指组织网络集中促销的第三方交易平台。

网络集中促销组织者应当是经工商行政管理部门登记注册并领取营业执照的企业法人。

第四条 本规定所称网络集中促销经营者，是指在网络集中促销中向消费者销售商品或者提供服务的企业、个体工商户、其他经济组织以及已在交易平台办理实名登记的自然人。

网络集中促销经营者销售的商品或者提供的服务属于法律、行政法规或者国务院决定规定应当取得行政许可的，应当依法取得有关许可并在网页显著位置予以公示。

第五条 网络集中促销组织者、经营者应当遵守相关法律、法规、规章的规定，遵循自愿、公平、诚实信用的原则，遵守商业道德和公序良俗。

第二章　网络集中促销组织者的义务

第六条　网络集中促销组织者应当对网络集中促销经营者的经营主体身份进行审查和登记。

网络集中促销组织者应当按照《网络交易管理办法》的规定，记录、保存促销活动期间在其平台上发布的商品和服务信息内容及其发布时间。

第七条　网络集中促销组织者应当对网络集中促销经营者的促销活动进行检查监控，发现有违反工商行政管理法律、法规、规章的行为的，应当向平台经营者所在地工商行政管理部门报告，并及时采取措施制止，必要时可以停止对其提供第三方交易平台服务，并予公示。

第八条　网络集中促销组织者应当在网站显著位置并以显著方式，事先公示网络集中促销的期限、方式和规则等信息。

第九条　网络集中促销组织者不得采用格式条款设置订金不退、预售商品不适用七日无理由退货、自行解释商品完好、增加限退条件等排除或者限制消费者权利、减轻或者免除经营者责任、加重消费者责任等对消费者不公平、不合理的规定。

第十条　网络集中促销组织者应当依据可以查验的统计结果公布网络集中促销的成交量、成交额，不得对成交量、成交额进行虚假宣传，不得直接或者间接为网络集中促销经营者虚构交易、成交量或者虚假用户评价。

虚构交易、成交量或者虚假用户评价是指，网络集中促销经营者通过不正当方式获得关于其销售商品的销量、经营者店铺评分、信用积分、商品好评度评分、删除不利评论等有助于其产生商业利益、妨害消费者和其他经营者合法权益的行为。

第十一条　网络集中促销组织者不得违反《反垄断法》《反不正当竞争法》等法律、法规、规章的规定，限制、排斥平台内的网络集中促销经营者参加其他第三方交易平台组织的促销活动。

第三章　网络集中促销经营者的义务

第十二条　网络集中促销经营者除应当依照《网络交易管理办法》第十一条的规定提供商品或者服务的信息外，还应当在网店页面显著位置并以显著方式公示网络集中促销的期限、方式和规则。

第十三条　网络集中促销经营者的广告应当真实、准确，不得含有虚假内容，不得欺骗和误导消费者。

附条件的促销广告，应当将附加条件在促销广告页面上一并清晰完整表述。

第十四条　禁止采用下列不正当手段进行促销活动：

（一）标示商品的品名、用途、性能、产地、规格、等级、质量、价格或者服务的项目、价格等有关内容与实际不符；

（二）在促销中提供赠品、免费服务的，标示的赠品、免费服务的名称、数量和质量、履行期限和方式、安全注意事项和风险警示、售后服务等与消费者有重大利害关系的信息与实际不符；

（三）采用虚构交易、成交量或者虚假用户评价等不正当方式虚抬商誉，损害消费者和其他经营者合法权益。

第十五条　网络集中促销经营者在促销的商品或者服务销售完毕后，应当在促销页面、购买页面及时告知消费者。

第十六条　网络集中促销经营者在促销活动中销售、附赠的商品应当符合《产品质量法》的规定，不得销售、附赠国家明令禁止销售的商品，不得因促销降低商品质量。

网络集中促销中附赠的商品，应当依照《消费者权益保护法》和《产品质量法》的规定提供"三包"服务。

第十七条　网络集中促销经营者在促销活动中赠送消费积分或者发放优惠券的，应当标明消费积分或者优惠券的使用条件、方法和期限。

网络集中促销经营者改变消费积分或者优惠券使用条件、方法和期限的，应当征得消费者同意。增加有利于消费者权益的变更除外。

第十八条　网络集中促销经营者在促销活动中开展有奖促销的，应当符合《反不正当竞争法》的规定并公示可查验的抽奖方法，不得虚构奖品数量和质量，不得进行虚假抽奖或者操纵抽奖。

第四章 法律责任

第十九条 网络集中促销组织者违反本规定第六条规定的，依照《网络交易管理办法》第五十条的规定查处。

第二十条 网络集中促销组织者违反本规定第九条规定的，依照《合同违法行为监督处理办法》的规定查处。

第二十一条 网络集中促销组织者或者网络集中促销经营者违反本规定第十条、第十四条、第十八条规定的，依照《反不正当竞争法》的规定查处。

第二十二条 网络集中促销组织者违反本规定第十一条规定的，依照《反垄断法》《反不正当竞争法》等法律、法规、规章的规定查处。

第二十三条 网络集中促销经营者违反本规定第十三条规定的，依照《广告法》的规定查处。

第二十四条 网络集中促销经营者违反本规定第十六条规定的，依照《消费者权益保护法》《产品质量法》等法律、法规的规定查处。

第五章 附则

第二十五条 本规定由国家工商行政管理总局负责解释。

第二十六条 本规定自2015年10月1日起施行。

关于禁止滥用知识产权排除、限制竞争行为的规定

（2015年4月7日国家工商行政管理总局令第74号公布 自2015年8月1日起施行）

第一条 为了保护市场公平竞争和激励创新，制止经营者滥用知识产权排除、限制竞争的行为，根据《中华人民共和国反垄断法》（以下简称《反垄断法》），制定本规定。

第二条 反垄断与保护知识产权具有共同的目标，即促进竞争和创新，提高经济运行效率，维护消费者利益和社会公共利益。

经营者依照有关知识产权的法律、行政法规规定行使知识产权的行为，不适用《反垄断法》；但是，经营者滥用知识产权，排除、限制竞争的行为，适用《反垄断法》。

第三条 本规定所称滥用知识产权排除、限制竞争行为，是指经营者违反《反垄断法》的规定行使知识产权，实施垄断协议、滥用市场支配地位等垄断行为（价格垄断行为除外）。

本规定所称相关市场，包括相关商品市场和相关地域市场，依据《反垄断法》和《国务院反垄断委员会关于相关市场界定的指南》进行界定，并考虑知识产权、创新等因素的影响。在涉及知识产权许可等反垄断执法工作中，相关商品市场可以是技术市场，也可以是含有特定知识产权的产品市场。相关技术市场是指由行使知识产权所涉及的技术和可以相互替代的同类技术之间相互竞争所构成的市场。

第四条 经营者之间不得利用行使知识产权的方式达成《反垄断法》第十三条、第十四条所禁止的垄断协议。但是，经营者能够证明所达成的协议符合《反垄断法》第十五条规定的除外。

第五条 经营者行使知识产权的行为有下列情形之一的，可以不被认定为《反垄断法》第十三条第一款第六项和第十四条第三项所禁止的垄断协议，但是有相反的证据证明该协议具有排除、限制竞争效果的除外：

（一）具有竞争关系的经营者在受其行为影响的相关市场上的市场份额合计不超过百分之二十，或者在相关市场上存在至少四个可以以合理成本得到的其他独立控制的替代性技术；

（二）经营者与交易相对人在相关市场上的市场份额均不超过百分之三十，或者在相关市场上存在至少两个可以以合理成本得到的其他独立控制的替代性技术。

第六条 具有市场支配地位的经营者不得在行使知识产权的过程中滥用市场支配地位，排除、限制竞争。

市场支配地位根据《反垄断法》第十八条

和第十九条的规定进行认定和推定。经营者拥有知识产权可以构成认定其市场支配地位的因素之一，但不能仅根据经营者拥有知识产权推定其在相关市场上具有市场支配地位。

第七条　具有市场支配地位的经营者没有正当理由，不得在其知识产权构成生产经营活动必需设施的情况下，拒绝许可其他经营者以合理条件使用该知识产权，排除、限制竞争。

认定前款行为需要同时考虑下列因素：

（一）该项知识产权在相关市场上不能被合理替代，为其他经营者参与相关市场的竞争所必需；

（二）拒绝许可该知识产权将会导致相关市场上的竞争或者创新受到不利影响，损害消费者利益或者公共利益；

（三）许可该知识产权对该经营者不会造成不合理的损害。

第八条　具有市场支配地位的经营者没有正当理由，不得在行使知识产权的过程中，实施下列限定交易行为，排除、限制竞争：

（一）限定交易相对人只能与其进行交易；

（二）限定交易相对人只能与其指定的经营者进行交易。

第九条　具有市场支配地位的经营者没有正当理由，不得在行使知识产权的过程中，实施同时符合下列条件的搭售行为，排除、限制竞争：

（一）违背交易惯例、消费习惯等或者无视商品的功能，将不同商品强制捆绑销售或者组合销售；

（二）实施搭售行为使该经营者将其在搭售品市场的支配地位延伸到被搭售品市场，排除、限制了其他经营者在搭售品或者被搭售品市场上的竞争。

第十条　具有市场支配地位的经营者没有正当理由，不得在行使知识产权的过程中，实施下列附加不合理限制条件的行为，排除、限制竞争：

（一）要求交易相对人将其改进的技术进行独占性的回授；

（二）禁止交易相对人对其知识产权的有效性提出质疑；

（三）限制交易相对人在许可协议期限届满后，在不侵犯知识产权的情况下利用竞争性的商品或者技术；

（四）对保护期已经届满或者被认定无效的知识产权继续行使权利；

（五）禁止交易相对人与第三方进行交易；

（六）对交易相对人附加其他不合理的限制条件。

第十一条　具有市场支配地位的经营者没有正当理由，不得在行使知识产权的过程中，对条件相同的交易相对人实行差别待遇，排除、限制竞争。

第十二条　经营者不得在行使知识产权的过程中，利用专利联营从事排除、限制竞争的行为。

专利联营的成员不得利用专利联营交换产量、市场划分等有关竞争的敏感信息，达成《反垄断法》第十三条、第十四条所禁止的垄断协议。但是，经营者能够证明所达成的协议符合《反垄断法》第十五条规定的除外。

具有市场支配地位的专利联营管理组织没有正当理由，不得利用专利联营实施下列滥用市场支配地位的行为，排除、限制竞争：

（一）限制联营成员在联营之外作为独立许可人许可专利；

（二）限制联营成员或者被许可人独立或者与第三方联合研发与联营专利相竞争的技术；

（三）强迫被许可人将其改进或者研发的技术独占性地回授给专利联营管理组织或者联营成员；

（四）禁止被许可人质疑联营专利的有效性；

（五）对条件相同的联营成员或者同一相关市场的被许可人在交易条件上实行差别待遇；

（六）国家工商行政管理总局认定的其他滥用市场支配地位行为。

本规定所称专利联营，是指两个或者两个以上的专利权人通过某种形式将各自拥有的专利共同许可给第三方的协议安排。其形式可以是为此目的成立的专门合资公司，也可以是委托某一联营成员或者某独立的第三方进行管理。

第十三条　经营者不得在行使知识产权的过程中，利用标准（含国家技术规范的强制性要求，下同）的制定和实施从事排除、限制竞争的行为。

具有市场支配地位的经营者没有正当理由，不得在标准的制定和实施过程中实施下列排除、限制竞争行为：

（一）在参与标准制定的过程中，故意不向标准制定组织披露其权利信息，或者明确放弃其权利，但是在某项标准涉及该专利后却对该标准的实施者主张其专利权。

（二）在其专利成为标准必要专利后，违背公平、合理和无歧视原则，实施拒绝许可、搭售商品或者在交易时附加其他的不合理交易条件等排除、限制竞争的行为。

本规定所称标准必要专利，是指实施该项标准所必不可少的专利。

第十四条 经营者涉嫌滥用知识产权排除、限制竞争行为的，工商行政管理机关依据《反垄断法》和《工商行政管理机关查处垄断协议、滥用市场支配地位案件程序规定》进行调查。

第十五条 分析认定经营者涉嫌滥用知识产权排除、限制竞争行为，可以采取以下步骤：

（一）确定经营者行使知识产权行为的性质和表现形式；

（二）确定行使知识产权的经营者之间相互关系的性质；

（三）界定行使知识产权所涉及的相关市场；

（四）认定行使知识产权的经营者的市场地位；

（五）分析经营者行使知识产权的行为对相关市场竞争的影响。

分析认定经营者之间关系的性质需要考虑行使知识产权行为本身的特点。在涉及知识产权许可的情况下，原本具有竞争关系的经营者之间在许可合同中是交易关系，而在许可人和被许可人都利用该知识产权生产产品的市场上则又是竞争关系。但是，如果当事人之间在订立许可协议时不是竞争关系，在协议订立之后才产生竞争关系的，则仍然不视为竞争者之间的协议，除非原协议发生实质性的变更。

第十六条 分析认定经营者行使知识产权的行为对竞争的影响，应当考虑下列因素：

（一）经营者与交易相对人的市场地位；

（二）相关市场的市场集中度；

（三）进入相关市场的难易程度；

（四）产业惯例与产业的发展阶段；

（五）在产量、区域、消费者等方面进行限制的时间和效力范围；

（六）对促进创新和技术推广的影响；

（七）经营者的创新能力和技术变化的速度；

（八）与认定行使知识产权的行为对竞争影响有关的其他因素。

第十七条 经营者滥用知识产权排除、限制竞争的行为构成垄断协议的，由工商行政管理机关责令停止违法行为，没收违法所得，并处上一年度销售额百分之一以上百分之十以下的罚款；尚未实施所达成的垄断协议的，可以处五十万元以下的罚款。

经营者滥用知识产权排除、限制竞争的行为构成滥用市场支配地位的，由工商行政管理机关责令停止违法行为，没收违法所得，并处上一年度销售额百分之一以上百分之十以下的罚款。

工商行政管理机关确定具体罚款数额时，应当考虑违法行为的性质、情节、程度、持续的时间等因素。

第十八条 本规定由国家工商行政管理总局负责解释。

第十九条 本规定自 2015 年 8 月 1 日起施行。

侵害消费者权益行为处罚办法

（2015 年 1 月 5 日国家工商行政管理总局令第 73 号公布　自 2015 年 3 月 15 日起施行）

第一条 为依法制止侵害消费者权益行为，保护消费者的合法权益，维护社会经济秩序，根据《消费者权益保护法》等法律法规，制定本办法。

第二条 工商行政管理部门依照《消费者权益保护法》等法律法规和本办法的规定，保护消费者为生活消费需要购买、使用商品或者接受服务的权益，对经营者侵害消费者权益的行为实施行政处罚。

第三条 工商行政管理部门依法对侵害消费者权益行为实施行政处罚，应当依照公正、公开、及时的原则，坚持处罚与教育相结合，综合运用建议、约谈、示范等方式实施行政指导，督促和指导经营者履行法定义务。

第四条 经营者为消费者提供商品或者服务，应当遵循自愿、平等、公平、诚实信用的原则，依照《消费者权益保护法》等法律法规的规定和与消费者的约定履行义务，不得侵害消费者合法权益。

第五条 经营者提供商品或者服务不得有下列行为：

（一）销售的商品或者提供的服务不符合保障人身、财产安全要求；

（二）销售失效、变质的商品；

（三）销售伪造产地、伪造或者冒用他人的厂名、厂址、篡改生产日期的商品；

（四）销售伪造或者冒用认证标志等质量标志的商品；

（五）销售的商品或者提供的服务侵犯他人注册商标专用权；

（六）销售伪造或者冒用知名商品特有的名称、包装、装潢的商品；

（七）在销售的商品中掺杂、掺假，以假充真，以次充好，以不合格商品冒充合格商品；

（八）销售国家明令淘汰并停止销售的商品；

（九）提供商品或者服务中故意使用不合格的计量器具或者破坏计量器具准确度；

（十）骗取消费者价款或者费用而不提供或者不按照约定提供商品或者服务。

第六条 经营者向消费者提供有关商品或者服务的信息应当真实、全面、准确，不得有下列虚假或者引人误解的宣传行为：

（一）不以真实名称和标记提供商品或者服务；

（二）以虚假或者引人误解的商品说明、商品标准、实物样品等方式销售商品或者服务；

（三）作虚假或者引人误解的现场说明和演示；

（四）采用虚构交易、虚标成交量、虚假评论或者雇佣他人等方式进行欺骗性销售诱导；

（五）以虚假的“清仓价”、“甩卖价”、“最低价”、“优惠价”或者其他欺骗性价格表示销售商品或者服务；

（六）以虚假的“有奖销售”、“还本销售”、“体验销售”等方式销售商品或者服务；

（七）谎称正品销售“处理品”、“残次品”、“等外品”等商品；

（八）夸大或隐瞒所提供的商品或者服务的数量、质量、性能等与消费者有重大利害关系的信息误导消费者；

（九）以其他虚假或者引人误解的宣传方式误导消费者。

第七条 经营者对工商行政管理部门责令其对提供的缺陷商品或者服务采取停止销售或者服务等措施，不得拒绝或者拖延。经营者未按照责令停止销售或者服务通知、公告要求采取措施的，视为拒绝或者拖延。

第八条 经营者提供商品或者服务，应当依照法律规定或者当事人约定承担修理、重作、更换、退货、补足商品数量、退还货款和服务费用或者赔偿损失等民事责任，不得故意拖延或者无理拒绝消费者的合法要求。经营者有下列情形之一并超过十五日的，视为故意拖延或者无理拒绝：

（一）经有关行政部门依法认定为不合格商品，自消费者提出退货要求之日起未退货的；

（二）自国家规定、当事人约定期满之日起或者不符合质量要求的自消费者提出要求之日起，无正当理由拒不履行修理、重作、更换、退货、补足商品数量、退还货款和服务费用或者赔偿损失等义务的。

第九条 经营者采用网络、电视、电话、邮购等方式销售商品，应当依照法律规定承担无理由退货义务，不得故意拖延或者无理拒绝。经营者有下列情形之一并超过十五日的，视为故意拖延或者无理拒绝：

（一）对于适用无理由退货的商品，自收到消费者退货要求之日起未办理退货手续；

（二）未经消费者确认，以自行规定该商品

不适用无理由退货为由拒绝退货；

（三）以消费者已拆封、查验影响商品完好为由拒绝退货；

（四）自收到退回商品之日起无正当理由未返还消费者支付的商品价款。

第十条 经营者以预收款方式提供商品或者服务，应当与消费者明确约定商品或者服务的数量和质量、价款或者费用、履行期限和方式、安全注意事项和风险警示、售后服务、民事责任等内容。未按约定提供商品或者服务的，应当按照消费者的要求履行约定或者退回预付款，并应当承担预付款的利息、消费者必须支付的合理费用。对退款无约定的，按照有利于消费者的计算方式折算退款金额。

经营者对消费者提出的合理退款要求，明确表示不予退款，或者自约定期满之日起、无约定期限的自消费者提出退款要求之日起超过十五日未退款的，视为故意拖延或者无理拒绝。

第十一条 经营者收集、使用消费者个人信息，应当遵循合法、正当、必要的原则，明示收集、使用信息的目的、方式和范围，并经消费者同意。经营者不得有下列行为：

（一）未经消费者同意，收集、使用消费者个人信息；

（二）泄露、出售或者非法向他人提供所收集的消费者个人信息；

（三）未经消费者同意或者请求，或者消费者明确表示拒绝，向其发送商业性信息。

前款中的消费者个人信息是指经营者在提供商品或者服务活动中收集的消费者姓名、性别、职业、出生日期、身份证件号码、住址、联系方式、收入和财产状况、健康状况、消费情况等能够单独或者与其他信息结合识别消费者的信息。

第十二条 经营者向消费者提供商品或者服务使用格式条款、通知、声明、店堂告示等的，应当以显著方式提请消费者注意与消费者有重大利害关系的内容，并按照消费者的要求予以说明，不得作出含有下列内容的规定：

（一）免除或者部分免除经营者对其所提供的商品或者服务应当承担的修理、重作、更换、退货、补足商品数量、退还货款和服务费用、赔偿损失等责任；

（二）排除或者限制消费者提出修理、更换、退货、赔偿损失以及获得违约金和其他合理赔偿的权利；

（三）排除或者限制消费者依法投诉、举报、提起诉讼的权利；

（四）强制或者变相强制消费者购买和使用其提供的或者其指定的经营者提供的商品或者服务，对不接受其不合理条件的消费者拒绝提供相应商品或者服务，或者提高收费标准；

（五）规定经营者有权任意变更或者解除合同，限制消费者依法变更或者解除合同权利；

（六）规定经营者单方享有解释权或者最终解释权；

（七）其他对消费者不公平、不合理的规定。

第十三条 从事服务业的经营者不得有下列行为：

（一）从事为消费者提供修理、加工、安装、装饰装修等服务的经营者谎报用工用料，故意损坏、偷换零部件或材料，使用不符合国家质量标准或者与约定不相符的零部件或材料，更换不需要更换的零部件，或者偷工减料、加收费用，损害消费者权益的；

（二）从事房屋租赁、家政服务等中介服务的经营者提供虚假信息或者采取欺骗、恶意串通等手段损害消费者权益的。

第十四条 经营者有本办法第五条至第十一条规定的情形之一，其他法律、法规有规定的，依照法律、法规的规定执行；法律、法规未作规定的，由工商行政管理部门依照《消费者权益保护法》第五十六条予以处罚。

第十五条 经营者违反本办法第十二条、第十三条规定，其他法律、法规有规定的，依照法律、法规的规定执行；法律、法规未作规定的，由工商行政管理部门责令改正，可以单处或者并处警告，违法所得三倍以下、但最高不超过三万元的罚款，没有违法所得的，处以一万元以下的罚款。

第十六条 经营者有本办法第五条第（一）项至第（六）项规定行为之一且不能证明自己并非欺骗、误导消费者而实施此种行为的，属于欺诈行为。

经营者有本办法第五条第（七）项至第

（十）项、第六条和第十三条规定行为之一的，属于欺诈行为。

第十七条 经营者对工商行政管理部门作出的行政处罚决定不服的，可以依法申请行政复议或者提起行政诉讼。

第十八条 侵害消费者权益违法行为涉嫌犯罪的，工商行政管理部门应当按照有关规定，移送司法机关追究其刑事责任。

第十九条 工商行政管理部门依照法律法规及本办法规定对经营者予以行政处罚的，应当记入经营者的信用档案，并通过企业信用信息公示系统等及时向社会公布。

企业应当依据《企业信息公示暂行条例》的规定，通过企业信用信息公示系统及时向社会公布相关行政处罚信息。

第二十条 工商行政管理执法人员玩忽职守或者包庇经营者侵害消费者合法权益的行为的，应当依法给予行政处分；涉嫌犯罪的，依法移送司法机关。

第二十一条 本办法由国家工商行政管理总局负责解释。

第二十二条 本办法自2015年3月15日起施行。1996年3月15日国家工商行政管理局发布的《欺诈消费者行为处罚办法》（国家工商行政管理局令第50号）同时废止。

禁止非法生产销售使用窃听窃照专用器材和“伪基站”设备的规定

（2014年12月23日国家工商行政管理总局、公安部、国家质量监督检验检疫总局令第72号公布 自公布之日起30日后施行）

第一条 为制止和打击非法生产、销售、使用窃听窃照专用器材和“伪基站”设备的违法犯罪行为，维护国家安全、公共安全和社会秩序，保障公民人身财产安全，制定本规定。

第二条 禁止自然人、法人及其他组织非法生产、销售、使用窃听窃照专用器材和“伪基站”设备。

第三条 本规定所称窃听专用器材，是指以伪装或者隐蔽方式使用，经公安机关依法进行技术检测后作出认定性结论，有以下情形之一的：

（一）具有无线发射、接收语音信号功能的发射、接收器材；

（二）微型语音信号拾取或者录制设备；

（三）能够获取无线通信信息的电子接收器材；

（四）利用搭接、感应等方式获取通讯线路信息的器材；

（五）利用固体传声、光纤、微波、激光、红外线等技术获取语音信息的器材；

（六）可遥控语音接收器件或者电子设备中的语音接收功能，获取相关语音信息，且无明显提示的器材（含软件）；

（七）其他具有窃听功能的器材。

第四条 本规定所称窃照专用器材，是指以伪装或者隐蔽方式使用，经公安机关依法进行技术检测后作出认定性结论，有以下情形之一的：

（一）具有无线发射功能的照相、摄像器材；

（二）微型针孔式摄像装置以及使用微型针孔式摄像装置的照相、摄像器材；

（三）取消正常取景器和回放显示器的微小相机和摄像机；

（四）利用搭接、感应等方式获取图像信息的器材；

（五）可遥控照相、摄像器件或者电子设备中的照相、摄像功能，获取相关图像信息，且无明显提示的器材（含软件）；

（六）其他具有窃照功能的器材。

第五条 本规定所称“伪基站”设备，是指未取得电信设备进网许可和无线电发射设备型号核准，具有搜取手机用户信息，强行向不特定用户手机发送短信息等功能，使用过程中会非法占用公众移动通信频率，局部阻断公众移动通信网络信号，经公安机关依法认定的非法无线电通信设备。

第六条 公安机关、工商行政管理部门和质量技术监督部门按照职责分工，依法查处非法生产、销售、使用窃听窃照专用器材和“伪基站”设备行为。其他有关部门依法查处与非法生产、销售、使用窃听窃照专用器材和“伪基站”设备有关的行为。

法律、法规对查处非法生产、销售、使用窃听窃照专用器材和“伪基站”设备另有规定的，依照其规定。

第七条 公安机关负责对窃听窃照专用器材、“伪基站”设备的认定工作。

质量技术监督部门、工商行政管理部门在执法检查中，发现涉嫌非法生产、销售窃听窃照专用器材、“伪基站”设备的，应当及时将有关器材、设备送当地公安机关认定，公安机关应当在7日内出具认定结论。工商行政管理部门、质量技术监督部门应当依据公安机关出具的认定结论，对不构成犯罪的非法生产、销售窃听窃照专用器材和“伪基站”设备行为以及为非法销售窃听窃照专用器材和“伪基站”设备提供广告设计制作、代理、发布的行为依法予以处理。

第八条 非法生产窃听窃照专用器材、“伪基站”设备，不构成犯罪的，由质量技术监督部门责令停止生产，处以3万元以下罚款。

第九条 非法销售窃听窃照专用器材、“伪基站”设备，不构成犯罪的，由工商行政管理部门责令停止销售，处以3万元以下罚款。

第十条 为非法销售窃听窃照专用器材、“伪基站”设备提供广告设计、制作、代理、发布，不构成犯罪的，由工商行政管理部门对广告经营者、广告发布者处以3万元以下罚款。

第十一条 对非法使用窃听窃照专用器材、“伪基站”设备行为，不构成犯罪的，由公安机关责令停止使用。对从事非经营活动的，处1000元以下罚款。对从事经营活动，有违法所得的，处违法所得3倍以下罚款，最高不得超过3万元；没有违法所得的，处1万元以下罚款。

第十二条 有关部门对非法销售窃听窃照专用器材、“伪基站”设备和发布相关违法广告作出行政处罚或者追究刑事责任后，可以提请通信监管部门对相关网站及时依法查处。

第十三条 质量技术监督部门、工商行政管理部门对两年内因非法生产、销售窃听窃照专用器材、“伪基站”设备受过两次以上行政处罚，又涉嫌非法生产、销售的，直接移送公安机关。

第十四条 公安机关、工商行政管理部门和质量技术监督部门查处案件过程中，需要征求有关部门意见的，应当征求有关部门意见；对发现不属于本部门职能的案件线索，应当及时向有关部门通报。

第十五条 在查处涉嫌非法生产、销售、使用窃听窃照专用器材和“伪基站”设备的违法犯罪行为时，对以暴力、威胁等方法阻碍国家机关工作人员执行公务的，由公安机关依法予以查处；构成犯罪的，依法追究刑事责任。

第十六条 公安机关、工商行政管理和质量技术监督等部门的工作人员，在查处案件过程中滥用职权、玩忽职守、徇私舞弊的，依法依纪追究责任；构成犯罪的，依法追究刑事责任。

第十七条 本规定由国家工商行政管理总局、公安部、国家质量监督检验检疫总局负责解释。

第十八条 本规定自公布之日起30日后施行。

工商行政管理部门处理消费者投诉办法

（2014年2月14日国家工商行政管理总局令第62号公布　自2014年3月15日起施行）

第一章　总　则

第一条 为了规范工商行政管理部门处理消费者投诉程序，及时处理消费者与经营者之间发生的消费者权益争议，保护消费者的合法权益，根据《消费者权益保护法》等法律法规，制定本办法。

第二条　消费者为生活消费需要购买、使用商品或者接受服务，与经营者发生消费者权益争议，向工商行政管理部门投诉的，依照本办法执行。

第三条　工商行政管理部门对受理的消费者投诉，应当根据事实，依照法律、法规和规章，公正合理地处理。

第四条　工商行政管理部门在其职权范围内受理的消费者投诉属于民事争议的，实行调解制度。

第五条　工商行政管理部门应当引导经营者加强自律，鼓励经营者与消费者协商和解消费纠纷。

第二章　管　　辖

第六条　消费者投诉由经营者所在地或者经营行为发生地的县（市）、区工商行政管理部门管辖。

消费者因网络交易发生消费者权益争议的，可以向经营者所在地工商行政管理部门投诉，也可以向第三方交易平台所在地工商行政管理部门投诉。

第七条　县（市）、区工商行政管理部门负责处理本辖区内的消费者投诉。

有管辖权的工商行政管理部门可以授权其派出机构，处理派出机构辖区内的消费者投诉。

第八条　省、自治区、直辖市工商行政管理部门或者市（地、州）工商行政管理部门及其设立的12315消费者投诉举报中心，应当对收到的消费者投诉进行记录，并及时将投诉分送有管辖权的工商行政管理部门处理，同时告知消费者分送情况。告知记录应当留存备查。

有管辖权的工商行政管理部门应当将处理结果及时反馈上级部门及其设立的12315消费者投诉举报中心。

第九条　上级工商行政管理部门认为有必要的，可以处理下级工商行政管理部门管辖的消费者投诉。

下级工商行政管理部门管辖的消费者投诉，认为需要由上级工商行政管理部门处理的，可以报请上级工商行政管理部门决定。

两地以上工商行政管理部门因管辖权发生异议的，报请其共同的上一级工商行政管理部门指定管辖。

第十条　工商行政管理部门及其派出机构发现消费者投诉不属于工商行政管理部门职责范围内的，应当及时告知消费者向有关行政管理部门投诉。

第三章　处理程序

第十一条　消费者投诉应当符合下列条件：

（一）有明确的被投诉人；

（二）有具体的投诉请求、事实和理由；

（三）属于工商行政管理部门职责范围。

第十二条　消费者通过信函、传真、短信、电子邮件和12315网站投诉平台等形式投诉的，应当载明：消费者的姓名以及住址、电话号码等联系方式；被投诉人的名称、地址；投诉的要求、理由及相关的事实根据；投诉的日期等。

消费者采用电话、上门等形式投诉的，工商行政管理部门工作人员应当记录前款各项信息。

第十三条　消费者可以本人提出投诉，也可以委托他人代为提出。

消费者委托代理人进行投诉的，应当向工商行政管理部门提交本办法第十二条规定的投诉材料、授权委托书原件以及受托人的身份证明。授权委托书应当载明委托事项、权限和期限，并应当由消费者本人签名。

第十四条　消费者为二人以上，投诉共同标的的，工商行政管理部门认为可以合并受理，并经当事人同意的，为共同投诉。

共同投诉可以由消费者书面推选并授权二名代表进行投诉。代表人的投诉行为对其所代表的消费者发生效力，但代表人变更、放弃投诉请求，或者进行和解，应当经被代表的消费者同意。

第十五条　有管辖权的工商行政管理部门应当自收到消费者投诉之日起七个工作日内，予以处理并告知投诉人：

（一）符合规定的投诉予以受理，并告知投诉人；

（二）不符合规定的投诉不予受理，并告知

投诉人不予受理的理由。

第十六条 下列投诉不予受理或者终止受理：

（一）不属于工商行政管理部门职责范围的；

（二）购买后商品超过保质期，被投诉人已不再负有违约责任的；

（三）已经工商行政管理部门组织调解的；

（四）消费者协会或者人民调解组织等其他组织已经调解或者正在处理的；

（五）法院、仲裁机构或者其他行政部门已经受理或者处理的；

（六）消费者知道或者应该知道自己的权益受到侵害超过一年的，或者消费者无法证实自己权益受到侵害的；

（七）不符合国家法律、法规及规章规定的。

第十七条 工商行政管理部门受理消费者投诉后，当事人同意调解的，工商行政管理部门应当组织调解，并告知当事人调解的时间、地点、调解人员等事项。

第十八条 调解由工商行政管理部门工作人员主持。经当事人同意，工商行政管理部门可以邀请有关社会组织以及专业人员参与调解。

第十九条 工商行政管理部门的调解人员是消费者权益争议当事人的近亲属或者与当事人有其他利害关系，可能影响投诉公正处理的，应当回避。

当事人对调解人员提出回避申请的，应当及时中止调解活动，并由调解人员所属工商行政管理部门的负责人作出是否回避的决定。

第二十条 工商行政管理部门实施调解，可以要求消费者权益争议当事人提供证据，必要时可以根据有关法律、法规和规章的规定，进行调查取证。

除法律、法规另有规定的，消费者权益争议当事人应当对自己的主张提供证据。

第二十一条 调解过程中需要进行鉴定或者检测的，经当事人协商一致，可以交由具备资格的鉴定人或者检测人进行鉴定、检测。

鉴定或者检测的费用由主张权利一方当事人先行垫付，也可以由双方当事人协商承担。法律、法规另有规定的除外。

第二十二条 工商行政管理部门在调解过程中，需要委托异地工商行政管理部门协助调查、取证的，应当出具书面委托证明，受委托的工商行政管理部门应当及时予以协助。

第二十三条 工商行政管理部门在调解过程中，应当充分听取消费者权益争议当事人的陈述，查清事实，依据有关法律、法规，针对不同情况提出争议解决意见。在当事人平等协商基础上，引导当事人自愿达成调解协议。

第二十四条 有下列情形之一的，终止调解：

（一）消费者撤回投诉的；

（二）当事人拒绝调解或者无正当理由不参加调解的；

（三）消费者在调解过程中就同一纠纷申请仲裁、提起诉讼的；

（四）双方当事人自行和解的；

（五）其他应当终止的。

第二十五条 工商行政管理部门组织消费者权益争议当事人进行调解达成协议的，应当制作调解书。

调解书应当由当事人及调解人员签名或者盖章，加盖工商行政管理部门印章，由当事人各执一份，工商行政管理部门留存一份归档。

第二十六条 消费者权益争议当事人认为无需制作调解书的，经当事人同意，调解协议可以采取口头形式，工商行政管理部门调解人员应当予以记录备查。

第二十七条 消费者权益争议当事人同时到有管辖权的工商行政管理部门请求处理的，工商行政管理部门可以当即处理，也可以另定日期处理。

工商行政管理部门派出机构可以在其辖区内巡回受理消费者投诉，并就地处理消费者权益争议。

第二十八条 经调解达成协议后，当事人认为有必要的，可以按照有关规定共同向人民法院申请司法确认。

第二十九条 有管辖权的工商行政管理部门应当在受理消费者投诉之日起六十日内终结调解；调解不成的应当终止调解。

需要进行鉴定或者检测的，鉴定或者检测的时间不计算在六十日内。

第三十条 工商行政管理部门工作人员在处理消费者投诉工作中滥用职权、玩忽职守、徇私舞弊的，依法给予处分。

第四章 附 则

第三十一条 农民购买、使用直接用于农业生产的生产资料的投诉，参照本办法执行。

第三十二条 对其他部门转来属于工商行政管理部门职责范围内的消费者投诉，按照本办法第七条或者第八条规定执行。

第三十三条 工商行政管理部门在处理消费者投诉中，发现经营者有违法行为的，或者消费者举报经营者违法行为的，依照《工商行政管理机关行政处罚程序规定》另案处理。

第三十四条 本办法中有关文书式样，由国家工商行政管理总局统一制定。

第三十五条 本办法由国家工商行政管理总局负责解释。

第三十六条 本办法自2014年3月15日起施行。1996年3月15日原国家工商行政管理局第51号令公布的《工商行政管理机关受理消费者申诉暂行办法》和1997年3月15日原国家工商行政管理局第75号令公布的《工商行政管理所处理消费者申诉实施办法》同时废止。

流通领域商品质量抽查检验办法

（2014年2月14日国家工商行政管理总局令第61号公布 自2014年3月15日起施行）

第一章 总 则

第一条 为了加强流通领域商品质量监督管理，保护消费者合法权益，根据《中华人民共和国消费者权益保护法》、《中华人民共和国产品质量法》等法律法规和国务院有关规定，制定本办法。

第二条 本办法所称流通领域商品质量抽查检验（以下简称抽检），是指工商行政管理部门按照职责，依法对流通领域的商品质量进行抽样检验，并进行处理的监督检查活动。

第三条 工商行政管理部门依照相关法律法规和国务院规定以及本办法，定期或者不定期对商品质量进行抽检。

国家工商行政管理总局负责指导全国流通领域商品质量抽检工作，根据需要开展或者组织省、自治区、直辖市工商行政管理部门开展流通领域商品质量抽检。

省、自治区、直辖市工商行政管理部门（以下简称省级工商行政管理部门）负责统筹管理和组织开展辖区流通领域商品质量抽检工作。

省级以下工商行政管理部门按照省级工商行政管理部门的规定实施流通领域商品质量抽检及相关工作。

第四条 抽检应当依据法律法规、强制性标准和其他有关规定，以及商品或者其包装上注明采用的产品标准或者产品说明、实物样品等方式表明的质量状况进行商品质量判定。

第五条 抽检不得向经营者收取检验费用。抽检工作所需经费按照国家有关规定列入同级财政预算。

第二章 抽检工作程序

第六条 省级工商行政管理部门应当制定抽检工作计划，规定抽检的商品品种、抽检区域以及时间安排、经费预算等。抽检的商品品种主要是消费者、有关组织、大众传播媒介反映的以及行政执法中发现有质量问题的商品，涉及人体健康、人身财产安全和影响国计民生的商品以及上级部门要求的商品。同一年度原则上不得组织对同一商标的同一规格型号商品进行两次以上抽检，但有针对性地跟踪抽检除外。

工商行政管理部门应当严格按照抽检工作计划实施抽检工作，不得随意抽检。

第七条 上级工商行政管理部门可以根据工作需要委托下级工商行政管理部门具体实施抽检工作。

第八条 抽检的检验工作应当委托具备法定资质的检验机构（以下简称承检机构）进行并签订委托协议书。

第九条 工商行政管理部门应当根据抽检工作计划制订抽检实施方案。抽检实施方案应当包括抽检的商品品种、承检机构、抽样地点、样品数量、抽检程序、检验标准、检验项目、判定原则、检验结果通知、复检安排、费用预算等。

第十条 实施抽检的工商行政管理执法人员不得少于两人，并应当向被抽检的经营者出示行政执法证和抽检通知书。

经营者对工商行政管理部门依法开展的抽检工作应当予以配合，不得拒绝。

第十一条 实施抽检的工商行政管理部门应当检查与被抽检商品相关的票证账簿、货源、数量、存货地点、存货量、销售量等，并对相关信息记录在案，由经营者签字确认。

第十二条 抽检所需检验用样品和备份样品由工商行政管理执法人员、承检机构人员按照有关规定抽取。

样品和备份样品应当封样，并由工商行政管理执法人员、承检机构人员、经营者三方签字确认。

备份样品经工商行政管理执法人员、承检机构人员和经营者三方认可后封存。经营者不得私自拆封、毁损代为保管的备份样品。

第十三条 抽检所需检验用样品，按经营者进货价格购买。

检验不进行破坏性测试且对样品质量不造成实质影响的，检验用样品可以由经营者无偿提供。抽检所需备份样品由经营者无偿提供。

无偿提供的样品，检验符合要求的，退还经营者；检验不合格的，由实施抽检的工商行政管理部门按照有关规定处理。购买的样品经检验符合要求，仍具有使用价值的，按照有关资产管理规定处理。

地方性法规、规章及规范性文件对样品抽取费用另有规定的，从其规定。

第十四条 商品或者其包装上注明采用的产品标准为企业标准的，经营者应当在接到抽检通知之日起十五日内将相关标准提供给实施抽检的工商行政管理部门。

第十五条 承检机构应当严格按照委托协议书开展检验工作，及时将检验结果报送实施抽检的工商行政管理部门，并严格遵守相关保密规定。

承检机构出具的检验报告应当格式规范、内容齐全、结论明确，并对其出具的检验报告的真实性、准确性、合法性负责，禁止伪造检验报告、出具虚假数据和结果。

第十六条 实施抽检的工商行政管理部门应当自收到检验结果之日起五个工作日内通知被抽样的经营者。检验不合格的，应当通知样品标称的生产者并责令被抽检的经营者限期改正。

第十七条 被抽样的经营者或者样品标称生产者对检验结果有异议的，应当自收到检验结果通知书之日起十五日内，向实施抽检的工商行政管理部门提出书面复检申请。

逾期未提出书面复检申请的，视为对检验结果无异议。

经营者私自拆封、毁损备份样品的，不予复检。

第十八条 实施抽检的工商行政管理部门收到复检申请后，应当及时确定具备法定资质的复检机构，并书面通知复检申请人和承检机构。

复检申请人和承检机构应当自收到通知之日起七日内，按照要求分别办理复检手续和向复检机构送达样品。

第十九条 复检应当按照有关抽检程序规定对原样品或者备份样品进行检验。复检机构应当及时将复检结果报送实施抽检的工商行政管理部门。

实施抽检的工商行政管理部门应当自收到复检结果之日起五个工作日内通知复检申请人。

复检结果判定商品合格的，复检费用由工商行政管理部门承担。复检结果判定商品不合格的，复检费用由复检申请人承担。复检结果为最终结论。

第三章 抽检结果处理

第二十条 实施抽检的工商行政管理部门应当及时向社会公布抽检结果。

省级工商行政管理部门负责本辖区抽检结果及其信息的管理，并制定具体办法。

第二十一条 对经抽检并依法认定为不合格商品的，工商行政管理部门应当责令被抽样的经营者立即停止销售；消费者要求退货的，经营者应当负责退货。

工商行政管理部门发现并认定商品存在缺陷，有危及人身、财产安全危险的，应当立即责令经营者采取停止销售、警示等措施，并及时通报商品标称生产者所在地有关行政部门。

第二十二条 实施抽检的工商行政管理部门公布有危及人身、财产安全危险且不符合强制性标准的商品名单后，辖区内经营者应当立即停止销售名单中同一商标的同一规格型号的商品。已经采取措施消除危险，并经法定检验机构检验符合保障人身、财产安全的，可以继续销售。

第二十三条 省级工商行政管理部门应当定期向当地政府和国家工商行政管理总局报送抽检工作分析报告。

第二十四条 工商行政管理部门应当妥善保存抽检相关的文书资料。文书资料保存期限不得少于两年。

第四章 法律责任

第二十五条 对认定为销售不合格商品的违法行为，工商行政管理部门应当依据相关法律、法规和规章进行查处。

第二十六条 经营者违反本办法第十条规定，拒绝接受工商行政管理部门依法开展的抽检的，依照《产品质量法》第五十六条规定处罚。

第二十七条 经营者违反本办法第十二条规定，私自拆封、毁损备份样品的，处一万元以下罚款。

第二十八条 经营者违反本办法第十四条规定，未在规定期限内提供相关产品标准的，或者提供虚假企业标准以及与抽检商品相关虚假信息的，责令停止销售并处三万元以下罚款。

第二十九条 经营者违反本办法第十六条规定，逾期不改正的，处三万元以下罚款。

第三十条 经营者违反本办法第二十一条规定，拒绝或者拖延工商行政管理部门责令的对缺陷商品采取停止销售、警示等措施的，依据《消费者权益保护法》第五十六条相关规定处罚。

第三十一条 经营者违反本办法第二十二条规定，未停止销售工商行政管理部门公布的有危及人身、财产安全危险且不符合强制性标准商品名单中商品的，责令限期改正，逾期不改正的，按照相关法律法规有关销售不符合保障人身、财产安全要求商品的规定处罚。

第三十二条 经营者违反本办法规定，依据《消费者权益保护法》予以处罚的，处罚机关应当将处罚情况记入经营者信用档案，并依法及时向社会公布。

第三十三条 承检机构、复检机构伪造检验报告或者出具虚假、错误检验数据和结论、泄露抽检信息的，通报相关部门依法处理。

第三十四条 工商行政管理执法人员滥用职权、玩忽职守、徇私舞弊的，依法给予行政处分；情节严重构成犯罪的，依法追究刑事责任。

第五章 附 则

第三十五条 抽检相关文书参考式样由国家工商行政管理总局统一制定。

第三十六条 对采用网络、电视、电话、邮购等方式提供的商品质量抽检参照本办法执行。

第三十七条 本办法由国家工商行政管理总局负责解释。

第三十八条 本办法自2014年3月15日起施行。

网络交易管理办法

（2014年1月26日国家工商行政管理总局令第60号公布　自2014年3月15日起施行）

第一章　总　　则

第一条　为规范网络商品交易及有关服务，保护消费者和经营者的合法权益，促进网络经济持续健康发展，依据《消费者权益保护法》、《产品质量法》、《反不正当竞争法》、《合同法》、《商标法》、《广告法》、《侵权责任法》和《电子签名法》等法律、法规，制定本办法。

第二条　在中华人民共和国境内从事网络商品交易及有关服务，应当遵守中华人民共和国法律、法规和本办法的规定。

第三条　本办法所称网络商品交易，是指通过互联网（含移动互联网）销售商品或者提供服务的经营活动。

本办法所称有关服务，是指为网络商品交易提供第三方交易平台、宣传推广、信用评价、支付结算、物流、快递、网络接入、服务器托管、虚拟空间租用、网站网页设计制作等营利性服务。

第四条　从事网络商品交易及有关服务应当遵循自愿、公平、诚实信用的原则，遵守商业道德和公序良俗。

第五条　鼓励支持网络商品经营者、有关服务经营者创新经营模式，提升服务水平，推动网络经济发展。

第六条　鼓励支持网络商品经营者、有关服务经营者成立行业组织，建立行业公约，推动行业信用建设，加强行业自律，促进行业规范发展。

第二章　网络商品经营者和有关服务经营者的义务

第一节　一般性规定

第七条　从事网络商品交易及有关服务的经营者，应当依法办理工商登记。

从事网络商品交易的自然人，应当通过第三方交易平台开展经营活动，并向第三方交易平台提交其姓名、地址、有效身份证明、有效联系方式等真实身份信息。具备登记注册条件的，依法办理工商登记。

从事网络商品交易及有关服务的经营者销售的商品或者提供的服务属于法律、行政法规或者国务院决定规定应当取得行政许可的，应当依法取得有关许可。

第八条　已经工商行政管理部门登记注册并领取营业执照的法人、其他经济组织或者个体工商户，从事网络商品交易及有关服务的，应当在其网站首页或者从事经营活动的主页面醒目位置公开营业执照登载的信息或者其营业执照的电子链接标识。

第九条　网上交易的商品或者服务应当符合法律、法规、规章的规定。法律、法规禁止交易的商品或者服务，经营者不得在网上进行交易。

第十条　网络商品经营者向消费者销售商品或者提供服务，应当遵守《消费者权益保护法》和《产品质量法》等法律、法规、规章的规定，不得损害消费者合法权益。

第十一条　网络商品经营者向消费者销售商品或者提供服务，应当向消费者提供经营地址、联系方式、商品或者服务的数量和质量、价款或者费用、履行期限和方式、支付形式、退换货方式、安全注意事项和风险警示、售后服务、民事责任等信息，采取安全保障措施确保交易安全可靠，并按照承诺提供商品或者服务。

第十二条　网络商品经营者销售商品或者提供服务，应当保证商品或者服务的完整性，不得将商品或者服务不合理拆分出售，不得确定最低消费标准或者另行收取不合理的费用。

第十三条　网络商品经营者销售商品或者提供服务，应当按照国家有关规定或者商业惯例向消费者出具发票等购货凭证或者服务单据；征得消费者同意的，可以以电子化形式出具。

电子化的购货凭证或者服务单据，可以作为处理消费投诉的依据。

消费者索要发票等购货凭证或者服务单据的，网络商品经营者必须出具。

第十四条　网络商品经营者、有关服务经营者提供的商品或者服务信息应当真实准确，不得作虚假宣传和虚假表示。

第十五条　网络商品经营者、有关服务经营者销售商品或者提供服务，应当遵守《商标法》、《企业名称登记管理规定》等法律、法规、规章的规定，不得侵犯他人的注册商标专用权、企业名称权等权利。

第十六条　网络商品经营者销售商品，消费者有权自收到商品之日起七日内退货，且无需说明理由，但下列商品除外：

（一）消费者定作的；

（二）鲜活易腐的；

（三）在线下载或者消费者拆封的音像制品、计算机软件等数字化商品；

（四）交付的报纸、期刊。

除前款所列商品外，其他根据商品性质并经消费者在购买时确认不宜退货的商品，不适用无理由退货。

消费者退货的商品应当完好。网络商品经营者应当自收到退回商品之日起七日内返还消费者支付的商品价款。退回商品的运费由消费者承担；网络商品经营者和消费者另有约定的，按照约定。

第十七条　网络商品经营者、有关服务经营者在经营活动中使用合同格式条款的，应当符合法律、法规、规章的规定，按照公平原则确定交易双方的权利与义务，采用显著的方式提请消费者注意与消费者有重大利害关系的条款，并按照消费者的要求予以说明。

网络商品经营者、有关服务经营者不得以合同格式条款等方式作出排除或者限制消费者权利、减轻或者免除经营者责任、加重消费者责任等对消费者不公平、不合理的规定，不得利用合同格式条款并借助技术手段强制交易。

第十八条　网络商品经营者、有关服务经营者在经营活动中收集、使用消费者或者经营者信息，应当遵循合法、正当、必要的原则，明示收集、使用信息的目的、方式和范围，并经被收集者同意。网络商品经营者、有关服务经营者收集、使用消费者或者经营者信息，应当公开其收集、使用规则，不得违反法律、法规的规定和双方的约定收集、使用信息。

网络商品经营者、有关服务经营者及其工作人员对收集的消费者个人信息或者经营者商业秘密的数据信息必须严格保密，不得泄露、出售或者非法向他人提供。网络商品经营者、有关服务经营者应当采取技术措施和其他必要措施，确保信息安全，防止信息泄露、丢失。在发生或者可能发生信息泄露、丢失的情况时，应当立即采取补救措施。

网络商品经营者、有关服务经营者未经消费者同意或者请求，或者消费者明确表示拒绝的，不得向其发送商业性电子信息。

第十九条　网络商品经营者、有关服务经营者销售商品或者服务，应当遵守《反不正当竞争法》等法律的规定，不得以不正当竞争方式损害其他经营者的合法权益、扰乱社会经济秩序。同时，不得利用网络技术手段或者载体等方式，从事下列不正当竞争行为：

（一）擅自使用知名网站特有的域名、名称、标识或者使用与知名网站近似的域名、名称、标识，与他人知名网站相混淆，造成消费者误认；

（二）擅自使用、伪造政府部门或者社会团体电子标识，进行引人误解的虚假宣传；

（三）以虚拟物品为奖品进行抽奖式的有奖销售，虚拟物品在网络市场约定金额超过法律法规允许的限额；

（四）以虚构交易、删除不利评价等形式，为自己或他人提升商业信誉；

（五）以交易达成后违背事实的恶意评价损害竞争对手的商业信誉；

（六）法律、法规规定的其他不正当竞争行为。

第二十条　网络商品经营者、有关服务经营者不得对竞争对手的网站或者网页进行非法技术攻击，造成竞争对手无法正常经营。

第二十一条　网络商品经营者、有关服务经营者应当按照国家工商行政管理总局的规定向所在地工商行政管理部门报送经营统计资料。

第二节 第三方交易平台经营者的特别规定

第二十二条 第三方交易平台经营者应当是经工商行政管理部门登记注册并领取营业执照的企业法人。

前款所称第三方交易平台，是指在网络商品交易活动中为交易双方或者多方提供网页空间、虚拟经营场所、交易规则、交易撮合、信息发布等服务，供交易双方或者多方独立开展交易活动的信息网络系统。

第二十三条 第三方交易平台经营者应当对申请进入平台销售商品或者提供服务的法人、其他经济组织或者个体工商户的经营主体身份进行审查和登记，建立登记档案并定期核实更新，在其从事经营活动的主页面醒目位置公开营业执照登载的信息或者其营业执照的电子链接标识。

第三方交易平台经营者应当对尚不具备工商登记注册条件、申请进入平台销售商品或者提供服务的自然人的真实身份信息进行审查和登记，建立登记档案并定期核实更新，核发证明个人身份信息真实合法的标记，加载在其从事经营活动的主页面醒目位置。

第三方交易平台经营者在审查和登记时，应当使对方知悉并同意登记协议，提请对方注意义务和责任条款。

第二十四条 第三方交易平台经营者应当与申请进入平台销售商品或者提供服务的经营者订立协议，明确双方在平台进入和退出、商品和服务质量安全保障、消费者权益保护等方面的权利、义务和责任。

第三方交易平台经营者修改其与平台内经营者的协议、交易规则，应当遵循公开、连续、合理的原则，修改内容应当至少提前七日予以公示并通知相关经营者。平台内经营者不接受协议或者规则修改内容、申请退出平台的，第三方交易平台经营者应当允许其退出，并根据原协议或者交易规则承担相关责任。

第二十五条 第三方交易平台经营者应当建立平台内交易规则、交易安全保障、消费者权益保护、不良信息处理等管理制度。各项管理制度应当在其网站显示，并从技术上保证用户能够便利、完整地阅览和保存。

第三方交易平台经营者应当采取必要的技术手段和管理措施保证平台的正常运行，提供必要、可靠的交易环境和交易服务，维护网络交易秩序。

第二十六条 第三方交易平台经营者应当对通过平台销售商品或者提供服务的经营者及其发布的商品和服务信息建立检查监控制度，发现有违反工商行政管理法律、法规、规章的行为的，应当向平台经营者所在地工商行政管理部门报告，并及时采取措施制止，必要时可以停止对其提供第三方交易平台服务。

工商行政管理部门发现平台内有违反工商行政管理法律、法规、规章的行为，依法要求第三方交易平台经营者采取措施制止的，第三方交易平台经营者应当予以配合。

第二十七条 第三方交易平台经营者应当采取必要手段保护注册商标专用权、企业名称权等权利，对权利人有证据证明平台内的经营者实施侵犯其注册商标专用权、企业名称权等权利的行为或者实施损害其合法权益的其他不正当竞争行为的，应当依照《侵权责任法》采取必要措施。

第二十八条 第三方交易平台经营者应当建立消费纠纷和解和消费维权自律制度。消费者在平台内购买商品或者接受服务，发生消费纠纷或者其合法权益受到损害时，消费者要求平台调解的，平台应当调解；消费者通过其他渠道维权的，平台应当向消费者提供经营者的真实的网站登记信息，积极协助消费者维护自身合法权益。

第二十九条 第三方交易平台经营者在平台上开展商品或者服务自营业务的，应当以显著方式对自营部分和平台内其他经营者经营部分进行区分和标记，避免消费者产生误解。

第三十条 第三方交易平台经营者应当审查、记录、保存在其平台上发布的商品和服务信息内容及其发布时间。平台内经营者的营业执照或者个人真实身份信息记录保存时间从经营者在平台的登记注销之日起不少于两年，交易记录等其他信息记录备份保存时间从交易完成之日起不少于两年。

第三方交易平台经营者应当采取电子签名、

数据备份、故障恢复等技术手段确保网络交易数据和资料的完整性和安全性，并应当保证原始数据的真实性。

第三十一条　第三方交易平台经营者拟终止提供第三方交易平台服务的，应当至少提前三个月在其网站主页面醒目位置予以公示并通知相关经营者和消费者，采取必要措施保障相关经营者和消费者的合法权益。

第三十二条　鼓励第三方交易平台经营者为交易当事人提供公平、公正的信用评价服务，对经营者的信用情况客观、公正地进行采集与记录，建立信用评价体系、信用披露制度以警示交易风险。

第三十三条　鼓励第三方交易平台经营者设立消费者权益保证金。消费者权益保证金应当用于对消费者权益的保障，不得挪作他用，使用情况应当定期公开。

第三方交易平台经营者与平台内的经营者协议设立消费者权益保证金的，双方应当就消费者权益保证金提取数额、管理、使用和退还办法等作出明确约定。

第三十四条　第三方交易平台经营者应当积极协助工商行政管理部门查处网上违法经营行为，提供在其平台内涉嫌违法经营的经营者的登记信息、交易数据等资料，不得隐瞒真实情况。

第三节　其他有关服务经营者的特别规定

第三十五条　为网络商品交易提供网络接入、服务器托管、虚拟空间租用、网站网页设计制作等服务的有关服务经营者，应当要求申请者提供经营资格证明和个人真实身份信息，签订服务合同，依法记录其上网信息。申请者营业执照或者个人真实身份信息等信息记录备份保存时间自服务合同终止或者履行完毕之日起不少于两年。

第三十六条　为网络商品交易提供信用评价服务的有关服务经营者，应当通过合法途径采集信用信息，坚持中立、公正、客观原则，不得任意调整用户的信用级别或者相关信息，不得将收集的信用信息用于任何非法用途。

第三十七条　为网络商品交易提供宣传推广服务应当符合相关法律、法规、规章的规定。通过博客、微博等网络社交载体提供宣传推广服务、评论商品或者服务并因此取得酬劳的，应当如实披露其性质，避免消费者产生误解。

第三十八条　为网络商品交易提供网络接入、支付结算、物流、快递等服务的有关服务经营者，应当积极协助工商行政管理部门查处网络商品交易相关违法行为，提供涉嫌违法经营的网络商品经营者的登记信息、联系方式、地址等相关数据资料，不得隐瞒真实情况。

第三章　网络商品交易及有关服务监督管理

第三十九条　网络商品交易及有关服务的监督管理由县级以上工商行政管理部门负责。

第四十条　县级以上工商行政管理部门应当建立网络商品交易及有关服务信用档案，记录日常监督检查结果、违法行为查处等情况。根据信用档案的记录，对网络商品经营者、有关服务经营者实施信用分类监管。

第四十一条　网络商品交易及有关服务违法行为由发生违法行为的经营者住所所在地县级以上工商行政管理部门管辖。对于其中通过第三方交易平台开展经营活动的经营者，其违法行为由第三方交易平台经营者住所所在地县级以上工商行政管理部门管辖。第三方交易平台经营者住所所在地县级以上工商行政管理部门管辖异地违法行为人有困难的，可以将违法行为人的违法情况移交违法行为人所在地县级以上工商行政管理部门处理。

两个以上工商行政管理部门因网络商品交易及有关服务违法行为的管辖权发生争议的，应当报请共同的上一级工商行政管理部门指定管辖。

对于全国范围内有重大影响、严重侵害消费者权益、引发群体投诉或者案情复杂的网络商品交易及有关服务违法行为，由国家工商行政管理总局负责查处或者指定省级工商行政管理局负责查处。

第四十二条　网络商品交易及有关服务活动中的消费者向工商行政管理部门投诉的，依照《工商行政管理部门处理消费者投诉办法》处理。

第四十三条 县级以上工商行政管理部门对涉嫌违法的网络商品交易及有关服务行为进行查处时，可以行使下列职权：

（一）询问有关当事人，调查其涉嫌从事违法网络商品交易及有关服务行为的相关情况；

（二）查阅、复制当事人的交易数据、合同、票据、账簿以及其他相关数据资料；

（三）依照法律、法规的规定，查封、扣押用于从事违法网络商品交易及有关服务行为的商品、工具、设备等物品，查封用于从事违法网络商品交易及有关服务行为的经营场所；

（四）法律、法规规定可以采取的其他措施。

工商行政管理部门依法行使前款规定的职权时，当事人应当予以协助、配合，不得拒绝、阻挠。

第四十四条 工商行政管理部门对网络商品交易及有关服务活动的技术监测记录资料，可以作为对违法的网络商品经营者、有关服务经营者实施行政处罚或者采取行政措施的电子数据证据。

第四十五条 在网络商品交易及有关服务活动中违反工商行政管理法律法规规定，情节严重，需要采取措施制止违法网站继续从事违法活动的，工商行政管理部门可以依照有关规定，提请网站许可或者备案地通信管理部门依法责令暂时屏蔽或者停止该违法网站接入服务。

第四十六条 工商行政管理部门对网站违法行为作出行政处罚后，需要关闭该违法网站的，可以依照有关规定，提请网站许可或者备案地通信管理部门依法关闭该违法网站。

第四十七条 工商行政管理部门在对网络商品交易及有关服务活动的监督管理中发现应当由其他部门查处的违法行为的，应当依法移交相关部门。

第四十八条 县级以上工商行政管理部门应当建立网络商品交易及有关服务监管工作责任制度，依法履行职责。

第四章 法律责任

第四十九条 对于违反本办法的行为，法律、法规另有规定的，从其规定。

第五十条 违反本办法第七条第二款、第二十三条、第二十五条、第二十六条第二款、第二十九条、第三十条、第三十四条、第三十五条、第三十六条、第三十八条规定的，予以警告，责令改正，拒不改正的，处以一万元以上三万元以下的罚款。

第五十一条 违反本办法第八条、第二十一条规定的，予以警告，责令改正，拒不改正的，处以一万元以下的罚款。

第五十二条 违反本办法第十七条规定的，按照《合同违法行为监督处理办法》的有关规定处罚。

第五十三条 违反本办法第十九条第（一）项规定的，按照《反不正当竞争法》第二十一条的规定处罚；违反本办法第十九条第（二）项、第（四）项规定的，按照《反不正当竞争法》第二十四条的规定处罚；违反本办法第十九条第（三）项规定的，按照《反不正当竞争法》第二十六条的规定处罚；违反本办法第十九条第（五）项规定的，予以警告，责令改正，并处一万元以上三万元以下的罚款。

第五十四条 违反本办法第二十条规定的，予以警告，责令改正，并处一万元以上三万元以下的罚款。

第五章 附 则

第五十五条 通过第三方交易平台发布商品或者营利性服务信息、但交易过程不直接通过平台完成的经营活动，参照适用本办法关于网络商品交易的管理规定。

第五十六条 本办法由国家工商行政管理总局负责解释。

第五十七条 省级工商行政管理部门可以依据本办法的规定制定网络商品交易及有关服务监管实施指导意见。

第五十八条 本办法自2014年3月15日起施行。国家工商行政管理总局2010年5月31日发布的《网络商品交易及有关服务行为管理暂行办法》同时废止。

食品药品监督管理：

医疗器械网络销售监督管理办法

（2017年12月20日国家食品药品监督管理总局令第38号公布　自2018年3月1日起施行）

第一章　总　　则

第一条　为加强医疗器械网络销售和医疗器械网络交易服务监督管理，保障公众用械安全，根据《中华人民共和国网络安全法》《医疗器械监督管理条例》《互联网信息服务管理办法》等法律法规，制定本办法。

第二条　在中华人民共和国境内从事医疗器械网络销售、提供医疗器械网络交易服务及其监督管理，应当遵守本办法。

第三条　国家食品药品监督管理总局负责指导全国医疗器械网络销售、医疗器械网络交易服务的监督管理，并组织开展全国医疗器械网络销售和网络交易服务监测。

省级食品药品监督管理部门负责医疗器械网络交易服务的监督管理。

县级以上地方食品药品监督管理部门负责本行政区域内医疗器械网络销售的监督管理。

第四条　从事医疗器械网络销售的企业、医疗器械网络交易服务第三方平台提供者应当遵守医疗器械法规、规章和规范，建立健全管理制度，依法诚信经营，保证医疗器械质量安全。

从事医疗器械网络销售的企业，是指通过网络销售医疗器械的医疗器械上市许可持有人（即医疗器械注册人或者备案人，以下简称持有人）和医疗器械生产经营企业。

医疗器械网络交易服务第三方平台提供者，是指在医疗器械网络交易中仅提供网页空间、虚拟交易场所、交易规则、交易撮合、电子订单等交易服务，供交易双方或者多方开展交易活动，不直接参与医疗器械销售的企业。

第五条　从事医疗器械网络销售的企业、医疗器械网络交易服务第三方平台提供者应当采取技术措施，保障医疗器械网络销售数据和资料的真实、完整、可追溯。

第六条　从事医疗器械网络销售的企业、医疗器械网络交易服务第三方平台提供者应当积极配合食品药品监督管理部门开展网络监测、抽样检验、现场检查等监督管理，按照食品药品监督管理部门的要求存储数据，提供信息查询、数据提取等相关支持。

第二章　医疗器械网络销售

第七条　从事医疗器械网络销售的企业应当是依法取得医疗器械生产许可、经营许可或者办理备案的医疗器械生产经营企业。法律法规规定不需要办理许可或者备案的除外。

持有人通过网络销售其医疗器械，医疗器械生产企业受持有人委托通过网络销售受托生产的医疗器械，不需要办理经营许可或者备案，其销售条件应当符合《医疗器械监督管理条例》和本办法的要求。

持有人委托开展医疗器械网络销售的，应当评估确认受托方的合法资质、销售条件、技术水平和质量管理能力，对网络销售过程和质量控制进行指导和监督，对网络销售的医疗器械质量负责。

第八条　从事医疗器械网络销售的企业，应当填写医疗器械网络销售信息表，将企业名称、法定代表人或者主要负责人、网站名称、网络客户端应用程序名、网站域名、网站IP地址、电信业务经营许可证或者非经营性互联网信息服务备案编号、医疗器械生产经营许可证件或者备案凭证编号等信息事先向所在地设区的市级食品药品监督管理部门备案。相关信息发生变化的，应当及时变更备案。

第九条 从事医疗器械网络销售的企业，应当通过自建网站或者医疗器械网络交易服务第三方平台开展医疗器械网络销售活动。

通过自建网站开展医疗器械网络销售的企业，应当依法取得《互联网药品信息服务资格证书》，并具备与其规模相适应的办公场所以及数据备份、故障恢复等技术条件。

第十条 从事医疗器械网络销售的企业，应当在其主页面显著位置展示其医疗器械生产经营许可证件或者备案凭证，产品页面应当展示该产品的医疗器械注册证或者备案凭证。相关展示信息应当画面清晰，容易辨识。其中，医疗器械生产经营许可证件或者备案凭证、医疗器械注册证或者备案凭证的编号还应当以文本形式展示。相关信息发生变更的，应当及时更新展示内容。

第十一条 从事医疗器械网络销售的企业在网上发布的医疗器械名称、型号、规格、结构及组成、适用范围、医疗器械注册证编号或者备案凭证编号、注册人或者备案人信息、生产许可证或者备案凭证编号、产品技术要求编号、禁忌症等信息，应当与经注册或者备案的相关内容保持一致。

第十二条 从事医疗器械网络销售的企业应当记录医疗器械销售信息，记录应当保存至医疗器械有效期后 2 年；无有效期的，保存时间不得少于 5 年；植入类医疗器械的销售信息应当永久保存。相关记录应当真实、完整、可追溯。

第十三条 从事医疗器械网络销售的企业，经营范围不得超出其生产经营许可或者备案的范围。

医疗器械批发企业从事医疗器械网络销售，应当销售给具有资质的医疗器械经营企业或者使用单位。

医疗器械零售企业从事医疗器械网络销售，应当销售给消费者。销售给消费者个人的医疗器械，应当是可以由消费者个人自行使用的，其说明书应当符合医疗器械说明书和标签管理相关规定，标注安全使用的特别说明。

第十四条 从事医疗器械网络销售的企业，应当按照医疗器械标签和说明书标明的条件贮存和运输医疗器械。委托其他单位贮存和运输医疗器械的，应当对被委托方贮存和运输医疗器械的质量保障能力进行考核评估，明确贮存和运输过程中的质量安全责任，确保贮存和运输过程中的质量安全。

第三章　医疗器械网络交易服务

第十五条 医疗器械网络交易服务第三方平台提供者应当依法取得《互联网药品信息服务资格证书》，具备与其规模相适应的办公场所以及数据备份、故障恢复等技术条件，设置专门的医疗器械网络质量安全管理机构或者配备医疗器械质量安全管理人员。

第十六条 医疗器械网络交易服务第三方平台提供者应当向所在地省级食品药品监督管理部门备案，填写医疗器械网络交易服务第三方平台备案表，并提交以下材料：

（一）营业执照原件、复印件；

（二）法定代表人或者主要负责人、医疗器械质量安全管理人身份证明原件、复印件；

（三）组织机构与部门设置说明；

（四）办公场所地理位置图、房屋产权证明文件或者租赁协议（附房屋产权证明文件）原件、复印件；

（五）电信业务经营许可证原件、复印件或者非经营性互联网信息服务备案说明；

（六）《互联网药品信息服务资格证书》原件、复印件；

（七）医疗器械网络交易服务质量管理制度等文件目录；

（八）网站或者网络客户端应用程序基本情况介绍和功能说明；

（九）其他相关证明材料。

第十七条 省级食品药品监督管理部门应当当场对企业提交材料的完整性进行核对，符合规定的予以备案，发给医疗器械网络交易服务第三方平台备案凭证；提交资料不齐全或者不符合法定情形的，应当一次性告知需要补充材料的事项。

省级食品药品监督管理部门应当在备案后 7

个工作日内向社会公开相关备案信息。备案信息包括企业名称、法定代表人或者主要负责人、网站名称、网络客户端应用程序名、网站域名、网站IP地址、电信业务经营许可证或者非经营性互联网信息服务备案编号、医疗器械网络交易服务第三方平台备案凭证编号等。

省级食品药品监督管理部门应当在医疗器械网络交易服务第三方平台提供者备案后3个月内，对医疗器械网络交易服务第三方平台开展现场检查。

第十八条　医疗器械网络交易服务第三方平台提供者名称、法定代表人或者主要负责人、网站名称、网络客户端应用程序名、网站域名、网站IP地址、电信业务经营许可证或者非经营性互联网信息服务备案编号等备案信息发生变化的，应当及时变更备案。

第十九条　医疗器械网络交易服务第三方平台提供者，应当在其网站主页面显著位置标注医疗器械网络交易服务第三方平台备案凭证的编号。

第二十条　医疗器械网络交易服务第三方平台提供者应当建立包括入驻平台的企业核实登记、质量安全监测、交易安全保障、网络销售违法行为制止及报告、严重违法行为平台服务停止、安全投诉举报处理、消费者权益保护、质量安全信息公告等管理制度。

第二十一条　医疗器械网络交易服务第三方平台提供者应当对申请入驻平台的企业提供的医疗器械生产经营许可证件或者备案凭证、医疗器械注册证或者备案凭证、企业营业执照等材料进行核实，建立档案并及时更新，保证入驻平台的企业许可证件或者备案凭证所载明的生产经营场所等许可或者备案信息真实。

医疗器械网络交易服务第三方平台提供者应当与入驻平台的企业签订入驻协议，并在协议中明确双方义务及违约处置措施等相关内容。

第二十二条　医疗器械网络交易服务第三方平台提供者应当记录在其平台上开展的医疗器械交易信息，记录应当保存至医疗器械有效期后2年；无有效期的，保存时间不得少于5年；植入类医疗器械交易信息应当永久保存。相关记录应当真实、完整、可追溯。

第二十三条　医疗器械网络交易服务第三方平台提供者应当对平台上的医疗器械销售行为及信息进行监测，发现入驻网络交易服务第三方平台的企业存在超范围经营、发布虚假信息、夸大宣传等违法违规行为、无法取得联系或者存在其他严重安全隐患的，应当立即对其停止网络交易服务，并保存有关记录，向所在地省级食品药品监督管理部门报告。

发现入驻网络交易服务第三方平台的企业被食品药品监督管理部门责令停产停业、吊销许可证件等处罚，或者平台交易的产品被食品药品监督管理部门暂停销售或者停止销售的，应当立即停止提供相关网络交易服务。

第二十四条　医疗器械网络交易服务第三方平台提供者应当在网站醒目位置及时发布产品质量安全隐患等相关信息。

第四章　监督检查

第二十五条　食品药品监督管理部门依照法律、法规、规章的规定，依职权对从事医疗器械网络销售的企业和医疗器械网络交易服务第三方平台实施监督检查和抽样检验。

第二十六条　对从事医疗器械网络销售的企业违法行为的查处，由其所在地县级以上地方食品药品监督管理部门管辖。

未经许可或者备案从事医疗器械网络销售，能确定违法销售企业地址的，由违法销售企业所在地县级以上地方食品药品监督管理部门管辖；不能确定违法销售企业所在地的，由违法行为发生地或者违法行为结果地的县级以上地方食品药品监督管理部门管辖。通过医疗器械网络交易服务第三方平台销售的，由医疗器械网络交易服务第三方平台提供者所在地省级食品药品监督管理部门管辖；经调查后能够确定管辖地的，及时移送有管辖权的食品药品监督管理部门。

对医疗器械网络交易服务第三方平台提供者违法行为的查处，由其所在地省级食品药品监督管理部门管辖。

网络销售的医疗器械发生重大质量事故或者造成其他严重危害后果的，可以由违法企业所在地、违法行为发生地或者违法行为结果地省级食品药品监督管理部门管辖；后果特别严重的，省级食品药品监督管理部门可以报请国家食品药品监督管理总局协调或者组织直接查处。

对发生医疗器械网络销售违法行为的网站，由省级食品药品监督管理部门通报同级通信主管部门。

第二十七条 国家食品药品监督管理总局组织建立国家医疗器械网络交易监测平台，开展全国医疗器械网络销售和网络交易监测与处置，监测情况定期通报省级食品药品监督管理部门。对监测发现的涉嫌违法违规信息，及时转送相关省级食品药品监督管理部门。省级食品药品监督管理部门应当及时组织处理。

第二十八条 省级食品药品监督管理部门自行建立的医疗器械网络销售监测平台，应当与国家医疗器械网络交易监测平台实现数据对接。

第二十九条 食品药品监督管理部门开展医疗器械网络销售日常监督管理，或者对涉嫌违法违规的医疗器械网络销售行为进行查处时，有权采取下列措施：

（一）进入企业医疗器械经营场所、办公场所和服务器所在地等实施现场检查；

（二）对网络销售的医疗器械进行抽样检验；

（三）询问有关人员，调查企业从事医疗器械网络销售行为的相关情况；

（四）查阅、复制企业的交易数据、合同、票据、账簿以及其他相关资料；

（五）调取网络销售的技术监测、记录资料；

（六）依法查封扣押数据存储介质等；

（七）法律、法规规定可以采取的其他措施。

第三十条 对网络销售医疗器械的抽样检验，按照医疗器械质量监督抽查检验相关管理规定实施。

检验结果不符合医疗器械质量安全标准的，食品药品监督管理部门收到检验报告后，应当及时对相关生产经营企业开展监督检查，采取控制措施，及时发布质量公告，对违法行为依法查处。

第三十一条 食品药品监督管理部门对医疗器械网络销售的技术监测记录、信息追溯资料等，可以作为认定医疗器械网络销售违法事实的依据。

第三十二条 从事医疗器械网络销售的企业实际情况与备案信息不符且无法取得联系的，经所在地设区的市级食品药品监督管理部门公示后，依法注销其《医疗器械经营许可证》或者在第二类医疗器械经营备案信息中予以标注，并向社会公告。相关网站由省级食品药品监督管理部门通报同级通信主管部门。

医疗器械网络交易服务第三方平台提供者实际情况与备案信息不符且无法取得联系的，经原备案所在地省级食品药品监督管理部门公示后，在其备案信息中予以标注，向社会公告；备案时提供虚假资料的，由省级食品药品监督管理部门向社会公告备案单位。其网站由省级食品药品监督管理部门通报同级通信主管部门。

第三十三条 食品药品监督管理部门在检查中发现从事医疗器械网络销售的企业或者医疗器械网络交易服务第三方平台未按规定建立并执行相关质量管理制度，且存在医疗器械质量安全隐患的，食品药品监督管理部门可以责令其暂停网络销售或者暂停提供相关网络交易服务。

恢复网络销售或者恢复提供相关网络交易服务的，从事医疗器械网络销售的企业或者医疗器械网络交易服务第三方平台提供者应当向原作出处理决定的食品药品监督管理部门提出申请，经食品药品监督管理部门检查通过后方可恢复。

第三十四条 从事医疗器械网络销售的企业、医疗器械网络交易服务第三方平台提供者，有下列情形之一的，食品药品监督管理部门可以依职责对其法定代表人或者主要负责人进行约谈：

（一）发生医疗器械质量安全问题，可能引发医疗器械质量安全风险的；

（二）未及时妥善处理投诉举报的医疗器械质量问题，可能存在医疗器械质量安全隐患的；

（三）未及时采取有效措施排查、消除医疗器械质量安全隐患，未落实医疗器械质量安全责任的；

（四）需要进行约谈的其他情形。

约谈不影响食品药品监督管理部门依法对其进行行政处理，约谈情况及后续处理情况可以向社会公开。

被约谈企业无正当理由未按照要求落实整改的，省级食品药品监督管理部门、所在地设区的市级食品药品监督管理部门应当依职责增加监督检查频次。

第三十五条 有下列情形之一的，食品药品监督管理部门可以将从事医疗器械网络销售的企业、医疗器械网络交易服务第三方平台提供者及其法定代表人或者主要负责人列入失信企业和失信人员名单，并向社会公开：

（一）拒不执行暂停网络销售或者暂停提供相关网络交易服务决定的；

（二）企业被约谈后拒不按照要求整改的。

第三十六条 县级以上地方食品药品监督管理部门应当定期汇总分析本行政区域医疗器械网络销售监督管理情况，报告上一级食品药品监督管理部门，并依法向社会公开。

省级食品药品监督管理部门应当每年汇总分析医疗器械网络销售和网络交易服务第三方平台监督管理情况，报告国家食品药品监督管理总局，并依法向社会公开。

第五章 法律责任

第三十七条 从事医疗器械网络销售的企业、医疗器械网络交易服务第三方平台提供者违反法律法规有关规定从事销售或者交易服务，法律法规已有规定的，从其规定。构成犯罪的，移送公安机关处理。

第三十八条 违反本办法规定，未取得医疗器械经营许可从事网络第三类医疗器械销售的，依照《医疗器械监督管理条例》第六十三条的规定予以处罚；未取得第二类医疗器械经营备案凭证从事网络第二类医疗器械销售的，依照《医疗器械监督管理条例》第六十五条的规定予以处罚。

第三十九条 从事医疗器械网络销售的企业未按照本办法规定备案的，由县级以上地方食品药品监督管理部门责令限期改正，给予警告；拒不改正的，向社会公告，处1万元以下罚款。

第四十条 有下列情形之一的，由县级以上地方食品药品监督管理部门责令改正，给予警告；拒不改正的，处5000元以上1万元以下罚款：

（一）从事医疗器械网络销售的企业未按照本办法要求展示医疗器械生产经营许可证或者备案凭证、医疗器械注册证或者备案凭证的；

（二）医疗器械网络交易服务第三方平台提供者未按照本办法要求展示医疗器械网络交易服务第三方平台备案凭证编号的。

第四十一条 有下列情形之一的，由县级以上地方食品药品监督管理部门责令改正，给予警告；拒不改正的，处5000元以上2万元以下罚款：

（一）从事医疗器械网络销售的企业备案信息发生变化，未按规定变更的；

（二）从事医疗器械网络销售的企业未按规定建立并执行质量管理制度的；

（三）医疗器械网络交易服务第三方平台提供者备案事项发生变化未按规定办理变更的；

（四）医疗器械网络交易服务第三方平台提供者未按规定要求设置与其规模相适应的质量安全管理机构或者配备质量安全管理人员的；

（五）医疗器械网络交易服务第三方平台提供者未按规定建立并执行质量管理制度的。

第四十二条 医疗器械网络交易服务第三方平台提供者未按本办法规定备案的，由省级食品药品监督管理部门责令限期改正；拒不改正的，向社会公告，处3万元以下罚款。

第四十三条 有下列情形之一的，由县级以上地方食品药品监督管理部门责令改正，给予警告；拒不改正的，处1万元以上3万元以下罚款：

（一）从事医疗器械网络销售的企业、医疗器械网络交易服务第三方平台条件发生变化，不再满足规定要求的；

（二）从事医疗器械网络销售的企业、医疗器械网络交易服务第三方平台提供者不配合食品药品监督管理部门的监督检查，或者拒绝、隐瞒、不如实提供相关材料和数据的。

第四十四条 有下列情形之一的，由县级以上地方食品药品监督管理部门责令改正，处1万元以上3万元以下罚款：

（一）从事医疗器械网络销售的企业超出经营范围销售的；

（二）医疗器械批发企业销售给不具有资质的经营企业、使用单位的。

医疗器械零售企业将非消费者自行使用的医疗器械销售给消费者个人的，依照前款第一项规定予以处罚。

第四十五条 从事医疗器械网络销售的企业未按照医疗器械说明书和标签标示要求运输、贮存医疗器械的，依照《医疗器械监督管理条例》第六十七条的规定予以处罚。

第四十六条 负责监管医疗器械网络销售的食品药品监督管理部门工作人员不履行职责或者滥用职权、玩忽职守、徇私舞弊的，依法追究行政责任；构成犯罪的，移送司法机关追究刑事责任。

第四十七条 医疗器械网络交易服务第三方平台提供者提供的医疗器械产品或者服务造成他人人身、财产损失的，根据相关法律法规的规定承担民事责任。

第六章 附 则

第四十八条 医疗器械网络交易服务第三方平台备案凭证的格式由国家食品药品监督管理总局统一制定。

医疗器械网络交易服务第三方平台备案凭证由省级食品药品监督管理部门印制。

医疗器械网络交易服务第三方平台备案凭证编号的编排方式为：（X）网械平台备字〔XXXX〕第XXXXX号。其中：

第一位X代表备案部门所在地省、自治区、直辖市的简称；

第二到五位X代表4位数备案年份；

第六到十位X代表5位数备案流水号。

第四十九条 医疗器械网络信息服务按照《互联网药品信息服务管理办法》执行。

第五十条 本办法自2018年3月1日起施行。

互联网药品信息服务管理办法

（2004年7月8日国家食品药品监督管理局令第9号公布 根据2017年11月7日国家食品药品监督管理总局局务会议《关于修改部分规章的决定》修正）

第一条 为加强药品监督管理，规范互联网药品信息服务活动，保证互联网药品信息的真实、准确，根据《中华人民共和国药品管理法》《互联网信息服务管理办法》，制定本办法。

第二条 在中华人民共和国境内提供互联网药品信息服务活动，适用本办法。

本办法所称互联网药品信息服务，是指通过互联网向上网用户提供药品（含医疗器械）信息的服务活动。

第三条 互联网药品信息服务分为经营性和非经营性两类。

经营性互联网药品信息服务是指通过互联网向上网用户有偿提供药品信息等服务的活动。

非经营性互联网药品信息服务是指通过互联网向上网用户无偿提供公开的、共享性药品信息等服务的活动。

第四条 国家食品药品监督管理总局对全国提供互联网药品信息服务活动的网站实施监督管理。

省、自治区、直辖市食品药品监督管理部门对本行政区域内提供互联网药品信息服务活动的网站实施监督管理。

第五条 拟提供互联网药品信息服务的网站，应当在向国务院信息产业主管部门或者省级电信管理机构申请办理经营许可证或者办理备案手续之前，按照属地监督管理的原则，向该网站主办单位所在地省、自治区、直辖市食品药品监督管理部门提出申请，经审核同意后取得提供互联网药品信息服务的资格。

第六条 各省、自治区、直辖市食品药品监督管理部门对本辖区内申请提供互联网药品信息服务的互联网站进行审核，符合条件的核发《互联网药品信息服务资格证书》。

第七条 《互联网药品信息服务资格证书》的格式由国家食品药品监督管理总局统一制定。

第八条 提供互联网药品信息服务的网站，应当在其网站主页显著位置标注《互联网药品信息服务资格证书》的证书编号。

第九条 提供互联网药品信息服务网站所登载的药品信息必须科学、准确，必须符合国家的法律、法规和国家有关药品、医疗器械管理的相关规定。

提供互联网药品信息服务的网站不得发布麻醉药品、精神药品、医疗用毒性药品、放射性药品、戒毒药品和医疗机构制剂的产品信息。

第十条 提供互联网药品信息服务的网站发布的药品（含医疗器械）广告，必须经过食品药品监督管理部门审查批准。

提供互联网药品信息服务的网站发布的药品（含医疗器械）广告要注明广告审查批准文号。

第十一条 申请提供互联网药品信息服务，除应当符合《互联网信息服务管理办法》规定的要求外，还应当具备下列条件：

（一）互联网药品信息服务的提供者应当为依法设立的企事业单位或者其他组织；

（二）具有与开展互联网药品信息服务活动相适应的专业人员、设施及相关制度；

（三）有两名以上熟悉药品、医疗器械管理法律、法规和药品、医疗器械专业知识，或者依法经资格认定的药学、医疗器械技术人员。

第十二条 提供互联网药品信息服务的申请应当以一个网站为基本单元。

第十三条 申请提供互联网药品信息服务，应当填写国家食品药品监督管理总局统一制发的《互联网药品信息服务申请表》，向网站主办单位所在地省、自治区、直辖市食品药品监督管理部门提出申请，同时提交以下材料：

（一）企业营业执照复印件。

（二）网站域名注册的相关证书或者证明文件。从事互联网药品信息服务网站的中文名称，除与主办单位名称相同的以外，不得以“中国”“中华”“全国”等冠名；除取得药品招标代理机构资格证书的单位开办的互联网站外，其他提供互联网药品信息服务的网站名称中不得出现“电子商务”“药品招商”“药品招标”等内容。

（三）网站栏目设置说明（申请经营性互联网药品信息服务的网站需提供收费栏目及收费方式的说明）。

（四）网站对历史发布信息进行备份和查阅的相关管理制度及执行情况说明。

（五）食品药品监督管理部门在线浏览网站上所有栏目、内容的方法及操作说明。

（六）药品及医疗器械相关专业技术人员学历证明或者其专业技术资格证书复印件、网站负责人身份证复印件及简历。

（七）健全的网络与信息安全保障措施，包括网站安全保障措施、信息安全保密管理制度、用户信息安全管理制度。

（八）保证药品信息来源合法、真实、安全的管理措施、情况说明及相关证明。

第十四条 省、自治区、直辖市食品药品监督管理部门在收到申请材料之日起5日内做出受理与否的决定，受理的，发给受理通知书；不受理的，书面通知申请人并说明理由，同时告知申请人享有依法申请行政复议或者提起行政诉讼的权利。

第十五条 对于申请材料不规范、不完整的，省、自治区、直辖市食品药品监督管理部门自申请之日起5日内一次告知申请人需要补正的全部内容；逾期不告知的，自收到材料之日起即为受理。

第十六条 省、自治区、直辖市食品药品监督管理部门自受理之日起20日内对申请提供互联网药品信息服务的材料进行审核，并作出同意或者不同意的决定。同意的，由省、自治区、直辖市食品药品监督管理部门核发《互联网药品信息服务资格证书》，同时报国家食品药品监督管理总局备案并发布公告；不同意的，应当书面通知申请人并说明理由，同时告知申请人享有依法申请行政复议或者提起行政诉讼的权利。

国家食品药品监督管理总局对各省、自治区、直辖市食品药品监督管理部门的审核工作进行监督。

第十七条 《互联网药品信息服务资格证书》有效期为5年。有效期届满，需要继续提供互联网药品信息服务的，持证单位应当在有效期届满前6个月内，向原发证机关申请换发《互联网药品信息服务资格证书》。原发证机关进行审核后，认为符合条件的，予以换发新证；认为不符合条件的，发给不予换发新证的通知并说明理由，原《互联网药品信息服务资格证书》由原发证机关收回并公告注销。

省、自治区、直辖市食品药品监督管理部门根据申请人的申请，应当在《互联网药品信息服务资格证书》有效期届满前作出是否准予其换证的决定。逾期未作出决定的，视为准予换证。

第十八条 《互联网药品信息服务资格证书》可以根据互联网药品信息服务提供者的书面申请，由原发证机关收回，原发证机关应当报国家食品药品监督管理总局备案并发布公告。被收回《互联网药品信息服务资格证书》的网站不得继续从事互联网药品信息服务。

第十九条 互联网药品信息服务提供者变更下列事项之一的，应当向原发证机关申请办理变更手续，填写《互联网药品信息服务项目变更申请表》，同时提供下列相关证明文件：

（一）《互联网药品信息服务资格证书》中审核批准的项目（互联网药品信息服务提供者单位名称、网站名称、IP地址等）；

（二）互联网药品信息服务提供者的基本项目（地址、法定代表人、企业负责人等）；

（三）网站提供互联网药品信息服务的基本情况（服务方式、服务项目等）。

第二十条 省、自治区、直辖市食品药品监督管理部门自受理变更申请之日起20个工作日内作出是否同意变更的审核决定。同意变更的，将变更结果予以公告并报国家食品药品监督管理总局备案；不同意变更的，以书面形式通知申请人并说明理由。

第二十一条 省、自治区、直辖市食品药品监督管理部门对申请人的申请进行审查时，应当公示审批过程和审批结果。申请人和利害关系人可以对直接关系其重大利益的事项提交书面意见进行陈述和申辩。依法应当听证的，按照法定程序举行听证。

第二十二条 未取得或者超出有效期使用《互联网药品信息服务资格证书》从事互联网药品信息服务的，由国家食品药品监督管理总局或者省、自治区、直辖市食品药品监督管理部门给予警告，并责令其停止从事互联网药品信息服务；情节严重的，移送相关部门，依照有关法律、法规给予处罚。

第二十三条 提供互联网药品信息服务的网站不在其网站主页的显著位置标注《互联网药品信息服务资格证书》的证书编号的，国家食品药品监督管理总局或者省、自治区、直辖市食品药品监督管理部门给予警告，责令限期改正；在限定期限内拒不改正的，对提供非经营性互联网药品信息服务的网站处以500元以下罚款，对提供经营性互联网药品信息服务的网站处以5000元以上1万元以下罚款。

第二十四条 互联网药品信息服务提供者违反本办法，有下列情形之一的，由国家食品药品监督管理总局或者省、自治区、直辖市食品药品监督管理部门给予警告，责令限期改正；情节严重的，对提供非经营性互联网药品信息服务的网站处以1000元以下罚款，对提供经营性互联网药品信息服务的网站处以1万元以上3万元以下罚款；构成犯罪的，移送司法部门追究刑事责任：

（一）已经获得《互联网药品信息服务资格证书》，但提供的药品信息直接撮合药品网上交易的；

（二）已经获得《互联网药品信息服务资格证书》，但超出审核同意的范围提供互联网药品信息服务的；

（三）提供不真实互联网药品信息服务并造成不良社会影响的；

（四）擅自变更互联网药品信息服务项目的。

第二十五条 互联网药品信息服务提供者在其业务活动中，违法使用《互联网药品信息服务资格证书》的，由国家食品药品监督管理总局或者省、自治区、直辖市食品药品监督管理部门依照有关法律、法规的规定处罚。

第二十六条 省、自治区、直辖市食品药品监督管理部门违法对互联网药品信息服务申请作出审核批准的，原发证机关应当撤销原批准的《互联网药品信息服务资格证书》，由此给申请人的合法权益造成损害的，由原发证机关依照国家赔偿法的规定给予赔偿；对直接负责的主管人员和其他直接责任人员，由其所在单位或者上级机关依法给予行政处分。

第二十七条　省、自治区、直辖市食品药品监督管理部门应当对提供互联网药品信息服务的网站进行监督检查，并将检查情况向社会公告。

第二十八条　本办法由国家食品药品监督管理总局负责解释。

第二十九条　本办法自公布之日起施行。《互联网药品信息服务管理暂行规定》（国家药品监督管理局令第26号）同时废止。

网络餐饮服务食品安全监督管理办法

（2017年11月6日国家食品药品监督管理总局令第36号公布　自2018年1月1日起施行）

第一条　为加强网络餐饮服务食品安全监督管理，规范网络餐饮服务经营行为，保证餐饮食品安全，保障公众身体健康，根据《中华人民共和国食品安全法》等法律法规，制定本办法。

第二条　在中华人民共和国境内，网络餐饮服务第三方平台提供者、通过第三方平台和自建网站提供餐饮服务的餐饮服务提供者（以下简称入网餐饮服务提供者），利用互联网提供餐饮服务及其监督管理，适用本办法。

第三条　国家食品药品监督管理总局负责指导全国网络餐饮服务食品安全监督管理工作，并组织开展网络餐饮服务食品安全监测。

县级以上地方食品药品监督管理部门负责本行政区域内网络餐饮服务食品安全监督管理工作。

第四条　入网餐饮服务提供者应当具有实体经营门店并依法取得食品经营许可证，并按照食品经营许可证载明的主体业态、经营项目从事经营活动，不得超范围经营。

第五条　网络餐饮服务第三方平台提供者应当在通信主管部门批准后30个工作日内，向所在地省级食品药品监督管理部门备案。自建网站餐饮服务提供者应当在通信主管部门备案后30个工作日内，向所在地县级食品药品监督管理部门备案。备案内容包括域名、IP地址、电信业务经营许可证或者备案号、企业名称、地址、法定代表人或者负责人姓名等。

网络餐饮服务第三方平台提供者设立从事网络餐饮服务分支机构的，应当在设立后30个工作日内，向所在地县级食品药品监督管理部门备案。备案内容包括分支机构名称、地址、法定代表人或者负责人姓名等。

食品药品监督管理部门应当及时向社会公开相关备案信息。

第六条　网络餐饮服务第三方平台提供者应当建立并执行入网餐饮服务提供者审查登记、食品安全违法行为制止及报告、严重违法行为平台服务停止、食品安全事故处置等制度，并在网络平台上公开相关制度。

第七条　网络餐饮服务第三方平台提供者应当设置专门的食品安全管理机构，配备专职食品安全管理人员，每年对食品安全管理人员进行培训和考核。培训和考核记录保存期限不得少于两年。经考核不具备食品安全管理能力的，不得上岗。

第八条　网络餐饮服务第三方平台提供者应当对入网餐饮服务提供者的食品经营许可证进行审查，登记入网餐饮服务提供者的名称、地址、法定代表人或者负责人及联系方式等信息，保证入网餐饮服务提供者食品经营许可证载明的经营场所等许可信息真实。

网络餐饮服务第三方平台提供者应当与入网餐饮服务提供者签订食品安全协议，明确食品安全责任。

第九条　网络餐饮服务第三方平台提供者和入网餐饮服务提供者应当在餐饮服务经营活动主页面公示餐饮服务提供者的食品经营许可证。食品经营许可等信息发生变更的，应当及时更新。

第十条 网络餐饮服务第三方平台提供者和入网餐饮服务提供者应当在网上公示餐饮服务提供者的名称、地址、量化分级信息，公示的信息应当真实。

第十一条 入网餐饮服务提供者应当在网上公示菜品名称和主要原料名称，公示的信息应当真实。

第十二条 网络餐饮服务第三方平台提供者提供食品容器、餐具和包装材料的，所提供的食品容器、餐具和包装材料应当无毒、清洁。

鼓励网络餐饮服务第三方平台提供者提供可降解的食品容器、餐具和包装材料。

第十三条 网络餐饮服务第三方平台提供者和入网餐饮服务提供者应当加强对送餐人员的食品安全培训和管理。委托送餐单位送餐的，送餐单位应当加强对送餐人员的食品安全培训和管理。培训记录保存期限不得少于两年。

第十四条 送餐人员应当保持个人卫生，使用安全、无害的配送容器，保持容器清洁，并定期进行清洗消毒。送餐人员应当核对配送食品，保证配送过程食品不受污染。

第十五条 网络餐饮服务第三方平台提供者和自建网站餐饮服务提供者应当履行记录义务，如实记录网络订餐的订单信息，包括食品的名称、下单时间、送餐人员、送达时间以及收货地址，信息保存时间不得少于6个月。

第十六条 网络餐饮服务第三方平台提供者应当对入网餐饮服务提供者的经营行为进行抽查和监测。

网络餐饮服务第三方平台提供者发现入网餐饮服务提供者存在违法行为的，应当及时制止并立即报告入网餐饮服务提供者所在地县级食品药品监督管理部门；发现严重违法行为的，应当立即停止提供网络交易平台服务。

第十七条 网络餐饮服务第三方平台提供者应当建立投诉举报处理制度，公开投诉举报方式，对涉及消费者食品安全的投诉举报及时进行处理。

第十八条 入网餐饮服务提供者加工制作餐饮食品应当符合下列要求：

（一）制定并实施原料控制要求，选择资质合法、保证原料质量安全的供货商，或者从原料生产基地、超市采购原料，做好食品原料索证索票和进货查验记录，不得采购不符合食品安全标准的食品及原料；

（二）在加工过程中应当检查待加工的食品及原料，发现有腐败变质、油脂酸败、霉变生虫、污秽不洁、混有异物、掺假掺杂或者感官性状异常的，不得加工使用；

（三）定期维护食品贮存、加工、清洗消毒等设施、设备，定期清洗和校验保温、冷藏和冷冻等设施、设备，保证设施、设备运转正常；

（四）在自己的加工操作区内加工食品，不得将订单委托其他食品经营者加工制作；

（五）网络销售的餐饮食品应当与实体店销售的餐饮食品质量安全保持一致。

第十九条 入网餐饮服务提供者应当使用无毒、清洁的食品容器、餐具和包装材料，并对餐饮食品进行包装，避免送餐人员直接接触食品，确保送餐过程中食品不受污染。

第二十条 入网餐饮服务提供者配送有保鲜、保温、冷藏或者冷冻等特殊要求食品的，应当采取能保证食品安全的保存、配送措施。

第二十一条 国家食品药品监督管理总局组织监测发现网络餐饮服务第三方平台提供者和入网餐饮服务提供者存在违法行为的，通知有关省级食品药品监督管理部门依法组织查处。

第二十二条 县级以上地方食品药品监督管理部门接到网络餐饮服务第三方平台提供者报告入网餐饮服务提供者存在违法行为的，应当及时依法查处。

第二十三条 县级以上地方食品药品监督管理部门应当加强对网络餐饮服务食品安全的监督检查，发现网络餐饮服务第三方平台提供者和入网餐饮服务提供者存在违法行为的，依法进行查处。

第二十四条 县级以上地方食品药品监督管理部门对网络餐饮服务交易活动的技术监测记录资料，可以依法作为认定相关事实的依据。

第二十五条 县级以上地方食品药品监督管理部门对于消费者投诉举报反映的线索，应当及时进行核查，被投诉举报人涉嫌违法的，依法进行查处。

第二十六条 县级以上地方食品药品监督管理部门查处的入网餐饮服务提供者有严重违法行为的，应当通知网络餐饮服务第三方平台提供者，要求其立即停止对入网餐饮服务提供者提供网络交易平台服务。

第二十七条　违反本办法第四条规定，入网餐饮服务提供者不具备实体经营门店，未依法取得食品经营许可证的，由县级以上地方食品药品监督管理部门依照食品安全法第一百二十二条的规定处罚。

第二十八条　违反本办法第五条规定，网络餐饮服务第三方平台提供者以及分支机构或者自建网站餐饮服务提供者未履行相应备案义务的，由县级以上地方食品药品监督管理部门责令改正，给予警告；拒不改正的，处5000元以上3万元以下罚款。

第二十九条　违反本办法第六条规定，网络餐饮服务第三方平台提供者未按要求建立、执行并公开相关制度的，由县级以上地方食品药品监督管理部门责令改正，给予警告；拒不改正的，处5000元以上3万元以下罚款。

第三十条　违反本办法第七条规定，网络餐饮服务第三方平台提供者未设置专门的食品安全管理机构，配备专职食品安全管理人员，或者未按要求对食品安全管理人员进行培训、考核并保存记录的，由县级以上地方食品药品监督管理部门责令改正，给予警告；拒不改正的，处5000元以上3万元以下罚款。

第三十一条　违反本办法第八条第一款规定，网络餐饮服务第三方平台提供者未对入网餐饮服务提供者的食品经营许可证进行审查，未登记入网餐饮服务提供者的名称、地址、法定代表人或者负责人及联系方式等信息，或者入网餐饮服务提供者食品经营许可证载明的经营场所等许可信息不真实的，由县级以上地方食品药品监督管理部门依照食品安全法第一百三十一条的规定处罚。

违反本办法第八条第二款规定，网络餐饮服务第三方平台提供者未与入网餐饮服务提供者签订食品安全协议的，由县级以上地方食品药品监督管理部门责令改正，给予警告；拒不改正的，处5000元以上3万元以下罚款。

第三十二条　违反本办法第九条、第十条、第十一条规定，网络餐饮服务第三方平台提供者和入网餐饮服务提供者未按要求进行信息公示和更新的，由县级以上地方食品药品监督管理部门责令改正，给予警告；拒不改正的，处5000元以上3万元以下罚款。

第三十三条　违反本办法第十二条规定，网络餐饮服务第三方平台提供者提供的食品配送容器、餐具和包装材料不符合规定的，由县级以上地方食品药品监督管理部门按照食品安全法第一百三十二条的规定处罚。

第三十四条　违反本办法第十三条规定，网络餐饮服务第三方平台提供者和入网餐饮服务提供者未对送餐人员进行食品安全培训和管理，或者送餐单位未对送餐人员进行食品安全培训和管理，或者未按要求保存培训记录的，由县级以上地方食品药品监督管理部门责令改正，给予警告；拒不改正的，处5000元以上3万元以下罚款。

第三十五条　违反本办法第十四条规定，送餐人员未履行使用安全、无害的配送容器等义务的，由县级以上地方食品药品监督管理部门对送餐人员所在单位按照食品安全法第一百三十二条的规定处罚。

第三十六条　违反本办法第十五条规定，网络餐饮服务第三方平台提供者和自建网站餐饮服务提供者未按要求记录、保存网络订餐信息的，由县级以上地方食品药品监督管理部门责令改正，给予警告；拒不改正的，处5000元以上3万元以下罚款。

第三十七条　违反本办法第十六条第一款规定，网络餐饮服务第三方平台提供者未对入网餐饮服务提供者的经营行为进行抽查和监测的，由县级以上地方食品药品监督管理部门责令改正，给予警告；拒不改正的，处5000元以上3万元以下罚款。

违反本办法第十六条第二款规定，网络餐饮服务第三方平台提供者发现入网餐饮服务提供者存在违法行为，未及时制止并立即报告入网餐饮服务提供者所在地县级食品药品监督管理部门的，或者发现入网餐饮服务提供者存在严重违法行为，未立即停止提供网络交易平台服务的，由县级以上地方食品药品监督管理部门依照食品安全法第一百三十一条的规定处罚。

第三十八条　违反本办法第十七条规定，网络餐饮服务第三方平台提供者未按要求建立消费者投诉举报处理制度，公开投诉举报方式，或者未对涉及消费者食品安全的投诉举报及时进行处理的，由县级以上地方食品药品监督管理部门责令改正，给予警告；拒不改正的，处5000元以上3万元以下罚款。

第三十九条 违反本办法第十八条第（一）项规定，入网餐饮服务提供者未履行制定实施原料控制要求等义务的，由县级以上地方食品药品监督管理部门依照食品安全法第一百二十六条第一款的规定处罚。

违反本办法第十八条第（二）项规定，入网餐饮服务提供者使用腐败变质、油脂酸败、霉变生虫、污秽不洁、混有异物、掺假掺杂或者感官性状异常等原料加工食品的，由县级以上地方食品药品监督管理部门依照食品安全法第一百二十四条第一款的规定处罚。

违反本办法第十八条第（三）项规定，入网餐饮服务提供者未定期维护食品贮存、加工、清洗消毒等设施、设备，或者未定期清洗和校验保温、冷藏和冷冻等设施、设备的，由县级以上地方食品药品监督管理部门依照食品安全法第一百二十六条第一款的规定处罚。

违反本办法第十八条第（四）项、第（五）项规定，入网餐饮服务提供者将订单委托其他食品经营者加工制作，或者网络销售的餐饮食品未与实体店销售的餐饮食品质量安全保持一致的，由县级以上地方食品药品监督管理部门责令改正，给予警告；拒不改正的，处5000元以上3万元以下罚款。

第四十条 违反本办法第十九条规定，入网餐饮服务提供者未履行相应的包装义务的，由县级以上地方食品药品监督管理部门责令改正，给予警告；拒不改正的，处5000元以上3万元以下罚款。

第四十一条 违反本办法第二十条规定，入网餐饮服务提供者配送有保鲜、保温、冷藏或者冷冻等特殊要求食品，未采取能保证食品安全的保存、配送措施的，由县级以上地方食品药品监督管理部门依照食品安全法第一百三十二条的规定处罚。

第四十二条 县级以上地方食品药品监督管理部门应当自对网络餐饮服务第三方平台提供者和入网餐饮服务提供者违法行为作出处罚决定之日起20个工作日内在网上公开行政处罚决定书。

第四十三条 省、自治区、直辖市的地方性法规和政府规章对小餐饮网络经营作出规定的，按照其规定执行。

本办法对网络餐饮服务食品安全违法行为的查处未作规定的，按照《网络食品安全违法行为查处办法》执行。

第四十四条 网络餐饮服务第三方平台提供者和入网餐饮服务提供者违反食品安全法规定，构成犯罪的，依法追究刑事责任。

第四十五条 餐饮服务连锁公司总部建立网站为其门店提供网络交易服务的，参照本办法关于网络餐饮服务第三方平台提供者的规定执行。

第四十六条 本办法自2018年1月1日起施行。

网络食品安全违法行为查处办法

（2016年7月13日国家食品药品监督管理总局令第27号公布 自2016年10月1日起施行）

第一章 总 则

第一条 为依法查处网络食品安全违法行为，加强网络食品安全监督管理，保证食品安全，根据《中华人民共和国食品安全法》等法律法规，制定本办法。

第二条 在中华人民共和国境内网络食品交易第三方平台提供者以及通过第三方平台或者自建的网站进行交易的食品生产经营者（以下简称入网食品生产经营者）违反食品安全法律、法规、规章或者食品安全标准行为的查处，适用本办法。

第三条　国家食品药品监督管理总局负责监督指导全国网络食品安全违法行为查处工作。

县级以上地方食品药品监督管理部门负责本行政区域内网络食品安全违法行为查处工作。

第四条　网络食品交易第三方平台提供者和入网食品生产经营者应当履行法律、法规和规章规定的食品安全义务。

网络食品交易第三方平台提供者和入网食品生产经营者应当对网络食品安全信息的真实性负责。

第五条　网络食品交易第三方平台提供者和入网食品生产经营者应当配合食品药品监督管理部门对网络食品安全违法行为的查处，按照食品药品监督管理部门的要求提供网络食品交易相关数据和信息。

第六条　鼓励网络食品交易第三方平台提供者和入网食品生产经营者开展食品安全法律、法规以及食品安全标准和食品安全知识的普及工作。

第七条　任何组织或者个人均可向食品药品监督管理部门举报网络食品安全违法行为。

第二章　网络食品安全义务

第八条　网络食品交易第三方平台提供者应当在通信主管部门批准后30个工作日内，向所在地省级食品药品监督管理部门备案，取得备案号。

通过自建网站交易的食品生产经营者应当在通信主管部门批准后30个工作日内，向所在地市、县级食品药品监督管理部门备案，取得备案号。

省级和市、县级食品药品监督管理部门应当自完成备案后7个工作日内向社会公开相关备案信息。

备案信息包括域名、IP地址、电信业务经营许可证、企业名称、法定代表人或者负责人姓名、备案号等。

第九条　网络食品交易第三方平台提供者和通过自建网站交易的食品生产经营者应当具备数据备份、故障恢复等技术条件，保障网络食品交易数据和资料的可靠性与安全性。

第十条　网络食品交易第三方平台提供者应当建立入网食品生产经营者审查登记、食品安全自查、食品安全违法行为制止及报告、严重违法行为平台服务停止、食品安全投诉举报处理等制度，并在网络平台上公开。

第十一条　网络食品交易第三方平台提供者应当对入网食品生产经营者食品生产经营许可证、入网食品添加剂生产企业生产许可证等材料进行审查，如实记录并及时更新。

网络食品交易第三方平台提供者应当对入网食用农产品生产经营者营业执照、入网食品添加剂经营者营业执照以及入网交易食用农产品的个人的身份证号码、住址、联系方式等信息进行登记，如实记录并及时更新。

第十二条　网络食品交易第三方平台提供者应当建立入网食品生产经营者档案，记录入网食品生产经营者的基本情况、食品安全管理人员等信息。

第十三条　网络食品交易第三方平台提供者和通过自建网站交易食品的生产经营者应当记录、保存食品交易信息，保存时间不得少于产品保质期满后6个月；没有明确保质期的，保存时间不得少于2年。

第十四条　网络食品交易第三方平台提供者应当设置专门的网络食品安全管理机构或者指定专职食品安全管理人员，对平台上的食品经营行为及信息进行检查。

网络食品交易第三方平台提供者发现存在食品安全违法行为的，应当及时制止，并向所在地县级食品药品监督管理部门报告。

第十五条　网络食品交易第三方平台提供者发现入网食品生产经营者有下列严重违法行为之一的，应当停止向其提供网络交易平台服务：

（一）入网食品生产经营者因涉嫌食品安全犯罪被立案侦查或者提起公诉的；

（二）入网食品生产经营者因食品安全相关犯罪被人民法院判处刑罚的；

（三）入网食品生产经营者因食品安全违法行为被公安机关拘留或者给予其他治安管理处罚的；

（四）入网食品生产经营者被食品药品监督管理部门依法作出吊销许可证、责令停产停业等处罚的。

第十六条 入网食品生产经营者应当依法取得许可，入网食品生产者应当按照许可的类别范围销售食品，入网食品经营者应当按照许可的经营项目范围从事食品经营。法律、法规规定不需要取得食品生产经营许可的除外。

取得食品生产许可的食品生产者，通过网络销售其生产的食品，不需要取得食品经营许可。取得食品经营许可的食品经营者通过网络销售其制作加工的食品，不需要取得食品生产许可。

第十七条 入网食品生产经营者不得从事下列行为：

（一）网上刊载的食品名称、成分或者配料表、产地、保质期、贮存条件，生产者名称、地址等信息与食品标签或者标识不一致；

（二）网上刊载的非保健食品信息明示或者暗示具有保健功能；网上刊载的保健食品的注册证书或者备案凭证等信息与注册或者备案信息不一致；

（三）网上刊载的婴幼儿配方乳粉产品信息明示或者暗示具有益智、增加抵抗力、提高免疫力、保护肠道等功能或者保健作用；

（四）对在贮存、运输、食用等方面有特殊要求的食品，未在网上刊载的食品信息中予以说明和提示；

（五）法律、法规规定禁止从事的其他行为。

第十八条 通过第三方平台进行交易的食品生产经营者应当在其经营活动主页面显著位置公示其食品生产经营许可证。通过自建网站交易的食品生产经营者应当在其网站首页显著位置公示营业执照、食品生产经营许可证。

餐饮服务提供者还应当同时公示其餐饮服务食品安全监督量化分级管理信息。相关信息应当画面清晰，容易辨识。

第十九条 入网销售保健食品、特殊医学用途配方食品、婴幼儿配方乳粉的食品生产经营者，除依照本办法第十八条的规定公示相关信息外，还应当依法公示产品注册证书或者备案凭证，持有广告审查批准文号的还应当公示广告审查批准文号，并链接至食品药品监督管理部门网站对应的数据查询页面。保健食品还应当显著标明“本品不能代替药物”。

特殊医学用途配方食品中特定全营养配方食品不得进行网络交易。

第二十条 网络交易的食品有保鲜、保温、冷藏或者冷冻等特殊贮存条件要求的，入网食品生产经营者应当采取能够保证食品安全的贮存、运输措施，或者委托具备相应贮存、运输能力的企业贮存、配送。

第三章 网络食品安全违法行为查处管理

第二十一条 对网络食品交易第三方平台提供者食品安全违法行为的查处，由网络食品交易第三方平台提供者所在地县级以上地方食品药品监督管理部门管辖。

对网络食品交易第三方平台提供者分支机构的食品安全违法行为的查处，由网络食品交易第三方平台提供者所在地或者分支机构所在地县级以上地方食品药品监督管理部门管辖。

对入网食品生产经营者食品安全违法行为的查处，由入网食品生产经营者所在地或者生产经营场所所在地县级以上地方食品药品监督管理部门管辖；对应当取得食品生产经营许可而没有取得许可的违法行为的查处，由入网食品生产经营者所在地、实际生产经营地县级以上地方食品药品监督管理部门管辖。

因网络食品交易引发食品安全事故或者其他严重危害后果的，也可以由网络食品安全违法行为发生地或者违法行为结果地的县级以上地方食品药品监督管理部门管辖。

第二十二条 两个以上食品药品监督管理部门都有管辖权的网络食品安全违法案件，由最先立案查处的食品药品监督管理部门管辖。对管辖有争议的，由双方协商解决。协商不成的，报请共同的上一级食品药品监督管理部门指定管辖。

第二十三条 消费者因网络食品安全违法问题进行投诉举报的，由网络食品交易第三方平台提供者所在地、入网食品生产经营者所在地或者生产经营场所所在地等县级以上地方食品药品监督管理部门处理。

第二十四条 县级以上地方食品药品监督管理部门，对网络食品安全违法行为进行调查处理时，可以行使下列职权：

（一）进入当事人网络食品交易场所实施现场检查；

（二）对网络交易的食品进行抽样检验；

（三）询问有关当事人，调查其从事网络食品交易行为的相关情况；

（四）查阅、复制当事人的交易数据、合同、票据、账簿以及其他相关资料；

（五）调取网络交易的技术监测、记录资料；

（六）法律、法规规定可以采取的其他措施。

第二十五条　县级以上食品药品监督管理部门通过网络购买样品进行检验的，应当按照相关规定填写抽样单，记录抽检样品的名称、类别以及数量，购买样品的人员以及付款账户、注册账号、收货地址、联系方式，并留存相关票据。买样人员应当对网络购买样品包装等进行查验，对样品和备份样品分别封样，并采取拍照或者录像等手段记录拆封过程。

第二十六条　检验结果不符合食品安全标准的，食品药品监督管理部门应当按照有关规定及时将检验结果通知被抽样的入网食品生产经营者。入网食品生产经营者应当采取停止生产经营、封存不合格食品等措施，控制食品安全风险。

通过网络食品交易第三方平台购买样品的，应当同时将检验结果通知网络食品交易第三方平台提供者。网络食品交易第三方平台提供者应当依法制止不合格食品的销售。

入网食品生产经营者联系方式不详的，网络食品交易第三方平台提供者应当协助通知。入网食品生产经营者无法联系的，网络食品交易第三方平台提供者应当停止向其提供网络食品交易平台服务。

第二十七条　网络食品交易第三方平台提供者和入网食品生产经营者有下列情形之一的，县级以上食品药品监督管理部门可以对其法定代表人或者主要负责人进行责任约谈：

（一）发生食品安全问题，可能引发食品安全风险蔓延的；

（二）未及时妥善处理投诉举报的食品安全问题，可能存在食品安全隐患的；

（三）未及时采取有效措施排查、消除食品安全隐患，落实食品安全责任的；

（四）县级以上食品药品监督管理部门认为需要进行责任约谈的其他情形。

责任约谈不影响食品药品监督管理部门依法对其进行行政处理，责任约谈情况及后续处理情况应当向社会公开。

被约谈者无正当理由未按照要求落实整改的，县级以上地方食品药品监督管理部门应当增加监督检查频次。

第四章　法律责任

第二十八条　食品安全法等法律法规对网络食品安全违法行为已有规定的，从其规定。

第二十九条　违反本办法第八条规定，网络食品交易第三方平台提供者和通过自建网站交易的食品生产经营者未履行相应备案义务的，由县级以上地方食品药品监督管理部门责令改正，给予警告；拒不改正的，处5000元以上3万元以下罚款。

第三十条　违反本办法第九条规定，网络食品交易第三方平台提供者和通过自建网站交易的食品生产经营者不具备数据备份、故障恢复等技术条件，不能保障网络食品交易数据和资料的可靠性与安全性的，由县级以上地方食品药品监督管理部门责令改正，给予警告；拒不改正的，处3万元罚款。

第三十一条　违反本办法第十条规定，网络食品交易第三方平台提供者未按要求建立入网食品生产经营者审查登记、食品安全自查、食品安全违法行为制止及报告、严重违法行为平台服务停止、食品安全投诉举报处理等制度的或者未公开以上制度的，由县级以上地方食品药品监督管理部门责令改正，给予警告；拒不改正的，处5000元以上3万元以下罚款。

第三十二条　违反本办法第十一条规定，网络食品交易第三方平台提供者未对入网食品生产经营者的相关材料及信息进行审查登记、如实记录并更新的，由县级以上地方食品药品监督管理部门依照食品安全法第一百三十一条的规定处罚。

第三十三条　违反本办法第十二条规定，网络食品交易第三方平台提供者未建立入网食品生产经营者档案、记录入网食品生产经营者相关信息的，由县级以上地方食品药品监督管理部门责令改正，给予警告；拒不改正的，处5000元以上3万元以下罚款。

第三十四条 违反本办法第十三条规定，网络食品交易第三方平台提供者未按要求记录、保存食品交易信息的，由县级以上地方食品药品监督管理部门责令改正，给予警告；拒不改正的，处5000元以上3万元以下罚款。

第三十五条 违反本办法第十四条规定，网络食品交易第三方平台提供者未设置专门的网络食品安全管理机构或者指定专职食品安全管理人员对平台上的食品安全经营行为及信息进行检查的，由县级以上地方食品药品监督管理部门责令改正，给予警告；拒不改正的，处5000元以上3万元以下罚款。

第三十六条 违反本办法第十五条规定，网络食品交易第三方平台提供者发现入网食品生产经营者有严重违法行为未停止提供网络交易平台服务的，由县级以上地方食品药品监督管理部门依照食品安全法第一百三十一条的规定处罚。

第三十七条 网络食品交易第三方平台提供者未履行相关义务，导致发生下列严重后果之一的，由县级以上地方食品药品监督管理部门依照食品安全法第一百三十一条的规定责令停业，并将相关情况移送通信主管部门处理：

（一）致人死亡或者造成严重人身伤害的；

（二）发生较大级别以上食品安全事故的；

（三）发生较为严重的食源性疾病的；

（四）侵犯消费者合法权益，造成严重不良社会影响的；

（五）引发其他的严重后果的。

第三十八条 违反本办法第十六条规定，入网食品生产经营者未依法取得食品生产经营许可的，或者入网食品生产者超过许可的类别范围销售食品、入网食品经营者超过许可的经营项目范围从事食品经营的，依照食品安全法第一百二十二条的规定处罚。

第三十九条 入网食品生产经营者违反本办法第十七条禁止性规定的，由县级以上地方食品药品监督管理部门责令改正，给予警告；拒不改正的，处5000元以上3万元以下罚款。

第四十条 违反本办法第十八条规定，入网食品生产经营者未按要求进行信息公示的，由县级以上地方食品药品监督管理部门责令改正，给予警告；拒不改正的，处5000元以上3万元以下罚款。

第四十一条 违反本办法第十九条第一款规定，食品生产经营者未按要求公示特殊食品相关信息的，由县级以上地方食品药品监督管理部门责令改正，给予警告；拒不改正的，处5000元以上3万元以下罚款。

违反本办法第十九条第二款规定，食品生产经营者通过网络销售特定全营养配方食品的，由县级以上地方食品药品监督管理部门处3万元罚款。

第四十二条 违反本办法第二十条规定，入网食品生产经营者未按要求采取保证食品安全的贮存、运输措施，或者委托不具备相应贮存、运输能力的企业从事贮存、配送的，由县级以上地方食品药品监督管理部门依照食品安全法第一百三十二条的规定处罚。

第四十三条 违反本办法规定，网络食品交易第三方平台提供者、入网食品生产经营者提供虚假信息的，由县级以上地方食品药品监督管理部门责令改正，处1万元以上3万元以下罚款。

第四十四条 网络食品交易第三方平台提供者、入网食品生产经营者违反食品安全法规定，构成犯罪的，依法追究刑事责任。

第四十五条 食品药品监督管理部门工作人员不履行职责或者滥用职权、玩忽职守、徇私舞弊的，依法追究行政责任；构成犯罪的，移送司法机关，依法追究刑事责任。

第五章 附 则

第四十六条 对食品生产加工小作坊、食品摊贩等的网络食品安全违法行为的查处，可以参照本办法执行。

第四十七条 食品药品监督管理部门依法对网络食品安全违法行为进行查处的，应当自行政处罚决定书作出之日起20个工作日内，公开行政处罚决定书。

第四十八条 本办法自2016年10月1日起施行。

·国家广播电视总局

专网及定向传播视听节目服务管理规定

（2016年4月25日国家新闻出版广电总局令第6号公布　自2016年6月1日起施行）

第一章　总　　则

第一条　为规范专网及定向传播视听节目服务秩序，促进行业健康有序发展，保护公众和从业机构的合法权益，维护国家利益和公共利益，根据国家有关规定，制定本规定。

第二条　本规定所称专网及定向传播视听节目服务，是指以电视机、各类手持电子设备等为接收终端，通过局域网络及利用互联网架设虚拟专网或者以互联网等信息网络为定向传输通道，向公众定向提供广播电视节目等视听节目服务活动，包括以交互式网络电视（IPTV）、专网手机电视、互联网电视等形式从事内容提供、集成播控、传输分发等活动。

第三条　国务院广播电影电视主管部门负责全国专网及定向传播视听节目服务的监督管理工作。

县级以上地方人民政府广播电影电视主管部门负责本行政区域内专网及定向传播视听节目服务的监督管理工作。

第四条　从事专网及定向传播视听节目服务，应当坚持为人民服务、为社会主义服务，把社会效益放在首位，弘扬社会主义核心价值观，弘扬民族优秀传统文化，弘扬正能量。

专网及定向传播视听节目服务单位应当自觉遵守宪法、法律和行政法规，提供更多更好的专网及定向传播视听节目服务，不断丰富人民群众的精神文化生活。

鼓励专网及定向传播视听节目服务行业组织发挥行业自律、引导、服务功能，鼓励公众监督专网及定向传播视听节目服务。

第二章　专网及定向传播视听节目服务单位的设立

第五条　从事内容提供、集成播控、传输分发等专网及定向传播视听节目服务，应当依照本规定取得《信息网络传播视听节目许可证》。

《信息网络传播视听节目许可证》由国务院广播电影电视主管部门根据专网及定向传播视听节目服务的业务类别、服务内容、传输网络、覆盖范围等事项分类核发。

专网及定向传播视听节目服务业务指导目录由国务院广播电影电视主管部门制定。

第六条　申请从事专网及定向传播视听节目服务的单位，应当具备下列条件：

（一）具备法人资格，为国有独资或者国有控股单位；

（二）有健全的节目内容编审、安全传播管理制度和安全保护措施；

（三）有与其业务相适应的技术能力、经营场所和相关资源；

（四）有与其业务相适应的专业人员；

（五）技术方案符合国家有关标准和技术规范；

（六）符合国务院广播电影电视主管部门确定的专网及定向传播视听节目服务总体规划、布局和业务指导目录；

（七）符合法律、行政法规和国家规定的其

他条件。

外商独资、中外合资、中外合作机构，不得从事专网及定向传播视听节目服务。

第七条 申请从事内容提供服务的，应当是经国务院广播电影电视主管部门批准设立的地（市）级以上广播电视播出机构或者中央新闻单位等机构，还应当具备2000小时以上的节目内容储备和30人以上的专业节目编审人员。

申请从事集成播控服务的，应当是经国务院广播电影电视主管部门批准设立的省、自治区、直辖市级以上广播电视播出机构。

申请从事交互式网络电视（IPTV）传输服务、专网手机电视分发服务的，应当是国务院工业和信息化主管部门批准的具有合法基础网络运营资质的单位，并具有一定规模的公共信息基础网络设施资源和为用户提供长期服务的信誉或者能力。

第八条 申请从事专网及定向传播视听节目服务，应当向省、自治区、直辖市人民政府广播电影电视主管部门提出申请，中央直属单位可直接向国务院广播电影电视主管部门提出申请。

省、自治区、直辖市人民政府广播电影电视主管部门应当自收到申请之日起20日内提出初核意见，并将初核意见及全部申请材料报国务院广播电影电视主管部门审批；国务院广播电影电视主管部门应当自收到申请或者初核意见之日起40日内作出许可或者不予许可的决定，其中专家评审时间为20日。予以许可的，向申请人颁发《信息网络传播视听节目许可证》，并向社会公告；不予许可的，应当书面通知申请人并说明理由。

第九条 《信息网络传播视听节目许可证》有效期为3年。有效期届满，需继续从事专网及定向传播视听节目服务的，应当于有效期届满前30日内，持符合本规定第六条、第七条条件的相关材料，按照本规定的审批程序办理续办手续。

第十条 专网及定向传播视听节目服务单位变更《信息网络传播视听节目许可证》载明的业务类别、服务内容、传输网络、覆盖范围等业务项目以及变更股东、股权结构等重大事项的，应当事先按本规定办理审批手续。

专网及定向传播视听节目服务单位的单位名称、办公场所、法定代表人依法变更的，应当在变更后15日内向原发证机关备案。

专网及定向传播视听节目服务单位采用合资、合作模式开展节目生产购销、广告投放、市场推广、商业合作、收付结算、技术服务等经营性业务的，应当在签订合资、合作协议后15日内向原发证机关备案。

第十一条 专网及定向传播视听节目服务单位应当在取得《信息网络传播视听节目许可证》90日内提供服务。未按期提供服务的，由原发证机关注销其《信息网络传播视听节目许可证》。

如因特殊原因，延期或者中止提供服务的，应经原发证机关同意。申请终止服务的，应提前60日向原发证机关申报，由原发证机关注销其《信息网络传播视听节目许可证》。

未经申报，连续停止业务超过60日的，由原发证机关按终止业务处理，并注销其《信息网络传播视听节目许可证》。

第三章 专网及定向传播视听节目服务规范

第十二条 专网及定向传播视听节目服务单位应当按照《信息网络传播视听节目许可证》载明的事项从事专网及定向传播视听节目服务。

第十三条 专网及定向传播视听节目服务单位应当建立健全与国家网络信息安全相适应的安全管理制度、保障体系和技术保障手段，履行安全保障义务。

专网及定向传播视听节目服务单位应当为广播电影电视主管部门设立的节目监控系统提供必要的信号接入条件。

第十四条 专网及定向传播视听节目服务单位相互之间应当按照广播电影电视主管部门的管理规定和相关标准实行规范对接，并为对接提供必要的技术支持和服务保障。

第十五条 用于专网及定向传播视听节目服务的技术系统和终端产品，应符合国家有关标准和技术规范。

任何单位不得向未取得专网及定向传播视听节目服务许可的单位提供与专网及定向传播

视听节目服务有关的服务器托管、网络传输、软硬件技术支持、代收费等服务。

第十六条 专网及定向传播视听节目服务单位传播的节目应当符合法律、行政法规、部门规章的规定，不得含有以下内容：

（一）违反宪法确定的基本原则，煽动抗拒或者破坏宪法、法律、行政法规实施的；

（二）危害国家统一、主权和领土完整，泄露国家秘密，危害国家安全，损害国家荣誉和利益的；

（三）诋毁民族优秀文化传统，煽动民族仇恨、民族歧视，侵害民族风俗习惯，歪曲民族历史和民族历史人物，伤害民族感情，破坏民族团结的；

（四）宣扬宗教狂热，危害宗教和睦，伤害信教公民宗教感情，破坏信教公民和不信教公民团结，宣扬邪教、迷信的；

（五）危害社会公德，扰乱社会秩序，破坏社会稳定，宣扬淫秽、赌博、吸毒，渲染暴力、恐怖，教唆犯罪或者传授犯罪方法的；

（六）侵害未成年人合法权益或者损害未成年人身心健康的；

（七）侮辱、诽谤他人或者散布他人隐私，侵害他人合法权益的；

（八）法律、行政法规禁止的其他内容。

第十七条 专网及定向传播视听节目服务单位传播的电影、电视剧、动画片、纪录片等节目，应当符合国家广播电影电视相关管理规定。专网及定向传播视听节目服务单位传播的时政类视听新闻节目，应当是地（市）级以上广播电视播出机构制作、播出的新闻节目。

专网及定向传播视听节目服务单位不得转播、链接、聚合、集成非法广播电视频道节目、非法视听节目网站的节目和未取得内容提供服务许可的单位开办的节目。

专网及定向传播视听节目服务单位应当遵守著作权法律、行政法规的规定，采取版权保护措施，保护著作权人的合法权益。

第十八条 内容提供服务单位，负责建设和运营内容提供平台，组织、编辑和审核节目内容。

内容提供服务单位播出的节目应当经过集成播控服务单位设立的集成播控平台统一集成后提供给用户。内容提供服务单位应当选择依法取得集成播控服务许可的单位提供接入服务。

第十九条 内容提供服务单位负责审查其内容提供平台上的节目是否符合本规定第十六条的规定和版权管理要求，并进行播前审查。

内容提供服务单位应当建立健全节目审查、安全播出等节目内容管理制度，配备专业节目审查人员。所播出节目的名称、内容概要、播出时间、时长、来源等信息，应当至少保留60日，并配合广播电影电视主管部门依法查询。

内容提供服务单位发现含有违反本规定的节目，应当立即删除并保存有关记录，并向广播电影电视主管部门报告，落实广播电影电视主管部门的管理要求。

第二十条 集成播控服务单位，负责集成播控平台的建设和运营，负责对内容提供服务单位播出的节目的统一集成和播出监控，负责电子节目指南（EPG）、用户端、计费、版权等管理。

集成播控服务单位发现接入集成播控平台的节目含有违反本规定的内容时，应立即切断节目源，并向广播电影电视主管部门报告。

第二十一条 集成播控服务单位应当建立健全安全播控管理制度，采取技术安全管控措施，配备专业安全播控管理人员，按照广播电影电视主管部门的管理规定集成播控节目。

集成播控服务单位在提供接入服务时，应当查验内容提供服务单位的《信息网络传播视听节目许可证》，并为其提供优质的信号接入服务，不得擅自插播、截留、变更内容提供服务单位播出的节目信号。

第二十二条 集成播控服务单位和内容提供服务单位应在播出界面显著位置标注国务院广播电影电视主管部门批准的播出标识、名称。

第二十三条 传输分发服务单位应当遵守广播电影电视主管部门有关安全传输的管理规定，建立健全安全传输管理制度，保障网络传输安全。

传输分发服务单位在提供传输分发服务前，应当查验集成播控服务单位的《信息网络传播视听节目许可证》。不得擅自插播、截留、变更集成播控平台发出的节目信号和电子节目指南

（EPG）、用户端、计费、版权等控制信号。

第二十四条 省级以上广播电影电视主管部门应建立健全节目监管系统，建立公众监督举报制度，加强对专网及定向传播视听节目服务的监督管理。

广播电影电视主管部门发现专网及定向传播视听节目服务单位未及时处置违法违规内容、落实监管措施的，可以对其主要负责人、法定代表人、总编辑进行约谈。

第四章 法律责任

第二十五条 擅自从事专网及定向传播视听节目服务的，由县级以上广播电影电视主管部门予以警告、责令改正，可并处3万元以下罚款；情节严重的，根据《广播电视管理条例》第四十七条的规定予以处罚。

第二十六条 专网及定向传播视听节目服务单位传播的节目内容违反本规定的，由县级以上广播电影电视主管部门予以警告、责令改正，可并处3万元以下罚款；情节严重的，根据《广播电视管理条例》第四十九条的规定予以处罚。

第二十七条 违反本规定，有下列行为之一的，由县级以上广播电影电视主管部门予以警告、责令改正，可并处3万元以下罚款；情节严重的，根据《广播电视管理条例》第五十条的规定予以处罚：

（一）未按照《信息网络传播视听节目许可证》载明的事项从事专网及定向传播视听节目服务的；

（二）违规传播时政类视听新闻节目的；

（三）集成播控服务单位未对内容提供服务单位播出的节目进行统一集成和播出监控或者未负责电子节目指南（EPG）、用户端、计费、版权等管理的。

第二十八条 违反本规定，有下列行为之一的，由县级以上广播电影电视主管部门予以警告、责令改正，可并处3万元以下罚款；情节严重的，根据《广播电视管理条例》第五十一条的规定予以处罚：

（一）专网及定向传播视听节目服务单位转播、链接、聚合、集成非法广播电视频道节目、非法视听节目网站的节目和未取得内容提供服务许可的单位开办的节目的；

（二）集成播控服务单位擅自插播、截留、变更内容提供服务单位播出的节目信号的；

（三）传输分发服务单位擅自插播、截留、变更集成播控平台发出的节目信号和电子节目指南（EPG）、用户端、计费、版权等控制信号的。

第二十九条 违反本规定，有下列行为之一的，由县级以上广播电影电视主管部门予以警告、责令改正，可并处3万元以下罚款；同时，可对其主要出资者和经营者予以警告，可并处2万元以下罚款：

（一）变更股东、股权结构等重大事项，未事先办理审批手续的；

（二）专网及定向传播视听节目服务单位的单位名称、办公场所、法定代表人依法变更后未及时向原发证机关备案的；

（三）采用合资、合作模式开展节目生产购销、广告投放、市场推广、商业合作、收付结算、技术服务等经营性业务未及时向原发证机关备案的；

（四）集成播控服务单位和传输分发服务单位在提供服务时未履行许可证查验义务的；

（五）未按本规定要求建立健全与国家网络信息安全相适应的安全播控、节目内容、安全传输等管理制度、保障体系的；

（六）集成播控服务单位和内容提供服务单位未在播出界面显著位置标注播出标识、名称的；

（七）内容提供服务单位未采取版权保护措施，未保留节目播出信息或者未配合广播电影电视主管部门查询，以及发现含有违反本规定的节目时未及时删除并保存记录或者未报告广播电影电视主管部门的；

（八）集成播控服务单位发现接入集成播控平台的节目含有违反本规定的内容时未及时切断节目源或者未报告广播电影电视主管部门的；

（九）用于专网及定向传播视听节目服务的技术系统和终端产品不符合国家有关标准和技术规范的；

（十）向未取得专网及定向传播视听节目服

务许可的单位提供与专网及定向传播视听节目服务有关的服务器托管、网络传输、软硬件技术支持、代收费等服务的；

（十一）未向广播电影电视主管部门设立的节目监控系统提供必要的信号接入条件的；

（十二）专网及定向传播视听节目服务单位在同一年度内3次出现违规行为的；

（十三）拒绝、阻挠、拖延广播电影电视主管部门依法进行监督检查或者在监督检查过程中弄虚作假的；

（十四）以虚假证明、文件等手段骗取《信息网络传播视听节目许可证》的。

有前款第十四项行为的，发证机关应撤销其《信息网络传播视听节目许可证》。

第三十条　广播电影电视主管部门工作人员滥用职权、玩忽职守的，依法给予处分；构成犯罪的，依法追究刑事责任。

第五章　附　　则

第三十一条　制作、编辑、集成并通过互联网向公众提供视音频节目以及为他人提供上载传播视听节目服务的，由国务院广播电影电视主管部门、国务院工业和信息化主管部门按照国家有关规定进行监督管理。

第三十二条　本规定自2016年6月1日起施行。2004年7月6日国家广播电影电视总局发布的《互联网等信息网络传播视听节目管理办法》（国家广播电影电视总局令第39号）同时废止。

网络出版服务管理规定

（2016年2月4日国家新闻出版广电总局、工业和信息化部令第5号公布　自2016年3月10日起施行）

第一章　总　　则

第一条　为了规范网络出版服务秩序，促进网络出版服务业健康有序发展，根据《出版管理条例》、《互联网信息服务管理办法》及相关法律法规，制定本规定。

第二条　在中华人民共和国境内从事网络出版服务，适用本规定。

本规定所称网络出版服务，是指通过信息网络向公众提供网络出版物。

本规定所称网络出版物，是指通过信息网络向公众提供的，具有编辑、制作、加工等出版特征的数字化作品，范围主要包括：

（一）文学、艺术、科学等领域内具有知识性、思想性的文字、图片、地图、游戏、动漫、音视频读物等原创数字化作品；

（二）与已出版的图书、报纸、期刊、音像制品、电子出版物等内容相一致的数字化作品；

（三）将上述作品通过选择、编排、汇集等方式形成的网络文献数据库等数字化作品；

（四）国家新闻出版广电总局认定的其他类型的数字化作品。

网络出版服务的具体业务分类另行制定。

第三条　从事网络出版服务，应当遵守宪法和有关法律、法规，坚持为人民服务、为社会主义服务的方向，坚持社会主义先进文化的前进方向，弘扬社会主义核心价值观，传播和积累一切有益于提高民族素质、推动经济发展、促进社会进步的思想道德、科学技术和文化知识，满足人民群众日益增长的精神文化需要。

第四条　国家新闻出版广电总局作为网络出版服务的行业主管部门，负责全国网络出版服务的前置审批和监督管理工作。工业和信息化部作为互联网行业主管部门，依据职责对全国网络出版服务实施相应的监督管理。

地方人民政府各级出版行政主管部门和各省级电信主管部门依据各自职责对本行政区域内网络出版服务及接入服务实施相应的监督管理工作并做好配合工作。

第五条　出版行政主管部门根据已经取得的违法嫌疑证据或者举报，对涉嫌违法从事网络出版服务的行为进行查处时，可以检查与涉嫌违法行为有关的物品和经营场所；对有证据证明是与违法行为有关的物品，可以查封或者扣押。

第六条 国家鼓励图书、音像、电子、报纸、期刊出版单位从事网络出版服务，加快与新媒体的融合发展。

国家鼓励组建网络出版服务行业协会，按照章程，在出版行政主管部门的指导下制定行业自律规范，倡导网络文明，传播健康有益内容，抵制不良有害内容。

第二章 网络出版服务许可

第七条 从事网络出版服务，必须依法经过出版行政主管部门批准，取得《网络出版服务许可证》。

第八条 图书、音像、电子、报纸、期刊出版单位从事网络出版服务，应当具备以下条件：

（一）有确定的从事网络出版业务的网站域名、智能终端应用程序等出版平台；

（二）有确定的网络出版服务范围；

（三）有从事网络出版服务所需的必要的技术设备，相关服务器和存储设备必须存放在中华人民共和国境内。

第九条 其他单位从事网络出版服务，除第八条所列条件外，还应当具备以下条件：

（一）有确定的、不与其他出版单位相重复的，从事网络出版服务主体的名称及章程；

（二）有符合国家规定的法定代表人和主要负责人，法定代表人必须是在境内长久居住的具有完全行为能力的中国公民，法定代表人和主要负责人至少1人应当具有中级以上出版专业技术人员职业资格；

（三）除法定代表人和主要负责人外，有适应网络出版服务范围需要的8名以上具有国家新闻出版广电总局认可的出版及相关专业技术职业资格的专职编辑出版人员，其中具有中级以上职业资格的人员不得少于3名；

（四）有从事网络出版服务所需的内容审校制度；

（五）有固定的工作场所；

（六）法律、行政法规和国家新闻出版广电总局规定的其他条件。

第十条 中外合资经营、中外合作经营和外资经营的单位不得从事网络出版服务。

网络出版服务单位与境内中外合资经营、中外合作经营、外资经营企业或境外组织及个人进行网络出版服务业务的项目合作，应当事前报国家新闻出版广电总局审批。

第十一条 申请从事网络出版服务，应当向所在地省、自治区、直辖市出版行政主管部门提出申请，经审核同意后，报国家新闻出版广电总局审批。国家新闻出版广电总局应当自受理申请之日起60日内，作出批准或者不予批准的决定。不批准的，应当说明理由。

第十二条 从事网络出版服务的申报材料，应该包括下列内容：

（一）《网络出版服务许可证申请表》；

（二）单位章程及资本来源性质证明；

（三）网络出版服务可行性分析报告，包括资金使用、产品规划、技术条件、设备配备、机构设置、人员配备、市场分析、风险评估、版权保护措施等；

（四）法定代表人和主要负责人的简历、住址、身份证明文件；

（五）编辑出版等相关专业技术人员的国家认可的职业资格证明和主要从业经历及培训证明；

（六）工作场所使用证明；

（七）网站域名注册证明、相关服务器存放在中华人民共和国境内的承诺。

本规定第八条所列单位从事网络出版服务的，仅提交前款（一）、（六）、（七）项规定的材料。

第十三条 设立网络出版服务单位的申请者应自收到批准决定之日起30日内办理注册登记手续：

（一）持批准文件到所在地省、自治区、直辖市出版行政主管部门领取并填写《网络出版服务许可登记表》；

（二）省、自治区、直辖市出版行政主管部门对《网络出版服务许可登记表》审核无误后，在10日内向申请者发放《网络出版服务许可证》；

（三）《网络出版服务许可登记表》一式三

份，由申请者和省、自治区、直辖市出版行政主管部门各存一份，另一份由省、自治区、直辖市出版行政主管部门在15日内报送国家新闻出版广电总局备案。

第十四条　《网络出版服务许可证》有效期为5年。有效期届满，需继续从事网络出版服务活动的，应于有效期届满60日前按本规定第十一条的程序提出申请。出版行政主管部门应当在该许可有效期届满前作出是否准予延续的决定。批准的，换发《网络出版服务许可证》。

第十五条　网络出版服务经批准后，申请者应持批准文件、《网络出版服务许可证》到所在地省、自治区、直辖市电信主管部门办理相关手续。

第十六条　网络出版服务单位变更《网络出版服务许可证》许可登记事项、资本结构，合并或者分立，设立分支机构的，应依据本规定第十一条办理审批手续，并应持批准文件到所在地省、自治区、直辖市电信主管部门办理相关手续。

第十七条　网络出版服务单位中止网络出版服务的，应当向所在地省、自治区、直辖市出版行政主管部门备案，并说明理由和期限；网络出版服务单位中止网络出版服务不得超过180日。

网络出版服务单位终止网络出版服务的，应当自终止网络出版服务之日起30日内，向所在地省、自治区、直辖市出版行政主管部门办理注销手续后到省、自治区、直辖市电信主管部门办理相关手续。省、自治区、直辖市出版行政主管部门将相关信息报国家新闻出版广电总局备案。

第十八条　网络出版服务单位自登记之日起满180日未开展网络出版服务的，由原登记的出版行政主管部门注销登记，并报国家新闻出版广电总局备案。同时，通报相关省、自治区、直辖市电信主管部门。

因不可抗力或者其他正当理由发生上述所列情形的，网络出版服务单位可以向原登记的出版行政主管部门申请延期。

第十九条　网络出版服务单位应当在其网站首页上标明出版行政主管部门核发的《网络出版服务许可证》编号。

互联网相关服务提供者在为网络出版服务单位提供人工干预搜索排名、广告、推广等服务时，应当查验服务对象的《网络出版服务许可证》及业务范围。

第二十条　网络出版服务单位应当按照批准的业务范围从事网络出版服务，不得超出批准的业务范围从事网络出版服务。

第二十一条　网络出版服务单位不得转借、出租、出卖《网络出版服务许可证》或以任何形式转让网络出版服务许可。

网络出版服务单位允许其他网络信息服务提供者以其名义提供网络出版服务，属于前款所称禁止行为。

第二十二条　网络出版服务单位实行特殊管理股制度，具体办法由国家新闻出版广电总局另行制定。

第三章　网络出版服务管理

第二十三条　网络出版服务单位实行编辑责任制度，保障网络出版物内容合法。

网络出版服务单位实行出版物内容审核责任制度、责任编辑制度、责任校对制度等管理制度，保障网络出版物出版质量。

在网络上出版其他出版单位已在境内合法出版的作品且不改变原出版物内容的，须在网络出版物的相应页面显著标明原出版单位名称以及书号、刊号、网络出版物号或者网址信息。

第二十四条　网络出版物不得含有以下内容：

（一）反对宪法确定的基本原则的；

（二）危害国家统一、主权和领土完整的；

（三）泄露国家秘密、危害国家安全或者损害国家荣誉和利益的；

（四）煽动民族仇恨、民族歧视，破坏民族团结，或者侵害民族风俗、习惯的；

（五）宣扬邪教、迷信的；

（六）散布谣言，扰乱社会秩序，破坏社会稳定的；

（七）宣扬淫秽、色情、赌博、暴力或者教唆犯罪的；

（八）侮辱或者诽谤他人，侵害他人合法权

益的；

（九）危害社会公德或者民族优秀文化传统的；

（十）有法律、行政法规和国家规定禁止的其他内容的。

第二十五条 为保护未成年人合法权益，网络出版物不得含有诱发未成年人模仿违反社会公德和违法犯罪行为的内容，不得含有恐怖、残酷等妨害未成年人身心健康的内容，不得含有披露未成年人个人隐私的内容。

第二十六条 网络出版服务单位出版涉及国家安全、社会安定等方面重大选题的内容，应当按照国家新闻出版广电总局有关重大选题备案管理的规定办理备案手续。未经备案的重大选题内容，不得出版。

第二十七条 网络游戏上网出版前，必须向所在地省、自治区、直辖市出版行政主管部门提出申请，经审核同意后，报国家新闻出版广电总局审批。

第二十八条 网络出版物的内容不真实或不公正，致使公民、法人或者其他组织合法权益受到侵害的，相关网络出版服务单位应当停止侵权，公开更正，消除影响，并依法承担其他民事责任。

第二十九条 国家对网络出版物实行标识管理，具体办法由国家新闻出版广电总局另行制定。

第三十条 网络出版物必须符合国家的有关规定和标准要求，保证出版物质量。

网络出版物使用语言文字，必须符合国家法律规定和有关标准规范。

第三十一条 网络出版服务单位应当按照国家有关规定或技术标准，配备应用必要的设备和系统，建立健全各项管理制度，保障信息安全、内容合法，并为出版行政主管部门依法履行监督管理职责提供技术支持。

第三十二条 网络出版服务单位在网络上提供境外出版物，应当取得著作权合法授权。其中，出版境外著作权人授权的网络游戏，须按本规定第二十七条办理审批手续。

第三十三条 网络出版服务单位发现其出版的网络出版物含有本规定第二十四条、第二十五条所列内容的，应当立即删除，保存有关记录，并向所在地县级以上出版行政主管部门报告。

第三十四条 网络出版服务单位应记录所出版作品的内容及其时间、网址或者域名，记录应当保存60日，并在国家有关部门依法查询时，予以提供。

第三十五条 网络出版服务单位须遵守国家统计规定，依法向出版行政主管部门报送统计资料。

第四章 监督管理

第三十六条 网络出版服务的监督管理实行属地管理原则。

各地出版行政主管部门应当加强对本行政区域内的网络出版服务单位及其出版活动的日常监督管理，履行下列职责：

（一）对网络出版服务单位进行行业监管，对网络出版服务单位违反本规定的情况进行查处并报告上级出版行政主管部门；

（二）对网络出版服务进行监管，对违反本规定的行为进行查处并报告上级出版行政主管部门；

（三）对网络出版物内容和质量进行监管，定期组织内容审读和质量检查，并将结果向上级出版行政主管部门报告；

（四）对网络出版从业人员进行管理，定期组织岗位、业务培训和考核；

（五）配合上级出版行政主管部门、协调相关部门、指导下级出版行政主管部门开展工作。

第三十七条 出版行政主管部门应当加强监管队伍和机构建设，采取必要的技术手段对网络出版服务进行管理。出版行政主管部门依法履行监督检查等执法职责时，网络出版服务单位应当予以配合，不得拒绝、阻挠。

各省、自治区、直辖市出版行政主管部门应当定期将本行政区域内的网络出版服务监督管理情况向国家新闻出版广电总局提交书面报告。

第三十八条 网络出版服务单位实行年度核验制度，年度核验每年进行一次。省、自治区、直辖市出版行政主管部门负责对本行政区域内的网络出版服务单位实施年度核验并将有关情况报国家新闻出版广电总局备案。年度核验内容包括网络出版服务单位的设立条件、登记项目、出版经营情况、出版质量、遵守法律规范、内部管理情况等。

第三十九条　年度核验按照以下程序进行：

（一）网络出版服务单位提交年度自检报告，内容包括：本年度政策法律执行情况，奖惩情况，网站出版、管理、运营绩效情况，网络出版物目录，对年度核验期内的违法违规行为的整改情况，编辑出版人员培训管理情况等；并填写由国家新闻出版广电总局统一印制的《网络出版服务年度核验登记表》，与年度自检报告一并报所在地省、自治区、直辖市出版行政主管部门；

（二）省、自治区、直辖市出版行政主管部门对本行政区域内的网络出版服务单位的设立条件、登记项目、开展业务及执行法规等情况进行全面审核，并在收到网络出版服务单位的年度自检报告和《网络出版服务年度核验登记表》等年度核验材料的45日内完成全面审核查验工作。对符合年度核验要求的网络出版服务单位予以登记，并在其《网络出版服务许可证》上加盖年度核验章；

（三）省、自治区、直辖市出版行政主管部门应于完成全面审核查验工作的15日内将年度核验情况及有关书面材料报国家新闻出版广电总局备案。

第四十条　有下列情形之一的，暂缓年度核验：

（一）正在停业整顿的；

（二）违反出版法规规章，应予处罚的；

（三）未按要求执行出版行政主管部门相关管理规定的；

（四）内部管理混乱，无正当理由未开展实质性网络出版服务活动的；

（五）存在侵犯著作权等其他违法嫌疑需要进一步核查的。

暂缓年度核验的期限由省、自治区、直辖市出版行政主管部门确定，报国家新闻出版广电总局备案，最长不得超过180日。暂缓年度核验期间，须停止网络出版服务。

暂缓核验期满，按本规定重新办理年度核验手续。

第四十一条　已经不具备本规定第八条、第九条规定条件的，责令限期改正；逾期仍未改正的，不予通过年度核验，由国家新闻出版广电总局撤销《网络出版服务许可证》，所在地省、自治区、直辖市出版行政主管部门注销登记，并通知当地电信主管部门依法处理。

第四十二条　省、自治区、直辖市出版行政主管部门可根据实际情况，对本行政区域内的年度核验事项进行调整，相关情况报国家新闻出版广电总局备案。

第四十三条　省、自治区、直辖市出版行政主管部门可以向社会公布年度核验结果。

第四十四条　从事网络出版服务的编辑出版等相关专业技术人员及其负责人应当符合国家关于编辑出版等相关专业技术人员职业资格管理的有关规定。

网络出版服务单位的法定代表人或主要负责人应按照有关规定参加出版行政主管部门组织的岗位培训，并取得国家新闻出版广电总局统一印制的《岗位培训合格证书》。未按规定参加岗位培训或培训后未取得《岗位培训合格证书》的，不得继续担任法定代表人或主要负责人。

第五章　保障与奖励

第四十五条　国家制定有关政策，保障、促进网络出版服务业的发展与繁荣。鼓励宣传科学真理、传播先进文化、倡导科学精神、塑造美好心灵、弘扬社会正气等有助于形成先进网络文化的网络出版服务，推动健康文化、优秀文化产品的数字化、网络化传播。

网络出版服务单位依法从事网络出版服务，任何组织和个人不得干扰、阻止和破坏。

第四十六条　国家支持、鼓励下列优秀的、重点的网络出版物的出版：

（一）对阐述、传播宪法确定的基本原则有重大作用的；

（二）对弘扬社会主义核心价值观，进行爱国主义、集体主义、社会主义和民族团结教育以及弘扬社会公德、职业道德、家庭美德、个人品德有重要意义的；

（三）对弘扬民族优秀文化，促进国际文化

交流有重大作用的；

（四）具有自主知识产权和优秀文化内涵的；

（五）对推进文化创新，及时反映国内外新的科学文化成果有重大贡献的；

（六）对促进公共文化服务有重大作用的；

（七）专门以未成年人为对象、内容健康的或者其他有利于未成年人健康成长的；

（八）其他具有重要思想价值、科学价值或者文化艺术价值的。

第四十七条 对为发展、繁荣网络出版服务业作出重要贡献的单位和个人，按照国家有关规定给予奖励。

第四十八条 国家保护网络出版物著作权人的合法权益。网络出版服务单位应当遵守《中华人民共和国著作权法》、《信息网络传播权保护条例》、《计算机软件保护条例》等著作权法律法规。

第四十九条 对非法干扰、阻止和破坏网络出版物出版的行为，出版行政主管部门及其他有关部门，应当及时采取措施，予以制止。

第六章 法律责任

第五十条 网络出版服务单位违反本规定的，出版行政主管部门可以采取下列行政措施：

（一）下达警示通知书；

（二）通报批评、责令改正；

（三）责令公开检讨；

（四）责令删除违法内容。

警示通知书由国家新闻出版广电总局制定统一格式，由出版行政主管部门下达给相关网络出版服务单位。

本条所列的行政措施可以并用。

第五十一条 未经批准，擅自从事网络出版服务，或者擅自上网出版网络游戏（含境外著作权人授权的网络游戏），根据《出版管理条例》第六十一条、《互联网信息服务管理办法》第十九条的规定，由出版行政主管部门、工商行政管理部门依照法定职权予以取缔，并由所在地省级电信主管部门依据有关部门的通知，按照《互联网信息服务管理办法》第十九条的规定给予责令关闭网站等处罚；已经触犯刑法的，依法追究刑事责任；尚不够刑事处罚的，删除全部相关网络出版物，没收违法所得和从事违法出版活动的主要设备、专用工具，违法经营额1万元以上的，并处违法经营额5倍以上10倍以下的罚款；违法经营额不足1万元的，可以处5万元以下的罚款；侵犯他人合法权益的，依法承担民事责任。

第五十二条 出版、传播含有本规定第二十四条、第二十五条禁止内容的网络出版物的，根据《出版管理条例》第六十二条、《互联网信息服务管理办法》第二十条的规定，由出版行政主管部门责令删除相关内容并限期改正，没收违法所得，违法经营额1万元以上的，并处违法经营额5倍以上10倍以下罚款；违法经营额不足1万元的，可以处5万元以下罚款；情节严重的，责令限期停业整顿或者由国家新闻出版广电总局吊销《网络出版服务许可证》，由电信主管部门依据出版行政主管部门的通知吊销其电信业务经营许可或者责令关闭网站；构成犯罪的，依法追究刑事责任。

为从事本条第一款行为的网络出版服务单位提供人工干预搜索排名、广告、推广等相关服务的，由出版行政主管部门责令其停止提供相关服务。

第五十三条 违反本规定第二十一条的，根据《出版管理条例》第六十六条的规定，由出版行政主管部门责令停止违法行为，给予警告，没收违法所得，违法经营额1万元以上的，并处违法经营额5倍以上10倍以下的罚款；违法经营额不足1万元的，可以处5万元以下的罚款；情节严重的，责令限期停业整顿或者由国家新闻出版广电总局吊销《网络出版服务许可证》。

第五十四条 有下列行为之一的，根据《出版管理条例》第六十七条的规定，由出版行政主管部门责令改正，给予警告；情节严重的，责令限期停业整顿或者由国家新闻出版广电总局吊销《网络出版服务许可证》：

（一）网络出版服务单位变更《网络出版服务许可证》登记事项、资本结构，超出批准的服务范围从事网络出版服务，合并或者分立，设立分支机构，未依据本规定办理审批手续的；

（二）网络出版服务单位未按规定出版涉及

重大选题出版物的；

（三）网络出版服务单位擅自中止网络出版服务超过180日的；

（四）网络出版物质量不符合有关规定和标准的。

第五十五条　违反本规定第三十四条的，根据《互联网信息服务管理办法》第二十一条的规定，由省级电信主管部门责令改正；情节严重的，责令停业整顿或者暂时关闭网站。

第五十六条　网络出版服务单位未依法向出版行政主管部门报送统计资料的，依据《新闻出版统计管理办法》处罚。

第五十七条　网络出版服务单位违反本规定第二章规定，以欺骗或者贿赂等不正当手段取得许可的，由国家新闻出版广电总局撤销其相应许可。

第五十八条　有下列行为之一的，由出版行政主管部门责令改正，予以警告，并处3万元以下罚款：

（一）违反本规定第十条，擅自与境内外中外合资经营、中外合作经营和外资经营的企业进行涉及网络出版服务业务的合作的；

（二）违反本规定第十九条，未标明有关许可信息或者未核验有关网站的《网络出版服务许可证》的；

（三）违反本规定第二十三条，未按规定实行编辑责任制度等管理制度的；

（四）违反本规定第三十一条，未按规定或标准配备应用有关系统、设备或未健全有关管理制度的；

（五）未按本规定要求参加年度核验的；

（六）违反本规定第四十四条，网络出版服务单位的法定代表人或主要负责人未取得《岗位培训合格证书》的；

（七）违反出版行政主管部门关于网络出版其他管理规定的。

第五十九条　网络出版服务单位违反本规定被处以吊销许可证行政处罚的，其法定代表人或者主要负责人自许可证被吊销之日起10年内不得担任网络出版服务单位的法定代表人或者主要负责人。

从事网络出版服务的编辑出版等相关专业技术人员及其负责人违反本规定，情节严重的，由原发证机关吊销其资格证书。

第七章　附　　则

第六十条　本规定所称出版物内容审核责任制度、责任编辑制度、责任校对制度等管理制度，参照《图书质量保障体系》的有关规定执行。

第六十一条　本规定自2016年3月10日起施行。原国家新闻出版总署、信息产业部2002年6月27日颁布的《互联网出版管理暂行规定》同时废止。

电子出版物出版管理规定

（2008年2月21日新闻出版总署令第34号公布　根据2015年8月28日《国家新闻出版广电总局关于修订部分规章和规范性文件的决定》修正）

第一章　总　　则

第一条　为了加强对电子出版物出版活动的管理，促进电子出版事业的健康发展与繁荣，根据国务院《出版管理条例》、《国务院对确需保留的行政审批项目设定行政许可的决定》和有关法律、行政法规，制定本规定。

第二条　在中华人民共和国境内从事电子出版物的制作、出版、进口活动，适用本规定。

本规定所称电子出版物，是指以数字代码方式，将有知识性、思想性内容的信息编辑加工后存储在固定物理形态的磁、光、电等介质上，通过电子阅读、显示、播放设备读取使用的大众传播媒体，包括只读光盘（CD－ROM、DVD－ROM等）、一次写入光盘（CD－R、DVD

-R 等)、可擦写光盘(CD-RW、DVD-RW等)、软磁盘、硬磁盘、集成电路卡等，以及新闻出版总署认定的其他媒体形态。

第三条 电子出版物不得含有《出版管理条例》第二十六条、第二十七条禁止的内容。

第四条 新闻出版总署负责全国电子出版物出版活动的监督管理工作。

县级以上地方新闻出版行政部门负责本行政区域内电子出版物出版活动的监督管理工作。

第五条 国家对电子出版物出版活动实行许可制度；未经许可，任何单位和个人不得从事电子出版物的出版活动。

第二章 出版单位设立

第六条 设立电子出版物出版单位，应当具备下列条件：

（一）有电子出版物出版单位的名称、章程；

（二）有符合新闻出版总署认定条件的主管、主办单位；

（三）有确定的电子出版物出版业务范围；

（四）有适应业务范围需要的设备和工作场所；

（五）有适应业务范围需要的组织机构，有2人以上具有中级以上出版专业职业资格；

（六）法律、行政法规规定的其他条件。

除依照前款所列条件外，还应当符合国家关于电子出版物出版单位总量、结构、布局的规划。

第七条 设立电子出版物出版单位，经其主管单位同意后，由主办单位向所在地省、自治区、直辖市新闻出版行政部门提出申请；经省、自治区、直辖市新闻出版行政部门审核同意后，报新闻出版总署审批。

第八条 申请设立电子出版物出版单位，应当提交下列材料：

（一）按要求填写的申请表，应当载明出版单位的名称、地址、资本结构、资金来源及数额，出版单位的主管、主办单位的名称和地址等内容；

（二）主办单位、主管单位的有关资质证明材料；

（三）出版单位章程；

（四）法定代表人或者主要负责人及本规定第六条要求的有关人员的资格证明和身份证明；

（五）可行性论证报告；

（六）注册资本数额、来源及性质证明；

（七）工作场所使用证明。

第九条 新闻出版总署自受理设立电子出版物出版单位的申请之日起90日内，作出批准或者不批准的决定，直接或者由省、自治区、直辖市新闻出版行政部门书面通知主办单位；不批准的，应当说明理由。

第十条 设立电子出版物出版单位的主办单位应当自收到批准决定之日起60日内，向所在地省、自治区、直辖市新闻出版行政部门登记，领取新闻出版总署颁发的《电子出版物出版许可证》。

电子出版物出版单位持《电子出版物出版许可证》向所在地工商行政管理部门登记，依法领取营业执照。

第十一条 电子出版物出版单位自登记之日起满180日未从事出版活动的，由省、自治区、直辖市新闻出版行政部门注销登记，收回《电子出版物出版许可证》，并报新闻出版总署备案。

因不可抗力或者其他正当理由发生前款所列情形的，电子出版物出版单位可以向省、自治区、直辖市新闻出版行政部门申请延期。

第十二条 电子出版物出版单位变更名称、主办单位或者主管单位、业务范围、资本结构，合并或者分立，须依照本规定第七条、第八条的规定重新办理审批手续，并到原登记的工商行政管理部门办理相应的登记手续。

电子出版物出版单位变更地址、法定代表人或者主要负责人的，应当经其主管、主办单位同意，向所在地省、自治区、直辖市新闻出版行政部门申请变更登记后，到原登记的工商行政管理部门办理变更登记。

省、自治区、直辖市新闻出版行政部门须将有关变更登记事项报新闻出版总署备案。

第十三条 电子出版物出版单位终止出版活动的，应当向所在地省、自治区、直辖市新闻出版行政部门办理注销登记手续，并到原登记的工商行政管理部门办理注销登记。

省、自治区、直辖市新闻出版行政部门应将有关注销登记报新闻出版总署备案。

第十四条　申请出版连续型电子出版物，经主管单位同意后，由主办单位向所在地省、自治区、直辖市新闻出版行政部门提出申请；经省、自治区、直辖市新闻出版行政部门审核同意后，报新闻出版总署审批。

本规定所称连续型电子出版物，是指有固定名称，用卷、期、册或者年、月顺序编号，按照一定周期出版的电子出版物。

第十五条　申请出版连续型电子出版物，应当提交下列材料：

（一）申请书，应当载明连续型电子出版物的名称、刊期、媒体形态、业务范围、读者对象、栏目设置、文种等；

（二）主管单位的审核意见。

申请出版配报纸、期刊的连续型电子出版物，还须报送报纸、期刊样本。

第十六条　经批准出版的连续型电子出版物，新增或者改变连续型电子出版物的名称、刊期与出版范围的，须按照本规定第十四条、第十五条办理审批手续。

第十七条　出版行政部门对从事电子出版物制作的单位实行备案制管理。电子出版物制作单位应当于单位设立登记以及有关变更登记之日起30日内，将单位名称、地址、法定代表人或者主要负责人的姓名及营业执照复印件、法定代表人或主要负责人身份证明报所在地省、自治区、直辖市新闻出版行政部门备案。

本规定所称电子出版物制作，是指通过创作、加工、设计等方式，提供用于出版、复制、发行的电子出版物节目源的经营活动。

第三章　出版管理

第十八条　电子出版物出版单位实行编辑责任制度，保障电子出版物的内容符合有关法规、规章规定。

第十九条　电子出版物出版单位应于每年12月1日前将下一年度的出版计划报所在地省、自治区、直辖市新闻出版行政部门，省、自治区、直辖市新闻出版行政部门审核同意后报新闻出版总署备案。

第二十条　电子出版物出版实行重大选题备案制度。涉及国家安全、社会安定等方面重大选题，涉及重大革命题材和重大历史题材的选题，应当按照新闻出版总署有关选题备案的规定办理备案手续；未经备案的重大选题，不得出版。

第二十一条　出版电子出版物，必须按规定使用中国标准书号。同一内容，不同载体形态、格式的电子出版物，应当分别使用不同的中国标准书号。

出版连续型电子出版物，必须按规定使用国内统一连续出版物号，不得使用中国标准书号出版连续型电子出版物。

第二十二条　电子出版物出版单位不得以任何形式向任何单位或者个人转让、出租、出售本单位的名称、电子出版物中国标准书号、国内统一连续出版物号。

第二十三条　电子出版物应当符合国家的技术、质量标准和规范要求。

出版电子出版物，须在电子出版物载体的印刷标识面或其装帧的显著位置载明电子出版物制作、出版单位的名称，中国标准书号或国内统一连续出版物号及条码，著作权人名称以及出版日期等其他有关事项。

第二十四条　电子出版物出版单位申请出版境外著作权人授权的电子出版物，须向所在地省、自治区、直辖市新闻出版行政部门提出申请；所在地省、自治区、直辖市新闻出版行政部门审核同意后，报新闻出版总署审批。

第二十五条　申请出版境外著作权人授权的电子出版物，应当提交下列材料：

（一）申请书，应当载明电子出版物名称、内容简介、授权方名称、授权方基本情况介绍等；

（二）申请单位的审读报告；

（三）样品及必要的内容资料；

（四）申请单位所在地省、自治区、直辖市著作权行政管理部门的著作权合同登记证明文件。

出版境外著作权人授权的电子游戏出版物还须提交游戏主要人物和主要场景图片资料、代理机构营业执照、发行合同及发行机构批发许可证、游戏文字脚本全文等材料。

第二十六条 新闻出版总署自受理出版境外著作权人授权电子出版物申请之日起，20日内作出批准或者不批准的决定；不批准的，应当说明理由。

审批出版境外著作权人授权电子出版物，应当组织专家评审，并应当符合国家总量、结构、布局规划。

第二十七条 境外著作权人授权的电子出版物，须在电子出版物载体的印刷标识面或其装帧的显著位置载明引进出版批准文号和著作权授权合同登记证号。

第二十八条 已经批准出版的境外著作权人授权的电子出版物，若出版升级版本，须按照本规定第二十五条提交申请材料，报所在地省、自治区、直辖市新闻出版行政部门审批。

第二十九条 出版境外著作权人授权的电子游戏测试盘及境外互联网游戏作品客户端程序光盘，须按照本规定第二十五条提交申请材料，报所在地省、自治区、直辖市新闻出版行政部门审批。

第三十条 电子出版物出版单位与境外机构合作出版电子出版物，须经主管单位同意后，将选题报所在地省、自治区、直辖市新闻出版行政部门审核；省、自治区、直辖市新闻出版行政部门审核同意后，报新闻出版总署审批。

新闻出版总署自受理合作出版电子出版物选题申请之日起20日内，作出批准或者不批准的决定；不批准的，应当说明理由。

第三十一条 电子出版物出版单位申请与境外机构合作出版电子出版物，应当提交下列材料：

（一）申请书，应当载明合作出版的电子出版物的名称、载体形态、内容简介、合作双方名称、基本情况、合作方式等，并附拟合作出版的电子出版物的有关文字内容、图片等材料；

（二）合作意向书；

（三）主管单位的审核意见。

第三十二条 电子出版物出版单位与境外机构合作出版电子出版物，应在该电子出版物出版30日内将样盘报送新闻出版总署备案。

第三十三条 出版单位配合本版出版物出版电子出版物，向所在地省、自治区、直辖市新闻出版行政部门提出申请，省、自治区、直辖市新闻出版行政部门审核同意的，发放电子出版物中国标准书号和复制委托书，并报新闻出版总署备案。

第三十四条 出版单位申请配合本版出版物出版电子出版物，应提交申请书及本版出版物、拟出版电子出版物样品。

申请书应当载明配合本版出版物出版的电子出版物的名称、制作单位、主要内容、出版时间、复制数量和载体形式等内容。

第三十五条 电子出版物发行前，出版单位应当向国家图书馆、中国版本图书馆和新闻出版总署免费送交样品。

第三十六条 电子出版物出版单位的从业人员，应当具备国家规定的出版专业职业资格条件。

电子出版物出版单位的社长、总编辑须符合国家规定的任职资格和条件。

电子出版物出版单位的社长、总编辑须参加新闻出版行政部门组织的岗位培训，取得岗位培训合格证书后才能上岗。

第三十七条 电子出版物出版单位须遵守国家统计规定，依法向新闻出版行政部门报送统计资料。

第四章 进口管理

第三十八条 进口电子出版物成品，须由新闻出版总署批准的电子出版物进口经营单位提出申请；所在地省、自治区、直辖市新闻出版行政部门审核同意后，报新闻出版总署审批。

第三十九条 申请进口电子出版物，应当提交下列材料：

（一）申请书，应当载明进口电子出版物的名称、内容简介、出版者名称、地址、进口数量等；

（二）主管单位审核意见；

（三）申请单位关于进口电子出版物的审读报告；

（四）进口电子出版物的样品及必要的内容资料。

第四十条 新闻出版总署自受理进口电子出版物申请之日起20日内，作出批准或者不批准的决定；不批准的，应当说明理由。

审批进口电子出版物，应当组织专家评审，并应当符合国家总量、结构、布局规划。

第四十一条　进口电子出版物的外包装上应贴有标识，载明批准进口文号及用中文注明的出版者名称、地址、著作权人名称、出版日期等有关事项。

第五章　非卖品管理

第四十二条　委托复制电子出版物非卖品，须向委托方或受托方所在地省、自治区、直辖市新闻出版行政部门提出申请，申请书应写明电子出版物非卖品的使用目的、名称、内容、发送对象、复制数量、载体形式等，并附样品。

电子出版物非卖品内容限于公益宣传、企事业单位业务宣传、交流、商品介绍等，不得定价，不得销售、变相销售或与其他商品搭配销售。

第四十三条　省、自治区、直辖市新闻出版行政部门应当自受理委托复制电子出版物非卖品申请之日起20日内，作出批准或者不批准的决定，批准的，发给电子出版物复制委托书；不批准的，应当说明理由。

第四十四条　电子出版物非卖品载体的印刷标识面及其装帧的显著位置应当注明电子出版物非卖品统一编号，编号分为四段：第一段为方括号内的各省、自治区、直辖市简称，第二段为“电子出版物非卖品”字样，第三段为圆括号内的年度，第四段为顺序编号。

第六章　委托复制管理

第四十五条　电子出版物、电子出版物非卖品应当委托经新闻出版总署批准设立的复制单位复制。

第四十六条　委托复制电子出版物和电子出版物非卖品，必须使用复制委托书，并遵守国家关于复制委托书的管理规定。

复制委托书由新闻出版总署统一印制。

第四十七条　委托复制电子出版物、电子出版物非卖品的单位，应当保证开具的复制委托书内容真实、准确、完整，并须将开具的复制委托书直接交送复制单位。

委托复制电子出版物、电子出版物非卖品的单位不得以任何形式向任何单位或者个人转让、出售本单位的复制委托书。

第四十八条　委托复制电子出版物的单位，自电子出版物完成复制之日起30日内，须向所在地省、自治区、直辖市新闻出版行政部门上交本单位及复制单位签章的复制委托书第二联及样品。

委托复制电子出版物的单位须将电子出版物复制委托书第四联保存2年备查。

第四十九条　委托复制电子出版物、电子出版物非卖品的单位，经批准获得电子出版物复制委托书之日起90日内未使用的，须向发放该委托书的省、自治区、直辖市新闻出版行政部门交回复制委托书。

第七章　年度核验

第五十条　电子出版物出版单位实行年度核验制度，年度核验每两年进行一次。省、自治区、直辖市新闻出版行政部门负责对本行政区域内的电子出版物出版单位实施年度核验。核验内容包括电子出版物出版单位的登记项目、设立条件、出版经营情况、遵纪守法情况、内部管理情况等。

第五十一条　电子出版物出版单位进行年度核验，应提交以下材料：

（一）电子出版物出版单位年度核验登记表；

（二）电子出版物出版单位两年的总结报告，应当包括执行出版法规的情况、出版业绩、资产变化等内容；

（三）两年出版的电子出版物出版目录；

（四）《电子出版物出版许可证》的复印件。

第五十二条　电子出版物出版单位年度核验程序为：

（一）电子出版物出版单位应于核验年度的1月15日前向所在地省、自治区、直辖市新闻出版行政部门提交年度核验材料；

（二）各省、自治区、直辖市新闻出版行政部门对本行政区域内电子出版物出版单位的设立条件、开展业务及执行法规等情况进行全面审核，并于该年度的2月底前完成年度核验工作；对符合年度核验要求的单位予以登记，并换发《电子出版物出版许可证》；

（三）各省、自治区、直辖市新闻出版行政部门应于核验年度的3月20日前将年度核验情况及有关书面材料报新闻出版总署备案。

第五十三条 电子出版物出版单位有下列情形之一的，暂缓年度核验：

（一）不具备本规定第六条规定条件的；

（二）因违反出版管理法规，正在限期停业整顿的；

（三）经审核发现有违法行为应予处罚的；

（四）曾违反出版管理法规受到行政处罚，未认真整改，仍存在违法问题的；

（五）长期不能正常开展电子出版物出版活动的。

暂缓年度核验的期限由省、自治区、直辖市新闻出版行政部门确定，最长不得超过3个月。暂缓期间，省、自治区、直辖市新闻出版行政部门应当督促、指导电子出版物出版单位进行整改。暂缓年度核验期满，对达到年度核验要求的电子出版物出版单位予以登记；仍未达到年度核验要求的电子出版物出版单位，由所在地省、自治区、直辖市新闻出版行政部门提出注销登记意见，新闻出版总署撤销《电子出版物出版许可证》，所在地省、自治区、直辖市新闻出版行政部门办理注销登记。

第五十四条 不按规定参加年度核验的电子出版物出版单位，经书面催告仍未参加年度核验的，由所在地省、自治区、直辖市新闻出版行政部门提出注销登记意见，新闻出版总署撤销《电子出版物出版许可证》，所在地省、自治区、直辖市新闻出版行政部门办理注销登记。

第五十五条 出版连续型电子出版物的单位按照本章规定参加年度核验。

第八章 法律责任

第五十六条 电子出版物出版单位违反本规定的，新闻出版总署或者省、自治区、直辖市新闻出版行政部门可以采取下列行政措施：

（一）下达警示通知书；

（二）通报批评；

（三）责令公开检讨；

（四）责令改正；

（五）责令停止复制、发行电子出版物；

（六）责令收回电子出版物；

（七）责成主办单位、主管单位监督电子出版物出版单位整改。

警示通知书由新闻出版总署制定统一格式，由新闻出版总署或者省、自治区、直辖市新闻出版行政部门下达给违法的电子出版物出版单位，并抄送违法电子出版物出版单位的主办单位及其主管单位。

本条所列行政措施可以并用。

第五十七条 未经批准，擅自设立电子出版物出版单位，擅自从事电子出版物出版业务，伪造、假冒电子出版物出版单位或者连续型电子出版物名称、电子出版物专用中国标准书号出版电子出版物的，按照《出版管理条例》第五十五条处罚。

图书、报纸、期刊、音像等出版单位未经批准，配合本版出版物出版电子出版物的，属于擅自从事电子出版物出版业务，按照前款处罚。

第五十八条 从事电子出版物制作、出版业务，有下列行为之一的，按照《出版管理条例》第五十六条处罚：

（一）制作、出版含有《出版管理条例》第二十六条、第二十七条禁止内容的电子出版物的；

（二）明知或者应知他人出版含有《出版管理条例》第二十六条、第二十七条禁止内容的电子出版物而向其出售、出租或者以其他形式转让本出版单位的名称、电子出版物专用中国标准书号、国内统一连续出版物号、条码及电子出版物复制委托书的。

第五十九条 电子出版物出版单位出租、出借、出售或者以其他任何形式转让本单位的名称、电子出版物专用中国标准书号、国内统一连续出版物号的，按照《出版管理条例》第六十条处罚。

第六十条 有下列行为之一的，按照《出版管理条例》第六十一条处罚：

（一）电子出版物出版单位变更名称、主办单位或者主管单位、业务范围、资本结构，合并或者分立，电子出版物出版单位变更地址、法定代表人或者主要负责人，未依照本规定的要求办理审批、变更登记手续的；

（二）经批准出版的连续型电子出版物，新增或者改变连续型电子出版物的名称、刊期与出版范围，未办理审批手续的；

（三）电子出版物出版单位未按规定履行年度出版计划和重大选题备案的；

（四）出版单位未按照有关规定送交电子出版物样品的；

（五）电子出版物进口经营单位违反本规定第三十八条未经批准进口电子出版物的。

第六十一条　电子出版物出版单位未依法向新闻出版行政部门报送统计资料的，依据新闻出版总署、国家统计局联合颁布的《新闻出版统计管理办法》处罚。

第六十二条　有下列行为之一的，由新闻出版行政部门责令改正，给予警告，可并处三万元以下罚款：

（一）电子出版物制作单位违反本规定第十七条，未办理备案手续的；

（二）电子出版物出版单位违反本规定第二十一条，未按规定使用中国标准书号或者国内统一连续出版物号的；

（三）电子出版物出版单位出版的电子出版物不符合国家的技术、质量标准和规范要求的，或者未按本规定第二十三条载明有关事项的；

（四）电子出版物出版单位出版境外著作权人授权的电子出版物，违反本规定第二十四条、第二十七条、第二十八条、第二十九条有关规定的；

（五）电子出版物出版单位与境外机构合作出版电子出版物，未按本规定第三十条办理选题审批手续的，未按本规定第三十二条将样盘报送备案的；

（六）电子出版物进口经营单位违反本规定第四十一条的；

（七）委托复制电子出版物非卖品违反本规定第四十二条的有关规定，或者未按第四十四条标明电子出版物非卖品统一编号的；

（八）电子出版物出版单位及其他委托复制单位违反本规定第四十五条至第四十九条的规定，委托未经批准设立的复制单位复制，或者未遵守有关复制委托书的管理制度的。

第九章　附　则

第六十三条　本规定自2008年4月15日起施行，新闻出版署1997年12月30日颁布的《电子出版物管理规定》同时废止，此前新闻出版行政部门对电子出版物制作、出版、进口活动的其他规定，凡与本规定不一致的，以本规定为准。

广播电视视频点播业务管理办法

（2004年7月6日　国家广播电影电视总局令第35号　根据2015年8月28日《国家新闻出版广电总局关于修订部分规章和规范性文件的决定》修订）

第一章　总　则

第一条　为促进广播电视视频点播业务健康发展，加强监督管理，促进社会主义精神文明建设，制定本办法。

第二条　本办法所称的广播电视视频点播（以下简称视频点播），是指通过广播电视技术系统以实时点播、准视频点播（轮播）、下载播放等点播形式供用户自主选择收看广播电视节目的业务活动。

第三条　国家广播电影电视总局（以下简称广电总局）负责全国视频点播业务的管理，制定全国视频点播业务总体规划，确定视频点播开办机构的总量、布局。

县级以上地方广播电视行政部门负责本辖区内视频点播业务的管理。

第四条　国家对视频点播业务实行许可制度。未经许可，任何机构和个人均不得开办视频点播业务。

禁止外商独资、中外合资、中外合作机构

申请开办视频点播业务，但符合本办法第八条第一款的除外。

第二章　业务许可

第五条　开办视频点播业务须取得《广播电视视频点播业务许可证》。

第六条　《广播电视视频点播业务许可证》分为甲、乙两种。

持有《广播电视视频点播业务许可证（甲种）》的机构，可在许可证载明的行政区域内从事视频点播业务。

持有《广播电视视频点播业务许可证（乙种）》的机构，可在许可证载明的宾馆饭店内从事视频点播业务。

第七条　下列机构可以申请《广播电视视频点播业务许可证（甲种）》：

（一）经批准设立的地（市）级以上广播电台、电视台；

（二）经批准设立的广播影视集团（总台）。

第八条　下列机构可以申请《广播电视视频点播业务许可证（乙种）》：

（一）三星级以上或相当于三星级以上的宾馆饭店；

（二）具有同时为10家以上三星级或相当于三星级以上的宾馆饭店提供视频点播业务能力的机构。

第九条　申请《广播电视视频点播业务许可证》必须具备以下条件：

（一）符合国家视频点播业务总体规划；

（二）有符合本办法规定的节目资源；

（三）具备与视频点播业务开办规模相适应的场所、技术、人员等条件；

（四）所使用的系统和设备符合国家和行业技术标准；

（五）有健全的节目内容审查制度、播出管理制度；

（六）有确定的传播范围；

（七）具备与开办视频点播业务相适应的信誉和服务能力；

（八）有与广播电视行政部门监控系统实现联网的方案；

（九）其它法律、行政法规规定的条件。

第十条　申请《广播电视视频点播业务许可证》的，须提交以下材料：

（一）申请报告，内容应包括：申请许可证类别（甲种、乙种）、传播方式（实时点播、准视频点播、下载播放）、播放范围等；

（二）《广播电视视频点播业务许可证》申请表；

（三）从事广播电视视频点播业务的节目开办方案、技术方案、运营方案、管理制度；

（四）向政府监管部门提供监控信号的监控方案；

（五）主管人员简要情况介绍和设备、场所的证明资料。

申请《广播电视视频点播业务许可证（乙种）》的，还应提交营业执照和宾馆饭店星级评定的相关证明；其中，由宾馆饭店以外的机构申请《广播电视视频点播业务许可证（乙种）》的，还需要提交公司章程以及宾馆饭店同意在其宾馆饭店从事视频点播业务的书面文件。

第十一条　申请《广播电视视频点播业务许可证（甲种）》的，应向当地广播电视行政部门提出申请，并提交符合第十条规定的申报材料。经逐级审核后，报广电总局审批。

广电总局对申报材料进行审核，审核合格的，组织有关专家进行论证，论证期限为三十日。广电总局根据论证结论做出决定，符合条件的，颁发《广播电视视频点播业务许可证（甲种）》；不符合条件的，书面通知申办机构并说明理由。

第十二条　申请《广播电视视频点播业务许可证（乙种）》，应向当地县级以上广播电视行政部门提出申请，并提交符合第十条规定的申报材料。经逐级审核后，报省级广播电视行政部门审批。

省级广播电视行政部门对申报材料进行审核，审核合格的，申办机构可以安装视频点播设备。设备安装完毕，省级广播电视行政部门组织验收，根据验收结论做出决定，符合条件的，颁发《广播电视视频点播业务许可证（乙种）》，并在九十日内报广电总局备案；不符合条件的，书面通知申办机构并说明理由。

第十三条　负责受理的广播电视行政部门应按照行政许可法规定的期限和权限，履行受理、审核职责。

第十四条　《广播电视视频点播业务许可证》有效期为三年，自颁发之日起计算。有效期届满，需继续经营视频点播业务的，应于期满前六个月按本办法规定的审批程序办理续办手续。

第十五条　开办机构应在领取《广播电视视频点播业务许可证》之后九十日内开播。如因特殊理由不能如期开播，应经发证机关同意，否则按终止业务处理。

第十六条　持有《广播电视视频点播业务许可证》的机构需终止业务的，应提前六十日向原发证机关申报，其《广播电视视频点播业务许可证》由原发证机关予以公告注销。

第十七条　《广播电视视频点播业务许可证》包含开办主体、开办范围、节目类别、传送方式等项目。

开办机构必须按照许可证载明的事项从事视频点播业务。

第十八条　开办机构变更许可证登记项目、股东及持股比例的，应提前六十日报原发证机关批准。

第十九条　开办机构的营业场所、法定代表人、节目总编等重要事项发生变更，应在三十日内书面告知原发证机关。

第二十条　宾馆饭店不得允许未获得《广播电视视频点播业务许可证》的机构在其宾馆饭店内从事视频点播业务。

宾馆饭店同意其它机构作为开办主体在本宾馆饭店内从事视频点播业务的，应对其经营活动进行必要的监督。如发现有违反本办法规定行为的，应予以制止并立即报告当地广播电视行政部门。

第三章　节目管理

第二十一条　视频点播节目禁止载有下列内容：

（一）反对宪法确定的基本原则的；

（二）危害国家统一、主权和领土完整的；

（三）泄露国家秘密、危害国家安全或者损害国家荣誉和利益的；

（四）煽动民族仇恨、民族歧视，破坏民族团结，或者侵害民族风俗、习惯的；

（五）宣扬邪教、迷信的；

（六）扰乱社会秩序，破坏社会稳定的；

（七）宣扬淫秽、赌博、暴力或者教唆犯罪的；

（八）侮辱或者诽谤他人，侵害他人合法权益的；

（九）危害社会公德或者民族优秀文化传统的；

（十）有法律、行政法规和国家规定禁止的其它内容的。

第二十二条　用于视频点播业务的节目，应符合《著作权法》的规定。

第二十三条　用于视频点播业务的节目，应以国产节目为主。

第二十四条　引进用于视频点播的境外影视剧，应按有关规定报广电总局审查。

第二十五条　用于视频点播的节目限于以下五类：

（一）取得《电视剧发行许可证》、《电影片公映许可证》的影视剧；

（二）依法设立的广播电视播出机构制作、播出的节目；

（三）依法设立的广播电视节目制作经营机构制作的节目；

（四）经省级以上广播电视行政部门审查批准的境外广播电视节目；

（五）从合法途径取得的天气预报、股票行情等信息类节目。

第二十六条　用于视频点播的新闻类或信息类节目应真实、公正。

第二十七条　开办机构应配备节目审查员，健全节目审查制度，实行节目总编负责制，对其播放的节目内容进行审查。节目总编应具备必要的业务素质和相关的从业经验。

第二十八条　持有《广播电视视频点播业务许可证（甲种）》开办机构的播出前端应与广电总局视频点播业务监控系统实现联网；持有《广播电视视频点播业务许可证（乙种）》开办机构的播出前端应与所在地广播电视行政部门视频点播业务监控系统实现联网。

第四章　罚　　则

第二十九条　违反本办法规定，未经批准，擅自开办视频点播业务的，由县级以上广播电视行政部门予以取缔，可以并处一万元以上三万元以下的罚款；构成犯罪的，依法追究刑事责任。

第三十条 违反本办法规定，有下列行为之一的，由县级以上广播电视行政部门责令停止违法活动、给予警告、限期整改，可以并处三万元以下的罚款：

（一）未按《广播电视视频点播业务许可证》载明的事项从事视频点播业务的；

（二）未经批准，擅自变更许可证事项、股东及持股比例或者需终止开办视频点播业务的；

（三）播放不符合本办法规定的广播电视节目的；

（四）未按本办法第二十一条、第二十四条、第二十五条规定播放视频点播节目的；

（五）违反本办法第十八条，第十九条规定，有重要事项发生变更未在规定期限内通知原发证机关的；

（六）违反本办法第二十八条规定，播出前端未按规定与广播电视行政部门监控系统进行联网的。

第三十一条 违反本办法规定，节目总编或节目审查员未履行应尽职责，出现三次以上违规内容的，广电总局可以对相关责任人予以警告；相关责任人三年内不得担任视频点播开办机构的节目总编或节目审查员。

第三十二条 违反本办法第二十条规定，宾馆饭店允许未获得《广播电视视频点播业务许可证》的机构在其宾馆饭店内经营视频点播业务的，由县级以上广播电视行政部门予以警告，可以并处三万元以下罚款。

第五章 附 则

第三十三条 本办法施行前经广播电视行政部门批准开办视频点播业务的机构，应自本办法实施之日起六个月内，按照本办法规定申换许可证。

第三十四条 本办法自2004年8月10日起施行。广电总局《有线电视视频点播管理暂行办法》（广电总局令第4号）和《宾馆饭店视频点播管理暂行办法》（广电总局令第6号）同时废止。

互联网视听节目服务管理规定

（2007年12月20日国家广播电影电视总局、信息产业部令第56号公布 根据2015年8月28日《关于修订部分规章和规范性文件的决定》修订）

第一条 为维护国家利益和公共利益，保护公众和互联网视听节目服务单位的合法权益，规范互联网视听节目服务秩序，促进健康有序发展，根据国家有关规定，制定本规定。

第二条 在中华人民共和国境内向公众提供互联网（含移动互联网，以下简称互联网）视听节目服务活动，适用本规定。

本规定所称互联网视听节目服务，是指制作、编辑、集成并通过互联网向公众提供视音频节目，以及为他人提供上载传播视听节目服务的活动。

第三条 国务院广播电影电视主管部门作为互联网视听节目服务的行业主管部门，负责对互联网视听节目服务实施监督管理，统筹互联网视听节目服务的产业发展、行业管理、内容建设和安全监管。国务院信息产业主管部门作为互联网行业主管部门，依据电信行业管理职责对互联网视听节目服务实施相应的监督管理。

地方人民政府广播电影电视主管部门和地方电信管理机构依据各自职责对本行政区域内的互联网视听节目服务单位及接入服务实施相应的监督管理。

第四条 互联网视听节目服务单位及其相关网络运营单位，是重要的网络文化建设力量，承担建设中国特色网络文化和维护网络文化信息安全的责任，应自觉遵守宪法、法律和行政法规，接受互联网视听节目服务行业主管部门和互联网行业主管部门的管理。

第五条 互联网视听节目服务单位组成的

全国性社会团体，负责制定行业自律规范，倡导文明上网、文明办网，营造文明健康的网络环境，传播健康有益视听节目，抵制腐朽落后思想文化传播，并在国务院广播电影电视主管部门指导下开展活动。

第六条　发展互联网视听节目服务要有益于传播社会主义先进文化，推动社会全面进步和人的全面发展、促进社会和谐。从事互联网视听节目服务，应当坚持为人民服务、为社会主义服务，坚持正确导向，把社会效益放在首位，建设社会主义核心价值体系，遵守社会主义道德规范，大力弘扬体现时代发展和社会进步的思想文化，大力弘扬民族优秀文化传统，提供更多更好的互联网视听节目服务，满足人民群众日益增长的需求，不断丰富人民群众的精神文化生活，充分发挥文化滋润心灵、陶冶情操、愉悦身心的作用，为青少年成长创造良好的网上空间，形成共建共享的精神家园。

第七条　从事互联网视听节目服务，应当依照本规定取得广播电影电视主管部门颁发的《信息网络传播视听节目许可证》（以下简称《许可证》）或履行备案手续。

未按照本规定取得广播电影电视主管部门颁发的《许可证》或履行备案手续，任何单位和个人不得从事互联网视听节目服务。

互联网视听节目服务业务指导目录由国务院广播电影电视主管部门商国务院信息产业主管部门制定。

第八条　申请从事互联网视听节目服务的，应当同时具备以下条件：

（一）具备法人资格，为国有独资或国有控股单位，且在申请之日前三年内无违法违规记录；

（二）有健全的节目安全传播管理制度和安全保护技术措施；

（三）有与其业务相适应并符合国家规定的视听节目资源；

（四）有与其业务相适应的技术能力、网络资源；

（五）有与其业务相适应的专业人员，且主要出资者和经营者在申请之日前三年内无违法违规记录；

（六）技术方案符合国家标准、行业标准和技术规范；

（七）符合国务院广播电影电视主管部门确定的互联网视听节目服务总体规划、布局和业务指导目录；

（八）符合法律、行政法规和国家有关规定的条件。

第九条　从事广播电台、电视台形态服务和时政类视听新闻服务的，除符合本规定第八条规定外，还应当持有广播电视播出机构许可证或互联网新闻信息服务许可证。其中，以自办频道方式播放视听节目的，由地（市）级以上广播电台、电视台、中央新闻单位提出申请。

从事主持、访谈、报道类视听服务的，除符合本规定第八条规定外，还应当持有广播电视节目制作经营许可证和互联网新闻信息服务许可证；从事自办网络剧（片）类服务的，还应当持有广播电视节目制作经营许可证。

未经批准，任何组织和个人不得在互联网上使用广播电视专有名称开展业务。

第十条　申请《许可证》，应当通过省、自治区、直辖市人民政府广播电影电视主管部门向国务院广播电影电视主管部门提出申请，中央直属单位可以直接向国务院广播电影电视主管部门提出申请。

省、自治区、直辖市人民政府广播电影电视主管部门应当提供便捷的服务，自收到申请之日起20日内提出初审意见，报国务院广播电影电视主管部门审批；国务院广播电影电视主管部门应当自收到申请或者初审意见之日起40日内作出许可或者不予许可的决定，其中专家评审时间为20日。予以许可的，向申请人颁发《许可证》，并向社会公告；不予许可的，应当书面通知申请人并说明理由。《许可证》应当载明互联网视听节目服务的播出标识、名称、服务类别等事项。

《许可证》有效期为3年。有效期届满，需继续从事互联网视听节目服务的，应于有效期届满前30日内，持符合本办法第八条规定条件的相关材料，向原发证机关申请办理续办手续。

地（市）级以上广播电台、电视台从事互联网视听节目转播类服务的，到省级以上广播电影电视主管部门履行备案手续。中央新闻单位从事互联网视听节目转播类服务的，到国务院广播电影电视主管部门履行备案手续。备案单位应在节目开播30日前，提交网址、网站名、拟转播的广播电视频道、栏目名称等有关备案材料，广播电影电视主管部门应将备案情况向社会公告。

第十一条 取得《许可证》的单位，应当依据《互联网信息服务管理办法》，向省（自治区、直辖市）电信管理机构或国务院信息产业主管部门（以下简称电信主管部门）申请办理电信业务经营许可或者履行相关备案手续，并依法到工商行政管理部门办理注册登记或变更登记手续。电信主管部门应根据广播电影电视主管部门许可，严格互联网视听节目服务单位的域名和IP地址管理。

第十二条 互联网视听节目服务单位变更股东、股权结构，有重大资产变动或有上市等重大融资行为的，以及业务项目超出《许可证》载明范围的，应按本规定办理审批手续。互联网视听节目服务单位的办公场所、法定代表人以及互联网信息服务单位的网址、网站名依法变更的，应当在变更后15日内向省级以上广播电影电视主管部门和电信主管部门备案，变更事项涉及工商登记的，应当依法到工商行政管理部门办理变更登记手续。

第十三条 互联网视听节目服务单位应当在取得《许可证》90日内提供互联网视听节目服务。未按期提供服务的，其《许可证》由原发证机关予以注销。如因特殊原因，应经发证机关同意。申请终止服务的，应提前60日向原发证机关申报，其《许可证》由原发证机关予以注销。连续停止业务超过60日的，由原发证机关按终止业务处理，其《许可证》由原发证机关予以注销。

第十四条 互联网视听节目服务单位应当按照《许可证》载明或备案的事项开展互联网视听节目服务，并在播出界面显著位置标注国务院广播电影电视主管部门批准的播出标识、名称、《许可证》或备案编号。

任何单位不得向未持有《许可证》或备案的单位提供与互联网视听节目服务有关的代收费及信号传输、服务器托管等金融和技术服务。

第十五条 鼓励国有战略投资者投资互联网视听节目服务企业；鼓励互联网视听节目服务单位积极开发适应新一代互联网和移动通信特点的新业务，为移动多媒体、多媒体网站生产积极健康的视听节目，努力提高互联网视听节目的供给能力；鼓励影视生产基地、电视节目制作单位多生产适合在网上传播的影视剧（片）、娱乐节目，积极发展民族网络影视产业；鼓励互联网视听节目服务单位传播公益性视听节目。

互联网视听节目服务单位应当遵守著作权法律、行政法规的规定，采取版权保护措施，保护著作权人的合法权益。

第十六条 互联网视听节目服务单位提供的、网络运营单位接入的视听节目应当符合法律、行政法规、部门规章的规定。已播出的视听节目应至少完整保留60日。视听节目不得含有以下内容：

（一）反对宪法确定的基本原则的；

（二）危害国家统一、主权和领土完整的；

（三）泄露国家秘密、危害国家安全或者损害国家荣誉和利益的；

（四）煽动民族仇恨、民族歧视，破坏民族团结，或者侵害民族风俗、习惯的；

（五）宣扬邪教、迷信的；

（六）扰乱社会秩序，破坏社会稳定的；

（七）诱导未成年人违法犯罪和渲染暴力、色情、赌博、恐怖活动的；

（八）侮辱或者诽谤他人，侵害公民个人隐私等他人合法权益的；

（九）危害社会公德，损害民族优秀文化传统的；

（十）有关法律、行政法规和国家规定禁止的其他内容。

第十七条 用于互联网视听节目服务的电影电视剧类节目和其他节目，应当符合国家有关广播电影电视节目的管理规定。互联网视听节目服务单位播出时政类视听新闻节目，应当是地（市）级以上广播电台、电视台制作、播出的节目和中央新闻单位网站登载的时政类视听新闻节目。

未持有《许可证》的单位不得为个人提供上载传播视听节目服务。互联网视听节目服务单位不得允许个人上载时政类视听新闻节目，在提供播客、视频分享等上载传播视听节目服务时，应当提示上载者不得上载违反本规定的视听节目。任何单位和个人不得转播、链接、聚合、集成非法的广播电视频道、视听节目网站的节目。

第十八条　广播电影电视主管部门发现互联网视听节目服务单位传播违反本规定的视听节目，应当采取必要措施予以制止。互联网视听节目服务单位对含有违反本规定内容的视听节目，应当立即删除，并保存有关记录，履行报告义务，落实有关主管部门的管理要求。

互联网视听节目服务单位主要出资者和经营者应对播出和上载的视听节目内容负责。

第十九条　互联网视听节目服务单位应当选择依法取得互联网接入服务电信业务经营许可证或广播电视节目传送业务经营许可证的网络运营单位提供服务；应当依法维护用户权利，履行对用户的承诺，对用户信息保密，不得进行虚假宣传或误导用户、做出对用户不公平不合理的规定、损害用户的合法权益；提供有偿服务时，应当以显著方式公布所提供服务的视听节目种类、范围、资费标准和时限，并告知用户中止或者取消互联网视听节目服务的条件和方式。

第二十条　网络运营单位提供互联网视听节目信号传输服务时，应当保障视听节目服务单位的合法权益，保证传输安全，不得擅自插播、截留视听节目信号；在提供服务前应当查验视听节目服务单位的《许可证》或备案证明材料，按照《许可证》载明事项或备案范围提供接入服务。

第二十一条　广播电影电视和电信主管部门应建立公众监督举报制度。公众有权举报视听节目服务单位的违法违规行为，有关主管部门应当及时处理，不得推诿。广播电影电视、电信等监督管理部门发现违反本规定的行为，不属于本部门职责的，应当移交有权处理的部门处理。

电信主管部门应当依照国家有关规定向广播电影电视主管部门提供必要的技术系统接口和网站数据查询资料。

第二十二条　广播电影电视主管部门依法对互联网视听节目服务单位进行实地检查，有关单位和个人应当予以配合。广播电影电视主管部门工作人员依法进行实地检查时应当主动出示有关证件。

第二十三条　违反本规定有下列行为之一的，由县级以上广播电影电视主管部门予以警告、责令改正，可并处3万元以下罚款；同时，可对其主要出资者和经营者予以警告，可并处2万元以下罚款：

（一）擅自在互联网上使用广播电视专有名称开展业务的；

（二）变更股东、股权结构，或上市融资，或重大资产变动时，未办理审批手续的；

（三）未建立健全节目运营规范，未采取版权保护措施，或对传播有害内容未履行提示、删除、报告义务的；

（四）未在播出界面显著位置标注播出标识、名称、《许可证》和备案编号的；

（五）未履行保留节目记录、向主管部门如实提供查询义务的；

（六）向未持有《许可证》或备案的单位提供代收费及信号传输、服务器托管等与互联网视听节目服务有关的服务的；

（七）未履行查验义务，或向互联网视听节目服务单位提供其《许可证》或备案载明事项范围以外的接入服务的；

（八）进行虚假宣传或者误导用户的；

（九）未经用户同意，擅自泄露用户信息秘密的；

（十）互联网视听服务单位在同一年度内三次出现违规行为的；

（十一）拒绝、阻挠、拖延广播电影电视主管部门依法进行监督检查或者在监督检查过程中弄虚作假的；

（十二）以虚假证明、文件等手段骗取《许可证》的。

有本条第十二项行为的，发证机关应撤销其许可证。

第二十四条　擅自从事互联网视听节目服务的，由县级以上广播电影电视主管部门予以警告、责令改正，可并处3万元以下罚款；情节严重的，根据《广播电视管理条例》第四十七条的规定予以处罚。

传播的视听节目内容违反本规定的，由县级以上广播电影电视主管部门予以警告、责令改正，可并处3万元以下罚款；情节严重的，根据《广播电视管理条例》第四十九条的规定予以处罚。

未按照许可证载明或备案的事项从事互联网视听节目服务的或违规播出时政类视听新闻节目的，由县级以上广播电影电视主管部门予以警告、责令改正，可并处3万元以下罚款；情节严重的，根据《广播电视管理条例》第五十条之规定予以处罚。

转播、链接、聚合、集成非法的广播电视频道和视听节目网站内容的，擅自插播、截留视听节目信号的，由县级以上广播电影电视主管部门予以警告、责令改正，可并处3万元以下罚款；情节严重的，根据《广播电视管理条例》第五十一条之规定予以处罚。

第二十五条 对违反本规定的互联网视听节目服务单位，电信主管部门应根据广播电影电视主管部门的书面意见，按照电信管理和互联网管理的法律、行政法规的规定，关闭其网站，吊销其相应许可证或撤销备案，责令为其提供信号接入服务的网络运营单位停止接入；拒不执行停止接入服务决定，违反《电信条例》第五十七条规定的，由电信主管部门依据《电信条例》第七十八条的规定吊销其许可证。

违反治安管理规定的，由公安机关依法予以处罚；构成犯罪的，由司法机关依法追究刑事责任。

第二十六条 广播电影电视、电信等主管部门不履行规定的职责，或滥用职权的，要依法给予有关责任人处分，构成犯罪的，由司法机关依法追究刑事责任。

第二十七条 互联网视听节目服务单位出现重大违法违规行为的，除按有关规定予以处罚外，其主要出资者和经营者自互联网视听节目服务单位受到处罚之日起5年内不得投资和从事互联网视听节目服务。

第二十八条 通过互联网提供视音频即时通讯服务，由国务院信息产业主管部门按照国家有关规定进行监督管理。

利用局域网络及利用互联网架设虚拟专网向公众提供网络视听节目服务，须向行业主管部门提出申请，由国务院信息产业主管部门前置审批，国务院广播电影电视主管部门审核批准，按照国家有关规定进行监督管理。

第二十九条 本规定自2008年1月31日起施行。此前发布的规定与本规定不一致之处，依本规定执行。

互联网著作权行政保护办法

（2005年4月29日国家版权局、信息产业部令第5号公布　自2005年5月30日起施行）

第一条 为了加强互联网信息服务活动中信息网络传播权的行政保护，规范行政执法行为，根据《中华人民共和国著作权法》及有关法律、行政法规，制定本办法。

第二条 本办法适用于互联网信息服务活动中根据互联网内容提供者的指令，通过互联网自动提供作品、录音录像制品等内容的上载、存储、链接或搜索等功能，且对存储或传输的内容不进行任何编辑、修改或选择的行为。

互联网信息服务活动中直接提供互联网内容的行为，适用著作权法。

本办法所称"互联网内容提供者"是指在互联网上发布相关内容的上网用户。

第三条 各级著作权行政管理部门依照法律、行政法规和本办法对互联网信息服务活动中的信息网络传播权实施行政保护。国务院信息产业主管部门和各省、自治区、直辖市电信管理机构依法配合相关工作。

第四条 著作权行政管理部门对侵犯互联网信息服务活动中的信息网络传播权的行为实施行政处罚，适用《著作权行政处罚实施办法》。

侵犯互联网信息服务活动中的信息网络传播权的行为由侵权行为实施地的著作权行政管理部门管辖。侵权行为实施地包括提供本办法第二条所列的互联网信息服务活动的服务器等设备所在地。

第五条 著作权人发现互联网传播的内容侵犯其著作权，向互联网信息服务提供者或者其委托的其他机构（以下统称“互联网信息服务提供者”）发出通知后，互联网信息服务提供者应当立即采取措施移除相关内容，并保留著作权人的通知6个月。

第六条 互联网信息服务提供者收到著作权人的通知后，应当记录提供的信息内容及其发布的时间、互联网地址或者域名。互联网接入服务提供者应当记录互联网内容提供者的接入时间、用户账号、互联网地址或者域名、主叫电话号码等信息。

前款所称记录应当保存60日，并在著作权行政管理部门查询时予以提供。

第七条 互联网信息服务提供者根据著作权人的通知移除相关内容的，互联网内容提供者可以向互联网信息服务提供者和著作权人一并发出说明被移除内容不侵犯著作权的反通知。反通知发出后，互联网信息服务提供者即可恢复被移除的内容，且对该恢复行为不承担行政法律责任。

第八条 著作权人的通知应当包含以下内容：

（一）涉嫌侵权内容所侵犯的著作权权属证明；

（二）明确的身份证明、住址、联系方式；

（三）涉嫌侵权内容在信息网络上的位置；

（四）侵犯著作权的相关证据；

（五）通知内容的真实性声明。

第九条 互联网内容提供者的反通知应当包含以下内容：

（一）明确的身份证明、住址、联系方式；

（二）被移除内容的合法性证明；

（三）被移除内容在互联网上的位置；

（四）反通知内容的真实性声明。

第十条 著作权人的通知和互联网内容提供者的反通知应当采取书面形式。

著作权人的通知和互联网内容提供者的反通知不具备本办法第八条、第九条所规定内容的，视为未发出。

第十一条 互联网信息服务提供者明知互联网内容提供者通过互联网实施侵犯他人著作权的行为，或者虽不明知，但接到著作权人通知后未采取措施移除相关内容，同时损害社会公共利益的，著作权行政管理部门可以根据《中华人民共和国著作权法》第四十七条的规定责令停止侵权行为，并给予下列行政处罚：

（一）没收违法所得；

（二）处以非法经营额3倍以下的罚款；非法经营额难以计算的，可以处10万元以下的罚款。

第十二条 没有证据表明互联网信息服务提供者明知侵权事实存在的，或者互联网信息服务提供者接到著作权人通知后，采取措施移除相关内容的，不承担行政法律责任。

第十三条 著作权行政管理部门在查处侵犯互联网信息服务活动中的信息网络传播权案件时，可以按照《著作权行政处罚实施办法》第十二条规定要求著作权人提交必备材料，以及向互联网信息服务提供者发出的通知和该互联网信息服务提供者未采取措施移除相关内容的证明。

第十四条 互联网信息服务提供者有本办法第十一条规定的情形，且经著作权行政管理部门依法认定专门从事盗版活动，或有其他严重情节的，国务院信息产业主管部门或者省、自治区、直辖市电信管理机构依据相关法律、行政法规的规定处理；互联网接入服务提供者应当依据国务院信息产业主管部门或者省、自治区、直辖市电信管理机构的通知，配合实施相应的处理措施。

第十五条 互联网信息服务提供者未履行本办法第六条规定的义务，由国务院信息产业主管部门或者省、自治区、直辖市电信管理机构予以警告，可以并处3万元以下罚款。

第十六条 著作权行政管理部门在查处侵犯互联网信息服务活动中的信息网络传播权案件过程中，发现互联网信息服务提供者的行为涉嫌构成犯罪的，应当依照国务院《行政执法机关移送涉嫌犯罪案件的规定》将案件移送司法部门，依法追究刑事责任。

第十七条 表演者、录音录像制作者等与著作权有关的权利人通过互联网向公众传播其表演或者录音录像制品的权利的行政保护适用本办法。

第十八条 本办法由国家版权局和信息产业部负责解释。

第十九条 本办法自2005年5月30日起施行。

·公安部

互联网安全保护技术措施规定

（2005年12月13日公安部令第82号公布　自2006年3月1日起施行）

第一条　为加强和规范互联网安全技术防范工作，保障互联网网络安全和信息安全，促进互联网健康、有序发展，维护国家安全、社会秩序和公共利益，根据《计算机信息网络国际联网安全保护管理办法》，制定本规定。

第二条　本规定所称互联网安全保护技术措施，是指保障互联网网络安全和信息安全、防范违法犯罪的技术设施和技术方法。

第三条　互联网服务提供者、联网使用单位负责落实互联网安全保护技术措施，并保障互联网安全保护技术措施功能的正常发挥。

第四条　互联网服务提供者、联网使用单位应当建立相应的管理制度。未经用户同意不得公开、泄露用户注册信息，但法律、法规另有规定的除外。

互联网服务提供者、联网使用单位应当依法使用互联网安全保护技术措施，不得利用互联网安全保护技术措施侵犯用户的通信自由和通信秘密。

第五条　公安机关公共信息网络安全监察部门负责对互联网安全保护技术措施的落实情况依法实施监督管理。

第六条　互联网安全保护技术措施应当符合国家标准。没有国家标准的，应当符合公共安全行业技术标准。

第七条　互联网服务提供者和联网使用单位应当落实以下互联网安全保护技术措施：

（一）防范计算机病毒、网络入侵和攻击破坏等危害网络安全事项或者行为的技术措施；

（二）重要数据库和系统主要设备的冗灾备份措施；

（三）记录并留存用户登录和退出时间、主叫号码、账号、互联网地址或域名、系统维护日志的技术措施；

（四）法律、法规和规章规定应当落实的其他安全保护技术措施。

第八条　提供互联网接入服务的单位除落实本规定第七条规定的互联网安全保护技术措施外，还应当落实具有以下功能的安全保护技术措施：

（一）记录并留存用户注册信息；

（二）使用内部网络地址与互联网网络地址转换方式为用户提供接入服务的，能够记录并留存用户使用的互联网网络地址和内部网络地址对应关系；

（三）记录、跟踪网络运行状态，监测、记录网络安全事件等安全审计功能。

第九条　提供互联网信息服务的单位除落实本规定第七条规定的互联网安全保护技术措施外，还应当落实具有以下功能的安全保护技术措施：

（一）在公共信息服务中发现、停止传输违法信息，并保留相关记录；

（二）提供新闻、出版以及电子公告等服务的，能够记录并留存发布的信息内容及发布时间；

（三）开办门户网站、新闻网站、电子商务网站的，能够防范网站、网页被篡改，被篡改后能够自动恢复；

（四）开办电子公告服务的，具有用户注册

信息和发布信息审计功能；

（五）开办电子邮件和网上短信息服务的，能够防范、清除以群发方式发送伪造、隐匿信息发送者真实标记的电子邮件或者短信息。

第十条 提供互联网数据中心服务的单位和联网使用单位除落实本规定第七条规定的互联网安全保护技术措施外，还应当落实具有以下功能的安全保护技术措施：

（一）记录并留存用户注册信息；

（二）在公共信息服务中发现、停止传输违法信息，并保留相关记录；

（三）联网使用单位使用内部网络地址与互联网网络地址转换方式向用户提供接入服务的，能够记录并留存用户使用的互联网网络地址和内部网络地址对应关系。

第十一条 提供互联网上网服务的单位，除落实本规定第七条规定的互联网安全保护技术措施外，还应当安装并运行互联网公共上网服务场所安全管理系统。

第十二条 互联网服务提供者依照本规定采取的互联网安全保护技术措施应当具有符合公共安全行业技术标准的联网接口。

第十三条 互联网服务提供者和联网使用单位依照本规定落实的记录留存技术措施，应当具有至少保存六十天记录备份的功能。

第十四条 互联网服务提供者和联网使用单位不得实施下列破坏互联网安全保护技术措施的行为：

（一）擅自停止或者部分停止安全保护技术设施、技术手段运行；

（二）故意破坏安全保护技术设施；

（三）擅自删除、篡改安全保护技术设施、技术手段运行程序和记录；

（四）擅自改变安全保护技术措施的用途和范围；

（五）其他故意破坏安全保护技术措施或者妨碍其功能正常发挥的行为。

第十五条 违反本规定第七条至第十四条规定的，由公安机关依照《计算机信息网络国际联网安全保护管理办法》第二十一条的规定予以处罚。

第十六条 公安机关应当依法对辖区内互联网服务提供者和联网使用单位安全保护技术措施的落实情况进行指导、监督和检查。

公安机关在依法监督检查时，互联网服务提供者、联网使用单位应当派人参加。公安机关对监督检查发现的问题，应当提出改进意见，通知互联网服务提供者、联网使用单位及时整改。

公安机关在监督检查时，监督检查人员不得少于二人，并应当出示执法身份证件。

第十七条 公安机关及其工作人员违反本规定，有滥用职权，徇私舞弊行为的，对直接负责的主管人员和其他直接责任人员依法给予行政处分；构成犯罪的，依法追究刑事责任。

第十八条 本规定所称互联网服务提供者，是指向用户提供互联网接入服务、互联网数据中心服务、互联网信息服务和互联网上网服务的单位。

本规定所称联网使用单位，是指为本单位应用需要连接并使用互联网的单位。

本规定所称提供互联网数据中心服务的单位，是指提供主机托管、租赁和虚拟空间租用等服务的单位。

第十九条 本规定自2006年3月1日起施行。

计算机病毒防治管理办法

（2000年4月26日公安部令第51号发布）

第一条 为了加强对计算机病毒的预防和治理，保护计算机信息系统安全，保障计算机的应用与发展，根据《中华人民共和国计算机信息系统安全保护条例》的规定，制定本办法。

第二条 本办法所称的计算机病毒，是指编制或者在计算机程序中插入的破坏计算机功能或者毁坏数据，影响计算机使用，并能自我复制的一组计算机指令或者程序代码。

第三条 中华人民共和国境内的计算机信息系统以及未联网计算机的计算机病毒防治管理工作，适用本办法。

第四条 公安部公共信息网络安全监察部门主管全国的计算机病毒防治管理工作。

地方各级公安机关具体负责本行政区域内的计算机病毒防治管理工作。

第五条 任何单位和个人不得制作计算机病毒。

第六条 任何单位和个人不得有下列传播计算机病毒的行为：

（一）故意输入计算机病毒，危害计算机信息系统安全；

（二）向他人提供含有计算机病毒的文件、软件、媒体；

（三）销售、出租、附赠含有计算机病毒的媒体；

（四）其他传播计算机病毒的行为。

第七条 任何单位和个人不得向社会发布虚假的计算机病毒疫情。

第八条 从事计算机病毒防治产品生产的单位，应当及时向公安部公共信息网络安全监察部门批准的计算机病毒防治产品检测机构提交病毒样本。

第九条 计算机病毒防治产品检测机构应当对提交的病毒样本及时进行分析、确认，并将确认结果上报公安部公共信息网络安全监察部门。

第十条 对计算机病毒的认定工作，由公安部公共信息网络安全监察部门批准的机构承担。

第十一条 计算机信息系统的使用单位在计算机病毒防治工作中应当履行下列职责：

（一）建立本单位的计算机病毒防治管理制度；

（二）采取计算机病毒安全技术防治措施；

（三）对本单位计算机信息系统使用人员进行计算机病毒防治教育和培训；

（四）及时检测、清除计算机信息系统中的计算机病毒，并备有检测、清除的记录；

（五）使用具有计算机信息系统安全专用产品销售许可证的计算机病毒防治产品；

（六）对因计算机病毒引起的计算机信息系统瘫痪、程序和数据严重破坏等重大事故及时向公安机关报告，并保护现场。

第十二条 任何单位和个人在从计算机信息网络上下载程序、数据或者购置、维修、借入计算机设备时，应当进行计算机病毒检测。

第十三条 任何单位和个人销售、附赠的计算机病毒防治产品，应当具有计算机信息系统安全专用产品销售许可证，并贴有“销售许可”标记。

第十四条 从事计算机设备或者媒体生产、销售、出租、维修行业的单位和个人，应当对计算机设备或者媒体进行计算机病毒检测、清除工作，并备有检测、清除的记录。

第十五条 任何单位和个人应当接受公安机关对计算机病毒防治工作的监督、检查和指导。

第十六条 在非经营活动中有违反本办法第五条、第六条第二、三、四项规定行为之一的，由公安机关处以1000元以下罚款。

在经营活动中有违反本办法第五条、第六条第二、三、四项规定行为之一，没有违法所得的，由公安机关对单位处以1万元以下罚款，对个人处以5000元以下罚款；有违法所得的，处以违法所得3倍以下罚款，但是最高不得超过3万元。

违反本办法第六条第一项规定的，依照《中华人民共和国计算机信息系统安全保护条例》第二十三条的规定处罚。

第十七条 违反本办法第七条、第八条规定行为之一的，由公安机关对单位处以1000元以下罚款，对单位直接负责的主管人员和直接责任人员处以500元以下罚款；对个人处以500元以下罚款。

第十八条 违反本办法第九条规定的，由公安机关处以警告，并责令其限期改正；逾期不改正的，取消其计算机病毒防治产品检测机构的检测资格。

第十九条 计算机信息系统的使用单位有下列行为之一的，由公安机关处以警告，并根据情况责令其限期改正；逾期不改正的，对单位处以1000元以下罚款，对单位直接负责的主管人员和直接责任人员处以500元以下罚款：

（一）未建立本单位计算机病毒防治管理制度的；

（二）未采取计算机病毒安全技术防治措施的；

（三）未对本单位计算机信息系统使用人员进行计算机病毒防治教育和培训的；

（四）未及时检测、清除计算机信息系统中的计算机病毒，对计算机信息系统造成危害的；

（五）未使用具有计算机信息系统安全专用产品销售许可证的计算机病毒防治产品，对计算机信息系统造成危害的。

第二十条 违反本办法第十四条规定，没有违法所得的，由公安机关对单位处以1万元以下罚款，对个人处以5000元以下罚款；有违法所得的，处以违法所得3倍以下罚款，但是最高不得超过3万元。

第二十一条 本办法所称计算机病毒疫情，是指某种计算机病毒爆发、流行的时间、范围、破坏特点、破坏后果等情况的报告或者预报。

本办法所称媒体，是指计算机软盘、硬盘、磁带、光盘等。

第二十二条 本办法自发布之日起施行。

计算机信息系统安全专用产品检测和销售许可证管理办法

（1997年12月12日 公安部令第32号）

第一章 总 则

第一条 为了加强计算机信息系统安全专用产品（以下简称安全专用产品）的管理，保证安全专用产品的安全功能，维护计算机信息系统的安全，根据《中华人民共和国计算机信息系统安全保护条例》第十六条的规定，制定本办法。

第二条 本办法所称计算机信息系统安全专用产品，是指用于保护计算机信息系统安全的专用硬件和软件产品。

第三条 中华人民共和国境内的安全专用产品进入市场销售，实行销售许可证制度。

安全专用产品的生产者在其产品进入市场销售之前，必须申领《计算机信息系统安全专用产品销售许可证》（以下简称销售许可证）。

第四条 安全专用产品的生产者申领销售许可证，必须对其产品进行安全功能检测和认定。

第五条 公安部计算机管理监察部门负责销售许可证的审批颁发工作和安全专用产品安全功能检测机构（以下简称检测机构）的审批工作。

地（市）级以上人民政府公安机关负责销售许可证的监督检查工作。

第二章 检测机构的申请与批准

第六条 经省级以上技术监督行政主管部门或者其授权的部门考核合格的检测机构，可以向公安部计算机管理监察部门提出承担安全专用产品检测任务的申请。

第七条 公安部计算机管理监察部门对提出申请的检测机构的检测条件和能力进行审查，经审查合格的，批准其承担安全专用产品检测任务。

第八条 检测机构应当履行下列职责：

（一）严格执行公安部计算机管理监察部门下达的检测任务；

（二）按照标准格式填写安全专用产品检测报告；

（三）出具检测结果报告；

（四）接受公安部计算机管理监察部门对检测过程的监督及查阅检测机构内部验证和审核试验的原始测试记录；

（五）保守检测产品的技术秘密，并不得非法占有他人科技成果；

（六）不得从事与检测产品有关的开发和对外咨询业务。

第九条 公安部计算机管理监察部门对承担检测任务的检测机构每年至少进行一次监督检查。

第十条 被取消检测资格的检测机构，两年后方准许重新申请承担安全专用产品的检测任务。

第三章 安全专用产品的检测

第十一条 安全专用产品的生产者应当向经公安部计算机管理监察部门批准的检测机构申请安全功能检测。

对在国内生产的安全专用产品，由其生产者负责送交检测；对境外生产在国内销售的安全专用产品，由国外生产者指定的国内具有法人资格的企业或单位负责送交检测。

当安全专用产品的安全功能发生改变时，安全专用产品应当进行重新检测。

第十二条 送交安全专用产品检测时，应当向检测机构提交以下材料：

（一）安全专用产品的安全功能检测申请；

（二）营业执照（复印件）；

（三）样品；

（四）产品功能及性能的中文说明；

（五）证明产品功能及性能的有关材料；

（六）采用密码技术的安全专用产品必须提交国家密码管理部门的审批文件；

（七）根据有关规定需要提交的其他材料。

第十三条 检测机构收到检测申请、样品及其他有关材料后，应当按照安全专用产品的功能说明，检测其是否具有计算机信息系统安全保护功能。

第十四条 检测机构应当及时检测，并将检测报告报送公安部计算机管理监察部门备案。

第四章 销售许可证的审批与颁发

第十五条 安全专用产品的生产者申领销售许可证，应当向公安部计算机管理监察部门提交以下材料：

（一）营业执照（复印件）；

（二）安全专用产品检测结果报告；

（三）防治计算机病毒的安全专用产品须提交公安机关颁发的计算机病毒防治研究的备案证明。

第十六条 公安部计算机管理监察部门自接到申请之日起，应当在十五日内对安全专用产品作出审核结果，特殊情况可延至三十日；经审核合格的，颁发销售许可证和安全专用产品“销售许可”标记；不合格的，书面通知申领者，并说明理由。

第十七条 已取得销售许可证的安全专用产品，生产者应当在固定位置标明“销售许可”标记。

任何单位和个人不得销售无“销售许可”标记的安全专用产品。

第十八条 销售许可证只对所申请销售的安全专用产品有效。当安全专用产品的功能发生改变时，必须重新申领销售许可证。

第十九条 销售许可证自批准之日起两年内有效。期满需要延期的，应当于期满前三十日内向公安部计算机管理监察部门申请办理延期手续。

第五章 罚 则

第二十条 生产企业违反本办法的规定，有下列情形之一的，视为未经许可出售安全专用产品，由公安机关根据《中华人民共和国计算机信息系统安全保护条例》的规定予以处罚：

（一）没有申领销售许可证而将生产的安全专用产品进入市场销售的；

（二）安全专用产品的功能发生改变，而没有重新申领销售许可证进行销售的；

（三）销售许可证有效期满，未办理延期申领手续而继续销售的；

（四）提供虚假的安全专用产品检测报告或者虚假的计算机病毒防治研究的备案证明，骗取销售许可证的；

（五）销售的安全专用产品与送检样品安全功能不一致的；

（六）未在安全专用产品上标明“销售许可”标记而销售的；

（七）伪造、变造销售许可证和“销售许可”标记的。

第二十一条　检测机构违反本办法的规定，情节严重的，取消检测资格。

第二十二条　安全专用产品中含有有害数据危害计算机信息系统安全的，依据《中华人民共和国计算机信息系统安全保护条例》第二十三条的规定处罚；构成犯罪的，依法追究刑事责任。

第二十三条　依照本办法作出的行政处罚，应当由县级以上（含县级）公安机关决定，并填写行政处罚决定书，向被处罚人宣布。

第六章　附　　则

第二十四条　安全专用产品的检测通告和经安全功能检测确认的安全专用产品目录，由公安部计算机管理监察部门发布。

第二十五条　检测机构申请书、检测机构批准书、《计算机信息系统安全专用产品销售许可证》、“销售许可”标记，由公安部制定式样，统一监制。

第二十六条　本办法自一九九七年十二月十二日起施行。

· 交通运输部

网络预约出租汽车经营服务管理暂行办法

（2016 年 7 月 27 日交通运输部、工业和信息化部、公安部、商务部、工商总局、质检总局、国家网信办令 2016 年第 60 号公布　自 2016 年 11 月 1 日起施行）

第一章　总　　则

第一条　为更好地满足社会公众多样化出行需求，促进出租汽车行业和互联网融合发展，规范网络预约出租汽车经营服务行为，保障运营安全和乘客合法权益，根据国家有关法律、行政法规，制定本办法。

第二条　从事网络预约出租汽车（以下简称网约车）经营服务，应当遵守本办法。

本办法所称网约车经营服务，是指以互联网技术为依托构建服务平台，整合供需信息，使用符合条件的车辆和驾驶员，提供非巡游的预约出租汽车服务的经营活动。

本办法所称网络预约出租汽车经营者（以下称网约车平台公司），是指构建网络服务平台，从事网约车经营服务的企业法人。

第三条　坚持优先发展城市公共交通、适度发展出租汽车，按照高品质服务、差异化经营的原则，有序发展网约车。

网约车运价实行市场调节价，城市人民政府认为有必要实行政府指导价的除外。

第四条　国务院交通运输主管部门负责指导全国网约车管理工作。

各省、自治区人民政府交通运输主管部门在本级人民政府领导下，负责指导本行政区域内网约车管理工作。

直辖市、设区的市级或者县级交通运输主管部门或人民政府指定的其他出租汽车行政主管部门（以下称出租汽车行政主管部门）在本级人民政府领导下，负责具体实施网约车管理。

其他有关部门依据法定职责，对网约车实施相关监督管理。

第二章　网约车平台公司

第五条　申请从事网约车经营的，应当具备线上线下服务能力，符合下列条件：

（一）具有企业法人资格；

（二）具备开展网约车经营的互联网平台和与拟开展业务相适应的信息数据交互及处理能力，具备供交通、通信、公安、税务、网信等相关监管部门依法调取查询相关网络数据信息的条件，网络服务平台数据库接入出租汽车行政主管部门监管平台，服务器设置在中国内地，有符合规定的网络安全管理制度和安全保护技术措施；

（三）使用电子支付的，应当与银行、非银行支付机构签订提供支付结算服务的协议；

（四）有健全的经营管理制度、安全生产管理制度和服务质量保障制度；

（五）在服务所在地有相应服务机构及服务能力；

（六）法律法规规定的其他条件。

外商投资网约车经营的，除符合上述条件外，还应当符合外商投资相关法律法规的规定。

第六条　申请从事网约车经营的，应当根据经营区域向相应的出租汽车行政主管部门提出申请，并提交以下材料：

（一）网络预约出租汽车经营申请表（见附件）；

（二）投资人、负责人身份、资信证明及其复印件，经办人的身份证明及其复印件和委托书；

（三）企业法人营业执照，属于分支机构的还应当提交营业执照，外商投资企业还应当提供外商投资企业批准证书；

（四）服务所在地办公场所、负责人员和管理人员等信息；

（五）具备互联网平台和信息数据交互及处理能力的证明材料，具备供交通、通信、公安、税务、网信等相关监管部门依法调取查询相关网络数据信息条件的证明材料，数据库接入情况说明，服务器设置在中国内地的情况说明，依法建立并落实网络安全管理制度和安全保护技术措施的证明材料；

（六）使用电子支付的，应当提供与银行、非银行支付机构签订的支付结算服务协议；

（七）经营管理制度、安全生产管理制度和服务质量保障制度文本；

（八）法律法规要求提供的其他材料。

首次从事网约车经营的，应当向企业注册地相应出租汽车行政主管部门提出申请，前款第（五）、第（六）项有关线上服务能力材料由网约车平台公司注册地省级交通运输主管部门商同级通信、公安、税务、网信、人民银行等部门审核认定，并提供相应认定结果，认定结果全国有效。网约车平台公司在注册地以外申请从事网约车经营的，应当提交前款第（五）、第（六）项有关线上服务能力认定结果。

其他线下服务能力材料，由受理申请的出租汽车行政主管部门进行审核。

第七条 出租汽车行政主管部门应当自受理之日起20日内作出许可或者不予许可的决定。20日内不能作出决定的，经实施机关负责人批准，可以延长10日，并应当将延长期限的理由告知申请人。

第八条 出租汽车行政主管部门对于网约车经营申请作出行政许可决定的，应当明确经营范围、经营区域、经营期限等，并发放《网络预约出租汽车经营许可证》。

第九条 出租汽车行政主管部门对不符合规定条件的申请作出不予行政许可决定的，应当向申请人出具《不予行政许可决定书》。

第十条 网约车平台公司应当在取得相应《网络预约出租汽车经营许可证》并向企业注册地省级通信主管部门申请互联网信息服务备案后，方可开展相关业务。备案内容包括经营者真实身份信息、接入信息、出租汽车行政主管部门核发的《网络预约出租汽车经营许可证》等。涉及经营电信业务的，还应当符合电信管理的相关规定。

网约车平台公司应当自网络正式联通之日起30日内，到网约车平台公司管理运营机构所在地的省级人民政府公安机关指定的受理机关办理备案手续。

第十一条 网约车平台公司暂停或者终止运营的，应当提前30日向服务所在地出租汽车行政主管部门书面报告，说明有关情况，通告提供服务的车辆所有人和驾驶员，并向社会公告。终止经营的，应当将相应《网络预约出租汽车经营许可证》交回原许可机关。

第三章 网约车车辆和驾驶员

第十二条 拟从事网约车经营的车辆，应当符合以下条件：

（一）7座及以下乘用车；

（二）安装具有行驶记录功能的车辆卫星定位装置、应急报警装置；

（三）车辆技术性能符合运营安全相关标准要求。

车辆的具体标准和营运要求，由相应的出租汽车行政主管部门，按照高品质服务、差异化经营的发展原则，结合本地实际情况确定。

第十三条 服务所在地出租汽车行政主管部门依车辆所有人或者网约车平台公司申请，按第十二条规定的条件审核后，对符合条件并登记为预约出租客运的车辆，发放《网络预约出租汽车运输证》。

城市人民政府对网约车发放《网络预约出租汽车运输证》另有规定的，从其规定。

第十四条 从事网约车服务的驾驶员，应当符合以下条件：

（一）取得相应准驾车型机动车驾驶证并具有3年以上驾驶经历；

（二）无交通肇事犯罪、危险驾驶犯罪记

录，无吸毒记录，无饮酒后驾驶记录，最近连续3个记分周期内没有记满12分记录；

（三）无暴力犯罪记录；

（四）城市人民政府规定的其他条件。

第十五条 服务所在地设区的市级出租汽车行政主管部门依驾驶员或者网约车平台公司申请，按第十四条规定的条件核查并按规定考核后，为符合条件且考核合格的驾驶员，发放《网络预约出租汽车驾驶员证》。

第四章 网约车经营行为

第十六条 网约车平台公司承担承运人责任，应当保证运营安全，保障乘客合法权益。

第十七条 网约车平台公司应当保证提供服务车辆具备合法营运资质，技术状况良好，安全性能可靠，具有营运车辆相关保险，保证线上提供服务的车辆与线下实际提供服务的车辆一致，并将车辆相关信息向服务所在地出租汽车行政主管部门报备。

第十八条 网约车平台公司应当保证提供服务的驾驶员具有合法从业资格，按照有关法律法规规定，根据工作时长、服务频次等特点，与驾驶员签订多种形式的劳动合同或者协议，明确双方的权利和义务。网约车平台公司应当维护和保障驾驶员合法权益，开展有关法律法规、职业道德、服务规范、安全运营等方面的岗前培训和日常教育，保证线上提供服务的驾驶员与线下实际提供服务的驾驶员一致，并将驾驶员相关信息向服务所在地出租汽车行政主管部门报备。

网约车平台公司应当记录驾驶员、约车人在其服务平台发布的信息内容、用户注册信息、身份认证信息、订单日志、上网日志、网上交易日志、行驶轨迹日志等数据并备份。

第十九条 网约车平台公司应当公布确定符合国家有关规定的计程计价方式，明确服务项目和质量承诺，建立服务评价体系和乘客投诉处理制度，如实采集与记录驾驶员服务信息。在提供网约车服务时，提供驾驶员姓名、照片、手机号码和服务评价结果，以及车辆牌照等信息。

第二十条 网约车平台公司应当合理确定网约车运价，实行明码标价，并向乘客提供相应的出租汽车发票。

第二十一条 网约车平台公司不得妨碍市场公平竞争，不得侵害乘客合法权益和社会公共利益。

网约车平台公司不得有为排挤竞争对手或者独占市场，以低于成本的价格运营扰乱正常市场秩序，损害国家利益或者其他经营者合法权益等不正当价格行为，不得有价格违法行为。

第二十二条 网约车应当在许可的经营区域内从事经营活动，超出许可的经营区域的，起讫点一端应当在许可的经营区域内。

第二十三条 网约车平台公司应当依法纳税，为乘客购买承运人责任险等相关保险，充分保障乘客权益。

第二十四条 网约车平台公司应当加强安全管理，落实运营、网络等安全防范措施，严格数据安全保护和管理，提高安全防范和抗风险能力，支持配合有关部门开展相关工作。

第二十五条 网约车平台公司和驾驶员提供经营服务应当符合国家有关运营服务标准，不得途中甩客或者故意绕道行驶，不得违规收费，不得对举报、投诉其服务质量或者对其服务作出不满意评价的乘客实施报复行为。

第二十六条 网约车平台公司应当通过其服务平台以显著方式将驾驶员、约车人和乘客等个人信息的采集和使用的目的、方式和范围进行告知。未经信息主体明示同意，网约车平台公司不得使用前述个人信息用于开展其他业务。

网约车平台公司采集驾驶员、约车人和乘客的个人信息，不得超越提供网约车业务所必需的范围。

除配合国家机关依法行使监督检查权或者刑事侦查权外，网约车平台公司不得向任何第三方提供驾驶员、约车人和乘客的姓名、联系方式、家庭住址、银行账户或者支付账户、地理位置、出行线路等个人信息，不得泄露地理坐标、地理标志物等涉及国家安全的敏感信息。发生信息泄露后，网约车平台公司应当及时向相关主管部门报告，并采取及时有效的补救措施。

第二十七条 网约车平台公司应当遵守国家网络和信息安全有关规定，所采集的个人信息和生成的业务数据，应当在中国内地存储和使用，保存期限不少于2年，除法律法规另有规定外，上述信息和数据不得外流。

网约车平台公司不得利用其服务平台发布法律法规禁止传播的信息，不得为企业、个人及其他团体、组织发布有害信息提供便利，并采取有效措施过滤阻断有害信息传播。发现他人利用其网络服务平台传播有害信息的，应当立即停止传输，保存有关记录，并向国家有关机关报告。

网约车平台公司应当依照法律规定，为公安机关依法开展国家安全工作，防范、调查违法犯罪活动提供必要的技术支持与协助。

第二十八条　任何企业和个人不得向未取得合法资质的车辆、驾驶员提供信息对接开展网约车经营服务。不得以私人小客车合乘名义提供网约车经营服务。

网约车车辆和驾驶员不得通过未取得经营许可的网络服务平台提供运营服务。

第五章　监督检查

第二十九条　出租汽车行政主管部门应当建设和完善政府监管平台，实现与网约车平台信息共享。共享信息应当包括车辆和驾驶员基本信息、服务质量以及乘客评价信息等。

出租汽车行政主管部门应当加强对网约车市场监管，加强对网约车平台公司、车辆和驾驶员的资质审查与证件核发管理。

出租汽车行政主管部门应当定期组织开展网约车服务质量测评，并及时向社会公布本地区网约车平台公司基本信息、服务质量测评结果、乘客投诉处理情况等信息。

出租汽车行政主管、公安等部门有权根据管理需要依法调取查阅管辖范围内网约车平台公司的登记、运营和交易等相关数据信息。

第三十条　通信主管部门和公安、网信部门应当按照各自职责，对网约车平台公司非法收集、存储、处理和利用有关个人信息、违反互联网信息服务有关规定、危害网络和信息安全、应用网约车服务平台发布有害信息或者为企业、个人及其他团体组织发布有害信息提供便利的行为，依法进行查处，并配合出租汽车行政主管部门对认定存在违法违规行为的网约车平台公司进行依法处置。

公安机关、网信部门应当按照各自职责监督检查网络安全管理制度和安全保护技术措施的落实情况，防范、查处有关违法犯罪活动。

第三十一条　发展改革、价格、通信、公安、人力资源社会保障、商务、人民银行、税务、工商、质检、网信等部门按照各自职责，对网约车经营行为实施相关监督检查，并对违法行为依法处理。

第三十二条　各有关部门应当按照职责建立网约车平台公司和驾驶员信用记录，并纳入全国信用信息共享平台。同时将网约车平台公司行政许可和行政处罚等信用信息在全国企业信用信息公示系统上予以公示。

第三十三条　出租汽车行业协会组织应当建立网约车平台公司和驾驶员不良记录名单制度，加强行业自律。

第六章　法律责任

第三十四条　违反本规定，有下列行为之一的，由县级以上出租汽车行政主管部门责令改正，予以警告，并处以10000元以上30000元以下罚款；构成犯罪的，依法追究刑事责任：

（一）未取得经营许可，擅自从事或者变相从事网约车经营活动的；

（二）伪造、变造或者使用伪造、变造、失效的《网络预约出租汽车运输证》《网络预约出租汽车驾驶员证》从事网约车经营活动的。

第三十五条　网约车平台公司违反本规定，有下列行为之一的，由县级以上出租汽车行政主管部门和价格主管部门按照职责责令改正，对每次违法行为处以5000元以上10000元以下罚款；情节严重的，处以10000元以上30000元以下罚款：

（一）提供服务车辆未取得《网络预约出租汽车运输证》，或者线上提供服务车辆与线下实际提供服务车辆不一致的；

（二）提供服务驾驶员未取得《网络预约出租汽车驾驶员证》，或者线上提供服务驾驶员与线下实际提供服务驾驶员不一致的；

（三）未按照规定保证车辆技术状况良好的；

（四）起讫点均不在许可的经营区域从事网约车经营活动的；

（五）未按照规定将提供服务的车辆、驾驶员相关信息向服务所在地出租汽车行政主管部门报备的；

（六）未按照规定制定服务质量标准、建立并落实投诉举报制度的；

（七）未按照规定提供共享信息，或者不配合出租汽车行政主管部门调取查阅相关数据信息的；

（八）未履行管理责任，出现甩客、故意绕道、违规收费等严重违反国家相关运营服务标准行为的。

网约车平台公司不再具备线上线下服务能力或者有严重违法行为的，由县级以上出租汽车行政主管部门依据相关法律法规的有关规定责令停业整顿、吊销相关许可证件。

第三十六条 网约车驾驶员违反本规定，有下列情形之一的，由县级以上出租汽车行政主管部门和价格主管部门按照职责责令改正，对每次违法行为处以 50 元以上 200 元以下罚款：

（一）未按照规定携带《网络预约出租汽车运输证》、《网络预约出租汽车驾驶员证》的；

（二）途中甩客或者故意绕道行驶的；

（三）违规收费的；

（四）对举报、投诉其服务质量或者对其服务作出不满意评价的乘客实施报复行为的。

网约车驾驶员不再具备从业条件或者有严重违法行为的，由县级以上出租汽车行政主管部门依据相关法律法规的有关规定撤销或者吊销从业资格证件。

对网约车驾驶员的行政处罚信息计入驾驶员和网约车平台公司信用记录。

第三十七条 网约车平台公司违反本规定第十、十八、二十六、二十七条有关规定的，由网信部门、公安机关和通信主管部门按各自职责依照相关法律法规规定给予处罚；给信息主体造成损失的，依法承担民事责任；涉嫌犯罪的，依法追究刑事责任。

网约车平台公司及网约车驾驶员违法使用或者泄露约车人、乘客个人信息的，由公安、网信等部门依照各自职责处以 2000 元以上 10000 元以下罚款；给信息主体造成损失的，依法承担民事责任；涉嫌犯罪的，依法追究刑事责任。

网约车平台公司拒不履行或者拒不按要求为公安机关依法开展国家安全工作，防范、调查违法犯罪活动提供技术支持与协助的，由公安机关依法予以处罚；构成犯罪的，依法追究刑事责任。

第七章 附 则

第三十八条 私人小客车合乘，也称为拼车、顺风车，按城市人民政府有关规定执行。

第三十九条 网约车行驶里程达到 60 万千米时强制报废。行驶里程未达到 60 万千米但使用年限达到 8 年时，退出网约车经营。

小、微型非营运载客汽车登记为预约出租客运的，按照网约车报废标准报废。其他小、微型营运载客汽车登记为预约出租客运的，按照该类型营运载客汽车报废标准和网约车报废标准中先行达到的标准报废。

省、自治区、直辖市人民政府有关部门要结合本地实际情况，制定网约车报废标准的具体规定，并报国务院商务、公安、交通运输等部门备案。

第四十条 本办法自 2016 年 11 月 1 日起实施。各地可根据本办法结合本地实际制定具体实施细则。

附件

受理申请机关专用

网络预约出租汽车经营申请表

说明

1. 申请从事网络预约出租汽车经营应当按照《网络预约出租汽车经营服务管理暂行办法》的有关规定向相应出租汽车行政主管部门提出申请，填写本表，并同时提交其他相关材料。

2. 本表可向各级出租汽车行政主管部门免费索取，也可自行从交通运输部网站（www. mot. gov. cn）下载打印。

3. 本表需用钢笔填写或者计算机打印，请用正楷，要求字迹工整。

申请人基本信息

申请人名称______________________________

要求填写企业（公司）全称

负责人姓名______________　经办人姓名______________

通 信 地 址______________________________

____

邮　　编______________　电　　话______________

手　　机______________　电 子 邮 箱______________

申请材料核对表　　请在□内划√

1. 网络预约出租汽车经营申请表（本表） □
2. 投资人、负责人身份、资信证明及其复印件 □
经办人的身份证明及其复印件和委托书 □
3. 企业法人营业执照 □
属于分支机构的应当提供营业执照 □
外商投资企业应提供外商投资企业批准证书 □
4. 具备互联网平台和信息数据交互及处理能力的证明材料 □
5. 具备供相关监管部门依法调取查询相关网络数据信息条件的证明材料 □
6. 数据库接入情况 □
7. 服务器设置在中国内地的情况说明 □
8. 网络安全管理制度和安全保护技术措施文本 □
9. 提供支付结算服务的银行或者非银行支付机构签订的协议范本 □
10. 服务所在地办公场所、管理人员等信息 □
11. 经营管理制度、安全生产管理制度和服务质量保障制度文本 □
12. 法律法规要求提供的其他材料 □

只有上述材料齐全有效后，你的申请才能受理

声明

我声明本表及其他相关材料中提供的信息均真实可靠

我知悉如此表中有故意填写的虚假信息，我取得的经营许可将被撤销

我承诺将遵守国家有关法律、行政法规及其他相关规章的规定

负责人签名____________________　　日　期____________________

负责人职位____________________

快递业务经营许可管理办法

（2009年9月1日交通运输部令2009年第12号公布　根据2013年4月12日交通运输部《关于修改〈快递业务经营许可管理办法〉的决定》第一次修订　根据2015年6月24日交通运输部《关于修改〈快递业务经营许可管理办法〉的决定》第二次修订）

第一章　总　　则

第一条　为规范快递业务经营许可管理，促进快递行业健康发展，根据《中华人民共和国邮政法》、《中华人民共和国行政许可法》及其他有关法律、行政法规的规定，制定本办法。

第二条　快递业务经营许可的申请、审批和监督管理，适用本办法。

第三条　国务院邮政管理部门和省、自治区、直辖市邮政管理机构以及按照国务院规定设立的省级以下邮政管理机构（以下统称邮政管理部门）负责快递业务经营许可的管理工作。

第四条　快递业务经营许可管理，应当遵循公开、公平、公正以及便利高效的原则。

第五条　经营快递业务，应当依法取得邮政管理部门颁发的《快递业务经营许可证》，并接受邮政管理部门及其他有关部门的监督管理；未经许可，任何单位和个人不得经营快递业务。

第二章　许可条件

第六条　申请经营快递业务，应当符合《中华人民共和国邮政法》第五十二条的规定，具备下列条件：

（一）符合企业法人条件；

（二）在省、自治区、直辖市范围内经营的，注册资本不低于人民币五十万元，跨省、自治区、直辖市经营的，注册资本不低于人民币一百万元，经营国际快递业务的，注册资本不低于人民币二百万元；

（三）有本办法第七条、第八条、第九条规定的与申请经营的地域范围相适应的服务能力；

（四）有严格的服务质量管理制度，包括服务承诺、服务项目、服务价格、服务地域、赔偿办法、投诉受理办法等，有完备的业务操作规范，包括收寄验视、分拣运输、派送投递、业务查询等制度；

（五）有健全的安全保障制度和措施，包括保障寄递安全、快递服务人员和用户人身安全、用户信息安全的制度，符合国家标准的各项安全措施，开办代收货款业务的，应当以自营方式提供代收货款服务，具备完善的风险控制措施和资金结算系统，并明确与委托方和收件人之间的权利、义务；

（六）法律、行政法规规定的其他条件。

第七条　申请在省、自治区、直辖市范围内经营快递业务的，应当具备以下服务能力：

（一）具备在省、自治区、直辖市范围内经营快递业务的网络和运递能力；

（二）经营同城快递业务的，须提供寄递快件（邮件）的电话查询服务，经营省内异地快递业务的，除提供上述电话查询服务外，还应当有提供寄递快件（邮件）跟踪查询的信息网络；

（三）有符合《快递业务员国家职业技能标准》并通过资格认定的快递业务员，经营同城快递业务的，快递业务员中具备初级以上资格的不低于30%，经营省内异地快递业务的，快递业务员中具备初级以上资格的不低于40%。

第八条　申请跨省、自治区、直辖市经营快递业务的，应当具备以下服务能力：

（一）具备与申请经营地域范围相适应的网络和运递能力；

（二）有封闭的、面积适宜的快件（邮件）处理场所，符合国务院邮政管理部门及国家安全机关依法履行职责的要求，并配备相应的处理设备、监控设备和消防设施；

（三）有统一的计算机管理系统，有可提供寄递快件（邮件）跟踪查询的信息网络，并配置符合规定的数据接口，能够根据要求向邮政管理部门提供寄递快件（邮件）的有关数据；

（四）有符合《快递业务员国家职业技能标

准》并通过资格认定的快递业务员，企业及其各分支机构快递业务员中，具备初级以上资格的均不低于40%。

第九条 申请经营国际快递业务的，应当具备以下服务能力：

（一）具备经营国际快递业务的网络和运递能力；

（二）有封闭的、面积适宜的快件（邮件）处理场所，符合国务院邮政管理部门及国家安全机关、海关依法履行职责的要求，并配备相应的处理设备、监控设备和消防设施；

（三）有统一的计算机管理系统，有可提供寄递快件（邮件）跟踪查询的信息网络，并配置符合规定的数据接口，能够根据要求向邮政管理部门和有关部门提供寄递快件（邮件）的报关数据；

（四）有符合《快递业务员国家职业技能标准》并通过资格认定的快递业务员，企业及其各分支机构快递业务员中，具备初级以上资格的均不低于50%；

（五）有获得专业资格的报关、报检、报验人员。

第十条 外商不得投资经营信件的国内快递业务。

国内快递业务，是指从收寄到投递的全过程均发生在中华人民共和国境内的快递业务。

邮政企业以外的经营快递业务的企业（以下称快递企业），不得经营由邮政企业专营的信件寄递业务，不得寄递国家机关公文。

第三章 审批程序

第十一条 申请快递业务经营许可，在省、自治区、直辖市范围内经营的，应当向所在地省、自治区、直辖市邮政管理机构提出申请；跨省、自治区、直辖市经营或者经营国际快递业务的，应当向国务院邮政管理部门提出申请。

第十二条 申请快递业务经营许可，应当向邮政管理部门提交下列申请材料：

（一）快递业务经营许可申请书；

（二）工商行政管理部门出具的企业名称预核准通知书或者企业法人营业执照；

（三）场地使用证明以及本办法第六、七、八、九条规定条件的相关材料；

（四）法律、行政法规规定的其他材料。

第十三条 邮政管理部门应当自受理之日起四十五日内对申请材料审查核实，作出批准或者不予批准的决定。予以批准的，颁发《快递业务经营许可证》；不予批准的，书面通知申请人并说明理由。

邮政管理部门审查快递业务经营许可的申请，应当考虑国家安全等因素，并征求有关部门的意见。

第十四条 申请人凭《快递业务经营许可证》向工商行政管理部门办理设立或者变更登记。

第十五条 取得快递业务经营许可的企业设立分公司、营业部等非法人分支机构，凭企业法人快递业务经营许可证（副本）及所附分支机构名录，到分支机构所在地工商行政管理部门办理注册登记。企业分支机构取得营业执照之日起二十日内到所在地省级以下邮政管理机构办理备案手续。

经营快递业务的企业合并、分立或者撤销分支机构的，应当向邮政管理部门备案。

第十六条 《中华人民共和国邮政法》公布前按照国家有关规定，经国务院对外贸易主管部门批准或者备案，并向工商行政管理部门依法办理登记后经营国际快递业务的国际货物运输代理企业，依照《中华人民共和国邮政法》第八十五条规定领取《快递业务经营许可证》的，应当向国务院邮政管理部门提交下列材料：

（一）《快递业务经营许可证》领取申请书；

（二）国务院对外贸易主管部门批准或备案文件；

（三）工商行政管理部门依法颁发的营业执照；

（四）分支机构名录。

第四章 许可证管理

第十七条 经营快递业务的企业，应当按照《快递业务经营许可证》的许可范围和有效期限经营快递业务。

《快递业务经营许可证》的有效期限为五年。

经营快递业务的企业，应当在《快递业务经营许可证》有效期届满三十日前向颁发许可证的邮政管理部门提出申请，换领许可证。

第十八条　《快递业务经营许可证》管理实行年度报告制度。经营快递业务的企业应当在每年四月三十日前向颁发《快递业务经营许可证》的邮政管理部门提交下列材料：

（一）年度报告书，包括年度经营情况、遵守法律法规情况等；

（二）《快递业务经营许可证》副本原件；

（三）企业法人营业执照复印件。

第十九条　《快递业务经营许可证》企业名称、企业类型、股权关系、注册资本、经营范围、经营地域和分支机构等事项发生变更的，应当报邮政管理部门办理变更手续，并换领许可证。

第二十条　快递企业在《快递业务经营许可证》有效期内停止经营的，应当提前书面告知颁发许可证的邮政管理部门，交回《快递业务经营许可证》，并按邮政管理部门规定妥善处理未投递的快件。

第二十一条　遇有下列情形之一的，邮政管理部门应当依法办理快递业务经营许可的注销手续：

（一）《快递业务经营许可证》有效期届满未延续的；

（二）企业法人资格依法终止的；

（三）申请人自取得《快递业务经营许可证》后无正当理由超过六个月未经营快递业务的，或者自行连续停业六个月以上的；

（四）《快递业务经营许可证》有效期内停止经营的；

（五）快递业务经营许可依法被撤销、撤回的，或者《快递业务经营许可证》被依法吊销的；

（六）法律、行政法规规定的其他情形。

第二十二条　邮政管理部门应当对《快递业务经营许可证》的颁发、变更、注销等事项向社会公告。

第二十三条　《快递业务经营许可证》由国务院邮政管理部门统一印制。

任何组织和个人不得伪造、涂改、冒用、租借、买卖和转让《快递业务经营许可证》。

第五章　监督检查

第二十四条　邮政管理部门依法对取得《快递业务经营许可证》的企业进行监督检查，被检查企业应当接受和配合监督检查。

第二十五条　监督检查的主要内容：

（一）经营快递业务的企业名称、法定代表人（负责人）、经营地址、经营范围、经营地域、经营期限等重要事项，应当与《快递业务经营许可证》登记事项相符合；

（二）《快递业务经营许可证》变更、延续、注销等手续的执行和办理情况；

（三）经营快递业务的企业应当持续符合颁发《快递业务经营许可证》的条件；

（四）法律、行政法规规定的其他内容。

第二十六条　邮政管理部门进行监督检查时，监督检查人员不得少于二人，并应当出示执法证件；应当记录监督检查的情况和处理结果，由监督检查人员签字后归档。

第二十七条　邮政管理部门进行监督检查时，不得妨碍经营快递业务的企业正常的生产经营活动，不得收取任何费用。

第二十八条　公民、企业和其他组织发现邮政管理部门的工作人员在实施行政许可和监督检查过程中有违法行为，有权向邮政管理部门举报，接到举报的邮政管理部门应当及时核实、处理。

第六章　法律责任

第二十九条　违反本办法第五条、第十七条第一款规定的，依照《中华人民共和国邮政法》第七十二条规定予以处罚。

第三十条　申请快递业务经营许可时，申请人隐瞒真实情况，弄虚作假，骗取经营许可的，由邮政管理部门依法撤销经营许可，并可处以一万元以上三万元以下的罚款。

伪造、涂改、冒用、租借、买卖和转让《快递业务经营许可证》的，邮政管理部门可处以一万元以上三万元以下罚款，构成犯罪的，依法追究刑事责任。

第三十一条　快递企业设立分支机构、合并、分立，未向邮政管理部门备案的，依照

《中华人民共和国邮政法》第七十三条规定予以处罚。

除前款规定外，经营快递业务的企业，未按本办法规定办理备案、变更手续，或者未按期提交年度报告书的，由邮政管理部门责令改正，并可处以一万元以下的罚款；办理备案和变更手续、提交年度报告书，隐瞒真实情况、弄虚作假的，由邮政管理部门责令改正，并可处以一万元以上三万元以下的罚款。

第三十二条 快递企业停止经营快递业务，未书面告知邮政管理部门并交回《快递业务经营许可证》，或者未按照国务院邮政管理部门的规定妥善处理尚未投递的快件的，依照《中华人民共和国邮政法》第七十三条规定予以处罚。

第三十三条 违反本办法第二十四条规定，依照《中华人民共和国邮政法》第七十七条规定予以处罚。

第三十四条 经营快递业务的企业对邮政管理部门根据本办法作出的具体行政行为不服的，可以依法申请行政复议，也可以向人民法院提起行政诉讼。

经营快递业务的企业逾期不履行行政处罚决定的，由作出行政处罚决定的邮政管理部门申请人民法院强制执行。

第三十五条 邮政管理部门工作人员在快递业务经营许可管理工作中滥用职权、玩忽职守、徇私舞弊的，由主管机关或者监察机关给予行政处分；涉嫌构成犯罪的，由司法机关追究刑事责任。

第七章 附 则

第三十六条 除本办法第十六条规定的企业外，《中华人民共和国邮政法》公布前依法向工商行政管理部门办理登记后经营快递业务的企业，不具备经营快递业务的条件的，应当自本办法实施之日起一年内达到经营快递业务的条件，并依法取得快递业务经营许可，逾期不能取得快递业务经营许可的，不得继续经营快递业务。

第三十七条 本办法自2009年10月1日起施行。

快递市场管理办法

（2013年1月11日交通运输部令2013年第1号公布 自2013年3月1日起施行）

第一章 总 则

第一条 为加强快递市场管理，维护国家安全和公共安全，保护用户合法权益，促进快递服务健康发展，依据《中华人民共和国邮政法》及有关法律、行政法规，制定本办法。

第二条 从事快递业务经营活动应当遵守本办法。

第三条 本办法所称快递，是指在承诺的时限内快速完成的寄递活动。寄递，是指将信件、包裹、印刷品等物品按照封装上的名址递送给特定个人或者单位的活动，包括收寄、分拣、运输、投递等环节。

第四条 经营快递业务的企业应当依法经营，诚实守信，公平竞争，为用户提供迅速、准确、安全、方便的快递服务。

第五条 公民的通信自由和通信秘密受法律保护。除因国家安全或者追查刑事犯罪的需要，由公安机关、国家安全机关或者检察机关依照法律规定的程序对通信进行检查外，任何组织或者个人不得以任何理由侵犯他人的通信自由和通信秘密。

第六条 国务院邮政管理部门负责对全国快递市场实施监督管理。

省、自治区、直辖市邮政管理机构负责对本行政区域的快递市场实施监督管理。

按照国务院规定设立的省级以下邮政管理机构负责对本辖区的快递市场实施监督管理。

第七条 国务院邮政管理部门和省、自治区、直辖市邮政管理机构以及省级以下邮政管理机构（以下统称邮政管理部门）对快递市场实施监督管理，应当遵循公开、公平、公正以及鼓励竞争、促进发展的原则，规范快递服务，满足经济社会发展的需要。

邮政管理部门应当加强快递市场安全监督管理，维护寄递安全与信息安全。

第八条 快递行业协会应当依照法律、行政法规及其章程规定，制定快递行业规范，加强行业自律，为企业提供信息、培训等方面的服务，促进快递行业的健康发展。

第二章 经营主体

第九条 国家对快递业务实行经营许可制度。经营快递业务，应当依照《中华人民共和国邮政法》的规定，向邮政管理部门提出申请，取得快递业务经营许可；未经许可，任何单位和个人不得经营快递业务。

第十条 邮政管理部门根据企业的服务能力审核经营许可的业务范围和地域范围，对符合规定条件的，发放快递业务经营许可证，并注明经营许可的业务范围和地域范围。

经营快递业务的企业应当在经营许可范围内依法从事快递业务经营活动，不得超越经营许可业务范围和地域范围。

第十一条 任何单位和个人不得伪造、涂改、冒用、租借、倒卖和非法转让快递业务经营许可证。

取得快递业务经营许可的企业不得以任何方式将快递业务委托给未取得快递业务经营许可的企业经营，不得以任何方式超越经营许可范围委托经营。

第十二条 取得快递业务经营许可的企业设立分公司、营业部等非法人分支机构，凭企业法人快递业务经营许可证（副本）及所附分支机构名录，到分支机构所在地工商行政管理部门办理注册登记。企业分支机构取得营业执照之日起二十日内到所在地邮政管理部门办理备案手续。

快递业务经营许可证（副本）载明的股权关系、注册资本、业务范围、地域范围发生变更的，或者增设、撤销分支机构的，应当报邮政管理部门办理变更手续，并持变更后的快递业务经营许可证办理工商变更登记。

第十三条 快递企业进行合并、分立的，应当在合并、分立协议签订之日起二十日内，向颁发快递业务经营许可证的邮政管理部门备案。

备案应当提交以下材料：

（一）快递业务经营许可证；

（二）合并、分立协议；

（三）上一年度快递业务经营许可年度报告书。

合并、分立后新设立的企业法人经营快递业务的，应当依法取得快递业务经营许可。合并、分立涉及外商投资企业的，应当遵守国家有关外商投资快递业务的相关规定。

第十四条 以加盟方式经营快递业务的，被加盟人与加盟人均应当取得快递业务经营许可，加盟不得超越被加盟人的经营许可范围。被加盟人与加盟人应当签订书面协议约定双方的权利义务，明确用户合法权益发生损害后的赔偿责任。参与加盟经营的企业，应当遵守共同的服务约定，使用统一的商标、商号、快递服务运单和收费标准，统一提供跟踪查询和用户投诉处理服务。

第十五条 经营快递业务的企业应当按照国务院邮政管理部门的规定，向颁发快递业务经营许可证的邮政管理部门提交年度报告书。

第三章 快递服务

第十六条 经营快递业务的企业应当按照快递服务标准，规范快递业务经营活动，保障服务质量，维护用户合法权益，并应当符合下列要求：

（一）填写快递运单前，企业应当提醒寄件人阅读快递运单的服务合同条款，并建议寄件人对贵重物品购买保价或者保险服务；

（二）企业分拣作业时，应当按照快件（邮件）的种类、时限分别处理、分区作业、规范操作，并及时录入处理信息，上传网络，不得野蛮分拣，严禁抛扔、踩踏或者以其他方式造成快件（邮件）损毁；

（三）企业应当在承诺的时限内完成快件（邮件）的投递；

（四）企业应当将快件（邮件）投递到约定的收件地址和收件人或者收件人指定的代收人。

第十七条 经营快递业务的企业投递快件（邮件），应当告知收件人当面验收。快件（邮件）外包装完好的，由收件人签字确认。投递的快件（邮件）注明为易碎品及外包装出现明显破损的，企业应当告知收件人先验收内件再签收。企业与寄件人另有约定的除外。

对于网络购物、代收货款以及与用户有特殊约定的其他快件（邮件），企业应当与寄件人在合同中明确投递验收的权利义务，并提供符合约定的验收服务，验收无异议后，由收件人签字确认。

第十八条 经营快递业务的企业应当在营业场所公示或者以其他方式向社会公布其服务种类、服务时限、服务价格、损失赔偿、投诉处理等服务承诺事项。服务承诺事项发生变更的，企业应当及时发布服务提示公告。

第十九条 经营快递业务的企业应当遵循公平原则，以书面合同确定企业与用户双方的权利和义务。

对免除或者限制企业责任及涉及快件（邮件）损失赔偿的条款，应当在快递运单上以醒目的方式列出，并予以特别说明。

第二十条 在快递服务过程中，快件（邮件）发生延误、丢失、损毁和内件不符的，经营快递业务的企业应当按照与用户的约定，依法予以赔偿。

企业与用户之间未对赔偿事项进行约定的，对于购买保价的快件（邮件），应当按照保价金额赔偿。对于未购买保价的快件（邮件），按照《中华人民共和国邮政法》、《中华人民共和国合同法》等相关法律规定赔偿。

第二十一条 经营快递业务的企业应当建立与用户沟通的渠道和制度，向用户提供业务咨询、查询等服务，并及时处理用户投诉。

经营快递业务的企业对邮政管理部门转办的用户申诉，应当及时妥善处理，并按照国务院邮政管理部门的规定给予答复。

第二十二条 经营快递业务的企业应当按照国家有关规定建立突发事件应急机制。发生重大服务阻断、暂停快递业务经营活动时，经营快递业务的企业应当按照有关规定在二十四小时内向邮政管理部门和其他有关部门报告，并向社会公告；以加盟方式开展快递业务经营的，被加盟人、加盟人应当分别向所在地邮政管理部门报告。

经营快递业务的企业在事故处理过程中，应当对所有与事故有关的资料进行记录和保存。相关资料和书面记录至少保存一年。

第二十三条 经营快递业务的企业应当妥善应对快递业务高峰期，做好业务量监测，加强服务网络统筹调度，及时向社会发布服务提示，认真处理用户投诉。

第二十四条 经营快递业务的企业对无法投递的快件（邮件），应当退回寄件人。

对无法投递又无法退回寄件人的快件（邮件），企业应当登记，并按照国务院邮政管理部门的规定和快递服务标准处理；其中无法投递又无法退回的进境国际快件（邮件），应当依照相关规定交由有关部门处理。

第二十五条 经营快递业务的企业在从事快递业务的同时，向用户提供代收货款服务的，应当建立有关安全管理制度，与寄件人的合同中应当对代收货款服务的权利义务进行约定。

提供代收货款服务，涉及金融管理规定的，应当接受相关部门的监督管理。

第二十六条 经营快递业务的企业应当按照国家关于快递业务员职业技能的规定，加强快递从业人员职业技能培训，组织符合条件的快递从业人员参加职业技能鉴定。

第二十七条 经营快递业务的企业不得实施下列行为：

（一）违反国家规定，收寄禁止寄递的物品，或者未按规定收寄限制寄递的物品；

（二）相互串通操纵市场价格，损害其他经营快递业务的企业或者用户的合法权益；

（三）冒用他人名称、商标标识和企业标识，扰乱市场经营秩序；

（四）违法扣留用户快件（邮件）；

（五）违法提供从事快递服务过程中知悉的用户信息；

（六）法律、法规禁止的其他行为。

第二十八条 快递从业人员不得实施下列行为：

（一）扣留、倒卖、盗窃快件（邮件）；

（二）违法提供从事快递服务过程中知悉的用户信息；

（三）法律、法规禁止的其他行为。

第四章　快递安全

第二十九条　任何组织和个人不得利用快递服务网络从事危害国家安全、社会公共利益或者他人合法权益的活动。下列物品禁止寄递：

（一）法律、行政法规禁止流通的物品；

（二）危害国家安全和社会政治稳定以及淫秽的出版物、宣传品、印刷品等；

（三）武器、弹药、麻醉药物、生化制品、传染性物品和爆炸性、易燃性、腐蚀性、放射性、毒性等危险物品；

（四）妨害公共卫生的物品；

（五）流通的各种货币；

（六）法律、行政法规和国家规定禁止寄递的其他物品。

第三十条　经营快递业务的企业应当遵守《中华人民共和国邮政法》、《邮政行业安全监督管理办法》等相关规定，建立并严格执行收寄验视制度，加强生产安全和应急管理。

第三十一条　经营快递业务的企业对不能确定安全性的可疑物品，应当要求用户出具相关部门的安全证明。用户不能出具安全证明的，不予收寄。

经营快递业务的企业收寄已出具安全证明的物品时，应当如实记录收寄物品的名称、规格、数量、重量、收寄时间、寄件人和收件人名址等内容。记录保存期限不少于一年。

第三十二条　经营快递业务的企业接受网络购物、电视购物和邮购等经营者委托提供快递服务的，应当遵守邮政管理部门的规定，与委托方签订安全保障协议，并向颁发快递业务经营许可证的邮政管理部门备案。

第三十三条　经营快递业务的企业设置快件（邮件）处理场所，应当事先征询邮政管理部门及有关部门意见，并按照国家有关规定预留相关工作场地，其设计和建设应当符合国家安全机关和海关依法履行职责的要求。

第五章　监督管理

第三十四条　国家鼓励和引导经营快递业务的企业采用先进技术，充分利用交通运输资源，促进规模化、品牌化、网络化经营。

第三十五条　邮政管理部门应当结合邮政行业安全监督管理的实际，指导和监督经营快递业务的企业落实安全责任制，依法对经营快递业务的企业实施安全监督检查，并依照相关规定对妨害或者可能妨害行业安全的经营快递业务的企业进行调查和处理。

邮政管理部门应当加强对突发事件的管理，督促经营快递业务的企业定期组织开展突发事件应急演练。

第三十六条　国务院邮政管理部门建立以公众满意度、时限准时率和用户申诉率为核心的快递服务质量评价体系，指导评定机构定期测试评估快递行业服务水平，评定服务质量等级，并向社会公告。

第三十七条　邮政管理部门应当依法及时处理用户对经营快递业务的企业提出的申诉，并自接到申诉之日起三十日内作出答复。

任何单位和个人有权向邮政管理部门举报违反本办法的行为。邮政管理部门接到举报后，应当依法及时处理。

第三十八条　邮政管理部门应当加强对经营快递业务的企业及其从业人员遵守本办法情况的监督检查。

邮政管理部门依法实施监督检查，可以采取下列措施：

（一）进入有关场所进行检查；

（二）查阅、复制有关文件、资料、凭证；

（三）约谈有关单位和人员；

（四）经邮政管理部门负责人批准，查封与违法活动有关的场所，扣押用于违法活动的运输工具以及相关物品，对信件以外的涉嫌夹带禁止寄递或者限制寄递物品的快件（邮件）开拆检查。

第三十九条　邮政管理部门工作人员应当严格按照法定程序进行监督检查。实施监督检查时，应当出示执法证件，并由两名或者两名以上工作人员共同进行。被检查单位及其有关人员应当予以配合，不得拒绝、阻碍，并对有关情况予以保密。

邮政管理部门工作人员对监督检查过程中知悉的被检查单位的技术秘密和业务秘密，应当保密。

第六章 法律责任

第四十条 经营快递业务的企业违反快递服务标准，严重损害用户利益，由邮政管理部门责令改正，处五千元以上三万元以下的罚款。

第四十一条 违反本办法第十条规定的，由邮政管理部门责令改正，处五千元以上三万元以下的罚款。

第四十二条 违反本办法第十一条第二款规定的，由邮政管理部门责令改正，处一万元以下的罚款；情节严重的，处一万元以上三万元以下的罚款。

第四十三条 违反本办法第十四条规定的，由邮政管理部门责令改正，处五千元以上三万元以下的罚款。

第四十四条 违反本办法第十六条第（二）项规定的，由邮政管理部门处一万元罚款；情节严重的，处一万元以上三万元以下的罚款。

第四十五条 违反本办法第十八条、第二十一条、第二十二条、第三十一条规定的，由邮政管理部门责令改正，处三千元以上三万元以下的罚款。

第四十六条 违反本办法第二十四条第二款规定，未按照国务院邮政管理部门规定处理无法投递又无法退回寄件人的快件的，由邮政管理部门对快递企业处三千元以上一万元以下的罚款；情节严重的，处一万元以上三万元以下的罚款。

第四十七条 违反本办法第二十七条第（一）项、第（五）项规定的，分别依照《中华人民共和国邮政法》第七十五条、第七十六条的规定予以处罚。

违反本办法第二十七条第（四）项规定的，由邮政管理部门责令改正，对快递企业处一万元以上三万元以下的罚款。

违反本办法第二十七条第（二）项、第（三）项规定的，由国家有关部门依法处理。

第四十八条 违反本办法第二十八条规定的，由邮政管理部门责令改正，依法没收违法所得，对直接责任人员处五千元以上一万元以下的罚款；构成犯罪的，依法追究刑事责任。

第四十九条 邮政管理部门工作人员违反本办法第三十七条第一款、第三十九条规定的，依法给予行政处分；构成犯罪的，依法追究刑事责任。

第五十条 拒绝、阻碍邮政管理部门及其工作人员依法履行监督检查职责的，依照《中华人民共和国邮政法》第七十七条的规定予以处罚。

第五十一条 公民、法人或者其他组织认为邮政管理部门的具体行政行为侵犯其合法权益的，可以依法向上一级邮政管理部门申请行政复议或者直接向人民法院起诉。

经营快递业务的企业逾期不履行邮政管理部门处罚决定的，由邮政管理部门依法申请人民法院强制执行。

第七章 附 则

第五十二条 本办法自 2013 年 3 月 1 日起施行。交通运输部 2008 年 7 月 12 日发布的《快递市场管理办法》（交通运输部令 2008 第 4 号）同时废止。

·国家发展与改革委员会

公共资源交易平台管理暂行办法

（2016年6月24日国家发展和改革委员会、工业和信息化部、财政部、国土资源部、环境保护部、住房和城乡建设部、交通运输部、水利部、商务部、国家卫生和计划生育委员会、国务院国有资产监督管理委员会、国家税务总局、国家林业局、国家机关事务管理局令第39号公布　自2016年8月1日起施行）

第一章　总　　则

第一条　为规范公共资源交易平台运行，提高公共资源配置效率和效益，加强对权力运行的监督制约，维护国家利益、社会公共利益和交易当事人的合法权益，根据有关法律法规和《国务院办公厅关于印发整合建立统一的公共资源交易平台工作方案的通知》（国办发〔2015〕63号），制定本办法。

第二条　本办法适用于公共资源交易平台的运行、服务和监督管理。

第三条　本办法所称公共资源交易平台是指实施统一的制度和标准、具备开放共享的公共资源交易电子服务系统和规范透明的运行机制，为市场主体、社会公众、行政监督管理部门等提供公共资源交易综合服务的体系。

公共资源交易是指涉及公共利益、公众安全的具有公有性、公益性的资源交易活动。

第四条　公共资源交易平台应当立足公共服务职能定位，坚持电子化平台的发展方向，遵循开放透明、资源共享、高效便民、守法诚信的运行服务原则。

第五条　公共资源交易平台要利用信息网络推进交易电子化，实现全流程透明化管理。

第六条　国务院发展改革部门会同国务院有关部门统筹指导和协调全国公共资源交易平台相关工作。

设区的市级以上地方人民政府发展改革部门或政府指定的部门会同有关部门负责本行政区域的公共资源交易平台指导和协调等相关工作。

各级招标投标、财政、国土资源、国有资产等行政监督管理部门按照规定的职责分工，负责公共资源交易活动的监督管理。

第二章　平台运行

第七条　公共资源交易平台的运行应当遵循相关法律法规和国务院有关部门制定的各领域统一的交易规则，以及省级人民政府颁布的平台服务管理细则。

第八条　依法必须招标的工程建设项目招标投标、国有土地使用权和矿业权出让、国有产权交易、政府采购等应当纳入公共资源交易平台。

国务院有关部门和地方人民政府结合实际，推进其他各类公共资源交易纳入统一平台。纳入平台交易的公共资源项目，应当公开听取意见，并向社会公布。

第九条　公共资源交易平台应当按照国家统一的技术标准和数据规范，建立公共资源交易电子服务系统，开放对接各类主体依法建设的公共资源电子交易系统和政府有关部门的电子监管系统。

第十条　公共资源交易项目的实施主体根

据交易标的专业特性，选择使用依法建设和运行的电子交易系统。

第十一条 公共资源交易项目依法需要评标、评审的，应当按照全国统一的专家专业分类标准，从依法建立的综合评标、政府采购评审等专家库中随机抽取专家，法律法规另有规定的除外。

有关行政监督管理部门按照规定的职责分工，对专家实施监督管理。

鼓励有条件的地方跨区域选择使用专家资源。

第十二条 公共资源交易平台应当按照省级人民政府规定的场所设施标准，充分利用已有的各类场所资源，为公共资源交易活动提供必要的现场服务设施。

市场主体依法建设的交易场所符合省级人民政府规定标准的，可以在现有场所办理业务。

第十三条 公共资源交易平台应当建立健全网络信息安全制度，落实安全保护技术措施，保障平台平稳运行。

第三章 平台服务

第十四条 公共资源交易平台的服务内容、服务流程、工作规范、收费标准和监督渠道应当按照法定要求确定，并通过公共资源交易电子服务系统向社会公布。

第十五条 公共资源交易平台应当推行网上预约和服务事项办理。确需在现场办理的，实行窗口集中，简化流程，限时办结。

第十六条 公共资源交易平台应当将公共资源交易公告、资格审查结果、交易过程信息、成交信息、履约信息等，通过公共资源交易电子服务系统依法及时向社会公开。涉及国家秘密、商业秘密、个人隐私以及其他依法应当保密的信息除外。

公共资源交易平台应当无偿提供依法必须公开的信息。

第十七条 交易服务过程中产生的电子文档、纸质资料以及音视频等，应当按照规定的期限归档保存。

第十八条 公共资源交易平台运行服务机构及其工作人员不得从事以下活动：

（一）行使任何审批、备案、监管、处罚等行政监督管理职能；

（二）违法从事或强制指定招标、拍卖、政府采购代理、工程造价等中介服务；

（三）强制非公共资源交易项目进入平台交易；

（四）干涉市场主体选择依法建设和运行的公共资源电子交易系统；

（五）非法扣押企业和人员的相关证照资料；

（六）通过设置注册登记、设立分支机构、资质验证、投标（竞买）许可、强制担保等限制性条件阻碍或者排斥其他地区市场主体进入本地区公共资源交易市场；

（七）违法要求企业法定代表人到场办理相关手续；

（八）其他违反法律法规规定的情形。

第十九条 公共资源交易平台运行服务机构提供公共服务确需收费的，不得以营利为目的。根据平台运行服务机构的性质，其收费分别纳入行政事业性收费和经营服务性收费管理，具体收费项目和收费标准按照有关规定执行。属于行政事业性收费的，按照本级政府非税收入管理的有关规定执行。

第二十条 公共资源交易平台运行服务机构发现公共资源交易活动中有违法违规行为的，应当保留相关证据并及时向有关行政监督管理部门报告。

第四章 信息资源共享

第二十一条 各级行政监督管理部门应当将公共资源交易活动当事人资质资格、信用奖惩、项目审批和违法违规处罚等信息，自作出行政决定之日起7个工作日内上网公开，并通过相关电子监管系统交换至公共资源交易电子服务系统。

第二十二条 各级公共资源交易平台应当依托统一的社会信用代码，记录公共资源交易过程中产生的市场主体和专家信用信息，并通过国家公共资源交易电子服务系统实现信用信息交换共享和动态更新。

第二十三条 国务院发展改革部门牵头建

立国家公共资源交易电子服务系统，与省级公共资源交易电子服务系统和有关部门建立的电子系统互联互通，实现市场主体信息、交易信息、行政监管信息的集中交换和同步共享。

第二十四条　省级人民政府应当搭建全行政区域统一、终端覆盖市县的公共资源交易电子服务系统，对接国家公共资源交易电子服务系统和有关部门建立的电子系统，按照有关规定交换共享信息。有关电子招标投标、政府采购等系统应当分别与国家电子招标投标公共服务系统、政府采购管理交易系统对接和交换信息。

第二十五条　公共资源交易电子服务系统应当分别与投资项目在线审批监管系统、信用信息共享系统对接，交换共享公共资源交易相关信息、项目审批核准信息和信用信息。

第二十六条　市场主体已经在公共资源电子交易系统登记注册，并通过公共资源交易电子服务系统实现信息共享的，有关行政监督管理部门和公共资源交易平台运行服务机构不得强制要求其重复登记、备案和验证。

第二十七条　公共资源交易电子服务系统应当支持不同电子认证数字证书的兼容互认。

第二十八条　公共资源交易平台和有关行政监督管理部门在公共资源交易数据采集、汇总、传输、存储、公开、使用过程中，应加强数据安全管理。涉密数据的管理，按照有关法律规定执行。

第五章　监督管理

第二十九条　各级行政监督管理部门按照规定的职责分工，加强对公共资源交易活动的事中事后监管，依法查处违法违规行为。

对利用职权违规干预和插手公共资源交易活动的国家机关或国有企事业单位工作人员，依纪依法予以处理。

各级审计部门应当对公共资源交易平台运行依法开展审计监督。

第三十条　设区的市级以上地方人民政府应当推动建立公共资源交易电子监管系统，实现对项目登记，公告发布，开标评标或评审、竞价，成交公示，交易结果确认，投诉举报，交易履约等交易全过程监控。

公共资源交易电子服务系统和其对接的公共资源电子交易系统应当实时向监管系统推送数据。

第三十一条　建立市场主体公共资源交易活动事前信用承诺制度，要求市场主体以规范格式向社会作出公开承诺，并纳入交易主体信用记录，接受社会监督。

第三十二条　各级行政监督管理部门应当将公共资源交易主体信用信息作为市场准入、项目审批、资质资格审核的重要依据。

建立行政监督管理部门、司法机关等部门联合惩戒机制，对在公共资源交易活动中有不良行为记录的市场主体，依法限制或禁止其参加招标投标、国有土地使用权出让和矿业权出让、国有产权交易、政府采购等公共资源交易活动。

建立公共资源交易相关信息与同级税务机关共享机制，推进税收协作。

第三十三条　各级行政监督管理部门应当运用大数据技术，建立公共资源交易数据关联比对分析机制，开展监测预警，定期进行效果评估，及时调整监管重点。

第三十四条　各级行政监督管理部门应当建立联合抽查机制，对有效投诉举报多或有违法违规记录情况的市场主体，加大随机抽查力度。

行政监督管理部门履行监督管理职责过程中，有权查阅、复制公共资源交易活动有关文件、资料和数据。公共资源交易平台运行服务机构应当如实提供相关情况。

第三十五条　建立由市场主体以及第三方参与的社会评价机制，对所辖行政区域公共资源交易平台运行服务机构提供公共服务情况进行评价。

第三十六条　市场主体或社会公众认为公共资源交易平台运行服务机构及其工作人员存在违法违规行为的，可以依法向政府有关部门投诉、举报。

第三十七条　公共资源交易领域的行业协会应当发挥行业组织作用，加强自律管理和服务。

第六章　法律责任

第三十八条　公共资源交易平台运行服务机构未公开服务内容、服务流程、工作规范、收费标准和监督渠道，由政府有关部门责令限期改正。拒不改正的，予以通报批评。

第三十九条　公共资源交易平台运行服务机构及其工作人员违反本办法第十八条禁止性规定的，由政府有关部门责令限期改正，并予以通报批评。情节严重的，依法追究直接责任人和有关领导的责任。构成犯罪的，依法追究刑事责任。

第四十条　公共资源交易平台运行服务机构违反本办法第十九条规定收取费用的，由同级价格主管部门会同有关部门责令限期改正。拒不改正的，依照《中华人民共和国价格法》、《价格违法行为行政处罚规定》等给予处罚，并予以公示。

第四十一条　公共资源交易平台运行服务机构未按照本办法规定在公共资源交易电子服务系统公开、交换、共享信息的，由政府有关部门责令限期改正。拒不改正的，对直接负责的主管人员和其他直接责任人员依法给予处分，并予以通报。

第四十二条　公共资源交易平台运行服务机构限制市场主体建设的公共资源电子交易系统对接公共资源交易电子服务系统的，由政府有关部门责令限期改正。拒不改正的，对直接负责的主管人员和其他直接责任人员依法给予处分，并予以通报。

第四十三条　公共资源交易平台运行服务机构及其工作人员向他人透露依法应当保密的公共资源交易信息的，由政府有关部门责令限期改正，并予以通报批评。情节严重的，依法追究直接责任人和有关领导的责任。构成犯罪的，依法追究刑事责任。

第四十四条　有关行政监督管理部门、公共资源交易平台运行服务机构及其工作人员徇私舞弊、滥用职权、弄虚作假、玩忽职守，未依法履行职责的，依法给予处分；构成犯罪的，依法追究刑事责任。

第七章　附　　则

第四十五条　公共资源电子交易系统是根据工程建设项目招标投标、土地使用权和矿业权出让、国有产权交易、政府采购等各类交易特点，按照有关规定建设、对接和运行，以数据电文形式完成公共资源交易活动的信息系统。

公共资源交易电子监管系统是指政府有关部门在线监督公共资源交易活动的信息系统。

公共资源交易电子服务系统是指联通公共资源电子交易系统、监管系统和其他电子系统，实现公共资源交易信息数据交换共享，并提供公共服务的枢纽。

第四十六条　公共资源交易平台运行服务机构是指由政府推动设立或政府通过购买服务等方式确定的，通过资源整合共享方式，为公共资源交易相关市场主体、社会公众、行政监督管理部门等提供公共服务的单位。

第四十七条　本办法由国务院发展改革部门会同国务院有关部门负责解释。

第四十八条　本办法自 2016 年 8 月 1 日起实施。

价格违法行为举报处理规定

（2014 年 1 月 15 日国家发展和改革委员会令第 6 号公布　自 2014 年 5 月 1 日起施行）

第一条　为保障公民、法人或者其他组织依法举报价格违法行为的权利，规范价格主管部门对价格违法行为举报的受理、办理、告知等工作，根据《中华人民共和国价格法》及有关法律、行政法规，制定本规定。

第二条　公民、法人或者其他组织（以下简称举报人）对违反价格和收费法律、法规、规章和其他规范性文件规定的行为向价格主管部门举报（以下简称价格举报），价格主管部门处理价格举报，适用本规定。

第三条　县级以上地方人民政府价格主管部门应当向社会公布12358举报电话、网上举报平台、通讯地址、接待的时间和地点等相关事项。

第四条　举报人可以通过12358举报电话、信件、互联网、传真、走访等形式向价格主管部门提出价格举报。

对采用口头方式提出价格举报的，价格主管部门应当记录。

多人采用走访形式提出共同的举报事项的，应当推选代表。

第五条　价格主管部门建立全国统一的价格举报管理信息系统，对价格举报实行统一编码管理。

举报人可以凭举报编码查询举报处理进展情况。

具体编码管理及查询办法按照价格举报管理信息系统工作规则执行。

第六条　举报有下列情形之一的，价格主管部门不予受理：

（一）举报事项不属于价格主管部门职权范围的；

（二）没有明确的被举报人的姓名（名称）、地址的；

（三）没有提供被举报的价格违法行为的具体事实的；

（四）对同一个价格违法行为的举报，其他机关已经受理的；

（五）对被举报的价格违法行为已经作出处理决定，举报人提出举报，但没有提供新的事实的。

第七条　价格主管部门接收举报后应当及时进行审查，属于收到举报的价格主管部门管辖范围，并且不属于本规定第六条第（二）、（三）、（四）、（五）项情形的，予以受理；不属于收到举报的价格主管部门管辖范围的，应当在7个工作日内转至有管辖权的价格主管部门处理。

接受转办的价格主管部门对收到的价格举报，应当及时进行审查，决定是否受理。

第八条　价格主管部门应当自收到举报之日起7个工作日内告知举报人是否受理或者转办。

第九条　价格主管部门对被举报的价格违法行为的管辖，按照《价格行政处罚程序规定》第二章和各省、自治区、直辖市价格行政处罚管辖分工规定执行。

第十条　价格举报采用书面形式并提供相关证据的，价格主管部门可以优先进行处理。

价格主管部门依法对被举报的价格违法行为进行调查后，依据《价格行政处罚程序规定》的规定作出行政处罚、不予行政处罚、移送有关行政机关处理等决定或者不予立案的，为举报办结。

第十一条　价格主管部门应当在举报办结后15个工作日内告知举报人对被举报的价格违法行为的处理结果。

第十二条　因生活消费需要购买商品或者接受服务的消费者，可以单独或者在进行价格举报时一并对涉及自身价格权益的民事争议提出投诉（以下简称价格投诉）。价格投诉应当在争议发生之日起一年内提出，并提供本人的身份证明、民事请求事项及相关证据。

消费者在价格举报时一并提出价格投诉的，价格投诉由受理价格举报的价格主管部门管辖。消费者单独提出价格投诉的，由争议发生地的市、县价格主管部门管辖。

价格主管部门应当自收到消费者价格投诉之日起7个工作日内，作出是否受理的决定并告知消费者。

第十三条　价格主管部门对价格投诉实行调解制度，调解应当在当事人双方同意的情况下进行。

有下列情形之一的，为价格投诉办结：

（一）达成调解协议的；

（二）调解期间双方自行协商和解的；

（三）消费者撤回投诉的；

（四）当事人一方拒绝调解的；

（五）双方未能达成调解协议的；

（六）应当视为价格投诉办结的其他情形。

价格投诉应当自受理之日起60日内办结，并告知消费者。当事人一方拒绝调解、未能达成调解协议或者不执行调解协议的，消费者可以通过民事诉讼、仲裁等方式维护自身合法权益。

第十四条 被举报人因价格违法行为致使消费者多付价款的，价格主管部门应当在对被举报的价格违法行为作出行政处罚决定前，责令被举报人将多收价款退还消费者，但应当扣除被举报人在价格投诉中已经退还的多收价款部分。

第十五条 本规定中的告知，价格主管部门可以采用口头或者书面形式（包括数据电文形式）进行，但举报人或者消费者姓名（名称）、地址不清或者未提供联系方式的除外。口头告知的，应当进行相关记录。

第十六条 价格主管部门应当为举报人保密，并对符合相关规定的举报人给予鼓励。

第十七条 对社会影响大的价格举报典型案例，价格主管部门可以向社会公布。

第十八条 对涉嫌价格垄断行为的举报，按照《中华人民共和国反垄断法》和《反价格垄断行政执法程序规定》的规定执行。

第十九条 咨询价格法律、法规、规章、政策，不适用本规定。

第二十条 各省、自治区、直辖市价格主管部门可以根据本规定制定实施细则。

第二十一条 本规定由国家发展和改革委员会负责解释。

第二十二条 本规定自2014年5月1日起施行。国家发展和改革委员会2004年8月10日发布的《价格违法行为举报规定》同时废止。

电子招标投标办法

（2013年2月4日国家发展和改革委员会、工业和信息化部、监察部、住房和城乡建设部、交通运输部、铁道部、水利部、商务部令第20号公布　自2013年5月1日起施行）

第一章　总　　则

第一条 为了规范电子招标投标活动，促进电子招标投标健康发展，根据《中华人民共和国招标投标法》、《中华人民共和国招标投标法实施条例》（以下分别简称招标投标法、招标投标法实施条例），制定本办法。

第二条 在中华人民共和国境内进行电子招标投标活动，适用本办法。

本办法所称电子招标投标活动是指以数据电文形式，依托电子招标投标系统完成的全部或者部分招标投标交易、公共服务和行政监督活动。

数据电文形式与纸质形式的招标投标活动具有同等法律效力。

第三条 电子招标投标系统根据功能的不同，分为交易平台、公共服务平台和行政监督平台。

交易平台是以数据电文形式完成招标投标交易活动的信息平台。公共服务平台是满足交易平台之间信息交换、资源共享需要，并为市场主体、行政监督部门和社会公众提供信息服务的信息平台。行政监督平台是行政监督部门和监察机关在线监督电子招标投标活动的信息平台。

电子招标投标系统的开发、检测、认证、运营应当遵守本办法及所附《电子招标投标系统技术规范》（以下简称技术规范）。

第四条 国务院发展改革部门负责指导协调全国电子招标投标活动，各级地方人民政府发展改革部门负责指导协调本行政区域内电子招标投标活动。各级人民政府发展改革、工业和信息化、住房城乡建设、交通运输、铁道、水利、商务等部门，按照规定的职责分工，对电子招标投标活动实施监督，依法查处电子招标投标活动中的违法行为。

依法设立的招标投标交易场所的监管机构负责督促、指导招标投标交易场所推进电子招标投标工作，配合有关部门对电子招标投标活动实施监督。

省级以上人民政府有关部门对本行政区域内电子招标投标系统的建设、运营，以及相关检测、认证活动实施监督。

监察机关依法对与电子招标投标活动有关的监察对象实施监察。

第二章　电子招标投标交易平台

第五条　电子招标投标交易平台按照标准统一、互联互通、公开透明、安全高效的原则以及市场化、专业化、集约化方向建设和运营。

第六条　依法设立的招标投标交易场所、招标人、招标代理机构以及其他依法设立的法人组织可以按行业、专业类别，建设和运营电子招标投标交易平台。国家鼓励电子招标投标交易平台平等竞争。

第七条　电子招标投标交易平台应当按照本办法和技术规范规定，具备下列主要功能：

（一）在线完成招标投标全部交易过程；

（二）编辑、生成、对接、交换和发布有关招标投标数据信息；

（三）提供行政监督部门和监察机关依法实施监督和受理投诉所需的监督通道；

（四）本办法和技术规范规定的其他功能。

第八条　电子招标投标交易平台应当按照技术规范规定，执行统一的信息分类和编码标准，为各类电子招标投标信息的互联互通和交换共享开放数据接口、公布接口要求。

电子招标投标交易平台接口应当保持技术中立，与各类需要分离开发的工具软件相兼容对接，不得限制或者排斥符合技术规范规定的工具软件与其对接。

第九条　电子招标投标交易平台应当允许社会公众、市场主体免费注册登录和获取依法公开的招标投标信息，为招标投标活动当事人、行政监督部门和监察机关按各自职责和注册权限登录使用交易平台提供必要条件。

第十条　电子招标投标交易平台应当依照《中华人民共和国认证认可条例》等有关规定进行检测、认证，通过检测、认证的电子招标投标交易平台应当在省级以上电子招标投标公共服务平台上公布。

电子招标投标交易平台服务器应当设在中华人民共和国境内。

第十一条　电子招标投标交易平台运营机构应当是依法成立的法人，拥有一定数量的专职信息技术、招标专业人员。

第十二条　电子招标投标交易平台运营机构应当根据国家有关法律法规及技术规范，建立健全电子招标投标交易平台规范运行和安全管理制度，加强监控、检测，及时发现和排除隐患。

第十三条　电子招标投标交易平台运营机构应当采用可靠的身份识别、权限控制、加密、病毒防范等技术，防范非授权操作，保证交易平台的安全、稳定、可靠。

第十四条　电子招标投标交易平台运营机构应当采取有效措施，验证初始录入信息的真实性，并确保数据电文不被篡改、不遗漏和可追溯。

第十五条　电子招标投标交易平台运营机构不得以任何手段限制或者排斥潜在投标人，不得泄露依法应当保密的信息，不得弄虚作假、串通投标或者为弄虚作假、串通投标提供便利。

第三章　电子招标

第十六条　招标人或者其委托的招标代理机构应当在其使用的电子招标投标交易平台注册登记，选择使用除招标人或招标代理机构之外第三方运营的电子招标投标交易平台的，还应当与电子招标投标交易平台运营机构签订使用合同，明确服务内容、服务质量、服务费用等权利和义务，并对服务过程中相关信息的产权归属、保密责任、存档等依法作出约定。

电子招标投标交易平台运营机构不得以技术和数据接口配套为由，要求潜在投标人购买指定的工具软件。

第十七条　招标人或者其委托的招标代理机构应当在资格预审公告、招标公告或者投标邀请书中载明潜在投标人访问电子招标投标交易平台的网络地址和方法。依法必须进行公开招标项目的上述相关公告应当在电子招标投标交易平台和国家指定的招标公告媒介同步发布。

第十八条　招标人或者其委托的招标代理机构应当及时将数据电文形式的资格预审文件、招标文件加载至电子招标投标交易平台，供潜在投标人下载或者查阅。

第十九条 数据电文形式的资格预审公告、招标公告、资格预审文件、招标文件等应当标准化、格式化，并符合有关法律法规以及国家有关部门颁发的标准文本的要求。

第二十条 除本办法和技术规范规定的注册登记外，任何单位和个人不得在招标投标活动中设置注册登记、投标报名等前置条件限制潜在投标人下载资格预审文件或者招标文件。

第二十一条 在投标截止时间前，电子招标投标交易平台运营机构不得向招标人或者其委托的招标代理机构以外的任何单位和个人泄露下载资格预审文件、招标文件的潜在投标人名称、数量以及可能影响公平竞争的其他信息。

第二十二条 招标人对资格预审文件、招标文件进行澄清或者修改的，应当通过电子招标投标交易平台以醒目的方式公告澄清或者修改的内容，并以有效方式通知所有已下载资格预审文件或者招标文件的潜在投标人。

第四章　电子投标

第二十三条 电子招标投标交易平台的运营机构，以及与该机构有控股或者管理关系可能影响招标公正性的任何单位和个人，不得在该交易平台进行的招标项目中投标和代理投标。

第二十四条 投标人应当在资格预审公告、招标公告或者投标邀请书载明的电子招标投标交易平台注册登记，如实递交有关信息，并经电子招标投标交易平台运营机构验证。

第二十五条 投标人应当通过资格预审公告、招标公告或者投标邀请书载明的电子招标投标交易平台递交数据电文形式的资格预审申请文件或者投标文件。

第二十六条 电子招标投标交易平台应当允许投标人离线编制投标文件，并且具备分段或者整体加密、解密功能。

投标人应当按照招标文件和电子招标投标交易平台的要求编制并加密投标文件。

投标人未按规定加密的投标文件，电子招标投标交易平台应当拒收并提示。

第二十七条 投标人应当在投标截止时间前完成投标文件的传输递交，并可以补充、修改或者撤回投标文件。投标截止时间前未完成投标文件传输的，视为撤回投标文件。投标截止时间后送达的投标文件，电子招标投标交易平台应当拒收。

电子招标投标交易平台收到投标人送达的投标文件，应当即时向投标人发出确认回执通知，并妥善保存投标文件。在投标截止时间前，除投标人补充、修改或者撤回投标文件外，任何单位和个人不得解密、提取投标文件。

第二十八条 资格预审申请文件的编制、加密、递交、传输、接收确认等，适用本办法关于投标文件的规定。

第五章　电子开标、评标和中标

第二十九条 电子开标应当按照招标文件确定的时间，在电子招标投标交易平台上公开进行，所有投标人均应当准时在线参加开标。

第三十条 开标时，电子招标投标交易平台自动提取所有投标文件，提示招标人和投标人按招标文件规定方式按时在线解密。解密全部完成后，应当向所有投标人公布投标人名称、投标价格和招标文件规定的其他内容。

第三十一条 因投标人原因造成投标文件未解密的，视为撤销其投标文件；因投标人之外的原因造成投标文件未解密的，视为撤回其投标文件，投标人有权要求责任方赔偿因此遭受的直接损失。部分投标文件未解密的，其他投标文件的开标可以继续进行。

招标人可以在招标文件中明确投标文件解密失败的补救方案，投标文件应按照招标文件的要求作出响应。

第三十二条 电子招标投标交易平台应当生成开标记录并向社会公众公布，但依法应当保密的除外。

第三十三条 电子评标应当在有效监控和保密的环境下在线进行。

根据国家规定应当进入依法设立的招标投标交易场所的招标项目，评标委员会成员应当在依法设立的招标投标交易场所登录招标项目所使用的电子招标投标交易平台进行评标。

评标中需要投标人对投标文件澄清或者说明的，招标人和投标人应当通过电子招标投标交易平台交换数据电文。

第三十四条　评标委员会完成评标后，应当通过电子招标投标交易平台向招标人提交数据电文形式的评标报告。

第三十五条　依法必须进行招标的项目中标候选人和中标结果应当在电子招标投标交易平台进行公示和公布。

第三十六条　招标人确定中标人后，应当通过电子招标投标交易平台以数据电文形式向中标人发出中标通知书，并向未中标人发出中标结果通知书。

招标人应当通过电子招标投标交易平台，以数据电文形式与中标人签订合同。

第三十七条　鼓励招标人、中标人等相关主体及时通过电子招标投标交易平台递交和公布中标合同履行情况的信息。

第三十八条　资格预审申请文件的解密、开启、评审、发出结果通知书等，适用本办法关于投标文件的规定。

第三十九条　投标人或者其他利害关系人依法对资格预审文件、招标文件、开标和评标结果提出异议，以及招标人答复，均应当通过电子招标投标交易平台进行。

第四十条　招标投标活动中的下列数据电文应当按照《中华人民共和国电子签名法》和招标文件的要求进行电子签名并进行电子存档：

（一）资格预审公告、招标公告或者投标邀请书；

（二）资格预审文件、招标文件及其澄清、补充和修改；

（三）资格预审申请文件、投标文件及其澄清和说明；

（四）资格审查报告、评标报告；

（五）资格预审结果通知书和中标通知书；

（六）合同；

（七）国家规定的其他文件。

第六章　信息共享与公共服务

第四十一条　电子招标投标交易平台应当依法及时公布下列主要信息：

（一）招标人名称、地址、联系人及联系方式；

（二）招标项目名称、内容范围、规模、资金来源和主要技术要求；

（三）招标代理机构名称、资格、项目负责人及联系方式；

（四）投标人名称、资质和许可范围、项目负责人；

（五）中标人名称、中标金额、签约时间、合同期限；

（六）国家规定的公告、公示和技术规范规定公布和交换的其他信息。

鼓励招标投标活动当事人通过电子招标投标交易平台公布项目完成质量、期限、结算金额等合同履行情况。

第四十二条　各级人民政府有关部门应当按照《中华人民共和国政府信息公开条例》等规定，在本部门网站及时公布并允许下载下列信息：

（一）有关法律法规规章及规范性文件；

（二）取得相关工程、服务资质证书或货物生产、经营许可证的单位名称、营业范围及年检情况；

（三）取得有关职称、职业资格的从业人员的姓名、电子证书编号；

（四）对有关违法行为作出的行政处理决定和招标投标活动的投诉处理情况；

（五）依法公开的工商、税务、海关、金融等相关信息。

第四十三条　设区的市级以上人民政府发展改革部门会同有关部门，按照政府主导、共建共享、公益服务的原则，推动建立本地区统一的电子招标投标公共服务平台，为电子招标投标交易平台、招标投标活动当事人、社会公众和行政监督部门、监察机关提供信息服务。

第四十四条　电子招标投标公共服务平台应当按照本办法和技术规范规定，具备下列主要功能：

（一）链接各级人民政府及其部门网站，收集、整合和发布有关法律法规规章及规范性文件、行政许可、行政处理决定、市场监管和服务的相关信息；

（二）连接电子招标投标交易平台、国家规定的公告媒介，交换、整合和发布本办法第四十一条规定的信息；

（三）连接依法设立的评标专家库，实现专

家资源共享；

（四）支持不同电子认证服务机构数字证书的兼容互认；

（五）提供行政监督部门和监察机关依法实施监督、监察所需的监督通道；

（六）整合分析相关数据信息，动态反映招标投标市场运行状况、相关市场主体业绩和信用情况。

属于依法必须公开的信息，公共服务平台应当无偿提供。

公共服务平台应同时遵守本办法第八条至第十五条规定。

第四十五条 电子招标投标交易平台应当按照本办法和技术规范规定，在任一电子招标投标公共服务平台注册登记，并向电子招标投标公共服务平台及时提供本办法第四十一条规定的信息，以及双方协商确定的其他信息。

电子招标投标公共服务平台应当按照本办法和技术规范规定，开放数据接口、公布接口要求，与电子招标投标交易平台及时交换招标投标活动所必需的信息，以及双方协商确定的其他信息。

电子招标投标公共服务平台应当按照本办法和技术规范规定，开放数据接口、公布接口要求，与上一层级电子招标投标公共服务平台连接并注册登记，及时交换本办法第四十四条规定的信息，以及双方协商确定的其他信息。

电子招标投标公共服务平台应当允许社会公众、市场主体免费注册登录和获取依法公开的招标投标信息，为招标人、投标人、行政监督部门和监察机关按各自职责和注册权限登录使用公共服务平台提供必要条件。

第七章 监督管理

第四十六条 电子招标投标活动及相关主体应当自觉接受行政监督部门、监察机关依法实施的监督、监察。

第四十七条 行政监督部门、监察机关结合电子政务建设，提升电子招标投标监督能力，依法设置并公布有关法律法规规章、行政监督的依据、职责权限、监督环节、程序和时限、信息交换要求和联系方式等相关内容。

第四十八条 电子招标投标交易平台和公共服务平台应当按照本办法和技术规范规定，向行政监督平台开放数据接口、公布接口要求，按有关规定及时对接交换和公布有关招标投标信息。

行政监督平台应当开放数据接口，公布数据接口要求，不得限制和排斥已通过检测认证的电子招标投标交易平台和公共服务平台与其对接交换信息，并参照执行本办法第八条至第十五条的有关规定。

第四十九条 电子招标投标交易平台应当依法设置电子招标投标工作人员的职责权限，如实记录招标投标过程、数据信息来源，以及每一操作环节的时间、网络地址和工作人员，并具备电子归档功能。

电子招标投标公共服务平台应当记录和公布相关交换数据信息的来源、时间并进行电子归档备份。

任何单位和个人不得伪造、篡改或者损毁电子招标投标活动信息。

第五十条 行政监督部门、监察机关及其工作人员，除依法履行职责外，不得干预电子招标投标活动，并遵守有关信息保密的规定。

第五十一条 投标人或者其他利害关系人认为电子招标投标活动不符合有关规定的，通过相关行政监督平台进行投诉。

第五十二条 行政监督部门和监察机关在依法监督检查招标投标活动或者处理投诉时，通过其平台发出的行政监督或者行政监察指令，招标投标活动当事人和电子招标投标交易平台、公共服务平台的运营机构应当执行，并如实提供相关信息，协助调查处理。

第八章 法律责任

第五十三条 电子招标投标系统有下列情形的，责令改正；拒不改正的，不得交付使用，已经运营的应当停止运营。

（一）不具备本办法及技术规范规定的主要功能；

（二）不向行政监督部门和监察机关提供监督通道；

（三）不执行统一的信息分类和编码标准；

（四）不开放数据接口、不公布接口要求；

（五）不按照规定注册登记、对接、交换、公布信息；

（六）不满足规定的技术和安全保障要求；

（七）未按照规定通过检测和认证。

第五十四条　招标人或者电子招标投标系统运营机构存在以下情形的，视为限制或者排斥潜在投标人，依照招标投标法第五十一条规定处罚。

（一）利用技术手段对享有相同权限的市场主体提供有差别的信息；

（二）拒绝或者限制社会公众、市场主体免费注册并获取依法必须公开的招标投标信息；

（三）违规设置注册登记、投标报名等前置条件；

（四）故意与各类需要分离开发并符合技术规范规定的工具软件不兼容对接；

（五）故意对递交或者解密投标文件设置障碍。

第五十五条　电子招标投标交易平台运营机构有下列情形的，责令改正，并按照有关规定处罚。

（一）违反规定要求投标人注册登记、收取费用；

（二）要求投标人购买指定的工具软件；

（三）其他侵犯招标投标活动当事人合法权益的情形。

第五十六条　电子招标投标系统运营机构向他人透露已获取招标文件的潜在投标人的名称、数量、投标文件内容或者对投标文件的评审和比较以及其他可能影响公平竞争的招标投标信息，参照招标投标法第五十二条关于招标人泄密的规定予以处罚。

第五十七条　招标投标活动当事人和电子招标投标系统运营机构协助招标人、投标人串通投标的，依照招标投标法第五十三条和招标投标法实施条例第六十七条规定处罚。

第五十八条　招标投标活动当事人和电子招标投标系统运营机构伪造、篡改、损毁招标投标信息，或者以其他方式弄虚作假的，依照招标投标法第五十四条和招标投标法实施条例第六十八条规定处罚。

第五十九条　电子招标投标系统运营机构未按照本办法和技术规范规定履行初始录入信息验证义务，造成招标投标活动当事人损失的，应当承担相应的赔偿责任。

第六十条　有关行政监督部门及其工作人员不履行职责，或者利用职务便利非法干涉电子招标投标活动的，依照有关法律法规处理。

第九章　附　　则

第六十一条　招标投标协会应当按照有关规定，加强电子招标投标活动的自律管理和服务。

第六十二条　电子招标投标某些环节需要同时使用纸质文件的，应当在招标文件中明确约定；当纸质文件与数据电文不一致时，除招标文件特别约定外，以数据电文为准。

第六十三条　本办法未尽事宜，按照有关法律、法规、规章执行。

第六十四条　本办法由国家发展和改革委员会会同有关部门负责解释。

第六十五条　技术规范作为本办法的附件，与本办法具有同等效力。

第六十六条　本办法自2013年5月1日起施行。

附件：《电子招标投标系统技术规范—第1部分》（略）

反价格垄断规定

（2010年12月29日国家发展和改革委员会令第7号公布　自2011年2月1日起施行）

第一条　为了预防和制止价格垄断行为，保护市场公平竞争，维护消费者利益和社会公共利益，根据《中华人民共和国反垄断法》（以下简称反垄断法），制定本规定。

第二条　中华人民共和国境内经济活动中的价格垄断行为，适用本规定；中华人民共和国境外的价格垄断行为，对境内市场竞争产生排除、限制影响的，适用本规定。

第三条 本规定所称价格垄断行为包括：

（一）经营者达成价格垄断协议；

（二）具有市场支配地位的经营者使用价格手段，排除、限制竞争。

行政机关和法律、法规授权的具有管理公共事务职能的组织滥用行政权力，在价格方面排除、限制竞争的行为，适用本规定。

第四条 国有经济占控制地位的关系国民经济命脉和国家安全的行业以及依法实行专营专卖的行业，国家对其经营者的合法经营活动予以保护，并对经营者的经营行为及其商品和服务的价格依法实施监管和调控，维护消费者利益，促进技术进步。

前款规定行业的经营者应当依法经营，诚实守信，严格自律，接受社会公众的监督，不得利用其控制地位或者专营专卖地位损害消费者利益。

第五条 本规定所称价格垄断协议，是指在价格方面排除、限制竞争的协议、决定或者其他协同行为。

第六条 认定其他协同行为，应当依据下列因素：

（一）经营者的价格行为具有一致性；

（二）经营者进行过意思联络；

认定协同行为还应考虑市场结构和市场变化等情况。

第七条 禁止具有竞争关系的经营者达成下列价格垄断协议：

（一）固定或者变更商品和服务（以下统称商品）的价格水平；

（二）固定或者变更价格变动幅度；

（三）固定或者变更对价格有影响的手续费、折扣或者其他费用；

（四）使用约定的价格作为与第三方交易的基础；

（五）约定采用据以计算价格的标准公式；

（六）约定未经参加协议的其他经营者同意不得变更价格；

（七）通过其他方式变相固定或者变更价格；

（八）国务院价格主管部门认定的其他价格垄断协议。

第八条 禁止经营者与交易相对人达成下列价格垄断协议：

（一）固定向第三人转售商品的价格；

（二）限定向第三人转售商品的最低价格；

（三）国务院价格主管部门认定的其他价格垄断协议。

第九条 禁止行业协会从事下列行为：

（一）制定排除、限制价格竞争的规则、决定、通知等；

（二）组织经营者达成本规定所禁止的价格垄断协议；

（三）组织经营者达成或者实施价格垄断协议的其他行为。

第十条 经营者能够证明所达成的协议符合反垄断法第十五条规定的，不适用本规定第七条、第八条的规定。

第十一条 具有市场支配地位的经营者不得以不公平的高价销售商品或者以不公平的低价购买商品。

认定“不公平的高价”和“不公平的低价”，应当考虑下列因素：

（一）销售价格或者购买价格是否明显高于或者低于其他经营者销售或者购买同种商品的价格；

（二）在成本基本稳定的情况下，是否超过正常幅度提高销售价格或者降低购买价格；

（三）销售商品的提价幅度是否明显高于成本增长幅度，或者购买商品的降价幅度是否明显高于交易相对人成本降低幅度；

（四）需要考虑的其他相关因素。

第十二条 具有市场支配地位的经营者没有正当理由，不得以低于成本的价格销售商品。

本条所称“正当理由”包括：

（一）降价处理鲜活商品、季节性商品、有效期限即将到期的商品和积压商品的；

（二）因清偿债务、转产、歇业降价销售商品的；

（三）为推广新产品进行促销的；

（四）能够证明行为具有正当性的其他理由。

第十三条 具有市场支配地位的经营者没有正当理由，不得通过设定过高的销售价格或者过低的购买价格，变相拒绝与交易相对人进行交易。

本条所称“正当理由”包括：

（一）交易相对人有严重的不良信用记录，或者出现经营状况持续恶化等情况，可能会给交易安全造成较大风险的；

（二）交易相对人能够以合理的价格向其他经营者购买同种商品、替代商品，或者能够以合理的价格向其他经营者出售商品的；

（三）能够证明行为具有正当性的其他理由。

第十四条　具有市场支配地位的经营者没有正当理由，不得通过价格折扣等手段限定交易相对人只能与其进行交易或者只能与其指定的经营者进行交易。

本条所称“正当理由”包括：

（一）为了保证产品质量和安全的；

（二）为了维护品牌形象或者提高服务水平的；

（三）能够显著降低成本、提高效率，并且能够使消费者分享由此产生的利益的；

（四）能够证明行为具有正当性的其他理由。

第十五条　具有市场支配地位的经营者不得在交易时在价格之外附加不合理的费用。

第十六条　具有市场支配地位的经营者没有正当理由，不得对条件相同的交易相对人在交易价格上实行差别待遇。

第十七条　本规定所称市场支配地位，是指经营者在相关市场内具有能够控制商品价格、数量或者其他交易条件，或者能够阻碍、影响其他经营者进入相关市场能力的市场地位。

其他交易条件，是指除商品价格、数量之外能够对市场交易产生实质影响的其他因素，包括商品等级、付款条件、交付方式、售后服务、交易选择权和技术约束条件等。

阻碍、影响其他经营者进入相关市场，是指排除、延缓其他经营者进入相关市场，或者导致其他经营者虽能够进入该相关市场但进入成本大幅度提高，无法与现有经营者开展有效竞争等。

第十八条　认定经营者具有市场支配地位，应当在界定相关市场的基础上，依据下列因素：

（一）该经营者在相关市场的市场份额，以及相关市场的竞争状况；

（二）该经营者控制销售市场或者原材料采购市场的能力；

（三）该经营者的财力和技术条件；

（四）其他经营者对该经营者在交易上的依赖程度；

（五）其他经营者进入相关市场的难易程度；

（六）与认定该经营者市场支配地位有关的其他因素。

第十九条　有下列情形之一的，可以推定经营者具有市场支配地位：

（一）一个经营者在相关市场的市场份额达到二分之一的；

（二）两个经营者在相关市场的市场份额合计达到三分之二的；

（三）三个经营者在相关市场的市场份额合计达到四分之三的。

有前款第二项、第三项规定的情形，其中有的经营者市场份额不足十分之一的，不应当推定该经营者具有市场支配地位。

被推定具有市场支配地位的经营者，有证据证明不具有市场支配地位的，不应当认定其具有市场支配地位。

第二十条　行政机关和法律、法规授权的具有管理公共事务职能的组织不得滥用行政权力，实施下列行为，妨碍商品的自由流通：

（一）对外地商品设定歧视性收费项目；

（二）对外地商品实行歧视性收费标准；

（三）对外地商品规定歧视性价格；

（四）妨碍商品自由流通的其他规定价格或者收费的行为。

第二十一条　行政机关和法律、法规授权的具有管理公共事务职能的组织不得滥用行政权力，强制经营者从事本规定禁止的各类价格垄断行为。

第二十二条　行政机关不得滥用行政权力，制定含有排除、限制价格竞争内容的规定。

第二十三条　经营者有本规定所列价格垄断行为的，由国务院价格主管部门和经授权的省、自治区、直辖市人民政府价格主管部门依据反垄断法第四十六条、第四十七条和第四十九条的规定予以处罚。

行业协会违反本规定，组织本行业的经营者达成价格垄断协议的，依照反垄断法第四十六条和第四十九条的规定予以处罚。

第二十四条 行政机关和法律、法规授权的具有管理公共事务职能的组织有本规定所列滥用行政权力，实施排除、限制竞争行为的，依照反垄断法第五十一条的规定处理。

第二十五条 对政府价格主管部门依法实施的调查，拒绝提供有关材料、信息，或者提供虚假材料、信息，或者隐匿、销毁、转移证据，或者有其他拒绝、阻碍调查行为的，依照反垄断法第五十二条的规定予以处罚。

第二十六条 经营者依照有关知识产权的法律、行政法规规定行使知识产权的行为，不适用本规定；但是，经营者滥用知识产权，排除、限制竞争的价格垄断行为，适用本规定。

第二十七条 农业生产者及农村经济组织在农产品生产、加工、销售、运输、储存等经营活动中实施的联合或者协同行为，不适用本规定。

第二十八条 本规定由国家发展和改革委员会负责解释。

第二十九条 本规定自2011年2月1日起施行。2003年6月18日国家发展和改革委员会发布的《制止价格垄断行为暂行规定》同时废止。

·商务部

零售商供应商公平交易管理办法

（2006年10月13日商务部、国家发展和改革委员会、公安部、国家税务总局、国家工商行政管理总局令第17号公布　自2006年11月15日起施行）

第一条　为规范零售商与供应商的交易行为，维护公平交易秩序，保障消费者的合法权益，制定本办法。

第二条　零售商与供应商在中华人民共和国境内从事的相关交易活动适用本办法。

第三条　本办法所称零售商是指依法在工商行政管理部门办理登记，直接向消费者销售商品，年销售额（从事连锁经营的企业，其销售额包括连锁店铺的销售额）1000万元以上的企业及其分支机构。

本办法所称供应商是指直接向零售商提供商品及相应服务的企业及其分支机构、个体工商户，包括制造商、经销商和其他中介商。

第四条　零售商与供应商的交易活动应当遵循合法、自愿、公平、诚实信用的原则，不得妨碍公平竞争的市场交易秩序，不得侵害交易对方的合法权益。

第五条　鼓励零售商与供应商在交易中采用商务主管部门和工商行政管理部门推荐的合同示范文本。

第六条　零售商不得滥用优势地位从事下列不公平交易行为：

（一）与供应商签订特定商品的供货合同，双方就商品的特定规格、型号、款式等达成一致后，又拒绝接收该商品。但具有可归责于供应商的事由，或经供应商同意、零售商负责承担由此产生的损失的除外；

（二）要求供应商承担事先未约定的商品损耗责任；

（三）事先未约定或者不符合事先约定的商品下架或撤柜的条件，零售商无正当理由将供应商所供货物下架或撤柜的；但是零售商根据法律法规或行政机关依法作出的行政决定将供应商所供货物下架、撤柜的除外；

（四）强迫供应商无条件销售返利，或者约定以一定销售额为销售返利前提，未完成约定销售额却向供应商收取返利的；

（五）强迫供应商购买指定的商品或接受指定的服务。

第七条　零售商不得从事下列妨碍公平竞争的行为：

（一）对供应商直接向消费者、其他经营者销售商品的价格予以限制；

（二）对供应商向其他零售商供货或提供销售服务予以限制。

第八条　零售商不得要求供应商派遣人员到零售商经营场所提供服务，下列情形除外：

（一）经供应商同意，并且供应商派遣人员仅从事与该供应商所供商品有关的销售服务工作；

（二）与供应商协商一致，就供应商派遣人员的工作内容、劳动时间、工作期限等条件达成一致，且派遣人员所需费用由零售商承担。

第九条　存在下列情形的，供应商有权拒绝退货：

（一）零售商因自身原因造成商品污染、毁损、变质或过期要求退货，但不承担由此给供应商造成的损失；

（二）零售商以调整库存、经营场所改造、更换货架等事由要求退货，且不承担由此给供应商造成的损失；

（三）零售商在商品促销期间低价进货，促销期过后将所剩商品以正常价退货。

第十条 零售商向供应商收取促销服务费的，应当事先征得供应商的同意，订立合同，明确约定提供服务的项目、内容、期限；收费的项目、标准、数额、用途、方式及违约责任等内容。

本办法所称促销服务费是指，依照合同约定，为促进供应商特定品牌或特定品种商品的销售，零售商以提供印制海报、开展促销活动、广告宣传等相应服务为条件，向供应商收取的费用。

第十一条 零售商收取促销服务费后，应当按照合同约定向供应商提供相应的服务，不得擅自中止服务或降低服务标准。零售商未完全提供相应服务的，应当向供应商返还未提供服务部分的费用。

第十二条 零售商应当将所收取的促销服务费登记入账，向供应商开具发票，按规定纳税。

第十三条 零售商不得收取或变相收取以下费用：

（一）以签订或续签合同为由收取的费用；

（二）要求已经按照国家有关规定取得商品条码并可在零售商经营场所内正常使用的供应商，购买店内码而收取的费用；

（三）向使用店内码的供应商收取超过实际成本的条码费；

（四）店铺改造、装修时，向供应商收取的未专门用于该供应商特定商品销售区域的装修、装饰费；

（五）未提供促销服务，以节庆、店庆、新店开业、重新开业、企业上市、合并等为由收取的费用；

（六）其他与销售商品没有直接关系、应当由零售商自身承担或未提供服务而收取的费用。

第十四条 零售商与供应商应按商品的属性在合同中明确约定货款支付的期限，但约定的支付期限最长不超过收货后60天。

第十五条 除合同另有约定或供应商没有提供必要单据外，零售商应当及时与供应商对账。

第十六条 零售商以代销方式销售商品的，供应商有权查询零售商尚未付款商品的销售情况，零售商应当提供便利条件，不得拒绝。

第十七条 零售商不得以下列情形为由延迟支付供应商货款：

（一）供应商的个别商品未能及时供货；

（二）供应商的个别商品的退换货手续尚未办结；

（三）供应商所供商品的销售额未达到零售商设定的数额；

（四）供应商未与零售商续签供货合同；

（五）零售商提出的其他违反公平原则的事由。

第十八条 供应商供货时，不得从事下列妨碍公平竞争的行为：

（一）强行搭售零售商未订购的商品；

（二）限制零售商销售其他供应商的商品。

第十九条 鼓励行业协会建立商业信用档案，准确、及时、全面地记载和反映零售商、供应商的信用状况，引导零售商、供应商加强自律，合法经营。

第二十条 鼓励行业协会建立零售商货款结算风险预警机制，对零售商拖欠供应商货款数额较大、期限较长的，应当将有关情况通报商务主管部门，并提示相关的供应商。

第二十一条 各地商务、价格、税务、工商等部门依照法律法规及本办法，在各自的职责范围内对本办法规定的行为进行监督管理。对涉嫌犯罪的，由公安机关依法予以查处。

县级以上商务主管部门应会同同级有关部门对零售商供应商公平交易行为实行动态监测，进行风险预警，及时采取防范措施。

第二十二条 对违反本办法规定的行为任何单位和个人均可向上述部门举报，相关部门接到举报后，应当依法予以查处。

第二十三条 零售商或者供应商违反本办法规定的，法律法规有规定的，从其规定；没有规定的，责令改正；有违法所得的，可处违法所得三倍以下罚款，但最高不超过三万元；没有违法所得的，可处一万元以下罚款；并可向社会公告。

第二十四条 县级以上商务、价格、税务、工商等部门发现零售商涉嫌骗取供应商货款的，应当将其涉嫌犯罪的线索及时移送当地公安机关。公安机关应及时开展调查工作，涉嫌犯罪的，依法立案侦查。

第二十五条 各省、自治区、直辖市可结合本地实际，制定规范零售商供应商公平交易行为的有关规定。

第二十六条 本办法自2006年11月15日起施行。

网络零售第三方平台交易规则制定程序规定（试行）

（2014年12月24日商务部令2014年第7号公布 自2015年4月1日起施行）

第一条 为了促进网络零售的健康发展，保护依托第三方平台网络零售活动中各主体的合法权益，维护公共利益，加强公共信息服务，根据有关法律法规，制定本规定。

第二条 网络零售第三方平台经营者制定、修改、实施交易规则应当遵守本规定。

第三条 本规定所称交易规则，是指网络零售第三方平台经营者制定、修改、实施的适用于使用平台服务的不特定主体、涉及社会公共利益的公开规则。

本规定所称网络零售第三方平台经营者，是指为其他经营者进行网络零售提供虚拟经营场所及相关服务，且在中华人民共和国境内经营的法人及其他组织。

本规定所称网络零售，是指以互联网为媒介向消费者销售商品或提供经营性服务的行为。

第四条 网络零售第三方平台交易规则的制定、修改、实施应当遵循公开、公平、公正的原则，遵守法律、行政法规，尊重社会公德，不得扰乱社会经济秩序，损害社会公共利益。

第五条 商务部负责建设网络零售第三方平台交易规则备案系统，省、自治区、直辖市商务主管部门（以下称省级商务主管部门）负责网络零售第三方平台交易规则备案等日常管理。

第六条 网络零售第三方平台经营者制定、修改、实施的下列交易规则应按照本规定公示并备案：

（一）基本规则，指网络零售经营者和消费者在第三方平台注册的规则及关于交易成立、有效性和履行的基础性规则。

（二）责任及风险分担规则，指网络零售第三方平台经营者对网络零售经营者和消费者承担民事责任或者免除责任的规则及风险分担的规则。

（三）知识产权保护规则，指保护知识产权以及防止假冒伪劣商品的规则。

（四）信用评价规则，指网络零售第三方平台经营者为交易双方提供信用评价服务，以及收集、记录、披露交易双方信用情况的规则。

（五）消费者权益保护规则，指保护消费者知情权、合理退货权、获得赔偿权等合法权益，保护消费者个人信息及交易记录的规则。

（六）信息披露规则，指网络零售第三方平台经营者对网络零售经营者进行实名登记、审核其法定营业资格的规则。

（七）防范和制止违法信息规则，指网络零售第三方平台经营者防范和制止在其平台上发布违反国家法律法规规定的商品和服务信息、网络广告等规则。

（八）交易纠纷解决规则，指网络零售第三方平台经营者解决与网络零售经营者、消费者之间争议的机制及规则。

（九）交易规则适用的规定，指交易规则适用对象、范围和期限的规定。

（十）交易规则的修改规定，指交易规则变更、修改的程序和方式的规定。

（十一）其他必要的交易规则或与规则相关的措施。

第七条 网络零售第三方平台经营者制定或修改的交易规则，应当在网站主页面醒目位置公开征求意见，并应采取合理措施确保交易规则的利益相关方及时、充分知晓并表达意见，通过合理方式公开收到的意见及答复处理意见，征求意见的时间不得少于七日。

第八条 符合下列情形之一的交易规则，可以不公开征求意见：

（一）为符合法律法规要求修改的交易规则；

（二）根据省级人民政府有关部门要求，为保护消费者权益，需紧急采取措施的交易规则。

第九条 网络零售第三方平台经营者应在交易规则实施前七日在网站醒目位置予以公开，涉及商业秘密的除外。

第十条 网络零售第三方平台经营者制定、修改、实施的交易规则对网络零售经营者和消费者有重大影响的，应制定合理过渡措施。

第十一条 网络零售第三方平台经营者应当主动采取合理的方式保障利益相关方全面、方便地了解所实施的交易规则的内容，并提请其注意有关免除或限制网络零售第三方平台经营者或者利益相关方责任的内容。

网络零售第三方平台经营者应当按照利益相关方的要求，在收到申请之日起七日内以合理方式对交易规则作出说明。

第十二条 网络零售第三方平台经营者应在交易规则实施七日内自行登录网络零售第三方平台交易规则备案系统，提交本规定所列交易规则、征求的公众意见及意见答复处理情况。

第十三条 网络零售第三方平台经营者对其交易规则进行修改时，应按本规定第十二条的要求将修改部分重新备案。

第十四条 商务主管部门通过网络零售第三方平台交易规则备案系统免费提供已备案交易规则的公开查询服务。

第十五条 任何单位和个人可通过网络零售第三方平台交易规则备案系统向网络零售第三方平台经营者所在地省级商务主管部门举报违反本规定的交易规则。

省级商务主管部门确定举报内容属于本部门职责的应依法及时处理，不属于本部门职责的应及时移送相关部门。

第十六条 国家鼓励行业组织开展行业规范自律，对已备案的交易规则提出意见，建立与网络零售第三方平台经营者的互动机制，推进第三方平台交易规则的标准化与规范化。

第十七条 网络零售第三方平台经营者有下列情形之一的，根据举报，所在地省级商务主管部门可以向其提出行政指导建议书：

（一）未按本规定第十一条提醒利益相关方注意有关免除或者限制责任内容的；

（二）未按本规定备案交易规则的；

（三）备案信息不完整、不真实的。

第十八条 网络零售第三方平台经营者未按本规定制定、修改、实施交易规则的，由所在地省级商务主管部门依据职权责令限期改正，拒不改正的，处以警告，并向社会公布。

第十九条 网络零售第三方平台经营者制定、修改、实施交易规则损害社会公共利益，构成犯罪的，依法追究刑事责任。

第二十条 网络零售第三方平台经营者违反本规定第十二条、第十三条，未备案或提交虚假备案信息的，由所在地省级商务主管部门依据职权责令限期改正，拒不改正的，处以警告，并向社会公布。

第二十一条 商务主管部门及其工作人员违反本规定，拒不履行职责，依法给予处分；构成犯罪的，依法追究刑事责任。

第二十二条 本规定施行之日前已经实施的交易规则，网络零售第三方平台经营者应当在本规定施行之日起六十日内进行备案。

第二十三条 本规定自 2015 年 4 月 1 日起施行。

附件

行政指导建议书（范本）

××单位：

根据举报，你单位

经研究，现提出如下建议：

上述建议，请你单位予以考虑，欢迎你单位进一步向我们提出咨询。

联系人：　　　联系电话：

省级商务主管部门（盖章）

年　月　日

关于境内企业承接服务外包业务信息保护的若干规定

（2009年12月28日商务部、工业和信息化部令2009年第13号公布 自2010年2月1日起施行）

第一条 为促进承接服务外包业务的中国境内企业（以下称接包方）妥善保护保密信息，维护公平竞争环境，促进我国服务外包产业的进一步发展，根据《中华人民共和国合同法》等法律、行政法规，制定本规定。

第二条 本规定所称的承接服务外包业务是指接包方通过合同向境内外的企业、机构、组织或个人（以下称发包方）提供的信息技术外包服务、技术性业务流程外包服务等服务的行为。

第三条 本规定所称保密信息是指符合以下条件的业务资料或数据：

（一）接包方在承接服务外包业务过程中从发包方所获取；

（二）发包方采取了保密措施且不为公众知悉；

（三）接包方根据合同约定应当承担保密义务。

第四条 接包方及其股东、董事、监事、经理和员工不得违反服务外包合同的约定，披露、使用或者允许他人使用其所掌握的发包方的保密信息。

第五条 接包方应成立信息保护机构或指定专职人员负责制定本企业的信息保护规章制度，对保密信息采取合理的、具体的、有效的保密措施，包括：

（一）限定涉密人员的范围；

（二）对保密信息载体及其存储场所采取技术物理控制，以避免信息被他人不当访问或获取；

（三）对保密信息的记录载体进行分级管理；

（四）对配方含量和程序步骤等重要信息加密保存或保存于受限区域；

（五）对保密信息载体使用密码；

（六）对存有保密信息的厂房、车间、办公室等场所限制来访者或者对他们提出保密要求；

（七）对存有保密信息的计算机建立有效的网络管理和数据保护措施，建立严格的身份认证和访问授权体系，采用完善的系统备份和故障恢复手段，定期进行安全补丁和病毒库的升级；

（八）接包方与发包方约定的其他措施。

第六条 接包方应通过与员工，特别是涉密人员签订保密协议、竞业禁止协议，以及与涉密的第三方人员签订保密协议等措施确保信息安全。

第七条 接包方应当加强对员工的信息安全培训，增强员工的保密意识，避免泄漏保密信息事故的发生。

第八条 鼓励接包方积极借鉴国内外信息安全认证要求、行业最佳实践来制定企业内部信息安全管理体系，并获取国内、国际信息安全认证。

第九条 接包方应积极开展对内部信息安全管理体系的检查及维护，持续改进企业内部信息安全体系。

第十条 接包方违反与发包方之间的保密协议或服务外包合同中的保密条款，发包方可以根据保密协议或服务外包合同的约定提起仲裁或向有管辖权的法院起诉。

第十一条 接包方应与发包方明确约定接包方在为发包方提供服务、履行信息保密义务的过程中所产生的知识产权或技术成果的归属。

第十二条 接包方不得侵犯发包方依法享有的商标、专利、著作权等知识产权权利。

第十三条 相关行业协会等中介组织应加强行业自律管理，可根据需要定期公布接包方的信息保密工作情况。

第十四条 本规定由商务部、工业和信息化部负责解释。

第十五条 本规定自2010年2月1日起施行。

零售商促销行为管理办法

（2006年9月12日商务部、国家发展和改革委员会、公安部、国家税务总局、国家工商行政管理总局令第18号公布 自2006年10月15日起施行）

第一条 为了规范零售商的促销行为，保障消费者的合法权益，维护公平竞争秩序和社会公共利益，促进零售行业健康有序发展，根据有关法律法规，制定本办法。

第二条 零售商在中华人民共和国境内开展的促销活动适用本办法。

第三条 本办法所称零售商是指依法在工商行政管理部门登记注册，直接向消费者销售商品的企业及其分支机构、个体工商户。

本办法所称促销是指零售商为吸引消费者、扩大销售而开展的营销活动。

第四条 零售商开展促销活动应当遵循合法、公平、诚实信用的原则，遵守商业道德，不得开展违反社会公德的促销活动，不得扰乱市场竞争秩序和社会公共秩序，不得侵害消费者和其他经营者的合法权益。

第五条 零售商开展促销活动应当具备相应的安全设备和管理措施，确保消防安全通道的畅通。对开业、节庆、店庆等规模较大的促销活动，零售商应当制定安全应急预案，保证良好的购物秩序，防止因促销活动造成交通拥堵、秩序混乱、疾病传播、人身伤害和财产损失。

第六条 零售商促销活动的广告和其他宣传，其内容应当真实、合法、清晰、易懂，不得使用含糊、易引起误解的语言、文字、图片或影像。不得以保留最终解释权为由，损害消费者的合法权益。

第七条 零售商开展促销活动，应当在经营场所的显著位置明示促销内容，促销内容应当包括促销原因、促销方式、促销规则、促销期限、促销商品的范围，以及相关限制性条件等。

对不参加促销活动的柜台或商品，应当明示，并不得宣称全场促销；明示例外商品、含有限制性条件、附加条件的促销规则时，其文字、图片应当醒目明确。

零售商开展促销活动后在明示期限内不得变更促销内容，因不可抗力而导致的变更除外。

第八条 零售商开展促销活动，其促销商品（包括有奖销售的奖品、赠品）应当依法纳税。

第九条 零售商开展促销活动应当建立健全内部价格管理档案，如实、准确、完整记录促销活动前、促销活动中的价格资料，妥善保存并依法接受监督检查。

第十条 零售商开展促销活动应当明码标价，价签价目齐全、标价内容真实明确、字迹清晰、货签对位、标识醒目。不得在标价之外加价出售商品，不得收取任何未予明示的费用。

第十一条 零售商开展促销活动，不得利用虚构原价打折或者使人误解的标价形式或价格手段欺骗、诱导消费者购买商品。

第十二条 零售商开展促销活动，不得降低促销商品（包括有奖销售的奖品、赠品）的质量和售后服务水平，不得将质量不合格的物品作为奖品、赠品。

第十三条 零售商开展有奖销售活动，应当展示奖品、赠品，不得以虚构的奖品、赠品价值额或含糊的语言文字误导消费者。

第十四条 零售商开展限时促销活动的，应当保证商品在促销时段内的充足供应。

零售商开展限量促销活动的，应当明示促销商品的具体数量。连锁企业所属多家店铺同时开展限量促销活动的，应当明示各店铺促销商品的具体数量。限量促销的，促销商品售完后应即时明示。

第十五条 零售商开展积分优惠卡促销活

动的，应当事先明示获得积分的方式、积分有效时间、可以获得的购物优惠等相关内容。

消费者办理积分优惠卡后，零售商不得变更已明示的前款事项；增加消费者权益的变更除外。

第十六条　零售商不得虚构清仓、拆迁、停业、歇业、转行等事由开展促销活动。

第十七条　消费者要求提供促销商品发票或购物凭证的，零售商应当即时开具，并不得要求消费者负担额外的费用。

第十八条　零售商不得以促销为由拒绝退换货或者为消费者退换货设置障碍。

第十九条　鼓励行业协会建立商业零售企业信用档案，加强自律，引导零售商开展合法、公平、诚实信用的促销活动。

第二十条　单店营业面积在3000平方米以上的零售商，以新店开业、节庆、店庆等名义开展促销活动，应当在促销活动结束后十五日内，将其明示的促销内容，向经营场所所在地的县级以上（含县级）商务主管部门备案。

第二十一条　各地商务、价格、税务、工商等部门依照法律法规及有关规定，在各自职责范围内对促销行为进行监督管理。对涉嫌犯罪的，由公安机关依法予以查处。

第二十二条　对违反本办法规定的行为任何单位和个人均可向上述单位举报，相关单位接到举报后，应当依法予以查处。

第二十三条　零售商违反本办法规定，法律法规有规定的，从其规定；没有规定的，责令改正，有违法所得的，可处违法所得三倍以下罚款，但最高不超过三万元；没有违法所得的，可处一万元以下罚款；并可予以公告。

第二十四条　各省、自治区、直辖市可结合本地实际，制定规范促销行为的有关规定。

第二十五条　本办法由商务部、发展改革委、公安部、税务总局、工商总局负责解释。

第二十六条　本办法自2006年10月15日起施行。

·文化和旅游部

互联网文化管理暂行规定

（2011年2月11日文化部部务会议审议通过　自2011年4月1日起施行　根据2017年12月15日发布的《文化部关于废止和修改部分部门规章的决定》（文化部令第57号）修订）

第一条　为了加强对互联网文化的管理，保障互联网文化单位的合法权益，促进我国互联网文化健康、有序地发展，根据《中华人民共和国网络安全法》、《全国人民代表大会常务委员会关于维护互联网安全的决定》和《互联网信息服务管理办法》等国家法律法规有关规定，制定本规定。

第二条　本规定所称互联网文化产品是指通过互联网生产、传播和流通的文化产品，主要包括：

（一）专门为互联网而生产的网络音乐娱乐、网络游戏、网络演出剧（节）目、网络表演、网络艺术品、网络动漫等互联网文化产品；

（二）将音乐娱乐、游戏、演出剧（节）目、表演、艺术品、动漫等文化产品以一定的技术手段制作、复制到互联网上传播的互联网文化产品。

第三条　本规定所称互联网文化活动是指提供互联网文化产品及其服务的活动，主要包括：

（一）互联网文化产品的制作、复制、进口、发行、播放等活动；

（二）将文化产品登载在互联网上，或者通过互联网、移动通信网等信息网络发送到计算机、固定电话机、移动电话机、电视机、游戏机等用户端以及网吧等互联网上网服务营业场所，供用户浏览、欣赏、使用或者下载的在线传播行为；

（三）互联网文化产品的展览、比赛等活动。

互联网文化活动分为经营性和非经营性两类。经营性互联网文化活动是指以营利为目的，通过向上网用户收费或者以电子商务、广告、赞助等方式获取利益，提供互联网文化产品及其服务的活动。非经营性互联网文化活动是指不以营利为目的的向上网用户提供互联网文化产品及其服务的活动。

第四条　本规定所称互联网文化单位，是指经文化行政部门和电信管理机构批准或者备案，从事互联网文化活动的互联网信息服务提供者。

在中华人民共和国境内从事互联网文化活动，适用本规定。

第五条　从事互联网文化活动应当遵守宪法和有关法律、法规，坚持为人民服务、为社会主义服务的方向，弘扬民族优秀文化，传播有益于提高公众文化素质、推动经济发展、促进社会进步的思想道德、科学技术和文化知识，丰富人民的精神生活。

第六条　文化部负责制定互联网文化发展与管理的方针、政策和规划，监督管理全国互联网文化活动。

省、自治区、直辖市人民政府文化行政部门对申请从事经营性互联网文化活动的单位进行审批，对从事非经营性互联网文化活动的单位进行备案。

县级以上人民政府文化行政部门负责本行政区域内互联网文化活动的监督管理工作。县级以上人民政府文化行政部门或者文化市场综合执法机构对从事互联网文化活动违反国家有关法规的行为实施处罚。

第七条 申请从事经营性互联网文化活动，应当符合《互联网信息服务管理办法》的有关规定，并具备以下条件：

（一）有单位的名称、住所、组织机构和章程；

（二）有确定的互联网文化活动范围；

（三）有适应互联网文化活动需要的专业人员、设备、工作场所以及相应的经营管理技术措施；

（四）有确定的域名；

（五）符合法律、行政法规和国家有关规定的条件。

第八条 申请从事经营性互联网文化活动，应当向所在地省、自治区、直辖市人民政府文化行政部门提出申请，由省、自治区、直辖市人民政府文化行政部门审核批准。

第九条 申请从事经营性互联网文化活动，应当提交下列文件：

（一）申请表；

（二）营业执照和章程；

（三）法定代表人或者主要负责人的身份证明文件；

（四）业务范围说明；

（五）专业人员、工作场所以及相应经营管理技术措施的说明材料；

（六）域名登记证明；

（七）依法需要提交的其他文件。

对申请从事经营性互联网文化活动的，省、自治区、直辖市人民政府文化行政部门应当自受理申请之日起20日内做出批准或者不批准的决定。批准的，核发《网络文化经营许可证》，并向社会公告；不批准的，应当书面通知申请人并说明理由。

《网络文化经营许可证》有效期为3年。有效期届满，需继续从事经营的，应当于有效期届满30日前申请续办。

第十条 非经营性互联网文化单位，应当自设立之日起60日内向所在地省、自治区、直辖市人民政府文化行政部门备案，并提交下列文件：

（一）备案表；

（二）章程；

（三）法定代表人或者主要负责人的身份证明文件；

（四）域名登记证明；

（五）依法需要提交的其他文件。

第十一条 申请从事经营性互联网文化活动经批准后，应当持《网络文化经营许可证》，按照《互联网信息服务管理办法》的有关规定，到所在地电信管理机构或者国务院信息产业主管部门办理相关手续。

第十二条 互联网文化单位应当在其网站主页的显著位置标明文化行政部门颁发的《网络文化经营许可证》编号或者备案编号，标明国务院信息产业主管部门或者省、自治区、直辖市电信管理机构颁发的经营许可证编号或者备案编号。

第十三条 经营性互联网文化单位变更单位名称、域名、法定代表人或者主要负责人、注册地址、经营地址、股权结构以及许可经营范围的，应当自变更之日起20日内到所在地省、自治区、直辖市人民政府文化行政部门办理变更或者备案手续。

非经营性互联网文化单位变更名称、地址、域名、法定代表人或者主要负责人、业务范围的，应当自变更之日起60日内到所在地省、自治区、直辖市人民政府文化行政部门办理备案手续。

第十四条 经营性互联网文化单位终止互联网文化活动的，应当自终止之日起30日内到所在地省、自治区、直辖市人民政府文化行政部门办理注销手续。

经营性互联网文化单位自取得《网络文化经营许可证》并依法办理企业登记之日起满180日未开展互联网文化活动的，由原审核的省、自治区、直辖市人民政府文化行政部门注销《网络文化经营许可证》，同时通知相关省、自治区、直辖市电信管理机构。

非经营性互联网文化单位停止互联网文化活动的，由原备案的省、自治区、直辖市人民政府文化行政部门注销备案，同时通知相关省、自治区、直辖市电信管理机构。

第十五条 经营进口互联网文化产品的活动应当由取得文化行政部门核发的《网络文化经营许可证》的经营性互联网文化单位实施，进口互联网文化产品应当报文化部进行内容审查。

文化部应当自受理内容审查申请之日起20日内（不包括专家评审所需时间）做出批准或者不批准的决定。批准的，发给批准文件；不批准的，应当说明理由。

经批准的进口互联网文化产品应当在其显著位置标明文化部的批准文号，不得擅自变更产品名称或者增删产品内容。自批准之日起一年内未在国内经营的，进口单位应当报文化部备案并说明原因；决定终止进口的，文化部撤销其批准文号。

经营性互联网文化单位经营的国产互联网文化产品应当自正式经营起30日内报省级以上文化行政部门备案，并在其显著位置标明文化部备案编号，具体办法另行规定。

第十六条 互联网文化单位不得提供载有以下内容的文化产品：

（一）反对宪法确定的基本原则的；

（二）危害国家统一、主权和领土完整的；

（三）泄露国家秘密、危害国家安全或者损害国家荣誉和利益的；

（四）煽动民族仇恨、民族歧视，破坏民族团结，或者侵害民族风俗、习惯的；

（五）宣扬邪教、迷信的；

（六）散布谣言，扰乱社会秩序，破坏社会稳定的；

（七）宣扬淫秽、赌博、暴力或者教唆犯罪的；

（八）侮辱或者诽谤他人，侵害他人合法权益的；

（九）危害社会公德或者民族优秀文化传统的；

（十）有法律、行政法规和国家规定禁止的其他内容的。

第十七条 互联网文化单位提供的文化产品，使公民、法人或者其他组织的合法利益受到侵害的，互联网文化单位应当依法承担民事责任。

第十八条 互联网文化单位应当建立自审制度，明确专门部门，配备专业人员负责互联网文化产品内容和活动的自查与管理，保障互联网文化产品内容和活动的合法性。

第十九条 互联网文化单位发现所提供的互联网文化产品含有本规定第十六条所列内容之一的，应当立即停止提供，保存有关记录，向所在地省、自治区、直辖市人民政府文化行政部门报告并抄报文化部。

第二十条 互联网文化单位应当记录备份所提供的文化产品内容及其时间、互联网地址或者域名；记录备份应当保存60日，并在国家有关部门依法查询时予以提供。

第二十一条 未经批准，擅自从事经营性互联网文化活动的，由县级以上人民政府文化行政部门或者文化市场综合执法机构责令停止经营性互联网文化活动，予以警告，并处30000元以下罚款；拒不停止经营活动的，依法列入文化市场黑名单，予以信用惩戒。

第二十二条 非经营性互联网文化单位违反本规定第十条，逾期未办理备案手续的，由县级以上人民政府文化行政部门或者文化市场综合执法机构责令限期改正；拒不改正的，责令停止互联网文化活动，并处1000元以下罚款。

第二十三条 经营性互联网文化单位违反本规定第十二条的，由县级以上人民政府文化行政部门或者文化市场综合执法机构责令限期改正，并可根据情节轻重处10000元以下罚款。

非经营性互联网文化单位违反本规定第十二条的，由县级以上人民政府文化行政部门或者文化市场综合执法机构责令限期改正；拒不改正的，责令停止互联网文化活动，并处500元以下罚款。

第二十四条 经营性互联网文化单位违反本规定第十三条的，由县级以上人民政府文化行政部门或者文化市场综合执法机构责令改正，没收违法所得，并处10000元以上30000元以下罚款；情节严重的，责令停业整顿直至吊销《网络文化经营许可证》；构成犯罪的，依法追究刑事责任。

非经营性互联网文化单位违反本规定第十三条的，由县级以上人民政府文化行政部门或者文化市场综合执法机构责令限期改正；拒不改正的，责令停止互联网文化活动，并处1000元以下罚款。

第二十五条　经营性互联网文化单位违反本规定第十五条，经营进口互联网文化产品未在其显著位置标明文化部批准文号、经营国产互联网文化产品未在其显著位置标明文化部备案编号的，由县级以上人民政府文化行政部门或者文化市场综合执法机构责令改正，并可根据情节轻重处10000元以下罚款。

第二十六条　经营性互联网文化单位违反本规定第十五条，擅自变更进口互联网文化产品的名称或者增删内容的，由县级以上人民政府文化行政部门或者文化市场综合执法机构责令停止提供，没收违法所得，并处10000元以上30000元以下罚款；情节严重的，责令停业整顿直至吊销《网络文化经营许可证》；构成犯罪的，依法追究刑事责任。

第二十七条　经营性互联网文化单位违反本规定第十五条，经营国产互联网文化产品逾期未报文化行政部门备案的，由县级以上人民政府文化行政部门或者文化市场综合执法机构责令改正，并可根据情节轻重处20000元以下罚款。

第二十八条　经营性互联网文化单位提供含有本规定第十六条禁止内容的互联网文化产品，或者提供未经文化部批准进口的互联网文化产品的，由县级以上人民政府文化行政部门或者文化市场综合执法机构责令停止提供，没收违法所得，并处10000元以上30000元以下罚款；情节严重的，责令停业整顿直至吊销《网络文化经营许可证》；构成犯罪的，依法追究刑事责任。

非经营性互联网文化单位，提供含有本规定第十六条禁止内容的互联网文化产品，或者提供未经文化部批准进口的互联网文化产品的，由县级以上人民政府文化行政部门或者文化市场综合执法机构责令停止提供，处1000元以下罚款；构成犯罪的，依法追究刑事责任。

第二十九条　经营性互联网文化单位违反本规定第十八条的，由县级以上人民政府文化行政部门或者文化市场综合执法机构责令改正，并可根据情节轻重处20000元以下罚款。

第三十条　经营性互联网文化单位违反本规定第十九条的，由县级以上人民政府文化行政部门或者文化市场综合执法机构予以警告，责令限期改正，并处10000元以下罚款。

第三十一条　违反本规定第二十条的，由省、自治区、直辖市电信管理机构责令改正；情节严重的，由省、自治区、直辖市电信管理机构责令停业整顿或者责令暂时关闭网站。

第三十二条　本规定所称文化市场综合执法机构是指依照国家有关法律、法规和规章的规定，相对集中地行使文化领域行政处罚权以及相关监督检查权、行政强制权的行政执法机构。

第三十三条　文化行政部门或者文化市场综合执法机构查处违法经营活动，依照实施违法经营行为的企业注册地或者企业实际经营地进行管辖；企业注册地和实际经营地无法确定的，由从事违法经营活动网站的信息服务许可地或者备案地进行管辖；没有许可或者备案的，由该网站服务器所在地管辖；网站服务器设置在境外的，由违法行为发生地进行管辖。

第三十四条　本规定自2011年4月1日起施行。2003年5月10日发布、2004年7月1日修订的《互联网文化管理暂行规定》同时废止。

网络游戏管理暂行办法

（2010年6月3日文化部令第49号公布　自2010年8月1日起施行）

第一章　总　　则

第一条　为加强网络游戏管理，规范网络游戏经营秩序，维护网络游戏行业的健康发展，根据《全国人民代表大会常务委员会关于维护互联网安全的决定》和《互联网信息服务管理办法》以及国家法律法规有关规定，制定本办法。

第二条 从事网络游戏研发生产、网络游戏上网运营、网络游戏虚拟货币发行、网络游戏虚拟货币交易服务等形式的经营活动，适用本办法。

本办法所称网络游戏是指由软件程序和信息数据构成，通过互联网、移动通信网等信息网络提供的游戏产品和服务。

网络游戏上网运营是指通过信息网络，使用用户系统或者收费系统向公众提供游戏产品和服务的经营行为。

网络游戏虚拟货币是指由网络游戏经营单位发行，网络游戏用户使用法定货币按一定比例直接或者间接购买，存在于游戏程序之外，以电磁记录方式存储于服务器内，并以特定数字单位表现的虚拟兑换工具。

第三条 国务院文化行政部门是网络游戏的主管部门，县级以上人民政府文化行政部门依照职责分工负责本行政区域内网络游戏的监督管理。

第四条 从事网络游戏经营活动应当遵守宪法、法律、行政法规，坚持社会效益优先，保护未成年人优先，弘扬体现时代发展和社会进步的思想文化和道德规范，遵循有利于保护公众健康及适度游戏的原则，依法维护网络游戏用户的合法权益，促进人的全面发展与社会和谐。

第五条 网络游戏行业协会等社团组织应当接受文化行政部门的指导，依照法律、行政法规及章程制定行业自律规范，加强职业道德教育，指导、监督成员的经营活动，维护成员的合法权益，促进公平竞争。

第二章 经营单位

第六条 从事网络游戏上网运营、网络游戏虚拟货币发行和网络游戏虚拟货币交易服务等网络游戏经营活动的单位，应当具备以下条件，并取得《网络文化经营许可证》：

（一）单位的名称、住所、组织机构和章程；

（二）确定的网络游戏经营范围；

（三）符合国家规定的从业人员；

（四）不低于1000万元的注册资金；

（五）符合法律、行政法规和国家有关规定的条件。

第七条 申请《网络文化经营许可证》，应当向省、自治区、直辖市文化行政部门提出申请。省、自治区、直辖市文化行政部门自收到申请之日起20日内做出批准或者不批准的决定。批准的，核发《网络文化经营许可证》，并向社会公告；不批准的，应当书面通知申请人并说明理由。

《网络文化经营许可证》有效期为3年。有效期届满，需继续从事经营的，应当于有效期届满30日前申请续办。

第八条 获得《网络文化经营许可证》的网络游戏经营单位变更网站名称、网站域名或者法定代表人、注册地址、经营地址、注册资金、股权结构以及许可经营范围的，应当自变更之日起20日内向原发证机关办理变更手续。

网络游戏经营单位应当在企业网站、产品客户端、用户服务中心等显著位置标示《网络文化经营许可证》等信息；实际经营的网站域名应当与申报信息一致。

第三章 内容准则

第九条 网络游戏不得含有以下内容：

（一）违反宪法确定的基本原则的；

（二）危害国家统一、主权和领土完整的；

（三）泄露国家秘密、危害国家安全或者损害国家荣誉和利益的；

（四）煽动民族仇恨、民族歧视，破坏民族团结，或者侵害民族风俗、习惯的；

（五）宣扬邪教、迷信的；

（六）散布谣言，扰乱社会秩序，破坏社会稳定的；

（七）宣扬淫秽、色情、赌博、暴力，或者教唆犯罪的；

（八）侮辱、诽谤他人，侵害他人合法权益的；

（九）违背社会公德的；

（十）有法律、行政法规和国家规定禁止的其他内容的。

第十条 国务院文化行政部门负责网络游戏内容审查，并聘请有关专家承担网络游戏内容审查、备案与鉴定的有关咨询和事务性工作。

经有关部门前置审批的网络游戏出版物，国务院文化行政部门不再进行重复审查，允许其上网运营。

第十一条　国务院文化行政部门依法对进口网络游戏进行内容审查。进口网络游戏应当在获得国务院文化行政部门内容审查批准后，方可上网运营。申请进行内容审查需提交下列材料：

（一）进口网络游戏内容审查申报表；

（二）进口网络游戏内容说明书；

（三）中、外文文本的版权贸易或者运营代理协议、原始著作权证明书和授权书的副本或者复印件；

（四）申请单位的《网络文化经营许可证》和《营业执照》复印件；

（五）内容审查所需的其他文件。

第十二条　申报进口网络游戏内容审查的，应当为依法获得独占性授权的网络游戏运营企业。

批准进口的网络游戏变更运营企业的，由变更后的运营企业，按照本办法第十一条的规定，向国务院文化行政部门重新申报。

经批准的进口网络游戏应当在其运营网站指定位置及游戏内显著位置标明批准文号。

第十三条　国产网络游戏在上网运营之日起30日内应当按规定向国务院文化行政部门履行备案手续。

已备案的国产网络游戏应当在其运营网站指定位置及游戏内显著位置标明备案编号。

第十四条　进口网络游戏内容上网运营后需要进行实质性变动的，网络游戏运营企业应当将拟变更的内容报国务院文化行政部门进行内容审查。

国产网络游戏内容发生实质性变动的，网络游戏运营企业应当自变更之日起30日内向国务院文化行政部门进行备案。

网络游戏内容的实质性变动是指在网络游戏故事背景、情节语言、地名设置、任务设计、经济系统、交易系统、生产建设系统、社交系统、对抗功能、角色形象、声音效果、地图道具、动作呈现、团队系统等方面发生显著变化。

第十五条　网络游戏运营企业应当建立自审制度，明确专门部门，配备专业人员负责网络游戏内容和经营行为的自查与管理，保障网络游戏内容和经营行为的合法性。

第四章　经营活动

第十六条　网络游戏经营单位应当根据网络游戏的内容、功能和适用人群，制定网络游戏用户指引和警示说明，并在网站和网络游戏的显著位置予以标明。

以未成年人为对象的网络游戏不得含有诱发未成年人模仿违反社会公德的行为和违法犯罪的行为的内容，以及恐怖、残酷等妨害未成年人身心健康的内容。

网络游戏经营单位应当按照国家规定，采取技术措施，禁止未成年人接触不适宜的游戏或者游戏功能，限制未成年人的游戏时间，预防未成年人沉迷网络。

第十七条　网络游戏经营单位不得授权无网络游戏运营资质的单位运营网络游戏。

第十八条　网络游戏经营单位应当遵守以下规定：

（一）不得在网络游戏中设置未经网络游戏用户同意的强制对战；

（二）网络游戏的推广和宣传不得含有本办法第九条禁止内容；

（三）不得以随机抽取等偶然方式，诱导网络游戏用户采取投入法定货币或者网络游戏虚拟货币方式获取网络游戏产品和服务。

第十九条　网络游戏运营企业发行网络游戏虚拟货币的，应当遵守以下规定：

（一）网络游戏虚拟货币的使用范围仅限于兑换自身提供的网络游戏产品和服务，不得用于支付、购买实物或者兑换其他单位的产品和服务；

（二）发行网络游戏虚拟货币不得以恶意占用用户预付资金为目的；

（三）保存网络游戏用户的购买记录。保存期限自用户最后一次接受服务之日起，不得少于180日；

（四）将网络游戏虚拟货币发行种类、价格、总量等情况按规定报送注册地省级文化行政部门备案。

第二十条　网络游戏虚拟货币交易服务企业

应当遵守以下规定：

（一）不得为未成年人提供交易服务；

（二）不得为未经审查或者备案的网络游戏提供交易服务；

（三）提供服务时，应保证用户使用有效身份证件进行注册，并绑定与该用户注册信息相一致的银行账户；

（四）接到利害关系人、政府部门、司法机关通知后，应当协助核实交易行为的合法性。经核实属于违法交易的，应当立即采取措施终止交易服务并保存有关纪录；

（五）保存用户间的交易记录和账务记录等信息不得少于180日。

第二十一条　网络游戏运营企业应当要求网络游戏用户使用有效身份证件进行实名注册，并保存用户注册信息。

第二十二条　网络游戏运营企业终止运营网络游戏，或者网络游戏运营权发生转移的，应当提前60日予以公告。网络游戏用户尚未使用的网络游戏虚拟货币及尚未失效的游戏服务，应当按用户购买时的比例，以法定货币退还用户或者用户接受的其他方式进行退换。

网络游戏因停止服务接入、技术故障等网络游戏运营企业自身原因连续中断服务超过30日的，视为终止。

第二十三条　网络游戏经营单位应当保障网络游戏用户的合法权益，并在提供服务网站的显著位置公布纠纷处理方式。

国务院文化行政部门负责制定《网络游戏服务格式化协议必备条款》。网络游戏运营企业与用户的服务协议应当包括《网络游戏服务格式化协议必备条款》的全部内容，服务协议其他条款不得与《网络游戏服务格式化协议必备条款》相抵触。

第二十四条　网络游戏经营单位根据法律法规或者服务协议停止为网络游戏用户提供服务的，应当提前告知用户并说明理由。

第二十五条　网络游戏经营单位发现网络游戏用户发布违法信息的，应当依照法律规定或者服务协议立即停止为其提供服务，保存有关记录并向有关部门报告。

第二十六条　网络游戏经营单位在网络游戏用户合法权益受到侵害或者与网络游戏用户发生纠纷时，可以要求网络游戏用户出示与所注册的身份信息相一致的个人有效身份证件。审核真实的，应当协助网络游戏用户进行取证。对经审核真实的实名注册用户，网络游戏经营单位负有向其依法举证的责任。

双方出现争议经协商未能解决的，可依法申请仲裁或者向人民法院提起诉讼。

第二十七条　任何单位不得为违法网络游戏经营活动提供网上支付服务。为违法网络游戏经营活动提供网上支付服务的，由文化行政部门或者文化市场综合执法机构通报有关部门依法处理。

第二十八条　网络游戏运营企业应当按照国家规定采取技术和管理措施保证网络信息安全，包括防范计算机病毒入侵和攻击破坏，备份重要数据库，保存用户注册信息、运营信息、维护日志等信息，依法保护国家秘密、商业秘密和用户个人信息。

第五章　法律责任

第二十九条　违反本办法第六条的规定，未经批准，擅自从事网络游戏上网运营、网络游戏虚拟货币发行或者网络游戏虚拟货币交易服务等网络游戏经营活动的，由县级以上文化行政部门或者文化市场综合执法机构依据《无照经营查处取缔办法》的规定予以查处。

第三十条　网络游戏经营单位有下列情形之一的，由县级以上文化行政部门或者文化市场综合执法机构责令改正，没收违法所得，并处10000元以上30000元以下罚款；情节严重的，责令停业整顿直至吊销《网络文化经营许可证》；构成犯罪的，依法追究刑事责任：

（一）提供含有本办法第九条禁止内容的网络游戏产品和服务的；

（二）违反本办法第八条第一款规定的；

（三）违反本办法第十一条的规定，上网运营未获得文化部内容审查批准的进口网络游戏的；

（四）违反本办法第十二条第二款的规定，进口网络游戏变更运营企业未按照要求重新申报的；

（五）违反本办法第十四条第一款的规定，

对进口网络游戏内容进行实质性变动未报送审查的。

第三十一条 网络游戏经营单位违反本办法第十六条、第十七条、第十八条规定的，由县级以上文化行政部门或者文化市场综合执法机构责令改正，没收违法所得，并处10000元以上30000元以下罚款。

第三十二条 网络游戏运营企业发行网络游戏虚拟货币违反本办法第十九条第一、二项规定的，由县级以上文化行政部门或者文化市场综合执法机构责令改正，并可根据情节轻重处30000元以下罚款；违反本办法第十九条第三、四项规定的，由县级以上文化行政部门或者文化市场综合执法机构责令改正，并可根据情节轻重处20000元以下罚款。

第三十三条 网络游戏虚拟货币交易服务企业违反本办法第二十条第一项规定的，由县级以上文化行政部门或者文化市场综合执法机构责令改正，并处30000元以下罚款；违反本办法第二十条第二、三项规定的，由县级以上文化行政部门或者文化市场综合执法机构责令改正，并可根据情节轻重处30000元以下罚款；违反本办法第二十条第四、五项规定的，由县级以上文化行政部门或者文化市场综合执法机构责令改正，并可根据情节轻重处20000元以下罚款。

第三十四条 网络游戏运营企业违反本办法第十三条第一款、第十四条第二款、第十五条、第二十一条、第二十二条、第二十三条第二款规定的，由县级以上文化行政部门或者文化市场综合执法机构责令改正，并可根据情节轻重处20000元以下罚款。

第三十五条 网络游戏经营单位违反本办法第八条第二款、第十二条第三款、第十三条第二款、第二十三条第一款、第二十五条规定的，由县级以上文化行政部门或者文化市场综合执法机构责令改正，并可根据情节轻重处10000元以下罚款。

第六章 附 则

第三十六条 本办法所称文化市场综合执法机构是指依照国家有关法律、法规和规章的规定，相对集中地行使文化领域行政处罚权以及相关监督检查权、行政强制权的行政执法机构。

第三十七条 文化行政部门或者文化市场综合执法机构查处违法经营活动，依照实施违法经营行为的企业注册地或者企业实际经营地进行管辖；企业注册地和实际经营地无法确定的，由从事违法经营活动网站的信息服务许可地或者备案地进行管辖；没有许可或者备案的，由该网站服务器所在地管辖；网站服务器设置在境外的，由违法行为发生地进行管辖。

第三十八条 网络游戏的网上出版前置审批和出版境外著作权人授权的互联网游戏作品的审批，按照《中央编办对文化部、广电总局、新闻出版总署〈“三定”规定〉中有关动漫、网络游戏和文化市场综合执法的部分条文的解释》（中央编办发〔2009〕35号）的规定，由有关部门依据相关法律法规管理。

第三十九条 本办法自二〇一〇年八月一日起施行。

·国家税务总局

网络发票管理办法

（2013年2月25日国家税务总局令第30号公布　自2013年4月1日起施行）

第一条　为加强普通发票管理，保障国家税收收入，规范网络发票的开具和使用，根据《中华人民共和国发票管理办法》规定，制定本办法。

第二条　在中华人民共和国境内使用网络发票管理系统开具发票的单位和个人办理网络发票管理系统的开户登记、网上领取发票手续、在线开具、传输、查验和缴销等事项，适用本办法。

第三条　本办法所称网络发票是指符合国家税务总局统一标准并通过国家税务总局及省、自治区、直辖市国家税务局、地方税务局公布的网络发票管理系统开具的发票。

国家积极推广使用网络发票管理系统开具发票。

第四条　税务机关应加强网络发票的管理，确保网络发票的安全、唯一、便利，并提供便捷的网络发票信息查询渠道；应通过应用网络发票数据分析，提高信息管税水平。

第五条　税务机关应根据开具发票的单位和个人的经营情况，核定其在线开具网络发票的种类、行业类别、开票限额等内容。

开具发票的单位和个人需要变更网络发票核定内容的，可向税务机关提出书面申请，经税务机关确认，予以变更。

第六条　开具发票的单位和个人开具网络发票应登录网络发票管理系统，如实完整填写发票的相关内容及数据，确认保存后打印发票。

开具发票的单位和个人在线开具的网络发票，经系统自动保存数据后即完成开票信息的确认、查验。

第七条　单位和个人取得网络发票时，应及时查询验证网络发票信息的真实性、完整性，对不符合规定的发票，不得作为财务报销凭证，任何单位和个人有权拒收。

第八条　开具发票的单位和个人需要开具红字发票的，必须收回原网络发票全部联次或取得受票方出具的有效证明，通过网络发票管理系统开具金额为负数的红字网络发票。

第九条　开具发票的单位和个人作废开具的网络发票，应收回原网络发票全部联次，注明“作废”，并在网络发票管理系统中进行发票作废处理。

第十条　开具发票的单位和个人应当在办理变更或者注销税务登记的同时，办理网络发票管理系统的用户变更、注销手续并缴销空白发票。

第十一条　税务机关根据发票管理的需要，可以按照国家税务总局的规定委托其他单位通过网络发票管理系统代开网络发票。

税务机关应当与受托代开发票的单位签订协议，明确代开网络发票的种类、对象、内容和相关责任等内容。

第十二条　开具发票的单位和个人必须如实在线开具网络发票，不得利用网络发票进行转借、转让、虚开发票及其他违法活动。

第十三条　开具发票的单位和个人在网络出现故障，无法在线开具发票时，可离线开具发票。

开具发票后，不得改动开票信息，并于48

小时内上传开票信息。

第十四条　开具发票的单位和个人违反本办法规定的，按照《中华人民共和国发票管理办法》有关规定处理。

第十五条　省以上税务机关在确保网络发票电子信息正确生成、可靠存储、查询验证、安全唯一等条件的情况下，可以试行电子发票。

第十六条　本办法自 2013 年 4 月 1 日起施行。

·国家保密局

计算机信息系统国际联网保密管理规定

（1999年12月27日 国保发［1999］10号发布）

第一章 总 则

第一条 为了加强计算机信息系统国际联网的保密管理，确保国家秘密的安全，根据《中华人民共和国保守国家秘密法》和国家有关法规的规定，制定本规定。

第二条 计算机信息系统国际联网，是指中华人民共和国境内的计算机信息系统为实现信息的国际交流，同外国的计算机信息网络相联接。

第三条 凡进行国际联网的个人、法人和其他组织（以下统称用户），互联单位和接入单位，都应当遵守本规定。

第四条 计算机信息系统国际联网的保密管理，实行控制源头、归口管理、分级负责、突出重点、有利发展的原则。

第五条 国家保密工作部门主管全国计算机信息系统国际联网的保密工作。县级以上地方各级保密工作部门，主管本行政区域内计算机信息系统国际联网的保密工作。中央国家机关在其职权范围内，主管或指导本系统计算机信息系统国际联网的保密工作。

第二章 保密制度

第六条 涉及国家秘密的计算机信息系统，不得直接或间接地与国际互联网或其它公共信息网络相联接，必须实行物理隔离。

第七条 涉及国家秘密的信息，包括在对外交往与合作中经审查、批准与境外特定对象合法交换的国家秘密信息，不得在国际联网的计算机信息系统中存储、处理、传递。

第八条 上网信息的保密管理坚持“谁上网谁负责”的原则。凡向国际联网的站点提供或发布信息，必须经过保密审查批准。保密审批实行部门管理，有关单位应当根据国家保密法规，建立健全上网信息保密审批领导责任制。提供信息的单位应当按照一定的工作程序，健全信息保密审批制度。

第九条 凡以提供网上信息服务为目的而采集的信息，除在其它新闻媒体上已公开发表的，组织者在上网发布前，应当征得提供信息单位的同意；凡对网上信息进行扩充或更新，应当认真执行信息保密审核制度。

第十条 凡在网上开设电子公告系统、聊天室、网络新闻组的单位和用户，应由相应的保密工作机构审批，明确保密要求和责任。任何单位和个人不得在电子公告系统、聊天室、网络新闻组上发布、谈论和传播国家秘密信息。

面向社会开放的电子公告系统、聊天室、网络新闻组，开办人或其上级主管部门应认真履行保密义务，建立完善的管理制度，加强监督检查。发现有涉密信息，应及时采取措施，并报告当地保密工作部门。

第十一条 用户使用电子函件进行网上信息交流，应当遵守国家有关保密规定，不得利用电子函件传递、转发或抄送国家秘密信息。

互联单位、接入单位对其管理的邮件服务器的用户，应当明确保密要求，完善管理制度。

第十二条 互联单位和接入单位，应当把保密教育作为国际联网技术培训的重要内容。

互联单位与接入单位、接入单位与用户所签定的协议和用户守则中，应当明确规定遵守国家保密法律，不得泄露国家秘密信息的条款。

第三章　保密监督

第十三条　各级保密工作部门应当有相应机构或人员负责计算机信息系统国际联网的保密管理工作，应当督促互联单位、接入单位及用户建立健全信息保密管理制度，监督、检查国际联网保密管理制度规定的执行情况。

对于没有建立信息保密管理制度或责任不明、措施不力、管理混乱，存在明显威胁国家秘密信息安全隐患的部门或单位，保密工作部门应责令其进行整改，整改后仍不符合保密要求的，应当督促其停止国际联网。

第十四条　各级保密工作部门，应当加强计算机信息系统国际联网的保密检查，依法查处各种泄密行为。

第十五条　互联单位、接入单位和用户，应当接受并配合保密工作部门实施的保密监督检查，协助保密工作部门查处利用国际联网泄露国家秘密的违法行为，并根据保密工作部门的要求，删除网上涉及国家秘密的信息。

第十六条　互联单位、接入单位和用户，发现国家秘密泄露或可能泄露情况时，应当立即向保密工作部门或机构报告。

第十七条　各级保密工作部门和机构接到举报或检查发现网上有泄密情况时，应当立即组织查处，并督促有关部门及时采取补救措施，监督有关单位限期删除网上涉及国家秘密的信息。

第四章　附　　则

第十八条　与香港、澳门特别行政区和台湾地区联网的计算机信息系统的保密管理，参照本规定执行。

第十九条　军队的计算机信息系统国际联网保密管理工作，可根据本规定制定具体规定执行。

第二十条　本规定自2000年1月1日起施行。

计算机信息系统保密管理暂行规定

（1998年2月26日　国保发［1998］1号）

第一章　总　　则

第一条　为保护计算机信息系统处理的国家秘密安全，根据《中华人民共和国保守国家秘密法》，制定本规定。

第二条　本规定适用于采集、存储、处理、传递、输出国家秘密信息的计算机信息系统。

第三条　国家保密局主管全国计算机信息系统的保密工作。

各级保密部门和中央、国家机关保密工作机构主管本地区、本部门的计算机信息系统的保密工作。

第二章　涉密系统

第四条　规划和建设计算机信息系统，应当同步规划落实相应的保密设施。

第五条　计算机信息系统的研制、安装和使用，必须符合保密要求。

第六条　计算机信息系统应当采取有效的保密措施，配置合格的保密专用设备，防泄密、防窃密。所采取的保密措施应与所处理信息的密级要求相一致。

第七条　计算机信息系统联网应当采取系统访问控制、数据保护和系统安全保密监控管理等技术措施。

第八条　计算机信息系统的访问应当按照权限控制，不得进行越权操作。未采取技术安全保密措施的数据库不得联网。

第三章　涉密信息

第九条　涉密信息和数据必须按照保密规定进行采集、存储、处理、传递、使用和销毁。

第十条 计算机信息系统存储、处理、传递、输出的涉密信息要有相应的密级标识，密级标识不能与正文分离。

第十一条 国家秘密信息不得在与国际网络联网的计算机信息系统中存储、处理、传递。

第四章 涉密媒体

第十二条 存储国家秘密信息的计算机媒体，应按所存储存信息的最高密级标明密级，并按相应密级的文件进行管理。

存储在计算机信息系统内的国家秘密信息应当采取保护措施。

第十三条 存储过国家秘密信息的计算机媒体不能降低密级使用。不再使用的媒体应及时销毁。

第十四条 存储过国家秘密信息的计算机媒体的维修应保证所存储的国家秘密信息不被泄露。

第十五条 计算机信息系统打印输出的涉密文件，应当按相应密级的文件进行管理。

第五章 涉密场所

第十六条 涉密信息处理场所应当按照国家的有关规定，与境外机构驻地、人员住所保持相应的安全距离。

第十七条 涉密信息处理场所应当根据涉密程度和有关规定设立控制区，未经管理机关批准无关人员不得进入。

第十八条 涉密信息处理场所应当定期或者根据需要进行保密技术检查。

第十九条 计算机信息系统应采取相应的防电磁信息泄漏的保密措施。

第二十条 计算机信息系统的其它物理安全要求应符合国家有关保密标准。

第六章 系统管理

第二十一条 计算机信息系统的保密管理应实行领导负责制，由使用计算机信息系统的单位的主管领导负责本单位的计算机信息系统的保密工作，并指定有关机构和人员具体承办。

各单位的保密工作机构协助本单位的领导对计算机信息系统的保密工作进行指导、协调、监督和检查。

第二十二条 计算机信息系统的使用单位应根据系统所处理的信息涉密等级和重要性制订相应的管理制度。

第二十三条 各级保密部门应依照有关法规和标准对本地区的计算机信息系统进行保密技术检查。

第二十四条 计算机信息系统的系统安全保密管理人员应经过严格审查，定期进行考核，并保持相对稳定。

第二十五条 各单位保密工作机构应对计算机信息系统的工作人员进行上岗前的保密培训，并定期进行保密教育和检查。

第二十六条 任何单位和个人发现计算机信息系统泄密后，应及时采取补救措施，并按有关规定及时向上级报告。

第七章 奖 惩

第二十七条 对在计算机信息系统保密工作中做出显著成绩的单位和人员应给予奖励。

第二十八条 违反本规定，由保密部门和保密机构责令其停止使用，限期整改，经保密部门、机构审查、验收合格后，方可使用。

第二十九条 违反本规定泄露国家秘密，依据《中华人民共和国保守国家秘密法》及其实施办法进行处理，并追究单位领导的责任。

第八章 附 则

第三十条 军队的计算机信息系统保密工作按军队的有关规定执行。

第三十一条 本规定自发布之日起施行。

·中国人民银行

征信机构管理办法

（2013 年 11 月 15 日中国人民银行令〔2013〕第 1 号公布 自 2013 年 12 月 20 日起施行）

第一章 总 则

第一条 为加强对征信机构的监督管理，促进征信业健康发展，根据《中华人民共和国中国人民银行法》、《中华人民共和国公司法》、《征信业管理条例》等法律法规，制定本办法。

第二条 本办法所称征信机构，是指依法设立、主要经营征信业务的机构。

第三条 中国人民银行依法履行对征信机构的监督管理职责。中国人民银行分支机构在总行的授权范围内，履行对辖区内征信机构的监督管理职责。

第四条 征信机构应当遵守法律、行政法规和中国人民银行的规定，诚信经营，不得损害国家利益、社会公共利益，不得侵犯他人合法权益。

第二章 机构的设立、变更与终止

第五条 设立个人征信机构应当经中国人民银行批准。

第六条 设立个人征信机构，除应当符合《征信业管理条例》第六条规定外，还应当具备以下条件：

（一）有健全的组织机构；

（二）有完善的业务操作、信息安全管理、合规性管理等内控制度；

（三）个人信用信息系统符合国家信息安全保护等级二级或二级以上标准。

《征信业管理条例》第六条第一项所称主要股东是指出资额占公司资本总额 5% 以上或者持股占公司股份 5% 以上的股东。

第七条 申请设立个人征信机构，应当向中国人民银行提交下列材料：

（一）个人征信机构设立申请表；

（二）征信业务可行性研究报告，包括发展规划、经营策略等；

（三）公司章程；

（四）股东关联关系和实际控制人说明；

（五）主要股东最近 3 年无重大违法违规行为的声明以及主要股东的信用报告；

（六）拟任董事、监事和高级管理人员任职资格证明；

（七）组织机构设置以及人员基本构成说明；

（八）已经建立的内控制度，包括业务操作、安全管理、合规性管理等；

（九）具有国家信息安全等级保护测评资质的机构出具的个人信用信息系统安全测评报告，关于信息安全保障措施的说明和相关安全保障制度；

（十）营业场所所有权或者使用权证明文件；

（十一）工商行政管理部门出具的企业名称预先核准通知书复印件。

中国人民银行可以通过实地调查、面谈等方式对申请材料进行核实。

第八条 中国人民银行在受理个人征信机构设立申请后公示申请人的下列事项：

（一）拟设立征信机构的名称、营业场所、业务范围；

（二）拟设立征信机构的资本；

（三）拟设立征信机构的主要股东名单及其出资额或者所持股份；

（四）拟任征信机构的董事、监事和高级管理人员名单。

第九条 中国人民银行自受理个人征信机构设立申请之日起60日内对申请事项进行审查，并根据有利于征信业公平竞争和健康发展的审慎性原则作出批准或者不予批准的决定。决定批准的，依法颁发个人征信业务经营许可证；决定不予批准的，应当作出书面决定。

第十条 经批准设立的个人征信机构，凭个人征信业务经营许可证向公司登记机关办理登记，领取营业执照；个人征信机构应当自公司登记机关准予登记之日起20日内，向中国人民银行提交营业执照复印件。

第十一条 个人征信机构拟合并或者分立的，应当向中国人民银行提出申请，说明申请和理由，并提交相关证明材料。

中国人民银行自受理申请之日起20日内，作出批准或者不予批准的书面决定。

第十二条 个人征信机构拟变更资本、主要股东的，应当向中国人民银行提出申请，说明变更事项和变更理由，并提交相关证明材料。

中国人民银行自受理申请之日起20日内，作出批准或者不予批准的书面决定。

第十三条 个人征信机构拟设立分支机构的，应当符合以下条件：

（一）对拟设立分支机构的可行性已经进行充分论证；

（二）最近3年无受到重大行政处罚的记录。

第十四条 个人征信机构申请设立分支机构，应当向中国人民银行提交下列材料：

（一）个人征信机构分支机构设立申请表；

（二）个人征信机构上一年度经审计的财务会计报告；

（三）设立分支机构的可行性论证报告，包括拟设立分支机构的3年业务发展规划、市场分析和经营方针等；

（四）针对设立分支机构所作出的内控制度安排和风险防范措施；

（五）个人征信机构最近3年未受重大行政处罚的声明；

（六）拟任职的分支机构高级管理人员履历材料。

中国人民银行自受理申请之日起20日内，作出批准或者不予批准的书面决定。

第十五条 个人征信机构变更机构名称、营业场所、法定代表人的，应当向中国人民银行申请变更个人征信业务经营许可证记载事项。

个人征信机构应当在个人征信业务经营许可证记载事项变更后，向公司登记机关申办变更登记，并自公司登记机关准予变更之日起20日内，向中国人民银行备案。

第十六条 个人征信业务经营许可证应当在个人征信机构营业场所的显著位置公示。

第十七条 个人征信机构应当妥善保管个人征信业务经营许可证，不得涂改、倒卖、出租、出借、转让。

第十八条 个人征信业务经营许可证有效期为3年。有效期届满需要续展的，应当在有效期届满60日前向中国人民银行提出申请，换发个人征信业务经营许可证。

有效期届满不再续展的，个人征信机构应当在个人征信业务经营许可证有效期届满60日前向中国人民银行报告，并依照本办法第二十条的规定，妥善处理信息数据库，办理个人征信业务经营许可证注销手续；个人征信机构在个人征信业务经营许可证有效期届满60日前未提出续展申请的，中国人民银行可以在个人征信业务经营许可证有效期届满之日注销其个人征信业务经营许可证，并依照《征信业管理条例》第十二条的规定处理信息数据库。

第十九条 设立企业征信机构，应当符合《中华人民共和国公司法》规定的公司设立条件，自公司登记机关准予登记之日起30日内向所在地的中国人民银行省会（首府）城市中心支行以上分支机构办理备案，并提交下列材料：

（一）企业征信机构备案表；

（二）营业执照复印件；

（三）股权结构说明，包括资本、股东名单及其出资额或者所持股份；

（四）组织机构设置以及人员基本构成说明；

（五）业务范围和业务规则基本情况报告；

（六）业务系统的基本情况，包括企业信用信息系统建设情况报告和具有国家信息安全等级保护测评资质的机构出具的企业信用信息系统安全测评报告；

（七）信息安全和风险防范措施，包括已经建立的内控制度和安全管理制度。

企业征信机构备案事项发生变更的，应当自变更之日起30日内向备案机构办理变更备案。

第二十条　个人征信机构因解散或者被依法宣告破产等原因拟终止征信业务的，应当在拟终止之日前60日向中国人民银行报告退出方案，并依照《征信业管理条例》第十二条第一款规定处理信息数据库。

个人征信机构终止征信业务的，应当自终止之日起20日内，在中国人民银行指定的媒体上公告，并办理个人征信业务经营许可证注销手续，将许可证缴回中国人民银行；逾期不缴回的，中国人民银行应当依法收缴。

第二十一条　企业征信机构因解散或者被依法宣告破产等原因拟终止征信业务的，应当在拟终止之日前60日向中国人民银行报告退出方案，并依照《征信业管理条例》第十二条第一款规定处理信息数据库。

第三章　高级任职人员管理

第二十二条　个人征信机构的董事、监事、高级管理人员，应当在任职前取得中国人民银行核准的任职资格。

第二十三条　取得个人征信机构董事、监事和高级管理人员任职资格，应当具备以下条件：

（一）正直诚实，品行良好；

（二）具有大专以上学历；

（三）从事征信工作3年以上或者从事金融、法律、会计、经济工作5年以上；

（四）具有履行职责所需的管理能力；

（五）熟悉与征信业务相关的法律法规和专业知识。

第二十四条　有下列情形之一的，不得担任个人征信机构董事、监事和高级管理人员：

（一）因贪污、贿赂、侵占财产、挪用财产或者破坏社会主义市场经济秩序，被判处刑罚，或者因犯罪被剥夺政治权利，执行期满未逾5年的；

（二）最近3年有重大违法违规记录的。

本办法所称重大违法违规记录，是指除前款第一项所列之外的犯罪记录或者重大行政处罚记录。

第二十五条　个人征信机构向中国人民银行申请核准董事、监事和高级管理人员的任职资格，应当提交下列材料：

（一）董事、监事和高级管理人员任职资格申请表；

（二）拟任职的董事、监事和高级管理人员的个人履历材料；

（三）拟任职的董事、监事和高级管理人员的学历证书复印件；

（四）拟任职的董事、监事和高级管理人员最近3年无重大违法违规记录的声明；

（五）拟任职的董事、监事和高级管理人员的个人信用报告。

个人征信机构应当如实提交前款规定的材料，个人征信机构以及拟任职的董事、监事和高级管理人员应当对材料的真实性、完整性负责。中国人民银行根据需要对材料的真实性进行核实，并对申请任职资格的董事、监事和高级管理人员进行考察或者谈话。

第二十六条　中国人民银行依法对个人征信机构董事、监事和高级管理人员的任职资格进行审查，作出核准或者不予核准的书面决定。

第二十七条　企业征信机构的董事、监事、高级管理人员，应当由任职的征信机构自任命之日起20日内向所在地的中国人民银行省会（首府）城市中心支行以上分支机构备案，并提交下列材料：

（一）董事、监事、高级管理人员备案表；

（二）董事、监事、高级管理人员的个人履历材料；

（三）董事、监事、高级管理人员的学历证书复印件；

（四）董事、监事、高级管理人员的备案材料真实性声明。

企业征信机构的董事、监事、高级管理人员发生变更的，应当自变更之日起20日内向备案机构办理变更备案。

第四章 监督管理

第二十八条 个人征信机构应当在每年第一季度末，向中国人民银行报告上一年度征信业务开展情况。

企业征信机构应当在每年第一季度末，向备案机构报告上一年度征信业务开展情况。

报告内容应当包括信用信息采集、征信产品开发、信用信息服务、异议处理以及信用信息系统建设情况，信息安全保障情况等。

第二十九条 个人征信机构应当按规定向中国人民银行报送征信业务统计报表、财务会计报告、审计报告等资料。

企业征信机构应当按规定向备案机构报送征信业务统计报表、财务会计报告、审计报告等资料。

征信机构应当对报送的报表和资料的真实性、准确性、完整性负责。

第三十条 征信机构应当按照国家信息安全保护等级测评标准，对信用信息系统的安全情况进行测评。

征信机构信用信息系统安全保护等级为二级的，应当每两年进行测评；信用信息系统安全保护等级为三级以及以上的，应当每年进行测评。

个人征信机构应当自具有国家信息安全等级保护测评资质的机构出具测评报告之日起 20 日内，将测评报告报送中国人民银行，企业征信机构应当将测评报告报送备案机构。

第三十一条 征信机构有下列情形之一的，中国人民银行及其分支机构可以将其列为重点监管对象：

（一）上一年度发生严重违法违规行为的；

（二）出现可能发生信息泄露征兆的；

（三）出现财务状况异常或者严重亏损的；

（四）被大量投诉的；

（五）未按本办法第二十八条、第二十九条、第三十条规定报送相关材料的；

（六）中国人民银行认为需要重点监管的其他情形。

征信机构被列为重点监管对象的，中国人民银行及其分支机构可以酌情缩短征信机构报告征信业务开展情况、进行信用信息系统安全情况测评的周期，并采取相应的监管措施，督促征信机构整改。

整改后第一款中所列情形消除的，中国人民银行及其分支机构可不再将其列为重点监管对象。

第三十二条 中国人民银行及其分支机构可以根据监管需要，约谈征信机构董事、监事和高级管理人员，要求其就征信业务经营、风险控制、内部管理等有关重大事项作出说明。

第五章 罚 则

第三十三条 申请设立个人征信机构的申请人隐瞒有关情况或者提供虚假材料的，中国人民银行依照《中华人民共和国行政许可法》的相关规定进行处罚。

第三十四条 个人征信机构的个人信用信息系统未达到国家信息安全保护等级二级或者二级以上要求的，中国人民银行可以责令整顿；情节严重或者拒不整顿的，中国人民银行依照《征信业管理条例》第三十八条的规定，吊销其个人征信业务经营许可证。

第三十五条 申请个人征信机构的董事、监事、高级管理人员任职资格的申请人隐瞒有关情况或者提供虚假材料的，中国人民银行不予受理或者不予核准其任职资格，并给予警告；已经核准的，取消其任职资格。

禁止上述申请人 3 年内再次申请任职资格。

第三十六条 个人征信机构任命未取得任职资格董事、监事、高级管理人员的，由中国人民银行责令改正并给予警告；情节严重的，处 1 万元以上 3 万元以下罚款。

企业征信机构任命董事、监事、高级管理人员未及时备案或者变更备案，以及在备案中提供虚假材料的，由中国人民银行分支机构责令改正并给予警告；情节严重的，处 1 万元以上 3 万元以下罚款。

第三十七条 征信机构违反本办法第二十九条、第三十条规定的，由中国人民银行及其分支机构责令改正；情节严重的，处 1 万元以上 3 万元以下罚款；涉嫌犯罪的，依法移交司法机关追究其刑事责任。

第六章　附　　则

第三十八条　本办法由中国人民银行负责解释。

第三十九条　本办法自2013年12月20日起施行。

非金融机构支付服务管理办法

（2010年6月14日中国人民银行令〔2010〕第2号公布　自2010年9月1日起施行）

第一章　总　　则

第一条　为促进支付服务市场健康发展，规范非金融机构支付服务行为，防范支付风险，保护当事人的合法权益，根据《中华人民共和国中国人民银行法》等法律法规，制定本办法。

第二条　本办法所称非金融机构支付服务，是指非金融机构在收付款人之间作为中介机构提供下列部分或全部货币资金转移服务：

（一）网络支付；

（二）预付卡的发行与受理；

（三）银行卡收单；

（四）中国人民银行确定的其他支付服务。

本办法所称网络支付，是指依托公共网络或专用网络在收付款人之间转移货币资金的行为，包括货币汇兑、互联网支付、移动电话支付、固定电话支付、数字电视支付等。

本办法所称预付卡，是指以营利为目的发行的、在发行机构之外购买商品或服务的预付价值，包括采取磁条、芯片等技术以卡片、密码等形式发行的预付卡。

本办法所称银行卡收单，是指通过销售点（POS）终端等为银行卡特约商户代收货币资金的行为。

第三条　非金融机构提供支付服务，应当依据本办法规定取得《支付业务许可证》，成为支付机构。

支付机构依法接受中国人民银行的监督管理。

未经中国人民银行批准，任何非金融机构和个人不得从事或变相从事支付业务。

第四条　支付机构之间的货币资金转移应当委托银行业金融机构办理，不得通过支付机构相互存放货币资金或委托其他支付机构等形式办理。

支付机构不得办理银行业金融机构之间的货币资金转移，经特别许可的除外。

第五条　支付机构应当遵循安全、效率、诚信和公平竞争的原则，不得损害国家利益、社会公共利益和客户合法权益。

第六条　支付机构应当遵守反洗钱的有关规定，履行反洗钱义务。

第二章　申请与许可

第七条　中国人民银行负责《支付业务许可证》的颁发和管理。

申请《支付业务许可证》的，需经所在地中国人民银行分支机构审查后，报中国人民银行批准。

本办法所称中国人民银行分支机构，是指中国人民银行副省级城市中心支行以上的分支机构。

第八条　《支付业务许可证》的申请人应当具备下列条件：

（一）在中华人民共和国境内依法设立的有限责任公司或股份有限公司，且为非金融机构法人；

（二）有符合本办法规定的注册资本最低限额；

（三）有符合本办法规定的出资人；

（四）有5名以上熟悉支付业务的高级管理人员；

（五）有符合要求的反洗钱措施；

（六）有符合要求的支付业务设施；

（七）有健全的组织机构、内部控制制度和风险管理措施；

（八）有符合要求的营业场所和安全保障措施；

（九）申请人及其高级管理人员最近3年内未因利用支付业务实施违法犯罪活动或为违法犯罪活动办理支付业务等受过处罚。

第九条 申请人拟在全国范围内从事支付业务的，其注册资本最低限额为1亿元人民币；拟在省（自治区、直辖市）范围内从事支付业务的，其注册资本最低限额为3千万元人民币。注册资本最低限额为实缴货币资本。

本办法所称在全国范围内从事支付业务，包括申请人跨省（自治区、直辖市）设立分支机构从事支付业务，或客户可跨省（自治区、直辖市）办理支付业务的情形。

中国人民银行根据国家有关法律法规和政策规定，调整申请人的注册资本最低限额。

外商投资支付机构的业务范围、境外出资人的资格条件和出资比例等，由中国人民银行另行规定，报国务院批准。

第十条 申请人的主要出资人应当符合以下条件：

（一）为依法设立的有限责任公司或股份有限公司；

（二）截至申请日，连续为金融机构提供信息处理支持服务2年以上，或连续为电子商务活动提供信息处理支持服务2年以上；

（三）截至申请日，连续盈利2年以上；

（四）最近3年内未因利用支付业务实施违法犯罪活动或为违法犯罪活动办理支付业务等受过处罚。

本办法所称主要出资人，包括拥有申请人实际控制权的出资人和持有申请人10%以上股权的出资人。

第十一条 申请人应当向所在地中国人民银行分支机构提交下列文件、资料：

（一）书面申请，载明申请人的名称、住所、注册资本、组织机构设置、拟申请支付业务等；

（二）公司营业执照（副本）复印件；

（三）公司章程；

（四）验资证明；

（五）经会计师事务所审计的财务会计报告；

（六）支付业务可行性研究报告；

（七）反洗钱措施验收材料；

（八）技术安全检测认证证明；

（九）高级管理人员的履历材料；

（十）申请人及其高级管理人员的无犯罪记录证明材料；

（十一）主要出资人的相关材料；

（十二）申请资料真实性声明。

第十二条 申请人应当在收到受理通知后按规定公告下列事项：

（一）申请人的注册资本及股权结构；

（二）主要出资人的名单、持股比例及其财务状况；

（三）拟申请的支付业务；

（四）申请人的营业场所；

（五）支付业务设施的技术安全检测认证证明。

第十三条 中国人民银行分支机构依法受理符合要求的各项申请，并将初审意见和申请资料报送中国人民银行。中国人民银行审查批准的，依法颁发《支付业务许可证》，并予以公告。

《支付业务许可证》自颁发之日起，有效期5年。支付机构拟于《支付业务许可证》期满后继续从事支付业务的，应当在期满前6个月内向所在地中国人民银行分支机构提出续展申请。中国人民银行准予续展的，每次续展的有效期为5年。

第十四条 支付机构变更下列事项之一的，应当在向公司登记机关申请变更登记前报中国人民银行同意：

（一）变更公司名称、注册资本或组织形式；

（二）变更主要出资人；

（三）合并或分立；

（四）调整业务类型或改变业务覆盖范围。

第十五条 支付机构申请终止支付业务的，应当向所在地中国人民银行分支机构提交下列文件、资料：

（一）公司法定代表人签署的书面申请，载明公司名称、支付业务开展情况、拟终止支付业务及终止原因等；

（二）公司营业执照（副本）复印件；

（三）《支付业务许可证》复印件；

（四）客户合法权益保障方案；

（五）支付业务信息处理方案。

准予终止的，支付机构应当按照中国人民银行的批复完成终止工作，交回《支付业务许可证》。

第十六条　本章对许可程序未作规定的事项，适用《中国人民银行行政许可实施办法》（中国人民银行令〔2004〕第3号）。

第三章　监督与管理

第十七条　支付机构应当按照《支付业务许可证》核准的业务范围从事经营活动，不得从事核准范围之外的业务，不得将业务外包。

支付机构不得转让、出租、出借《支付业务许可证》。

第十八条　支付机构应当按照审慎经营的要求，制订支付业务办法及客户权益保障措施，建立健全风险管理和内部控制制度，并报所在地中国人民银行分支机构备案。

第十九条　支付机构应当确定支付业务的收费项目和收费标准，并报所在地中国人民银行分支机构备案。

支付机构应当公开披露其支付业务的收费项目和收费标准。

第二十条　支付机构应当按规定向所在地中国人民银行分支机构报送支付业务统计报表和财务会计报告等资料。

第二十一条　支付机构应当制定支付服务协议，明确其与客户的权利和义务、纠纷处理原则、违约责任等事项。

支付机构应当公开披露支付服务协议的格式条款，并报所在地中国人民银行分支机构备案。

第二十二条　支付机构的分公司从事支付业务的，支付机构及其分公司应当分别到所在地中国人民银行分支机构备案。

支付机构的分公司终止支付业务的，比照前款办理。

第二十三条　支付机构接受客户备付金时，只能按收取的支付服务费向客户开具发票，不得按接受的客户备付金金额开具发票。

第二十四条　支付机构接受的客户备付金不属于支付机构的自有财产。

支付机构只能根据客户发起的支付指令转移备付金。禁止支付机构以任何形式挪用客户备付金。

第二十五条　支付机构应当在客户发起的支付指令中记载下列事项：

（一）付款人名称；

（二）确定的金额；

（三）收款人名称；

（四）付款人的开户银行名称或支付机构名称；

（五）收款人的开户银行名称或支付机构名称；

（六）支付指令的发起日期。

客户通过银行结算账户进行支付的，支付机构还应当记载相应的银行结算账号。客户通过非银行结算账户进行支付的，支付机构还应当记载客户有效身份证件上的名称和号码。

第二十六条　支付机构接受客户备付金的，应当在商业银行开立备付金专用存款账户存放备付金。中国人民银行另有规定的除外。

支付机构只能选择一家商业银行作为备付金存管银行，且在该商业银行的一个分支机构只能开立一个备付金专用存款账户。

支付机构应当与商业银行的法人机构或授权的分支机构签订备付金存管协议，明确双方的权利、义务和责任。

支付机构应当向所在地中国人民银行分支机构报送备付金存管协议和备付金专用存款账户的信息资料。

第二十七条　支付机构的分公司不得以自己的名义开立备付金专用存款账户，只能将接受的备付金存放在支付机构开立的备付金专用存款账户。

第二十八条　支付机构调整不同备付金专用存款账户头寸的，由备付金存管银行的法人机构对支付机构拟调整的备付金专用存款账户的余额情况进行复核，并将复核意见告知支付机构及有关备付金存管银行。

支付机构应当持备付金存管银行的法人机构出具的复核意见办理有关备付金专用存款账户的头寸调拨。

第二十九条 备付金存管银行应当对存放在本机构的客户备付金的使用情况进行监督，并按规定向备付金存管银行所在地中国人民银行分支机构及备付金存管银行的法人机构报送客户备付金的存管或使用情况等信息资料。

对支付机构违反第二十五条至第二十八条相关规定使用客户备付金的申请或指令，备付金存管银行应当予以拒绝；发现客户备付金被违法使用或有其他异常情况的，应当立即向备付金存管银行所在地中国人民银行分支机构及备付金存管银行的法人机构报告。

第三十条 支付机构的实缴货币资本与客户备付金日均余额的比例，不得低于10%。

本办法所称客户备付金日均余额，是指备付金存管银行的法人机构根据最近90日内支付机构每日日终的客户备付金总量计算的平均值。

第三十一条 支付机构应当按规定核对客户的有效身份证件或其他有效身份证明文件，并登记客户身份基本信息。

支付机构明知或应知客户利用其支付业务实施违法犯罪活动的，应当停止为其办理支付业务。

第三十二条 支付机构应当具备必要的技术手段，确保支付指令的完整性、一致性和不可抵赖性，支付业务处理的及时性、准确性和支付业务的安全性；具备灾难恢复处理能力和应急处理能力，确保支付业务的连续性。

第三十三条 支付机构应当依法保守客户的商业秘密，不得对外泄露。法律法规另有规定的除外。

第三十四条 支付机构应当按规定妥善保管客户身份基本信息、支付业务信息、会计档案等资料。

第三十五条 支付机构应当接受中国人民银行及其分支机构定期或不定期的现场检查和非现场检查，如实提供有关资料，不得拒绝、阻挠、逃避检查，不得谎报、隐匿、销毁相关证据材料。

第三十六条 中国人民银行及其分支机构依据法律、行政法规、中国人民银行的有关规定对支付机构的公司治理、业务活动、内部控制、风险状况、反洗钱工作等进行定期或不定期现场检查和非现场检查。

中国人民银行及其分支机构依法对支付机构进行现场检查，适用《中国人民银行执法检查程序规定》（中国人民银行令〔2010〕第1号发布）。

第三十七条 中国人民银行及其分支机构可以采取下列措施对支付机构进行现场检查：

（一）询问支付机构的工作人员，要求其对被检查事项作出解释、说明；

（二）查阅、复制与被检查事项有关的文件、资料，对可能被转移、藏匿或毁损的文件、资料予以封存；

（三）检查支付机构的客户备付金专用存款账户及相关账户；

（四）检查支付业务设施及相关设施。

第三十八条 支付机构有下列情形之一的，中国人民银行及其分支机构有权责令其停止办理部分或全部支付业务：

（一）累计亏损超过其实缴货币资本的50%；

（二）有重大经营风险；

（三）有重大违法违规行为。

第三十九条 支付机构因解散、依法被撤销或被宣告破产而终止的，其清算事宜按照国家有关法律规定办理。

第四章　罚　　则

第四十条 中国人民银行及其分支机构的工作人员有下列情形之一的，依法给予行政处分；构成犯罪的，依法追究刑事责任：

（一）违反规定审查批准《支付业务许可证》的申请、变更、终止等事项的；

（二）违反规定对支付机构进行检查的；

（三）泄露知悉的国家秘密或商业秘密的；

（四）滥用职权、玩忽职守的其他行为。

第四十一条 商业银行有下列情形之一的，中国人民银行及其分支机构责令其限期改正，并给予警告或处1万元以上3万元以下罚款；情节严重的，中国人民银行责令其暂停或终止客户备付金存管业务：

（一）未按规定报送客户备付金的存管或使用情况等信息资料的；

（二）未按规定对支付机构调整备付金专用存款账户头寸的行为进行复核的；

（三）未对支付机构违反规定使用客户备付金的申请或指令予以拒绝的。

第四十二条 支付机构有下列情形之一的，中国人民银行分支机构责令其限期改正，并给予警告或处1万元以上3万元以下罚款：

（一）未按规定建立有关制度办法或风险管理措施的；

（二）未按规定办理相关备案手续的；

（三）未按规定公开披露相关事项的；

（四）未按规定报送或保管相关资料的；

（五）未按规定办理相关变更事项的；

（六）未按规定向客户开具发票的；

（七）未按规定保守客户商业秘密的。

第四十三条 支付机构有下列情形之一的，中国人民银行分支机构责令其限期改正，并处3万元罚款；情节严重的，中国人民银行注销其《支付业务许可证》；涉嫌犯罪的，依法移送公安机关立案侦查；构成犯罪的，依法追究刑事责任：

（一）转让、出租、出借《支付业务许可证》的；

（二）超出核准业务范围或将业务外包的；

（三）未按规定存放或使用客户备付金的；

（四）未遵守实缴货币资本与客户备付金比例管理规定的；

（五）无正当理由中断或终止支付业务的；

（六）拒绝或阻碍相关检查监督的；

（七）其他危及支付机构稳健运行、损害客户合法权益或危害支付服务市场的违法违规行为。

第四十四条 支付机构未按规定履行反洗钱义务的，中国人民银行及其分支机构依据国家有关反洗钱法律法规等进行处罚；情节严重的，中国人民银行注销其《支付业务许可证》。

第四十五条 支付机构超出《支付业务许可证》有效期限继续从事支付业务的，中国人民银行及其分支机构责令其终止支付业务；涉嫌犯罪的，依法移送公安机关立案侦查；构成犯罪的，依法追究刑事责任。

第四十六条 以欺骗等不正当手段申请《支付业务许可证》但未获批准的，申请人及持有其5%以上股权的出资人3年内不得再次申请或参与申请《支付业务许可证》。

以欺骗等不正当手段申请《支付业务许可证》且已获批准的，由中国人民银行及其分支机构责令其终止支付业务，注销其《支付业务许可证》；涉嫌犯罪的，依法移送公安机关立案侦查；构成犯罪的，依法追究刑事责任；申请人及持有其5%以上股权的出资人不得再次申请或参与申请《支付业务许可证》。

第四十七条 任何非金融机构和个人未经中国人民银行批准擅自从事或变相从事支付业务的，中国人民银行及其分支机构责令其终止支付业务；涉嫌犯罪的，依法移送公安机关立案侦查；构成犯罪的，依法追究刑事责任。

第五章 附 则

第四十八条 本办法实施前已经从事支付业务的非金融机构，应当在本办法实施之日起1年内申请取得《支付业务许可证》。逾期未取得的，不得继续从事支付业务。

第四十九条 本办法由中国人民银行负责解释。

第五十条 本办法自2010年9月1日起施行。

个人信用信息基础数据库管理暂行办法

（2005年8月18日中国人民银行令第3号公布 自2005年10月1日起施行）

第一章 总 则

第一条 为维护金融稳定，防范和降低商业银行的信用风险，促进个人信贷业务的发展，保障个人信用信息的安全和合法使用，根据《中华人民共和国中国人民银行法》等有关法律规定，制定本办法。

第二条 中国人民银行负责组织商业银行建立个人信用信息基础数据库（以下简称个人信用数据库），并负责设立征信服务中心，承担个人信用数据库的日常运行和管理。

第三条 个人信用数据库采集、整理、保存个人信用信息，为商业银行和个人提供信用报告查询服务，为货币政策制定、金融监管和法律、法规规定的其他用途提供有关信息服务。

第四条 本办法所称个人信用信息包括个人基本信息、个人信贷交易信息以及反映个人信用状况的其他信息。

前款所称个人基本信息是指自然人身份识别信息、职业和居住地址等信息；个人信贷交易信息是指商业银行提供的自然人在个人贷款、贷记卡、准贷记卡、担保等信用活动中形成的交易记录；反映个人信用状况的其他信息是指除信贷交易信息之外的反映个人信用状况的相关信息。

第五条 中国人民银行、商业银行及其工作人员应当为在工作中知悉的个人信用信息保密。

第二章 报送和整理

第六条 商业银行应当遵守中国人民银行发布的个人信用数据库标准及其有关要求，准确、完整、及时地向个人信用数据库报送个人信用信息。

第七条 商业银行不得向未经信贷征信主管部门批准建立或变相建立的个人信用信息基础数据库提供个人信用信息。

第八条 征信服务中心应当建立完善的规章制度和采取先进的技术手段确保个人信用信息安全。

第九条 征信服务中心根据生成信用报告的需要，对商业银行报送的个人信用信息进行客观整理、保存，不得擅自更改原始数据。

第十条 征信服务中心认为有关商业银行报送的信息可疑时，应当按有关规定的程序及时向该商业银行发出复核通知。

商业银行应当在收到复核通知之日起5个工作日内给予答复。

第十一条 商业银行发现其所报送的个人信用信息不准确时，应当及时报告征信服务中心，征信服务中心收到纠错报告应当立即进行更正。

第三章 查　询

第十二条 商业银行办理下列业务，可以向个人信用数据库查询个人信用报告：

（一）审核个人贷款申请的；

（二）审核个人贷记卡、准贷记卡申请的；

（三）审核个人作为担保人的；

（四）对已发放的个人信贷进行贷后风险管理的；

（五）受理法人或其他组织的贷款申请或其作为担保人，需要查询其法定代表人及出资人信用状况的。

第十三条 除本办法第十二条第（四）项规定之外，商业银行查询个人信用报告时应当取得被查询人的书面授权。书面授权可以通过在贷款、贷记卡、准贷记卡以及担保申请书中增加相应条款取得。

第十四条 商业银行应当制定贷后风险管理查询个人信用报告的内部授权制度和查询管理程序。

第十五条 征信服务中心可以根据个人申请有偿提供其本人信用报告。

征信服务中心应当制定相应的处理程序，核实申请人身份。

第四章 异议处理

第十六条 个人认为本人信用报告中的信用信息存在错误（以下简称异议信息）时，可以通过所在地中国人民银行征信管理部门或直接向征信服务中心提出书面异议申请。

中国人民银行征信管理部门应当在收到异议申请的2个工作日内将异议申请转交征信服务中心。

第十七条 征信服务中心应当在接到异议申请的2个工作日内进行内部核查。

征信服务中心发现异议信息是由于个人信用数据库信息处理过程造成的，应当立即进行更正，并检查个人信用数据库处理程序和操作规程存在的问题。

第十八条 征信服务中心内部核查未发现

个人信用数据库处理过程存在问题的，应当立即书面通知提供相关信息的商业银行进行核查。

第十九条　商业银行应当在接到核查通知的10个工作日内向征信服务中心作出核查情况的书面答复。异议信息确实有误的，商业银行应当采取以下措施：

（一）应当向征信服务中心报送更正信息；

（二）检查个人信用信息报送的程序；

（三）对后续报送的其他个人信用信息进行检查，发现错误的，应当重新报送。

第二十条　征信服务中心收到商业银行重新报送的更正信息后，应当在2个工作日内对异议信息进行更正。

异议信息确实有误，但因技术原因暂时无法更正的，征信服务中心应当对该异议信息作特殊标注，以有别于其他异议信息。

第二十一条　经过核查，无法确认异议信息存在错误的，征信服务中心不得按照异议申请人要求更改相关个人信用信息。

第二十二条　征信服务中心应当在接受异议申请后15个工作日内，向异议申请人或转交异议申请的中国人民银行征信管理部门提供书面答复；异议信息得到更正的，征信服务中心同时提供更正后的信用报告。

异议信息确实有误，但因技术原因暂时无法更正异议信息的，征信服务中心应当在书面答复中予以说明，待异议信息更正后，提供更正后的信用报告。

第二十三条　转交异议申请的中国人民银行征信管理部门应当自接到征信服务中心书面答复和更正后的信用报告之日起2个工作日内，向异议申请人转交。

第二十四条　对于无法核实的异议信息，征信服务中心应当允许异议申请人对有关异议信息附注100字以内的个人声明。个人声明不得包含与异议信息无关的内容，异议申请人应当对个人声明的真实性负责。

征信服务中心应当妥善保存个人声明原始档案，并将个人声明载入异议人信用报告。

第二十五条　征信服务中心应当对处于异议处理期的信息予以标注。

第五章　安全管理

第二十六条　商业银行应当根据中国人民银行的有关规定，制定相关信用信息报送、查询、使用、异议处理、安全管理等方面的内部管理制度和操作规程，并报中国人民银行备案。

第二十七条　商业银行应当建立用户管理制度，明确管理员用户、数据上报用户和信息查询用户的职责及操作规程。

商业银行管理员用户、数据上报用户和查询用户不得互相兼职。

第二十八条　商业银行管理员用户应当根据操作规程，为得到相关授权的人员创建相应用户。管理员用户不得直接查询个人信用信息。

管理员用户应当加强对同级查询用户、数据上报用户与下一级管理员用户的日常管理。查询用户工作人员调离，该用户应当立即予以停用。

第二十九条　商业银行管理员用户、数据上报用户和查询用户须报中国人民银行征信管理部门和征信服务中心备案。

前款用户工作人员发生变动，商业银行应当在2个工作日内向中国人民银行征信管理部门和征信服务中心变更备案。

第三十条　商业银行应当制定管理员用户和查询用户的口令控制制度，并定期检查口令控制执行情况。

第三十一条　商业银行应当建立保证个人信用信息安全的管理制度，确保只有得到内部授权的人员才能接触个人信用报告，不得将个人信用报告用于本办法第十二条规定以外的其它用途。

第三十二条　征信服务中心应当制定信用信息采集、整理、保存、查询、异议处理、用户管理、安全管理等方面的管理制度和操作规程，明确岗位职责，完善内控制度，保障个人信用数据库的正常运行和个人信用信息的安全。

第三十三条　征信服务中心及其工作人员不得违反法律、法规及本办法的规定，篡改、毁损、泄露或非法使用个人信用信息，不得与自然人、法人、其它组织恶意串通，提供虚假信用报告。

第三十四条 征信服务中心应当建立个人信用数据库内部运行和外部访问的监控制度，监督个人信用数据库用户和商业银行用户的操作，防范对个人信用数据库的非法入侵。

第三十五条 征信服务中心应当建立灾难备份系统，采取必要的安全保障措施，防止系统数据丢失。

第三十六条 征信服务中心应当对商业银行的所有查询进行记录，并及时向商业银行反馈。

第三十七条 商业银行应当经常对个人信用数据库的查询情况进行检查，确保所有查询符合本办法的规定，并定期向中国人民银行及征信服务中心报告查询检查结果。

征信服务中心应当定期核查商业银行对个人信用数据库的查询情况。

第六章 罚 则

第三十八条 商业银行未按照本办法规定建立相应管理制度及操作规程的，由中国人民银行责令改正，逾期不改正的，给予警告，并处以三万元罚款。

第三十九条 商业银行有下列情形之一的，由中国人民银行责令改正，并处一万元以上三万元以下罚款；涉嫌犯罪的，依法移交司法机关处理：

（一）违反本办法规定，未准确、完整、及时报送个人信用信息的；

（二）违反本办法第七条规定的；

（三）越权查询个人信用数据库的；

（四）将查询结果用于本办法规定之外的其他目的的；

（五）违反异议处理规定的；

（六）违反本办法安全管理要求的。

第四十条 商业银行有本办法第三十八条至第三十九条规定情形的，中国人民银行可以建议商业银行对直接负责的董事、高级管理人员和其他直接责任人员给予纪律处分；涉嫌犯罪的，依法移交司法机关处理。

第四十一条 征信服务中心工作人员有下列情形之一的，由中国人民银行依法给予行政处分；涉嫌犯罪的，依法移交司法机关处理：

（一）违反本办法规定，篡改、毁损、泄露或非法使用个人信用信息的；

（二）与自然人、法人、其它组织恶意串通，提供虚假信用报告的。

第四十二条 中国人民银行其他工作人员有违反本办法规定的行为，造成个人信用信息被泄露的，依法给予行政处分；涉嫌犯罪的，依法移交司法机关处理。

第七章 附 则

第四十三条 本办法所称商业银行，是指在中华人民共和国境内设立的商业银行、城市信用合作社、农村信用合作社以及经国务院银行业监督管理机构批准的专门从事信贷业务的其他金融机构。

第四十四条 本办法由中国人民银行负责解释。

第四十五条 本办法自2005年10月1日起施行。

·中国银行保险监督管理委员会

网络借贷信息中介机构业务活动管理暂行办法

（2016年8月17日中国银行业监督管理委员会、工业和信息化部、公安部、国家互联网信息办公室令2016年第1号公布　自公布之日起施行）

第一章　总　　则

第一条　为规范网络借贷信息中介机构业务活动，保护出借人、借款人、网络借贷信息中介机构及相关当事人合法权益，促进网络借贷行业健康发展，更好满足中小微企业和个人投融资需求，根据《关于促进互联网金融健康发展的指导意见》提出的总体要求和监管原则，依据《中华人民共和国民法通则》、《中华人民共和国公司法》、《中华人民共和国合同法》等法律法规，制定本办法。

第二条　在中国境内从事网络借贷信息中介业务活动，适用本办法，法律法规另有规定的除外。

本办法所称网络借贷是指个体和个体之间通过互联网平台实现的直接借贷。个体包含自然人、法人及其他组织。网络借贷信息中介机构是指依法设立，专门从事网络借贷信息中介业务活动的金融信息中介公司。该类机构以互联网为主要渠道，为借款人与出借人（即贷款人）实现直接借贷提供信息搜集、信息公布、资信评估、信息交互、借贷撮合等服务。

本办法所称地方金融监管部门是指各省级人民政府承担地方金融监管职责的部门。

第三条　网络借贷信息中介机构按照依法、诚信、自愿、公平的原则为借款人和出借人提供信息服务，维护出借人与借款人合法权益，不得提供增信服务，不得直接或间接归集资金，不得非法集资，不得损害国家利益和社会公共利益。

借款人与出借人遵循借贷自愿、诚实守信、责任自负、风险自担的原则承担借贷风险。网络借贷信息中介机构承担客观、真实、全面、及时进行信息披露的责任，不承担借贷违约风险。

第四条　按照《关于促进互联网金融健康发展的指导意见》中“鼓励创新、防范风险、趋利避害、健康发展”的总体要求和“依法监管、适度监管、分类监管、协同监管、创新监管”的监管原则，落实各方管理责任。国务院银行业监督管理机构及其派出机构负责制定网络借贷信息中介机构业务活动监督管理制度，并实施行为监管。各省级人民政府负责本辖区网络借贷信息中介机构的机构监管。工业和信息化部负责对网络借贷信息中介机构业务活动涉及的电信业务进行监管。公安部牵头负责对网络借贷信息中介机构的互联网服务进行安全监管，依法查处违反网络安全监管的违法违规活动，打击网络借贷涉及的金融犯罪及相关犯罪。国家互联网信息办公室负责对金融信息服务、互联网信息内容等业务进行监管。

第二章　备案管理

第五条　拟开展网络借贷信息中介服务的网络借贷信息中介机构及其分支机构，应当在领取营业执照后，于10个工作日以内携带有关材料向工商登记注册地地方金融监管部门备案登记。

地方金融监管部门负责为网络借贷信息中介机构办理备案登记。地方金融监管部门应当在网络借贷信息中介机构提交的备案登记材料齐备时予以受理，并在各省（区、市）规定的时限内完成备案登记手续。备案登记不构成对网络借贷信息中介机构经营能力、合规程度、资信状况的认可和评价。

地方金融监管部门有权根据本办法和相关监管规则对备案登记后的网络借贷信息中介机构进行评估分类，并及时将备案登记信息及分类结果在官方网站上公示。

网络借贷信息中介机构完成地方金融监管部门备案登记后，应当按照通信主管部门的相关规定申请相应的电信业务经营许可；未按规定申请电信业务经营许可的，不得开展网络借贷信息中介业务。

网络借贷信息中介机构备案登记、评估分类等具体细则另行制定。

第六条 开展网络借贷信息中介业务的机构，应当在经营范围中实质明确网络借贷信息中介，法律、行政法规另有规定的除外。

第七条 网络借贷信息中介机构备案登记事项发生变更的，应当在5个工作日以内向工商登记注册地地方金融监管部门报告并进行备案信息变更。

第八条 经备案的网络借贷信息中介机构拟终止网络借贷信息中介服务的，应当在终止业务前提前至少10个工作日，书面告知工商登记注册地地方金融监管部门，并办理备案注销。

经备案登记的网络借贷信息中介机构依法解散或者依法宣告破产的，除依法进行清算外，由工商登记注册地地方金融监管部门注销其备案。

第三章 业务规则与风险管理

第九条 网络借贷信息中介机构应当履行下列义务：

（一）依据法律法规及合同约定为出借人与借款人提供直接借贷信息的采集整理、甄别筛选、网上发布，以及资信评估、借贷撮合、融资咨询、在线争议解决等相关服务；

（二）对出借人与借款人的资格条件、信息的真实性、融资项目的真实性、合法性进行必要审核；

（三）采取措施防范欺诈行为，发现欺诈行为或其他损害出借人利益的情形，及时公告并终止相关网络借贷活动；

（四）持续开展网络借贷知识普及和风险教育活动，加强信息披露工作，引导出借人以小额分散的方式参与网络借贷，确保出借人充分知悉借贷风险；

（五）按照法律法规和网络借贷有关监管规定要求报送相关信息，其中网络借贷有关债权债务信息要及时向有关数据统计部门报送并登记；

（六）妥善保管出借人与借款人的资料和交易信息，不得删除、篡改，不得非法买卖、泄露出借人与借款人的基本信息和交易信息；

（七）依法履行客户身份识别、可疑交易报告、客户身份资料和交易记录保存等反洗钱和反恐怖融资义务；

（八）配合相关部门做好防范查处金融违法犯罪相关工作；

（九）按照相关要求做好互联网信息内容管理、网络与信息安全相关工作；

（十）国务院银行业监督管理机构、工商登记注册地省级人民政府规定的其他义务。

第十条 网络借贷信息中介机构不得从事或者接受委托从事下列活动：

（一）为自身或变相为自身融资；

（二）直接或间接接受、归集出借人的资金；

（三）直接或变相向出借人提供担保或者承诺保本保息；

（四）自行或委托、授权第三方在互联网、固定电话、移动电话等电子渠道以外的物理场所进行宣传或推介融资项目；

（五）发放贷款，但法律法规另有规定的除外；

（六）将融资项目的期限进行拆分；

（七）自行发售理财等金融产品募集资金，代销银行理财、券商资管、基金、保险或信托产品等金融产品；

（八）开展类资产证券化业务或实现以打包资产、证券化资产、信托资产、基金份额等形式的债权转让行为；

（九）除法律法规和网络借贷有关监管规定允许外，与其他机构投资、代理销售、经纪等业务进行任何形式的混合、捆绑、代理；

（十）虚构、夸大融资项目的真实性、收益前景，隐瞒融资项目的瑕疵及风险，以歧义性语言或其他欺骗性手段等进行虚假片面宣传或促销等，捏造、散布虚假信息或不完整信息损害他人商业信誉，误导出借人或借款人；

（十一）向借款用途为投资股票、场外配资、期货合约、结构化产品及其他衍生品等高风险的融资提供信息中介服务；

（十二）从事股权众筹等业务；

（十三）法律法规、网络借贷有关监管规定禁止的其他活动。

第十一条 参与网络借贷的出借人与借款人应当为网络借贷信息中介机构核实的实名注册用户。

第十二条 借款人应当履行下列义务：

（一）提供真实、准确、完整的用户信息及融资信息；

（二）提供在所有网络借贷信息中介机构未偿还借款信息；

（三）保证融资项目真实、合法，并按照约定用途使用借贷资金，不得用于出借等其他目的；

（四）按照约定向出借人如实报告影响或可能影响出借人权益的重大信息；

（五）确保自身具有与借款金额相匹配的还款能力并按照合同约定还款；

（六）借贷合同及有关协议约定的其他义务。

第十三条 借款人不得从事下列行为：

（一）通过故意变换身份、虚构融资项目、夸大融资项目收益前景等形式的欺诈借款；

（二）同时通过多个网络借贷信息中介机构，或者通过变换项目名称、对项目内容进行非实质性变更等方式，就同一融资项目进行重复融资；

（三）在网络借贷信息中介机构以外的公开场所发布同一融资项目的信息；

（四）已发现网络借贷信息中介机构提供的服务中含有本办法第十条所列内容，仍进行交易；

（五）法律法规和网络借贷有关监管规定禁止从事的其他活动。

第十四条 参与网络借贷的出借人，应当具备投资风险意识、风险识别能力、拥有非保本类金融产品投资的经历并熟悉互联网。

第十五条 参与网络借贷的出借人应当履行下列义务：

（一）向网络借贷信息中介机构提供真实、准确、完整的身份等信息；

（二）出借资金为来源合法的自有资金；

（三）了解融资项目信贷风险，确认具有相应的风险认知和承受能力；

（四）自行承担借贷产生的本息损失；

（五）借贷合同及有关协议约定的其他义务。

第十六条 网络借贷信息中介机构在互联网、固定电话、移动电话等电子渠道以外的物理场所只能进行信用信息采集、核实、贷后跟踪、抵质押管理等风险管理及网络借贷有关监管规定明确的部分必要经营环节。

第十七条 网络借贷金额应当以小额为主。网络借贷信息中介机构应当根据本机构风险管理能力，控制同一借款人在同一网络借贷信息中介机构平台及不同网络借贷信息中介机构平台的借款余额上限，防范信贷集中风险。

同一自然人在同一网络借贷信息中介机构平台的借款余额上限不超过人民币20万元；同一法人或其他组织在同一网络借贷信息中介机构平台的借款余额上限不超过人民币100万元；同一自然人在不同网络借贷信息中介机构平台借款总余额不超过人民币100万元；同一法人或其他组织在不同网络借贷信息中介机构平台借款总余额不超过人民币500万元。

第十八条 网络借贷信息中介机构应当按照国家网络安全相关规定和国家信息安全等级保护制度的要求，开展信息系统定级备案和等级测试，具有完善的防火墙、入侵检测、数据加密以及灾难恢复等网络安全设施和管理制度，建立信息科技管理、科技风险管理和科技审计有关制度，配置充足的资源，采取完善的管理控制措施和技术手段保障信息系统安全稳健运行，保护出借人与借款人的信息安全。

网络借贷信息中介机构应当记录并留存借

贷双方上网日志信息，信息交互内容等数据，留存期限为自借贷合同到期起5年；每两年至少开展一次全面的安全评估，接受国家或行业主管部门的信息安全检查和审计。

网络借贷信息中介机构成立两年以内，应当建立或使用与其业务规模相匹配的应用级灾备系统设施。

第十九条 网络借贷信息中介机构应当为单一融资项目设置募集期，最长不超过20个工作日。

第二十条 借款人支付的本金和利息应当归出借人所有。网络借贷信息中介机构应当与出借人、借款人另行约定费用标准和支付方式。

第二十一条 网络借贷信息中介机构应当加强与金融信用信息基础数据库运行机构、征信机构等的业务合作，依法提供、查询和使用有关金融信用信息。

第二十二条 各方参与网络借贷信息中介机构业务活动，需要对出借人与借款人的基本信息和交易信息等使用电子签名、电子认证时，应当遵守法律法规的规定，保障数据的真实性、完整性及电子签名、电子认证的法律效力。

网络借贷信息中介机构使用第三方数字认证系统，应当对第三方数字认证机构进行定期评估，保证有关认证安全可靠并具有独立性。

第二十三条 网络借贷信息中介机构应当采取适当的方法和技术，记录并妥善保存网络借贷业务活动数据和资料，做好数据备份。保存期限应当符合法律法规及网络借贷有关监管规定的要求。借贷合同到期后应当至少保存5年。

第二十四条 网络借贷信息中介机构暂停、终止业务时应当至少提前10个工作日通过官方网站等有效渠道向出借人与借款人公告，并通过移动电话、固定电话等渠道通知出借人与借款人。网络借贷信息中介机构业务暂停或者终止，不影响已经签订的借贷合同当事人有关权利义务。

网络借贷信息中介机构因解散或宣告破产而终止的，应当在解散或破产前，妥善处理已撮合存续的借贷业务，清算事宜按照有关法律法规的规定办理。

网络借贷信息中介机构清算时，出借人与借款人的资金分别属于出借人与借款人，不属于网络借贷信息中介机构的财产，不列入清算财产。

第四章　出借人与借款人保护

第二十五条 未经出借人授权，网络借贷信息中介机构不得以任何形式代出借人行使决策。

第二十六条 网络借贷信息中介机构应当向出借人以醒目方式提示网络借贷风险和禁止性行为，并经出借人确认。

网络借贷信息中介机构应当对出借人的年龄、财务状况、投资经验、风险偏好、风险承受能力等进行尽职评估，不得向未进行风险评估的出借人提供交易服务。

网络借贷信息中介机构应当根据风险评估结果对出借人实行分级管理，设置可动态调整的出借限额和出借标的限制。

第二十七条 网络借贷信息中介机构应当加强出借人与借款人信息管理，确保出借人与借款人信息采集、处理及使用的合法性和安全性。

网络借贷信息中介机构及其资金存管机构、其他各类外包服务机构等应当为业务开展过程中收集的出借人与借款人信息保密，未经出借人与借款人同意，不得将出借人与借款人提供的信息用于所提供服务之外的目的。

在中国境内收集的出借人与借款人信息的储存、处理和分析应当在中国境内进行。除法律法规另有规定外，网络借贷信息中介机构不得向境外提供境内出借人和借款人信息。

第二十八条 网络借贷信息中介机构应当实行自身资金与出借人和借款人资金的隔离管理，并选择符合条件的银行业金融机构作为出借人与借款人的资金存管机构。

第二十九条 出借人与网络借贷信息中介机构之间、出借人与借款人之间、借款人与网络借贷信息中介机构之间等纠纷，可以通过以下途径解决：

（一）自行和解；

（二）请求行业自律组织调解；

（三）向仲裁部门申请仲裁；

（四）向人民法院提起诉讼。

第五章 信息披露

第三十条 网络借贷信息中介机构应当在其官方网站上向出借人充分披露借款人基本信息、融资项目基本信息、风险评估及可能产生的风险结果、已撮合未到期融资项目资金运用情况等有关信息。

披露内容应符合法律法规关于国家秘密、商业秘密、个人隐私的有关规定。

第三十一条 网络借贷信息中介机构应当及时在其官方网站显著位置披露本机构所撮合借贷项目等经营管理信息。

网络借贷信息中介机构应当在其官方网站上建立业务活动经营管理信息披露专栏，定期以公告形式向公众披露年度报告、法律法规、网络借贷有关监管规定。

网络借贷信息中介机构应当聘请会计师事务所定期对本机构出借人与借款人资金存管、信息披露情况、信息科技基础设施安全、经营合规性等重点环节实施审计，并且应当聘请有资质的信息安全测评认证机构定期对信息安全实施测评认证，向出借人与借款人等披露审计和测评认证结果。

网络借贷信息中介机构应当引入律师事务所、信息系统安全评价等第三方机构，对网络信息中介机构合规和信息系统稳健情况进行评估。

网络借贷信息中介机构应当将定期信息披露公告文稿和相关备查文件报送工商登记注册地地方金融监管部门，并置备于机构住所供社会公众查阅。

第三十二条 网络借贷信息中介机构的董事、监事、高级管理人员应当忠实、勤勉地履行职责，保证披露的信息真实、准确、完整、及时、公平，不得有虚假记载、误导性陈述或者重大遗漏。

借款人应当配合网络借贷信息中介机构及出借人对融资项目有关信息的调查核实，保证提供的信息真实、准确、完整。

网络借贷信息披露具体细则另行制定。

第六章 监督管理

第三十三条 国务院银行业监督管理机构及其派出机构负责制定统一的规范发展政策措施和监督管理制度，负责网络借贷信息中介机构的日常行为监管，指导和配合地方人民政府做好网络借贷信息中介机构的机构监管和风险处置工作，建立跨部门跨地区监管协调机制。

各地方金融监管部门具体负责本辖区网络借贷信息中介机构的机构监管，包括对本辖区网络借贷信息中介机构的规范引导、备案管理和风险防范、处置工作。

第三十四条 中国互联网金融协会从事网络借贷行业自律管理，并履行下列职责：

（一）制定自律规则、经营细则和行业标准并组织实施，教育会员遵守法律法规和网络借贷有关监管规定；

（二）依法维护会员的合法权益，协调会员关系，组织相关培训，向会员提供行业信息、法律咨询等服务，调解纠纷；

（三）受理有关投诉和举报，开展自律检查；

（四）成立网络借贷专业委员会；

（五）法律法规和网络借贷有关监管规定赋予的其他职责。

第三十五条 借款人、出借人、网络借贷信息中介机构、资金存管机构、担保人等应当签订资金存管协议，明确各自权利义务和违约责任。

资金存管机构对出借人与借款人开立和使用资金账户进行管理和监督，并根据合同约定，对出借人与借款人的资金进行存管、划付、核算和监督。

资金存管机构承担实名开户和履行合同约定及借贷交易指令表面一致性的形式审核责任，但不承担融资项目及借贷交易信息真实性的实质审核责任。

资金存管机构应当按照网络借贷有关监管规定报送数据信息并依法接受相关监督管理。

第三十六条 网络借贷信息中介机构应当在下列重大事件发生后，立即采取应急措施并向工商登记注册地地方金融监管部门报告：

（一）因经营不善等原因出现重大经营风险；

（二）网络借贷信息中介机构或其董事、监事、高级管理人员发生重大违法违规行为；

（三）因商业欺诈行为被起诉，包括违规担保、夸大宣传、虚构隐瞒事实、发布虚假信息、签订虚假合同、错误处置资金等行为。

地方金融监管部门应当建立网络借贷行业重大事件的发现、报告和处置制度，制定处置预案，及时、有效地协调处置有关重大事件。

地方金融监管部门应当及时将本辖区网络借贷信息中介机构重大风险及处置情况信息报送省级人民政府、国务院银行业监督管理机构和中国人民银行。

第三十七条 除本办法第七条规定的事项外，网络借贷信息中介机构发生下列情形的，应当在5个工作日以内向工商登记注册地地方金融监管部门报告：

（一）因违规经营行为被查处或被起诉；

（二）董事、监事、高级管理人员违反境内外相关法律法规行为；

（三）国务院银行业监督管理机构、地方金融监管部门等要求的其他情形。

第三十八条 网络借贷信息中介机构应当聘请会计师事务所进行年度审计，并在上一会计年度结束之日起4个月内向工商登记注册地地方金融监管部门报送年度审计报告。

第七章 法律责任

第三十九条 地方金融监管部门存在未依照本办法规定报告重大风险和处置情况、未依照本办法规定向国务院银行业监督管理机构提供行业统计或行业报告等违反法律法规及本办法规定情形的，应当对有关责任人依法给予行政处分；构成犯罪的，依法追究刑事责任。

第四十条 网络借贷信息中介机构违反法律法规和网络借贷有关监管规定，有关法律法规有处罚规定的，依照其规定给予处罚；有关法律法规未作处罚规定的，工商登记注册地地方金融监管部门可以采取监管谈话、出具警示函、责令改正、通报批评、将其违法违规和不履行公开承诺等情况记入诚信档案并公布等监管措施，以及给予警告、人民币3万元以下罚款和依法可以采取的其他处罚措施；构成犯罪的，依法追究刑事责任。

网络借贷信息中介机构违反法律规定从事非法集资活动或欺诈的，按照相关法律法规和工作机制处理；构成犯罪的，依法追究刑事责任。

第四十一条 网络借贷信息中介机构的出借人及借款人违反法律法规和网络借贷有关监管规定，依照有关规定给予处罚；构成犯罪的，依法追究刑事责任。

第八章 附 则

第四十二条 银行业金融机构及国务院银行业监督管理机构批准设立的其他金融机构和省级人民政府批准设立的融资担保公司、小额贷款公司等投资设立具有独立法人资格的网络借贷信息中介机构，设立办法另行制定。

第四十三条 中国互联网金融协会网络借贷专业委员会按照《关于促进互联网金融健康发展的指导意见》和协会章程开展自律并接受相关监管部门指导。

第四十四条 本办法实施前设立的网络借贷信息中介机构不符合本办法规定的，除违法犯罪行为按照本办法第四十条处理外，由地方金融监管部门要求其整改，整改期不超过12个月。

第四十五条 省级人民政府可以根据本办法制定实施细则，并报国务院银行业监督管理机构备案。

第四十六条 本办法解释权归国务院银行业监督管理机构、工业和信息化部、公安部、国家互联网信息办公室。

第四十七条 本办法所称不超过、以下、以内，包括本数。

电子银行业务管理办法

（2006年1月26日中国银行业监督管理委员会令第5号公布　自2006年3月1日起施行）

第一章　总　　则

第一条　为加强电子银行业务的风险管理，保障客户及银行的合法权益，促进电子银行业务的健康有序发展，根据《中华人民共和国银行业监督管理法》、《中华人民共和国商业银行法》和《中华人民共和国外资金融机构管理条例》等法律法规，制定本办法。

第二条　本办法所称电子银行业务，是指商业银行等银行业金融机构利用面向社会公众开放的通讯通道或开放型公众网络，以及银行为特定自助服务设施或客户建立的专用网络，向客户提供的银行服务。

电子银行业务包括利用计算机和互联网开展的银行业务（以下简称网上银行业务），利用电话等声讯设备和电信网络开展的银行业务（以下简称电话银行业务），利用移动电话和无线网络开展的银行业务（以下简称手机银行业务），以及其他利用电子服务设备和网络，由客户通过自助服务方式完成金融交易的银行业务。

第三条　银行业金融机构和依据《中华人民共和国外资金融机构管理条例》设立的外资金融机构（以下通称为金融机构），应当按照本办法的规定开展电子银行业务。

在中华人民共和国境内设立的金融资产管理公司、信托投资公司、财务公司、金融租赁公司以及经中国银行业监督管理委员会（以下简称中国银监会）批准设立的其他金融机构，开办具有电子银行性质的电子金融业务，适用本办法对金融机构开展电子银行业务的有关规定。

第四条　经中国银监会批准，金融机构可以在中华人民共和国境内开办电子银行业务，向中华人民共和国境内企业、居民等客户提供电子银行服务，也可按照本办法的有关规定开展跨境电子银行服务。

第五条　金融机构应当按照合理规划、统一管理、保障系统安全运行的原则，开展电子银行业务，保证电子银行业务的健康、有序发展。

第六条　金融机构应根据电子银行业务特性，建立健全电子银行业务风险管理体系和内部控制体系，设立相应的管理机构，明确电子银行业务管理的责任，有效地识别、评估、监测和控制电子银行业务风险。

第七条　中国银监会负责对电子银行业务实施监督管理。

第二章　申请与变更

第八条　金融机构在中华人民共和国境内开办电子银行业务，应当依照本办法的有关规定，向中国银监会申请或报告。

第九条　金融机构开办电子银行业务，应当具备下列条件：

（一）金融机构的经营活动正常，建立了较为完善的风险管理体系和内部控制制度，在申请开办电子银行业务的前一年内，金融机构的主要信息管理系统和业务处理系统没有发生过重大事故；

（二）制定了电子银行业务的总体发展战略、发展规划和电子银行安全策略，建立了电子银行业务风险管理的组织体系和制度体系；

（三）按照电子银行业务发展规划和安全策略，建立了电子银行业务运营的基础设施和系统，并对相关设施和系统进行了必要的安全检测和业务测试；

（四）对电子银行业务风险管理情况和业务运营设施与系统等，进行了符合监管要求的安全评估；

（五）建立了明确的电子银行业务管理部门，配备了合格的管理人员和技术人员；

（六）中国银监会要求的其他条件。

第十条　金融机构开办以互联网为媒介的网上银行业务、手机银行业务等电子银行业务，除应具备第九条所列条件外，还应具备以下条件：

（一）电子银行基础设施设备能够保障电子银行的正常运行；

（二）电子银行系统具备必要的业务处理能力，能够满足客户适时业务处理的需要；

（三）建立了有效的外部攻击侦测机制；

（四）中资银行业金融机构的电子银行业务运营系统和业务处理服务器设置在中华人民共和国境内；

（五）外资金融机构的电子银行业务运营系统和业务处理服务器可以设置在中华人民共和国境内或境外。设置在境外时，应在中华人民共和国境内设置可以记录和保存业务交易数据的设施设备，能够满足金融监管部门现场检查的要求，在出现法律纠纷时，能够满足中国司法机构调查取证的要求。

第十一条 外资金融机构开办电子银行业务，除应具备第九条、第十条所列条件外，还应当按照法律、行政法规的有关规定，在中华人民共和国境内设有营业性机构，其所在国家（地区）监管当局具备对电子银行业务进行监管的法律框架和监管能力。

第十二条 金融机构申请开办电子银行业务，根据电子银行业务的不同类型，分别适用审批制和报告制。

（一）利用互联网等开放性网络或无线网络开办的电子银行业务，包括网上银行、手机银行和利用掌上电脑等个人数据辅助设备开办的电子银行业务，适用审批制；

（二）利用境内或地区性电信网络、有线网络等开办的电子银行业务，适用报告制；

（三）利用银行为特定自助服务设施或与客户建立的专用网络开办的电子银行业务，法律法规和行政规章另有规定的遵照其规定，没有规定的适用报告制。

金融机构开办电子银行业务后，与其特定客户建立直接网络连接提供相关服务，属于电子银行日常服务，不属于开办电子银行业务申请的类型。

第十三条 金融机构申请开办需要审批的电子银行业务之前，应先就拟申请的业务与中国银监会进行沟通，说明拟申请的电子银行业务系统和基础设施设计、建设方案，以及基本业务运营模式等，并根据沟通情况，对有关方案进行调整。

进行监管沟通后，金融机构应根据调整完善后的方案开展电子银行系统建设，并应在申请前完成对相关系统的内部测试工作。

内部测试对象仅限于金融机构内部人员、外包机构相关工作人员和相关机构的工作人员，不得扩展到一般客户。

第十四条 金融机构申请开办电子银行业务时，可以在一个申请报告中同时申请不同类型的电子银行业务，但在申请中应注明所申请的电子银行业务类型。

第十五条 金融机构向中国银监会或其派出机构申请开办电子银行业务，应提交以下文件、资料（一式三份）：

（一）由金融机构法定代表人签署的开办电子银行业务的申请报告；

（二）拟申请的电子银行业务类型及拟开展的业务种类；

（三）电子银行业务发展规划；

（四）电子银行业务运营设施与技术系统介绍；

（五）电子银行业务系统测试报告；

（六）电子银行安全评估报告；

（七）电子银行业务运行应急计划和业务连续性计划；

（八）电子银行业务风险管理体系及相应的规章制度；

（九）电子银行业务的管理部门、管理职责，以及主要负责人介绍；

（十）申请单位联系人以及联系电话、传真、电子邮件信箱等联系方式；

（十一）中国银监会要求提供的其他文件和资料。

第十六条 中国银监会或其派出机构在收到金融机构的有关申请材料后，根据监管需要，要求商业银行补充材料时，应一次性将有关要求告知金融机构。

金融机构应根据中国银监会或其派出机构的要求，重新编制和装订申请材料，并更正材料递交日期。

第十七条 中国银监会或其派出机构在收

到金融机构申请开办需要审批的电子银行业务完整申请材料3个月内，作出批准或者不批准的书面决定；决定不批准的，应当说明理由。

第十八条　金融机构在一份申请报告中申请了多个类型的电子银行业务时，中国银监会或其派出机构可以根据有关规定和要求批准全部或部分电子银行业务类型的申请。

对于中国银监会或其派出机构未批准的电子银行业务类型，金融机构可按有关规定重新申请。

第十九条　金融机构开办适用于报告制的电子银行业务类型，不需申请，但应参照第十五条的有关规定，在开办电子银行业务之前1个月，将相关材料报送中国银监会或其派出机构。

第二十条　金融机构开办电子银行业务后，可以利用电子银行平台进行传统银行产品和服务的宣传、销售，也可以根据电子银行业务的特点开发新的业务类型。

金融机构利用电子银行平台宣传有关银行产品或服务时，应当遵守相关法律法规和业务管理规章的有关规定。利用电子银行平台销售有关银行产品或服务时，应认真分析选择适应电子银行销售的产品，不得利用电子银行销售需要对客户进行当面评估后才能销售的，或者需要客户当面确认才能销售的银行产品，法律法规和行政规章另有规定的除外。

第二十一条　金融机构根据业务发展需要，增加或变更电子银行业务类型，适用审批制或报告制。

第二十二条　金融机构增加或者变更以下电子银行业务类型，适用审批制：

（一）有关法律法规和行政规章规定需要审批但金融机构尚未申请批准，并准备利用电子银行开办的；

（二）金融机构将已获批准的业务应用于电子银行时，需要与证券业、保险业相关机构进行直接实时数据交换才能实施的；

（三）金融机构之间通过互联电子银行平台联合开展的；

（四）提供跨境电子银行服务的。

第二十三条　金融机构增加或变更需要审批的电子银行业务类型，应向中国银监会或其派出机构报送以下文件和资料（一式三份）：

（一）由金融机构法定代表人签署的增加或变更业务类型的申请；

（二）拟增加或变更业务类型的定义和操作流程；

（三）拟增加或变更业务类型的风险特征和防范措施；

（四）有关管理规章制度；

（五）申请单位联系人以及联系电话、传真、电子邮件信箱等联系方式；

（六）中国银监会要求提供的其他文件和资料。

第二十四条　业务经营活动不受地域限制的银行业金融机构（以下简称全国性金融机构），申请开办电子银行业务或增加、变更需要审批的电子银行业务类型，应由其总行（公司）统一向中国银监会申请。

按照有关规定只能在某一城市或地区内从事业务经营活动的银行业金融机构（以下简称地区性金融机构），申请开办电子银行业务或增加、变更需要审批的电子银行业务类型，应由其法人机构向所在地中国银监会派出机构申请。

外资金融机构申请开办电子银行业务或增加、变更需要审批的电子银行业务类型，应由其总行（公司）或在中华人民共和国境内的主报告行向中国银监会申请。

第二十五条　中国银监会或其派出机构在收到金融机构增加或变更需要审批的电子银行业务类型完整申请材料3个月内，做出批准或者不批准的书面决定；决定不批准的，应当说明理由。

第二十六条　其他电子银行业务类型适用报告制，金融机构增加或变更时不需申请，但应在开办该业务类型前1个月内，参照第二十三条的有关规定，将有关材料报送中国银监会或其派出机构。

第二十七条　已经实现业务数据集中处理和系统整合（以下简称数据集中处理）的银行业金融机构，获准开办电子银行业务后，可以授权其分支机构开办部分或全部电子银行业务。其分支机构在开办相关业务之前，应向所在地中国银监会派出机构报告。

未实现数据集中处理的银行业金融机构，

如果其分支机构的电子银行业务处理系统独立于总部，该分支机构开办电子银行业务按照地区性金融机构开办电子银行业务的情形管理，应持其总行授权文件，按照有关规定向所在地中国银监会派出机构申请或报告。其他分支机构只需持其总行授权文件，在开办相关业务之前，向所在地中国银监会派出机构报告。

外资金融机构获准开办电子银行业务后，其境内分支机构开办电子银行业务，应持其总行（公司）授权文件向所在地中国银监会派出机构报告。

第二十八条 已开办电子银行业务的金融机构按计划决定终止全部电子银行服务或部分类型的电子银行服务时，应提前 3 个月就终止电子银行服务的原因及相关问题处置方案等，报告中国银监会，并同时予以公告。

金融机构按计划决定停办部分电子银行业务类型时，应于停办该业务前 1 个月内向中国银监会报告，并予以公告。

金融机构终止电子银行服务或停办部分业务类型，必须采取有效的措施保护客户的合法权益，并针对可能出现的问题制定有效的处置方案。

第二十九条 金融机构终止电子银行服务或停办部分业务类型后，需要重新开办电子银行业务或者重新开展已停办的业务类型时，应按照相关规定重新申请或办理。

第三十条 金融机构因电子银行系统升级、调试等原因，需要按计划暂时停止电子银行服务的，应选择适当的时间，尽可能减少对客户的影响，并至少提前 3 天在其网站上予以公告。

受突发事件或偶然因素影响非计划暂停电子银行服务，在正常工作时间内超过 4 个小时或者在正常工作时间外超过 8 个小时的，金融机构应在暂停服务后 24 小时内将有关情况报告中国银监会，并应在事故处理基本结束后 3 日内，将事故原因、影响、补救措施及处理情况等，报告中国银监会。

第三章 风险管理

第三十一条 金融机构应当将电子银行业务风险管理纳入本机构风险管理的总体框架之中，并应根据电子银行业务的运营特点，建立健全电子银行风险管理体系和电子银行安全、稳健运营的内部控制体系。

第三十二条 金融机构的电子银行风险管理体系和内部控制体系应当具有清晰的管理架构、完善的规章制度和严格的内部授权控制机制，能够对电子银行业务面临的战略风险、运营风险、法律风险、声誉风险、信用风险、市场风险等实施有效的识别、评估、监测和控制。

第三十三条 金融机构针对传统业务风险制定的审慎性风险管理原则和措施等，同样适用于电子银行业务，但金融机构应根据电子银行业务环境和运行方式的变化，对原有风险管理制度、规则和程序进行必要的和适当的修正。

第三十四条 金融机构的董事会和高级管理层应根据本机构的总体发展战略和实际经营情况，制订电子银行发展战略和可行的经营投资战略，对电子银行的经营进行持续性的综合效益分析，科学评估电子银行业务对金融机构总体风险的影响。

第三十五条 在制定电子银行发展战略时，金融机构应加强电子银行业务的知识产权保护工作。

第三十六条 金融机构应当针对电子银行不同系统、风险设施、信息和其他资源的重要性及其对电子银行安全的影响进行评估分类，制定适当的安全策略，建立健全风险控制程序和安全操作规程，采取相应的安全管理措施。

对各类安全控制措施应定期检查、测试，并根据实际情况适时调整，保证安全措施的持续有效和及时更新。

第三十七条 金融机构应当保障电子银行运营设施设备，以及安全控制设施设备的安全，对电子银行的重要设施设备和数据，采取适当的保护措施。

（一）有形场所的物理安全控制，必须符合国家有关法律法规和安全标准的要求，对尚没有统一安全标准的有形场所的安全控制，金融机构应确保其制定的安全制度有效地覆盖可能面临的主要风险；

（二）以开放型网络为媒介的电子银行系统，应合理设置和使用防火墙、防病毒软件等安全产品与技术，确保电子银行有足够的反攻击能力、防病毒能力和入侵防护能力；

（三）对重要设施设备的接触、检查、维修和应急处理，应有明确的权限界定、责任划分和操作流程，并建立日志文件管理制度，如实记录并妥善保管相关记录；

（四）对重要技术参数，应严格控制接触权限，并建立相应的技术参数调整与变更机制，并保证在更换关键人员后，能够有效防止有关技术参数的泄漏；

（五）对电子银行管理的关键岗位和关键人员，应实行轮岗和强制性休假制度，建立严格的内部监督管理制度。

第三十八条　金融机构应采用适当的加密技术和措施，保证电子交易数据传输的安全性与保密性，以及所传输交易数据的完整性、真实性和不可否认性。

金融机构采用的数据加密技术应符合国家有关规定，并根据电子银行业务的安全性需要和科技信息技术的发展，定期检查和评估所使用的加密技术和算法的强度，对加密方式进行适时调整。

第三十九条　金融机构应当与客户签订电子银行服务协议或合同，明确双方的权利与义务。

在电子银行服务协议中，金融机构应向客户充分揭示利用电子银行进行交易可能面临的风险，金融机构已经采取的风险控制措施和客户应采取的风险控制措施，以及相关风险的责任承担。

第四十条　金融机构应采取适当的措施和采用适当的技术，识别与验证使用电子银行服务客户的真实、有效身份，并应依照与客户签订的有关协议对客户作业权限、资金转移或交易限额等实施有效管理。

第四十一条　金融机构应当建立相应的机制，搜索、监测和处理假冒或有意设置类似于金融机构的电话、网站、短信号码等信息骗取客户资料的活动。

金融机构发现假冒电子银行的非法活动后，应向公安部门报案，并向中国银监会报告。同时，金融机构应及时在其网站、电话语音提示系统或短信平台上，提醒客户注意。

第四十二条　金融机构应尽可能使用统一的电子银行服务电话、域名、短信号码等，并应在与客户签订的协议中明确客户启动电子银行业务的合法途径、意外事件的处理办法，以及联系方式等。

已实现数据集中处理的银行业金融机构开展网上银行类业务，总行（公司）与其分支机构应使用统一的域名；未实现数据集中处理的银行业金融机构开展网上银行类业务时，应由总行（公司）设置统一的接入站点，在其主页内设置其分支机构网站链接。

第四十三条　金融机构应建立电子银行入侵侦测与入侵保护系统，实时监控电子银行的运行情况，定期对电子银行系统进行漏洞扫描，并建立对非法入侵的甄别、处理和报告机制。

第四十四条　金融机构开展电子银行业务，需要对客户信息和交易信息等使用电子签名或电子认证时，应遵照国家有关法律法规的规定。

金融机构使用第三方认证系统，应对第三方认证机构进行定期评估，保证有关认证安全可靠和具有公信力。

第四十五条　金融机构应定期评估可供客户使用的电子银行资源充足情况，采取必要的措施保障线路接入通畅，保证客户对电子银行服务的可用性。

第四十六条　金融机构应制定电子银行业务连续性计划，保证电子银行业务的连续正常运营。

金融机构电子银行业务连续性计划应充分考虑第三方服务供应商对业务连续性的影响，并应采取适当的预防措施。

第四十七条　金融机构应制定电子银行应急计划和事故处理预案，并定期对这些计划和预案进行测试，以管理、控制和减少意外事件造成的危害。

第四十八条　金融机构应定期对电子银行关键设备和系统进行检测，并详细记录检测情况。

第四十九条　金融机构应明确电子银行管理、运营等各个环节的主要权限、职责和相互监督方式，有效隔离电子银行应用系统、验证系统、业务处理系统和数据库管理系统之间的风险。

第五十条　金融机构应建立健全电子银行

业务的内部审计制度，定期对电子银行业务进行审计。

第五十一条 金融机构应采取适当的方法和技术，记录并妥善保存电子银行业务数据，电子银行业务数据的保存期限应符合法律法规的有关要求。

第五十二条 金融机构应采取适当措施，保证电子银行业务符合相关法律法规对客户信息和隐私保护的规定。

第五十三条 金融机构应针对电子银行业务发展与管理的实际情况，制订多层次的培训计划，对电子银行管理人员和业务人员进行持续培训。

第四章 数据交换与转移管理

第五十四条 电子银行业务的数据交换与转移，是指金融机构根据业务发展和管理的需要，利用电子银行平台与外部组织或机构相互交换电子银行业务信息和数据，或者将有关电子银行业务数据转移至外部组织或机构的活动。

第五十五条 金融机构根据业务发展需要，可以与其他开展电子银行业务的金融机构建立电子银行系统数据交换机制，实现电子银行业务平台的直接连接，进行境内实时信息交换和跨行资金转移。

第五十六条 建立电子银行业务数据交换机制的金融机构，或者电子银行平台实现相互连接的金融机构，应当建立联合风险管理委员会，负责协调跨行间的业务风险管理与控制。

所有参加数据交换或电子银行平台连接的金融机构都应参加联合风险管理委员会，共同制定并遵守联合风险管理委员会的规章制度和工作规程。

联合风险管理委员会的规章制度、工作规程、会议纪要和有关决议等，应抄报中国银监会。

第五十七条 金融机构根据业务发展或管理的需要，可以与非银行业金融机构直接交换或转移部分电子银行业务数据。

金融机构向非银行业金融机构交换或转移部分电子银行业务数据时，应签订数据交换（转移）用途与范围明确、管理职责清晰的书面协议，并明确各方的数据保密责任。

第五十八条 金融机构在确保电子银行业务数据安全并被恰当使用的情况下，可以向非金融机构转移部分电子银行业务数据。

（一）金融机构由于业务外包、系统测试（调试）、数据恢复与救援等为维护电子银行正常安全运营的需要而向非金融机构转移电子银行业务数据的，应当事先签订书面保密合同，并指派专人负责监督有关数据的使用、保管、传递和销毁；

（二）金融机构由于业务拓展、业务合作等需要向非金融机构转移电子银行业务数据的，除应签订书面保密合同和指定专人监督外，还应建立对数据接收方的定期检查制度，一旦发现数据接收方不当使用、保管或传递电子银行业务数据，应立即停止相关数据转移，并应采取必要的措施预防电子银行客户的合法权益受到损害，法律法规另有规定的除外；

（三）金融机构不得向无业务往来的非金融机构转移电子银行业务数据，不得出售电子银行业务数据，不得损害客户权益利用电子银行业务数据谋取利益。

第五十九条 金融机构可以为电子商务经营者提供网上支付平台。为电子商务提供网上支付平台时，金融机构应严格审查合作对象，签订书面合作协议，建立有效监督机制，防范不法机构或人员利用电子银行支付平台从事违法资金转移或其他非法活动。

第六十条 外资金融机构因业务或管理需要确需向境外总行（公司）转移有关电子银行业务数据的，应遵守有关法律法规的规定，采取必要的措施保护客户的合法权益，并遵守有关数据交换和转移的规定。

第六十一条 未经电子银行业务数据转出机构的允许，数据接收机构不得将有关电子银行业务数据向第三方转移。法律法规另有规定的除外。

第五章 业务外包管理

第六十二条 电子银行业务外包，是指金融机构将电子银行部分系统的开发、建设，电子银行业务的部分服务与技术支持，电子银行系统的维护等专业化程度较高的业务工作，委托给外部专业机构承担的活动。

第六十三条 金融机构在进行电子银行业务外包时，应根据实际需要，合理确定外包的原则和范围，认真分析和评估业务外包存在的潜在风险，建立健全有关规章制度，制定相应的风险防范措施。

第六十四条 金融机构在选择电子银行业务外包服务供应商时，应充分审查、评估外包服务供应商的经营状况、财务状况和实际风险控制与责任承担能力，进行必要的尽职调查。

第六十五条 金融机构应当与外包服务供应商签订书面合同，明确双方的权利、义务。

在合同中，应明确规定外包服务供应商的保密义务、保密责任。

第六十六条 金融机构应充分认识外包服务供应商对电子银行业务风险控制的影响，并将其纳入总体安全策略之中。

第六十七条 金融机构应建立完整的业务外包风险评估与监测程序，审慎管理业务外包产生的风险。

第六十八条 电子银行业务外包风险的管理应当符合金融机构的风险管理标准，并应建立针对电子银行业务外包风险的应急计划。

第六十九条 金融机构应与外包服务供应商建立有效的联络、沟通和信息交流机制，并应制定在意外情况下能够实现外包服务供应商顺利变更，保证外包服务不间断的应急预案。

第七十条 金融机构对电子银行业务处理系统、授权管理系统、数据备份系统的总体设计开发，以及其他涉及机密数据管理与传递环节的系统进行外包时，应经过金融机构董事会或者法人代表批准，并应在业务外包实施前向中国银监会报告。

第六章 跨境业务活动管理

第七十一条 电子银行的跨境业务活动，是指开办电子银行业务的金融机构利用境内的电子银行系统，向境外居民或企业提供的电子银行服务活动。

金融机构的境内客户在境外使用电子银行服务，不属于跨境业务活动。

第七十二条 金融机构提供跨境电子银行服务，除应遵守中国法律法规和外汇管理政策等规定外，还应遵守境外居民所在国家（地区）的法律规定。

境外电子银行监管部门对跨境电子银行业务要求审批的，金融机构在提供跨境业务活动之前，应获得境外电子银行监管部门的批准。

第七十三条 金融机构开展跨境电子银行业务，除应按照第二章的有关规定向中国银监会申请外，还应当向中国银监会提供以下文件资料：

（一）跨境电子银行服务的国家（地区），以及该国（地区）对电子银行业务管理的法律规定；

（二）跨境电子银行服务的主要对象及服务内容；

（三）未来三年跨境电子银行业务发展规模、客户规模的分析预测；

（四）跨境电子银行业务法律与合规性分析。

第七十四条 金融机构向客户提供跨境电子银行服务，必须签订相关服务协议。

金融机构与客户的服务协议文本，应当使用中文和客户所在国家或地区（或客户同意的其他国语言）两种文字，两种文字的文本应具有同等法律效力。

第七章 监督管理

第七十五条 中国银监会依法对电子银行业务实施非现场监管、现场检查和安全监测，对电子银行安全评估实施管理，并对电子银行的行业自律组织进行指导和监督。

第七十六条 开展电子银行业务的金融机构应当建立电子银行业务统计体系，并按照相关规定向中国银监会报送统计数据。

商业银行向中国银监会报送的电子银行业务统计数据、报送办法等，由中国银监会另行制定。

第七十七条 金融机构应定期对电子银行业务发展与管理情况进行自我评估，并应每年编制《电子银行年度评估报告》。

第七十八条 金融机构的《电子银行年度

评估报告》应至少包括以下几方面内容：

（一）本年度电子银行业务的发展计划与实际发展情况，以及对本年度电子银行发展状况的分析评价；

（二）本年度电子银行业务经营效益的分析、比较与评价，以及主要业务收入和主要业务的服务价格；

（三）电子银行业务风险管理状况的分析与评估，以及本年度电子银行面临的主要风险；

（四）其他需要说明的重要事项。

第七十九条 金融机构的《电子银行年度评估报告》（一式两份）应于下一年度的 3 月底之前报送中国银监会。

第八十条 金融机构应当建立电子银行业务重大安全事故和风险事件的报告制度，并保持与监管部门的经常性沟通。

对于电子银行系统被恶意攻破并已出现客户或银行损失，电子银行被病毒感染并导致机密资料外泄，以及可能会引发其他金融机构电子银行系统风险的事件，金融机构应在事件发生后 48 小时内向中国银监会报告。

第八十一条 中国银监会根据监管的需要，可以依法对金融机构的电子银行业务实施现场检查，也可以聘请外部专业机构对电子银行业务系统进行安全漏洞扫描、攻击测试等检查。

第八十二条 中国银监会对电子银行业务实施现场检查时，除应按照现场检查的有关规定组成检查组并进行相关业务培训外，还应邀请被检查机构的电子银行业务管理和技术人员介绍其电子银行系统架构、运营管理模式以及关键设备接触要求。

检查人员在实施现场检查过程中，应当遵守被检查机构电子银行安全管理的有关规定。

第八十三条 金融机构的总行（公司），以及已实现数据集中处理的金融机构分支机构电子银行业务的现场检查，由中国银监会负责；未实现数据集中处理的金融机构的分支机构，外资金融机构的分支机构，以及地区性金融机构电子银行业务的现场检查，由所在地银监局负责。

第八十四条 中国银监会聘用外部专业机构对金融机构电子银行系统进行检查时，应与被委托机构签订书面合同和保密协议，明确规定被委托机构可以使用的技术手段和使用方式，并指派专人全程参与并监督外部机构的监测测试活动。

银监局与拟聘用的外部专业机构签订合同之前，应报请银监会批准。

第八十五条 电子银行安全评估是金融机构开办或持续经营电子银行业务的必要条件，也是金融机构电子银行业务风险管理与监管的重要手段。

金融机构应按照中国银监会的有关规定，定期对电子银行系统进行安全评估，并将其作为电子银行风险管理的重要组成部分。

第八十六条 金融机构电子银行安全评估工作，应当由符合一定资质条件、具备相应评估能力的评估机构实施。

中国银监会负责制定评估机构开展电子银行安全评估业务的资质条件和电子银行安全评估的相关制度，并负责对评估机构参与电子银行安全评估的业务资质进行认定。

第八十七条 中国银监会对评估机构电子银行安全评估业务资质的认定，不作为评估机构开展电子银行安全评估业务的必要条件。

电子银行安全评估机构开展电子银行安全评估业务，如需中国银监会对其资质进行专业认定，应按照有关规定申请办理。

第八十八条 金融机构聘请未经中国银监会认定的安全评估机构实施电子银行安全评估时，应按照中国银监会制定的有关条件和标准选择评估机构，并应于签订评估协议前 4 周将拟聘用机构的有关情况报中国银监会。

第八章 法律责任

第八十九条 金融机构在提供电子银行服务时，因电子银行系统存在安全隐患、金融机构内部违规操作和其他非客户原因等造成损失的，金融机构应当承担相应责任。

因客户有意泄漏交易密码，或者未按照服务协议尽到应尽的安全防范与保密义务造成损失的，金融机构可以根据服务协议的约定免于承担相应责任，但法律法规另有规定的除外。

第九十条 金融机构未经批准擅自开办电子银行业务，或者未经批准增加或变更需要审批的电子银行业务类型，造成客户损失的，金融机构应承担全部责任。法律法规明确规定应由客户承担的责任除外。

第九十一条　金融机构已经按照有关法律法规和行政规章的要求，尽到了电子银行风险管理和安全管理的相应职责，但因其他金融机构或者其他金融机构的外包服务商失职等原因，造成客户损失的，由其他金融机构承担相应责任，但提供电子银行服务的金融机构有义务协助其客户处理有关事宜。

第九十二条　金融机构开展电子银行业务违反审慎经营规则但尚不构成违法违规，并导致电子银行系统存在较大安全隐患的，中国银监会将责令限期改正；逾期未改正，或者其安全隐患在短时间难以解决的，中国银监会可以区别情形，采取下列措施：

（一）暂停批准增加新的电子银行业务类型；

（二）责令金融机构限制发展新的电子银行客户；

（三）责令调整电子银行管理部门负责人。

第九十三条　金融机构在开展电子银行业务过程中，违反有关法律法规和行政规章的，中国银监会将依据有关法律法规和行政规章的规定予以处罚。

第九章　附　　则

第九十四条　金融机构利用为特定自助服务设施或客户建立的专用网络提供电子银行业务，有相关业务管理规定的，遵照其规定，但网络安全、技术风险等管理应参照本办法的有关规定执行；没有相关业务规定的，遵照本办法。

第九十五条　本办法实施前，经监管部门批准已经开办网上银行业务的金融机构，其已开办的电子银行业务不需再行审批，但应于本办法实施后1个月内将已开办的电子银行业务类型、开办时间、审批文件等相关材料报中国银监会。

本办法实施后，上述机构开办尚未开办的电子银行业务类型，应按本办法的有关规定进行申请或报告。

第九十六条　本办法实施前，已经开办网上银行业务但尚未报批或已经申请但尚未获得监管部门批准的金融机构，其开办的网上银行、手机银行，以及其他以互联网或无线网络为媒介的电子银行业务，应在本办法实施后6个月内按本办法提交有关申请；已经递交申请材料的，应按照本办法的要求补充有关材料。

上述机构已经开办适用于报告制的电子银行业务，应于本办法实施后1个月内将已开办的电子银行业务类型、开办时间等报中国银监会。

上述机构新开办其他电子银行业务，应遵照本办法的规定。

第九十七条　本办法实施前，未开办网上银行业务但已开办电话银行业务的金融机构，应于本办法实施后1个月内将已开办的电子银行业务类型、开办时间等报中国银监会。

上述机构新开办其他电子银行业务，应遵照本办法的规定。

第九十八条　本办法由中国银监会负责解释。

第九十九条　本办法自2006年3月1日起施行。

第五部分

规范性文件

· 国务院办公厅

科学数据管理办法

（2018 年 3 月 17 日　国办发〔2018〕17 号）

第一章　总　则

第一条　为进一步加强和规范科学数据管理，保障科学数据安全，提高开放共享水平，更好支撑国家科技创新、经济社会发展和国家安全，根据《中华人民共和国科学技术进步法》、《中华人民共和国促进科技成果转化法》和《政务信息资源共享管理暂行办法》等规定，制定本办法。

第二条　本办法所称科学数据主要包括在自然科学、工程技术科学等领域，通过基础研究、应用研究、试验开发等产生的数据，以及通过观测监测、考察调查、检验检测等方式取得并用于科学研究活动的原始数据及其衍生数据。

第三条　政府预算资金支持开展的科学数据采集生产、加工整理、开放共享和管理使用等活动适用本办法。

任何单位和个人在中华人民共和国境内从事科学数据相关活动，符合本办法规定情形的，按照本办法执行。

第四条　科学数据管理遵循分级管理、安全可控、充分利用的原则，明确责任主体，加强能力建设，促进开放共享。

第五条　任何单位和个人从事科学数据采集生产、使用、管理活动应当遵守国家有关法律法规及部门规章，不得利用科学数据从事危害国家安全、社会公共利益和他人合法权益的活动。

第二章　职　责

第六条　科学数据管理工作实行国家统筹、各部门与各地区分工负责的体制。

第七条　国务院科学技术行政部门牵头负责全国科学数据的宏观管理与综合协调，主要职责是：

（一）组织研究制定国家科学数据管理政策和标准规范；

（二）协调推动科学数据规范管理、开放共享及评价考核工作；

（三）统筹推进国家科学数据中心建设和发展；

（四）负责国家科学数据网络管理平台建设和数据维护。

第八条　国务院相关部门、省级人民政府相关部门（以下统称主管部门）在科学数据管理方面的主要职责是：

（一）负责建立健全本部门（本地区）科学数据管理政策和规章制度，宣传贯彻落实国家科学数据管理政策；

（二）指导所属法人单位加强和规范科学数据管理；

（三）按照国家有关规定做好或者授权有关单位做好科学数据定密工作；

（四）统筹规划和建设本部门（本地区）科学数据中心，推动科学数据开放共享；

（五）建立完善有效的激励机制，组织开展本部门（本地区）所属法人单位科学数据工作的评价考核。

第九条 有关科研院所、高等院校和企业等法人单位（以下统称法人单位）是科学数据管理的责任主体，主要职责是：

（一）贯彻落实国家和部门（地方）科学数据管理政策，建立健全本单位科学数据相关管理制度；

（二）按照有关标准规范进行科学数据采集生产、加工整理和长期保存，确保数据质量；

（三）按照有关规定做好科学数据保密和安全管理工作；

（四）建立科学数据管理系统，公布科学数据开放目录并及时更新，积极开展科学数据共享服务；

（五）负责科学数据管理运行所需软硬件设施等条件、资金和人员保障。

第十条 科学数据中心是促进科学数据开放共享的重要载体，由主管部门委托有条件的法人单位建立，主要职责是：

（一）承担相关领域科学数据的整合汇交工作；

（二）负责科学数据的分级分类、加工整理和分析挖掘；

（三）保障科学数据安全，依法依规推动科学数据开放共享；

（四）加强国内外科学数据方面交流与合作。

第三章　采集、汇交与保存

第十一条 法人单位及科学数据生产者要按照相关标准规范组织开展科学数据采集生产和加工整理，形成便于使用的数据库或数据集。

法人单位应建立科学数据质量控制体系，保证数据的准确性和可用性。

第十二条 主管部门应建立科学数据汇交制度，在国家统一政务网络和数据共享交换平台的基础上开展本部门（本地区）的科学数据汇交工作。

第十三条 政府预算资金资助的各级科技计划（专项、基金等）项目所形成的科学数据，应由项目牵头单位汇交到相关科学数据中心。接收数据的科学数据中心应出具汇交凭证。

各级科技计划（专项、基金等）管理部门应建立先汇交科学数据、再验收科技计划（专项、基金等）项目的机制；项目/课题验收后产生的科学数据也应进行汇交。

第十四条 主管部门和法人单位应建立健全国内外学术论文数据汇交的管理制度。

利用政府预算资金资助形成的科学数据撰写并在国外学术期刊发表论文时需对外提交相应科学数据的，论文作者应在论文发表前将科学数据上交至所在单位统一管理。

第十五条 社会资金资助形成的涉及国家秘密、国家安全和社会公共利益的科学数据必须按照有关规定予以汇交。

鼓励社会资金资助形成的其他科学数据向相关科学数据中心汇交。

第十六条 法人单位应建立科学数据保存制度，配备数据存储、管理、服务和安全等必要设施，保障科学数据完整性和安全性。

第十七条 法人单位应加强科学数据人才队伍建设，在岗位设置、绩效收入、职称评定等方面建立激励机制。

第十八条 国务院科学技术行政部门应加强统筹布局，在条件好、资源优势明显的科学数据中心基础上，优化整合形成国家科学数据中心。

第四章　共享与利用

第十九条 政府预算资金资助形成的科学数据应当按照开放为常态、不开放为例外的原则，由主管部门组织编制科学数据资源目录，有关目录和数据应及时接入国家数据共享交换平台，面向社会和相关部门开放共享，畅通科学数据军民共享渠道。国家法律法规有特殊规定的除外。

第二十条 法人单位要对科学数据进行分级分类，明确科学数据的密级和保密期限、开放条件、开放对象和审核程序等，按要求公布科学数据开放目录，通过在线下载、离线共享或定制服务等方式向社会开放共享。

第二十一条 法人单位应根据需求，对科学数据进行分析挖掘，形成有价值的科学数据产品，开展增值服务。鼓励社会组织和企业开展市场化增值服务。

第二十二条　主管部门和法人单位应积极推动科学数据出版和传播工作，支持科研人员整理发表产权清晰、准确完整、共享价值高的科学数据。

第二十三条　科学数据使用者应遵守知识产权相关规定，在论文发表、专利申请、专著出版等工作中注明所使用和参考引用的科学数据。

第二十四条　对于政府决策、公共安全、国防建设、环境保护、防灾减灾、公益性科学研究等需要使用科学数据的，法人单位应当无偿提供；确需收费的，应按照规定程序和非营利原则制定合理的收费标准，向社会公布并接受监督。

对于因经营性活动需要使用科学数据的，当事人双方应当签订有偿服务合同，明确双方的权利和义务。

国家法律法规有特殊规定的，遵从其规定。

第五章　保密与安全

第二十五条　涉及国家秘密、国家安全、社会公共利益、商业秘密和个人隐私的科学数据，不得对外开放共享；确需对外开放的，要对利用目的、用户资质、保密条件等进行审查，并严格控制知悉范围。

第二十六条　涉及国家秘密的科学数据的采集生产、加工整理、管理和使用，按照国家有关保密规定执行。主管部门和法人单位应建立健全涉及国家秘密的科学数据管理与使用制度，对制作、审核、登记、拷贝、传输、销毁等环节进行严格管理。

对外交往与合作中需要提供涉及国家秘密的科学数据的，法人单位应明确提出利用数据的类别、范围及用途，按照保密管理规定程序报主管部门批准。经主管部门批准后，法人单位按规定办理相关手续并与用户签订保密协议。

第二十七条　主管部门和法人单位应加强科学数据全生命周期安全管理，制定科学数据安全保护措施；加强数据下载的认证、授权等防护管理，防止数据被恶意使用。

对于需对外公布的科学数据开放目录或需对外提供的科学数据，主管部门和法人单位应建立相应的安全保密审查制度。

第二十八条　法人单位和科学数据中心应按照国家网络安全管理规定，建立网络安全保障体系，采用安全可靠的产品和服务，完善数据管控、属性管理、身份识别、行为追溯、黑名单等管理措施，健全防篡改、防泄露、防攻击、防病毒等安全防护体系。

第二十九条　科学数据中心应建立应急管理和容灾备份机制，按照要求建立应急管理系统，对重要的科学数据进行异地备份。

第六章　附　　则

第三十条　主管部门和法人单位应建立完善科学数据管理和开放共享工作评价考核制度。

第三十一条　对于伪造数据、侵犯知识产权、不按规定汇交数据等行为，主管部门可视情节轻重对相关单位和责任人给予责令整改、通报批评、处分等处理或依法给予行政处罚。

对违反国家有关法律法规的单位和个人，依法追究相应责任。

第三十二条　主管部门可参照本办法，制定具体实施细则。涉及国防领域的科学数据管理制度，由有关部门另行规定。

第三十三条　本办法自印发之日起施行。

·中央网络安全和信息化领导小组办公室/国家互联网信息办公室

微博客信息服务管理规定

（2018年2月2日　国家互联网信息办公室）

第一条　为促进微博客信息服务健康有序发展，保护公民、法人和其他组织的合法权益，维护国家安全和公共利益，根据《中华人民共和国网络安全法》《国务院关于授权国家互联网信息办公室负责互联网信息内容管理工作的通知》，制定本规定。

第二条　在中华人民共和国境内从事微博客信息服务，应当遵守本规定。

本规定所称微博客，是指基于使用者关注机制，主要以简短文字、图片、视频等形式实现信息传播、获取的社交网络服务。

微博客服务提供者是指提供微博客平台服务的主体。微博客服务使用者是指使用微博客平台从事信息发布、互动交流等的行为主体。

微博客信息服务是指提供微博客平台服务及使用微博客平台从事信息发布、传播等行为。

第三条　国家互联网信息办公室负责全国微博客信息服务的监督管理执法工作。地方互联网信息办公室依据职责负责本行政区域内的微博客信息服务的监督管理执法工作。

第四条　微博客服务提供者应当依法取得法律法规规定的相关资质。

向社会公众提供互联网新闻信息服务的，应当依法取得互联网新闻信息服务许可，并在许可范围内开展服务，禁止未经许可或超越许可范围开展互联网新闻信息服务活动。

第五条　微博客服务提供者应当发挥促进经济发展、服务社会大众的积极作用，弘扬社会主义核心价值观，传播先进文化，坚持正确舆论导向，倡导依法上网、文明上网、安全上网。

第六条　微博客服务提供者应当落实信息内容安全管理主体责任，建立健全用户注册、信息发布审核、跟帖评论管理、应急处置、从业人员教育培训等制度及总编辑制度，具有安全可控的技术保障和防范措施，配备与服务规模相适应的管理人员。

微博客服务提供者应当制定平台服务规则，与微博客服务使用者签订服务协议，明确双方权利、义务，要求微博客服务使用者遵守相关法律法规。

第七条　微博客服务提供者应当按照“后台实名、前台自愿”的原则，对微博客服务使用者进行基于组织机构代码、身份证件号码、移动电话号码等方式的真实身份信息认证、定期核验。微博客服务使用者不提供真实身份信息的，微博客服务提供者不得为其提供信息发布服务。

微博客服务提供者应当保障微博客服务使用者的信息安全，不得泄露、篡改、毁损，不得出售或者非法向他人提供。

第八条　微博客服务使用者申请前台实名认证账号的，应当提供与认证信息相符的有效证明材料。

境内具有组织机构特征的微博客服务使用者申请前台实名认证账号的，应当提供组织机构代码证、营业执照等有效证明材料。

境外组织和机构申请前台实名认证账号的，

应当提供驻华机构出具的有效证明材料。

第九条　微博客服务提供者应当按照分级分类管理原则，根据微博客服务使用者主体类型、发布内容、关注者数量、信用等级等制定具体管理制度，提供相应服务，并向国家或省、自治区、直辖市互联网信息办公室备案。

第十条　微博客服务提供者应当对申请前台实名认证账号的微博客服务使用者进行认证信息审核，并按照注册地向国家或省、自治区、直辖市互联网信息办公室分类备案。微博客服务使用者提供的证明材料与认证信息不相符的，微博客服务提供者不得为其提供前台实名认证服务。

各级党政机关、企事业单位、人民团体和新闻媒体等组织机构对所开设的前台实名认证账号发布的信息内容及其跟帖评论负有管理责任。微博客服务提供者应当提供管理权限等必要支持。

第十一条　微博客服务提供者应当建立健全辟谣机制，发现微博客服务使用者发布、传播谣言或不实信息，应当主动采取辟谣措施。

第十二条　微博客服务提供者和微博客服务使用者不得利用微博客发布、传播法律法规禁止的信息内容。

微博客服务提供者发现微博客服务使用者发布、传播法律法规禁止的信息内容，应当依法立即停止传输该信息、采取消除等处置措施，保存有关记录，并向有关主管部门报告。

第十三条　微博客服务提供者应用新技术、调整增设具有新闻舆论属性或社会动员能力的应用功能，应当报国家或省、自治区、直辖市互联网信息办公室进行安全评估。

第十四条　微博客服务提供者应当自觉接受社会监督，设置便捷的投诉举报入口，及时处理公众投诉举报。

第十五条　国家鼓励和指导互联网行业组织建立健全微博客行业自律制度和行业准则，推动微博客行业信用等级评价和信用体系建设，督促微博客服务提供者依法提供服务、接受社会监督。

第十六条　微博客服务提供者应当遵守国家相关法律法规规定，配合有关部门开展监督管理执法工作，并提供必要的技术支持和协助。

微博客服务提供者应当记录微博客服务使用者日志信息，保存时间不少于六个月。

第十七条　微博客服务提供者违反本规定的，由有关部门依照相关法律法规处理。

第十八条　本规定自2018年3月20日起施行。

互联网新闻信息服务新技术新应用安全评估管理规定

（2017年10月30日　国家互联网信息办公室）

第一条　为规范开展互联网新闻信息服务新技术新应用安全评估工作，维护国家安全和公共利益，保护公民、法人和其他组织的合法权益，根据《中华人民共和国网络安全法》《互联网新闻信息服务管理规定》，制定本规定。

第二条　国家和省、自治区、直辖市互联网信息办公室组织开展互联网新闻信息服务新技术新应用安全评估，适用本规定。

本规定所称互联网新闻信息服务新技术新应用（以下简称“新技术新应用”），是指用于提供互联网新闻信息服务的创新性应用（包括功能及应用形式）及相关支撑技术。

本规定所称互联网新闻信息服务新技术新应用安全评估（以下简称“新技术新应用安全评估”），是指根据新技术新应用的新闻舆论属性、社会动员能力及由此产生的信息内容安全风险确定评估等级，审查评价其信息安全管理制度和技术保障措施的活动。

第三条　互联网新闻信息服务提供者调整增设新技术新应用，应当建立健全信息安全管理制度和安全可控的技术保障措施，不得发布、传播法律法规禁止的信息内容。

第四条　国家互联网信息办公室负责全国新技术新应用安全评估工作。省、自治区、直辖市互联网信息办公室依据职责负责本行政区域内新技术新应用安全评估工作。

国家和省、自治区、直辖市互联网信息办公室可以委托第三方机构承担新技术新应用安全评估的具体实施工作。

第五条 鼓励支持新技术新应用安全评估相关行业组织和专业机构加强自律，建立健全安全评估服务质量评议和信用、能力公示制度，促进行业规范发展。

第六条 互联网新闻信息服务提供者应当建立健全新技术新应用安全评估管理制度和保障制度，按照本规定要求自行组织开展安全评估，为国家和省、自治区、直辖市互联网信息办公室组织开展安全评估提供必要的配合，并及时完成整改。

第七条 有下列情形之一的，互联网新闻信息服务提供者应当自行组织开展新技术新应用安全评估，编制书面安全评估报告，并对评估结果负责：

（一）应用新技术、调整增设具有新闻舆论属性或社会动员能力的应用功能的；

（二）新技术、新应用功能在用户规模、功能属性、技术实现方式、基础资源配置等方面的改变导致新闻舆论属性或社会动员能力发生重大变化的。

国家互联网信息办公室适时发布新技术新应用安全评估目录，供互联网新闻信息服务提供者自行组织开展安全评估参考。

第八条 互联网新闻信息服务提供者按照本规定第七条自行组织开展新技术新应用安全评估，发现存在安全风险的，应当及时整改，直至消除相关安全风险。

按照本规定第七条规定自行组织开展安全评估的，应当在应用新技术、调整增设应用功能前完成评估。

第九条 互联网新闻信息服务提供者按照本规定第八条自行组织开展新技术新应用安全评估后，应当自安全评估完成之日起10个工作日内报请国家或者省、自治区、直辖市互联网信息办公室组织开展安全评估。

第十条 报请国家或者省、自治区、直辖市互联网信息办公室组织开展新技术新应用安全评估，报请主体为中央新闻单位或者中央新闻宣传部门主管的单位的，由国家互联网信息办公室组织开展安全评估；报请主体为地方新闻单位或者地方新闻宣传部门主管的单位的，由省、自治区、直辖市互联网信息办公室组织开展安全评估；报请主体为其他单位的，经所在地省、自治区、直辖市互联网信息办公室组织开展安全评估后，将评估材料及意见报国家互联网信息办公室审核后形成安全评估报告。

第十一条 互联网新闻信息服务提供者报请国家或者省、自治区、直辖市互联网信息办公室组织开展新技术新应用安全评估，应当提供下列材料，并对提供材料的真实性负责：

（一）服务方案（包括服务项目、服务方式、业务形式、服务范围等）；

（二）产品（服务）的主要功能和主要业务流程，系统组成（主要软硬件系统的种类、品牌、版本、部署位置等概要介绍）；

（三）产品（服务）配套的信息安全管理制度和技术保障措施；

（四）自行组织开展并完成的安全评估报告；

（五）其他开展安全评估所需的必要材料。

第十二条 国家和省、自治区、直辖市互联网信息办公室应当自材料齐备之日起45个工作日内组织完成新技术新应用安全评估。

国家和省、自治区、直辖市互联网信息办公室可以采取书面确认、实地核查、网络监测等方式对报请材料进行进一步核实，服务提供者应予配合。

国家和省、自治区、直辖市互联网信息办公室组织完成安全评估后，应自行或委托第三方机构编制形成安全评估报告。

第十三条 新技术新应用安全评估报告载明的意见认为新技术新应用存在信息安全风险隐患，未能配套必要的安全保障措施手段的，互联网新闻信息服务提供者应当及时进行整改，直至符合法律法规规章等相关规定和国家强制性标准相关要求。在整改完成前，拟调整增设的新技术新应用不得用于提供互联网新闻信息服务。

服务提供者拒绝整改，或整改后未达法律法规规章等相关规定和国家强制性标准相关要求，而导致不再符合许可条件的，由国家和省、自治区、直辖市互联网信息办公室依据《互联网新闻信息服务管理规定》第二十三条的规定，责令服务提供者限期改正；逾期仍不符合许可条件的，暂停新闻信息更新；《互联网新闻信息服务许可证》有效期届满仍不符合许可条件的，不予换发许可证。

第十四条 组织开展新技术新应用安全评估的相关单位和人员应当对在履行职责中知悉的国家秘密、商业秘密和个人信息严格保密，不得泄露、出售或者非法向他人提供。

第十五条 国家和省、自治区、直辖市互联网信息办公室应当建立主动监测管理制度，对新技术新应用加强监测巡查，强化信息安全风险管理，督导企业主体责任落实。

第十六条 互联网新闻信息服务提供者未按照本规定进行安全评估，违反《互联网新闻信息服务管理规定》的，由国家和地方互联网信息办公室依法予以处罚。

第十七条 申请提供互联网新闻信息服务，报请国家或者省、自治区、直辖市互联网信息办公室组织开展新技术新应用安全评估的，参照适用本规定。

第十八条 本规定自2017年12月1日起施行。

互联网新闻信息服务单位内容管理从业人员管理办法

（2017年10月30日 国家互联网信息办公室）

第一章 总 则

第一条 为加强对互联网新闻信息服务单位内容管理从业人员（以下简称“从业人员”）的管理，维护从业人员和社会公众的合法权益，促进互联网新闻信息服务健康有序发展，根据《中华人民共和国网络安全法》《互联网新闻信息服务管理规定》，制定本办法。

第二条 本办法所称从业人员，是指互联网新闻信息服务单位中专门从事互联网新闻信息采编发布、转载和审核等内容管理工作的人员。

第三条 本办法所称互联网新闻信息服务单位，是指依法取得互联网新闻信息服务许可，通过互联网站、应用程序、论坛、博客、微博客、公众账号、即时通信工具、网络直播等形式向社会公众提供互联网新闻信息服务的单位。

第四条 国家互联网信息办公室负责全国互联网新闻信息服务单位从业人员教育培训工作的规划指导和从业情况的监督检查。

地方互联网信息办公室依据职责负责本地区互联网新闻信息服务单位从业人员教育培训工作的规划指导和从业情况的监督检查。

第二章 从业人员行为规范

第五条 从业人员应当遵守宪法、法律和行政法规，坚持正确政治方向和舆论导向，贯彻执行党和国家有关新闻舆论工作的方针政策，维护国家利益和公共利益，严格遵守互联网内容管理的法律法规和国家有关规定，促进形成积极健康、向上向善的网络文化，推动构建风清气正的网络空间。

第六条 从业人员应当坚持马克思主义新闻观，坚持社会主义核心价值观，坚持以人民为中心的工作导向，树立群众观点，坚决抵制不良风气和低俗内容。

第七条 从业人员应当恪守新闻职业道德，坚持新闻真实性原则，认真核实新闻信息来源，按规定转载国家规定范围内的单位发布的新闻信息，杜绝编发虚假互联网新闻信息，确保互联网新闻信息真实、准确、全面、客观。

第八条 从业人员不得从事有偿新闻活动。不得利用互联网新闻信息采编发布、转载和审核等工作便利从事广告、发行、赞助、中介等经营活动，谋取不正当利益。不得利用网络舆论监督等工作便利进行敲诈勒索、打击报复等活动。

第三章　从业人员教育培训

第九条　国家互联网信息办公室组织开展对中央新闻单位（含其控股的单位）和中央新闻宣传部门主管的单位主办的互联网新闻信息服务单位从业人员的教育培训工作。

省、自治区、直辖市互联网信息办公室组织开展对所在地地方新闻单位（含其控股的单位）和地方新闻宣传部门主管的单位、其他单位主办的互联网新闻信息服务单位，以及中央重点新闻网站地方频道从业人员的教育培训工作。

省、自治区、直辖市互联网信息办公室应当按要求向国家互联网信息办公室报告组织开展的从业人员教育培训工作情况。

第十条　互联网新闻信息服务单位应当建立完善从业人员教育培训制度，建立培训档案，加强培训管理，自行组织开展从业人员初任培训、专项培训、定期培训等工作，按要求组织从业人员参加国家和省、自治区、直辖市互联网信息办公室组织开展的教育培训工作。

第十一条　从业人员应当按要求参加国家和省、自治区、直辖市互联网信息办公室组织开展的教育培训，每三年不少于40个学时。

从业人员应当接受所在互联网新闻信息服务单位自行组织开展的、每年不少于40个学时的教育培训，其中关于马克思主义新闻观的教育培训不少于10个学时。

第十二条　从业人员的教育培训内容应当包括马克思主义新闻观，党和国家关于网络安全和信息化、新闻舆论等工作的重要决策部署、政策措施和相关法律法规，从业人员职业道德规范等。

第十三条　互联网新闻信息服务单位自行组织从业人员开展的教育培训工作，应当接受国家和地方互联网信息办公室的指导和监督。有关情况纳入国家和地方互联网信息办公室对该单位的监督检查内容。

第四章　从业人员监督管理

第十四条　国家和地方互联网信息办公室指导互联网新闻信息服务单位建立健全从业人员准入、奖惩、考评、退出等制度。

互联网新闻信息服务单位应当建立健全从业人员劳动人事制度，加强从业人员管理，按照国家和地方互联网信息办公室要求，定期报送从业人员有关信息，并及时报告从业人员变动情况。

第十五条　国家互联网信息办公室建立从业人员统一的管理信息系统，对从业人员基本信息、从业培训经历和奖惩情况等进行记录，并及时更新、调整。地方互联网信息办公室负责对属地从业人员建立管理信息系统，并将更新、调整情况及时上报上一级互联网信息办公室。

国家和地方互联网信息办公室依法建立从业人员信用档案和黑名单。

第十六条　从业人员从事互联网新闻信息服务活动，存在违反本办法第五条至第八条规定，以及其他违反党和国家新闻舆论领域有关方针政策的行为的，国家或省、自治区、直辖市互联网信息办公室负责对其所在互联网新闻信息服务单位进行约谈，督促该单位对有关人员加强管理和教育培训。

从业人员存在违法行为的，根据有关法律法规依法处理。构成犯罪的，依法追究刑事责任。

互联网新闻信息服务单位发现从业人员存在违法行为的，应当依法依约对其给予警示、处分直至解除聘用合同或劳动合同，并在15个工作日内，按照分级管理、属地管理要求，将有关情况报告国家或省、自治区、直辖市互联网信息办公室。

第十七条　国家和地方互联网信息办公室将互联网新闻信息服务单位从业人员的从业情况纳入对该单位的监督检查内容。

互联网新闻信息服务单位对从业人员管理不力，造成严重后果，导致其不再符合许可条件的，由国家和地方互联网信息办公室依据《互联网新闻信息服务管理规定》第二十三条有关规定予以处理。

第十八条　从业人员提供互联网新闻信息服务，应当自觉接受社会监督。互联网新闻信息服务单位应当建立举报制度，畅通社会公众监督举报的渠道。

第五章 附 则

第十九条 互联网新闻信息服务单位的主管主办单位或宣传管理部门、新闻出版广电部门有从业人员教育培训、管理工作等方面安排和规定的，应当同时符合其规定。

本办法所称从业人员，不包括互联网新闻信息服务单位中党务、人事、行政、后勤、经营、工程技术等非直接提供互联网新闻信息服务的人员。

第二十条 本办法自2017年12月1日起施行。

互联网群组信息服务管理规定

（2017年9月7日 国家互联网信息办公室）

第一条 为规范互联网群组信息服务，维护国家安全和公共利益，保护公民、法人和其他组织的合法权益，根据《中华人民共和国网络安全法》《国务院关于授权国家互联网信息办公室负责互联网信息内容管理工作的通知》，制定本规定。

第二条 在中华人民共和国境内提供、使用互联网群组信息服务，应当遵守本规定。

本规定所称互联网群组，是指互联网用户通过互联网站、移动互联网应用程序等建立的，用于群体在线交流信息的网络空间。本规定所称互联网群组信息服务提供者，是指提供互联网群组信息服务的平台。本规定所称互联网群组信息服务使用者，包括群组建立者、管理者和成员。

第三条 国家互联网信息办公室负责全国互联网群组信息服务的监督管理执法工作。地方互联网信息办公室依据职责负责本行政区域内的互联网群组信息服务的监督管理执法工作。

第四条 互联网群组信息服务提供者和使用者，应当坚持正确导向，弘扬社会主义核心价值观，培育积极健康的网络文化，维护良好网络生态。

第五条 互联网群组信息服务提供者应当落实信息内容安全管理主体责任，配备与服务规模相适应的专业人员和技术能力，建立健全用户注册、信息审核、应急处置、安全防护等管理制度。

互联网群组信息服务提供者应当制定并公开管理规则和平台公约，与使用者签订服务协议，明确双方权利义务。

第六条 互联网群组信息服务提供者应当按照“后台实名、前台自愿”的原则，对互联网群组信息服务使用者进行真实身份信息认证，用户不提供真实身份信息的，不得为其提供信息发布服务。

互联网群组信息服务提供者应当采取必要措施保护使用者个人信息安全，不得泄露、篡改、毁损，不得非法出售或者非法向他人提供。

第七条 互联网群组信息服务提供者应当根据互联网群组的性质类别、成员规模、活跃程度等实行分级分类管理，制定具体管理制度并向国家或省、自治区、直辖市互联网信息办公室备案，依法规范群组信息传播秩序。

互联网群组信息服务提供者应当建立互联网群组信息服务使用者信用等级管理体系，根据信用等级提供相应服务。

第八条 互联网群组信息服务提供者应当根据自身服务规模和管理能力，合理设定群组成员人数和个人建立群数、参加群数上限。

互联网群组信息服务提供者应设置和显示唯一群组识别编码，对成员达到一定规模的群组要设置群信息页面，注明群组名称、人数、类别等基本信息。

互联网群组信息服务提供者应根据群组规模类别，分级审核群组建立者真实身份、信用等级等建群资质，完善建群、入群等审核验证功能，并标注群组建立者、管理者及成员群内身份信息。

第九条 互联网群组建立者、管理者应当履行群组管理责任，依据法律法规、用户协议和平台公约，规范群组网络行为和信息发布，构建文明有序的网络群体空间。

互联网群组成员在参与群组信息交流时，应当遵守法律法规，文明互动、理性表达。

互联网群组信息服务提供者应为群组建立者、管理者进行群组管理提供必要功能权限。

第十条 互联网群组信息服务提供者和使用者不得利用互联网群组传播法律法规和国家有关规定禁止的信息内容。

第十一条 互联网群组信息服务提供者应当对违反法律法规和国家有关规定的互联网群组，依法依约采取警示整改、暂停发布、关闭群组等处置措施，保存有关记录，并向有关主管部门报告。

互联网群组信息服务提供者应当对违反法律法规和国家有关规定的群组建立者、管理者等使用者，依法依约采取降低信用等级、暂停管理权限、取消建群资格等管理措施，保存有关记录，并向有关主管部门报告。

互联网群组信息服务提供者应当建立黑名单管理制度，对违法违约情节严重的群组及建立者、管理者和成员纳入黑名单，限制群组服务功能，保存有关记录，并向有关主管部门报告。

第十二条 互联网群组信息服务提供者和使用者应当接受社会公众和行业组织的监督，建立健全投诉举报渠道，设置便捷举报入口，及时处理投诉举报。国家和地方互联网信息办公室依据职责，对举报受理落实情况进行监督检查。

鼓励互联网行业组织指导推动互联网群组信息服务提供者制定行业公约，加强行业自律，履行社会责任。

第十三条 互联网群组信息服务提供者应当配合有关主管部门依法进行的监督检查，并提供必要的技术支持和协助。

互联网群组信息服务提供者应当按规定留存网络日志不少于六个月。

第十四条 互联网群组信息服务提供者和使用者违反本规定的，由有关部门依照相关法律法规处理。

第十五条 本规定自2017年10月8日起施行。

互联网用户公众账号信息服务管理规定

（2017年9月7日　国家互联网信息办公室）

第一条 为规范互联网用户公众账号信息服务，维护国家安全和公共利益，保护公民、法人和其他组织的合法权益，根据《中华人民共和国网络安全法》《国务院关于授权国家互联网信息办公室负责互联网信息内容管理工作的通知》，制定本规定。

第二条 在中华人民共和国境内提供、使用互联网用户公众账号从事信息发布服务，应当遵守本规定。

本规定所称互联网用户公众账号信息服务，是指通过互联网站、应用程序等网络平台以注册用户公众账号形式，向社会公众发布文字、图片、音视频等信息的服务。

本规定所称互联网用户公众账号信息服务提供者，是指提供互联网用户公众账号注册使用服务的网络平台。本规定所称互联网用户公众账号信息服务使用者，是指注册使用或运营互联网用户公众账号提供信息发布服务的机构或个人。

第三条 国家互联网信息办公室负责全国互联网用户公众账号信息服务的监督管理执法工作，地方互联网信息办公室依据职责负责本行政区域内的互联网用户公众账号信息服务的监督管理执法工作。

第四条 互联网用户公众账号信息服务提供者和使用者，应当坚持正确导向，弘扬社会主义核心价值观，培育积极健康的网络文化，维护良好网络生态。

鼓励各级党政机关、企事业单位和人民团体注册使用互联网用户公众账号发布政务信息或公共服务信息，服务经济社会发展，满足公众信息需求。

互联网用户公众账号信息服务提供者应当配合党政机关、企事业单位和人民团体提升政务信息发布和公共服务水平，提供必要的技术支撑和信息安全保障。

第五条　互联网用户公众账号信息服务提供者应当落实信息内容安全管理主体责任，配备与服务规模相适应的专业人员和技术能力，设立总编辑等信息内容安全负责人岗位，建立健全用户注册、信息审核、应急处置、安全防护等管理制度。

互联网用户公众账号信息服务提供者应当制定和公开管理规则和平台公约，与使用者签订服务协议，明确双方权利义务。

第六条　互联网用户公众账号信息服务提供者应当按照“后台实名、前台自愿”的原则，对使用者进行基于组织机构代码、身份证件号码、移动电话号码等真实身份信息认证。使用者不提供真实身份信息的，不得为其提供信息发布服务。

互联网用户公众账号信息服务提供者应当建立互联网用户公众账号信息服务使用者信用等级管理体系，根据信用等级提供相应服务。

第七条　互联网用户公众账号信息服务提供者应当对使用者的账号信息、服务资质、服务范围等信息进行审核，分类加注标识，并向所在地省、自治区、直辖市互联网信息办公室分类备案。

互联网用户公众账号信息服务提供者应当根据用户公众账号的注册主体、发布内容、账号订阅数、文章阅读量等建立数据库，对互联网用户公众账号实行分级分类管理，制定具体管理制度并向国家或省、自治区、直辖市互联网信息办公室备案。

互联网用户公众账号信息服务提供者应当对同一主体在同一平台注册公众账号的数量合理设定上限；对同一主体在同一平台注册多个账号，或以集团、公司、联盟等形式运营多个账号的使用者，应要求其提供注册主体、业务范围、账号清单等基本信息，并向所在地省、自治区、直辖市互联网信息办公室备案。

第八条　依法取得互联网新闻信息采编发布资质的互联网新闻信息服务提供者，可以通过开设的用户公众账号采编发布新闻信息。

第九条　互联网用户公众账号信息服务提供者应当采取必要措施保护使用者个人信息安全，不得泄露、篡改、毁损，不得非法出售或者非法向他人提供。

互联网用户公众账号信息服务提供者在使用者终止使用服务后，应当为其提供注销账号的服务。

第十条　互联网用户公众账号信息服务使用者应当履行信息发布和运营安全管理责任，遵守新闻信息管理、知识产权保护、网络安全保护等法律法规和国家有关规定，维护网络传播秩序。

第十一条　互联网用户公众账号信息服务使用者不得通过公众账号发布法律法规和国家有关规定禁止的信息内容。

互联网用户公众账号信息服务提供者应加强对本平台公众账号的监测管理，发现有发布、传播违法信息的，应当立即采取消除等处置措施，防止传播扩散，保存有关记录，并向有关主管部门报告。

第十二条　互联网用户公众账号信息服务提供者开发上线公众账号留言、跟帖、评论等互动功能，应当按有关规定进行安全评估。

互联网用户公众账号信息服务提供者应当按照分级分类管理原则，对使用者开设的用户公众账号的留言、跟帖、评论等进行监督管理，并向使用者提供管理权限，为其对互动环节实施管理提供支持。

互联网用户公众账号信息服务使用者应当对用户公众账号留言、跟帖、评论等互动环节进行实时管理。对管理不力、出现法律法规和国家有关规定禁止的信息内容的，互联网用户公众账号信息服务提供者应当依据用户协议限制或取消其留言、跟帖、评论等互动功能。

第十三条　互联网用户公众账号信息服务提供者应当对违反法律法规、服务协议和平台公约的互联网用户公众账号，依法依约采取警示整改、限制功能、暂停更新、关闭账号等处置措施，保存有关记录，并向有关主管部门报告。

互联网用户公众账号信息服务提供者应当建立黑名单管理制度，对违法违约情节严重的公众账号及注册主体纳入黑名单，视情采取关闭账号、禁止重新注册等措施，保存有关记录，并向有关主管部门报告。

第十四条 鼓励互联网行业组织指导推动互联网用户公众账号信息服务提供者、使用者制定行业公约，加强行业自律，履行社会责任。

鼓励互联网行业组织建立多方参与的权威专业调解机制，协调解决行业纠纷。

第十五条 互联网用户公众账号信息服务提供者和使用者应当接受社会公众、行业组织监督。

互联网用户公众账号信息服务提供者应当设置便捷举报入口，健全投诉举报渠道，完善恶意举报甄别、举报受理反馈等机制，及时公正处理投诉举报。国家和地方互联网信息办公室依据职责，对举报受理落实情况进行监督检查。

第十六条 互联网用户公众账号信息服务提供者和使用者应当配合有关主管部门依法进行的监督检查，并提供必要的技术支持和协助。

互联网用户公众账号信息服务提供者应当记录互联网用户公众账号信息服务使用者发布内容和日志信息，并按规定留存不少于六个月。

第十七条 互联网用户公众账号信息服务提供者和使用者违反本规定的，由有关部门依照相关法律法规处理。

第十八条 本规定自2017年10月8日起施行。

互联网论坛社区服务管理规定

（2017年8月25日 国家互联网信息办公室）

第一条 为规范互联网论坛社区服务，促进互联网论坛社区行业健康有序发展，保护公民、法人和其他组织的合法权益，维护国家安全和公共利益，根据《中华人民共和国网络安全法》《国务院关于授权国家互联网信息办公室负责互联网信息内容管理工作的通知》，制定本规定。

第二条 在中华人民共和国境内从事互联网论坛社区服务，适用本规定。

本规定所称互联网论坛社区服务，是指在互联网上以论坛、贴吧、社区等形式，为用户提供互动式信息发布社区平台的服务。

第三条 国家互联网信息办公室负责全国互联网论坛社区服务的监督管理执法工作。地方互联网信息办公室依据职责负责本行政区域内互联网论坛社区服务的监督管理执法工作。

第四条 鼓励互联网论坛社区服务行业组织建立健全行业自律制度和行业准则，指导互联网论坛社区服务提供者建立健全服务规范，督促互联网论坛社区服务提供者依法提供服务、接受社会监督，提高互联网论坛社区服务从业人员的职业素养。

第五条 互联网论坛社区服务提供者应当落实主体责任，建立健全信息审核、公共信息实时巡查、应急处置及个人信息保护等信息安全管理制度，具有安全可控的防范措施，配备与服务规模相适应的专业人员，为有关部门依法履行职责提供必要的技术支持。

第六条 互联网论坛社区服务提供者不得利用互联网论坛社区服务发布、传播法律法规和国家有关规定禁止的信息。

互联网论坛社区服务提供者应当与用户签订协议，明确用户不得利用互联网论坛社区服务发布、传播法律法规和国家有关规定禁止的信息，情节严重的，服务提供者将封禁或者关闭有关账号、版块；明确论坛社区版块发起者、管理者应当履行与其权利相适应的义务，对违反法律规定和协议约定、履行责任义务不到位的，服务提供者应当依法依约限制或取消其管理权限，直至封禁或者关闭有关账号、版块。

第七条 互联网论坛社区服务提供者应当加强对其用户发布信息的管理，发现含有法律法规和国家有关规定禁止的信息的，应当立即停止传输该信息，采取消除等处置措施，保存有关记录，并及时向国家或者地方互联网信息办公室报告。

第八条　互联网论坛社区服务提供者应当按照“后台实名、前台自愿”的原则，要求用户通过真实身份信息认证后注册账号，并对版块发起者和管理者实施真实身份信息备案、定期核验等。用户不提供真实身份信息的，互联网论坛社区服务提供者不得为其提供信息发布服务。

互联网论坛社区服务提供者应当加强对注册用户虚拟身份信息、版块名称简介等的审核管理，不得出现法律法规和国家有关规定禁止的内容。

互联网论坛社区服务提供者应当保护用户身份信息，不得泄露、篡改、毁损，不得非法出售或者非法向他人提供。

第九条　互联网论坛社区服务提供者及其从业人员，不得通过发布、转载、删除信息或者干预呈现结果等手段，谋取不正当利益。

第十条　互联网论坛社区服务提供者开展经营和服务活动，必须遵守法律法规，尊重社会公德，遵守商业道德，诚实信用，承担社会责任。

第十一条　互联网论坛社区服务提供者应当建立健全公众投诉、举报制度，在显著位置公布投诉、举报方式，主动接受公众监督，及时处理公众投诉、举报。国家和地方互联网信息办公室依据职责，对举报受理落实情况进行监督检查。

第十二条　互联网论坛社区服务提供者违反本规定的，由有关部门依照相关法律法规处理。

第十三条　本规定自2017年10月1日起施行。

互联网跟帖评论服务管理规定

（2017年8月25日　国家互联网信息办公室）

第一条　为规范互联网跟帖评论服务，维护国家安全和公共利益，保护公民、法人和其他组织的合法权益，根据《中华人民共和国网络安全法》《国务院关于授权国家互联网信息办公室负责互联网信息内容管理工作的通知》，制定本规定。

第二条　在中华人民共和国境内提供跟帖评论服务，应当遵守本规定。

本规定所称跟帖评论服务，是指互联网站、应用程序、互动传播平台以及其他具有新闻舆论属性和社会动员功能的传播平台，以发帖、回复、留言、“弹幕”等方式，为用户提供发表文字、符号、表情、图片、音视频等信息的服务。

第三条　国家互联网信息办公室负责全国跟帖评论服务的监督管理执法工作。地方互联网信息办公室依据职责负责本行政区域的跟帖评论服务的监督管理执法工作。

各级互联网信息办公室应当建立健全日常检查和定期检查相结合的监督管理制度，依法规范各类传播平台的跟帖评论服务行为。

第四条　跟帖评论服务提供者提供互联网新闻信息服务相关的跟帖评论新产品、新应用、新功能的，应当报国家或者省、自治区、直辖市互联网信息办公室进行安全评估。

第五条　跟帖评论服务提供者应当严格落实主体责任，依法履行以下义务：

（一）按照“后台实名、前台自愿”原则，对注册用户进行真实身份信息认证，不得向未认证真实身份信息的用户提供跟帖评论服务。

（二）建立健全用户信息保护制度，收集、使用用户个人信息应当遵循合法、正当、必要的原则，公开收集、使用规则，明示收集、使用信息的目的、方式和范围，并经被收集者同意。

（三）对新闻信息提供跟帖评论服务的，应当建立先审后发制度。

（四）提供“弹幕”方式跟帖评论服务的，应当在同一平台和页面同时提供与之对应的静态版信息内容。

（五）建立健全跟帖评论审核管理、实时巡查、应急处置等信息安全管理制度，及时发现和处置违法信息，并向有关主管部门报告。

（六）开发跟帖评论信息安全保护和管理技术，创新跟帖评论管理方式，研发使用反垃圾信息管理系统，提升垃圾信息处置能力；及时发现跟帖评论服务存在的安全缺陷、漏洞等风险，采取补救措施，并向有关主管部门报告。

（七）配备与服务规模相适应的审核编辑队伍，提高审核编辑人员专业素养。

（八）配合有关主管部门依法开展监督检查工作，提供必要的技术、资料和数据支持。

第六条 跟帖评论服务提供者应当与注册用户签订服务协议，明确跟帖评论的服务与管理细则，履行互联网相关法律法规告知义务，有针对性地开展文明上网教育。

跟帖评论服务使用者应当严格自律，承诺遵守法律法规、尊重公序良俗，不得发布法律法规和国家有关规定禁止的信息内容。

第七条 跟帖评论服务提供者及其从业人员不得为谋取不正当利益或基于错误价值取向，采取有选择地删除、推荐跟帖评论等方式干预舆论。

跟帖评论服务提供者和用户不得利用软件、雇佣商业机构及人员等方式散布信息，干扰跟帖评论正常秩序，误导公众舆论。

第八条 跟帖评论服务提供者对发布违反法律法规和国家有关规定的信息内容的，应当及时采取警示、拒绝发布、删除信息、限制功能、暂停更新直至关闭账号等措施，并保存相关记录。

第九条 跟帖评论服务提供者应当建立用户分级管理制度，对用户的跟帖评论行为开展信用评估，根据信用等级确定服务范围及功能，对严重失信的用户应列入黑名单，停止对列入黑名单的用户提供服务，并禁止其通过重新注册等方式使用跟帖评论服务。

国家和省、自治区、直辖市互联网信息办公室应当建立跟帖评论服务提供者的信用档案和失信黑名单管理制度，并定期对跟帖评论服务提供者进行信用评估。

第十条 跟帖评论服务提供者应当建立健全违法信息公众投诉举报制度，设置便捷投诉举报入口，及时受理和处置公众投诉举报。国家和地方互联网信息办公室依据职责，对举报受理落实情况进行监督检查。

第十一条 跟帖评论服务提供者信息安全管理责任落实不到位，存在较大安全风险或者发生安全事件的，国家和省、自治区、直辖市互联网信息办公室应当及时约谈；跟帖管理服务提供者应当按照要求采取措施，进行整改，消除隐患。

第十二条 互联网跟帖评论服务提供者违反本规定的，由有关部门依照相关法律法规处理。

第十三条 本规定自2017年10月1日起施行。

互联网新闻信息服务许可管理实施细则

（2017年5月22日 国家互联网信息办公室）

第一条 为进一步提高互联网新闻信息服务许可管理规范化、科学化水平，促进互联网新闻信息服务健康有序发展，根据《中华人民共和国行政许可法》《互联网新闻信息服务管理规定》（以下简称《规定》），制定本细则。

第二条 国家和省、自治区、直辖市互联网信息办公室实施互联网新闻信息服务许可，适用本细则。

第三条 通过互联网站、应用程序、论坛、博客、微博客、公众账号、即时通信工具、网络直播等形式向社会公众提供互联网新闻信息服务，应当取得互联网新闻信息服务许可，禁止未经许可或超越许可范围开展互联网新闻信息服务活动。

第四条 互联网新闻信息服务，包括互联网新闻信息采编发布服务、转载服务、传播平台服务。

其中，采编发布服务，是指对新闻信息进

行采集、编辑、制作并发布的服务；转载服务，是指选择、编辑并发布其他主体已发布新闻信息的服务；传播平台服务，是指为用户传播新闻信息提供平台的服务。

获准提供互联网新闻信息采编发布服务的，可以同时提供互联网新闻信息转载服务。获准提供互联网新闻信息传播平台服务，拟同时提供采编发布服务、转载服务的，应当依法取得互联网新闻信息采编发布、转载服务许可。

第五条　申请互联网新闻信息服务许可的，应当具备下列许可条件：

（一）在中华人民共和国境内依法设立的法人；

（二）主要负责人、总编辑是中国公民；

（三）有与服务相适应的专职新闻编辑人员、内容审核人员和技术保障人员；

（四）有健全的互联网新闻信息服务管理制度；

（五）有健全的信息安全管理制度和安全可控的技术保障措施；

（六）有与服务相适应的场所、设施和资金。

其中，申请互联网新闻信息采编发布服务许可的，应当是新闻单位（含新闻单位控股的单位）或新闻宣传部门主管的单位。新闻单位是指经国家有关部门依法批准设立的报刊社、广播电台、电视台、通讯社和新闻电影制片厂。控股是指出资额、持有股份占企业资本总额或股本总额50%以上，或出资额、持有股份的比例虽然不足50%，但依其出资额或持有股份已足以对企业决议产生重大影响。新闻宣传部门包括各级宣传部门、网信部门、广电部门等。

任何组织不得设立中外合资经营、中外合作经营和外资经营的互联网新闻信息服务单位。

第六条　根据《规定》第十条，申请互联网新闻信息服务许可的，应当提交下列申请材料：

（一）主要负责人、总编辑为中国公民的证明。包括主要负责人、总编辑的身份证复印件等；

（二）专职新闻编辑人员、内容审核人员和技术保障人员的资质情况。包括相关人员基本情况，以及国家新闻出版广电总局统一颁发的新闻记者证、新闻单位从业证明、相关培训考核证明等材料，具体人员数量应当与所提供的服务相适应；

（三）互联网新闻信息服务管理制度。包括网站总编辑制度、从业人员教育培训和考核制度等；

（四）信息安全管理制度和技术保障措施。包括信息发布审核制度、公共信息巡查制度、应急处置制度、用户个人信息保护制度等，以及相关技术保障措施的情况；

（五）互联网新闻信息服务安全评估报告。由有关部门或具有相关资质的机构出具的对于申请者信息安全管理制度和技术保障措施的安全评估报告；

（六）法人资格、场所、资金的证明。包括企业营业执照、事业单位法人证书、服务场所产权证书、租赁合同等材料复印件；

（七）互联网新闻信息服务许可申请书。包括申请表，以及对拟提供具体服务形式、服务方案的说明等。

第七条　申请互联网新闻信息采编发布服务许可的，除应当提交本细则第六条规定的申请材料外，还应当提交该单位或其控股方为新闻单位的证明，或其主管单位为新闻宣传部门的证明及该主管单位的意见。其中，新闻单位证明包括《报纸出版许可证》、《广播电视播出机构许可证》、《期刊出版许可证》（持有《期刊出版许可证》的，应当以提供《规定》第二条所称“新闻信息”服务为主营业务）等；主管单位意见内容主要包括，说明申请者与该主管单位的关系、就申请者是否符合许可条件提出评估意见并加盖单位公章等。

申请互联网新闻信息传播平台服务许可的，除应当提交本细则第六条规定的申请材料外，还应当提交平台账号用户管理规章制度、用户协议范本、投诉举报处理机制等。

申请者为企业法人的，除应当提交本细则第六条规定的申请材料外，还应当提供下列股权相关材料：

（一）股权结构图。包括股东名称、股权比例、出资方式、出资时间等信息。股东为非自然人主体的，须逐级追溯到自然人、事业单位以及国有独资公司，并就实际控制人情况作出说明。股权结构图需加盖单位公章，并由法定代表人签字；

（二）股东证明材料。股东为自然人的，须提供身份证明材料；股东为非自然人主体的，须提供该主体的名称、组织形式、法定代表人等材料；

（三）公司章程。包括公司章程及历次修改决议；

（四）无外资承诺书。申请者对股权结构图中所有股东均不含外资成分作出的书面承诺；

（五）专业机构意见书。律师事务所或会计师事务所就上述股权材料的真实性、准确性、完整性出具的书面证明，包括验资报告、法律意见书等材料。

第八条 根据《规定》第七条，互联网新闻信息服务单位与境内外中外合资经营、中外合作经营和外资经营的企业进行涉及互联网新闻信息服务业务的合作，应当报国家互联网信息办公室进行安全评估，并提交以下材料：

（一）拟合作企业的情况。包括该企业基本情况介绍、营业执照等法人资格证明；

（二）拟合作业务的情况。包括合作意向书、合作发展规划、合作可行性分析报告等材料；

主管单位为新闻宣传部门的，还应当提交该主管单位就该项业务合作的意见。

互联网新闻信息服务单位与境内外中外合资经营、中外合作经营和外资经营的企业进行涉及互联网新闻信息服务业务的合作，可能导致互联网新闻信息服务单位不再符合许可条件的，不予通过安全评估。

第九条 国家和省、自治区、直辖市互联网信息办公室收到申请材料后，应当根据情况依法作出处理：

（一）申请材料齐全、符合要求的，予以受理；

（二）申请材料不齐全、不符合要求的，当场或五个工作日内一次性告知申请者应予更正或补充的内容；

（三）对依法不需要取得互联网新闻信息服务许可的，不予受理，并即时告知申请者，退回申请材料；

（四）对申请事项不属于职权范围的，应当即时作出不予受理的决定，并告知申请者向有关行政机关申请。

第十条 依法受理后，国家和省、自治区、直辖市互联网信息办公室按照本细则第五条、第六条、第七条的规定，对申请材料进行审核，包括申请者是否符合许可条件、材料是否真实等。

审核过程中，国家和省、自治区、直辖市互联网信息办公室可依据实际情况，约见申请者主要负责人、总编辑，到网站备案地、实际经营地、网站服务器所在地等其他相关场所进行实地检查。

第十一条 国家和省、自治区、直辖市互联网信息办公室应当依据《行政许可法》第四十二条，在规定期限内依法作出批准或不予批准的决定。批准的，核发《互联网新闻信息服务许可证》。

省、自治区、直辖市互联网信息办公室应当自作出批准决定之日起七个工作日内，向国家互联网信息办公室报告有关情况。

第十二条 根据《规定》第十七条，互联网新闻信息服务提供者变更以下事项，应当自变更之日起七个工作日内，向原许可机关申请办理变更手续：

（一）变更公司章程、服务场所、网站名称、接入服务提供者等事项；

（二）变更总编辑、主要负责人、股权结构、互联网地址等事项，或者进行上市、合并、分立；

其中，变更总编辑、主要负责人、股权结构、互联网地址等事项，或者进行上市、合并、分立，导致互联网新闻信息服务提供者不再符合许可条件的，根据《规定》第二十三条予以处罚。

互联网新闻信息服务提供者新增服务类别，应当根据《规定》第六条，依法取得相应的许可。

第十三条 互联网新闻信息服务提供者申请办理本细则第十二条相关变更手续，应当向原许可机关提交以下材料：

（一）变更申请书。包括申请变更事项、变更原因以及其他需要说明的问题，并加盖单位公章；

（二）变更事项材料。提交具体变更事项的说明、证明材料，包括变更人员基本情况、资格证书、任免证明，或者变更后的营业执照、公司章程、租赁合同等，并加盖单位公章。

变更股权结构的，应当按照本细则第七条规定，提供相关股权材料。涉及上市的，还应当提供有关上市活动具体实施方案、新三板挂牌方案以及战略投资机构有关情况等材料。

涉及许可证所列事项变更的，应当提交许可证原件。

第十四条　《互联网新闻信息服务许可证》有效期为三年。有效期届满，需继续从事互联网新闻信息服务活动的，应当于有效期届满三十日前，按照许可程序，向原许可机关申请续办，并提交以下材料：

（一）许可续办申请书。包括前期从业情况说明、涉及本细则第五条许可条件相关情况的说明，以及其他需要说明的问题，并加盖单位公章；

（二）许可证原件。

主管单位为新闻宣传部门的，还应当提交该主管单位的意见。

《互联网新闻信息服务许可证》有效期届满，未依法申请续办的，不得继续提供互联网新闻信息服务，原许可证作废。

第十五条　根据《行政许可法》第九条，互联网新闻信息服务许可不得转让。互联网新闻信息服务提供者不得因业务调整、合并、分立等原因擅自转让许可。

第十六条　互联网新闻信息服务提供者终止服务的，应当自终止服务之日起三十日内向原许可机关办理注销手续，并提交以下材料：

（一）注销申请书。包括注销原因以及其他需要说明的问题，并加盖单位公章；

（二）许可证原件。

第十七条　根据《规定》第十九条，国家和地方互联网信息办公室建立抽查、考核等日常检查和定期检查相结合的监督管理制度，加强对互联网新闻信息服务活动的监督检查，有关单位、个人应当予以配合。

监督检查结果，依法向社会公开，接受社会监督。

第十八条　本细则与《规定》同步施行。

网络产品和服务安全审查办法（试行）

（2017 年 5 月 2 日　国家网信办发布）

第一条　为提高网络产品和服务安全可控水平，防范网络安全风险，维护国家安全，依据《中华人民共和国国家安全法》《中华人民共和国网络安全法》等法律法规，制定本办法。

第二条　关系国家安全的网络和信息系统采购的重要网络产品和服务，应当经过网络安全审查。

第三条　坚持企业承诺与社会监督相结合，第三方评价与政府持续监管相结合，实验室检测、现场检查、在线监测、背景调查相结合，对网络产品和服务及其供应链进行网络安全审查。

第四条　网络安全审查重点审查网络产品和服务的安全性、可控性，主要包括：

（一）产品和服务自身的安全风险，以及被非法控制、干扰和中断运行的风险；

（二）产品及关键部件生产、测试、交付、技术支持过程中的供应链安全风险；

（三）产品和服务提供者利用提供产品和服务的便利条件非法收集、存储、处理、使用用户相关信息的风险；

（四）产品和服务提供者利用用户对产品和服务的依赖，损害网络安全和用户利益的风险；

（五）其他可能危害国家安全的风险。

第五条　国家互联网信息办公室会同有关部门成立网络安全审查委员会，负责审议网络安全审查的重要政策，统一组织网络安全审查工作，协调网络安全审查相关重要问题。

网络安全审查办公室具体组织实施网络安全审查。

第六条 网络安全审查委员会聘请相关专家组成网络安全审查专家委员会，在第三方评价基础上，对网络产品和服务的安全风险及其提供者的安全可信状况进行综合评估。

第七条 国家依法认定网络安全审查第三方机构，承担网络安全审查中的第三方评价工作。

第八条 网络安全审查办公室按照国家有关要求、根据全国性行业协会建议和用户反映等，按程序确定审查对象，组织第三方机构、专家委员会对网络产品和服务进行网络安全审查，并发布或在一定范围内通报审查结果。

第九条 金融、电信、能源、交通等重点行业和领域主管部门，根据国家网络安全审查工作要求，组织开展本行业、本领域网络产品和服务安全审查工作。

第十条 公共通信和信息服务、能源、交通、水利、金融、公共服务、电子政务等重要行业和领域，以及其他关键信息基础设施的运营者采购网络产品和服务，可能影响国家安全的，应当通过网络安全审查。产品和服务是否影响国家安全由关键信息基础设施保护工作部门确定。

第十一条 承担网络安全审查的第三方机构，应当坚持客观、公正、公平的原则，按照国家有关规定，参照有关标准，重点从产品和服务及其供应链的安全性、可控性，安全机制和技术的透明性等方面进行评价，并对评价结果负责。

第十二条 网络产品和服务提供者应当对网络安全审查工作予以配合，并对提供材料的真实性负责。

第三方机构等相关单位和人员对审查工作中获悉的信息等承担安全保密义务，不得用于网络安全审查以外的目的。

第十三条 网络安全审查办公室不定期发布网络产品和服务安全评估报告。

第十四条 网络产品和服务提供者认为第三方机构等相关单位和人员有失客观公正，或未能对审查工作中获悉的信息承担安全保密义务的，可以向网络安全审查办公室或者有关部门举报。

第十五条 违反本办法规定的，依照有关法律法规予以处理。

第十六条 本办法自2017年6月1日起实施。

国家网络安全事件应急预案

（2017年1月10日　中网办发文〔2017〕4号）

目　录

1　总则

1.1　编制目的

建立健全国家网络安全事件应急工作机制，提高应对网络安全事件能力，预防和减少网络安全事件造成的损失和危害，保护公众利益，维护国家安全、公共安全和社会秩序。

1.2　编制依据

《中华人民共和国突发事件应对法》、《中华人民共和国网络安全法》、《国家突发公共事件总体应急预案》、《突发事件应急预案管理办法》和《信息安全技术信息安全事件分类分级指南》（GB/Z 20986－2007）等相关规定。

1.3　适用范围

本预案所指网络安全事件是指由于人为原因、软硬件缺陷或故障、自然灾害等，对网络和信息系统或者其中的数据造成危害，对社会造成负面影响的事件，可分为有害程序事件、网络攻击事件、信息破坏事件、信息内容安全事件、设备设施故障、灾害性事件和其他事件。

本预案适用于网络安全事件的应对工作。其中，有关信息内容安全事件的应对，另行制定专项预案。

1.4　事件分级

网络安全事件分为四级：特别重大网络安全事件、重大网络安全事件、较大网络安全事件、一般网络安全事件。

（1）符合下列情形之一的，为特别重大网络安全事件：

①重要网络和信息系统遭受特别严重的系统损失，造成系统大面积瘫痪，丧失业务处理能力。

②国家秘密信息、重要敏感信息和关键数据丢失或被窃取、篡改、假冒，对国家安全和社会稳定构成特别严重威胁。

③其他对国家安全、社会秩序、经济建设和公众利益构成特别严重威胁、造成特别严重影响的网络安全事件。

（2）符合下列情形之一且未达到特别重大网络安全事件的，为重大网络安全事件：

①重要网络和信息系统遭受严重的系统损失，造成系统长时间中断或局部瘫痪，业务处理能力受到极大影响。

②国家秘密信息、重要敏感信息和关键数据丢失或被窃取、篡改、假冒，对国家安全和社会稳定构成严重威胁。

③其他对国家安全、社会秩序、经济建设和公众利益构成严重威胁、造成严重影响的网络安全事件。

（3）符合下列情形之一且未达到重大网络安全事件的，为较大网络安全事件：

①重要网络和信息系统遭受较大的系统损失，造成系统中断，明显影响系统效率，业务处理能力受到影响。

②国家秘密信息、重要敏感信息和关键数据丢失或被窃取、篡改、假冒，对国家安全和社会稳定构成较严重威胁。

③其他对国家安全、社会秩序、经济建设和公众利益构成较严重威胁、造成较严重影响的网络安全事件。

（4）除上述情形外，对国家安全、社会秩序、经济建设和公众利益构成一定威胁、造成一定影响的网络安全事件，为一般网络安全事件。

1.5　工作原则

坚持统一领导、分级负责；坚持统一指挥、

密切协同、快速反应、科学处置；坚持预防为主，预防与应急相结合；坚持谁主管谁负责、谁运行谁负责，充分发挥各方面力量共同做好网络安全事件的预防和处置工作。

2 组织机构与职责

2.1 领导机构与职责

在中央网络安全和信息化领导小组（以下简称“领导小组”）的领导下，中央网络安全和信息化领导小组办公室（以下简称“中央网信办”）统筹协调组织国家网络安全事件应对工作，建立健全跨部门联动处置机制，工业和信息化部、公安部、国家保密局等相关部门按照职责分工负责相关网络安全事件应对工作。必要时成立国家网络安全事件应急指挥部（以下简称“指挥部”），负责特别重大网络安全事件处置的组织指挥和协调。

2.2 办事机构与职责

国家网络安全应急办公室（以下简称“应急办”）设在中央网信办，具体工作由中央网信办网络安全协调局承担。应急办负责网络安全应急跨部门、跨地区协调工作和指挥部的事务性工作，组织指导国家网络安全应急技术支撑队伍做好应急处置的技术支撑工作。有关部门派负责相关工作的司局级同志为联络员，联络应急办工作。

2.3 各部门职责

中央和国家机关各部门按照职责和权限，负责本部门、本行业网络和信息系统网络安全事件的预防、监测、报告和应急处置工作。

2.4 各省（区、市）职责

各省（区、市）网信部门在本地区党委网络安全和信息化领导小组统一领导下，统筹协调组织本地区网络和信息系统网络安全事件的预防、监测、报告和应急处置工作。

3 监测与预警

3.1 预警分级

网络安全事件预警等级分为四级：由高到低依次用红色、橙色、黄色和蓝色表示，分别对应发生或可能发生特别重大、重大、较大和一般网络安全事件。

3.2 预警监测

各单位按照“谁主管谁负责、谁运行谁负责”的要求，组织对本单位建设运行的网络和信息系统开展网络安全监测工作。重点行业主管或监管部门组织指导做好本行业网络安全监测工作。各省（区、市）网信部门结合本地区实际，统筹组织开展对本地区网络和信息系统的安全监测工作。各省（区、市）、各部门将重要监测信息报应急办，应急办组织开展跨省（区、市）、跨部门的网络安全信息共享。

3.3 预警研判和发布

各省（区、市）、各部门组织对监测信息进行研判，认为需要立即采取防范措施的，应当及时通知有关部门和单位，对可能发生重大及以上网络安全事件的信息及时向应急办报告。各省（区、市）、各部门可根据监测研判情况，发布本地区、本行业的橙色及以下预警。

应急办组织研判，确定和发布红色预警和涉及多省（区、市）、多部门、多行业的预警。

预警信息包括事件的类别、预警级别、起始时间、可能影响范围、警示事项、应采取的措施和时限要求、发布机关等。

3.4 预警响应

3.4.1 红色预警响应

（1）应急办组织预警响应工作，联系专家和有关机构，组织对事态发展情况进行跟踪研判，研究制定防范措施和应急工作方案，协调组织资源调度和部门联动的各项准备工作。

（2）有关省（区、市）、部门网络安全事件应急指挥机构实行24小时值班，相关人员保持通信联络畅通。加强网络安全事件监测和事态发展信息搜集工作，组织指导应急支撑队伍、相关运行单位开展应急处置或准备、风险评估和控制工作，重要情况报应急办。

（3）国家网络安全应急技术支撑队伍进入待命状态，针对预警信息研究制定应对方案，检查应急车辆、设备、软件工具等，确保处于良好状态。

3.4.2 橙色预警响应

（1）有关省（区、市）、部门网络安全事件应急指挥机构启动相应应急预案，组织开展预警响应工作，做好风险评估、应急准备和风险控制工作。

(2) 有关省（区、市）、部门及时将事态发展情况报应急办。应急办密切关注事态发展，有关重大事项及时通报相关省（区、市）和部门。

(3) 国家网络安全应急技术支撑队伍保持联络畅通，检查应急车辆、设备、软件工具等，确保处于良好状态。

3.4.3 黄色、蓝色预警响应

有关地区、部门网络安全事件应急指挥机构启动相应应急预案，指导组织开展预警响应。

3.5 **预警解除**

预警发布部门或地区根据实际情况，确定是否解除预警，及时发布预警解除信息。

4 应急处置

4.1 **事件报告**

网络安全事件发生后，事发单位应立即启动应急预案，实施处置并及时报送信息。各有关地区、部门立即组织先期处置，控制事态，消除隐患，同时组织研判，注意保存证据，做好信息通报工作。对于初判为特别重大、重大网络安全事件的，立即报告应急办。

4.2 **应急响应**

网络安全事件应急响应分为四级，分别对应特别重大、重大、较大和一般网络安全事件。I级为最高响应级别。

4.2.1 Ⅰ级响应

属特别重大网络安全事件的，及时启动I级响应，成立指挥部，履行应急处置工作的统一领导、指挥、协调职责。应急办24小时值班。

有关省（区、市）、部门应急指挥机构进入应急状态，在指挥部的统一领导、指挥、协调下，负责本省（区、市）、本部门应急处置工作或支援保障工作，24小时值班，并派员参加应急办工作。

有关省（区、市）、部门跟踪事态发展，检查影响范围，及时将事态发展变化情况、处置进展情况报应急办。指挥部对应对工作进行决策部署，有关省（区、市）和部门负责组织实施。

4.2.2 Ⅱ级响应

网络安全事件的Ⅱ级响应，由有关省（区、市）和部门根据事件的性质和情况确定。

(1) 事件发生省（区、市）或部门的应急指挥机构进入应急状态，按照相关应急预案做好应急处置工作。

(2) 事件发生省（区、市）或部门及时将事态发展变化情况报应急办。应急办将有关重大事项及时通报相关地区和部门。

(3) 处置中需要其他有关省（区、市）、部门和国家网络安全应急技术支撑队伍配合和支持的，商应急办予以协调。相关省（区、市）、部门和国家网络安全应急技术支撑队伍应根据各自职责，积极配合、提供支持。

(4) 有关省（区、市）和部门根据应急办的通报，结合各自实际有针对性地加强防范，防止造成更大范围影响和损失。

4.2.3 Ⅲ级、Ⅳ级响应

事件发生地区和部门按相关预案进行应急响应。

4.3 **应急结束**

4.3.1 Ⅰ级响应结束

应急办提出建议，报指挥部批准后，及时通报有关省（区、市）和部门。

4.3.2 Ⅱ级响应结束

由事件发生省（区、市）或部门决定，报应急办，应急办通报相关省（区、市）和部门。

5 调查与评估

特别重大网络安全事件由应急办组织有关部门和省（区、市）进行调查处理和总结评估，并按程序上报。重大及以下网络安全事件由事件发生地区或部门自行组织调查处理和总结评估，其中重大网络安全事件相关总结调查报告报应急办。总结调查报告应对事件的起因、性质、影响、责任等进行分析评估，提出处理意见和改进措施。

事件的调查处理和总结评估工作原则上在应急响应结束后30天内完成。

6 预防工作

6.1 **日常管理**

各地区、各部门按职责做好网络安全事件日常预防工作，制定完善相关应急预案，做好网络安全检查、隐患排查、风险评估和容灾备份，健全网络安全信息通报机制，及时采取有效措施，减少和避免网络安全事件的发生及危害，提高应对网络安全事件的能力。

6.2 **演练**

中央网信办协调有关部门定期组织演练，检验和完善预案，提高实战能力。

各省（区、市）、各部门每年至少组织一次预案演练，并将演练情况报中央网信办。

6.3 **宣传**

各地区、各部门应充分利用各种传播媒介及其他有效的宣传形式，加强突发网络安全事件预防和处置的有关法律、法规和政策的宣传，开展网络安全基本知识和技能的宣传活动。

6.4 **培训**

各地区、各部门要将网络安全事件的应急知识列为领导干部和有关人员的培训内容，加强网络安全特别是网络安全应急预案的培训，提高防范意识及技能。

6.5 **重要活动期间的预防措施**

在国家重要活动、会议期间，各省（区、市）、各部门要加强网络安全事件的防范和应急响应，确保网络安全。应急办统筹协调网络安全保障工作，根据需要要求有关省（区、市）、部门启动红色预警响应。有关省（区、市）、部门加强网络安全监测和分析研判，及时预警可能造成重大影响的风险和隐患，重点部门、重点岗位保持24小时值班，及时发现和处置网络安全事件隐患。

7 保障措施

7.1 **机构和人员**

各地区、各部门、各单位要落实网络安全应急工作责任制，把责任落实到具体部门、具体岗位和个人，并建立健全应急工作机制。

7.2 **技术支撑队伍**

加强网络安全应急技术支撑队伍建设，做好网络安全事件的监测预警、预防防护、应急处置、应急技术支援工作。支持网络安全企业提升应急处置能力，提供应急技术支援。中央网信办制定评估认定标准，组织评估和认定国家网络安全应急技术支撑队伍。各省（区、市）、各部门应配备必要的网络安全专业技术人才，并加强与国家网络安全相关技术单位的沟通、协调，建立必要的网络安全信息共享机制。

7.3 **专家队伍**

建立国家网络安全应急专家组，为网络安全事件的预防和处置提供技术咨询和决策建议。各地区、各部门加强各自的专家队伍建设，充分发挥专家在应急处置工作中的作用。

7.4 **社会资源**

从教育科研机构、企事业单位、协会中选拔网络安全人才，汇集技术与数据资源，建立网络安全事件应急服务体系，提高应对特别重大、重大网络安全事件的能力。

7.5 **基础平台**

各地区、各部门加强网络安全应急基础平台和管理平台建设，做到早发现、早预警、早响应，提高应急处置能力。

7.6 **技术研发和产业促进**

有关部门加强网络安全防范技术研究，不断改进技术装备，为应急响应工作提供技术支撑。加强政策引导，重点支持网络安全监测预警、预防防护、处置救援、应急服务等方向，提升网络安全应急产业整体水平与核心竞争力，增强防范和处置网络安全事件的产业支撑能力。

7.7 **国际合作**

有关部门建立国际合作渠道，签订合作协定，必要时通过国际合作共同应对突发网络安全事件。

7.8 **物资保障**

加强对网络安全应急装备、工具的储备，及时调整、升级软件硬件工具，不断增强应急技术支撑能力。

7.9 **经费保障**

财政部门为网络安全事件应急处置提供必要的资金保障。有关部门利用现有政策和资金渠道，支持网络安全应急技术支撑队伍建设、专家队伍建设、基础平台建设、技术研发、预案演练、物资保障等工作开展。各地区、各部门为网络安全应急工作提供必要的经费保障。

7.10 **责任与奖惩**

网络安全事件应急处置工作实行责任追究制。

中央网信办及有关地区和部门对网络安全

事件应急管理工作中作出突出贡献的先进集体和个人给予表彰和奖励。

中央网信办及有关地区和部门对不按照规定制定预案和组织开展演练，迟报、谎报、瞒报和漏报网络安全事件重要情况或者应急管理工作中有其他失职、渎职行为的，依照相关规定对有关责任人给予处分；构成犯罪的，依法追究刑事责任。

8　附　　则

8.1　预案管理

本预案原则上每年评估一次，根据实际情况适时修订。修订工作由中央网信办负责。

各省（区、市）、各部门、各单位要根据本预案制定或修订本地区、本部门、本行业、本单位网络安全事件应急预案。

8.2　预案解释

本预案由中央网信办负责解释。

8.3　预案实施时间

本预案自印发之日起实施。

附件：

1. 网络安全事件分类（略）
2. 名词术语（略）
3. 网络和信息系统损失程度划分说明（略）

互联网直播服务管理规定

（2016年11月4日　国家互联网信息办公室）

第一条　为加强对互联网直播服务的管理，保护公民、法人和其他组织的合法权益，维护国家安全和公共利益，根据《全国人民代表大会常务委员会关于加强网络信息保护的决定》《国务院关于授权国家互联网信息办公室负责互联网信息内容管理工作的通知》《互联网信息服务管理办法》和《互联网新闻信息服务管理规定》，制定本规定。

第二条　在中华人民共和国境内提供、使用互联网直播服务，应当遵守本规定。

本规定所称互联网直播，是指基于互联网，以视频、音频、图文等形式向公众持续发布实时信息的活动；本规定所称互联网直播服务提供者，是指提供互联网直播平台服务的主体；本规定所称互联网直播服务使用者，包括互联网直播发布者和用户。

第三条　提供互联网直播服务，应当遵守法律法规，坚持正确导向，大力弘扬社会主义核心价值观，培育积极健康、向上向善的网络文化，维护良好网络生态，维护国家利益和公共利益，为广大网民特别是青少年成长营造风清气正的网络空间。

第四条　国家互联网信息办公室负责全国互联网直播服务信息内容的监督管理执法工作。地方互联网信息办公室依据职责负责本行政区域内的互联网直播服务信息内容的监督管理执法工作。国务院相关管理部门依据职责对互联网直播服务实施相应监督管理。

各级互联网信息办公室应当建立日常监督检查和定期检查相结合的监督管理制度，指导督促互联网直播服务提供者依据法律法规和服务协议规范互联网直播服务行为。

第五条　互联网直播服务提供者提供互联网新闻信息服务的，应当依法取得互联网新闻信息服务资质，并在许可范围内开展互联网新闻信息服务。

开展互联网新闻信息服务的互联网直播发布者，应当依法取得互联网新闻信息服务资质并在许可范围内提供服务。

第六条　通过网络表演、网络视听节目等提供互联网直播服务的，还应当依法取得法律法规规定的相关资质。

第七条　互联网直播服务提供者应当落实主体责任，配备与服务规模相适应的专业人员，健全信息审核、信息安全管理、值班巡查、应急处置、技术保障等制度。提供互联网新闻信息直播服务的，应当设立总编辑。

互联网直播服务提供者应当建立直播内容

审核平台，根据互联网直播的内容类别、用户规模等实施分级分类管理，对图文、视频、音频等直播内容加注或播报平台标识信息，对互联网新闻信息直播及其互动内容实施先审后发管理。

第八条 互联网直播服务提供者应当具备与其服务相适应的技术条件，应当具备即时阻断互联网直播的技术能力，技术方案应符合国家相关标准。

第九条 互联网直播服务提供者以及互联网直播服务使用者不得利用互联网直播服务从事危害国家安全、破坏社会稳定、扰乱社会秩序、侵犯他人合法权益、传播淫秽色情等法律法规禁止的活动，不得利用互联网直播服务制作、复制、发布、传播法律法规禁止的信息内容。

第十条 互联网直播发布者发布新闻信息，应当真实准确、客观公正。转载新闻信息应当完整准确，不得歪曲新闻信息内容，并在显著位置注明来源，保证新闻信息来源可追溯。

第十一条 互联网直播服务提供者应当加强对评论、弹幕等直播互动环节的实时管理，配备相应管理人员。

互联网直播发布者在进行直播时，应当提供符合法律法规要求的直播内容，自觉维护直播活动秩序。

用户在参与直播互动时，应当遵守法律法规，文明互动，理性表达。

第十二条 互联网直播服务提供者应当按照“后台实名、前台自愿”的原则，对互联网直播用户进行基于移动电话号码等方式的真实身份信息认证，对互联网直播发布者进行基于身份证件、营业执照、组织机构代码证等的认证登记。互联网直播服务提供者应当对互联网直播发布者的真实身份信息进行审核，向所在地省、自治区、直辖市互联网信息办公室分类备案，并在相关执法部门依法查询时予以提供。

互联网直播服务提供者应当保护互联网直播服务使用者身份信息和隐私，不得泄露、篡改、毁损，不得出售或者非法向他人提供。

第十三条 互联网直播服务提供者应当与互联网直播服务使用者签订服务协议，明确双方权利义务，要求其承诺遵守法律法规和平台公约。

互联网直播服务协议和平台公约的必备条款由互联网直播服务提供者所在地省、自治区、直辖市互联网信息办公室指导制定。

第十四条 互联网直播服务提供者应当对违反法律法规和服务协议的互联网直播服务使用者，视情采取警示、暂停发布、关闭账号等处置措施，及时消除违法违规直播信息内容，保存记录并向有关主管部门报告。

第十五条 互联网直播服务提供者应当建立互联网直播发布者信用等级管理体系，提供与信用等级挂钩的管理和服务。

互联网直播服务提供者应当建立黑名单管理制度，对纳入黑名单的互联网直播服务使用者禁止重新注册账号，并及时向所在地省、自治区、直辖市互联网信息办公室报告。

省、自治区、直辖市互联网信息办公室应当建立黑名单通报制度，并向国家互联网信息办公室报告。

第十六条 互联网直播服务提供者应当记录互联网直播服务使用者发布内容和日志信息，保存六十日。

互联网直播服务提供者应当配合有关部门依法进行的监督检查，并提供必要的文件、资料和数据。

第十七条 互联网直播服务提供者和互联网直播发布者未经许可或者超出许可范围提供互联网新闻信息服务的，由国家和省、自治区、直辖市互联网信息办公室依据《互联网新闻信息服务管理规定》予以处罚。

对于违反本规定的其他违法行为，由国家和地方互联网信息办公室依据职责，依法予以处罚；构成犯罪的，依法追究刑事责任。通过网络表演、网络视听节目等提供网络直播服务，违反有关法律法规的，由相关部门依法予以处罚。

第十八条 鼓励支持相关行业组织制定行业公约，加强行业自律，建立健全行业信用评价体系和服务评议制度，促进行业规范发展。

第十九条 互联网直播服务提供者应当自觉接受社会监督，健全社会投诉举报渠道，设置便捷的投诉举报入口，及时处理公众投诉举报。

第二十条 本规定自2016年12月1日起施行。

移动互联网应用程序信息服务管理规定

（2016年6月28日　国家互联网信息办公室）

第一条　为加强对移动互联网应用程序（APP）信息服务的管理，保护公民、法人和其他组织的合法权益，维护国家安全和公共利益，根据《全国人民代表大会常务委员会关于加强网络信息保护的决定》和《国务院关于授权国家互联网信息办公室负责互联网信息内容管理工作的通知》，制定本规定。

第二条　在中华人民共和国境内通过移动互联网应用程序提供信息服务，从事互联网应用商店服务，应当遵守本规定。

本规定所称移动互联网应用程序，是指通过预装、下载等方式获取并运行在移动智能终端上、向用户提供信息服务的应用软件。

本规定所称移动互联网应用程序提供者，是指提供信息服务的移动互联网应用程序所有者或运营者。

本规定所称互联网应用商店，是指通过互联网提供应用软件浏览、搜索、下载或开发工具和产品发布服务的平台。

第三条　国家互联网信息办公室负责全国移动互联网应用程序信息内容的监督管理执法工作。地方互联网信息办公室依据职责负责本行政区域内的移动互联网应用程序信息内容的监督管理执法工作。

第四条　鼓励各级党政机关、企事业单位和各人民团体积极运用移动互联网应用程序，推进政务公开，提供公共服务，促进经济社会发展。

第五条　通过移动互联网应用程序提供信息服务，应当依法取得法律法规规定的相关资质。从事互联网应用商店服务，还应当在业务上线运营三十日内向所在地省、自治区、直辖市互联网信息办公室备案。

第六条　移动互联网应用程序提供者和互联网应用商店服务提供者不得利用移动互联网应用程序从事危害国家安全、扰乱社会秩序、侵犯他人合法权益等法律法规禁止的活动，不得利用移动互联网应用程序制作、复制、发布、传播法律法规禁止的信息内容。

第七条　移动互联网应用程序提供者应当严格落实信息安全管理责任，依法履行以下义务：

（一）按照“后台实名、前台自愿”的原则，对注册用户进行基于移动电话号码等真实身份信息认证。

（二）建立健全用户信息安全保护机制，收集、使用用户个人信息应当遵循合法、正当、必要的原则，明示收集使用信息的目的、方式和范围，并经用户同意。

（三）建立健全信息内容审核管理机制，对发布违法违规信息内容的，视情采取警示、限制功能、暂停更新、关闭账号等处置措施，保存记录并向有关主管部门报告。

（四）依法保障用户在安装或使用过程中的知情权和选择权，未向用户明示并经用户同意，不得开启收集地理位置、读取通讯录、使用摄像头、启用录音等功能，不得开启与服务无关的功能，不得捆绑安装无关应用程序。

（五）尊重和保护知识产权，不得制作、发布侵犯他人知识产权的应用程序。

（六）记录用户日志信息，并保存六十日。

第八条　互联网应用商店服务提供者应当对应用程序提供者履行以下管理责任：

（一）对应用程序提供者进行真实性、安全性、合法性等审核，建立信用管理制度，并向所在地省、自治区、直辖市互联网信息办公室分类备案。

（二）督促应用程序提供者保护用户信息，完整提供应用程序获取和使用用户信息的说明，并向用户呈现。

（三）督促应用程序提供者发布合法信息内容，建立健全安全审核机制，配备与服务规模相适应的专业人员。

（四）督促应用程序提供者发布合法应用程

序，尊重和保护应用程序提供者的知识产权。

对违反前款规定的应用程序提供者，视情采取警示、暂停发布、下架应用程序等措施，保存记录并向有关主管部门报告。

第九条 互联网应用商店服务提供者和移动互联网应用程序提供者应当签订服务协议，明确双方权利义务，共同遵守法律法规和平台公约。

第十条 移动互联网应用程序提供者和互联网应用商店服务提供者应当配合有关部门依法进行的监督检查，自觉接受社会监督，设置便捷的投诉举报入口，及时处理公众投诉举报。

第十一条 本规定自2016年8月1日起施行。

互联网信息搜索服务管理规定

（2016年6月25日　国家互联网信息办公室）

第一条 为规范互联网信息搜索服务，促进互联网信息搜索行业健康有序发展，保护公民、法人和其他组织的合法权益，维护国家安全和公共利益，根据《全国人民代表大会常务委员会关于加强网络信息保护的决定》和《国务院关于授权国家互联网信息办公室负责互联网信息内容管理工作的通知》，制定本规定。

第二条 在中华人民共和国境内从事互联网信息搜索服务，适用本规定。

本规定所称互联网信息搜索服务，是指运用计算机技术从互联网上搜集、处理各类信息供用户检索的服务。

第三条 国家互联网信息办公室负责全国互联网信息搜索服务的监督管理执法工作。地方互联网信息办公室依据职责负责本行政区域内互联网信息搜索服务的监督管理执法工作。

第四条 互联网信息搜索服务行业组织应当建立健全行业自律制度和行业准则，指导互联网信息搜索服务提供者建立健全服务规范，督促互联网信息搜索服务提供者依法提供服务、接受社会监督，提高互联网信息搜索服务从业人员的职业素养。

第五条 互联网信息搜索服务提供者应当取得法律法规规定的相关资质。

第六条 互联网信息搜索服务提供者应当落实主体责任，建立健全信息审核、公共信息实时巡查、应急处置及个人信息保护等信息安全管理制度，具有安全可控的防范措施，为有关部门依法履行职责提供必要的技术支持。

第七条 互联网信息搜索服务提供者不得以链接、摘要、快照、联想词、相关搜索、相关推荐等形式提供含有法律法规禁止的信息内容。

第八条 互联网信息搜索服务提供者提供服务过程中发现搜索结果明显含有法律法规禁止内容的信息、网站及应用，应当停止提供相关搜索结果，保存有关记录，并及时向国家或者地方互联网信息办公室报告。

第九条 互联网信息搜索服务提供者及其从业人员，不得通过断开相关链接或者提供含有虚假信息的搜索结果等手段，牟取不正当利益。

第十条 互联网信息搜索服务提供者应当提供客观、公正、权威的搜索结果，不得损害国家利益、公共利益，以及公民、法人和其他组织的合法权益。

第十一条 互联网信息搜索服务提供者提供付费搜索信息服务，应当依法查验客户有关资质，明确付费搜索信息页面比例上限，醒目区分自然搜索结果与付费搜索信息，对付费搜索信息逐条加注显著标识。

互联网信息搜索服务提供者提供商业广告信息服务，应当遵守相关法律法规。

第十二条 互联网信息搜索服务提供者应当建立健全公众投诉、举报和用户权益保护制度，在显著位置公布投诉、举报方式，主动接受公众监督，及时处理公众投诉、举报，依法承担对用户权益造成损害的赔偿责任。

互联网新闻信息服务单位约谈工作规定

（2015 年 4 月 28 日　国家互联网信息办公室）

第一条　为了进一步推进依法治网，促进互联网新闻信息服务单位依法办网、文明办网，规范互联网新闻信息服务，保护公民、法人和其他组织的合法权益，营造清朗网络空间，根据《互联网信息服务管理办法》、《互联网新闻信息服务管理规定》和《国务院关于授权国家互联网信息办公室负责互联网信息内容管理工作的通知》，制定本规定。

第二条　国家互联网信息办公室、地方互联网信息办公室建立互联网新闻信息服务单位约谈制度。

本规定所称约谈，是指国家互联网信息办公室、地方互联网信息办公室在互联网新闻信息服务单位发生严重违法违规情形时，约见其相关负责人，进行警示谈话、指出问题、责令整改纠正的行政行为。

第三条　地方互联网信息办公室负责对本行政区域内的互联网新闻信息服务单位实施约谈，约谈情况应当及时向国家互联网信息办公室报告。

对存在重大违法情形的互联网新闻信息服务单位，由国家互联网信息办公室单独或联合属地互联网信息办公室实施约谈。

第四条　互联网新闻信息服务单位有下列情形之一的，国家互联网信息办公室、地方互联网信息办公室可对其主要负责人、总编辑等进行约谈：

（一）未及时处理公民、法人和其他组织关于互联网新闻信息服务的投诉、举报情节严重的；

（二）通过采编、发布、转载、删除新闻信息等谋取不正当利益的；

（三）违反互联网用户账号名称注册、使用、管理相关规定情节严重的；

（四）未及时处置违法信息情节严重的；

（五）未及时落实监管措施情节严重的；

（六）内容管理和网络安全制度不健全、不落实的；

（七）网站日常考核中问题突出的；

（八）年检中问题突出的；

（九）其他违反相关法律法规规定需要约谈的情形。

第五条　国家互联网信息办公室、地方互联网信息办公室对互联网新闻信息服务单位实施约谈，应当提前告知约谈事由，并约定时间、地点和参加人员等。

国家互联网信息办公室、地方互联网信息办公室实施约谈时，应当由两名以上执法人员参加，主动出示证件，并记录约谈情况。

第六条　国家互联网信息办公室、地方互联网信息办公室通过约谈，及时指出互联网新闻信息服务单位存在的问题，并提出整改要求。

互联网新闻信息服务单位应当及时落实整改要求，依法提供互联网新闻信息服务。

第七条　国家互联网信息办公室、地方互联网信息办公室应当加强对互联网新闻信息服务单位的监督检查，并对其整改情况进行综合评估，综合评估可以委托第三方开展。

互联网新闻信息服务单位未按要求整改，或经综合评估未达到整改要求的，将依照《互联网信息服务管理办法》、《互联网新闻信息服务管理规定》的有关规定给予警告、罚款、责令停业整顿、吊销许可证等处罚；互联网新闻信息服务单位被多次约谈仍然存在违法行为的，依法从重处罚。

第八条　国家互联网信息办公室、地方互联网信息办公室可将与互联网新闻信息服务单位的约谈情况向社会公开。

约谈情况记入互联网新闻信息服务单位日常考核和年检档案。

第九条　国家互联网信息办公室、地方互联网信息办公室履行约谈职责时，互联网新闻信息服务单位应当予以配合，不得拒绝、阻挠。

第十条　本规定由国家互联网信息办公室负责解释，自 2015 年 6 月 1 日起实施。

互联网用户账号名称管理规定

（2015年2月4日　国家互联网信息办公室）

第一条　为加强对互联网用户账号名称的管理，保护公民、法人和其他组织的合法权益，根据《国务院关于授权国家互联网信息办公室负责互联网信息内容管理工作的通知》和有关法律、行政法规，制定本规定。

第二条　在中华人民共和国境内注册、使用和管理互联网用户账号名称，适用本规定。

本规定所称互联网用户账号名称，是指机构或个人在博客、微博客、即时通信工具、论坛、贴吧、跟帖评论等互联网信息服务中注册或使用的账号名称。

第三条　国家互联网信息办公室负责对全国互联网用户账号名称的注册、使用实施监督管理，各省、自治区、直辖市互联网信息内容主管部门负责对本行政区域内互联网用户账号名称的注册、使用实施监督管理。

第四条　互联网信息服务提供者应当落实安全管理责任，完善用户服务协议，明示互联网信息服务使用者在账号名称、头像和简介等注册信息中不得出现违法和不良信息，配备与服务规模相适应的专业人员，对互联网用户提交的账号名称、头像和简介等注册信息进行审核，对含有违法和不良信息的，不予注册；保护用户信息及公民个人隐私，自觉接受社会监督，及时处理公众举报的账号名称、头像和简介等注册信息中的违法和不良信息。

第五条　互联网信息服务提供者应当按照“后台实名、前台自愿”的原则，要求互联网信息服务使用者通过真实身份信息认证后注册账号。

互联网信息服务使用者注册账号时，应当与互联网信息服务提供者签订协议，承诺遵守法律法规、社会主义制度、国家利益、公民合法权益、公共秩序、社会道德风尚和信息真实性等七条底线。

第六条　任何机构或个人注册和使用的互联网用户账号名称，不得有下列情形：

（一）违反宪法或法律法规规定的；

（二）危害国家安全，泄露国家秘密，颠覆国家政权，破坏国家统一的；

（三）损害国家荣誉和利益的，损害公共利益的；

（四）煽动民族仇恨、民族歧视，破坏民族团结的；

（五）破坏国家宗教政策，宣扬邪教和封建迷信的；

（六）散布谣言，扰乱社会秩序，破坏社会稳定的；

（七）散布淫秽、色情、赌博、暴力、凶杀、恐怖或者教唆犯罪的；

（八）侮辱或者诽谤他人，侵害他人合法权益的；

（九）含有法律、行政法规禁止的其他内容的。

第七条　互联网信息服务使用者以虚假信息骗取账号名称注册，或其账号头像、简介等注册信息存在违法和不良信息的，互联网信息服务提供者应当采取通知限期改正、暂停使用、注销登记等措施。

第八条　对冒用、关联机构或社会名人注册账号名称的，互联网信息服务提供者应当注销其账号，并向互联网信息内容主管部门报告。

第九条　对违反本规定的行为，由有关部门依照相关法律规定处理。

第十条　本规定自2015年3月1日施行。

即时通信工具公众信息服务发展管理暂行规定

（2014 年 8 月 7 日 国家互联网信息办公室）

第一条 为进一步推动即时通信工具公众信息服务健康有序发展，保护公民、法人和其他组织的合法权益，维护国家安全和公共利益，根据《全国人民代表大会常务委员会关于维护互联网安全的决定》、《全国人民代表大会常务委员会关于加强网络信息保护的决定》、《最高人民法院最高人民检察院关于办理利用信息网络实施诽谤等刑事案件适用法律若干问题的解释》、《互联网信息服务管理办法》、《互联网新闻信息服务管理规定》等法律法规，制定本规定。

第二条 在中华人民共和国境内从事即时通信工具公众信息服务，适用本规定。

本规定所称即时通信工具，是指基于互联网面向终端使用者提供即时信息交流服务的应用。本规定所称公众信息服务，是指通过即时通信工具的公众账号及其他形式向公众发布信息的活动。

第三条 国家互联网信息办公室负责统筹协调指导即时通信工具公众信息服务发展管理工作，省级互联网信息内容主管部门负责本行政区域的相关工作。

互联网行业组织应当积极发挥作用，加强行业自律，推动行业信用评价体系建设，促进行业健康有序发展。

第四条 即时通信工具服务提供者应当取得法律法规规定的相关资质。即时通信工具服务提供者从事公众信息服务活动，应当取得互联网新闻信息服务资质。

第五条 即时通信工具服务提供者应当落实安全管理责任，建立健全各项制度，配备与服务规模相适应的专业人员，保护用户信息及公民个人隐私，自觉接受社会监督，及时处理公众举报的违法和不良信息。

第六条 即时通信工具服务提供者应当按照“后台实名、前台自愿”的原则，要求即时通信工具服务使用者通过真实身份信息认证后注册账号。

即时通信工具服务使用者注册账号时，应当与即时通信工具服务提供者签订协议，承诺遵守法律法规、社会主义制度、国家利益、公民合法权益、公共秩序、社会道德风尚和信息真实性等“七条底线”。

第七条 即时通信工具服务使用者为从事公众信息服务活动开设公众账号，应当经即时通信工具服务提供者审核，由即时通信工具服务提供者向互联网信息内容主管部门分类备案。

新闻单位、新闻网站开设的公众账号可以发布、转载时政类新闻，取得互联网新闻信息服务资质的非新闻单位开设的公众账号可以转载时政类新闻。其他公众账号未经批准不得发布、转载时政类新闻。

即时通信工具服务提供者应当对可以发布或转载时政类新闻的公众账号加注标识。

鼓励各级党政机关、企事业单位和各人民团体开设公众账号，服务经济社会发展，满足公众需求。

第八条 即时通信工具服务使用者从事公众信息服务活动，应当遵守相关法律法规。

对违反协议约定的即时通信工具服务使用者，即时通信工具服务提供者应当视情节采取警示、限制发布、暂停更新直至关闭账号等措施，并保存有关记录，履行向有关主管部门报告义务。

第九条 对违反本规定的行为，由有关部门依照相关法律法规处理。

第十条 本规定自公布之日起施行。

互联网站从事登载新闻业务管理暂行规定

（2000 年 11 月 17 日　国务院新闻办公室、信息产业部）

第一条　为了促进我国互联网新闻传播事业的发展，规范互联网站登载新闻的业务，维护互联网新闻的真实性、准确性、合法性，制定本规定。

第二条　本规定适用于在中华人民共和国境内从事登载新闻业务的互联网站。

本规定所称登载新闻，是指通过互联网发布和转载新闻。

第三条　互联网站从事登载新闻业务，必须遵守宪法和法律、法规。

国家保护互联网站从事登载新闻业务的合法权益。

第四条　国务院新闻办公室负责全国互联网站从事登载新闻业务的管理工作。

省、自治区、直辖市人民政府新闻办公室依照本规定负责本行政区域内互联网站从事登载新闻业务的管理工作。

第五条　中央新闻单位、中央国家机关各部门新闻单位以及省、自治区、直辖市和省、自治区人民政府所在地的市直属新闻单位依法建立的互联网站（以下简称新闻网站），经批准可以从事登载新闻业务。其他新闻单位不单独建立新闻网站，经批准可以在中央新闻单位或者省、自治区、直辖市直属新闻单位建立的新闻网站建立新闻网页从事登载新闻业务。

第六条　新闻单位建立新闻网站（页）从事登载新闻业务，应当依照下列规定报国务院新闻办公室或者省、自治区、直辖市人民政府新闻办公室审核批准：

（一）中央新闻单位建立新闻网站从事登载新闻业务，报国务院新闻办公室审核批准。

（二）中央国家机关各部门新闻单位建立新闻网站从事登载新闻业务，经主管部门审核同意，报国务院新闻办公室批准。

（三）省、自治区、直辖市和省、自治区人民政府所在地的市直属新闻单位建立新闻网站从事登载新闻业务，经所在地省、自治区、直辖市人民政府新闻办公室审核同意，报国务院新闻办公室批准。

（四）省、自治区、直辖市以下新闻单位在中央新闻单位或者省、自治区、直辖市直属新闻单位的新闻网站建立新闻网页从事登载新闻业务，报所在地省、自治区、直辖市人民政府新闻办公室审核批准，并报国务院新闻办公室备案。

第七条　非新闻单位依法建立的综合性互联网站（以下简称综合性非新闻单位网站），具备本规定第九条所列条件的，经批准可以从事登载中央新闻单位、中央国家机关各部门新闻单位以及省、自治区、直辖市直属新闻单位发布的新闻的业务，但不得登载自行采写的新闻和其他来源的新闻。非新闻单位依法建立的其他互联网站，不得从事登载新闻业务。

第八条　综合性非新闻单位网站依照本规定第七条从事登载新闻业务，应当经主办单位所在地省、自治区、直辖市人民政府新闻办公室审核同意，报国务院新闻办公室批准。

第九条　综合性非新闻单位网站从事登载新闻业务，应当具备下列条件：

（一）有符合法律、法规规定的从事登载新闻业务的宗旨及规章制度；

（二）有必要的新闻编辑机构、资金、设备及场所；

（三）有具有相关新闻工作经验和中级以上新闻专业技术职务资格的专职新闻编辑负责人，并有相应数量的具有中级以上新闻专业技术职务资格的专职新闻编辑人员；

（四）有符合本规定第十一条规定的新闻信息来源。

第十条　互联网站申请从事登载新闻业务，应当填写并提交国务院新闻办公室统一制发的《互联网站从事登载新闻业务申请表》。

第十一条　综合性非新闻单位网站从事登载中央新闻单位、中央国家机关各部门新闻单位以及省、自治区、直辖市直属新闻单位发布的新闻的业务，应当同上述有关新闻单位签订协议，并将协议副本报主办单位所在地省、自治区、直辖市人民政府新闻办公室备案。

第十二条 综合性非新闻单位网站登载中央新闻单位、中央国家机关各部门新闻单位以及省、自治区、直辖市直属新闻单位发布的新闻，应当注明新闻来源和日期。

第十三条 互联网站登载的新闻不得含有下列内容：

（一）违反宪法所确定的基本原则；

（二）危害国家安全，泄露国家秘密，煽动颠覆国家政权，破坏国家统一；

（三）损害国家的荣誉和利益；

（四）煽动民族仇恨、民族歧视，破坏民族团结；

（五）破坏国家宗教政策，宣扬邪教，宣扬封建迷信；

（六）散布谣言，编造和传播假新闻，扰乱社会秩序，破坏社会稳定；

（七）散布淫秽、色情、赌博、暴力、恐怖或者教唆犯罪；

（八）侮辱或者诽谤他人，侵害他人合法权益；

（九）法律、法规禁止的其他内容。

第十四条 互联网站链接境外新闻网站，登载境外新闻媒体和互联网站发布的新闻，必须另行报国务院新闻办公室批准。

第十五条 违反本规定，有下列情形之一的，由国务院新闻办公室或者省、自治区、直辖市人民政府新闻办公室给予警告，责令限期改正；已取得从事登载新闻业务资格的，情节严重的，撤消其从事登载新闻业务的资格：

（一）未取得从事登载新闻业务资格，擅自登载新闻的；

（二）综合性非新闻单位网站登载自行采写的新闻或者登载不符合本规定第七条规定来源的新闻的，或者未注明新闻来源的；

（三）综合性非新闻单位网站未与中央新闻单位、中央国家机关各部门新闻单位以及省、自治区、直辖市直属新闻单位签订协议擅自登载其发布的新闻，或者签订的协议未履行备案手续的；

（四）未经批准，擅自链接境外新闻网站，登载境外新闻媒体和互联网站发布的新闻的。

第十六条 互联网站登载的新闻含有本规定第十三条所列内容之一，构成犯罪的，依法追究刑事责任；尚不构成犯罪的，由公安机关或者国家安全机关依照有关法律、行政法规的规定给予行政处罚。

第十七条 互联网站登载新闻含有本规定第十三条所列内容之一或者有本规定第十五条所列情形之一的，国务院信息产业主管部门或者省、自治区、直辖市电信管理机构依照有关法律、行政法规的规定，可以责令关闭网站。并吊销其电信业务经营许可证。

第十八条 在本规定施行前已经从事登载新闻业务的互联网站，应当自本规定施行之日起60日内依照本规定办理相应的手续。

第十九条 本规定自发布之日起施行。

·工业和信息化部

工业和信息化部关于规范互联网信息服务使用域名的通知

（2017年11月27日　工信部信管〔2017〕264号）

各有关单位：

为贯彻落实《中华人民共和国反恐怖主义法》《中华人民共和国网络安全法》《互联网信息服务管理办法》《互联网域名管理办法》等法律法规和规章的要求，进一步规范互联网信息服务域名使用，现就有关事项通知如下：

一、互联网信息服务提供者从事互联网信息服务使用的域名应为其依法依规注册所有。

（一）个人从事互联网信息服务的，域名注册者应为互联网信息服务者本人。

（二）单位从事互联网信息服务的，域名注册者应为单位（含公司股东）、单位主要负责人或高级管理人员。

二、互联网接入服务提供者应当按照《中华人民共和国反恐怖主义法》《中华人民共和国网络安全法》的要求，对互联网信息服务提供者的身份进行查验。互联网信息服务提供者不提供真实身份信息的，互联网接入服务提供者不得为其提供服务。

三、域名注册管理机构、域名注册服务机构应当按照《互联网域名管理办法》和电信主管部门的要求，建设相应的信息管理系统，与"工业和信息化部ICP/IP地址/域名信息备案管理系统"（以下简称备案系统）进行对接，报送域名注册相关信息。

四、域名注册管理机构、域名注册服务机构应当进一步加强域名真实身份信息注册管理，不得为未提供真实身份信息的域名提供解析服务。

五、互联网接入服务提供者在为互联网信息服务提供者提供接入服务时，应通过备案系统查验域名注册者的真实身份信息，不提供真实身份信息的或者提供的身份信息不准确、不完整的，互联网接入服务提供者不得为其提供接入服务。本通知施行前已在备案系统中备案的域名除外。

互联网接入服务提供者应当定期通过备案系统核查互联网信息服务提供者使用域名的状态，对于域名不存在、域名过期且未提供真实身份信息等情形的，互联网接入服务提供者应停止为其提供接入服务。

六、电信主管部门要督促互联网接入服务提供者、域名注册管理机构、域名注册服务机构按照上述要求开展业务，依法处理各类违法违规行为，将处理结果纳入企业信誉管理档案，并向社会公示。

七、本通知自2018年1月1日起施行。

特此通知。

公共互联网网络安全突发事件应急预案

（2017年11月14日　工信部网安［2017］281号）

目　录

1. 总则

1.1 编制目的

建立健全公共互联网网络安全突发事件应急组织体系和工作机制，提高公共互联网网络安全突发事件综合应对能力，确保及时有效地控制、减轻和消除公共互联网网络安全突发事件造成的社会危害和损失，保证公共互联网持续稳定运行和数据安全，维护国家网络空间安全，保障经济运行和社会秩序。

1.2 编制依据

《中华人民共和国突发事件应对法》《中华人民共和国网络安全法》《中华人民共和国电信条例》等法律法规和《国家突发公共事件总体应急预案》《国家网络安全事件应急预案》等相关规定。

1.3 适用范围

本预案适用于面向社会提供服务的基础电信企业、域名注册管理和服务机构（以下简称域名机构）、互联网企业（含工业互联网平台企业）发生网络安全突发事件的应对工作。

本预案所称网络安全突发事件，是指突然发生的，由网络攻击、网络入侵、恶意程序等导致的，造成或可能造成严重社会危害或影响，需要电信主管部门组织采取应急处置措施予以应对的网络中断（拥塞）、系统瘫痪（异常）、数据泄露（丢失）、病毒传播等事件。

本预案所称电信主管部门包括工业和信息化部及各省（自治区、直辖市）通信管理局。

工业和信息化部对国家重大活动期间网络安全突发事件应对工作另有规定的，从其规定。

1.4 **工作原则**

公共互联网网络安全突发事件应急工作坚持统一领导、分级负责；坚持统一指挥、密切协同、快速反应、科学处置；坚持预防为主，预防与应急相结合；落实基础电信企业、域名机构、互联网服务提供者的主体责任；充分发挥网络安全专业机构、网络安全企业和专家学者等各方面力量的作用。

2. 组织体系

2.1 **领导机构与职责**

在中央网信办统筹协调下，工业和信息化部网络安全和信息化领导小组（以下简称部领导小组）统一领导公共互联网网络安全突发事件应急管理工作，负责特别重大公共互联网网络安全突发事件的统一指挥和协调。

2.2 **办事机构与职责**

在中央网信办下设的国家网络安全应急办公室统筹协调下，在部领导小组统一领导下，工业和信息化部网络安全应急办公室（以下简称部应急办）负责公共互联网网络安全应急管理事务性工作；及时向部领导小组报告突发事件情况，提出特别重大网络安全突发事件应对措施建议；负责重大网络安全突发事件的统一指挥和协调；根据需要协调较大、一般网络安全突发事件应对工作。

部应急办具体工作由工业和信息化部网络安全管理局承担，有关单位明确负责人和联络员参与部应急办工作。

2.3 **其他相关单位职责**

各省（自治区、直辖市）通信管理局负责组织、指挥、协调本行政区域相关单位开展公共互联网网络安全突发事件的预防、监测、报告和应急处置工作。

基础电信企业、域名机构、互联网企业负责本单位网络安全突发事件预防、监测、报告和应急处置工作，为其他单位的网络安全突发事件应对提供技术支持。

国家计算机网络应急技术处理协调中心、中国信息通信研究院、中国软件评测中心、国家工业信息安全发展研究中心（以下统称网络安全专业机构）负责监测、报告公共互联网网络安全突发事件和预警信息，为应急工作提供决策支持和技术支撑。

鼓励网络安全企业支撑参与公共互联网网络安全突发事件应对工作。

3. 事件分级

根据社会影响范围和危害程度，公共互联网网络安全突发事件分为四级：特别重大事件、重大事件、较大事件、一般事件。

3.1 **特别重大事件**

符合下列情形之一的，为特别重大网络安全事件：

（1）全国范围大量互联网用户无法正常上网；

（2）.CN 国家顶级域名系统解析效率大幅下降；

（3）1 亿以上互联网用户信息泄露；

（4）网络病毒在全国范围大面积爆发；

（5）其他造成或可能造成特别重大危害或影响的网络安全事件。

3.2 **重大事件**

符合下列情形之一的，为重大网络安全事件：

（1）多个省大量互联网用户无法正常上网；

（2）在全国范围有影响力的网站或平台访问出现严重异常；

（3）大型域名解析系统访问出现严重异常；

（4）1 千万以上互联网用户信息泄露；

（5）网络病毒在多个省范围内大面积爆发；

（6）其他造成或可能造成重大危害或影响的网络安全事件。

3.3 **较大事件**

符合下列情形之一的，为较大网络安全事件：

（1）1 个省内大量互联网用户无法正常上网；

（2）在省内有影响力的网站或平台访问出现严重异常；

（3）1百万以上互联网用户信息泄露；

（4）网络病毒在1个省范围内大面积爆发；

（5）其他造成或可能造成较大危害或影响的网络安全事件。

3.4 **一般事件**

符合下列情形之一的，为一般网络安全事件：

（1）1个地市大量互联网用户无法正常上网；

（2）10万以上互联网用户信息泄露；

（3）其他造成或可能造成一般危害或影响的网络安全事件。

4. 监测预警

4.1 **事件监测**

基础电信企业、域名机构、互联网企业应当对本单位网络和系统的运行状况进行密切监测，一旦发生本预案规定的网络安全突发事件，应当立即通过电话等方式向部应急办和相关省（自治区、直辖市）通信管理局报告，不得迟报、谎报、瞒报、漏报。

网络安全专业机构、网络安全企业应当通过多种途径监测、收集已经发生的公共互联网网络安全突发事件信息，并及时向部应急办和相关省（自治区、直辖市）通信管理局报告。

报告突发事件信息时，应当说明事件发生时间、初步判定的影响范围和危害、已采取的应急处置措施和有关建议。

4.2 **预警监测**

基础电信企业、域名机构、互联网企业、网络安全专业机构、网络安全企业应当通过多种途径监测、收集漏洞、病毒、网络攻击最新动向等网络安全隐患和预警信息，对发生突发事件的可能性及其可能造成的影响进行分析评估；认为可能发生特别重大或重大突发事件的，应当立即向部应急办报告；认为可能发生较大或一般突发事件的，应当立即向相关省（自治区、直辖市）通信管理局报告。

4.3 **预警分级**

建立公共互联网网络突发事件预警制度，按照紧急程度、发展态势和可能造成的危害程度，公共互联网网络突发事件预警等级分为四级：由高到低依次用红色、橙色、黄色和蓝色标示，分别对应可能发生特别重大、重大、较大和一般网络安全突发事件。

4.4 **预警发布**

部应急办和各省（自治区、直辖市）通信管理局应当及时汇总分析突发事件隐患和预警信息，必要时组织相关单位、专业技术人员、专家学者进行会商研判。

认为需要发布红色预警的，由部应急办报国家网络安全应急办公室统一发布（或转发国家网络安全应急办公室发布的红色预警），并报部领导小组；认为需要发布橙色预警的，由部应急办统一发布，并报国家网络安全应急办公室和部领导小组；认为需要发布黄色、蓝色预警的，相关省（自治区、直辖市）通信管理局可在本行政区域内发布，并报部应急办，同时通报地方相关部门。对达不到预警级别但又需要发布警示信息的，部应急办和各省（自治区、直辖市）通信管理局可以发布风险提示信息。

发布预警信息时，应当包括预警级别、起始时间、可能的影响范围和造成的危害、应采取的防范措施、时限要求和发布机关等，并公布咨询电话。面向社会发布预警信息可通过网站、短信、微信等多种形式。

4.5 **预警响应**

4.5.1 黄色、蓝色预警响应

发布黄色、蓝色预警后，相关省（自治区、直辖市）通信管理局应当针对即将发生的网络安全突发事件的特点和可能造成的危害，采取下列措施：

（1）要求有关单位、机构和人员及时收集、报告有关信息，加强网络安全风险的监测；

（2）组织有关单位、机构和人员加强事态跟踪分析评估，密切关注事态发展，重要情况报部应急办；

（3）及时宣传避免、减轻危害的措施，公布咨询电话，并对相关信息的报道工作进行正确引导。

4.5.2 红色、橙色预警响应

发布红色、橙色预警后，部应急办除采取黄色、蓝色预警响应措施外，还应当针对即将发生的网络安全突发事件的特点和可能造成的危害，采取下列措施：

（1）要求各相关单位实行24小时值班，相关人员保持通信联络畅通；

（2）组织研究制定防范措施和应急工作方案，协调调度各方资源，做好各项准备工作，重要情况报部领导小组；

（3）组织有关单位加强对重要网络、系统的网络安全防护；

（4）要求相关网络安全专业机构、网络安全企业进入待命状态，针对预警信息研究制定应对方案，检查应急设备、软件工具等，确保处于良好状态。

4.6 预警解除

部应急办和省（自治区、直辖市）通信管理局发布预警后，应当根据事态发展，适时调整预警级别并按照权限重新发布；经研判不可能发生突发事件或风险已经解除的，应当及时宣布解除预警，并解除已经采取的有关措施。相关省（自治区、直辖市）通信管理局解除黄色、蓝色预警后，应及时向部应急办报告。

5. 应急处置

5.1 响应分级

公共互联网网络安全突发事件应急响应分为四级：Ⅰ级、Ⅱ级、Ⅲ级、Ⅳ级，分别对应已经发生的特别重大、重大、较大、一般事件的应急响应。

5.2 先行处置

公共互联网网络安全突发事件发生后，事发单位在按照本预案规定立即向电信主管部门报告的同时，应当立即启动本单位应急预案，组织本单位应急队伍和工作人员采取应急处置措施，尽最大努力恢复网络和系统运行，尽可能减少对用户和社会的影响，同时注意保存网络攻击、网络入侵或网络病毒的证据。

5.3 启动响应

Ⅰ级响应根据国家有关决定或经部领导小组批准后启动，由部领导小组统一指挥、协调。

Ⅱ级响应由部应急办决定启动，由部应急办统一指挥、协调。

Ⅲ级、Ⅳ级响应由相关省（自治区、直辖市）通信管理局决定启动，并负责指挥、协调。

启动Ⅰ级、Ⅱ级响应后，部应急办立即将突发事件情况向国家网络安全应急办公室等报告；部应急办和相关单位进入应急状态，实行24小时值班，相关人员保持联络畅通，相关单位派员参加部应急办工作；视情在部应急办设立应急恢复、攻击溯源、影响评估、信息发布、跨部门协调、国际协调等工作组。

启动Ⅲ级、Ⅳ级响应后，相关省（自治区、直辖市）通信管理局应及时将相关情况报部应急办。

5.4 事态跟踪

启动Ⅰ级、Ⅱ级响应后，事发单位和网络安全专业机构、网络安全企业应当持续加强监测，跟踪事态发展，检查影响范围，密切关注舆情，及时将事态发展变化、处置进展情况、相关舆情报部应急办。省（自治区、直辖市）通信管理局立即全面了解本行政区域受影响情况，并及时报部应急办。基础电信企业、域名机构、互联网企业立即了解自身网络和系统受影响情况，并及时报部应急办。

启动Ⅲ级、Ⅳ级响应后，相关省（自治区、直辖市）通信管理局组织相关单位加强事态跟踪研判。

5.5 决策部署

启动Ⅰ级、Ⅱ级响应后，部领导小组或部应急办紧急召开会议，听取各相关方面情况汇报，研究紧急应对措施，对应急处置工作进行决策部署。

针对突发事件的类型、特点和原因，要求相关单位采取以下措施：带宽紧急扩容、控制攻击源、过滤攻击流量、修补漏洞、查杀病毒、关闭端口、启用备份数据、暂时关闭相关系统等；对大规模用户信息泄露事件，要求事发单位及时告知受影响的用户，并告知用户减轻危害的措施；防止发生次生、衍生事件的必要措施；其他可以控制和减轻危害的措施。

做好信息报送。及时向国家网络安全应急办公室等报告突发事件处置进展情况；视情况由部应急办向相关职能部门、相关行业主管部门通报突发事件有关情况，必要时向相关部门请求提供支援。视情况向外国政府部门通报有关情况并请求协助。

注重信息发布。及时向社会公众通告突发事件情况，宣传避免或减轻危害的措施，公布咨询电话，引导社会舆论。未经部应急办同意，各相关单位不得擅自向社会发布突发事件相关信息。

启动Ⅲ级、Ⅳ级响应后，相关省（自治区、直辖市）通信管理局组织相关单位开展处置工作。处置中需要其他区域提供配合和支持的，接受请求的省（自治区、直辖市）通信管理局应当在权限范围内积极配合并提供必要的支持；必要时可报请部应急办予以协调。

5.6 结束响应

突发事件的影响和危害得到控制或消除后，Ⅰ级响应根据国家有关决定或经部领导小组批准后结束；Ⅱ级响应由部应急办决定结束，并报部领导小组；Ⅲ级、Ⅳ级响应由相关省（自治区、直辖市）通信管理局决定结束，并报部应急办。

6. 事后总结

6.1 调查评估

公共互联网网络安全突发事件应急响应结束后，事发单位要及时调查突发事件的起因（包括直接原因和间接原因）、经过、责任，评估突发事件造成的影响和损失，总结突发事件防范和应急处置工作的经验教训，提出处理意见和改进措施，在应急响应结束后10个工作日内形成总结报告，报电信主管部门。电信主管部门汇总并研究后，在应急响应结束后20个工作日内形成报告，按程序上报。

6.2 奖惩问责

工业和信息化部对网络安全突发事件应对工作中作出突出贡献的先进集体和个人给予表彰或奖励。

对不按照规定制定应急预案和组织开展演练，迟报、谎报、瞒报和漏报突发事件重要情况，或在预防、预警和应急工作中有其他失职、渎职行为的单位或个人，由电信主管部门给予约谈、通报或依法、依规给予问责或处分。基础电信企业有关情况纳入企业年度网络与信息安全责任考核。

7. 预防与应急准备

7.1 预防保护

基础电信企业、域名机构、互联网企业应当根据有关法律法规和国家、行业标准的规定，建立健全网络安全管理制度，采取网络安全防护技术措施，建设网络安全技术手段，定期进行网络安全检查和风险评估，及时消除隐患和风险。电信主管部门依法开展网络安全监督检查，指导督促相关单位消除安全隐患。

7.2 应急演练

电信主管部门应当组织开展公共互联网网络安全突发事件应急演练，提高相关单位网络安全突发事件应对能力。基础电信企业、大型互联网企业、域名机构要积极参与电信主管部门组织的应急演练，并应每年组织开展一次本单位网络安全应急演练，应急演练情况要向电信主管部门报告。

7.3 宣传培训

电信主管部门、网络安全专业机构组织开展网络安全应急相关法律法规、应急预案和基本知识的宣传教育和培训，提高相关企业和社会公众的网络安全意识和防护、应急能力。基础电信企业、域名机构、互联网企业要面向本单位员工加强网络安全应急宣传教育和培训。鼓励开展各种形式的网络安全竞赛。

7.4 手段建设

工业和信息化部规划建设统一的公共互联网网络安全应急指挥平台，汇集、存储、分析有关突发事件的信息，开展应急指挥调度。指导基础电信企业、大型互联网企业、域名机构和网络安全专业机构等单位规划建设本单位突发事件信息系统，并与工业和信息化部应急指挥平台实现互联互通。

7.5 工具配备

基础电信企业、域名机构、互联网企业和网络安全专业机构应加强对木马查杀、漏洞检测、网络扫描、渗透测试等网络安全应急装备、工具的储备，及时调整、升级软件硬件工具。鼓励研制开发相关技术装备和工具。

8. 保障措施

8.1 落实责任

各省（自治区、直辖市）通信管理局、基础电信企业、域名机构、互联网企业、网络安全专业机构要落实网络安全应急工作责任制，把责任落实到单位领导、具体部门、具体岗位和个人，建立健全本单位网络安全应急工作体制机制。

8.2 经费保障

工业和信息化部为部应急办、各省（自治区、直辖市）通信管理局、网络安全专业机构开展公共互联网网络安全突发事件应对工作提供必要的经费保障。基础电信企业、域名机构、大型互联网企业应当安排专项资金，支持本单位网络安全应急队伍建设、手段建设、应急演练、应急培训等工作开展。

8.3 队伍建设

网络安全专业机构要加强网络安全应急技术支撑队伍建设，不断提升网络安全突发事件预防保护、监测预警、应急处置、攻击溯源等能力。基础电信企业、域名机构、大型互联网企业要建立专门的网络安全应急队伍，提升本单位网络安全应急能力。支持网络安全企业提升应急支撑能力，促进网络安全应急产业发展。

8.4 社会力量

建立工业和信息化部网络安全应急专家组，充分发挥专家在应急处置工作中的作用。从网络安全专业机构、相关企业、科研院所、高等学校中选拔网络安全技术人才，形成网络安全技术人才库。

8.5 国际合作

工业和信息化部根据职责建立国际合作渠道，签订国际合作协议，必要时通过国际合作应对公共互联网网络安全突发事件。鼓励网络安全专业机构、基础电信企业、域名机构、互联网企业、网络安全企业开展网络安全国际交流与合作。

9. 附则

9.1 预案管理

本预案原则上每年评估一次，根据实际情况由工业和信息化部适时进行修订。

各省（自治区、直辖市）通信管理局要根据本预案，结合实际制定或修订本行政区域公共互联网网络安全突发事件应急预案，并报工业和信息化部备案。

基础电信企业、域名机构、互联网企业要制定本单位公共互联网网络安全突发事件应急预案。基础电信企业、域名机构、大型互联网企业的应急预案要向电信主管部门备案。

9.2 预案解释

本预案由工业和信息化部网络安全管理局负责解释。

9.3 预案实施时间

本预案自印发之日起实施。2009 年 9 月 29 日印发的《公共互联网网络安全应急预案》同时废止。

公共互联网网络安全威胁监测与处置办法

（2017 年 8 月 9 日　工信部网安〔2017〕202 号）

第一条　为加强和规范公共互联网网络安全威胁监测与处置工作，消除安全隐患，制止攻击行为，避免危害发生，降低安全风险，维护网络秩序和公共利益，保护公民、法人和其他组织的合法权益，根据《中华人民共和国网络安全法》《全国人民代表大会常务委员会关于加强网络信息保护的决定》《中华人民共和国电信条例》等有关法律法规和工业和信息化部职责，制定本办法。

第二条　本办法所称公共互联网网络安全威胁是指公共互联网上存在或传播的、可能或已经对公众造成危害的网络资源、恶意程序、安全隐患或安全事件，包括：

（一）被用于实施网络攻击的恶意 IP 地址、恶意域名、恶意 URL、恶意电子信息，包括木马和僵尸网络控制端，钓鱼网站，钓鱼电子邮件、短信/彩信、即时通信等；

（二）被用于实施网络攻击的恶意程序，包括木马、病毒、僵尸程序、移动恶意程序等；

（三）网络服务和产品中存在的安全隐患，

包括硬件漏洞、代码漏洞、业务逻辑漏洞、弱口令、后门等；

（四）网络服务和产品已被非法入侵、非法控制的网络安全事件，包括主机受控、数据泄露、网页篡改等；

（五）其他威胁网络安全或存在安全隐患的情形。

第三条　工业和信息化部负责组织开展全国公共互联网网络安全威胁监测与处置工作。各省、自治区、直辖市通信管理局负责组织开展本行政区域内公共互联网网络安全威胁监测与处置工作。工业和信息化部和各省、自治区、直辖市通信管理局以下统称为电信主管部门。

第四条　网络安全威胁监测与处置工作坚持及时发现、科学认定、有效处置的原则。

第五条　相关专业机构、基础电信企业、网络安全企业、互联网企业、域名注册管理和服务机构等应当加强网络安全威胁监测与处置工作，明确责任部门、责任人和联系人，加强相关技术手段建设，不断提高网络安全威胁监测与处置的及时性、准确性和有效性。

第六条　相关专业机构、基础电信企业、网络安全企业、互联网企业、域名注册管理和服务机构等监测发现网络安全威胁后，属于本单位自身问题的，应当立即进行处置，涉及其他主体的，应当及时将有关信息按照规定的内容要素和格式提交至工业和信息化部和相关省、自治区、直辖市通信管理局。

工业和信息化部建立网络安全威胁信息共享平台，统一汇集、存储、分析、通报、发布网络安全威胁信息；制定相关接口规范，与相关单位网络安全监测平台实现对接。国家计算机网络应急技术处理协调中心负责平台建设和运行维护工作。

第七条　电信主管部门委托国家计算机网络应急技术处理协调中心、中国信息通信研究院等专业机构对相关单位提交的网络安全威胁信息进行认定，并提出处置建议。认定工作应当坚持科学严谨、公平公正、及时高效的原则。电信主管部门对参与认定工作的专业机构和人员加强管理与培训。

第八条　电信主管部门对专业机构的认定和处置意见进行审查后，可以对网络安全威胁采取以下一项或多项处置措施：

（一）通知基础电信企业、互联网企业、域名注册管理和服务机构等，由其对恶意IP地址（或宽带接入账号）、恶意域名、恶意URL、恶意电子邮件账号或恶意手机号码等，采取停止服务或屏蔽等措施。

（二）通知网络服务提供者，由其清除本单位网络、系统或网站中存在的可能传播扩散的恶意程序。

（三）通知存在漏洞、后门或已经被非法入侵、控制、篡改的网络服务和产品的提供者，由其采取整改措施，消除安全隐患；对涉及党政机关和关键信息基础设施的，同时通报其上级主管单位和网信部门。

（四）其他可以消除、制止或控制网络安全威胁的技术措施。

电信主管部门的处置通知应当通过书面或可验证来源的电子方式等形式送达相关单位，紧急情况下，可先电话通知，后补书面通知。

第九条　基础电信企业、互联网企业、域名注册管理和服务机构等应当为电信主管部门依法查询IP地址归属、域名注册等信息提供技术支持和协助，并按照电信主管部门的通知和时限要求采取相应处置措施，反馈处置结果。负责网络安全威胁认定的专业机构应当对相关处置情况进行验证。

第十条　相关组织或个人对按照本办法第八条第（一）款采取的处置措施不服的，有权在10个工作日内向做出处置决定的电信主管部门进行申诉。相关电信主管部门接到申诉后应当及时组织核查，并在30个工作日内予以答复。

第十一条　鼓励相关单位以行业自律或技术合作、技术服务等形式开展网络安全威胁监测与处置工作，并对处置行为负责，监测与处置结果应当及时报送电信主管部门。

第十二条　基础电信企业、互联网企业、域名注册管理和服务机构等未按照电信主管部门通知要求采取网络安全威胁处置措施的，由电信主管部门依据《中华人民共和国网络安全法》第五十六条、第五十九条、第六十条、第六十八条等规定进行约谈或给予警告、罚款等行政处罚。

第十三条　造成或可能造成严重社会危害

或影响的公共互联网网络安全突发事件的监测与处置工作，按照国家和电信主管部门有关应急预案执行。

第十四条 各省、自治区、直辖市通信管理局可参照本办法制定本行政区域网络安全威胁监测与处置办法实施细则。

第十五条 本办法自2018年1月1日起实施。2009年4月13日印发的《木马和僵尸网络监测与处置机制》和2011年12月9日印发的《移动互联网恶意程序监测与处置机制》同时废止。

移动智能终端应用软件预置和分发管理暂行规定

（2016年12月16日 工信部信管［2016］407号）

第一条 工业和信息化部大力推动移动智能终端应用软件发展，鼓励移动智能终端生产企业、互联网信息服务提供者等相关企业积极开发移动智能终端应用软件产品，丰富信息消费内容，引导企业健全相关管理机制。鼓励有关行业协会等依法制定自律性管理制度，共同规范移动智能终端应用软件的预置和分发行为，维护网络安全，加强用户权益保护。

第二条 本规定规范移动智能终端生产企业（以下简称生产企业）的移动智能终端应用软件预置行为，以及互联网信息服务提供者提供的移动智能终端应用软件分发服务。

第三条 工业和信息化部依照本规定对全国范围内移动智能终端应用软件预置与分发服务实施监督管理。省、自治区、直辖市通信管理局（以下统称各地通信主管部门）在工业和信息化部领导下，按照本规定对本行政区域内的移动智能终端应用软件预置与分发服务实施监督管理。工业和信息化部和各地通信主管部门应进一步完善移动智能终端应用软件预置与分发服务监管制度，强化事中事后管理。

第四条 生产企业和提供移动智能终端应用软件分发服务的互联网信息服务提供者（以下简称互联网信息服务提供者）不得提供或传播含有下列内容的移动智能终端应用软件：

（一）反对宪法所确定的基本原则的；

（二）危害国家安全，泄露国家秘密，颠覆国家政权，破坏国家统一的；

（三）损害国家荣誉和利益的；

（四）煽动民族仇恨、民族歧视，破坏民族团结的；

（五）破坏国家宗教政策，宣扬邪教和封建迷信的；

（六）散布谣言，扰乱社会秩序，破坏社会稳定的；

（七）散布淫秽、色情、赌博、暴力、凶杀、恐怖或者教唆犯罪的；

（八）侮辱或者诽谤他人，侵害他人合法权益的；

（九）含有法律、行政法规禁止的其他内容的。

第五条 生产企业和互联网信息服务提供者应依法依规提供移动智能终端应用软件，采取有效措施，维护网络安全，切实保护用户合法权益。

（一）提供移动智能终端预置软件（以下简称预置软件）的生产企业和互联网信息服务提供者应自觉维护行业公平竞争，依法维护用户的知情权和选择权，不得实施破坏市场竞争秩序、侵犯用户合法权益的行为。

（二）生产企业和互联网信息服务提供者所提供移动智能终端应用软件不得调用与所提供服务无关的终端功能、违法发送商业性电子信息；未经明示且经用户同意，不得实施收集使用用户个人信息、开启应用软件、捆绑推广其他应用软件等侵害用户合法权益或危害网络安全的行为。

（三）为移动智能终端应用软件提供代收费的企业，应当采取必要措施，加强对计费、收费行为的管理，杜绝不明扣费；收费企业应对用户确认信息和计费原始数据至少保存5个月，并为用户查询提供方便。

（四）生产企业应约束销售渠道，未经用户同意不得擅自在移动智能终端中安装应用软件，并提示用户终端在销售渠道等环节被装入应用软件的可能性、风险和应对措施。

第六条 生产企业和互联网信息服务提供者均应明示所提供移动智能终端应用软件相关信息。

（一）生产企业和互联网信息服务提供者均应通过用户提示、企业网站等方式明示所提供移动智能终端应用软件的信息，包括名称、功能描述、卸载方法、开发者信息、软件安装及运行所需权限列表等，明确告知用户应用软件收集、使用用户个人信息的内容、目的、方式和范围等。

（二）生产企业应在终端产品说明书中提供预置软件列表信息，并在终端产品说明书或外包装中标示预置软件详细信息的查询方法。生产企业在提交移动智能终端进网申请时，应提供相关产品符合前述要求的声明。

（三）涉及收费的移动智能终端应用软件应严格遵守明码标价等相关规定，明示收费标准、收费方式，明示内容真实准确、醒目规范，经用户确认后方可扣费。

第七条 生产企业和互联网信息服务提供者应确保除基本功能软件外的移动智能终端应用软件可卸载。

（一）移动智能终端的基本功能软件是指保障移动智能终端硬件和操作系统正常运行的应用软件，主要包括操作系统基本组件、保证智能终端硬件正常运行的应用、基本通信应用、应用软件下载通道等。终端中预置的实现同一功能的基本功能软件，至多有一个可设置为不可卸载。

（二）生产企业和互联网信息服务提供者应确保所提供的除基本功能软件之外的移动智能终端应用软件可由用户方便卸载，且在不影响移动智能终端安全使用的情况下，附属于该软件的资源文件、配置文件和用户数据文件等也应能够被方便卸载。

（三）生产企业应确保已被卸载的预置软件在移动智能终端操作系统升级时不被强行恢复；应保证移动智能终端获得进网许可证前后预置软件的一致性；移动智能终端新增预置软件或有重大功能变化的，应及时向工业和信息化部报告。

第八条 从事应用商店等移动应用分发平台服务的互联网信息服务提供者，以及在移动智能终端中预置了移动应用分发平台的生产企业对所提供的应用软件负有以下管理责任：

（一）应登记应用软件提供者、运营者、开发者的真实身份、联系方式等信息。

（二）应建立应用软件管理机制，对应用软件进行审核及安全、服务等相关检测，对审核和检测中发现的恶意应用软件等违法违规软件，不得向用户提供；对所提供应用软件进行跟踪监测，及时处理违法违规软件，建立完善用户举报投诉处置措施等。

（三）应要求应用软件提供者在提交应用软件时声明其获取的用户终端权限及用途，并将上述信息向软件下载用户明示。

（四）应留存所提供应用软件，以及该软件有关版本、上线时间、功能简介、用途、MD5（消息摘要算法 5）等校验值、服务器接入等信息以备追溯检测，相关信息的留存时间不短于 60 日。

（五）对于违反本规定第四条要求的应用软件，以及在通信主管部门监督检查中发现的恶意应用软件，相关企业应予以及时下架。

（六）应加强网络安全防护以及对相关人员的教育培训，保障自身系统安全和用户个人信息安全。

第九条 通信主管部门应对生产企业和互联网信息服务提供者落实本规定相关要求情况进行监督检查。

（一）通信主管部门应组织专业检测机构对生产企业预置的和互联网信息服务提供者提供的应用软件开展监督检测和恶意应用软件认定工作，相关企业应给予配合，并提供便捷的获取应用软件的条件。

（二）检测机构应及时将检测和认定报告提交通信主管部门。通信主管部门依据报告，要求并监督相关企业进行整改，通知并监督互联网信息服务提供者下架恶意应用软件。

（三）通信主管部门向社会通报监督检查和检测情况。

（四）对于紧急情况以及互联网信息服务提

供者未按要求及时下架违法应用软件的，通信主管部门可依法依规要求有关单位采取处置措施。

第十条 相关企业和社会组织应进一步完善服务保障措施，提高用户权益保护水平。

（一）生产企业和互联网信息服务提供者应建立移动智能终端应用软件投诉举报受理制度，为用户提供便捷的投诉举报方式，接受、验证和处理用户投诉举报。如用户发现移动智能终端应用软件违反本规定要求，可向相关企业投诉举报，企业应在规定和公开承诺的时限内妥善处理；对处理结果不满的，用户可向电信用户申诉受理机构申诉。用户发现恶意应用软件，以及含有法律法规规定的禁止性内容或违法发送商业性电子信息的移动终端应用软件，可向网络不良与垃圾信息举报中心举报。

（二）工业和信息化部鼓励移动智能终端应用软件采用依法设立的电子认证服务机构颁发的数字证书进行签名；指导相关企业对已签名的移动智能终端应用软件采用依法设立的电子认证服务机构颁发的数字证书，进行验证并显著标识。

（三）工业和信息化部支持相关社会组织通过行业自律形式，建立恶意应用软件黑名单，实现黑名单信息在相关企业、专业检测机构以及用户之间的共享。

第十一条 违反本规定的，通信主管部门依据职权责令改正，依法进行处罚，并将生产企业、互联网信息服务提供者违反本规定受到行政处罚的情况记入信誉档案，向社会公布。对涉嫌违法犯罪的应用软件线索，各单位应及时报告公安机关。

第十二条 本规定下列用语的含义是：

移动智能终端是指接入公众移动通信网络、具有操作系统、可由用户自行安装和卸载应用软件的移动通信终端产品。

移动智能终端应用软件（英文简称 APP）包括移动智能终端预置应用软件，以及互联网信息服务提供者提供的可以通过网站、应用商店等移动应用分发平台下载、安装、升级的应用软件。

移动应用分发平台是指网站、应用商店等提供移动智能终端应用软件下载、安装、升级的应用软件平台。

移动智能终端预置应用软件是指由生产企业自行或与互联网信息服务提供者合作在移动智能终端出厂前安装的应用软件。

恶意应用软件是指含有信息窃取、恶意扣费、诱骗欺诈、系统破坏等恶意行为及其他危害用户权益和网络安全的应用软件。

商业性电子信息是指利用电信网或互联网，向用户介绍、推销商品、服务或者商业投资机会的电子信息。

第十三条 本规定解释权属于工业和信息化部。

互联网信息安全管理系统使用及运行维护管理办法（试行）

（2016 年 9 月 7 日 工信厅网安〔2016〕135 号）

第一章 总 则

第一条 为规范互联网信息安全管理系统使用及运行维护工作，保障系统安全可靠运行，有效发挥系统作用，根据《全国人民代表大会常务委员会关于加强网络信息保护的决定》《中华人民共和国反恐怖主义法》《中华人民共和国国家安全法》《中华人民共和国电信条例》《互联网信息服务管理办法》等法律法规，制定本办法。

第二条 本办法适用于互联网信息安全管理系统的使用及运行维护。

本办法所称互联网信息安全管理系统，包括全国互联网信息安全综合管理系统（以下简称部级系统），各省、自治区、直辖市通信管理局互联网信息安全管理系统（以下简称省级系统）及从事互联网数据中心（含互联网资源协作服务）、互联网接入服务、内容分发网络服务等电信业务经营者（以下简称企业）按照有关管理规定和通信行业标准，建设或租用的互联网信息安全管理系统（以下简称企业系统）。

第三条　工业和信息化部负责对互联网信息安全管理系统的使用及运行维护，以及系统的对接联动工作进行指导、监督和协调，负责部级系统的使用及运行维护。

各省、自治区、直辖市通信管理局（以下统称通信管理局）负责对本辖区内企业系统的使用和运行维护工作进行指导、监督和协调，负责本省（区、市）省级系统的使用及运行维护，以及本省（区、市）省级系统与部级系统的对接联动。

工业和信息化部和通信管理局统称电信管理机构。

第四条　企业负责本企业系统的使用及运行维护，以及本企业系统与部级系统或省级系统的对接联动。

第二章　使用要求

第五条　企业应按照有关管理规定和通信行业标准，进行企业系统基础数据和活跃资源数据的管理、核验和上报，确保数据完整、准确。企业应按照电信管理机构的要求，改正未上报、上报错误或上报不一致的异常数据，并于5个工作日内重新上报。

电信管理机构应进行系统数据审核。工业和信息化部发现全国省级系统和企业系统上报异常数据的，应要求相应系统及时改正和重新上报。通信管理局发现本辖区内企业系统上报异常数据的，应要求相应系统及时改正和重新上报。

第六条　工业和信息化部利用部级系统向省级系统或企业系统下达违法信息监测与处置要求。紧急情况下，工业和信息化部可直接通过部级系统采取违法信息处置措施。

通信管理局利用省级系统向本辖区内企业系统下达违法信息监测与处置要求。需要向本辖区外企业系统下达处置要求的，通信管理局应向相关省（区、市）省级系统发送违法信息处置跨省协办要求，由相关省（区、市）通信管理局执行。

企业应利用企业系统对所传输的信息进行监测，发现法律、法规禁止发布或者传输的信息应及时处置。企业收到部级系统或省级系统下达的违法信息监测与处置要求，应按要求执行。

第七条　电信管理机构按照以下规定处置违法网站：

（一）对于已列入黑名单管理的违法网站，电信管理机构依据《关于建立境内违法互联网站黑名单管理制度的通知》（工信部联电管〔2009〕371号）等规定，对其进行监测与处置。

（二）对于尚未纳入黑名单管理的违法网站，电信管理机构在收到互联网相关管理部门对其进行紧急处置的函请后，可利用部级系统或省级系统向企业系统下达违法网站处置要求，并依法进行处罚。

企业收到部级系统或省级系统下达的违法网站处置要求，应按要求执行。

第八条　通信管理局应在收到部级系统或他省省级系统下达的一般要求后1个工作日内，或收到紧急要求后2个小时内进行确认，有异议的可退回，并注明原因，无异议的应立即转发本辖区内企业系统执行。

第九条　企业应按照有关法律法规、管理规定和通信行业标准要求利用本企业系统留存访问日志，并在国家有关机关依法查询时，予以提供。

电信管理机构向企业系统下达访问日志查询要求的，企业应在收到要求后2个小时内报告查询结果。

第三章　运行维护要求

第十条　电信管理机构和企业应建立互联网信息安全管理系统运行维护管理和故障处理机制，对本系统的运行和对接情况进行7＊24小时实时监测，发现系统故障及时修复。

如系统故障无法及时修复，造成或可能造成严重后果的，通信管理局应当及时报告工业和信息化部，企业应及时报告对接系统所属电信管理机构。

第十一条　电信管理机构应根据本互联网信息安全管理系统运行实际情况，进行系统扩容、升级或改造。

企业应做到本互联网信息安全管理系统与其网络和业务发展同步扩容、升级或改造，确保系统对其网络和业务的全面覆盖。有关管理规定及通信行业标准变更时，企业应按要求完成企业系统扩容、升级或改造。企业应在系统扩容、升级或改造前5个工作日向对接系统所属电信管理机构报告。

电信管理机构和企业应确保系统的扩容、升级或改造不得妨碍其正常使用。

第十二条 电信管理机构和企业应按照有关管理规定和通信行业标准对本互联网信息安全管理系统开展网络安全防护工作。

第十三条 电信管理机构和企业应对本互联网信息安全管理系统工作人员依法依规实施权限管理，进行系统操作日志记录与定期审计，并保留至少6个月的操作日志与审计记录。

第十四条 电信管理机构和企业应采取数据安全保护措施，防止用户数据、日志信息和任务信息等数据发生泄漏、毁损或者丢失。

发生或可能发生数据泄漏、毁损或者丢失的，电信管理机构或企业应及时采取补救措施。造成或可能造成严重后果的，通信管理局应当及时向工业和信息化部报告，企业应当及时向对接系统所属电信管理机构报告。

第四章 配套要求

第十五条 电信管理机构和企业应确立本互联网信息安全管理系统的使用与运行维护责任部门和责任人。

通信管理局和企业应设立系统工作联系人，并分别向工业和信息化部和对接系统所属电信管理机构报告，工作联系人信息发生变化的，通信管理机构或企业应在5个工作日内重新报告。

第十六条 电信管理机构和企业应对本互联网信息安全管理系统相关工作人员进行系统使用、运行维护、安全管理的培训。

第十七条 通信管理局利用本省（区、市）省级系统对外提供协助服务的，应符合以下要求：

（一）不得超出法律法规、管理规定赋予的职责范围；

（二）与服务对象书面确定双方权利义务和安全责任；

（三）每年将对外服务情况（服务对象、方式、内容、时间等）报工业和信息化部备案；

（四）工业和信息化部要求的其他条件。

未经电信管理机构允许，企业不得利用本企业系统对外提供服务。

第五章 附 则

第十八条 通信管理局和企业应根据本办法制定省级系统和企业系统的使用及运行维护管理实施细则。

第十九条 本办法所称有关管理规定和通信行业标准见附件。

第二十条 本办法自发布之日起施行。

附件：1.《通信网络安全防护管理办法》（工业和信息化部令第11号）（略）

2. YDT 2248－2015《互联网数据中心和互联网接入服务信息安全管理系统技术要求》（略）

3. YDT 2405－2015《互联网数据中心和互联网接入服务信息安全管理系统接口规范》（略）

4. YDT 1729－2008《电信网和互联网安全等级保护实施指南》（略）

5. YDT 1730－2008《电信网和互联网安全等级保护实施指南》（略）

6. 其他相关管理规定和通信行业标准（略）

互联网接入服务规范

（2013年7月12日 工信部电管［2013］261号）

电信业务经营者向公众用户提供互联网接入服务，应符合本规范所规定的服务质量指标和通信质量指标。

本规范适用于电信业务经营者和用户之间

签订的服务协议中约定的互联网接入服务。其中因特网拨号接入业务应遵守《电信服务规范》附录3.1“因特网拨号接入业务的服务标准”。

一、服务质量指标

第一条 预受理时限

平均值≤2个工作日，最长为5个工作日。

预受理时限指用户登记后，电信业务经营者进行网络资源确认，答复用户能否开通业务所需要的时间。

第二条 业务开通、移机时限

对于不具备线路条件、但可以进行线路施工的情况：

城镇：平均值≤10个工作日，最长为16个工作日；

农村：平均值≤15个工作日，最长为20个工作日。

对于已具备线路条件的情况，平均值≤5个工作日，最长为7个工作日（不分城镇和农村）。

业务开通、移机时限指自用户和电信业务经营者签订业务开通或移机协议起，到业务开通止所需要的时间。在不具备线路条件，并且也不具备施工条件的情况下，应在第一条规定的预受理时限内向用户说明。

第三条 障碍修复时限

城镇：平均值≤24小时，最长为48小时；

农村：平均值≤36小时，最长为72小时。

障碍修复时限指自用户提出障碍申告时起，至障碍排除或采取其他方式恢复用户正常通信所需要的时间。

本规范所指障碍不包含用户自有或自行维护的接入线路和设备的故障。

第四条 服务变更时限

平均值≤12小时，最长为24小时。

服务变更时限指用户办理更名、过户、暂停、恢复、停机等服务变更项目，自柜台或网络办理完毕登记手续且结清账务时起，至实际变更完成所需要的时间。对于需要进行资源确认的服务变更，其时限比照本规范第二条“业务开通时限”。

第五条 客户服务应答时限

客户服务中心的应答时限最长为15秒。人工服务的应答时限最长为15秒。人工服务的应答率≥85%。

客户服务中心的应答时限指用户拨号完毕后，自听到回铃音起，至话务员（包括电脑话务员）应答所需要的时间。人工服务的应答时限指自用户选择人工服务后，至人工话务员应答所需要的时间。人工服务的应答率指用户在接入客户服务中心后，实际得到人工话务员应答服务次数和用户选择人工服务总次数之比。

第六条 用户信息保护义务

电信业务经营者应依照法律和有关规定对提供服务过程中收集、使用的用户个人信息严格保密，不得泄露、篡改或者毁损，不得出售或者非法向他人提供。

第七条 互联网接入服务协议续存时限

互联网接入服务协议（包括纸质的和电子的）续存时限为至少5个月。

互联网接入服务协议续存时限指从服务协议终止（服务协议有效期届满或用户与电信业务经营者共同协商解除合同）之时起，电信业务经营者需要继续保存协议的时间。

互联网接入服务电子协议指电信业务经营者与用户通过短信、客服电话、互联网等形式约定的业务订制或变更关系。

第八条 计费原始数据保存时限

电信业务经营者应根据用户的需要，免费向用户提供收费详细清单（含预付费业务）查询。计费原始数据保存时限至少为5个月。

第九条 互联网接入终端用户手册/使用说明

电信业务经营者提供互联网接入终端的，应同时提供纸质或电子类介质的用户手册或使用说明，至少包括配置方法、使用方法、日常故障的自我诊断方法等。

第十条 无线接入网络覆盖范围及漫游范围

采用无线接入方式提供互联网接入服务的电信业务经营者，应向社会公布其无线网络覆盖范围及漫游范围，并及时更新。

第十一条 提醒服务

电信业务经营者应向用户提供套餐的到量预警、超量提醒、到期提醒等提醒服务。

到量预警指用户套餐内互联网接入服务实际使用量接近套餐限量前，通过短信、语音、互联网等方式，提醒用户本计费周期内业务已使用量、套餐限量等信息。

套餐超量提醒指实际使用量达到套餐限量时，及时通知用户，并告知超出套餐外继续使用该业务的收费标准和收费查询方式。

套餐到期提醒指在套餐有效期届满前的一个合理的提前时段内，提醒用户现行套餐到期日，并告知用户套餐到期后终止或延续服务的方式，以及相应的收费标准。

二、通信质量指标

第十二条 有线接入连接建立成功率

有线接入连接建立成功率≥98%。

有线接入连接建立成功率指在用户账号、密码正确的前提下，接入服务器的接通次数与用户申请建立连接的总次数之比。

第十三条 有线接入用户接入认证平均响应时间

有线接入用户接入认证平均响应时间≤8秒，最大值为11秒。

有线接入用户接入认证平均响应时间指用户申请建立网络连接时，从用户提交完账号和密码起，至接入服务器完成认证并返回响应止的时间平均值。

第十四条 有线接入速率

有线接入速率的平均值应能达到签约速率的90%。

有线接入速率指从用户终端到接入服务器（BRAS）之间的接入速率。

第十五条 无线接入网络可接入率

在无线接入网络覆盖范围内的90%位置，99%的时间、在20秒内无线终端均可接入网络。

第十六条 无线接入连接建立成功率

无线接入连接建立成功率≥95%。

无线接入连接建立成功率指无线终端发起分组数据连接建立请求并成功建立连接的次数与无线终端发起分组数据连接建立请求总次数之比。

第十七条 无线接入用户接入认证平均响应时间

无线接入用户接入认证平均响应时间≤8秒，最大值为11秒。

无线接入用户接入认证平均响应时间指从用户提交完数据连接建立请求时起，至网络返回连接响应时止的时间平均值。

第十八条 无线接入中断率

无线接入中断率≤5%。

无线接入中断率指互联网业务进行过程中发生业务中断的概率，即互联网接入连接中断的次数与用户使用互联网业务总次数之比。本规范所指中断是在终端正常进行数据传送过程中由于电信业务经营者网络原因造成的接入连接断开。

第十九条 互联网接入计费差错率

互联网接入计费差错率≤10-4。

互联网接入计费差错率指互联网接入计费相关设备出现计费差错的概率，采用如下公式计算：

计费差错率=有错误的计费记录条数/总计费记录条数。

工业和信息化部关于加强移动智能终端进网管理的通知

（2013年4月11日 工信部电管〔2013〕120号）

各相关单位：

为维护用户个人信息安全和合法权益，保障网络与信息安全，促进行业健康发展，根据《全国人民代表大会常务委员会关于加强网络信息保护的决定》、《中华人民共和国电信条例》，依据《电信设备进网管理办法》有关规定，现将加强移动智能终端进网管理有关要求进一步明确如下：

一、本通知所称移动智能终端是指接入公众移动通信网络、具有操作系统、可由用户自行安装应用软件的移动通信终端产品。

二、申请进网许可的移动智能终端应当符合通信行业标准有关移动智能终端安全的基本要求，检测机构在进网检测时应当依据相关标准进行检测。

三、生产企业申请移动智能终端进网许可时，应当在申请材料中提供操作系统版本、预置应用软件基本配置信息。

四、生产企业不得在移动智能终端中预置具有以下性质的应用软件：

（一）未向用户明示并经用户同意，擅自收集、修改用户个人信息的；

（二）未向用户明示并经用户同意，擅自调用终端通信功能，造成流量消耗、费用损失、信息泄露等不良后果的；

（三）影响移动智能终端正常功能或通信网络安全运行的；

（四）含有《中华人民共和国电信条例》禁止发布、传播的信息内容的；

（五）其他侵害用户个人信息安全和合法权益以及危害网络与信息安全的。

五、获得进网许可的移动智能终端新增预置应用软件，或者操作系统升级发生的变化涉及进网检测中终端基本安全要求项目的，生产企业应当向工业和信息化部报备。

六、生产企业应当在其获得进网许可的产品或其包装显著位置标注工业和信息化部规定的进网许可标志查验网址。

七、本通知自2013年11月1日起执行。

工业和信息化部关于进一步落实网站备案信息真实性核验工作方案（试行）

（2010年2月8日 工信部电管函［2010］64号）

为切实保证网站备案信息的真实性，落实《工业和信息化部关于进一步深入整治手机淫秽色情专项行动工作方案》中的要求："基础电信企业和各接入服务商在向通信管理局提交网站申请备案之前，要对主办者身份信息当面核验、留存有效证件复印件，要对网站主体信息、联系方式和接入信息等进行审查"。依据《互联网信息服务管理办法》（国务院令第292号）、《非经营性互联网信息服务备案管理办法》（信息产业部令第33号）的相关规定，制定网站备案信息真实性核验工作方案。

一、核验内容

接入服务单位根据相关网站的委托代为履行备案、备案变更等手续时，应对网站主办者提交的主体信息、联系方式、网站信息，以及本单位提交的接入信息的真实性进行核验。

1. 网站主办者（主体）信息

网站主办者是指互联网信息服务提供者，包括单位和个人两类。

（1）网站主办者为单位，核验证件为：

如网站主办者为机关、事业单位、社会团体，组织机构代码证书原件为核验其单位资质的第一证件，在没有组织机构代码证书的情况下，可核验事业法人证书或社团法人证书等原件。

如网站主办者为企业，核验工商营业执照或组织机构代码证书等原件。

如网站主办者为军队，核验军队代号证书原件。

网站负责人的个人证件：如网站负责人为中国公民，身份证原件为核验其身份的第一证件，在没有身份证的情况下，可核验户口簿、军官证、台胞证等原件；如网站负责人非中国公民，则核验其护照原件。

（2）网站主办者为个人，核验证件为：

如网站主办者为中国公民，身份证原件为核验其身份的第一证件，在没有身份证的情况下，可核验户口簿、军官证、台胞证等原件。

如网站主办者非中国公民，则核验其护照原件。

（3）网站负责人的定义：若网站主办者为单位，网站负责人是指法定代表人或单位委派具体负责网站的部门负责人；若网站主办者为个人，网站负责人为其本人。

2. 联系方式

如网站主办者为单位，联系方式是指网站负责人手机号码、办公电话、电子邮箱、通信地址；如网站主办者为个人，联系方式是指网站负责人手机号码、办公电话或住宅电话、电子邮箱、通信地址。

3. 网站信息

网站名称、网站域名、涉及需前置审批或专项审批内容、网站服务内容/项目。

4. 接入信息

接入服务提供者名称、接入方式、服务器放置地点、网站 IP 地址。

二、核验、审核、核查规程

（一）备案信息真实性责任主体

接入服务单位根据相关网站的委托代为履行备案、备案变更等手续时，核验主体为接入服务单位，包括：基础电信企业省分公司（含市、县级分公司）、互联网接入服务单位（IDC、ISP）、公益性互联单位等。

审核主体为各省、自治区、直辖市通信管理局。

核查主体为工业和信息化部（委托国家互联网备案管理支撑中心，以下简称“备案中心”）。

（二）备案信息真实性核验、审核、核查规程

网站备案信息真实性核验、审核工作流程图见附件。

1. 接入服务单位网站备案核验规程

（1）网站主办者登录接入服务单位备案系统录入网站备案信息。

（2）接入服务单位受理网站主办者提交信息后，对主体信息、联系方式等信息进行预核验：初步判定主体信息是否真实，通过电话、邮件等途径核验联系方式是否正确。预核验后，接入服务单位应向网站主办者发送现场核验通知或信息退回的短信提示：“您提交的网站备案信息已通过预核验，请在 1 个月内由网站负责人本人携带有关证件原件到我单位备案现场办理核验手续”或“您提交的网站备案信息未通过预核验，请修改后重新提交”。预核验工作必须在主办者提交备案信息后 5 个工作日内完成。

（3）网站主办者接到通知后，由网站负责人本人携带核验所需证件原件、材料到接入服务单位备案现场办理核验手续。

（4）接入服务单位在本单位备案现场采集并留存网站负责人彩色正面免冠照（电子照片规格：800×600 像素）。备案中心统一制作、提供带有标识的幕布作为拍照背景，照片应显示拍照时间和背景标识。

（5）接入服务单位备案人员利用公安、质检、工商等相关部门提供的居民身份证、组织机构代码证、工商营业执照等信息源，核验网站主办者提供证件原件的真实性。同时通过网站负责人身份证原件核验身份证与当事人是否一致。核验无误，留存身份证明和单位有效证件复印件。

接入服务单位备案人员登录本单位备案系统，依据证件原件内容对网站主办者网上提交的主体信息进行核验：核验证件持有者、证件类型、证件内容与备案系统中录入的网站备案信息是否完全一致，不一致不予受理；依据网站主办者提交的域名证书或域名注册机构网站公共查询信息，核验网站域名所有者与网站主办者身份的一致性，不一致不予受理；依据本单位对网站的实际接入情况，准确录入网站备案接入信息各项内容。

（6）若核验无误，接入服务单位备案人员填写统一格式的《网站备案信息真实性核验单》（备案中心负责制订《网站备案信息真实性核验单》格式）；若发现备案信息有误，现场核实修改，并在《网站备案信息真实性核验单》中进行记录。《网站备案信息真实性核验单》一式两份：一份接入服务单位留存，一份上报网站主体所在地通信管理局，加盖接入服务单位公章。网站主办者和接入服务单位同时签订信息安全管理协议书。

（7）在确认备案信息全部核验无误后，接入服务单位通过本单位备案系统向主体所在地通信管理局备案系统提交网站备案信息，并提交《网站备案信息真实性核验单》纸制原件、传真件或电子扫描件。

2. 省通信管理局审核规程

各省、自治区、直辖市通信管理局登录省

局备案系统，在二十个工作日内对接入服务单位提交备案信息进行审核。审核合格下发网站备案号，接入服务单位实施网站接入；不合格将备案信息退回接入服务单位系统，由接入服务单位重新核验。

3. 备案中心核查规程

（1）备案中心受工业和信息化部委托，建设网站备案信息校验平台，对各通信管理局提交网站备案信息中的身份证信息进行全量自动核查。结合人工电话抽查，每月对备案系统提交的网站备案信息进行准确性核查和抽样评估并反馈情况。

（2）备案中心每季度对部备案系统中存量网站备案信息准确率、备案率分省分接入商进行核查和抽样评估并反馈情况。

三、工作要求

（一）接入服务单位核验工作要求

1. 组织保障和制度完善要求

各接入服务单位应在2010年2月底前设立现场核验网站备案信息部门，专门负责网站备案信息真实性核验工作，并实行单位领导负责制。应建立本单位的备案业务规范，备案工作考核制度。明确备案人员的工作责任，对备案人员业务能力实行年度考核，将日常备案工作质量作为考核的重要指标。

各接入服务单位应在2010年3月底前正式实施网站备案信息当面核验，并将工作开展情况报许可证发证机关和单位注册所在地通信管理局。

基础电信企业应在2010年4月份对租用本单位电信资源从事接入业务的接入服务单位是否设立当面核验人员、履行当面核验备案信息的情况进行检查，对未履行当面核验责任的，不得为其提供电信资源。

2. 业务明示要求

接入服务单位在业务经营中应向网站主办者明示开办网站要依法办理备案手续、网站备案流程、需提供的证件、材料清单及网站备案有关注意事项。

3. 业务合同内容要求

接入服务单位应在与网站主办者签订业务合同中，明文要求："依据《非经营性互联网备案管理办法》第二十三条规定，如备案信息不真实，将关闭网站并注销备案。请您承诺并确认：您提交的所有备案信息真实有效，当您的备案信息发生变化时请及时到备案系统中提交更新信息，如因未及时更新而导致备案信息不准确，我公司有权依法对接入网站进行关闭处理。"双方签字、单位盖章确认。

4. 信息安全管理责任要求

接入服务单位建立网站主办者资料档案，妥善保管核验过程中获取的网站主办者证件信息、照片信息、《网站备案信息真实性核验单》、与网站主办者签署的各项协议，保证信息不泄露，承担对网站主办者提交材料的信息安全保密管理责任。上述资料至少留存5年以上，以备通信行业主管部门依法进行检查。

5. 网站备案信息更新要求

接入服务单位应做好日常回访核查工作，确保网站备案信息变更后，网站主办者及时更新主体信息、联系方式、网站信息。同时接入服务单位应根据网站接入变化情况，及时更新接入信息，并配合主管部门做好网站备案信息真实性核查工作。因未开展日常回访核查工作导致接入网站备案信息不准确的接入服务单位，主管部门依法对其进行处罚。

6. 存量网站备案信息核验要求

对备案信息真实性当面核验工作正式启动前接入的网站，各接入服务单位要在2010年2月底前制定备案信息真实性核验工作详细计划，报许可证发证机关和单位注册所在地通信管理局，并在2010年9月底前完成全部网站的备案信息真实性核验。

（二）省通信管理局审核工作要求

1. 做好日常审核工作

各通信管理局应做好日常网站备案信息真实性审核工作，保证对重点信息（营业执照、身份证等）的逐一细致审核。二期备案系统升级改造后可由各通信管理局审核人员用口令登录接入服务单位系统抽检审核证件原件，同时检查接入服务单位上交的《网站备案信息真实性核验单》。

2. 检查"当面核验"工作开展情况

各通信管理局对接入服务单位当面核验网站备案信息的部门设立和工作制度完善情况进行指导和检查。根据接入服务单位保存的真实性核验证明材料，对接入服务单位“当面核验”工作的开展情况、接入服务单位提交备案信息的准确性进行定期检查或不定期抽查，对发现未执行“当面核验”或提供虚假信息的，应严肃处理。同时将日常检查考核结果作为许可证年检重要参考。

（三）备案中心核查工作要求

1. 新增网站备案信息核查

备案中心每月对新提交的网站备案信息进行准确性抽查。对备案主体信息中身份证、组织机构代码证等信息进行重点抽查核查。

2. 存量网站备案信息核查

备案中心按季度对系统存量网站备案信息进行准确性核查，对各接入服务单位真实性核验网站备案信息工作开展情况、完成进度、工作质量进行核查和抽查评估。

3. 制定核查标准和监督评估办法

备案中心根据工业和信息化部的委托，适时制订、细化、完善网站备案信息核查标准和监督评估办法，并向各通信管理局、接入服务单位发布。

4. 加强对工作开展情况的督导、统计

备案中心根据工业和信息化部的委托，对各单位落实网站备案信息真实性核验工作开展情况进行指导帮助和监督评估。加强对各单位落实网站备案信息真实性核验工作情况的分类统计，开展对各地通信管理局行政处罚情况汇总等工作。

5. 开展网站备案业务培训

备案中心根据工业和信息化部的委托，编写、制订网站备案培训资料，组织开展面向各接入服务单位的全国性网站备案培训工作，对应掌握的网站备案相关政策法规、业务知识进行统一讲解。

四、问责

各省、自治区、直辖市通信管理局根据属地化管理原则，对未按《工业和信息化部关于进一步深入整治手机淫秽色情专项行动工作方案》中提出的“对网站主办者身份信息当面核验、留存有效证件复印件”要求开展工作，未认真开展网站备案信息真实性核验工作，提交不真实网站备案信息的接入服务单位，依据《非经营性互联网信息服务备案管理办法》第十条和第二十四条的规定依法处罚，责令限期改正。

附件：网站备案信息真实性核验、审核工作流程图（略）

电信网络运行监督管理办法

（2009 年 4 月 24 日　工信部电管〔2009〕187 号）

第一章　总　　则

第一条　为了加强电信网络运行监督管理，保障电信网络运行稳定可靠，预防电信网络运行事故发生，促进电信行业持续稳定发展，根据《中华人民共和国安全生产法》、《中华人民共和国电信条例》等相关法律、行政法规，制定本办法。

第二条　工业和信息化部和各省、自治区、直辖市通信管理局（以下简称电信监管部门）对基础电信业务经营者的网络运行维护（包括局数据和软件版本管理等），网络运行安全，安全生产，网络运行事故的预防、报告、处理等活动的监督管理，适用本办法。

应对自然灾害、事故灾难、公共卫生事件和社会安全事件等突发事件而采取的应急通信保障措施，应对网络攻击、网络入侵、网络病毒、非法远程控制等网络安全防护措施，为满足特殊通信需求而采取的网络运行安全措施，为防止和减少涉及人身伤亡和财产损失的生产安全事故而采取的安全生产措施另有规定的，从其规定。

第三条　本办法所称的网络运行事故是指由于突发公共事件、人为破坏、施工损坏或网络自身故障造成的电信基础设施损坏、电信网络中断、电信业务中断等情况。分为特别重大事故、重大事故、较大事故和一般事故（网络运行事故划分见附件一）。

第四条 基础电信业务经营者总部及各级分支机构是网络运行维护管理的责任主体，应当遵守本办法和有关网络运行维护的行业标准，加强网络运行维护管理，建立健全网络运行维护监督制度，完善网络运行安全条件，确保网络运行稳定可靠。

基础电信业务经营者总部及各级分支机构的主要负责人，对本单位的网络运行维护管理工作全面负责。

第五条 电信监管部门是网络运行监督管理的主管部门。工业和信息化部在全国范围内履行监督管理职责。各省、自治区、直辖市通信管理局在本行政区内按照职责分工履行监督管理职责。

第二章 网络运行维护责任

第六条 基础电信业务经营者总部及各级分支机构的主要负责人对本单位的网络运行维护工作负有下列职责：

（一）建立健全本单位网络运行维护责任制；

（二）组织制定本单位网络运行维护制度，不断完善网络运行维护规程；

（三）保证本单位网络运行安全投入的有效实施；

（四）督促、检查本单位网络运行维护工作，对本单位网络运行安全状况进行考核与评估，及时消除网络运行事故隐患；

（五）加强本单位网络规划、建设施工与网络运行维护的协调，防止对网络运行可能造成的危害；

（六）组织制定并实施本单位的网络运行事故应急处置预案；

（七）组织对从业人员进行网络运行安全和安全生产的教育和培训；

（八）及时、如实报告网络运行事故。

第七条 基础电信业务经营者总部及各级分支机构的主要负责人和网络运行维护管理人员应当具备相应的网络运行管理能力，负责指挥、协调网络运行维护管理工作。各级网络运行维护管理人员应当确保每天 24 小时沟通渠道的畅通。

各级网络运行维护人员应当具备必要的网络运行维护知识，熟悉并严格执行有关网络运行维护制度和操作流程，提高网络运行维护技能，增强网络运行事故预防和应急处理能力。

第八条 在重大活动及重要节假日期间，基础电信业务经营者应当配合电信监管部门采取相应的网络运行安全管理措施，必要时，应当按照电信监管部门的要求，停止相关通信干线和通信枢纽的施工、系统割接、版本升级等工作。

遇有重大活动、突发公共事件时，基础电信业务经营者应当按照电信监管部门的要求，及时提供本企业的网络拓扑图、网络运行基础数据等信息，并接受电信监管部门的指挥、调度以及对网络资源的调配，保障网络运行稳定可靠。

第九条 基础电信业务经营者应当加强电信基础设施的日常巡护和重要部位的重点保护，加大宣传力度，增强防护力量，推广技防应用，不断提高电信基础设施防护能力，防止和减少盗窃、破坏电信设施事件的发生。

第十条 基础电信业务经营者新建、改建、扩建工程项目的安全设施，应当与主体工程同时设计、同时施工、同时投入生产和使用。安全设施投资应当纳入建设项目预算。

基础电信业务经营者应当建立本单位网络建设与运行维护的日常沟通机制，对网络运行稳定可靠可能造成影响的施工，建设部门应当提前与运行维护部门协商一致，避免由于自身原因造成网络运行事故的发生。

第十一条 基础电信业务经营者应当按照相关网络运行维护行业标准和安全防护行业标准的要求，严格机房出入制度，利用人防、技防等手段，加强机房的封闭式管理。对机房划分区域管理，区域之间设置物理隔离装置，在重要区域前设置交付或安装等过渡区域，重要区域应当配置门禁设施，控制进入人员。

第十二条 基础电信业务经营者应当掌握电信网络的技术特性，按照相关技术标准和维护手册操作，采取有效的防护措施，做好机房等电信设施的防火、防雷、防水、防潮、防鼠、防虫、防尘、防盗、防静电和防电磁干扰等工作。

第十三条 基础电信业务经营者应当建立网络运行维护岗位责任制，强化值班与交接班制度，加强备品备件和技术档案管理，定期对电信设备的多重节点、多重路由、负荷分担、自动倒换、冗余配置等网络架构保护措施的有效性进行测试与演练，定期对供电、空调、消防、安防等配套设施进行检查与保养。

第十四条 基础电信业务经营者应当定期对电信设备进行测试、清洁、维修，合理调整电信设备配置，做好全程全网的协作配合，定期分析网络运行质量情况，保证电信设备的各项维护技术指标达到相关行业标准，确保网络运行稳定可靠。

第十五条 基础电信业务经营者将电信设备、传输线路的运行维护工作外包的，应当严格考查代维企业的资质，签署保密协议，留存操作记录，定期检查和评估代维企业的网络运行维护管理水平，并对代维企业在网络运行维护工作中造成的网络运行事故负责。

第十六条 基础电信业务经营者应当对电话网局数据（如交换网中的路由、局向、电路、信令、计费、控制方式等数据）进行分级管理，并定期备份相关系统文件和局数据文件。

局数据的创建、修改应当设置相应的权限和密码。修改重要局数据或大量局数据时应当制定相关预案并在话务闲时进行，相关局数据修改前应当制作系统备份文件。

第十七条 基础电信业务经营者应当对交换、传输、信令等设备的软件版本进行分级管理，并做好系统文件的备份。软件版本升级前应当制定相关预案，在软件版本升级失败时，能及时倒换恢复。

国际出入口局、长途交换局、TMSC（汇接移动交换中心，下同）、网间关口局、省际传输设备、省际信令设备等的软件版本应当由基础电信业务经营者总部向工业和信息化部定期报送；汇接局、端局、MSC（移动交换中心，下同）、省内传输设备、省内信令设备等的软件版本应当由基础电信业务经营者省级机构向各省、自治区、直辖市通信管理局定期报送。

第十八条 基础电信业务经营者总部及其省级机构应当按照相关要求，分别向工业和信息化部和各省、自治区、直辖市通信管理局定期报送网络运行基础数据，报送内容应当真实有效。基础电信业务经营者应当加强事故隐患的分析与检查，制定并落实整改措施。

第三章 网络架构保护措施

第十九条 本办法所称的网络架构保护措施是指对交换设备、传输设备、传输线路、供电系统等通信设施以及信令网、同步网等支撑网设备所采取的多重节点、多重路由、负荷分担、自动倒换、冗余配置等保护措施。通过采取上述措施，最大限度的减少事故隐患，确保网络运行稳定可靠。

第二十条 基础电信业务经营者应当对国内长途电话网采取以下网络架构保护措施：

（一）省会城市和具备条件的非省会城市的长途交换局应当采用双节点或多节点方式配置，并通过负荷分担方式来保证业务畅通，避免单一长途交换局瘫痪时导致业务全阻。

省际长途交换局间应当具备两个以上长途路由，省际长途交换局应当与两个以上的国际出入口局相连。

（二）长途电路应当采用物理上的双路由或多路由方式配备，在不同的传输设备和传输线路上相互保护，确保传输路径的可靠，避免单一传输通道阻断时导致业务全阻。

第二十一条 基础电信业务经营者应当对固定本地电话网采取以下网络架构保护措施：

（一）汇接局应当采用双节点或多节点方式配置，并通过负荷分担方式来保证业务畅通，避免单一汇接局瘫痪时导致业务全阻。

汇接局与长途交换局间应当具备两个以上路由。

（二）在条件具备时，端局至长途交换局、汇接局、端局间应当具备双路由或多路由。

（三）局间中继电路应当采用物理上的双路由或多路由方式配备，在不同的传输设备和传输线路上相互保护，确保传输路径的可靠，避免单一传输通道阻断时导致业务全阻。

第二十二条 基础电信业务经营者应当对

陆地蜂窝移动通信网采取以下网络架构保护措施：

（一）TMSC应当采用双节点或多节点方式配置，并通过负荷分担方式来保证业务畅通，避免单一TMSC瘫痪时导致业务全阻。

TMSC间及其与国际出入口局间应当具备两个以上路由。

（二）在条件具备时，MSC至TMSC、MSC间应当具备双路由或多路由。

（三）在条件具备时，HLR（归属位置寄存器）应当采用1+1或N+1备份。

（四）局间中继电路应当采用物理上的双路由或多路由方式配备，在不同的传输设备和传输线路上相互保护，确保传输路径的可靠，避免单一传输通道阻断时导致业务全阻。

（五）在条件具备时，基站传输应当采用物理上的双路由或多路由方式配备，在不同的传输设备和传输线路上相互保护，确保传输路径的可靠，避免单一传输通道阻断时导致业务全阻。

第二十三条　基础电信业务经营者应当对卫星通信网采取以下网络架构保护措施：

（一）在条件具备时，重要卫星地球站的发射机等配置应当采用N+1备份。在条件具备时，不同卫星地球站之间应当采用卫星链路备份，避免单一卫星链路阻断时导致业务全阻。

（二）在条件具备时，卫星地球站至其他电信网应当采用物理上的双路由或多路由方式配备，在不同的传输设备和传输线路上相互保护，确保传输路径的可靠，避免单一传输通道阻断时导致业务全阻。

（三）在条件具备时，卫星通信网在组网时应当有备份卫星转发器，避免单一卫星转发器阻断时导致业务全阻。

第二十四条　基础电信业务经营者应当对互联网骨干网采取以下网络架构保护措施：

（一）网络路由设备均须采用双路由或多路由、双归属或多归属方式互为备份，在条件具备时，采用双节点或多节点方式互为冗余。

（二）应当在域名解析服务器等重要服务器使用防火墙和防病毒等软件，具备一定的容错、防病毒传播、防恶意软件、防网络攻击、防黑客攻击及防范其他来自内部和外部各种常见攻击的能力。

（三）域名解析服务器应当冗余配置，在条件具备时，其他应用服务器应当冗余配置，并有相应的数据备份机制，在单一服务器发生故障或进行系统升级时，避免引起互联网业务的中断或系统瘫痪。

（四）应当对重要服务器的各种操作进行权限控制，并保留相应的操作记录。相关服务器应当设置必要的控制策略，尽可能减少相关服务器的共享和开放端口。

第二十五条　基础电信业务经营者应当对网间互联互通采取以下网络架构保护措施：

（一）网间关口局应当成对设置。暂不具备成对设置关口局的，应当通过其他具备关口局功能的交换机疏通网间业务。

（二）网间中继电路应当采用物理上的双路由或多路由方式配备，在不同的传输设备和传输线路上相互保护，确保传输路径的可靠，避免单一传输通道阻断时导致网间业务全阻。

网间中继电路除配备直达中继电路以外，基础电信业务经营者应当相互配合，制作相关局数据，预置经由第三方网络转接的迂回电路，避免直达中继电路都中断时导致网间业务全阻。

（三）网间关口局至本网络应当采用物理上的双路由或多路由方式配备，在不同的传输设备和传输线路上相互保护，确保传输路径的可靠，避免单一传输通道阻断时导致业务全阻。

第二十六条　基础电信业务经营者应当对机房供电系统采取以下网络架构保护措施：

（一）机房供电线路应当配置过电压防护设备，并根据需要配置稳压器。

（二）交流电力供应应当采用来自不同主变压器的双路供电，在条件具备时，应当采用来自不同电网的双路供电。

（三）在交流电停电或断电的情况下，应当由蓄电池提供备用电力供应，并立即启动油机发电。

（四）应当定期对蓄电池及油机供电的有效性进行测试。

第二十七条　基础电信业务经营者应当对信令网采取以下网络架构保护措施：

信令路由组中应当设置多个信令路由，包括直达信令路由、准直联信令路由以及采用负荷分担方式的信令路由，保证两个具有信令关系的信令点之间传送信令的可靠性。

第二十八条 基础电信业务经营者应当对同步网采取以下网络架构保护措施：

（一）同步网应当采用主从同步法，网络拓扑结构应当采用三级等级结构。每个同步网节点都赋予一个等级，只容许高等级节点向较低等级或同等级的节点传送定时基准信号。

（二）应当选择稳定可靠、传输性能好的物理路由作为同步网的定时链路。二级和三级节点时钟应当能接收到至少两路来自一级基准时钟的主备用定时信号，其对应的主用和备用定时链路应当选择不同的物理路由。

（三）同步网定时源头的配置应当保证每个同步区均有两个定时基准源。定时基准源可以是以铯钟作为主用的全国基准时钟 PRC，也可以是以卫星定位系统作为主用的区域基准时钟 LPR。LPR 应当至少有两路地面信号作为备用定时信号，其中至少一路能够溯源至 PRC。

第二十九条 基础电信业务经营者对国际出入口局、国际通信陆海光（电）缆采取的网络架构保护措施另行规定。

第四章 网络运行事故处理

第三十条 发生网络运行事故后，基础电信业务经营者有关人员应当立即报告本单位负责人。

单位负责人接到事故报告后，应当迅速采取有效措施，组织抢修，防止事故扩大，减少社会影响和财产损失。

第三十一条 发生特别重大、重大事故后，基础电信业务经营者总部应当向工业和信息化部报告事故情况，同时其省级机构应当向相关省、自治区、直辖市通信管理局报告事故情况。

发生较大事故后，基础电信业务经营者省级机构应当向相关省、自治区、直辖市通信管理局报告事故情况。

发生一般事故后，基础电信业务经营者省级机构应当向相关省、自治区、直辖市通信管理局定期报送。

发生网络运行事故后，任何单位和个人不得迟报、漏报、谎报或者瞒报。

第三十二条 网络运行事故报告分为口头报告、简要书面报告（格式见附件二）和专题书面报告（格式见附件三）三种。

发生网络运行事故后，基础电信业务经营者总部及其省级机构应当在规定时限内向电信监管部门报告（具体报告时限见附件四）。

第三十三条 基础电信业务经营者上报的简要书面报告应当经本企业主管领导或主管部门领导认定，专题书面报告须经本企业主管领导认定。

第三十四条 事故的口头报告内容应当包括事故发生时间、地点、预计影响范围、事故原因的初步判断、已经或即将采取的措施。简要书面报告的内容应当包括事故发生时间、地点、影响范围、事故原因的初步判断、事故初步处理措施等。专题书面报告的内容应当包括事故发生时间、地点、影响范围、事故原因、责任认定、处理意见、防范措施等。

第三十五条 基础电信业务经营者应当认真总结经验教训，排除事故隐患，落实整改措施，并将对事故有关责任单位和责任人的处理意见，报相关电信监管部门。

第五章 网络运行监督管理

第三十六条 电信监管部门应当对基础电信业务经营者的网络运行维护责任制、网络运行维护制度、网络运行维护行业标准的执行情况、网络运行事故应急处置预案的制定和演练情况、网络架构保护措施的有效性测试和演练、对从业人员网络运行安全和安全生产的教育和培训等进行监督、检查。

第三十七条 根据实际需要，电信监管部门按照网络运行维护行业标准和安全防护行业标准，对网络架构保护措施进行抽测。经抽测，不符合相关行业标准的，由电信监管部门督促相关基础电信业务经营者进行整改。

第三十八条 基础电信业务经营者对电信监管部门依据本办法进行的监督、检查或检测，应当予以配合，不得拒绝、阻挠。

第三十九条 电信监管部门的监督、检查人员应当忠于职守、坚持原则，保守企业秘密，在监督、检查或检测过程中，不得干扰电信网络的正常运行。

第四十条 电信监管部门应当配合公安机关，组织基础电信业务经营者严厉打击盗窃、破坏电信设施的行为，督促基础电信业务经营者采取有效措施，做好电信设施的防护工作。

第四十一条 电信监管部门应当责成基础电信业务经营者对网络运行事故调查处理，按照相关时限提交简要书面报告和专题书面报告。必要时，电信监管部门可以直接组织事故调查组进行调查。事故调查组的组成应当遵循精简、效能的原则。

事故调查组履行下列职责：

（一）查明事故发生的经过、原因等情况；

（二）认定事故的性质和事故责任；

（三）提出对事故责任单位和责任人的处理意见；

（四）总结事故教训，提出防范和整改措施；

（五）提交事故调查报告。

第四十二条 电信监管部门应当建立网络运行情况通报制度，定期向基础电信业务经营者通报网络运行情况。

第四十三条 电信监管部门应当结合电信行业实际情况，组织对基础电信业务经营者的从业人员进行网络运行安全和安全生产的教育和培训。

第四十四条 基础电信业务经营者有下列行为之一，电信监管部门应当予以警告并责令其限期改正。逾期未改正的，可以在行业内予以通报批评。

（一）未建立网络运行维护责任制，或者未制定网络运行维护制度的；

（二）未按照本办法规定保证网络运行安全所必需的资金投入，致使生产经营单位不具备网络运行安全条件的；

（三）未制定和演练网络运行事故应急处置预案的；

（四）未对从业人员进行网络运行安全和安全生产的教育和培训的；

（五）新建、改建、扩建工程项目时未同时考虑网络运行安全设施建设的；

（六）未执行网络运行维护行业标准的；

（七）对电信设备、传输线路的代维企业管理不力，引发网络运行事故的；

（八）发生网络运行事故，未及时、如实上报或者对事故调查处理不力的；

（九）未按时向电信监管部门报送网络运行基础数据的；

（十）不配合电信监管部门对网络运行维护工作的监督检查及对网络运行事故的调查处理的；

（十一）在重大活动、重要节假日以及公共突发事件时，不执行网络运行安全管理措施或不听从电信监管部门指挥、调度的。

第六章 附 则

第四十五条 公用电信网与专用电信网之间的网络运行监督管理参照本办法执行。

第四十六条 本办法由工业和信息化部负责解释。

第四十七条 本办法自 2009 年 5 月 1 日起施行，《电信运营业重大事故报告规定（试行）》（信部电［2002］114 号）同时废止。

附件 1：电信网络运行事故划分

附件 2：电信网络运行事故简要报告

附件 3：电信网络运行事故专题报告

附件 4：电信网络运行事故报告时限

互联网网络安全信息通报实施办法

（2009 年 4 月 13 日 工信部保［2009］156 号）

第一条 为规范通信行业互联网网络安全信息通报工作，促进网络安全信息共享，提高网络安全预警、防范和应急水平，依据《互联网网络安全应急预案》制定本办法。

第二条 本办法适用于通信行业互联网等 IP 网络和系统的网络安全信息通报（以下简称

信息通报）工作。

第三条 工业和信息化部指导、监督、检查全国信息通报工作，工业和信息化部通信保障局（以下简称通信保障局）负责信息通报具体工作。

省、自治区、直辖市通信管理局（以下简称通信管理局）指导、监督、检查本行政区域内信息通报工作。

第四条 通信管理局、基础电信业务经营者、跨省经营的增值电信业务经营者、国家计算机网络应急技术处理协调中心（以下简称CNCERT）、互联网域名注册管理机构、互联网域名注册服务机构、中国互联网协会为信息报送单位。

第五条 通信保障局委托 CNCERT 收集、汇总、分析、发布互联网网络安全信息（以下简称信息）。

第六条 信息报送应遵循及时、客观、真实、准确、完整的原则，不得迟报、谎报、瞒报、漏报。

第七条 基础电信业务经营者、跨省经营的增值电信业务经营者、CNCERT、互联网域名注册管理机构、互联网域名注册服务机构应建立并完善本单位信息监测机制，提高监测能力，自主监测涉及本单位管理范围内的信息。

第八条 信息报送单位应制定并完善本单位信息通报机制，明确负责信息通报工作的主管领导和承担信息通报工作的责任部门、负责人和联络人，及时汇总本单位内部不同部门、不同渠道掌握的网络安全信息。信息报送单位应将本单位信息通报机制报通信保障局备案。

第九条 各单位需要报送的信息项目见附件一，通信保障局负责对项目内容进行调整。

第十条 报送的信息分为事件信息和预警信息。

事件信息是指已经发生的网络安全事件信息。

预警信息是指存在潜在安全威胁或隐患但尚未造成实际危害和影响的信息，或者对事件信息分析后得出的预防性信息。

第十一条 事件信息分为特别重大、重大、较大、一般共四级。预警信息分为一级、二级、三级、四级，分别用红色、橙色、黄色、蓝色标识，一级为最高级。具体分级规范见附件二，通信保障局负责对分级规范进行修订。

第十二条 信息报送单位应按照本办法第十条、第十一条规定对信息进行分类、分级，并根据本办法的相应规定报送信息。

基础电信业务经营者集团公司负责汇总、核实、报送省级分公司/子公司的信息。省级分公司/子公司将信息同时抄送当地通信管理局。

第十三条 对于特别重大、重大事件信息以及一级、二级预警信息，信息报送单位应于2小时内向通信保障局及相关通信管理局报告，抄送 CNCERT。

对于较大事件信息以及三级预警信息，信息报送单位应当于4小时内向相关通信管理局报告，抄送 CNCERT；对于跨省（自治区、直辖市）的较大事件信息，应同时向通信保障局报告。

对于一般事件信息，信息报送单位应按月及时汇总，于次月5个工作日内报送 CNCERT，抄送相关通信管理局；对于四级预警信息，信息报送单位应当于发现或得知预警信息后5个工作日内报送 CNCERT，抄送相关通信管理局。

第十四条 事件信息报送的内容应包括：

（一）事件发生单位概况；

（二）事件发生时间；

（三）事件简要经过；

（四）初步估计的危害和影响；

（五）已采取的措施；

（六）其他应当报告的情况。

第十五条 预警信息报送的内容应包括：

（一）信息基本情况描述；

（二）可能产生的危害及程度；

（三）可能影响的用户及范围；

（四）截至信息报送时，已知晓该信息的单位/人员范围；

（五）建议应采取的应对措施及建议。

第十六条 事件发生后出现新情况的，信息报送单位应当及时补报。

CNCERT 在接到预警信息后，应立即组织对预警信息进行跟踪、分析，有重要情况应及时向通信保障局报告。

第十七条 通信保障局根据信息性质、内容、紧急程度等，必要时组织相关单位、专家对信息进行研判。

第十八条　各单位应以书面形式报送信息，并加盖单位公章。紧急情况可以先电话联系，后补书面报告。

第十九条　对于特别重大、重大、较大事件信息以及一级、二级、三级预警信息，由通信保障局审核后，根据有关规定直接或委托CNCERT及时通告相关单位、人员或互联网用户，并抄送各通信管理局。

对于一般事件信息，由CNCERT负责汇总、分析全部信息，于次月10个工作日内将当月信息向通信保障局报送，向相关单位、人员通告，并抄送各通信管理局；对于四级预警信息，由CNCERT根据实际情况及时向相关单位、人员通告，并抄送各通信管理局。

第二十条　事件信息通告内容主要包括：事件统计情况、造成的危害、影响程度、态势分析、典型案例。

预警信息通告内容主要包括：受影响的系统、可能产生的危害和危害程度、可能影响的用户及范围、建议应采取的应对措施及建议。

第二十一条　信息报送单位应将本单位信息通报工作主管领导，责任部门负责人、联系人、联系方式报送通信保障局，抄送CNCERT。以上信息发生变更，应在3个工作日内报送变更情况。

第二十二条　通信保障局建立会商制度，通报当前网络安全情况，与相关单位和专家研讨网络安全形势、网络安全问题及其应对策略等。

第二十三条　CNCERT应与网络安全研究机构、网络安全技术支撑单位、非经营性互联单位、网络安全企业、国际网络安全组织等广泛合作，积极拓展网络安全信息获取渠道。

第二十四条　国家网络安全保障专项工作对信息通报工作另有规定的，从其规定。

第二十五条　通信管理局应参照本办法制定本行政区域信息通报管理办法。

第二十六条　本办法自2009年6月1日起实施。

附件一：信息报送项目（略）

附件二：信息分级规范（略）

附件三：联系方式（略）

中国互联网络域名体系

（2018年3月2日　工业和信息化部公告2018年第7号）

一、我国互联网域名体系中各级域名可以由字母（A－Z，a－z，大小写等效）、数字（0－9）、连接符（－）或汉字组成，各级域名之间用实点（.）连接，中文域名的各级域名之间用实点或中文句号（。）连接。

二、我国互联网域名体系在国家顶级域名“.CN”“.中国”之外，设有多个英文和中文顶级域名，其中“.政务”“.公益”顶级域名为面向我国党政群机关等各级政务部门及非营利性机构的专用中文顶级域名。我国互联网域名体系图详见“http：//中国互联网域名体系.中国”“http：//中国互联网域名体系.政务”或“http：//中国互联网域名体系.信息”。

三、国家顶级域名“.CN”之下，设置“类别域名”和“行政区域名”两类二级域名。

设置“类别域名”9个，分别为：“政务”适用于党政群机关等各级政务部门；“公益”适用于非营利性机构；“GOV”适用于政府机构；“ORG”适用于非营利性的组织；“AC”适用于科研机构；“COM”适用于工、商、金融等企业；“EDU”适用于教育机构；“MIL”适用于国防机构；“NET”适用于提供互联网服务的机构。

设置“行政区域名”34个，适用于我国的各省、自治区、直辖市、特别行政区的组织，分别为：“BJ”北京市；“SH”上海市；“TJ”天津市；“CQ”重庆市；“HE”河北省；“SX”山西省；“NM”内蒙古自治区；“LN”辽宁省；“JL”吉林省；“HL”黑龙江省；“JS”江苏省；“ZJ”浙江省；“AH”安徽省；“FJ”福建省；

"JX" 江西省；"SD" 山东省；"HA" 河南省；"HB" 湖北省；"HN" 湖南省；"GD" 广东省；"GX" 广西壮族自治区；"HI" 海南省；"SC" 四川省；"GZ" 贵州省；"YN" 云南省；"XZ" 西藏自治区；"SN" 陕西省；"GS" 甘肃省；"QH" 青海省；"NX" 宁夏回族自治区；"XJ" 新疆维吾尔族自治区；"TW" 台湾省；"HK" 香港特别行政区；"MO" 澳门特别行政区。

四、在国家顶级域名".CN"".中国"下可以直接申请注册二级域名。

互联网站管理工作细则

（2005 年 10 月 25 日　信部电［2005］501 号）

第一章　总　　则

第一条　为切实加强互联网站管理工作，建立互联网站管理工作长效机制，规范、细化互联网行业内部管理流程，不断提高互联网信息服务提供者（ICP）、互联网 IP 地址、互联网络域名等网站管理基础信息数据库的完整性、准确性，根据《互联网信息服务管理办法》、《中国互联网络域名管理办法》、《非经营性互联网信息服务管理办法》、《互联网 IP 地址备案管理办法》等有关规定，制定本细则。

第二条　互联网站管理工作坚持属地管理原则。按照"谁运营谁负责"、"谁接入谁负责"的要求，辅以相应的技术手段，做到政府管理、行业自律和社会监督相结合。

第三条　互联网站管理有关数据使用和发布应严格遵守国家和信息产业部有关保密规定。

第四条　本细则涉及的主体有：信息产业部、省（自治区、直辖市）通信管理局（以下简称"省通信管理局"）、互联网接入服务提供者（以下简称"接入提供者"）、互联网信息服务提供者（以下简称"网站主办者"）、IP 地址备案单位、域名注册管理机构、域名注册服务机构等。

接入服务提供者是因特网接入服务业务经营者、因特网数据中心业务经营者以及以其他方式为网站提供接入服务的电信业务经营者的统称。

IP 地址备案单位是指直接从亚太互联网络信息中心等具有 IP 地址管理权的国际机构获得 IP 地址的单位和具有分配 IP 地址供其它单位或个人使用行为的单位。

第二章　相关主体职责与义务

第五条　信息产业部对全国 ICP、IP 地址及域名信息备案管理工作及相关工作进行监督、指导及协调。

（一）根据互联网站管理工作的需要制定相关管理规定。

（二）指导、检查、督促省通信管理局开展互联网站管理工作。

（三）了解掌握备案管理工作中存在的问题和情况，组织研究解决。

（四）组织开展"信息产业部 ICP、IP 地址、域名信息备案管理系统"（以下简称"备案管理系统"）的优化、完善等工作。

（五）负责对跨地区经营性互联网信息服务提供者 ICP 备案信息进行录入、审核。

（六）对域名注册服务机构和相关 IP 地址备案单位的备案工作进行业务指导和监督检查。

（七）定期通报备案工作进展情况和及时通报未备案网站、备案信息真实性等备案信息的相关情况。

（八）协调部级前置审批部门、专项内容主管部门、公益性互联网站主管部门等相关部门开展互联网站管理工作。

第六条　省通信管理局具体负责本行政区 ICP、IP 地址信息备案管理，查处违法违规网站、监管互联网接入服务市场、对网站进行年度审核等工作。

（一）依法对 ICP 备案信息进行日常审核工作。

（二）指导监督本行政区接入提供者、网站主办者、IP 地址备案单位的 ICP 和 IP 地址信息备案工作；加强对其制度建立、机构设置、数据库系统建设等日常工作的监督检查。

（三）依法采用多种手段切实加强对互联网接入服务市场的监管，将接入提供者对互联网站的管理情况纳入其经营许可证年检、行风评议等考核工作中。

（四）依法做好接入提供者、IP 地址备案单位、网站主办者等违法违规行为的查处工作。

（五）负责本行政区互联网站年度审核工作。

（六）负责对本行政区经营性互联网信息服务提供者 ICP 备案信息进行录入、审核。

（七）协同本行政区前置审批部门、专项内容主管部门等相关部门开展互联网站管理工作。

（八）积极支持引导互联网协会、通信企业协会等社团组织配合做好网站管理工作。

（九）建立健全社会监督渠道，公布举报电话（传真）、电子信箱等举报方式，广泛听取并认真查处社会各界对网站未经备案擅自提供互联网信息服务、备案信息不真实、接入提供者违规提供接入服务等违法违规行为的举报。

第七条 接入提供者是为网站主办者提供互联网接入服务的主体。接入提供者应当按照“谁运营谁负责”、“谁接入谁负责”的要求，切实加强内部管理和对所接入互联网站的管理。

（一）设立专岗专职，负责网站备案、规范网站行为及相关管理工作，专岗专职名单报省通信管理局备案。人员发生变动时要做好工作交接，变化后人员名单及时报省通信管理局备案。

（二）按照“先备案后接入”的要求制定完善接入服务流程，建立健全为用户代为备案信息的事前核验制度、对用户行为的事中监督制度、配合对违法违规网站的事后查处制度、网络与信息安全责任制等工作制度。

（三）应记录网站主办者的备案信息，对所接入网站主办者的备案信息进行动态核实，保证备案信息的真实、准确。

（四）接入提供者要杜绝为未备案的网站主办者提供接入服务，实时搜索已接入的未备案网站信息，及时停止并督促网站主办者履行备案手续。

（五）受网站主办者的委托应依法为网站主办单位履行备案、备案变更、备案注销等手续。代为备案时，用户名、密码和系统提示信息要及时移交网站主办者，并指导、督促网站主办者下载安装电子证书。不得在已知或应知互联网站主办者备案信息不真实或不准确的情况下，为其代为履行备案、备案变更、备案注销手续。

（六）对直接接入及间接接入的网站客户负有管理责任。

（七）应建设必要的业务管理系统，满足行业主管部门对网站管理的要求。

（八）做好用户记录留存、有害信息报告等网络信息安全管理工作。

（九）配合省通信管理局开展互联网站年度审核工作。

（十）配合省通信管理局对违法违规网站依法进行查处。

（十一）自觉接受省通信管理局的监督和管理。

第八条 网站主办者应依法开展互联网信息服务业务。

（一）应当自行或委托接入提供者履行备案、备案变更、备案注销手续。

（二）应当保证备案信息内容的真实准确。

（三）在通过备案审核后，应当在网站开通时在主页底部中央位置标明备案编号，在备案编号下方链接信息产业部“备案管理系统”网址，按要求将电子验证标识放置在其网站指定目录下。

（四）备案信息发生变化时应及时进行变更，同时再次安装电子证书。

（五）涉及前置审批及电子公告服务的，应在取得前置审批部门和专项审批部门批准并办理相关备案手续后方可提供相关内容信息。

（六）网站主办者应妥善保管用户名和密码，用户明和密码丢失的，应提交书面申请，省通信管理局经确认后予以补发。

（七）按照省通信管理局和相关内容主管部门的要求做好年度审核工作。

（八）应当自觉接受互联网行业主管部门的监督和管理。

第九条 IP 地址备案单位具体承担 IP 地址信息报备工作。

（一）IP 地址备案单位应当按要求通过“备

案管理系统”报备IP地址信息。其中，基础电信运营公司IP地址信息的报备由总部和省级公司共同完成，基础电信运营公司总部应对其省级公司的IP地址信息报备工作进行指导和监督。公益性互联网络的管理单位负责统一完成其网络上使用的所有IP地址信息的报备。跨省经营因特网接入服务业务提供者IP地址信息的报备由其开展业务所在地的所有分支机构共同完成。

（二）IP地址备案单位应当确保其所报备的IP地址信息完整、准确。

（三）IP地址备案信息发生变化时，IP地址备案单位应按规定要求自变化之日起五个工作日内向“备案管理系统”提交变更后的IP地址信息。

（四）IP地址备案单位应当建立健全本单位的IP地址管理制度。

（五）应当自觉接受互联网行业主管部门的监督和管理。

第十条 中国互联网络信息中心和相关域名注册服务机构具体承担域名信息的报备工作。

（一）中国互联网络信息中心和相关域名注册服务机构应当按要求通过“备案管理系统”报备域名信息。其中，中国互联网络信息中心负责报备所有CN和中文域名注册信息；相关域名注册服务机构负责报备所有境外域名注册信息。

（二）中国互联网络信息中心和相关域名注册服务机构应当确保所报备的域名注册信息完整、准确。

（三）域名注册信息、域名备案联系人等信息发生变化时，中国互联网络信息中心和相关域名注册服务机构应当自变化之日起五个工作日内向“备案管理系统”提交变更后的域名报备信息。

第三章 相关处理流程

第十一条 接入提供者为互联网站提供接入互联网络服务流程：

（一）网站主办者向接入提供者提出接入申请。

（二）接入提供者向网站主办者预分配IP地址。

（三）网站主办者获得接入提供者预分配的IP地址后履行备案手续（网站主办者可自行备案也可由接入提供者代为备案）。

1. 网站主办者自行备案的，网站主办者在收到“备案管理系统”反馈的备案编号后告知接入提供者备案成功，并将备案编号和备案信息一并提供给接入提供者，接入提供者登录“备案管理系统”核实该备案信息，在确认备案信息真实、准确的前提下为网站开通接入服务。如果发现备案信息不真实、不准确，不得开通接入服务，应当督促网站主办者核实相关信息，经备案后方可为其提供接入服务。

2. 接入提供者代为履行备案的，接入提供者收到“备案管理系统”反馈的备案编号后即可为网站提供接入服务。

第十二条 网站主办者委托接入提供者代为履行ICP备案、备案变更的处理流程（见图一）：

（一）网站主办者将相关ICP备案信息提交给其接入提供者。

（二）接入提供者对网站主办者提交的信息进行核实，在确认信息真实、准确的前提下将ICP备案信息导入“备案管理系统”；如存在不真实、不准确的信息，接入提供者要求网站主办者重新填报或补充相关信息。

（三）“备案管理系统”对接入提供者导入的信息进行自动核查，经识别没有发现问题的转相关省通信管理局；存在问题的，将相关意见反馈接入提供者。

（四）相关省通信管理局对备案信息进行审核，符合备案条件的予以备案；不符合备案条件的不予备案，并说明理由。

（五）“备案管理系统”对予以备案的，核配备案编号，生成备案电子验证标识（简称电子证书），同时将审核意见反馈接入提供者；对不予以备案的，“备案管理系统”将不予备案理由反馈相关接入提供者。并通知相关接入提供者对相关信息进行修改，重新填报。

（六）对予以备案的，接入提供者将审核意见、用户名和密码及时反馈给网站主办者，并指导网站主办者下载、安装电子证书。网站主办者在接入提供者的指导下及时完成电子证书下载、安装等后续工作，并保管好用户名和密码。

（七）对不予备案的，接入提供者及时通知网站主办者对相关信息进行修改，重新填报或补报信息。

第十三条　网站主办者自行履行 ICP 备案、备案变更处理流程（见图二）：

（一）网站主办者向“备案管理系统”输入相关备案信息。

（二）“备案管理系统”收到网站主办者提交的信息后，对信息进行自动核查，没有发现问题的转相关省通信管理局；存在问题的，将相关意见反馈网站主办者。

（三）相关省通信管理局对备案信息进行审核，符合备案条件的予以备案；不符合备案条件的不予备案，并说明理由。

（四）“备案管理系统”对予以备案的，核配备案编号，生成电子证书，同时将审核意见反馈网站主办者；对不予以备案的，“备案管理系统”将不予备案理由反馈相关网站主办者，并通知网站主办者对相关信息进行修改，重新填报或补报信息。

（五）网站主办者收到备案编号和电子证书后，及时完成证书下载、安装等工作。

第十四条　涉及前置审批的 ICP 备案流程：

（一）拟从事新闻、出版、教育、医疗保健、药品和医疗器械、视听节目、网络文化等互联网信息服务的，在履行 ICP 备案手续前应获得相关前置审批部门的批准。

（二）网站主办者获得前置审批部门批准后，按本细则第十二条或者第十三条相关流程履行备案手续，同时需向住所（身份证住所/注册住所）所在地省通信管理局书面提交相关前置审批部门的审批文件。

（三）网站主办者提交备案信息后五个工作日内尚未提交审批文件的，不予备案。

（四）备案完成后，省通信管理局向相关省级前置审批部门通报网站备案信息。

第十五条　ICP 备案注销处理流程：

（一）网站主办者停止互联网信息服务时应注销其备案信息。网站主办者可以直接履行备案注销手续，也可以由接入提供者代为履行备案注销手续。

（二）网站主办者直接履行备案注销手续的，由网站主办者直接将备案注销申请提交“备案管理系统”；接入提供者代为履行备案注销手续的，接入提供者向“备案管理系统”提交网站注销申请，同时提交该网站主办者相应的书面委托书。

（三）“备案管理系统”收到网站备案注销申请信息后，将注销申请转相关省通信管理局。

（四）相关省通信管理局进行审核，符合注销条件的予以注销，并将相关意见反馈注销申请者。

（五）对注销的网站，接入提供者应及时停止接入服务。

第十六条　查处违法违规网站流程（见图三）：

（一）省通信管理局根据涉嫌违法违规网站线索（包括举报材料、省通信管理局例行检查、信息产业部的通报、相关部门要求协助查处意见等），对确属违法违规网站进行依法处理。

（二）涉嫌违法违规网站主办者住所所在地不在本行政区的，省通信管理局应及时将违法违规网站基本资料转送至网站主办者住所所在地省通信管理局，由该省通信管理局依法处理。

（三）网站主办者住所所在地在本行政区的，省通信管理局应依法处理。

（四）对依法应当关闭网站的，省通信管理局应向书面通知相关接入提供者停止接入，相关接入提供者应及时将执行情况上报省通信管理局。

（五）网站接入地不在本行政区的，省通信管理局可以直接发函要求接入地省通信管理局配合关闭网站，接入地省通信管理局应积极予以配合，及时书面通知相关接入提供者停止接入，并将执行情况反馈网站主办者住所所在地省通信管理局。

第十七条　查处接入提供者违规行为的流程：

省通信管理局应加强对接入提供者的管理，监督检查接入提供者对用户代为备案信息的事前核验、用户行为的事中监督、违法违规网站的事后查处配合等责任的落实情况。

对违法违规的接入提供者，违法违规行为发生地通信管理局要立案调查，接入提供者主体所在地不在本行政区的，可以请相关省通信管理局配合。

第十八条 互联网站年度审核工作流程：

（一）每年第一季度开始对互联网站进行年度审核工作。

（二）对“备案管理系统”搜索出IP地址、域名等信息与ICP备案信息不一致的，要求相关网站主办者及时更新备案信息。

（三）对于相关内容主管部门年度审核意见是“取消业务资格”、“关闭网站”的，属于年度审核不合格意见，根据相关内容主管部门提供的书面年度审核意见，实行一票否决制。

第十九条 IP地址备案工作流程：

（一）IP地址备案单位向“备案管理系统”导入IP地址备案信息。

（二）“备案管理系统”对导入的IP地址信息进行自动核查，输出核查报告，并分送给信息产业部或相关通信管理局。

（三）信息产业部或相关通信管理局对核查报告进行分析处理。

第二十条 域名备案工作流程：

（一）中国互联网络信息中心和相关域名注册服务机构（以下简称域名备案单位）向“备案管理系统”导入域名备案信息。

（二）“备案管理系统”自动进行数据处理定期输出统计报告。

（三）信息产业部对统计报告进行分析，发现未备案的，依法处理。

第四章 附 则

第二十一条 本细则由信息产业部电信管理局解释。

第二十二条 本细则自2005年12月1日起施行。

图一：接入提供者代为备案、备案变更的处理流程（略）

图二：网站主办者直接履行备案、备案变更的处理流程（略）

图三：违规网站查处流程（略）

·国家市场监督管理总局

工商行政管理：

工商总局关于加强互联网领域消费者权益保护工作的意见

（2016 年 10 月 19 日　工商消字〔2016〕204 号）

各省、自治区、直辖市及计划单列市、副省级市工商行政管理局、市场监督管理部门：

当前，以电子商务为主要内容的互联网经济发展迅猛，成为我国经济增长的强劲动力，对扩大消费、拉动经济增长发挥了不可替代的作用。但是，互联网领域侵害消费者合法权益问题也日益凸显，制约了互联网经济的健康发展和“互联网＋”发展战略的实施。为进一步加强互联网领域消费者权益保护工作，总局决定用 3 年左右时间，开展网络消费维权重点领域监管执法，有效遏制互联网领域侵权假冒行为，进一步提升网络消费维权工作水平，促进网络经济在发展中逐步规范、在规范中健康有序发展。现提出以下意见：

一、坚持一体化监管，依法保护互联网领域消费者的合法权益。坚持线上线下融合发展，加强一体化监管，保护互联网领域消费者合法权益，既是工商和市场监管部门必须履行的法定职责，也是工商和市场监管部门在经济发展新常态下促进互联网经济健康持续发展的重要抓手。各级工商和市场监管部门要认真贯彻落实国务院的部署和总局的统一要求，把加强互联网领域消费者权益保护工作作为服务供给侧结构性改革、实现供给与需求两端发力的重要举措，加大《消费者权益保护法》《产品质量法》等法律法规及其配套规章的执法力度，针对互联网领域存在的侵害消费者合法权益的突出问题，严厉打击消费侵权违法行为，依法规范网络经营者的经营行为，及时解决消费纠纷，增强网络市场消费信心，切实营造安全放心的网络消费环境。

二、坚持突出重点，切实强化网络交易商品质量监管。充分利用消费者投诉举报以及网上日常监测、检查执法中发现的情况，深入排查网络商品交易中存在的质量问题，按照“双随机一公开”的要求，强化线上线下一体化监管，将网络商品质量抽检纳入各地的年度抽检计划，统筹安排。突出数码电子、家用电器、服装鞋帽、儿童用品、汽车配件等网购热销、消费者反映问题集中的重点商品，参考网络商品销量和综合排名等因素，科学确定网络抽检的经营主体范围和商品品种，有针对性地开展网络商品抽检。强化线上线下结合，同步推进商品质量抽检，抽检结果线上线下共同适用，运用大数据等现代化信息手段，实现高效抽查监管。对具有先验质量信息的情形，要大力推动《商品质量监督抽样检验程序 具有先验质量信息的情形》（GB/T28863－2012）在流通领域商品质量抽检中的运用，扩大抽检结果的适用范围，提升商品抽检的影响力。针对抽检发现的重点问题商品，集中时间、集中执法力量，有效开展专项整治，依法严查重处典型违法企业、违法行为。要发挥网络商品质量监测（杭州）中心的作用，加强对网络交易平台的重点监管，集中整治纵容假冒伪劣、不配合执法部门监管执法的网络交易平台提供者，切实净化网络市场环境。

三、坚持问题导向，严厉打击网络交易中侵害消费者权益的违法行为。强化网络消费侵权案件的查办工作，积极推进和规范“诉转案”，努力扩大案源并提升案件查办精准度，强化事后监管的有效性。依法查处网络商品质量违法案件，加大对网络商品经营者销售不合格商品违法行为的处罚力度，责令其立即停止销售，删除违法商品信息。涉及有危及人身、财产安全危险且不符合强制性标准的商品，同时要求有关的网络交易平台提供者立即屏蔽违法店铺或商品信息、停止提供对相关商品的交易平台服务。综合运用工商职能作用，严厉查处网络虚假违法广告、虚假宣传、商标侵权、传销和非法直销等网络交易违法行为以及网络虚假认证、刷单炒信等典型涉网消费欺诈行为，依法打击网购七日无理由退货、消费者个人信息保护、售后修理更换服务等方面存在的侵害消费者权益的违法行为。加强部门间、区域间的案件协办和联动执法，加大对跨区域纵容假冒伪劣、拒绝配合执法部门监管执法的网络交易平台经营者的查办力度，对重大典型案件挂牌督办、限时办结，对涉嫌犯罪的案件及时移送司法机关处理。针对信息服务、智能家居、个性时尚养老、健康等新兴消费领域，既要鼓励和支持消费结构升级和创新，又要及时发现和依法查处新兴消费领域的消费侵权行为，切实发挥新消费的引领和带动作用。

四、坚持改革创新，健全完善网络交易在线投诉及售后维权机制。通过理顺体制、创新机制、优化布局等措施，进一步创新和完善以12315行政监管体系为主导、经营者自律和社会监督体系为依托、信息化网络为支撑的多功能的12315体系。加强基层维权网络建设，支持和推动建立健全区域消费维权协作机制和电子商务消费者权益争议解决调处机制，着力提升消费维权工作效能。加快建设全国12315互联网平台，完善在线投诉和处置功能，形成电话与互联网并举的受理机制，引导消费者网上咨询、投诉、举报，实行网上接诉、网上分流、网上调解、网上回复、网上跟踪督办，实现消费者诉求处理流程透明化。深入推进12315“五进”工程，依托12315消费维权服务站推动网络市场的放心消费创建工作，引导有条件的网络交易平台提供者设立消费维权服务站，扩大“五进”覆盖面。积极推进总局电子商务12315投诉维权（杭州）中心建设，进一步畅通消费者诉求渠道，快速有效地处理跨区域网络消费纠纷。

五、坚持信息公开，推进网络经营者诚信自律体系建设。要健全和完善抽检结果信息公布制度，规范公布抽检结果的渠道和形式，利用各级工商、市场监管部门官网、各种媒体平台，依法及时向社会发布包含网络抽检在内的商品质量抽检结果信息，加强网络商品质量安全风险警示。推动消费侵权案件公示工作，依法通过国家企业信用信息公示系统公示行政处罚信息，对于网络经营企业因提供商品或者服务不符合保障人身、财产安全要求，造成人身伤害等严重侵害消费者权益的违法行为，两年内受到三次以上行政处罚的，要严格按照严重违法失信企业名单进行管理。推动部门间信用信息互联共享，实施失信联合惩戒，让违法企业及有关人员“一处违法、处处受限”。要积极推动企业投诉情况公开工作，扩大企业投诉情况公开试点。抓住节假日、集中促销等关键节点，依法查办并公布一批大案要案，特别要曝光一批销售不合格商品的网络商品经营者、质量管理责任缺失的第三方交易平台经营者。通过信息公开，倒逼网络商品经营者和网络交易平台健全和完善内部质量管控制度和措施，从根源上提升网络交易商品的质量水平。

六、坚持社会共治，构建互联网领域消费者权益保护的长效机制。充分发挥国务院消费者权益保护联席会议制度的作用，推动各有关单位在联席会议制度的框架下加强协作配合，协调解决消费者权益保护工作中的重要问题和重大消费事件。各地要积极推动本地区消费者权益保护工作的机制建设，整合消费维权社会资源，切实形成消费者权益保护的工作合力。探索建立跨境消费争议在线解决机制，协调解决跨境电子商务、“海淘”、社交电商等带来的消费纠纷。鼓励行业协会建立健全行业经营自律规范，引导行业企业遵守国家法律法规。督促网络经营者落实消费环节经营者首问和赔偿先付制度，主动和解消费纠纷。要求网络交易平台提供者建立和完善赔偿先付制度，提供快速解决消费纠纷的“绿色通道”。支持消协组织加强对网络交易商品和服务开展社会监督，持续开展消费体察、服务评议、调查点评活动，督促网络经营行业和经营者开展整改，针对网络市场中侵害众多消费者权益行为提起公益诉讼。

七、坚持教育引导，提高网络消费者自我保护的能力。加强大数据深度利用，进一步提升数据质量，推进与消协组织、有关部门及大型企业、主要网络交易平台的数据共享和整合，深入研究区域性的消费维权数据，形成有深度有指导作用的消费维权分析报告，及时向社会公布，引导改善消费环境。加强与主流新闻媒体、新兴网络媒体的合作与联系，利用“3·15”、“双十一”等重要时间节点，积极运用微博、微信等网络传播方式，加强对新《消法》及配套法规制度的宣传和解读，有针对性地向消费者普及有关网络消费的商品和服务知识，积极回应广大消费者网络消费中关切的热点问题，增强消费者维权意识，提高消费者自我保护的能力。

工商总局关于促进网络服务交易健康发展规范网络服务交易行为的指导意见（暂行）

（2016年1月8日　工商网监字〔2016〕2号）

各省、自治区、直辖市工商行政管理局、市场监督管理部门：

近年来，网络服务交易快速崛起，增速已经超过网络商品交易，并且保持着持续强劲增长的势头，正在成为提升消费、改善服务、促进创业、稳定就业的重要增长极，为大众创业、万众创新提供了新的空间。网络服务交易在快速发展的同时，市场秩序不规范、诚信体系不健全、虚假宣传和不正当竞争等违法行为等问题也逐渐显露出来，亟须采取措施予以解决。在发展中逐步规范网络服务交易市场秩序，努力营造公平竞争的发展环境是促进网络服务交易健康发展的重要保障。为此，就工商（市场监管）机关促进网络服务交易健康发展，规范网络服务交易行为提出如下指导意见。

一、明确网络服务交易监管重点，秉持职责监管网络服务交易行为

网络服务交易市场领域十分广泛，涵盖商务信息服务、生活信息服务、旅游服务、专业服务（指组织或个人应用某些专业知识和专门知识为客户或消费者提供某一领域的特殊服务。如法律服务、咨询服务、管理服务、设计服务、市场调查服务等）等众多门类。其中，与工商（市场监管）机关网络市场监管职能密切相关的门类主要是商务信息服务、生活信息服务、旅游服务、专业服务等四个门类。工商（市场监管）机关应以上述四个门类作为履行监管职能职责的基本点，并在立足监管基本门类基础上，积极拓展与监管职能密切相关的网络服务市场监管新领域，着力加强对网络服务交易市场前瞻性、苗头性、倾向性问题的研究，着力解决其发展中存在的深层次矛盾和重大问题，着力促进其建立健全开放、公平、健康的市场竞争秩序，着力推进监管政策创新、管理创新和服务创新。

二、主动作为、支持发展

工商（市场监管）机关应当积极研究促进网络服务交易健康持续发展的政策措施，通过政策引导，促进网络服务交易进一步释放发展潜力，进一步提升创新发展水平。当前应主要抓好五个方面的促进工作：一是支持面向生产领域提供商务信息服务的平台发展，采取有效措施解决平台信息真实性审查过程中遇到的困难和难题，引导支持平台实现服务经营升级转型，将提供供求信息服务与组织企业直接进行网上交易结合起来，为企业间电子商务提供网上直接交易平台服务，从而带动整个电子商务市场取得更大发展。二是支持面向城乡居民社区提供生活信息服务、日常消费、家政服务等网络服务平台的发展，使其成为促进消费、改善民生、促进创业、稳定就业的重要平台。三是支持在线旅游市场的发展，推动在线旅游服务平台服务模式创新，积极为在线旅游服务平台协调解决在线旅游合同规范、旅游消费纠纷解决等方面遇到的困难和难题，推动在线旅游市场健康和谐发展。四是支持提供设计、创意服务的专业服务平台的发展，支持其为全社会创新创业提供更多更广的服务产品，使其成为创业孵化服务的重要基地和桥梁。五是鼓励社会力量、民间资本参与投资、建设和运营众创空间、创客空间、创业孵化器等各类创业孵化服务机构，为各类创业创新主体提供更多开放便捷的创业创新服务平台。

三、建立网络服务经营主体数据，完善网络服务交易经营主体经济户口分类

建立网络服务经营主体经济户口是实施监管的基础。网络服务交易监管是工商（市场监管）机关网络市场监管新领域，各地应以企业年度报告为抓手，对网络服务经营主体开展一次全面普查，重点查清本地区网络服务交易平台开办的数量、分布和类别，做好立档建户和电子数据库建设工作，为开展网络服务交易监管夯实基础。

四、以网络服务交易平台为监管重点，有序推进网络服务监管工作

网络服务交易平台是网络服务集中交易的场所和空间，抓住网络服务交易平台经营者，就直接抓住了维护网络服务交易市场秩序的关键环节。网络服务交易平台经营者承担着交易平台准入把关、检查监控网络服务交易信息、保护注册商标专用权、企业名称权等权利、保护网络服务消费者合法权益等重要职责，网络服务交易平台经营者如果能够切实履行法律法规赋予的义务和责任，网络市场服务交易秩序的维护就有了基本保障。

工商（市场监管）机关要抓住网络服务交易平台这个重点，特别是抓住辖区内开办的影响范围广、交易数量大的网络服务交易平台，以其为突破口，积极探索研究如何通过规范网络服务交易平台经营者达到逐步规范整个网络服务市场秩序、营造公平竞争市场环境、有效保护网络服务消费者合法权益的途径和办法。

在以网络服务平台为监管重点，有序推进网络服务监管工作的同时，各地应积极探索个人社交平台网络服务交易行为的监管模式，加强对个人社交平台服务交易行为的检查，探索查处个人社交平台发生的违法服务交易行为。

五、建立健全网络服务经营主体信用监管机制，积极推动网络服务经营主体信用信息公开公示

信用监管是网络市场监管的基本方式和手段，是维护网络市场良好秩序的关键。工商（市场监管）机关要把加快网络服务经营主体信用监管体系建设作为监管网络服务交易市场工作的重中之重。以《企业信息公示暂行条例》为依据，及时督促网络服务经营主体依法按时报送年度报告，及时归集、整理、分析、抽查、公开公示网络服务经营主体信用信息。

六、规范网络服务交易格式合同，倡导公平正义，维护市场秩序

根据网络服务交易合同以格式合同为主的特点，工商（市场监管）机关要以规范网络服务平台格式合同为重点和抓手，将网络服务交易平台应当履行的市场准入把关、检查监控网络服务交易信息、保护注册商标专用权、企业名称权、保护网络服务消费者合法权益等重要权利义务和进入平台提供服务产品的经营者应当履行的保障服务产品信息真实和服务产品质量、保护服务产品消费者权益的义务和责任落实到双方签订的合同中。

平台制定的交易规则是网络服务交易合同成立的重要构成要件，要把对平台交易规则的规范与监督检查作为规范平台经营行为、保护消费者和经营者合法权益的重要抓手，强化对平台自定的格式合同的检查和规范，及时纠正平台在制定格式合同中出现的不公正不公平交易规则，使交易各方的权利义务和责任实现公平和平衡。

七、支持和引导企业探索建立网络服务交易规范，推动建立行业规范，完善消费者权益保护机制

由于服务交易具有无形性、差异性特征，迫切需要建立服务交易规范为解决网络服务交易纠纷、处理网络服务投诉提供依据和标准。

为有效维护网络消费者合法权益，促进网络服务交易健康发展，工商（市场监管）机关应当首先以网络服务交易平台为抓手和突破口，推动、引导、支持平台经营者建立网络服务交易规范，同时积极推动建立行业规范，通过逐步推动建立健全网络服务规范，研究探索出适合网络服务交易特点的纠纷投诉解决机制，建立健全网络消费权益保护机制。

八、加大对网络服务交易违法行为查处力度，健全完善案件信息共享和监管协调配合机制

提供虚假信息、销售国家明令禁止的服务产品、进行不正当竞争、利用格式合同侵害网络消费者合法权益是当前网络服务交易市场存在的突出问题。各地工商（市场监管）机关应将查处上述网络违法交易和经营作为当前查处网络服务交易市场违法行为的重点，加大查处打击力度，并根据网络服务交易违法主体隐蔽性强、认定难度大、违法行为涉及面广、链条长、环节多等特点，完善健全工商系统跨区域联动办案机制，实现上下联动、左右互动，完善健全职能监管部门间协作配合机制，实现监管互联、互通、互动，构筑网络服务交易监管立体系统。

九、构建网络服务交易监管规则规范体系

《网络交易管理办法》的公布施行标志着网络服务交易初步纳入了法治化的轨道。但是由于网络服务市场正处在快速发展的初期，新情况、新问题不断出现，不少问题尚不具备立法的条件，《网络交易管理办法》对网络服务市场的规范主要是原则性、概括性规范，已经不能够满足网络服务市场快速发展对法律规范提出的需求。各地工商（市场监管）机关应在深入研究、分析、总结本地区网络服务交易发展现状、交易特点、存在的主要问题、制约发展的主要瓶颈等情况的基础上，研究提出本地区网络服务市场立法立规计划，争取网络服务交易监管在法制建设上取得新突破和新进展，为网络服务市场的健康发展提供坚实的法律支撑和保障。

十、完善网络信息化监管平台功能，建立健全网络服务交易信息化监管数据标准

自2010年工商总局启动全国工商行政管理系统网络商品交易监管信息化系统建设工作以来，经过近几年建设，全国一体、统分结合、功能齐全、上下联动的网络监管信息系统和平台已经基本建成，初步实现了“以网管网”的网监工作目标，为网络服务交易监管提供了坚实的信息技术支撑和保障。各地应以建成的网络监管信息化平台为依托，以网络服务经营主体数据库和网络服务交易行为特征语义库（关键词语库）为重点抓手，建立健全网络服务交易信息化监管数据标准，实现对网络服务交易“以网管网”的目标。

工商总局关于加强和规范网络交易商品质量抽查检验的意见

（2015年11月12日　工商消字〔2015〕189号）

各省、自治区、直辖市工商行政管理局、市场监督管理部门：

为贯彻落实《国务院关于促进市场公平竞争维护市场正常秩序的若干意见》（国发〔2014〕20号）、《国务院关于大力发展电子商务加快培育经济新动力的意见》（国发〔2015〕24号）以及《国务院办公厅关于加强互联网领域侵权假冒行为治理的意见》（国办发〔2015〕77号）的要求，加强网络交易商品质量监督管理，营造安全放心的消费环境，促进电子商务健康发展和培育经济新动力，依据《消费者权益保护法》《产品质量法》及《流通领域商品质量抽查检验办法》（以下简称《抽检办法》）等规定，现就加强和规范网络交易商品质量抽查检验（以下简称网络商品抽检）提出如下意见：

一、总体要求

加快建立开放、规范、诚信、安全的电子商务发展环境，依法规范网络市场秩序，维护市场公平竞争，保护消费者和经营者的合法权益，净化互联网交易环境，促进网络经济持续健康发展。

——依法监管，逐步规范。在发展中逐步规范，以规范促健康有序发展，依法履行网络交易商品质量监督管理职责，有序开展网络商品抽检，查处销售不合格商品等违法行为，净化网络市场环境。

——问题导向，重点抽检。充分利用消费者投诉举报以及日常监管执法中发现的情况，深入排查网络商品交易中存在的质量问题，科学确定抽检范围和重点商品品种，有针对性地开展网络商品抽检。

——随机抽查，互动结合。坚持“以网管网”，运用大数据等现代化信息手段，实现高效抽查监管。强化线上线下结合，同步开展商品质量抽检，大力推广随机抽查，提高抽检工作效能。

——源头追溯，社会共治。及时公布网络商品抽检结果，强化源头追溯，依法查处销售不合格商品的违法行为；加强商品质量安全风险警示，促进经营者自律、行业治理和社会监督，推进区域协作，部门协作和社会共治。

二、网络商品抽检的管辖

国家工商行政管理总局负责指导全国网络商品抽检工作，根据需要开展或者组织开展网络商品抽检。

省、自治区、直辖市工商行政管理、市场监督管理部门（以下统称工商行政管理部门）负责统筹管理辖区网络商品抽检工作，组织开展对本辖区内依法登记的网络商品经营者经营商品的抽检。第三方交易平台经营者所在地省级工商行政管理部门负责组织开展对自然人通过第三方交易平台经营的商品、第三方交易平台经营者自营商品的抽检，也可以根据需要对其他通过第三方交易平台经营的商品开展抽检。

上级工商行政管理部门可以根据工作需要委托下级工商行政管理部门具体实施抽检工作。

三、网络商品抽检的组织实施

网络商品抽检的组织实施依照本意见执行，对本意见未规定的依照《抽检办法》的规定执行。通过网络商品经营者的实体店或者仓储地抽取样品的，依照《抽检办法》规定执行。

工商行政管理部门要大力推广随机抽查，随机确定被抽查的网络商品经营者，加强网络商品质量监管。针对消费者投诉、有关组织反映和行政执法中发现质量问题集中的商品，组织开展网络商品抽检，制定抽检工作计划并确定抽检实施方案。抽检实施方案应当包括《抽检办法》第九条规定的内容以及买样人、用户名、收货地址等。买样人可以是工商行政管理执法人员、承检机构人员或者消费者等。抽检实施方案可作为买样人报销费用的依据。

（一）样品的抽取。

网络商品抽检应当由买样人按照抽检实施方案要求，通过网络交易的方式购买样品和备份样品。收到样品后，由买样人、承检机构人员、工商行政管理执法人员共同拆包查验、对样品和备份样品分别封样，并通知网络商品经营者。通知内容应当包括订单编号等，并明确其接受备份样品退货的义务。

对网络商品经营者及商品信息、网络交易过程要采用网络截屏、电子视频录像等取证手段，予以全程记录；对商品拆包查验、封样等应当全程录像并留存。必要时，工商行政管理部门可要求第三方交易平台经营者对被抽检样品的交易订单等电子单据及信息等相关证据信息予以确认，协助提供相关交易记录及日志，为网络商品抽检提供技术支持和协作配合。

（二）抽检结果的通知。

组织实施网络商品抽检的工商行政管理部门应当在收到检验结果之日起五个工作日内通知被抽样的网络商品经营者。检验不合格的，还应当通知样品标称的生产者；通过第三方交易平台抽样的，同时通知第三方交易平台经营者。

因经营者地址不详等原因而无法通知的，工商行政管理部门可以通过其官方网站公告通知。

（三）复检的申请与办理。

被抽样的网络商品经营者或者样品标称生产者对检验结果有异议的，应当自收到检验结果通知书或自官方网站公告通知之日起十五日内，向组织实施抽检的工商行政管理部门提出书面复检申请并办理复检手续，未办理复检手续的视为放弃复检。未在期限内申请复检或者放弃复检的，视为对检验结果无异议，检验结果即为最终结果。

四、网络商品抽检结果的后处理

（一）抽检结果的公布及效力。

工商行政管理部门应当依法及时向社会公布网络商品抽检结果。网络商品抽检结果信息应当包括样品名称、被抽检网络商品经营者、标称商标、标称生产者名称、规格型号、生产日期、主要不合格项目、综合判定结论等。通过第三方交易平台抽检的，同时公布第三方交易平台经营者名称。

网络商品抽检结果与线下抽检结果具有同等效力，可作为实施抽检工商行政管理部门辖区内执法依据。

（二）不合格商品的处理。

对经网络商品抽检并依法认定为不合格商品的，工商行政管理部门应当责令被抽样的网络商品经营者立即停止销售；消费者要求退货的，经营者应当负责退货。

工商行政管理部门发现并认定商品存在缺陷，有危及人身、财产安全危险的，应当立即责令被抽样的网络商品经营者采取警示、停止销售等措施，并及时通报商品标称生产者所在地有关行政部门。

工商行政管理部门公布有危及人身、财产安全危险且不符合强制性标准的商品名单后，被抽检的网络商品经营者、被抽检的第三方交易平台上该商品的经营者及辖区内线下经营者应当立即停止销售该名单中同一商标的同一规格型号的商品，第三方交易平台经营者应当立即采取措施停止提供对相关商品的交易平台服务。

网络商品经营者无法联系的，通过第三方交易平台交易的，可根据商品不合格的情况，要求第三方交易平台经营者对不合格商品信息及被抽检网络商品经营者的虚拟店铺实施商品信息删除、屏蔽、断开链接等措施；非通过第三方交易平台交易的，如需采取措施制止网络销售不合格商品违法行为的，可依照有关规定，提请网站许可或者备案地通信管理部门依法责令暂时屏蔽或者停止该网站的接入服务。

（三）查处违法行为。

工商行政管理部门要依法查处网络商品经营者线上线下销售不合格和假冒侵权商品、作虚假或者引人误解的宣传以及拒绝工商行政管理部门开展监督检查等违法行为；涉及第三方交易平台经营者的违法行为，应当移交第三方交易平台经营者所在地工商行政管理部门处理。要将行政处罚结果记入企业信用档案，通过企业信用信息公示系统向社会公布。

因消费者投诉举报案件处理中需要对商品质量进行检验或鉴定的，不适用《抽检办法》和本意见的规定。

五、第三方交易平台经营者的质量管理责任

（一）第三方交易平台经营者要加强对网络商品经营者的管理，健全完善商品质量管控制度和措施，主动开展商品质量检查，督促网络商品经营者履行商品质量及服务义务，及时制止消费侵权行为，促进网络交易商品质量的提升。对消费者因商品质量问题要求赔偿，第三方交易平台经营者不能提供网络商品经营者的真实名称、地址和有效联系方式的，要承担赔偿责任。鼓励第三方交易平台经营者建立健全商品质量承诺和担保制度，主动和解消费纠纷。

（二）第三方交易平台经营者要建立协助有关行政部门开展监管执法的制度，采取技术手段确保网络商品交易数据和资料的完整和安全，配合工商行政管理部门依法开展商品质量监督管理，如实提供网络商品经营者的相关情况，协助做好网络商品抽检和执法办案等工作。

（三）第三方交易平台经营者应当协助工商行政管理部门将开展网络商品抽检、抽检结果等信息及时通知网络商品经营者，对被抽检的不合格商品及其经营者采取相关措施。对工商行政管理部门要求提供技术支持和协作配合的，第三方交易平台经营者不得拒绝或者拖延。

六、工作要求

（一）提高思想认识。强化网络交易商品质量监管，依法开展网络商品抽检是工商行政管理部门的重要职责。依法处罚网络销售不合格商品违法行为，规范网络市场秩序，营造安全放心的消费环境，可以有效激活消费潜力，为大众创业、万众创新营造发展新空间，实现经济持续健康平稳增长。各地工商行政管理部门要充分认识网络商品抽检工作的重要意义，加强组织领导，协调监管力量，抓好网络商品抽检工作的落实。

（二）完善制度机制。各地要加强对网络经济发展现状的研究，鼓励新型业态发展，逐步规范网络市场秩序。要根据《消费者权益保护法》《抽检办法》和本意见的要求，按照国务院推广随机抽查的规定，认真开展流通领域商品质量监管工作，建立健全网络商品抽检工作机制和制度，完善监管方式方法和技术手段，及时公布网络商品抽检结果，发布消费警示提示，不断提高网络交易商品质量监管水平。网络商品质量抽查检验文书参考式样参见附件。

（三）促进社会共治。各地工商行政管理部门要加强与有关行政主管部门的协作配合，注重信息交流共享和执法协作联动，提高执法效能；发挥消费者协会、行业协会和有关社会组织、新闻媒体的作用，共同开展消费教育引导，促进社会协同共治；教育和鼓励网络商品经营者、第三方交易平台经营者加强自律，自觉履行商品质量保障义务，切实保护消费者合法权益，共同营造安全放心的网络消费环境。

附件：网络商品质量抽查检验文书参考式样（略）

工商总局办公厅关于依法整治利用网络交易平台擅自销售彩票行为的通知

（2015年5月5日　办字〔2015〕66号）

各省、自治区、直辖市工商行政管理局、市场监督管理部门：

近来，一些单位和个人未经批准，擅自利用互联网销售彩票，严重干扰了我国彩票事业健康发展。为此，财政部、公安部、工商总局、工信部、民政部、人民银行、体育总局、银监会八部门联合发布公告，要求坚决制止和严厉查处擅自利用互联网销售彩票行为。为维护彩票市场秩序，进一步落实八部门联合公告，规范利用网络交易平台销售彩票行为，现将有关事项通知如下：

一、各地工商、市场监管部门要及时向辖区内网络交易平台经营者传达八部门联合发布的公告，督促其认真学习《彩票管理条例》，知悉相关法律法规对非法彩票的定义和对彩票销售的具体规定。

二、督促辖区内网络交易平台按照《网络交易管理办法》第九条“网上交易的商品或者服务应当符合法律、法规、规章的规定。法律、法规禁止交易的商品或者服务，经营者不得在网上进行交易”的要求，及时清理平台内销售非法彩票的信息。

三、对监管中发现的销售非法彩票行为，要按照《彩票管理条例》第38条的规定及时向公安部门通报，并在职责范围内积极配合有关部门依法查处。对销售非法彩票企业的相关处罚信息，要按规定通过企业信用信息公示系统予以公示；相关经营主体的违法违规行为构成吊销营业执照的，应当予以吊销营业执照。

各地工商、市场监管部门要与财政、民政、体育、公安等部门密切配合，加强信息共享和政策措施衔接，共同维护好彩票市场秩序。

工商总局关于完善消费环节经营者首问和赔偿先付制度 切实保护消费者合法权益的意见

（2015年3月4日　工商消字〔2015〕36号）

各省、自治区、直辖市及计划单列市、副省级市工商行政管理局、市场监督管理部门：

为落实《国务院关于促进市场公平竞争维护市场正常秩序的若干意见》（国发〔2014〕20

号）要求，进一步加强市场监管，促进消费维权社会协同共治，营造公平竞争的市场环境和安全放心的消费环境，切实保护消费者合法权益，依据《消费者权益保护法》、《产品质量法》等法律法规规定，现就完善消费环节经营者首问和赔偿先付制度提出如下意见：

一、完善消费环节经营者首问制度，督促经营者切实履行消费维权第一责任人的责任

（一）消费环节经营者应当依法履行消费维权第一责任人的责任，依据“谁销售商品谁负责，谁提供服务谁负责”的原则，及时受理和依法处理消费者投诉，主动和解消费纠纷。

消费环节经营者首问制度，是指消费者因购买、使用商品或者接受服务导致合法权益受损时，可以向销售者或者服务者进行维权，该经营者必须依法承担首问责任，不得推诿。

（二）消费者通过网络交易平台购买商品或者接受服务导致合法权益受损的，可以直接向销售者或者服务者要求赔偿。网络交易平台经营者不能提供销售者或者服务者的真实名称、地址和有效联系方式的，消费者可以向网络交易平台经营者要求赔偿。网络交易平台经营者作出更有利于消费者承诺的，应当履行承诺。网络交易平台赔偿后，依法向销售者或者服务者追偿。

（三）消费者在展销会、租赁柜台购买商品或者接受服务导致合法权益受损的，可以直接向销售者或者服务者要求赔偿。展销会结束或者柜台租赁期满后，可以向展销会的举办者、柜台的出租者要求赔偿；展销会的举办者、柜台的出租者赔偿后，依法向销售者或者服务者追偿。

（四）消费者或者其他受害人因商品缺陷造成人身、财产损害的，可以向销售者要求赔偿，也可以向生产者要求赔偿。消费者向销售者要求赔偿的，销售者不得推诿；销售者赔偿后，依法向生产者追偿。

（五）对于消费者维护权益的合理要求，经营者不得推诿，不得故意拖延处理或者无理拒绝。对于消费者和经营者双方自愿和解的，经营者应当及时履行和解协议；双方和解不成，消费者又向有关行政部门或者消费者保护组织投诉的，经营者应当积极配合调查处理。

（六）销售者、服务者等经营者要建立健全消费纠纷和解、消费侵权赔偿制度，设立专门部门或者指定专人负责处理消费者投诉，并应当在其经营场所的醒目位置或者以其他便于消费者知悉的方式，公开其处理消费纠纷相关程序。

二、鼓励和引导消费环节经营者建立赔偿先付制度，提高消费纠纷解决效率

（七）鼓励、引导有柜台或者场地出租的商场、超市，特别是具备一定规模的家具、建材、家电等大型商场（以下简称商场），摊位较多的集贸市场、批发市场（以下简称市场），网络交易平台、电视购物平台（以下简称平台）等为销售者、服务者提供经营条件及相关服务的经营者，建立和完善赔偿先付制度。

消费环节赔偿先付制度，是指商场、市场和平台经营者与场所内的销售者或者服务者在双方自愿的基础上签订消费者投诉赔偿先付协议（条款），当出现侵害消费者合法权益的行为，而销售者或者服务者故意拖延处理或者无理拒绝赔付，以及因销售者或者服务者撤场等情况导致消费者无法获得赔偿时，由商场、市场和平台经营者向消费者进行先行赔付。商场、市场和平台经营者向消费者进行赔偿先付后，可以依法或者依约定向有关销售者、服务者进行追偿。

（八）已经建立赔偿先付制度的商场、市场和平台经营者要明确启动赔偿先付的条件、流程、方式、范围，完善赔偿先付程序，向广大消费者和商场、市场、平台内的销售者或者服务者进行公示，接受社会监督。

1. 启动赔偿先付制度应当具备以下基本条件：（1）消费者提供发票等购货凭证或者服务单据；（2）除适用《消费者权益保护法》第二十三条第三款规定的举证倒置情形外，由消费者证明其合法权益受到损害；（3）消费者主张维护自身合法权益的时效应当符合《消费者权益保护法》第二十四条的有关规定；（4）负有赔偿责任的销售者或者服务者存在故意拖延、无理拒绝或者因撤场等原因造成消费者难以索赔的情形。

2. 赔偿先付制度的一般流程为：（1）消费者认为自身合法权益受损时，可以直接向销售者或者服务者索赔；消费者对销售者或者服务者的处理结果不满意的，可以向商场、市场和平台经营者投诉；（2）商场、市场和平台经营者接到投诉后，应当及时安排专人处理，组织销售者或者服务者和消费者进行协商；（3）协商一致的，商场、市场和平台经营者要督促销售者或者服务者及时履行协议；（4）协商不能达成一致，经核实消费者投诉的销售者或者服务者确实存在过错的，商场、市场和平台经营者要按照建立的赔偿先付制度向消费者先行赔付。

3. 赔偿先付的方式主要包括对商品进行修理、重作、更换、退货、补足商品数量、退还购货款项和服务费用或者赔偿损失。

4. 赔偿先付的范围主要包括：因商品或者服务质量问题而引起的商品或者服务价值损失；消费合同中规定的违约金；因售后、安装等问题而给消费者引起的损失。

（九）商场、市场和平台经营者可以与场内销售者、服务者在平等协商的基础上，实施场内经营资质信用管理。即与场内销售者或者服务者签订合同（协议）时明确消费者权益保护条款，对多次被消费者投诉且拒不整改，或者多次被认定存在侵害消费者合法权益行为的销售者或者服务者，通过解除合同、不续签合同等方式终止其经营资格，以此为手段规范销售者、服务者的经营行为，营造诚信经营环境。

（十）鼓励、引导商场、市场和平台经营者根据自身经营特点，积极设立“消费维权服务站”，公示受理消费者投诉途径，并利用投诉服务电话、互联网以及移动互联通讯等多种方式，及时受理和处理消费者投诉。

消费者通过其他法定渠道维护自己权益的，商场、市场和平台经营者应当依据消费者的请求，及时提供相关销售者或者服务者的真实登记信息、交易信息等有关情况，积极协助消费者维护自身合法权益。

三、大力推进12315“五进”建设，将经营者首问和赔偿先付制度落到实处

（十一）完善消费环节经营者首问和赔偿先付制度是国发〔2014〕20号文件赋予工商行政管理部门的重要任务，是构建协同共治消费维权新机制、营造安全放心消费环境的重要举措。各地工商、市场监管部门要从完善市场监管体系、维护市场秩序、保护消费者合法权益的高度，采取切实有效措施，推动经营者首问和赔偿先付制度的落实。

（十二）各地工商、市场监管部门要将大力推进12315“五进”建设作为完善经营者首问和赔偿先付制度的重要抓手，积极推动商场、市场和平台经营者设立“消费维权服务站”，督促其切实履行消费维权的社会责任，及时受理和处理消费者投诉。要根据经营主体的不同特点，综合考虑地区、行业和经营规模的差异，加强分类指导，督促经营者切实履行首问责任，鼓励和引导有条件的商场、市场和平台经营者建立赔偿先付制度，提高消费纠纷处理效率。

（十三）各地工商、市场监管部门要与辖区内的“消费维权服务站”建立健全日常联系机制，及时通报消费者投诉处理情况；加强对“消费维权服务站”工作人员的业务培训，提高其处理消费纠纷的能力。对于将消费者投诉通过“绿色通道”（维权直通车）转至被诉经营者和解处理的，要对处理结果进行跟踪督办；对消费者投诉相对集中或处理消费纠纷不力的经营者，要通过行政约谈、发送建议书等方式及时进行督促整改。要积极推进“诉转案”机制建设，对拒不履行首问责任的经营者，要依据《消费者权益保护法》、《产品质量法》以及《侵害消费者权益行为处罚办法》（工商总局令第73号）等法律法规和规章予以处理；经营者因拒不履行首问责任而被工商、市场监管部门处罚的，要将其处罚信息通过企业信用信息公示系统及时向社会公布。

（十四）各地工商、市场监管部门要大力宣传消费维权政策法规，加强对经营者的教育引导。对积极处理消费纠纷和建立赔偿先付制度效果好的经营者，要发挥典型示范作用，联合有关政府部门、行业协会、新闻媒体等进行宣传表彰。有条件的地区可以探索将落实经营者首问责任和赔偿先付制度与“放心消费创建活动”、“建设星级信用市场”等活动相结合，引导经营者积极参与，共同营造安全放心的消费环境，更好地保护消费者合法权益。

网络交易平台合同格式条款规范指引

（2014年7月30日　工商市字〔2014〕144号发布）

第一章　总　　则

第一条　为规范网络交易平台合同格式条款，保护经营者和消费者的合法权益，促进网络经济持续健康发展，依据《中华人民共和国合同法》、《中华人民共和国消费者权益保护法》、《网络交易管理办法》等法律、法规和规章，制定本规范指引。

第二条　中华人民共和国境内设立的网络交易平台的经营者通过互联网（含移动互联网），以数据电文为载体，采用格式条款与平台内经营者或者消费者（以下称“合同相对人”）订立合同的，适用本规范指引。

第三条　本指引所称网络交易平台合同格式条款是网络交易平台经营者为了重复使用而预先拟定，并在订立合同时未与合同相对人协商的以下相关协议、规则或者条款：

（一）用户注册协议；

（二）商家入驻协议；

（三）平台交易规则；

（四）信息披露与审核制度；

（五）个人信息与商业秘密收集、保护制度；

（六）消费者权益保护制度；

（七）广告发布审核制度；

（八）交易安全保障与数据备份制度；

（九）争议解决机制；

（十）其他合同格式条款。

网络交易平台经营者以告示、通知、声明、须知、说明、凭证、单据等形式明确规定平台内经营者和消费者具体权利义务，符合前款规定的，依法视为合同格式条款。

第四条　工商行政管理机关在职权范围内，依法对利用合同格式条款侵害消费者合法权益的行为进行监督处理。

第五条　鼓励支持网络交易行业组织对本行业内合同格式条款的制定和使用进行规范，加强行业自律，促进行业规范发展。

第二章　合同格式条款的基本要求

第六条　网络交易平台经营者在经营活动中使用合同格式条款的，应当符合法律、法规和规章的规定，按照公平、公开和诚实信用的原则确定双方的权利与义务。

网络交易平台经营者修改合同格式条款的，应当遵循公开、连续、合理的原则，修改内容应当至少提前七日予以公示并通知合同相对人。

第七条　网络交易平台经营者应当在其网站主页面显著位置展示合同格式条款或者其电子链接，并从技术上保证平台内经营者或者消费者能够便利、完整地阅览和保存。

第八条　网络交易平台经营者应当在其网站主页面适当位置公示以下信息或者其电子链接：

（一）营业执照以及相关许可证；

（二）互联网信息服务许可或者备案信息；

（三）经营地址、邮政编码、电话号码、电子信箱等联系信息；

（四）法律、法规规定其他应披露的信息。

网络交易平台经营者应确保所披露的内容清晰、真实、全面、可被识别和易于获取。

第九条　网络交易平台经营者使用合同格式条款的，应当采用显著方式提请合同相对人注意与其有重大利害关系、对其权利可能造成影响的价款或者费用、履行期限和方式、安全注意事项和风险警示、售后服务、民事责任等内容。网络交易平台经营者应当按照合同相对人的要求对格式条款作出说明。鼓励网络交易平台经营者采取必要的技术手段和管理措施确保平台内经营者履行提示和说明义务。

前款所述显著方式是指，采用足以引起合同相对人注意的方式，包括：合理运用足以引起注意的文字、符号、字体等特别标识。不得以技术手段对合同格式条款设置不方便链接或者隐藏格式条款内容，不得仅以提示进一步阅读的方式履行提示义务。

网络交易平台经营者违反合同法第三十九条第一款关于提示和说明义务的规定，导致对方没有注意免除或者限制责任的条款，合同相对人依法可以向人民法院提出撤销该合同格式条款的申请。

网络交易平台经营者使用的合同格式条款，属于《消费者权益保护法》第二十六条第二款和《最高人民法院关于适用<中华人民共和国合同法>若干问题的解释（二）》第十条规定情形的，其内容无效。

第十条 网络交易平台经营者不得在合同格式条款中免除或者减轻自己的下列责任：

（一）造成消费者人身损害的责任；

（二）因故意或者重大过失造成消费者财产损失的责任；

（三）对平台内经营者提供商品或者服务依法应当承担的连带责任；

（四）对收集的消费者个人信息和经营者商业秘密的信息安全责任；

（五）依法应当承担的违约责任和其他责任。

第十一条 网络交易平台经营者不得有下列利用合同格式条款加重平台内经营者或者消费者责任的行为：

（一）使消费者承担违约金或者损害赔偿明显超过法定数额或者合理数额；

（二）使平台内经营者或者消费者承担依法应由网络交易平台经营者承担的责任；

（三）合同附终止期限的，擅自延长平台内经营者或者消费者履行合同的期限；

（四）使平台内经营者或者消费者承担在不确定期限内履行合同的责任；

（五）违法加重平台内经营者或消费者其他责任的行为。

第十二条 网络交易平台经营者不得在合同格式条款中排除或者限制平台内经营者或者消费者的下列权利：

（一）依法变更、撤销或者解除合同的权利；

（二）依法中止履行或者终止履行合同的权利；

（三）依法请求继续履行、采取补救措施、支付违约金或者损害赔偿的权利；

（四）就合同争议提起诉讼、仲裁或者其他救济途径的权利；

（五）请求解释格式条款的权利；

（六）平台内经营者或消费者依法享有的其他权利。

第十三条 对网络交易平台经营者提供的合同格式条款内容理解发生争议的，应当按照通常理解予以解释；对相应内容有两种以上解释的，应当作出不利于网络交易平台经营者的解释。格式条款与非格式条款不一致的，应当采用非格式条款。

第三章 合同格式条款的履行与救济

第十四条 网络交易平台合同格式条款可以包含当事各方约定的争议处理解决方式。对于小额和简单的消费争议，鼓励当事各方采用网络消费争议解决机制快速处理。

第十五条 支持消费者协会、网络交易行业协会或者其他消费者组织通过座谈会、问卷调查、点评等方式收集消费者对网络交易平台合同格式条款的意见，发现合同格式条款违反法律、法规和规章规定的，可以向相关主管部门提出。

认为网络交易平台合同格式条款损害消费者权益或者存在违法情形的，可以向相关主管部门投诉和举报。

第十六条 消费者因网络交易平台合同格式条款与网络交易平台经营者发生纠纷，向人民法院提起诉讼的，消费者协会或者其他消费者组织可以依法支持消费者提起诉讼。

第十七条 鼓励、引导网络交易平台经营者采用网络交易合同示范文本，或者参照合同示范文本制定合同格式条款。

第四章 附 则

第十八条 本规范指引所称网络交易平台是指第三方交易平台，即在网络商品交易活动中为交易双方或者多方提供网页空间、虚拟经营场所、交易规则、交易撮合、信息发布等服务，供交易双方或者多方独立开展交易活动的信息网络系统。

第十九条 网络商品经营者，通过互联网

（含移动互联网），以数据电文为载体，采用格式条款与消费者订立合同的，参照适用本规范指引。

第二十条　本指引由国家工商行政管理总局负责解释。

第二十一条　国家工商行政管理总局将根据网络经济发展情况，适时发布相关领域合同格式条款规范指引。

第二十二条　本规范指引自发布之日起实施。

·国家广播电视总局

网络文学出版服务单位社会效益评估试行办法

（2017 年 6 月 14 日　新广出发［2017］34 号）

第一章　总　　则

第一条　网络文学是我国数字出版产业的重要组成部分和网络文艺的重要类型，在满足人民群众精神文化需求、激发文化创造创新活力等方面发挥了积极作用。与此同时，网络文学也存在着数量大质量低，有“高原”缺“高峰”、抄袭模仿、内容雷同，机械化生产、快餐式消费以及片面追求经济效益等突出问题。为推动网络文学健康有序发展，根据《关于推动国有文化企业把社会效益放在首位、实现社会效益和经济效益相统一的指导意见》（中办发〔2015〕50 号）精神，结合网络文学发展实际，制定本办法。

第二条　网络文学出版服务单位社会效益是指本单位的网络文学出版活动对社会产生的良好影响或有益效果。实施网络文学出版服务单位社会效益评估，目的是提高作品内容质量，规范市场秩序，优化发展环境，引导网络文学出版服务单位把出版优秀作品作为中心环节，不断推出思想性、艺术性和可读性有机统一的优秀作品，更好地满足人民精神文化需求。

第三条　实施网络文学出版服务单位社会效益评估，要坚持社会主义先进文化前进方向，坚持以人民为中心的创作出版导向，以习近平总书记系列重要讲话精神为指引，深入贯彻党的十八大和十八届三中、四中、五中、六中全会精神，全面落实《中共中央关于繁荣发展社会主义文艺的意见》有关部署，积极培育和弘扬社会主义核心价值观。在充分尊重网络文学创作出版特点，鼓励各种形式创新的同时，遵循精神文明建设要求，遵循出版传播规律，推动网络文学出版服务单位切实把社会效益和社会价值放在首位，实现社会效益和经济效益相统一，使更多网络文学出版服务单位出版的作品经得起人民认可、专家评价和市场检验。

第四条　网络文学出版服务单位社会效益评估坚持客观、公正、公平原则，采取定性评价与定量考核、单位自评与管理部门考核相结合的工作方法，通过量化指标体系对其社会效益进行考核评价。

第五条　本办法所称网络文学出版服务单位，是指通过信息网络向公众提供网络文学作品的单位，主要包括开办原创网络文学网站、网络文学阅读平台的单位。

第六条　各省级出版行政主管部门按照本办法，负责辖区内网络文学出版服务单位社会效益评估工作。

第二章　评估内容

第七条　网络文学出版服务单位社会效益评估分为出版质量、传播能力、内容创新、制度建设、社会和文化影响五项。其中，出版质量、传播能力、内容创新、制度建设四项为基本分，社会和文化影响为加分项。

第八条　出版质量评估主要依据《出版管理条例》、《网络出版服务管理规定》、《图书质量管理规定》等，考核网络文学出版服务单位公开出版的作品是否坚持社会主义先进文化前进方向，积极践行弘扬社会主义核心价值观，大力出版传播主旋律、正能量作品；思想格调、审美情趣是否健康向上，具有价值引导、精神引领、审美启迪等方面的积极作用，计45分，主要包括价值引领和思想格调、文学价值和文化传承、编校质量、资源管理等指标。

第九条　传播能力评估结合网络文学发展实际，考核网络文学出版服务单位是否积极宣传推广优秀原创作品，不断改进传播手段、投送方法，提高优秀作品投送时效性和用户满意度，扩大优秀网络文学作品的覆盖范围，计15分，主要包括平台首页和栏目建设、排行榜设置、投送效能、评论引导等指标。

第十条　内容创新评估考核网络文学出版服务单位是否具有创新精神，重视并采取措施扭转内容雷同、抄袭模仿、千篇一律等同质化倾向，在题材、体裁、形式上有创新，在观念、内容、风格上有特色，积极出版具有个性化、创造性的作品，计10分，主要包括丰富性和多样化、创造性和个性化等指标。

第十一条　制度建设评估主要考核网络文学出版服务单位规章制度、内部机制建设和执行情况，队伍专业素质、结构及人才培养情况等，计30分，主要包括编辑责任制度、作者和读者服务制度、作品管理及质量控制制度、版权管理制度、队伍建设和人才培养机制、经营管理制度、党建和思想政治工作等指标。

第十二条　社会和文化影响评估为加分，综合专家评价、读者口碑、市场反响等，考核网络文学出版服务单位在出版优秀作品方面取得的突出成果和社会影响，最高计30分，主要包括荣誉奖项、社会评价、文化影响、国际影响和公益服务加分。

第十三条　网络文学出版服务单位出版作品出现严重政治差错、社会影响恶劣，在平台首页或重点栏目推介导向有严重问题的作品，违反政治纪律和政治规矩等，社会效益评估实行“一票否决”，评估结果为不合格。

第十四条　网络文学出版服务单位社会效益评估结果分为优秀（90分及以上）、良好（80－89分）、合格（60－79分）、不合格（60分以下）四个等级。具体评估指标和计分标准详见附件。

第三章　评估程序

第十五条　网络文学出版服务单位社会效益评估按年度进行，由单位自评、属地出版行政主管部门评价考核两个部分组成。

第十六条　每年1月底前，网络文学出版服务单位按照本办法及属地出版行政主管部门要求，对上年度社会效益情况进行打分自评，同时形成社会效益自评报告，报送属地出版行政主管部门。

第十七条　属地出版行政主管部门按照本办法，组织或委托专业机构对网络文学出版服务单位自评分数及自评报告进行分析、复评、认定，确定其得分和等级。

第十八条　每年3月底前，各省级出版行政主管部门将本地区网络文学出版服务单位社会效益评估报告及考核结果汇总，报送国家新闻出版广电总局备案。

第十九条　国家新闻出版广电总局对各地报送的网络文学出版服务单位社会效益评估情况进行抽查，对弄虚作假、瞒报问题或不按时完成评估的，进行严肃处理。

第四章　评估结果使用

第二十条　对社会效益评估结果为不合格的网络文学出版服务单位，属地省级出版行政主管部门要进行通报批评，及时约谈其负责人，同时取消其当年参与各类评优、评奖资格。连续两年社会效益评估不合格的网络文学出版服务单位，由国家新闻出版广电总局通报批评，约谈其负责人并提出整改要求。存在违法违规行为的，依据《出版管理条例》《网络出版服务管理规定》等法律法规进行处罚。

第二十一条　网络文学出版服务单位社会效益评估结果连续两年为优秀的，在评先树优、作品推介、对外交流及相关出版基金和专项资金等方面予以优先支持。

第五章　附　　则

第二十二条　本办法评估指标和评分标准根据网络文学发展实际情况适时调整。

第二十三条　本办法由国家新闻出版广电

总局负责解释。

第二十四条 本办法自2017年7月1日起试行。

附件：网络文学出版服务单位社会效益试行评估指标和计分标准（略）

互联网视听节目服务业务分类目录（试行）

（2017年3月10日）

第一部分 目 录

利用公共互联网（含移动互联网）向计算机、手机用户提供视听节目服务（不含交互式网络电视（IPTV）、互联网电视、专网手机电视业务），业务分类如下：

一、第一类互联网视听节目服务（广播电台、电视台形态的互联网视听节目服务）

（一）时政类视听新闻节目首发服务

（二）时政和社会类视听节目的主持、访谈、评论服务

（三）自办新闻、综合视听节目频道服务

（四）自办专业视听节目频道服务

（五）重大政治、军事、经济、社会、文化、体育等活动、事件的实况视音频直播服务

二、第二类互联网视听节目服务

（一）时政类视听新闻节目转载服务

（二）文艺、娱乐、科技、财经、体育、教育等专业类视听节目的主持、访谈、报道、评论服务

（三）文艺、娱乐、科技、财经、体育、教育等专业类视听节目的制作（不含采访）、播出服务

（四）网络剧（片）的制作、播出服务

（五）电影、电视剧、动画片类视听节目的汇集、播出服务

（六）文艺、娱乐、科技、财经、体育、教育等专业类视听节目的汇集、播出服务

（七）一般社会团体文化活动、体育赛事等组织活动的实况视音频直播服务

三、第三类互联网视听节目服务

（一）聚合网上视听节目的服务

（二）转发网民上传视听节目的服务

四、第四类互联网视听节目服务（互联网视听节目转播类服务）

（一）转播广播电视节目频道的服务

（二）转播互联网视听节目频道的服务

（三）转播网上实况直播的视听节目的服务

注：交互式网络电视（IPTV）、专网手机电视、互联网电视的集成播控服务、内容提供服务属于广播电台、电视台形态的网络视听节目服务，系专网及定向传播视听节目服务。交互式网络电视（IPTV）、专网手机电视、互联网电视的集成播控服务、内容提供服务和传输分发服务的业务分类目录另行制定。

第二部分 业务界定

一、第一类互联网视听节目服务

（广播电台、电视台形态的互联网视听节目服务）

（一）时政类视听新闻节目首发服务

指采访、制作或定制时政新闻、社会新闻类视听节目，首先供公众在网上点播的服务。定制指委托其他机构为本机构制作节目并供其播出的行为。

（二）时政和社会类视听节目的主持、访谈、评论服务

指以主持、访谈、演讲的节目形式，围绕政治、社会事件或题材进行评论，供公众在网上点播的服务。

（三）自办新闻、综合视听节目频道服务

指采用与广播电视节目频道相同的编播形式，自行编排含有时政新闻、社会新闻内容的互联网视听节目频道，通过互联网实时播出供公众收看的服务。

（四）自办专业视听节目频道服务

指采用与广播电视节目频道相同的编播形

式，自行编排不含有时政新闻、社会新闻内容的影视、文艺、娱乐、科技、财经、体育、教育等专业类视听节目的频道，通过互联网实时播出供公众收看的服务。

（五）重大政治、军事、经济、社会、文化、体育等活动、事件的实况视音频直播服务

指通过互联网对重大政治、军事、经济、社会、文化、体育等活动或事件进行的视音频实况直播服务。

二、第二类互联网视听节目服务

（一）时政类视听新闻节目转载服务

指转载广播电视、新闻视听节目网站已登载播出过的时政新闻类，以及转载含有政治、社会评论题材的主持、访谈、报道类视听节目，供公众点播（含下载或轮播）收看、收听的服务。轮播指将单个视听节目制成品反复播放，或将若干个视听节目制成品组合在一起，按固定顺序在互联网上反复轮流播放，且每一轮的播放时长不超过60分钟的播放活动。

（二）文艺、娱乐、科技、财经、体育、教育等专业类视听节目的主持、访谈、报道、评论服务

指以采访、主持、访谈等节目形式，对文艺、娱乐、科技、财经、体育、教育等领域的事件进行报道、评论，并供公众在网上点播的服务。

（三）文艺、娱乐、科技、财经、体育、教育等专业类视听节目的制作（不含采访）、播出服务

指生产制作、定制、编排文艺、娱乐、科技、财经、体育、教育等专业类视听节目，并供公众在网上点播的服务。

（四）网络剧（片）的制作、播出服务

指生产制作、定制、编排网络剧（片）的服务。

（五）电影、电视剧、动画片类视听节目的汇集、播出服务

指采购、收集、编排电影、电视剧、网络剧（电影）、手机剧（电影）、动画片等节目，并供公众点播（含下载或轮播）的服务。

（六）文艺、娱乐、科技、财经、体育、教育等专业类视听节目的汇集、播出服务

指采购、收集、编排文艺、娱乐、科技、财经、体育、教育等专业方面的专题节目（包括个人DV作品），并供公众点播（含下载或轮播）的服务。

（七）一般社会团体文化活动、体育赛事等组织活动的实况视音频直播服务

指通过互联网对一般社会性、团体性文化活动、体育赛事等向公众进行实况视音频直播的服务。

三、第三类互联网视听节目服务

（一）聚合网上视听节目的服务

指将互联网上的视听节目信息编辑、排列到同一网站上，并向公众提供节目的查找、收看服务的业务活动。

（二）转发网民上传视听节目的服务

指为网民提供专门的节目或信息上传通道，供网民将自己或他人的节目源通过网站的信息播发系统或收视界面传递给公众，供公众点播的服务。包括：（1）节目上传服务，指网民将节目上传到网站的服务器中，供公众收看、收听（含下载）的服务；（2）信息上传分发服务，指网民将节目名称、链接地址等信息上传到网站的服务器中，供公众浏览、选择再链接到其他播放器收看、收听（含下载）节目的服务。

四、第四类互联网视听节目服务

（互联网视听节目转播类服务）

（一）转播广播电视节目频道的服务

指通过互联网完整转播广播电视节目频道、频率的服务。完整转播是指保留频道标识，不在节目信号中插播内容，不修改、删减任何原有频道的节目内容和图文信息。

（二）转播互联网视听节目频道的服务

指通过互联网完整转播互联网视听节目频道（第一类第三项或第一类第四项）的服务。

（三）转播网上实况直播的视听节目的服务

指通过互联网完整转播其他网站对政治、军事、经济、社会、文化、体育等活动或事件的实况视音频直播视听节目的服务。

国家版权局办公厅关于加强网络文学作品版权管理的通知

（2016 年 11 月 4 日）

为加强网络文学作品版权管理，进一步规范网络文学作品版权秩序，根据《中华人民共和国著作权法》《信息网络传播权保护条例》等法律、法规，现就有关事项通知如下：

一、任何组织或者个人通过信息网络传播文学作品，以及为用户通过信息网络传播文学作品提供相关网络服务，应当遵守著作权法律、法规，尊重权利人的合法权利，维护网络文学作品版权秩序。

二、通过信息网络提供文学作品以及提供相关网络服务的网络服务商，应当加强版权监督管理，建立健全侵权作品处理机制，依法履行保护网络文学作品版权的义务。

三、通过信息网络提供文学作品的网络服务商，应当依法履行传播文学作品的版权审查和注意义务，除法律、法规另有规定外，未经权利人许可，不得传播其文学作品。

四、通过信息网络提供文学作品的网络服务商，应当建立版权投诉机制，积极受理权利人投诉，及时依法处理权利人的合法诉求。

五、提供搜索引擎、浏览器、论坛、网盘、应用程序商店以及贴吧、微博、微信等服务的网络服务商，未经权利人许可，不得提供或者利用技术手段变相提供文学作品；不得为用户传播未经权利人许可的文学作品提供便利。

六、提供搜索引擎、浏览器、论坛、网盘、应用程序商店以及贴吧、微博、微信等服务的网络服务商，应当在其服务平台的显著位置载明权利人通知、投诉的方式，及时受理权利人通知、投诉，并在接到权利人通知、投诉 24 小时内删除侵权作品、断开相关链接。

七、提供搜索引擎、浏览器等服务的网络服务商，不得通过定向搜索或者链接，以及编辑、聚合等方式传播未经权利人许可的文学作品。

八、提供贴吧、论坛、应用程序商店等服务的网络服务商，应当审核并保存吧主、版主、应用程序开发者等的姓名、账号、网络地址、联系方式等信息。

九、提供对以文学作品或者作者命名的贴吧、论坛等服务的网络服务商，应当责成吧主、版主等确认用户提供的文学作品系权利人本人提供，或者已经取得权利人许可。

十、提供信息存储空间服务的网盘服务商，应当遵守国家版权局《关于规范网盘服务版权秩序的通知》，主动屏蔽、删除侵权文学作品，防止用户上传、存储并分享侵权文学作品。

十一、国家版权局建立网络文学作品版权监管“黑白名单制度”，适时公布文学作品侵权盗版网络服务商“黑名单”、网络文学作品重点监管“白名单”。

十二、各级版权行政机关应当加强网络文学作品版权执法监管力度，依法查处网络文学作品侵权盗版行为，保障网络文学作品版权秩序。

十三、本通知自印发之日起实施。

新闻出版总署关于促进出版物网络发行健康发展的通知

（2010 年 12 月 7 日　新出字〔2010〕520 号）

各省、自治区、直辖市新闻出版局，新疆生产建设兵团新闻出版局，解放军总政治部宣传部新闻出版局：

为促进出版物网络发行的持续健康发展，保护消费者和经营者的合法权益，规范出版物网络发行行为，现根据《出版物市场管理规定》（新闻出版总署令第 23 号）和《音像制品批发、零售、出租管理办法》（文化部令第 40 号）等相关法律法规，就有关事项通知如下：

一、通过网络发行图书、报纸、期刊、音像制品和电子出版物（以下简称网络发行）作为出版物发行的新方式，以其交易成本低、流通效率高、销售范围广、服务方便等优势受到了社会和消费者的认可与欢迎。新闻出版行政部门鼓励、支持通过网络依法销售各种内容健康的出版物，并实施积极的扶植政策，促进网络发行的健康发展。

网络书店的设立，不受当地出版物发行网点建设规划的数量限制。

二、建立从事出版物发行的网络书店，在网络交易平台内从事出版物发行，或者以其他形式通过网络从事出版物发行，均须依照《出版物市场管理规定》和《音像制品批发、零售、出租管理办法》的规定，经新闻出版行政部门批准，取得《出版物经营许可证》和《音像制品经营许可证》。

三、从事网络发行应符合下列条件：

（一）申请通过网络从事出版物零售的单位，应符合《出版物市场管理规定》第十条的规定（其中，应有与其业务相适应的固定的经营场所），并经所在地县级人民政府新闻出版行政部门批准。

（二）申请通过网络从事出版物批发的企业，应符合《出版物市场管理规定》第八条的规定（其中，注册资本不少于200万元、经营场所的营业面积不少于50平方米），并经所在地省、自治区、直辖市新闻出版行政部门批准。

（三）申请通过网络从事出版物总发行的企业，参照《出版物市场管理规定》第六条相关条款，并经新闻出版总署批准。

（四）已经取得《出版物经营许可证》的出版物总发行企业、批发企业、连锁经营企业、零售单位和已经取得《音像制品经营许可证》的音像制品批发企业、连锁经营企业、零售单位在批准经营范围内开展网络发行，应自开展网络发行30日内到原批准的新闻出版行政部门备案，并在其《出版物经营许可证》、《音像制品经营许可证》经营范围后加注“网络发行”字样。

（五）外商投资图书、报纸、期刊分销企业开展网络发行按照《外商投资图书、报纸、期刊分销企业管理办法》第十八条规定执行。外商投资音像制品分销企业开展网络发行按照《中外合作音像制品分销企业管理办法》第九条规定执行。

四、经批准从事网络发行的企业和单位，由新闻出版行政部门颁发《出版物经营许可证》，在其《出版物经营许可证》经营范围后加注“网络发行”字样，同时报省级新闻出版行政部门备案。

申请人应自领取《出版物经营许可证》后30日内办理工商注册登记。

五、从事网络发行，应当遵循公平、合法、诚实守信的原则，不得损害国家利益和公众利益，不得损害消费者的合法权益。

通过网络发布的出版物信息应当真实准确，不得做虚假宣传。

六、不得通过网络发行下列出版物：

（一）含有《出版管理条例》第二十六条、第二十七条禁止内容的违禁出版物；

（二）各种非法出版物，包括：未经批准擅自出版、印刷或者复制的出版物，伪造、假冒出版单位或者报刊名称出版的出版物；

（三）侵犯知识产权的出版物；

（四）未经批准进口的出版物。

（五）新闻出版行政部门明令禁止出版、印刷复制、发行的出版物。

七、从事网络发行的企业和单位，应在其网站主页面或者从事经营活动的网页醒目位置公开《出版物经营许可证》、《音像制品经营许可证》和营业执照登载的有关信息或链接标识，并接受新闻出版行政部门的管理与年度核验。

八、建立出版物网络交易平台应向所在地省、自治区、直辖市新闻出版行政部门备案，接受新闻出版行政部门的指导与监督管理。

提供出版物网络交易平台服务的经营者，应当对申请通过网络交易平台从事出版物发行的经营主体身份进行审查，确保注册姓名和地址的真实性。

提供出版物网络交易平台服务的经营者，应当建立经营证照核查制度。核实经营主体的营业执照、《出版物经营许可证》、《音像制品经营许可证》，并留存证照复印件备查。不得向无证无照、证照不齐的经营者提供网络交易平台服务。

提供出版物网络交易平台服务的经营者，发现在网络交易平台内从事各类违法违禁活动的，应当采取有效措施予以制止，并及时向所在地新闻出版行政部门报告。

九、本通知发布前已经在国内正式运营且至今仍从事网络发行的，应于2011年1月31日前，按照本通知的要求到所在地新闻出版行政部门办理《出版物经营许可证》，规范经营活动。逾期未办理《出版物经营许可证》而仍从事网络发行的，新闻出版行政部门将依法取缔，并提交公安、工商、电信主管部门关闭违法网站。

对违反规定擅自设立网络书店或者擅自从事网络发行的，将依照《出版管理条例》第五十五条予以处罚。

对违反规定发行非法出版物和违禁出版物的，将依照《出版管理条例》、《出版物市场管理规定》有关条款予以处罚，情节严重的，责令限期停业整顿或者由原发证机关吊销许可证。

十、各级新闻出版行政部门要根据本通知精神，加强对辖区内网络发行的管理，引导相关企业和个人依法办理注册登记、守法经营，促进网络发行的健康发展。

新闻出版总署等三部门关于贯彻落实国务院《“三定”规定》和中央编办有关解释，进一步加强网络游戏前置审批和进口网络游戏审批管理的通知

（2009年9月28日　新出联［2009］13号）

各省、自治区、直辖市新闻出版局（版权局）及“扫黄打非”工作领导小组办公室，新疆生产建设兵团新闻出版局（版权局）及“扫黄打非”工作领导小组办公室，解放军总政治部宣传部新闻出版局（版权局）：

2008年7月11日，国务院办公厅发出《关于印发国家新闻出版总署（国家版权局）主要职责内设机构和人员编制规定的通知》（国办发〔2008〕90号，以下简称《“三定”规定》），2009年9月7日，中央编办发出《关于印发〈中央编办对文化部、广电总局、新闻出版总署《“三定”规定》中有关动漫、网络游戏和文化市场综合执法的部分条文的解释〉的通知》（中央编办发〔2009〕35号）（以下简称《“三定”解释》），对于解决长期以来在网络游戏管理中存在的自设审批、重复审查的问题，对于新闻出版总署依法履行对网络游戏的审批管理职责，对于严把网络游戏内容关、引导网络游戏开发、规范网络游戏管理具有重要意义。

为认真贯彻落实中央和国务院的决定，依据国务院《互联网信息服务管理办法》和《出版管理条例》，中宣部等六部委《关于加强文化产品进口管理的办法》（中宣发［2005］15号），文化部、国家广电总局、新闻出版总署、国家发展和改革委员会、商务部《关于文化领域引进外资的若干意见》（文办发〔2005〕19号），以及国务院《“三定”规定》和中央编办《“三定”解释》，现就进一步加强网络游戏前置审批和进口网络游戏审批管理通知如下：

一、本《通知》所称网络游戏是指所有通过互联网（包括有线互联网和移动通讯网络等）供公众在线交互使用或提供下载的互联网游戏作品。主要包括但不限于：大型角色扮演类网络游戏（MMORPG）、网页游戏（Webgame）、休闲游戏、单机游戏的网上下载、具有联网功能的游戏、联网的对战游戏平台、手机网络游戏。

进口网络游戏是指经境外著作权人授权的互联网游戏作品。

二、将网络游戏内容通过互联网向公众提供在线交互使用或下载等运营服务是网络游戏出版行为，必须严格按照国家法规履行前置审批。新闻出版总署是中央和国务院授权的唯一负责网络游戏前置审批的政府部门。

未经新闻出版总署前置审批并获得具有网络游戏经营范围的互联网出版许可证，任何机构和个人不得从事网络游戏运营服务。否则新闻出版管理部门将依法予以取缔，同时通知电信管理部门取消其相应增值电信业务经营许可证，通知工商行政管理部门依法变更登记或注销登记。

未经新闻出版总署前置审批的网络游戏，一律不得上网，电信运营企业也不得为其提供互联网接入服务。对经新闻出版总署前置审批过的网络游戏，可以上网使用，任何部门不再重复审查，文化、电信等管理部门应严格按新闻出版总署前置审批的内容管理。

未经新闻出版总署前置审批上网运营或审批后擅自改变内容的网络游戏，新闻出版总署将通知有关地方新闻出版管理部门责令其停止运营服务，并依法予以查处。

三、新闻出版总署负责进口网络游戏审批。所有在中国境内运营的进口网络游戏必须事先依法取得著作权人的授权，并办理著作权认证手续，在取得著作权行政管理部门出具的《著作权合同登记批复》后，由运营单位向所在地省级新闻出版局申报，经省级新闻出版局审核同意后报新闻出版总署审批。

对未经新闻出版总署审批，擅自在中国境内提供进口网络游戏运营服务，或为境外网络游戏在中国境内提供运营推广服务的，新闻出版总署将通知有关地方新闻出版管理部门依法予以取缔，停止其运营，并通知电信管理部门取消其互联网接入服务，关闭相关网站。

从事未经境外著作权人合法授权的进口网络游戏运营，属于侵权盗版行为，国家版权局将会同电信、工商等管理部门依据《中华人民共和国著作权法》，以及国务院《信息网络传播权保护条例》等法律法规，立案查处。涉嫌犯罪的将移交公安机关依法追究刑事责任。

四、禁止外商以独资、合资、合作等方式在中国境内投资从事网络游戏运营服务。外商不得通过设立其他合资公司、签订相关协议或提供技术支持等间接方式实际控制和参与境内企业的网络游戏运营业务。也不得通过将用户注册、账号管理、点卡消费等直接导入由外商实际控制或具有所有权的游戏联网、对战平台等方式，变相控制和参与网络游戏运营业务。违反规定的，新闻出版总署将会同国家有关部门依法查处，情节严重者将吊销相关许可证、注销相关登记。

五、经新闻出版总署前置审批或进口审批过的网络游戏，变更运营单位的，须重新办理前置审批或进口审批手续，自运营单位变更之日起至重新获得批准期间，网络游戏应停止一切运营服务。违者，按非法网络出版处理。

六、经新闻出版总署前置审批或进口审批过的网络游戏，增加新版本、新资料片或更新内容，必须重新履行前置审批或进口审批手续。对未经新闻出版总署前置审批或进口审批，擅自运营新版本、新资料片或更新内容的，新闻出版总署将取消原前置审批或进口审批文件，通知有关地方新闻出版管理部门依法责令其停止运营服务，按非法网络出版予以查处。对擅自增加新版本、新资料片或更新内容，且增加或更新内容存在违法违规问题的，将从重处理，通知电信管理部门取消相关接入服务，关闭网站。

各地方新闻出版、版权、“扫黄打非”工作部门，接到本通知后，应立即将本通知转发本地各有关管理部门、企业，并在10月份，集中力量联合组织一次对网络游戏审批和运营服务的全面清理工作，对违法违规问题，要依法严肃查处。

国家广播电影电视总局、中国证券监督管理委员会关于加强互联网证券期货讯息、广告宣传等专业性视听节目服务管理的通知

（2009 年 9 月 6 日　广电总局广发〔2009〕68 号）

2009 年 8 月 31 日，国家广播电影电视总局、中国证券监督管理委员会向各省、自治区、直辖市广播影视局、证监局，新疆生产建设兵团广播电视局，总局机关各司局、直属各单位发出《关于加强互联网证券期货讯息、广告宣传等专业性视听节目服务管理的通知》，通知说，为深入贯彻落实《互联网视听节目服务管理规定》（国家广电总局、信息产业部令第 56 号），进一步加强互联网视听节目服务管理，规范网站证券期货视听讯息传播行为，现就互联网证券期货讯息、广告宣传等专业性视听节目服务管理的有关问题通知如下：

一、互联网站播放证券期货讯息类视听节目，节目内容应符合互联网视听节目管理规定，以及《证券法》和证券期货讯息传播相关管理规定。网站所播放的证券期货讯息类视听节目及涉及国家宏观经济形势、政策和证券期货市场改革监管措施的访谈、评论类视听节目，应由广播电台、电视台或具有证券、期货投资咨询相关资格的机构制作和提供。在节目中分析、预测证券期货市场，证券期货及衍生品种的行情走势，提供投资建议的机构和人员必须具备证券期货投资咨询相关资格。网站应对提供证券期货讯息类视听节目的机构和节目中分析、预测证券期货市场，证券期货及衍生品种的行情走势，提供投资建议的机构及人员是否具备证券期货投资咨询相关资格进行审查，并在节目显著位置公示（公告）机构全称、业务资格证书号码，以及参与节目人员姓名、所属机构全称和资格证书号码。互联网站不得播出带有（证券服务及产品类）广告营销和客户招揽信息的证券期货讯息类视听节目，不得为无证券期货相关资格的机构和人员从事非法证券期货活动提供便利。

二、互联网站利用搜索引擎技术，编辑、集成其他网站上的视音频节目信息并向公众提供互联网视听节目聚合服务的，应按照《互联网视听节目服务管理规定》取得《信息网络传播视听节目许可证》。互联网视听节目聚合服务网站所聚合的节目信息，限于持有《信息网络传播视听节目许可证》网站上的实时节目信息。

三、互联网站登载、播放产品介绍、服务推介、企业形象宣传等视听节目（如视频看房、汽车实拍、菜肴烹调、游戏视频、景区展示等），按国家关于广告管理的相关法规、规范实施管理。网站在登载、播放广告类视听节目的同时，还播放行业讯息、咨询及其他各类视听节目的，或为其他网站或个人提供视听节目上传服务的，须按《互联网视听节目服务管理规定》办理《信息网络传播视听节目许可证》（AVSP）。

新闻出版总署关于加强对进口网络游戏审批管理的通知

（2009 年 7 月 1 日　新出厅字〔2009〕266 号）

各省、自治区、直辖市新闻出版局，新疆生产建设兵团新闻出版局，解放军总政治部宣传部新闻出版局，各游戏出版运营企业：

在党中央和国务院的正确领导下，网络游戏出版服务业经过多年的规范引导，取得了快速发展，总体情况是好的。但是，近一个时期

也存在着一些不容忽视的问题：一些非法企业通过互联网人肆传播色情暴力等不良游戏作品；有的企业未经审批擅自出版运营进口网络游戏；有的境外机构打着技术输入的幌子，在相关展览、会议中大量推广、演示未经审批的境外游戏作品，造成不良社会影响；有的部门未经国务院授权，自设网络游戏前置审批和进口网络游戏审查，造成重复审批，干扰了正常的管理程序。为了进一步规范网络游戏出版服务的前置审批和对境外著作权人授权的网络游戏作品的审批和监督管理工作，规范与进口网络游戏相关的会展交易活动，现通知如下：

一、根据《国务院办公厅关于印发国家新闻出版总署（国家版权局）主要职责内设机构和人员编制规定的通知》（国办发〔2008〕90号）（以下简称“三定方案”）的规定，新闻出版总署负责“对游戏出版物的网上出版发行进行前置审批”。任何企业在中国境内从事网络游戏出版运营服务，必须经新闻出版总署进行前置审批，取得具有网络游戏出版服务范围的互联网出版服务许可证。未经审批许可，擅自从事网络游戏出版运营服务的，一经发现，立即依法取缔。

二、根据国务院“三定方案”规定，新闻出版总署“负责对出版境外著作权人授权的互联网游戏作品进行审批”。任何境外著作权人授权的进口网络游戏作品，未经新闻出版总署审查批准，一律不得在境内提供出版运营服务。违者将依法予以取缔，停止运营。

三、新闻出版总署是惟一经国务院授权负责境外著作权人授权的进口网络游戏的审批部门，如发现有其他部门越权进行前置审查审批，违法行政，有关企业可依法向国务院监督部门举报或提起行政诉讼。

四、在境内举办各种游戏的会展交易节庆活动中，凡涉及境外游戏作品的展示、演示、交易、推广等内容的，必须按进口网络游戏审批规定，事先报新闻出版总署审查批准。违者将依法予以取缔，并追究主办、承办单位和相关企业的责任。

五、有关报纸、杂志及网络媒体，不得为上述违规行为和活动进行报道和宣传，同时要发挥舆论监督作用。

六、各地新闻出版行政部门要加强管理和监督，应根据本《通知》要求，对本地区相关企业和活动进行一次集中清理。对违反国家相关法律法规的行为，要坚决查处纠正，确保网络游戏出版服务业健康有序发展。

国家广播电影电视总局关于加强互联网视听节目内容管理的通知

（2009年3月31日）

各省、自治区、直辖市广播影视局，新疆生产建设兵团广播电视局：

为加强网络文化建设和管理，传播社会主义先进文化，抵制互联网视听节目领域的低俗之风，扎实推进互联网视听节目建设，现就加强互联网（含移动互联网，以下简称互联网）视听节目内容管理问题通知如下：

一、根据《互联网视听节目服务管理规定》第十六条规定，互联网视听节目不得含有以下内容：

（一）反对宪法确定的基本原则的；

（二）危害国家统一、主权和领土完整的；

（三）泄露国家秘密、危害国家安全或者损害国家荣誉和利益的；

（四）煽动民族仇恨、民族歧视，破坏民族团结，或者侵害民族风俗、习惯的；

（五）宣扬邪教、迷信的；

（六）扰乱社会秩序，破坏社会稳定的；

（七）诱导未成年人违法犯罪和渲染暴力、色情、赌博、恐怖活动的；

（八）侮辱或者诽谤他人，侵害公民个人隐私等他人合法权益的；

（九）危害社会公德，损害民族优秀文化传统的；

（十）有关法律、行政法规和国家规定禁止的其他内容。

二、各互联网视听节目服务单位对有下列情节的视听节目要及时进行剪节、删除：

（一）恶意曲解中华文明、中国历史和历史史实的；恶意曲解他国历史，不尊重人类文明、他国文明和风俗习惯的；

（二）蓄意贬损、恶搞革命领袖、英雄人物、重要历史人物、中外名著及名著中重要人物形象的；

（三）恶意贬损人民军队、武装警察、公安和司法形象的；有虐待俘虏、刑讯逼供罪犯或犯罪嫌疑人等情节的；

（四）表现违法犯罪嚣张气焰，具体展示犯罪行为细节，暴露特殊侦查手段，暴露应当受到保护的举报人、证人等形象、声音的；

（五）鼓吹宗教极端主义，挑起各宗教、教派之间，信教与不信教群众之间的矛盾和冲突，伤害群众感情的；

（六）宣扬看相、算命、看风水、占卜、驱鬼治病等封建迷信活动的；

（七）以恶搞方式描绘重大自然灾害、意外事故、恐怖事件、战争等灾难场面的；

（八）具体展现淫乱、强奸、乱伦、恋尸、卖淫、嫖娼、性变态、自慰等情节的；

（九）表现或隐晦表现性行为、性过程、性方式及与此关联的过多肉体接触等细节的；

（十）故意展现、仅用肢体掩盖或用很小的遮盖物掩盖人体隐私部位的；

（十一）带有性暗示、性挑逗等易使人产生性联想的；

（十二）宣扬婚外恋、多角恋、一夜情、性虐待和换妻等不健康内容的；

（十三）以成人电影、情色电影、三级片、偷拍、走光、露点及各种挑逗性文字或图片作为视频节目标题或分类的；

（十四）有强烈刺激性的凶杀、血腥、暴力、自杀、绑架、吸毒、赌博、灵异等情节的；

（十五）有过度惊吓恐怖的画面、字幕、背景音乐及声音效果的；

（十六）具体展示虐杀动物，捕杀、食用国家保护类动物的；

（十七）带有侵犯个人隐私内容的；

（十八）以肯定、赞许的基调或引人模仿的方式表现打架斗殴、羞辱他人、污言秽语的；

（十九）宣扬消极、颓废的人生观、世界观和价值观，刻意渲染、夸大民族愚昧落后或社会阴暗面的；

（二十）国家广播电影电视总局禁止传播的影视节目以及电影、电视剧的删减片段；

（二十一）违反相关法律、法规精神的。

三、互联网视听节目服务单位要完善节目内容管理制度和应急处理机制，聘请高素质业务人员审核把关，对网络音乐视频 MV、综艺、影视短剧、动漫等类别的节目以及“自拍”、“热舞”、“美女”、“搞笑”、“原创”、“拍客”等题材要重点把关，确保所播节目内容不违反本通知第一、二条规定。同时，对网民的投诉和有关事宜要及时处置。

四、互联网视听节目服务单位传播的影视剧，必须符合广播电影电视管理的有关规定，依法取得广播影视行政部门颁发的《电影片公映许可证》、《电视剧发行许可证》或《电视动画片发行许可证》；传播的理论文献影视片须依法取得广播影视行政部门颁发的《理论文献影视片播映许可证》。未取得《电影片公映许可证》的境内外电影片、未取得《电视剧发行许可证》的境内外电视剧、未取得《电视动画片发行许可证》的境内外动画片以及未取得《理论文献影视片播映许可证》的理论文献影视片，一律不得在互联网上传播。

五、从事互联网视听节目服务的单位要完善节目版权保护制度，严格遵守著作权法律、行政法规的规定，所播节目应具有相应版权。要采取版权保护措施，保护著作权人的合法权益。

各地广电管理部门要依法行政，恪尽职守，切实加强互联网视听节目内容管理，督促视听节目网站认真执行、自觉遵守上述规定，积极努力营造和谐、绿色的网络视听节目环境。

新闻出版总署等四部门关于规范利用互联网从事印刷经营活动的通知

（2007年8月1日 新出联［2007］8号）

各省（自治区、直辖市）新闻出版局、公安厅（局）、工商行政管理局、通信管理局：

近年来，我国数字印刷行业快速发展。其中，“印客”类网站利用互联网向社会快捷地提供异地、远程、个性化印刷产品，受到社会的认可和欢迎。国家鼓励“印客”类网站依法开发、提供各种内容健康向上、形式丰富多彩的印刷产品。《新闻出版业“十一五”发展规划》明确提出了“鼓励采用快速、按需、高效、个性化的数字印刷”。为促进数字印刷业健康发展，规范“印客”类网站的印刷经营活动，根据《印刷业管理条例》等相关法律法规，现就有关事项通知如下：

一、“印客”类网站直接提供经营性排版、制版、印刷和装订服务的，属于印刷经营活动，依照《印刷业管理条例》的规定，纳入印刷业监督管理范畴，应事先取得《印刷经营许可证》。

“印客”类网站提供印刷经营活动中介服务的，须向接受其委托承印的印刷企业提供合法的委托手续，承印的印刷企业要严格审核。

二、从事印刷经营活动的“印客”类网站须遵守《印刷业管理条例》等国家印刷管理规定。要认真执行《印刷品承印管理规定》（新闻出版总署、公安部令第19号），建立、健全承印验证制度、承印登记制度、印刷品保管制度、印刷品交付制度、印刷活动残次品销毁制度等管理制度。

从事图书、期刊和报纸等出版物印刷经营活动的，须验证并留存出版单位盖章的印刷委托书和报纸出版许可证，不得接受非出版单位和个人的委托印刷图书、期刊和报纸，包括伪造、假冒出版单位、书号、刊号和内部资料性出版物准印证号，以及没有出版单位、书号、刊号和内部资料性出版物准印证号的个人小说、诗集、文集、“博客”书等。禁止印刷非法出版物。

三、从事印刷经营活动的“印客”类网站须在经营场所和网站首页显著位置公示《印刷经营许可证》和营业执照。

四、从事印刷经营活动的“印客”类网站应自觉保护知识产权，维护著作权人的合法权益，不得提供侵犯他人知识产权的各类印刷品。

五、“印客”类网站将个人小说、文集等数字化作品登载在网站上，提供在线浏览、阅读或下载服务的，属于互联网出版活动，须按有关规定，取得互联网出版许可。

六、本通知发布前已经在国内正式运营且至今仍在从事印刷经营活动的“印客”类网站，应于2007年9月30日以前，按照本通知的要求到所在地省、自治区、直辖市新闻出版局办理《印刷经营许可证》，规范经营活动。逾期未办理《印刷经营许可证》、从事违法印刷经营活动的，将依照《出版管理条例》和《印刷业管理条例》等法律法规及《关于印发〈互联网站管理协调工作方案〉的通知》（信部联电〔2006〕121号）等文件的规定，由新闻出版、公安、工商、电信主管部门依据法定职权予以取缔，并依法进行行政处罚。

七、各级新闻出版、公安、工商、电信主管部门应密切配合，根据本通知要求加强对本辖区内“印客”类网站的监督检查工作，督促、引导其依法办理相关手续、合法经营。

新闻出版总署等八部门关于保护未成年人身心健康实施网络游戏防沉迷系统的通知

（2007 年 3 月 12 日　新出联〔2007〕5 号）

为贯彻落实《中共中央国务院关于进一步加强和改进未成年人思想道德建设的若干意见》，净化网络环境，推广文明上网，保护未成年人身心健康，有效解决未成年人沉迷网络游戏的社会问题，2005 年 6 月，新闻出版总署组织有关部门、行业组织、专家、教育工作者、家长等共同研究，并广泛征求意见，制定出《网络游戏防沉迷系统开发标准》，该系统针对未成年人沉迷网络游戏的诱因，利用技术手段对未成年人在线游戏时间予以限制，作为实施“文明办网、文明上网”的实际举措之一。2005 年 8 月，向全国七家主要的网络游戏运营企业发出《关于开发网络游戏〈防沉迷系统〉的通知》，通知发出后，各参与企业高度重视，向社会庄严承诺“保护未成年人健康、创建绿色网游环境”，并签署了《网络游戏防沉迷系统开发使用责任书》，启动了相关工作。这些举措得到社会各界的充分肯定。

2006 年 3 月系统的开发工作基本完成，开始进行试运行。经过半年多的试运行，多项指标均已达到标准要求。为更有效地在未成年人中实行网络游戏防沉迷系统，新闻出版总署又组织有关方面制定配套的《网络游戏防沉迷系统实名认证方案》。

为了尽快在全国范围内开展此项工作，根据中央领导同志的重要指示和中央精神文明建设指导委员会的部署，新闻出版总署、中央文明办、教育部、团中央、信息产业部、公安部、全国妇联、中国关心下一代工作委员会研究决定，在全国网络游戏中推行网络游戏防沉迷系统。现将有关要求通知如下：

一、本通知所称网络游戏是指利用互联网进行在线运营的各类互联网游戏出版物，包括自主开发和从境外引进的。

二、各网络游戏运营企业必须严格按照《网络游戏防沉迷系统开发标准》（附件 1）在所有网络游戏中开发设置网络游戏防沉迷系统，并严格按照配套的《网络游戏防沉迷系统实名认证方案》（见附件 2）加以实施。

三、网络游戏防沉迷系统及配套的《网络游戏防沉迷系统实名认证方案》定于 2007 年 4 月 15 日起实施，2007 年 4 月 15 日至 2007 年 6 月 15 日为系统开发时间，2007 年 6 月 15 日至 7 月 15 日为系统测试时间。2007 年 7 月 16 日起正式投入使用。本通知发布之日前已经公开测试运营的网络游戏按上述时间执行；2007 年 7 月 16 日后公开测试运营的网络游戏，必须按照《网络游戏防沉迷系统开发标准》和《网络游戏防沉迷系统实名认证方案》先行开发完成，并同步实施，否则不予审批或备案，也不准公开测试运营。

四、所有网络游戏运营企业必须严格按照《网络游戏防沉迷系统开发标准》和《网络游戏防沉迷系统实名认证方案》进行开发部署，不得随意更改实施方式，扩大或缩小系统功能权限等，违者，将按照有关法律法规予以查处，并停止其网络游戏出版运营和相关互联网接入服务，直至取消其相关许可。

五、各地新闻出版行政部门要加强对网络游戏出版运营企业的监督管理，督促各企业严格按照本通知要求做好开发推广工作，并对实施情况进行监督；教育、共青团、妇联等部门要采取各种方式，引导未成年人合理安排学习、生活、娱乐，养成文明健康的上网习惯，切实推进“健康上网，拒绝沉迷——帮助未成年人戒除网瘾行动”，并做好有关宣传咨询、心理引导和效果评估等工作；通信管理部门要按照《互联网站管理协调工作方案》（信部联电〔2006〕121 号）协助有关部门依法做好相关网站管理工作；公安部门要配合有关部门做好网络游戏实名身份信息验证工作，保障网络游戏防沉迷系统针对未成年人发挥应有的作用。

附件 1　网络游戏防沉迷系统开发标准（略）

附件 2　网络游戏防沉迷系统实名认证方案（略）

·公安部

互联网危险物品信息发布管理规定

（2015 年 2 月 5 日 公通字〔2015〕5 号）

第一条 为进一步加强对互联网危险物品信息的管理，规范危险物品从业单位信息发布行为，依法查处、打击涉及危险物品的违法犯罪活动，净化网络环境，保障公共安全，根据《全国人大常委会关于加强网络信息保护的决定》、《全国人大常委会关于维护互联网安全的决定》、《广告法》、《枪支管理法》、《放射性污染防治法》和《民用爆炸物品安全管理条例》、《烟花爆竹安全管理条例》、《危险化学品安全管理条例》、《放射性同位素与射线装置安全和防护条例》、《核材料管制条例》、《互联网信息服务管理办法》等法律、法规和规章，制定本规定。

第二条 本规定所称危险物品，是指枪支弹药、爆炸物品、剧毒化学品、易制爆危险化学品和其他危险化学品、放射性物品、核材料、管制器具等能够危及人身安全和财产安全的物品。

第三条 本规定所称危险物品从业单位，是指依法取得危险物品生产、经营、使用资质的单位以及从事危险物品相关工作的教学、科研、社会团体、中介机构等单位。具体包括：

（一）经公安机关核发《民用枪支（弹药）制造许可证》、《民用枪支（弹药）配售许可证》的民用枪支、弹药制造、配售企业；

（二）经民用爆炸物品行业主管部门核发《民用爆炸物品生产许可证》、《民用爆炸物品销售许可证》的民用爆炸物品生产、销售企业，经公安机关核发《爆破作业单位许可证》的爆破作业单位；

（三）经安全生产监督管理部门核发《烟花爆竹安全生产许可证》、《烟花爆竹经营（批发）许可证》、《烟花爆竹经营（零售）许可证》的烟花爆竹生产、经营单位；

（四）经安全生产监督管理部门核发《危险化学品安全生产许可证》、《危险化学品经营许可证》、《危险化学品安全使用许可证》的危险化学品生产、经营、使用单位；

（五）经环境保护主管部门核发《辐射安全许可证》的生产、销售、使用放射性同位素和射线装置单位；

（六）经国务院核材料管理部门核发《核材料许可证》的核材料持有、使用、生产、储存、运输和处置单位；

（七）经公安机关批准的弩制造企业、营业性射击场，经公安机关登记备案的管制刀具制造、销售单位；

（八）从事危险物品教学、科研、服务的高等院校、科研院所、社会团体、中介机构和技术服务企业；

（九）法律、法规规定的其他危险物品从业单位。

第四条 本规定所称危险物品信息，是指在互联网上发布的危险物品生产、经营、储存、使用信息，包括危险物品种类、性能、用途和危险物品专业服务等相关信息。

第五条 危险物品从业单位从事互联网信息服务的，应当按照《互联网信息服务管理办法》规定，向电信主管部门申请办理互联网信息服务增值电信业务经营许可或者办理非经营性互联网信息服务备案手续，并按照《计算机信息网络国际联网安全保护管理办法》规定，持从事危险物品活动的合法资质材料到所在地县级以上人民政府公安机关接受网站安全检查。

第六条 危险物品从业单位依法取得互联网信息服务增值电信业务经营许可或者办理非经营性互联网信息服务备案手续后，可以在本单位网站发布危险物品信息。

禁止个人在互联网上发布危险物品信息。

第七条 接入服务提供者应当与危险物品从业单位签订协议或者确认提供服务，不得为未取得增值电信业务许可或者未办理非经营性互联网信息服务备案手续的危险物品从业单位提供接入服务。

接入服务提供者不得为危险物品从业单位以外的任何单位或者个人提供危险物品信息发布网站接入服务。

第八条 危险物品从业单位应当在本单位网站主页显著位置标明可供查询的互联网信息服务经营许可证编号或者备案编号、从事危险物品活动的合法资质和营业执照等材料。

第九条 危险物品从业单位应当在本单位网站网页显著位置标明单位、个人购买相关危险物品应当具备的资质、资格条件：

（一）购买民用枪支、弹药应当持有省级或者设区的市级人民政府公安机关核发的《民用枪支（弹药）配购证》。

（二）购买民用爆炸物品应当持有国务院民用爆炸物品行业主管部门核发的《民用爆炸物品生产许可证》，或者省级人民政府民用爆炸物品行业主管部门核发的《民用爆炸物品销售许可证》，或者所在地县级人民政府公安机关核发的《民用爆炸物品购买许可证》。

（三）购买烟花爆竹的，批发企业应当持有安全生产监督管理部门核发的《烟花爆竹经营（批发）许可证》；零售单位应当持有安全生产监督管理部门核发的《烟花爆竹经营（零售）许可证》；举办焰火晚会以及其他大型焰火燃放活动的应当持有公安机关核发的《焰火燃放许可证》；个人消费者应当向持有安全生产监督管理部门核发的《烟花爆竹经营（零售）许可证》的零售单位购买。批发企业向烟花爆竹生产企业采购烟花爆竹；零售经营者向烟花爆竹批发企业采购烟花爆竹。严禁零售单位和个人购买专业燃放类烟花爆竹。

（四）购买剧毒化学品应当持有安全生产监督管理部门核发的《危险化学品安全生产许可证》，或者设区的市级人民政府安全生产监督管理部门核发的《危险化学品经营许可证》或者《危险化学品安全使用许可证》，或者县级人民政府公安机关核发的《剧毒化学品购买许可证》。

购买易制爆危险化学品应当持有安全生产监督管理部门核发的《危险化学品安全生产许可证》，或者工业和信息化部核发的《民用爆炸物品生产许可证》，或者设区的市级人民政府安全生产监督管理部门核发的《危险化学品经营许可证》或者《危险化学品安全使用许可证》，或者本单位出具的合法用途证明。

（五）购买放射性同位素的单位应当持有环境保护主管部门核发的《辐射安全许可证》。

（六）购买核材料的单位应当持有国务院核材料管理部门核发的《核材料许可证》。

（七）购买弩应当持有省级人民政府公安机关批准使用的许可文件。

（八）购买匕首、三棱刮刀应当持有所在单位的批准文件或者证明，且匕首仅限于军人、警察、专业狩猎人员和地质、勘探等野外作业人员购买，三棱刮刀仅限于机械加工单位购买。

（九）法律、法规和相关管理部门的其他规定。

第十条 禁止危险物品从业单位在本单位网站以外的互联网应用服务中发布危险物品信息及建立相关链接。

危险物品从业单位发布的危险物品信息不得包含诱导非法购销危险物品行为的内容。

第十一条 禁止任何单位和个人在互联网上发布危险物品制造方法的信息。

第十二条 网络服务提供者应当加强对接入网站及用户发布信息的管理，定期对发布信息进行巡查，对法律、法规和本规定禁止发布或者传输的危险物品信息，应当立即停止传输，采取消除等处置措施，保存有关记录，并向公安机关等主管部门报告。

第十三条 各级公安、网信、工业和信息化、电信主管、环境保护、工商行政管理、安全监管等部门在各自的职责范围内依法履行职责，完善危险物品从业单位许可、登记备案、信息情况通报和信息发布机制，加强协作配合，共同防范危险物品信息发布的违法犯罪行为。

第十四条 违反规定制作、复制、发布、传播含有危险物品内容的信息，或者故意为制作、复制、发布、传播违法违规危险物品信息提供服务的，依法给予停止联网、停机整顿、吊销许可证或者取消备案、暂时关闭网站直至关闭网站等处罚；构成违反治安管理行为的，依法给予治安管理处罚；构成犯罪的，依法追究刑事责任。

第十五条 任何组织和个人对在互联网上违法违规发布危险物品信息和利用互联网从事走私、贩卖危险物品的违法犯罪行为，有权向有关主管部门举报。接到举报的部门应当依法及时处理，并对举报有功人员予以奖励。

第十六条 本规定自2015年3月1日起执行。

最高人民法院、最高人民检察院、公安部关于办理网络犯罪案件适用刑事诉讼程序若干问题的意见

（2014年5月4日 公通字〔2014〕10号）

各省、自治区、直辖市高级人民法院，人民检察院，公安厅、局，新疆维吾尔自治区高级人民法院生产建设兵团分院，新疆生产建设兵团人民检察院、公安局：

为解决近年来公安机关、人民检察院、人民法院在办理网络犯罪案件中遇到的新情况、新问题，依法惩治网络犯罪活动，根据《中华人民共和国刑法》、《中华人民共和国刑事诉讼法》及有关司法解释的规定，结合侦查、起诉、审判实践，现就办理网络犯罪案件适用刑事诉讼程序问题提出以下意见：

一、关于网络犯罪案件的范围

1. 本意见所称网络犯罪案件包括：

（1）危害计算机信息系统安全犯罪案件；

（2）通过危害计算机信息系统安全实施的盗窃、诈骗、敲诈勒索等犯罪案件；

（3）在网络上发布信息或者设立主要用于实施犯罪活动的网站、通讯群组，针对或者组织、教唆、帮助不特定多数人实施的犯罪案件；

（4）主要犯罪行为在网络上实施的其他案件。

二、关于网络犯罪案件的管辖

2. 网络犯罪案件由犯罪地公安机关立案侦查。必要时，可以由犯罪嫌疑人居住地公安机关立案侦查。

网络犯罪案件的犯罪地包括用于实施犯罪行为的网站服务器所在地，网络接入地，网站建立者、管理者所在地，被侵害的计算机信息系统或其管理者所在地，犯罪嫌疑人、被害人使用的计算机信息系统所在地，被害人被侵害时所在地，以及被害人财产遭受损失地等。

涉及多个环节的网络犯罪案件，犯罪嫌疑人为网络犯罪提供帮助的，其犯罪地或者居住地公安机关可以立案侦查。

3. 有多个犯罪地的网络犯罪案件，由最初受理的公安机关或者主要犯罪地公安机关立案侦查。有争议的，按照有利于查清犯罪事实、有利于诉讼的原则，由共同上级公安机关指定有关公安机关立案侦查。需要提请批准逮捕、移送审查起诉、提起公诉的，由该公安机关所在地的人民检察院、人民法院受理。

4. 具有下列情形之一的，有关公安机关可以在其职责范围内并案侦查，需要提请批准逮捕、移送审查起诉、提起公诉的，由该公安机关所在地的人民检察院、人民法院受理：

（1）一人犯数罪的；

（2）共同犯罪的；

（3）共同犯罪的犯罪嫌疑人、被告人还实施其他犯罪的；

（4）多个犯罪嫌疑人、被告人实施的犯罪存在关联，并案处理有利于查明案件事实的。

5. 对因网络交易、技术支持、资金支付结算等关系形成多层级链条、跨区域的网络犯罪案件，共同上级公安机关可以按照有利于查清

犯罪事实、有利于诉讼的原则，指定有关公安机关一并立案侦查，需要提请批准逮捕、移送审查起诉、提起公诉的，由该公安机关所在地的人民检察院、人民法院受理。

6. 具有特殊情况，由异地公安机关立案侦查更有利于查清犯罪事实、保证案件公正处理的跨省（自治区、直辖市）重大网络犯罪案件，可以由公安部商最高人民检察院和最高人民法院指定管辖。

7. 人民检察院对于公安机关移送审查起诉的网络犯罪案件，发现犯罪嫌疑人还有犯罪被其他公安机关立案侦查的，应当通知移送审查起诉的公安机关。

人民法院受理案件后，发现被告人还有犯罪被其他公安机关立案侦查的，可以建议人民检察院补充侦查。人民检察院经审查，认为需要补充侦查的，应当通知移送审查起诉的公安机关。

经人民检察院通知，有关公安机关根据案件具体情况，可以对犯罪嫌疑人所犯其他犯罪并案侦查。

8. 为保证及时结案，避免超期羁押，人民检察院对于公安机关提请批准逮捕、移送审查起诉的网络犯罪案件，第一审人民法院对于已经受理的网络犯罪案件，经审查发现没有管辖权的，可以依法报请共同上级人民检察院、人民法院指定管辖。

9. 部分犯罪嫌疑人在逃，但不影响对已到案共同犯罪嫌疑人、被告人的犯罪事实认定的网络犯罪案件，可以依法先行追究已到案共同犯罪嫌疑人、被告人的刑事责任。在逃的共同犯罪嫌疑人、被告人归案后，可以由原公安机关、人民检察院、人民法院管辖其所涉及的案件。

三、关于网络犯罪案件的初查

10. 对接受的案件或者发现的犯罪线索，在审查中发现案件事实或者线索不明，需要经过调查才能够确认是否达到犯罪追诉标准的，经办案部门负责人批准，可以进行初查。

初查过程中，可以采取询问、查询、勘验、检查、鉴定、调取证据材料等不限制初查对象人身、财产权利的措施，但不得对初查对象采取强制措施和查封、扣押、冻结财产。

四、关于网络犯罪案件的跨地域取证

11. 公安机关跨地域调查取证的，可以将办案协作函和相关法律文书及凭证电传或者通过公安机关信息化系统传输至协作地公安机关。协作地公安机关经审查确认，在传来的法律文书上加盖本地公安机关印章后，可以代为调查取证。

12. 询（讯）问异地证人、被害人以及与案件有关联的犯罪嫌疑人的，可以由办案地公安机关通过远程网络视频等方式进行询（讯）问并制作笔录。

远程询（讯）问的，应当由协作地公安机关事先核实被询（讯）问人的身份。办案地公安机关应当将询（讯）问笔录传输至协作地公安机关。询（讯）问笔录经被询（讯）问人确认并逐页签名、捺指印后，由协作地公安机关协作人员签名或者盖章，并将原件提供给办案地公安机关。询（讯）问人员收到笔录后，应当在首页右上方写明“于某年某月某日收到”，并签名或者盖章。

远程询（讯）问的，应当对询（讯）问过程进行录音录像，并随案移送。

异地证人、被害人以及与案件有关联的犯罪嫌疑人亲笔书写证词、供词的，参照本条第二款规定执行。

五、关于电子数据的取证与审查

13. 收集、提取电子数据，应当由二名以上具备相关专业知识的侦查人员进行。取证设备和过程应当符合相关技术标准，并保证所收集、提取的电子数据的完整性、客观性。

14. 收集、提取电子数据，能够获取原始存储介质的，应当封存原始存储介质，并制作笔录，记录原始存储介质的封存状态，由侦查人员、原始存储介质持有人签名或者盖章；持有人无法签名或者拒绝签名的，应当在笔录中注明，由见证人签名或者盖章。有条件的，侦查人员应当对相关活动进行录像。

15. 具有下列情形之一，无法获取原始存储介质的，可以提取电子数据，但应当在笔录中注明不能获取原始存储介质的原因、原始存储介质的存放地点等情况，并由侦查人员、电子数据持有人、提供人签名或者盖章；持有人、提供人无法签名或者拒绝签名的，应当在笔录中注明，由见证人签名或者盖章；有条件的，侦查人员应当对相关活动进行录像：

（1）原始存储介质不便封存的；

（2）提取计算机内存存储的数据、网络传输的数据等不是存储在存储介质上的电子数据的；

（3）原始存储介质位于境外的；

（4）其他无法获取原始存储介质的情形。

16. 收集、提取电子数据应当制作笔录，记录案由、对象、内容，收集、提取电子数据的时间、地点、方法、过程，电子数据的清单、规格、类别、文件格式、完整性校验值等，并由收集、提取电子数据的侦查人员签名或者盖章。远程提取电子数据的，应当说明原因，有条件的，应当对相关活动进行录像。通过数据恢复、破解等方式获取被删除、隐藏或者加密的电子数据的，应当对恢复、破解过程和方法作出说明。

17. 收集、提取的原始存储介质或者电子数据，应当以封存状态随案移送，并制作电子数据的复制件一并移送。

对文档、图片、网页等可以直接展示的电子数据，可以不随案移送电子数据打印件，但应当附有展示方法说明和展示工具；人民法院、人民检察院因设备等条件限制无法直接展示电子数据的，公安机关应当随案移送打印件。

对侵入、非法控制计算机信息系统的程序、工具以及计算机病毒等无法直接展示的电子数据，应当附有电子数据属性、功能等情况的说明。

对数据统计数量、数据同一性等问题，公安机关应当出具说明。

18. 对电子数据涉及的专门性问题难以确定的，由司法鉴定机构出具鉴定意见，或者由公安部指定的机构出具检验报告。

六、关于网络犯罪案件的其他问题

19. 采取技术侦查措施收集的材料作为证据使用的，应当随案移送批准采取技术侦查措施的法律文书和所收集的证据材料。使用有关证据材料可能危及有关人员的人身安全，或者可能产生其他严重后果的，应当采取不暴露有关人员身份、技术方法等保护措施，必要时，可以由审判人员在庭外进行核实。

20. 对针对或者组织、教唆、帮助不特定多数人实施的网络犯罪案件，确因客观条件限制无法逐一收集相关言词证据的，可以根据记录被害人数、被侵害的计算机信息系统数量、涉案资金数额等犯罪事实的电子数据、书证等证据材料，在慎重审查被告人及其辩护人所提辩解、辩护意见的基础上，综合全案证据材料，对相关犯罪事实作出认定。

公安机关互联网安全监督检查规定（征求意见稿）[①]

（2018年4月4日）

第一章 总 则

第一条 为加强和规范公安机关互联网安全监督检查工作，防范网络违法犯罪，维护网络安全，保护公民、法人和其他组织合法权益，根据《中华人民共和国人民警察法》、《中华人民共和国网络安全法》等有关法律、行政法规，制订本规定。

第二条 本规定适用于公安机关依法对互联网服务提供者和联网使用单位履行法律、行政法规和部门规章规定的网络安全责任义务情况进行的安全监督检查。

互联网上网服务营业场所的监督检查，按照《互联网上网服务营业场所管理条例》有关规定实施。

第三条 互联网安全监督检查，由地市级

① 来源于中华人民共和国公安部，网址：www.mps.gov.cn/n2254536/n4904355/c6090144/content.html，最后访问日期：2018年7月27日。

以上人民政府公安机关网络安全保卫部门组织实施。

第四条 上级公安机关应当对下级公安机关开展互联网安全监督检查的情况进行指导和监督。

第五条 公安机关开展互联网安全监督检查，应当遵守国家有关法律、行政法规和规章规定，保障公民、法人和其他组织的合法权益。

第六条 公安机关及其工作人员对依法履行互联网安全监督检查职责中知悉的个人信息和商业秘密，应当严格保密，不得泄露、出售或者非法向他人提供。

第七条 公安机关对互联网安全监督检查中发现的可能危害国家安全、公共安全、社会秩序的互联网安全风险，应当及时通报有关互联网管理部门。

第二章 检查内容和形式

第八条 互联网安全监督检查由互联网服务提供者网络服务运营机构和联网使用单位网络管理机构所在地公安机关具体负责。互联网服务提供者为个人的，可以由互联网服务提供者经常居住地所在地公安机关具体负责。

对互联网安全监督检查的管辖存在争议的，由共同的上级公安机关指定管辖。

第九条 公安机关可以实施以下互联网安全监督检查：

（一）对履行法定网络安全责任义务情况的监督抽查；

（二）在重大网络安全保卫任务期间的专项检查；

（三）根据需要进行的其他监督检查。

第十条 公安机关应当根据网络安全防范需要和网络安全风险隐患的具体情况，重点对下列互联网服务提供者和联网使用单位组织开展监督抽查：

（一）开办互联网接入、数据中心、内容分发、域名服务，或者变更互联网服务种类、内容未满一年的；

（二）开办互联网信息服务，或者变更互联网信息服务内容未满一年的；

（三）开设上网服务场所，或者联网单位接入互联网未满一年的；

（四）两年内曾发生过网络安全事件、违法犯罪案件，或者因未履行法定网络安全责任义务被公安机关依法给予行政处罚的。

第十一条 公安机关应当根据互联网服务提供者和联网使用单位履行法定网络安全责任义务的实际情况，重点检查以下内容：

（一）是否办理国际联网备案手续，并报送接入单位和用户基本信息及变更情况；

（二）是否制定网络安全管理制度和操作规程，确定网络安全负责人；

（三）是否采取防范计算机病毒和网络攻击、网络侵入等技术措施；

（四）是否采取记录并留存用户注册信息和上网日志信息的技术措施，留存时间是否符合法律法规规定；

（五）是否落实网络安全等级保护制度，按照有关标准规范要求，采取管理和技术措施，保护网络、信息系统、数据资源安全；

（六）是否采取在公共信息服务中禁止发布和停止传输违法信息，并保存相关记录的措施；

（七）是否依照国家法律和标准采取为公安机关依法维护国家安全、侦查犯罪、防范调查恐怖活动提供技术支持和协助措施；

（八）是否履行法律法规规定的其他网络安全责任义务。

第十二条 在国家重大网络安全保卫任务期间，公安机关对与国家重大网络安全保卫任务相关的互联网服务提供者和联网使用单位，可以组织开展专项检查，并重点检查以下内容：

（一）提供的互联网接入服务、信息服务和上网服务等是否符合网络安全要求；

（二）是否制定重大网络安全保卫任务所要求的工作方案、明确网络安全责任分工并确定安全管理人员；

（三）是否组织开展网络安全风险评估，并采取相应风险管控措施，堵塞网络安全漏洞隐患；

（四）是否制定网络安全应急处置预案并组织开展应急演练，应急处置相关设施是否完备有效；

（五）是否依法采取了重大网络安全保卫任务所需要的其他网络安全防范措施。

第十三条　对提供下列服务的互联网服务提供者和联网使用单位，公安机关除监督检查本规定第十一条所列内容外，还应当依法重点检查以下内容：

（一）提供互联网接入服务的互联网服务提供者和联网使用单位，是否记录并留存 IP 地址及分配使用情况；

（二）提供互联网数据中心服务的互联网服务提供者和联网使用单位，是否记录所提供的主机托管、主机租用和虚拟空间租用用户信息；

（三）提供互联网域名服务的互联网服务提供者和联网使用单位，是否记录网络域名申请、变动，是否对违法域名采取了停止解析措施；

（四）提供互联网信息服务的互联网服务提供者和联网使用单位，是否采取了用户发布信息管理、已发布违法信息消除和防止扩散措施；

（五）提供互联网内容分发服务的互联网服务提供者和联网使用单位，是否记录了内容分发网络与内容源网络链接对应情况；

（六）提供互联网上网服务的互联网服务提供者和联网使用单位，是否采取了符合公共安全行业技术标准的网络与信息安全保护技术措施。

第三章　检查程序

第十四条　互联网安全监督检查可以采取现场检查或者远程检测的方式进行。

第十五条　公安机关对互联网服务提供者和联网使用单位开展互联网安全监督现场检查，监督检查人员不得少于二人，并应当出示人民警察证和《执法检查通知书》。

第十六条　公安机关对互联网服务提供者和联网使用单位是否存在网络安全漏洞等网络安全风险隐患，可以开展远程检测。

第十七条　公安机关开展互联网安全监督检查可以根据需要采取以下措施：

（一）进入营业场所、机房、办公场所以及其他监督检查需要进入的场所；

（二）会见被检查对象的负责人或者网络安全管理相关人员，要求对检查事项做出说明；

（三）查阅、调取与网络安全监督检查相关的信息；

（四）查看网络安全保护技术措施运行情况；

（五）利用检查工具开展现场或远程检测。

第十八条　公安机关利用检查工具开展现场检查或远程检测，应当告知被检查对象或者公开检查事项，不得干扰、破坏被检查对象网络的正常运行。

公安机关开展现场检查或远程检测可以委托由省级以上公安机关授权的网络安全服务机构提供技术支持。在现场检查或远程检测中，公安机关应当监督网络安全服务机构落实安全管理与保密责任。

第十九条　公安机关开展现场检查，应当制作检查记录，并由两名以上检查人员和被检查对象负责人或者网络安全管理人员签名。被检查对象负责人或者网络安全管理人员对检查记录有异议的，应当允许其作出说明；拒绝签名的，检查人员应当在检查记录中注明。

公安机关开展远程检测，应当制作并留存检查记录，并由两名以上检查人员在检查记录上签名。网络安全服务机构的工作人员参与远程检测的，应当一并在检查记录上签名。

第二十条　公安机关在互联网安全监督检查中，发现互联网服务提供者和联网使用单位有网络安全风险隐患，但显著轻微的，可以口头责令整改，并在检查记录上注明；发现有违法行为，但情节轻微或者未造成后果的，可以依法约谈相关负责人要求采取措施消除隐患，限期进行整改。

第二十一条　公安机关应当对被检查对象整改情况进行核查。

第二十二条　检查收集的资料、制作的各类文书等材料，应当立卷存档。涉密文档按照国家有关规定单独存档和管理。

第二十三条　公安机关应当建立并落实网络安全监督检查工作制度，自觉接受互联网服务提供者、联网使用单位的监督。

公安机关在依法履行互联网安全监督检查职责中获取的信息，只能用于维护网络安全的需要，不得用于其他用途。

第四章　法律责任

第二十四条　互联网服务提供者和联网使

用单位有下列违法行为，造成危害网络安全等后果或者拒不改正的，公安机关可以根据不同情况依法给予行政处罚：

（一）未制定网络安全管理制度和操作规程，未确定网络安全负责人的，依照《网络安全法》第五十九条第一款的规定予以处罚；

（二）未采取防范计算机病毒和网络攻击、网络侵入等技术措施的，依照《网络安全法》第五十九条第一款的规定予以处罚；

（三）未采取记录并留存用户注册信息和上网日志信息措施的，依照《网络安全法》第五十九条第一款的规定予以处罚；

（四）在提供互联网信息发布、即时通讯等服务中，未要求用户提供真实身份信息，或者对不提供真实身份信息的用户提供相关服务的，依照《网络安全法》第六十一条的规定予以处罚；

（五）未依法采取在公共信息服务中禁止发布和停止传输违法信息及保存相关记录措施的，依照《网络安全法》第六十八条的规定予以处罚；

（六）拒不为公安机关依法维护国家安全、侦查犯罪提供技术支持和协助的，依照《网络安全法》第六十九条第三项的规定予以处罚。

互联网服务提供者和联网使用单位拒不为公安机关依法进行防范、调查恐怖活动提供技术接口和解密等技术支持和协助的，由公安机关依照《反恐怖主义法》第八十四条第一项的规定予以处罚。

第二十五条 公安机关在互联网安全监督检查中，发现互联网服务提供者和联网使用单位，窃取或者以其他非法方式获取、非法出售或者非法向他人提供个人信息，尚不构成犯罪的，应当依照《网络安全法》第六十四条第二款的规定予以处罚。

第二十六条 公安机关在互联网安全监督检查中，发现互联网服务提供者和联网使用单位在提供的互联网服务中设置恶意程序的，应当依照《网络安全法》第六十条第一项的规定予以处罚。

第二十七条 互联网服务提供者和联网使用单位拒绝、阻碍公安机关互联网安全监督检查的，应当依照《网络安全法》第六十九条第二项的规定予以处罚。

第二十八条 受公安机关委托提供技术支持的网络安全服务机构及其工作人员，在工作中干扰、破坏被检查对象网络正常运行的，依照《网络安全法》第六十三条的规定予以处罚；泄露、出售、非法提供在工作中获悉的个人信息，依照《网络安全法》第六十四条第二款的规定予以处罚，构成犯罪的，依法追究刑事责任。

前款规定的机构及人员侵犯被检查对象的商业秘密，构成犯罪的，依法追究刑事责任。

第二十九条 公安机关及其工作人员在互联网安全监督检查中，玩忽职守、滥用职权、徇私舞弊的，对直接负责的主管人员和其他直接责任人员应当依法给予处分；构成犯罪的，依法追究刑事责任。

公安机关及其工作人员将在依法履行互联网安全监督检查职责中获取的信息用于其他用途的，对直接负责的主管人员和其他直接责任人员依法给予处分。

第五章　附　　则

第三十条 本规定所称“以上”、“内”皆包括本数或者本级。

第三十一条 本规定自X年X月X日起施行。

附件：公安机关网络安全执法检查通知书式样

公安机关网络安全执法检查通知书

XX公网安检〔XXXX〕XX号

：

依照《中华人民共和国人民警察法》、《中华人民共和国网络安全法》、《计算机信息网络国际联网安全保护管理办法》等有关法律、行政法规的规定，现对你单位进行网络安全执法检查，请予以支持配合。

执行本次检查民警：（签字）

技术支持单位人员：（签字）

省（区、市）　　市（州、盟）公安局网安支队（盖章）

年　月　日

本通知书一式两份，一份交被检查单位，一份网安部门存卷存档。

·交通运输部

网络预约出租汽车监管信息交互平台运行管理办法

（2018年2月13日　交办运〔2018〕24号）

第一章　总　　则

第一条　为加强网络预约出租汽车监管信息交互平台（简称网约车监管信息交互平台）的运行管理工作，规范数据传输，提高网约车行业监管效能，营造良好的营商环境，根据《网络预约出租汽车经营服务管理暂行办法》（交通运输部 工业和信息化部 公安部 商务部 工商总局 质检总局 国家网信办令2016年第60号）等相关规定，制定本办法。

第二条　本办法所称网约车监管信息交互平台，包括交通运输部网约车监管信息交互平台（简称部级平台），省、自治区交通运输主管部门网约车监管信息交互平台（简称省级平台），直辖市、设区的市级交通运输主管部门网约车监管平台（简称城市监管平台）。

第三条　网约车监管信息交互平台数据传输、运行维护、数据质量测评等工作，适用本办法。

第四条　交通运输部指导各级网约车监管信息交互平台的运行管理等工作。

各省、自治区交通运输主管部门负责省级平台运行管理，并指导和监督本行政区域内的网约车监管信息交互平台运行管理工作。

直辖市、设区的市级交通运输主管部门（简称城市交通运输主管部门）负责本城市的网约车监管信息交互平台使用、运行和维护管理工作。

各网约车平台公司按照相关规定，负责规范本企业网约车平台的运行管理和数据传输工作。

第二章　数据传输

第五条　各城市交通运输主管部门应当通过网约车监管信息交互平台及时录入网约车平台公司、车辆、驾驶员相关许可信息；将运政信息系统与网约车监管信息交互平台对接，实时传输更新相关许可信息。

第六条　网约车平台公司在取得相应《网络预约出租汽车经营许可证》后，应自次日零时起向部级平台传输相关基础静态信息以及订单信息、经营信息、定位信息、服务质量信息等运营数据。

第七条　网约车平台公司应加强对数据信息的规范化管理，所传输的网约车运营服务相关数据，应直接接入网约车监管信息交互平台，不得通过第三方平台或系统直接传输。

第八条　网约车平台公司数据传输至部级平台后，由部级平台将数据实时转发至相关省级平台及城市监管平台，各地交通运输主管部门不得要求网约车平台公司向省级平台或城市监管平台重复传输。

第九条　网约车监管信息交互平台所接收的运营信息数据，在线保存期限不少于6个月。

第十条　网约车平台公司应建立健全数据传输工作机制，指定专人负责数据传输工作，明确与网约车监管信息交互平台对接工作的责任人、业务人员与系统技术人员，并告知相关网约车监管信息交互平台运行维护单位。上述人员信息发生变动的，应及时告知。

第十一条　网约车平台公司因系统改造、

服务器迁移等可预见原因，需要暂停网约车平台运行的，应提前72小时告知相关网约车监管信息交互平台运行维护单位。

第十二条 因自然灾害、安全生产事故等不可预见的突发事件造成系统故障，无法正常传输数据的，网约车平台公司应及时告知相关网约车监管信息交互平台运行维护单位，并采取有效处置措施，尽快恢复系统正常运行。系统故障排除后，网约车平台公司应当及时将漏传数据补传，并提交处理情况书面报告。

第十三条 网约车平台公司在技术接入和数据传输过程中，存在可能危害部级平台系统安全的，部级平台运行维护单位有权暂停技术接入和数据传输；造成损失的，依法追究相关责任。

第三章 传输质量要求

第十四条 网约车平台公司应保证传输数据的完整性、规范性、及时性、真实性等，确保数据传输质量。

第十五条 传输数据质量满足以下方面要求：

（一）数据完整性：网约车平台公司传输的数据应符合《网络预约出租汽车监管信息交互平台总体技术要求（暂行）》相关要求，确保其基础静态信息、订单信息、经营信息、定位信息、服务质量信息等相关数据字段内容齐全完整，不遗漏信息及字段。

（二）数据规范性：网约车平台公司传输的数据字段内容在元素名称、字段名称、数据类型、字段长度、取值范围、数据精度、编码规则等应符合《网络预约出租汽车监管信息交互平台总体技术要求（暂行）》相关要求。

（三）数据及时性：网约车平台公司基础静态信息变更的，应于变更后24小时内将信息传输至部级平台；订单信息、经营信息、服务质量信息等应实时传输，延迟不得超过300秒；定位信息实时传输延迟不得超过60秒。

（四）数据真实性：网约车平台公司传输的数据内容应真实有效，基础静态信息、订单信息、经营信息、定位信息、服务质量信息间应当相互关联，相互关联数据之间的逻辑关系应正确、真实和完整。

第四章 传输质量测评

第十六条 部级平台对网约车平台公司数据传输质量情况定期开展测评，测评内容包括但不限于数据完整性、规范性、及时性、真实性等方面。网络预约出租汽车监管信息交互平台数据传输质量测评指标及计算方式见附件，具体测评指标和计算方法将根据行业发展情况予以更新。

第十七条 数据传输质量测评工作分为月度、年度测评，月度、年度测评周期为每自然月、自然年。

第十八条 网约车平台公司数据传输质量测评结果由部级平台定期向社会进行公布，年度测评结果纳入出租汽车企业服务质量信誉考核内容。

第五章 运行维护

第十九条 各地交通运输主管部门应明确网约车监管信息交互平台使用的责任人及联系人，并告知部级平台运行维护单位，要加强网约车监管信息交互平台登录账号的申请开通管理，并督促使用人员妥善保管账号信息，定期更换密码。

第二十条 各地交通运输主管部门应当加强系统网络安全管理，根据有关法律法规及标准实施网络安全等级保护，定期开展安全排查，对于发现的安全风险和漏洞，要及时整改，防止信息数据发生泄漏、毁损或者丢失。

第二十一条 部级、省级、城市等各级平台应当建立平台系统运行管理和故障应急处理机制，对本系统的运行情况进行7×24小时实时监测，发现系统故障及时处理。

第二十二条 各地交通运输主管部门可根据网约车行业联合监管的需要，与其他管理部门相关信息系统进行技术对接，实现信息共享。

第二十三条 网络链路维护按照分级管理的原则，由部级、省级、城市等各级平台共同开展。部、省（区）间的网络链路由部级、省级平台共同维护；省（区）内网络链路由省级平台、城市监管平台负责维护。

第六章 附 则

第二十四条 开展私人小客车合乘业务的，按照各地有关规定传输数据信息。

第二十五条 中国交通通信信息中心作为部级平台的运行维护单位，负责实施部级平台的运行维护及数据传输管理等工作，确保部级平台系统安全稳定运行。

第二十六条 本办法由交通运输部运输服务司负责解释。

第二十七条 本办法自2018年3月1日起施行，有效期3年。

附件

网络预约出租汽车监管信息交互平台 数据传输质量测评指标及计算方式（略）

·国家邮政局

邮政业消费者申诉处理办法

（2014年8月27日　国邮发〔2014〕160号）

第一章　总　　则

第一条　为了维护邮政业消费者的合法权益，依法公正处理消费者申诉，促进邮政业服务质量提高，根据《中华人民共和国邮政法》等有关法律、法规，制定本办法。

第二条　消费者按照《中华人民共和国邮政法》第六十五条的规定对邮政企业和快递企业服务质量提出申诉，以及邮政业消费者申诉中心对申诉进行处理，适用本办法。

第三条　申诉处理应当以事实为依据，以法律为准绳，坚持合法、公正、合理的原则。

第四条　邮政业消费者申诉中心对消费者的申诉实行调解制度。

第五条　邮政业消费者申诉中心及其人员对履职过程中知悉的国家秘密、商业秘密负有保密义务。

第二章　受　　理

第六条　邮政业消费者申诉专用电话为"12305"（省会区号－12305）。消费者可以通过电话或者登陆国家邮政局和各省、自治区、直辖市邮政管理局网站申诉，也可以采用微信、书信或者传真形式申诉。

消费者向市（地）邮政管理局提出申诉的方式，由各省、自治区、直辖市邮政管理局根据实际情况确定。

第七条　在受理消费者申诉的工作时间，邮政业消费者申诉中心应当有专人值守"12305"申诉电话，保证消费者申诉渠道畅通。

各级邮政管理部门应当在本单位门户网站公示受理消费者申诉的工作时间。如"12305"申诉电话因故暂停，还应当公示暂停原因、暂停时间和应急措施。

第八条　消费者申诉受理范围：

（一）邮政企业经营的邮政业务服务质量问题，具体包括：邮件（信件、包裹、印刷品）寄递，报刊订阅、零售、投递，邮政汇兑，集邮票品预订、销售，其他依托邮政网络办理的业务（不包括邮政储蓄）；

（二）经营快递业务企业的快递业务服务质量问题。

第九条　消费者申诉应当符合下列条件：

（一）申诉事项属于本办法第八条规定的消费者申诉受理范围；

（二）申诉人是与申诉事件有直接利害关系的当事人（寄件人或者收件人以及寄件人、收件人的委托人）；

（三）有明确的被申诉人和具体的事实根据；

（四）申诉事项向邮政企业、快递企业投诉后7日内未得到答复或者对企业处理和答复不满意，或者邮政企业、快递企业投诉渠道不畅通，投诉无人受理；

（五）未就同一事项向邮政管理部门进行过申诉，或者已申诉过的事项有新增内容；

（六）申诉事项发生于与邮政企业、快递企业产生服务争议或者交寄邮件、快件之日起一年之内；

（七）申诉事项未经人民法院、仲裁机构受

理或者处理。

第十条 邮政业消费者申诉中心应当及时受理消费者申诉。消费者采取电话方式申诉，应当及时接听，并告知申诉人处理流程与时限。消费者采取网上、书信、传真形式申诉，应当于两个工作日内处理。

对于不符合申诉条件的申诉，应当告知申诉人不予受理的理由。对于符合申诉条件的申诉，受理后应当及时将申诉内容转被申诉企业或者相关部门处理。网上受理的申诉，转办同时回复申诉人申诉受理情况及处理时限。以书信、传真等形式受理的申诉，于七个工作日内告知申诉人受理情况。

第十一条 国家邮政局邮政业消费者申诉中心受理的申诉按照属地管理的原则转给相关省、自治区、直辖市邮政管理局邮政业消费者申诉中心办理。

第十二条 邮政业消费者申诉中心应当将消费者的举报、表扬、批评、建议等相关问题于两个工作日内转给相关部门处理。

第三章 处 理

第十三条 邮政业消费者申诉中心处理消费者申诉的主要依据包括：

（一）《中华人民共和国邮政法》《中华人民共和国合同法》《中华人民共和国消费者权益保护法》等有关邮政业的法律、法规、规章；

（二）邮政业国家标准、行业标准；

（三）邮政管理部门规范性文件；

（四）消费者与企业签订的书面合同（邮件详情单、快递运单）；

（五）企业对外公布的有关承诺。

第十四条 被申诉企业收到邮政业消费者申诉中心转办的申诉后应当按照以下情形妥善处理：

（一）对确认企业负有责任的申诉，应当依法赔偿消费者损失或者向消费者致歉；

（二）企业在处理收件人申诉中涉及赔偿问题应当赔偿寄件人的，由企业负责联系寄件人按规定理赔；

（三）对确认企业无责的申诉，应当将企业无责理由与申诉人沟通并解释；

（四）企业内部以及企业之间责任划分，由企业自行处理，不得相互推诿，不能影响消费者诉求的解决。

第十五条 被申诉企业应当按照如下要求，自收到转办申诉之日起十五日内向转办申诉的邮政业消费者申诉中心答复处理结果：

（一）答复内容应当包括调查结果、企业责任，与申诉人达成的处理意见、赔偿金额或者解释与道歉情况以及申诉人对处理意见是否满意等；

（二）经调查，认为对于申诉内容无需承担责任的，应当在答复时说明详细情况和无责理由，并提供运单底单、通话录音、视频等相关证据；

（三）消费者在同一申诉中提出多项诉求的，企业应当逐一答复处理情况；

（四）消费者申诉内容涉及企业新开办业务的，企业应当提供新开办业务的法律依据或者完整处理规则。

企业未按照申诉内容正面答复，或者未按规定提供无责证据的，视为企业同意申诉内容；企业未逐一答复消费者提出的多项诉求处理情况的，对企业未答复部分视为企业同意申诉内容。

企业收到转办申诉十五日内尚未处理完毕的，应当于到期日前一天向转办申诉的邮政业消费者申诉中心答复处理进展情况、与申诉人协商结果等。延期答复的，应当在到期日后五日内答复处理结果。

第十六条 全国网络型企业应当建立内部协调处理机制，当地企业不能确定责任单位的申诉，由当地企业转企业总部或者相关地区企业处理，企业内部处理完毕后，由首次接到转办申诉的企业将处理结果答复邮政业消费者申诉中心。

第十七条 邮政业消费者申诉中心收到企业对申诉处理结果的答复后，应当于三个工作日内回访消费者，核实企业处理情况并征询消费者对申诉处理是否满意。

第十八条 邮政业消费者申诉中心回访申诉人时，如申诉人提出新的申诉内容，作为新的申诉转企业处理。

第十九条 邮政业消费者申诉中心回访消

费者后，符合下列条件的，可以作结案处理：

（一）企业的处理符合双方当事人的约定或者相关规定；

（二）企业的答复与回访消费者实际处理情况相符；

（三）企业责任单位明确。

回访消费者，初次联系无果的，应当隔四个小时后再次联系，仍无法联系的可作结案处理。

第二十条 邮政业消费者申诉中心回访消费者或者经过调查，有下列情形之一的，应当要求企业重新处理并于五日内重新答复处理结果：

（一）企业的处理不符合双方当事人的约定或者相关规定；

（二）消费者反映企业实际处理情况与企业答复不符；

（三）企业未确定责任单位或者相互推诿。

第二十一条 邮政业消费者申诉中心收到企业再次答复后应当再次回访消费者核实情况后结案。

第二十二条 同一申诉，转办企业处理三次后仍不符合结案条件则不再转办，邮政业消费者申诉中心根据申诉内容作结案处理。

第二十三条 邮政业消费者申诉中心应当自接到消费者申诉之日起三十日内向消费者作出答复。

第二十四条 企业对邮政业消费者申诉中心的申诉处理结果有异议时，应当于申诉结案之日起五日内向转办申诉的邮政业消费者申诉中心提出，如企业未在规定时间内提出视为企业无异议。

第四章 调　　查

第二十五条 邮政业消费者申诉中心在处理申诉过程中可以向申诉人、被申诉人了解情况。经当事人同意，可以召集有关当事人进行调查。

第二十六条 调查人员可行使下列权利：

（一）向当事人和有关人员询问申诉情况；

（二）要求有关单位和个人提供相关材料和证明；

（三）查阅、复制与申诉内容有关的材料等。

第二十七条 调查时，调查人员不得少于两人，应当出示有效证件和有关证明，并制作调查笔录。

第二十八条 被调查人员应当如实回答调查人员的询问，必要时提供相关证据。

第二十九条 需要对有关邮（快）件、物品进行检测或者鉴定的，被申诉企业应当予以配合。

第三十条 调查人员依法公正地行使调查权，不得与申诉人、被申诉人及其他相关人员发生直接或者间接利益关系。

第五章 调　　解

第三十一条 满足下列情形的，邮政业消费者申诉中心可以组织双方当事人进行调解：

（一）申诉事项属于本办法第八条规定的消费者申诉受理范围；

（二）申诉人与被申诉人已经就申诉事项进行协商，但未能和解的；

（三）申诉人与被申诉人同意由邮政业消费者申诉中心进行调解的。

第三十二条 邮政业消费者申诉中心就当事人所争议的事项进行调解，以电话或者网上调解为主。

第三十三条 邮政业消费者申诉中心调解无效的或者消费者对调解结果不满意的，争议双方可依法通过提起诉讼或者申请仲裁等方式解决纠纷。

第六章 监督管理

第三十四条 国家邮政局和各省、自治区、直辖市邮政管理局应当定期向社会通告邮政业消费者申诉情况。

第三十五条 邮政业消费者申诉中心应当督办企业及时妥善处理申诉。对于发生虚假答复、拒不按规定处理、逾期处理等问题的企业，邮政管理部门应当依法予以处罚。

第三十六条 根据消费者申诉情况，对存在下列情形的企业，邮政管理部门应当约谈相关企业负责人，责令企业限期整改并提交整改报告：

（一）持续三个月百万件快件有效申诉三十件以上且排名前三的；

（二）百万件快件有效申诉数量环比增加十件以上的；

（三）消费者对企业申诉处理结果满意率持续较低的；

（四）同一申诉邮政管理部门转办企业处理三次后仍不符合结案条件较多的；

（五）侵害消费者合法权益问题较多的；

（六）其他需要约谈的情形。

第三十七条 申诉事项反映企业有严重侵害消费者利益等违法行为，或者在申诉受理中发现的消费者申诉数量骤增等市场异常现象的，邮政业消费者申诉中心应当及时报告本级邮政管理部门相关内设监管机构。

第七章 附 则

第三十八条 本办法自2014年9月1日起施行。国家邮政局2011年6月24日发布的《邮政业消费者申诉处理办法》（国邮发〔2011〕116号）同时废止。

经营快递业务的企业分支机构备案管理规定

（2014年6月1日 国家邮政局）

第一条 为规范经营快递业务的企业分支机构备案工作，完善快递业务经营许可管理制度，根据《快递市场管理办法》和《快递业务经营许可管理办法》制定本规定。

第二条 办理经营快递业务的企业分支机构备案手续，适用本规定。

经营快递业务的企业分支机构，是指依法取得快递业务经营许可的企业设立的，经营快递业务的分公司、营业部等非法人分支机构。

第三条 省级以下邮政管理机构在国务院邮政管理部门和省、自治区、直辖市邮政管理机构的指导下，负责本辖区经营快递业务的企业分支机构备案的管理工作。

国务院邮政管理部门和省、自治区、直辖市邮政管理机构以及按照国务院规定设立的省级以下邮政管理机构统称邮政管理部门。

第四条 邮政管理部门实施备案管理，应当遵循公开、公平、公正以及便利高效的原则。

第五条 经营快递业务的企业分支机构应当依照《快递市场管理办法》和《快递业务经营许可管理办法》的规定，自取得营业执照之日起二十日内到所在地邮政管理部门办理备案手续。

第六条 办理经营快递业务的企业分支机构备案手续，应当提交以下材料：

（一）分支机构备案登记表（一式两份）；

（二）企业法人的快递业务经营许可证（副本）及所附分支机构名录复印件；

（三）分支机构营业执照（副本）复印件；

（四）分支机构负责人身份证明复印件；

（五）法律、行政法规规定的其他材料。

分支机构备案登记表通过邮政管理部门网站在线填写，打印两份，签章后提交。

分支机构备案手续可以由企业法人办理，也可以由企业分支机构自行办理。

第七条 备案提交材料符合要求的，分支机构所在地邮政管理部门应当当场办理备案手续，备案提交材料不符合要求的，应当当场告知。

第八条 备案登记表应当如实、准确填写，分支机构所在地邮政管理部门对审核通过的备案登记表加盖备案专用章存档一份，企业分支机构留存一份。

第九条 备案事项发生变更的，应当更新备案登记表信息，报所在地邮政管理部门办理变更手续。企业分支机构名称、营业场所、经营范围发生变更的，应当同时提交企业法人快递业务经营许可证（副本）、分支机构名录及分支机构营业执照（副本）复印件；分支机构负责人变更的，应当提交分支机构名录、分支机构负责人身份证明复印件。

企业分支机构备案事项变更，可以按季度

集中办理。

第十条 经营快递业务的企业分支机构撤销的，由企业法人报许可机关并向分支机构所在地邮政管理部门交回备案登记表。

第十一条 邮政管理部门依法对经营快递业务的企业及其分支机构进行监督检查，有关单位和个人应当予以配合。

第十二条 经营快递业务的企业分支机构未依法办理备案的，依照《快递业务经营许可管理办法》第三十一条规定予以处罚。

第十三条 本规定实施前，已经报省、自治区、直辖市邮政管理机构办理备案手续的，应当自本规定实施之日起三个月内，到分支机构所在地省级以下邮政管理机构办理备案。

第十四条 本规定自2014年6月1日起施行。

附件

经营快递业务的企业分支机构备案登记表（略）

无法投递又无法退回快件管理规定

（2014年3月10日 国邮发〔2014〕44号）

第一条 为保护公民通信自由和通信秘密，维护用户合法权益，根据《中华人民共和国邮政法》、《快递市场管理办法》等法律、规章，制定本规定。

第二条 快递企业寄递的无法投递又无法退回快件的核实、保管及处理适用本规定。法律、行政法规另有规定的除外。

第三条 快递企业对无法投递的快件，应当退回寄件人。

快件无法投递的情形包括：

（一）收件人通讯地址和联系方式不详或错误；

（二）收件人死亡，且无合法权利继承人或代收人；

（三）收件人拒收快件或者拒付应付的费用；

（四）快件保管期届满收件人仍未领取；

（五）其他原因导致快件无法投递。

第四条 快递企业对快件无法投递，且具有下列情形之一的，作为无法投递又无法退回快件处理：

（一）寄件人通讯地址和联系方式不详或错误；

（二）寄件人声明放弃；

（三）快件退回后寄件人拒收或者拒付应付的费用；

（四）快件保管期届满寄件人仍未领取。

第五条 国务院邮政管理部门负责本规定在全国范围内的监督施行。省、自治区、直辖市邮政管理机构负责本规定在本行政区域的监督施行。按照国务院规定设立的省级以下邮政管理机构负责本规定在本辖区的监督施行。

国务院邮政管理部门和省、自治区、直辖市邮政管理机构以及省级以下邮政管理机构（以下统称邮政管理部门）应当监督快递企业遵循公开、公平、公正的原则，处理无法投递又无法退回快件，保障用户的合法权益。

第六条 快递企业应当建立管理制度，加强对无法投递又无法退回快件的管理，建立有关台账记录无法投递又无法退回快件的核实、保管和处理情况，并将处理情况纳入快递业务经营许可年度报告。

第七条 快递企业应当安排专门场地对无法投递又无法退回快件进行保管，保管期限自无法投递又无法退回快件登记之日起不少于一年。

快递企业对不宜长期保存或发生泄漏造成污染的无法投递又无法退回快件，应当拍照并注明快件情形，参照《禁寄物品指导目录及处理办法》进行处理。

第八条 快递企业对无法投递又无法退回快件的保管期限尚未届满，且依照快递服务合同约定应当提供查询服务的，用户出具相关交寄证明进行查询并核实的，应当予以投递或退回，资费应当按照双方签订的快递服务合同执行。

对于前款规定所列情形，快递企业已按照本规定第七条第二款进行应急处理的，应当在用户查询时向其提供书面说明。

快递服务合同约定的快件查询期限届满，快递企业不再向用户提供查询服务。

第九条 快递企业在无法投递又无法退回快件的保管和处理过程中，不得违法提供用户使用快递服务的信息。

第十条 快递企业对无法投递又无法退回的信件，应当填写销毁信件申请表，经所在地邮政管理部门核准后，在邮政管理部门监督下销毁。

除信件以外的无法投递又无法退回快件，保管期届满无人认领的，由快递企业依据管理制度进行开拆处理，不宜保存的物品除外。

第十一条 快递企业对无法投递又无法退回快件实施开拆处理时，应当由二名以上工作人员共同进行，并采用技术手段对开拆全过程实行监控，监控资料保存时间不少于九十日。

实施开拆处理的工作人员，应当对快件的外包装和快件内的物品进行拍照，并对快件内的物品名称、性质、重量、特征等进行详细登记。

快递企业能从拆出的物品中寻找到收件人或寄件人信息的，应继续尝试投递或退回。

第十二条 快递企业应当建立无法投递又无法退回快件的认领信息平台，将本规定第十一条第二款开拆快件所登记的相关信息进行公示，公示时间不少于三十日。

第十三条 快递企业在处理无法投递又无法退回快件时，发现货币和相关物品，按下列规定处理：

（一）人民币现金，金银饰品和外币兑换的人民币现金，国内现行有效邮票销售所得价款，以及其他各类可变卖物品交当地相关部门收购（变卖）所得价款，扣除无法投递又无法退回快件的处理费用和应付快递服务费用后，按照政府非税收入管理和国库集中收缴管理有关规定，上缴中央国库。

（二）存款单、存折、银行票据凭证应送交签发该单证的银行业金融机构的法人机构或外资银行的境内主报告行处理。

（三）户口迁移证、护照、居民身份证和其他证书、证件应送交证件制作机构或证件签发机构处理。

（四）其他不能变卖的物品，以及第（二）、第（三）项中因签发该单证或证书的机构撤销、调整而无法送交的单证或者证书，根据具体情况依法处理。

（五）对其中依法需要没收或者销毁的物品，应当立即向有关部门报告，并配合有关部门进行处理。

第十四条 快递企业对以慈善、救灾等公益目的进行捐献、捐赠形成的快件，出现本规定所列无法投递又无法退回情形时，报所在地邮政管理部门协调转交当地有关部门处理。

第十五条 快递企业依照本规定处理无法投递又无法退回快件或转交有关部门处理时，应当做好处理、交接记录。

第十六条 快递企业处理无法投递又无法退回快件的费用包括保管费用、销毁费用以及变卖交易费用等。

第十七条 快递企业对无法投递又无法退回的进境国际快件，应当依照《中华人民共和国海关法》的规定，送交有关部门处理。

第十八条 邮政管理部门应当对快递企业执行本规定的情况进行监督检查，检查结果纳入快递市场年度监管报告。

第十九条 本规定自下发之日起施行。

寄递服务用户个人信息安全管理规定

（2014 年 3 月 19 日　国邮发〔2014〕52 号）

第一章　总　　则

第一条　为加强邮政行业寄递服务用户个人信息安全管理，保护用户合法权益，维护邮政通信与信息安全，促进邮政行业健康发展，根据《中华人民共和国邮政法》、《全国人大常委会关于加强网络信息保护的规定》、《邮政行业安全监督管理办法》等法律、行政法规和有关规定，制定本规定。

第二条　在中华人民共和国境内经营和使用寄递服务涉及用户个人信息安全的活动以及相关监督管理工作，适用本规定。

第三条　本规定所称寄递服务用户个人信息（以下简称寄递用户信息），是指用户在使用寄递服务过程中的个人信息，包括寄（收）件人的姓名、地址、身份证件号码、电话号码、单位名称，以及寄递详情单号、时间、物品明细等内容。

第四条　寄递用户信息安全监督管理坚持安全第一、预防为主、综合治理的方针，保障用户个人信息安全。

第五条　国务院邮政管理部门负责全国邮政行业寄递用户信息安全监督管理工作。

省、自治区、直辖市邮政管理机构负责本行政区域内的邮政行业寄递用户信息安全监督管理工作。

按照国务院规定设立的省级以下邮政管理机构负责本辖区的邮政行业寄递用户信息安全监督管理工作。

国务院邮政管理部门和省、自治区、直辖市邮政管理机构以及省级以下邮政管理机构，统称为邮政管理部门。

第六条　邮政管理部门应当与有关部门相互配合，健全寄递用户信息安全保障机制，维护寄递用户信息安全。

第七条　邮政企业、快递企业及其从业人员应当遵守国家有关信息安全管理的规定及本规定，防止寄递用户信息泄露、丢失。

第二章　一 般 规 定

第八条　邮政企业、快递企业应当建立健全寄递用户信息安全保障制度和措施，明确企业内部各部门、岗位的安全责任，加强寄递用户信息安全管理和安全责任考核。

第九条　以加盟方式经营快递业务企业应当在加盟协议中订立寄递用户信息安全保障条款，明确被加盟人与加盟人的安全责任。加盟人发生信息安全事故时，被加盟人应当依法承担相应安全管理责任。

第十条　邮政企业、快递企业应当与其从业人员签订寄递用户信息保密协议，明确保密义务和违约责任。

第十一条　邮政企业、快递企业应当组织从业人员进行寄递用户信息安全保护相关知识、技能培训，加强职业道德教育，不断提高从业人员的法制观念和责任意识。

第十二条　邮政企业、快递企业应当建立寄递用户信息安全投诉处理机制，公布有效联系方式，接受并及时处理有关投诉。

第十三条　邮政企业、快递企业受网络购物、电视购物和邮购等经营者委托提供寄递服务的，在与委托方签订协议时，应当订立寄递用户信息安全保障条款，明确信息使用范围和方式、信息交换安全保护措施、信息泄露责任划分等内容。

第十四条　邮政企业、快递企业委托第三方录入寄递用户信息的，应当确认其具有信息安全保障能力，并订立信息安全保障条款，明确责任划分。第三方发生信息安全事故导致寄递用户信息泄露、丢失的，邮政企业、快递企业应当依法承担相应责任。

第十五条　未经法律明确授权或者用户书面同意，邮政企业、快递企业及其从业人员不得将其掌握的寄递用户信息提供给任何单位或者个人。

第十六条　公安机关、国家安全机关或者检察机关的工作人员依照法律规定程序调阅、检查寄递详情单实物及电子信息档案，邮政企业、快递企业应当配合，并对有关情况予以保密。

第十七条 邮政企业、快递企业应当建立寄递用户信息安全应急处置机制。对于突发的寄递用户信息安全事故，应当立即采取补救措施，按照规定报告邮政管理部门，并配合邮政管理部门和相关部门的调查处理工作，不得迟报、漏报、谎报、瞒报。

第三章 寄递详情单实物信息安全管理

第十八条 邮政企业、快递企业应当加强寄递详情单管理，对空白寄递详情单发放情况进行登记，对号段进行全程跟踪，形成跟踪记录。

第十九条 邮政企业、快递企业应当加强营业场所、处理场所管理，严禁无关人员进出邮件（快件）处理、存放场地，严禁无关人员接触、翻阅邮件（快件），防止寄递详情单实物信息（以下简称实物信息）在处理过程中泄露。

第二十条 邮政企业、快递企业应当优化寄递处理流程，减少接触实物信息的处理环节和操作人员。

第二十一条 邮政企业、快递企业应当采用有效技术手段，防止实物信息在寄递过程中泄露。

第二十二条 邮政企业、快递企业应当配备符合国家标准的安全监控设备，安排具有专门技术和技能的人员，对收寄、分拣、运输、投递等环节的实物信息处理进行安全监控。

第二十三条 邮政企业、快递企业应当建立健全寄递详情单实物档案管理制度，实行集中封闭管理，确定集中存放地，及时回收寄递详情单妥善保管。设立、变更集中存放地，应当及时报告所在地邮政管理部门。

第二十四条 邮政企业、快递企业应当对寄递详情单实物档案集中存放地设专人管理，采取必要的安全防护措施，确保存储安全。

第二十五条 邮政企业、快递企业应当建立并严格执行寄递详情单实物档案查询管理制度。内部人员因工作需要查阅档案时，应当确保档案完整无损，并做好查阅登记，不得私自携带离开存放地。

第二十六条 寄递详情单实物档案应当按照国家相关标准规定的期限保存。保存期满后，由企业进行集中销毁，做好销毁记录，严禁丢弃或者贩卖。

第二十七条 邮政企业、快递企业应当对实物信息安全保障情况进行定期自查，记录自查情况，及时消除自查中发现的信息安全隐患。

第四章 寄递详情单电子信息安全管理

第二十八条 邮政企业、快递企业应当按照国家规定，加强寄递服务用户信息相关信息系统和网络设施的安全管理。

第二十九条 邮政企业、快递企业信息系统的网络架构应当符合国家信息安全管理规定，合理划分安全区域，实现各安全区域之间有效隔离，并具有防范、监控和阻断来自内部和外部网络攻击破坏的能力。

第三十条 邮政企业、快递企业应当配备必要的防病毒软件、硬件，确保信息系统和网络具有防范计算机病毒的能力，防止恶意代码破坏信息系统和网络，避免信息泄露或者被篡改。

第三十一条 邮政企业、快递企业构建信息系统和网络，应当避免使用信息系统和网络供应商提供的默认密码、安全参数，并对通过开放公共网络传输的寄递用户信息采取加密措施，严格审查并监控对信息系统、网络设备的远程访问。

第三十二条 邮政企业、快递企业在采购计算机软件、硬件产品或者技术服务时，应当与供应商签订保密协议，明确其安全责任，以及在发生信息安全事件时配合邮政管理部门和相关部门调查的义务。

第三十三条 邮政企业、快递企业应当建立信息系统安全内部审计制度，定期开展内部审计，对发现的问题及时整改。

第三十四条 邮政企业、快递企业应当加强信息系统及网络的权限管理，基于权限最小化和权限分离原则，向从业人员分配满足工作需要的最小操作权限和可访问的最小信息范围。

邮政企业、快递企业应当加强对信息系统和数据库的管理，使网络管理人员仅具有进行信息系统、数据库、网络运行维护和优化的权限。网络管理人员的维护操作须经安全管理员授权，并受到安全审计员的监控和审计。

第三十五条 邮政企业、快递企业应当加强信息系统密码管理，使用高安全级别密码策略，定期更换密码，禁止将密码透露给无关人员。

第三十六条 邮政企业、快递企业应当加强寄递用户电子信息的存储安全管理，包括：

（一）使用独立物理区域存储寄递用户信息，禁止非授权人员进出该区域；

（二）采用加密方式存储寄递用户信息；

（三）确保安全使用、保管和处置存有寄递用户信息的计算机、移动设备和移动存储介质。明确管理数据存储设备、介质的负责人，建立设备、介质使用和借用登记制度，限制设备输出接口的使用。存储设备和介质报废的，应当及时删除其中的寄递用户信息数据，并销毁硬件。

第三十七条 邮政企业、快递企业应当加强寄递用户信息的应用安全管理，对所有批量导出、复制、销毁用户个人信息的操作进行审查，并采取防泄密措施，同时记录进行操作的人员、时间、地点和事项，留作信息安全审计依据。

第三十八条 邮政企业、快递企业应当加强对离岗人员的信息安全审计，及时删除或者禁用离岗人员系统账户。

第三十九条 邮政企业、快递企业应当制定本企业与市场相关主体的信息系统安全互联技术规则，对存储寄递服务信息的信息系统实行接入审查，定期进行安全风险评估。

第五章 监督管理

第四十条 邮政管理部门依法履行下列职责：

（一）制定保障寄递用户信息安全的政策、制度和相关标准，并监督实施；

（二）监督、指导邮政企业、快递企业落实信息安全责任制，督促企业加强寄递用户信息安全管理；

（三）对寄递用户信息安全进行监测、预警和应急管理；

（四）监督、指导邮政企业、快递企业开展寄递用户信息安全宣传教育和培训；

（五）依法对邮政企业、快递企业实施寄递用户信息安全监督检查；

（六）组织调查或者参与调查寄递用户信息安全事故，依法查处违反寄递用户信息安全管理规定的行为；

（七）法律、行政法规和规章规定的其他职责。

第四十一条 邮政管理部门应当加强邮政行业寄递用户信息安全管理制度和知识的宣传，强化邮政企业、快递企业及其从业人员的信息安全管理意识，提高用户对个人信息安全保护的认识。

第四十二条 邮政管理部门应当加强邮政行业寄递用户信息安全运行的监测预警，建立信息管理体系，收集、分析与信息安全有关的各类信息。

下级邮政管理部门应当及时向上一级邮政管理部门报告邮政行业寄递用户信息安全情况，并根据需要通报工业和信息化、通信管理、公安、国家安全、商务和工商行政管理等相关部门。

第四十三条 邮政管理部门应当对邮政企业、快递企业建立和执行寄递用户信息安全管理制度，规范从业人员信息安全保护行为，防范信息安全风险等情况进行检查。

第四十四条 邮政管理部门发现邮政企业、快递企业存在违反寄递用户信息安全管理规定，妨害或者可能妨害寄递用户信息安全的，应当依法进行调查处理。违法行为涉及其他部门管理职权的，邮政管理部门应当会同有关部门对涉案邮政企业、快递企业进行调查处理。

第四十五条 邮政管理部门应当加强对邮政企业、快递企业及其从业人员遵守本规定情况的监督检查。

第四十六条 邮政企业、快递企业拒不配合寄递用户信息安全监督检查的，依照《中华人民共和国邮政法》第七十七条的规定予以处罚。

第四十七条 邮政企业、快递企业及其从业人员因泄露寄递用户信息对用户造成损失的，应当依法予以赔偿。

第四十八条 邮政企业、快递企业及其从业人员违法提供寄递用户信息，尚未构成犯罪的，依照《中华人民共和国邮政法》第七十六条的规定予以处罚。构成犯罪的，移送司法机关追究刑事责任。

第四十九条 任何单位和个人有权向邮政管理部门举报违反本规定的行为。邮政管理部门接到举报后，应当依法及时处理。

第五十条 邮政管理部门可以在行业内通报邮政企业、快递企业违反寄递用户信息安全管理规定行为、信息安全事件，以及对有关责任人员进行处理的情况。必要时可以向社会公布上述信息，但涉及国家秘密、商业秘密和个人隐私的除外。

第五十一条 邮政管理部门及其工作人员对在履行职责过程中知悉的寄递用户信息应当保密，不得泄露、篡改或者损毁，不得出售或者非法向他人提供。

第五十二条 邮政管理部门工作人员在寄递用户信息安全监督管理工作中滥用职权、玩忽职守、徇私舞弊，依照《邮政行业安全监督管理办法》第五十五条的规定予以处理。

第六章 附 则

第五十三条 本规定自发布之日起施行。

邮政行业安全信息报告和处理规定

（2014 年 3 月 19 日 国邮发〔2014〕52 号）

第一章 总 则

第一条 为规范邮政行业安全信息报告和处理工作，根据《中华人民共和国邮政法》、《中华人民共和国突发事件应对法》、《中华人民共和国安全生产法》、《生产安全事故报告和调查处理条例》、《邮政行业安全监督管理办法》等法律、行政法规和有关规定，制定本规定。

第二条 本规定所称应当报告和处理的安全信息，是指邮政行业突发事件信息和邮政企业、快递企业日常生产经营中与安全有关的运营信息。

邮政管理部门、邮政企业、快递企业报告和处理安全信息，适用本规定。

第三条 邮政行业安全信息报告和处理工作应当按照“渠道畅通、反应迅速、协调联动、科学有序”的工作要求，实现安全信息报告和处理的规范化。

第四条 安全信息的报告应当及时、准确和完整，任何单位和个人不得迟报、漏报、谎报或者瞒报；信息的处理应当遵循快速高效、协同配合、分级负责的原则。

第五条 邮政管理部门、邮政企业、快递企业应当完善安全信息报告和处理制度，畅通信息报送渠道，健全安全信息报告和处理工作体系，确保及时报告和处理有关安全信息。

邮政企业、快递企业应当确定专门机构和专门的安全信息员负责安全信息的收集、报告和处理工作。设立、变更安全信息员，应当第一时间报所在地省级以下邮政管理机构备案。

邮政管理部门应当指定人员负责安全信息的受理和报告工作，人员或者联系方式变更的，应当及时通报邮政企业、快递企业，并报告上级邮政管理部门。

第六条 邮政管理部门、邮政企业、快递企业应当加强安全信息报告和处理的宣传培训，增强有关人员的责任意识，提高安全信息报告和处理能力。

第七条 邮政管理部门应当收集、统计、分析与行业安全运行有关的信息，及时向邮政企业、快递企业发出安全预警。

邮政企业、快递企业应当加强日常生产经

营的安全监测和信息分析，完善监测网络，明确监测项目，建立健全安全信息数据库，并按邮政管理部门要求报送安全信息。

第八条 安全信息应当以书面形式报告。以传真、电子邮件等方式报出信息后，应当进行电话确认。

情况紧急时，应当先用电话等方式快报，随后补报书面材料。

第二章 安全信息类别

第九条 本规定所称邮政行业突发事件信息是指《国家邮政业突发事件应急预案》（以下简称邮政业应急预案）列举的事件信息，主要包括：

（一）因气象灾害、地震灾害、地质灾害、生物灾害和森林草原火灾等自然灾害，造成或者可能造成人员伤亡，大量邮件或者快件积压、丢失、损毁，其他财产损失，信息系统瘫痪，企业生产经营中断或者寄递服务阻断；

（二）因各类有毒害性化学品泄漏、环境污染和生态破坏等事故灾难，造成或者可能造成人员伤亡，大量邮件或者快件积压、丢失、损毁，其他财产损失，信息系统瘫痪，企业生产经营中断或者寄递服务阻断；

（三）因传染病疫情、群体性不明原因疾病、食品安全、职业危害和动物疫情等公共卫生事件，造成或者可能造成人员伤亡，大量邮件或者快件积压、丢失、损毁，其他财产损失，信息系统瘫痪，企业生产经营中断或者寄递服务阻断；

（四）因恐怖袭击事件、民族宗教事件、经济安全事件、涉外突发事件和群体性事件造成或者可能造成人员伤亡，大量邮件或者快件积压、丢失、损毁，其他财产损失，信息系统瘫痪，企业生产经营中断或者寄递服务阻断；

（五）因企业不正当竞争、经营权纠纷、兼并重组、破产倒闭等行业安全风险，以及火灾等生产安全事故、设施和设备故障、交通运输事故，造成或者可能造成人员伤亡，大量邮件或者快件积压，财产损失，企业生产经营中断或者寄递服务阻断；

（六）其他对寄递渠道安全畅通构成威胁、造成影响的突发事件信息。

第十条 本规定所称邮政企业、快递企业日常生产经营中与安全有关的运营信息（以下简称日常安全信息）主要包括：

（一）寄递过程中发现枪支弹药、毒品、非法出版物等禁寄物品；

（二）用户使用寄递服务的信息遭非法泄露；

（三）邮件、快件被盗窃、非法扣留、冒领、私自开拆、隐匿、毁弃，或者运送邮件、快件的车辆被非法拦截、强登、扒乘；

（四）邮政企业、快递企业负责人或者安全管理人员变更；

（五）邮政企业、快递企业主要负责人因违法行为被有关部门立案调查；

（六）邮政企业、快递企业因违反安全监管规定或者因其他违法行为被有关部门查处；

（七）邮政企业、快递企业因安全管理工作成效突出受到有关部门表彰；

（八）邮政企业、快递企业发现重大安全隐患自身难以排除；

（九）其他日常生产经营中与安全有关的重要运营信息。

第十一条 邮政企业、快递企业应当对日常安全信息进行分析、判断，发生或者可能发生突发事件的，按照突发事件信息报告处理。

第三章 突发事件信息的报告和处理

第十二条 国家邮政业突发事件应急工作办公室（以下简称国家邮政业应急办公室）负责全国邮政行业特别重大突发事件（Ⅰ级）信息的接收、报告和处理，以及日常接警值班工作；国务院邮政管理部门值班室同时承担信息的接收工作。

省、自治区、直辖市邮政管理机构和省级以下邮政管理机构负责本辖区邮政行业突发事件信息的接收、报告和处理工作。

第十三条 邮政企业、快递企业和邮政管理部门应当实行特殊时期二十四小时值班制度，接收、核实、报告、跟踪有关突发事件信息，并按照职责权限承担或者参与事件的处置。

第十四条 邮政企业、快递企业发生突发事件，符合下列情形之一的，应当在一小时内向突发事件发生地的省级以下邮政管理机构报告，并视情况依法向公安、国家安全、海关、交通运输、安全生产监督管理等相关部门报告：

（一）本企业人员死亡或者失踪一人以上，或者重伤三人以上；

（二）邮件、快件一次丢失、损毁一百件以上，或者积压一千件以上；

（三）邮件、快件、现金、车辆、邮资凭证等财物经济损失严重；

（四）邮寄爆炸物、生物病原体、生物毒素、有毒害性化学品、放射性物品等，在寄递过程中发生爆炸、泄漏；

（五）邮件处理中心、快件分拨中心内发生重大事故，生产经营中断；

（六）邮政企业、快递企业生产经营场所遭到围堵，导致生产经营中断或者寄递服务阻断；

（七）其他可能严重影响寄递渠道畅通的情形。

第十五条 邮政企业、快递企业发生突发事件，属于本规定第十四条所列情形之外的，应当在二小时内向突发事件发生地的省级以下邮政管理机构报告，并视情况依法向公安、国家安全、海关、交通运输、安全生产监督管理等相关部门报告。

第十六条 邮政企业、快递企业依照邮政业应急预案，对可能构成重大突发事件（Ⅱ级）的，可以直接向所在地省、自治区、直辖市邮政管理机构报告，对可能构成特别重大突发事件（Ⅰ级）的，可以直接向国务院邮政管理部门报告。

第十七条 报告突发事件信息，应当包括下列内容：

（一）报告单位的名称、地址及联系人、联系方式等基本情况；

（二）信息来源以及事件发生时间、地点、起因、性质和基本过程；

（三）已经造成或者可能造成的伤亡人数（包括失踪、涉险的人数）、邮件或者快件的损失情况、生产经营中断或者寄递服务阻断情况以及初步估计的直接经济损失；

（四）已经采取的措施和可能发展的趋势；

（五）其他应当报告的情况。

使用电话等方式快报，应当包括下列内容：

（一）报告单位的名称、地址及联系人、联系方式；

（二）信息来源以及事件发生时间、地点；

（三）已经造成或者可能造成的损失情况。

第十八条 突发事件具体情况暂时不清楚的，负责报告的单位可以先报概况，随后补报全面情况。

突发事件信息报告后出现新情况的，负责报告的单位应当及时续报。

第十九条 突发事件发生地省级以下邮政管理机构接到突发事件信息报告后，应当尽快开展研判。依照邮政业应急预案，对可能构成特别重大突发事件（Ⅰ级）、重大突发事件（Ⅱ级）的，应当在一小时内报告省、自治区、直辖市邮政管理机构；对可能构成较大突发事件（Ⅲ级）的，应当在二小时内报告省、自治区、直辖市邮政管理机构。

第二十条 省、自治区、直辖市邮政管理机构接到突发事件信息报告后，应当尽快组织研判，依照邮政业应急预案，对可能构成特别重大突发事件（Ⅰ级）、重大突发事件（Ⅱ级）的，应当在一小时内报告国务院邮政管理部门。

第二十一条 国家邮政业应急办公室接到突发事件信息报告后，应当立即组织研判，依照邮政业应急预案，对可能构成特别重大突发事件（Ⅰ级）、重大突发事件（Ⅱ级）的，应当迅速按照规定程序报分管局领导。分管局领导认为构成特别重大突发事件（Ⅰ级）的，应当在一小时内报国家邮政业应急领导小组。

国务院邮政管理部门值班室接到突发事件信息报告后，应当第一时间转交国家邮政业应急办公室。

第二十二条 国家邮政业应急领导小组经研判确定构成特别重大突发事件（Ⅰ级）的，应当立即报告国务院和交通运输部，并通报国务院有关部门。向国务院报告特别重大突发事件（Ⅰ级）的时间，自突发事件发生最迟不得超过四小时。

报国务院的“值班信息”通过国务院政府信息网报送；报交通运输部及通报相关部门的“值班信息”应当采取传真或者电子邮件等方式。

第二十三条 邮政管理部门、邮政企业、快递企业在报告和处理突发事件的同时，应当依照应急预案立即开展应急处置工作。

第二十四条 国家邮政业应急办公室负责组织特别重大突发事件（Ⅰ级）的应急处置工作；每日至少向国家邮政业应急领导小组报告一次处置工作情况。重要信息及时续报国务院和交通运输部。

省、自治区、直辖市邮政管理机构负责重大突发事件（Ⅱ级）的应急处置工作，每日至少向国家邮政业应急办公室报告一次处置工作情况。

省级以下邮政管理机构负责较大突发事件（Ⅲ级）和一般突发事件（Ⅳ级）的应急处置工作，应当及时向省、自治区、直辖市邮政管理机构报告处置工作情况。

第二十五条 国家邮政业应急领导小组对邮政行业突发事件处置工作作出指示或者批示的，国家邮政业应急办公室应当及时向有关单位传达。

第二十六条 负责突发事件处置工作的邮政管理部门应当在突发事件发生之日起六十日内，将有关工作总结报告上一级邮政管理部门。

国家邮政业应急办公室将工作总结报告国家邮政业应急领导小组，并按照应急领导小组的要求报交通运输部。

第二十七条 邮政行业预警启动和应急响应信息的报告和处理依照邮政业应急预案执行。

第四章 日常安全信息的报告和处理

第二十八条 对下列安全信息，邮政企业、快递企业应当在第一时间报告所在地省级以下邮政管理机构，并视情况依法报告当地公安、安全生产监督管理等部门：

（一）寄递过程中发现枪支弹药、毒品、非法出版物等禁寄物品；

（二）用户使用寄递服务的信息遭非法泄露；

（三）邮件、快件被盗窃、非法扣留、冒领、私自开拆、隐匿、毁弃，情况严重；

（四）运送邮件、快件的车辆被非法拦截、强登、扒乘，情况严重；

（五）发现重大安全隐患。

第二十九条 省级以下邮政管理机构接到本规定第二十八条所列信息报告后，应当立即核实有关情况，并与公安、安全生产监督管理等部门共同做好处置工作。对存在下列情形之一的，应当在收到信息报告后二小时内报省、自治区、直辖市邮政管理机构：

（一）寄递过程中发现枪支弹药、易燃易爆品等危及公共安全的禁寄物品；

（二）用户使用寄递服务的信息遭非法泄露五百条以上；

（三）邮件、快件被盗窃、非法扣留一百件以上，或者邮件、快件被冒领、私自开拆、隐匿、毁弃五十件以上；

（四）运送邮件、快件的车辆被非法拦截、强登、扒乘二辆以上；

（五）重大安全隐患没有及时排除。

第三十条 省、自治区、直辖市邮政管理机构接到本规定第二十九条所列信息报告后，应当指导安全信息涉及的省级以下邮政管理机构做好处置工作，并于处置工作结束后将有关情况报告国务院邮政管理部门。

对于事关重大并且确实超出省、自治区、直辖市邮政管理机构处理能力的，应当及时报告国务院邮政管理部门。

第三十一条 国务院邮政管理部门接到省、自治区、直辖市邮政管理机构信息报告后，应当协调公安、安全生产监督管理等部门妥善处理。

第三十二条 有下列情形之一的，邮政企业、快递企业应当在情形发生之日起三日内，向所在地省级以下邮政管理机构报告：

（一）邮政企业、快递企业负责人或者安全管理人员变更；

（二）邮政企业、快递企业主要负责人被有关部门立案调查；

（三）邮政企业、快递企业因违反安全监管规定或者因其他违法行为被有关部门查处。

第三十三条 邮政管理部门接到本规定第三十二条所列信息报告后，应当对有关情况进行核查；事关重大，可能影响行业稳定的，应当及时上报。

第三十四条 邮政企业、快递企业应当分类汇总本单位安全信息，报告所在地省级以下邮政管理机构，于每年7月10日前报送半年汇总表，于每年1月10日前报送上一年的年度汇总表。

第三十五条 省级以下邮政管理机构应当分类汇总本辖区安全信息，报告省、自治区、直辖市邮政管理机构，于每年7月15日前报送半年汇总表，于每年1月15日前报送上一年的年度汇总表。

省、自治区、直辖市邮政管理机构应当分类汇总本辖区安全信息，报告国务院邮政管理部门，于每年7月25日前报送半年汇总表，于每年1月25日前报送上一年的年度汇总表。

必要时，上级邮政管理部门可以要求下级邮政管理部门随时报告安全信息。

第五章 监督检查

第三十六条 邮政管理部门应当利用消费者申诉热线、媒体报道、市场检查、企业报告等多种手段和渠道，获取行业安全信息并及时处理。

第三十七条 邮政管理部门应当依法对邮政企业、快递企业建立健全安全信息报告和处理制度、安全预警监测、应急救援、从业人员安全教育培训等相关情况进行监督检查。

第三十八条 邮政管理部门应当对安全信息报告和处理工作中作出突出贡献的单位和个人给予表彰、奖励。

第三十九条 邮政管理部门应当定期向全行业通报监督检查情况；对检查发现的问题，及时约谈有关单位和人员，责令其整改，监督其落实。

对涉及公共安全和广大用户合法权益的安全信息，应当依照有关规定适时向社会公布。

第四十条 邮政企业、快递企业未按本规定报告和处理安全信息的，邮政管理部门应当依照《邮政行业安全监督管理办法》第五十条的规定予以处罚。

第四十一条 邮政管理部门未按规定及时报告处理行业安全信息的，上级邮政管理部门应当责令改正，可以给予通报，并可以对有关责任人员给予行政处分。

第四十二条 有关单位和人员迟报、漏报、谎报、瞒报事故的，依照《中华人民共和国安全生产法》、《生产安全事故报告和调查处理条例》相关规定处理。

第六章 附 则

第四十三条 本规定所称的迟报、漏报、谎报和瞒报，依照下列情形认定：

（一）报告安全信息、事件或者事故的时间超过规定时限的，属于迟报；

（二）因过失对应当上报的安全信息、事件或者事故发生的时间、地点、类别、伤亡人数、直接经济损失等内容遗漏未报的，属于漏报；

（三）故意不如实报告事件或者事故发生的时间、地点、类别、伤亡人数、直接经济损失等有关内容的，属于谎报；

（四）故意隐瞒已经发生的事件或者事故，经有关部门查证属实的，属于瞒报。

第四十四条 本规定有关数量的规定中，所称“以上”包括本数，“以下”不包括本数；关于日期的规定均为自然日。

第四十五条 本规定自发布之日起施行。

附件一：（××企业）安全信息半年（年度）汇总表（略）

附件二：（××邮政管理局）辖区安全信息半年（年度）汇总表（略）

·国家发展和改革委员会

网络交易价格举报管辖规定（试行）

（2016年10月25日　发改价监规〔2016〕2245号）

第一条　为了不断提高网络交易价格举报办理质量和效率，切实维护消费者和经营者的合法权益，根据《价格行政处罚程序规定》、《价格违法行为举报处理规定》，制定本规定。

第二条　价格主管部门受理、办理涉及网络交易价格行为的举报，需要确定管辖的，适用本规定。

第三条　本规定所称网络交易，是指通过互联网（含移动互联网）销售、购买商品或者提供、接受有偿服务的活动。本规定所称网络交易经营者，是指通过互联网（含移动互联网）销售、收购商品或者提供有偿服务的法人、其他组织和个人（以下简称电商）。本规定所称网络交易平台，是指依法登记注册并取得营运许可，为网络交易行为提供虚拟经营场所及相关服务的法人与其

他组织（以下简称平台）。

第四条　受理、办理网络交易价格举报遵循行为发生地管辖原则。网络交易进行时，被举报经营者所在地即行为发生地。被举报的网络交易价格行为系电商实施，由电商所在地价格主管部门管辖。被举报的网络交易价格行为系平台实施，由平台所在地价格主管部门管辖。被举报的网络交易价格行为系平台和电商共同实施，由平台所在地价格主管部门管辖。

第五条　被举报电商所在地难以确认的，由最先接收举报的价格主管部门在收到举报之日起1个工作日内，从12358价格监管系统向平台发送电子协查文书，通过平台查找。

第六条　平台应当配合价格主管部门，及时与被举报电商联系，认真查询核对相关信息，确保真实准确，并在收到协查文书之日起2个工作日内反馈结果（包括有效联系人、联系方式、具体地址、被举报电商确认上述信息的录音或书面材料等）。平台查找不到被举报电商，应当向最先接收举报、发送电子协查文书的价格主管部门通过书面形式提供查找过程，说明查找不到的原因。平台拖延查找、拒不查找、故意隐瞒、拒不提供被举报电商相关信息，或者提供的被举报电商相关信息虚假、错误、不真实、不准确，按照《价格法》第四十四条、《价格违法行为行政处罚规定》第十四条相关规定进行处理。

第七条　最先接收举报的价格主管部门通过平台查找到被举报电商所在地后，按照以下情形分别处理：

（一）被举报电商属于本机关管辖的，自收到举报之日起7个工作日内受理并告知举报人。

（二）被举报电商不属于本机关管辖的，自收到举报之日起，在规定时限内转至有管辖权的价格主管部门办理并告知举报人。转办文书应当附上相关证据材料以及通过平台查找到的被举报电商相关信息。

第八条　通过平台查找不到被举报电商，最先接收举报的价格主管部门应当根据举报人提供的地址，或者从全国企业信用信息公示系统查询得知的地址，实地调查取证。确实无从查找的，妥善保存调查证据和平台提供的相关材料，根据《价格违法行为举报处理规定》第十条规定不予立案，办结举报并告知举报人。

第九条　接到转办举报件的价格主管部门对管辖有异议，应当在收到举报之日起 2 个工作日内，附转办依据和证据，报请共同上一级价格主管部门指定管辖。

第十条　消费者单独提出的价格投诉，由被投诉经营者所在地市、县价格主管部门管辖，无管辖权的价格主管部门无需转办，直接作出不予受理决定，并在收到投诉之日起 7 个工作日内告知投诉人。消费者在价格举报时一并提出的价格投诉，由受理价格举报的价格主管部门管辖。收到举报的价格主管部门无管辖权的，对价格举报依照本规定转办；对价格投诉无需转办，直接作出不予受理决定，并在收到投诉之日起 7 个工作日内告知投诉人。

第十一条　本规定由国家发展和改革委员会负责解释。

第十二条　本规定试行一年，自 2017 年 1 月 1 日起实施。

网络交易价格举报管辖规定

（2018 年 2 月 3 日）

第一条　为了不断提高网络交易价格举报办理质量和效率，切实维护消费者和经营者的合法权益，根据《价格行政处罚程序规定》、《价格违法行为举报处理规定》，制定本规定。

第二条　价格主管部门受理、办理涉及网络交易价格行为的举报，需要确定管辖的，适用本规定。

第三条　本规定所称网络交易，是指通过互联网（含移动互联网）销售、购买商品或者提供、接受有偿服务的活动。

本规定所称网络交易经营者，是指通过互联网（含移动互联网）销售、收购商品或者提供有偿服务的法人、其他组织和个人（以下简称电商）。

本规定所称网络交易平台，是指依法登记注册并取得营运许可，为网络交易行为提供虚拟经营场所及相关服务的法人与其他组织（以下简称平台）。

第四条　受理、办理网络交易价格举报遵循行为发生地管辖原则。网络交易进行时，被举报经营者所在地即行为发生地。

被举报的网络交易价格行为系电商实施，由电商行为发生地价格主管部门管辖。

被举报的网络交易价格行为系平台实施，由平台行为发生地价格主管部门管辖。

被举报的网络交易价格行为系平台和电商共同实施，由平台行为发生地价格主管部门管辖。

第五条　被举报电商行为发生地难以确认的，由最先接收举报的价格主管部门在收到举报之日起 1 个工作日内，从 12358 价格监管系统向平台发送电子协查文书，通过平台查找。

第六条　平台应当配合价格主管部门，及时与被举报电商联系，认真查询核对相关信息，确保真实准确，并在收到协查文书之日起 2 个工作日内反馈结果（包括有效联系人、联系方式、具体地址、被举报电商确认上述信息的录音或书面材料等）。

平台查找不到被举报电商，应当向最先接收举报、发送电子协查文书的价格主管部门通过书面形式提供查找过程，说明查找不到的原因。

平台拖延查找、拒不查找、故意隐瞒、拒不提供被举报电商相关信息，或者提供的被举报电商相关信息虚假、错误、不真实、不准确，按照《价格法》第四十四条、《价格违法行为行政处罚规定》第十四条相关规定进行处理。

第七条　最先接收举报的价格主管部门通过平台查找到被举报电商行为发生地后，按照以下情形分别处理：

（一）被举报电商属于本机关管辖的，自收到举报之日起 7 个工作日内受理并告知举报人。

（二）被举报电商不属于本机关管辖的，自收到举报之日起，在规定时限内转至有管辖权的价格主管部门办理并告知举报人。转办文书应当附上相关证据材料以及通过平台查找到的被举报电商相关信息。

第八条 通过平台查找不到被举报电商，最先接收举报的价格主管部门应当根据举报人提供的地址，或者从全国企业信用信息公示系统查询得知的地址，实地调查取证。确实无从查找的，妥善保存调查证据和平台提供的相关材料，根据《价格违法行为举报处理规定》第十条规定不予立案，办结举报并告知举报人。

第九条 接到转办举报件的价格主管部门对管辖有异议，应当在收到举报之日起 2 个工作日内，附转办依据和证据，报请共同上一级价格主管部门指定管辖。

第十条 消费者单独提出的价格投诉，由被投诉经营者所在地市、县价格主管部门管辖，无管辖权的价格主管部门无需转办，直接作出不予受理决定，并在收到投诉之日起 7 个工作日内告知投诉人。

消费者在价格举报时一并提出的价格投诉，由受理价格举报的价格主管部门管辖。收到举报的价格主管部门无管辖权的，对价格举报依照本规定转办；对价格投诉无需转办，直接作出不予受理决定，并在收到投诉之日起 7 个工作日内告知投诉人。

第十一条 本规定由国家发展和改革委员会负责解释。

第十二条 本规定自印发之日起实施，有效期五年。

·商务部

第三方电子商务交易平台服务规范

（2016年8月18日　2011年第18号）

目　　录

前　　言

本规范的全部技术内容为推荐性。

本规范的制定是根据国家相关法律法规，参照中华人民共和国《互联网信息服务管理办法》（国务院令2000年第292号）、商务部《关于网上交易的指导意见（暂行）》（商务部公告2007年第19号）和国家工商行政管理总局《网络商品交易及有关服务行为管理暂行办法》（国家工商行政管理总局令2010年第49号）的规定，并总结电子商务实际运作经验制定的。

本规范由中华人民共和国商务部提出。

引　　言

电子商务服务业是以信息技术应用和经济

发展需求为基础，对社会全局和可持续发展具有重要引领带动作用的新兴产业。中国电子商务正处在高速发展时期。加强电子商务标准化建设，对于促进经济增长方式的转变，推动经济社会又好又快发展具有重要意义。

第三方电子商务交易平台在电子商务服务业发展中具有举足轻重的作用。第三方电子商务交易平台不仅沟通了买卖双方的网上交易渠道，大幅度降低了交易成本，也开辟了电子商务服务业的一个新的领域。加强第三方电子商务交易平台的服务规范，对于维护电子商务交易秩序，促进电子商务健康快速发展，具有非常重要的作用。

为规范第三方电子商务交易平台的经营活动，保护企业和消费者合法权益，营造公平、诚信的交易环境，保障交易安全，促进电子商务的快速发展，依据中华人民共和国有关法律法规和相关政策文件制定本规范。

1. 范围

本规范规定了在中华人民共和国境内从事第三方电子商务交易平台服务和经营活动的行为规范，但法律法规另有规定的除外。

商务部负责对本规范的解释。

2. 规范性引用文件

本规范起草过程中参考了下述文件

（1）中华人民共和国《互联网信息服务管理办法》（国务院令2000年第292号）

（2）商务部《关于网上交易的指导意见（暂行）》（商务部公告2007年第19号）；

（3）国家工商行政管理总局《网络商品交易及有关服务行为管理暂行办法》（国家工商行政管理总局令2010年第49号）；

（4）国家标准《电子商务模式规范》（SB/T10518－2009）；

（5）国家标准《网络交易服务规范》（SB/T10519－2009）；

（6）国家标准《大宗商品电子交易规范》（GB/T18769－2003）；

（7）国家标准《第三方电子商务服务平台服务及其等级划分规范 B2B \ B2C 电子商务服务平台》（GB/T24661.2－2009）；

（8）公安部、国家保密局、国家密码管理局、国务院信息化工作办公室《信息安全等级保护管理办法》（公通字［2007］43号）。

相对于上述文件，本规范突出表现出两方面的特点：

（1）规制的重点不同。本规范专注于对主体的管理，规制交易主体之间的关系，并从法律角度提出规范的条款。

（2）写作的方法不同。本规范没有对第三方交易平台的所有行为进行详细的规定，这主要是因为现有文件已经对电子商务交易活动作了详细的、静态的规定。本规范主要关注现有文件和标准没有顾及的交易主体之间关系的调整，并把这种调整看作一种动态的、系统的活动。

3. 术语和定义

3.1 电子商务

本规范所指的电子商务，系指交易当事人或参与人利用现代信息技术和计算机网络（包括互联网、移动网络和其他信息网络）所进行的各类商业活动，包括货物交易、服务交易和知识产权交易。

3.2 第三方电子商务交易平台

第三方电子商务交易平台（以下简称第三方交易平台）是指在电子商务活动中为交易双方或多方提供交易撮合及相关服务的信息网络系统总和。

3.3 平台经营者

第三方交易平台经营者（以下简称平台经营者）是指在工商行政管理部门登记注册并领取营业执照，从事第三方交易平台运营并为交易双方提供服务的自然人、法人和其他组织。

3.4 站内经营者

第三方交易平台站内经营者（以下简称站内经营者）是指在电子商务交易平台上从事交易及有关服务活动的自然人、法人和其他组织。

4. 基本原则

4.1 公正、公平、公开原则

平台经营者在制定、修改业务规则和处理

争议时应当遵守公正、公平、公开原则。

4.2 **业务隔离原则**

平台经营者若同时在平台上从事站内经营业务的，应当将平台服务与站内经营业务分开，并在自己的第三方交易平台上予以公示。

4.3 **鼓励与促进原则**

鼓励依法设立和经营第三方交易平台，鼓励构建有利于平台发展的技术支撑体系。

鼓励平台经营者、行业协会和相关组织探索电子商务信用评价体系、交易安全制度，以及便捷的小额争议解决机制，保障交易的公平与安全。

5. 第三方交易平台的设立与基本行为规范

5.1 **设立条件**

第三方电子商务交易平台的设立应当符合下列条件：

（1）有与从事的业务和规模相适应的硬件设施；

（2）有保障交易正常运营的计算机信息系统和安全环境；

（3）有与交易平台经营规模相适应的管理人员、技术人员和客户服务人员；

（4）符合《中华人民共和国电信条例》《互联网信息服务管理办法》、《网络商品交易及有关服务行为管理暂行办法》、《电子认证服务管理办法》等法律、法规和规章规定的其他条件。

5.2 **市场准入和行政许可**

平台经营者应当依法办理工商登记注册；涉及行政许可的，应当取得主管部门的行政许可。

5.3 **平台经营者信息公示**

平台经营者应当在其网站主页面或者从事经营活动的网页显著位置公示以下信息：

（1）营业执照、组织机构代码证、税务登记证以及各类经营许可证；

（2）互联网信息服务许可登记或经备案的电子验证标识；

（3）经营地址、邮政编码、电话号码、电子信箱等联系信息及法律文书送达地址；

（4）监管部门或消费者投诉机构的联系方式。

（5）法律、法规规定其他应披露的信息。

5.4 **交易平台设施及运行环境维护**

平台经营者应当保障交易平台内各类软硬件设施的正常运行，维护消防、卫生和安保等设施处于正常状态。

平台经营者应按照国家信息安全等级保护制度的有关规定和要求建设、运行、维护网上交易平台系统和辅助服务系统，落实互联网安全保护技术措施，依法实时监控交易系统运行状况，维护平台交易系统正常运行，及时处理网络安全事故。

日交易额1亿元人民币以上（含1亿元）的第三方电子商务交易平台应当设置异地灾难备份系统，建立灾难恢复体系和应急预案。

5.5 **数据存储与查询**

平台经营者应当妥善保存在平台上发布的交易及服务的全部信息，采取相应的技术手段保证上述资料的完整性、准确性和安全性。站内经营者和交易相对人的身份信息的保存时间自其最后一次登录之日起不少于两年；交易信息保存时间自发生之日起不少于两年。

站内经营者有权在保存期限内自助查询、下载或打印自己的交易信息。

鼓励第三方交易平台通过独立的数据服务机构对其信息进行异地备份及提供对外查询、下载或打印服务。

5.6 **制订和实施平台交易管理制度**

平台经营者应提供规范化的网上交易服务，建立和完善各项规章制度，包括但不限于下列制度：

（1）用户注册制度；

（2）平台交易规则；

（3）信息披露与审核制度；

（4）隐私权与商业秘密保护制度；

（5）消费者权益保护制度；

（6）广告发布审核制度；

（7）交易安全保障与数据备份制度；

（8）争议解决机制；

（9）不良信息及垃圾邮件举报处理机制；

（10）法律、法规规定的其他制度。

平台经营者应定期在本平台内组织检查网

上交易管理制度的实施情况，并根据检查结果及时采取改善措施。

5.7 **用户协议**

平台经营者的用户协议及其修改应至少提前30日公示，涉及消费者权益的，应当抄送当地消费者权益保护机构。

用户协议应当包括但不限于以下内容：

（1）用户注册条件；

（2）交易规则；

（3）隐私及商业秘密的保护；

（4）用户协议的修改程序；

（5）争议解决方式；

（6）受我国法律管辖的约定及具体管辖地；

（7）有关责任条款。

平台经营者应采用技术等手段引导用户完整阅读用户协议，合理提示交易风险、责任限制和责任免除条款，但不得免除自身责任，加重用户义务，排除用户的法定权利。

5.8 **交易规则**

平台经营者应制定并公布交易规则。交易规则的修改应当至少提前30日予以公示。用户不接受修改的，可以在修改公告之日起60日内书面通知退出。平台经营者应当按照原交易规则妥善处理用户退出事宜。

5.9 **终止经营**

第三方交易平台歇业或者其他自身原因终止经营的，应当提前一个月通知站内经营者，并与站内经营者结清财务及相关手续。

涉及行政许可的第三方交易平台终止营业的，平台经营者应当提前一个月向行政主管部门报告；并通过合同或其他方式，确保在合理期限内继续提供对消费者的售后服务。

5.10 **平台交易情况的统计**

平台经营者应当做好市场交易统计工作，填报统计报表，定期向有关行政主管部门报送。

6. 平台经营者对站内经营者的管理与引导

6.1 **站内经营者注册**

（1）通过第三方交易平台从事商品交易及有关服务行为的自然人，需要向平台经营者提出申请，提交身份证明文件或营业执照、经营地址及联系方式等必要信息。

（2）通过第三方交易平台从事商品交易及有关服务行为的法人和其他组织，需要向平台经营者提出申请，提交营业执照或其他获准经营的证明文件、经营地址及联系方式等必要信息。

（3）第三方电子商务交易平台应当核验站内经营者的营业执照、税务登记证和各类经营许可证。第三方电子商务交易平台对外是否显示站内经营者真实名称和姓名由平台经营者和站内经营者协商确定。

（4）平台经营者应当每年定期对实名注册的站内经营者的注册信息进行验证，对无法验证的站内经营者应予以注明。

（5）平台经营者应当加强提示，督促站内经营者履行有关法律规定和市场管理制度，增强诚信服务、文明经商的服务意识，倡导良好的经营作风和商业道德。

6.2 **进场经营合同的规范指导**

平台经营者在与站内经营者订立进场经营合同时，应当依法约定双方规范经营的有关权利义务、违约责任以及纠纷解决方式。该合同应当包含下列必备条款：

（1）平台经营者与站内经营者在网络商品交易及有关服务行为中不得损害国家利益和公众利益，不得损害消费者的合法权益。

（2）站内经营者必须遵守诚实守信的基本原则，严格自律，维护国家利益，承担社会责任，公平、公正、健康有序地开展网上交易，不得利用网上交易从事违法犯罪活动。

（3）站内经营者应当注意监督用户发布的信息，依法删除违反国家规定的信息，防范和减少垃圾邮件。

（4）站内经营者应当建立市场交易纠纷调解处理的有关制度，并在提供服务网店的显著位置公布纠纷处理机构及联系方式。

6.3 **站内经营者行为规范**

平台经营者应当通过合同或其他方式要求站内经营者遵守以下规范，督促站内经营者建立和实行各类商品信誉制度，方便消费者监督和投诉：

（1）站内经营者应合法经营，不得销售不符合国家标准或有毒有害的商品。对涉及违法经营的可以暂停或终止其交易。

（2）对涉及违法经营或侵犯消费者权益的站内经营者可以按照事先公布的程序在平台上进行公示。

（3）站内经营者应就在停止经营或撤柜前3个月告知平台经营者，并配合平台经营者处理好涉及消费者或第三方的事务。

（4）站内经营者应主动配合平台经营者就消费者投诉所进行的调查和协调。

6.4　对交易信息的管理

平台经营者应对其平台上的交易信息进行合理谨慎的管理：

（1）在平台上从事经营活动的，应当公布所经营产品的名称、生产者等信息；涉及第三方许可的，还应公布许可证书、认证证书等信息。

（2）网页上显示的商品信息必须真实。对实物（有形）商品，应当从多角度多方位予以展现，不可对商品的颜色、大小、比例等做歪曲或错误的显示；对于存在瑕疵的商品应当给予充分的说明并通过图片显示。发现站内经营者发布违反法律、法规广告的，应及时采取措施制止，必要时可以停止对其提供网上交易平台服务。

（3）投诉人提供的证据能够证明站内经营者有侵权行为或发布违法信息的，平台经营者应对有关责任人予以警告，停止侵权行为，删除有害信息，并可依照投诉人的请求提供被投诉人注册的身份信息及联系方式。

（4）平台经营者应承担合理谨慎信息审查义务，对明显的侵权或违法信息，依法及时予以删除，并对站内经营者予以警告。

6.5　交易秩序维护

平台经营者应当采取合理措施，保证网上交易平台的正常运行，提供安全可靠的交易环境和公平、公正、公开的交易服务，维护交易秩序，建立并完善网上交易的信用评价体系和交易风险警示机制。

平台经营者应当合理提示用户关注交易风险，在执行用户的交易支付指令前，应当要求用户对交易明细进行确认；从事网上支付服务的经营者，在执行支付指令前，也应当要求付款人进行确认。

鼓励平台经营者设立冷静期制度，允许消费者在冷静期内无理由取消订单。

鼓励网络第三方交易平台和平台经营者向消费者提供“卖家保证金”服务。保证金用于消费者的交易损失赔付。保证金的金额、使用方式应事先向当地工商行政主管部门备案并公示。

6.6　交易错误

平台经营者应当调查核实个人用户小额交易中出现操作错误投诉，并帮助用户取消交易，但因具体情况无法撤销的除外。

6.7　货物退换

平台经营者应当通过合同或其他方式要求站内经营者依照国家有关规定，实施商品售后服务和退换货制度，对于违反商品售后服务和退换货制度规定的站内经营者，平台经营者应当受理消费者的投诉，并可依照合同追究其违约责任。

6.8　知识产权保护

平台经营者应当建立适当的工作机制，依法保护知识产权。对于权利人附有证据并通知具体地址的侵权页面、文件或链接，平台经营者应通知被投诉人，同时采取必要措施保护权利人合法权益。法律法规另有规定的除外。

平台经营者应通过合同或其他方式要求站内经营者遵守《商标法》、《反不正当竞争法》、《企业名称登记管理规定》等法律、法规、规章的规定，不得侵犯他人的注册商标专用权、企业名称权等权利。

6.9　禁止行为

第三方交易平台同时利用自有平台进行网上商品（服务）交易的，不得相互串通，利用自身便利操纵市场价格，扰乱市场秩序，损害其他经营者或者消费者的合法权益。

7. 平台经营者对消费者的合理保护

未经用户同意，平台经营者不得向任何第三方披露或转让用户名单、交易记录等数据，但法律法规另有规定的除外。

平台经营者应督促站内交易经营者出具购货凭证、服务单据及相关凭证。

消费者在网络交易平台购买商品或者接受服务，发生消费纠纷或者其合法权益受到损害的，平台经营者应当向消费者提供站内经营者的真实的网站登记信息，积极协助消费者维护自身合法权益。

8. 平台经营者与相关服务提供者的协调

8.1 **电子签名**

鼓励依照《中华人民共和国电子签名法》的规定订立合同。标的金额高于5万元人民币的网上交易，第三方交易平台应提示交易双方使用电子签名。

8.2 **电子支付**

第三方电子商务交易平台采用的电子支付应当由银行或具备合法资质的非金融支付机构提供。

8.3 **广告发布**

平台经营者对平台内被投诉的广告信息，应当依据广告法律规定进行删除或转交广告行政主管机构处理。

第三方交易平台应约束站内经营者不得发布虚假的广告信息，不得发送垃圾邮件。

对于国家明令禁止交易的商品或服务，提供搜索服务的第三方交易平台在搜索结果展示页面应对其名称予以屏蔽或限制访问。

9. 监督管理

9.1 **行业自律**

鼓励第三方平台经营者依照本规范进行行业自律，支持有关行业组织对平台经营者的服务进行监督和协调。

鼓励行业协会设立消费警示制度，监督和约束有不良行为的平台经营者。

鼓励平台经营者成立行业自律组织，制定行规和行约，建立网上交易诚信体系，加强自律，推动网上交易的发展。

9.2 **投诉管理**

消费者协会和相关组织通过在线投诉机制受理的网上交易争议投诉，平台经营者应及时配合处理与反馈。

对于不良用户，平台经营者可以根据事先公示的程序和规则对站内经营者的市场准入进行限制。

9.3 **政府监管**

各级商务主管部门应当建立网上交易服务规范的监管责任制度和责任追究制度，依法对平台经营者及站内经营者的交易行为进行监督。

网络交易服务规范

（2009年4月2日　商务部公告2009年第21号）

目　　录

前　　言

本标准由中华人民共和国商务部提出并归口。

本标准主要起草单位：上海科识通信息科技有限公司。

本标准主要起草人：朱继平、张立平、张媛媛。

网络交易服务规范

1　**范围**

本标准针对电子商务 B2B、B2C 和 C2C 模式的特点，规定了各模式中网络交易方、网络交易平台提供商、网络支付平台提供商和网络交易辅助服务提供商的行为服务规范。

本标准适用于中国境内所有的网络交易服

务行为。

2 **术语和定义**

网络交易 network transaction

网络交易，是指发生在企业（或其他组织机构）之间（Business to Business，简称 B2B）、企业（或其他组织机构）与消费者之间（Business to Consumer，简称 B2C）、消费者之间（Consumer to Consumer，简称 C2C）通过网络手段缔结的商品或服务交易。

网络交易服务 network transaction service

网络交易方、网络交易平台提供商、网络支付平台提供商和网络交易辅助服务提供商为缔结和履行网络交易所提供的各种服务。

网络交易方 network transaction party

通过网络进行交易的双方，分为：

（a）卖方：利用网络出售商品或提供服务。

（b）买方：利用网络购买商品或获得服务。

网络交易平台 network transaction platform

为网络交易提供商品或服务交易的系统。

网络交易平台提供商 network transaction platform provider

为网络交易提供交易平台，并进行平台运营和管理的法人或法人委派的行为主体。

网络支付平台 network payment platform

为网络交易提供交易安全支付服务的系统。

网络支付平台提供商 network payment platform provider

为网络交易提供网络安全支付平台，并进行平台运营和管理的法人或法人委派的行为主体。

网络交易辅助服务 network transaction aid service

为网络交易提供其他所需的服务活动，如：交易物的运输或寄递、交易保险、数字证书认证等。

网络交易辅助服务提供商 network transaction aid service provider

为网络交易提供辅助服务的法人或法人委派的行为主体。

3 **基本要求**

遵守国家法律法规及相关部门规章标准

网络交易方、网络交易平台提供商、网络支付平台提供商和网络交易辅助服务提供商应遵守国家有关法律法规及相关部门的规章标准等。

遵守网络技术规范和安全规范

网络交易以网络技术为基础，网络交易方、网络交易平台提供商、网络支付平台提供商和网络交易辅助服务提供商应遵守相关的网络技术规范和安全规范等。

遵循诚信自律原则

网络交易方、网络交易平台提供商、网络支付平台提供商和网络交易辅助服务提供商应遵循诚信自律的原则。

保护知识产权

网络交易方、网络交易平台提供商、网络支付平台提供商和网络交易辅助服务提供商应遵守国家有关知识产权的法律法规，不得侵害他人的专利权、商标权、著作权等，并有权利和义务保护相关知识产权。

严格禁止国家法律法规等规定的违法行为

严格禁止通过网络从事法律法规和国家其他有关规定禁止的违法犯罪行为，如赌博、洗钱、传销以及贩卖枪支、毒品、禁药、盗版软件、淫秽商品和服务等。

网络交易不得提供和买卖未经审批的需要相应资质的商品或服务，禁止采用各种手段规避按照法律法规和国家其他有关规定必须具备相应资质才能开展的经营活动，如期货、烟草、石油和药品等。

4 **B2B 模式网络交易服务规范**

网络交易方

具备合法的主体资格

网络交易方应具备法人或法人委派的行为主体资格，在网络注册和交易的过程中，网络交易方应使用真实身份和真实信息，同时还需在网上提供相应的资质证明以便核准查询，如：营业执照、税务登记证、特殊业务许可证（如涉及特殊业务）以及真实的实体经营地址和联系方式等。

保证商品或服务信息发布准确

卖方应在网络交易平台上如实发布商品或服务信息，并对商品或服务的内容进行必要和明确的说明。

严格按照订单或合同提供商品或服务

卖方应严格按照订单或合同提供商品或服

务，并保证其销售商品或服务的质量，不得提供假冒伪劣的商品或服务，并应积极为买方提供完善的售前、售中和售后服务。

选择安全的支付方式

网络交易方可以根据实际情况选择支付方式，如网上支付、货到付款或款到发货等，提高防风险意识。在进行网上支付时，应注意账户和密码的保密。

交易凭据的保存

网络交易方应妥善保存交易记录文档，包括发货单、汇款单和发票等有法律效力的凭证，保存年限不低于法律法规认可的年限。

在涉及大额或重要交易时，可以生成必要的书面文件或采取其他合理措施记录和保存交易信息。

权益保护

网络交易方的各项合法权利和权益受法律保护，不得以任何手段对其合法的权利和权益进行侵害。

非经交易方同意，网络交易平台提供商、网络支付平台提供商和辅助服务提供商不得向第三方披露、转让或出售交易当事人名单、交易记录等涉及用户隐私或商业秘密的数据，但通过正常途径已经为公众获知的资料或法律法规另有规定的不在此列。

交易纠纷处理

网络交易双方发生交易纠纷时，网络交易平台提供商、网络支付平台提供商和网络交易辅助服务提供商应积极协助取证和纠纷协调解决。

网络交易平台提供商

具备合法的主体资格

网络交易平台提供商应具备法人或法人委派的行为主体资格，在网络交易平台上应提供相应的资质证明以便核准查询，如：营业执照、税务登记证等。

建立完善的规章制度

网络交易平台提供商应提供规范化的网上交易服务，建立健全其规章制度，如交易系统安全制度、用户注册管理制度、保证金管理制度、信息监管和举报制度、交易数据存储和备份制度、交易纠纷处理制度等。

保证交易系统的稳定和安全

网络交易平台提供商应按照国家信息安全登记保护制度的有关规定和要求建设、运行、维护网络交易平台系统，落实网络安全保护技术措施。

网络交易平台提供商应高度重视网络交易平台系统的稳定和安全，采取各种合理有力的措施保证网络交易系统稳定和安全地运行。

用户注册管理

网络交易平台提供商应要求网络交易方进行用户注册，并提供企业（或其他组织机构）真实身份信息。网络交易平台提供商应在可行的范围内采取合理措施对用户注册信息的真实性进行审查和注册资料的备份。如果发现和证实用户使用虚假信息进行注册和交易，网络交易平台提供商有权利和责任及时对该用户进行注销，并保存有关记录。

网络交易平台提供商应定期核验其平台上交易方的经营凭证，网络交易各方应及时在网上提供近期通过主管部门年审的相应经营凭证。

网络交易平台提供商应对用户的注册信息至少保存 3 年（从最后一次登录算起），同时网络交易平台提供商还应保存和及时更新用户登录日志。对于发布有害或违法信息的用户，网络交易平台提供商有权利对该用户进行及时注销，并保存有关记录。

保证金收取和管理

网络交易平台提供商可以依法根据交易的具体情况对网络交易方收取一定的保证金，并建立严格的保证金管理制度。保证金通常只用于交易纠纷的处理或争议方信用的必要保证，保证金的额度或比例可以根据承担的防风险责任的具体情况约定。

保证金的所有权属于保证金缴纳方所有，网络交易平台提供商应以合法、合理的方式对保证金进行管理，不得对保证金进行非法挪用、转移等。

网络交易信息监管

网络交易平台提供商有责任审核和监控交易方发布的商品信息、公开论坛和用户反馈栏中的信息，对有害或违法信息应当立即予以删除，并保存有关记录。

如有第三方主诉网络交易平台中的信息或公开论坛、用户反馈等栏目中的信息侵犯其合法权益，在该诉求方提供其身份证明、事实证明和具体网络链接地址的情况下，网络交易平台提供商应当予以及时删除。

网络交易平台提供商应建立商品或服务违规举报机制，实现交易方等对网络销售假冒伪劣商品或服务进行及时的违规举报，并在严重情况下报告国家有关部门进行处理。

交易数据存储和备份

网络交易平台提供商应及时保存其平台上发生的网络交易的相关信息、记录或资料，包括商品名称、商品介绍、交易数量、交易单价、交易金额、交易时间以及交易方的名称、地址、联系方式等，保存时间自交易完成之日起不得少于3年，涉税资料需根据国家相关部门规定年限保存。

网络交易平台提供商应具备数据存储、数据备份、灾难恢复和相应技术手段，保证上述资料的完整性、准确性、安全性和不可更改性，并在必要权限核查后可检索查用。

交易纠纷处理

网络交易平台提供商应提供网上纠纷处理机制和投诉渠道，当发生纠纷时，网络交易平台提供商应积极协调交易方利益，协助取证和纠纷事项处理。

网络支付平台提供商

具备合法的主体资格

网络支付平台提供商应具备法人或法人委派的行为主体资格，在网络支付平台上应提供相应的主体资质证明以便核准查询，如：营业执照、税务登记证等。

网络支付平台提供商应具备通过银行业金融机构或经国家有关部门批准的非金融企业法人提供电子商务交易支付清算服务的功能，并确保在线支付的安全、有效。

建立完善的规章制度

网络支付平台提供商应提供规范化的网络支付服务，建立健全其规章制度，如支付系统安全制度、用户注册管理制度、账户和资金安全管理制度、信息监管和举报制度、支付数据存储和备份制度等。

保证支付系统的稳定和安全

网络支付平台提供商应按照国家信息安全登记保护制度的有关规定和要求建设、运行、维护网络支付平台系统，落实网络安全保护技术措施。

网络支付平台提供商应高度重视网络支付平台系统的稳定和安全，采取各种合理有力的措施保证网络支付系统稳定和安全地运行。

用户注册管理

网络支付平台提供商应要求网络交易方进行用户注册，并提供企业真实身份信息。网络支付平台提供商应在可行的范围内采取合理措施对用户注册信息的真实性进行审查和注册资料的备份。如果发现和证实用户使用虚假信息进行注册，网络支付平台提供商有权利及时对该用户进行注销，并保存有关记录。

保证账户和资金安全

网络支付平台提供商应根据网络交易的特点，采取合理有力的措施保证用户身份信息、账户以及密码的安全，保证交易资金的安全。

网络支付平台提供商不得以任何方式恶意占压资金、非法套现、挪用或转移资金以及非法融资等。

支付数据存储和备份

网络支付平台提供商应及时保存其平台上发生的网络支付的相关信息、记录或资料，保存时间自支付完成之日起不得少于3年，国家另有规定资料保存年限除外。

网络支付平台提供商应具备数据存储、数据备份、灾难恢复和相应技术手段，保证上述资料的完整性、准确性、安全性和不可更改性，并在必要权限核查后可检索查用。

纠纷处理

网络支付平台提供商应提供网上纠纷处理机制和投诉渠道，当发生纠纷时，网络支付平台提供商应积极协助取证和纠纷协调处理。

网络交易辅助服务提供商

具备合法的主体资格

网络交易辅助服务提供商应具备法人或法人委派的行为主体资格，当网络交易辅助服务提供商通过网络提供服务时，则需要在相应网络上提供其主体资质证明以便核准查询，如：营业执照、税务登记证等。

建立完善的规章制度

网络交易辅助服务提供商应提供规范化的交易辅助服务，建立健全其规章制度，如辅助服务管理制度、辅助服务数据存储和备份制度、辅助服务纠纷处理制度等。

保证辅助服务的稳定和安全

网络交易辅助服务提供商应按照交易辅助服务的要求提供稳定和安全的辅助服务，并采取各种合理有力的措施保证辅助服务的稳定和安全。

辅助服务数据存储和备份

网络交易辅助服务提供商应保存与其发生辅助服务的相关信息、记录或资料，保存时间自辅助服务结束之日起不得少于3年，国家另有规定资料保存年限除外。

网络交易辅助服务提供商应保证辅助服务数据的完整性、准确性、安全性和不可更改性，并在必要权限核查后可检索查用。

纠纷处理

网络交易辅助服务提供商应提供辅助服务纠纷处理机制和投诉渠道，当发生纠纷时，网络交易辅助服务提供商应积极协助取证和纠纷协调处理。

5 B2C模式网络交易服务规范

网络交易方

使用真实身份

网络交易方在网络注册和交易的过程中，应使用真实的企业（或其他组织机构）身份信息或个人身份信息，对于企业（或其他组织机构）交易方，还需在网上提供相应的资质证明以便核准查询，如：营业执照、税务登记证、特殊业务许可证（如涉及特殊业务）以及真实的实体经营地址和联系方式等。

保证商品或服务信息发布准确

卖方应在网络交易平台上如实发布商品或服务信息，并对商品或服务的内容进行必要和明确的说明。

保证商品或服务的质量

卖方应保证其销售商品或服务的质量，并为买方提供完善的售前、售中和售后服务。

当销售商品存在缺陷时，卖方应积极配合有关部门进行缺陷产品的调查评估和召回工作。

选择安全的支付手段

网络交易方可以根据实际情况选择支付方式，如网上支付、货到付款或款到发货等，提高防风险意识。在进行网上支付时，应注意账户和密码的保密。

交易凭据的保存

网络交易方应妥善保存交易记录文档，包括发货单、汇款单和发票等有法律效力的凭证，保存年限不低于法律法规认可的年限。

权益保护

网络交易方的各项合法权利和权益受法律保护，不得以任何手段对其合法的权利和权益进行侵害。

非经交易方同意，网络交易平台提供商、网络支付平台提供商和辅助服务提供商不得向第三方披露、转让或出售交易当事人名单、交易记录等涉及用户隐私或商业秘密的数据，但通过正常途径已经为公众获知的资料或法律法规另有规定的不在此列。

交易纠纷处理

网络交易双方发生交易纠纷时，网络交易平台提供商、网络支付平台提供商和网络交易辅助服务提供商应积极协助取证和纠纷协调解决。

网络交易平台提供商

具备合法的主体资格

网络交易平台提供商应具备法人或法人委派的行为主体资格，在网络交易平台上应提供相应的资质证明以便核准查询，如：营业执照、税务登记证等。

建立完善的规章制度

网络交易平台提供商应提供规范化的网上交易服务，建立健全其规章制度，如交易系统安全制度、用户注册管理制度、保证金管理制度、信息监管和举报制度、交易数据存储和备份制度、交易纠纷处理制度等。

保证交易系统的稳定和安全

网络交易平台提供商应按照国家信息安全登记保护制度的有关规定和要求建设、运行、维护网络交易平台系统，落实网络安全保护技术措施。

网络交易平台提供商应高度重视网络交易平台系统的稳定和安全，采取各种合理有力的措施保证网络交易系统稳定和安全地运行。

用户注册管理

网络交易平台提供商应要求网络交易方进行用户注册，并提供企业（或其他组织机构）

真实身份信息或个人真实身份信息。网络交易平台提供商应在可行的范围内采取合理措施对用户注册信息的真实性进行审查和注册资料的备份。如果发现和证实用户使用虚假信息进行注册和交易，网络交易平台提供商有权利和责任及时对该用户进行注销，并保存有关记录。

网络交易平台提供商应定期核验其平台上交易方的经营凭证，网络交易各方应及时在网上提供近期通过主管部门年审的相应经营凭证。

网络交易平台提供商应对用户的注册信息至少保存2年（从最后一次登录算起），同时网络交易平台提供商还应保存和及时更新用户登录日志。对于发布有害或违法信息的用户，网络交易平台提供商有权利对该用户进行及时注销，并保存有关记录。

保证金收取和管理

网络交易平台提供商可以依法根据交易的具体情况对网络交易方收取一定的保证金，并建立严格的保证金管理制度。保证金通常只用于交易纠纷的处理或争议方信用的必要保证，保证金的额度或比例可以根据承担的防风险责任的具体情况约定。

保证金的所有权属于保证金缴纳方所有，网络交易平台提供商应以合法、合理的方式对保证金进行管理，不得对保证金进行非法挪用、转移等。

网络交易信息监管

网络交易平台提供商有责任审核和监控交易方发布的商品信息、公开论坛和用户反馈栏中的信息，对有害或违法信息应当立即予以删除，并保存有关记录。

如有第三方主诉网络交易平台中的信息或公开论坛、用户反馈等栏目中的信息侵犯其合法权益，在该诉求方提供其身份证明、事实证明和具体网络链接地址的情况下，网络交易平台提供商应当予以及时删除。

网络交易平台提供商应建立商品或服务违规举报机制，实现交易方等对网络销售假冒伪劣商品或服务进行及时的违规举报，并在严重情况下报告国家有关部门进行处理。

交易数据存储和备份

网络交易平台提供商应及时保存其平台上发生的网络交易的相关信息、记录或资料，包括商品名称、商品介绍、交易数量、交易单价、交易金额、交易时间以及交易方的名称、地址、联系方式等，保存时间自交易完成之日起不得少于2年，涉税资料需根据国家相关部门规定年限保存。

网络交易平台提供商应具备数据存储、数据备份、灾难恢复和相应技术手段，保证上述资料的完整性、准确性、安全性和不可更改性，并在必要权限核查后可检索查用。

对于网络游戏或网络社区里的虚拟交易物如虚拟货币、虚拟道具等，其生产和交易平台提供商不仅要记录虚拟交易物的原始生产数据（网络虚拟交易物应具有唯一编码），还要记录虚拟交易物在交易过程中产生的相关交易数据，并不得更改。

交易纠纷处理

网络交易平台提供商应提供网上纠纷处理机制和投诉渠道，当发生纠纷时，网络交易平台提供商应积极协调交易方利益，协助取证和纠纷事项处理。

网络支付平台提供商

具备合法的主体资格

网络支付平台提供商应具备法人或法人委派的行为主体资格，在网络支付平台上应提供相应的主体资质证明以便核准查询，如：营业执照、税务登记证等。

网络支付平台提供商应具备通过银行业金融机构或经国家有关部门批准的非金融企业法人提供电子商务交易支付清算服务的功能，并确保在线支付的安全、有效。

建立完善的规章制度

网络支付平台提供商应提供规范化的网络支付服务，建立健全其规章制度，如支付系统安全制度、用户注册管理制度、账户和资金安全管理制度、信息监管和举报制度、支付数据存储和备份制度等。

保证支付系统的稳定和安全

网络支付平台提供商应按照国家信息安全登记保护制度的有关规定和要求建设、运行、维护网络支付平台系统，落实网络安全保护技术措施。

网络支付平台提供商应高度重视网络支付平台系统的稳定和安全，采取各种合理有力的措施保证网络支付系统稳定和安全地运行。

用户注册管理

网络支付平台提供商应要求网络交易方进行用户注册，并提供企业真实身份信息或个人真实身份信息。网络支付平台提供商应在可行的范围内采取合理措施对用户注册信息的真实性进行审查和注册资料的备份。如果发现和证实用户使用虚假信息进行注册，网络支付平台提供商有权利及时对该用户进行注销，并保存有关记录。

网络支付平台提供商应对用户的注册信息至少保存2年（从最后一次登录算起），同时网络支付平台提供商还应保存和及时更新用户登录日志。

保证账户和资金安全

网络支付平台提供商应根据网络交易的特点，采取合理有力的措施保证用户身份信息、账户以及密码的安全，保证交易资金的安全。

网络支付平台提供商不得以任何方式恶意占压资金、非法套现、挪用或转移资金以及非法融资等。

支付数据存储和备份

网络支付平台提供商应及时保存其平台上发生的网络支付的相关信息、记录或资料，保存时间自支付完成之日起不得少于2年，国家另有规定资料保存年限除外。

网络支付平台提供商应具备数据存储、数据备份、灾难恢复和相应技术手段，保证上述资料的完整性、准确性、安全性和不可更改性，并在必要权限核查后可检索查用。

纠纷处理

网络支付平台提供商应提供网上纠纷处理机制和投诉渠道，当发生纠纷时，网络支付平台提供商应积极协助取证和纠纷协调处理。

网络交易辅助服务提供商

具备合法的主体资格

网络交易辅助服务提供商应具备法人或法人委派的行为主体资格，当网络交易辅助服务提供商通过网络提供服务时，则需要在相应网络上提供其主体资质证明以便核准查询，如：营业执照、税务登记证等。

建立完善的规章制度

网络交易辅助服务提供商应提供规范化的交易辅助服务，建立健全其规章制度，如辅助服务管理制度、辅助服务数据存储和备份制度、辅助服务纠纷处理制度等。

保证辅助服务的稳定和安全

网络交易辅助服务提供商应按照交易辅助服务的要求提供稳定和安全的辅助服务，并采取各种合理有力的措施保证辅助服务的稳定和安全。

辅助服务数据存储和备份

网络交易辅助服务提供商应保存与其发生辅助服务的相关信息、记录或资料，保存时间自辅助服务结束之日起不得少于2年，国家另有规定资料保存年限除外。

网络交易辅助服务提供商应保证辅助服务数据的完整性、准确性、安全性和不可更改性，并在必要权限核查后可检索查用。

纠纷处理

网络交易辅助服务提供商应提供辅助服务纠纷处理机制和投诉渠道，当发生纠纷时，网络交易辅助服务提供商应积极协助取证和纠纷协调处理。

6 C2C 模式网络交易服务规范

网络交易方

使用真实身份

网络交易方在网络注册和交易的过程中，应使用真实的个人身份信息，如真实姓名、住址、联系方式等。

保证商品或服务信息发布准确

卖方应在网络交易平台上如实发布商品或服务信息，并对商品或服务的内容进行必要和明确的说明。

保证商品或服务的质量

卖方应保证其销售商品或服务的质量，不得提供假冒伪劣的商品或服务。

选择安全的支付手段

网络交易方可以根据实际情况选择支付方式，如网上支付、货到付款或款到发货等，提高防风险意识。在进行网上支付时，应注意账户和密码的保密。

交易凭据的保存

网络交易方应妥善保存交易记录文档，包括发货单、汇款单和发票等有法律效力的凭证，保存年限不低于法律法规认可的年限。

权益保护

网络交易方的各项合法权利和权益受法律保护，不得以任何手段对其合法的权利和权益进行侵害。

非经交易方同意，网络交易平台提供商、网络支付平台提供商和辅助服务提供商不得向第三方披露、转让或出售交易当事人名单、交易记录等涉及用户隐私或商业秘密的数据，但通过正常途径已经为公众获知的资料或法律法规另有规定的不在此列。

交易纠纷处理

网络交易双方发生交易纠纷时，网络交易平台提供商、网络支付平台提供商和网络交易辅助服务提供商应积极协助取证和纠纷协调解决。

网络交易平台提供商

具备合法的主体资格

网络交易平台提供商应具备法人或法人委派的行为主体资格，在网络交易平台上应提供相应的资质证明以便核准查询，如：营业执照、税务登记证等。

建立完善的规章制度

网络交易平台提供商应提供规范化的网上交易服务，建立健全其规章制度，如交易系统安全制度、用户注册管理制度、信息监管和举报制度、交易数据存储和备份制度、交易纠纷处理制度等。

保证交易系统的稳定和安全

网络交易平台提供商应按照国家信息安全登记保护制度的有关规定和要求建设、运行、维护网络交易平台系统，落实网络安全保护技术措施。

网络交易平台提供商应高度重视网络交易平台系统的稳定和安全，采取各种合理有力的措施保证网络交易系统稳定和安全地运行。

用户注册管理

网络交易平台提供商应要求网络交易方进行用户注册，并提供个人真实身份信息。网络交易平台提供商应在可行的范围内采取合理措施对用户注册信息的真实性进行审查和注册资料的备份。如果发现和证实用户使用虚假信息进行注册和交易，网络交易平台提供商有权利和责任及时对该用户进行注销，并保存有关记录。

网络交易平台提供商应对用户的注册信息至少保存1年（从最后一次登录算起），同时网络交易平台提供商还应保存和及时更新用户登录日志。对于发布有害或违法信息的用户，网络交易平台提供商有权利对该用户进行及时注销，并保存有关记录。

网络交易信息监管

网络交易平台提供商有责任审核和监控交易方发布的商品或服务信息、公开论坛和用户反馈栏中的信息，对有害或违法信息应当立即予以删除，并保存有关记录。

如有第三方主诉网络交易平台中的信息或公开论坛、用户反馈等栏目中的信息侵犯其合法权益，在该诉求方提供其身份证明、事实证明和具体网络链接地址的情况下，网络交易平台提供商应当予以及时删除。

网络交易平台提供商应建立商品或服务违规举报机制，实现交易方等对网络销售假冒伪劣商品或服务进行及时的违规举报，并在严重情况下报告国家有关部门进行处理。

交易数据存储和备份

网络交易平台提供商应及时保存其平台上发生的网络交易的相关信息、记录或资料，包括商品名称、商品介绍、交易数量、交易单价、交易金额、交易时间以及交易方的名称、地址、联系方式等，保存时间自交易完成之日起不得少于1年，涉税资料需根据国家相关部门规定年限保存。

网络交易平台提供商应具备数据存储、数据备份、灾难恢复和相应技术手段，保证上述资料的完整性、准确性、安全性和不可更改性，并在必要权限核查后可检索查用。

交易纠纷处理

网络交易平台提供商应提供网上纠纷处理机制和投诉渠道，当发生纠纷时，网络交易平台提供商应积极协调交易方利益，协助取证和纠纷事项处理。

网络支付平台提供商

具备合法的主体资格

网络支付平台提供商应具备法人或法人委派的行为主体资格，在网络支付平台上应提供相应的主体资质证明以便核准查询，如：营业执照、税务登记证等。

网络支付平台提供商应具备通过银行业金融机构或经国家有关部门批准的非金融企业法人提供电子商务交易支付清算服务的功能，并确保在线支付的安全、有效。

建立完善的规章制度

网络支付平台提供商应提供规范化的网络支付服务，建立健全其规章制度，如支付系统安全制度、用户注册管理制度、账户和资金安全管理制度、信息监管和举报制度、支付数据存储和备份制度等。

保证支付系统的稳定和安全

网络支付平台提供商应按照国家信息安全登记保护制度的有关规定和要求建设、运行、维护网络支付平台系统，落实网络安全保护技术措施。

网络支付平台提供商应高度重视网络支付平台系统的稳定和安全，采取各种合理有力的措施保证网络支付系统稳定和安全地运行。

用户注册管理

网络支付平台提供商应要求网络交易方进行用户注册，并提供个人真实身份信息。网络支付平台提供商应在可行的范围内采取合理措施对用户注册信息的真实性进行审查和注册资料的备份。如果发现和证实用户使用虚假信息进行注册，网络支付平台提供商有权利及时对该用户进行注销，并保存有关记录。

保证账户和资金安全

网络支付平台提供商应根据网络交易的特点，采取合理有力的措施保证用户身份信息、账户以及密码的安全，保证交易资金的安全。

网络支付平台提供商不得以任何方式恶意占压资金、非法套现、挪用或转移资金以及非法融资等。

支付数据存储和备份

网络支付平台提供商应及时保存其平台上发生的网络支付的相关信息、记录或资料，保存时间自支付完成之日起不得少于2年，国家另有规定资料保存年限除外。

网络支付平台提供商应具备数据存储、数据备份、灾难恢复和相应技术手段，保证上述资料的完整性、准确性、安全性和不可更改性，并在必要权限核查后可检索查用。

纠纷处理

网络支付平台提供商应提供网上纠纷处理机制和投诉渠道，当发生纠纷时，网络支付平台提供商应积极协助取证和纠纷协调处理。

网络交易辅助服务提供商

具备合法的主体资格

网络交易辅助服务提供商应具备法人或法人委派的行为主体资格，当网络交易辅助服务提供商通过网络提供服务时，则需要在相应网络上提供其主体资质证明以便核准查询，如：营业执照、税务登记证等。

建立完善的规章制度

网络交易辅助服务提供商应提供规范化的交易辅助服务，建立健全其规章制度，如辅助服务管理制度、辅助服务数据存储和备份制度、辅助服务纠纷处理制度等。

保证辅助服务的稳定和安全

网络交易辅助服务提供商应按照交易辅助服务的要求提供稳定和安全的辅助服务，并采取各种合理有力的措施保证辅助服务的稳定和安全。

辅助服务数据存储和备份

网络交易辅助服务提供商应保存与其发生辅助服务的相关信息、记录或资料，保存时间自辅助服务结束之日起不得少于1年，国家另有规定资料保存年限除外。

网络交易辅助服务提供商应保证辅助服务数据的完整性、准确性、安全性和不可更改性，并在必要权限核查后可检索查用。

纠纷处理

网络交易辅助服务提供商应提供辅助服务纠纷处理机制和投诉渠道，当发生纠纷时，网络交易辅助服务提供商应积极协助取证和纠纷协调处理。

电子商务模式规范

（2009年4月2日 商务部公告2009年第21号）

目　　次

前　　言

本标准由中华人民共和国商务部提出并归口

本标准主要起草单位：上海市经济和信息化委、上海市现代商务促进中心

本标准主要起草人：裔勇、孟宪煌

电子商务模式规范

1. 范围

本规范规定了电子商务模式的基本要求以及B2C（Ⅰ）——网上商厦、B2C（Ⅱ）——网上商店、B2B（Ⅰ）——网上交易市场、B2B（Ⅱ）——网上交易、C2C——网上个人交易市场等5种主要模式的具体要求。

本规范适用于中国境内从事电子商务交易的企业和电子商务交易活动。

2. 术语和定义

2.1 电子商务 E－business

基于互联网技术和网络通信手段进行货物或服务交易，并提供相关服务的商业形态。按照交易主体的不同具体细分为：企业（或其它组织机构）之间（Business to Business，简称B2B）、企业（或其它组织机构）和消费者之间（Business to Consumer，简称B2C）、消费者之间（Consumer to Consumer，简称C2C）。

2.2 B2C（Ⅰ）——网上商厦 web mall

提供给企业（或其它组织机构）法人或法人委派的行为主体在互联网上独立注册开设网上商店，出售实物或提供服务给消费者的由第三方经营的电子商务平台。

2.3 B2C（Ⅱ）——网上商店 web store

企业（或其它组织机构）法人或法人委派的行为主体在互联网上独立注册网站、开设网上商店，出售实物或提供服务给消费者的电子商务平台。

2.4 B2B（Ⅰ）——网上交易市场 web trade market

提供给企业（或其它组织机构）法人或法人委派的行为主体间进行实物和服务交易的由第三方经营的电子商务平台。

2.5 B2B（Ⅱ）——网上交易 web business

企业（或其它组织机构）法人或法人委派的行为主体在互联网上建立网站，向其他企业（或其它组织机构）法人或法人委派的行为主体提供实物和服务的电子商务平台。

2.6 C2C——网上个人交易市场 web market for consumers

提供给个人间在网上进行实物和服务交易的由第三方经营的电子商务平台。

2.7 在线支付 online payment

在电子商务网站进行的交易中，网站通过银行业金融机构或经国家有关部门批准的非金融企业法人为卖方与买方提供支付清算服务的一种支付方式。

2.8 商户 merchants

租用电子商务平台进行经营活动的法人、法人委派的行为主体、其他组织机构或自然人。

3. 基本要求

3.1 遵守国家法律、行政法规及规章

必须遵守中华人民共和国相关法律、行政法规及规章等相关规定，在政府有关部门监管下合法从事电子商务交易活动。

3.2 遵守互联网技术规范和安全规范

必须遵守国家制定的互联网技术规范和安全规范。

3.3 严格禁止法律法规和政策规定禁止的销售形式

严格禁止法律法规和政策规定禁止的销售形式，如：传销等。严格禁止采用各种手段规避资质开展法律法规和政策规定必须具备相应资质的经营形式，如证券交易、期货交易等。

3.4 不得为非法经营者和非法交易提供服务

不得为非法经营者和非法交易提供服务。不得为无资质的商户开展有害有毒物品、药品、危险化学品等特殊商品的销售提供服务，未经审批不得经营药品、医疗器械等特殊商品。

3.5 应建立可疑商品销售监控机制

电子商务经营者应建立可疑商品销售监控机制。成立专门监控机构开展商品销售信息监控工作，重点监控销售违禁品、超低价商品等内容。发现可疑情况，及时报告有关部门调查处理。

3.6 必须对交易建立记录和储存系统

必须对交易建立安全可靠的记录和储存系统，必须保留用户注册信息及登录日志，对有关涉税资料应当保存10年；但是，法律、行政法规另有规定的除外。必须保护交易双方的隐私权，必须建立安全制度，采取安全防范措施。

3.7 知识产权保护

电子商务经营者必须遵守知识产权保护的有关法律法规和政策。

3.8 真实交易

交易完成后必须发生标的和全额标的款的转移，在此之前不得将标的作为买卖标的合约再次转让。

3.9 应建立网络欺诈举报机制

应当对商户进行法律风险提示，向公众事先提示交易风险。应建立网络欺诈举报机制。建立网络欺诈举报平台，收集网民对电子商务违法犯罪的举报线索，及时向有关部门反映情况。

3.10 电子商务经营者应承担的责任

3.10.1 电子商务经营者应当保护个人注册用户的个人隐私和通讯信息，不能故意或过失泄露公民个人隐私和通讯信息等。

3.10.2 电子商务经营者应当保证其提供的商品或者服务符合保障人身、财产安全的要求。对可能危及人身、财产安全的商品和服务，应当向消费者作出真实的说明和明确的警示，并说明和标明正确使用商品或者接受服务的方法以及防止危害发生的方法。经营者发现其提供的商品或者服务存在严重缺陷，即使正确使用商品或者接受服务仍然可能对人身、财产安全造成危害的，应当立即向有关行政部门报告和告知消费者，并采取防止危害发生的措施。电子商务经营者不得提供有质量瑕疵的商品或者服务、不得进行虚假宣传、不能违约和不可有侵权行为等。

3.10.3 消费者、买方和个人与电子商务经营者因商品和服务发生争议时，电子商务经营者应当承担经营行为合法的举证责任。消费者、买方和个人需证实损害事实的存在。争议的解决按相关法律法规处理。

4. B2C（Ⅰ）——网上商厦

4.1 由第三方负责经营管理

由经营平台的第三方负责对网上商厦的交易进行管理，并不得参与交易。

4.2 经营者与商户具备法人或法人委派的行为主体资格

经营者必须是经过工商行政管理部门（或政府其它主管部门）登记注册的法人或法人委派的行为主体，必须进行税务登记。商户必须是经过工商行政管理部门（或政府其它主管部门）和税务机关登记注册的法人或法人委派的行为主体。

4.3 提供实物（服务）交易

参与网上商厦的商户在网上商厦开店，提供实物交易和服务，其中包括依法发布商品（服务）信息和广告，遵守知识产权保护法律法规，提供登录注册功能、交易功能、结算功能、身份认证功能，以及相关的售后服务细则等。

4.4 实现在线支付

网站应该具备通过银行业金融机构或经国家有关部门批准的非金融企业法人提供电子商务交易支付清算服务的功能，并应确保在线支付的安全有效。

4.5 有在有关部门报备的独立的固定网址

B2C（Ⅰ）——网上商厦的经营者必须通过

合法的途径取得独立的固定网址，网站必须按照IP地址备案的要求以电子形式报备IP地址信息，并将备案信息刊登在网站首页下方。在网站首页下方还应刊登营业执照、税务登记证、特殊业务许可证（如涉及特殊业务）、真实的经营地址、联系电话等信息。

4.6 具有订单履约的综合支持能力

B2C（Ⅰ）——网上商厦的经营者应该具备为市场交易双方提供订单保管、查询、跟踪及运输与寄递服务的解决方案，并且在网站上具体说明使用服务的方法、时间、收费标准及有关注意事项。

4.7 商品（服务）描述真实详细

B2C（Ⅰ）——网上商厦的经营者必须核实商户的真实身份，应该监管商户所提供的商品（服务）信息的合法性和真实性，必须告知商户应该在网站上提供合法真实详细的商品（服务）描述，所提供的商品（服务）与描述的内容必须一致。

4.8 服务功能齐全

B2C（Ⅰ）——网上商厦应该具备完善与方便的服务功能，并在网站页面上明显标出。

5. B2C（Ⅱ）——网上商店

5.1 经营者具备法人或法人委派的行为主体资格

经营者必须是经过工商行政管理部门（或政府其它主管部门）和税务机关登记注册的法人或法人委派的行为主体。

5.2 交易对象是消费者

交易对象是以自然人为主体的消费者，不排除企业或其他组织机构以消费为目的的购买商品和服务。

5.3 提供实物（服务）交易

B2C（Ⅱ）——网上商店的经营者在网站上提供实物交易和服务，其中包括依法发布商品（服务）信息和广告，遵守知识产权保护法规，提供登录注册功能、交易功能、结算功能、身份认证功能，以及相关的售后服务细则等。

5.4 实现在线支付

网站宜具备通过银行业金融机构或经国家有关部门批准的非金融企业法人提供电子商务交易支付清算服务的功能，并应确保在线支付的安全有效。

5.5 有在有关部门报备的独立的固定网址

B2C（Ⅱ）——网上商店的经营者必须通过合法的途径取得独立的固定网址，网站必须按照IP地址备案的要求以电子形式报备IP地址信息，并将备案信息刊登在网站首页下方。在网站首页下方还应刊登营业执照、税务登记证、特殊业务许可证（如涉及特殊业务）、真实的经营地址、联系电话等信息。

5.6 具有订单履约的综合支持能力

B2C（Ⅱ）——网上商店的经营者应该提供订单保管、查询、跟踪及运输与寄递服务的解决方案，并且在网站上具体说明使用服务的方法、时间、收费标准及有关注意事项。

5.7 商品（服务）描述真实详细

B2C（Ⅱ）——网上商店的经营者必须具备商品合法来源（服务资质）的证明文件，必须在网站上提供合法真实详细的商品（服务）描述，所提供的商品（服务）与描述的内容必须一致。网上商店的经营者必须在网站上明码标价。

5.8 服务功能齐全

B2C（Ⅱ）——网上商店的经营者应该具备完善与方便的服务功能，并在网站页面上明显标出。包括咨询服务、退换货服务、三包服务、赔偿服务等。

6. B2B（Ⅰ）——网上交易市场

6.1 由第三方负责经营管理

由经营平台的第三方负责对网上交易市场的交易进行管理，并不得参与交易。

6.2 经营者具备法人或法人委派的行为主体资格

经营者必须是经过工商行政管理部门（或政府其它主管部门）登记注册的法人或法人委派的行为主体，必须进行税务登记。服务对象必须是经过工商行政管理部门（或政府其它主管部门）和税务机关登记注册的法人或法人委派的行为主体。

6.3 提供实物（服务）交易

买卖双方都必须是经过工商行政管理部门（或政府其它主管部门）和税务机关登记注册的法人或法人委派的行为主体，在网上交易市场上提供实物交易和服务，其中包括依法发布商品（服务）信息和广告，遵守知识产权保护法规，提供登录注册功能、交易功能、结算功能、身份认证功能，以及相关的售后服务细则等。

6.4 实现在线支付

网站宜具备通过银行业金融机构或经国家有关部门批准的非金融企业法人提供电子商务交易支付清算服务的功能，并应确保在线支付的安全有效。

6.5 有在有关部门报备的独立的固定网址

B2B（Ⅰ）——网上交易市场的经营者必须通过合法的途径取得独立的固定网址，网站必须按照IP地址备案的要求以电子形式报备IP地址信息，并将备案信息刊登在网站首页下方。在网站首页下方还应刊登营业执照、税务登记证、特殊业务许可证（如涉及特殊业务）、真实的经营地址、联系电话等信息。

6.6 具有订单履约的综合支持能力

B2B（Ⅰ）——网上交易市场的经营者应该具备为市场交易双方提供订单保管、查询、跟踪及运输与寄递服务的解决方案，并且在网站上具体说明使用服务的方法、时间、收费标准及有关注意事项。

6.7 商品（服务）描述真实详细

B2B（Ⅰ）——网上交易市场的经营者必须核实市场参与方的真实身份，应该监管市场参与方所提供的商品（服务）信息的合法性、真实性，必须告知市场参与方应该在网站上提供合法真实详细的商品（服务）描述，所提供的商品（服务）与描述的内容必须一致。

6.8 服务功能齐全

网站宜具备身份认证和电子签名的功能，网上交易市场经营者必须具备完善与方便的服务功能，包括咨询服务、交易服务、售后服务等，并在网站页面上明显标出。

7. B2B（Ⅱ）——网上交易

7.1 由具备独立法人或法人委派的行为主体资格的企业负责经营

B2B（Ⅱ）——网上交易的经营者必须是经过工商行政管理部门（或政府其它主管部门）和税务机关登记注册的具备独立法人或法人委派的行为主体资格的单位，在互联网上开设交易网站并负责经营和管理。

7.2 交易对象具有法人或法人委派的行为主体资格

交易对象必须是经过工商行政管理部门（或政府其它主管部门）和税务机关登记注册的具备独立法人或法人委派的行为主体资格的单位。

7.3 提供实物（服务）交易

在网上提供实物（服务）交易，其中包括依法发布商品（服务）信息和广告，遵守知识产权保护法规，提供登录注册功能、交易功能、结算功能、身份认证功能，以及相关的售后服务细则等。

7.4 实现在线支付

网站宜具备通过银行业金融机构或经国家有关部门批准的非金融企业法人提供电子商务交易支付清算服务的功能，并应确保在线支付的安全有效。

7.5 具有订单履约的综合支持能力

B2B（Ⅱ）——网上交易的经营者应该具备为交易双方提供订单保管、查询、跟踪及运输与寄递服务的解决方案，并且在网站上具体说明使用服务的方法、时间、收费标准及有关注意事项。

7.6 商品（服务）描述真实详细

B2B（Ⅱ）——网上交易的经营者必须具备商品合法来源（服务资质）的证明文件，必须确保所提供商品（服务）信息的合法性、真实性，必须在网站上提供合法真实详细的商品（服务）描述，所提供的商品（服务）与描述的内容必须一致。

7.7 服务功能齐全

网站宜具备身份认证和电子签名的功能，网上交易（B2B）的经营者应该具备完善与方便的服务功能，包括咨询服务、交易服务、售后服务等，并在网站页面上明显标出。

7.8 有在有关部门报备的独立的固定网址

B2B（Ⅱ）——网上交易的经营者必须通过合法的途径取得独立的固定网址，网站必须按照IP地址备案的要求以电子形式报备IP地址信息，并将备案信息刊登在网站首页下方。必须在网站首页下方刊登营业执照、税务登记证、特殊业务许可证（如涉及特殊业务）、真实的经营地址、联系电话等信息。

8. C2C——网上个人交易市场

8.1 由中立的第三方负责经营管理

C2C——网上个人交易市场是提供给自然人间进行实物和服务交易的由第三方经营的电子商务平台。此第三方必须具有经工商行政管理部门（或政府其它主管部门）和税务机关登记注册的法人或法人委派的行为主体资格，负责对网上交易市场的交易进行服务和管理，并不得参与交易。买卖双方只能是自然人。

8.2 提供实物和服务交易

在网上个人交易市场上提供实物和服务交易，包括依法发布商品（服务）信息和广告，遵守知识产权保护法规，提供登录注册功能、交易功能、结算功能、身份认证功能，以及相关的售后服务细则等。网上交易市场（C2C）的经营者必须建立并储存交易日志，详细记录交易数据。

8.3 实现在线支付

网站宜具备通过银行业金融机构或经国家有关部门批准的非金融企业法人提供电子商务交易支付清算服务的功能，并应确保在线支付的安全有效。

8.4 有在有关部门报备的独立的固定网址

C2C——网上个人交易市场的经营者必须通过合法的途径取得独立的固定网址，网站必须按照IP地址备案的要求以电子形式报备IP地址信息，并将备案信息刊登在网站首页下方。在网站首页下方还应刊登营业执照、税务登记证、真实的经营地址、联系电话等信息。

8.5 具有订单履约的综合支持能力

C2C——网上个人交易市场的经营者应该具备为市场交易双方提供订单保管、查询、跟踪及运输与寄递服务的解决方案，并且在网站上具体说明使用服务的方法、时间、收费标准及有关注意事项。

8.6 商品（服务）描述真实详细

C2C——网上个人交易市场的经营者必须核实市场参与方的真实身份，应该监管商户所提供的商品（服务）信息的合法性、真实性，必须告知市场参与方应该在网站上提供合法真实详细的商品（服务）描述，所提供的商品（服务）与描述的内容必须一致。

8.7 服务功能齐全

网站宜具备身份认证和电子签名的功能，网上个人交易市场应该具备完善与方便的服务功能，包括咨询服务、交易服务、售后服务等，并在网站页面上明显标出。

·文化和旅游部

网络表演经营活动管理办法

（2016年12月2日　文市发〔2016〕33号）

第一条　为切实加强网络表演经营活动管理，规范网络表演市场秩序，促进行业健康有序发展，根据《互联网信息服务管理办法》、《互联网文化管理暂行规定》等有关法律法规，制定本办法。

第二条　本办法所称网络表演是指以现场进行的文艺表演活动等为主要内容，通过互联网、移动通讯网、移动互联网等信息网络，实时传播或者以音视频形式上载传播而形成的互联网文化产品。

网络表演经营活动是指通过用户收费、电子商务、广告、赞助等方式获取利益，向公众提供网络表演产品及服务的行为。

将网络游戏技法展示或解说的内容，通过互联网、移动通讯网、移动互联网等信息网络，实时传播或者以音视频形式上载传播的经营活动，参照本办法进行管理。

第三条　从事网络表演经营活动，应当遵守宪法和有关法律法规，坚持为人民服务、为社会主义服务的方向，坚持社会主义先进文化的前进方向，自觉弘扬社会主义核心价值观。

第四条　从事网络表演经营活动的网络表演经营单位，应当根据《互联网文化管理暂行规定》，向省级文化行政部门申请取得《网络文化经营许可证》，许可证的经营范围应当明确包括网络表演。网络表演经营单位应当在其网站主页的显著位置标明《网络文化经营许可证》编号。

第五条　网络表演经营单位对本单位开展的网络表演经营活动承担主体责任，应当按照《互联网文化管理暂行规定》和《网络文化经营单位内容自审管理办法》的有关要求，建立健全内容审核管理制度，配备满足自审需要并取得相应资质的审核人员，建立适应内容管理需要的技术监管措施。

不具备内容自审及实时监管能力的网络表演经营单位，不得开通表演频道。未采取监管措施或未通过内容自审的网络表演产品，不得向公众提供。

第六条　网络表演不得含有以下内容：

（一）含有《互联网文化管理暂行规定》第十六条规定的禁止内容的；

（二）表演方式恐怖、残忍、暴力、低俗，摧残表演者身心健康的；

（三）利用人体缺陷或者以展示人体变异等方式招徕用户的；

（四）以偷拍偷录等方式，侵害他人合法权益的；

（五）以虐待动物等方式进行表演的；

（六）使用未取得文化行政部门内容审查批准文号或备案编号的网络游戏产品，进行网络游戏技法展示或解说的。

第七条　网络表演经营单位应当加强对未成年人的保护，不得损害未成年人身心健康。有未成年人参与的网络表演，不得侵犯未成年人权益。

第八条　网络表演经营单位要加强对表演者的管理。为表演者开通表演频道的，应与表演者签订协议，约定双方权利义务，要求其承诺遵守法律法规和相关管理规定。

第九条 网络表演经营单位应当要求表演者使用有效身份证件进行实名注册，并采取面谈、录制通话视频等有效方式进行核实。网络表演经营单位应当依法保护表演者的身份信息。

第十条 网络表演经营单位为外国或者香港特别行政区、澳门特别行政区、台湾地区的表演者（以下简称境外表演者）开通表演频道并向公众提供网络表演产品的，应当于开通网络表演频道前，向文化部提出申请。未经批准，不得为境外表演者开通表演频道。为境内表演者开通表演频道的，应当于表演者开展表演活动之日起10日内，将表演频道信息向文化部备案。

第十一条 网络表演经营单位应当在表演频道内及表演音视频上，标注经营单位标识等信息。网络表演经营单位应当根据表演者信用等级、所提供的表演内容类型等，对表演频道采取针对性管理措施。

第十二条 网络表演经营单位应当完善用户注册系统，保存用户注册信息，积极采取措施保护用户信息安全。要依照法律法规规定或者服务协议，加强对用户行为的监督和约束，发现用户发布违法信息的，应当立即停止为其提供服务，保存有关记录并向有关部门报告。

第十三条 网络表演经营单位应当建立内部巡查监督管理制度，对网络表演进行实时监管。网络表演经营单位应当记录全部网络表演视频资料并妥善保存，资料保存时间不得少于60日，并在有关部门依法查询时予以提供。

网络表演经营单位向公众提供的非实时的网络表演音视频（包括用户上传的），应当严格实行先自审后上线。

第十四条 网络表演经营单位应当建立突发事件应急处置机制。发现本单位所提供的网络表演含有违法违规内容时，应当立即停止提供服务，保存有关记录，并立即向本单位注册地或者实际经营地省级文化行政部门或文化市场综合执法机构报告。

第十五条 网络表演经营单位应当在每季度第一个月月底前将本单位上季度的自审信息（包括实时监运情况、发现问题处置情况和提供违法违规内容的表演者信息等）报送文化部。

第十六条 网络表演经营单位应当建立健全举报系统，主动接受网民和社会监督。要配备专职人员负责举报受理，建立有效处理举报问题的内部联动机制。要在其网站主页及表演者表演频道页面的显著位置，设置“12318”全国文化市场举报网站链接按钮。

第十七条 文化部负责全国网络表演市场的监督管理，建立统一的网络表演警示名单、黑名单等信用监管制度，制定并发布网络表演审核工作指引等标准规范，组织实施全国网络表演市场随机抽查工作，对网络表演内容合法性进行最终认定。

第十八条 各级文化行政部门和文化市场综合执法机构要加强对网络表演市场的事中事后监管，重点实施“双随机一公开”。要充分利用网络文化市场执法协作机制，加强对辖区内网络表演经营单位的指导、服务和日常监管，制定随机抽查工作实施方案和随机抽查事项清单。县级以上文化行政部门或文化市场综合执法机构，根据查处情况，实施警示名单和黑名单等信用管理制度。及时公布查处结果，主动接受社会监督。

第十九条 网络表演行业的协会、自律组织等要主动加强行业自律，制定行业标准和经营规范，开展行业培训，推动企业守法经营。

第二十条 网络表演经营单位违反本办法第四条有关规定，从事网络表演经营活动未申请许可证的，由县级以上文化行政部门或者文化市场综合执法机构按照《互联网文化管理暂行规定》第二十一条予以查处；未按照许可证业务范围从事网络表演活动的，按照《互联网文化管理暂行规定》第二十四条予以查处。

第二十一条 网络表演经营单位提供的表演内容违反本办法第六条有关规定的，由县级以上文化行政部门或者文化市场综合执法机构按照《互联网文化管理暂行规定》第二十八条予以查处。

第二十二条 网络表演经营单位违反本办法第十条有关规定，为未经批准的表演者开通表演频道的，由县级以上文化行政部门或者文化市场综合执法机构按照《互联网文化管理暂行规定》第二十八条予以查处；逾期未备案的，按照《互联网文化管理暂行规定》第二十七条予以查处。

网络表演经营单位自2017年3月15日起，按照本办法第十条有关规定，通过全国文化市场技术监管与服务平台向文化部提交申请或备案。

第二十三条 网络表演经营单位违反本办法第十三条有关规定，未按规定保存网络表演视频资料的，按照《互联网文化管理暂行规定》第三十一条予以查处。

第二十四条 网络表演经营单位违反本办法第十四条有关规定的，由县级以上文化行政部门或者文化市场综合执法机构按照《互联网文化管理暂行规定》第三十条予以查处。

第二十五条 网络表演经营单位违反本办法第五条、第八条、第九条、第十一条、第十二条、第十三条、第十五条有关规定，未能完全履行自审责任的，由县级以上文化行政部门或者文化市场综合执法机构按照《互联网文化管理暂行规定》第二十九条予以查处。

第二十六条 通过信息网络实时在线传播营业性演出活动的，应当遵守《互联网文化管理暂行规定》、《营业性演出管理条例》及《营业性演出管理条例实施细则》的有关规定。

第二十七条 本办法自2017年1月1日起施行。

文化部关于加强网络表演管理工作的通知

（2016年7月1日　文市发〔2016〕12号）

各省、自治区、直辖市文化厅（局），新疆生产建设兵团文化广播电视局，西藏自治区、北京市、天津市、上海市、重庆市文化市场行政（综合）执法总队：

网络表演是网络文化的重要组成部分。近年来，我国网络表演市场快速发展，在促进网络文化行业创新，扩大和引导文化消费等方面发挥了积极作用。但是，部分网络表演经营单位责任缺失、管理混乱，一些表演者以低俗、色情等违法违规内容吸引关注，社会影响恶劣，严重危害行业健康发展。为切实加强网络表演管理，规范网络文化市场秩序，必须对网络表演市场实行经常抽查，及时公开，坚决依法查处违法违规行为。根据《互联网文化管理暂行规定》，现就有关事项通知如下：

一、督促网络表演经营单位和表演者落实责任

网络表演经营单位要对本单位提供的网络表演承担主体责任，对所提供的产品、服务和经营行为负责，确保内容合法、经营有序、来源可查、责任可究。网络表演经营单位要健全内容管理制度，配足内容审核人员，严格监督表演者表演行为，加强对用户互动环节的管理。要严密技术监控措施，畅通投诉举报渠道，完善突发事件应急处置机制，确保能够第一时间发现并处置违法违规内容。一经发现含有违法违规内容的网络表演，要及时关闭表演频道，停止网络传播，保存有关记录，并立即向所在地省级文化行政部门或文化市场综合执法机构报告。

表演者对其开展的网络表演承担直接责任。表演者应当依法依规从事网络表演活动，不得开展含有低俗、色情、暴力等国家法律法规禁止内容的网络表演。表演者应当自觉提高职业素养，加强道德自律，自觉开展内容健康向上的网络表演。

各级文化行政部门和文化市场综合执法机构要加强对辖区内网络表演经营单位的管理和培训，依法强化网络表演经营单位直接发现、第一时间处置违法违规内容等主体责任，对逾期不予处理或处理不到位的，要严肃追责，依法查处。

二、加强内容管理，依法查处违法违规网络表演活动

内容管理是网络表演管理工作的重点。各级文化行政部门和文化市场综合执法机构要加强对辖区内网络表演经营单位的日常监管，重点查处提供禁止内容等违法违规网络表演活动，包括：提供含有《互联网文化管理暂行规定》第十六条规定的禁止内容，或利用人体缺陷或者以展示人体变异等方式招徕用户，或以恐怖、残忍、摧残表演者身心健康等方式以及以虐待动物等方式进行的网络表演活动；使用违法违规文化产品开展的网络表演活动；对网络表演活动进行格调低俗的广告宣传和市场推广行为等。

对提供上述违法违规网络表演的网络表演经营单位，文化行政部门和文化市场综合执法机构要依据《互联网文化管理暂行规定》坚决予以查处，没收违法所得，并处罚款；情节严重的，责令停业整顿直至吊销《网络文化经营许可证》；构成犯罪的，依法追究刑事责任。地方文化行政部门和文化市场综合执法机构要按照“谁处罚，谁列入”的原则，根据情形，将违法违规网络表演经营单位列入黑名单或警示名单。

对提供违法违规网络表演的表演者，地方文化行政部门和文化市场综合执法机构要责令所在网络表演经营单位关停表演者频道，并及时将违法违规表演者的信息和证据材料报送文化部。文化部根据情形，将违法违规表演者列入黑名单或警示名单。列入黑名单的表演者，禁止其在全国范围内从事网络表演及其他营业性演出活动，具体时限视违法违规情节轻重确定。

文化行政部门负责将黑名单通报同级有关部门，并建议实施联合惩戒，强化对违法违规网络表演经营单位和表演者“一处违法，处处受限”的信用监管。各级行业协会要在本行业协会范围内，对列入黑名单的网络表演经营单位和表演者予以通报并抵制。

三、对网络表演市场全面实施“双随机一公开”

各地文化行政部门和文化市场综合执法机构要立即对本行政区域内的网络表演经营单位开展一次调查摸底，全面掌握网络表演经营单位情况。在此基础上，充分利用网络文化市场执法协作机制，对网络表演市场全面实施“双随机一公开”，定期开展随机抽查，及时向社会公布查处结果，公布网络表演市场黑名单和警示名单。

各地文化行政部门和文化市场综合执法机构要抓紧制定网络表演随机抽查工作实施方案和随机抽查事项清单，以现场检查、网络巡查为主要抽查方式，以网络表演内容为抽查重点。对投诉举报较多的网络表演经营单位，要加大随机抽查频次，重点监管。要利用全国文化市场技术监管与服务平台，记录随机抽取的检查对象、执法检查人员、检查事项、检查结果等，做到全程留痕，实现过程可溯源、责任可追溯。

本通知所称的网络表演是指将现场进行的文艺表演、网络游戏等文化产品技法展示或解说等，通过信息网络实时传播或者以音视频形式上载传播，供用户在线浏览、观看、使用或者下载的产品和服务。

特此通知。

网络文化经营单位内容自审管理办法

（2013年8月12日　文市发〔2013〕39号）

第一条　为加强网络文化内容建设与管理，规范网络文化经营单位产品及服务内容自审工作，根据《互联网文化管理暂行规定》，制定本办法。

第二条　依法取得《网络文化经营许可证》的网络文化经营单位，适用本办法。

第三条　网络文化经营单位在向公众提供服务前，应当依法对拟提供的文化产品及服务的内容进行事先审核。

第四条　网络文化经营单位不得提供含有《互联网文化管理暂行规定》第十六条禁止内容的网络文化产品及服务。

第五条　网络文化经营单位应当建立健全内容管理制度，设立专门的内容管理部门，配备适应审核工作需要的人员负责网络文化产品及服务的内容管理，保障网络文化产品及服务内容的合法性。

网络文化经营单位内容管理制度应当明确

内容审核工作职责、标准、流程及责任追究办法，并报所在地省级文化行政部门备案。

第六条 网络文化经营单位经营的网络文化产品及服务的内容审核工作，应当由取得《内容审核人员证书》的人员实施。

第七条 内容审核人员的职责：

（一）掌握内容审核的政策法规和相关知识；

（二）独立表达审核意见；

（三）参加文化行政部门组织的业务培训。

第八条 网络文化产品及服务的内容审核工作应当由2名以上审核人员实施，审核人员填写审核意见并签字后，报本单位内容管理负责人复核签字。

对网络文化产品及服务内容的合法性不能准确判断的，可向省级文化行政部门申请行政指导，接到申请的文化行政部门应当在10日内予以回复。

第九条 网络文化经营单位内容审核记录的保存期不少于2年。

第十条 网络文化经营单位应当通过技术手段对网站（平台）运行的产品及服务的内容进行实时监管，发现违规内容的要立即停止提供，保存有关记录，重大问题向所在地省级文化行政部门报告。

第十一条 文化部负责统筹协调网络文化经营单位内容审核人员的培训考核工作，指导制定网络文化产品内容审核工作指引，组织编写培训教材和题库，建立审核人员信息库。

第十二条 省级文化行政部门负责内容审核人员培训考核及检查监督工作。培训工作采取现场和网络相结合的方式进行。对经考核合格者发给《内容审核人员证书》，并纳入审核人员信息库统一管理。

取得证书的内容审核人员每年至少应当参加1次后续培训。

第十三条 内容审核人员有下列情形之一的，由发证部门注销其《内容审核人员证书》：

（一）连续2年未按规定参加后续培训的；

（二）玩忽职守造成严重社会影响的；

（三）出现重大审核失误的。

第十四条 对未按本办法实施自审制度的网络文化经营单位，由县级以上文化行政部门或者文化市场综合执法机构依照《互联网文化管理暂行规定》第二十九条的规定予以处罚。

第十五条 按照法规规章规定应当报文化行政部门审查或者备案的网络文化产品及服务，自审后应当按规定办理。

第十六条 本办法自2013年12月1日起施行。

网络文化市场执法工作指引（试行）

（2012年9月24日　文市发〔2012〕35号）

第一章　总　则

第一条 为规范网络文化市场执法工作，加强网络文化市场监管，提高依法行政能力，根据《行政处罚法》、《互联网文化管理暂行规定》、《网络游戏管理暂行办法》等有关法律、法规和规章的规定，制定本指引。

第二条 各级文化行政部门和文化市场综合行政执法机构（以下合并简称执法部门）开展网络文化市场日常检查、办理网络文化市场案件，适用本指引。

第三条 查处违法网络游戏等互联网文化活动，依照实施违法经营行为的企业注册地或者企业实际经营地进行管辖；企业注册地和实际经营地无法确定的，由从事违法经营活动网站的信息服务许可地或者备案地进行管辖；没有许可或者备案的，由该网站服务器所在地管辖；网站服务器设置在境外的，由违法行为发生地进行管辖；

查处侵犯信息网络传播权的违法行为，由侵权行为地或者侵权人住所地进行管辖，并应当符合《著作权行政投诉指南》规定的条件。侵权行为地包括实施侵权行为的网络服务器、计算机终端等设备所在地。对难以确定侵权行为地和侵权人住所地的，发现侵权内容的计算机终端等设备所在地可以视为侵权行为地。

第四条　执法部门应当将网络文化市场执法培训纳入年度综合执法培训计划，定期组织网络文化市场政策法规、基础知识、专业技能、案例分析等方面的学习、培训和交流活动。

第二章　基础保障

第五条　网络文化市场执法任务较重地区的执法部门应当向当地编制部门申请设立网络文化市场执法机构，或者配备专职网络文化市场执法人员，专门从事属地网络文化市场日常检查和案件办理等工作。

第六条　从事网络文化市场执法工作的人员，应当依法取得《文化市场综合行政执法证》等有效执法证件，熟悉网络文化市场管理政策法规、基础知识和专业技能，并熟练掌握计算机和信息网络等专业技术。

第七条　开展网络文化市场执法工作前，应当配备以下设备和工具：

（一）便携式计算机、打印机、摄像机、照相机、移动执法终端等设备；

（二）硬盘复制机、只读读卡器、大容量硬盘、移动硬盘等电子数据复制、提取、存储工具；

（三）网站搜索、屏幕内容截取、IP 地址查询工具；

（四）电子数据分析工具；

（五）需要配备的其他工具。

第八条　执法部门应当根据实际工作需要，申请网络文化市场执法专项经费，保障网络文化市场执法工作。

第三章　网络巡查

第九条　网络巡查是指执法人员通过搜索引擎等技术手段或者在线浏览、实地检查等方式对网络文化单位及其活动进行日常检查的活动，主要包括制定计划、搜索信息、核查信息、登记造册等内容。

第十条　执法部门应当根据辖区内网络文化单位的数量、类型、地区分布及经营范围等特点，合理制定网络巡查计划，统筹安排执法人员，有效开展网络巡查工作。

第十一条　执法部门应当利用搜索工具和软件，使用网络文化单位的名称、域名、IP 地址或者网络文化产品的名称、内容等条目作为关键词，定期或者不定期搜集整理网络文化单位及其活动信息，及时了解网络文化市场状况，并对辖区内合法网络文化单位及其活动进行重点巡查。

第十二条　搜集网络文化单位及其活动信息后，应当对其进行分析整理，初步判断相关网络文化单位的经营资质、产品或者服务内容、经营行为是否违反相关法律、法规或者规章的规定。

第十三条　执法部门在网络巡查中发现涉嫌违法违规线索的，可以通过下列形式调查核实网络文化单位的基本信息：

（一）通过“工业和信息化部 ICP/IP 地址、域名信息备案管理系统”等网站查询网络文化单位的 ICP 许可或者备案信息；

（二）向省、自治区、直辖市通信管理部门查询网络文化单位的 ICP 许可或者备案信息；

（三）使用“Ping + 域名”的命令或者利用 IP 地址查询网站，查询网络文化单位的 IP 地址和归属地；

（四）通过其他方式确认网络文化单位的实际经营地、联系方式等有关信息。

第十四条　核查完毕后，执法人员应当记录涉嫌违法违规网络文化单位及其活动的信息。

第四章　远程取证

第十五条　远程取证是指通过信息网络对网络文化单位、网络文化产品及其所在网站实施收集、调取和固定电子数据的过程。

远程取证过程可邀请一至两名与案件无关的公民作见证人，或者有资质的公证机构公证。

第十六条　远程取证主要包括以下几个环节：

（一）通过“国家授时中心网站”获取取证开始和结束的时间；

（二）对网络文化单位网站首页进行调查取

证，包括网站域名、网站首页内容、首页标注的 ICP 备案号、许可证等内容；

（三）对网络文化单位注册登记或者许可备案信息进行调查取证，包括网站 IP 地址、ICP 许可或者备案信息、服务器所在地信息、《网络文化经营许可证》、《信息网络传播视听节目许可证》、《互联网出版许可证》及许可证副本和许可事项等内容；

（四）对网络文化单位网站中显示单位主体信息页面的联系人、联系地址、联系方式等相关信息进行调查取证；

（五）对涉嫌违法网络文化产品的内容及其提供网络文化产品试听、下载、播放、传播、交易等服务活动的过程进行调查取证，包括网络游戏的注册、登录、下载、付费、安装等页面及其过程，网络游戏虚拟货币的充值、付费、交易等页面及其过程，网络音乐、视听节目的试听（放）、下载、付费、播放等页面及其过程，其他相关图片、文字、视频等信息及其使用过程。

第十七条 远程取证结束后，应当制作《（远程）勘验笔录》，具体包括以下内容：

（一）基本情况，包括勘验的时间、地点、执法人员、勘验对象等；

（二）勘验情况，包括勘验工具、勘验方法、勘验步骤、提取电子数据的方法等；

（三）勘验结论，包括勘验发现的线索、提取的电子数据以及初步结论等。

第十八条 远程取证可以采取下载保存、屏幕内容截取等方式进行。

必要时，执法人员可以对远程取证过程进行全程拍照、摄像或者屏幕录像。

第五章 现场取证

第十九条 现场取证是指执法人员在网络文化单位注册地、实际经营地、网站备案地或者网络服务器所在地等涉案场所收集、调取、固定和整理证据的活动。

现场取证主要包括制定方案、现场控制、证据收集整理和固定、登记保存、制作执法文书等环节。

第二十条 进行现场取证前，执法部门应当根据前期核查掌握的情况及实际需要，制定现场取证方案。

现场取证方案应当包括下列内容：

（一）执法人员及其现场分工；

（二）检查对象和内容；

（三）取证方式和手段；

（四）突发事件应急处置预案；

（五）其他需要明确的内容。

第二十一条 进入现场后，执法人员应当开展下列工作：

（一）防止当事人利用计算机、即时通讯工具、电子邮件、电话、手机等通讯设备或者工具对相关证据进行修改、转移、删除或者损毁；

（二）对服务器进行检查的，应当防止服务器电子数据被修改、转移、删除或者损毁。

必要时，执法部门可以邀请当地公安机关到现场协助开展工作。

第二十二条 对于案件情况紧急或者情况特殊，不允许关闭和先行登记保存电子设备的，可在现场不关闭电子设备的情况下直接分析和提取电子数据和证据，并遵循以下原则：

（一）不得损害目标设备中电子数据的完整性、真实性；

（二）不得将提取、生成的数据存储在原储存设备中；

（三）不得在原储存设备中安装新的程序；

（四）详细记录在线分析和提取的过程。

第二十三条 进行现场取证过程中，执法人员应当要求当事人对现场调取的证据及其过程当场予以确认。具体方法如下：

（一）现场使用计算机登陆涉案网络文化单位网站，逐一打开涉案网络文化单位网站页面，实时记录计算机正在运行的程序、内容及当前系统时间，要求当事人现场确认涉嫌违法违规的内容、项目、数量；

（二）搜索并提取存储在计算机终端、闪存、光盘、移动硬盘等设备中的销售、收入交易记录和相关协议、单据等材料，现场打印后交由当事人签名或者盖章；

（三）将远程取证或者现场分析提取的其他相关证据材料打印并交由当事人签名或者盖章；

（四）对涉案网络文化单位的标牌、证照、住址及经营场所拍照记录；案情较为复杂、影响较大的，应当对现场取证过程、涉案人员、涉案硬件设备拍照并全程录像。

第二十四条 执法人员进行现场取证时，对于证据可能灭失或者以后难以取得的，可以依法对涉案的计算机、闪存、光盘及其他用于从事违法网络文化活动的工具或者物品进行证据先行登记保存，在计算机、服务器、硬盘等设备拆装口、数据接口和电源接口处粘贴封条，由当事人签名或者盖章，并制作《证据先行登记保存通知书》及相关文书。

第六章 电子数据分析与认定

第二十五条 现场取证结束后，执法人员应当对先行登记保存的计算机终端、闪存、光盘、移动硬盘等设备采集或者提取到的电子数据进行分析，并根据实际需要补充完善证据，形成完整、系统的证据链。

第二十六条 电子数据的采集、提取、分析、固定应当遵循以下原则和方法：

（一）遵循及时性、完整性、环境安全性、过程合法性、结论可重现性的原则；

（二）详细载明电子数据形成的时间、地点、对象、制作人、制作过程及设备情况等信息；

（三）从磁盘、光盘、硬盘等可移动存储介质中提取的电子数据应当与书面材料一并提交；

（四）采集、提取、分析、固定证据应当符合法定程序，并由执法人员及见证人在相关书面材料及执法文书上签名或者盖章；

（五）保持电子数据的真实性和有效性，不得采取剪裁、拼凑、篡改、添加等方式进行伪造或者变造；

（六）保持电子数据与案件事实的关联性。

第二十七条 电子数据的提取、分析与认定应当参照以下步骤进行：

（一）使用一次性刻录光盘、U 盘、储存卡或者硬盘复制机等，对涉案计算机硬盘内容进行一比一完全复制，同时计算硬盘哈希值；

（二）将复制好的一次性刻录光盘、硬盘复制机等接入取证计算机或将 U 盘、储存卡连接只读设备后接入取证计算机；

（三）使用电子数据取证软件对目标设备进行分析，提取相关证据，包括涉嫌违法互联网文化产品或者服务及其销售单据、操作记录、联系方式等内容；

（四）详细记录电子数据文件的具体内容并计算每一个证据文件哈希值；

（五）对先行登记保存的计算机终端、闪存、光盘、移动硬盘等设备分析的整个操作过程进行拍照和全程录像；

（六）将电子数据内容及取证过程的图片、视频等内容刻录成光盘保存，并制作《（远程）勘验笔录》；

（七）依据相关法律法规，将需要鉴定的书证、物证和电子数据及时送交鉴定机构进行鉴定；

（八）对电子数据进行分析与认定，必要时可提请相关部门给予支持和协助。

第二十八条 作为证据使用的电子设备和电子数据应当固定和封存，并遵循以下原则：

（一）封存方法应当保证电子设备和电子数据在不解除封存的状态下无法启动和使用；

（二）封存前后应当拍照和录像，以完整反映封存前后证据状态的一致性。

第七章 执法协作

第二十九条 执法部门在网络巡查过程中，发现涉及其他地区的网络文化市场案件线索，应当及时将相关材料移送有管辖权的其他地区执法部门。其中，同省（区、市）的，可以直接移送；跨省（区、市）的，可以通过省级执法部门转交。

其他地区执法部门接到相关网络文化市场案件线索后，应当及时进行核查，对符合立案条件的予以立案调查。

第三十条 执法部门在立案查处网络文化市场案件过程中，发现案件涉及其他地区且独立调查取证确有困难的，应当向其他地区执法部门发出协助调查函，并载明案件来源、案件名称、案情概要、相关证据材料及提请协助调查事项等内容。

第三十一条 其他地区执法部门接到协助调查函后，应当根据提请协助调查事项，为办案地执法部门开展异地调查取证工作提供帮助，或者依法协助开展调查取证工作。

第三十二条 其他地区执法部门在协助调查结束后，应当及时以书面形式将相关情况函告办案地执法部门。其中，协助调查取证的，应当同时附上相关证据材料。

第三十三条 对其他执法地区部门依法协助调查取得的相关证据材料，办案地执法部门在对其进行审查和认定后，可以直接作为案件办理的证据。

案件办理终结后，办案地执法部门应当将其他地区执法部门出具的书面文件及相关证据材料一并立卷归档。

第三十四条 执法部门应当在网络文化市场案件办理终结后5个工作日内将案件办理情况通报协助调查的其他地区执法部门，同时抄报其上级执法部门。

第三十五条 协助调查网络文化市场案件过程中产生的费用，由办案地与其他地区执法部门协商解决。

第三十六条 对符合文化市场重大案件标准的网络文化市场案件，执法部门在向上级执法部门报告时，应当将协助调查的执法部门及其办案人员等情况一并报告。

上级执法部门对符合督办条件的跨区域网络文化市场案件应当进行督办，并可以对办案地及协助调查地的执法部门给予办案补助。

第三十七条 上级执法部门在表彰奖励重大网络文化市场案件时，应当根据执法部门及协助调查的执法部门参与案件查处的程度及实际贡献，一并予以表彰奖励，或者建议其他执法部门的上级执法部门予以表彰奖励。

执法部门可将本单位协助其他地区执法部门调查取证情况上报上级执法部门，作为年度文化市场综合行政执法考评的辅助材料。

第八章 附 则

第三十八条 本规范所称搜索引擎是指根据一定的策略，运用特定的计算机程序从互联网上搜集信息，在对信息进行组织和处理后，为用户提供检索服务，将用户检索相关的信息展示给用户的系统。

哈希算法是指将任意长度的二进制值映射为固定长度的较小二进制值的算法。其中较小的二进制值称为“哈希值”。哈希值是一段数据唯一且极其紧凑的数值表示形式。

第三十九条 网络搜索常见的关键字包括：

（一）网络游戏的名称、角色、装备、道具、虚拟货币及其运营单位的名称、域名、IP地址等；

（二）网络音乐的名称、歌词、格式、类型、演唱者或者“音乐下载”、“免费MP3”等；

（三）网络文学作品的名称、作者、主要人物或者类型等；

（四）网络视听节目的名称、角色、演员、导演、年份、类型或者“电影下载”、“免费电影下载”等。

第四十条 本指引由文化部负责解释。

第四十一条 本指引自发布之日起实施。

附件：（远程）勘验笔录（略）

文化部文化市场司关于《关于网络游戏内测或公测是否构成上网运营的请示》的复函

（2010年10月11日 市函〔2010〕92号）

广东省文化市场综合执法局：

你局《关于网络游戏内测或公测是否构成上网运营的请示》（粤文执法函［2010］16号）收悉。经研究，现答复如下：

《网络游戏管理暂行办法》（文化部令第49号）（以下简称《办法》）第二条规定，“网络游戏上网运营是指通过信息网络，使用用户系统或者收费系统向公众提供游戏产品和服务的经营行为。”网络游戏经营单位在产品测试中，具备以下情形之一的，应界定为上网运营：

1. 开放网络游戏用户注册的；
2. 向网络游戏用户收费的；
3. 以商业合作、广告销售等方式开展经营活动的。

文化部办公厅关于规范进口网络游戏产品内容审查申报工作的公告

（2009 年 4 月 24 日）

根据《国务院对确需保留的行政审批项目设定行政许可的决定》（国务院第 412 号令）、《国务院办公厅关于印发文化部主要职责内设机构和人员编制规定的通知》（国办发〔2008〕79 号）和《互联网文化管理暂行规定》（文化部令第 27 号发布，第 32 号修订），文化部负责对进口网络游戏产品进行前置审查。为进一步完善和规范进口网络游戏的报审工作，现就有关事项公告如下：

一、从事进口网络游戏产品运营的企业应严格按照《文化部关于加强网络游戏产品内容审查工作的通知》（文市发〔2004〕14 号）的有关规定进行报审。报审的进口网络游戏产品，须为开发完全、与正式运营（或公测）版本一致的产品。

二、进口网络游戏产品在未获得文化部进口网络游戏产品批准文件时，必须符合以下要求：

（一）不得开放用户注册或通过客户端软件直接注册登陆服务器；

（二）如需进行游戏技术测试，须采取限额发放激活码的方式，且活跃用户数不得超过 2 万；

（三）不得以向用户收费或通过商业合作、广告等方式开展经营。

如有违反，文化部将不予受理该款进口网络游戏的申报，并按相关规定处理。

三、企业决定终止进口网络游戏产品经营的，文化部撤销其进口批准文号；变更运营企业的，原进口批准文号自动撤销，由新的运营企业重新向文化部报审。

四、已通过文化部内容审查的进口网络游戏产品，在运营中有实质内容变动的改版或版本升级的，应将新版本报文化部进行内容审查。

五、为方便网络游戏企业报审工作，提高审查效率，“文化部网络游戏内容审查网上申报及进度查询系统”在中国文化市场网（网址：http：//www. ccm. gov. cn）已正式启用。

特此公告。

文化部关于加强网络游戏产品内容审查工作的通知

（2004 年 5 月 14 日　文市发［2004］14 号）

各省、自治区、直辖市文化厅（局）、新疆生产建设兵团文化局：

文化部于 2003 年 5 月 10 日发布的《互联网文化管理暂行规定》（以下简称《规定》）对包括网络游戏在内的网络文化产品及其经营活动作出了明确规定，要求进口经营网络游戏应当报文化部进行内容审查。2004 年 2 月 17 日《国务院办公厅转发文化部等部门关于开展网吧等互联网上网服务营业场所专项整治意见的通知》（国办发（2004）19 号）规定，“对未经文化部许可擅自利用互联网从事网络游戏、音像制品、演出剧（节）目、艺术品、动画等互联网文化经营活动的，由文化行政部门依照《无照经营查处取缔办法》予以取缔。对未经文化部内容审查，擅自传播上述进口互联网文化产品的，由文化部依法查处，信息产业部依法配合”。

《中共中央国务院关于进一步加强和改进未成年人思想道德建设的若干意见》（中发（2004）8号）再次指出，“严格审查面向未成年人的游戏软件内容，查处含有诱发未成年人违法犯罪行为和恐怖、残忍等有害内容的游戏软件产品。严格未成年人精神文化产品的进口标准，严把进口关，既要有选择地把世界各国的优秀文化产品介绍进来，又要防止境外有害文化的侵入”。为进一步贯彻落实以上规定，现就有关问题通知如下：

一、凡在中华人民共和国境内在线传播或者移动传播的外国网络游戏产品，必须经文化部内容审查后，方可投入运营。

二、文化部设立进口游戏产品内容审查委员会（以下简称“审查委员会”），负责审查进口网络游戏产品的内容。审查委员会下设办公室，负责进口网络游戏产品内容审查的日常工作。

三、申请进口网络游戏产品的经营单位，需取得文化部核发的《网络文化经营许可证》。

四、经营性互联网文化单位应当按照国家有关规定对拟进口的网络游戏产品内容进行严格的审核。

五、经审核无违法违禁内容的，经营性互联网文化单位应当向文化部提出报审申请，并报送以下材料：

（一）文化部进口网络游戏产品内容审查申报表和文化部进口网络游戏产品材料登记表；

（二）产品主题以及内容说明书；

（三）产品操作说明（中、外文文本）；

（四）产品样品（中、外文文本，包括网络游戏软件客户端程序，以 CD－ROM 或 DVD 光盘为载体）三份，并提供登录账号及其相应密码，该账号应具备最高管理权限（或最高游戏级别）；

（五）游戏中全部对白、旁白、描述性文字及游戏主题曲、插曲的歌词文本（中、外文文本）；

（六）产品版权贸易或运营代理协议（中、外文文本）、原始版权证明书、版权授权书副本或复印件；

（七）产品输出国家或地区对该游戏产品的分级评价或有关证明；

（八）申请单位的《网络文化经营许可证》和《营业执照》复印件；

（九）自行审核结果（含可能存在争议内容的相关说明）；

（十）内容审查所需的其他文件。

六、禁止非独家授权使用的游戏产品进口。

游戏产品版权贸易或运营代理协议必须符合我国《合同法》、《著作权法》等法律法规的有关规定，并不得有显失公正的条款，待文化部批准后，方可生效。

七、文化部收到进口网络游戏产品内容审查申请后，由审查委员会对进口游戏产品进行内容审查，并提出初审意见；初审合格的，准予公测。在公测开始后的 30 日内，公测主页必须刊载《规定》第十七条内容的审查标准和审查委员会办公室的电子邮箱。文化部根据审查委员会提交的内容审查意见和公测结果，做出批准或者不批准的决定，批准的，发给批准文件，方可正式投入运营；不批准的，应当说明理由。

根据内容审查和公测结果，产品需要予以修改的，应及时进行修改，否则不予批准。

八、经文化部批准的进口网络游戏产品应当在其显著位置标明文化部批准文号，不得擅自变更节目名称和增删节目内容。要使用经批准的中文节目名称（外文名称可以在括号中注明）。经批准运营的网络游戏产品有实质内容改变的“补丁”和改版也应报文化部进行内容审查。

自批准之日起一年内未在国内运营、传播和流通的，进口单位应当报文化部备案并说明原因；决定终止进口的，文化部撤销其进口批准文号。

九、网络游戏产品进口、运营单位应当加强运营管理，避免在产品运营过程中产生《规定》禁止的内容。由于非进口、运营单位的原因，产生禁止内容的，进口、运营单位要立即对禁止内容进行删除处理，重要问题予以备份并及时向文化部报告。

十、进口中国香港、澳门特别行政区和台湾地区的网络游戏产品参照外国网络游戏产品办理相关手续。

十一、本通知发布前已经在国内正式运营而且至今仍在运营的进口网络游戏产品，应当在2004年9月1日以前，按照本通知的要求报送文化部补办内容审查手续。逾期未报审的，按照擅自传播进口网络游戏产品依法查处。

十二、国内网络游戏产品开发、运营单位要依照国家法规和本通知的有关要求进行游戏产品开发和管理。国内网络游戏产品也应于2004年9月1日以前报送我部备案，取得备案文号，并在该网络游戏产品主页上标明。对违反国家法规的，由各级文化行政部门依法查处。

· 财政部

财政部、海关总署、国家税务总局关于跨境电子商务零售进口税收政策的通知

（2016 年 3 月 24 日　财关税〔2016〕18 号）

各省、自治区、直辖市、计划单列市财政厅（局）、国家税务局，新疆生产建设兵团财务局，海关总署广东分署、各直属海关：

为营造公平竞争的市场环境，促进跨境电子商务零售进口健康发展，经国务院批准，现将跨境电子商务零售（企业对消费者，即 B2C）进口税收政策有关事项通知如下：

一、跨境电子商务零售进口商品按照货物征收关税和进口环节增值税、消费税，购买跨境电子商务零售进口商品的个人作为纳税义务人，实际交易价格（包括货物零售价格、运费和保险费）作为完税价格，电子商务企业、电子商务交易平台企业或物流企业可作为代收代缴义务人。

二、跨境电子商务零售进口税收政策适用于从其他国家或地区进口的、《跨境电子商务零售进口商品清单》范围内的以下商品：

（一）所有通过与海关联网的电子商务交易平台交易，能够实现交易、支付、物流电子信息“三单”比对的跨境电子商务零售进口商品；

（二）未通过与海关联网的电子商务交易平台交易，但快递、邮政企业能够统一提供交易、支付、物流等电子信息，并承诺承担相应法律责任进境的跨境电子商务零售进口商品。

不属于跨境电子商务零售进口的个人物品以及无法提供交易、支付、物流等电子信息的跨境电子商务零售进口商品，按现行规定执行。

三、跨境电子商务零售进口商品的单次交易限值为人民币 2000 元，个人年度交易限值为人民币 20000 元。在限值以内进口的跨境电子商务零售进口商品，关税税率暂设为 0%；进口环节增值税、消费税取消免征税额，暂按法定应纳税额的 70% 征收。超过单次限值、累加后超过个人年度限值的单次交易，以及完税价格超过 2000 元限值的单个不可分割商品，均按照一般贸易方式全额征税。

四、跨境电子商务零售进口商品自海关放行之日起 30 日内退货的，可申请退税，并相应调整个人年度交易总额。

五、跨境电子商务零售进口商品购买人（订购人）的身份信息应进行认证；未进行认证的，购买人（订购人）身份信息应与付款人一致。

六、《跨境电子商务零售进口商品清单》将由财政部商有关部门另行公布。

七、本通知自 2016 年 4 月 8 日起执行。

特此通知。

财政部、国家税务总局关于跨境电子商务零售出口税收政策的通知

（2013 年 12 月 30 日　财税〔2013〕96 号）

各省、自治区、直辖市、计划单列市财政厅（局）、国家税务局，新疆生产建设兵团财务局：

为落实《国务院办公厅转发商务部等部门关于实施支持跨境电子商务零售出口有关政策意见的通知》（国办发〔2013〕89 号）的要求，经研究，现将跨境电子商务零售出口（以下称电子商务出口）税收政策通知如下：

一、电子商务出口企业出口货物（财政部、国家税务总局明确不予出口退（免）税或免税的货物除外，下同），同时符合下列条件的，适用增值税、消费税退（免）税政策：

1. 电子商务出口企业属于增值税一般纳税人并已向主管税务机关办理出口退（免）税资格认定；

2. 出口货物取得海关出口货物报关单（出口退税专用），且与海关出口货物报关单电子信息一致；

3. 出口货物在退（免）税申报期截止之日内收汇；

4. 电子商务出口企业属于外贸企业的，购进出口货物取得相应的增值税专用发票、消费税专用缴款书（分割单）或海关进口增值税、消费税专用缴款书，且上述凭证有关内容与出口货物报关单（出口退税专用）有关内容相匹配。

二、电子商务出口企业出口货物，不符合本通知第一条规定条件，但同时符合下列条件的，适用增值税、消费税免税政策：

1. 电子商务出口企业已办理税务登记；

2. 出口货物取得海关签发的出口货物报关单；

3. 购进出口货物取得合法有效的进货凭证。

三、电子商务出口货物适用退（免）税、免税政策的，由电子商务出口企业按现行规定办理退（免）税、免税申报。

四、适用本通知退（免）税、免税政策的电子商务出口企业，是指自建跨境电子商务销售平台的电子商务出口企业和利用第三方跨境电子商务平台开展电子商务出口的企业。

五、为电子商务出口企业提供交易服务的跨境电子商务第三方平台，不适用本通知规定的退（免）税、免税政策，可按现行有关规定执行。

六、本通知自 2014 年 1 月 1 日起执行。

·国家税务总局

国家税务总局关于个人通过网络买卖虚拟货币取得收入征收个人所得税问题的批复

（2008 年 9 月 28 日　国税函〔2008〕818 号）

北京市地方税务局：

你局《关于个人通过网络销售虚拟货币取得收入计征个人所得税问题的请示》（京地税个［2008］114 号）收悉。现批复如下：

一、个人通过网络收购玩家的虚拟货币，加价后向他人出售取得的收入，属于个人所得税应税所得，应按照“财产转让所得”项目计算缴纳个人所得税。

二、个人销售虚拟货币的财产原值为其收购网络虚拟货币所支付的价款和相关税费。

三、对于个人不能提供有关财产原值凭证的，由主管税务机关核定其财产原值。

·民政部

公开募捐平台服务管理办法

（2016年9月1日 民发〔2016〕157号）

第一条 为进一步规范公开募捐平台服务，维护捐赠人、受益人和慈善组织等慈善活动参与者的合法权益，促进我国慈善事业健康发展，根据《中华人民共和国慈善法》《国务院关于促进慈善事业健康发展的指导意见》（国发[2014]61号）等法律法规和有关规定，制定本办法。

第二条 本办法所称公开募捐平台服务，是指广播、电视、报刊及网络服务提供者、电信运营商为慈善组织开展公开募捐活动或者发布公开募捐信息提供的平台服务。

提供公开募捐平台服务的广播、电视、报刊、电信运营商应当符合《广播电视管理条例》《出版管理条例》《中华人民共和国电信条例》等规定的条件。通过互联网提供公开募捐平台服务的网络服务提供者应当依法由民政部指定，并符合《互联网信息服务管理办法》等规定的条件。

第三条 广播、电视、报刊以及网络服务提供者、电信运营商在提供公开募捐平台服务时，应当查验慈善组织的登记证书和公开募捐资格证书，不得代为接受慈善捐赠财产。

第四条 广播、电视、报刊以及网络服务提供者、电信运营商向慈善组织提供公开募捐平台服务应当签订协议，明确双方在公开募捐信息发布、募捐事项的真实性等方面的权利和义务。

第五条 广播、电视、报刊以及网络服务提供者、电信运营商发现慈善组织在开展公开募捐时有违法违规行为的，应当及时向批准其登记的民政部门报告。

第六条 广播、电视、报刊以及网络服务提供者、电信运营商应当记录和保存慈善组织的登记证书复印件、公开募捐资格证书复印件。网络服务提供者还应当记录、保存慈善组织在其平台上发布的有关信息。其中，登记证书、公开募捐资格证书相关信息的保存期限为自该慈善组织通过其平台最后一次开展公开募捐之日起不少于两年；募捐记录等其他信息的保存期限为自公开募捐完成之日起不少于两年。

第七条 民政部门发现慈善组织在使用公开募捐平台服务中有违法违规行为，需要要求广播、电视、报刊以及网络服务提供者、电信运营商协助调查的，广播、电视、报刊以及网络服务提供者、电信运营商应当予以配合。

第八条 广播、电视、报刊以及网络服务提供者、电信运营商停止为慈善组织提供公开募捐信息发布服务的，应当提前在本平台向社会公众告知。

第九条 鼓励广播、电视、报刊以及网络服务提供者、电信运营商为慈善组织提供公平、公正的信用评价服务，对开展公开募捐的慈善组织的信用情况客观、公正地进行采集与记录。

第十条 个人为了解决自己或者家庭的困难，通过广播、电视、报刊以及网络服务提供者、电信运营商发布求助信息时，广播、电视、报刊以及网络服务提供者、电信运营商应当在显著位置向公众进行风险防范提示，告知其信息不属于慈善公开募捐信息，真实性由信息发布个人负责。

第十一条 各级民政部门依法对慈善组织通过广播、电视、报刊以及网络服务提供者、电信运营商提供的平台发布公开募捐信息、开展公开募捐的行为实施监督管理。慈善组织有违法违规情形的，由批准其登记的民政部门依法查处。

第十二条 国务院及地方各级广播、电视、报刊及互联网信息内容管理部门、电信主管部门，在各自职责范围内，依法对广播、电视、报刊以及网络服务提供者、电信运营商为慈善组织开展公开募捐提供的平台服务实施监督管理，对违法违规行为进行查处。

第十三条 民政部门应当建立健全与广播、电视、报刊及互联网信息内容管理部门、电信主管部门的信息沟通共享机制、信用信息披露机制和违法违规行为协查机制，强化协同监管。

第十四条 本办法由民政部、工业和信息化部、新闻出版广电总局、国家互联网信息办公室负责解释。

第十五条 本办法自 2016 年 9 月 1 日起施行。

·中华人民共和国海关总署

关于跨境电子商务零售进出口商品有关监管事宜的公告

（2016年4月6日 2016年第26号）

为做好跨境电子商务零售进出口商品监管工作，促进电子商务健康有序发展，根据《海关法》和国家有关政策规定，以及《财政部 海关总署 国家税务总局关于跨境电子商务零售进口税收政策的通知》（财关税〔2016〕18号）、《财政部等11个部门关于公布跨境电子商务零售进口商品清单的公告》（2016年第40号）的有关规定，现就相关海关监管问题公告如下：

一、适用范围

（一）电子商务企业、个人通过电子商务交易平台实现零售进出口商品交易，并根据海关要求传输相关交易电子数据的，按照本公告接受海关监管。

二、企业管理

（二）参与跨境电子商务业务的企业应当事先向所在地海关提交以下材料：

1. 企业法人营业执照副本复印件；

2. 组织机构代码证书副本复印件（以统一社会信用代码注册的企业不需要提供）；

3. 企业情况登记表，具体包括企业组织机构代码或统一社会信用代码、中文名称、工商注册地址、营业执照注册号，法定代表人（负责人）、身份证件类型、身份证件号码，海关联系人、移动电话、固定电话，跨境电子商务网站网址等。

企业按照前款规定提交复印件的，应当同时向海关交验原件。

如需向海关办理报关业务，应当按照海关对报关单位注册登记管理的相关规定办理注册登记。

三、通关管理

（三）跨境电子商务零售进口商品申报前，电子商务企业或电子商务交易平台企业、支付企业、物流企业应当分别通过跨境电子商务通关服务平台（以下简称服务平台）如实向海关传输交易、支付、物流等电子信息。

进出境快件运营人、邮政企业可以受电子商务企业、支付企业委托，在书面承诺对传输数据真实性承担相应法律责任的前提下，向海关传输交易、支付等电子信息。

（四）跨境电子商务零售出口商品申报前，电子商务企业或其代理人、物流企业应当分别通过服务平台如实向海关传输交易、收款、物流等电子信息。

（五）电子商务企业或其代理人应提交《中华人民共和国海关跨境电子商务零售进出口商品申报清单》（以下简称《申报清单》），出口采取“清单核放、汇总申报”方式办理报关手续，进口采取“清单核放”方式办理报关手续。

《申报清单》与《中华人民共和国海关进（出）口货物报关单》具有同等法律效力，相关数据填制要求详见附件1、附件2。

（六）电子商务企业应当对购买跨境电子商务零售进口商品的个人（订购人）身份信息进行核实，并向海关提供由国家主管部门认证的身份有效信息。无法提供或者无法核实订购人身份信息的，订购人与支付人应当为同一人。

（七）跨境电子商务零售商品出口后，电子商务企业或其代理人应当于每月10日前（当月10日是法定节假日或者法定休息日的，顺延至其后的第一个工作日，第12月的清单汇总应当于当月最后一个工作日前完成），将上月（12月为当月）结关的《申报清单》依据清单表头同一收发货人、同一运输方式、同一运抵国、同一出境口岸，以及清单表体同一10位海关商品编码、同一申报计量单位、同一币制规则进行归并，汇总形成《中华人民共和国海关出口货物报关单》向海关申报。

（八）除特殊情况外，《申报清单》、《中华人民共和国海关进（出）口货物报关单》应当采取通关无纸化作业方式进行申报。

《申报清单》的修改或者撤销，参照海关《中华人民共和国海关进（出）口货物报关单》修改或者撤销有关规定办理。

四、税收征管

（九）根据《财政部 海关总署 国家税务总局关于跨境电子商务零售进口税收政策的通知》（财关税〔2016〕18号）的有关规定，跨境电子商务零售进口商品按照货物征收关税和进口环节增值税、消费税，完税价格为实际交易价格，包括商品零售价格、运费和保险费。

（十）订购人为纳税义务人。在海关注册登记的电子商务企业、电子商务交易平台企业或物流企业作为税款的代收代缴义务人，代为履行纳税义务。

（十一）代收代缴义务人应当如实、准确向海关申报跨境电子商务零售进口商品的商品名称、规格型号、税则号列、实际交易价格及相关费用等税收征管要素。

跨境电子商务零售进口商品的申报币制为人民币。

（十二）为审核确定跨境电子商务零售进口商品的归类、完税价格等，海关可以要求代收代缴义务人按照有关规定进行补充申报。

（十三）海关对满足监管规定的跨境电子商务零售进口商品按时段汇总计征税款，代收代缴义务人应当依法向海关提交足额有效的税款担保。

海关放行后30日内未发生退货或修撤单的，代收代缴义务人在放行后第31日至第45日内向海关办理纳税手续。

五、物流监控

（十四）跨境电子商务零售进出口商品监管场所必须符合海关相关规定。

监管场所经营人、仓储企业应当建立符合海关监管要求的计算机管理系统，并按照海关要求交换电子数据。

（十五）跨境电子商务零售进出口商品的查验、放行均应当在监管场所内实施。

（十六）海关实施查验时，电子商务企业或其代理人、监管场所经营人、仓储企业应当按照有关规定提供便利，配合海关查验。

（十七）电子商务企业或其代理人、物流企业、监管场所经营人、仓储企业发现涉嫌违规或走私行为的，应当及时主动报告海关。

六、退货管理

（十八）在跨境电子商务零售进口模式下，允许电子商务企业或其代理人申请退货，退回的商品应当在海关放行之日起30日内原状运抵原监管场所，相应税款不予征收，并调整个人年度交易累计金额。

在跨境电子商务零售出口模式下，退回的商品按照现行规定办理有关手续。

七、其他事项

（十九）在海关注册登记的电子商务企业、电子商务交易平台企业、支付企业、物流企业等应当接受海关后续管理。

（二十）本公告有关用语的含义：

“参与跨境电子商务业务的企业”是指参与跨境电子商务业务的电子商务企业、电子商务交易平台企业、支付企业、物流企业等。

“电子商务企业”是指通过自建或者利用第三方电子商务交易平台开展跨境电子商务业务的企业。

“电子商务交易平台企业”是指提供电子商务进出口商品交易、支付、配送服务的平台提供企业。

“电子商务通关服务平台”是指由电子口岸搭建，实现企业、海关以及相关管理部门之间数据交换与信息共享的平台。

（二十一）以保税模式从事跨境电子商务零售进口业务的，应当在海关特殊监管区域和保税物流中心（B型）内开展，除另有规定外，参照本公告规定监管。

本公告自2016年4月8日起施行，施行时间以海关接受《申报清单》申报时间为准，未尽事宜按海关现行规定办理。

自本公告施行之日起，海关总署公告 2014 年第 56 号同时废止。

特此公告。

附件一：中华人民共和国跨境电子商务零售进口商品申报清单数据（略）

附件二中华人民共和国跨境电子商务零售出口商品申报清单数据（略）

· 自然资源部

国家测绘地理信息局法规与行业管理司关于进一步加强互联网地图服务资质管理工作的通知

（2011 年 12 月 23 日　国测管发〔2011〕60 号）

各省、自治区、直辖市测绘地理信息行政主管部门：

为了进一步加强互联网地图服务资质管理，规范互联网地图服务市场秩序，促进互联网地图服务健康有序发展，现就有关事项通知如下：

一、互联网地图服务资质单位应当使用经省级以上测绘地理信息行政主管部门审核批准的地图提供服务，并将地图审图号、测绘资质证书编号、互联网信息服务增值电信业务经营许可证编号共同标注在网站显著位置。

二、测绘资质年度注册时，互联网地图服务资质单位应当依据有关规定，提供省级以上测绘地理信息主管部门认可的互联网地图新增内容备案的证明材料。

三、有外资进入的互联网地图服务资质单位，应当及时向测绘地理信息行政主管部门报告，并按照《外国的组织或者个人来华测绘管理暂行办法》重新申请资质审查。

四、互联网地图服务资质单位不得提供境外互联网地图服务的链接。

五、互联网地图服务资质单位在互联网上登载实景影像地图，应当按照地图审核相关规定送审。未经审核批准的实景影像地图，一律不得在互联网上公开登载。

六、省级测绘地理信息行政主管部门要利用技术手段开展互联网网站的日常筛查，每季度末向国家测绘地理信息局报送互联网地图服务单位筛查情况。要完善互联网地图服务投诉举报渠道，公布举报电话，并及时处理公众对互联网地图服务的投诉举报。

七、自 2012 年 2 月 1 日起，未申请互联网地图服务资质的单位一律不得从事互联网地图服务；已提出申请、在审批过程中的单位，在取得互联网地图服务资质前，不得提供新的互联网地图服务。对于无资质继续从事互联网地图服务的，测绘地理信息行政主管部门要予以约谈、曝光，并依法给予限期整改直至停止互联网地图服务等处罚。

国家测绘局关于加强互联网地图管理工作的通知

（2009 年 12 月 28 日　国测图发〔2009〕6 号）

各省、自治区、直辖市、计划单列市测绘行政主管部门，新疆生产建设兵团测绘主管部门，局属有关单位：

互联网地图作为信息时代国家版图的主要表现形式之一，体现了国家在主权方面的意志和在国际社会中的政治、外交立场，具有严密的科学性、严肃的政治性和严格的法定性，并事关国家安全。为加强互联网地图管理，规范互联网地图编制和服务，根据《中华人民共和国测绘法》等法律、法规和规定，现就有关事项通知如下：

一、互联网地图服务单位应当依法取得相应的互联网地图服务测绘资质，并在资质许可的范围内提供互联网地图服务。

二、互联网地图服务单位提供增值服务（包括浏览、搜索、导航、定位、标注、复制、链接、发送、转发、引用、嵌入、下载等）必须使用经测绘行政主管部门审核批准的互联网地图。

三、互联网地图的编制（包括编辑加工、格式转换、质量测评）、更新等活动，必须由取得相应电子地图编制或者导航电子地图制作专业范围测绘资质的单位承担。

编制、更新互联网地图，必须遵守公开地图内容表示等有关地图管理规定。

四、互联网地图服务单位引进的境外地图必须按相关进口地图的规定管理。

五、提供互联网地图服务的数据库服务器不得设在境外（含港澳台地区）。

六、互联网地图必须由相应互联网地图编制单位按照地图审核有关管理规定送审。未经依法审核批准的互联网地图，一律不得公开登载、传输。

互联网地图审图号有效期为2年。审图号有效期内地图表示内容发生变化或审图号到期前，应重新送审，取得新的审图号。

七、任何单位或个人不得在互联网上登载危害国家主权和民族尊严的地图，不得在互联网上传输、标注可能危害国家主权、安全的地理信息。

八、互联网地图服务单位的地图安全审校人员应不断增强国家版图意识和地理信息安全保密意识，认真对用户上传标注的兴趣点和其他新增兴趣点进行审查，确保所有信息符合国家公开地图内容表示等有关规定。

不得公开的兴趣点，任何单位或个人不得以任何形式进行存储、记录、传播。

地图安全审校人员须经省级以上测绘行政主管部门培训考核合格，持证上岗。

九、互联网地图服务单位应采取有效措施规范用户上传标注行为，及时发布相关警示信息。互联网地图服务中出现的泄密等安全问题，互联网地图服务单位应当承担相应的法律责任。

十、互联网地图服务单位每6个月应将新增兴趣点送交审核批准互联网地图的测绘行政主管部门备案。

十一、在互联网上登载、复制、发送、转发、引用、嵌入互联网地图，必须在相应页面显著位置标明地图审图号和著作权信息，并应经互联网地图著作权人的同意。

任何单位或个人不得复制、链接、发送、转发、引用、嵌入未经依法审核批准的互联网地图。

十二、各省级测绘行政主管部门要按属地化（互联网信息服务许可证号或备案号）管理原则，强化对互联网地图及其运行系统（平台）的日常监管和跟踪检查，建立跟踪监管系统，加强对互联网地图服务从业人员培训，及时依法查处各种违法违规行为。

附件：互联网地图审查要求（略）

·中国人民银行

条码支付业务规范（试行）

（2017年12月25日　银发〔2017〕296号）

第一章　总　则

第一条　为规范条码（二维码）支付（以下简称条码支付）业务，保护消费者合法权益，促进条码支付业务健康发展，根据《电子支付指引（第一号）》（中国人民银行公告〔2005〕第23号公布）、《非金融机构支付服务管理办法》（中国人民银行公告〔2010〕第2号公布）、《银行卡收单业务管理办法》（中国人民银行公告〔2013〕第9号公布）、《非银行支付机构网络支付业务管理办法》（中国人民银行公告〔2015〕第43号公布）等规定，制定本规范。

第二条　本规范所称条码支付业务是指银行业金融机构（以下简称银行）、非银行支付机构（以下简称支付机构）应用条码技术，实现收付款人之间货币资金转移的业务活动。

条码支付业务包括付款扫码和收款扫码。付款扫码是指付款人通过移动终端识读收款人展示的条码完成支付的行为。收款扫码是指收款人通过识读付款人移动终端展示的条码完成支付的行为。

第三条　银行、支付机构开展条码支付业务应遵循本规范。

第四条　支付机构开展条码支付业务，应按规定取得相应的业务许可，并按相应管理办法规范开展业务。

第五条　支付机构不得基于条码技术，从事或变相从事证券、保险、信贷、融资、理财、担保、信托、货币兑换、现金存取等业务。

第六条　银行、支付机构开展条码支付业务应遵守客户实名制管理规定；遵守反洗钱法律法规要求，履行反洗钱和反恐怖融资义务；依法维护客户及相关主体的合法权益。

第七条　银行、支付机构应自觉遵守商业道德，不得以任何形式诋毁其他市场主体的商业信誉，不得采用不正当竞争手段排挤竞争对手、损害其他市场主体利益，破坏市场公平竞争秩序。

第八条　银行、支付机构应遵守中国人民银行发布的相关技术标准与规范要求，保证条码支付业务的交易安全和信息安全。

第二章　条码生成和受理

第九条　银行、支付机构开展条码支付业务，应将客户用于生成条码的银行账户或支付账户、身份证件号码、手机号码进行关联管理。

第十条　银行、支付机构开展条码支付业务，可以组合选用下列三种要素，对客户条码支付交易进行验证：

（一）仅客户本人知悉的要素，如静态密码等；

（二）仅客户本人持有并特有的，不可复制或者不可重复利用的要素，如经过安全认证的数字证书、电子签名，以及通过安全渠道生成和传输的一次性密码等；

（三）客户本人生物特征要素，如指纹等。

银行、支付机构应当确保采用的要素相互独立，部分要素的损坏或者泄露不应导致其他要素损坏或者泄露。

第十一条　采用数字证书、电子签名作为验证要素的，数字证书及生成电子签名的过程应符合相关规定，应确保数字证书的唯一性、完整性及交易的不可抵赖性。

采用一次性密码作为验证要素的，应当切实防范一次性密码获取端与支付指令发起端为相同物理设备而带来的风险，并将一次性密码有效期严格限制在最短的必要时间内。

采用客户本人生物特征作为验证要素的，应当符合国家、金融行业标准和相关信息安全管理要求，防止被非法存储、复制或重放。

第十二条 银行、支付机构应根据《条码支付安全技术规范（试行）》（银办发〔2017〕242号）关于风险防范能力的分级，对个人客户的条码支付业务进行限额管理：

（一）风险防范能力达到A级，即采用包括数字证书或电子签名在内的两类（含）以上有效要素对交易进行验证的，可与客户通过协议自主约定单日累计限额；

（二）风险防范能力达到B级，即采用不包括数字证书、电子签名在内的两类（含）以上有效要素对交易进行验证的，同一客户单个银行账户或所有支付账户单日累计交易金额应不超过5000元；

（三）风险防范能力达到C级，即采用不足两类要素对交易进行验证的，同一客户单个银行账户或所有支付账户单日累计交易金额应不超过1000元；

（四）风险防范能力达到D级，即使用静态条码的，同一客户单个银行账户或所有支付账户单日累计交易金额应不超过500元。

第十三条 支付机构向客户开户银行发送支付指令，扣划客户银行账户资金的，同一客户全部银行账户合计日累计交易限额执行第十二条的规定。

第十四条 银行、支付机构提供付款扫码服务的，应具备差异化的风控措施和完善的客户权益受损解决机制，在条码生成、识读、支付等核心业务流程中明确提示客户支付风险，切实防范不法分子通过在条码中植入木马、病毒等方式造成客户信息泄露和资金损失。

第十五条 银行、支付机构提供收款扫码服务的，应使用动态条码，设置条码有效期、使用次数等方式，防止条码被重复使用导致重复扣款，确保条码真实有效。

第十六条 银行、支付机构开展条码支付业务所涉及的业务系统、客户端软件、受理终端（网络支付接口）等，应当持续符合监管部门及行业标准要求，确保条码生成和识读过程的安全性、真实性和完整性。

第十七条 银行、支付机构应按照中国人民银行相关规定强化支付敏感信息内控管理和安全防护，强化交易密码保护机制；通过支付标记化技术应用等手段，从源头控制信息泄露和欺诈交易风险。

第十八条 银行、支付机构应指定专人操作与维护条码生成相关系统。条码信息仅限包含当次支付相关信息，不应包含任何与客户及其账户相关的支付敏感信息。

特约商户展示的条码，仅限包含与当次支付有关的特约商户、商品（服务）或商品（服务）订单等信息。

移动终端展示的条码，不得包含未经加密处理的客户本人账户信息。

第十九条 银行、支付机构应确保条码支付交易经客户确认或授权后发起，支付指令应真实、完整、有效。

移动终端完成条码扫描后，应正确、完整显示扫码内容，供客户确认。

特约商户受理终端完成条码扫描后，应仅显示扫码结果并提示下一步操作，不得显示付款人的支付敏感信息。

第二十条 银行、支付机构应根据条码支付的真实场景，按规定正确选用交易类型，准确标识交易信息并完整发送，确保交易信息的完整性、真实性和可追溯性。

交易信息至少应包括：直接提供商品或服务的特约商户名称、类别和代码，受理终端（网络支付接口）类型和代码，交易时间和地点（网络特约商户的网络地址），交易金额，交易类型和渠道，交易发起方式等。网络特约商户的交易信息还应当包括订单号和网络交易平台名称。

银行、支付机构应在支付交易报文中通过特定域标识该交易为条码支付交易，以供报文接收方正确识别并进行授权处理。

第二十一条 支付交易完成后，特约商户受理终端和移动终端应显示支付结果；支付失败的，特约商户受理终端和移动终端还应显示失败原因。

第三章　特约商户管理

第二十二条　银行、支付机构拓展条码支付特约商户，应遵循“了解你的客户”原则，确保所拓展的是依法设立、合法经营的特约商户。

第二十三条　中国支付清算协会、清算机构应将条码支付特约商户纳入特约商户信息管理系统及黑名单管理机制。银行、支付机构拓展特约商户时，应进行查询确认，如商户及其法定代表人或负责人在特约商户信息管理系统中存在不良信息记录的，应谨慎为该商户提供条码支付服务；不得将已纳入黑名单的单位和个人，以及由纳入黑名单个人担任法定代表人或者负责人的单位拓展为特约商户，已经拓展为特约商户的，应当自该特约商户被列入黑名单之日起10日内予以清退。

第二十四条　银行、支付机构拓展特约商户应落实实名制规定，严格审核特约商户的营业执照等证明文件，以及法定代表人或负责人的有效身份证件等申请材料，确认申请材料的真实性、完整性、有效性，并留存申请材料的影印件或复印件。

对依据法律法规和相关监管规定免于办理工商注册登记的实体特约商户（小微商户），收单机构在遵循“了解你的客户”原则的前提下，可以通过审核商户主要负责人身份证明文件和辅助证明材料为其提供条码支付收单服务。辅助证明材料包括但不限于营业场所租赁协议或者产权证明、集中经营场所管理方出具的证明文件等能够反映小微商户真实、合法从事商品或服务交易活动的材料。

以同一个身份证件在同一家收单机构办理的全部小微商户基于信用卡的条码支付收款金额日累计不超过1000元、月累计不超过1万元。银行、支付机构应当结合小微商户风险等级动态调整交易卡种、交易限额、结算周期等，强化对小微商户的交易监测。

第二十五条　银行、支付机构应与特约商户签订条码支付受理协议，就银行结算账户的设置和变更、资金结算周期、结算手续费标准、差错和争议处理等条码支付服务相关事项进行约定，明确双方的权利、义务和违约责任。

第二十六条　银行、支付机构在条码支付受理协议中，应要求特约商户基于真实的商品或服务交易背景受理条码支付；按规定使用受理终端或网络支付接口、银行结算账户，不得利用其从事或协助他人从事非法活动；妥善处理交易数据信息、保存交易凭证，保障交易信息安全；不得向客户收取或变相收取附加费用，或降低服务水平。

第二十七条　银行、支付机构应建立特约商户信息管理系统，记录特约商户名称和经营地址、特约商户身份资料信息、特约商户类别、结算手续费标准、银行结算账户信息、开通的交易类型和开通时间、受理终端（网络交易接口）类型和安装地址等信息，并及时进行更新。

银行、支付机构应按规定向中国支付清算协会和清算机构特约商户信息管理系统报送特约商户基本信息。

第二十八条　银行、支付机构应建立特约商户检查制度，明确检查频率、检查内容、检查记录等管理要求，落实检查责任。

第二十九条　银行、支付机构应当对实体特约商户条码收单业务进行本地化经营和管理，通过在特约商户及其分支机构所在省（区、市）辖内的收单机构或其分支机构提供收单服务，不得跨省（区、市）开展条码收单业务。

第三十条　银行、支付机构应按照《中国人民银行关于加强银行卡收单业务外包管理的通知》（银发〔2015〕199号）相关要求审慎选择外包服务机构，严格规范与外包服务机构的业务合作，强化收单外包业务的风险管理责任。银行、支付机构作为条码支付收单业务主体的管理责任和风险承担责任不因外包关系而转移。

银行、支付机构不得将特约商户资质审核、受理协议签订、资金结算、交易处理、风险监测、受理终端主密钥生成和管理、网络支付接口管理、差错和争议处理工作交由外包服务机构办理。银行、支付机构与外包服务机构系统对接开展业务的，应确保外包服务机构无法获取或者接触支付敏感信息、不得从事或者变相从事特约商户资金结算。

第三十一条 银行、支付机构应尊重特约商户的自主选择权，不得干涉或变相干涉特约商户与其他机构的合作。

第三十二条 银行、支付机构开展条码支付业务应参照银行卡刷卡手续费定价标准科学合理定价，不得采用交叉补贴、低于成本价格倾销等不正当手段排挤竞争对手，扰乱市场秩序。

第四章 风险管理

第三十三条 银行、支付机构应建立全面风险管理体系和内部控制机制，提升风险识别能力，采取有效措施防范风险，及时发现、处理可疑交易信息及风险事件。

第三十四条 银行、支付机构开展条码支付业务，应当评估业务相关的洗钱和恐怖融资风险，采取与风险水平相适应的管控措施。

第三十五条 银行、支付机构应建立特约商户风险评级制度，综合考虑特约商户的区域和行业特征、经营规模、财务和资信状况等因素，对特约商户进行风险评级。

第三十六条 银行、支付机构应结合特约商户风险等级及交易类型等因素，设置或与其约定单笔及日累计交易限额。

第三十七条 银行、支付机构对风险等级较高的特约商户，应通过强化交易监测、建立特约商户风险准备金、延迟清算等风险管理措施，防范交易风险。

第三十八条 银行、支付机构应建立特约商户检查、评估制度，根据特约商户的风险等级，制定不同的检查、评估频率和方式，并保留相关记录。

第三十九条 银行、支付机构应制定突发事件应急预案，建立灾难备份系统，确保条码支付业务的连续性和业务系统安全运行。

第四十条 银行、支付机构应能够有效识别本机构发行的客户端程序和特约商户受理终端，能够确保条码生成和识读过程的安全性。

第四十一条 银行、支付机构应确保客户身份或账户信息安全，防止泄露，并根据收付款不同业务场景设置条码有效性和使用次数。

第四十二条 银行、支付机构应建立条码支付交易风险监测体系，及时发现可疑交易，并采取阻断交易、联系客户核实交易等方式防范交易风险。

第四十三条 银行、支付机构发现特约商户发生疑似套现、洗钱、恐怖融资、欺诈、留存或泄露账户信息等风险事件的，应对特约商户采取延迟资金结算、暂停交易、冻结账户等措施，并承担因未采取措施导致的风险损失责任；发现涉嫌违法犯罪活动的，应及时向公安机关报案。

第四十四条 银行、支付机构应持续完善客户服务体系，及时受理和解决条码支付业务中的客户咨询、查询和投诉等问题，自觉维护客户的合法权益。

第四十五条 银行、支付机构应充分披露条码支付业务产品类型、办理流程、操作规程、收费标准等信息，明确业务风险点及相关责任承担机制、风险损失赔付方式及操作方式。

第四十六条 银行、支付机构应开展对客户的条码支付安全教育，提升其风险防范意识和应对能力。

第四十七条 银行、支付机构应向中国支付清算协会、清算机构风险信息管理系统报送其条码支付特约商户风险信息。

银行、支付机构或其外包服务机构、条码支付特约商户发生涉嫌重大支付违法犯罪案件或重大风险事件的，应当于2个工作日内向中国人民银行或其分支机构报告。

第五章 附 则

第四十八条 采取自定义符号、图形、图像等作为信息载体传递交易信息用于支付服务的，参照本规范进行管理。

第四十九条 本规范相关用语含义如下：

移动终端，指客户使用的、具有移动通讯功能，用于展示或识读条码，完成支付的终端设备。如手机、平板电脑等。

特约商户受理终端，指具有条码展示或识读等功能，参与条码支付完成销售收款的特约商户端专用设备。包括具有条码展示功能的显码设备；识读条码并且向后台系统发起支付指令的专用设备，包括但不限于带扫码装置的收银系统、销售点终端（POS）、自助终端等。

支付敏感信息，是指一旦遭到泄露或修改，会对标识的信息主体的信息安全和资金安全造成危害的信息。包括但不限于支付密码、银行卡密码、验证码、卡片有效期、生物特征以及未获客户授权的金融信息。

第五十条 本规范自2018年4月1日起实施。

中国人民银行关于规范支付创新业务的通知

（2017年12月13日　银发〔2017〕281号）

中国人民银行上海总部，各分行、营业管理部，各省会（首府）城市中心支行，各副省级城市中心支行；各国有商业银行、股份制商业银行，中国邮政储蓄银行；各非银行支付机构；中国银联股份有限公司、中国支付清算协会、城市商业银行资金清算中心、农信银资金清算中心、网联清算有限公司：

近年来，我国支付业务创新不断发展，支付服务环境日趋完善，对提高支付效率、便利社会生产生活发挥了积极作用。为进一步加强支付业务管理，促进支付创新，推动支付服务市场持续健康发展，现就有关事项通知如下：

一、开展支付创新业务应事前报告

各银行业金融机构（以下简称银行）、非银行支付机构（以下简称支付机构）提供支付创新产品或者服务、与境外机构合作开展跨境支付业务、与其他机构开展重大业务合作的，应当对相关业务的合规性和安全性进行全面评估，并于业务开展前30日书面报告中国人民银行及其分支机构。全国性银行报告中国人民银行；其他银行、支付机构按属地管理原则，报告法人所在地中国人民银行分支机构。

报告内容包括但不限于以下方面：拟推出产品或者服务的名称、基本业务流程、支付指令传输路径、资金清算及结算方式，合作机构名称及业务开展情况、合作方式，业务规则、技术标准、客户权益保护措施、内部控制及风险管理制度，业务试点开展时间及区域，收费项目及标准，潜在市场影响，相关合同及协议模板等。

支付百科解读：未来开展创新产品业务、跨境支付合作，需要向监管机构进行报备，由于支付机构在扫码支付业务、余额宝业务的快速发展，也产生了较大的监管隐患，可以看到未来将不会那么快或者那么多的出现行业标杆产品。

二、维护支付服务市场公平竞争秩序

各银行、支付机构应当切实增强社会责任意识，遵循依法合规、安全可控、商业可持续的原则，稳妥推广支付业务，共同维护支付服务市场健康持续发展。不得滥用本机构及关联企业的市场优势地位，排除、限制支付服务竞争；不得采用低价倾销、交叉补贴等不当手段拓展市场；不得夸大宣传、散布虚假信息，损害其他市场主体的商业信誉。

中国支付清算协会应当充分发挥行业自律作用，动态调整支付结算违法违规行为重要举报事项，将扰乱市场秩序、侵害消费者合法权益等行为纳入重要举报事项范畴，进一步加大自律惩戒力度。

支付百科解读：市场许多大机构为了争夺市场，进行POS机具补贴，一度造成了代理商看哪家补贴多换哪家产品的现状，对于整个受理市场会有负面影响，另外，有些头部机构利用自身市场地位进行垄断，甚至排挤其他中小机构，监管机构针对此现象进行政策约束。

三、加强收单业务受理终端管理

收单机构应当建立并完善受理终端管理制度，明确受理终端选型、采购、布放、密钥管理、参数设置、程序灌装、日常维护、交易监测和巡检等各环节管理措施；自主完成受理终端采购、主密钥生成和管理，对终端密钥及相关参数实行专人管理。

收单机构及其外包服务机构不得通过任何

传播媒体、宣传工具或者方式发布销售银行卡受理终端、条码支付受理终端或者收款码的广告。在推广业务时，收单机构及其外包服务机构应当围绕服务质量、安全保障等进行真实、合理的广告宣传，准确披露收单机构名称及联系方式，广告内容中不得使用或者变相使用“零扣率”、“低扣率”、“费率自由定义”、“商户滚动切换”、“一机多商户”、“T+O”、“D+O”、“即时到账”、“刷单”、“套现”等涉嫌不正当竞争、误导消费者或者违法违规行为的文字。

收单机构应当遵循“谁入网、谁负责”的原则，对通过其加入清算网络的银行卡受理终端、条码支付受理终端或者收款码承担管理责任，严格规范与外包服务机构的业务合作。

支付百科解读：收单设备的加强管理，在对外宣传层面要求收单机构禁用“零扣率”、“低扣率”、“费率自由定义”、“商户滚动切换”、“一机多商户”、“T+O”、“D+O”、“即时到账”、“刷单”、“套现”等宣传用词。科长分析，收单机构实际用的少，市场上使用这些词的大部分是部分服务机构，因此各位代理请熟读本条款。

四、规范小微商户收单业务管理

对依据法律法规和相关监管规定免于办理工商注册登记的实体特约商户（小微商户），收单机构在遵循“了解你的客户”原则的前提下，可以通过审核商户主要负责人身份证明文件和辅助证明材料为其提供收单服务。辅助证明材料包括但不限于营业场所租赁协议或者产权证明、集中经营场所管理方出具的证明文件等反映小微商户真实从事商品或者服务交易活动的材料。

收单机构为上述小微商户提供收单服务的，不得为其开通受理终端磁条交易功能。收单机构应当结合小微商户的风险等级，动态调整其可受理的银行卡种类和交易限额，以同一个身份证件在同一家收单机构办理的全部小微商户受理信用卡的收款金额上限为日累计1000元、月累计1万元。

清算机构应当配套建立小微商户收单业务规则和管理系统，细化小微商户准入、商户注册数量、交易限额和交易监测等风险管理措施。

支付百科解读：对小商户进行管控限制，限制交易额度，从而解决小商户高交易额实际套现的行为。

五、加强代收业务管理

银行、支付机构等代收服务机构根据收款人的委托协议，定期向付款人开户机构（包括银行和支付机构）发送支付指令，提请付款人开户机构不经交易验证直接扣划付款人账户资金的，应当执行下列要求：

付款人开户机构应当事先或者在首笔交易时取得付款人授权，明确收款人名称、支付款项的用途、扣款时间、授权期限、交易限额、异议处理和交易关闭方式等事项，并在后续交易时及时提示付款人交易信息。

代收服务机构应当要求收款人事先与付款人签订收款协议，并在代收交易处理中验证协议关系。代收服务机构应当真实、完整传输交易金额、交易时间、收款人名称和收款用途等代收交易信息，并采取有效措施禁止收款人滥用、出借、出租、出售代收交易接口。

具备合法资质的清算机构在核准业务范围内提供代收业务的交易转接和资金清算服务的，可通过与成员机构制定业务规则或者签订协议等方式，约定代收服务机构和付款人开户机构之间的权利、义务和责任。清算机构应当严格规范代收交易信息，完善交易监测机制，并及时处置违规交易。

上述代收业务的使用范围仅限于固定收款人定期发起的支付业务，其他支付业务应由付款人开户机构按照有关规定进行交易验证，不得由收款人代为验证。

支付百科解读：代收付业务由于风险问题突出再次被加强严管，建议中小机构不要完全依赖代收付业务生存了。

六、加强支付业务系统接口管理

各银行、支付机构、清算机构应当建立支付业务系统接口统一管理制度，明确牵头部门，严格业务审批，加强接入单位审核、使用范围、交易信息和资金安全等管理。同时，加大交易监测力度，确保接入单位将支付业务系统接口用于协议约定的范围和用途，并采取有效措施防止支付业务系统接口被用于违法违规用途。各银行、支付机构之间不得相互开放和转接支付业务系统接口，预付卡发卡机构为其受理机构开放支付业务系统接口的，以及中国人民银行另有规定的除外。严禁银行、支付机构、清算机构支持或者变相支持无证机构经营支付业务。

支付百科解读：现状市场上找通道的公司们，将来接口将更难找啦！

七、严格遵守跨行清算政策要求

各银行、支付机构开展支付业务涉及跨行清算业务时，必须通过中国人民银行跨行清算系统或者具备合法资质的清算机构处理。自本通知印发之日起，各银行、支付机构不得新增不同法人机构间直连处理跨行清算的支付产品或者服务；对存量业务，应当按照中国人民银行有关规定尽快迁移到合法的清算机构处理。

支付百科解读：这个是针对某银行清算中心所说的，科长所知他们已经在清理相关业务，接口基本是不给第四方用了。重申清算还是交给清算机构，银行和第三方不要变相开展清算。目前对银联、网联利好。

八、强化监督管理

中国人民银行分支机构应当切实履行属地监管职责，将本通知执行情况纳入业务检查重点，加大对违规行为的处罚力度。银行、支付机构的行为违反法律、行政法规以及中国人民银行有关管理规定的，中国人民银行及其分支机构可以依法予以处罚。

请中国人民银行分支机构将本通知转发至辖区内城市商业银行、农村商业银行、农村合作银行、农村信用社、村镇银行、外资银行。

非银行支付机构网络支付业务管理办法

（2015 年 12 月 28 日　中国人民银行公告〔2015〕第 43 号）

第一章　总　　则

第一条　为规范非银行支付机构（以下简称支付机构）网络支付业务，防范支付风险，保护当事人合法权益，根据《中华人民共和国中国人民银行法》、《非金融机构支付服务管理办法》（中国人民银行令〔2010〕第 2 号发布）等规定，制定本办法。

第二条　支付机构从事网络支付业务，适用本办法。

本办法所称支付机构是指依法取得《支付业务许可证》，获准办理互联网支付、移动电话支付、固定电话支付、数字电视支付等网络支付业务的非银行机构。

本办法所称网络支付业务，是指收款人或付款人通过计算机、移动终端等电子设备，依托公共网络信息系统远程发起支付指令，且付款人电子设备不与收款人特定专属设备交互，由支付机构为收付款人提供货币资金转移服务的活动。

本办法所称收款人特定专属设备，是指专门用于交易收款，在交易过程中与支付机构业务系统交互并参与生成、传输、处理支付指令的电子设备。

第三条　支付机构应当遵循主要服务电子商务发展和为社会提供小额、快捷、便民小微支付服务的宗旨，基于客户的银行账户或者按照本办法规定为客户开立支付账户提供网络支付服务。

本办法所称支付账户，是指获得互联网支付业务许可的支付机构，根据客户的真实意愿为其开立的，用于记录预付交易资金余额、客户凭以发起支付指令、反映交易明细信息的电子簿记。

支付账户不得透支，不得出借、出租、出售，不得利用支付账户从事或者协助他人从事非法活动。

第四条　支付机构基于银行卡为客户提供网络支付服务的，应当执行银行卡业务相关监管规定和银行卡行业规范。

支付机构对特约商户的拓展与管理、业务与风险管理应当执行《银行卡收单业务管理办法》（中国人民银行公告〔2013〕第 9 号公布）等相关规定。

支付机构网络支付服务涉及跨境人民币结算和外汇支付的，应当执行中国人民银行、国家外汇管理局相关规定。

支付机构应当依法维护当事人合法权益，遵守反洗钱和反恐怖融资相关规定，履行反洗钱和反恐怖融资义务。

第五条　支付机构依照中国人民银行有关规定接受分类评价，并执行相应的分类监管措施。

第二章　客户管理

第六条　支付机构应当遵循“了解你的客户”原则，建立健全客户身份识别机制。支付机构为客户开立支付账户的，应当对客户实行实名制管理，登记并采取有效措施验证客户身份基本信息，按规定核对有效身份证件并留存有效身份证件复印件或者影印件，建立客户唯一识别编码，并在与客户业务关系存续期间采取持续的身份识别措施，确保有效核实客户身份及其真实意愿，不得开立匿名、假名支付账户。

第七条　支付机构应当与客户签订服务协议，约定双方责任、权利和义务，至少明确业务规则（包括但不限于业务功能和流程、身份识别和交易验证方式、资金结算方式等），收费项目和标准，查询、差错争议及投诉等服务流程和规则，业务风险和非法活动防范及处置措施，客户损失责任划分和赔付规则等内容。

支付机构为客户开立支付账户的，还应在服务协议中以显著方式告知客户，并采取有效方式确认客户充分知晓并清晰理解下列内容：“支付账户所记录的资金余额不同于客户本人的银行存款，不受《存款保险条例》保护，其实质为客户委托支付机构保管的、所有权归属于客户的预付价值。该预付价值对应的货币资金虽然属于客户，但不以客户本人名义存放在银行，而是以支付机构名义存放在银行，并且由支付机构向银行发起资金调拨指令。”

支付机构应当确保协议内容清晰、易懂，并以显著方式提示客户注意与其有重大利害关系的事项。

第八条　获得互联网支付业务许可的支付机构，经客户主动提出申请，可为其开立支付账户；仅获得移动电话支付、固定电话支付、数字电视支付业务许可的支付机构，不得为客户开立支付账户。

支付机构不得为金融机构，以及从事信贷、融资、理财、担保、信托、货币兑换等金融业务的其他机构开立支付账户。

第三章　业务管理

第九条　支付机构不得经营或者变相经营证券、保险、信贷、融资、理财、担保、信托、货币兑换、现金存取等业务。

第十条　支付机构向客户开户银行发送支付指令，扣划客户银行账户资金的，支付机构和银行应当执行下列要求：

（一）支付机构应当事先或在首笔交易时自主识别客户身份并分别取得客户和银行的协议授权，同意其向客户的银行账户发起支付指令扣划资金；

（二）银行应当事先或在首笔交易时自主识别客户身份并与客户直接签订授权协议，明确约定扣款适用范围和交易验证方式，设立与客户风险承受能力相匹配的单笔和单日累计交易限额，承诺无条件全额承担此类交易的风险损失先行赔付责任；

（三）除单笔金额不超过200元的小额支付业务，公共事业缴费、税费缴纳、信用卡还款等收款人固定并且定期发生的支付业务，以及符合第三十七条规定的情形以外，支付机构不得代替银行进行交易验证。

第十一条　支付机构应根据客户身份对同一客户在本机构开立的所有支付账户进行关联管理，并按照下列要求对个人支付账户进行分类管理：

（一）对于以非面对面方式通过至少一个合法安全的外部渠道进行身份基本信息验证，且为首次在本机构开立支付账户的个人客户，支付机构可以为其开立Ⅰ类支付账户，账户余额仅可用于消费和转账，余额付款交易自账户开立起累计不超过1000元（包括支付账户向客户本人同名银行账户转账）；

（二）对于支付机构自主或委托合作机构以

面对面方式核实身份的个人客户，或以非面对面方式通过至少三个合法安全的外部渠道进行身份基本信息多重交叉验证的个人客户，支付机构可以为其开立Ⅱ类支付账户，账户余额仅可用于消费和转账，其所有支付账户的余额付款交易年累计不超过10万元（不包括支付账户向客户本人同名银行账户转账）；

（三）对于支付机构自主或委托合作机构以面对面方式核实身份的个人客户，或以非面对面方式通过至少五个合法安全的外部渠道进行身份基本信息多重交叉验证的个人客户，支付机构可以为其开立Ⅲ类支付账户，账户余额可以用于消费、转账以及购买投资理财等金融类产品，其所有支付账户的余额付款交易年累计不超过20万元（不包括支付账户向客户本人同名银行账户转账）。

客户身份基本信息外部验证渠道包括但不限于政府部门数据库、商业银行信息系统、商业化数据库等。其中，通过商业银行验证个人客户身份基本信息的，应为Ⅰ类银行账户或信用卡。

第十二条　支付机构办理银行账户与支付账户之间转账业务的，相关银行账户与支付账户应属于同一客户。

支付机构应按照与客户的约定及时办理支付账户向客户本人银行账户转账业务，不得对Ⅱ类、Ⅲ类支付账户向客户本人银行账户转账设置限额。

第十三条　支付机构为客户办理本机构发行的预付卡向支付账户转账的，应当按照《支付机构预付卡业务管理办法》（中国人民银行公告〔2012〕第12号公布）相关规定对预付卡转账至支付账户的余额单独管理，仅限其用于消费，不得通过转账、购买投资理财等金融类产品等形式进行套现或者变相套现。

第十四条　支付机构应当确保交易信息的真实性、完整性、可追溯性以及在支付全流程中的一致性，不得篡改或者隐匿交易信息。交易信息包括但不限于下列内容：

（一）交易渠道、交易终端或接口类型、交易类型、交易金额、交易时间，以及直接向客户提供商品或者服务的特约商户名称、编码和按照国家与金融行业标准设置的商户类别码；

（二）收付款客户名称，收付款支付账户账号或者银行账户的开户银行名称及账号；

（三）付款客户的身份验证和交易授权信息；

（四）有效追溯交易的标识；

（五）单位客户单笔超过5万元的转账业务的付款用途和事由。

第十五条　因交易取消（撤销）、退货、交易不成功或者投资理财等金融类产品赎回等原因需划回资金的，相应款项应当划回原扣款账户。

第十六条　对于客户的网络支付业务操作行为，支付机构应当在确认客户身份及真实意愿后及时办理，并在操作生效之日起至少五年内，真实、完整保存操作记录。

客户操作行为包括但不限于登录和注销登录、身份识别和交易验证、变更身份信息和联系方式、调整业务功能、调整交易限额、变更资金收付方式，以及变更或挂失密码、数字证书、电子签名等。

第四章　风险管理与客户权益保护

第十七条　支付机构应当综合客户类型、身份核实方式、交易行为特征、资信状况等因素，建立客户风险评级管理制度和机制，并动态调整客户风险评级及相关风险控制措施。

支付机构应当根据客户风险评级、交易验证方式、交易渠道、交易终端或接口类型、交易类型、交易金额、交易时间、商户类别等因素，建立交易风险管理制度和交易监测系统，对疑似欺诈、套现、洗钱、非法融资、恐怖融资等交易，及时采取调查核实、延迟结算、终止服务等措施。

第十八条　支付机构应当向客户充分提示网络支付业务的潜在风险，及时揭示不法分子新型作案手段，对客户进行必要的安全教育，并对高风险业务在操作前、操作中进行风险警示。

支付机构为客户购买合作机构的金融类产品提供网络支付服务的，应当确保合作机构为取得相应经营资质并依法开展业务的机构，并在首次购买时向客户展示合作机构信息和产品信息，充分提示相关责任、权利、义务及潜在风险，协助客户与合作机构完成协议签订。

第十九条　支付机构应当建立健全风险准备金制度和交易赔付制度，并对不能有效证明因客户原因导致的资金损失及时先行全额赔付，保障客户合法权益。

支付机构应于每年1月31日前，将前一年度发生的风险事件、客户风险损失发生和赔付等情况在网站对外公告。支付机构应在年度监管报告中如实反映上述内容和风险准备金计提、使用及结余等情况。

第二十条　支付机构应当依照中国人民银行有关客户信息保护的规定，制定有效的客户信息保护措施和风险控制机制，履行客户信息保护责任。

支付机构不得存储客户银行卡的磁道信息或芯片信息、验证码、密码等敏感信息，原则上不得存储银行卡有效期。因特殊业务需要，支付机构确需存储客户银行卡有效期的，应当取得客户和开户银行的授权，以加密形式存储。

支付机构应当以"最小化"原则采集、使用、存储和传输客户信息，并告知客户相关信息的使用目的和范围。支付机构不得向其他机构或个人提供客户信息，法律法规另有规定，以及经客户本人逐项确认并授权的除外。

第二十一条　支付机构应当通过协议约定禁止特约商户存储客户银行卡的磁道信息或芯片信息、验证码、有效期、密码等敏感信息，并采取定期检查、技术监测等必要监督措施。

特约商户违反协议约定存储上述敏感信息的，支付机构应当立即暂停或者终止为其提供网络支付服务，采取有效措施删除敏感信息、防止信息泄露，并依法承担因相关信息泄露造成的损失和责任。

第二十二条　支付机构可以组合选用下列三类要素，对客户使用支付账户余额付款的交易进行验证：

（一）仅客户本人知悉的要素，如静态密码等；

（二）仅客户本人持有并特有的，不可复制或者不可重复利用的要素，如经过安全认证的数字证书、电子签名，以及通过安全渠道生成和传输的一次性密码等；

（三）客户本人生理特征要素，如指纹等。

支付机构应当确保采用的要素相互独立，部分要素的损坏或者泄露不应导致其他要素损坏或者泄露。

第二十三条　支付机构采用数字证书、电子签名作为验证要素的，数字证书及生成电子签名的过程应符合《中华人民共和国电子签名法》、《金融电子认证规范》（JR/T0118－2015）等有关规定，确保数字证书的唯一性、完整性及交易的不可抵赖性。

支付机构采用一次性密码作为验证要素的，应当切实防范一次性密码获取端与支付指令发起端为相同物理设备而带来的风险，并将一次性密码有效期严格限制在最短的必要时间内。

支付机构采用客户本人生理特征作为验证要素的，应当符合国家、金融行业标准和相关信息安全管理要求，防止被非法存储、复制或重放。

第二十四条　支付机构应根据交易验证方式的安全级别，按照下列要求对个人客户使用支付账户余额付款的交易进行限额管理：

（一）支付机构采用包括数字证书或电子签名在内的两类（含）以上有效要素进行验证的交易，单日累计限额由支付机构与客户通过协议自主约定；

（二）支付机构采用不包括数字证书、电子签名在内的两类（含）以上有效要素进行验证的交易，单个客户所有支付账户单日累计金额应不超过5000元（不包括支付账户向客户本人同名银行账户转账）；

（三）支付机构采用不足两类有效要素进行验证的交易，单个客户所有支付账户单日累计金额应不超过1000元（不包括支付账户向客户本人同名银行账户转账），且支付机构应当承诺无条件全额承担此类交易的风险损失赔付责任。

第二十五条　支付机构网络支付业务相关系统设施和技术，应当持续符合国家、金融行业标准和相关信息安全管理要求。如未符合相关标准和要求，或者尚未形成国家、金融行业标准，支付机构应当无条件全额承担客户直接风险损失的先行赔付责任。

第二十六条　支付机构应当在境内拥有安全、规范的网络支付业务处理系统及其备份系统，制定突发事件应急预案，保障系统安全性和业务连续性。

支付机构为境内交易提供服务的，应当通过境内业务处理系统完成交易处理，并在境内完成资金结算。

第二十七条 支付机构应当采取有效措施，确保客户在执行支付指令前可对收付款客户名称和账号、交易金额等交易信息进行确认，并在支付指令完成后及时将结果通知客户。

因交易超时、无响应或者系统故障导致支付指令无法正常处理的，支付机构应当及时提示客户；因客户原因造成支付指令未执行、未适当执行、延迟执行的，支付机构应当主动通知客户更改或者协助客户采取补救措施。

第二十八条 支付机构应当通过具有合法独立域名的网站和统一的服务电话等渠道，为客户免费提供至少最近一年以内交易信息查询服务，并建立健全差错争议和纠纷投诉处理制度，配备专业部门和人员据实、准确、及时处理交易差错和客户投诉。支付机构应当告知客户相关服务的正确获取途径，指导客户有效辨识服务渠道的真实性。

支付机构应当于每年1月31日前，将前一年度发生的客户投诉数量和类型、处理完毕的投诉占比、投诉处理速度等情况在网站对外公告。

第二十九条 支付机构应当充分尊重客户自主选择权，不得强迫客户使用本机构提供的支付服务，不得阻碍客户使用其他机构提供的支付服务。

支付机构应当公平展示客户可选用的各种资金收付方式，不得以任何形式诱导、强迫客户开立支付账户或者通过支付账户办理资金收付，不得附加不合理条件。

第三十条 支付机构因系统升级、调试等原因，需暂停网络支付服务的，应当至少提前5个工作日予以公告。

支付机构变更协议条款、提高服务收费标准或者新设收费项目的，应当于实施之前在网站等服务渠道以显著方式连续公示30日，并于客户首次办理相关业务前确认客户知悉且接受拟调整的全部详细内容。

第五章 监督管理

第三十一条 支付机构提供网络支付创新产品或者服务、停止提供产品或者服务、与境外机构合作在境内开展网络支付业务的，应当至少提前30日向法人所在地中国人民银行分支机构报告。

支付机构发生重大风险事件的，应当及时向法人所在地中国人民银行分支机构报告；发现涉嫌违法犯罪的，同时报告公安机关。

第三十二条 中国人民银行可以结合支付机构的企业资质、风险管控特别是客户备付金管理等因素，确立支付机构分类监管指标体系，建立持续分类评价工作机制，并对支付机构实施动态分类管理。具体办法由中国人民银行另行制定。

第三十三条 评定为“A”类且Ⅱ类、Ⅲ类支付账户实名比例超过95%的支付机构，可以采用能够切实落实实名制要求的其他客户身份核实方法，经法人所在地中国人民银行分支机构评估认可并向中国人民银行备案后实施。

第三十四条 评定为“A”类且Ⅱ类、Ⅲ类支付账户实名比例超过95%的支付机构，可以对从事电子商务经营活动、不具备工商登记注册条件且相关法律法规允许不进行工商登记注册的个人客户（以下简称个人卖家）参照单位客户管理，但应建立持续监测电子商务经营活动、对个人卖家实施动态管理的有效机制，并向法人所在地中国人民银行分支机构备案。

支付机构参照单位客户管理的个人卖家，应至少符合下列条件：

（一）相关电子商务交易平台已依照相关法律法规对其真实身份信息进行审查和登记，与其签订登记协议，建立登记档案并定期核实更新，核发证明个人身份信息真实合法的标记，加载在其从事电子商务经营活动的主页面醒目位置；

（二）支付机构已按照开立Ⅲ类个人支付账户的标准对其完成身份核实；

（三）持续从事电子商务经营活动满6个月，且期间使用支付账户收取的经营收入累计超过20万元。

第三十五条　评定为“A”类且Ⅱ类、Ⅲ类支付账户实名比例超过95%的支付机构，对于已经实名确认、达到实名制管理要求的支付账户，在办理第十二条第一款所述转账业务时，相关银行账户与支付账户可以不属于同一客户。但支付机构应在交易中向银行准确、完整发送交易渠道、交易终端或接口类型、交易类型、收付款客户名称和账号等交易信息。

第三十六条　评定为“A”类且Ⅱ类、Ⅲ类支付账户实名比例超过95%的支付机构，可以将达到实名制管理要求的Ⅱ类、Ⅲ类支付账户的余额付款单日累计限额，提高至第二十四条规定的2倍。

评定为“B”类及以上，且Ⅱ类、Ⅲ类支付账户实名比例超过90%的支付机构，可以将达到实名制管理要求的Ⅱ类、Ⅲ类支付账户的余额付款单日累计限额，提高至第二十四条规定的1.5倍。

第三十七条　评定为“A”类的支付机构按照第十条规定办理相关业务时，可以与银行根据业务需要，通过协议自主约定由支付机构代替进行交易验证的情形，但支付机构应在交易中向银行完整、准确发送交易渠道、交易终端或接口类型、交易类型、商户名称、商户编码、商户类别码、收付款客户名称和账号等交易信息；银行应核实支付机构验证手段或渠道的安全性，且对客户资金安全的管理责任不因支付机构代替验证而转移。

第三十八条　对于评定为“C”类及以下、支付账户实名比例较低、对零售支付体系或社会公众非现金支付信心产生重大影响的支付机构，中国人民银行及其分支机构可以在第十九条、第二十八条等规定的基础上适度提高公开披露相关信息的要求，并加强非现场监管和现场检查。

第三十九条　中国人民银行及其分支机构对照上述分类管理措施相应条件，动态确定支付机构适用的监管规定并持续监管。支付机构分类评定结果和支付账户实名比例不符合上述分类管理措施相应条件的，应严格按照第十条、第十一条、第十二条及第二十四条等相关规定执行。

中国人民银行及其分支机构可以根据社会经济发展情况和支付机构分类管理需要，对支付机构网络支付业务范围、模式、功能、限额及业务创新等相关管理措施进行适时调整。

第四十条　支付机构应当加入中国支付清算协会，接受行业自律组织管理。

中国支付清算协会应当根据本办法制定网络支付业务行业自律规范，建立自律审查机制，向中国人民银行备案后组织实施。自律规范应包括支付机构与客户签订协议的范本，明确协议应记载和不得记载事项，还应包括支付机构披露有关信息的具体内容和标准格式。

中国支付清算协会应当建立信用承诺制度，要求支付机构以标准格式向社会公开承诺依法合规开展网络支付业务、保障客户信息安全和资金安全、维护客户合法权益、如违法违规自愿接受约束和处罚。

第六章　法律责任

第四十一条　支付机构从事网络支付业务有下列情形之一的，中国人民银行及其分支机构依据《非金融机构支付服务管理办法》第四十二条的规定进行处理：

（一）未按规定建立客户实名制管理、支付账户开立与使用、差错争议和纠纷投诉处理、风险准备金和交易赔付、应急预案等管理制度的；

（二）未按规定建立客户风险评级管理、支付账户功能与限额管理、客户支付指令验证管理、交易和信息安全管理、交易监测系统等风险控制机制的，未按规定对支付业务采取有效风险控制措施的；

（三）未按规定进行风险提示、公开披露相关信息的；

（四）未按规定履行报告义务的。

第四十二条　支付机构从事网络支付业务有下列情形之一的，中国人民银行及其分支机构依据《非金融机构支付服务管理办法》第四十三条的规定进行处理；情节严重的，中国人民银行及其分支机构依据《中华人民共和国中国人民银行法》第四十六条的规定进行处理：

（一）不符合支付机构支付业务系统设施有关要求的；

（二）不符合国家、金融行业标准和相关信息安全管理要求的，采用数字证书、电子签名不符合《中华人民共和国电子签名法》、《金融电子认证规范》等规定的；

（三）为非法交易、虚假交易提供支付服务，发现客户疑似或者涉嫌违法违规行为未按规定采取有效措施的；

（四）未按规定采取客户支付指令验证措施的；

（五）未真实、完整、准确反映网络支付交易信息，篡改或者隐匿交易信息的；

（六）未按规定处理客户信息，或者未履行客户信息保密义务，造成信息泄露隐患或者导致信息泄露的；

（七）妨碍客户自主选择支付服务提供主体或资金收付方式的；

（八）公开披露虚假信息的；

（九）违规开立支付账户，或擅自经营金融业务活动的。

第四十三条 支付机构违反反洗钱和反恐怖融资规定的，依据国家有关法律法规进行处理。

第七章 附 则

第四十四条 本办法相关用语含义如下：

单位客户，是指接受支付机构支付服务的法人、其他组织或者个体工商户。

个人客户，是指接受支付机构支付服务的自然人。

单位客户的身份基本信息，包括客户的名称、地址、经营范围、统一社会信用代码或组织机构代码；可证明该客户依法设立或者可依法开展经营、社会活动的执照、证件或者文件的名称、号码和有效期限；法定代表人（负责人）或授权办理业务人员的姓名、有效身份证件的种类、号码和有效期限。

个人客户的身份基本信息，包括客户的姓名、国籍、性别、职业、住址、联系方式以及客户有效身份证件的种类、号码和有效期限。

法人和其他组织客户的有效身份证件，是指政府有权机关颁发的能够证明其合法真实身份的证件或文件，包括但不限于营业执照、事业单位法人证书、税务登记证、组织机构代码证；个体工商户的有效身份证件，包括营业执照、经营者或授权经办人员的有效身份证件。

个人客户的有效身份证件，包括：在中国境内已登记常住户口的中国公民为居民身份证，不满十六周岁的，为居民身份证或户口簿；香港、澳门特别行政区居民为港澳居民往来内地通行证；台湾地区居民为台湾居民来往大陆通行证；定居国外的中国公民为中国护照；外国公民为护照或者外国人永久居留证（外国边民，按照边贸结算的有关规定办理）；法律、行政法规规定的其他身份证明文件。

客户本人，是指客户本单位（单位客户）或者本人（个人客户）。

第四十五条 本办法由中国人民银行负责解释和修订。

第四十六条 本办法自2016年7月1日起施行。

电子支付指引（第一号）

（2005年10月26日 中国人民银行公告〔2005〕第23号）

第一章 总 则

第一条 为规范和引导电子支付的健康发展，保障当事人的合法权益，防范支付风险，确保银行和客户资金的安全，制定本指引。

第二条 电子支付是指单位、个人（以下简称客户）直接或授权他人通过电子终端发出支付指令，实现货币支付与资金转移的行为。

电子支付的类型按电子支付指令发起方式分为网上支付、电话支付、移动支付、销售点终端交易、自动柜员机交易和其他电子支付。

境内银行业金融机构（以下简称银行）开

展电子支付业务，适用本指引。

第三条 银行开展电子支付业务应当遵守国家有关法律、行政法规的规定，不得损害客户和社会公共利益。

银行与其他机构合作开展电子支付业务的，其合作机构的资质要求应符合有关法规制度的规定，银行要根据公平交易的原则，签订书面协议并建立相应的监督机制。

第四条 客户办理电子支付业务应在银行开立银行结算账户（以下简称账户），账户的开立和使用应符合《人民币银行结算账户管理办法》、《境内外汇账户管理规定》等规定。

第五条 电子支付指令与纸质支付凭证可以相互转换，二者具有同等效力。

第六条 本指引下列用语的含义为：

（一）“发起行”，是指接受客户委托发出电子支付指令的银行。

（二）“接收行”，是指电子支付指令接收人的开户银行；接收人未在银行开立账户的，指电子支付指令确定的资金汇入银行。

（三）“电子终端”，是指客户可用以发起电子支付指令的计算机、电话、销售点终端、自动柜员机、移动通讯工具或其他电子设备。

第二章 电子支付业务的申请

第七条 银行应根据审慎性原则，确定办理电子支付业务客户的条件。

第八条 办理电子支付业务的银行应公开披露以下信息：

（一）银行名称、营业地址及联系方式；

（二）客户办理电子支付业务的条件；

（三）所提供的电子支付业务品种、操作程序和收费标准等；

（四）电子支付交易品种可能存在的全部风险，包括该品种的操作风险、未采取的安全措施、无法采取安全措施的安全漏洞等；

（五）客户使用电子支付交易品种可能产生的风险；

（六）提醒客户妥善保管、使用或授权他人使用电子支付交易存取工具（如卡、密码、密钥、电子签名制作数据等）的警示性信息；

（七）争议及差错处理方式。

第九条 银行应认真审核客户申请办理电子支付业务的基本资料，并以书面或电子方式与客户签订协议。

银行应按会计档案的管理要求妥善保存客户的申请资料，保存期限至该客户撤销电子支付业务后5年。

第十条 银行为客户办理电子支付业务，应根据客户性质、电子支付类型、支付金额等，与客户约定适当的认证方式，如密码、密钥、数字证书、电子签名等。

认证方式的约定和使用应遵循《中华人民共和国电子签名法》等法律法规的规定。

第十一条 银行要求客户提供有关资料信息时，应告知客户所提供信息的使用目的和范围、安全保护措施、以及客户未提供或未真实提供相关资料信息的后果。

第十二条 客户可以在其已开立的银行结算账户中指定办理电子支付业务的账户。该账户也可用于办理其他支付结算业务。

客户未指定的银行结算账户不得办理电子支付业务。

第十三条 客户与银行签订的电子支付协议应包括以下内容：

（一）客户指定办理电子支付业务的账户名称和账号；

（二）客户应保证办理电子支付业务账户的支付能力；

（三）双方约定的电子支付类型、交易规则、认证方式等；

（四）银行对客户提供的申请资料和其他信息的保密义务；

（五）银行根据客户要求提供交易记录的时间和方式；

（六）争议、差错处理和损害赔偿责任。

第十四条 有以下情形之一的，客户应及时向银行提出电子或书面申请：

（一）终止电子支付协议的；

（二）客户基本资料发生变更的；

（三）约定的认证方式需要变更的；

（四）有关电子支付业务资料、存取工具被盗或遗失的；

（五）客户与银行约定的其他情形。

第十五条 客户利用电子支付方式从事违

反国家法律法规活动的，银行应按照有权部门的要求停止为其办理电子支付业务。

第三章 电子支付指令的发起和接收

第十六条 客户应按照其与发起行的协议规定，发起电子支付指令。

第十七条 电子支付指令的发起行应建立必要的安全程序，对客户身份和电子支付指令进行确认，并形成日志文件等记录，保存至交易后5年。

第十八条 发起行应采取有效措施，在客户发出电子支付指令前，提示客户对指令的准确性和完整性进行确认。

第十九条 发起行应确保正确执行客户的电子支付指令，对电子支付指令进行确认后，应能够向客户提供纸质或电子交易回单。

发起行执行通过安全程序的电子支付指令后，客户不得要求变更或撤销电子支付指令。

第二十条 发起行、接收行应确保电子支付指令传递的可跟踪稽核和不可篡改。

第二十一条 发起行、接收行之间应按照协议规定及时发送、接收和执行电子支付指令，并回复确认。

第二十二条 电子支付指令需转换为纸质支付凭证的，其纸质支付凭证必须记载以下事项（具体格式由银行确定）：

（一）付款人开户行名称和签章；

（二）付款人名称、账号；

（三）接收行名称；

（四）收款人名称、账号；

（五）大写金额和小写金额；

（六）发起日期和交易序列号。

第四章 安全控制

第二十三条 银行开展电子支付业务采用的信息安全标准、技术标准、业务标准等应当符合有关规定。

第二十四条 银行应针对与电子支付业务活动相关的风险，建立有效的管理制度。

第二十五条 银行应根据审慎性原则并针对不同客户，在电子支付类型、单笔支付金额和每日累计支付金额等方面做出合理限制。

银行通过互联网为个人客户办理电子支付业务，除采用数字证书、电子签名等安全认证方式外，单笔金额不应超过1000元人民币，每日累计金额不应超过5000元人民币。

银行为客户办理电子支付业务，单位客户从其银行结算账户支付给个人银行结算账户的款项，其单笔金额不得超过5万元人民币，但银行与客户通过协议约定，能够事先提供有效付款依据的除外。

银行应在客户的信用卡授信额度内，设定用于网上支付交易的额度供客户选择，但该额度不得超过信用卡的预借现金额度。

第二十六条 银行应确保电子支付业务处理系统的安全性，保证重要交易数据的不可抵赖性、数据存储的完整性、客户身份的真实性，并妥善管理在电子支付业务处理系统中使用的密码、密钥等认证数据。

第二十七条 银行使用客户资料、交易记录等，不得超出法律法规许可和客户授权的范围。

银行应依法对客户的资料信息、交易记录等保密。除国家法律、行政法规另有规定外，银行应当拒绝除客户本人以外的任何单位或个人的查询。

第二十八条 银行应与客户约定，及时或定期向客户提供交易记录、资金余额和账户状态等信息。

第二十九条 银行应采取必要措施保护电子支付交易数据的完整性和可靠性：

（一）制定相应的风险控制策略，防止电子支付业务处理系统发生有意或无意的危害数据完整性和可靠性的变化，并具备有效的业务容量、业务连续性计划和应急计划；

（二）保证电子支付交易与数据记录程序的设计发生擅自变更时能被有效侦测；

（三）有效防止电子支付交易数据在传送、处理、存储、使用和修改过程中被篡改，任何对电子支付交易数据的篡改能通过交易处理、监测和数据记录功能被侦测；

（四）按照会计档案管理的要求，对电子支付交易数据，以纸介质或磁性介质的方式进行妥善保存，保存期限为5年，并方便调阅。

第三十条 银行应采取必要措施为电子支

付交易数据保密：

（一）对电子支付交易数据的访问须经合理授权和确认；

（二）电子支付交易数据须以安全方式保存，并防止其在公共、私人或内部网络上传输时被擅自查看或非法截取；

（三）第三方获取电子支付交易数据必须符合有关法律法规的规定以及银行关于数据使用和保护的标准与控制制度；

（四）对电子支付交易数据的访问均须登记，并确保该登记不被篡改。

第三十一条　银行应确保对电子支付业务处理系统的操作人员、管理人员以及系统服务商有合理的授权控制：

（一）确保进入电子支付业务账户或敏感系统所需的认证数据免遭篡改和破坏。对此类篡改都应是可侦测的，而且审计监督应能恰当地反映出这些篡改的企图。

（二）对认证数据进行的任何查询、添加、删除或更改都应得到必要授权，并具有不可篡改的日志记录。

第三十二条　银行应采取有效措施保证电子支付业务处理系统中的职责分离：

（一）对电子支付业务处理系统进行测试，确保职责分离；

（二）开发和管理经营电子支付业务处理系统的人员维持分离状态；

（三）交易程序和内控制度的设计确保任何单个的雇员和外部服务供应商都无法独立完成一项交易。

第三十三条　银行可以根据有关规定将其部分电子支付业务外包给合法的专业化服务机构，但银行对客户的义务及相应责任不因外包关系的确立而转移。

银行应与开展电子支付业务相关的专业化服务机构签订协议，并确立一套综合性、持续性的程序，以管理其外包关系。

第三十四条　银行采用数字证书或电子签名方式进行客户身份认证和交易授权的，提倡由合法的第三方认证机构提供认证服务。如客户因依据该认证服务进行交易遭受损失，认证服务机构不能证明自己无过错，应依法承担相应责任。

第三十五条　境内发生的人民币电子支付交易信息处理及资金清算应在境内完成。

第三十六条　银行的电子支付业务处理系统应保证对电子支付交易信息进行完整的记录和按有关法律法规进行披露。

第三十七条　银行应建立电子支付业务运作重大事项报告制度，及时向监管部门报告电子支付业务经营过程中发生的危及安全的事项。

第五章　差错处理

第三十八条　电子支付业务的差错处理应遵守据实、准确和及时的原则。

第三十九条　银行应指定相应部门和业务人员负责电子支付业务的差错处理工作，并明确权限和职责。

第四十条　银行应妥善保管电子支付业务的交易记录，对电子支付业务的差错应详细备案登记，记录内容应包括差错时间、差错内容与处理部门及人员姓名、客户资料、差错影响或损失、差错原因、处理结果等。

第四十一条　由于银行保管、使用不当，导致客户资料信息被泄露或篡改的，银行应采取有效措施防止因此造成客户损失，并及时通知和协助客户补救。

第四十二条　因银行自身系统、内控制度或为其提供服务的第三方服务机构的原因，造成电子支付指令无法按约定时间传递、传递不完整或被篡改，并造成客户损失的，银行应按约定予以赔偿。

因第三方服务机构的原因造成客户损失的，银行应予赔偿，再根据与第三方服务机构的协议进行追偿。

第四十三条　接收行由于自身系统或内控制度等原因对电子支付指令未执行、未适当执行或迟延执行致使客户款项未准确入账的，应及时纠正。

第四十四条　客户应妥善保管、使用电子支付交易存取工具。有关电子支付业务资料、存取工具被盗或遗失，应按约定方式和程序及时通知银行。

第四十五条　非资金所有人盗取他人存取工具发出电子支付指令，并且其身份认证和交易授权通过发起行的安全程序的，发起行应积极配合客户查找原因，尽量减少客户损失。

第四十六条 客户发现自身未按规定操作，或由于自身其他原因造成电子支付指令未执行、未适当执行、延迟执行的，应在协议约定的时间内，按照约定程序和方式通知银行。银行应积极调查并告知客户调查结果。

银行发现因客户原因造成电子支付指令未执行、未适当执行、延迟执行的，应主动通知客户改正或配合客户采取补救措施。

第四十七条 因不可抗力造成电子支付指令未执行、未适当执行、延迟执行的，银行应当采取积极措施防止损失扩大。

第六章 附　　则

第四十八条 本指引由中国人民银行负责解释和修改。

第四十九条 本指引自发布之日起施行。

·中国证券监督管理委员会

证券投资基金销售机构通过第三方电子商务平台开展业务管理暂行规定

（2013年3月15日 中国证券监督管理委员会公告〔2013〕18号）

第一条 为了进一步拓宽公开募集证券投资基金（以下简称基金）的销售渠道，保障基金销售机构在第三方电子商务平台上基金销售活动的安全有序开展，维护基金投资人合法权益，根据《证券投资基金销售管理办法》等有关法律法规，制定本规定。

第二条 本规定所称第三方电子商务平台，是指在通过互联网开展的基金销售活动中，为基金投资人和基金销售机构之间的基金交易活动提供辅助服务的信息系统。

第三条 基金交易账户开户、宣传推介、基金份额的申购（认购）和赎回、相关投资顾问咨询和投诉处理等基金销售服务应当由基金销售机构提供。

第三方电子商务平台可以为基金销售机构开展基金销售业务提供辅助服务。第三方电子商务平台自行开展基金销售业务的，其经营者应当取得基金销售业务资格。

第四条 第三方电子商务平台为基金销售机构的销售业务提供辅助服务的，其经营者应当按照中国证券监督管理委员会（以下简称中国证监会）的规定进行备案；未报中国证监会备案的，第三方电子商务平台经营者不得开展相关业务。

基金销售机构通过第三方电子商务平台开展基金销售业务的，应当于业务开展后5个工作日内报中国证监会备案。

第五条 中国证监会及其派出机构依照法律法规、中国证监会的相关规定，对基金销售机构和第三方电子商务平台经营者的相关行为实施监督管理。中国证监会及其派出机构可以对基金销售机构及第三方电子商务平台经营者的相关行为进行日常监管和现场检查，基金销售机构及第三方电子商务平台经营者应予配合。

第六条 第三方电子商务平台经营者为基金销售业务提供辅助服务的，应当具备下列条件：

（一）为中华人民共和国境内依法设立的企业法人，网站接入地在中华人民共和国境内；

（二）取得互联网行业主管部门颁发的相关电信业务经营许可证满3年；

（三）诚信记录良好，最近3年没有受到重大行政处罚或者刑事处罚；

（四）具有健全的组织机构、业务规则、规章制度，有完善的内部控制和风险管理制度；

（五）具有与电子商务平台经营规模相适应的管理人员、技术人员和客户服务人员；

（六）具有保障电子商务平台安全运行的信息系统，与基金销售机构、相关服务提供商相应的技术系统完成了联网测试；

（七）具有与开展基金销售业务辅助服务相适应的安全管理措施和安全防范技术措施，信息安全保障水平符合国家规定的标准；

（八）符合法律、行政法规规定的其他条件。

第七条 第三方电子商务平台经营者报中国证监会备案的文件应当包括备案报告、工商注册登记资料、电信业务经营许可证、商业计划书、信息技术系统实施方案、内部控制管理制度、与基金销售机构以及投资人之间协议样本、法律意见书等材料。

基金销售机构报中国证监会备案的文件应当包括业务方案、风险管理与应急处理制度、与相关各方签署的合作协议、技术系统联网测试报告等材料。

第八条 基金销售机构通过第三方电子商务平台开展基金销售活动，应当符合法律法规和中国证监会的有关规定，保证基金销售结算资金安全，确保销售适用性原则的贯彻落实。

第九条 通过第三方电子商务平台开展基金销售业务的，基金销售机构应当进行充分评估论证，履行必要的内部决策程序，并制定相应的风险管理和应急处理制度，维护基金投资人合法权益。

第十条 通过第三方电子商务平台开展基金销售活动的，基金销售机构的信息技术系统应当符合中国证监会对基金销售业务信息管理平台的要求，具备基金交易账户与投资人信息管理、基金交易、销售适用性实施、投资人服务等功能。

第三方电子商务平台为基金销售机构的销售服务活动提供技术支持的，其信息技术系统应当符合《证券投资基金销售业务信息管理平台管理规定》和《网上基金销售信息系统技术指引》等的要求。

第十一条 基金销售机构通过第三方电子商务平台开展基金销售活动的，可以自行选择投资人身份认证、支付结算等相关服务提供商。

第十二条 基金销售机构与第三方电子商务平台经营者、投资人身份认证和支付结算等相关服务提供商应当签署合作协议，明确约定各自在基金产品销售、投资人服务、信息安全保障、风险控制、技术支持等方面的权责义务，确保分工清晰、责任明确。

基金销售机构与第三方电子商务平台经营者的合作协议还应当包括协议到期、合作终止以及一方资格被暂停或取消后妥善处理相应业务的方案、违约责任等内容。

因第三方电子商务平台原因导致基金投资人合法权益受到损害的，其经营者应当承担赔偿责任。

第十三条 基金销售机构通过第三方电子商务平台开展基金销售活动的，应当在第三方电子商务平台的醒目位置披露其工商登记信息和基金销售业务资格信息，并提示基金销售服务由基金销售机构提供。

第十四条 第三方电子商务平台经营者应当向基金销售机构提供基金投资人的资料信息，包括但不限于姓名、证件类型、证件号码、联系方式等资料。

第十五条 第三方电子商务平台经营者为基金投资人开立账户的，应当对基金投资人账户进行实名制管理，该账户可以用于基金投资人在第三方电子商务平台完成的基金交易记录的展示。

第十六条 基金销售机构、第三方电子商务平台经营者和相关服务提供商应当保证基金投资人身份资料及交易信息的安全。除法律法规规定的情形外，基金销售机构、第三方电子商务平台经营者和相关服务提供商不得将相关信息泄露给任何机构或者个人。

第十七条 基金销售机构和第三方电子商务平台经营者违反相关法律法规及本规定的，中国证监会可以依法责令整改，暂停办理相关业务，情节严重的，取消业务备案；对直接负责的主管人员和其他直接责任人员，可以采取监管谈话、出具警示函、记入诚信档案等行政监管措施；涉嫌犯罪的，依法移送司法机关，追究其刑事责任。

第十八条 本规定自公布之日起施行。

·中国银行保险监督管理委员会

中国保监会关于加强互联网平台保证保险业务管理的通知

（2016年1月19日　保监产险〔2016〕6号）

各财产保险公司：

为加强互联网信贷平台（以下简称互联网平台）保证保险业务管理，促进互联网平台保证保险业务持续健康发展，现就有关事项通知如下：

一、本通知所称互联网平台保证保险业务是指保险公司以互联网信贷平台为中介，为平台上的借款人（即投保人）和出借人（即被保险人）双方提供保证保险服务的业务。保险公司从事互联网平台保证保险业务应当以保护保险消费者权益为宗旨，遵循公平公正、诚实守信原则。

二、保险公司开展互联网平台保证保险业务应当遵守偿付能力监管要求。保险公司经营互联网平台保证保险业务时，应当充分考虑"偿二代"监管制度对该类业务的资本约束，确保该业务的整体规模与公司资本实力相匹配。

三、保险公司应当严格选择互联网平台。保险公司不得与存在提供增信服务、设立资金池、非法集资等损害国家利益和社会公众利益行为的互联网平台开展合作，并在与互联网平台签订的协议中，明确合作互联网平台不得存在上述禁止行为。

四、保险公司应当严格审核投保人资质。保险公司应当了解投保人的资金流向、财务状况、历史信用记录、还款来源、偿债能力等信息，并结合自身业务发展和资产规模情况，选择信誉良好的优质客户，审慎开展业务。

五、保险公司应当明确合作互联网平台的信息披露义务。在保险公司与互联网平台签署的协议中，应当明确互联网平台不得采取扩大保险责任等方式开展误导性宣传。应当明确互联网平台上的相关业务界面包含对应的保险条款（或链接），且需出借人、借款人阅知确认，确保借贷双方充分知悉该互联网平台合作的保险公司及保险条款信息。

六、保险公司应当加强互联网平台保证保险产品管理。对适用于互联网平台上的保证保险条款，应对投保人、被保险人的类型予以明晰，对保险条款中的免除责任作醒目提示，不得损害投保人、被保险人的权益。

七、保险公司应当建立严格的风险管控机制。保险公司应当坚持小额分散的发展模式，对同一投保人单笔借款和累计借款应当分别设定承保限额。保险公司应当建立健全风险审核机制，通过内部独立信用调查、委托第三方风险评估机构等方式开展风险审核工作。

八、保险公司应当加强信息系统管控。保险公司应当完善核心业务系统，与合作的互联网平台及合作的金融机构实现信息系统有效对接，加强互联网平台上信息发布情况、业务资金流向、借款人风险和信用状况等数据信息的跟踪监测。

九、保险公司应当定期开展互联网平台保证保险业务风险排查和压力测试，并根据风险排查和压力测试结果，完善应急预案，做好应急准备。

十、保险公司应当妥善处置突发性事件，及时化解风险，避免发生群体性、区域性事件。同时，应当加强舆论引导，做好正面宣传。

十一、保险公司应当加强内控管理制度建设，建立完善的风控管理制度和规范的操作流程，并于2016年3月15日前将相关风控管理制度报送保监会。

十二、保险公司应当建立互联网平台保证保险业务经营情况季度报送制度，自2016年1月1日起，每季度后15个自然日内将统计表（详见附件）通过保监会电子文件传输系统报送信息栏目报送至财产保险监管部。尚未开展互联网平台保证保险业务的保险公司应按上述报送途径，以公文形式按季度报至财产保险监管部，并在开展此类业务后，按季度上报统计表。

联 系 人：葛亚莉

联系电话：010－66286526

附件：1. 互联网平台保证保险分地区承保情况季度统计表

2. 互联网平台保证保险分项管理经营情况季度统计表

互联网保险业务监管暂行办法

（2015年7月22日　保监发〔2015〕69号）

为规范互联网保险经营行为，保护保险消费者合法权益，促进互联网保险业务健康发展，根据《中华人民共和国保险法》等法律、行政法规，制定本办法。

第一章　总　　则

第一条　本办法所称互联网保险业务，是指保险机构依托互联网和移动通信等技术，通过自营网络平台、第三方网络平台等订立保险合同、提供保险服务的业务。

本办法所称保险机构，是指经保险监督管理机构批准设立，并依法登记注册的保险公司和保险专业中介机构。保险专业中介机构是指经营区域不限于注册地所在省、自治区、直辖市的保险专业代理公司、保险经纪公司和保险公估机构。

本办法所称自营网络平台，是指保险机构依法设立的网络平台。

本办法所称第三方网络平台，是指除自营网络平台外，在互联网保险业务活动中，为保险消费者和保险机构提供网络技术支持辅助服务的网络平台。

第二条　保险机构开展互联网保险业务，应遵守法律、行政法规以及本办法的有关规定，不得损害保险消费者合法权益和社会公共利益。

保险机构应科学评估自身风险管控能力、客户服务能力，合理确定适合互联网经营的保险产品及其销售范围，不能确保客户服务质量和风险管控的，应及时予以调整。

保险机构应保证互联网保险消费者享有不低于其他业务渠道的投保和理赔等保险服务，保障保险交易信息和消费者信息安全。

第三条　互联网保险业务的销售、承保、理赔、退保、投诉处理及客户服务等保险经营行为，应由保险机构管理和负责。

第三方网络平台经营开展上述保险业务的，应取得保险业务经营资格。

第二章　经营条件与经营区域

第四条　互联网保险业务应由保险机构总公司建立统一集中的业务平台和处理流程，实行集中运营、统一管理。

除本办法第一条规定的保险公司和保险专业中介机构外，其他机构或个人不得经营互联网保险业务。保险机构的从业人员不得以个人名义开展互联网保险业务。

第五条　保险机构开展互联网保险业务的自营网络平台，应具备下列条件：

（一）具有支持互联网保险业务运营的信息管理系统，实现与保险机构核心业务系统的无缝实时对接，并确保与保险机构内部其他应用系统的有效隔离，避免信息安全风险在保险机构内外部传递与蔓延。

（二）具有完善的防火墙、入侵检测、数据加密以及灾难恢复等互联网信息安全管理体系；

（三）具有互联网行业主管部门颁发的许可

证或者在互联网行业主管部门完成网站备案，且网站接入地在中华人民共和国境内；

（四）具有专门的互联网保险业务管理部门，并配备相应的专业人员；

（五）具有健全的互联网保险业务管理制度和操作规程；

（六）互联网保险业务销售人员应符合保监会有关规定；

（七）中国保监会规定的其他条件。

第六条 保险机构通过第三方网络平台开展互联网保险业务的，第三方网络平台应具备下列条件：

（一）具有互联网行业主管部门颁发的许可证或者在互联网行业主管部门完成网站备案，且网站接入地在中华人民共和国境内；

（二）具有安全可靠的互联网运营系统和信息安全管理体系，实现与保险机构应用系统的有效隔离，避免信息安全风险在保险机构内外部传递与蔓延；

（三）能够完整、准确、及时向保险机构提供开展保险业务所需的投保人、被保险人、受益人的个人身份信息、联系信息、账户信息以及投保操作轨迹等信息；

（四）最近两年未受到互联网行业主管部门、工商行政管理部门等政府部门的重大行政处罚，未被中国保监会列入保险行业禁止合作清单；

（五）中国保监会规定的其他条件。

第三方网络平台不符合上述条件的，保险机构不得与其合作开展互联网保险业务。

第七条 保险公司在具有相应内控管理能力且能满足客户服务需求的情况下，可将下列险种的互联网保险业务经营区域扩展至未设立分公司的省、自治区、直辖市：

（一）人身意外伤害保险、定期寿险和普通型终身寿险；

（二）投保人或被保险人为个人的家庭财产保险、责任保险、信用保险和保证保险；

（三）能够独立、完整地通过互联网实现销售、承保和理赔全流程服务的财产保险业务；

（四）中国保监会规定的其他险种。

中国保监会可以根据实际情况，调整并公布上述可在未设立分公司的省、自治区、直辖市经营的险种范围。

对投保人、被保险人、受益人或保险标的所在的省、自治区、直辖市，保险公司没有设立分公司的，保险机构应在销售时就其可能存在的服务不到位、时效差等问题做出明确提示，要求投保人确认，并留存确认记录。

保险专业中介机构开展互联网保险业务的业务范围和经营区域，应与提供相应承保服务的保险公司保持一致。

第三章 信息披露

第八条 保险机构开展互联网保险业务，不得进行不实陈述、片面或夸大宣传过往业绩、违规承诺收益或者承担损失等误导性描述。

保险机构应在开展互联网保险业务的相关网络平台的显著位置，以清晰易懂的语言列明保险产品及服务等信息，需列明的信息包括下列内容：

（一）保险产品的承保公司、销售主体及承保公司设有分公司的省、自治区、直辖市清单；

（二）保险合同订立的形式，采用电子保险单的，应予以明确说明；

（三）保险费的支付方式，以及保险单证、保险费发票等凭证的配送方式、收费标准；

（四）投保咨询方式、保单查询方式及客户投诉渠道；

（五）投保、承保、理赔、保全、退保的办理流程及保险赔款、退保金、保险金的支付方式；

（六）针对投保人（被保险人或者受益人）的个人信息、投保交易信息和交易安全的保障措施；

（七）中国保监会规定的其他内容。

其中，互联网保险产品的销售页面上应包含下列内容：

（一）保险产品名称（条款名称和宣传名称）及批复文号、备案编号或报备文件编号；

（二）保险条款、费率（或保险条款、费率的链接），其中应突出提示和说明免除保险公司责任的条款，并以适当的方式突出提示理赔要求、保险合同中的犹豫期、费用扣除、退保损失、保险单现金价值等重点内容；

（三）销售人身保险新型产品的，应按照《人身保险新型产品信息披露管理办法》的有关要求进行信息披露和利益演示，严禁片面使用“预期收益率”等描述产品利益的宣传语句；

（四）保险产品为分红险、投连险、万能险等新型产品的，须以不小于产品名称字号的黑体字标注收益不确定性；

（五）投保人的如实告知义务，以及违反义务的后果；

（六）保险产品销售区域范围；

（七）其他直接影响消费者利益和购买决策的事项。

网络平台上公布的保险产品相关信息，应由保险公司统一制作和授权发布，并确保信息内容合法、真实、准确、完整。

第九条 开展互联网保险业务的保险机构，应在其官方网站建立互联网保险信息披露专栏，需披露的信息包括下列内容：

（一）经营互联网保险业务的网站名称、网址，如为第三方网络平台，还要披露业务合作范围；

（二）互联网保险产品信息，包括保险产品名称、条款费率（或链接）及批复文号、备案编号、报备文件编号或条款编码；

（三）已设立分公司名称、办公地址、电话号码等；

（四）客户服务及消费者投诉方式；

（五）中国保监会规定的其他内容。

保险专业中介机构开展互联网保险业务的，应披露的信息还应包括中国保监会颁发的业务许可证、营业执照登载的信息或营业执照的电子链接标识、保险公司的授权范围及内容。

第四章 经营规则

第十条 保险机构应将保险监管规定及有关要求告知合作单位，并留存告知记录。保险机构与第三方网络平台应签署合作协议，明确约定双方权利义务，确保分工清晰、责任明确。因第三方网络平台原因导致保险消费者或者保险机构合法权益受到损害的，第三方网络平台应承担赔偿责任。

第十一条 第三方网络平台应在醒目位置披露合作保险机构信息及第三方网络平台备案信息，并提示保险业务由保险机构提供。

第三方网络平台应于收到投保申请后24小时内向保险机构完整、准确地提供承保所需的资料信息，包括投保人（被保险人、受益人）的姓名、证件类型、证件号码、联系方式、账户等资料。除法律法规规定的情形外，保险机构及第三方网络平台不得将相关信息泄露给任何机构和个人。

第三方网络平台为保险机构提供宣传服务的，宣传内容应经保险公司审核，以确保宣传内容符合有关监管规定。保险公司对宣传内容的真实性、准确性和合规性承担相应责任。

第十二条 保险公司应加强对互联网保险产品的管理，选择适合互联网特性的保险产品开展经营，并应用互联网技术、数据分析技术等开发适应互联网经济需求的新产品，不得违反社会公德、保险基本原理及相关监管规定。

第十三条 投保人交付的保险费应直接转账支付至保险机构的保费收入专用账户，第三方网络平台不得代收保险费并进行转支付。保费收入专用账户包括保险机构依法在第三方支付平台开设的专用账户。

第十四条 保险机构及第三方网络平台以赠送保险、或与保险直接相关物品和服务的形式开展促销活动的，应符合中国保监会有关规定。不得以现金或同类方式向投保人返还所交保费。

第十五条 保险机构应完整记录和保存互联网保险业务的交易信息，确保能够完整、准确地还原相关交易流程和细节。交易信息应至少包括：产品宣传和销售文本、销售和服务日志、投保人操作轨迹等。第三方网络平台应协助和支持保险机构依法取得上述信息。

第十六条 保险公司应加强互联网保险业务的服务管理，建立支持咨询、投保、退保、理赔、查询和投诉的在线服务体系，探索以短信、即时通讯工具等多种方式开展客户回访，简化服务流程，创新服务方式，确保客户服务的高效和便捷。

对因需要实地核保、查勘和调查等因素而影响向消费者提供快速和便捷保险服务的险种，保险机构应立即暂停相关保险产品的销售，并采取有效措施进行整改，整改后仍不能解决的，应终止相关保险产品的销售。

第十七条　保险机构应加强业务数据的安全管理，采取防火墙隔离、数据备份、故障恢复等技术手段，确保与互联网保险业务有关交易数据和信息的安全、真实、准确、完整。

保险机构应防范假冒网站、APP应用等针对互联网保险的违法犯罪活动，检查网页上对外链接的可靠性，开辟专门渠道接受公众举报，发现问题后应立即采取防范措施，并及时向保监会报告。

第十八条　保险机构应加强客户信息管理，确保客户资料信息真实有效，保证信息采集、处理及使用的安全性和合法性。

对开展互联网保险业务过程中收集的客户信息，保险机构应严格保密，不得泄露，未经客户同意，不得将客户信息用于所提供服务之外的目的。

第十九条　保险公司应制定应急处置预案，妥善应对因突发事件、不可抗力等原因导致的互联网保险业务经营中断。

保险机构互联网保险业务经营中断的，应在自营网络平台或第三方网络平台的主页显著位置进行及时公布，并说明原因及后续处理方式。

第二十条　保险机构应建立健全客户身份识别制度，加强对大额交易和可疑交易的监控和报告，严格遵守反洗钱有关规定。

保险机构应要求投保人原则上使用本人账户支付保险费，退保时保险费应退还至原交费账户，赔款资金应支付到投保人本人、被保险人账户或受益人账户。对保险期间超过一年的人身保险业务，保险机构应核对投保人账户信息的真实性，确保付款人、收款人为投保人本人。

保险机构应建立健全互联网保险反欺诈制度，加强对互联网保险欺诈的监控和报告，第三方网络平台应协助保险机构开展反欺诈监控和调查。

第二十一条　保险公司向保险专业中介机构及第三方网络平台支付相关费用时，应当由总公司统一结算、统一授权转账支付。

保险公司应按照合作协议约定的费用种类和标准，向保险专业中介机构支付中介费用或向第三方网络平台支付信息技术费用等，不得直接或间接给予合作协议约定以外的其他利益。

第二十二条　中国保监会及其派出机构依据法律法规及相关监管规定，对保险机构和第三方网络平台的互联网保险经营行为进行日常监管和现场检查，保险机构和第三方网络平台应予配合。

第二十三条　中国保险行业协会依据法律法规及中国保监会的有关规定，对互联网保险业务进行自律管理。

中国保险行业协会应在官方网站建立互联网保险信息披露专栏，对开展互联网保险业务的保险机构及其合作的第三方网络平台等信息进行披露，便于社会公众查询和监督。中国保监会官方网站同时对相关信息进行披露。

第五章　监督管理

第二十四条　开展互联网保险业务的保险机构具有以下情形之一的，中国保监会可以责令整改；情节严重的，依法予以行政处罚：

（一）擅自授权分支机构开办互联网保险业务的；

（二）与不符合本办法规定的第三方网络平台合作的；

（三）发生交易数据丢失或客户信息泄露，造成不良后果的；

（四）未按照本办法规定披露信息或做出提示，进行误导宣传的；

（五）违反本办法关于经营区域、费用支付等有关规定的；

（六）不具备本办法规定的开展互联网保险业务条件的；

（七）违反中国保监会规定的其他行为。

第二十五条　开展互联网保险业务的第三方网络平台具有以下情形之一的，中国保监会可以要求其改正；拒不改正的，中国保监会可以责令有关保险机构立即终止与其合作，将其列入行业禁止合作清单，并在全行业通报：

（一）擅自与不符合本办法规定的机构或个人合作开展互联网保险业务；

（二）未经保险公司同意擅自开展宣传，造

成不良后果的；

（三）违反本办法关于信息披露、费用支付等规定的；

（四）未按照本办法规定向保险机构提供或协助保险机构依法取得承保所需信息资料的；

（五）不具备本办法规定的开展互联网保险业务条件的；

（六）不配合保险监管部门开展监督检查工作的；

（七）违反中国保监会规定的其他行为。

第二十六条 中国保监会统筹负责互联网保险业务的监管，各保监局负责辖区内互联网保险业务的日常监测与监管，并可根据中国保监会授权对有关保险机构开展监督检查。

保险机构或其从业人员违反本办法，中国保监会及其派出机构可以通过监管谈话、监管函等措施，责令限期整改；拒不整改、未按要求整改，或构成《保险法》等法律、行政法规规定的违法行为的，依法进行处罚。

第六章　附　　则

第二十七条 专业互联网保险公司的经营范围和经营区域，中国保监会另有规定的，适用其规定。

再保险业务不适用本办法。

第二十八条 对保险机构通过即时通讯工具、应用软件、社交平台等途径销售保险产品的管理，参照适用本办法。

保险公司、保险集团（控股）公司下属非保险类子公司依法设立的网络平台，参照第三方网络平台管理。

第二十九条 本办法由中国保监会负责解释和修订。

第三十条 本办法自2015年10月1日起施行，施行期限为3年。《保险代理、经纪公司互联网保险业务监管办法（试行）》（保监发〔2011〕53号）同时废止。

中国保险监督管理委员会关于专业网络保险公司开业验收有关问题的通知

（2013年8月13日　保监发〔2013〕66号）

各中资保险公司筹备组：

为了有效防范风险，保护保险消费者利益，维护保险市场公平竞争，根据《中华人民共和国保险法》、《保险公司管理规定》等有关规定，在《保险公司开业验收指引》基础上，我们针对专业网络保险公司开业验收，制定了有关补充条件，现通知如下，请遵照执行。

一、设立独立的信息安全部门，配备专职信息安全工作人员，明确分管信息安全工作的公司主管领导和责任人。建立明确的信息安全风险战略，并提交信息安全审计和风险评估报告（以后至少每年开展一次）。

二、具有支持投保、报价、承保、支付、理赔、客户服务等保险业务全流程的电子商务系统和核心业务系统等应用系统，并建立相应管理规范，明确各关键环节与过程的安全要求，采取必要的安全技术和管理措施，确保客户信息和敏感商业信息不泄漏。

三、建立健全日志留痕功能，保留交易相关日志，确保交易行为可稽核，满足风险控制和业务审计要求。能够按照监管部门数据采集要求，将需报送的统计数据按业务属地划分上报。

四、网上电子商务、交易系统应建立与内部财务系统、其他核心业务系统，以及合作单位网络、信息系统的有效隔离机制，避免风险通过公司内外部传递与蔓延。

五、依托于云计算模式的电子商务系统等应用系统，应明确与虚拟化资源相对应的具体物理机器设备，以满足保险监管机关检查工作的需要。公司应与云计算服务提供商签订书面协议，确保数据安全和业务连续性。

六、建立同城应用级、异地数据级灾难备份体系，公司开业后3年之内做到异地应用级灾难备份。定期（至少每年一次）进行系统应急演练。

七、电子保单应实现条款通俗解释和网络动态演示，保障消费者的知情权和选择权。能够根据有关监管规定或投保人要求提供纸质保单并送达。

八、投保流程设置确认环节，确保投保人阅读保险条款的全部内容，了解并接受包括免除保险公司责任条款、犹豫期、费用扣除、退保、保险单现金价值等在内的重要事项。

九、确保消费者享有的咨询、保单信息查询、保全、退保、业务接报案、理赔等各项服务标准不低于其他业务渠道消费者享有的服务。

十、具有完善的外包业务管理制度，有效控制外包业务的风险源。

十一、合理使用股东单位的公共平台资源，不得采取排他性协议等妨碍保险市场公平竞争的行为。

· 中国互联网络信息中心

中国互联网络信息中心国家顶级域名争议解决办法

（2014 年 9 月 9 日）

第一条 为了解决互联网络域名争议，根据有关法律、行政法规及《中国互联网络域名管理办法》的规定，制订本办法。

第二条 本办法适用于因互联网络域名的注册或者使用而引发的争议。所争议域名应当限于由中国互联网络信息中心负责管理的“. CN”、“. 中国”域名。但是，所争议域名注册期限满两年的，域名争议解决机构不予受理。

第三条 域名争议由中国互联网络信息中心认可的争议解决机构受理解决。

争议解决机构应当根据本办法和《中国互联网络信息中心国家顶级域名争议解决办法程序规则》，制订相应的补充规则。

第四条 争议解决机构实行专家组负责争议解决的制度。专家组由一名或三名掌握互联网络及相关法律知识，具备较高职业道德，能够独立并中立地对域名争议作出裁决的专家组成。域名争议解决机构通过在线方式公布可供投诉人和被投诉人选择的专家名册。

第五条 任何人认为他人已注册的域名与其合法权益发生冲突的，均可以向争议解决机构提出投诉。

争议解决机构受理投诉后，应当按照程序规则的规定组成专家组，并由专家组根据本办法及程序规则，遵循“独立、中立、便捷”的原则，在专家组成立之日起 14 日内对争议做出裁决。

第六条 裁决程序使用的语言为中文，但投诉人和被投诉人另有约定，或者专家组决定采用其他语言的除外。

第七条 投诉人和被投诉人应当对各自的主张承担举证责任。

第八条 符合下列条件的，投诉应当得到支持：

（一）被投诉的域名与投诉人享有民事权益的名称或者标志相同，或者具有足以导致混淆的近似性；

（二）被投诉的域名持有人对域名或者其主要部分不享有合法权益；

（三）被投诉的域名持有人对域名的注册或者使用具有恶意。

第九条 被投诉的域名持有人具有下列情形之一的，其行为构成恶意注册或者使用域名：

（一）注册或受让域名的目的是为了向作为民事权益所有人的投诉人或其竞争对手出售、出租或者以其他方式转让该域名，以获取不正当利益；

（二）多次将他人享有合法权益的名称或者标志注册为自己的域名，以阻止他人以域名的形式在互联网上使用其享有合法权益的名称或者标志；

（三）注册或者受让域名是为了损害投诉人的声誉，破坏投诉人正常的业务活动，或者混淆与投诉人之间的区别，误导公众；

（四）其他恶意的情形。

第十条 被投诉人在接到争议解决机构送达的投诉书之前具有下列情形之一的，表明其对该域名享有合法权益：

（一）被投诉人在提供商品或服务的过程中已善意地使用该域名或与该域名相对应的名称；

（二）被投诉人虽未获得商品商标或有关服务商标，但所持有的域名已经获得一定的知名度；

（三）被投诉人合理地使用或非商业性地合法使用该域名，不存在为获取商业利益而误导消费者的意图。

第十一条 投诉人针对同一被投诉人的多个域名提出争议的，投诉人或者被投诉人可以请求争议解决机构将多个争议合并为一个争议案件，由同一个专家组处理。是否合并处理，由专家组决定。

第十二条 在专家组就有关争议作出裁决之前，投诉人或者被投诉人认为专家组成员与对方当事人有利害关系，有可能影响案件的公正裁决的，可以向争议解决机构提出要求专家回避的请求，但应当说明提出回避请求所依据的具体事实和理由，并举证。是否回避，由争议解决机构决定。

第十三条 在域名争议解决程序中，除域名注册服务机构根据争议解决机构的要求提供与域名注册及使用有关的信息外，中国互联网络信息中心和域名注册服务机构不以任何身份或者方式参与争议解决程序。

第十四条 专家组根据投诉人和被投诉人提供的证据及争议涉及的事实，对争议进行裁决。专家组认定投诉成立的，应当裁决注销已经注册的域名，或者裁决将注册域名转移给投诉人。专家组认定投诉不成立的，应当裁决驳回投诉。

第十五条 在依据本办法提出投诉之前，争议解决程序进行中，或者专家组作出裁决后，投诉人或者被投诉人均可以就同一争议向中国互联网络信息中心所在地的中国法院提起诉讼，或者基于协议提请中国仲裁机构仲裁。

第十六条 争议解决机构裁决注销域名或者裁决将域名转移给投诉人的，自裁决公布之日起满10日的，域名注册服务机构予以执行。但被投诉人自裁决公布之日起10日内提供有效证据证明有管辖权的司法机关或者仲裁机构已经受理相关争议的，争议解决机构的裁决暂停执行。

对于暂停执行的争议解决机构的裁决，域名注册服务机构视情况作如下处理：

（一）有证据表明，争议双方已经达成和解的，执行和解协议；

（二）有证据表明，有关起诉或者仲裁申请已经被驳回或者撤回的，执行争议解决机构的裁决；

（三）有关司法机关或者仲裁机构作出裁判，且已发生法律效力的，执行该裁判。

第十七条 在域名争议解决期间以及裁决执行完毕前，域名持有人不得申请转让或者注销处于争议状态的域名，也不得变更域名注册服务机构，但受让人以书面形式同意接受争议解决裁决约束的除外。

第十八条 争议解决机构建立专门的互联网络网站，通过在线方式接受有关域名争议的投诉，并发布与域名争议有关的资料。但经投诉人或者被投诉人请求，争议解决机构认为发布后有可能损害投诉人或者被投诉人利益的资料和信息，可不予发布。

第十九条 中国互联网络信息中心可以根据互联网络及域名技术的发展，以及中国有关法律、行政法规及政策的变化等情况对本办法加以修改。修改后的办法将通过网站公布，且于公布之日起30日后实施。本办法修改前已经提交到争议解决机构的域名争议不适用新办法。

修改后的办法将自动成为域名持有人与域名注册服务机构之间已经存在的域名注册协议的一部分。域名持有人不同意接受争议解决办法或者其修改后的文本约束的，应当及时通知域名注册服务机构。收到通知后，域名注册服务机构将为其保留30日域名服务；30日后，有关域名将予注销。

第二十条 本办法由中国互联网络信息中心负责解释。

第二十一条 本办法自2014年11月21日起施行。2012年6月28日施行的原《中国互联网络信息中心域名争议解决办法》同时废止。

中国互联网络信息中心域名注册实施细则

（2012 年 5 月 28 日）

第一章　总　则

第一条　为了规范域名注册服务和管理，根据《中国互联网络域名管理办法》（以下简称《域名管理办法》），制定本实施细则。

第二条　申请注册由中国互联网络信息中心负责管理的“.CN”、“.中国”、“.公司”、“.网络”域名，以及提供域名注册相关服务的，应当遵守本实施细则。

第三条　本实施细则涉及的域名体系遵守工业和信息化部关于中国互联网络域名体系的公告。

第二章　域名注册服务机构

第四条　在中华人民共和国境内提供本实施细则规定的域名注册服务，须经工业和信息化部批准，并与中国互联网络信息中心签订协议。

第五条　从事“.CN”、“.中国”、“.公司”、“.网络”域名的注册服务，应当具备以下条件：

（一）依法取得互联网信息服务增值电信业务经营许可证；

（二）在中华人民共和国境内设置有域名注册服务系统，且有专门从事域名注册服务的技术人员和客户服务人员；

（三）有为用户提供长期服务的信誉或者能力；

（四）有业务发展计划及相关技术方案；

（五）有健全的网络与信息安全保障措施；

（六）有健全的域名注册服务退出机制；

（七）符合国家其他有关规定。

第六条　拟从事“.CN”、“.中国”、“.公司”、“.网络”域名注册服务的，应当与中国互联网络信息中心签署《合作意向书》。

第七条　持与中国互联网络信息中心签署的《合作意向书》向工业和信息化部申请并经批准成为域名注册服务机构的，应当与中国互联网络信息中心签订协议。

第八条　域名注册服务机构应当规范开展域名注册服务，并与申请者签订单独域名注册协议。

第九条　域名注册服务机构应当在经营场所和网站首页、业务表格等显著位置放置或公布工业和信息化部的批准文号、批准的域名项目范围、中国互联网络信息中心及本注册服务机构的投诉服务电话等信息。

第十条　域名注册服务机构在提供域名注册服务时，应当保留与中国互联网络信息中心、域名申请者、域名持有者的来往文件和相关记录；除本细则另有规定的除外，保留期限不得少于三年。

第十一条　域名注册服务机构在开展域名注册服务时不得采取以下行为：

（一）冒用政府机构、企事业单位及社会团体等其他组织的名义，开展域名注册服务；

（二）使用虚假信息注册域名，变相占用域名资源；

（三）采用不正当竞争的手段，以误导用户、恐吓用户等方式开展域名注册服务；

（四）强迫用户延长域名注册期限，捆绑销售其他服务；

（五）不按照用户实际注册年限向中国互联网络信息中心提交注册信息；

（六）无正当理由拒绝域名持有者索取域名转移密码的申请，或对此转移申请向域名持有者收取费用；

（七）泄露用户注册信息侵犯用户的合法权益，或利用用户注册信息牟取不正当利益；

（八）以营利为目的，从事域名投资活动。

（九）其他违反法律法规或侵犯用户利益的行为。

域名注册服务机构如违反上述规定，中国互联网络信息中心将依据与其签订的相关协议追究相关责任，情节严重的，将终止与其签订的合作协议。

第十二条　域名注册服务机构应至少满足以下信息安全要求：

（一）有明确的信息安全责任人，明确2名应急联系人，负责7＊24小时应急联系处置工作，并承诺相关人员信息发生变更后5个工作日内主动向行业主管部门报备；

（二）有与域名注册服务规模相适应的专职网络信息安全管理人员；

（三）建立信息安全管理部门，明确信息安全职责，制定并监督执行本机构的信息安全相关规章、要求和预案；

（四）建立健全网络信息安全保障制度，包括信息安全责任和考核奖惩、应急处置与报告、教育培训和演练制度等

（五）按照行业主管部门的要求和标准建设相关信息安全技术保障措施，并接受相关测试检查。信息安全技术保障措施应至少具备以下功能：

1. 基础资源管理功能，对所注册域名及相应IP地址等进行动态监测和管理，并实时向通信管理部门报备；

2. 具备违法网站域名实时处置功能，对国家有关部门依法认定的违法网站域名及时暂停或停止解析；

3. 建立违法网站域名黑名单信息库，确保已列入黑名单库中的域名不得重新注册或使用。

第十三条　注册服务机构出现下列情况之一时，中国互联网络信息中心将终止相关协议，并报工业和信息化部备案：

（一）工业和信息化部取消域名注册服务机构资格；

（二）出现重大经营问题，不具备提供正常服务的能力；

（三）严重违反本实施细则、相关协议及其他管理规定。

注册服务机构被取消资格后应遵守以下规定：

（一）被取消资格后十日内将其负责注册的域名在具备资格的其他注册服务机构之间进行分配，或转移至中国互联网络信息中心指定的其他注册服务机构；

（二）域名注册服务机构被取消注册资格后的十日内，应将其保留的域名注册用户信息全部删除、销毁，并经中国互联网络信息中心检查确认。

第三章　域名注册的申请与审核

第十四条　除本细则另有规定外，任何自然人或者能独立承担民事责任的组织均可在本细则规定的顶级域名下申请注册域名。

第十五条　申请注册域名时，应向域名注册服务机构提交如下书面材料：

（一）申请者的身份证明材料；

（二）域名注册者联系人的身份证明材料；

（三）中国互联网络信息中心要求提交的其他材料。

域名注册服务机构应对上述材料的真实性、准确性、完整性进行核验，核验合格后的一个工作日内将上述书面材料递交至中国互联网络信息中心。

第十六条　申请注册域名时，申请者应当书面形式或电子形式向域名注册服务机构提交如下信息：

（一）申请注册的域名；

（二）域名主域名服务器和辅域名服务器的主机名以及IP地址；

（三）申请者为自然人的，应提交姓名、通信地址、联系电话、电子邮箱等；申请者为组织的，应提交其单位名称、组织机构代码、通信地址、电子邮箱、电话号码等；

（四）申请者的管理联系人、域名技术联系人、缴费联系人、承办人的姓名、通信地址、电子邮件、电话号码；

（五）域名注册年限。

域名注册服务机构应当在收到域名注册申请后一个工作日内向中国互联网络信息中心提交如上域名注册信息。

第十七条　申请者应当在域名注册协议中保证：

（一）遵守有关互联网络的法律和规定；

（二）遵守《域名管理办法》以及主管部门的其他相关规定；

（三）遵守本实施细则、域名争议解决办法等相关规定；

（四）提交的域名注册信息真实、准确、

完整。

第十八条 中国互联网络信息中心收到第一次有效注册申请的日期为申请日。中国互联网络信息中心、域名注册服务机构应当将申请日告知申请者。

第十九条 域名注册服务机构应加强域名注册审查，确保通过本机构注册的域名不违反《域名管理办法》的规定；中国互联网络信息中心对已注册的域名进行复审。

中国互联网络信息中心对已注册域名的注册信息进行复核，对违反《域名管理办法》第二十七条规定及注册信息不真实、不准确、不完整的域名，通知域名注册服务机构予以注销。

第二十条 申请在“. GOV. CN”下注册三级域名时，应当符合下列条件：

（一）申请者应为行政机关法人或者法律、行政法规规定的行使行政职能的事业单位。

（二）向域名注册服务机构提交盖有申请单位公章的域名注册申请表和证明申请单位为政府机构的相关资料以及本细则规定的其他资料和域名注册信息。

域名注册服务机构应同时提交上述书面申请材料复印件。域名注册服务机构及中国互联网络信息中心应当在所注册域名的有效期内保留上述书面申请资料。

第二十一条 在“. EDU. CN”下申请注册三级域名的规则，由中国教育和科研计算机网网络中心另行规定。

第二十二条 在“. MIL. CN”下申请注册三级域名的规则，由中国长城互联网络信息中心另行规定。

第二十三条 在“. 政务 . CN”、“. 公益 . CN”下申请注册三级域名的规则由政务和公益机构域名注册管理中心另行规定。

第四章 域名的变更与注销

第二十四条 域名持有者之外的注册信息发生变更的，域名持有者应当按照申请注册域名时所选择的变更确认方式，在注册信息变更后的三十日内向域名注册服务机构申请变更注册信息。

域名注册服务机构应当在接到域名持有者变更的注册信息三个工作日内，将变更后的注册信息提交给中国互联网络信息中心。

未经域名持有者同意，域名注册服务机构不得对注册信息进行变更。

第二十五条 申请转让域名的，应当向域名注册服务机构提交合法有效的域名转让申请表、转让双方的身份证明材料。

域名注册服务机构收到前款资料后三个工作日内进行审核，审核合格后应予以变更持有者。

第二十六条 申请注销域名的，申请者应当向域名注册服务机构提交合法有效的域名注销申请表和身份证明材料。

域名注册服务机构收到前款资料后三个工作日内进行审核，审核合格后应予以注销。

第二十七条 投诉已注册域名违反《域名管理办法》及本实施细则规定的，中国互联网络信息中心对投诉进行调查，投诉成立的，中国互联网络信息中心将作出相应处理决定，作出决定后五个工作日内，由域名注册服务机构执行；投诉不成立的，向投诉者说明理由。

第二十八条 在域名处于诉讼程序、仲裁程序或域名争议解决程序期间，域名注册服务机构不得受理域名持有者转让或注销被争议域名的申请，但域名受让方以书面形式同意接受人民法院裁判、仲裁裁决或争议解决机构裁决约束的除外。

第五章 域名注册服务机构的变更

第二十九条 域名持有者在下列情况下不得申请变更域名注册服务机构：

（一）该域名注册后不满六十日；

（二）距该域名到期日不满十五日；

（三）该域名处于拖欠注册费用状态中；

（四）该域名持有者的主体身份不清楚或者存在争议；

（五）该域名处于在司法机构、仲裁机构或域名争议解决机构处理期间。

第三十条 变更前的域名注册服务机构（以下简称转出方）在收到域名持有者提交的有效变更申请材料后，应当在三个工作日内向域名注册信息中的域名注册者联系人电子邮箱发送正确的转移密码，且不得对转移申请向域名持有者收取费用。

如果转出方在收到域名持有者提交的有效变更申请材料后，超过三个工作日未能提供转移密码或提供不正确的转移密码的，中国互联网络信息中心可以直接变更注册服务机构。

第三十一条　变更后的域名注册服务机构（以下简称转入方）在接到域名持有者变更域名注册服务机构的申请后，应当向中国互联网络信息中心提出变更请求。

第三十二条　中国互联网络信息中心收到转入方的变更请求后，应当以书面形式（包括电子形式）通知转入方和转出方。如果转出方明确表示同意变更，或者中国互联网络信息中心在发出书面通知（包括电子形式）五个工作日内，没有收到转出方的答复，中国互联网络信息中心将变更注册服务机构。

第三十三条　如转出方拒绝变更请求，转出方应当及时书面通知（包括电子形式）中国互联网络信息中心和转入方，并说明拒绝的理由。

第三十四条　如果中国互联网络信息中心收到转出方发出的第二十九条所列出的拒绝变更理由，域名持有者此次变更申请过程终止；如果转出方提供的拒绝理由不在二十九条所列出的拒绝理由之列，中国互联网络信息中心可以执行域名注册服务机构的变更。

第三十五条　在更新数据库，并变更注册服务机构信息后，中国互联网络信息中心将以书面形式（包括电子形式）通知转出方和转入方。

第三十六条　域名注册服务机构变更完成以后，转入方应当向中国互联网络信息中心缴纳一年的域名运行费用。该域名的使用期限将在原有使用期限基础上延续一年。

第六章　用户信息保护

第三十七条　域名注册管理机构和域名注册服务机构在获取用户数据信息时，应征得用户同意，并采取传输加密等措施保障相应数据信息的传输安全，防止传输过程中泄露。

第三十八条　域名注册服务机构是用户信息保护的责任主体，域名注册服务机构发生用户信息泄露，应依据与用户签订的合同协议对用户进行赔偿。

第三十九条　域名注册管理机构和域名注册服务机构应采取充分的安全保障措施保障用户数据信息的存储安全，并保障存储系统的安全，防止存储过程中泄露。

第四十条　域名注册管理机构、域名注册服务机构等接收用户数据信息的机构应妥善保存存储有用户数据信息纸质资料、电子介质等。

第四十一条　域名注册管理机构、域名注册服务机构除在域名注册申请、审核及投诉处理过程中使用用户数据信息外，不得将用户数据信息用于任何其他用途。

第四十二条　域名注册管理机构、域名注册服务机构应采取措施加强对接触到用户数据信息人员的管理，防止出现人为信息泄露事件。

第四十三条　域名注册管理机构、域名注册服务机构应当明确告知用户收集和处理用户个人信息的方式、内容和用途以及信息泄露风险，并向用户说明本机构要采取的信息保护措施，不得将域名持有者提交的资料和信息泄露给他人，利用该信息牟利。在与用户签署的域名注册合同协议中，应明确规定域名注册服务机构对用户信息安全承担保护责任，写明采取的具体信息保护措施。

第四十四条　域名注册管理机构对域名注册服务机构的信息安全防护工作进行定期检查或抽查，发现有违规行为时，可以依据相关协议等追究其责任，发现违反《规范互联网信息服务市场秩序若干规定》的行为时，应当立即通知电信管理机构，由电信管理机构依法处罚。

第四十五条　中国互联网络信息中心对域名注册服务机构的“.CN、.中国、.公司、.网络”域名注册具有安全管理责任。注册服务机构在与中国互联网络信息中心签订注册服务协议前，应接受中国互联网络信息中心的用户信息保护安全检查和评估。

第四十六条　注册服务机构应规范域名注册业务规程。严格控制接触用户信息的人员范围，合理设定其用户信息操作权限。

第四十七条　域名注册服务机构应配合互联网行业主管部门处置木马、僵尸网络和移动互联网恶意程序控制域名等不良域名。

第七章 域名争议处理

第四十八条 域名注册服务机构应当积极配合人民法院、仲裁机构或者域名争议解决机构的域名争议解决工作。在收到域名争议解决机构依据《中国互联网络信息中心域名争议解决办法》、《中国互联网络信息中心域名争议解决办法程序规则》以及该机构依据上述规定制定的补充规则提出的要求后，域名注册服务机构应当在三个工作日答复；如未能在三个工作日内答复，应说明理由。

第四十九条 域名争议解决期间域名注册服务机构应当采取必要措施保证该域名不被注销、转让。

第五十条 域名争议解决机构裁决注销域名或者裁决将域名转移给投诉人的，自裁决在争议解决机构网站正式公布之日起满十日的，域名注册服务机构应予以执行。但被投诉人自裁决公布之日起十日内，提供有效证据证明有管辖权的人民法院或者仲裁机构已经受理相关争议的，争议解决机构的裁决暂停执行。

第八章 域名运行费用

第五十一条 根据《域名管理办法》的规定，域名注册服务机构对注册域名收取域名运行费用。

第五十二条 每年域名到期日同申请日。域名注册服务机构应当在域名到期前通过电子邮件等有效方式提醒域名持有者进行域名续费。域名持有者不得以未收到续费通知为由，拒绝续费。域名注册服务机构应保留上述通知记录。

域名到期后自动进入续费确认期，域名持有者在到期后30日内确认是否续费，如书面表示不续费，域名注册服务机构有权注销该域名；如果域名持有者在30日内未书面表示不续费，也未续费，域名注册服务机构有权30日后注销该域名。

续费确认期内，域名注册服务机构不得以未缴费为由改变或停止域名解析，但与域名持有者另有约定的除外。

第九章 用户投诉机制

第五十三条 中国互联网络信息中心设立域名注册服务质量监督投诉电话和电子邮箱，并在中国互联网络信息中心网站（http://www.cnnic.cn）进行公布。

第五十四条 中国互联网络信息中心在收到投诉后五个工作日内予以回复。

第五十五条 中国互联网络信息中心监督域名注册服务机构的注册服务行为。对于违反本实施细则规定的域名注册服务机构，中国互联网络信息中心将按照与域名注册服务机构签订的协议，对域名注册服务机构采取相应的处理措施。

第十章 附　　则

第五十六条 在中国互联网络信息中心设立的WWW服务器（网址是：http://www.cnnic.cn）用于发布域名注册信息以及其他有关事项。

第五十七条 申请者在域名注册申请表中所填写的各项信息，由域名注册管理机构或者域名注册服务机构录入公众查询的数据库中，除法律规定不得公开或者申请者特别声明不得公开之外，域名注册管理机构向公众提供免费查询服务。

第五十八条 根据互联网络和域名系统的发展，以及相关法律、法规、政策的变化等情况，中国互联网络信息中心可以修改本实施细则。

第五十九条 本实施细则由中国互联网络信息中心负责解释。

第六十条 本实施细则自2012年5月29日起施行。2009年6月5日实施的《中国互联网络信息中心域名注册实施细则》同时废止。

·中国国际经济贸易仲裁委员会

关于《中国互联网络信息中心域名争议解决办法》补充规则

（2014 年 11 月 21 日）

第一条 定义

（一）《程序规则》指中国互联网络信息中心 2014 年 11 月 21 日实施的《中国互联网络信息中心国家顶级域名争议解决程序规则》2012 年 6 月 28 日生效施行的《中国互联网络信息中心域名争议解决程序规则》。

（二）《解决办法》指中国互联网络信息中心 2014 年 11 月 21 日实施的《中国互联网络信息中心国家顶级域名争议解决办法》2012 年 6 月 28 日生效施行的《中国互联网络信息中心域名争议解决办法》。

（三）《补充规则》指中国国际经济贸易仲裁委员会为审查域名争议投诉及管理案件程序，根据《程序规则》的规定而制定的补充规则。

（四）域名争议解决中心指中国国际经济贸易仲裁委员会域名争议解决中心。

（五）任何在《解决办法》和《程序规则》中所定义的术语在本《补充规则》中均具有相同含义。

第二条 范围

（一）本《补充规则》应与《解决办法》和《程序规则》一并理解适用。

（二）所有提交至域名争议解决中心的域名投诉均受《解决办法》、《程序规则》和本《补充规则》所约束。

第三条 当事人与中心的联络

（一）除非事先与中心另有约定，根据《解决办法》、《程序规则》及本《补充规则》的规定，任何可以或应要求提交至域名争议解决中心的文件，均应在可保留传送记录的情况下，通过互联网络以电子形式提交。在以电子形式与域名争议解决中心联络时，应当使用中心电子邮件地址 domain@ cietac. org 或者案件经办人所确定的其他电子邮件地址。

（二）如经中心同意，当事人需要以有形书面文件形式提交有关文件时，所有以有形书面文件形式提交至域名争议解决中心的文件，当事人应在注有“原件”字样的正本文件之外另外附加两（2）套（一人专家组）或四（4）套副本（三人专家组）。

（三）域名争议解决中心对根据《程序规则》和本《补充规则》所收到的或当事人应要求而提交的文件，自投诉人最初提出投诉之日起保存一年。此后，所有这些已由域名争议解决中心所收到的文件材料均予以销毁

第四条 当事人与专家组的联络

（一）当事人一方与专家组之间的联系或应要求向专家组所提交的文件，均应当通过域名争议解决中心所指定的案件经办人进行。当事人均不得单方面与专家组成员自行联络。

（二）当事人可以通过电话、传真、电子邮件或普通邮寄（邮政快递）的方式与域名争议解决中心进行联络。任何邮寄文件，若为国内邮件，则在投邮后四（4）日视为收到，若为国际邮件，则在投邮后七（7）日视为收到。对于以即时联络方式传送的文件，文件传送的当日即为接收日。

第五条 投诉

（一）投诉人向域名争议解决中心提交的投诉书应当采用电子文件形式提交（无法按规定

提交电子文本投诉书以及没有电子文件格式的附件除外），并应当使用域名争议解决中心制作并提供的格式文件。

（二）投诉人应当使用域名争议解决中心设定并在中心网站（dndrc. cietac. org 或者 www. odr. org. cn）上公布的“投诉书格式文本”制作投诉书，并按照中心网站“投诉书提交指南”的要求，将投诉书提交至域名争议解决中心秘书处。

第六条　中心对投诉书的审查及书面投诉通知

（一）域名争议解决中心在确认收到投诉书后，可以就争议域名的注册信息请求域名注册服务机构或者域名注册管理机构予以确认。根据域名注册服务机构或者域名注册管理机构对争议域名注册信息的确认，域名争议解决中心就投诉书是否符合《解决办法》、《程序规则》及《补充规则》的规定进行审查。

（二）域名争议解决中心经审查认定投诉书符合要求的，应于收到投诉人按规定缴纳的程序费用后，按《程序规则》所规定的方式将投诉书送达被投诉人。

（三）域名争议解决中心经审查认为投诉书在形式上存有缺陷的，应当及时将所存在的缺陷通知投诉人。投诉人应在域名争议解决中心秘书处所限定的期限内对中心所确认的缺陷进行修改。如投诉人未能在限定期限内对投诉书予以修改或修改后的文件仍不符合要求的，根据《程序规则》第十四条的规定，经域名争议解决中心书面通知，投诉被视为撤回，案件予以撤销

（四）案件程序自域名争议解决中心向被投诉人送达业经审查合格的投诉书之日视为正式开始

（五）域名争议解决中心在以电子形式向被投诉人送达投诉书及其附件的同时，可向 Whoise 数据库域名注册资料中显示的注册域名持有人、技术联系人、管理联系人以及注册商向争议解决机构提供的域名注册缴费联系人的所有邮政通讯及传真地址发送书面投诉通知，告知被投诉人被投诉的事实，并说明域名争议解决中心已按《程序规则》及本《补充规则》规定，以电子文件形式向被投诉人传送了投诉书及附件。书面投诉通知本身不包含书面投诉书或任何附件

第七条　答辩

（一）被投诉人应于案件程序正式开始之日起 20 日内向域名争议解决中心提交答辩。

（二）被投诉人向域名争议解决中心提交的答辩书应当采用电子文件形式提交（无法按规定提交电子文本答辩书以及没有电子文件格式的附件除外），并应当使用域名争议解决中心制作并提供的格式文件。

（三）被投诉人应当使用域名争议解决中心设定并在中心网站（dndrc. cietac. org 或者 www. odr. org. cn）上公布的“答辩书格式文本”制作答辩书，并按照中心网站“答辩书提交指南”的要求，将答辩书提交至域名争议解决中心秘书处

第八条　专家指定

域名争议解决中心应当制作并公布一份列有各自任职资格的专家名册。当事人可查询域名争议解决中心网站以获取专家详细信息。就个案专家的指定而言，域名争议解决中心应当考虑以下情形：

1. 争议的性质
2. 专家的可获得性
3. 当事人各方的身份
4. 专家的独立性及公正性
5. 相关注册协议中的规定

第九条　公正与独立

（一）专家在案件程序进行期间，应当始终保持独立与公正，不得作为任何一方当事人的代理人。

（二）候选专家在接受指定前和指定专家在争议解决程序进行中应当向双方当事人及中心披露任何可能产生不公正或有碍当事人间争议得以及时解决的情形。除非经当事人双方同意，任何与争议有利害关系而可能使一方当事人对其独立公正产生合理怀疑的专家均不得作为专家组成员。

（三）在被指定后直至裁决做出前，遇有专家死亡、不能履行职能或拒绝履行职能的情形，中心可应一方当事人的请求，指定替代专家。

第十条　专家组裁决

（一）裁决书应当以电子文本形式作成。裁

决书应当根据《程序规则》第四十条的规定，说明裁决结果及裁决理由，注明裁决作出日期并由专家确认签署。

（二）专家组应当在其组成之日起十四（14）日内将裁决提交域名争议解决中心秘书处。如遇特殊情形，域名争议解决中心可延长专家组作出裁决的期限。

第十一条　裁决的公布

域名争议解决中心应当在收到专家组裁决之日起三（3）日内将裁决书以电子通讯方式通知双方当事人和有关注册服务机构以及中国互联网络信息中心。除非专家组另有决定，域名争议解决中心应当将裁决书全文在网站上予以公布，并应列明：

1. 案件编号
2. 争议域名
3. 投诉人和被投诉人名称
4. 案件裁决
5. 裁决公布日期

第十二条　裁决之修正

（一）在收到裁决通知之日起七（7）日内，一方当事人可书面通知中心，请求专家组对裁决中的计算、书写及打印错误或其他类似错误进行更正。更正应以电子形式作出并构成原裁决书的一部分。

（二）专家组自裁决做出之日起七（7）日内，可就前款所规定的错误自行作出更正。

第十三条　书面陈述的字数限制

（一）根据《程序规则》第十二条第九款及第十八条第一款的规定，投诉书和答辩书“事实与理由”部分的字数（最多）应为3000字（不含标点符号）。当事人应遵守域名争议解决中心有关字数的规定，专家组有权自行决定对超出字数限制以外的文字不予考虑，当事人应当自行承担因此而产生的后果。

（二）根据《程序规则》第三十九条和第四十条的规定，专家组有权自行决定其裁决书的长度，不受上述字数的限制。

第十四条　案件经办人的指定

（一）投诉人的投诉一经受理，域名争议解决中心即应指定一名工作人员作为经办人负责案件的程序性事项。案件经办人仅向专家组提供行政协助，无权就与域名争议有关的实体问题发表意见。

（二）当事人双方与专家组之间的联络应当通过案件经办人进行。

第十五条　费用（人民币）

（一）案件程序所需费用标准如下：

专家组成	争议域名数量	收费总额（元）	管理费（元）	专家费（元）
一（1）人独任专家组	1	8,000	4,000	4,000
	2至5	12,000	6,000	6,000
	6至10	16,000	8,000	8,000
	10个以上	由争议解决机构决定	由争议解决机构决定	由争议解决机构决定
三（3）人合议专家组	1	14,000	6,000	8,000（首席：4,000；其他：2000/人）
	2至5	20,000	8,000	12,000（首席：6,000；其他：3,000/人）
	6至10	24,000	9,000	15,000（首席：7,000；其他4,000/人）
	10个以上	由争议解决机构决定	由争议解决机构决定	由争议解决机构决定

（二）在向域名争议解决中心提交投诉书后三（3）日内，投诉人应当依据其自己选择的专家组成员数量及其提出投诉的域名的数量，按照上述收费标准向中心缴纳域名争议解决程序所需的费用。在此期限内未依规定缴纳相应费用并经域名争议解决中心书面通知后仍未在限定时间内缴纳的，经域名争议解决中心书面告知，投诉视为撤回，案件程序予以终止。

（三）依本《补充规则》的规定，应当向域名争议解决中心缴纳的案件程序费用，可以现金、支票、银行汇款或银行汇票等方式向“中国国际经济贸易仲裁委员会”支付。一般情况下，所需支付的费用均以人民币为准。如果当事人以美元缴纳，则美元与人民币之间的汇率应以现行汇率作准。

（四）案件程序费用应当全部由投诉人承担。在投诉人选择一（1）人专家组，而被投诉人选择三（3）人专家组的情况下，案件程序费用由投诉人和被投诉人等额承担。

（五）上述费用不包括当事人一方可能向其代理律师支付的任何费用。

（六）任何因向域名争议解决中心缴纳案件程序费用而产生的银行手续费、转帐费或其他费用均由缴纳费用的当事人一方自行承担。

第十六条　责任的排除

（一）在不违背任何现行法律的情况下，除欺诈或故意不当行为外，专家不应就与依照《解决办法》、《程序规则》及《补充规则》的规定所进行的案件程序有关的任何行为或疏忽向当事人、相关注册服务机构或中国互联网络信息中心承担责任。

（二）在不违背任何现行法律的情况下，除有欺诈或故意不当行为外，域名争议解决中心、中心负责人员及其工作人员不应就与依照《解决办法》、《程序规则》及《补充规则》的规定所进行的案件程序有关的任何行为或疏忽向当事人、相关注册服务机构或中国互联网络信息中心承担责任。

第十七条　修订

在遵守《解决办法》和《程序规则》的前提下，域名争议解决中心有权适时自行对本《补充规则》予以修订，并在征得中国互联网络信息中心的认可后并公布实施。

第十八条　解释

本《补充规则》由中国国际经济贸易仲裁委员会负责解释。

第十九条　生效

本《补充规则》自2014年11月21日起施行。2012年6月28日，2007年10月8日施行的原《补充规则》同时废止。

·其 他

互联网金融风险专项整治工作领导小组办公室、P2P网络借贷风险专项整治工作领导小组办公室关于规范整顿“现金贷”业务的通知

（2017年12月1日 整治办函［2017］141号）

各省（自治区、直辖市）互联网金融风险专项整治工作领导小组办公室、网络借贷风险专项整治联合工作办公室：

近期，具有无场景依托、无指定用途、无客户群体限定、无抵押等特征的“现金贷”业务快速发展，在满足部分群体正常消费信贷需求方面发挥了一定作用，但过度借贷、重复授信、不当催收、畸高利率、侵犯个人隐私等问题十分突出，存在着较大的金融风险和社会风险隐患。

为贯彻落实全国金融工作会议精神，依据《中华人民共和国银行业监督管理法》《中华人民共和国商业银行法》《非法金融机构和非法金融业务活动取缔办法》《关于小额贷款公司试点的指导意见》《互联网金融风险专项整治工作实施方案》《P2P网络借贷风险专项整治工作实施方案》《通过互联网开展资产管理及跨界从事金融业务风险专项整治工作实施方案》《网络借贷信息中介机构业务活动管理暂行办法》等有关法律法规和政策文件，现就规范整顿“现金贷”业务有关事宜通知如下。

一、提高认识，准确把握“现金贷”业务开展原则

（一）设立金融机构、从事金融活动，必须依法接受准入管理。未依法取得经营放贷业务资质，任何组织和个人不得经营放贷业务。

（二）各类机构以利率和各种费用形式对借款人收取的综合资金成本应符合最高人民法院关于民间借贷利率的规定，禁止发放或撮合违反法律有关利率规定的贷款。各类机构向借款人收取的综合资金成本应统一折算为年化形式，各项贷款条件以及逾期处理等信息应在事前全面、公开披露，向借款人提示相关风险。

（三）各类机构应当遵守“了解你的客户”原则，充分保护金融消费者权益，不得以任何方式诱致借款人过度举债，陷入债务陷阱。应全面持续评估借款人的信用情况、偿付能力、贷款用途等，审慎确定借款人适当性、综合资金成本、贷款金额上限、贷款期限、贷款展期限制、“冷静期”要求、贷款用途限定、还款方式等。不得向无收入来源的借款人发放贷款，单笔贷款的本息费债务总负担应明确设定金额上限，贷款展期次数一般不超过2次。

（四）各类机构应坚持审慎经营原则，全面考虑信用记录缺失、多头借款、欺诈等因素对贷款质量可能造成的影响，加强风险内控，谨慎使用“数据驱动”的风控模型，不得以各种方式隐匿不良资产。

（五）各类机构或委托第三方机构均不得通过暴力、恐吓、侮辱、诽谤、骚扰等方式催收贷款。

（六）各类机构应当加强客户信息安全保护，不得以“大数据”为名窃取、滥用客户隐私信息，不得非法买卖或泄露客户信息。

二、统筹监管，开展对网络小额贷款清理整顿工作

（一）小额贷款公司监管部门暂停新批设网络（互联网）小额贷款公司；暂停新增批小额

贷款公司跨省（区、市）开展小额贷款业务。已经批准筹建的，暂停批准开业。

小额贷款公司的批设部门应符合国务院有关文件规定。对于不符合相关规定的已批设机构，要重新核查业务资质。

（二）严格规范网络小额贷款业务管理。暂停发放无特定场景依托、无指定用途的网络小额贷款，逐步压缩存量业务，限期完成整改。应采取有效措施防范借款人"以贷养贷"、"多头借贷"等行为。禁止发放"校园贷"和"首付贷"。禁止发放贷款用于股票、期货等投机经营。地方金融监管部门应建立持续有效的监管安排，中央金融监管部门将加强督导。

（三）加强小额贷款公司资金来源审慎管理。禁止以任何方式非法集资或吸收公众存款。禁止通过互联网平台或地方各类交易场所销售、转让及变相转让本公司的信贷资产。禁止通过网络借贷信息中介机构融入资金。以信贷资产转让、资产证券化等名义融入的资金应与表内融资合并计算，合并后的融资总额与资本净额的比例暂按当地现行比例规定执行，各地不得进一步放宽或变相放宽小额贷款公司融入资金的比例规定。

对于超比例规定的小额贷款公司，应制定压缩规模计划，限期内达到相关比例要求，由小额贷款公司监管部门监督执行。

网络小额贷款清理整顿工作由各省（区、市）小额贷款公司监管部门具体负责。中央金融监管部门将制定并下发网络小额贷款风险专项整治的实施方案，进一步细化有关工作要求。

三、加大力度，进一步规范银行业金融机构参与"现金贷"业务

（一）银行业金融机构（包括银行、信托公司、消费金融公司等）应严格按照《个人贷款管理暂行办法》等有关监管和风险管理要求，规范贷款发放活动。

（二）银行业金融机构不得以任何形式为无放贷业务资质的机构提供资金发放贷款，不得与无放贷业务资质的机构共同出资发放贷款。

（三）银行业金融机构与第三方机构合作开展贷款业务的，不得将授信审查、风险控制等核心业务外包。"助贷"业务应当回归本源，银行业金融机构不得接受无担保资质的第三方机构提供增信服务以及兜底承诺等变相增信服务，应要求并保证第三方合作机构不得向借款人收取息费。

（四）银行业金融机构及其发行、管理的资产管理产品不得直接投资或变相投资以"现金贷"、"校园贷"、"首付贷"等为基础资产发售的（类）证券化产品或其他产品。

银行业金融机构参与"现金贷"业务的规范整顿工作，由银监会各地派出机构负责开展，各地整治办配合。

四、持续推进，完善P2P网络借贷信息中介机构业务管理

（一）不得撮合或变相撮合不符合法律有关利率规定的借贷业务；禁止从借贷本金中先行扣除利息、手续费、管理费、保证金以及设定高额逾期利息、滞纳金、罚息等。

（二）不得将客户的信息采集、甄别筛选、资信评估、开户等核心工作外包。

（三）不得撮合银行业金融机构资金参与P2P网络借贷。

（四）不得为在校学生、无还款来源或不具备还款能力的借款人提供借贷撮合业务。不得提供"首付贷"、房地产场外配资等购房融资借贷撮合服务。不得提供无指定用途的借贷撮合业务。

各地网络借贷风险专项整治联合工作办公室应当结合《关于开展"现金贷"业务活动清理整顿工作的通知》（网贷整治办函［2017］19号）要求，对网络借贷信息中介机构开展"现金贷"业务进行清理整顿。

五、分类处置，加大对各类违法违规机构处置力度

（一）各类机构违反前述规定开展业务的，由各监管部门按照情节轻重，采取暂停业务、责令改正、通报批评、不予备案、取消业务资质等措施督促其整改，情节严重的坚决取缔；同时，视情由省级人民政府相关职能部门及金融监管部门依法实施行政处罚。对协助各类机构违法违规开展业务的网站、平台等，有关部门应叫停并依法追究责任。

（二）对于未经批准经营放贷业务的组织或个人，在银监会指导下，各地依法予以严厉打击和取缔；对于借机逃废债、不支持配合清理整顿工作的，加大处罚、打击力度；涉嫌非法经营的，移送相关部门进行查处；金融机构和非银行支付机构停止提供金融服务，通信管理部门依法处置互联网金融网站和移动应用程序。涉嫌非法集资、非法证券等违法违规活动的，分别按照处置非法集资、打击非法证券活动、清理整顿各类交易场所等工作机制予以查处。

（三）对涉嫌恶意欺诈和暴力催收等严重违法违规的机构，及时将线索移交公安机关，切实防范风险，确保社会大局稳定。

六、抓好落实，注重长效，确保规范整顿工作效果

（一）各地应加强组织领导和统筹协调，由地方金融监管部门牵头，明确各类机构的整治主责任部门，摸清风险底数，制定整顿计划，压实辖内从业机构主体责任，全面深入开展清理整顿，抓紧建立属地责任与跨区域协同相结合的工作机制。同时，做好应急预案，守住风险底线。

（二）各地应引导辖内相关机构充分利用国家金融信用信息基础数据库和中国互联网金融协会信用信息共享平台，防范借款人多头借贷、过度借贷。各地应当引导借款人依法履行债务清偿责任，建立失信信息公开、联合惩戒等制度，使得失信者一处失信、处处受限。

（三）各地应开展风险警示教育，提高民众识别不公平、欺诈性贷款活动和违法违规金融活动的能力，增强风险防范意识。

（四）各地应建立举报和重奖重罚制度，充分利用中国互联网金融协会举报平台等渠道，对提供违法违规活动线索的举报人给予奖励，充分发挥社会监督作用，对违法违规行为进行重罚，形成有效震慑。

（五）各地应严格按照本通知要求开展规范整顿。对监管责任缺位和落实不力的，将严肃问责。

（六）各地应将整治计划和月度工作进展（月后 5 个工作日内）报送 P2P 网贷风险专项整治工作小组办公室（银监会），并抄送互联网金融风险专项整治领导小组办公室（人民银行）。

第 六 部 分

团体\ 行业规定

·中国互联网协会

互联网终端安全服务自律公约

（2013年12月3日　中国互联网协会）

第一章　总　　则

第一条　为规范互联网终端安全服务，保障互联网用户的合法权益，维护公平和谐的市场竞争环境，促进互联网行业的健康发展，制定本公约。

第二条　本公约适用于中国互联网协会会员单位，以及加入《中国互联网行业自律公约》的从业者，并且倡议其他从业企业、组织和个人积极遵守。

第三条　本公约所称互联网终端安全服务，是指为用户终端（包括移动终端）提供的系统运行安全、数据安全、通信安全以及系统性能优化等服务。

第四条　互联网终端安全服务产品是指提供互联网终端安全服务的软件硬件产品，其功能包括病毒防护、木马查杀以及软件管理、系统优化等。

第五条　开展互联网终端安全服务的企业，应当拥有具有合法知识产权的安全产品。根据国家有关规定，产品必须经过国家相关主管部门检测的，在检测合格并获得正式许可后方可开展相关安全服务。

第二章　互联网终端安全服务企业应遵守的原则

第六条　遵纪守法原则。开展互联网终端安全服务，应当遵守国家有关法律、法规和规章，遵守互联网行业自律公约和规范，合法经营，公平竞争，维护互联网行业声誉和利益，不得滥用安全服务功能危害国家利益和社会公共利益，不得侵害其他企业正当权益。开展安全服务应当自觉接受国家有关主管部门监管和行业协会监督。

第七条　诚实信用原则。遵守社会公认的诚实信用原则，对本企业提供的安全服务功能或效果的宣传应当实事求是，不做虚假和夸大描述，不得不公正地毁损其他企业的产品性能或企业形象，禁止使用虚假、夸大或晦涩语言欺骗、误导用户使用或不使用特定服务或产品。

对其他产品或服务的评价及服务提示应当客观、公平，评价方式或提示用语范本另行制定供互联网终端服务企业参照使用。

第八条　公平竞争原则。提倡公平竞争，反对滥用市场支配地位侵害其他企业和用户的合法权益，维护公平有序的竞争秩序。

互联网终端安全服务企业同时提供非安全类终端软件服务的，应当客观公正对待本企业和其他企业的终端软件。

第九条　自主创新原则。尊重和保护安全软件知识产权，提倡自主创新，努力提高自身研发能力和技术业务水平，反对和抵制各类侵权行为，维护规范有序的发展环境，提升中国互联网行业的竞争力。

第十条　优化服务原则。互联网终端安全服务企业有责任根据技术发展和用户需求优化安全产品的安装与运行，提供升级更新等服务。

第三章　保护用户合法利益

第十一条　保证用户享有知情权。收集、使用和保存用户个人信息时，应当明确告知用户；对用户提供安全服务时，对用户的服务提示应当清晰、客观、公正；互联网终端安全服务软件在用户系统中所进行的安全服务操作及处理结果，应当明示用户。

为使用户信息安全免受病毒或者木马、蠕虫等恶意程序的侵害，可在用户服务协议中做出明确约定的前提下，直接采取安全防护操作。

第十二条 保证用户享有选择权。尊重用户的自主选择，互联网终端安全服务产品在安装、运行、升级、修改默认设置等时，应当明确提示用户并经用户确认，但病毒库更新和查杀引擎升级除外。

除恶意程序外，互联网终端安全服务软件发现其他软件运行中存在对用户终端造成或可能造成危险的情况可以提示用户，但不得代替、欺骗、误导或强迫用户做出选择，不得违背用户意愿修改用户已确认的选择设置。用户忽略提示而选择进一步操作的，应当尊重用户的选择。

允许用户自主选择是否卸载，并提供通用可行的卸载方式。不得在用户选择过程中采用故意隐藏选项或其他手段妨碍或剥夺用户选择权。

第十三条 保护用户个人信息安全。用户个人信息包括个人身份信息、个人网上通信内容、个人上网行为日志、个人文件（用户在终端上创建或者保存的文件），以及其他能够据此直接或者间接识别出用户个人身份或者其它与用户个人利益相关的信息。收集、使用和保存用户个人信息时应当明确告知用户，包括告知用户收集、使用和保存的目的及范围；未经用户同意，不得擅自收集、使用和保存用户个人信息。收集、使用和保存用户个人信息，应当遵循合法、正当、必要的原则。

第十四条 未经用户许可和同意，移动终端的安全服务产品，不得打开各种通讯接口，如 WLAN、GPRS、蓝牙、红外、NFC 等。未经用户同意，不得扫描及上传用户通讯录、短信、电子邮件正文等个人信息。不得违反中国互联网协会所发布《移动互联网恶意代码描述规范》中对于恶意行为的相关规定。

第十五条 履行企业社会责任，推进网络安全普及与应用，客观公正地对用户进行网络安全科普宣传。

第四章 禁止恶意行为

第十六条 禁止恶意排斥。恶意排斥是指互联网终端安全服务产品在设计、安装、运行过程中，无正当理由，故意给其他合法产品设置障碍，妨碍用户安装或者使用其他合法产品的行为。不得恶意干扰或者破坏其他合法产品的正常使用，不得以任何形式欺骗或者误导用户使用或者不使用其他合法终端软件。

第十七条 禁止恶意拦截。恶意拦截是指互联网终端安全服务产品在安装、运行、升级过程中，欺骗、误导或强迫用户修改默认设置，或强行修改用户设置，导致其他合法产品功能受影响或无法正常使用的行为。

第十八条 禁止歧视性对待。歧视性对待是指互联网终端安全服务企业，对待和本企业产品具有竞争关系的其他终端软件产品，利用安全软件的功能，在同等情况下采用歧视性处置标准的行为。不得滥用安全软件的功能及权限干扰或破坏其他企业的终端软件服务。

第十九条 互联网终端安全服务企业对其他企业的终端产品进行评测时应客观公正，不得利用评测结果欺骗、误导或强迫用户对被评测产品作出处置。

第五章 公约的执行

第二十条 中国互联网协会行业自律工作委员会作为本公约的执行机构，负责组织本公约签署和实施，并及时向签署单位宣传国家相关政策、法律和法规。

第二十一条 签署单位应当自觉遵守本公约各项规定，违反本公约并造成不良影响的，任何单位和个人均有权向本公约执行机构进行举报。本公约执行机构在查证核实或者组织测评后，视情况给予内部警告、公开谴责等处罚。中国互联网协会行业自律工作委员会将委托中国互联网协会举报中心受理互联网终端安全服务领域中的违规现象，受理用户举报，企业和用户均可对互联网终端安全服务企业的违规现象进行投诉。

第二十二条 互联网企业之间发生争议和纠纷时，应当本着互谅互让、维护行业团结和整体利益的原则，争取以协商方式解决；协商无法解决的，可以提请本公约执行机构进行调解；本公约执行机构有义务通过合理合规的方式在接到申请后一周内完成调解工作；同时，如需要第三方机构测评的，可由本公约执行机构委托的或双方均认可的第三方机构同步组织测评。本公约执行机构根据调解结果督促相关企业限期整改，如相关企业有异议的，由本公约执行机构组织专家或机构论证后进行裁定。

第二十三条 建立互联网终端服务白名单机制，降低互联网终端安全服务产品对其他终端服务产品的误拦、误报等操作，维护互联网公平竞争环境。白名单机制另行制定。

第六章 附 则

第二十四条 本公约的签署单位为在中国境内提供互联网终端安全服务的企业，本公约经签署单位法定代表人或者其委托的代表签字并加盖单位公章后生效，由中国互联网协会向社会公布，自公布之日起施行。

第二十五条 本公约遵循“动态修订、逐步完善”的原则。经本公约执行机构或者本公约三分之一以上签署单位提议，并经三分之二以上签署单位同意，可以对本公约进行修改。

第二十六条 本公约关于恶意程序的描述，执行《互联网主机恶意程序描述格式》（YD/T 2383－2011）、《移动互联网恶意程序描述格式》（YD/T 2439－2012）。

第二十七条 本公约由中国互联网协会行业自律工作委员会负责解释。

互联网搜索引擎服务自律公约

（2012 年 11 月 1 日 中国互联网协会）

第一章 总 则

第一条 为规范互联网搜索引擎服务，保护互联网用户的合法权益，维护公平竞争、合理有序的市场环境，促进我国互联网搜索引擎行业健康可持续发展，制定本公约。

第二条 本公约所称互联网搜索引擎服务是指互联网服务提供者运用特定的计算机程序向用户提供的通过关键词等检索方法进行网上信息查询的服务。

互联网搜索引擎服务公约签约仪式

第三条 本公约适用于中国互联网协会会员单位和自愿加入《中国互联网行业自律公约》的互联网从业单位，并且倡议其他从业单位积极遵守。

第四条 互联网搜索引擎服务提供者应当遵循守法、诚信、公平、中立、客观的基本原则，遵从开放、平等、协作、分享的互联网精神，积极维护国家利益、公共利益和行业利益，尊重权利人的合法权益。

第二章 自律内容

第五条 严格遵守国家有关法律、法规、规章和政策，依法开展互联网搜索引擎服务，自觉遵守行业公约和规范，主动加强行业自律，努力营造健康有序的互联网搜索引擎服务环境。

第六条 自觉执行《互联网搜索引擎服务商抵制淫秽、色情等违法和不良信息自律规范》的规定，坚决抵制淫秽、色情等违法和不良信息通过搜索引擎传播，积极构建健康、文明、向上的互联网搜索引擎传播秩序。

第七条 遵循国际通行的行业惯例与商业规则，遵守机器人协议（robots 协议）。

机器人协议（robots 协议）是指互联网站所有者使用 robots. txt 文件，向网络机器人（Web

robots）给出网站指令的协议。

网络机器人（Web robots 也叫网络游客、爬虫程序、蜘蛛程序），是自动爬行网络的程序。搜索引擎利用这些程序索引网站内容，垃圾邮件发送者使用网络机器人扫描获取电子邮件地址，网络机器人还有很多其他用途。

第八条 互联网站所有者设置机器人协议应遵循公平、开放和促进信息自由流动的原则，限制搜索引擎抓取应有行业公认合理的正当理由，不利用机器人协议进行不正当竞争行为，积极营造鼓励创新、公平公正的良性竞争环境。

第九条 尊重和保护知识产权，尊重权利人的合法权益，积极抵制盗版等侵权行为；对于本公约公布前违反 robots 协议抓取的内容，在收到权利人符合法律规定的通知后，及时删除、断开侵权链接，努力维护健康有序的网络环境。

第十条 搜索引擎服务提供者有义务协助保护用户隐私和个人信息安全，收到权利人符合法律规定的通知后，应及时删除、断开侵权内容链接。

第十一条 倡导公平理性竞争，抵制不正当竞争行为，维护公平、开放、竞争、有序的市场秩序，积极营造平等参与、理性竞争、持续发展的市场环境。

第十二条 鼓励技术和商业模式创新，完善搜索服务，优化搜索结果，节省网络资源，培育和维护创新活跃、开放共赢、良性循环的行业生态体系。

第十三条 增强社会责任，加强自我约束，设立有效的举报投诉通道，主动接受社会监督，及时发现并改善服务中的不足，自觉规范互联网搜索引擎服务企业经营行为。

第三章 公约的执行

第十四条 中国互联网协会行业自律工作委员会为本公约的执行机构，负责组织本公约的签署和实施，并及时向签署单位宣传国家相关政策、法律和法规。

第十五条 签署单位应当自觉遵守本公约各项规定，违反本公约并造成不良影响的，任何单位和个人均有权向本公约执行机构举报。本公约执行机构在查证核实或者组织测评后，视情况给予内部警告和在全国多数主流媒体公开谴责等处理。

第十六条 签署单位之间发生争议和纠纷时，应当本着维护行业整体利益的原则，争取以协商方式解决，经双方同意，也可以提请本公约执行机构进行调解，本公约执行机构有义务通过合理合规的方式尽快组织相关调解工作，并将调解结果通报各相关单位；通过行业调解无法解决的，可以向有关管理部门提出处理建议。

第四章 附 则

第十七条 本公约经三分之二以上发起单位签署后生效，并由中国互联网协会向社会公布。

第十八条 本公约遵循“动态修订、逐步完善”的原则，经本公约执行机构或者本公约三分之一以上签署单位提议，并经三分之二以上签署单位同意，可以对本公约进行修订。

第十九条 凡接受本公约自律规定的互联网搜索引擎服务提供者，均可以签署本公约；签署单位可以退出本公约，并书面通知本公约执行机构；本公约执行机构定期公布签署及退出单位名单。

第二十条 本公约的相关实施细则和容易引起争议的事项，由公约执行机构组织互联网搜索引擎企业集中研究讨论，达成共识的部分，作为公约附则由中国互联网协会公开发布，签约单位应当共同遵守。如达不成一致意见，在公开、公平、公正的原则下，由公约执行机构组织互联网搜索引擎服务企业投票表决，表决结果作为公约执行机构向有关管理部门提出处理建议的重要依据。

第二十一条 本公约由中国互联网协会行业自律工作委员会负责解释。

第二十二条 本公约自公布之日起施行。

互联网终端软件服务行业自律公约

（2011 年 8 月 1 日　中国互联网协会）

第一章　总　　则

第一条　为规范互联网终端软件服务，保障互联网用户的合法权益，维护公平和谐的市场竞争环境，促进互联网行业的健康发展，制定本公约。

第二条　本公约由中国互联网协会部分会员单位提出草案，中国互联网协会行业自律工作委员会组织研究制定。

第三条　本公约所称互联网终端软件（以下简称“终端软件”），是指由互联网企业向上网用户提供并且可以下载、安装、运行在用户终端（包括移动终端）上，使用户能够访问互联网或者使用网络服务的各类应用软件，包括安全服务、浏览器、即时通讯、下载分享、图像处理、媒体播放、网络电视客户端、游戏娱乐等软件。

第四条　提供终端软件服务的企业应当遵守国家有关法律、法规和规章，遵守社会道德规范，遵守互联网行业规范，诚实守信，合法经营，公平竞争，维护互联网行业声誉和利益。

第五条　鼓励自主创新，尊重和保护终端软件知识产权，反对和抵制各类侵权行为，维护规范有序的发展环境，提升中国互联网行业的竞争力。

第六条　提倡公平竞争，反对滥用市场支配地位等垄断行为，维护公平有序的竞争秩序。

第七条　本公约适用于中国互联网协会会员单位，以及加入《中国互联网行业自律公约》的从业者，并且倡议其他从业企业、组织和个人积极遵守。

中国互联网协会在本公约签署单位中施行争议和纠纷调解机制。

第二章　保护用户合法权益

第八条　保护用户个人信息安全。用户个人信息包括个人身份信息、个人网上通信内容、个人上网行为日志、个人在终端上创建或者保存的文件和数据，以及其他能够据此直接或者间接识别出用户个人身份或者其它与用户个人利益相关的信息。

第九条　尊重用户知情权和选择权

（一）收集、使用和保存用户个人信息时应当明确告知用户，包括告知用户收集、使用和保存的目的及范围；未经用户同意，不得擅自收集、使用和保存用户个人信息，不得超越目的和范围收集、使用和保存用户个人信息；除用户明确同意或者法律另有规定外，不得以任何理由向第三方提供用户个人信息。

（二）终端软件安装、运行、升级、修改默认设置等，应当明确提示用户，不得违背用户意愿修改用户已确认的选择或者设置。

（三）终端软件在运行过程中，如执行系统修改、扫描、信息收集和数据回传等操作，应事先提示用户，由用户选择继续或者停止相关操作。提供安全服务的终端软件，为使用户信息安全免受病毒或者木马等严重安全威胁，可在用户服务协议中做出明确约定的前提下，直接采取安全防护操作。

（四）终端软件运行中发现异常情况可以提示用户，但不得替用户做出操作选择。用户忽略提示而选择进一步操作的，应当尊重用户的选择。

（五）不得以输入验证码或者多次确认等方式故意加大终端软件卸载难度。

第十条　建立健全用户个人信息安全保护管理制度，采取有效技术措施，保障用户个人信息安全，防止用户个人信息丢失、泄露，禁止未经授权使用用户个人信息。

第十一条　不得对用户合理使用其个人信息设置障碍，禁止欺骗、诱导用户转移个人信息。

第十二条　提供完备的终端软件服务企业端系统日志供第三方审计，相关系统日志应当保存半年。

第三章 禁止强制捆绑

第十三条 未明确提示用户并经用户同意，不得在用户的计算机或者其他终端上强制安装终端软件。

第十四条 禁止终端软件强制捆绑

（一）强制捆绑是指功能独立的的两款或者多款终端软件绑定在一起导致用户无法自主选择。

（二）终端软件下载或者安装时，如要附带其他非直接相关功能，应明确提示用户，并提供明显的使用或者关闭该功能的方式，未经用户同意不得自动运行。

第十五条 终端软件安装提示信息清晰完整

（一）终端软件安装前，应当清晰明确告知用户本终端软件功能、附加的终端软件清单、对用户系统的所有潜在操作和影响、需要收集和回传的所有用户信息等，由用户决定是否全部或者部分安装。

（二）不得安装本终端软件功能说明文档中未加说明的额外功能。

第十六条 允许用户自主选择是否卸载终端软件，并提供通用的卸载方式；终端软件卸载后不得留存活动程序、驱动、服务或者模块，未经用户同意不得残留程序文件；存在相互依赖关系的终端软件，要如实声明其依赖关系。

第四章 禁止软件排斥和恶意拦截

第十七条 禁止恶意排斥。恶意排斥是指某款终端软件在设计、安装、运行过程中，无正当理由，故意给其他合法终端软件设置障碍，妨碍用户安装或者使用其他合法终端软件。

（一）同类终端软件拥有平等的被选择权和市场推广权。

（二）终端软件在运行中由于技术原因可能产生冲突的，应当尊重用户的自主选择权。

（三）不得以任何形式欺骗或者误导用户使用或者不使用其他合法终端软件。

第十八条 终端软件在安装、运行、升级、卸载等过程中，不应恶意干扰或者破坏其他合法终端软件的正常使用。

第十九条 除恶意广告外，不得针对特定信息服务提供商拦截、屏蔽其合法信息内容及页面。

恶意广告包括频繁弹出的对用户造成干扰的广告类信息以及不提供关闭方式的漂浮广告、弹窗广告、视窗广告等。

第五章 反对不正当竞争

第二十条 提倡公平竞争，不得以不正当竞争为目的组织用户对其他终端软件进行评价。

第二十一条 组织用户开展终端软件评价时，应当公开、公平、公正，评测规则及评测方式应当予以公示，评测结果及评测数据应当接受第三方审计。被评价方对评测结果有异议的，评价方应遵守异议处理流程（另行制定）相关规定。

第二十二条 终端软件的服务提示应当清晰、客观、公正，不得使用虚假、夸大或者误导性语言，提示语言应当使用中文。

第六章 安全软件

第二十三条 本公约所称安全软件指为用户提供系统运行安全、数据安全、通信安全以及系统性能优化等服务的终端软件，包括杀毒软件、安全防护软件、系统优化工具等。

除遵守本公约其他各章条款规定外，安全软件还应当遵守本章各项规定。

第二十四条 不得滥用终端软件的安全服务功能实施危害国家利益和社会公共利益的行为、不正当竞争行为、侵害其他企业和用户合法权益的行为。

第二十五条 开展系统优化服务时，应当尊重用户的自主选择，不得替用户做出默认选择。

第二十六条 由中国互联网协会组织本公约签署单位建立有效的终端软件白名单机制，白名单内企业应当及时相互通报终端软件异常情况，及时修正和解决问题，保障用户上网安全。

第七章 公约的实施

第二十七条 中国互联网协会行业自律工

作委员会作为本公约的执行机构，负责组织本公约签署和实施，并及时向签署单位宣传国家相关政策、法律和法规。

第二十八条　签署单位应当自觉遵守本公约各项规定，违反本公约并造成不良影响的，任何单位和个人均有权向本公约执行机构进行举报。本公约执行机构在查证核实或者组织测评后，视情况给予内部警告、公开谴责等处罚。

第二十九条　设立行业调解委员会，建立终端软件测评机制及终端软件企业间争议和纠纷调解机制，由本公约执行机构组织实施。具体实施细则另行规定。

第三十条　签署单位之间发生争议和纠纷时，应当本着互谅互让、维护行业团结和整体利益的原则，争取以协商方式解决，也可以提请本公约执行机构进行调解。本公约执行机构有义务通过合理合规的方式尽快组织相关调解工作，并将调解结果通报各相关单位。通过行业调解无法解决的，可以向有关管理部门提出处理建议。

第八章　附　　则

第三十一条　本公约经发起单位法定代表人或者其委托的代表签字并加盖单位公章后生效，由中国互联网协会向社会公布，自公布之日起试行，试行期为一年。

第三十二条　本公约遵循“动态修订、逐步完善”的原则，在试行期间及试行结束后，经本公约执行机构或者本公约三分之一以上签署单位提议，并经三分之二以上签署单位同意，可以对本公约进行修改。

第三十三条　本公约由中国互联网协会行业自律工作委员会负责解释。

中国互联网协会关于抵制非法网络公关行为的自律公约

（2011年5月16日）

近年来，我国互联网产业迅猛发展，为提升企业形象、推广产品、开展商业竞争提供了新平台。绝大多数企业和依法组建的网络公关机构能够依法依规开展网络公关活动，为促进经济繁荣和互联网产业健康发展起到了积极作用。但是，目前社会上出现的“网络水军”、“网络推手”、“灌水公司”、“删帖公司”、“投票公司”、“代骂公司”等形式的非法机构及其个人，在网上采取不正当手段打压竞争对手，歪曲捏造事实进行敲诈勒索，恶意炒作话题制造虚假“网络民意”，从事私下交易牟取非法利益。上述行为扰乱市场经济秩序，损害企业、公民的合法权益，危害文明诚信的网络环境。中国互联网协会对上述非法网络公关行为予以谴责，希望我会会员、互联网从业单位和广大网民，共同抵制非法网络公关行为，为营造文明诚信的网络环境，规范互联网市场经营行为和信息传播秩序，促进互联网站健康发展而努力。为此，中国互联网协会会同百家互联网从业单位共同发起制定本公约并自觉遵守。

第一条　本公约由中国互联网协会会同会员单位发起并自愿签署。凡签署本公约的网站应当认真履行本公约的各项内容。

第二条　坚持文明守法、诚信自律、公平竞争、和谐发展的理念，遵守社会规范以及互联网行业公约，文明办网，诚信自律，自觉维护互联网行业形象和声誉，努力营造安全可信的网络环境。

第三条　严格依照国家法律法规开展经营活动，不组织、不参与任何形式的非法网络公关活动。

第四条　坚决反对和抵制损害他人的商业信誉的不正当竞争行为，努力维护公平公正的竞争秩序；坚决反对和抵制操纵网络舆论、非法牟利行为，维护互联网行业的公信力；坚决反对和抵制庸俗、低俗、媚俗之风，积极营造弘扬正气、文明健康的网络文化环境。

第五条　提高应对非法网络公关行为的防范能力，完善内部管理制度，积极开展法律法规培训及职业道德教育，提高企业员工法律意识和责任意识。

第六条 自觉接受社会监督，设立便捷的举报渠道，积极处理社会各方面的投诉，及时反馈处理结果、及时处理各种违法和有害信息。

第七条 引导网民理性思考、文明发言、有序参与，营造积极健康的网络舆论环境。

第八条 中国互联网协会行业自律工作委员会作为本公约的执行机构，负责组织本公约的组织实施，受理并处理对违反本公约行为的投诉。

第九条 本公约自中国互联网协会公布之日起生效。

第十条 本公约由中国互联网协会负责解释。

互联网影视版权合作及保护规则

（2010年4月26日）

为推动互联网播出影视节目的规范发展，推进影视节目的网络版权保护，建立有序的电影电视节目网络播出版权交易市场，促进电影电视制片和网络播出两个行业的合作与发展，遵照“互利共赢、规范管理、诚实守信”的基本原则，中国互联网协会网络版权工作委员会与中国电影著作权协会、中国广播电视协会电视制片委员会联合制定此规则。

一、本规则所称电影电视制片单位是指签署本规则的中国电影著作权协会和中国广播电视协会电视制片委员会各成员单位，网络播出单位是指利用互联网播出技术提供影视作品播放、且签署本规则的互联网运营单位。

二、中国互联网协会网络版权工作委员会与中国电影著作权协会、中国广播电视协会电视制片委员会派出代表，组成网络影视发展CEO联席会，由该联席会确定本规则的有关细节。CEO联席会建立长效机制，设立网络影视发展CEO联席会秘书处，秘书处由中国互联网协会网络版权工作委员会及中国电影著作权协会、中国广播电视协会电视制片委员会派出专职人员负责秘书处日常工作。

三、影视制片行业承诺规范交易，以合理公允的市场价格促进广播影视节目在互联网的传播，不进行哄抬价格、重复授权、虚假授权等不当交易行为，不当行为由相关细则进行规定；如出现细则规定禁止的情况，由影视行业协会内部通报或发布黑名单，并上报影视制片主管部门。

四、三方行业协会应积极沟通建立公平合理的影视节目网络传播方式和价格制度规则。

五、网络播出单位承诺在思想认识、公司制度建设、技术开发等方面切实采取措施加强版权保护，依照我国法律、法规规定的权利义务合法经营，维护互联网产业健康发展。网络播出单位应就版权保护采取切实可行的行动和措施。就此的自律行动包括但不限于：

（一）各方协会将定期发布版权信息公告，主要包括：版权权属信息、版权授权信息、版权保护信息。

（二）网络播出单位承诺不通过任何方式播出各方协会联合公告的版权保护信息中未经授权的影视作品，同时限制此类作品的网络用户上传等行为。

（三）网络播出单位承诺：对事先已告知被盗版的影视作品坚决实行屏蔽；对是否构成盗版的影视作品难以确认的，在知悉各方协会公告信息内容之后立即进行删除或屏蔽等处理。

（四）网络播出单位承诺在提供广播影视节目网络播放时，主要以在线观看服务为主。如果未获得版权人的下载服务授权，在播出时必须采取必要的版权保护措施。

（五）其它必要的版权保护措施。三方行业协会将进一步确定上述内容具体执行方式的相关细节，并定期就执行情况进行监督。

六、三方行业协会在版权保护中采取更加务实有效的措施，共同探讨建立黑名单公示制度。包括但不限于：

（一）影视制片单位在诉讼前向三方行业协会举报涉嫌侵权的网络播出单位及涉嫌侵权详

细信息，包括权属信息、侵权信息的截屏或其他证据文件等。

（二）三方行业协会共同审查涉嫌侵权的情况，并敦促争议各方快速落实解决方案。

（三）三方行业协会对执行不力的单位给予内部警告，违规情节严重的单位将被列入黑名单，向社会公布。

（四）三方行业协会对于不能履行本规则第四条承诺的网络播出单位进行警告，并列入黑名单。

（五）三方行业协会以共同名义在中国互联网协会网络版权工作委员会官网（www. iscu. cn）与电视制片委员会官方网站（www. ctvcc. com）公示进入黑名单的单位。可能被黑名单公示的单位包括：签署本规则的网络播出单位和影视制片单位以及相关版权保护和交易可能涉及的任何第三方，也包括虽未签署本规则、但经三方协会确认严重侵犯版权的网络播出单位和影视制片单位等。

（六）对列入黑名单15日后，仍无改善的严重侵权的网络播出单位，三方行业协会将向政府有关主管机关提交行政处罚的建议。

七、三方行业协会加强与会员单位在版权保护方面的沟通协调，设立专门的版权公告联络人制度，定期收集整理版权授权及维权状况。三方行业协会对于对外授权、达成独家合作的影视作品定期发布版权公告，公告指定媒体为中国互联网协会网络版权工作委员会官网（www. iscu. cn）。

八、三方行业协会应就上述版权合作及保护进一步确定详细可行的规则。同时，推进有关立法的进一步完善。

九、三方行业协会的签约成员单位同意提供必要的推进此规则需要的使用经费，作为版权保护与发展的公益性基金。

十、三方行业协会将在签署规则后，由网络影视发展CEO联席会具体制定相关操作细则，包括：

（一）黑名单实施细则；

（二）版权作品采购规范；

（三）版权保护与发展公益基金的收取与使用办法；

（四）三方行业机构对版权传播纠纷的内部调解与确认机制；

（五）三方行业协会版权公告联络人定期沟通机制；

十一、此规则将由签约单位签署后正式生效；

十二、此规则的最终解释权归中国互联网协会网络版权工作委员会与中国电影著作权协会、中国广播电视协会电视制片委员会。

反网络病毒自律公约

（2009年7月7日）

第一章　总　　则

第一条　为防范、治理网络病毒，打击制造、销售、传播恶意软件工具的地下黑客产业链，构筑良好互联网环境，维护广大互联网用户利益，制定本公约。

第二条　本公约所称的网络病毒，是指利用计算机漏洞通过网络进行传播，消耗系统资源或网络带宽，以对被感染计算机进行控制或窃取、篡改、破坏被感染计算机用户信息和数据为目的，具有隐蔽性和非授权性特点的一组计算机指令或者程序代码。

第三条　所有认同并愿意遵守本公约的互联网运营机构（包括基础电信运营商、域名注册管理和服务机构、IDC等）、互联网服务机构（包括门户网站、搜索引擎服务商、网络游戏服务商、网络应用软件提供商、电子商务服务商等内容和应用服务提供商）、网络安全机构（包括网络安全产品提供商和服务提供商、网络安全研究机构等）、依托互联网开展业务的重要应用系统运行部门（如证券公司、银行等金融机构，水电能源公司等社会基础设施）等相关单位以及广大互联网用户构成反网络病毒自律联盟，履行公约约定的责任和义务，享有公约赋予的权利。

第四条 中国互联网协会网络信息安全工作委员会作为本公约的执行机构，负责本公约的组织实施。

第二章 自律内容

第五条 严格遵守电信条例、信息安全保护条例等国家相关法律法规之规定，自觉接受政府监管和社会监督。

第六条 加强自律，积极抵制网络病毒的制造、传播和使用，构筑良好的互联网环境，维护互联网网络安全，促进互联网行业发展。

第七条 互联网运营机构和互联网服务机构应积极完善有关互联网服务的合同、协议等相关文件，在条款中明确用户在使用互联网及互联网业务过程中应承担的网络安全责任和义务。

第八条 互联网运营机构应积极抵制网络病毒的传播、使用等不良行为，拒绝为上述行为提供网络接入服务；一旦发现本单位签约客户从事上述不良活动，应立即通知用户停止相关活动或根据国家有关法律、法规、行政命令或服务合同采取抵制措施。

第九条 互联网服务机构应确保自有产品和服务安全可靠，积极抵制网络病毒制造、销售、传播，黑客技术培训等相关交易和交流活动，拒绝为上述活动提供信息发布、软件下载和内容链接等服务；一旦发现本单位签约本单位签约客户从事上述不良活动，应立即通知用户停止相关活动或根据国家有关法律、法规、行政命令或客户服务合同采取抵制措施。

第十条 搜索引擎服务提供商（包括网络资源搜索及下载服务提供商）应在搜索结果中主动警示或屏蔽联盟确认的、传播网络病毒的恶意网站信息，以抵制网络病毒，维护用户利益。

第十一条 鼓励网络安全服务和研究机构自主创新、研发反网络病毒的新技术、新手段，为用户提供防护网络病毒的手段、工具，以及反网络病毒和网络安全防护的技术支持、信息咨询等服务。

第十二条 联盟成员应积极收集和发布网络病毒信息，及时举报其他成员违反本公约的行为；公约执行机构负责收集成员所发布的网络病毒信息，形成权威网络病毒信息库，以供成员查询和使用。

第十三条 针对联盟成员或社会举报的网络病毒和其它网络安全信息，被举报成员单位应积极核实，并采取有效的处置措施。

第十四条 联盟成员应积极配合政府部门开展针对网络病毒制造、销售、传播、使用相关的黑色产业链的打击行动。

第十五条 联盟成员应积极组织、参与反网络病毒和网络安全防护宣传教育活动，并面向公众提供反网络病毒和网络安全防护的技术支持、信息咨询等服务。

第十六条 联盟成员应加强相互间的交流与合作，增强反网络病毒的能力。

第十七条 联盟成员应积极参与反网络病毒相关的国际交流与合作，抵制跨境的网络病毒制造、传播、交易等不良活动。

第三章 公约的执行

第十八条 凡签署本公约的单位或个人应认真履行本公约约定的各项义务，违反本公约并造成不良影响的，由本公约的组织实施机构视情况给予内部警示、社会公示等处罚。

第十九条 反网络病毒联盟负责向成员单位及时传递政府有关法律、法规和政策信息，并代表行业向政府有关部门反映成员单位的意愿和要求，维护成员单位的合法权益，对成员单位遵守本公约的情况进行督促检查，并将结果向成员单位通报，向社会公众公布。

第二十条 本公约签署单位之间发生争议时，争议方应本着互谅互让、维护行业团结和整体利益的原则，争取以协商的方式解决争议，也可以请本公约执行机构进行调解。本公约执行机构有义务按照要求尽快组织相关调查，并将调查结果通报各相关单位。

第二十一条 本公约所有成员单位均有权对公约执行机构执行本公约的合法性和公正性

进行监督，有权向执行机构的主管部门检举公约执行机构或其工作人员违反本公约的行为。

第二十二条　本公约执行机构及成员单位在实施和履行本公约的过程中必须遵守国家有关法律、法规。

第四章　附　　则

第二十三条　本公约经公约发起单位法定代表人或其委托的代表签字后生效，并在生效后的30日内由反网络病毒联盟向社会公布。

第二十四条　凡接受本公约的单位和个人，均可以申请加入本公约。本公约成员也可以退出本公约，并通知公约执行机构。公约执行机构定期公布加入和退出本公约的成员名单。

第二十五条　本公约生效期间，经公约执行机构或本公约三分之一以上成员单位提议，并经三分之二以上成员单位同意，可以对本公约进行修改。

第二十六条　本公约由中国互联网协会网络信息安全工作委员会负责解释。

第二十七条　本公约自公布之日起施行。

绿色网络文化产品评价标准（试行）

（中国互联网协会绿色网络文化产品评审委员会2007年8月9日审议通过　2007年8月21日公布）

第一章　总　　则

第一条　为保障“绿色网络文化产品”征集和推介活动的公正、公开、公平，切实促进高品位文化信息的传播，努力打造一批品位高雅的网络文化品牌，提高网上引导水平，按照有利于青少年思想道德建设和科学文化素质培养的原则，依据《中华人民共和国未成年人保护法》、《中共中央国务院关于进一步加强和改进未成年人思想道德建设的若干意见》以及相关的政策法规，制定本标准。

第二条　本标准的评价对象分为网站全部内容、网站频道内容、网站栏目内容及以网络为载体的其它产品。

第二章　评价内容分类

第三条　本标准的评价内容分为以下几类：

（一）社会与文化类

该类主要提供社会、文化等课外知识，为其搭建认知和了解社会的平台。主要包括社会调查、历史人文、节庆假日、生活方式、社交礼仪、环境保护、民俗等内容。

（二）新闻与媒介信息类

该类主要提供新闻和媒介信息，主要包括新闻网站或频道、栏目以及报纸、杂志、广播、电视等传统媒体的网络版等内容。

（三）科学与技术类

该类主要提供科学技术发展信息，普及科学技术知识。主要包括环境科学、地球科学、空间科学、生命科学、气象学、天文学、计算机科学与工程技术等内容。

（四）教育类

该类主要提供校内外学习所需的各种信息和资源。主要包括学习方法、就业指导、学科教育、百科知识、家庭教育、心理健康教育、青春期健康教育、生命教育、安全教育、环境教育、媒介素养教育等内容。

（五）休闲与生活类

该类主要提供日常生活、相互交流及各项兴趣爱好发展的信息。主要包括影视、音乐、游戏、动漫、图片、文学、体育、软件、手机图铃、数字图书馆等内容。

第三章　评 价 标 准

第四条　申报的网站、频道、栏目及产品应符合如下要求：

（一）基本要求

1. 没有反对宪法所确定的基本原则的内容；

2. 没有危害国家安全，泄露国家秘密，颠覆国家政权，破坏国家统一的内容；

3. 没有损害国家荣誉和利益的内容；

4. 没有煽动民族仇恨、民族歧视，破坏民族团结的内容；

5. 没有破坏国家宗教政策，宣扬邪教和封建迷信的内容；

6. 没有散布谣言，扰乱社会秩序，破坏社会稳定的内容；

7. 没有散布淫秽、色情、赌博、暴力、凶杀、恐怖或者教唆犯罪的内容；

8. 没有侮辱或者诽谤他人，侵害他人合法权益的内容；

9. 没有法律、行政法规禁止的其他内容。

（二）版权方面

1. 信息内容具有原创性或信息内容来源合法，没有违背《著作权法》及《信息网络传播权保护条例》等法律法规，没有侵犯他人知识产权。

2. 申报内容存在法律纠纷的，暂不予以评价和推荐。

（三）事实关系及隐私方面

1. 没有捏造事实进行虚假宣传的内容；

2. 没有造谣、诽谤、恶意攻击他人的内容；

3. 没有非法传播他人个人隐私，侵害他人合法权益的内容；

4. 没有欺骗或恶意误导社会公众的内容。

（四）未成年人保护与教育方面

1. 没有助长未成年人犯罪行为的内容，如具体描述犯罪、暴力行为，对肆意伤害、杀人等暴行持肯定态度等。

2. 没有导致未成年人形成错误生命观的内容，如不尊重他人的生命权或有劝导自残或自杀行为的内容。

3. 没有助长未成年人违反社会公德的内容，如不尊重师长、欺侮他人、不讲诚信等。

4. 没有诱导未成年人不良嗜好的内容，如描述吸烟、饮酒、吸毒的好处等。

5. 没有误导未成年人性观念的内容，如教唆、诱导未成年人性行为，描述和展示不正当性行为等。

6. 没有引发未成年人赌博行为的内容，如描述赌博过程，助长赌博意愿、提供赌博环境等。

第五条 参评对象将从三个方面接受评价，即信息内容、产品的表现形式和操作方式。

（一）信息内容，包括网站文字、视频、音频、图片和广告等网络信息都应符合如下要求：

1. 真实性：新闻类信息内容符合事实，没有虚假编造。

2. 准确性：信息数据必须经过核实，做到准确可靠。

3. 科学性：信息内容有科学依据，与相关专业知识一致。

4. 针对性：主题鲜明，定位准确，信息的广度和深度适合青少年的成长特点。

5. 可用性：信息内容对青少年有利用价值。

6. 时效性：信息内容能够得到及时地维护和更新。

7. 原创性：信息要有原创性、新颖性，重复引用信息的比例较低。

（二）产品表现形式

1. 整体结构：信息组织合理、层次结构清晰、逻辑一致、栏目划分及名称易于理解。

2. 设计水平：页面设计协调美观，符合内容要求及青少年的审美特点。

3. 多媒体运用：合理有效地运用多种媒体表现手法，内容与形式有机融合。

（三）操作方式

1. 便利性：用户界面友好、适应青少年的理解能力、符合青少年的浏览习惯，简捷、操作简易。

2. 交互性：满足用户的在线交互需求。

3. 服务性：有客户服务保障机制，在网站上公布有服务时间、服务电话、专门的服务人员、服务条款与承诺等；满足用户咨询、投诉的需求，并及时解决用户提出的问题。

4. 安全性：采取多种手段，防治计算机病毒、恶意程序及网络欺诈等计算机安全事件。

第六条 社会与文化类内容在满足第四、第五条的基础上还应符合以下评价要求：

（一）适应性：内容健康，适合不同年龄段或某个年龄段青少年的认知和心理发展特点、求知需求，有利于青少年拓展知识面，丰富和提高对社会文化的了解与理解能力。

（二）先进性：以传播进步的文化为宗旨，体现时代精神，弘扬社会主义文化的主旋律，发挥网络的育人功能，为促进青少年思想道德和全面素质的提高服务。

（三）民族性：以博大精深的中华文化作为网络文化的重要源泉，继承和发扬中华民族优秀文化传统，弘扬民族精神，形成具有中国风格和中国气派的网络民族文化。

（四）多元性：广泛介绍世界上多民族优秀文化成果，博采各民族文化之长，培养我国青少年理解和认同多元文化的观念。

第七条 新闻与媒介信息类内容在满足第四、第五条的基础上还应符合以下评价要求：

（一）完备性：信息广泛全面，不以偏概全。

（二）客观性：客观报道各类信息，不同观点的辩论和批评要以理服人，不得进行人身攻击和谩骂。

（三）权威性：信息来源可靠，属第一手资料或来源于信誉度高的权威机构。

（四）合法性：信息来源符合国家相关法律法规。

第八条 科学与技术类内容在满足第四、第五条的基础上还应符合以下评价要求：

（一）有利于增长青少年的科学知识、激发科学兴趣、培养科学精神、提高科学素养。

（二）主题鲜明，内容以科普为主，适合青少年理解，具有科学性、通俗性、趣味性。

第九条 教育类内容在满足第四、第五条的基础上还应符合以下评价要求：

（一）目的性。体现素质教育的宗旨，全面提高青少年基本素质，培养主体性和主动精神，开发智慧和潜能，促进全面发展。

（二）适应性。教学内容要符合国家课程标准及指导纲要的要求，适应现代社会发展的需求，满足青少年求知和健康成长的需求。

（三）创新性。教学手段、教学方法有创新，有利于充分发挥学生学习的主体性和主动性，促进个性发展。

（四）实效性。实际效果好，受学生、教师、家长普遍欢迎。

第十条 休闲与生活类内容在满足第四、第五条的基础上还应符合以下评价要求：

（一）主题积极向上，体现时代精神，起到启迪智慧、滋润心灵、陶冶情操的作用，能促进青少年身心健康发展。

（二）鼓励原创的文化精品，营造贴近生活、有利于引导青少年健康成长的网络育人文化氛围。

（三）交互信息符合青少年成长的需求，交流内容符合国家网络管理的有关要求，引导青少年遵守信息伦理道德。

（四）采用较好的技术手段和管理机制为青少年过滤、删除不良信息，并对青少年的网上不良言行进行有效监督管理。

（五）游戏类内容要适合青少年特点，须标明游戏适合的青少年年龄段，游戏规则、运营方式不易使青少年沉迷，具有预防成瘾的措施。

第四章 附 则

第十一条 本标准由中国互联网协会负责解释。

第十二条 本标准自公布之日起试行。

博客服务自律公约

（2007年8月21日）

第一章 总 则

第一条 为规范互联网博客服务，促进博客服务有序发展，制定本公约。

第二条 本公约所称博客，是指互联网服务提供者提供给用户的自主网络空间，包括文字、图片、音视频等形态。

第三条 博客服务应当遵循文明守法、诚信自律、自觉维护国家利益和公共利益的原则。

第四条 中国互联网协会负责本公约的组织实施。

第二章 自律条款

第五条 博客服务提供者应当自觉遵守国家有关法律、法规和政策，维护博客用户及公众的合法权益。

第六条 从事互联网博客服务业务应当具备合法的互联网信息服务资质，同时还应当具备下列条件：

（一）完善的博客服务和管理制度；

（二）足够的博客服务管理人员和技术人员，能够提供优良服务，实施有效管理；

（三）健全的博客信息安全保障措施，包括用户注册流程、用户信息保密措施、博客内容信息安全保障措施等；

（四）符合国家法律法规和规章要求的其他相关规定。

第七条 鼓励博客服务提供者积极探索博客服务模式，为博客提供良好的创作环境，引导博客用户创作和传播优秀网络文化作品。

第八条 博客服务提供者应当与博客用户签订服务协议，要求博客用户自觉履行服务协议，拒绝签订服务协议的，博客服务提供者有权拒绝为其提供博客服务。

第九条 博客服务提供者与博客用户签订的服务协议，应当包括以下内容：

（一）博客用户保证自觉遵守国家有关互联网信息服务的法律、法规，文明使用网络，不传播色情淫秽信息以及其他违法和不良信息；

（二）博客用户保证不传播侮辱或贬损其他民族、种族、不同宗教信仰和文化传统的信息；

（三）博客用户保证不传播造谣、诽谤信息以及其他虚假信息，不传播侵害他人合法权益的信息；

（四）博客用户保证不传播侵害他人知识产权的信息；

（五）博客用户保证对跟贴内容进行有效监督和管理，及时删除违法和不良跟贴信息；

（六）博客用户保证不利用博客传播计算机病毒等恶意程序，不危害他人计算机信息安全。

第十条 博客用户违反服务协议的，博客服务提供者应当及时予以督促改正，直接删除相关违法和不良信息内容或停止为其提供博客服务。

第十一条 鼓励博客服务提供者对博客用户实行实名注册，注册信息应当包括用户真实姓名、通信地址、联系电话、邮箱等。

第十二条 博客服务提供者应制定有效的实名博客用户信息安全管理制度，保护博客用户资料。未经实名博客用户本人允许，不公开或向第三方提供用户注册信息及其存储在网站上的非公开博客内容，法律、法规另有规定的除外。

第十三条 博客服务提供者应当为博客用户提供对跟贴内容的管理权限，博客用户应当对跟贴进行有效管理，应当删除违法和不良跟贴信息。

第十四条 博客服务提供者应当自觉履行对博客内容的监督管理义务，应当设立便捷的在线投诉窗口、投诉电话等渠道，受理公众对博客服务和博客内容的举报与投诉，并及时予以处理。

第三章 公约的执行

第十五条 倡议广大博客服务提供者积极签署并实施本公约，中国互联网协会将定期公布签约单位名单。

本公约发布之前未与博客用户签订服务协议的，应当从本公约发布生效之日起补充签订服务协议。

第十六条 凡签署本公约的博客服务提供者应当规范履行本公约的各项内容，违反本公约并造成不良影响的，由本公约的组织实施机构视不同情况给予警示或向社会公布。

第十七条 博客服务提供者应当自觉接受有关政府部门的业务指导，自觉接受社会公众的监督，增强自律意识，促进博客服务健康发展。

第四章 附则

第十八条 本公约由中国互联网协会负责解释。

第十九条 本公约自公布之日起施行。

抵制恶意软件自律公约

（2006 年 12 月 27 日 中国互联网协会）

第一章 总 则

第一条 为维护互联网用户的合法权益，抵制恶意软件在网上的滥用和传播，促进我国互联网行业健康和谐发展，制订本公约。

第二条 本公约所称恶意软件是指在未明确提示用户或未经用户许可的情况下，在用户计算机或其他终端上安装运行，侵害用户合法权益的软件，但不包含我国法律法规规定的计算机病毒。

第三条 本公约倡导用户至上、诚信服务、公平竞争、和谐发展的原则。

第四条 中国互联网协会和各省级互联网协会作为本公约的执行机构，负责组织公约的实施。

第二章 自律内容

第五条 鼓励软件厂商自主创新、自主研发，积极探索科学合理的软件服务和发展模式，提高软件技术水平。

第六条 自觉遵守国家有关法律、法规和政策，尊重互联网用户知情权和选择权，维护用户正当权益，改善用户体验，为用户提供优质满意的服务。

第七条 提供软件安装服务时，应明确提示用户并经用户许可，反对强制或欺瞒安装。

第八条 提供通用的卸载方式，反对难以卸载。

第九条 尊重用户上网选择，反对浏览器劫持。

第十条 尊重用户上网体验，反对恶意广告弹出。

第十一条 保护用户上网安全，反对恶意收集用户信息。

第十二条 提倡公平有序竞争，反对恶意卸载。

第十三条 倡导良性合作，反对恶意捆绑。

第十四条 反对其他侵害用户知情权、选择权的软件安装、使用和卸载等恶意行为。

第十五条 加强行业沟通协作，探讨有效抵制恶意软件模式，营造以自律促发展氛围。

第十六条 积极参与国际交流与合作，共同抵制恶意软件的制作和传播。

第十七条 自觉接受社会监督，加强行业自律，维护互联网行业和谐发展。

第三章 公约的执行

第十八条 中国互联网协会和各省级互联网协会负责公约的组织实施，向会员单位宣传国家相关法律、法规和政策，向国家有关部门反映会员单位的意愿和建议，对会员单位遵守本公约的情况实行监督检查。

第十九条 中国互联网协会和各省级互联网协会的会员单位应模范遵守本公约的自律条款，不制作、不传播恶意软件。

第二十条 互联网协会会员单位之间发生争议时，应通过协商方式解决，也可以请求公约执行机构进行调解。

第二十一条 任何机构和个人均有权向公约执行机构举报恶意软件。公约执行机构查证核实后，被举报的恶意软件属于会员单位的，督促其限期整改，逾期未予整改的，公约执行机构向社会公布其名单，予以公开谴责；被举报的恶意软件属于非会员单位的，可以直接公布其相关信息，由社会予以监督。

第二十二条 对被举报的恶意软件，公约执行机构应当建立相应的认定机制予以认定。

第四章 附 则

第二十三条 本公约的修订，须经中国互联网协会行业自律工作委员会委员过半数同意。

第二十四条 本公约由中国互联网协会行业自律工作委员会负责解释。

第二十五条 本公约自公布之日起实施。

中国互联网网络版权自律公约

（2005 年 9 月 3 日）

第一条 为维护网络著作权，规范互联网从业者行为，促进网络信息资源开发利用，推动互联网信息行业发展，制定本公约。

第二条 公约成员应当认真学习和自觉遵守与互联网有关的版权法律法规，增强版权保护意识，大力弘扬中华民族优秀文化传统和社会主义精神文明的道德准则，积极推动职业道德建设。

第三条 公约成员应该加强沟通和合作，共同研究和探讨我国互联网版权保护措施，提出相关的政策建议和立法建议。

第四条 公约成员应当积极采取有效的技术措施和管理措施，保护权利人的权利。

第五条 公约成员应该鼓励、支持、保护依法进行的公平、有序的竞争，反对不正当竞争。

第六条 公约成员应当自觉接受社会各界的监督和批评，共同抵制和纠正行业不正之风。

第七条 中国互联网协会网络版权联盟（“联盟”）是本公约的执行机构，负责组织公约的宣传和实施。

第八条 联盟负责组织公约成员学习网络版权管理的相关法律法规和政策，组织交流网络版权相关行业信息，代表公约成员与政府主管部门进行沟通，反映公约成员的意愿和要求，切实维护公约成员的正当权益，积极推动和实施互联网行业自律，并对成员遵守本公约的情况进行督促检查。

第九条 本公约成员违反公约的，任何单位和个人均有权向联盟进行检举，由联盟进行调查，并将调查结果向全体成员公布。公约成员违反本公约，造成不良影响，经查证属实的，由联盟视不同情况给予内部通报或取消公约成员资格的处理。

第十条 本公约的所有成员均有权对联盟执行本公约的合法性和公正性进行监督，有权向联盟的主管部门检举联盟或其工作成员违反本公约及相关工作制度的行为。

第十一条 联盟设立秘书处，根据公约成员授权受理“通知”和“反通知”，具体办法另行规定。

第十二条 联盟建立网络版权纠纷调解中心，负责公约成员之间网络版权纠纷的调解，具体办法另行规定。

第十三条 联盟设计和申请本公约的统一标识，并制订具体使用办法。本公约成员均有权按照使用办法使用公约的统一标识。

第十四条 凡接受本公约的互联网内容服务提供者和网络服务提供者，均可以申请加入本公约。本公约成员也可以退出本公约，并通知公约执行机构。公约执行机构定期公布加入和退出本公约的成员名单。

第十五条 本公约由中国互联网协会网络版权联盟向社会公布，从公布之日起接受签约，签约成员达到 20 名时本公约生效。

第十六条 本公约生效期间，经公约执行机构或本公约十分之一成员提议，并经三分之二以上成员同意，可以对本公约进行修改。

第十七条 本公约由中国互联网协会网络版权联盟负责解释。

搜索引擎服务商抵制违法和不良信息自律规范

（2004 年 12 月 22 日）

第一条 为促进互联网搜索引擎行业的健康发展，遏制淫秽、色情等违法和不良信息通过搜索引擎传播，特制订本规范。

第二条 搜索引擎服务商应当遵循爱国、

守法、公平、诚信的基本原则，从维护国家利益和全行业整体利益出发，自觉遵守国家有关法律、法规和政策，致力于营造健康、文明、高效的网络搜索环境。

第三条 淫秽、色情等违法和不良信息是指《互联网站禁止传播淫秽、色情等违法和不良信息自律规范》第三条、第四条的规定。

第四条 搜索引擎服务商不得以任何方式主动传播、收录、链接含有淫秽、色情等违法和不良信息内容的网站、网页。

第五条 搜索引擎服务商不得为含有淫秽、色情等违法和不良信息内容的网站、网页提供搜索导航、广告、排名、接入等任何形式的网络服务。

第六条 搜索引擎服务商应当依法采取技术手段阻止违法和不良信息。

第七条 搜索引擎服务商不得与非法网站建立任何性质的合作关系。

第八条 搜索引擎服务商有义务向政府行政管理和执法部门举报发现的含有违法和不良信息的网站。

第九条 搜索引擎服务商应当建立和完善及时处理公众举报的机制。

第十条 加入中国互联网协会互联网新闻信息服务工作委员会的成员单位都应遵守本自律规范。

第十一条 《互联网搜索引擎服务商抵制淫秽、色情等违法和不良信息自律规范》由中国互联网协会互联网新闻信息服务工作委员会负责监督执行。

第十二条 本规范从发布之日起执行。

互联网站禁止传播淫秽、色情等不良信息自律规范

（2004 年 6 月 10 日）

第一条 为促进互联网信息服务提供商加强自律，遏制淫秽、色情等不良信息通过互联网传播，推动互联网行业的持续健康发展，特制订本规范。

第二条 互联网站不得登载和传播淫秽、色情等中华人民共和国法律、法规禁止的不良信息内容。

第三条 淫秽信息是指在整体上宣扬淫秽行为，具有下列内容之一，挑动人们性欲，导致普通人腐化、堕落，而又没有艺术或科学价值的文字、图片、音频、视频等信息内容，包括：

1. 淫亵性地具体描写性行为、性交及其心理感受；

2. 宣扬色情淫荡形象；

3. 淫亵性地描述或者传授性技巧；

4. 具体描写乱伦、强奸及其他性犯罪的手段、过程或者细节，可能诱发犯罪的；

5. 具体描写少年儿童的性行为；

6. 淫亵性地具体描写同性恋的性行为或者其他性变态行为，以及具体描写与性变态有关的暴力、虐待、侮辱行为；

7. 其他令普通人不能容忍的对性行为淫亵性描写。

第四条 色情信息是指在整体上不是淫秽的，但其中一部分有第三条中 1 至 7 的内容，对普通人特别是未成年人的身心健康有毒害，缺乏艺术价值或者科学价值的文字、图片、音频、视频等信息内容。

第五条 互联网站从事登载新闻信息、电子公告服务以及移动电信增值服务等业务，应当依照有关法律法规的规定，履行审批或备案手续，取得合法资格；新闻信息应来源于具有向互联网站提供新闻信息资质的媒体或其他合法的内容提供商。

第六条 不渲染、不集中展现关于性暴力、性犯罪、性绯闻等新闻信息；此类内容须严格控制数量，并不得在多个频道或栏目同时登载。登载这类新闻信息，应有利于弘扬社会正气和维护社会公德，确保导向正确。

第七条 登载有关医学医疗、生理卫生、婚姻家庭、人体艺术和与此相关的自然、社会

科学信息内容，应建立信息内容的审核制度，做到内容健康、科学，来源合法、可靠。

第八条 不开设或变相开设为不道德性行为和性交易提供便利的频道或专栏；开设交友类专题频道或栏目，应明确说明该栏目的目的、网友行为规范和公布有关法律警示；非注册用户不得在该类频道或栏目张贴信息，对注册用户上传的信息实行先审后发。

第九条 对利用互联网电子公告服务系统，短信息服务系统传播淫秽、色情等不良信息的用户，应将其 IP 地址列入“黑名单”，对涉嫌犯罪的，应主动向公安机关举报。

第十条 不与非法网站建立任何性质的合作关系；不与其他网站或企业建立违背政府有关部门规定的联盟或协作关系。

第十一条 不以任何形式登载和传播含有淫秽、色情等不良信息内容的广告；不为含有淫秽、色情等不良信息内容的网站或网页提供任何形式的宣传和链接。

第十二条 违反本自律规范的互联网站，应及时纠正违规行为；经劝说、警告无效的，互联网新闻信息服务工作委员会有义务向政府有关部门建议，取消其提供相关信息服务的资质。

第十三条 互联网信息服务提供商和从业人员均有自觉维护中华人民共和国法律法规、社会主义道德规范的责任和义务，自觉接受政府的管理。

第十四条 加入《互联网站信息服务自律公约》的成员单位应遵守本自律规范。

第十五条 《互联网站禁止传播淫秽、色情等不良信息自律规范》由互联网新闻信息服务工作委员会负责监督执行。

第十六条 本规范从发布之日起执行。

互联网新闻信息服务自律公约

（2003 年 12 月 8 日）

为加强行业自律，进一步规范互联网新闻信息服务行为，维护良好的互联网发展环境，促进我国互联网的快速健康发展，更好地为社会主义现代化建设服务，特制定本公约。加入本公约的互联网新闻信息服务单位将做到：

一、遵循爱国、守法、公平、诚信的基本原则，从维护国家和全行业整体利益的高度出发，自觉遵守国家有关法律、法规和政策，大力推动互联网行业的道德建设，积极推进行业自律。

二、始终高举爱国主义旗帜，大力弘扬中华民族优秀文化传统和社会主义道德，成为传播先进文化的重要阵地。

三、不制作和传播危害国家安全和社会稳定、违反法律法规以及淫秽、色情、迷信等有害的信息，坚决抵制与中华民族优秀文化传统和道德规范相违背的信息内容。

四、从事新闻信息服务业务根据国家有关法律、法规取得合法资格；提供的新闻信息内容来源合法、客观真实、导向正确；提供的其他服务文明健康。

五、加强管理，自觉维护广大用户的合法权益，引导广大用户文明使用网络，增强网络道德意识，自觉抵制有害信息的传播。

六、自觉接受政府的管理和公众的监督，加强从业人员的管理和教育，提高从业人员的业务和道德水平。

七、开展经营活动遵循诚实信用、公平竞争的原则，反对不正当竞争行为，倡导团结协作，实现共同发展。

八、自觉遵守本公约的自律要求，在行业内部形成严格规范的自律机制，推动本公约的实施。

九、自觉遵守根据本公约原则制定的自律规范。

十、同意中国互联网协会互联网新闻信息服务工作委员会监督检查本公约的执行。

中国互联网行业自律公约

（2002 年 3 月 26 日）

第一章 总 则

第一条 遵照“积极发展、加强管理、趋利避害、为我所用”的基本方针，为建立我国互联网行业自律机制，规范行业从业者行为，依法促进和保障互联网行业健康发展，制定本公约。

第二条 本公约所称互联网行业是指从事互联网运行服务、应用服务、信息服务、网络产品和网络信息资源的开发、生产以及其他与互联网有关的科研、教育、服务等活动的行业的总称。

第三条 互联网行业自律的基本原则是爱国、守法、公平、诚信。

第四条 倡议全行业从业者加入本公约，从维护国家和全行业整体利益的高度出发，积极推进行业自律，创造良好的行业发展环境。

第五条 中国互联网协会作为本公约的执行机构，负责组织实施本公约。

第二章 自律条款

第六条 自觉遵守国家有关互联网发展和管理的法律、法规和政策，大力弘扬中华民族优秀文化传统和社会主义精神文明的道德准则，积极推动互联网行业的职业道德建设。

第七条 鼓励、支持开展合法、公平、有序的行业竞争，反对采用不正当手段进行行业内竞争。

第八条 自觉维护消费者的合法权益。保守用户信息秘密；不利用用户提供的信息从事任何与向用户作出的承诺无关的活动，不利用技术或其他优势侵犯消费者或用户的合法权益。

第九条 互联网信息服务者应自觉遵守国家有关互联网信息服务管理的规定，自觉履行互联网信息服务的自律义务：

（一）不制作、发布或传播危害国家安全、危害社会稳定、违反法律法规以及迷信、淫秽等有害信息，依法对用户在本网站上发布的信息进行监督，及时清除有害信息；

（二）不链接含有有害信息的网站，确保网络信息内容的合法、健康；

（三）制作、发布或传播网络信息，要遵守有关保护知识产权的法律、法规；

（四）引导广大用户文明使用网络，增强网络道德意识，自觉抵制有害信息的传播。

第十条 互联网接入服务提供者应对接入的境内外网站信息进行检查监督，拒绝接入发布有害信息的网站，消除有害信息对我国网络用户的不良影响。

第十一条 互联网上网场所经营者要采取有效措施，营造健康文明的上网环境，引导上网人员特别是青少年健康上网。

第十二条 互联网信息网络产品制作者要尊重他人的知识产权，反对制作含有有害信息和侵犯他人知识产权的产品。

第十三条 全行业从业者共同防范计算机恶意代码或破坏性程序在互联网上的传播，反对制作和传播对计算机网络及他人计算机信息系统具有恶意攻击能力的计算机程序，反对非法侵入或破坏他人计算机信息系统。

第十四条 加强沟通协作，研究、探讨我国互联网行业发展战略，对我国互联网行业的建设、发展和管理提出政策和立法建议。

第十五条 支持采取各种有效方式，开展互联网行业科研、生产及服务等领域的协作，共同创造良好的行业发展环境。

第十六条 鼓励企业、科研、教育机构等单位和个人大力开发具有自主知识产权的计算机软件、硬件和各类网络产品等，为我互联网行业的进一步发展提供有力支持。

第十七条 积极参与国际合作和交流，参与同行业国际规则的制定，自觉遵守我国签署的国际规则。

第十八条 自觉接受社会各界对本行业的监督和批评，共同抵制和纠正行业不正之风。

第三章　公约的执行

第十九条　中国互联网协会负责组织实施本公约，负责向公约成员单位传递互联网行业管理的法规、政策及行业自律信息，及时向政府主管部门反映成员单位的意愿和要求，维护成员单位的正当利益，组织实施互联网行业自律，并对成员单位遵守本公约的情况进行督促检查。

第二十条　本公约成员单位应充分尊重并自觉履行本公约的各项自律原则。

第二十一条　公约成员之间发生争议时，争议各方应本着互谅互让的原则争取以协商的方式解决争议，也可以请求公约执行机构进行调解，自觉维护行业团结，维护行业整体利益。

第二十二条　本公约成员单位违反本公约的，任何其他成员单位均有权及时向公约执行机构进行检举，要求公约执行机构进行调查；公约执行机构也可以直接进行调查，并将调查结果向全体成员单位公布。

第二十三条　公约成员单位违反本公约，造成不良影响，经查证属实的，由公约执行机构视不同情况给予在公约成员单位内部通报或取消公约成员资格的处理。

第二十四条　本公约所有成员单位均有权对公约执行机构执行本公约的合法性和公正性进行监督，有权向执行机构的主管部门检举公约执行机构或其他工作人员违反本公约的行为。

第二十五条　本公约执行机构及成员单位在实施和履行本公约过程中必须遵守国家有关法律、法规。

第四章　附　　则

第二十六条　本公约经公约发起单位法定代表人或其委托的代表签字后生效，并在生效后的30日内由中国互联网协会向社会公布。

第二十七条　本公约生效期间，经公约执行机构或本公约十分之一以上成员单位提议，并经三分之二以上成员单位同意，可以对本公约进行修改。

第二十八条　我国互联网行业从业者接受本公约的自律规则，均可以申请加入本公约；本公约成员单位也可以退出本公约，并通知公约执行机构；公约执行机构定期公布加入及退出本公约的单位名单。

第二十九条　本公约成员单位可以在本公约之下发起制订各分支行业的自律协议，经公约成员单位同意后，作为本公约的附件公布实施。

第三十条　本公约由中国互联网协会负责解释。

第三十一条　本公约自公布之日起施行。

·其他

网络视听节目内容审核通则

（2017年6月30日　中国网络视听节目服务协会）

第一章　总　　则

第一条　为规范网络视听节目内容审核工作，服务网络视听节目创作，促进网络视听节目行业健康发展，根据《互联网视听节目服务管理规定》，中国网络视听节目服务协会（以下简称协会）发起制定本通则。

第二条　本通则所称网络视听节目，具体包括：

（一）网络剧、微电影、网络电影、影视类动画片、纪录片；

（二）文艺、娱乐、科技、财经、体育、教育等专业类网络视听节目；

（三）其它网络原创视听节目。

第三条　互联网视听节目服务相关单位应当认真遵守本通则的规定，积极传播本通则倡导的内容，不得传播本通则禁止的内容。

第二章　审核原则

第四条　本通则所称内容审核，是指从事互联网视听节目服务相关单位在播出网络视听节目前，对拟播出的视听节目作品和用于宣传、介绍作品等目的而制作的图文及视频内容的审核。具体审核要素包括：

（一）政治导向、价值导向和审美导向；

（二）情节、画面、台词、歌曲、音效、人物、字幕等。

第五条　互联网视听节目服务相关单位在网络视听节目内容审核方面，坚持如下原则：

（一）先审后播原则

互联网视听节目服务相关单位应建立内容播前审核制度、审核意见留存制度及工作程序，配备与业务发展需要相适应的审核员，及相应的审看设施。互联网视听节目服务相关单位播出的网络视听节目必须经过审核员审核认定。

（二）审核到位原则

1. 审核员审核节目时应完整审看包括片头片尾在内的全部内容，不得快进和遗漏，每部网络剧、微电影、网络电影、影视类动画片、纪录片应由不少于三人的审核员审核，每期（条）专业类网络视听节目应由不少于两人的审核员审核。

2. 审核员应客观、公正地提出书面的节目审核意见，审核意见应明确指出需要修改的问题、是否同意播出，并说明理由。

3. 审核员应具有高度的社会责任感、较高的文化修养、良好的职业道德，熟悉国家相关法律法规、方针政策；审核员应经过节目内容审核业务培训，考核通过后从事节目内容审核工作。

第三章　导向要求

第六条　互联网视听节目服务相关单位应坚持正确的政治方向，围绕中心，服务大局，坚持“二为”方向和“双百”方针，努力传播体现当代中国价值观念、体现中华文化精神、反映中国人审美追求，思想性、艺术性、观赏性有机统一的优秀作品。

（一）坚持以人民为中心的创作导向，把人

民作为表现的主体，展示奋斗人生，刻画最美人物，反映人民心声，为人民抒写、为人民抒情、为人民抒怀，把满足人民精神文化需求作为出发点和落脚点；

（二）坚持以社会主义核心价值观为引领，大力弘扬革命文化和社会主义先进文化，大力弘扬以爱国主义为核心的民族精神和以改革创新为核心的时代精神，歌唱祖国、赞美英雄、讴歌时代，引导人民树立和坚持正确的历史观、民族观、国家观、文化观；

（三）坚持以现实题材为主，贴近实际、贴近生活、贴近群众，记录时代发展和社会进步；

（四）大力弘扬中国优秀传统文化。以史为鉴、传承文明，激励中华儿女自尊、自信、自强。深入阐发讲仁爱、重民本、守诚信、崇正义、尚和合、求大同等核心思想理念；

（五）弘扬真善美，传播正能量。牢记社会责任，持续颂扬自强不息、敬业乐群、扶危济困、见义勇为、孝老爱亲等传统美德，引导人们增强道德判断力和道德荣誉感；

（六）努力讲好中国故事，弘扬中国精神，凝聚中国力量，为实现中华民族伟大复兴的中国梦作出贡献；

（七）坚持把社会效益放在首位，努力传播既能在思想上、艺术上取得成功，又能在市场上受到欢迎，社会效益和经济效益相统一的作品；

（八）牢固树立精品意识，下大力气提升品质，提高原创能力，努力传播思想精深、艺术精湛、制作精良的优秀作品。在剧情设计上要弘扬正气、伸张正义，传播真善美、鞭笞假恶丑，体现积善成德、明德惟馨的道德导向。

第四章　节目内容审核标准

第七条　互联网视听节目服务相关单位要坚持正确的政治导向、价值导向和审美导向，禁止制作、播放含有下列内容的网络视听节目：

（一）违反宪法确定的基本原则，煽动抗拒或者破坏宪法、法律、行政法规实施的；

（二）危害国家统一、主权和领土完整，泄露国家秘密，危害国家安全，损害国家尊严、荣誉和利益，宣扬恐怖主义、极端主义的；

（三）诋毁民族优秀文化传统，煽动民族仇恨、民族歧视，侵害民族风俗习惯，歪曲民族历史和民族历史人物，伤害民族感情，破坏民族团结的；

（四）煽动破坏国家宗教政策，宣扬宗教狂热，危害宗教和睦，伤害信教公民宗教感情，破坏信教公民和不信教公民团结，宣扬邪教、迷信的；

（五）危害社会公德，扰乱社会秩序，破坏社会稳定，宣扬淫秽、赌博、吸毒，渲染暴力、恐怖，教唆犯罪或者传授犯罪方法的；

（六）侵害未成年人合法权益或者损害未成年人身心健康的；

（七）侮辱、诽谤他人或者散布他人隐私，侵害他人合法权益的；

（八）法律、行政法规禁止的其他内容。

第八条　网络视听节目中含有下列内容或情节的，应予以剪截、删除后播出；问题严重的，整个节目不得播出：

（一）不符合国情和社会制度，有损国家形象，危害国家统一和社会稳定：

1. 贬损国家形象、国家制度和方针政策；

2. 贬损、恶搞、损害革命领袖、英雄人物的形象、名誉；

3. 损害人民军队、武装警察、国安、公安、司法人员等特定职业、群体，以及社会组织、团体的公众形象；

4. 宣扬消极、颓废的人生观、世界观和价值观，渲染、夸大社会问题，过分表现、展示社会阴暗面；

5. 贬低人民群众推动历史发展的作用；

6. 以反面角色为主要表现对象，或为反动的、落后的、邪恶的、非法的社会势力、社会组织和人物立传、歌功颂德，着重表现其积极的一面；

7. 宣扬中国历史上封建王朝对外的武力征服；

8. 宣扬带有殖民主义色彩的台词、称谓、画面等；

9. 脱离国情，缺乏基本的现实生活依据，宣扬奢华生活等。

（二）有损民族团结：

1. 含有伤害民族感情的情节、台词、称谓、人物形象、画面、音效等；

2. 对独特的民族习俗和宗教信仰猎奇渲染，甚至丑化侮辱；

3. 表现伤害民族感情的民族战争、历史事件；

4. 将历史上民族间的征伐表现成国与国之间的战争等。

（三）违背国家宗教政策：

1. 宣扬宗教极端主义和邪教；

2. 不恰当地比较不同宗教、教派的优劣，可能引发宗教、教派之间矛盾和冲突；

3. 过多展示和宣扬宗教教义、教规、仪式等内容；

4. 歪曲、诋毁或歧视宗教观念、宗教信仰和宗教称谓；

5. 对宗教内容戏说和调侃等。

（四）宣扬封建迷信，违背科学精神：

1. 宣扬灵魂附体、转世轮回、巫术作法等封建迷信思想；

2. 宣扬愚昧、邪恶、怪诞等封建文化糟粕。

（五）渲染恐怖暴力，展示丑恶行为，甚至可能诱发犯罪：

1. 渲染暴力、凶杀，表现黑恶势力的猖狂；

2. 细致展现凶暴、残酷的犯罪过程，及肉体、精神虐待；

3. 暴露侦查手段、侦破细节，可诱导罪犯掌握反侦查手段；

4. 表现离奇、怪诞的犯罪案件；

5. 对真假、善恶、美丑的价值判断模糊不清，混淆正义与非正义的基本界限；

6. 详细展示吸毒、酗酒、赌博等不良行为；

7. 展现过度的惊悚恐怖、生理痛苦、歇斯底里，造成强烈感官、精神刺激并可致人身心不适的画面、台词、音乐及音效等；

8. 为宣扬以暴制暴，宣扬极端的复仇心理和行为。

（六）渲染淫秽色情和庸俗低级趣味：

1. 具体展现卖淫、嫖娼、淫乱、强奸、自慰等情节；

2. 表现和展示非正常的性关系、性行为，如乱伦、同性恋、性变态、性侵犯、性虐待及性暴力等；

3. 展示和宣扬不健康的婚恋观和婚恋状态，如婚外恋、一夜情、性自由、换妻等；

4. 较长时间或较多给人以感官刺激的床上镜头、接吻、爱抚、淋浴，及类似的与性行为有关的间接表现或暗示；

5. 有明显的性挑逗、性骚扰、性侮辱或类似效果的画面、台词、音乐及音效等；

6. 展示男女性器官，或仅用肢体掩盖或用很小的遮盖物掩盖人体等隐秘部位及衣着过分暴露等；

7. 含有未成年人不宜接受的涉性画面、台词、音乐、音效等；

8. 使用粗俗语言等；

9. 以成人电影、情色电影、三级片、偷拍、走光、露点及各种挑逗性文字或图片作为视频节目标题、分类或宣传推广。

（七）侮辱或者诽谤他人：

1. 损害重要历史人物及其他真实人物的形象、名誉，造成不良社会影响；

2. 贬损他人的职业身份、社会地位或身体特征。

（八）歪曲贬低民族优秀文化传统：

1. 渲染、夸大或集中展示民族愚昧或社会落后方面；

2. 违背基本史实，为已有定论的历史人物、历史事件“翻案”，或为尚存争议的历史人物、历史事件“正名”；

3. 篡改名著，歪曲原著的精神实质；

4. 违背基本的历史常识，缺乏基本的历史依据，任意曲解历史，不尊重人类文明、他国文明和风俗习惯等；

5. 对历史尤其是革命历史进行过度娱乐和游戏式表现。

（九）危害社会公德，对未成年人造成不良影响的：

1. 以恶搞方式描绘重大自然灾害、意外事故、恐怖事件、战争等灾难场面；

2. 以肯定、赞许的基调或引入模仿的方式表现打架斗殴、羞辱他人、污言秽语等；

3. 表现未成年人早恋、抽烟酗酒、打架斗殴、滥用毒品等不良行为；

4. 违反国务院广播影视行政部门有关规定的吸烟镜头和吸烟场景；

5. 人物造型过分夸张怪异，对未成年人有不良影响；

6. 展示未成年人或者未成年人形象的动画、动漫人物的性行为等；

7. 含有其他有违社会公德的不文明行为。

（十）法律、法规和国家规定禁止的其他内容：

1. 违反国家有关规定，公开展示某专项工作的内部制度、程序；

2. 可能引发国际纠纷或造成不良国际影响；

3. 违反国家有关规定，滥用、错用特定标识、呼号、称谓、用语；

4. 节目中的产品和服务信息植入违反国务院广播影视行政部门有关规定；

5. 破坏生态环境，虐待动物，捕杀、食用国家保护类动物的内容；

6. 侵犯个人隐私内容；

7. 以抄袭、剽窃或未经许可翻拍等方式侵犯他人知识产权的节目；

8. 从事损害我国国家尊严、荣誉和利益，危害社会稳定，伤害民族感情等活动的组织和个人制作或参与制作的节目；

9. 其他有违法律、法规和国家规定的内容。

第九条　专业类网络视听节目应坚持正确的政治导向、价值导向、审美导向，体现高雅健康的审美情趣和文化品位，引导人们树立正确的世界观、人生观、价值观。

（一）坚决抵制是非不分、善恶不辨、以丑为美、颠倒黑白的错误倾向；坚决抵制各种诋毁主流思想和主流价值的内容；坚决反对歪曲历史、美化反动、调侃崇高、否定英模的错误倾向；坚决抵制厚黑学、潜规则、圈子山头等封建文化糟粕和腐朽思想遗毒；坚决抵制拜金主义、享乐主义、极端个人主义等不良风气和过度商业化、过度娱乐化的倾向；坚决摒弃廉价的笑声、无底线的娱乐和无节操的垃圾；坚决抵制低俗、庸俗、媚俗的低级趣味；坚决反对天价追星、无聊游戏、奢华盛宴等不良风气。

（二）不得宣扬不良的家庭观、婚恋观、金钱观。在涉及真实人物生活讲述与调解等节目中，坚持真实原则，不得为了追求轰动效应人为设置虚假、离奇故事情节，摆拍经过事先设计的对话，制造假故事、假新闻，愚弄受众。

（三）对节目中涉及的主持人、嘉宾、评委、选手等人物进行筛选把关，不得选用有丑闻劣迹、有吸毒嫖娼等违法犯罪行为的人物，慎重选用有争议或存在边缘化观点的人物。节目中的人物语言、行为、着装、服饰、发型、台风等应当符合大众审美观念。

（四）节目主持人应对嘉宾、评委、选手等人物的言行举止正确引导，防止语言和行为低俗，对错误观点和言论要及时批驳。主持人之间不得互相挖苦、吹捧、调情。嘉宾、评委要加强点评的专业性和针对性，避免夸张作秀、互相恶搞以及不文明言谈举止，不能喧宾夺主、故意制造噱头和看点，使节目成为明星宣扬自我的舞台。选手不得为博眼球而煽情作秀、夸张搞怪或渲染悲切情绪。

（五）加强未成年人保护，尽量减少未成年人参与，对少数有未成年人参与的节目要坚决杜绝商业化、成人化和过度娱乐化的不良倾向以及侵犯未成年人权益的现象。

（六）真人秀类节目要减少明星参与人数，提高普通群众的参与比重，让群众成为节目的主角。不得追星逐利、媚俗捧场，杜绝展示明星炫富享乐、炒作节目片酬成本。不得借真人秀节目炒作包装明星子女。

第十条　专业类网络视听节目除符合前款网络视听节目的总体要求外，还不得含有以下内容：

（一）以道听途说的信息为话题，进行主观臆测的讨论、评论的；

（二）以调侃严肃话题为主要内容的；

（三）围绕易引发争议的负面话题进行讨论、评论的；

（四）以宣扬明星炫富享乐为主要话题的；

（五）以炒作绯闻丑闻隐私劣迹为主要内容的；

（六）展示危险程度高、恶意整人、易被青少年模仿的游戏项目的；

（七）诱导未成年人谈论名利、情爱等话题，诱导未成年人现场拉票、盘问未成年人失败退出感受的；

（八）就家庭纠纷采访未成年人和未成年人参与家庭纠纷和现场调解的；

（九）为吸引眼球，制造低俗噱头，展示丑行恶态，或作假作秀、故意激化矛盾，突出放大不良现象和非理性情绪，以“考验”“测试”

的名义人为制造和展示“人性恶”事件的；

（十）故意刺激、为难嘉宾娱乐观众的；

（十一）讽刺他人、相互吹捧或进行粗俗反串的；

（十二）使用粗俗恶搞字幕和夸张怪异音效的；

（十三）以采访、讨论性爱、性生活细节为话题的；

（十四）展示群众参与的各类整容变性细节的；

（十五）其他违背社会主义核心价值观和公序良俗的内容。

第十一条 严肃认真对待节目细节，涉及下列内容的，要聘请相关专家进行把关：

（一）涉及革命先驱及其他重要人物形象、少数民族语言文字、特定符号与标识使用以及图形、图表等；

（二）节目内容表现人民军队、武装警察、国安、公安、司法人员、医生、律师等特定职业、群体，以及社会组织、团体的；

（三）涉及特定历史时期、职业群体的服装、布景道具等。

第十二条 网络视听节目内容审核的其他相关要求：

（一）网络视听节目中文字幕除书法题写的片名及相关文字外，应为规范汉字。作品有歌词的歌曲，外语标题、台词、有特定含义的词汇及标识等，应加中文字幕；

（二）网络视听节目名称、台词、字幕等语言文字应遵守国家通用语言文字有关法律法规，尊重、礼敬中华优秀传统文化，严格按照规范写法和标准使用国家通用语言文字的字、词、短语、成语等，不得滥用谐音、生造滥造词义、肆意曲解内涵，不得使用不规范的网络语言和错词别字。遣词造句要坚持正确导向，符合语法规范，自觉摒弃低俗、庸俗、媚俗的低级趣味，严禁使用挑逗、污秽、恶毒、侮辱、谩骂等极端言辞。

互联网视听节目服务单位要加强网络视听节目名称、台词、字幕、配音等使用语言文字的管理，加强对演职人员、主持人、嘉宾及其他节目参与人员规范使用通用语言文字的提示指导，防止不规范使用国家通用语言文字的节目上线播出。

第十三条 网络视听节目涉及重大革命和重大历史题材，以及政治、军事、外交、国家安全、统战、民族、宗教、司法、公安等特殊题材应遵照广播影视有关管理规定执行。

第五章 罚　　则

第十四条 互联网视听节目服务相关单位因违反本通则的规定，协会将视情节严重程度，对该机构以及直接责任人员进行通报批评、向全行业及社会公开；情节恶劣的，取消会员资格；涉嫌违法违规的，报告主管部门依法依规予以查处。

第六章 附　　则

第十五条 本通则自协会发布之日起施行，协会成员接受本通则的约束。2012 年 7 月 13 日中国网络视听节目服务协会理事会通过的《网络剧、微电影等网络视听节目内容审核通则》同时废止。

中国网络视听节目服务自律公约

（2012 年 7 月 13 日　中国网络视听节目服务协会）

第一章 总　　则

第一条 为促进我国网络视听节目服务业可持续发展，繁荣网络文化，维护健康有序的行业秩序，特制定本公约。

第二条 加入本公约的网络视听节目服务相关机构和单位，承诺遵守本公约自律条款。

第三条 中国网络视听节目服务协会负责本公约的组织实施。

第二章 自律条款

第四条 自觉遵守《互联网视听节目服务管理规定》等国家关于互联网文化建设和管理的法律、法规、规章和政策，自觉接受政府监管和社会监督，依法开展网络视听节目服务。

第五条 坚守社会责任，坚持社会效益优先，大力弘扬优秀文化，积极推动产业发展，严格实行行业自律。

第六条 积极生产制作和传播内容健康、形式新颖、生动活泼、贴近受众的网络视听节目，包括网络剧、微电影、影视类动画片、纪录片等。

第七条 不传播法律法规禁止的节目，共同抵制腐朽落后的思想文化，不传播危害未成年人身心健康、违背社会公德、损害民族优秀文化传统的节目内容。

第八条 加强技术创新和交流协作，加强网络视听节目服务领域有关核心技术、关键技术、共性技术研发，打造自主技术品牌；针对用户不同需求，提供专业、优质的技术服务；采取有效手段，消除信息与文化安全风险和隐患，确保网络视听产品的内容安全和传播安全。

第九条 遵守国家关于著作权管理的相关法律规定，积极采取版权保护措施，尊重和保护著作权人和网络视听节目服务单位的合法权益。

第十条 保护用户权益，尊重用户隐私，采取有效措施，避免用户信息泄漏。建立投诉受理机制，及时受理、办理和回复公众的意见建议。

第十一条 加强内部管理，完善相关制度：

（一）实行网络视听节目内容总编辑负责制度；

（二）实行节目内容先审后播制度，建立和完善快速处理响应机制；

（三）充实管理人员、内容审核人员和技术人员，建立和完善安全保障制度。

第十二条 加强业内协作，建立行业共享互助机制，积极参与交流合作，增进行业互信，不得以诋毁行业其他单位商业声誉、泄露商业机密等不正当手段进行恶性竞争，共同维护良好的行业秩序和产业发展环境。

第十三条 建立互联网视听节目行业信息共享互助机制，健全“互联网视听节目信息库”系统，积极推荐优秀节目，及时删除有害内容。对信息库系统中仅应由缔约单位掌握的信息，负有保密责任。

第十四条 加强从业人员培训和教育，积极参加行业协会组织的培训，不断提升从业人员综合素质和业务能力。

第三章 公约的执行

第十五条 中国网络视听节目服务协会负责监督检查本公约的执行，并定期公布加入及退出本公约的单位名单。

第十六条 中国网络视听节目服务协会在国家广播影视行政部门的指导下，负责“互联网视听节目信息库”的日常管理维护，及时传递有关网络视听节目服务管理的信息。

第十七条 缔约单位如违反本公约约定，中国网络视听节目服务协会可以书面或口头形式提醒或质询，并视情况给予警示或向社会公布。

第四章 附 则

第十八条 本公约经缔约单位法定代表人或其委托的代表签字后生效，自公布之日起施行。

第十九条 本公约由中国网络视听节目服务协会负责解释。

互联网企业生活服务类平台服务自律规范

（2017 年 3 月 13 日　中国个体劳动者协会网络交易平台工作委员会）

第一条　本服务自律规范规定了生活服务类电商、在线生活服务商和生活服务类电子商务平台经营服务自律要求。

本服务自律规范适用于生活服务商品在电子商务营销业态下的经营活动。

本服务自律规范不适用于有形实物商品在电子商务营销业态下的交易经营活动。

第二条　下列术语和定义适用于本文件。

生活服务类电商：是指为人们日常生活提供餐饮、娱乐、租房、买房、工作、旅游、教育、亲子、婚嫁、培训、出行、在线问诊等（包含但不局限于相关种类服务）生活相关的“衣食住行用”服务信息的电子商务第三方平台和电子商务经营者。

在线生活服务商：是指在电子商务第三方平台提供的服务平台上开展生活服务类商品营销活动的自然人、法人或者其他组织。

生活服务类电子商务平台：是指为生活服务类商品在线服务商、配送服务商、支付服务商和采购者（客户、买方、顾客）提供电子商务交易服务平台，供交易双方或者多方独立开展交易活动的法人或者其他组织。简称：平台服务商。

第三条　生活服务类电商应当严格遵守国家、地方有关法律法规和政策。热爱生活服务事业，倡导并践行高标准的服务质量。紧跟社会发展需要，不断开拓创新，努力为消费者提供更高质量的生活品质。

第四条　生活服务类电商应当遵循自愿、公平、诚实信用原则，遵守公认的商业道德，倡导加强行业自律，建立健全行业规范和网络交易行为规范，引导本行业经营者公平竞争，推动行业诚信建设。

第五条　生活服务类电商应当依法保护知识产权。平台服务商对于经营过程中有证据证明侵犯知识产权的，应当依法采取删除、屏蔽、断开链接、终止交易和服务等必要措施。

第六条　入驻平台的在线生活服务商应当提供真实、准确的资质、证照信息，平台服务商应当对入驻平台的服务商企业资质或提供相应服务类产品资质等进行审核。鼓励平台服务商对于发现商家资质或产品资质真实性不符的情况制定处罚及下线等处置规则。

第七条　鼓励入驻平台的在线生活服务商对相关服务商品信息或服务内容进行公示。在线发布的服务商品信息应当准确、真实，并对服务商品的内容进行必要、明确且充分的说明。

第八条　平台服务商对其明知或应知利用其平台发布的违法广告，应当采取删除、屏蔽、断开链接等技术措施和管理措施予以制止。

第九条　为保障服务质量、提升服务水平，平台服务商、在线生活服务商应积极建立健全服务质量评价体系，公示服务质量评价规则，提供客观、公正、合理的评价内容。

第十条　生活服务类电商要保证其所接受的评论结果真实有效，不得刷单、炒信，不得干预消费者对自己商品服务的评价过程及结果，不得利用技术手段篡改、隐瞒或销毁消费者评价。

第十一条　鼓励生活服务类电商针对所服务领域建立服务标准，鼓励消费者对服务内容和标准进行评价，促进生活服务类电商行业规范发展。

第十二条　平台服务商应当建立相应管控措施，对平台内商品信息真实性进行检查、监控。对服务提供商刷单、套现等行为进行诚信监管，并依据平台服务协议和交易规则对经营者实施警示、暂停或终止服务等措施。

第十三条　平台服务商应当建立投诉处理机制。对涉及服务投诉问题，鼓励平台服务商建立先行赔付机制。

第十四条　对预售服务设定服务执行有效期限的，消费期限内未享受服务的，鼓励平台服务商利用自身技术手段或其他可触达消费者的通道，发出消费提示信息。对于可进行退款的服务，法律有明确规定的，从其规定；法律没有明确规定的，可依据行业习惯建立退款机制。

第十五条 生活服务类电商在服务过程中应当首要保障消费者、劳动服务者的人身安全，建立相应的人员安全保障机制。

第十六条 涉及在线交易的平台服务商，应当对平台金融服务建立安全性管理机制，利用技术及管理手段对平台资金提供安全保障。鼓励平台服务商与服务提供商建立并完善双方资金往来规则，保障资金结算安全，明确结算时间和结算要求，加快结算时效。

第十七条 为保障消费者及商户的信息安全，平台服务商应采取各种合理的物理、电子和管理方面的安全措施保护用户信息，使用户的信息不会被泄漏、毁损或丢失。

第十八条 国家相关法规有明确要求的，参照国家相关法规执行。

第十九条 本服务自律规范由中国个体劳动者协会网络交易平台工作委员会成员单位共同制定、共同遵守，接受社会监督。

互联网企业个人信息保护测评标准

（2014 年 3 月 15 日　中国科学技术法学会、北京大学互联网法律中心）

一、宗　旨

本标准的制定是为了贯彻《全国人民代表大会常务委员会关于加强网络信息保护的决定》《消费者权益保护法》《电信和互联网用户个人信息保护规定》《网络交易管理办法》等与个人信息保护相关的规范性法律文件，维护用户合法权益并规范互联网企业的个人信息处理行为，以实现产业良性发展中个人信息保护与利用的平衡。

测评标准通过对互联网企业义务的具体规定，致力于在现有规范性法律文件的基础上，建立有效的用户个人信息保护实践机制，一方面推动互联网企业构建合规的个人信息保护机制，另一方面实现用户在个人信息方面合法权益的保障。

二、依　据

本标准依据《全国人民代表大会常务委员会关于加强网络信息保护的决定》《消费者权益保护法》《电信和互联网用户个人信息保护规定》《网络交易管理办法》，参照 OECD《关于保护隐私和个人数据跨国流通的指导原则》、APEC《隐私保护纲领》、《公共及商用系统个人信息保护指南》等国内外个人信息保护领域相关文件，结合我国互联网产业发展现状制定。

三、定　义

标准所涉及的术语定义如下：

1. 互联网企业

互联网企业是指利用信息网络向用户提供技术服务或内容服务的过程中处理个人信息的组织实体。“信息网络”包括以计算机、电视机、固定电话机、移动电话机等电子设备为终端的计算机互联网、广播电视网、固定通信网、移动通信网等信息网络，以及向公众开放的局域网络。

2. 初始方、关联方、第三方

初始方是指在提供技术服务或内容服务过程中直接向用户收集个人信息的互联网企业。

关联方是指与特定初始方有控制关系，且其个人信息保护政策与初始方不存在实质性差异的互联网企业。“控制”是指有权以股权或协议决定一个互联网企业的财务和经营政策，并能据以从该互联网企业的经营活动中获取利益。

第三方是指未直接向用户收集个人信息，但从初始方或关联方处获取个人信息的组织实体或自然人。

3. 用户

用户是指使用互联网企业提供的服务并可通过个人信息识别的自然人。本标准中所称的“未成年人”是指未满18周岁的限制民事能力人或无民事行为能力人。

4. 个人信息

个人信息是指能够切实可行地单独或通过与其他信息结合识别特定用户身份的信息或信息集合，如姓名、出生日期、身份证件号码、住址、电话号码、账号、密码等。

本标准不适用于经不可逆的匿名化或去身份化处理，使信息或信息集合无法合理识别特定用户身份的信息。

5. 处理

处理是指互联网企业对用户个人信息的收集、加工、使用、转移行为，其中：

收集是指获取并保存个人信息的行为。

加工是指将收集的个人信息进行自动化系统操作以满足使用、转移需要的行为。

使用是指利用个人信息提供技术服务或信息服务，依据个人信息作出决策，以及向公众公开或向特定群体披露个人信息的行为。

转移是指将个人信息传输给关联方或第三方的行为。

6. 同意、明示同意、默示同意

同意是指用户以其积极、肯定的意思表示，或以其自愿使用服务的行为，表达对互联网企业处理其个人信息的认可。其中：

明示同意是指用户以其积极、肯定的意思表示认可互联网企业处理其个人信息。

默示同意是指用户以其自愿使用服务的行为认可互联网企业处理其个人信息。

除经特别说明，本标准中的同意指默示同意。

7. 实质性修改

实质性修改是指互联网企业对其在个人信息保护政策中承诺的、与个人信息处理有关的用户权利或互联网企业义务的减少。

四、基本原则

1. 知情同意原则

除法律规定的情形外，互联网企业应充分告知用户有关个人信息处理的重要事项，并在告知的基础上获得用户的明示同意或默示同意。

2. 合法必要原则

互联网企业处理个人信息的方式应符合法律规定，并仅处理为实现正当商业目的和提供网络服务所必需的个人信息。

3. 目的明确原则

互联网企业处理个人信息应具有合法、正当、明确的目的，不得超出目的范围处理个人信息。

4. 个人控制原则

用户有权查询个人信息，有权对其个人信息进行修改、完善、补充。

5. 信息质量原则

互联网企业应为用户查询、更正其个人信息提供必要渠道，以保障个人信息的准确、完整、及时。

6. 安全责任原则

互联网企业应采取必要的管理措施和技术手段，保护个人信息安全，防止未经授权检索、公开、丢失、泄露、损毁和篡改个人信息。

五、指标体系

1. 知情同意

1.1 互联网企业在收集个人信息前应以个人信息保护政策如实告知用户个人信息处理相关事项，包括但不限于：

a）收集个人信息的目的、方式、范围；

b）加工、使用、转移个人信息的目的、方式、范围；

c）互联网企业的名称、地址、联系方式和用户投诉机制；

d）用户查询、修改个人信息的渠道；

e）用户拒绝提供个人信息可能出现的后果；

f）企业个人信息安全管理制度和个人信息安全保护措施。

1.2 互联网企业应在网站、软件或服务的适当位置公开其个人信息保护政策，并以适当方式提醒用户注意相关政策并告知不同意个人信息保护政策的可能后果。

在互联网企业履行其告知义务后，用户开始或持续使用技术服务或内容服务的行为视为同意互联网企业处理其个人信息。

2. 收集

2.1 互联网企业收集个人信息应有合法、正当、明确的目的，不得超出目的范围收集个人信息。

2.2 互联网企业应明确告知收集个人信息的手段，并确保相关手段合法、正当。

2.3 互联网企业应明确告知收集个人信息的种类，并仅收集为实现正当商业目的和提供网络服务所必需的个人信息。

2.5 除有以下特殊情况，互联网企业收集个人信息的行为超出告知的目的、方式、范围，应以合理形式告知用户并获得用户的明示同意：

a）法律法规特别规定，如维护公共安全、紧急避险等；

b）基于学术研究或社会公共利益目的；

c）行政机关依据法律作出的强制行为；

d）司法机关依据法律作出的决定、裁定或判决。

3. 加工

3.1 互联网企业应在收集前告知的目的和范围内加工个人信息，并采取必要的措施和手段保障个人信息在加工过程中的安全。

3.2 除有以下特殊情况，互联网企业超出收集时所告知的目的和范围加工个人信息，应以合理形式告知用户并获得用户的明示同意：

a）法律法规特别规定，如维护公共安全、紧急避险等；

b）基于学术研究或社会公共利益目的；

c）行政机关依据法律作出的强制行为；

d）司法机关依据法律作出的决定、裁定或判决。

4. 使用

4.1 互联网企业应在收集前告知的目的和范围内使用个人信息，并采取必要的措施和手段保障个人信息在使用过程中的安全。

4.2 除有以下特殊情况，互联网企业超出收集时所明确告知的目的和范围使用个人信息，应以合理形式告知用户并获得用户的明示同意：

a）法律法规特别规定，如维护公共安全、紧急避险等；

b）基于学术研究或社会公共利益目的；

c）行政机关依据法律作出的强制行为；

d）司法机关依据法律作出的决定、裁定或判决。

5. 转移

5.1 互联网企业向关联方转移个人信息，应告知用户关联方处理个人信息的情况。

5.2 除有以下特殊情况，互联网企业向第三方转移个人信息，应告知用户并征得用户的明示同意：

a）法律法规特别规定，如维护公共安全、紧急避险等；

b）基于学术研究或社会公共利益目的；

c）行政机关依据法律作出的强制行为；

d）司法机关依据法律作出的决定、裁定或判决。

6. 个人控制

6.1 互联网企业应为用户提供独立操作机制，实现用户对个人信息的控制。

6.2 互联网企业应为用户提供个人信息查询、修改的渠道。

6.3 互联网企业应为用户提供注销账号或号码的渠道。

7. 政策修改

7.1 互联网企业应根据规范性法律文件和企业实践及时更新其个人信息保护政策。

7.2 互联网企业实质性修改其个人信息保护政策，应以显著方式告知用户修改的内容，并告知用户不接受的后果及相应的解决机制。

7.3 互联网企业非实质性修改其个人信息保护政策，应以适当方式告知用户修改的内容。

8. 安全责任

8.1 互联网企业应建立个人信息管理责任制度，落实个人信息管理责任，加强个人信息安全管理，规范个人信息处理活动。

8.2 互联网企业应采取必要的技术措施和手段保护个人信息安全，包括但不限于：

a）建立完善的内部合规管理部门，设立并任命首席隐私官或相关管理人员；

b）采用法律强制或业界通行的技术手段对用户个人信息进行加密；

c）采取法律强制或业界通行的技术手段对用户个人信息进行匿名化或去身份化处理，并使处理后的信息不可逆及不能用于识别个人身份；

d）在提供服务过程中，以技术手段保证用

户对他人未经授权实施的个人信息侵害行为采取防御行为。

9. 特殊领域的个人信息

9.1 互联网企业应规定未成年人个人信息处理的特殊措施，如仅在征得其监护人的明示同意前提下处理其个人信息，或一旦明知其为未成年人，在未征得监护人明示同意时停止处理其个人信息。

9.2 互联网企业处理用户精确地理位置信息，应以合理方式告知用户，并为用户提供终止处理其精准地理位置信息的选择机制。

精确地理位置信息是指通过用户所使用的设备获取的，用于及时识别或描述用户在某一特定时间点误差小于1公里的实际物理位置的信息。

六、实现机制

1. 机构测评

本测评标准的发布机构将组建测评机构，测评机构由相关领域的政产学研各界人士组成。

测评机构将以标准为依据主动对本标准适用范围内的互联网企业进行测评，测评对象为互联网企业设置的个人信息保护政策以及与个人信息保护相关的实践做法，包括服务或软件设置、典型步骤等。测评机构将以定期或不定期报告的方式发布测评结果。

测评机构将适时发布标准标识使用标准，符合标准的互联网企业可以在网站或服务的适当位置显示相关标识。

2. 企业参与

互联网企业可以以本标准为依据对其个人保护政策及实践做法进行比照，及时调整政策文本及实践做法。除主动调整外，互联网企业可委托测评机构对政策文本及实践做法进行测评，根据测评结果及时调整政策文本及实践做法。

3. 用户监督

互联网用户可以以本标准为依据对互联网企业的个人信息保护政策及实践做法进行测评。用户可通过测评机构适时推出的网站反馈测评结果。

七、附　　件

本测评标准基本规定的释义和制定依据将在附件中作出进一步解释和说明。

本标准以国家数字版权研究基地发布的版权自助协议（Self－Help Copyright License Agreement，SCLA）发布，许可条件为：

［仅保留署名权］许可人仅保留表明作者身份、在作品上署名的权利。被许可人依照本协议规定取得演绎权许可的，必须在演绎作品上标明原作品的作者。许可人放弃对其作品享有的所有财产性权利。

网络支付行业自律公约

（2012年3月16日　中支协网络支付发〔2012〕3号）

第一章　总　　则

第一条　为促进我国网络支付行业的健康发展，维护网络支付服务市场公平、有序的竞争秩序，保护消费者合法权益，根据国家有关法律、法规及相关规定，在中国支付清算协会（以下简称“协会”）网络支付应用工作委员会成员单位共同协商下，制定本公约。

第二条　协会网络支付应用工作委员会（以下简称“网络支付委员会”）是网络支付行业自律管理的专业组织。网络支付委员会成员单位（以下简称“成员单位”）通过全体成员会议参与自律管理。

第三条　网络支付服务自律的基本原则是依法合规、诚实守信、安全效率、合作共赢。

第四条　鼓励成员单位间开展业务合作，倡导有序竞争。自觉遵循商业道德，不以任何形式诋毁其他成员单位的商业信誉，不利用任何不正当手段损害其他成员利益、干预或影响正常市场秩序。

第五条 本公约适用于成员单位及其网络支付业务从业人员。

第二章 自律规范

第六条 成员单位应按照平等自愿、公平竞争的原则拓展业务，科学合理定价，避免恶性竞争。

第七条 成员单位提供网络支付服务应严格识别客户资质，坚决贯彻客户身份识别制度管理要求。

第八条 成员单位应加强对特约商户的管理，严格执行特约商户发展的相关规定，建立对特约商户的监督机制。

第九条 成员单位应自觉遵守账户管理相关法律、法规和制度，依法合规提供账户应用服务，规范管理账户资金。

第十条 成员单位应严格执行客户备付金管理相关规定，规范备付金的存放、使用和划转，切实保障客户资金安全。

第十一条 成员单位应建立完善的客户信息系统和客户档案管理制度。保障客户基本信息资料和账户信息的安全；不得利用客户信息从事超出法律许可的、以及未经客户授权的活动。

第十二条 成员单位应自觉维护客户的合法权益，建立长期、稳定、方便、有效的客户服务体系，及时受理和解决客户咨询、查询、申告和投诉等方面的问题。

第十三条 成员单位应按照相关规定的要求，向客户公布支付服务操作规程、收费标准、风险提示等信息，充分保障客户的知情权和选择权。

第十四条 成员单位应积极完善交易监控体系，及时发现并处理可疑交易，采取必要措施防范不法分子利用网络支付服务进行交易欺诈、网络赌博、洗钱、违规套现等违法犯罪活动。

第十五条 成员单位应构建全面风险管理体系，及时发现和处理网络支付业务风险；针对可能发生的重大风险事件，制定应急计划和风险处理预案，并定期进行演练和测试。

第十六条 成员单位应建立有效的公司治理机制，规范运营，健全内部控制制度和内部审计制度。

第十七条 成员单位应完善网络支付业务处理系统的管理措施，保障其运营的独立性、安全性和稳定性。

第十八条 成员单位应按要求向监管机构和协会报送信息资料，并承诺报送材料的真实性。

第十九条 成员单位应加强从业人员职业操守教育和业务能力培训，不断提高从业人员的职业道德水平和业务素质。

第二十条 成员单位应自觉维护行业整体利益、树立行业良好形象；接受社会各界的监督和批评，共同抵制和纠正行业不当行为。

第三章 监督协调

第二十一条 成员单位之间发生争议，争议各方应本着互谅互让的原则，优先采用自主协商方式解决争议；自主协商无法解决的，自愿接受协会的调解，自觉维护行业团结。

第二十二条 成员单位应定期对本公约执行情况进行自查，发现问题应及时整改；有义务及时向网络支付应用工作委员会反映其他成员单位违反本公约的行为，并有权要求网络支付应用工作委员会进行调查。

第二十三条 成员单位应积极配合监管机构、协会的监督检查和司法机关的协查工作。

第二十四条 成员单位如违反本公约规定，并经查证属实的，网络支付委员会有权采取下列自律性惩戒措施：

（一）口头警告；

（二）书面警告；

（三）通报批评；

（四）暂停行使成员权利；

（五）取消成员资格；

（六）对涉嫌违规经营的，及时向有关部门反映情况；

（七）涉嫌犯罪的，及时向司法部门报告。

第二十五条 成员单位对网络支付委员会依据第二十四条采取的措施有异议的，可以向中国支付清算协会或中国人民银行反映。

第四章　附　　则

第二十六条　本公约对网络支付委员会全体成员单位均具有约束力，各成员单位应自觉遵守本公约各项规定。

第二十七条　本公约与国家法律、法规和监管部门规章致的，依照有关法律、法规和监管部门规章执行。

第二十八条　本公约经网络支付委员会常务委员会会议审议通过，自发布之日起实施。

本公约由网络支付委员会负责修订和解释。

第七部分

地方法规规章

杭州市网络交易管理暂行办法

（2015 年 3 月 10 日　杭州市人民政府令第 282 号发布）

第一章　总　　则

第一条　为规范网络交易行为，保障消费者和经营者的合法权益，维护网络交易秩序，促进电子商务持续健康发展，根据有关法律法规的规定，结合本市实际，制定本办法。

第二条　本市行政区域内的网络交易管理，适用本办法。

本办法所称的网络交易，是指通过互联网销售商品或者提供服务的经营活动以及为上述交易活动提供第三方网络交易平台服务的行为，但通过互联网从事金融服务的经营活动除外。

本办法所称第三方网络交易平台，是指为网络交易经营者提供虚拟经营场所、交易规则、交易撮合、信息发布等经营服务，供交易双方或者多方独立开展网络交易活动的信息网络系统。

为网络交易提供信息搜索、信用认证、支付结算、物流、宣传推广、网络接入、服务器托管、虚拟空间租用、网站网页设计制作等营利性服务的，应当遵守本办法。

第三条　市、区、县（市）人民政府应当将促进网络经济发展纳入国民经济和社会发展规划，提供政策和资金支持，推进可信交易环境建设，为网络交易发展创造良好的社会环境。

本市鼓励传统行业实施电子商务应用，推进产业转型升级，实现产业融合发展；鼓励网络交易经营者创新经营模式，拓展经营领域，提升服务水平。

第四条　本市各级人民政府不得设立针对网络交易的审批事项；已设立的审批事项，无法律、法规依据的，应当予以取消。

第五条　市人民政府应当整合本市各级人民政府及其所属部门电子政务信息，逐步形成电子政务信息基础数据系统，向网络交易经营者提供非涉密政务数据库的接口，按照规定公开非涉密政府信息。

第六条　本市鼓励网络交易经营者成立行业自治组织，实施行业服务和自律管理，参与相关交易规范和标准的制定，开展行业信用评价，维护共同的合法利益。

第七条　市市场监督管理部门负责本市网络交易行为的监督管理；各区、县（市）市场监督管理部门按照规定的职责分工，负责本辖区内网络交易行为的监督管理。

本市各级质监、公安、商务、文化、广播电视、新闻出版、专利、卫生、旅游、农业、交通运输等行政管理部门按照各自职责，依法对网络交易行为实施监督管理。

第二章　一般规定

第八条　从事网络交易的经营者，应当依法办理工商登记。通过第三方网络交易平台开展经营的，应当向第三方网络交易平台提交工商登记信息。

尚不具备工商登记条件的自然人从事网络交易经营的，应当通过第三方网络交易平台进行，并向第三方网络交易平台提交身份证明、经营地址、联系方式等信息。未提交相关信息的，第三方网络交易平台不得提供平台服务。

通过第三方网络交易平台开展网络交易的经营者，其营业执照记载的登记事项或者自然人身份信息、经营地址、联系方式发生变更的，应当自变更之日起 15 日内向第三方网络交易平台提交变更后的信息。

第九条　法律、法规或者国务院决定规定销售商品或者提供服务应当取得行政许可的，应当取得行政许可后方可从事网络交易。

第十条　在网络交易中不得从事下列活动：

（一）擅自使用知名网站、知名网店、知名应用特有的域名、名称、标识；或者使用与知名网站、知名网店、知名应用近似的域名、名称、标识，与他人相混淆；

（二）擅自使用、伪造政府部门或者社会团

体标识；

（三）对他人销售的商品或者提供的服务进行恶意评价或者诋毁，或者进行虚假投诉、举报；

（四）恶意实施批量购买后批量退货或者拒绝收货等行为，损害他人利益；

（五）虚构网络交易，知道或者应当知道为虚构交易行为而为其提供便利；

（六）利用技术手段干扰搜索、排名结果；

（七）发布虚假商品、服务信息；

（八）其他损害国家利益、公共利益、他人合法权益的行为。

第十一条 网络交易经营者开展竞买、拍卖、返利等网络交易经营活动的，应当遵循公开、公平原则，保护参与各方的合法权益，不得采用欺诈手段获取利益。

第十二条 网络交易经营者组织团购活动的，应当对团购商品或者服务提供者的主体资格、团购商品的质量证明材料进行审查，并予记录。

鼓励网络交易经营者根据行业特点制定团购商品和服务的准入规范，建立包含库存、发货、售后服务、价格等内容的团购活动规则。

第十三条 网络交易经营者从事网上支付结算等服务的，应当向交易双方提供安全、可靠、合法的支付结算方式，提示注意网络支付安全，并采取措施保障与支付结算有关的信息系统安全。

第十四条 网络交易经营者提供搜索、排名服务的，应当对有偿搜索、排名结果进行区分并予标记。

第十五条 通过网络社交载体提供宣传推广服务、评论商品并因此获取酬劳的，应当如实披露其性质，避免消费者产生误解。

第十六条 为网络交易提供网络接入、服务器托管、虚拟空间租用等服务的，应当查验、记录网络交易经营者的工商登记信息或者个人身份信息，并依法记录其联网信息。

为网络交易经营者提供网站网页设计、制作服务的，应当查验、记录网络交易经营者的工商登记信息或者个人身份信息。不得制作含有虚假信息或者引起他人误解内容的网站网页。

网络交易经营者的工商登记信息或者个人身份信息、联网信息记录保存时间自服务终止之日起不得少于2年。

第十七条 网络交易经营者应当按照市场监督管理部门的规定报送经营情况等材料。

第三章 第三方网络交易平台特别规定

第十八条 第三方网络交易平台经营者应当对进入平台销售商品或者提供服务的网络交易经营者的经营主体资格进行审查，建立档案并定期更新。经营者主体资格信息记录保存期限自经营者退出平台之日起不得少于2年。

第三方网络交易平台经营者发现网络交易经营者隐瞒真实情况、提供虚假或者失效的经营主体资格信息的，应当立即停止提供平台服务。

第十九条 第三方网络交易平台经营者应当建立和公开平台交易规则和交易安全保障、消费者权益保护、不良信息处理等管理制度，并保证网络交易经营者和其他网络用户能够便利、完整地阅览和保存。

第二十条 第三方网络交易平台经营者应当对在平台内发布的商品和服务信息进行审核、监控，发现违法行为的，应当及时采取措施制止；采取制止措施后，仍不能消除违法行为危害的，应当立即向所在地有关行政管理部门报告。

第二十一条 第三方网络交易平台经营者应当建立知识产权保护工作机制，采取必要措施保护注册商标专用权、著作权、专利权等权利。

第二十二条 第三方网络交易平台经营者应当与进入平台交易的网络交易经营者签订协议，明确双方在进入和退出平台、商品质量安全保障、知识产权保护、消费者权益保护等方面的权利和义务。

第三方网络交易平台经营者制定或者修改平台服务规则可能对网络用户的利益产生重大影响的，应当事前征求平台内网络用户的意见。征求意见的期限不得少于15日。

第二十三条 第三方网络交易平台经营者在平台上开展商品、服务自营业务的，应当以显著方式对自营部分和平台内其他经营者经营部分进行区分并予标记。

第二十四条 第三方网络交易平台经营者应当记录在平台上发布的商品和服务信息、发布时间以及交易记录等信息，保存期限自完成之日起不得少于2年。

第三方网络交易平台经营者应当按照国家规定的等级和标准保护交易网络系统的安全，并采取数据异地灾难备份、故障恢复等技术手段，保障网络交易数据和资料的完整性、真实性和安全性。

第二十五条 第三方网络交易平台经营者终止提供平台服务的，应当在终止之日3个月前在网站主页面醒目位置予以公示，并通知平台内网络用户。

第四章 消费者权益保护

第二十六条 网络交易经营者应当根据商品和服务的特性，在网页上以醒目的方式，向消费者说明所经营商品和服务的名称、种类、数量、质量、价格、生产者名称和住所、履行方式和期限、安全注意事项、风险警示、售后服务、民事责任等信息；对于存在瑕疵的商品，应当予以充分说明。

第二十七条 网络交易经营者向消费者提供电子格式合同的，应当按照公平原则确定交易双方的权利与义务，采用合理和显著的方式提请消费者注意与消费者权益有重大利害关系的条款，并按照消费者的要求予以说明。

网络交易经营者不得以电子格式合同等方式作出对消费者不公平、不合理的规定，不得作出减轻或者免除经营者责任、排除或者限制消费者权利、加重消费者责任等规定，不得借助技术手段强制交易。

网络交易经营者应当采取技术措施，保证消费者可以随时查阅电子格式合同。

第二十八条 网络交易经营者提供商品和服务的，应当按照法律、法规和规章的规定或者商业惯例向消费者出具购物凭证或者服务单据。

网络交易经营者可以以电子化形式出具购物凭证或者服务单据；消费者要求出具书面凭证或者单据的，经营者应当出具。

电子化的购物凭证或者服务单据、交易交流记录等，可以作为处理网络消费争议的凭据。

第二十九条 网络交易经营者进行促销的，发布的促销信息应当明示促销方式、规则、期限和促销商品或者服务的范围、价格、数量。

促销活动未包括全部商品或者服务的，不得宣称全场促销。在促销期间，不得任意变更促销信息；促销商品售完时，应当即时明示。

第三十条 网络交易经营者不得以任何方式骚扰或者威胁消费者，迫使其违背意愿作出、修改商品或者服务评价。

第三十一条 消费者购买团购商品时合法权益受到损害的，可以向商品提供者要求退换货、退款或者赔偿。组织团购的网络交易经营者无法或者拒绝向消费者提供商品提供者的名称或者姓名、地址、联系方式的，消费者也可以向组织团购的网络交易经营者要求赔偿。

组织团购的网络交易经营者承诺先行赔付的，消费者可以直接要求其承担赔偿责任。

第三十二条 第三方网络交易平台经营者应当建立消费争议和解、调解制度。

消费者与网络交易经营者发生消费争议的，可以要求第三方网络交易平台经营者调解。平台经营者应当自收到消费者请求之日起7个工作日内予以处理。

因发生消费争议，消费者要求第三方网络交易平台提供网络交易经营者的名称或者姓名、地址、联系方式等主体资格信息的，第三方网络交易平台经营者应当自收到请求之日起15个工作日内如实提供。

第三十三条 鼓励第三方网络交易平台经营者设立消费者权益保证金。

第三方网络交易平台经营者以向平台内网络交易经营者收取现金、冻结资金等方式设立消费者权益保证金的，应当与平台内网络交易经营者就保证金数额、管理、使用等作出明确约定。

第三方网络交易平台经营者应当定期公开消费者权益保证金的使用情况。

第三十四条 通过第三方网络交易平台购买商品或者接受服务发生争议的，消费者可以向平台内网络交易经营者住所地的相关行政管理部门投诉，也可以向第三方网络交易平台经营者住所地的相关行政管理部门投诉。

第五章 可信交易环境

第三十五条 市市场监督管理部门应当会同相关行政管理部门、行业协会、金融机构，建立网络交易经营者信用信息系统，向社会提供网络交易经营者主体资格信息、处罚记录等信息。

第三方网络交易平台经营者应当向市市场监督管理部门提供因侵害他人合法权益而被清退的网络交易经营者信息。

第三十六条 已办理工商登记的网络交易经营者，应当在其从事经营活动的主页面醒目位置公开营业执照记载的登记事项、营业执照的电子链接标识或者电子营业执照。

第三方网络交易平台经营者应当公开平台内已办理工商登记的网络交易经营者营业执照记载的登记事项、电子营业执照，或者统一建立营业执照的电子链接标识；对尚不具备工商登记条件，进入平台销售商品或者提供服务的自然人，第三方网络交易平台经营者应当核发证明个人身份信息真实合法的标记，加载于其从事经营活动的主页面醒目位置。

第三十七条 鼓励第三方网络交易平台经营者为交易当事人提供公平、公正的信用评价服务，对平台内网络交易经营者的信用情况客观、公正地进行采集与记录，建立信用评价体系、信用披露制度、交易风险警示制度。

鼓励第三方网络交易平台经营者在平台页面或者平台内网络交易经营者页面上公示经营者违法失信行为记录。

第三十八条 网络交易经营者在经营活动中收集、使用他人信息，应当遵循合法、正当、必要的原则，明示收集、使用信息的目的、方式、规则和范围，并经被收集者同意。网络交易经营者应当采取措施确保信息安全，防止信息泄露、丢失和篡改。

网络交易经营者对收集的消费者个人信息和其他网络交易经营者商业秘密的数据信息应当严格保密；非经信息提供者同意，不得披露、使用或者允许他人使用。

第三十九条 社会中介机构可以依法向社会提供有关网络交易经营者信用状况的调查、咨询、评估等服务。社会中介机构不得以欺骗、窃取、贿赂、利诱、胁迫等不正当手段收集信用信息，不得将收集的信用信息用于非法用途。

社会中介机构开展信用评价活动的，应当遵守中立、客观及诚实守信原则，不得任意修改经营者的信用评价结果等信息。

第六章 监督管理

第四十条 市场监督管理部门应当建立网络交易监督管理机制，采取信息技术措施，对网络交易经营者的行为进行监督检查，对网络交易商品和服务信息进行监测。

市市场监管、质监、公安、商务、文化、广播电视、新闻出版、专利、卫生、旅游、农业、交通运输等行政管理部门应当建立信息沟通与监管协调机制，协调对网络交易行为的监督管理。

第四十一条 第三方网络交易平台经营者和为网络交易经营提供物流、网络接入、服务器托管、虚拟空间租用、网站网页设计制作等服务的经营者，应当协助市场监督管理部门和相关行政管理部门查处网络交易中的违法行为，提供网络经营者的主体资格、交易数据等资料，不得隐瞒事实，不得拒绝、阻挠。

市场监督管理部门和相关行政管理部门根据有关规定要求第三方网络交易平台经营者采取必要措施制止涉嫌违法行为的，第三方网络交易平台经营者应当予以配合。

第四十二条 市场监督管理部门对网络交易活动的技术监测记录资料，可以作为对违法的网络交易经营者实施行政处罚或者采取行政强制措施的证据。

第四十三条 非法设立网站从事网络交易，或者利用合法设立的网站从事非法网络交易的，市场监督管理部门和相关行政管理部门可以依法提请网站许可地或者备案地的通信管理部门依法暂时屏蔽或者停止网站接入服务。

市场监督管理部门和相关行政管理部门对违法行为进行调查处理后，需要关闭网站或者停止网站接入服务的，可以依法提请网站许可地或者备案地的通信管理部门依法关闭网站或者停止网站接入服务。

第四十四条　在第三方网络交易平台上发生的网络交易违法行为，由第三方网络交易平台经营者住所地的市场监督管理部门管辖；第三方网络交易平台经营者住所地的市场监督管理部门管辖有困难的，可以移送发生违法行为的经营者住所地的市场监督管理部门管辖。

第七章　法律责任

第四十五条　对于违反本办法行为的法律责任，法律、法规已有规定的，按照其规定执行。

第四十六条　违反本办法第八条第一款、第二款规定，未提交工商登记信息或者自然人身份证明、经营地址、联系方式等信息，第三方网络交易平台经营者为网络交易经营者提供平台服务的，由市场监督管理部门责令平台经营者限期改正，并可处以1万元以上3万元以下罚款。

违反本办法第十八条规定，第三方网络交易平台经营者未对进入平台从事经营的网络交易经营者的主体资格进行审查或者建立档案的，由市场监督管理部门责令平台经营者限期改正，并可处以5000元以上2万元以下罚款；明知网络交易经营者提供虚假或者失效的主体资格信息，而为其提供平台服务的，由市场监督管理部门责令改正，并处以2万元以上3万元以下罚款。

第四十七条　违反本办法第十条规定的，由市场监督管理部门责令改正，并处以1万元以上3万元以下罚款；网络交易经营者的行为违反《中华人民共和国商标法》、《中华人民共和国反不正当竞争法》等法律、法规规定的，由相关行政管理部门依照法律、法规的规定予以处罚。

第四十八条　网络交易经营者违反本办法规定的，由市场监督管理部门按照下列规定予以处罚：

（一）违反第十二条规定，组织团购活动未对提供者的主体资格、商品质量证明材料进行审查并记录的，处以1万元以上3万元以下罚款；

（二）违反第十四条规定，未对有偿搜索、排名结果进行区分、标记的，责令限期改正；逾期未改正的，处以1万元以上3万元以下罚款；

（三）违反第二十七条第三款规定，未采取技术措施保证消费者可以随时查阅电子格式合同的，责令限期改正；逾期未改正的，处以2000元以上1万元以下罚款；

（四）违反第二十九条规定，发布促销信息不符合规定要求，误导消费者，或者在促销期间任意变更促销信息，损害消费者利益的，责令改正，并处以1万元以上3万元以下罚款；

（五）违反第三十条规定，骚扰或者威胁消费者，迫使其违背意愿作出、修改商品或者服务评价的，责令改正，并处以2000元以上2万元以下罚款。

第四十九条　违反本办法第十五条规定，通过网络社交载体提供宣传推广、评论商品获取报酬，但未向消费者披露的，由市场监督管理部门责令限期改正，并处以1000元以上1万元以下罚款。

第五十条　违反本办法第十六条规定，经营者在提供网络接入、服务器托管、虚拟空间租用、网站网页设计制作服务时，未按照规定对委托人的主体资格和相关内容进行审查并作相应记录的，由市场监督管理部门责令限期改正，并处以5000元以上2万元以下罚款；明知委托人要求制作的网站网页存在违法内容而接受委托的，由市场监督管理部门处以1万元以上3万元以下罚款。

第五十一条　第三方网络交易平台经营者违反本办法规定的，由市场监督管理部门按照下列规定予以处罚：

（一）违反第二十二条第二款规定，未按照规定事前征求意见的，给予警告，责令限期改正；逾期不改正的，处以5000元以上2万元以下罚款；

（二）违反第二十三条规定，未对自营商品、服务部分与平台内其他经营者经营部分进行区别、标记的，责令限期改正；逾期未改正的，处以2000元以上2万元以下罚款；

（三）违反第二十四条第一款规定，未按照要求保存商品或者服务信息、发布时间、交易记录等信息的，责令改正，并处以5000元以上1万元以下罚款；

（四）违反第二十五条规定，终止平台服务未按照要求进行公示的，处以1万元以上3万元以下罚款；

（五）违反第三十二条第二款、第三款规定，未在规定期限内处理消费争议，或者提供网络交易经营者相关主体资格信息的，责令改正，并处以1000元以上1万元以下罚款。

违反本办法第二十四条第二款规定，第三方网络交易平台经营者未落实数据备份、数据安全保护技术措施的，由公安机关依照相关法律、法规的规定处理。

第五十二条 违反本办法第三十六条第一款规定，已领取营业执照的网络交易经营者未在其经营主页公开营业执照记载的登记事项、营业执照的电子链接或者电子营业执照的，由市场监督管理部门责令限期改正，并可处以1000元以上1万元以下罚款。

违反本办法第三十六条第二款规定，第三方网络交易平台经营者未公开平台内网络交易经营者的工商登记信息，或者未加载自然人身份信息标记的，由市场监督管理部门责令限期改正，并可处以1万元以上2万元以下罚款。

第八章 附　　则

第五十三条 本办法自2015年5月1日起施行。

江苏省明码实价规定（试行）

（2011年12月31日　江苏省物价局苏价规〔2011〕10号）

第一条 为了规范经营者价格行为，维护市场价格秩序，保护消费者和经营者的合法权益，依据《中华人民共和国价格法》、《关于商品和服务实行明码标价的规定》等法律法规，制定本规定。

第二条 在本省行政区域内从事商品或者服务（以下统称商品）零售业务的法人、其他组织和个人（以下统称经营者）应当按照本规定实行明码实价。

通过互联网、电视、报刊等方式从事零售业务的，适用本规定。

第三条 经营者标价，应当遵循公平、合法、诚实信用原则。

第四条 经营者销售商品时应当按照所标示的价格销售。

经营者对交易条件相同的消费者不得实行不同的价格。

前款所指的交易条件是指同一商品的购买数量、价格条件、付款期限等因素。

第五条 实行会员制的经营者可以对会员实行优惠价格，但会员价与非会员价应当在同一标价签、同等位置以同一字号、同一颜色标明。

经营者对会员分级或者分类型实行不同折扣优惠的，应当在办卡（证）前书面告知消费者，可以不受前款规定限制，但是如果实行具体的价格水平优惠的，应当按照前款规定标示。

实行会员价的经营者应当在营业地点事先公示办理会员卡（证）的条件和要求，并在营业时间内为有办理会员卡（证）意愿的符合办卡条件的消费者提供办卡（证）服务，不得设定办理卡（证）的截止日期。

第六条 经营者销售商品时标示价格为消费者购买该商品时应当一次性实际支付的人民币金额。

消费者购买价格较高的商品时，经营者以提供分期付款为条件加收合理费用的，应当按照本规定予以明示。

除有国家明确规定外，同一商品多件装（或者批量）价格平均后不得高于单件商品的价格。

第七条 生产商在商品外包装上印有商品价格的，经营者应当按照本规定使用标价签标示价格，如果标示价格与外包装印刷价格不一致的，经营者应当将印刷价格除去。

服装等使用吊牌的商品，如果吊牌标示价格符合明码标价规定，经当地价格主管部门审核后可以使用吊牌作为标价签，经营者应当以吊牌标示的价格销售商品；如果经营者不能以吊牌标示的价格销售的，应当按照《关于商品和服务实行明码标价的规定》、《江苏省明码标价实施办法》和本规定使用标价签标价。

县级以上政府价格主管部门可以对吊牌标示价格作出统一规定。

第八条　经营者销售属于政府指导价或者政府定价的商品，商品外包装或者吊牌上印有价格的，经营者可以保留，并按照政府指导价、政府定价的规定执行。

第九条　经营者以低于标示价格销售商品的，应当将标示价格降为成交价格。

第十条　经营者按照原标示价格没有成交的，可以降低标示价格。

经营者因前款原因降低标示价格时不得有宣称降价、优惠、打折等使消费者产生降价误解的行为。

第十一条　经营者公开宣称降价的，应当保留降价前的成交记录和核定价格的有关资料，并按照规定使用降价标价签。

第十二条　经营者开展促销活动（包括在标示价格之外给予消费者的优惠活动）应当真实，有明确的促销时限，标示价格不得等于或者高于本次活动前七日内在本交易场所成交的最低交易价格；如前七日内没有成交的，不得等于或者高于本次活动前最后一次交易价格。

新开业经营者自开业之日起十日内开展促销活动的，不受前款规定限制。

第十三条　经营者在促销时开展赠送（包括商品、积分等）活动的，应当标明赠送的商品价值（价格）或者积分值；消费者不愿意接受赠送的，经营者应当按照标示价格减去赠送项目的价值（价格）与消费者结算或者将相当赠送价值的现金返还消费者，但赠送价值（价格）不超过商品价格1%的除外。

经营者开展促销活动时不得赠送（返还）购物券（包括电子券）。

经营者促销活动中赠送的属于商品的配套用品，或者属于同类商品小包装的非市场销售物品，不受本条第一款的限制。

第十四条　经营者开展“满即送”或者类似促销活动，以总的购买金额作为赠送条件的，应当有单价低于活动起点总金额的商品销售。

第十五条　促销活动（包括促销宣传）中给予消费者优惠的商品数量如果低于经营者正常经营时的销售数量的，应当明确标示可供销售（或者赠送）的商品数量；不得以“数量有限、售完为止”以及相类似的方式表示，并保留赠送记录及相关资料，以备查证。

优惠销售样品不受前款规定限制。

第十六条　经营者的促销宣传广告中的价格优惠应当真实，明确优惠促销期限，并对宣传广告中的价格标示承担责任。

经营者宣传广告中标示的价格发生错误的，应当在发布宣传广告的同一媒体上相同版面予以更正，更正之前应当履行原宣传的价格承诺，不得以店堂告示的形式免责。

经营者自行印制的用于销售现场发送或者向会员投递的促销宣传广告中的价格发生错误的，可以以店堂告示的形式予以更正，但应当在宣传广告上以明显的方式提醒消费者注意。

第十七条　经营者应当准确记录所销售商品的价格，并保存完整的价格资料，如实提供降价或者促销前的交易票据，不得弄虚作假。

第十八条　经营者不执行本规定，违反价格法律法规规章的，由县级以上价格主管部门依据相关规定予以处罚。

第十九条　本规定实施的具体时间和范围由各地价格主管部门根据本地实际确定，并可作出补充规定。

销售鲜活商品、现场制作食品、处理商品等不适用本规定。

浙江省电子商务条例（征求意见稿）①

（2017年7月13日）

第一章 总 则

第一条 【立法目的】为促进和规范电子商务健康发展，建设国际电子商务中心和全球领先的互联网创业创新中心，保护电子商务活动中各类主体的合法权益，根据有关法律、行政法规，结合本省实际，制定本条例。

第二条 【适用范围】本省行政区域内的电子商务规划、促进、经营和监督管理等活动，适用本条例。

第三条 【原则】电子商务发展遵循市场为主、融合发展、综合治理、保障安全的原则。

第四条 【政府职责】县级以上人民政府组织领导和统筹电子商务工作，将电子商务纳入国民经济和社会发展规划，建立电子商务发展指标考核体系，完善电子商务基础设施建设，协调解决电子商务的重大问题，推动电子商务与相关产业的融合发展。

第五条 【部门职责】县级以上人民政府商务行政主管部门负责本行政区域内电子商务综合协调和行业管理工作。

县级以上人民政府工商行政管理（市场监督管理，下同）部门负责本行政区域内电子商务综合市场监督管理工作。

县级以上人民政府公安、经济和信息化、质量技术监督、价格等有关部门和国家派驻浙江的电信管理、海关、检验检疫、外汇管理、国家税收机构，按照各自职责，依法做好电子商务相关监督管理工作。

第六条 【行业组织】鼓励和支持电子商务行业建立行业组织实行自律管理，按照法律、法规和章程规定开展活动。

鼓励电子商务行业组织遵循自愿、平等、诚信原则，遵守商业道德，开展诚信体系建设、行业标准化建设、职业技能培训和对外合作交流等工作。

第二章 促进措施

第七条 【规划和发展】省、设区的市人民政府组织编制和实施电子商务发展规划，县（市、区）人民政府可以根据需要编制和实施电子商务发展规划；电子商务发展规划应当向社会公开。

下级人民政府制定的电子商务发展规划应当符合上级电子商务发展规划，并报上一级人民政府商务行政主管部门备案。县（市、区）人民政府的电子商务发展规划同时报省商务行政主管部门备案。

引导和支持电子商务平台、共享经济、电子商务服务体系、电子商务产业基地等发展，具体办法由省商务行政主管部门会同同级有关部门制定。

第八条 【物流基础设施】县级以上人民政府统筹做好电子商务物流、仓储等用地和基础设施保障，将城市新建居民住宅区、高等院校、商务楼宇的投递服务设施作为配套基础设施纳入城市规划；具备条件的，已建成居民住宅区、高等院校、商务楼宇的业主单位应当落实投递服务设施建设。

市、县人民政府应当结合实际制定城区范围内物流快递配送车辆通行和临时停靠管理办法；农村地区的乡、镇人民政府（含街道办事处）做好电子商务服务点、配送中心和中转站等寄递物流服务网络配套建设。

第九条 【支付环境建设】县级以上人民政府推进无现金支付城市建设，推广网络支付、手机支付等电子支付业务，并将电子支付作为政务和公共服务考核的重要指标。

---

① 来源于浙江省人民政府法制办公室，网址：www.zjfzb.gov.cn/n149/n172/c142634/content.html，最后访问日期：2018年7月27日。

具备条件的地方，履行行政管理和公共服务职能的行政机关、企事业单位、行业组织应当安装电子支付设备。

第十条　【鼓励创新】县级以上人民政府建立促进电子商务创新、创业的管理和服务机制，可以制定适应电子商务发展特点的具体规定。

鼓励餐饮、住宿、旅游、文化、出版、教育、金融、房地产、人才交流、法律服务、交通出行、仓储物流等行业应用电子商务创新商业模式。

鼓励服务业、网络个性化定制等电子商务新业态的创新发展。

第十一条　【诚信建设】建立全省电子商务信用体系建设工作机制，依法记录和公开有关市场主体的信用信息；具体办法由省商务行政主管部门会同省发展和改革、工商行政管理、人民银行等有关单位另行制定。

电子商务第三方平台经营者应当制定信用评价规则并实施信用管理，公示有关信用评价结果。

第十二条　【投融资体系】县级以上人民政府推动建立适应电子商务发展的风险投资、融资担保、责任保险等机制。

鼓励各类市场主体依法设立融资担保机构，为电子商务中小微企业融资提供担保服务。县级以上人民政府可以建立融资担保机构风险准备金制度和财政有限补偿担保代偿损失制度。

第十三条　【标准化推进】研究制定电子商务领域地方标准并开展有关标准的推广实施、监督评估工作。

依法统一规范电子商务交易商品信息的形式、内容和编码，推广社会统一信用代码、商品编码在电子商务中的应用。

第十四条　【财务管理】创新增值税发票管理，企业间电子商务交易通过非银行支付机构网络支付的，销售方可以直接向购买方开具增值税发票。

鼓励电子商务经营者开具电子发票；按照规定开具的电子发票与纸质发票具有同等法律效力，可以作为财务会计活动的有效凭证。

第十五条　【人才培养和统计】创新电子商务人才培养机制，深化产业和教育融合、学校和企业合作；推进电子商务从业人员技能水平与学历教育相结合，实际操作能力考核可以计入职业教育学分。

建立健全电子商务统计指标体系，实施统计资料保存和商业秘密保护等管理制度，完善电子商务统计信息共享机制；具体办法由省商务行政主管部门会同同级有关行政主管部门另行制定。

第三章　经营规范

第十六条　【经营基本规范】电子商务经营者应当遵守法律、法规、规章有关产品质量、价格、广告宣传、公平竞争、反垄断、禁止传销、知识产权保护、消费者权益保护等方面的规定，不得从事国家禁止的商品和服务的非法交易活动，未经同意不得从事应当获得行政许可的经营活动。

第十七条　【平台基本要求和公示】电子商务第三方平台经营者开展电子商务经营活动的，应当履行法律、行政法规规定的电信管理、网络信息安全管理、特定行业管理方面的行政许可和备案的义务，并告知省商务行政主管部门；电子商务第三方平台经营者拟终止经营的，应当提前90日向省商务行政主管部门书面报告。

电子商务第三方平台经营者、电子商务自营经营者应当以方便公众知晓的方式，公开下列信息：

（一）营业执照以及其他与经营资格相关的资料；

（二）互联网信息服务许可登记或者备案登记的电子备案编号、国际联网单位备案编号、网络安全等级保护备案编号；

（三）经营地址、邮政编码、电话号码、电子信箱等联系信息；

（四）法律、法规规定应当披露的其他信息。

第十八条　【用户注册】电子商务第三方平台经营者应当对进入平台的注册用户实施下列管理：

（一）按照法律、法规的规定对用户实行实名注册；

（二）要求从事经营活动的用户提供经营资

格、个人真实身份、经营地址、联系方式等注册信息和证明材料；从事依法应当取得行政许可的经营活动的，还应当要求提供行政许可信息和证明材料。

申请进入电子商务第三方平台的注册用户，应当保证所提供资料真实、准确、完整、合法；从事经营活动的用户的个人身份、工商登记、行政许可登记信息发生变更的，应当在十五日内告知电子商务第三方平台经营者。

第十九条　【自然人工商登记】平台上电子商务经营者从事经营活动应当依法办理工商登记；自然人在电子商务第三方平台上从事经营活动，同时具备下列条件，未办理工商登记的，不属于国家规定的无照经营行为：

（一）从事无需取得法律、法规、规章规定的行政许可的经营活动；

（二）年营业额在国家规定的增值税小规模纳税人标准以下。

自然人利用电子商务第三方平台从事经营活动，年营业额超出国家规定的增值税小规模纳税人标准的，电子商务第三方平台经营者应当督促其在三个月内办理工商登记；经督促仍未办理的，应当暂停交易服务，并将自然人信息报告省工商行政管理部门。

国家对依法无须取得许可的以个人技能提供劳务、家庭手工业、农产品自产自销以及依照法律、法规不需要进行工商登记另有规定的，从其规定。

第二十条　【注册信息审核】电子商务第三方平台经营者应当审查第十八条第一款规定的从事经营活动的用户的注册信息，并建立注册信息审查档案；注册信息变更的，应当及时更新档案资料并予以审查；未经审查不得提供电子商务第三方平台服务。

电子商务第三方平台经营者应当运用合理手段对从事经营活动的注册用户的真实性进行初次验证，并根据风险特征进行后续验证。

电子商务第三方平台经营者审核用户注册信息的，有关登记注册行政主管部门为其提供必要的协助。

第二十一条　【资格后续管理责任】电子商务第三方平台经营者应当根据风险分类、信用等级等因素，对平台上电子商务经营者提供的本条例第十八条第一款规定的注册信息实施抽查，并按照下列规定处理发现的问题：

（一）实际经营地址、联系方式与注册时提交的不一致的，应当限期改正；未改正的，应当采取措施限制其交易。

（二）伪造、变造、冒用他人身份证明、营业执照、行政许可证的，应当关闭其店铺。

有关行政主管部门发现平台上电子商务经营者的注册信息具有前款规定情形的，可以提供有关材料并要求电子商务第三方平台经营者采取前款规定的措施。

第二十二条　【平台上电子商务经营者身份公示义务】依法需要办理工商登记的平台上电子商务经营者，应当在经营网站、网页上公示营业执照信息；依法需要办理行政许可的，还应当公示行政许可证信息。电子商务第三方平台经营者应当为平台上电子商务经营者公示信息提供必要的技术支持并督促做好相关公示工作。

依法不需要办理营业执照的平台上电子商务经营者，应当向购买其商品和服务的消费者披露姓名、地址、联系方式等信息。

第二十三条　【平台规则制定】电子商务第三方平台经营者遵循公开、公平、公正的原则，依法制定、修改和实施平台规则；平台规则应当包含进入和退出平台、商品和服务质量保障、信用评价、知识产权保护、消费者权益保护、信息披露、交易纠纷解决等方面的内容；平台规则按照国家规定进行备案并公开。

电子商务第三方平台经营者制定或者修改平台规则的，应当提前七日公示并通知相关经营者，国家另有规定的除外。平台上电子商务经营者不接受平台规则修改内容，申请退出平台的，电子商务第三方平台经营者应当允许其退出，并根据原平台规则承担相关责任。

电子商务第三方平台经营者制定或者修改平台规则，因法律、法规要求而增加平台上电子商务经营者相关义务或者限制其经营权利的，应当公开向其说明理由；非因法律、法规要求而增加平台上电子商务经营者相关义务或者限制其经营权利的，应当事先公开向其说明理由并听取受影响经营者代表的意见、建议。

第二十四条　【平台规则申诉】平台上电

子商务经营者、消费者对平台规则有异议的，可以向电子商务第三方平台经营者提出申诉，也可以按照国家规定提请平台规则备案和格式合同管理的行政主管部门处理。

电子商务第三方平台经营者根据平台规则实施关闭店铺、注销账号等惩戒措施的，平台上电子商务经营者可以向电子商务第三方平台经营者提出申诉。

电子商务第三方平台经营者应当明确并公开申诉渠道、处理期限等申诉程序内容，方便平台上电子商务经营者、消费者申诉。

第二十五条　【信息管理】电子商务第三方平台经营者、电子商务自营经营者应当根据国家有关规定，对电子商务活动中产生的信息进行记录和保存；未经平台上电子商务经营者同意，电子商务第三方平台经营者不得向第三方披露、转让或者出售涉及商业秘密或者个人隐私的交易信息，但是已为公众知悉或者法律、法规另有规定的除外；电子商务第三方平台经营者不得为平台上电子商务经营者删除其账户内的交易信息提供方便。

电子商务第三方平台经营者应当根据法律、行政法规的规定建立信息审核和监控制度，采取技术过滤、人工等方式对平台上发布的信息予以管理；发现平台上电子商务经营者有涉嫌违反法律、法规、规章规定的经营行为的，应当及时采取责令改正、暂停交易、关闭店铺等措施；法律、法规、规章规定应当向有关行政主管部门报告相关违法经营信息的，电子商务第三方平台经营者应当报告，并按照规定提供相应的事实材料；有关行政主管部门收到报告后，应当及时核查，并在规定时间内将核查结果或者处理意见告知电子商务第三方平台经营者。

有关行政主管部门发现平台上电子商务经营者在电子商务第三方平台上从事违法经营活动，要求电子商务第三方平台经营者制止的，电子商务第三方平台经营者接到书面通知后应当采取制止措施，并告知有关行政主管部门；有关行政主管部门已经作出处罚决定的，可以将生效的处罚决定书书面告知电子商务第三方平台经营者，电子商务第三方平台经营者应当按照平台规则作出处理决定，并将处理结果告知有关行政主管部门。

第二十六条　【平台信息记录义务】电子商务第三方平台经营者应当记录和保存对平台上电子商务经营者实施管理的下列信息并备有关行政主管部门查询：

（一）信用评价信息；

（二）被投诉以及投诉处理结果的信息；

（三）自行组织的产品质量抽检信息；

（四）实施产品下架、暂停交易、关闭店铺、注销账号等惩戒措施的信息；

（五）法律、法规规定应当记录的其他信息。

第二十七条　【公平竞争一】电子商务第三方平台经营者不得利用相对优势地位，对平台上电子商务经营者实施下列不公平交易行为：

（一）无正当理由，指定购买特定商品和服务或者限制购买其他商品和服务；

（二）无正当理由，限定与其他经营者的交易条件；

（三）滥收费用或者不合理要求提供其他经济利益；

（四）限制、排斥加入其他电子商务第三方平台；

（五）附加其他不合理的交易条件。

第二十八条　【公平竞争二】电子商务经营者或者其他单位、个人不得从事下列不正当竞争行为：

（一）擅自使用、仿冒知名网站的域名、名称、标识、内容布局等，造成与其他知名网站相混淆或者误认；

（二）擅自使用、伪造境内外政府部门或者社会团体电子标识；

（三）以虚拟物品为奖品进行抽奖式的有奖销售，虚拟物品在网络市场约定金额超过国家允许的限额；

（四）以虚构交易或者其他形式为自己或者他人提升商业信誉；

（五）以交易达成后违背事实的恶意评价、恶意退货等手段损害竞争对手商业信誉；

（六）直接或间接对竞争对手的网站或者网页进行非法技术攻击、流量劫持；

（七）采用技术手段故意封锁其他电子商务经营者的接入；

（八）其他不正当竞争行为。

第四章　权益保护

第二十九条　【消费者权益保护】鼓励电子商务经营者为消费者提供无条件先行赔付等权益保护服务。

优于法律、法规规定为消费者提供权益保护的，作为增加信用事项记入电子商务经营者信用档案。

第三十条　【消费纠纷机制】消费者可以向平台上电子商务经营者住所（住址）地的有关行政部门、消费者组织投诉，也可以向电子商务第三方平台经营者住所地的有关行政部门、消费者组织投诉；国家另有规定的，从其规定。有关行政部门、消费者组织应当按照国家规定的程序、期限予以处理。消费者还可以向电子商务第三方平台经营者申请调解，电子商务第三方平台经营者应当自收到消费者请求之日起七个工作日内予以处理。

电子商务第三方平台经营者、电子商务自营经营者应当完善消费投诉处理制度，明确负责处理消费投诉的具体部门和专（兼）职人员，并公开有效的联系方式等信息。

工商行政管理等有关行政部门应当指导和监督电子商务第三方平台经营者、电子商务自营经营者建立和完善消费投诉处理制度，定期免费组织培训负责处理消费投诉的专（兼）职人员。

第三十一条　【消费者信息权保护】消费者就电子商务消费信息享有下列权利：

（一）选择公开或者不公开自身交易记录的权利；

（二）查询账户内历史交易记录的权利，查询期限自交易完成之日起不少于三年；

（三）删除个人账户内历史交易记录的权利，电子商务第三方平台经营者、电子商务自营经营者应当为消费者删除自身历史交易记录提供方便。

第三十二条　【知识产权通知要求】知识产权权利人或者利害关系人（以下统称投诉人）向电子商务第三方平台经营者投诉平台内知识产权侵权行为的，应当向电子商务第三方平台经营者发出通知，通知应当包含投诉人身份信息、权属证明、侵权人网络地址、证明侵权的初步证据。电子商务第三方平台经营者应当公开受理知识产权投诉的有效联系方式。

投诉人应当保证所提供材料的真实性、合法性，不得伪造、变造证明文件以及虚构侵权事实。

第三十三条　【平台保护知识产权措施】电子商务第三方平台经营者接到投诉人通知后，明知或者应知存在侵权事实的，应当立即采取删除、屏蔽、断开链接等措施，并将采取措施的情况告知投诉人和被投诉人。难以判断侵权事实的，应当立即通知被投诉人并要求其在3个工作日内答复，被投诉人在规定时间内未答复的，电子商务第三方平台经营者应当采取删除、屏蔽、断开链接等措施；被投诉人答复不存在侵权行为的，电子商务第三方平台经营者应当告知投诉人向有关行政部门投诉或者向人民法院起诉。

有关知识产权行政主管部门应当对电子商务第三方平台经营者处理疑难、复杂的知识产权投诉给予必要的指导和帮助。

第三十四条　【商标、企业名称保护】平台上电子商务经营者使用他人注册商标、企业名称及其简称、字号的文字、图形，作为网店名称或者作为网店名称主要内容，法律、法规规定需要权利人同意的，应当取得同意；未经同意的，不得擅自使用。擅自使用的，权利人可以要求平台上电子商务经营者修改，也可以要求电子商务第三方平台经营者修改。

第三十五条　【网络资产保护】保护网络资产权利人的合法权益，各类网店名称、域名、网络物品等网络资产可以依照法律规定转让、抵押、继承。

鼓励电子商务第三方平台经营者根据自身特点制定平台上网店转让、抵押、继承的具体规则。

第三十六条　【平台权益保护】平台上电子商务经营者因侵犯第三人知识产权或者其他违法行为，对电子商务第三方平台经营者名誉造成损害的，电子商务第三方平台经营者可以向人民法院请求其承担侵权责任或者要求其按照合同约定承担违约责任。

第三人利用公开并经过备案的平台交易规

则，通过虚假交易、恶意评价等方式干预电子商务第三方平台经营者与平台上电子商务经营者正常经营的，电子商务第三方平台经营者和受损害的平台上电子商务经营者可以向人民法院提起侵权诉讼。

第五章 跨境电子商务

第三十七条 【鼓励和促进】 鼓励和促进跨境电子商务的发展，支持从事跨境电子商务活动的中小微企业、跨境电子商务第三方平台以及相关服务企业依法开展经营。

鼓励本省行政区域内的跨境电子商务综合试验区以先试先行为原则，总结符合贸易便利化的跨境电子商务管理制度，并予以推广。

鼓励和支持跨境电子商务在进出口申报、纳税等环节实行电子化；跨境电商经营者和服务商可以凭电子化凭证进行申报；电子清单与进出口货物报关单、电子税单和纸质税款缴款书具有同等的法律效力。

第三十八条 【"一站式"服务窗口】 省商务行政主管部门会同同级海关、检验检疫、税务、外汇、统计等机构完善跨境电子商务准入、通关、退税、检验检疫等服务环境，实现信息共享、监管互认、执法互助，建立"一站式"服务窗口；具体办法由省商务行政主管部门会同同级有关部门制定。

鼓励海关、检验检疫等机构结合监管情况，管理和公示跨境电子商务企业信用等级。

第三十九条 【跨境电商管理措施】 跨境电子商务第三方平台经营者应当按照国家规定对平台上跨境电商经营者的资格进行审核并建立档案。

跨境电子商务第三方平台经营者应当按照法律、行政法规的规定完善跨境电子商务数据保护。

第四十条 【跨境消费权益保护】 鼓励跨境电子商务第三方平台经营者根据《中华人民共和国消费者权益保护法》等有关法律、法规的规定，加强对平台上经营者销售产品和销售行为的管理。

跨境电子商务第三方平台经营者应当建立跨境消费者权益保障金。

从事跨境电子商务的经营者应当填写真实的发货地址信息，不得虚构、伪造发货地址信息。

第六章 监督管理

第四十一条 【监管原则和措施程序】 有关行政机关制定电子商务活动的监管措施时，应当充分论证、研究监管措施的合法性、必要性、合理性、公平性；有关行政机关为实现电子商务管理特定目的有多种监管措施可供选择时，应当选择有利于电子商务创新以及保护消费者和企业合法权益的审慎、包容的监管措施。

有关行政机关因重大公共利益需要，制定严于线下的电子商务监管措施时，应当遵守下列程序规定：

（一）召开专家论证会对监管规则的必要性进行论证；

（二）公开召开由各利益相关方参与的听证会；

（三）按照国家有关规定进行公平竞争审查。

第四十二条 【信息通报】 电子商务第三方平台经营者按照信用规则对平台上电子商务经营者开展信用评价评定和风险管理时，应当将容易产生产品质量安全、侵害消费者权益等高风险类别的经营者名单报告工商行政管理部门；工商行政管理部门应当将其作为重点监督检查对象。

商务行政主管部门、工商行政管理部门以及其他履行电子商务监管职责的部门（机构），应当及时向电子商务第三方平台经营者、电子商务自营经营者通报有关产品质量、安全风险、侵害消费者权益以及执法重点领域的信息。

第四十三条 【管理平台和风险监测】 省商务行政主管部门会同省工商行政管理部门以及其他履行电子商务监管职责的部门（机构），建立全省电子商务综合管理信息平台，提供在线管理、数据对接、统计监测和市场监管等服务。

省工商行政管理部门应当利用信息技术对电子商务经营活动实施监测，及时发现违法行为，定期评估电子商务市场风险，并将有关监测情况向社会公开。

第四十四条 【监督管理职权】商务行政主管部门、工商行政管理部门以及其他履行电子商务监管职责的部门（机构），因履行电子商务行政管理职责需要，可以采取下列措施，有关单位和个人应当予以配合：

（一）进入涉嫌电子商务违法行为的有关场所实施检查；

（二）询问有关当事人、利害关系人、证人，并要求提供证明材料或者与违法行为有关的其他资料；

（三）查阅和复制与违法行为有关的交易数据、合同、票据、账簿以及其他相关数据资料；

（四）对可能被转移、隐匿、毁损或者伪造的文件、资料，可以采取查封、扣押，先行登记或者电子取证保存措施；

（五）法律、法规规定的其他措施。

第四十五条 【配合义务】有关行政机关因查处案件、处理消费纠纷需要电子商务第三方平台经营者提供如下涉案信息的，应当出具协助调查通知书：

（一）平台上电子商务经营者的主体资格或者身份信息，包括名称（姓名）、经营地址（住址）、联系方式等；

（二）交易、支付、物流、互联网协议地址信息；

（三）法律、法规规定的其他信息。

电子商务第三方平台经营者应当自收到协助调查通知书之日起10日内如实提供前款规定的信息；法律、法规以及国家另有规定的，从其规定。

有关行政机关依法查处案件、处理消费纠纷，平台上电子商务经营者应当配合；拒不配合的，有关行政机关可以要求电子商务第三方平台经营者采取措施限制其交易，第三方交易平台经营者接到书面通知后应当予以配合。

第七章 法律责任

第四十六条 【法律责任适用】违反本条例规定的行为，《中华人民共和国反不正当竞争法》《中华人民共和国广告法》《中华人民共和国网络安全法》等法律、法规已有法律责任规定的，从其规定。

第四十七条 【有关开业和告知的责任】电子商务第三方平台经营者违反本条例第十七条规定，未按照规定履行告知义务的，由省商务行政主管部门责令改正；拒不改正的，处一万元以上三万元以下罚款。

第四十八条 【资格和身份管理责任】电子商务第三方平台经营者违反本条例第十八条、第十九条、第二十条、第二十一条规定，未实施或者未按照规定要求实施注册或者资格管理的，由工商行政管理部门责令改正，处一万元以上五万元以下罚款；情节严重的，处五万元以上三十万元以下罚款。

用户违反本条例第十八条第二款提供虚假、变造、伪造的证明材料的，由工商行政管理部门责令改正，处五千元以上三万元以下罚款。

第四十九条 【规则制定和信息责任】电子商务第三方平台经营者违反本条例第二十三条、第二十四条规定，未履行相关程序规定的，由工商行政管理部门责令改正；拒不改正的，处一万元以上五万元以下罚款。

电子商务第三方平台经营者、电子商务自营经营者违反本条例第二十五条、第二十六条规定，未履行有关信息管理义务的，由工商行政管理部门责令改正；拒不改正的，处三万元以上十万元以下罚款。

第五十条 【有关消费者保护的责任】电子商务第三方平台经营者、电子商务自营经营者违反本条例第三十条规定，未建立消费投诉机制或者未公开消费投诉处理信息的，由工商行政管理部门责令改正；拒不改正的，处一万元以上十万元以下罚款。

电子商务第三方平台经营者、电子商务自营经营者违反本条例第三十一条规定，未依法保护消费者信息权的，由负责查处涉嫌违法行为的监管部门责令改正；拒不改正的，处一万元以上五万元以下罚款。

第五十一条 【违反知识产权的责任一】电子商务第三方平台经营者违反本条例第三十三条规定，接到通知后未经核实或者未采取必要措施的，由负责查处涉嫌知识产权违法行为的监管部门责令改正，处一万元以上十万元以下罚款；情节严重的，处十万元以上三十万以下罚款。

知识产权权利人、利害关系人违反本条例第三十二条第二款规定，伪造、变造证明文件以及虚构侵权事实的，由工商行政管理部门责令改正，处一万元以上十万元以下罚款；情节严重的，处十万元以上二十万以下罚款；造成被投诉人损失的，还应当依法承担有关民事赔偿责任。

第五十二条　【违反知识产权的责任二】平台上电子商务经营者违反本条例第三十四条规定，以商标、字号的文字、图形作为网店名称或者作为网店名称主要内容，由工商行政管理部门责令改正；拒不改正的，处五千元以上二万元以下罚款。构成商标、字号侵权的，按照《中华人民共和国商标法》《企业名称登记管理规定》的有关规定处理。

第五十三条　【跨境电商有关责任】从事跨境电子商务的经营者违反本条例第三十九条第三款规定，虚构、伪造发货地址信息的，由工商行政管理部门责令改正，处五千元以上三万元以下罚款。

第五十四条　【拒不配合的责任】电子商务第三方平台经营者违反本条例第四十五条规定，不予配合的，由负责查处涉嫌违法行为的监管部门责令改正；拒不改正的，处三万元以上十万元以下罚款。

平台上电子商务经营者违反本条例第四十五条第二款规定不予配合的，由负责查处涉嫌违法行为的监管部门责令改正；拒不改正的，处五千元以上三万元以下罚款。

第五十五条　【部门和人员责任】商务行政主管部门、工商行政管理部门和其他有关部门及其工作人员有下列行为之一，造成严重后果的，由有权机关对直接负责的主管人员和其他直接责任人员依法给予处分：

（一）未按照法律、法规规定的条件、程序实施行政许可、行政处罚的；

（二）未按照规定为电子商务第三方平台经营者审核平台上电子商务经营者的经营许可以及身份信息，提供必要协助的；

（三）未按照本条例规定指导和监督电子商务第三方平台经营者、电子商务自营经营者建立和完善有关消费投诉机制的；

（四）未按照本条例规定核实、查处电子商务第三方平台经营者提供的涉嫌违法行为线索的；

（五）未按照本条例规定制定电子商务监管措施的；

（六）其他滥用职权、玩忽职守、徇私舞弊的行为。

第八章　附　　则

第五十六条　【用语含义】本条例下列用语的含义：

（一）电子商务，是指交易当事人或者参与人利用现代信息技术和信息网络进行的各类经营活动。

（二）跨境电子商务，是指分属不同关境的交易主体，通过电子商务平台达成交易、进行支付结算，并通过跨境物流送达商品或者通过信息网络在线提供服务，完成交易的一种进出口经营活动。

（三）电子商务经营者，是指电子商务第三方平台经营者、电子商务自营经营者、平台上电子商务经营者和电子商务服务经营者。

（四）电子商务第三方平台，是指在电子商务活动中为交易双方或者多方提供网页空间、虚拟经营场所、交易撮合、信息发布等服务，供交易双方或者多方独立开展交易活动的互联网信息平台；互联网搜索平台、社交平台等互联网信息服务经营者为交易双方或者多方提供上述服务，视为电子商务第三方平台。

（五）电子商务自营经营者，是指自建独立网站或者独立互联网应用程序通过信息网络销售商品或者提供服务的经营者。

（六）平台上电子商务经营者，是指通过电子商务第三方平台销售商品或者提供服务的自然人、法人或者其他组织。

第五十七条　【适用】国家对互联网金融、网络预约出租汽车经营服务等已有特别规定的，从其规定；没有规定的，可以参照适用本条例。

电子支付、物流快递等电子商务服务经营按照国家有关规定执行。

第五十八条　【施行日期】本条例自　　年　月　日起实施。

图书在版编目（CIP）数据

中国互联网行业法规文件汇编／京东法律研究院编．
—北京：中国法制出版社，2018.9
ISBN 978 -7 -5093 -9532 -5

Ⅰ.①中… Ⅱ.①京… Ⅲ.①互联网络 - 科学技术管理
法规 - 汇编 - 中国 Ⅳ.①D922.179

中国版本图书馆 CIP 数据核字（2018）第 126439 号

策划编辑/责任编辑：韩璐玮（hanluwei666@163.com）　　封面设计：杨泽江

中国互联网行业法规文件汇编

ZHONGGUO HULIANWANG HANGYE FAGUI WENJIAN HUIBIAN

编者/京东法律研究院
经销/新华书店
印刷/三河市紫恒印装有限公司
开本/730 毫米 ×1030 毫米　16 开　　印张/43.25　字数/918 千
版次/2018 年 9 月第 1 版　　2018 年 9 月第 1 次印刷

中国法制出版社出版
书号 ISBN 978 -7 -5093 -9532 -5　　定价：149.00 元

北京西单横二条 2 号
邮政编码 100031　　传真：010 -66031119
网址：http：//www.zgfzs.com　　**编辑部电话：010 -66070084**
市场营销部电话：010 -66033393　　**邮购部电话：010 -66033288**

（如有印装质量问题，请与本社印务部联系调换。电话：010 -010 -66032926）